ΜΟΧΘΟΣ ΓΕΝΕΙ ΒΡΟΤΕΙΩΙ
ΑΛΙΣΤΟΝ ΒΙΩΙ.
ΑΡΘΕΝΣ ΜΟΡΦΑΣ
ΖΑΛΩΤΟΣ ΕΝ ΕΛΛΑΔΙ ΠΟΤΜΟΣ
ΤΛΗΝΑΙ ΜΑΛΕΡΟΥΣ ΑΚΑΜΑΝΤΑΣ
ΡΕΝ ΕΡΩΤΑ ΒΑΛΕΙΣ
ΡΕΙΣ Τ'ΑΘΑΝΑΤΟΝ
ΚΡΕΣΣΩ ΚΑΙ ΓΟΝΕΩΝ

DIE GRIECHISCHE KLASSIK
IDEE ODER WIRKLICHKEIT

VERLAG PHILIPP VON ZABERN · MAINZ

Antikensammlung Berlin
Staatliche Museen Preußischer Kulturbesitz

S|M
P|K

DIE GRIECHISCHE KLASSIK

IDEE ODER WIRKLICHKEIT

Eine Ausstellung im Martin-Gropius-Bau, Berlin
1. März – 2. Juni 2002
und in der Kunst- und Ausstellungshalle der
Bundesrepublik Deutschland, Bonn
12. Juli – 13. Oktober 2002

Ausstellung in Berlin und Katalog

GESAMTORGANISATION
M. Maischberger

KONZEPTION UND LEITUNG
W.-D. Heilmeyer

ORGANISATIONSKOMITEE
C. Bencivenga Trillmich (Berlin), S. De Caro (Neapel), A. Delivorrias (Athen), W.-D. Heilmeyer (Berlin), E. La Rocca (Rom), E. Oikonomou (Berlin), D. Pandermalis (Thessaloniki/ Athen), G. Schauerte (Berlin), I. Trianti (Athen), P. Viti (Venedig)

WISSENSCHAFTLICHER UND ORGANISATORISCHER BEIRAT
N. Bonacasa, A. H. Borbein, A. Di Vita, H.-J. Gehrke, L. Giuliani, U. Gotter, P. Guzzo, T. Hölscher, W. Hoepfner, C. Isler-Kerényi, R. Klemke, L. Kolonas, G. Korff, M. Korres, E. Krippendorff, A. Mantis, J. Mrosek, F. Neumeyer, W. Oechslin, A. Pasquier, M. L. Gräfin von Plessen, B. Schneider, G. Schwan, B. Seidensticker, M. True, I. Touratsoglou, D. Williams, P. Zanker

DURCHFÜHRUNG
C. Berns, S. Brehme, J. C. Eule, W.-D. Heilmeyer, U. Kästner, V. Kästner, F. Lang, M. Maischberger, G. Platz, A. Scholl, I. Trabert, B. Weisser

WISSENSCHAFTLICHE MITARBEIT
Alle Autoren und A. Bernhard-Walcher, J. Brendel, D. Israel, S. Kaminska, A. Knebusch, K. Krutsch, A. Nagel, V. Steinhaus, S. Weber

ARCHITEKTONISCHE GESTALTUNG
K.-E. Herrmann, unter Mitarbeit von M. Schneider, G. Styhler

AUFBAU
M. Haacke

GRAPHIK
Fernkopie Gestaltung Matthias Wittig

ZEICHNUNGEN IM KATALOG
I. Arvanitis, C. von Bargen, M. Heilmeyer, W. Hoepfner, M. Korres, G. P. Nadalini

SEKRETARIAT
B. Rabe, I. Bialas, M. Maischberger

GROSSFOTOS
H. P. Birk, H. R. Goette

RESTAURATORISCHE UND TECHNISCHE OBJEKTBETREUUNG
W. Maßmann, B. Niemeyer, U. Rohnstock, P. Schilling, B. Zimmermann; H. Getter, J. Kleemann; M. Angstl, K. Aue, B. Steiger-Nawarotzky

MODELLE UND REKONSTRUKTIONEN
U. Burczyk (Berlin), P. Dimitriadis (Athen), CCI (Długołęka bei Breslau), H. Junker (Berlin), H.-R. Schmuck (Berlin), Werk5 (Berlin)

KATALOGREDAKTION
F. Zimmer, unter Mitarbeit von J. C. Eule, M. Maischberger, G. Platz, B. Rabe, A. Scholl

BESUCHERBETREUUNG, FÜHRUNGEN UND DIDAKTIK
J. Mrosek, S. Weise; Besucherdienste der SMPK

ELEKTRONISCHE MEDIEN
Märzdesign, Berlin
V. Hinz, München
Multipop, Cottbus
Foundation of the Hellenic World, Athen

TRANSPORTE
Hasenkamp Internationale Transporte GmbH & Co. KG

VERSICHERUNG
Axa Colonia, Berlin

Die Ausstellung
steht unter der Schirmherrschaft

des Ministerpräsidenten der Griechischen Republik
PROF. DR. KONSTANTINOS SIMITIS
und des Bundeskanzlers der Bundesrepublik Deutschland
GERHARD SCHRÖDER

Vorwort

Die griechische Klassik hat sich weit über Europa hinaus tief in das kulturelle Gedächtnis der Menschheit eingegraben. Zum Bestand der Überlieferung – Werke der bildenden Kunst, der Architektur und der Literatur – tritt die Ebene der Imagination hinzu. Auch Bilder, Mythen und Sehnsüchte kolorieren die Wahrnehmung der klassischen griechischen Kultur.

Zweifelsohne ist diese Epoche bis heute eminent wirkungsmächtig. Wir verdanken ihr Fundamente. Dies gilt für die grundlegenden Modelle des Politischen, ebenso wie für alle Sparten der Kunst, für Wissenschaft und Bildung. Auch die Ethik ist bis in die Gegenwart von Konzeptionen geprägt, die zuerst im Griechenland des fünften und vierten vorchristlichen Jahrhunderts formuliert wurden – ich greife hier nur Platon und Aristoteles heraus.

Gleichwohl ist nüchtern zu konstatieren, dass die Auseinandersetzung mit der griechischen Antike zumindest in unseren Bildungseinrichtungen nicht mehr den lange Zeit als selbstverständlich angesehenen Stellenwert hat. Ablesen lässt sich dies nicht zuletzt am Rückgang des Altgriechischen an Schulen und Universitäten. Man sollte diesen Befund nicht undifferenziert in einer kulturkritischen Weise überhöhen; deutlich ist aber, dass sich die Bedingungen der Rezeption antiker Kultur verschoben haben.

Die klassische Epoche der griechischen Kultur verdankt der Polis entscheidende Impulse. Dieser zentralen Rolle der lokalen Bezüge steht eine universale Dimension gegenüber. Mit dem Ausgreifen über den gesamten Mittelmeerraum und nach Asien war die Kultur Griechenlands zugleich eine kosmopolitische. Es ist kein Zufall, dass in der Folge der griechischen Klassik – in der Stoa – der Gedanke aufkommt, dass die Menschheit eine Einheit darstelle. Einen begrifflichen Ausdruck findet er in der Idee der Humanitas, der Menschheit als solcher, unabhängig von ihren ethnischen, kulturellen oder sonstigen Herkünften.

Das Spannungsfeld zwischen Lokalität und Universalität scheint mir auch aus einer spezifisch gegenwärtigen Sicht einer der faszinierensten Aspekte der klassischen Epoche zu sein. Ein Verständnis des Mittelmeerraumes als gemeinsamer Kulturraum ist heute eher schwach ausgeprägt. Hier liegt eine kulturelle und zugleich kulturpolitische Herausforderung. Meine Hoffnung ist jedenfalls, dass in diesem Raum künftig die kulturellen Gemeinsamkeiten stärker als bisher gesehen werden.

Auch vor diesem Hintergrund begrüße ich es sehr, dass es die Staatlichen Museen zu Berlin unternommen haben, in Kooperation mit zahlreichen internationalen Partnern ein Panorama von Kultur, Politik und Lebenswelt in der griechischen Klassik zu entfalten. Ich danke allen am Zustandekommen der Ausstellung Beteiligten und wünsche ihr einen genauen Blick sowie eine große Resonanz.

Staatsminister Prof. Dr. Julian Nida-Rümelin
Beauftragter der Bundesregierung für
Angelegenheiten der Kultur und der Medien

Vorwort

Diese Ausstellung ist eine Expedition zu den Ursprüngen Europas, eine Expedition in Zeiten und Orte, von denen wir glauben, dass sie jene Normen hervorgebracht haben, die seit langem für Europa und weit darüber hinaus als klassisch angesehen wurden.

Mit der Frageform ›Die Griechische Klassik – Idee oder Wirklichkeit‹ benennt diese Ausstellung der Antikensammlung der Staatlichen Museen zu Berlin sehr genau ihr Risiko. Bezeichnet doch der Begriff der Klassik eine Wertskala, die erst der römische Grammatiker Aulus Gellius um 170 n. Chr. erfunden hat. Wenn wir seitdem von der Klassik sprechen, bleibt die entscheidende Frage, was denn die Griechen des 5. und 4. Jahrhunderts v. Chr. selbst von der Klassik gewusst haben?

Diese Ausstellung wagt mit dem Blick auf die internationale Forschung die These, dass schon die bildenden Künste und die Literatur des 5. und 4. Jahrhunderts v. Chr. in Griechenland mit großer Absicht einen Kanon herausgebildet haben, dem damals bereits der Rang eines vollendeten Musters von zeitloser Gültigkeit zugesprochen wurde. Die Herstellung eines verbindlichen Kanons, seine gesellschaftlichen Voraussetzungen – ohne Sklaven keine Klassik! – wie die Strategien seiner Verbreitung, das ist das spektakuläre und breite Panorama dieser Klassik-Ausstellung. Sie liefert die Archäologie eines Begriffes auf dem Felde der Archäologie, um die Idee und die Wirklichkeit dieses Begriffes des Klassischen zum ersten Mal in all seinen Modifikationen bis in die Gegenwart zu verfolgen.

Fontane hatte einst beim Blick auf die ihn befremdlich modern anmutenden mythologischen Skulpturen von Schinkels Schlossbrücke apodiktisch angemerkt: »Das Moderne steht dem Klassischen gegenüber. Das Allermodernste aber, das Unklassischste, was wir kennen, ist das Berlinische!« Spätestens seit der Kanonisierung einer ›Klassischen Moderne‹ sind wir davon nicht mehr so überzeugt. Es war nicht zuletzt die Leistung der Ausstellung ›Berlin und die Antike‹, 1979, auf die Vorbildlichkeit der Antike für Berlin als neuem Spree-Athen bis weit ins 20. Jahrhundert aufmerksam gemacht zu haben. Jetzt wird dieses Thema zu eben jener riskanten Expedition zu den Ursprüngen des Klassischen und den wechselnden Bedingungen seiner Möglichkeiten und seines Nachlebens ausgeweitet. Unter dem gemeinsamen Leitthema ›Klassik und Romantik‹, dem viele Ausstellungen im Jahr 2002 sowohl in Berlin wie in Brandenburg gewidmet sein werden, liefert die Antikensammlung der Staatlichen Museen zu Berlin somit die zentrale Blickachse unserer anschaulichen Orientierung in der abendländischen Überlieferung.

Für die Kühnheit und die Mühen dieses großen Ausstellungsprojektes sei Wolf-Dieter Heilmeyer und seinem Mitkurator Martin Maischberger sowie all seinen Kollegen in der Antikensammlung und den vielen Helfern im Ausstellungshaus des Martin-Gropius-Baus sehr herzlich gedankt. Der größte Dank gilt freilich den zahlreichen Leihgebern, deren Großzügigkeit diesem Ausstellungsvorhaben seine einzigartige Anschaulichkeit verliehen hat. Zu großem Dank verpflichtet sind wir schließlich der Stiftung Deutsche Klassenlotterie Berlin, ohne deren finanzielle Förderung diese Ausstellung nicht möglich geworden wäre.

Die Ausstellung wird im Anschluss an Berlin auch in der Kunst- und Ausstellungshalle der Bundesrepublik Deutschland in Bonn stattfinden. Die Staatlichen Museen zu Berlin setzen mit dieser Kooperation jenen föderalen Austausch fort, der bereits seit langem erfolgreich zwischen den beiden Institutionen in der neuen und der alten Hauptstadt besteht. Die Kunst- und Ausstellungshalle freut sich über die erneute Zusammenarbeit und das Vertrauen, das dadurch zum Ausdruck kommt.

Peter-Klaus Schuster
Generaldirektor der Staatlichen Museen zu Berlin

Wenzel Jacob
Direktor der Kunst- und Ausstellungshalle der Bundesrepublik Deutschland

Ausstellung in Bonn

Direktor
Wenzel Jacob

Projektleitung
Susanne Kleine

Ausstellungsarchitektur
Paolo Martelotti

Aufbau
Michael Haacke, Erwin Müller

Ausstellungsmanagement
Susanne Wichert-Meissner

Transport und Versicherung
Marla B. Manna

Restaurierung
Ulrike Klein

Licht
Gerd Graef

Presse
Maja Majer-Wallat

Public Relations
Maria Nußer-Wagner

Medien/Kommunikation/Publikationen
Jutta Frings

Pädagogischer Dienst
Hanns-Ulrich Mette

Forum
Bernd Busch

Grafik
Elke Post, Regina Lammsfuß

Technische Medien
Ulrich Best

Bibliothek
Margot Flatow, Laura Held

Verwaltung
Wilfried Gatzweiler

Technik
Rudolf Link

www.bundeskunsthalle.de

Wir danken für die freundliche Mithilfe

X. Arapoyanni (Olympia)
M. Bedin (Berlin)
F. Buranelli (Vatikan)
R. Cappelli (Rom)
K. Charatzopoulou (Berlin)
F. Checa Cremades (Madrid)
A. Choremis (Athen)
O. Dally (Berlin)
D. Damaskos (Athen)
C. Dehl-von Kaenel (Frankfurt/M.)
G. Donegà (Venedig)
J. Erdmann (Berlin)
S. Hurter/ Leu Numismatik (Zürich)
N. Kaltsas (Athen)
B. Kiesler (Berlin)
M. Kleineidam (Berlin)
Ch. Kritsas (Athen)
V. Lambrinoudakis (Athen)
E. Mallwitz (Berlin)
M. Moltesen (Kopenhagen)
J. S. Østergaard (Kopenhagen)
D. Pandermalis (Athen) auch im organisatorischen Bereich
P. Sakellariou (Athen)
P. Schiera (Trento)
S. Schröder (Madrid)
A. Sommella Mura (Rom)
G. Sommer von Bülow (Frankfurt/M.)
V. Voutsakis (Athen)
R.-M. Weiss (Berlin)
S. Mendoni und den Mitarbeitern des Antikendienstes im Kultusministerium Athen
den Mitarbeitern der Verwaltung der SMB und der Hauptverwaltung Stiftung Preußischer Kulturbesitz, vor allem Vizepräsident N. Zimmermann
den Mitarbeitern des Technischen Dienstes der SMB, vor allem R. Timmermann
den Mitarbeitern der Griechischen Kulturstiftung und ihrem Präsidenten A. Fatouros
den Mitarbeitern der Berliner Festspiele im Martin-Gropius-Bau Berlin unter G. Sievernich
allen Besuchern der Ausstellung, die kritisch die Diskussion weitertragen.

Ganz besonderen Dank schulden wir der Griechischen Kulturstiftung für Ihre großzügige finanzielle Unterstützung des Katalogs sowie Hans Rupprecht Goette und Manfred Schneider für ihren selbstlosen und unermüdlichen Einsatz

Leihgeber

Museo Archeologico Regionale, Agrigent
Museo Archeologico »C. Cilnio Mecenate«, Arezzo
Agora-Museum, Athen
Akropolis-Museum, Athen
Archäologisches Nationalmuseum, Athen
Epigraphisches Museum, Athen
Zentrum für Akropolisstudien, Athen
Museo Archeologico dei Campi Flegrei, Baia
Antikenmuseum und Sammlung Ludwig, Basel
Abgußsammlung Antiker Plastik der Freien Universität Berlin
Deutsches Archäologisches Institut, Berlin
Berlin-Brandenburgische Akademie der Wissenschaften, Inscriptiones Graecae, Berlin
W. Hoepfner, Berlin
Institut für Klassische Archäologie der Freien Universität Berlin
Winckelmann-Institut der Humboldt-Universität, Berlin
Staatliche Museen zu Berlin:
- Ägyptisches Museum und Papyrussammlung
- Antikensammlung
- Ethnologisches Museum
- Kupferstichkabinett
- Münzkabinett
- Nationalgalerie und Sammlung Berggruen
- Vorderasiatisches Museum
- Museum für Vor- und Frühgeschichte

Musikinstrumentenmuseum PK, Berlin
Museum für Naturkunde, Berlin
Staatsbibliothek zu Berlin PK
Museo Civico Archeologico, Bologna
Akademisches Kunstmuseum und Antikensammlung der Universität Bonn
Museum of Fine Arts, Boston

Musées Royaux d'Art et d'Histoire, Brüssel
Museo Archeologico Nazionale, Cagliari
Museo Archeologico dell'Antica Capua, S. Maria di Capua Vetere
The Cleveland Museum of Art
Archäologisches Museum, Delos
The Detroit Institute of Arts
Musée des Beaux-Arts de Dijon
Archäologisches Museum, Dion
Staatliche Kunstsammlungen Dresden, Skulpturensammlung im Albertinum
Antikensammlung der Friedrich-Alexander-Universität, Erlangen
Galleria degli Uffizi, Florenz
Museo Archeologico Nazionale, Florenz
Städtische Galerie Liebieghaus, Frankfurt/M.
Stadt- und Bergbaumuseum, Freiberg/Sachsen
Archäologisches Institut und Sammlung der Gipsabgüsse der Georg-August-Universität, Göttingen
Grabungsmagazin Gortyn, Kreta
Museum für Kunst und Gewerbe, Hamburg
Archäologisches Institut der Rupprecht-Karls-Universität, Antikensammlung und Abgußsammlung, Heidelberg
Museo Provincial de Jaén
Sammlung Antiker Kleinkunst, Institut für Altertumswissenschaften, Friedrich-Schiller-Universität, Jena
Badisches Landesmuseum, Karlsruhe
National Board of Antiquities and Museums, Khartoum
Nationalmuseet, Kopenhagen
Ny Carlsberg Glyptotek, Kopenhagen
Rijksmuseum van Oudheden, Leiden
Museo Archeologico Nazionale, Locri Epizefiri
The British Museum, London
The J. Paul Getty Museum, Los Angeles
Museo Arqueológico Nacional, Madrid
Museo Nacional del Prado, Madrid
Römisch-Germanisches Zentralmuseum, Mainz
Museo Archeologico Nazionale, Metapont
Thomas Jefferson Memorial Foundation, Monticello
Museo »G. Whitaker«, Mozia
Bayerisches Nationalmuseum, München
Staatliche Antikensammlungen und Glyptothek, München
Archäologisches Seminar und Museum der Westfälischen Wilhelms-Universität, Münster
Museo Archeologico Nazionale, Neapel
The Metropolitan Museum of Art, New York
Archäologisches Museum, Olympia
Museo Archeologico Nazionale, Orvieto
Museo Archeologico, Ostia
Ashmolean Museum, Oxford
Università, Museo di Scienze Archeologiche e d'Arte, Padua
Museo Archeologico Regionale »A. Salinas«, Palermo
Museo Archeologico Nazionale, Palestrina
Museo Arquelógico, Palma de Mallorca
Musée du Louvre, Paris
Archäologisches Museum, Pella
Archäologisches Museum, Piräus
Gipsoteca Canoviana e Casa del Canova, Fondazione A. Canova, Possagno
Deposito della Soprintendenza Archeologica del Lazio, Pratica di Mare
Museo Nazionale, Ravenna
Museo Archeologico Nazionale, Reggio Calabria
Musei Capitolini, Rom
Museo Nazionale Romano, Rom
Museo Nazionale di Villa Giulia, Rom
Sovrintendenza ai Beni Culturali del Comune di Roma, Museo dei Fori Imperiali, Rom
Nationalmuseum, Sana'a
Staatliche Ermitage, St. Petersburg
Academy of Fine Arts, St. Petersburg
Museo Archeologico Nazionale »G. A. Sanna«, Sassari
Museo Archeologico Regionale »P. Orsi«, Siracusa
Württembergisches Landesmuseum, Stuttgart
Museo Archeologico Nazionale, Tarent
Archäologisches Museum, Thessaloniki
Villa Adriana, Tivoli
National Museum, Tokyo
Institut für Klassische Archäologie der Eberhard-Karls-Universität, Tübingen
Museo Egizio, Turin
Monumenti, Musei e Gallerie Pontificie, Vatikanstadt
Archäologisches Museum, Vergina
Intesa BCI, Vicenza
Athanassakeion Archaeological Museum, Volos
Kunsthistorisches Museum, Wien
Martin-von-Wagner-Museum der Universität, Würzburg
Archäologisches Institut der Universität, Zürich
Institut für Geschichte und Theorie der Architektur der Eidgenössischen Technischen Hochschule, Zürich
Stiftung Bibliothek Werner Oechslin, Einsiedeln bei Zürich

sowie private Leihgeber

Inhaltsverzeichnis

I. Einleitung

II. Die Entstehung der Klassik im 5. Jahrhundert v. Chr.

I. Einleitung

Wolf-Dieter Heilmeyer

Das Konzept der Ausstellung

Jedermann benutzt die Wörter ›klasse‹, ›klassisch‹, ›classic‹, aber auf ›die Klassik‹ sind wir erst seit neuestem wieder neugierig. »Das Problem des Klassischen und die Antike« war 1930 Thema eines folgenreichen Kolloquiums im traditionsbeladenen Naumburg. Betroffen von dem oberflächlich-verführerischen Klassik-Bezug der verhängnisvollen Folgejahre hat man sich erst 60 Jahre später in deutschen Fachtagungen erneut dem Thema übergreifend zugewandt, und wieder mit anspruchsvollen Titeln: »Klassik im Vergleich – Normativität und Historizität europäischer Klassiken« (Como 1990); »Klassik als exemplarische Bewältigung der Geschichte« (Blaubeuren 1991). An einem Abend der Klassik-Tagung im hyperboreischen Blaubeuren kam der Vorschlag auf, das neue Bild der griechischen Klassik, an dem inzwischen weltweit von einer neuen Forschungsgeneration gearbeitet wird, in einer großen Ausstellung einem breiten Publikum zu präsentieren. Diese Ausstellung sollte vor allem Neufunde und neue Ausgrabungsergebnisse mit den bekannten Monumenten des europäischen Klassikbildes konfrontieren: selbstgeschaffene, nur politisch zu verstehende Ausleih-Restriktionen haben das hierbei Mögliche allerdings stärker begrenzt, als wir uns damals erhofft hatten.

»Die griechische Klassik« wird in den verschiedenen Ländern, in denen man sich mit ihr wieder auseinandersetzt, sehr verschieden gesehen. Das muß auch so sein, wenn man nur an das moderne Griechenland, an das in römischen Traditionen stehende Italien, an die unterschiedlich lebendigen Klassizismen Frankreichs oder Deutschlands und an die verschiedenen Wissenschaftstraditionen in diesen und anderen Ländern denkt. In zwei Kolloquien, die in der Griechischen Kulturstiftung Berlin durchgeführt worden sind, wurden von dem internationalen wissenschaftlichen Beirat Konzept und Titel der Ausstellung »Die griechische Klassik – Idee oder Wirklichkeit« entwickelt. Deren zeitlicher und anschaulicher Schwerpunkt sollte bei Monumenten und Befunden des 5. Jahrhunderts v. Chr. liegen, und diese sollten eher nach möglichen Aussagen über die Lebenswirklichkeit als nach ihrem kunsthistorischen Entwicklungsstand vorgeschlagen werden. Daher zeigt die Ausstellung, die dank eines namhaften Beitrags der Stiftung Deutsche Klassenlotterie Berlin und des Einsatzes der Stiftung Preußischer Kulturbesitz verwirklicht werden konnte, zwar viele Highlights aus den Handbüchern über klassische Kunst, aber selbstverständlich nicht alle. Niemand sollte sich scheuen, die Schau mit den Lieblingswerken seines persönlichen »Musée imaginaire« aufzufüllen. Wir haben die Akropolis in Athen als griechisches Heiligtum genommen und die klassische Entwicklung von Delphi und Olympia einfach vorausgesetzt, wir haben den Parthenon auf der Akropolis als klassischen Tempel genommen und die Entwicklungsgeschichte der dorischen und ionischen Kultbauten in ihrer faszinierenden Dichte und Differenziertheit auf eine spätere Ausstellung verschoben. Ohnehin muß unser Blick auf die griechische Klassik des 5. Jahrhunderts und ihre Definition und Ausbreitung im 4. Jahrhundert v. Chr. eingeschränkt sein durch die lückenhafte Überlieferung und unser ständig sich veränderndes Interesse. Wir stehen vor einem Fenster und lassen uns von denen, die etwas mehr wissen, zeigen, was es dahinter zu sehen gibt.

Auch daß man uns dabei vornehmlich auf Kunstwerke hinweist, ist eine durch Überlieferung und Tradition vermittelte Einschränkung. Immerhin besitzen wir im Gegensatz zu anderen Epochen mit Anfang und Ende der Klassik zwei ›Epochendaten‹, die die kunst- und kulturgeschichtlichen Einschnitte mit politischen Ereignissen zu verknüpfen geeignet sind: 480/79 v. Chr. behauptete sich ein griechischer Städteverbund in den Schlachten von Salamis und Plataiai zu See und Land gegen die Einbeziehung in den orientalischen Flächenstaat der Perser. Der danach gegründete erste Attische Seebund, der bis fast ans Ende des 5. Jahrhunderts v. Chr. gehalten hat, war mit dem Zentrum Athen das eine der politischen Kraftfelder der griechischen Klassik. Das andere war mit den Städten Argos und Sparta die mächtige südgriechische Halbinsel Peloponnes, die mit ihrem Namen den beinahe zwanzigjährigen Peloponnesischen Krieg bezeichnet, der – das sei nicht vergessen – die griechische Klassik gleichfalls geprägt und überschattet hat. Von den beiden klassischen griechischen

Geschichtsschreibern hat der eine, Herodot, die ganze ihm bekannte Welt beschrieben, um die Perserkriege zu erklären, und der andere, Thukydides, sozusagen nach innen geblickt und die innergriechischen Konflikte des Peloponnesischen Krieges aufgezeichnet. Wie konnten die Griechen diese Epoche intellektuell bewältigen? Nicht zufällig hat man das 5. Jahrhundert v. Chr. nach der bedeutendsten Literatur der Zeit das »Jahrhundert der griechischen Tragödie« genannt, obwohl diese literarische Gattung topographisch auf Athen, genauer gesagt auf den Ort des Dionysoskults am Südabhang der Athener Akropolis beschränkt war.

Das 4. Jahrhundert v. Chr. war nicht weniger kriegsbestimmt, und am Ende der griechischen Klassik stehen zwei Krieger, Militärs und Monarchen, und beide ebenfalls in theatralisch-kultischem Geschehen: Philipp II. von Makedonien wurde im Theater von Aigai ermordet, als er sich – vom Palast kommend – auf der Bühne unter die olympischen Götter reihen lassen wollte; sein jugendlicher Heldensohn Alexander durchmaß mit seinem Heer das ganze persische Reich vom Hellespont bis zur ägyptischen Oase Siwa, wo er zum obersten der Götter in ein Sohnesverhältnis trat, und ins heutige Pakistan – die Bilder seiner Schlachtenstürme stehen als römisches Mosaik (in Neapel) oder als Gemälde A. Altdorfers (in München) vor uns. Mit dem geheimnisumwitterten Tod Alexanders des Großen 323 v. Chr. in Babylon endet schon nach antikem Verständnis die klassische Epoche der griechischen Kultur. Sie hat damit etwa fünf Generationen umfaßt und in unsere Zeit übertragen den gleichen Zeitraum wie von der Mitte des 19. Jahrhunderts bis heute gedauert.

Die übliche Gliederung der kunstgeschichtlichen Entwicklung der Klassik wird im Gegensatz zur vorangegangenen Archaik in steigendem Maß von der ›großen Kunst‹ abhängig gesehen, die sich vom traditionellen Kunsthandwerk der Zeit zu trennen begonnen hat. Die Auftaktphase der Frühklassik von 480 bis 420 v. Chr. umfaßt auch den ›hohen Stil‹ der Entstehungszeit des Parthenon in Athen (447–432), die Mittlere Klassik von 420 bis 370 v. Chr. schließt den ›reichen Stil‹ Athens mit dem als künstlerischen Einschnitt bemerkbaren Zusammenbruch Athens 404 v. Chr. ein sowie die ›Blüte‹ der peloponnesischen Künstler, vor allem Polyklets und seiner Schule. Die Spätklassik von 370 bis 320 v. Chr. ist die Zeit des ›schönen Stils‹ der für verschiedene Auftraggeber und mehr und mehr für die Makedonen arbeitenden Künstler Praxiteles und Leochares aus Athen, Lysipp aus Sikyon auf der Peloponnes und Skopas von der Insel Paros. Viele dieser Künstler und besonders die Peloponnesier arbeiteten in Bronze. Ausschlaggebend für das Bild der ›steinernen Klassik‹ ist die Überlieferung des ungeheuren Reichtums an steinerner Architektur des 5. und 4. Jahrhunderts v. Chr. in Süditalien, in Griechenland und Kleinasien, an marmorner Architekturskulptur und an marmorner griechischer Grabplastik. Entsprechend liegt die klarste kunstgeschichtliche Reihe heute in der Steinskulptur vor, die klarste archäologische Reihe mit relativ genauen Datierungen liegt aber in der Keramik: Zeitmesser der Entwicklungen sind die Körper- und Gewanddarstellungen sowie die Ornamente und ihre zunehmende Vegetabilisierung. Die Kriterien zur Beurteilung der Kunstwerke sind Geschlossenheit, Naturhaftigkeit und Detailgenauigkeit. Sie wurden bis zum Ende der Klassik mit den Begriffen Symmetrie (»das Verhältnis der Teile eines Werkes untereinander und zum Ganzen«), Rhythmus (»die geregelte Bewegung und Gebärde«) und Akribie (»Präzision der plastischen Form«) belegt (B. Schweitzer 1932/39).

Das in den Beiratskolloquien erarbeitete Konzept der Ausstellung »Die griechische Klassik – Idee oder Wirklichkeit« hat es nahegelegt, die Themenfülle in acht Abteilungen anzusprechen, die im Ausstellungsgebäude des Gropiusbaus – dort, wo im Jahr vor dem Fall der Berliner Mauer die große Ausstellung »Kaiser Augustus und die verlorene Republik« stattgefunden hat – um die ›Agora‹ des Lichthofs gereiht werden. Wie der Marktplatz, die Agora, in der klassischen griechischen Stadt, der Polis, weit über seine Handelsfunktion hinaus Mittelpunkt des öffentlichen Lebens war, sollen sich bei uns die Besucher hier versammeln und verteilen, sollen sie hier Einführungen und besondere Aktivitäten erleben und Anfang und Ende des Rundgangs finden. Auf unserer Agora steht die Neapler Gruppe der Tyrannenmörder aus der Sammlung Farnese, die für die Ausstellung eigens restauriert werden konnte: Ebenso hat auf der Athener Agora die Bronzegruppe der Tyrannenmörder aus dem 5. Jahrhundert v. Chr. gestanden, die Vorbild der Neapler Marmorkopien aus dem 2. Jahrhundert n. Chr. gewesen ist. Das Werk der Bronzegießer Kritios und Nesiotes ersetzte ein wenig älteres, von den Persern als Beute aus Athen mitgenommenes. Zu Recht hat man es als das erste politische Denkmal in Europa bezeichnet; kunstgeschichtlich steht es zugleich am Anfang der klassischen Kunst Griechenlands. Aus deren Blütezeit stammen die Bilder dreier Amazonen, die in einer Art Bildhauerwettbewerb für Ephesos in Westkleinasien geschaffen worden sind; sie sind hier wieder in hervorragenden römischen Kopien aus verschiedenen Antikensammlungen der Welt zu sehen, die noch nie so zusammen ausgestellt worden sind, wie ihre Bronzevorbilder in Ephesos zusammengestanden haben müssen. Nur selten können wir rekonstruieren, wie eine antike Statue in ihrem unmittelbaren Umfeld, meist in einem Heiligtum, aufgestellt war: die Siegesgöttin Nike des Künstlers Paionios, ursprünglich auf hohem Pfeiler vor der Ostseite des Zeustempels im westpeloponnesischen Olympia zu sehen, ist von den Ausgräbern des Heiligtums in vielen Fragmenten wiedergefunden worden. Deren Fragilität verbietet eine Ausleihe des kostbaren Originals – dafür ist hier der Abguß erstmals wieder auf eine originalgetreue Rekonstruktion des fast neun Meter hohen Sockels gehoben und kann im eigentlichen Sinn des Wortes ›klassische Perspektive‹ erläutern. Eine ›Zeitschiene‹, die wir an Hand von Götterbildern – kostbaren Originalen oder, wo deren Ausleihe ebenfalls nicht möglich war, stellvertretenden Abgüssen – am Rand der Agora vorführen, ruft den Besuchern die Entwicklung der klassischen Kunstgeschichte im 5. und 4. Jahrhundert v. Chr. und deren Einbindung in die allgemeine Geistesgeschichte in Erinnerung.

Die erste Abteilung der Ausstellung *Athen und die Welt im 5. Jahrhundert v. Chr.* läßt durch wenige ausgewählte Objekte rund um die griechische, kulturtopographisch gut einteilbare Welt diejenigen Kulturen erscheinen, mit denen die Griechen damals Kontakte hatten: von den Kelten über die Skythen – mit dem Fisch von Vettersfelde, der nur hundert Kilometer von Berlin entfernt gefunden worden ist – zu den vorderasiatischen Völkern, von den Ägyptern über die Phönizier und Punier zu den Iberern. Von den gleichzeitigen Kulturen im mittleren Afrika und im westlichen Indien hatten die Griechen wenig Vorstellung, von der späten Chou-Zeit in China (480–220 v. Chr.) und der Yomon-Kultur in Japan (vor 300 v. Chr.) sowie von den sogenannten präklassischen Kulturen Süd- und Mittelamerikas hatten sie keine Ahnung: für die Griechen gab es die Welt der von Griechen besiedelten Städte, dann diejenige, die ihre Händler noch erreichten, und schließlich die, von der nur Sagenhaftes zu berichten war. Diese Mythos-Welt reichte viel weiter, als klassische Rationalität zugeben konnte. Daß die Griechen sich ihren Nachbarn tatsächlich in der Regel auf den Wasserwegen näherten, veranschaulichen Amphorenfunde aus mittelmeerischen Schiffswracks, z. B. aus Mallorca.

Die beiden anschließenden Räume zeigen als zweite Abteilung *Politik und Öffentlichkeit in klassischer Zeit*, das heißt, da unsere Überlieferung sehr stark auf Athen konzentriert ist, »Glanz und Elend der athenischen Demokratie«. Da nur wenige archäologische Zeugnisse über deren Funktionieren und die dazugehörigen militärischen Verwicklungen auf uns gekommen sind, stellen wir die Gegensätze der Zeit heraus: die Differenzierung der athenischen Gesellschaft im Spiegel bildlicher Grabstelen, den Götterkult und seine Rolle für die Bestätigung der gesellschaftlichen Ordnung – hier ist die als Kultbild erkannte Nemesis-Statue aus Kopenhagen ein großartiger Bezugspunkt –, sodann die aus der Gemeinschaft heraustretenden Athleten und die durch die ersten Porträts der europäischen Geschichte ausgezeichneten Einzelpersönlichkeiten: der Themistokles aus Ostia, der Miltiades aus Ravenna, der Perikles aus Berlin, der Aristoteles aus Wien, zu denen später in Abteilung 6 die Sophokles-Statue aus dem Vatikan tritt.

Wie sind Mann, Frau und Kind, die innerhalb der üblichen gesellschaftlichen Normen geblieben sind, in dieser Gesellschaft ins Bild gesetzt worden? Die dritte Abteilung *Leben in Bildern, leben mit Bildern* berührt ein Zentralthema moderner Archäologie, die Chiffren zur Ablesbarkeit der überlieferten Bildthemen und Bildformen der klassischen Kunst in der Freiplastik, auf Reliefs und Vasen. Wie verhalten sich die Veränderungen und Gesetzmäßigkeiten dieser Chiffren zur Schriftkultur, die sich in der Klassik durchsetzte? Die gesellschaftlich Einflußreichen der Klassik trafen sich beim festlichen ›Gelage‹ – wirklich liegend, aber meist nach strengen Regeln feiernd –, um Traditionen zu bestätigen und Neues zu erfinden: im Zentrum dieses Saales steht die Statue des trunken rezitierenden Lyrikers Anakreon aus Kopenhagen. Für einen Bezug zur Lebenswelt sorgen Rekonstruktionen der Festkränze aus mittelmeerischen Blumen und Blätterranken, die bei den Gelagen zur Verfügung gestellt werden mußten. Bei diesen Rekonstruktionen und den dazugehörigen traumhaften Vasenbildern ist erlaubt, darüber nachzudenken, daß in keiner Lebenssituation die gesamte jeweilige Kultur mitgedacht werden kann, und daß bei wilderen Feiern auch die Klassik das Unbewußte und das Unterbewußte nicht unterdrückt hat, so wenig wir davon auch konkret benennen können.

Maß, Vermessung, Akribie und Größe sind dagegen die Begriffe, unter denen wir in der vierten Abteilung klassische Skulptur und Architektur zu erschließen vorschlagen. Das klassische Bild des weiblichen Körpers im Gewand, das ideale Bild des nackten männlichen Körpers sind Bezugspunkte späterer Kunstepochen bis in unsere Zeit geblieben. Ohne die zahlreichen römischen Marmorkopien griechischer Meisterwerke wäre eine griechische Kunstgeschichte der großen Künstlernamen gar nicht zu schreiben: die Statue eines speertragenden jungen Mannes, in der man die Meßgenauigkeit des ›Kanon‹ des argivischen Bronzekünstlers Polyklet erkannt hat, ist in mehreren römischen Kopien aus Stein erhalten und Muster zum Überprüfen der Detailgenauigkeit derselben. Das Wort ›Kanon‹ heißt übrigens Maßstab, Richtschnur, Regel, Vorschrift, Norm und ist damit ein Schlüsselwort der griechischen Klassik.

Die im Original erhaltenen Prototypen der Architektur sind auch nicht leicht in ihrem ursprünglichen Bestand zu rekonstruieren: Die Zerstörung des weltberühmten Parthenon auf der Akropolis in Athen, vor allem seit seiner Explosion in Folge der Belagerung Athens durch den Venezianer Morosini im 17. Jahrhundert, sind so umfassend, daß die derzeit andauernden Restaurierungen dem ursprünglichen Bauaufwand seit langem bereits die Waage halten. Die Zerstreuung seiner skulpturalen Ausstattung – Giebelfiguren, Friese, Metopen – in alle Welt tat ihr Übriges, das Monument zu fragmentieren, aber über die feierlich gehüteten Fragmente auch zu popularisieren. Es ist umstritten, wieweit die Klassik Architekturmodelle zur Planung und Durchführung ihrer millimetergenauen Marmorarchitekturen einsetzte. Für unser Verständnis sind sie unabdingbar: neben dem Baseler Parthenonmodell wird eine neue Rekonstruktion des in der Antike unter die Weltwunder gezählten Maussolleions von Halikarnaß gezeigt, des Ur-Mausoleums. Hier wird besonders deutlich, wie sich die klassische Perfektion, die Berechnung und Kontrolle der Arbeit mit der Bewältigung großer Einheiten und der oft atemberaubenden Größe gepaart haben, Wirkungsgründe der griechischen Klassik bis heute. Von der in den letzten Jahrzehnten durch erfolgreiche Ausgrabungen ans Licht getretenen spätklassischen Grabmalerei Makedoniens zeigen Großphotos herausragende Beispiele aus den Königsgräbern von Vergina.

Die Basis der Klassik waren, wenigstens in Athen, Schiffahrt und Sklaverei, Landbau, Bergbau und die Spezialhandwerke für einen weitreichenden Handel. Die fünfte Abteilung der Ausstellung versucht, davon etwas anschaulich zu machen, auch wenn sich die Spuren der Arbeit der Menschen normalerweise verwischen und archäologisch schwer nachweisen lassen: Getreide und Metalle aus dem umliegenden Land, Steinbearbeitung und keramische Produktion in der Stadt, die einfachen Zeugnisse von den Werkplätzen des Pheidias, des bedeutendsten athenischen Künstlers des 5. Jahrhunderts v. Chr. In dieser Abteilung wird ›Klassik‹ am meisten zur Wirklichkeit, betreten wir wie die Göttin Athena die Werkstätten im Zentrum Athens. Wie kam man ans Material der klassischen Kunst? Welche Vorzeichnungen waren nötig, die klassischen Vasenbilder so präzise auf den Vasenkörper zu bringen? Wer sorgte für den Arbeitsablauf von Dutzenden von Bronzegießern und Hunderten von Steinhandwerkern bei den überdimensionalen Kunstwerken der Klassik? Warum sah man mehr und mehr göttliches Einwirken bei den ›Erfindungen‹ in der Kunst, auch zum Beispiel in der populären Musik der Klassik? Tatsächlich löst sich die ›hohe Kunst‹ vom Kunsthandwerk in klassischer Zeit so endgültig, daß noch in modernen Handbüchern über »Das klassische Griechenland« (Charbonneaux–Martin–Villard 1971) nur Architektur, Plastik und Malerei behandelt werden, bei Malerei allerdings auch die Zeugnisse der Vasenmalerei, die seit J. J. Winckelmann als Zeichnung im Raphaelschen Sinn verstanden worden sind.

Die Griechen des 5. Jahrhunderts v. Chr., so selbstbewußt sie waren, haben fast alle nicht gewußt, daß sie klassisch lebten und selbst die Klassik gestaltet haben. *Drei Wege der Klassik* werden in der sechsten Abteilung der Ausstellung dargestellt: die Kanonisierung der Bühnenklassiker in Athen, die Aufnahme und Verbreitung der Klassik in Makedonien und im Schwarzmeergebiet und die Antwort auf die Klassik in Großgriechenland und Mittelitalien. Als man im 4. Jahrhundert v. Chr. in Athen das Theater der Großväter als vorbildlich erkannte und anerkannte, schrieb man die Texte der Tragödien des Aischylos, Sophokles und Euripides auf, überbaute den Tatort, das Dionysostheater am Südabhang der Akropolis in Athen, auf Dauer in Stein und stellte die Porträtstatuen der drei Klassiker dort auf: die Statue des Sophokles als Musterbeispiel einer klassischen Ehrenstatue, uns aus den Schulbüchern geläufig, ist hier als herausragende vatikanische Leihgabe zu sehen. Als zur selben Zeit der griechische Norden unter Führung des monarchischen Makedonien die politische Vormacht wurde, zuerst in Griechenland und dann im ganzen persischen Flächenstaat, übernahm man klassische Erziehung und klassische Form und verbreitete sie. Das ›Klassische‹ wurde dabei den neuen politischen und gesellschaftlichen Situationen angepaßt: der Athener Philosoph Aristoteles konnte höfischer Gelehrter werden, der in Athen vermiedene Goldschmuck im Norden wie im Westen zu einer klassischen Kunstgattung eigener Prägung; in dieser Abteilung sind daher die bedeutenden Edelmetallobjekte der Zeit ausgestellt.

Wie sah klassische Kunst im griechisch sprechenden Süditalien aus? Hier hat die Forschung besonders viel Neues beigetragen: noch vor einer Generation spielten die Griechenstädte Italiens kaum eine Rolle in der Geschichte der klassischen Kultur, und in Etrurien schien ›die Klassik‹ provinziell, verspätet oder überhaupt ausgefallen. Heute zeugen wichtige Kunstwerke aus süditalienischen Fundorten von der Bedeutung der klassischen Kunst und solche aus mittelitalischem und etruskischem Bereich von der Aufnahme der Klassik in die nichtgriechischen Kulturen. Diese Rezeption – wenn auch häufig für uns nur auf traditionell-stilistische Weise beschreibbar – ist der erste Widerhall auf die Klassik im Westen und insofern der dritte und vielleicht folgenreichste Weg zur ›Klassik‹. Daß auch das republikanische Rom daran beteiligt war, wird allerdings erst deutlich werden, wenn man die alten stilistischen Reihungen in der Forschung zugunsten einer konsequenten kulturtopographischen Differenzierung aufgibt: hier möchte die Ausstellung Anregung bieten.

Ohne die politischen Strukturen des athenischen 5. Jahrhunderts v. Chr. übernehmen oder auch nur die allgemeinen Lebensformen jener Zeit akzeptieren zu wollen, hat man sich seither in Europa und neuerdings auch in der Welt auf die griechische Kultur in bildender Kunst (Architektur, Skulptur, Malerei), in Literatur, Theater oder auch Erziehung bezogen und das ›klassisch‹ genannt. Die siebente Abteilung der Ausstellung zeigt an herausragenden Beispielen der Skulptur, Silberwaren und Keramik *Die neue Klassik im römischen Imperium*, zeigt also, wie der Klassizismus in der Zeit der römischen Kaiser Augustus und Hadrian als Versuch verstanden werden kann, selbst ›klassisch‹ zu formen und damit klassisch zu sein. Es ist bezeichnend, daß nahezu alle Klassizismen bis ins 19. Jahrhundert auf monarchischer und im 20. Jahrhundert sogar auf diktatorischer Grundlage durchgeführt worden sind. Das Zentrum dieses Saales bildet eine der folgenreichen klassischen Doppelgruppen, die zwei klassische Idealfiguren sentimental-erzählerisch zusammenfaßt. Daneben aber stehen Kaiserstatuen im Schema klassischer Götterfiguren: der früh verstorbene Kaiserfreund Antinous ist auf diese Weise wirklich zum Gott geworden. Der folgende Raum ist wieder Athen gewidmet, das bereits im 2. Jahrhundert n. Chr. zu einer Art Museum, zur Schule der Klassizismen geworden ist, eine Rolle, die Griechenland, hellhörig, auch heute, besser als mit den Olympiaden, spielen könnte.

Was wird in den europäischen Klassizismen zitiert? In den Bauschulen sind es bestimmte Details und Proportionszusammenhänge, manchmal auch die Perfektion, selten die Akribie. Vor allem sind es wiedererkennbare Denkmäler, Skulpturen und Literaturen aus dem von alters überlieferten Kanon. Daneben aber steht oft etwas Traumhaftes, der Rückbezug auf eine vorbildhafte, bessere Welt: das römisch-klassizistische Relief der Tänzerin, das in der Erzählung »Gradiva« von Wilhelm Jensen (1903) aus dem Abguß ins Leben rücküberführt scheint und durch Sigmund Freud in die moderne Psychologie eingezogen ist, wurde für unsere Ausstellung erstmals aus den Mauern des Vatikan gelöst. Die achte Abteilung der Ausstellung widmet sich der Wiederentdeckung der griechischen Kunst und Literatur seit dem 15. Jahrhundert, dem *Klassizismus* des späten 18. und frühen 19. Jahrhunderts in Europa und Nordamerika sowie der *Rezeption der Klassik* im 20. Jahrhundert. Die Kunst eines Schinkel und Picasso, die amerikanische Freiheitsbewegung und die postsowjetische Kultur des ›Fensters nach Europa‹ sind Rezeptionsformen der griechischen Klassik. Daß die Idee der Klassik überhaupt ein Rezeptionsphänomen ist, wird durch die Dominanz des Buches in dieser Abteilung deutlich. Wieder im Lichthof demonstriert die Petersburger Gruppe der Neoakademiker eine neue Zuwendung zur Klassik an der Schwelle des 21. Jahrhunderts: wir drucken ein für unseren Katalog verfaßtes Bekenntnis des Gründers dieser Gruppe, Timur Nowikow, zum ›griechischen Wunder‹ ab.

Die griechische Klassik – Idee oder Wirklichkeit? Es gibt dazu um die Wende vom 20. zum 21. Jahrhundert eine Vielfalt von Diskussionen, von denen einige hier angedeutet werden. Ein Kolloquium 1999 in Freiburg i. Br. stellte die Frage »Gab es das griechische Wunder?« Dort wurde wie bei anderen solchen Diskussionen zur Vorsicht vor Verallgemeinerungen gemahnt: ›die Griechen‹ gab es ebensowenig in ihrer Gesamtheit wie ein allgemeinverbindliches ›Wunder‹ ohne Schattenseiten. Auf ›nichtklassische‹ Landschaften wie Lakonien oder Ionien den Blick zu richten, kann ebenso interessant sein wie auf die vermeintlich ganz ›unkulturellen‹ Gebiete, in denen Klassik kaum oder gar nicht stattfand und bestenfalls bestaunt wurde. Zu solchen Überlegungen führen vor allem die vermehrten kulturtopographischen Studien an den Ausgrabungsplätzen des ganzen Mittelmeerbereichs. Klassik als Verpflichtung und das vor-geschichtliche Freisein davon sind in Gegenden wie dem erst nachträglich klassisch apostrophierten Arkadien in Inneren der Peloponnes zu überprüfen. Was wird aus der Klassik, wenn man die daran angrenzenden Kulturen nicht mehr nur als *Randgebiete* versteht?

Gerne beschäftigt sich die Forschung zur Zeit mit den Themen der zweiten und dritten Abteilung unserer Ausstellung. Das in den klassischen Bildern auf Reliefs und Vasen und in den gleichzeitigen Texten der Dichter oder Historiker Intendierte kann notwendigerweise nur als eine unter bestimmten Voraussetzungen und Einschränkungen vorgenommene Ordnung der Lebenswirklichkeit des 5. Jahrhunderts v. Chr. verstanden werden und bis auf die wenigen Momente, in denen die Bildträger und Texte damals zum Einsatz oder zur Ausführung kamen, nicht als die Lebenswelt selbst. Da das so ist, besteht auch hier die Aufforderung, den Blick auf das Verdrängte und Ausgegrenzte der Klassik offenzuhalten. Die archäologischen Gegenstände in unserer Ausstellung sind öfter nicht die der gewollten Vorbildlichkeit, also einer intendierten Klassik, sondern eher die des Beseitigens und Vergessens in derselben Kultur.

Schließlich ist man sich in der 2. Hälfte des 20. Jahrhunderts stärker bewußt als früher über den Zerstörungszustand der uns überlieferten Antike geworden. Gegen die ruinenromantischen Erinnerungen an die Vergänglichkeit alles Menschlichen steht die moderne Beobachtung des zunehmenden Verbrauchs der freigelegten oder musealisierten Antike. Noch nie seit dem Ende der Antike ist soviel Klassik für jedermann weltweit zu besichtigen gewesen (insofern ist unsere Ausstellung auch ein Zeichen der Zeit). Dadurch ist aber auch noch nie soviel der unwiederbringlichen Abnutzung und Zerstörung preisgegeben gewesen, und zwar nicht nur durch illegale Ausgrabungen und Tauchunternehmungen an den unbekannten Orten der Klassik und durch die ameisenhaften Touristenbegehungen in den bekannten Ausgrabungsstätten, sondern auch durch mangelnde und selbst durch wiederholte Restaurierung in den Museen der Welt. Zum Beispiel dafür ist der Parthenon in Athen geworden: für manche noch ein Zeichen der ewigen Dauer der marmornen Klassik, beschreiben wir an ihm heute die Spuren der vor zwei Generationen erfolgten Altrestaurierungen nicht anders als diejenigen des vor drei Jahrhunderten erfolgten Bombardements oder des vor 1500 Jahren erfolgten verheerenden Brandes. Seine Skulpturen haben am Gebäude auf der Akropolis durch Verschmutzungen aus dem Smog über Athen gelitten und im Londoner Museum durch unkontrollierte, zu tief in die Oberfläche eingreifende Säuberungen. Aber wenn wir heute mit besseren Methoden und hoffentlich länger dauerndem Erfolg draußen an den Grabungsstätten und drinnen im Museum restaurieren, werden die Spuren unseres Eingreifens an den Objekten unseres Interesses ebenfalls zu sehen bleiben (auch insofern zeigt unsere Ausstellung die Zeichen der Zeit).

Die Frage, wie weit Klassik als Fortschritt gegenüber dem archaischen Griechenland oder den umliegenden Kulturen angesehen werden kann, ist der nüchternen Suche nach möglichen Innovationen gewichen. Und diese konzentriert sich auf die Definition des jeweiligen Schatzes an Erfahrungen, der die besondere Qualität klassischer Kunst begründet hat, und zwar bei der Bewältigung der Statik, bei Fügung und Stückung, in bezug auf die Wandstärken der Metallarbeiten, in der Bewältigung der Größe, der Glättung der Oberflächen und der Garantie stets gleich bleibender Formen. Maß und Zahl spielten dabei anscheinend eine neue Rolle: die Welt wurde vermessen, das Land wurde vermessen, sogar der Sonneneinfall ins Haus wurde gemessen, und der Mensch wurde vermessen. So grenzte man sich ab gegen das Draußen, das Andere, das Ungeordnete, das Ferne, sogar gegen die Natur: Ein Garten hatte im griechischen Haus, ein Park in der klassischen Stadt keinen Platz.

Die griechische Klassik ist als Idee und Wirklichkeit von einer relativ kleinen Menschengruppe getragen worden, sicher nicht einmal von allen Athenern des 5. Jahrhunderts v. Chr. Viele werden damals die Epoche nur als Umbruch verstanden haben und die Politik – die demokratische Beschäftigung mit der Polis – als ein Erlebnis nach der verlorenen Tyrannis der archaischen Zeit. Das Bewußtsein des Besonderen in der Zeit stieg aber anscheinend mit der Betonung der Regelhaftigkeit des Erreichten. Von den besonderen Gestaltungen wurden einige, nicht alle, Bezugspunkte der Repräsentation und Identifikation und als solche zuerst verbreitet und dann zitiert.

Der Anstoß war stark, die Wellen der Wiederaufnahme der griechischen Klassik haben ferne Ufer erreicht. Schon die Liste der Leihgeber unserer Ausstellung zeigt auf, wo überall auf der Welt Klassisches gesammelt worden ist. Die Angaben und Photos zu den einzelnen Objekten verdanken wir fast 120 Museen und Sammlungen in 90 Städten aus 15 Ländern, der Katalog ist von über 70 Autoren aus neun Ländern verfaßt worden. In ihren Beiträgen ist die Klassik kein festes Bild mit klaren Umrißlinien mehr, sondern Thema für eine vielschichtige internationale Diskussion. Insofern ist auch diese Ausstellung kein Resümee eines erreichten einheitlichen Forschungsstandes, sondern ein Ausblick in die Zukunft!

Literatur:
W. Jaeger (Hrsg.), Das Problem des Klassischen und die Antike, Fachtagung der klassischen Altertumswissenschaft zu Naumburg 1930 (1931); W. Voßkamp (Hrsg.), Klassik im Vergleich – Normativität und Historizität europäischer Klassiken, DFG-Symposion in Como 1990 (1992); E. Pöhlmann – W. Gauer (Hrsg.), Griechische Klassik, Vorträge des Symposions »Klassik als exemplarische Bewältigung der Geschichte – neue Aspekte zu Kunst und Literatur im Jahrhundert der griechischen Tragödie« in Blaubeuren 1991 (1994); D. Papenfuß – V. M. Strocka, Gab es das griechische Wunder, Fachsymposion in Freiburg i. Br. 1999 (2001).
Weiter: B. Schweitzer, Das Problem der Form, in: W. Otto (Hrsg.) Handbuch der Archäologie I (1939) 382; J. Charbonneaux – R. Martin – F. Villard, Das klassische Griechenland 480–330 v. Chr. (1971) mit der älteren Literatur.

Adolf Heinrich Borbein

Klassische Kunst

Klassik ist ein Rezeptionsphänomen: Die mit dem Begriff ›klassisch‹ verbundenen Vorstellungen von ›Norm‹, ›Höhepunkt‹, ›bleibender Besitz‹ usw. entwickeln sich erst im Prozeß der Rezeption, sie werden sogar wesentlich aus diesem Prozeß selbst, d. h. aus der erfolgreichen Rezeption abgeleitet. Ob ein Phänomen ›klassisch‹ ist oder nicht, hängt in erster Linie von der Meinung des Rezipienten ab; ob ganze Werkgruppen oder eine ganze Epoche auf Dauer das Prädikat ›klassisch‹ tragen, entscheiden das übereinstimmende Urteil vieler Rezipienten und die Vermittlung dieses Urteils an folgende Generationen.

Für den Historiker kann ›klassisch‹ nur das sein, was seine Klassizität in der Geschichte unter Beweis gestellt hat, was also nicht bloß einmal und punktuell, sondern mehrfach und mit breiter Wirkung als ›klassisch‹ rezipiert wurde. Andererseits läßt sich nicht übersehen, daß Kunst, die später als ›klassisch‹ galt, schon bei ihrer Entstehung von der Absicht bestimmt war, etwas Außerordentliches, Exemplarisches zu schaffen. Das gilt nicht nur für die bildende Kunst: Wie Polyklet und Pheidias waren Horaz und Vergil oder z. B. auch Goethe und Schiller davon überzeugt, Werke von klassischem Rang hervorzubringen.

Seitdem man – schon in der Epoche der Renaissance – gelernt hatte, das Altertum und seine Kunst historisch differenziert zu betrachten, konnte man beides nicht mehr in seiner Gesamtheit für zeitlos gültig halten: Man bemerkte Unterschiede im Hinblick auf Vorbildlichkeit und Perfektion und konstatierte einzelne Phänomene oder ganze Perioden des Niedergangs. Dabei konnte man sich auch auf antike Autoren berufen; denn schon im Altertum beurteilte man die eigene Tradition nach Kriterien der Qualität. Die Philologen der Bibliothek von Alexandria z. B. wählten im 3. Jahrhundert v. Chr. aus, was an älteren literarischen Schöpfungen vorbildhaft und somit erhaltenswert sei (und wovon einiges bis auf uns gekommen ist). Der römische Autor Aulus Gellius (Noctes Atticae 19.8, 15) gebrauchte *classicus*, den fiskalischen Terminus für die obersten Steuer-›Klassen‹, erstmals im übertragenen Sinn zur Bezeichnung sprachlich musterhafter Schriftsteller, und darauf basiert unser Begriff ›Klassik‹, der in der Neuzeit auch auf die bildende Kunst (zunächst nur die der Antike), auf andere kulturelle Leistungen und auf historische Epochen angewandt wurde. Aus der Erkenntnis von Unterschieden folgte aber nicht automatisch ein Konsens über die als vorbildlich, also ›klassisch‹ anzusehenden Werke oder Epochen; es gab wechselnde Vorlieben und voneinander abweichende Definitionen. Was die antike Kunst anbetrifft, so wurde der Bereich des Klassischen seit J. J. Winckelmann zunehmend eingeengt. Unbestritten als klassisch anerkannt blieb nur die griechische Kunst des 5. Jahrhunderts v. Chr. – auch wenn gelegentlich die klassische Periode im eigentlichen Sinn auf die Hochklassik (ca. 450–430/20 v. Chr.) beschränkt wird.

Die Vorrangstellung der Kunst des 5. Jahrhunderts war schon in der Antike weithin akzeptiert, auch wenn die meisten Autoren das 5. und das 4. Jahrhundert als Einheit ansahen. Tatsächlich markiert die Epoche zwischen ca. 500/490 und 430/20 v. Chr. einen Höhepunkt innerhalb der griechischen Kunstgeschichte. Man erkennt diese am besten an der Wiedergabe der menschlichen Gestalt, dem wichtigsten Beitrag der Griechen zur europäischen Kunst, sogar der Weltkunst.

Jede Epoche der griechischen Kultur schuf auch in der Kunst ein Bild des Menschen, das der ihr jeweils eigentümlichen Sehweise und Wertsetzung entsprach. Immer jedoch ging es darum, den Menschen als einen gegliederten Organismus darzustellen. Dieses Ziel war mit der kontrapostischen Darstellungsweise, der wichtigsten Erfindung der klassischen griechischen Kunst, in einer kaum mehr zu übertreffenden Weise erreicht. Es gelang, den Körper als ein Funktionsgefüge (Abb. 1–4) zu beschreiben und seine Bewegungsfähigkeit oder allgemeiner: seine Lebendigkeit unmittelbar sinnfällig werden zu lassen: Die Last des Körpers wird von einem Bein, dem ›Standbein‹ getragen, während das andere, das ›Spielbein‹, unbelastet am Boden aufruht. Dadurch aber, daß eine Seite des

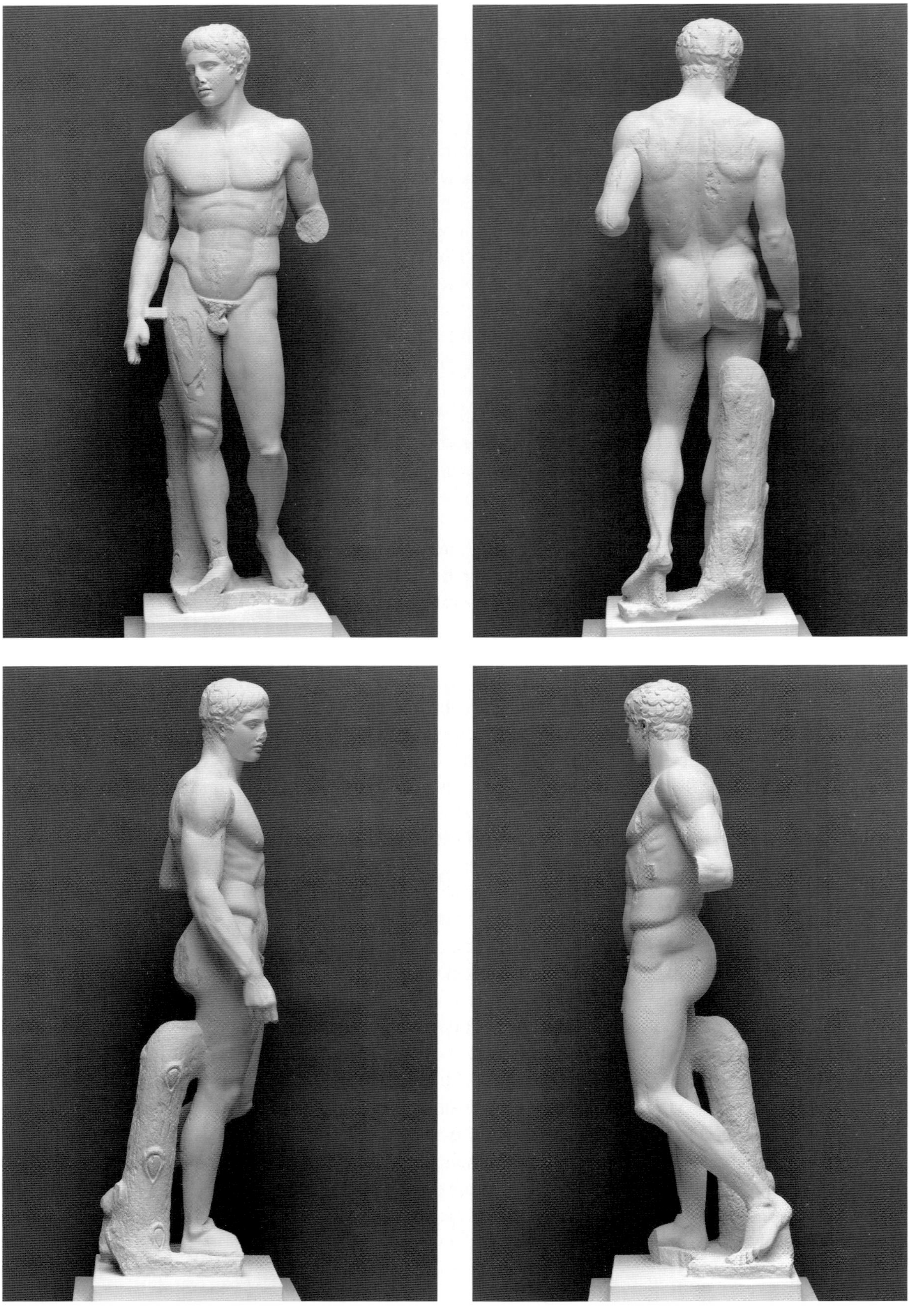

Abb. 1–4. Doryphoros des Polyklet, römische Kopie. The Minneapolis Institute of Art (Abguß Göttingen, Archäologisches Institut der Universität)

Körpers entlastet wird, entsteht zunächst ein Ungleichgewicht. Es kommt zum Konflikt zwischen der natürlichen Körperschwere, die die Gestalt zu Boden ziehen möchte, und dem gegen die Schwerkraft sich behauptenden Lebensimpuls, also zum Konflikt zwischen zwei Grundbedingungen menschlicher Existenz überhaupt. Dieser Konflikt wird im Körper selbst sichtbar ausgetragen: Verschiebungen, Dehnungen, Kontraktionen und gegenläufige Bewegungen innerhalb des Muskelgefüges fangen das Ungleichgewicht auf allen Seiten der Gestalt auf – der Mensch behauptet sich gegen die Schwerkraft, er lebt. Muskeln und Glieder erscheinen dabei als klar umgrenzte Funktionsteile, die folgerichtig ineinandergreifen. So gesehen, ist der Kontrapost ein analytisches Verfahren, durch welches Grundelemente ermittelt werden, die in einem kausalen Zusammenhang stehen; sie sind je nach der Intensität der auf sie wirkenden Kräfte variabel, vereinigen sich jedoch zu einem Gesamtorganismus, zu einer rational erfahrbaren Konstruktion (vgl. u. zu Polyklet S. 354 ff.). Deutlich wird hier nicht zuletzt, wie Freiheit und Gebundenheit aufeinander bezogen sind.

Die dem Kontrapost zugrunde liegende Konzeption steht in einem engen Zusammenhang mit der Revolution des griechischen Denkens und Lebens seit dem Ende des 6. Jahrhunderts, wofür schlagwortartig genannt seien: Heraklit, die Atomisten, die demokratische Verfassung und die hippodamische Stadtplanung. Leben und Harmonie beruhen nach Heraklit auf Gegensätzen; Heraklits παλίντονος ἁρμονίη, »des Wider-Spännstigen Fügung« (Fragment 51, übersetzt von B. Snell), ist die prägnanteste Formel auch für die ›ponderierte‹ klassische Figur. Die im Kontrapost verwirklichte Absicht, den Kosmos des menschlichen Körpers auf Grundelemente zurückzuführen, findet ihre Parallele in der Physik der Atomisten. Die Atomisten – und vor ihnen Parmenides – haben zudem den für den Kontrapost konstitutiven Gegensatz ›schwer‹ – ›leicht‹ und seinen Zusammenhang mit ›Bewegung‹ zum Thema naturphilosophischer Reflexion gemacht. Rationale Konstruktion und funktionale Durchgliederung sind die Kennzeichen insbesondere der attischen, der kleisthenischen Demokratie, in der der einzelne Bürger mitbestimmend tätig ist, aber auch fest umrissene Aufgaben zu erfüllen hat. Gegenüber der Freiheit der Polis nach außen erscheint die individuelle Freiheit ihrer Mitglieder als begrenzt. Sichtbaren Ausdruck gewinnt diese in der hippodamischen Stadtplanung, welche den Lebensraum der Polis einheitlich organisiert und den Bürgern gleich große Grundstücke zuweist.

Der Kontrapost markiert nicht nur einen Höhepunkt, sondern auch einen Endpunkt: Hinsichtlich der Darstellung des Menschen als organische Naturform ist die Antike nicht über ihn hinausgelangt. Er blieb als Grundlage des Menschenbildes verbindlich, selbst wenn er in späteren Epochen zum bloßen Motiv wurde und das Gestaltungsinteresse sich – insbesondere im Hellenismus – mehr auf die realistische Erscheinung der Oberfläche richtete oder – insbesondere in der römischen Kaiserzeit – auf die zeichenhafte Vergegenwärtigung von Idealgestalten.

Im 5. Jahrhundert kulminiert auch die Entwicklungsgeschichte einer Leitform der griechischen Architektur: Der dorische Tempel gewinnt im Zeustempel in Olympia und im Parthenon in Athen – um die prominentesten Beispiele zu nennen – seine ausgereifte Gestalt. Auch die durch Hippodamos neu begründete regelmäßige Stadtplanung und das dazu passende ›Typenhaus‹ zählen zu den vorbildlich gewordenen Leistungen der Griechen des 5. Jahrhunderts. Freilich erreichten damals nicht alle Kunstgattungen eine für die Folgezeit exemplarische Bedeutung: Auf dem Gebiet der ›großen‹ Malerei – von der wir so gut wie keine Anschauung mehr besitzen – bewunderte die Antike zwar stets die Meister des frühen und mittleren 5. Jahrhunderts, vor allem Polygnot und Mikon als Schöpfer großer Wandgemälde, doch sah man – auch in technischer Hinsicht – die Blüte der Gattung eher im Werk von Künstlern, deren Schaffenszeit erst in das späte 5. und das 4. Jahrhundert fällt, erwähnt seien Parrhasios, Zeuxis, Apelles. Zum ›klassischen‹ 5. Jahrhundert gehören dagegen neben der Ausbildung der Demokratie die Geschichtsschreibung des Herodot und des Thukydides sowie die Tragödie des Aischylos, des Sophokles und (noch) des Euripides – auch hier wurden Maßstäbe gesetzt, die verbindlich bleiben sollten.

Eine entscheidende Voraussetzung für die Hochleistungen der griechischen, insbesondere der attischen Kultur und bildenden Kunst des 5. Jahrhunderts waren ein gesteigertes Selbstbewußtsein der Intellektuellen und Künstler sowie der Wille, sich mit der Tradition kritisch auseinanderzusetzen

Abb. 5. Hermes des Alkamenes, römische Kopie. München, Glyptothek Inv. DV 37

Abb. 6. Nordfries des Parthenon, Platte X. London, British Museum

und auf der Basis intensiver Reflexion zu neuen Problemlösungen vorzustoßen. In der bildenden Kunst wurden Formen und Stile bewußter und zielgerichteter als zuvor entwickelt und eingesetzt. Dieses neue Stilbewußtsein bestimmte vor allem die Kunst der Hochklassik nach der Mitte des 5. Jahrhunderts. Beispiele dafür sind: der »Kanon« Polyklets, der die Darstellung der menschlichen Gestalt an Proportionsgesetze band, die aus der Natur ableitbar sind (vgl. u. S. S. 354 ff.); die kolossalen Gold-Elfenbein-Statuen des Pheidias, die das Götterbild neu zu definieren versuchten; im Zusammenhang mit dem Götterbild außerdem die Entwicklung einer archaistischen Kunst (Abb. 5). Letzteres ist besonders aufschlußreich: Die Wiederbelebung von Formen der Kunst der archaischen Zeit begrenzte sich zwar auf den Sektor des Götterbildes und verfolgte die Absicht, in einer Epoche der ›Aufklärung‹ Religion durch Rekurs auf ehrwürdige Überlieferung wieder glaubwürdig zu machen, doch war damit im Prinzip vollzogen, was bald allgemeinere Bedeutung erlangen sollte: der kalkulierte Rückgriff auf Formen der Vergangenheit, wie er sich im 4. Jahrhundert auf das 5. Jahrhundert v. Chr. richtete.

Auch in anderen Bereichen der Kultur der Hochklassik war ›Stil‹ ein Gegenstand der Diskussion: Damon, Lehrer und Berater des Perikles, reflektierte über die Wirkung der verschiedenen Stile von Musik auf ethisches und politisches Verhalten, Hippodamos über den Zusammenhang zwischen der Form von Stadtplanung und der politisch-gesellschaftlichen Organisation. Der Komödiendichter Aristophanes stellte die Stile der Tragiker Aischylos, Sophokles und Euripides wertend einander gegenüber. Wenn schließlich Perikles beim öffentlichen Auftreten Pathos vermied und den Eindruck von Würde und Selbstbeherrschung erwecken wollte, dann setzte er ›Stil‹ bewußt ein, um den Charakter seiner Person und seines Programms zu verdeutlichen.

Zu konstatieren sind also schon in der Epoche der Hochklassik ein reflektiertes Verhalten gegenüber Formen und Stilen sowie damit übereinstimmend eine gewisse Verselbständigung des Ästhetischen; es gibt Tendenzen sowohl zur Kanonbildung und Idealisierung als auch zu einer Pluralität von verfügbaren Stilen. Deutlich erkennbar wird eine Fähigkeit, künstlerische Phänomene aus der Distanz heraus zu betrachten, zu beurteilen und auch zu verwenden. Damit aber ist bereits eine Form des Umgangs mit Kunst definiert, wie sie für die folgende Epoche, das 4. Jahrhundert v. Chr., charakteristisch ist.

Fragt man nach den Beweggründen für das gesteigerte ›Stilbewußtsein‹ und das Bemühen um allgemein gültige, die Realität steigernde Formen, dann trifft man auf politisch-soziale Konstellationen. Diese sind in Athen besonders deutlich erkennbar, was kaum allein an den Zufällen der Überlieferung liegt; die Hochklassik war nicht ausschließlich, aber doch primär ein attisches Phänomen.

Als die Athener auf dem Höhepunkt ihrer politischen Macht im Jahre 454 v. Chr. die Kasse des Seebundes ihrer eigenen Verfügungsgewalt unterstellten, mißachteten sie die Autonomie ihrer Bundesgenossen und verwandelten das Verteidigungsbündnis gegen die Perser in eine Zwangsherrschaft. Um die Interessen der eigenen Polis zu sichern, verletzten sie das Lebensprinzip der Polis überhaupt. Gerade weil die Perser keine aktuelle Bedrohung mehr darstellten, hielt man an der alten Parole von der Freiheit der Griechen fest, benutzte sie aber dazu, Vorherrschaft und Unterwerfung zu rechtfertigen.

Die hochklassische Kunst setzt die Einsicht in solche Widersprüche voraus. Sie bezeugt auf ihre Art den Willen, das bisher Erreichte und den daraus abgeleiteten Anspruch, die beide gefährdet

Abb. 7. Torso des Poseidon aus dem Westgiebel des Parthenon. Athen, Akropolis-Museum

Abb. 8. Ostfries des Großen Altars von Pergamon, Zeus-Platte. Berlin, Pergamon-Museum

waren, festzuhalten und sichtbar zu dokumentieren. Dabei ging es nicht so sehr um neue Inhalte, sondern darum, tradierte Inhalte durch eine forcierte formale Anstrengung neu zu beglaubigen. Die Wirklichkeit wurde überhöht, die Konzeption einer Polis von Freien und Gleichen zum Ideal verdichtet, wofür der Aufzug der Athener am Fest der Panathenäen auf dem Fries des Parthenon (Abb. 6) das beste Beispiel gibt. Form trat vor die Realität, Intellekt ersetzte Substanz. Dennoch verkam die Kunst nicht zur verlogenen Fassade, zur bloßen Propaganda: Ähnlich wie Perikles und Thukydides, die die Spannung zwischen Ideal und Realität erkannten, durchhielten und fruchtbar machten, haben offenbar auch die bildenden Künstler gegensätzliche Intentionen dialektisch (oder auch: ›kontrapostisch‹) zueinander in Beziehung gesetzt: z. B. Gebundenheit und Freiheit, Naturtreue und Stilisierung, physische Kraft und ernste Reflexion. In der künstlerischen Form erschienen die Gegensätze nicht negiert, aber aufgehoben in einer höheren Einheit. Hochklassische Form konstruierte eine Utopie, und das begründete ihr Weiterwirken, verbürgte ihre Klassizität.

Die große Wirkung der hochklassischen Kunst beruhte aber nicht nur auf ihrem ›utopischen‹ Gehalt und auf ihrem kunstgeschichtlichen Doppelgesicht (sie ist Höhepunkt und Neuansatz zugleich), sondern entscheidend auch auf ihrem überragenden formalen Niveau. Die Werke, die wir im Original besitzen – und erneut sei hier auf die Parthenon-Skulpturen verwiesen –, sind von blutleerer Idealität und kalter Perfektion weit entfernt. Sie zeichnen sich vielmehr aus durch kraftvolle Präsenz, sprühende Lebendigkeit, Reichtum im Detail. Affekte scheinen gebändigt, doch nicht unterdrückt, Ideales greifbare Realität zu sein. Das oft bemerkte Gleichgewicht zwischen Freiheit und Gebundenheit hat sich im Verlauf der Hochklassik offenbar leicht zur Freiheit hin verschoben, ebenso das Gleichgewicht zwischen Naturalismus und Stilisierung zum Naturalismus hin. Der gewaltige Torso des Poseidon (Abb. 7) aus dem Westgiebel des Parthenon z. B. wird an unmittelbar

sinnlicher Ausstrahlung von vergleichbaren hellenistischen Werken wie den Göttern und Giganten am Großen Fries des Pergamonaltars (Abb. 8) nicht übertroffen. Die die Sinne ansprechende Form trägt aber entscheidend dazu bei, die Barriere der Fremdheit zwischen dem Betrachter oder Interpreten und dem klassischen Werk zu überwinden und schließlich einen Prozeß des Verstehens oder des Sich-Aneignens in Gang zu setzen. Das Ergebnis dieses Prozesses können bleiche Idealfiguren sein – doch dafür ist nicht die Klassik verantwortlich zu machen.

Auch historisch betrachtet, ging die erste Wirkung der Klassik vom sinnlichen Reiz hochklassischer Formen aus: Der sog. Reiche Stil, der in den Jahren zwischen etwa 425 und 405 v. Chr. unmittelbar auf die Hochklassik folgte, wollte den äußeren Glanz klassischer Werke in einer Zeit der Krise bewahren, indem er ihn übersteigerte. Der Reiche Stil (Abb. 9) leitete zur Kunst des 4. Jahrhunderts über, und damit bereits zu einer Rezeption des Klassischen.

Die Kunst der Hochklassik hat ihre eigene Rezeption und schließlich ihre Kanonisierung selbst in Gang gesetzt. Sie wollte etwas auch für künftige Generationen Bedeutsames schaffen und hatte damit Erfolg. Plutarchs Urteil über die von Perikles in Athen beförderten Bauten (Plutarch, Perikles 13) benennt – in rhetorischer Überhöhung – eine Tatsache: In kurzer Zeit errichtet, wirkten die Bauwerke in ihrer formalen Perfektion auf die damaligen Zeitgenossen sogleich so ehrwürdig, als hätten sie bereits eine lange Geschichte, andererseits machten sie noch in der Gegenwart (Plutarchs) einen derart frischen Eindruck, als seien sie eben erst geschaffen worden.

Dennoch war die Kanonisierung der Kunst des 5. Jahrhunderts als ›klassisch‹ keine notwendige und selbstverständliche Entwicklung. Sie wurde möglich und wird verständlich erst in der veränderten politischen und sozialen Situation seit dem Ende des Peloponnesischen Krieges und dem dadurch bedingten Wandel des kulturellen Klimas. Jetzt erschien das 5. Jahrhundert als eine abgeschlossene, im Vergleich zur Gegenwart bessere, rühmenswerte Epoche, deren politische und kulturelle Leistungen man sich vor Augen führte und zum Vorbild nahm.

So gehörte in Athen das ›Beispiel der Vorfahren‹ zu den beliebtesten Argumenten in den öffentlichen Reden des Isokrates, des Demosthenes und ihrer Kollegen. Gemeint waren vor allem die Vorfahren aus einer noch nicht so lange zurückliegenden Zeit, die Angehörigen jener Generation, die 490 v. Chr. bei Marathon die Perser besiegte. Seit dem Jahre 386 v. Chr. wurde die alljährliche Konkurrenz dramatischer Dichter am Fest der Großen Dionysien in Athen mit der Wiederaufführung eines Stückes der großen Tragiker des 5. Jahrhunderts eingeleitet. Seit 339 v. Chr. führte man auch die alten Komödien aus der Zeit des Aristophanes regelmäßig wieder auf. Statuen des Aischylos, des Sophokles und des Euripides wurden auf Veranlassung des attischen Staatsmannes Lykurgos in den Jahren um 330 v. Chr. im soeben gründlich renovierten Dionysos-Theater errichtet, dem Schauplatz der ersten und der wiederholten Inszenierungen ihrer mittlerweile ›klassisch‹ gewordenen Tragödien. Gleichzeitig ließ man ein offizielles Staatsexemplar der Werke der drei Tragiker herstellen – wodurch der

Abb. 9. Aphrodite. Athen, Agora-Museum

Abb. 10. Hermes des Praxiteles. Olympia, Museum

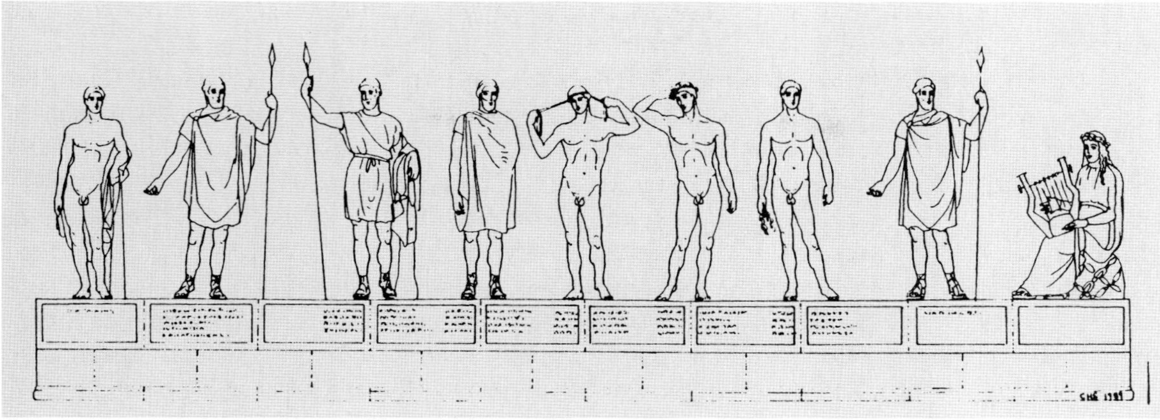

Abb. 11. Delphi, Monument des Daochos. Rekonstruktion A. Stewart

Schutz und die Kanonisierung von Texten erreicht werden sollte, die teilweise noch keine 100 Jahre alt waren.

Aber nicht nur in Athen, über dessen Verhältnisse wir am besten unterrichtet sind, war damals die Beschwörung der Vergangenheit üblich: Im Jahre 396 v. Chr. begann der spartanische König Agesilaos einen Feldzug nach Kleinasien mit einem feierlichen Opfer in Aulis – unter Berufung auf Agamemnon, der vor dem Trojanischen Krieg an derselben Stelle geopfert hatte. Ähnlich handelte Alexander der Große, der im Jahre 334 v. Chr. zu Anfang seines Zuges gegen die Perser in Troja Station machte, um der Athena von Ilion zu opfern und insbesondere Achill an dessen Grab zu verehren.

Unzufriedenheit mit der Gegenwart, Zweifel an der Solidität der Welt, wie sie erscheint – aus einer solchen Grundstimmung erwuchs die platonische Philosophie. Um seine eigene Position zu klären, setzte sich Platon in zunehmendem Maße mit der älteren philosophischen Tradition auseinander. Seine Dialoge hat er in die Lebenszeit des Sokrates zurückdatiert, nach unserer Zeitrechnung also in das 5. Jahrhundert. Systematisch erschlossen und auf ihre Verwertbarkeit hin überprüft, wurde die gesamte geistige, auch literarische und politische Überlieferung der Griechen durch Aristoteles und seine Schule: Damals muß das Bewußtsein verbreitet gewesen sein, daß man eine Zeitenwende erlebe und daß das Erbe der Vergangenheit auf dem Weg in die Zukunft nützlich sein könne.

Retrospektive Tendenzen lassen sich auch in der bildenden Kunst des 4. Jahrhunderts feststellen – obwohl es nach einem schon in der Antike verbreiteten Urteil gerade die Meister des 4. Jahrhunderts waren, die den Fortschritt der Kunst auf den Höhepunkt führten.

Zu diesen Meistern gehörte Lysipp, der bedeutendste Bildhauer in der Epoche Alexanders des Großen. Lysipp soll den von Polyklet geschaffenen Doryphoros (s. u. Kat.-Nr. 240), also eine Statue, als seinen Lehrer bezeichnet haben. Dieses von Cicero (Brutus 296) überlieferte Bekenntnis überrascht; denn die Bildhauerei war in Griechenland ein Handwerk, dessen Tradition sich gewöhnlich in Personen manifestierte, in Abfolgen von Meistern und Schülern und nicht in einzelnen Werken. Tatsächlich läßt die dem Lysipp mit großer Sicherheit zugeschriebene Athletenstatue, der Apoxyomenos (s. S. 355 Abb. 1), trotz aller Unterschiede in der Proportionierung sowie der Bewegtheit des Körpers ein analytisches Gestaltungsprinzip erkennen, wie es in ähnlicher Weise den Aufbau des Doryphoros prägt. In dieser Hinsicht unterscheidet sich der Apoxyomenos sehr deutlich von gleichzeitigen Werken etwa seines Zeitgenossen Praxiteles (Abb. 10).

Wenn Lysipp sich auf den Doryphoros berief, dann legte er offenbar Wert darauf, die Vorbildlichkeit des klassischen Werkes herauszustellen und durch einen solchen Rückbezug die eigene Leistung zusätzlich zu legitimieren. Es handelt sich hier nicht um eine bloße Fortsetzung der unmittelbaren polykletischen Schultradition, die im übrigen nach der Mitte des 4. Jahrhunderts

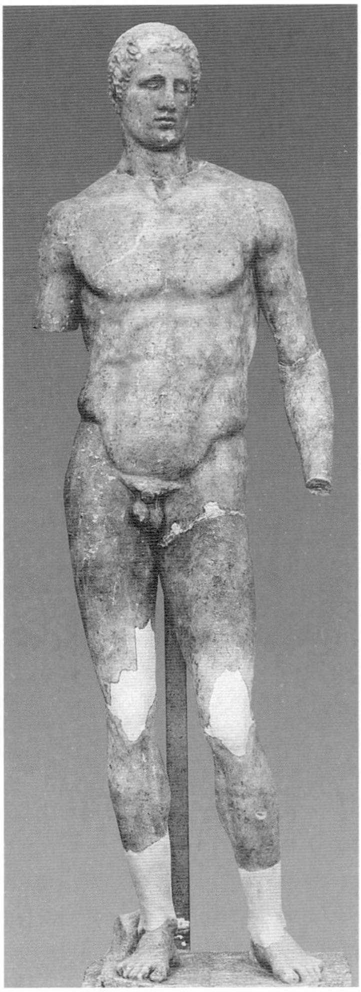

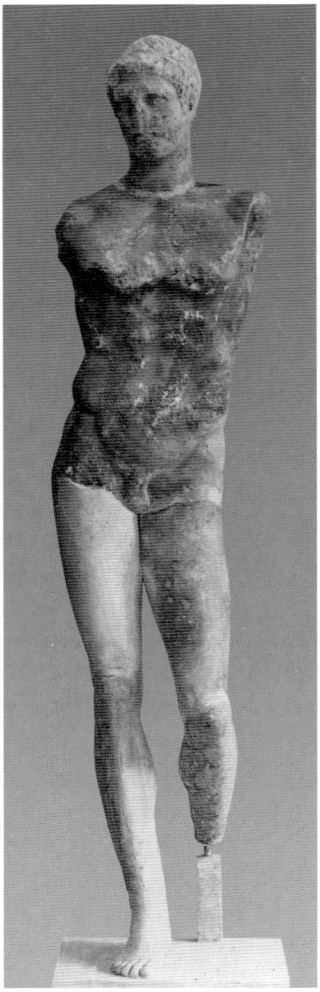

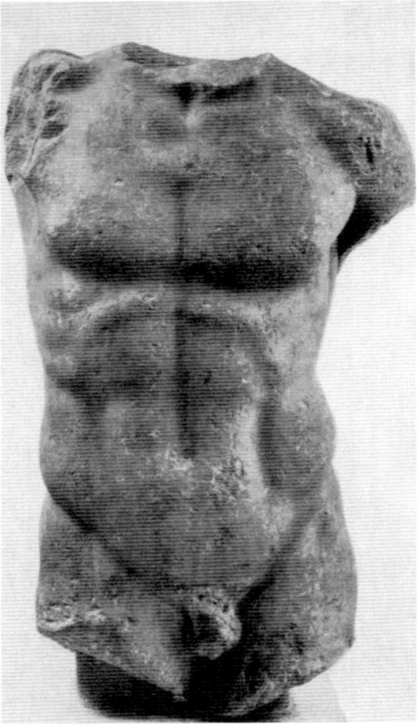

Abb. 14. Statue des Telemachos vom Daochos-Monument. Delphi, Museum

Abb. 12. Statue des Agias vom Daochos-Monument. Delphi, Museum

Abb. 13. Statue des Agelaos vom Daochos-Monument. Delphi, Museum

v. Chr. kaum mehr zu fassen ist; das reflektierte Bezugnehmen auf bestimmte hochklassische Werke und Gestaltungsweisen erfolgt vielmehr aus dem Bewußtsein von Distanz. Kunstformen der Vergangenheit werden als verschieden von den Formen der Gegenwart empfunden. Zugleich erscheinen sie als Repräsentanten vergangener Größe – nicht nur im Hinblick auf die bildende Kunst –, und in dieser Funktion können sie erneut aktualisiert, d. h. in die zeitgenössische Formensprache übernommen werden.

Ein Beispiel für die Möglichkeit, Vorbilder aus verschiedenen Epochen gezielt einzusetzen, bietet das Monument des Daochos in Delphi (Abb. 11). Der thessalische Dynast ließ in einem abgegrenzten Bezirk oberhalb der Tempelterrasse eine Gruppe von ursprünglich neun Statuen errichten: Dargestellt waren ein Gott – wahrscheinlich Apollon – und dann in genealogischer Folge Vertreter von sechs Generationen der Familie des Daochos. Das Monument kann in die Jahre gegen 330 v. Chr. datiert werden, da Daochos in dieser Zeit ein wichtiges Amt in Delphi ausübte. Von den im Denkmal vergegenwärtigten Generationen wird die zweite durch die drei Brüder Agias, Agelaos und Telemachos repräsentiert, die – wie auf den Inschriften der Basis zu lesen – als siegreiche Athleten bei den verschiedenen panhellenischen Spielen Ruhm gewannen. Ihre Lebenszeit fällt etwa in die Mitte des 5. Jahrhunderts.

Die Statue des Agias (Abb. 12) steht in ihrer Proportionierung und in der Art, wie die Muskeln herausgearbeitet sind, dem Apoxyomenos des Lysipp nahe, und das gilt ebenso für die weniger gut erhaltene Statue des Agelaos (Abb. 13). Die lysippische Formensprache enthält aber auch hier den Hinweis auf die hochklassische Tradition, eine Vermutung, die zur Sicherheit wird, wenn man die

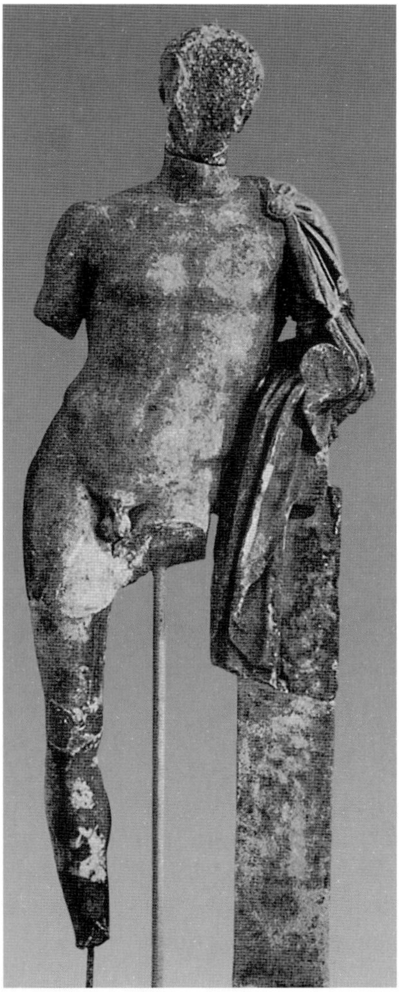

Abb. 15. ›Ephebe Westmacott‹. Rekonstruktion einer Polyklet zugeschriebenen Statue nach römischen Kopien

Abb. 16. Statue des Sisyphos vom Daochos-Monument. Delphi, Museum

Statue des Telemachos (Abb. 14) betrachtet. Der Torso läßt keinen Zweifel daran, daß die Figur ein berühmtes Werk Polyklets wiederholte, den sog. Epheben Westmacott (Abb. 15). Betrachtet man erneut den Agelaos, dessen beide Arme einst hochgehoben waren, dann fällt einem auch zu ihm ein polykletisches Vorbild ein: der Diadumenos. Anders als seine Vorfahren präsentiert sich der Vertreter der vorerst letzten Generation der Daochiden, Sisyphos (Abb. 16), der noch junge Sohn des Stifters des Denkmals. Er ist neben Agias, Agelaos und Telemachos die einzige weitere unbekleidete Figur in der Gruppe. Auf den Bereich der sportlichen Übungen wird wahrscheinlich auch hier angespielt, und zwar mit dem Hermenpfeiler, an den Sisyphos sich lehnt; solche Hermesbilder standen häufig in Gymnasien und Palästren. Die Körperformen des Sisyphos erscheinen im Vergleich zu denen des Agias oder Telemachos weicher und zurückhaltender modelliert – doch das charakterisiert den noch knabenhaften Mann. Auffälliger ist, daß Sisyphos als eine sich anlehnende Figur wiedergegeben wurde. Dieser Darstellungstypus war in der Kunst des 4. Jahrhunderts, vor allem im Umkreis des Praxiteles so sehr beliebt, daß er geradezu als repräsentativ für die ganze Epoche gelten kann. Die Statuentypen, die für Agias, Agelaos und Telemachos Verwendung fanden, wirken demgegenüber ›klassisch‹, d. h. der Kunst des 5. Jahrhunderts zugehörig. Somit verweist die Art der Darstellung auf die Lebenszeit der Dargestellten – wenn auch wohl kaum im Sinne einer bloßen Datierung durch kunstgeschichtliche Anspielungen: Während der Zeitgenosse Sisyphos in einem ›modernen‹ Bildtypus erscheint, zeigen sich die drei im 5. Jahrhundert aktiven Athleten in einer Form, die Assoziationen an eine große Vergangenheit erweckt und die die Dargestellten in eine gleichsam heroische Sphäre rückt.

Daß man im 4. Jahrhundert spezifische Stilsprachen als solche anerkannte und sogar innerhalb eines Werkes nebeneinander tolerierte, belegen die Amphoren, die bei den Panathenäischen Spielen in Athen als Siegespreise vergeben wurden (s. u. Kat.-Nr. 147–157): Um die ehrwürdige Tradition der Spiele zu beschwören, wurde für die Amphoren die archaische schwarzfigurige Technik beibehalten und stellte man das Athenabild auf der Hauptseite in archaistischer Manier dar. Die Szenen auf den Rückseiten wurden zwar ebenfalls schwarzfigurig, aber im modernen Stil ausgeführt.

Bewußtes Zurückgreifen auf Formen der Vergangenheit und ein Nebeneinander verschiedener Stile sind also nicht erst Phänomene der späthellenistischen oder römischen ›eklektischen‹ Kunst, sondern lassen sich schon im 4. Jahrhundert v. Chr. eindeutig nachweisen. Rückgriffe auf Formen der archaischen Zeit wie des 5. Jahrhunderts hat man auch in der Architektur und der Architekturornamentik festgestellt. Selbst ein Vertreter der im 4. Jahrhundert führenden und fortschrittlichsten Kunstgattung, der Maler Pausias, beschäftigte sich mit der Malerei des 5. Jahrhunderts. Er restaurierte Wandgemälde des Polygnot in Thespiai.

Trotz mancher fließender Übergänge ist die ›nachklassische‹ Kunst des 4. Jahrhunderts von der ›klassischen‹ des 5. Jahrhunderts durch eine Zäsur getrennt. Grundsätzlich gewandelt hat sich die Art, wie über Kunst reflektiert und wie sie eingesetzt wird. Fragt man nach den Gründen, dann ist neben der veränderten historischen und sozialen Umwelt auch der zunehmende private Konsum von Kunst zu nennen: Als Auftraggeber – selbst von Werken, die für die Allgemeinheit bestimmt waren – treten an die Stelle der Polis jetzt häufig Individuen (und seien es Fürsten), die die Kunst zur Selbstdarstellung und individuellen Legitimierung benutzen.

Zu den neuen Formen des Umgangs mit Kunst gehört der Rückgriff auf vergangene Epochen, insbesondere das 5. Jahrhundert. Es handelt sich hier um ein Phänomen, das wir auch in anderen Bereichen des intellektuellen Lebens der Zeit antreffen: Platon und Aristoteles standen die Denksysteme der älteren Philosophie und Sophistik als abgeschlossen, beurteilbar und im philosophischen Diskurs erneut verwendbar zur Verfügung. In den Platonischen Dialogen, z. B. im »Theaitetos«, übernehmen die Gesprächspartner ohne Schwierigkeiten die Rolle früherer Denker, um fiktiv in deren Sinne zu argumentieren.

Das Nachahmen, ja das Übertreffen von Stilvorbildern gehörte zum selbstverständlichen technischen Rüstzeug der attischen Redner des 4. Jahrhunderts. Isokrates hat dazu in seinem »Panegyrikos« (7–14) einiges ausgeführt, was sich sehr gut auf die Praxis der bildenden Künstler übertragen läßt – zumal Isokrates selber darauf hinweist, daß seine Thesen nicht nur für die Rhetorik gültig seien: Man könne dieselbe Sache auf mehrere Weisen ausdrücken; altbekannte Dinge etwa könne man neuartig, Neuigkeiten altertümlich vorbringen. Die Leistungen der Vergangenheit seien ein allen zukommendes Erbe, man müsse nur darauf achten, zur rechten Zeit den richtigen Gebrauch davon zu machen. In der Rhetorik wie in anderen Künsten habe man dann den größten Erfolg, wenn man nicht blind den ältesten Autoritäten folge, sondern denen, die auf ihrem Gebiet die höchste Vollendung (also die ›klassische‹ Form!) erreicht hätten.

Geistige und künstlerische Leistungen der Vergangenheit konnten damals aus ihrem ursprünglichen Kontext gelöst und für sich tradiert werden. Sie wurden zu Bestandteilen von Bildung und Kultur. Es ist die Epoche, in der Isokrates (Panegyrikos 50) als Erkennungszeichen der Griechen – im Unterschied zu den Barbaren – erstmals die gemeinsame Bildung hervorhob und nicht die gemeinsame Abstammung und Geschichte. Die griechische Bildung aber war übertragbar und lernbar, auch Nicht-Griechen konnten, wenn sie wollten, daran teilhaben, wie es dann im Hellenismus, seit Alexander, in ungeahntem Ausmaß geschah.

Im 4. Jahrhundert wurde das – so sehr erfolgreiche – Rezeptionsmuster des ›Klassischen‹ zuerst ausgebildet. Die Kanonisierung der Kunst des 5. Jahrhunderts bedeutete aber keineswegs sklavisches Kopieren der Vorbilder, sie bildete die Grundlage für originelle zeitgemäße Schöpfungen. Der frühere Rekurs auf die Leistungen der ›Klassik‹ erweist sich als anspruchsvoller und produktiver Versuch, durch Integration der Vergangenheit die Perspektiven der Gegenwart zu verbessern.

Die Voraussetzungen für ihre erfolgreiche Rezeption lagen also in der Klassik selbst begründet. Auch der Rezeptions- und Kanonisierungsprozeß, der im 4. Jahrhundert klar zu fassen ist, wurde bereits in der Hochklassik des 5. Jahrhunderts potentiell in Gang gesetzt. Danach verlief die Geschichte der griechischen und überhaupt der antiken Kunst anders als vorher: Es gab immer wieder Rückgriffe auf die Klassik, was man mit dem unpräzisen, zum Schlagwort verkommenen Begriff ›Klassizismus‹ zu benennen pflegt. Tatsächlich hatte die griechische Kultur im 5., aber auch im 4. Jahrhundert v. Chr. in der bildenden Kunst wie auf anderen Gebieten Leistungen hervorgebracht, mit denen die folgenden Generationen sich auseinandersetzen mußten. Diese ›klassischen‹ Leistungen wirkten durch ihre Form, doch betrafen sie nicht allein den Bereich des Ästhetischen. Sie repräsentierten Werte, mit denen die Teilhaber an der griechisch geprägten antiken Kultur sich identifizierten. Umgekehrt hat deshalb das Klassische auch für uns paradigmatische Bedeutung, wenn wir jene Kultur erkennen und beurteilen wollen; es wird zum Organon historischer Erkenntnis.

Im Bewußtsein der hellenistischen Epoche verschmelzen die Kunst des 5. und des 4. Jahrhunderts weitgehend zu einer Einheit; sie werden gemeinsam repräsentativ für das ›klassische‹ Griechenland. Andererseits dominiert im späten Hellenismus die Rezeption von Formen des 4. Jahrhunderts, während die Kunst der Zeit des Augustus sich programmatisch eher am 5. Jahrhundert orientiert. In der späteren römischen Kaiserzeit und erst recht in den folgenden Epochen verfließen für die Rezipienten alle Grenzen zwischen ›klassischen‹ und ›nichtklassischen‹ griechischen Werken; die griechische, schließlich die antike Kunst vertritt dann insgesamt das ›Klassische‹.

›Klassizismen‹ oder Rückgriffe auf das Klassische erschöpften sich in der griechischen und römischen Antike freilich nie in unselbständigem Nachmachen; Nacheifern und Nachahmen (*imitatio*) blieben schöpferische Akte. Nicht anders verhielt es sich in der Neuzeit: Die übliche negative Färbung des Begriffs ›Klassizismus‹ stammt aus der Polemik, mit der die jeweils folgende Generation die aus der Mode gekommene Anknüpfung an Klassisches bedachte.

Als eine Folge von Klassizismen kann man insbesondere die römische Kunst beschreiben. Eine herausragende Rolle spielt hier die Epoche des Augustus. Die augusteische Kunst schließt zwar an den späthellenistischen Klassizismus an, doch ist sie vor allem das Ergebnis einer neu motivierten und zudem ungewöhnlich breiten Auseinandersetzung mit klassischen, aber auch hellenistischen und archaistischen Vorbildern. Eingebunden in den Prozeß der Rezeption werden ebenso römische und italische Traditionen. Bezugspunkt und Maßstab der künstlerischen Bemühungen sind politisch-soziale Ideen, insbesondere der Machtanspruch Roms und der Prinzipat, das Herrschaftssystem des Augustus. Ein ausgeprägtes Formbewußtsein und reflektiertes Auswählen der nachzuahmenden, ja zu übertreffenden Muster bestimmt nicht nur die bildende Kunst, sondern auch die literarische Produktion. Wie in der griechischen Hochklassik ist man angetreten, Normen neu zu schaffen, die über den Tag hinaus gelten sollen, und hier wie dort geht es nicht um nur ästhetische Werte oder gar bloßen Dekor, sondern um die Mitgestaltung von Programmen, die die Gesellschaft insgesamt betreffen.

Die Ara Pacis Augustae, der dem von Augustus bewirkten Frieden gewidmete Altar, illustriert beispielhaft, wie Rezeption in neuer Weise produktiv wurde: Der Prozessionsfries (Abb. 17), der typologisch und stilistisch dem klassischen Parthenonfries verpflichtet ist, gab das Vorbild ab für die Prozessionsdarstellungen auf späteren ›historischen‹ Reliefs (Abb. 18). Gleiches gilt für die mythologischen Reliefbilder der Ara Pacis (Abb. 19), welche eher hellenistischen Mustern folgen, bei den Einzelfiguren aber auch auf klassische Formen rekurrieren. Ein Produkt kalkulierter Rezeption ist nicht zuletzt das Bildnis des Augustus (Abb. 20): Es wurde zum Maßstab für die gesamte Gattung des römischen Kaiserporträts. In den genannten und in anderen Fällen erschöpfte sich die Wirkung der augusteischen Kunst nicht darin, den späteren Epochen Bildtypen oder ikonographische Schemata zu liefern. Sie gestaltete vielmehr und stellte zur Verfügung das System einer Bildsprache. Diese Sprache enthielt spezifische Dialekte für die Darstellung von Staatsaktionen, idyllischen Landschaften, mythologischen Szenen usw. Zwar liegen die Ursprünge dafür in der griechischen Kunst des 4. Jahrhunderts und des Hellenismus, doch hat die augusteische Epoche die Bildsprache so ausgeprägt, wie sie für die römische Kaiserzeit verbindlich wurde.

Abb. 17. Panathenäische Preisamphora. London, British Museum Inv. B 610 (Kat.-Nr. 153)

Abb. 18. Nordfries der Ara Pacis Augustae, Ausschnitt. Paris, Musée du Louvre

Der augusteische ›Klassizismus‹ wurde selbst ›klassisch‹: Der explizite Wille, Normatives zu schaffen, und die diesen Willen bestätigende, andauernde Wirkung verbinden die augusteische Kunst mit der klassisch-griechischen. Beiden gemeinsam ist auch die Fähigkeit, die künstlerische Form bei aller Perfektion lebendig erscheinen zu lassen, etwa durch einen die Sinne unmittelbar ansprechenden Reiz der Oberfläche. Wie die griechische Kultur des 5. Jahrhunderts v. Chr. besitzt die augusteische ferner den Charakter eines Paradigma – auch für die historische Erkenntnis: Länger gültige Vorstellungen von Ordnung und Leben im römischen Staat und in der römischen Gesellschaft fanden damals eine klare und für die Folgezeit maßgebende Formulierung. In der Utopie der *aurea aetas*, des Goldenen Zeitalters, wurden diese Vorstellungen zum Ideal verdichtet, doch zugleich überführt in die Irrealität ideologischen Scheins. Vergleichbares ereignete sich in der griechischen Hochklassik. Augusteische ›Propaganda‹ war freilich ebensowenig wie der Parthenon oder die Reden des Perikles bloß verlogen und betrügerisch; sie ließ auch ihre inneren Widersprüche erkennen und war Teil des ernsthaften Versuchs, einen Erneuerungsprozeß zu befördern, die Utopie also konkret werden zu lassen. Nimmt man alles zusammen, dann darf man auch in bezug auf die bildende Kunst von augusteischer ›Klassik‹ sprechen, so wie es in der Literaturgeschichte üblich ist.

In der bildenden Kunst hatten spätere ›Klassizismen‹ weder die Intensität noch die Wirkung der augusteischen Kunst. Sie orientierten sich gewöhnlich an klassisch-griechischen und zugleich an römisch-augusteischen Formen, doch blieb ihre Ausstrahlung begrenzt – auch in der Neuzeit. Die

Kennzeichen des ›Klassischen‹ trägt innerhalb der abendländischen Kunstgeschichte wohl nur die Renaissance.

Die Auseinandersetzung mit dem Phänomen des ›Klassischen‹ in der Kunst, insbesondere in der Kunst der Antike, kann gerade auch dann fruchtbar sein, wenn man von der ›Klassik‹ nicht Lebenshilfe erwartet, sondern als Historiker darüber urteilen will. Hält man sich an die geschichtlichen Erscheinungen, so gewinnt man den Eindruck, daß Begriff und Tatbestand des Klassischen sich besser definieren lassen als das, was man ›Klassizismus‹ nennt. Das Klassische ist daher ein brauchbares Instrument historischer Erkenntnis und muß keineswegs auf die Funktion einer neutralen Epochenbezeichnung beschränkt werden.

Klassische Kunst bezeichnet einen objektivierbaren Höhepunkt, aber sie entsteht in einer Epoche des Traditionsbruchs: Sie legitimiert Tradition und trägt zugleich zu deren Überwindung bei. Unter bestimmten historischen Prämissen bringt sie menschliches Denken und Befinden zu exemplarischem Ausdruck und läßt die Utopie der Aufhebung von Widersprüchen sichtbar werden. Daraus ergibt sich ihre überzeitliche Bedeutung, welche aber erst durch erfolgreiche Rezeption bestätigt wird. Zum Klassischen gehören untrennbar Selbstreflexion und Selbstbewußtsein sowie der Wille, Normatives, Dauerndes zu schaffen, kurzum der Wille zur Klassizität. Ein Interesse an der Form um ihrer selbst willen oder eine gewisse Verselbständigung des Formalen bestimmt die klassische Kunst ebenso wie ihre sinnliche Ausstrahlung, ihre ›Schönheit‹. Beides erleichtert die Rezeption, die freilich nicht automatisch erfolgt: Klassische Werke fordern, aber benötigen auch die Bereitschaft, sich auf sie einzulassen.

Der Historiker kann die Normativität des Klassischen würdigen, aber er kann sie nicht seinerseits dogmatisch begründen. Die inhaltliche Definition oder besser: Beschreibung des Phänomens ergibt sich für ihn aus dem jeweiligen geschichtlichen Zusammenhang.

Abb. 19. Leptis Magna, Fries am Bogen des Septimius Severus

Abb. 20. Tellus-Italia. Relief an der Ara Pacis Augustae. Rom, Ara Pacis

Abb. 21. Statue des Augustus von Primaporta. Rom, Vatikanische Museen

Zu fragen bleibt, ob und inwieweit Klassik ein Phänomen der abendländischen Kultur ist. Denn die augusteische Klassik, die Renaissance und auch die Klassik in der französischen und deutschen Literatur beruhen wesentlich auf einer Auseinandersetzung mit der griechischen Klassik. Im Rahmen der abendländischen Kultur kann daher eine allgemeine, auch inhaltliche Bestimmung gegeben werden: Klassik schafft ein Bild des Menschen und seiner Welt, das realistisch und ideal zugleich ist, welches die natürlichen Gegebenheiten nachbildet und zugleich transzendiert. Maßstab und Zentrum des Klassischen ist der Mensch. Das klassische Werk zeigt Freiheit und Gebundenheit des Menschen, seine Entfaltungsmöglichkeiten und seine Begrenztheit in einem prekären Gleichgewicht; der Umschlag zur einen oder zur anderen Seite scheint jederzeit möglich zu sein. Was als gegenwärtig vorgestellt wird, enthält daher Zukünftiges, ist offen für die Utopie.

Literatur: P. Weitmann, Die Problematik des Klassischen als Norm und Stilbegriff, Antike und Abendland 35, 1989, 150 ff.; A. H. Borbein, Die Klassik-Diskussion in der Klassischen Archäologie, in: H. Flashar (Hrsg.), Altertumswissenschaft in den 20er Jahren. Neue Fragen und Impulse (1995) 205 ff.; ders., Die klassische Kunst der Antike, in: W. Vosskamp (Hrsg.), Klassik im Vergleich. Normativität und Historizität europäischer Klassiken, DFG-Symposion 1990 (1993) 281 ff.; ders., La nascita di un arte »classica«, in: S. Settis (Hrsg.), I Greci. Storia Cultura Arte Società 2, 2 (1997) 1275 ff.; E. Pöhlmann – W. Gauer (Hrsg.), Griechische Klassik. Vorträge bei der interdisziplinären Tagung des Deutschen Archäologenverbandes und der Mommsengesellschaft vom 24.–27. 10. 1991 in Blaubeuren (1994); H. Knell, Athen im 4. Jahrhundert v. Chr. – eine Stadt verändert ihr Gesicht. Archäologisch-kulturgeschichtliche Betrachtungen (2000); T. Hölscher, Römische Bildsprache als semantisches System, AbhHeidelberg 1987, 2; P. Zanker, Augustus und die Macht der Bilder (1987).

Salvatore Settis

Der Klassizismus und das Klassische. Ein Durchgang im Rückblick

Die Antike ist uns eigentlich nicht gegeben – sie ist nicht vorhanden –, sondern sie soll von uns erst hervorgebracht werden.

Novalis

In der europäischen Kulturgeschichte bilden ›klassisch‹ und ›Klassizismus‹ ein Begriffspaar, das sich gegenseitig erklärt und rechtfertigt. In anderen Hochkulturen, zum Beispiel in China oder Indien, sind Formen der Verehrung für das Antike (chinesisch: gu), wohl auch als Kanon (chinesisch: gu-dian) aufgefaßt, wohlbekannt, aber es scheint dort jener Fächer von Bedeutungen und Wertvorstellungen zu fehlen, die in der europäischen Tradition mit dem ›Klassischen‹ assoziiert werden, insbesondere die Vorstellung von einer zyklischen Wiederkehr. Obwohl der Vergleich mit anderen kulturellen Traditionen eine dringende Aufgabe ist, scheint uns dennoch – auch in Anbetracht der Grenzen unserer fachlichen Kompetenz – ein Diskurs über ›Klassik‹ und ›Klassizismus‹ statthaft, der sich ausschließlich auf den kulturellen Bereich beschränkt, den wir »das Abendland« nennen.

In der griechisch-römischen Antike entstanden nicht nur die soziokulturellen Mechanismen der einen wie der anderen Konzeption, sondern auch das Wort *classicus*, mit dem sie sehr viel später bezeichnet wurden. Dennoch konnte und kann man von ›klassisch‹ auch in Bezug auf andere kulturelle Horizonte reden: es gibt eine klassische Periode der französischen Literatur, die Klassiker der deutschen oder italienischen Literatur, eine klassische Epoche der Maya-Kultur, die Klassiker des Kinos, die klassische Musik. Alle diese Ausweitungen des Begriffs und seines Gebrauchs bleiben im Folgenden jedoch unberücksichtigt, auch wenn sie einen integralen Teil der Geschichte dieser ursprünglich auf den griechisch-römischen Bereich bezogenen Kategorie des ›Klassischen‹ bilden. Für unseren Durchgang im Rückblick, den wir, beschränkt auf die bildende Kunst und auch das sehr selektiv, skizzieren werden, sind drei Prämissen maßgeblich, die zugleich das Feld der Untersuchung abstecken:

A. Für andere Stadien der Kulturgeschichte, wie beispielsweise in Frankreich unter Ludwig XIV., sind die Begriffe ›klassisch‹ und ›Klassizismus‹ so gut wie austauschbar. In bezug auf die griechisch-römische Antike werden sie dagegen deutlich unterschieden und beinahe konträr benutzt. Das ›Klassische‹ kommt als erstes und bezeichnet das Originäre und Paradigmatische, worauf sich dann im Laufe der Jahrhunderte die Wellen verschiedener ›Klassizismen‹ beziehen. Mit den Worten von Paul Valéry: »Das Wesen des Klassizismus ist es, zu folgen. Die Ordnung setzt eine gewisse Unordnung voraus, die diese dann ordnet« (Variété, 1944).

B. Der Gebrauch des Begriffs ›klassisch‹ ist jedoch selbst in bezug auf die griechisch-römische Antike nicht einheitlich; dies mag beispielhaft und zusammenfassend für viele andere folgendes Zitat aus dem Begleitheft einer Ausstellung über griechische Bronzen verdeutlichen (Cleveland 1989): »The term *classical* is used broadly to describe the Greek, Etruscan and Roman cultures from about 1200 B.C. to A.D. 476, while *Classical* refers strictly to Greece from 490 to 320 B.C.« In Wirklichkeit hat ›klassisch‹, wie wir sehen werden, nicht nur einen weiten und einen engen Sinn, sondern selbst bezogen auf die Altertumswissenschaften weit mehr als diese zwei Bedeutungen. Da aber die verschiedenen Bedeutungen des Begriffs und deren Gebrauch aus dem historischen Prozeß hervorgingen, den wir verfolgen werden, werden wir weiter unten am geeigneten Ort auf eine Begriffsanalyse zurückkommen.

C. Unser Thema, das die ganze europäische Kulturgeschichte durchzieht, widersetzt sich jeder organischen und systematischen Behandlung. Wir haben daher ein sprunghaftes und fragmentarisches Verfahren gewählt; dies impliziert eine beträchtliche Subjektivität in der Wahl der Situationen und Beispiele, die wir für repräsentativ halten.

1. Das ›Klassische‹ als Unterscheidungsmerkmal zwischen Postmoderne und Moderne

Der bezeichnende Einschluß von abgelösten Elementen ›klassischen‹ oder ›neoklassischen‹ Ursprungs ist ein wesentlicher Teil der Poetik der Postmoderne, die sich ganz besonders in der Architektur zeigt. Ein Beispiel ist das als »modern classicism« selbststilisierte Werk Ricardo Bofills: Sein Donnelley Building in Chicago von 1992 (Abb. 1), ein Wolkenkratzer mit 50 Büroetagen,wird von vier Tempelgiebeln »all'antica« bekrönt und ist reich an ähnlichen Zitaten. Aber das fortwährende Vorkommen von Marmor, Säulen, Voluten und anderer als griechisch-römisch begriffener Elemente stellt keineswegs eine Rückkehr zum ›Klassischen‹ nach der Ära der Moderne dar, noch impliziert es irgendeine Werthierarchie, in der das ›Klassische‹ eine privilegierte Rolle spielen sollte. Im Gegenteil, die geläufigen Definitionen der ›Postmoderne‹ beziehen sich auf ein ausschließlich sequentielles historisches Modell, auf eine lineare Zeitlichkeit, die aus der minimalistischen Semantik des »Post« *vor* der »Moderne« hervorgeht. Für diese Abfolge sind zwei konträre Lesarten möglich. Für die einen entsteht die Postmoderne, bereits voll ausgeprägt, aus dem Tod der Moderne, und gerade weil sie sich als deren Überwindung fühlt, geht sie auf die Antike zurück, um eine neue Formensprache herauszubilden. Für andere dagegen, mit mehr Recht, beinhaltet die Praxis der postmodernen Kunst eine denotative und eklektische Einfügung von deutlichen (oft ›klassischen‹ oder ›neoklassischen‹) Zitaten auf das Gewebe des modernistischen Rationalismus.

Daher laden die Ableitungen vom ›Klassischen‹ in der postmodernen Architektur nicht dazu ein, das historische Gewicht der Tradition neu zu durchdenken, sondern sie treiben eher ein im Innersten fragmentarisches und unverbundenes Zitierwesen auf die Spitze, das das Antike in kleinste, dekontextualisierte und willkürlich wiederverwendbare Einheiten zerteilt. Der eben benannte Moment stellt also durchaus keine neue Phase des Klassizismus dar, sondern vielmehr das Symptom des Schlußpunktes dieser Tradition, der Zerstörung jenes paradigmatischen Statuts der ›klassischen‹ Antike, das jahrhundertelang in der europäischen Tradition deren Kenntnis und die Beschäftigung mit ihr garantiert hatte. Auch der iterative Charakter der postmodernen Zitierwut, die von der ›klassischen‹ Kunst nur unmittelbar auf dem – im übrigen nur unzureichend definierten – Niveau der Populärkultur wiedererkennbare Segmente entlehnt, kann nicht als metaphorische Aneignung der Antike verstanden werden, die durch diese Wiederverwendung in massenkompatiblen Architekturen verbreitet und ›demokratisiert‹ wird. Im Gegenteil, das ›Klassische‹ erscheint hier nicht als Diskurs über die Gegenwart (oder die Zukunft) mittels der Vergangenheit und popularisiert daher nicht seine Wurzel, sondern banalisiert sie. Und doch haben die Formensprachen der Postmoderne das ›Klassische‹ nicht nur als eigenes Territorium annektiert, sondern es auch als Unterscheidungsmerkmal gegenüber der Moderne ausgespielt, als ob diese das ›Klassische‹ vollständig verworfen habe. Diese Behauptung drängt die Frage auf, ob die Trennung zwischen Moderne und dem ›Klassischen‹ wirklich so radikal ausgefallen sei und ob die Postmoderne tatsächlich den Wert einer Rückkehr des ›Klassischen‹ habe.

2. Das ›Klassische‹ innerhalb der ›historischen‹ Stile: Der Sieg des Dorischen

Die ›Moderne‹, insbesondere in der Architektur, ist natürlich nur eine der vielen künstlerischen Richtungen des 20. Jahrhunderts. Dieser Richtung wurde, wie anderen auch, das Etikett der ›Moderne‹ angeheftet: aber die Häufigkeit, mit der dieses Etikett benutzt wird, um nicht nur die Kunst, sondern auch die Literatur, die Philosophie und die Wissenschaft zu bezeichnen, spiegelt wahrscheinlich eher unseren immerwährenden unbefriedigten Drang, uns selbst zu verorten, als ein irgendwie eindeutig bestimmtes Konzept wider. Klar ist hingegen, daß die Architektur der ›Modernen Richtung‹ der ersten Jahrzehnte des 20. Jahrhunderts die einfachen volumetrischen und im engsten Sinne funktionalen Formen propagierte, Gebäude, die nach klaren geometrischen Prinzipien ohne Ornamente aufgebaut waren, und die ›historischen‹ Stile ablehnte, denen die unmittelbar vorhergehenden Generationen ihr expressives und ornamentales Vokabular entlehnt hatten. Die neue formale Freiheit, ›reine‹ Raumgebilde tendenziell ohne Ornamente zu schaffen, sicherte dieser Richtung nicht nur eine außerordentliche Experimentierfreude, sondern auch eine Art übernationaler Einheit, die sie auch ohne einheitliches Manifest und Schulhaupt schnell zu einem, ja zu *dem* »internationalen Stil« in den Zwischenkriegsjahren machte. Zwei berühmte Formeln verdichten wunderbar diesen entscheidenden Aspekt der Poetik der Moderne : der Titel eines Vortrags, den Alfred Loos 1910 in Wien hielt, »Ornament und Verbrechen«, und Mies van der Rohes Ausspruch »Less is more«. Beide drücken nicht nur in ästhetischen, sondern auch in ethisch-politischen Kategorien eine entschiedene Option für die Architektur des Wesentlichen und Funktionalen aus, gegen die ornamentalen Blüten, die als Bremse für die Kreativität des Architekten und als Fessel für die freie Entwicklung der Formen empfunden wurden, wie sie den Erfordernissen einer neuen Gesellschaft entsprechen sollten.

Im Gegensatz dazu hatte die Ära des Historismus spätestens seit den Dreißiger Jahren des 19. Jahrhunderts auf ein mit historischen Kenntnissen angereichertes, an den verschiedenen Formensprachen orientiertes künstlerisches Vokabular gesetzt, die sich in der europäischen Tradition abgelagert hatten; es provozierte immer wieder neue künstlerische revivals (byzantinisch, gotisch, Renaissance, Barock), jeweils abgestimmt auf die neue Funktion, die die neuen staatlichen und gemeinschaftlichen Bauten erforderten (Verwaltungsgebäude, Theater, Fabriken, Museen, Wohngebiete); manchmal kamen noch Wendungen zum Exotischen hinzu, vom Neoassyrischen bis zum Japonisme. Reinheit der Formensprache hieß hier, aus diesen ›historischen‹ Stilen einen auszuwählen, je nachdem wie sehr er der jeweiligen Funktion, der nationalen Identität oder einer bestimmten Tradition am angemessensten schien. Die entgegengesetzte Option des Eklektizismus war dagegen durch eine freie Zusammenstellung semantischer Versatzstücke gekennzeichnet, die nicht einem einzelnen, sondern verschiedenartigen ›historischen‹ Stilen entstammten. Die Wiener Ringstraße mit ihrer eklektischen Mischung von Gebäuden, jedes in seinem eigenen ›historischen‹ Stil, ist das vollkommenste Beispiel des Gleichgewichts beider Tendenzen: Jedes einzelne Gebäude verweist auf die historische Periode, von der es den Stil angewandt hat, während das Ensemble die Pluralität sowohl in seiner Unterschiedlichkeit wie in seiner historischen Folge feiert. Die Abfolge der ›historischen‹ Stile findet sich dort in einer synchronischen und parataktischen Ordnung ausgebreitet, die einen Blick (oder eine Autorität) voraussetzt, der in der Lage ist, die Geschichte zu analysieren und über sie eine Art synoptischer Kontrolle auszuüben. Es ist, als ob sich die kaiserlich-königliche Hauptstadt hier zur Synthese und zum Gipfel der Geschichte Europas aufschwingen wollte.

In diesem außerordentlich komplexen kulturellen Rahmen befand sich das Erbe des ›Klassischen‹ im Wettbewerb mit den Formensprachen von anderen revivals, gerade so wie Worte griechischen oder klassisch-lateinischen Ursprungs in den modernen europäischen Sprachen mit einem Wortschatz mittelalterlich-lateinischer, romanischer oder germanischer Prägung konkurrieren. War das ›Klassische‹ also auf gleichem Fuß mit dem Neubarock oder dem Neugotischen in einem Arsenal gleichwertiger Möglichkeiten? Zwei grundsätzliche Reflexionen erweisen diese Schlußfolgerung als zu oberflächlich. Vor allem waren gerade diejenigen ›historischen‹ Stile, die ephemere Renaissancen erfuhren, ihrerseits reich an (strukturellen wie ornamentalen) Elementen, die bewußt und zum Teil programmatisch aus dem ›Klassischen‹ abgeleitet waren, von korinthischen Blattkränzen und Palmettenfriesen bis zu den Haltungen der Männer, Frauen und Tiere in den historischen Gemälden. Die ›historischen‹ Stile erschöpften sich also nicht etwa in sich selber, sondern führten sogar alle irgendwie auf das ›Klassische‹ zurück, sozusagen in einem Verweis ›zweiten Grades‹ und daher umso prägnanter und wirksamer, insbesondere im Falle der Renaissance, deren Wesen man gerade im 19. Jahrhundert als »Wiedergeburt der (›klassischen›) Antike« bezeichnete. An zweiter Stelle verband sich das Spiel mit verschiedenen Stilen, darunter mehr oder weniger ›klassischen‹, auf einer weniger offensichtlichen aber essentielleren Ebene mit den neuen Technologien, die den Beruf des Architekten völlig verwandeln sollten. Hierunter fällt insbesondere der Gebrauch des Stahlbetons oder von normalerweise im Mauerwerk verborgenen, sehr viel seltener dem Blick zugänglichen Metallgerüste. Mit anderen Worten, die Wiederverwendung eines bestimmten ›historischen‹ Stils (auf der Oberfläche des Gebäudes) und die Anwendung neuer Bautechnologien (in

Abb. 1. Ricardo Bofill, Das RR Donnelley Building in Chicago, Illinois

Abb. 2. Adolf Loos, Wettbewerbsentwurf für den Chicago Tribune Tower

seiner tektonischen Struktur) hatten die Funktion, sich gegenseitig zu legitimieren. Diese bisher unbekannten Verbindungen erlaubten es, in der Wiederverwendung der Gotik oder des Barock direkt zeitgenössisch zu sein, oder andersherum betrachtet, die Technologie der Gegenwart in den Dienst der Geschichte zu stellen.

Nun zog die ›Moderne‹, sozusagen antithetisch, ihre Rechtfertigung gerade aus dem wachsenden Auseinanderdriften der wesentlichen Geometrie der tragenden Struktur und der ornamentalen Außenverkleidung, die die in dem Gebäude wirksamen physisch-tektonischen Kräfte unter Blumenmustern, Kapitellen und gemalten oder plastischen Gesimsen gemäß den ›historischen‹ Stilen versteckten. In diesem Sinne konnte man sagen, daß Ornament Verbrechen ist, da es die Tektonik der Gebäude verleugnet und vernachlässigt und sie mit einer ornamentalen Schale bedeckt, die allein den Blick auf sich zieht. Und so konnte man argumentieren, daß einem ›weniger‹ an Ornament ein ›mehr‹ an Bemühen um Form, um Funktion, um Ausdruck entsprechen solle; mit anderen Worten, ein ›mehr‹ an Moderne. Aber auf diese Weise wurden alle historischen Stile, auch der ›klassische‹, tendenziell auf der Seite des Ornaments verortet, und in der Konsequenz wurde die Möglichkeit ihrer Wiederverwendung nicht allein abgewertet, sondern als unhaltbarer Anachronismus abgelehnt.

Auch der ›klassische‹ Stil entging in seiner Gesamtheit nicht diesem Verdikt, jedoch mit der einen bezeichnenden Ausnahme des dorischen Stils. Er wurde nicht als eine der vielen Hypostasen des ›Klassischen‹ begriffen, sondern als das Wesen eines ursprünglichen und unverdorbenen Griechentums, in dem sich in höchstem Grade tektonische Struktur und Formwille vereinten. Ein glänzendes Beispiel ist der von Adolf Loos 1922 für den Firmensitz der »Chicago Tribune« vorgestellte Entwurf (Abb. 2), der zwar nie ausgeführt wurde, aber doch eine der denkwürdigen Ikonen der Moderne werden sollte. Der Architekt, der es 1910 gewagt hatte, gegenüber der Hofburg am Michaelerplatz in Wien ein nacktes sechsstöckiges Gebäude zu errichten (das sogenannte Looshaus), präsentierte für Chicago einen Wolkenkratzer in Form einer riesigen dorischen Säule mit 22 Büroetagen, auf einer großen quadratischen Basis mit 12 Stockwerken, die durch ein von zwei dorischen Säulen flankiertes Portal zugänglich war. Dieses entsprach in seiner Höhe zwei Stockwerken, während die Fenster der Büros sich in den Kanneluren der Säule öffnen sollten. Die dorische Ordnung wurde also nicht als Ornament verstanden, sondern als reine Form und galt daher als der Moderne vortrefflich angemessen, insbesondere wenn sie mit dem Pantographen zu einer für die Griechen undenkbaren Dimension und Struktur aufgeblasen wurde, die nur durch moderne Bautechniken und die neue Poetik der Wolkenkratzer ermöglicht wurden.

Im Einklang mit diesem Sieg des Dorischen in der Moderne, den das Gebäude von Chicago so beeindruckend proklamieren sollte, entwickelten die Brüder Perret ihren ›Strukturellen Klassizismus‹. Dieser zeigte nackte Stahlbeton-Strukturen, wobei er sich auf die rationalistische Lesart der dorischen Ordnung bezog, wie sie bereits durch Viollet-le-Duc verbreitet worden war. Auf der gleichen Linie äußerte sich Le Corbusier noch radikaler (s.u. Abb. auf S. 62). Bei dem Entwurf einer neuen Architekturlandschaft nach seinen Streifzügen durch die Ruinen der Akropolis distanzierte er sich verächtlich von der römischen Antike (»sollte man den Millionären verkaufen«), erkannte aber im dorischen Stil die Zeichen einer elementaren und überzeitlichen Reinheit. Warum? Weil die dorischen Tempel »den Eindruck von geschnittenem und poliertem Stahl, eine Mechanik plastischer Form in Marmor von derselben Strenge, die wir bei dem Entwurf von Maschinen zu praktizieren gelernt haben« übermitteln (Vers une architecture, 1923). Innerhalb des ›Klassischen‹ kann man also wie aus einem Steinbruch einen gesonderten Code, den dorischen Stil, herausbrechen und isolieren und seine Übereinstimmung mit der Moderne namens einer ›mechanischen‹ Strenge der Form anerkennen. Der Stahl hat den Marmor gerettet und ihn zu einer neuen Bruderschaft berufen. *Natura non facit saltus*, die Geschichte dagegen schon: und die Ablehnung der Ornamentik der ›historischen‹ Stile, darunter des ›Klassischen‹, kann sich also mit der Hochschätzung des Dorischen als Prüfstein der Moderne verbinden.

3. Das ›Klassische‹ ist nicht ›authentisch‹

Diese Hochschätzung eines Bestandteils der griechisch-römischen Antike, in unserem Fall des Dorischen, das nicht als beispielhaft oder Inbegriff des ›Klassischen‹ ausgewählt wurde sondern als sein Gegenteil, steht in der Kulturgeschichte jener Jahre nicht allein. In der Wissenschaft wie in der Kunst gab es in der gleichen Zeit, den ersten Jahrzehnten des 20. Jahrhunderts, Tendenzen, die Geschlossenheit der ›klassischen‹ griechisch-römische Antike aufzubrechen und mit der Kraft der Intuition und dem Gefühl für Affinität diesen oder jenen Aspekt herauszuziehen, der sich besser als Parallele oder Ansporn für die Gegenwart eigne. Die Arbeiten der Archäologen und die Bemühungen der Dichter und Künstler bewegten sich in großem Einklang, und nicht einmal ein säuberliches und systematisches Quellenstudium (das nichtsdestoweniger aussteht) wird wohl erweisen können, von woher ein Prozeß seinen Ausgang nahm, der vor der gegenseitigen Beeinflussung aus den allgemeinen

Abb. 3. Apoll vom Belvedere. Vatikanische Museen

Abb. 4. Torso eines Kuros aus Naxos. Berlin, Antikensammlung

Koordinaten des Geschmacks hervorgegangen war, und sich aus der Berührung mit den zeitgenössischen künstlerischen Avantgarden nährte.

Insbesondere die deutschen Archäologen hatten während des 19. Jahrhunderts geduldig an ihrer vielsagenden »Archäologie der Kunst« gebaut: einer rekonstruierenden Methode der antiken Kunstgeschichte, die ihre Entwicklung aufzuspüren hoffte, indem sie das Studium der literarischen Quellen und die Analyse der Denkmäler in einer unerhörten Spannung auf die verlorenen Originale der griechischen Kunst ausrichtete. Eine Vorstellung vom Doryphoros des Polyklet oder dem Diskobol des Myron gaben, einmal als solche erkannt, die römerzeitlichen Kopien, die parallel zu den Texten des Plinius, Lukian, Pausanias und anderer Schriftsteller gelesen wurden. Das berühmte Corpus der »statue di Roma«, das sich seit der Renaissance in privaten und öffentlichen Galerien, dann in den Abgußsammlungen der Akademien, Künstler, Museen und schließlich in Zeichnungen, Stichen und antiquarischen Büchern angesammelt hatte, erfuhr auf diesem Wege eine neue Investitur: Aus dem Zeugnis des Ruhms der Römer wurde ein Dokument für die Kunst der Griechen. Es wurden so aufs neue die Statuen kanonisiert, die für die Künstler seit dem Quattrocento die Anschauung einer Antike bildeten, die nachahmungswürdig und in diesem Sinne ›klassisch‹ war; und ihr weiteres Schicksal hing allein von der zentralen Unterscheidung von ›griechisch‹ und ›römisch‹ ab. In seinem meisterhaften Buch »Meisterwerke« von 1893 hatte Adolf Furtwängler die philologische Methode mit Leben erfüllt und sie mit neuen Erkenntnissen zu einer mutigen Neufassung der antiken Kunstgeschichte angereichert, die für ein Publikum nicht nur von Spezialisten gedacht war. Mit der erstmaligen und massiven Benutzung von Photographien zu demonstrativem und didaktischem Zweck verband er mit den akademischen Methoden der Archäologen das attributionistische Verfahren, das Giovanni Morelli in die Kunstgeschichte eingeführt hatte (diese Beobachtung verdanken wir Bernard Berenson).

Aber gerade diese in die antike Kunstwissenschaft eingeführte ›Kennerschaft‹ sollte schnell ganz andere Früchte tragen: nämlich die Abwertung der zahlreichen Kopien im Verhältnis zu den wenigen erhaltenen oder aus den Grabungen gewonnenen Originalen griechischer Kunst. Bereits die Entdeckung der Giebel des Zeustempels von Olympia während der 1875 begonnenen deutschen Grabungen hatte eine Vorstellung von der griechischen Kunst erschüttert, die sich nunmehr einzurichten schien. Andere Entdeckungen von Samos bis Athen erbrachten weitere Originale, fast immer ohne Erwähnung in den Schriftquellen und ohne jede Möglichkeit der Zuschreibung. Zu der griechischen Kunstgeschichte, die sich entlang dem Leitfaden der Nachrichten aus den antiken Quellen (insbesondere Plinius dem Älteren) aufbaute und die um die Namen der Künstler zentriert war, kam nun eine zweite »Kunstgeschichte ohne Namen« der griechischen Originale, die mit den anonymen Meistern der Kuroi und Koren begann (Abb. 3. 4). Und doch glaubte man nur in dem Original, an den verstümmelten, von der Zeit angegriffenen Torsi die authentischere Natur der griechischen Kunst, ihr wirklich verbürgtes Wesen anzutreffen. Diese neue Witterung des Geschmacks bevorzugte nicht nur die Originale gegenüber den Kopien, sondern auch das ›volle‹ Griechentum vor dem der Peripherie (zum Beispiel Großgriechenlands). Dieser radikal gewandelte Zugang schuf auch eine neue Sprache, die auf der Grundlage der gegenwärtigen Ethik die eigene mühsame und strenge Entscheidung zugunsten des verstümmelten Torso begründete, die von den gängigen Verfahren der Kopienkritik abrückte. Hier ragt der Archäologe Ernst Buschor hervor: Seine unverhüllt intuitiven Beschreibungen der Kunstwerke wollten die Ekphrasis in die ›Sache‹ verwandeln und stützten sich in erster Linie auf die zeitgenössische Dichtung, sie sind ohne R. M. Rilke nicht denkbar. Wie Rilke sah er in der griechischen archaischen Kunst die »Jugend der Welt«, die man anstelle dessen, was das ›Klassische‹ gewesen war, auf die Gegenwart projizieren konnte.

So zeichnete sich ein bisher unbekannter Kontrast ab. Auf der einen Seite das traditionelle Bild der ›klassischen‹ Kunst, das eng mit dem Corpus der »statue di Roma« und einer Vorstellung des ›Klassischen‹ verbunden war, die die Antike als einheitlichen griechisch-römischen Block sah und die in den Universitäten und den Kunstakademien festgeschrieben worden war. Auf der anderen Seite drängte die neue Suche nach Authentizität, diese in den insbesondere archaischen Originalen aus dem ›unverdorbenen‹ griechischen Boden zu finden und mit ihnen in direkte Beziehung ohne jede Vermittlung zu treten. Wie Klages in Stefan Georges »Blättern für die Kunst« schrieb, müsse man sich »mit der Antike identifizieren« und sich ihr nicht nur »annähern«. Aber jene Antike, mit der man sich identifizierte, wollte sorgfältig ausgewählt sein und war nicht mehr das ›Klassische‹ der alten Art, sondern die reine Schönheit des archaischen Torso, der der Erde entspringt, in der er für Jahrhunderte auf den Blick gewartet hatte, der ihn wiedererkenne. Dies war das neue und ursprüngliche Griechentum, das Kultur und Leben der Gegenwart befruchten sollte und besonders die ›Bildung‹ jener und der folgenden Generation. Es inspirierte auch die Rebellion gegen die akademische Vorstellung des ›Klassischen‹. Diese Tendenzen sahen sich in enger Gefolgschaft Nietzsches mit seiner Vorliebe für das archaische und hatten als grundlegenden Wert nicht mehr das ›Klassische‹, sondern das ›Authentische‹, das ›Echte‹. Aber der neue Wert unterminierte bis zu den Wurzeln die lange disputierte Überlegenheit des ›Klassischen‹ über das ›natürliche‹.

Die gleiche Generation suchte auch in Italien innerhalb des ›Klassischen‹ mit einer anderen Wendung alternative Wege. Die Kunst der Westgriechen, so begann man zu sagen, unterschied sich von jener des eigentlichen Griechenlands und Ioniens durch »eine andere plastische Struktur« (Langlotz), die vielleicht aus der Formkultur der italischen Völker schöpfte, mit denen sich die Griechen vermischt hatten. Der Status der Kunst Großgriechenlands änderte sich dadurch vollständig. Insbesondere nördlich der Alpen sahen einige diese Kunst als »peripher« gegenüber dem majestätischen Hauptstrom der griechischen Kunst, andere, insbesondere in Italien selber, wollten hier hingegen einen experimentellen Charakter erkennen, eine bewußte, alternative Weise, sich den Problemen der Form, des Stils und des Schönen zu stellen. Um diese besondere Physiognomie zu bestimmen, schlug der originellste dieser Wissenschaftler, Pirro Marconi, den Terminus »antiklassisch« vor; andere versuchten es später mit »aklassisch« oder »heteroklassisch«. Obgleich der Wert, auf den sich Marconi berief, nicht das »Authentische«, sondern das »Spontane« war, verliert auch in dieser typisch

Abb. 5. William Wilkins, Ostportikus von Grange Park (ca. 1808). Northington, Hampshire

Abb. 6. Harvey Lonsdale Elmes, St George's Hall, Liverpool

italienischen Entwicklung das »Klassische« an Boden, »verkörpert nicht die ganze Welt des Ausdrucks« (Marconi). Das »Antiklassische« wird »eine Bewegung, die auf das Klassische reagiert«, für die man einen Anteil Modernität beanspruchen konnte. Insgesamt also eine ›aktuelle‹ künstlerische Avantgarde, die sich sofort als Vorbild für die zeitgenössische Kunst aufdrängte, wie es zur gleichen Zeit mit der etruskischen Kunst geschah.

Das ›Klassische‹, wie es bisher konzipiert worden war, reichte nicht mehr aus; um die ›Moderne‹ nähren zu können, mußte es aus sich selbst heraus fruchtbare Antikörper, alternative Wege und experimentelle Anregungen entwickeln; kurz, sich mit der Avantgarde verbinden.

4. Griechische ›Klassik‹ gegen römische ›Klassik‹

Ein noch grundlegenderer Perspektivenwechsel vollzog sich um 1900 auch auf einer anderen Front, derjenigen der römischen Kunst, auch hier mit Blick auf die Kunst der Gegenwart. Die Neubeurteilung der römischen Kunst, die in Wien von Franz Wickhoff und Alois Riegl mit unterschiedlichen, aber zusammenlaufenden Strategien vorangetrieben wurde, ging nicht vom ›Vorher‹, sondern vom ›Nachher‹ der römischen Kunst aus, d. h. von der Kunstproduktion des europäischen Mittelalters. Um die Ausbildung und die Ergebnisse der mittelalterlichen Kunst zu erklären, mußte das seit Winckelmann gültige Paradigma des Niedergangs der antiken Kunst ins Positive gewendet und in Riegls Begriff des kollektiven ›Kunstwollens‹ überführt werden, das die gesamte Weltsicht grundsätzlich änderte, sowohl in den Augen der Künstler wie ihres Publikums. Daß sich die Römer von den Griechen entfernt haben, wurde nicht bestritten, wurde aber nicht mehr als Prozeß der Degeneration, sondern der Schöpfung einer neuen Formensprache und eines neuen Geschmacks aufgefaßt. Für Wickhoff entspricht das Erschöpfen des griechischen »Naturalismus« in Rom der Schöpfung einer »illusionistischen« Darstellung der Welt. Der Gegensatz von ›Naturalismus‹ und ›Illusionismus‹ enthielt in sich bereits eine Hierarchie und ein Urteil, da Wickhoff auf Seiten des ›Illusionismus‹ seine bevorzugten Künstler Velázquez und Rembrandt ansiedelte (Die Wiener Genesis, 1895). Wie diese kritische Terminologie implizierte auch diejenige Riegls mit ihren Schlüsselbegriffen »taktisch«, »haptisch« und »optisch« einen deutlichen Bezug auf die künstlerischen Erfahrungen der französischen und mitteleuropäischen Avantgarden (Spätrömische Kunstindustrie, 1901). Das gesamte System war in der Tat eine Konstruktion zur Erklärung und Neueinschätzung der spätrömischen Kunst als einer Kunst, die die dritte Dimension mit der malerischen Darstellung kubischer, kommensurabler Volumina ausdrückte, die aus der Ferne gesehen werden sollen. In seiner Abfolge klassifiziert Riegl zwar die griechisch-klassische Phase als »normalsichtig«, die spätrömische dagegen als ›fernsichtig‹. Aber seine ›Weitsichtigkeit‹ bringt eine wachsende Macht des Blickes mit sich, eine zunehmende Distanz vom Naturalismus, die die Ausdrucksmöglichkeiten der Kunst vervielfacht. Mit seinem (vielleicht zu sehr) »normalsichtigen« Blick bedeutet das ›Klassische‹ einen Fortschritt zur »nahsichtigen« ›Kurzsichtigkeit‹ der ägyptischen Kunst. Aber in diesem Fortschritt hat das ›Klassische‹ zugleich seine eigenen Grenzen bezeichnet, angesichts der Tatsache, daß dem »optisch-fernsichtigen« Charakter der spätrömischen Kunst alle weiteren Entwicklungen der europäischen Kunst folgen sollten, vom Mittelalter bis zu Rembrandt und den Impressionisten. Solche Formulierungen konnten den Archäologen kaum gefallen (Furtwängler erschien es als »Husarenritt« in die Altertumswissenschaft), aber sie zogen andere Leser an, zum Beispiel Peter Behrens, der aus den Schriften Riegls Elemente für seine eigene architektonische Sprache übernahm.

Aber ist die römische Kunst nun ›klassisch‹ oder nicht? In der Vorstellung Winckelmanns gab es nichts, das sich »römische Kunst« nennen könnte, sondern höchstens »griechische Kunst unter den Römern«, d. h. in ihrem endgültigen Niedergang. Die Vorstellung einer Dekadenz der Kunst war nicht neu, aber in der Kunstliteratur der Renaissance schlug sie sich nicht in einer Gegenüberstellung der griechischen und römischen Kunst nieder. Der einflußreiche Vasari sah in der römischen Kunst (in seinen »Vite«, 1550, 1568) sogar den Gipfel der Entwicklung der antiken Kunst, als »die göttlichste von allen«, und setzte sie den beiden Varianten der Kunst entgegen, die wir heute mittelalterlich nennen: den Goten und den »tölpelhaften Griechen«, d. h. der byzantinischen Kunst. Die gesamte griechisch-römische Antike wurde en bloc gesehen und die Dekadenz dieser »maniera divina« erschien eher wie eine plötzliche Katastrophe denn als ein langsamer historischer Prozeß. Wickhoff und Riegl nahmen diese Sicht nicht wieder auf; wenn sie eine Dekadenz bestritten, dann im Namen der mittelalterlichen Entwicklung der römischen Kunst und nicht dessen, was es da an ›Klassischem‹ geben könnte. Die beiden konträren Einschätzungen der römischen Kunst – ›Dekadenz‹ oder neues und autonomes Kunstwollen – haben allerdings einen wichtigen Gesichtspunkt gemeinsam: In beiden Fällen ist die römische Kunst der griechischen entgegengesetzt, sie schließt dennoch bedeutende Elemente von ihr ein. Die Konstante ist daher das Zusammenleben in der römischen Kunst von (wie auch immer definierten) »römischen« und »griechischen« Elementen: Von hier aus verbreitete sich das Bild einer ›bipolaren‹ römischen Kunst, d. h. daß sie in ihrem Inneren eine Hofkunst enthielte, die den klassischen Maßstäben verpflichtet war, und eine plebejische Kunst, die sich davon entfernte und am Ende in der Spätantike triumphieren sollte (R. Bianchi Bandinelli). Gerade wegen dieser im 20. Jahrhundert betonten widersprüchlichen Duplizität befindet sich die römische Kunst in einem Schwebezustand zwischen ›Klassischem‹ und Nicht-›Klassischem‹.

Im 18. Jahrhundert hatten sich in den Diskussionen über das ›Klassische‹ zwei konträre Positionen abgezeichnet, eine, die es als rein griechisch verstand, und eine andere, die es auch für die Römer beanspruchte. Mit der Wiederentdeckung der dorischen Tempel von Agrigent und Paestum in der ersten Hälfte des Jahrhunderts wurden plötzlich Baunormen bekannt, die mit den bis dahin als allgemeingültig betrachteten kanonischen Vorschriften Vitruvs nichts zu tun hatten. Unterdessen verfestigte sich zuerst in Frankreich und England, dann in Deutschland die Idee eines ›Klassischen‹, das mehr in der griechischen als in der römischen Kunst verankert war. Ihr verdanken sich Reisen und Bauaufnahmen von griechischen Denkmälern, die die ersten Anzeichen eines ›Greek revival‹ in der Architektur bildeten; und eher zufällig reihte sich die eine oder andere griechische Skulptur unter die römischen der aristokratischen Sammlungen ein. Der Marquis von Nointel hatte Athen bereits 1674 erforscht, und kurz darauf wurde im »Voyage« von Jacob Spon die erste Darstellung des griechisch-dorischen Stils gedruckt. Weitergehender und wichtiger waren die englischen Erkundungen, die von der 1732 gegründeten Society of Dilettanti in Gang gesetzt wurden und die den bis dahin auf Italien beschränkten Grand Tour auf Griechenland ausdehnten. In diesem Zusammenhang steht unter anderem die Reise von James Stuart und Nicolas Revett nach Athen, die dort zwei Jahre lang die antiken Monumente zeichneten und 1762 in den berühmten »Antiquities of Athens« publizierten. Im damals verbreiteten Motto »Greek taste and Roman spirit« gab es immer noch nur eine Antike, aber die Geschmacksrichtlinien für das ›Klassische‹ in den bildenden Künsten verlagerten sich entschieden auf die griechische Seite. Der entscheidende Impuls für diese neue hellenozentrische Sicht der Antike ging jedoch 1764 von Deutschland aus, von Winckelmanns epochemachender »Geschichte der Kunst des Altertums«, die die griechische Kunst zum Paradigma für die Künstler und für die Erziehung der Eliten erhob. Die Wiedergeburt des Dorischen verkörperte sich damals in Berlin sehr wirksam im

Brandenburger Tor von C. G. Langhans (1788–91), das auf die Propyläen von Athen rekurrierte und dem bald die Projekte von F. Gilly und dann konsequent das Werk Schinkels folgten.

Die ›neuen‹ Gebäude, die jetzt von Paestum bis Athen aus dem Vergessen auftauchten, boten sich als Gegenbild zur römischen Architektur an, die zuvor lange unwidersprochen die Szene bestimmt hatte. Die hellenozentrische Linie konnte sie dennoch nie ganz von ihrem Podest verdrängen. Die Engländer konnten nur schwerlich vergessen, daß das Greek Revival von den »Palladians« vorbereitet und angeregt worden war, die sich ihrerseits über Andrea Palladio auf die römische Beispiele beriefen. Und als die Franzosen neue Grabungen auf dem Forum Romanum unternommen hatten, stürzten sich die englischen Architekten sobald es möglich war darauf, um neue Zeichnungen anzufertigen und Maße zu nehmen. Mit den Gebäuden »alla greca« wechselten die »alla romana« ab, wie das Fitzwilliam Museum in Cambridge oder die Town Hall von Birmingham (Abb. 5. 6). Man suchte auch Kompromißlösungen: So trifft es zwar zu, daß die Walhalla, das vom Bayernkönig Ludwig I. gewollte Nationalheiligtum der Deutschen, durch Leo von Klenze 1830–42 als dorischer Tempel ausgeführt wurde, der vom Parthenon inspiriert war; der Erstentwurf Karl von Fischers von 1809 sah jedoch eine Art Pantheon römischer Machart vor, dem eine dorische Portikus griechischen Zuschnitts vorangestellt war. Die beiden Linien berührten sich: Die Skulpturen vom Parthenon in London und die Ägineten in München bedeuteten in der Tat den Aufstieg der griechischen gegenüber den römischen Museen. Aber der Erwerbungszeitpunkt der Elgin Marbles 1802–06 und derjenige der Ägineten 1812–13 fallen auch genau mit dem Zeitpunkt der Gründung des Musée Napoléon zusammen, das wiederum nach dem Vorbild der päpstlichen Sammlungen einer wesentlich römischen Konzeption folgt.

Auch unter den Architekten hatten die Philhellenen ihre Gegner. Ein Leser des Vitruv und ein Besucher des Pantheon war von einem griechischen Tempel entwaffnet, aber damit ist nicht gesagt, daß er hier eine höhere ›Klassizität‹ erkennen mußte. Jene unbekannte griechisch-dorische Ordnung war älter als Vitruv, aber war sie auch der Nachahmung würdiger, ›klassischer‹ als die römisch-dorische oder die tuskanische Ordnung? Nach Piranesi keineswegs, der das Primat der römischen Architektur und ihre Ursprünglichkeit behauptete und für sie autochthone Wurzeln in Anspruch nahm. Nicht auf die Griechen, sondern, wenn überhaupt, auf die Etrusker ging sie zurück, nach deren Vorbild auch das dorische in Paestum nachgemacht sei (P. A. Paoli). Die Position Piranesis war tief in der antiquarischen Tradition Italiens verwurzelt und stelle sich gegen den neuen Geschmack, wie seine entflammte Polemik 1765 gegen Mariette zeigte. Aber auf diese Weise vermutete er eine Entwicklung des ›Klassischen‹, die ganz auf den Boden Italiens beschränkt und von den Werten und der Tradition Roms bestimmt war.

Abb. 7. Antonio Canova, Tod des Sokrates, Detail. Venedig, Museo Correr

5. ›Klassik‹, Freiheit, Revolutionen

Die Rolle der bildenden Kunst in der Gesellschaft des 18. Jahrhunderts reicht nicht aus, die Intensität der Debatte um »griechisch« und »römisch« zu erklären. Auf dem Spiel stand sehr viel mehr als die Vorlieben für das Pantheon oder den Parthenon: unter den Gelehrten und Philosophen Europas, in den Akademien und an den Höfen war ein Streit über die ›römischen‹ Ideale der Sittlichkeit und der Gebräuche im Gange; man suchte nach neuen Quellen für eine ethische und pädagogische Inspiration. Die als typisch römisch betrachteten Tugenden beinhalteten in Wahrheit echt griechische, insbesondere stoische Lehren, die aber eher durch lateinische als durch griechische Quellen bekannt geworden waren und sozusagen die römische Toga trugen. Es ist, als habe der Erfolg der Waffen Roms auch seine ethischen Werte, seien sie ursprünglich griechisch oder römisch, für die Nachgeborenen legitimiert und sie deswegen um so leichter wiederverwenbar gemacht.

Es war seit Jahrhunderten klar, daß man das Vermächtnis der Alten zu bewahren habe; aber die Vorstellung, daß das Verhältnis von Griechen und Römern nicht als historische Abfolge, sondern vielmehr als moralische Parallele zu beurteilen sei, verdankt sich der Popularität Plutarchs. In seinen »Bíoi parálleloi« marschieren Griechen und Römer Seite an Seite und bei jeder Persönlichkeit werden Erziehung und Charakter, Tugenden und Laster hervorgehoben. So wurde ein auf Griechisch in römischer Zeit abgefaßtes Werk zu einem Repertoire topischer Tugenden; sicher der Alten, aber vermittelt von den Römern. In dieser synoptischen Sicht überwog das Gefühl der Einheit der griechisch-römischen Welt gegenüber einer Wahrnehmung der Differenzen und der Brüche, die sie durchzogen. Sogar Sokrates wurde so im 18. Jahrhundert als Vorbild bürgerlicher Tugend gesehen (Abb. 7), allerdings durch Cato, also in einem mehr römischen als griechischen Sinn. Dem Sokrates-Cato konnte allenfalls ein Sokrates-Christus gegenübergestellt werden, wie von Rousseau im »Émile« (1762).

Aber diese einheitliche Konzeption des Altertums bricht im Verlauf dieses Jahrhunderts auseinander und zersplittert sich. Griechen und Römer wurden immer öfter nicht parallel, sondern als entgegengesetzte Vorbilder behandelt; und noch öfter konzentrierten sich die Philhellenen (die immer mehr wurden) bei ihren Vorstößen auf die Griechen und reservierten den Römern eine Nebenrolle als Kontrast. In diesem Rahmen nahm die griechische Kunst, auch wenn sie eher aus den Quellen als durch die Monumente bekannt war, plötzlich einen Vorrang ein und wurde wie durch eine seherische Kraft der verheißungsvolle Kern einer Vision nicht nur der Form, sondern auch der Welt und des Lebens, der darüber hinaus bis in die Gegenwart ausstrahlen sollte.

Der Held dieser Entwicklung war J. J. Winckelmann. Die Antiquare der alten Art wie der Graf Caylus hatten sich dem Problem gestellt, die griechische von der römischen Kunst zu unterscheiden, aber sie konnten von ihr nur unscharfe Bilder anbieten. Mit einer neuen Kühnheit bot Winckelmann jetzt eine vollständig von den Griechen bestimmte historische Erzählung der antiken Kunst, wie sie auch schon aus den römischen Quellen klar hervorgeht. Sie gründete sich zugleich auf die interpretative Stärke des Auges und auf die imaginative Kraft des geschriebenen Wortes und vereinigte nach der antiquarischen Praxis Quellen und Monumente, Plinius und die Statuen Roms. Sie konnte sich jedoch nicht auf neu bekannt gewordene Statuen stützen, sondern wurde auf einer anderen Grundlage errichtet: Aus den Statuen Roms wurde der Geist derjenigen Athens herausgeschält und erfaßt. Aber diese neueste Prophezeiung der griechischen Kunst hatte noch andere Ambitionen. Das von ihr destillierte ›Wesen der Kunst‹ war keine gelehrte Beschwörung des ›Klassischen‹, sondern beseelt von Impetus und geistiger Kraft. Es erlangte beinahe den Stellenwert eines Manifestes von Vorbildern für die Kunstpraxis der Zukunft und wies neue Wege, die dann diejenigen des Neoklassizismus werden sollten. Aber gerade diese Befruchtung durch aktuelle Werte gab der griechischen Kunst einen neue Statur und machte sie zum Muster eines Erziehungsprogramms nicht des Künstlers, sondern des gebildeten Menschen. Ethisches und ästhetisches Ideal verschmolzen zu einer fiebrig gespannten Vision. Sie war nicht nur auf die Konstruktion einer Metaphysik des Schönen gerichtet, sondern auch auf die Gewißheit, daß von der griechischen Kunst ein neuer Impuls ausginge, der den gebildeten Menschen verwandeln sollte, um ihm durch die Aufklärung und die Disziplin des Intellekts zu einem erfüllteren Leben und einem reicheren Inneren zu verhelfen. Der Wettstreit zwischen der Antike und dem ›Natürlichen‹, der seit dem 16. Jahrhundert in Gang war, wurde zugunsten des ›Klassischen‹ aufgelöst, das in sich die Naturwahrheit aufnahm, wie es bereits französische Kunsttheoretiker, besonders Roger de Piles, behauptet hatten. Die Griechen verkörperten in der Tat das ›Naturschöne‹ in Perfektion, da sie selber die Natur dank des Klimas und des politischen Regimes in all ihrer intakten Perfektion erfahren hatten.

Dieses Projekt setzte voraus, daß die Kunst nicht nur der Ort des Gleichgewichts der gesamten griechischen Kultur war, sondern auch jeden anderen Aspekt mit sich riß, von der Literatur bis zum öffentlichen Leben. Aber die Entwicklung, die Winckelmann für die Kunst beschrieb, und die mit einem allgemeineren Gang der historischen Entwicklung korrespondierte, zeigte die griechische Zivilisation nicht als einheitliche Landschaft; im Gegenteil, in ihr lösten sich in parabolischem Verlauf vier wohl unterschiedene Epochen ab, der »Ältere Stil«, der »Hohe Stil«, der »Schöne Stil« und schließlich der »Stil der Nachahmer«, gefolgt vom endgültigen Niedergang. Man konnte also nicht nur die Griechen gegenüber den Römern bevorzugen, sondern auch innerhalb der griechischen Zivilisation höhere, ›klassischere‹ Epochen ausmachen. Ethisch-pädagogisches Projekt und historische Rekonstruktion verbanden sich engstens mit großer Überzeugungskraft zu einem Horizont von Idealen, die für das ganze folgende Jahrhundert zu denen des aufsteigenden Bürgertums werden sollten. Auch vorher in der Literatur verbreitete Formeln gewannen in diesem Kontext eine unerwartete Geltung. Als Winckelmann die »edle Einfalt, stille Größe« der griechischen Kunst predigte, übersetzte er nur einen in Frankreich geläufigen Topos, aber die von Fénelon, Du Bos, Mariette und dem jungen Voltaire gepriesene »noble simplicité« und »grandeur sereine« der Griechen hatten auf ihre Leser niemals eine vergleichbare Wirkung ausgeübt.

Noch überraschender ist die zentrale Stellung und die Wirkung der wahrlich politischen Problematik Winckelmanns und insbesondere seine Hochschätzung der »griechischen Freiheit«, d. h. der aktiven Freiheit des Bürgers in der Polis. Diese Freiheit begünstigte gleichzeitig das Blühen der Künste und das der Wissenschaften (»Pflegerin der Künste«). Die Freiheit zeigt dem Bürger seinen Geist, sie erfüllt sein Dasein mit Freude und spornt ihn an, sein Bestes zu geben. Und deswegen erreichen nach Winckelmann erst in der Freiheit die Künste ihren Gipfel und mit ihrem Ende, der Unterwerfung Griechenlands unter Makedonien und Rom, beginnt auch ihr Niedergang. Diese Gedanken bezeichnen mehr eine Vision für die Zukunft als eine Geschichte der Vergangenheit und konnten so ganz im Sinne des antiabsolutistischen 18. Jahrhunderts gelesen werden und wurden es auch. Und daher wurden im revolutionären Frankreich die neuen Freiheiten auch im Namen Winckelmanns propagiert. Nicht allein in Büchern und Traktaten, sondern auch in Reden in der *Convention* und bei offiziellen Projekten erklärte man, daß Frankreich zum neuen Griechenland werden sollte, zum Reich der Freiheit, das zum Reich der Künste werde – gerade diese Doktrin lieferte die ideologische Rechtfertigung für die massenhafte Verbringung antiker Skulpturen aus Rom nach Paris, und mit demselben Transport trafen dort auch Winckelmanns Manuskripte ein. Und doch hatte Winckelmann dies wiederum nicht aus dem Nichts erfunden. Die Parallele von griechischer und moderner Freiheit wurde schon weit früher von Temple Stanyan in seiner »Grecian History« (1707, 1739) hergestellt, die 1743 von Diderot ins französische übersetzt wurde. Aber die moderne Freiheit, die hier mit der griechischen verglichen wird, ist die parlamentarische »Liberty«, die in England nach der Revolution von 1688/89, dem Sturz von James II. und der Ankunft von William und Mary mit der Reetablierung der Freiheitsgarantien und der reformierten Religion eingeführt wurde. Dieselbe historische Parallele wurde auf diese Weise von einer Revolution zu einer anderen via Winckelmann gezogen, aber mit vielfacher Überzeugungs- und Durchschlagskraft, nicht zuletzt weil die von Stanyan ein Urteil über die jüngste Vergangenheit war, die von Winckelmann aber eine Hoffnung für die Zukunft. Die Freiheit der Griechen, nicht aber eine jegliche, sondern im höchsten Grade die des demokratischen ›klassischen‹ Athen (dem Ort der am höchsten entwickelten Kunst), öffnete die Tore zur modernen Freiheit. Erst später, 1819, sollte Benjamin Constant zu der Einsicht gelangen, daß die moderne Idee der individuellen Freiheit, die sich in der amerikanischen und französischen Revolution und der deutschen Philosophie herausgebildet hatte, sich von der Freiheit der Alten sehr deutlich unterschied, die vielmehr als das Recht zu verstehen ist, sich an der Verwaltung des Staates zu beteiligen. Aber was Winckelmann seinen Lesern versprach, war nicht allein die griechische Freiheit des Bürgers in der Verwaltung der Institutionen, es

Abb. 8. *Jacques-Louis David, Leonidas an den Thermopylen. Paris, Musée du Louvre*

Abb. 9. *Aias sinnt über den Selbstmord, antike Gemme. Aus: J. J. Winckelmann, Monumenti antichi inediti (Rom 1767)*

war zuvorderst die intellektuelle Befreiung des Individuums vermittels der ästhetischen Erfahrung. Und just von hier geht ein kontinuierlicher Strom aus, der bis zu Rilkes »Du mußt Dein Leben ändern« reicht, der jedoch den Apollon vom Belvedere durch den stummen, »authentischen« Torso ersetzt.

6. Das ›Klassische‹ als Repertoire

Die Künstler des Neoklassizismus – dies im übrigen ein Begriff, der erst hundert Jahre nach dem Wirken seiner ersten Vertreter eingeführt wurde – hatten daher nicht nur die Ablehnung des Rokoko und die Option für einen neuen Stil, der von den Griechen, wenn auch oft über römische Quellen, inspiriert war, auf ihrem Programm, sondern auch eine tiefe moralische und politische Erneuerung der Gesellschaft durch die Kunst. Dieses Programm befand sich in vollem Einklang mit den Überlegungen der »Idéologues« zur Kunst als einer »moralischen Technologie«, als Mechanismus, der mit dem Appell an das Gefühl und das Begehren des Publikums (also an seinen Geschmack) ins Bewußtsein der Bürger eindringe und dort neue Verhaltensweisen bewirke. Für viele, wie z. B. Diderot, gehörte die Kunst gleichermaßen wie die Wissenschaft in einen größeren Rahmen als Beitrag zur Verbesserung der Gesellschaft. Die eine wie die andere sollten sowohl die individuelle Initiative befördern wie auch dem Gemeinwesen eine Orientierung verschaffen. Ein Kunstwerk konnte daher als malerische Maschine aufgefaßt werden, die so beschaffen ist, daß das Zusammenwirken ihrer Teile den Betrachter moralisch beeinflusse (Joucourt in der »Encyclopédie«), und sein gefühlsmäßiges Engagement sehr viel mehr wert sei als ein unwiderlegliches logisches Raisonnement. Diderots Ausführungen in den ›Salons‹ der 1760er und 70er Jahre, in denen er sich eher an den Dritten Stand als an die alte Aristokratie wandte, folgten bereits dieser Richtung. Er setzte der »fausse nature« eines Boucher die »nature honnête« entgegen, die jetzt bereit war, mit dem ›klassischen‹ Ideal gleichgesetzt zu werden.

Solche Ideen nahmen eine bewußtere und systematischere Form erst nach der Revolution und vor allem nach dem Thermidor von 1794 an und beschäftigten die Mitglieder des »Institut national des sciences et des arts« wie Cabanis, Levesque und David. In zwei »Mémoires« von 1796 legte Cabanis dar, daß jedes Individuum die Welt und auch die Kunst durch »signes« (wie der Gesten, der Stimme, der Physiognomie) wahrnehme, diese vermittels der vergangenen Erfahrung deute und auf sie mit Bewegungen der ›sympathie‹ reagiere, die mit dem Gemeinwesen geteilt werden können. Von hier aus war es nur ein Schritt zu seinem Vorschlag zwei Jahre später, daß im Interesse der Republik das Institut eine Kunst anregen solle, die in der Lage sei, »cultiver les citoyens«, indem sie ihre Affekte durch ein kalkuliertes ästhetisches Gleichgewicht einfange. Es ging nicht darum, von oben eine neue Moralität einzusetzen, sondern vielmehr aus dem innersten mit der Kunst die Neigungen anzusprechen, die man für die ureigenen der menschlichen Natur hielt: die Rationalität und der Freiheitsinstinkt: Denn die Natur und nichts anderes war die reinste Quelle der neuen republikanischen Tugenden. Dieses wundersame Gleichgewicht zwischen der vernunftmäßigen Freiheit des Geistes und der ästhetischen Emotion, das nur die ›klassische‹ Kunst in höchstem Maße sicherstellen konnte, hatte einen Namen, der ebenfalls von Winckelmann popularisiert wurde: die »Grazie«.

In einer außergewöhnlichen terminologischen Angleichung benutzte man das Wörterbuch von Newton und Condillac, um die Beziehung von Betrachter und Kunstwerk zu beschreiben (so wurde die ›sympathie‹ mit der Schwerkraft gleichgesetzt) und verlieh so dem Projekt einer moralischen Technologie der Kunst den Anstrich wissenschaftlicher Strenge und einer Naturgesetzlichkeit, die vom Prinzip von Ursache und Wirkung bestimmt wird. In den selben Jahren stellte sich Levesque, ebenfalls in einer *Mémoire* des Instituts, in denkbar expliziter Weise das ästhetische Problem des besten Aufbaus von Bildern, um »zur Seele« des Betrachters zu sprechen; »force« und »charactère« waren seine Schlüsselbegriffe. Die Komposition des Bildes sollte sich mehr auf die Form und die Zeichnung als auf die Farbe gründen und auf die klare Wahrnehmung jeder Figur in einem wohldefinierten Raum und einem ausbalancierten gegenseitigen Gleichgewicht »nach der Natur« zielen. Die Gesten der Figuren sollten »natürlich« sein, um zu wirken, und um zur Seele des Volkes zu sprechen, mußten sie universell sein. Aber ein solch universelles Vokabular der Haltungen und Leidenschaften konnte man nach Levesque nur an einem Ort finden, in der griechischen (›klassischen‹) Kunst, einem zeitlosen Vorbild, weil es von der unverdorbenen Kultur der Griechen in vollem Einklang mit der Natur durch Instinkt und Intuition hervorgebracht wurde. Die *Mémoire* von Levesque richtete sich, auch wenn sie dem Anschein nach mit der Geschichte der griechischen Malerei überschrieben war, in der Tat an die Maler ihrer Zeit. Und da nicht ein einziges griechisches Gemälde sichtbar war, empfahl sie, sich an die griechische Kunst im allgemeinen zu wenden, insbesondere an die Gemmen und die bemalten Vasen (angesichts der Tatsache, daß bei ihnen die Umrißzeichnung dominiert).

Wie diese Vorschläge bei den Künstlern aufgenommen wurden, bewies unmittelbar darauf Jacques-Louis David. Einer seiner Freunde, der Antiquar Antoine Mongez, hatte ebenfalls in einer *Mémoire* des Instituts empfohlen, daß die Künstler in engem Kontakt mit den Antiquaren arbeiten sollten, von denen sie nicht nur die wesentlichen Fakten über die antiken Sitten lernen konnten, sondern auch die Strenge im kompositorischen Aufbau der Bilder, die man in Parallele zur Syntax des griechischen Satzes setzen könne. Die griechische Kunst war nach seiner Ansicht eine Art Hieroglyphenschrift, in der jede Geste einer Bedeutung entsprach, die unmittelbar allen, auch Analphabeten verständlich war, weil sie mit der Natur übereinstimmte. David betrachtete diese Methode als »gelehrt und zuverlässig«, wie er Delécluze mitteilte, und er setzt sie mit unbeirrbarer Konsequenz ins Werk. Beim »Leonidas bei den Thermopylen« (1798–99, 1814; Abb. 8) ist die zentrale Figur des Helden, an dem sich die Komposition aufhängt, einer Gemme entnommen, die Winckelmann als »Aias, der über den Tod des Achilleus nachdenkt« gedeutet hatte (Abb. 9). Nach seiner Voraussetzung war dieses ›klassische‹ Bild in der Lage, unmittelbar und mit Macht die Vorstellung eines kriegerischen Helden im Augenblick der Reflexion zu übermitteln. Die ›klassische‹ Kunst wurde als Sprache der Natur aufgefaßt, die zur Seele eines neuen historischen Subjekts sprechen könne, zur Masse der Analphabeten.

Es ist nur zu offensichtlich, daß dieses Projekt scheitern mußte. Deswegen ist die intellektuelle und politische Leidenschaft, mit der Männer wie Cabanis, Levesque, Mongez, David daran glaubten, nicht weniger beeindruckend. Sie bezeugt zumindest, daß diese Sprache und diese Syntax, wenn sie die Analphabeten auch nicht erreichte, dennoch im Geist der Bürger und der Gelehrten gerade jene Reaktionen hervorrief, die sie auf alle auszudehnen gedachten. Aber das Projekt der Kunst als moralischer Technologie und der griechischen Kunst als universeller Sprache hatte nunmehr mit einer unerhörten Macht und sicher nicht allein für David die Idee aufgebracht, daß man die Denkmäler der Alten als ein für alle Male feststehendes, zur Wiederverwendung bereitstehendes (also ›klassisches‹) Repertoire betrachten und aus ihm schöpfen könne.

Abb. 10. Meleagersarkophag. Mailand, ehemals Sammlung Torno

Abb. 11. Giotto, Grablegung. Padua, Scrovegni-Kapelle

7. »Wiedergeburt der Antike«

Diese Idee war nicht neu. Schon immer, in der griechischen und römischen Antike, im Mittelalter, in der Neuzeit verlangte die künstlerische Praxis die Benutzung eines Repertoires von Themen und Schemata, das wie der Pinsel oder der Meißel zur Werkstattausrüstung gehörte und wie diese weitervererbt und erneuert werden konnte. Dieses Repertoire war vor allem mentaler Art und als solches allen Künstlern gemeinsam wie auch ihren Auftraggebern und ihrem Publikum, die die Figuren und die Geschichten der Heiligen und der Helden wiedererkennen konnten; aber es wurde auch durch Zeichnungen und Kopierblöcke weitergegeben, durch Versuche oder Aufzeichnungen. Mit von Zeit zu Zeit und von Ort zu Ort variierenden Rhythmen konnte ein solches Handbuch von Standardformeln für Generationen relativ statisch bleiben oder auch von unverhofften Erschütterungen heimgesucht werden und sich schnell erneuern, um in dem andauernden Wettbewerb der Künstler den Erwartungen des Publikums gerecht zu werden. In der künstlerischen Tradition Europas zumindest bis zum Neoklassizismus war die mächtigste Triebfeder zu einer solchen dynamischen Erneuerung des Repertoires die periodische Wiederkehr des Interesses an einer ›klassischen‹ Kunst.

Auch wenn nur wenige ›klassische‹ Monumente sichtbar waren, fehlte es im Mittelalter nicht an gelegentlichen Wiederaufnahmen der Antike. Aber es war ein nur langsamer Prozeß, in dem der Gebrauch dieser Denkmäler als Vorbild zuerst von wenigen Avantgarden zu einem bewußten Vorgang wurde und sich dann immer mehr von Werkstatt zu Werkstatt verbreitete, um am Ende zur Norm zu werden. Die Protagonisten dieser Geschichte, die normalerweise unter dem Namen Renaissance läuft, waren natürlich die italienischen Künstler. In Italien waren nämlich die Beispiele der ›klassischen‹ Kunst, die man aus den Trümmern zog, am häufigsten, besonders in Rom. Manchmal stellte man sie auch öffentlich auf, wie im gesamten Mittelalter die römischen Sarkophage, die wiederbenutzt wurden und in den Kirchen als prestigeträchtige Grabstätten sichtbar waren. Dasselbe gilt auch für Friese, Kapitelle, Reliefs, Säulen, Statuen. Dies alles bildete sowohl in den Ruinen wie in den wiederverwendeten Stücken ein potenzielles Repertoire; manchmal wurde es allerdings erst Jahrhunderte, nachdem dieser Sarkophag oder jene Statue sichtbar geworden war, verwertet. Dieses äußerst ergiebige *repositorium* von antiken Skulpturen begann vom 15. Jahrhundert an, sich auf wesentliche Art zu bereichern durch eine immer intensivere Suche nach Skulpturen aus Grabungen, durch die beginnenden Antikensammlungen und die Anregung der Künstler, die nunmehr auch ihr jeweils eigenes persönliches Repertoire bereicherten und hier einen Gestus, dort einen Gewandverlauf auswählten. Die Auswahl, die jeder Künstler aus diesem potenziellen Repertoire traf, indem er sich Züge und Bruchstücke zu eigen machte, war in erster Linie nach dem Prinzip funktionaler Zugehörigkeit (eines von einem antiken Vorbild übernommenen Gesichts oder einer Geste) zu einem neuen Kontext orientiert, in den sich diese lexikalischen Elemente aus der ›klassischen‹ Kunst einfügen mußten.

So wurden Ausdrucksformen wieder belebt, die seit Jahrhunderten tot waren, wie der Verzweif-

Abb. 12. Grablegung des Meleager, Sarkophagdeckel. Früher Rom, Palazzo Sciarra

Abb. 13. Raffael, Grablegung Christi. Rom, Galleria Borghese

lungsgestus, den zuerst Nicola Pisano (ca. 1265), dann Giotto (ca. 1305) von einem römischen Sarkophag entlehnten (Abb. 10. 11); oder in Raffaels »Grablegung« (1507) der Arm des toten Christus und die zärtliche, andächtige Geste der Magdalena, die beide von einem anderen Sarkophag inspiriert waren (Abb. 12. 13). Es ist, als ob der Sinn für das Unzureichende des eigenen Repertoires zusammen mit dem für die Qualität und die Wirksamkeit des antiken gereift wäre; oder als ob die radikale Erweiterung, die sich in den Ausdrucksmöglichkeiten der Kunst, aber auch der Themen (mit neuen Geschichten ›klassischer‹ Helden und Sagen) vollzog, auf eine Verbreiterung des benutzten Bilderschatzes gedrängt hätte. Bestimmte Schemata wurden jedoch, obwohl dem aktuellen Repertoire noch fremd, in der Regel gerade wegen ihrer morphologischen Nähe einem ›klassischen‹ Vorbild entnommen: wenn sie also in ihrer Bedeutung und in ihrem Ausdruckswert erkennbar waren und gleichwohl in ihrem stilistichen Niveau als höher oder einfach wirkungsvoller empfunden wurden. Der Drang, in der ›klassischen‹ Kunst ein neues Repertoire figürlicher Motive zu finden, es sich zu eigen zu machen, verbreitete sich wie ein Fieber zuerst in Italien, dann in Europa und wurde bald in Traktaten kodifiziert, insbesondere im »De pictura« von Leon Battista Alberti (um 1435) und in den Künstlerbiographien, vor allem denen Vasaris. Es wurde zum obligaten Bestandteil der allgemeinen künstlerischen Praxis.

Beim Aufsuchen und Vergleichen der antiken Skulpturen sahen die Künstler der Renaissance dieselben expressiven Gesten von einer Statue zur anderen wieder auftauchen, von einem Sarkophag zum nächsten. Sie erkannten daher leicht aus ihrer beruflichen Erfahrung, daß auch dasjenige der Antike wie das ihrige ein Repertoire bildete. Sie lasen es vor dem Hintergrund ihrer eigenen Werkstattpraxis und mußten daher die serielle Wiederholung von Figuren, Eigenarten (wie z. B. der Nacktheit) oder Szenen (wie z. B. von Schlachten und Jagden) als essentiell begreifen. Nun hatte die Rhetorik die Wiederholung von standardisierten Formeln (Topoi) festgeschrieben, um ihre Wirksamkeit in der Argumentation zu sichern. Angesichts des alles durchdringenden und totalisierenden Charakters der Rhetorik (die ebenfalls von ›klassischen‹ Vorbildern abgeleitet war) als eine Form, die Rede zu artikulieren, erwies der serielle Charakter bestimmter Figuren, Themen und ikonographischer Motive der Antike diese ebenfalls als Topoi, die »gut zu gebrauchen« waren und von Mal zu Mal mit unterschiedlichen Inhalten gefüllt werden konnten. Diese andauernde Stilübung in Form von Zeichnungen nach und Übernahmen aus der Antike aktualisierte die klassische Kunst nicht nur als ein reiches lexikalisches Archiv, sondern zog aus ihr auch die Legitimation der *auctoritas*, die dank des untergegangenen, aber unvergessenen Römischen Reichs immer die Antiken umgeben hatte. Auf diesem Wege erneuerte sich das Repertoire, aber auch der Stil der Kunst tiefgehend zwischen dem 13. und dem 16. Jahrhunderts. Wie aus einem neuen ›klassischen› Text, der in einer Klosterbibliothek aufgetaucht war, konnte man hieraus neue Vokabeln und Kunstgriffe des Diskurses ziehen, so konnte ein Sarkophag in einer Kirche nach den von L. B. Alberti fest umrissenen Normen auf neue »Glieder« – Gesten, Haltungen, Schemata – führen, die man der eigenen ›Komposition‹ anfügen konnte. Die ›klassische‹ Kunst konnte auf diese Weise lange vor den französischen Kodifikationen vom Ende des 18. Jahrhunderts als fortdauerndes Lexikon von Formeln und Gesten aufgefaßt werden, als ein Repertoire ›technischer‹ Kenntnisse über Darstellungsweisen von Natur und Bewegung, räumlicher Tiefe, menschlicher Gefühle und Leidenschaften. Und je besser er es beherrschte, umso mehr konnte ein Künstler wie zum Bespiel Raffael darauf rechnen, selbst ›klassisch‹ zu werden und unter den Modernen den Adel der Alten zu verkörpern. Hinter diesem brennenden Wunsch nach einer neuen Kunst stand der Anspruch, die Natur nachzuahmen an erster Stelle. Aber schon brach sich die Idee Bahn, daß die vollkommene Nachahmung der Natur in den antiken Statuen erhalten sei, daß das ›Klassische‹ der Natur gleichwertig oder ihr gar überlegen sein könne.

Das Etikett der »Renaissance« wird häufig als bekannt vorausgesetzt und benutzt, als wäre es eine Erklärung und nicht etwas, was selber einer Erklärung bedürfe. Mal dient es, um jedes Eindringen von Themen, Motiven und antikisierenden Formen zu bezeichnen, mal wird es dagegen in rein chronologischem Sinne als Synonym für eine »moderne Zeit« benutzt, die auf das ›*Mittel*alter‹ folgte. Die Idee, daß die Künste mit Giotto wiedergeboren seien, kehrt von Boccaccio (ca. 1350) bis zu L. B. Alberti wieder, aber die Erfindung der »Renaissance« im heute gebräuchlichen Sinn stammt von Michelet (1840) und Burckhardt (1860). Sie belebten eine Terminologie neu, die in Frankreich seit dem Ende des 18. Jahrhunderts, von dem »renouvellement de l'art« von J. B. Sèroux d'Agincourt (ca. 1790, erschienen 1811) bis zum »siècle de la renaissance« von Lenoir (1802) gebräuchlich war. Der Begriff erhielt sofort zwei Implikationen: Einerseits charakterisierte er die Kulturgeschichte Europas des 15. und 16. Jahrhunderts als das Zeitalter der »découverte du monde et découverte de l'homme« und bezog sich also nicht allein auf die bildende Kunst, sondern auch auf die Literatur, die Wissenschaft und die politische wie soziale Entwicklung. Auf der anderen Seite beinhaltete die bedeutungsschwere Metapher der Wiedergeburt (die einen versteckten Verweis auf die Wiederauferstehung und auf die von der christlichen Spiritualität gepredigte innere *renovatio* enthielt) den Bezug auf die ›klassische‹ Welt. Da man von Wieder-Geburt nur nach einem Todesfall spricht, war die Renaissance von Anfang an eine »Renaissance *der Antike*«. So war Filippo Villani (ca. 1400) überzeugt, daß Giotto der Malerei die Würde und das Ansehen zurückgegeben habe, die sie *unter den Alten* hatte. Auf diese Weise wurde die Antike als wiedergeborene zur Vorreiterin gerade jener Jahrhunderte, von denen sich gleichzeitig die Idee durchsetzte, daß sie entscheidend für die Bildung des modernen Menschen gewesen seien oder, wie man sehr viel später sagte, der ›westlichen Zivilisation‹.

Im 20. Jahrhundert schließlich erschienen aus den Werkstätten der Historiker andere Wiedergeburten auf dem Plan, wie die »Renaissance Friedrichs II. von Hohenstaufen« im 13. Jahrhundert, die ›Renaissance des 12. Jahrhunderts‹ – so der Titel eines berühmten Buches von Charles H. Haskins (1927) –, die ›Ottonische Renaissance‹ um 1000; darüber hinaus im Frühmittelalter die ›Karolingische Renaissance‹ im Westen, die ›Makedonische‹ im Osten, die ›Northumbrische‹ oder ›Angelsächsische‹ im Norden, sowie die ›Liutprandische‹ im langobardischen Italien . Wie diese Renaissancen mit der Antike und untereinander in Verbindung standen, diskutieren noch heute die Gelehrten, spätestens seit Erwin Panofskys Formel der »Renaissance and Renascences in Western Art« (1944, 1960). Die Abfolge kann nach zwei Modellen interpretiert werden: nach einem mehr ›kontinuierlichen‹ handelt es sich weniger um ›Renaissancen‹ als um ein mehr oder weniger ausdrückliches und offenes ›Nachleben‹ der Antike; nach der gegensätzlichen Auffassung, derjenigen der Diskontinuität, stirbt die ›klassische‹ Antike, wird wieder-geboren und stirbt erneut mehr als ein Mal, wie in sukzessiven Zuckungen bis zu ihrem Triumph in der ›wahren‹ Renaissance, der italienischen des 15. und 16. Jahrhunderts. In beiden Fällen entspricht die Abwesenheit des ›Klassischen‹ auf der Seite des Todes seiner Anwesenheit auf der Seite des Lebens, in der besonders intensiven Form des *neuen* Lebens, der Wiedergeburt. ›Renaissance‹ und ›Klassik‹ sind Leitideen der europäischen Kulturgeschichte, deren Schicksale eng miteinander verflochten sind und die sich in aufschlußreichen Synchronien entwickeln: Weil die Renaissance vom ›Klassischen‹ herkommt, ihre Wieder-Geburt ist, ist sie ebenfalls ›klassisch‹, und Raffael reiht sich in die Riege der Alten als dauernder Vorbilder zur Nachahmung ein. In diesem ewigen und einstimmigen Leben der Formen ist die ›Klassik‹ der Protagonist, der zur Perfektion heranwächst und dann stirbt, um schließlich wiedergeboren zu werden.

Abb. 14. Marc Aurel. Rom, Kapitol

Abb. 15. Étienne-Maurice Falconet, Peter der Große, Bronzestatue. Sankt Petersburg

8. Das ›Klassische‹ vor der ›klassischen Antike‹

Winckelmann gebrauchte noch nicht den Begriff ›klassisch‹, um die klassische Antike zu bezeichnen, ebensowenig Ghiberti, Vasari und andere zwischen dem 15. und 17. Jahrhundert. Und auch wenn das Wort im 16. oder 17. Jahrhundert in Gebrauch kam, wurde es nicht vor dem 19. Jahrhundert als Synonym für die griechisch-römische Antike benutzt. Die Begriffe, in denen Griechen und Römer der Gegenwart gegenübergestellt wurden, waren eher die ›Alten‹ und die ›Modernen‹, und um diese kristallisierte sich die Debatte über das, was später ›klassisch‹ genannt werde sollte. Deswegen kommt eine Bedeutungsanalyse des Begriffs ›Klassik‹, selbst in den Grenzen dieser Skizze, nicht um die Art und Weise herum, wie das Begriffspaar antik-modern mit ihr verbunden ist. Und vor diesem Hintergrund muß die Thematik der »Renaissance der Antike« (wegen ihrer Übereinstimmung und ihrer Synchronie) angesiedelt werden und damit das Vorhaben, durch die Nachahmung der ›klassischen‹ Antike eine neue ›Klassik‹ der Moderne zu schaffen.

Modernus gab es schon im Latein Cassiodors, aber erst im 13. und 14. Jahrhundert begann sich eine polemische Opposition zwischen *antiqui* und *moderni* herauszubilden, zuerst in der scholastischen Praxis (z. B. zwischen dem *modernus* Occam und dem *antiquus* Aristoteles) und dann im religiösen Bereich (die *devotio moderna* Gert Grootes gegen die traditionellen Formen der Frömmigkeit). Für Petrarca und Boccaccio waren die scholastischen Philosophen die *moderni*, die den *antiqui* gegenübergestellt wurden, aus denen Cola di Rienzo wegen seiner Träume von einer Wiedergeburt Roms herausragte. Lorenzo Valla verlagerte die Auseinandersetzung auf das Problem der lateinischen Sprachreinheit und setzte der Barbarei der *moderni* die Reinheit der *antiqui* entgegen, dem ›klassischen‹ Latein das des Mittelalters. In allen diesen Fällen vollzog sich die Gegenüberstellung in der Tat zwischen *zeitgenössischen* Vorbildern, und daher konnte die Einschätzung auch umgedreht werden: Occam und Groote nannten sich stolz *moderni,* weil sie überzeugt waren, die *antiqui* überwunden zu haben; für Valla waren im Gegenteil die *antiqui* den Modernen überlegen, aber *antiqui* waren auch diejenigen, die wie er selber ›klassisches‹ Latein schreiben konnten. Die erste Anwendung auf die bildenden Künste erfuhr der Begriff vielleicht 1375 durch Giovanni Dondi dell'Orologio, der den *moderni* (den zeitgenössischen Bildhauern) die *antiqui* entgegensetzte, deren Werke in den Ruinen Roms ausgegraben wurden. Kurz darauf schrieb Cennino Cennini, daß Giotto »die Malkunst vom Griechischen (sc. Byzantinischen) ins Lateinische verwandelte und ins Moderne überführte« (ca.1390). In diesem Sinne wurden später diejenigen Künstler *moderni* genannt, die die »maniera moderna« praktizierten, die von der Antike getränkt und von antiquarischer Kenntnis genährt war, worauf Vasari hinwies. Und man konnte in besonders abgewogenen Worten sagen, daß ein Künstler »auf antike Weise modern und auf moderne Weise antik« war, wie es Doni über Vasari und Vasari über Giulio Romano sagte.

Diese Konzeption brachte eine Grobeinteilung in drei Zeitalter mit sich: das jetzige der Modernen (oder der ›Renaissance‹, wie man später sagen sollte); das der Alten, der Griechen und Römer (das Altertum, das man dann ›klassisch‹ nennen sollte); und schließlich, um das eine von dem anderen zu trennen, eine *media tempestas*, die wir immer noch Mittelalter nennen. Aber diese Modernen hatten nunmehr die *antiqui* ›verdaut‹, und daher konnten sie sich diesen gegenüber auf ihre eigene Überlegenheit berufen. Hierin bestand in tausend Varianten die »Querelle des Anciens et des Modernes«, die in Frankreich im 17. und 18. Jahrhundert ihren Höhepunkt erreichte. So konnte Charles Perrault 1688 damit argumentieren, daß die Ansammlung der Kenntnisse die Überlegenheit der Moderne über die Antike sicherte und Falconet konnte 1771 die Statue des Marc Aurel auf dem Kapitol kritisieren, bisher das unvergleichliche Vorbild eines jeden Reiterdenkmals (Abb. 14); er war davon überzeugt, daß er sie mit seinem Monument für Peter den Großen (1766–82) übertroffen hätte (Abb. 15). Es fehlten Argumente für die Gegenseite nicht, aber wenn man schon diskutieren konnte, ob die Alten oder die Modernen überlegen waren, dann war auch die *auctoritas* der Alten nicht mehr so fest und sicher. Und gerade vor dem Hintergrund der berühmten »Querelle« wurde das seltene Wort *classicus* aus der lateinischen Literatur gefischt und kam in den europäischen Sprachen wieder in Gebrauch.

Der Begriff *classicus* bezeichnete im Lateinischen nicht Phänomene und Epochen der Kulturgeschichte, sondern stammte aus dem politischen und ökonomischen Sprachgebrauch, zum Beispiel bezeichnete er die sechs *classes* der Bürger in der servianischen Verfassung. *Classicus* konnte sich so par excellence ein Bürger nennen, der zur obersten *classis* der Steuerzahler gehörte. Nur in übertragenem Sinne bestimmte Aulus Gellius, ein Autor des 2. Jahrhunderts n. Chr., als *classicus scriptor, non proletarius* einen Autor »erster Ordnung«, nicht »der Masse« (Gellius 19, 8, 15; 6, 13, 1; 16, 10, 2–15), oder besser vielleicht, als »gut, um von den *classici* (sc. den reichsten Steuerzahlern) und nicht vom Volk gelesen zu werden«. Eine solche Definition setzt die klassifikatorischen Bemühungen der Grammatiker voraus, die im immensen Corpus der griechischen Literatur beschränkte Listen von »obligaten« und »ausgewählten« (griech.: enkrithentes) Autoren innerhalb jedes literarischen Genres zusammengestellt hatten, so unter den Tragikern Aischylos, Sophokles, und Euripides. Diese Listen wurden auf griechisch unter dem Namen »Pinakes» (Tafeln) und auf lateinisch, insbesondere von Quintilian, unter dem Namen *ordo* und *numerus* zusammengestellt. Erst David Ruhnken wandte 1768 darauf den Begriff »Kanon« (Regel oder Vorbild) an, der seit Eusebius im 4. Jahrhundert n. Chr. die von der Kirche als Offenbarung anerkannten Bücher der Bibel bezeichnete.

Im Mittelalter gehört *classicus* nicht zu den Begriffen, der die unwidersprochene *auctoritas* der Alten bezeichnen sollte. Das aus Gellius entlehnte Wort kehrt seit dem 16. Jahrhundert in den Gebrauch zurück, wie es scheint zuerst im Französischen und dann in den anderen europäischen Sprachen, aber allein in Bezug auf literarische Texte. So gab es im 16. und 17. Jahrhundert durchaus »klassische Schriftsteller«, aber keine »klassischen« Statuen und nicht einmal ein »klassisches Altertum«. Noch bezeichnender ist es, daß der Terminus ›klassisch‹ in den modernen europäischen Sprachen niemals den griechischen und lateinischen Autoren vorbehalten war: als ›klassisch‹ konnte man jeden Text von exemplarischem Wert bezeichnen, auch in einer modernen Sprache.

Diese Bedeutung überkreuzte sich bald mit einem anderen, nicht antiken Sinn des lateinischen Wortes *classis* und seinen Ableitungen in den europäischen Sprachen: er bezog sich auf die Schulbildung in dem Sinne, daß als ›klassisch‹ galt, »was man in der Klasse lernte«. Besonders in Frankreich und vor allem nach der Gründung der Académie francaise 1635 sollte »classique« Werke und Autoren der französischen Literatur bezeichnen, die als Norm galten. Einen analogen, wenn auch weniger festgelegten Gebrauch gab es im 17. Jahrhundert im Italienischen und Englischen. Normen par excellence waren die griechische und lateinische Literatur und deswegen wurden auch Werke der einen oder anderen gelegentlich »klassisch« genannt, ohne dafür jedoch eine besondere Kategorie zu schaffen; dafür galt immer noch der Begriff der Alten, »Anciens«. Die lateinischen Autoren konnten klassisch genannt werden, weil sie ein Latein frei von den mittelalterlichen »Barbareien« lehrten. Die griechischen Autoren konnten klassisch genannt werden, weil sie unverzichtbar waren, um eine Antike wiederzugewinnen, die am Anfang zwar vorwiegend als römisch aufgefaßt wurde, auch wenn der *praeceptor Germaniae* Melanchthon 1533 anfing, die Überlegenheit der griechischen über die lateinischen Schriftsteller zu proklamieren, worin ihm später viele folgten. Mit einem inneren Widerspruch, der alle künftigen Entwicklungen bestimmen sollte, nahm die Idee des ›Klassischen‹in Europa dergestalt Form an, daß sie aus der griechischen und römischen Antike sowohl den Begriff schöpfte wie auch den Impuls, normative Modelle für die Gegenwart zu finden. Aber zugleich zog auf anderem Weg die »Querelle des Anciens et des Modernes« in Zweifel, daß diese Vorbilder nur in der Antike gesucht werden sollten. ›Klassisch‹ konnte so ein antikes, aber auch eine jüngeres Vorbild sein, und es konnte verschiedenen nationalen Kulturen angehören. Und in diesem Falle konnte es die Auszeichnung ›klassisch‹ mal verdienen, weil es vollkommen mit den griechisch-römischen Modellen übereinstimmte, mal aus dem entgegengesetzten Grund, weil es diese Modelle überwinden oder ignorieren konnte und *ex nihilo* eine neue Norm schuf.

Auch wenn bis dahin nur literarische Texte ›klassisch‹ genannt wurden, hatten in der selben Generation Künstler und Architekten begonnen, eifrig die verstümmelten Denkmäler des Altertums zu studieren. Sie wählten sie als Leitbilder für eine radikale Reform der Formensprache und des Stils der Kunst. Sie nannten ihre Vorbilder nicht ›klassisch‹, aber sie sprachen mit Verehrung von den Alten. Sie kannten die Römer, aber sie liebäugelten mit den Griechen, die dieselben lateinischen Quellen als in der Kunst überlegen vorstellten, und sie hielten manchmal Skulpturen höherer Qualität für die »Arbeit eines griechischen Meißels«. Mit allgemeiner Begeisterung begrüßten sie die Auffindung des griechischen Laokoon 1506, aber sie lobten ihn auch, weil sie bei Plinius gelesen hatten, daß er sich einmal im Hause eines römischen Kaisers befunden hatte. Inzwischen nahm das Antiquars-wesen Form an und gewann an Ansehen: die Antiquare stellten sich die entsagungsreiche Aufgabe der Wiederzusammensetzung *in unum* der Fragmente der *sacrosancta antiquitas*, die die Jahrhunderte zerstückelt und zerstreut hatten; sie studierten mit gleicher Aufmerksamkeit den Text eines Livius wie den einer verstümmelten Inschrift, den Apollon vom Belvedere wie die Lampen, weil jeder Teil dieser Studien der Wiederherstellung des Gesamten, des Altertums, dienen sollte. Somit breitete sich auf fruchtbare Weise die Verbindung zweier Faktoren aus, die uns heute als unvereinbar und einander fremd erscheinen: auf der einen Seite die künstlerische Praxis, die für Jahrhunderte auch die Wahrnehmung der Kunst anleitete, auf der anderen Seite die enzyklopädische und auf Klassifizierung ausgerichtete Berufung der Antiquare. Der Prozeß war schon deutlich bei Raffael, dem großen Künstler, aber auch demjenigen, der sorgfältig die Ruinen Roms vermaß. Er erreichte seinen höchsten Versuch einer Synthese in Rubens, dem »neuen Apelles«, der aber ebenso Sammler und erfahrener Antiquar war. Die antiquarische Gelehrsamkeit bezog ihre Nahrung aus der Aufmerksamkeit der Künstler für die Antike; und für die Künstler war das Studium der ›klassischen‹ Objekte und Gebräuche keine willkürliche Angewohnheit, sondern eine wache Aufmerksamkeit gegenüber der Wahrheit, die ganz auf die Ästhetik der »convenevolezza« gerichtet war, die für die Historienmalerei ›archäologische‹ Treue gegenüber dem Detail gebot. Und während in Rom Cassiano Dal Pozzo mit einer ganzen Schar von Künstlern sein »Museo Cartaceo« zusammenstellte, den ersten Versuch eines allgemeinen Corpus von Zeichnungen nach Antiken, suchte Nicolas Poussin mit der gleichen antiquarischen Bildung auf seine Weise in den Skulpturen von Rom einen eigenen Maßstab, um eine

Menschheit im ›klassischen‹ Gewand darzustellen, mit Gesten voll ritueller Beredsamkeit und von einer geheimen, intensiven Wärme.

An der Wende vom 18. zum 19. Jahrhundert vollzog sich jedoch trotz der Anstrengungen von Mengs und Winckelmann die Scheidung von Antiquarswesen und künstlerischer Praxis. Das Projekt einer Wiederherstellung des Altertums wurde jetzt in den Universitäten mit ihrem Fächerkanon institutionalisiert. Erst an diesem Punkt konnte die Erfindung des ›klassischen Altertums‹ im akademischen Sprachgebrauch ihre Weihen erhalten und man konnte wie noch heute von ›klassischer Philologie‹, ›klassischer Archäologie‹, Museen ›klassischer‹ Kunst, von ›klassischer Altertumswissenschaft‹ und Instituten für ›klassische‹ Studien sprechen. Eine Spezifizierung wurde notwendig, um von der griechisch-römischen Antike andere ›Antiken‹, wie die jüdische oder ägyptische unterscheiden zu können: Aber die Wahl des Terminus ›klassisch‹ beinhaltete, daß jene Antike die Antike *par excellence* blieb. Das Programm dieser fachwissenschaftlichen Begründung der Studien über die Antike war die 1807 erschienene »Darstellung der Alterthums-Wissenschaft« von F. A. Wolf, der sie in einem organischen Verbund von 24 Disziplinen darlegte. Dieses Programm begründete im Einklang mit Wilhelm von Humboldt die wachsende Rolle der ›klassischen‹ Kultur in den Studien nicht nur der Altertumswissenschaftler und Literaten, sondern auch allgemein in der Erziehung der zukünftigen Herrschaftseliten. Parallele Entwicklungen und gegenseitige Einflüsse führten zu ähnlichen Konsequenzen, nicht allein in Preußen oder in Deutschland, sondern in ganz Europa. In voller, aber vielleicht unbewußter Übereinstimmung mit Gellius' patrimonialer Metapher wandte sich die neue ›klassische‹ Kultur an die *classici* der Gegenwart, das obere und mittlere Bürgertum, die herrschenden Klassen (die, wie bei Gellius, den *proletarii* entgegengesetzt wurden).

Und doch blieben und bleiben im Gebrauch des Wortes ›klassisch‹ zahlreiche Widersprüche. Vor allem kann es, wie wir gesehen haben, die gesamte griechisch-römische Antike oder nur einen ihrer Teilbereiche bezeichnen, normalerweise das 5. und 4. Jahrhundert v. Chr., aber auch nur das Athen des Perikles. Auch dies sind nicht die einzigen möglichen Varianten. Andere beziehen sich auf den Raum: so konnte die griechische Kunst des 5. Jahrhunderts v. Chr. in Sizilien als antiklassisch bezeichnet werden; andere wiederum machen auf eine tiefe Differenzierung der Fächer aufmerksam: so ist zum Beispiel für einen Juristen die ›klassische‹ Phase des römischen Rechts die des Ulpian, Papinian und Paulus: also eben jene severische Epoche, die für die Archäologen, die sich mit römischer Kunst beschäftigen, deutlich nach-‹klassische‹ Eigenschaften aufweist. Die verallgemeinernde Bezeichnung einer ›klassischen‹ griechisch-römischen Antike hinderte, trotz ihrer offensichtlichen Erfolgsgeschichte, nicht daran, das ›Klassische‹ innerhalb derselben weiter einzuschränken, und zwar durch Auswahl und Ausschließungen: das Griechische gegen das Römische, aber auch das Archaische gegen das ›Klassische‹ im engeren Sinne, wie bereits oben dargelegt wurde. Andere terminologische Probleme wurden 1958 von Wladislaw Tatarkiewicz aufgezeigt. Er unterschied vier Bedeutungen des Worts ›klassisch‹:

A. Um einen Wert zu bezeichnen, kann ›klassisch‹ als »erstklassig« gelten, als perfekt und als Vorbild anerkannt, im Gegensatz zu unvollkommen, mittelmäßig.

B. Um eine chronologische Periode zu bezeichnen, kann ›klassisch‹ als Synonym der »griechisch-römischen Antike« gelten, oder auch nur als Gipfel der griechischen Kultur; in diesem Sinne könnte man sagen, wie Tatarkiewicz bemerkt, daß von den drei Tragikern des Kanon Aischylos *noch nicht* klassisch sei, Euripides dagegen *nicht mehr*.

C. Um einen historischen Stil zu bezeichnen, kann sich »klassisch« auf die Modernen beziehen, die sich der Übereinstimmung mit antiken Vorbildern verschrieben haben.

D. Als ästhetische Kategorie kann man als ›klassisch‹ die Autoren bezeichnen, die über Harmonie, Maß und Gleichgewicht verfügen.

Schließlich kann ›klassisch‹ noch mit Hilfe einer Reihe binärer Gegensätze bestimmt werden: im 16. und 17. Jahrhundert stellte man ihm das ›Gotische‹, also die mittelalterliche Kunst gegenüber; im 19. Jahrhundert das Romantische, aber bei den Kunsthistorikern auch den Barock; im 20. Jahrhundert das Primitive, oder vielleicht besser gesagt, das »Authentische«.

Von diesen vier Bedeutungen war nur die unter B. angeführte Gegenstand dieser Zeilen; aber allein aus der Überlagerung mit den anderen ergibt sich die Vielfalt von deren Bedeutungen und deren tiefgreifender Einfluß. Wenn wir ›klassisch‹ (aber immer in Anführungszeichen) benutzt haben, um auch von Epochen zu handeln, die das Wort nicht in diesem Sinne gebraucht haben, dann weil bereits damals sich – wenn auch unter anderem Namen (»die Alten«) – dasselbe Konzept bildete, das später den Namen des ›Klassischen‹ annehmen und von sich aus die Bildungsstrukturen und die gemeinsame europäische Kultur formen sollte. Die Kategorie des ›Klassischen‹ wurde klar festgelegt, um aus dem gesamten ›klassischen‹ (d. h. griechisch-römischen) Altertum eine fest umrissene wissenschaftliche Disziplin zu machen: damit sollten diese wissenschaftliche Definition und die vornehme und attraktive Bezeichnung, mit der sie in den Universitäten, den Gymnasien und den Curricula beschrieben wurde, die ›klassische‹ Bildung an die Spitze der Erziehungssysteme befördern und daraus einen kulturellen Code machen, in dem die Eliten verschiedener Sprachen, Nationen und Länder sich gegenseitig erkennen konnten.

In denselben Zusammenhang gehört die bereits oben betonte Synchronie der modernen Begriffsentwicklung von ›klassisch‹ und ›Renaissance‹. Beide gewannen ihre heutige Bedeutung zwischen dem Ende des 18. Jahrhunderts und der Restauration; beide wurden in vollem Wortsinn in der ersten Hälfte des 19. Jahrhunderts in die Bildungsinstitutionen übernommen. Und es war logisch, denn die Renaissance, die im 19. und 20. Jahrhundert als Morgendämmerung des modernen Menschen galt, wurde von ihren Protagonisten als *renovatio* der (›klassischen‹) Antike bezeichnet. ›Klassik‹ und ›Renaissance‹ entsprechen sich daher symmetrisch: in der Tat gab es das eine nie ohne das andere, das eine kann ohne das andere nicht erklärt werden.

9. Der ›Klassizismus‹ der Alten

Aber hatten die Alten, die Griechen und Römer eine eigene ›klassische‹ Epoche? Oder sollten wir vielmehr sagen, daß »das Altertum keine Antike hatte«? Diese Fragen sind keinesfalls ein Anachronismus: Auch wenn wir nicht erwarten können, in den griechischen und lateinischen Texten eine ausgearbeitete Definition des ›Klassischen‹ zu finden in dem Sinn, den es in den letzten beiden Jahrhunderten angenommen hat, so hat dennoch auch die griechisch-römische Antike in ihrem Schoß eine rückwärtsgewandte Vision ihrer selbst entwickelt und sie als wesentlichen Teil ihres Erbes den folgenden Generationen bis auf uns vermittelt.

Die historische Erzählung Winckelmanns beschrieb die Entwicklung der griechischen Kunst (und ganz allgemein der griechischen Zivilisation) parabolisch, gemäß dem Ablauf eines Menschenlebens, und schrieb ihr daher eine zögerliche Kindheit zu, eine unbeschwerte Jugend, eine erfüllte Reife und ein langsames Altern bis zum Tode. Winckelmann hatte dieses historische Schema nur systematisiert, nicht aber erfunden; vereinfachte Versionen dieser Parabel finden sich bei den Kunstschriftstellern insbesondere Italiens von der Renaissance an, beginnend mit den »Commentarii« des Lorenzo Ghiberti (ca. 1450). Winckelmann entlehnte dieses Entwicklungsmodell von Vasari und vor allem vom *Thesaurus temporum* des Joseph-Juste Scaliger (1606) mit seiner unerschöpflichen Fundgrube antiker Quellen; dieses Modell paßte er dem künstlerischen Geschmack seiner Zeit an. Die Übereinstimmungen von Ghiberti, Vasari, Scaliger, Winckelmann und vielen anderen erklären sich leicht: alle lasen sie Plinius den Älteren und insbesondere die letzten Bücher seiner *Naturalis Historia*, die das einzige erhaltene Kompendium der Geschichte der antiken Kunst darstellen, das auf umfangreicher Lektüre heute verlorener griechischer Kunsttraktate beruht. Nun hatte nicht nur Plinius, sondern auch Vitruv die Nachrichten über Künstler und Architekten nach jenem biologisch-parabolischen Schema geordnet, das auch von der Rhetorik und der Dichtung in zahlreichen antiken Quellen benutzt wurde, so von Cicero und Quintilian.

Aber Plinius übernahm seinerseits das parabolische Schema aus seinen eigenen griechischen Quellen, insbesondere von zwei Autoren des 3. Jahrhunderts v. Chr., Xenokrates von Athen und Antigonos von Karystos, die auch Bildhauer waren. Sie verorteten sich selber und die eigene Epoche auf dem absteigenden Teil dieser Parabel und hatten daher bereits eine retrospektive Sicht entwickelt, die die Bewunderung für eine verflossene Antike beinhaltete, die der Gegenwart überlegen und deswegen in gewissem Sinne bereits ›klassisch‹ war. Spuren dieses Interpretationsschemas finden sich auch bei anderen Kunstschriftstellern wie Duris von Samos, der allerdings kein Künstler von Beruf war. Aber dieses biologisch-entwicklungsmäßige Paradigma war nicht für die Beschreibung der Entwicklung der Kunst entstanden. Es stammte aus der Schule des Aristoteles, von dem der Impuls zur Verfassung von Geschichten einzelner Disziplinen stammte (nicht nur der Skulptur oder Malerei, auch der Medizin, der Rhetorik, der Musik, der Geometrie...), in denen der Stoff in einem erzählerischen Rahmen nach chronologischer Folge und nach dem Prinzip historischer Entwicklung geordnet war. Dieses Prinzip hatte besonders wirkungsmächtig die Beschreibung des Aristoteles in der Poetik über die Entwicklung der Tragödie belebt: entstanden als Improvisation, wächst sie langsam, während die Dichter ihr Potential erweitern, erfährt zahllose Veränderungen, um schließlich ihre vollendete Form zu erreichen; an diesem Punkt geht die Entwicklung nicht weiter. Das Modell einer historischen Beschreibung war bereits für die politische Geschichte angewandt worden und wurde so auf spezielle Bereiche übertragen, insbesondere auf die Geschichte der Technai. Ein Schüler des Aristoteles, Dikaiarch von Messina, hatte die eigentümliche Idee, ein »Leben Griechenlands« zu schreiben, in dem die Geschichte der Griechen, im wesentlichen als Kulturgeschichte aufgefaßt, als biologisch-parabolische Abfolge dargelegt wurde. Aber im Verhältnis zur aristotelischen Geschichte der Tragödie, die auf dem Höhepunkt, in der Phase der Reife haltmachte, wurde hier als Abschluß der Parabel und als Analogie zum Tod des Individuums eine finale Katastrophe eingeführt.

Dieses biologisch-evolutionistische Paradigma wurde bald auf die bildenden Künste angewandt und trug entschieden zu jener Sicht der Entwicklung antiker Kunst bei, die vermittels Plinius alle modernen Kunstschriftsteller seit Ghiberti beeinflussen und in Winckelmann ihre am stärksten zusammenhängende und eloquenteste Ausarbeitung finden sollte. Aber seit dem 4./3. Jahrhundert v. Chr. bis zum Beginn der Kaiserzeit bekam die Vorstellung, daß der Gipfel der griechischen Kultur inzwischen überschritten sei, eine enorme Konjunktur: Historiker und Rhetoren empfahlen, sich der Sprache und der Methode des Thukydides an Stelle der gegenwärtigen zu bedienen, die Künstler angelten immer öfter bei Phidias und Polyklet nach Vorbildern, die man wiederverenden konnte, und sie ›zitierten‹ sie so, daß sie wiedererkennbar waren, so daß die Archäologen zahlreiche Skulpturen des Hellenismus als ›neoklassisch‹ bezeichnen konnten. Neuattische und neuarchaische (oder archaistische) Stile entstehen und verbreiten sich, und dieser Vergangenheitskult erfaßt bald die neuen römischen Sammler: sie suchen fieberhaft die großen Werke der Vergangenheit, um sie öffentlich oder zu Hause aufzustellen, und unter den zeitgenössischen werden diejenigen bevorzugt, die den Stilen der beliebtesten Zeitalter am meisten entsprechen (insbesondere von Polyklet bis zu Lysipp). Zwei Entwicklungen waren besonders wichtig in diesen Jahrhunderten: zunächst das Entstehen des Literaturgenres der ›Kunstgeschichte‹ mit seiner entschieden rückwärtsgewandten Sicht; später dann – und zwar gerade in dem Moment, als die Kunstgeschichte, kaum daß ihre Regeln erschaffen waren, sich bereits wieder erschöpfte – die Blüte einer extrem verbreiteten Industrie, die Kopien der ›klassischen‹ Werke herstellte. Diese wurden in Gips abgegossen und dann in Marmor und/oder Bronze umgesetzt, dem Vorbild ausreichend treu nachgebildet, daß die Käufer im Doryphoros ein Werk Polyklets, im Diskobol ein Werk Myrons erkennen konnten. Es war ein neues Phänomen: Kopieren liegt nicht auf der Hand (und wird in der Tat nur von wenigen Kulturen betrieben); es setzt ein Publikum voraus, das bestrebt ist, wenn nicht die Originale, so doch die Kopien der am meisten geschätzten (der am meisten ›klassischen‹) Kunst zu besitzen. Und so kennen wir zum Beispiel die Kunst des Polyklet oder Myron, von denen kein Original erhalten ist, durch die Untersuchungen der zahllosen Kopien *nach* Polyklet und *nach* Myron.

Eine derartige Erfolgsgeschichte eines Erklärungsmodells, das die Abwertung der Gegenwart gegen die Vergangenheit zum Prinzip erhebt, kann nicht ohne den bestimmenden Rahmen der politischen Geschichte verstanden werden. Die Sehnsucht nach der ›klassischen‹ Form der Polis und nach ihrer Vorstellung von Bürgerrecht, Gemeinschaft und Autonomie begann in Griechenland früh, nachdem der Verlust der politischen Initiative seit dem 4. Jahrhundert v. Chr. nicht allein die Basis der Polis im alten Sinne, ihre Schicht der bewaffneten Bürger, bis in die Wurzeln erschüttert hatte, sondern genauso das neue, in der berühmten Rede des Andokides 390 v. Chr. ausgedrückte Ideal der »koiné eirene« (des allgemeinen Friedens). Die neuen Eliten gründeten sich dagegen auf den Reichtum, auf die Beweglichkeit ihre Kapitalien und auf die Organisation des Konsenses in Übereinstimmung mit der Macht der hellenistischen Herrscher und später der Römer. Man kann vermuten, daß die verbreitete Nostalgie der Intellektuellen nach der vergangenen Größe Griechenlands in der Literatur und Kunst einem allgemein verbreiteten Sinn für die erfahrene Marginalisierung der Poleis (beginnend mit Athen) auf der internationalen politischen Bühne und ihrem dramatischen »Verlust der Freiheit« entsprach. Und damit ging das Gefühl für die enge Verbindung der Kunst des Sophokles oder Phidias mit der ›klassischen‹ Form der Polis einher. Daher war der Gestus des römischen Konsuls T. Quinctius Flamininus, der nach dem Sieg über den Makedonenkönig Philipp V. feierlich an den isthmischen Spielen Griechenland seine Freiheit und die »koiné eirene« (aus der nicht viel wurde) zurückgab, selber ein retrospektiver oder ›klassizistischer‹ Gestus. Oder, besser noch, er antwortete auf ein verbreitetes retrospektives ›klassizistisches‹ Gefühl der Griechen, das er den Interessen Roms geneigt machte. Die politische Geschichte, und nicht allein die Kultur- oder Kunstgeschichte, ist der Interpretationsrahmen, in dem der ›Klassizismus‹ der Antike gesehen werden muß.

Zwei andere Betrachtungen sind notwendig. Die Tatsache, daß schon die Alten von einem bestimmten Augenblick an ihre ›Klassiker‹ hatten, hat vor allem die Versuche der Modernen gerechtfertigt, in der breiten Entfaltung der ›klassischen‹ Antike eine beschränkte Periode auszumachen, die die Qualität des ›Klassischen‹ in einem wahreren und intensiveren Sinne verdiene; und sie hat dazu beigetragen, die Scheinwerfer auf das Athen des 5. Jahrhunderts zu richten. Andererseits wäre die Vorstellung einer Renaissance der Kunst (nach ihrem Tod) ohne jenes biologisch-parabolische Paradigma undenkbar gewesen. Auch wenn Aristoteles bemerkt, daß »es wahrscheinlich ist, daß jede Kunst und jede Philosophie viele Male erfunden und zur höchsten Entwicklung gebracht wurde, um sich dann wiederum zu verlieren«, brachte die Antike dennoch nie ein Modell historischer Entwicklung auf den Punkt, das auf eine Wiedergeburt nach einer Katastrophe ausgerichtet war. Erst in der Neuzeit wurden sämtliche Möglichkeiten des biologisch-parabolischen Modells entfaltet. Um die italienische Kunst des 15. und 16. Jahrhunderts hervorzuheben, beförderte man mit der Autorität des Plinius ein Entwicklungsmodell der antiken Kunst, das auf sein Ende, die Dekadenz fokussiert war: wie die Künste am Ende der Antike starben, so waren sie wiedergeboren worden. Das Schema der antiken Kunstschriftsteller wurde so tiefgreifend angepaßt und neu funktionalisiert; das parabolische Modell, das mit der Dekadenz und dem Tod der Künste abschloß, wurde mit der Hinzufügung der Wieder-Geburt ein zyklisches Modell. Hier ist die Wurzel der symmetrischen Entsprechung von ›Klassik‹ und ›Renaissance‹, die wir erwähnt hatten. Wenn auch erst im 19. Jahrhundert beide Konzepte in einem wohlbestimmten institutionellen und wissenschaftlichen Rahmen den Sinn bekamen, den sie bis heute haben, gründen dennoch beide auf Prämissen, die bereits der Generation Petrarcas klar waren: nämlich daß es notwendig war, zu den Alten zurückzukehren, sie zu aktualisieren und sie den Modernen entgegenzusetzen. Man suchte damals das ›Klassische‹ eher im Rom des Augustus als im Athen des Perikles. Aber man inaugurierte auch einen Mechanismus, der in der Kulturgeschichte des ›Westens‹ wiederkehren sollte: das Bemühen, das Gegenwärtige durch die Auswahl der ›richtigen‹ Vorbilder aus der Vergangenheit zu rechtfertigen, seien es Augustus oder Perikles, Vergil oder Sophokles, die Anmut des Apollon vom Belvedere oder ein spröder archaischer Torso. Aber entscheidend ausgelöst wurde dieser Mechanismus durch die Ideen einer Rückkehr zur Vergangenheit, die aus dem Schoß der Antike selber stammten: Die griechischen Quellen zur Kunstgeschichte (gelesen durch das Kompendium des Plinius) und die römischen Kopien der griechischen Meisterwerke konnten die Grundlage eines jeden modernen Ideals des ›Klassischen‹ sein und waren es auch, gerade weil sie selber als eine Form des antiken ›Klassizismus‹ entstanden waren.

Die Alten hatten im Gegensatz zu den Modernen jedoch kein festes Wort, um das ›Klassische‹ zu bezeichnen. Das isolierte *classicus* des Gellius ändert nichts an diesem Bild; demgegenüber ist es einigermaßen bezeichnend, daß Plutarch im 2. Jahrhundert n. Chr. die von Perikles auf der Akropolis initiierten Werke mit folgenden Worten als höchste Errungenschaften der Kunst bezeichnete: jedes von ihnen »war *wegen seiner Schönheit* bereits damals sofort *alt*, aber heute erscheinen sie uns frisch, als seien sie gerade fertiggestellt. Aus ihnen strömt etwas wie eine ewige Jugend, die sie vor dem Angriff der Zeit bewahrt, gleichsam als seien sie mit einem Geist erfüllt, der ewig blüht, und einer Seele, die nicht alt werden kann« (Perikles 13, 3). Ein Gelehrter unserer Zeit, J. Griffin, hat 1989 das »kallei archaion« in diesem Passus (wörtlich: wegen ihrer Schönheit alt) als »classic in its perfection« übersetzt. Es ist natürlich eine modernisierende Übersetzung; aber für das Bemühen, in ein angemessenes Wort zu kondensieren, was Plutarch und seine Erben (bis auf uns) aus dem Parthenon herausgelesen haben, kommt eigentlich nur ›klassisch‹ in Frage. Die Modernen konnten damit zwar zwischen den Zeilen bei den Alten ein Wort lesen, das diese nicht hatten; aber das liegt daran, daß die ›Antike‹ der Alten in ihrem Bestreben, die Gegenwart mit Hilfe der Vergangenheit zu bestätigen, alle *unsere* Bilder der Antike hervorgebracht hat (vgl. Kat.-Nr. 562).

10. Die Zukunft des ›Klassischen‹

Bei jeder seiner neuen Inkarnationen wird das ›Klassische‹ als ein *Postulat* vorgebracht, aber in Wirklichkeit reflektiert es ein *Projekt*, und daher kann es als Lackmuspapier zum Verständnis seiner Koordinaten und Implikationen dienen. Zum Beispiel reflektiert der unaufgelöste ›Dualismus‹ der römischen Kunst, von dem wir gesprochen haben, in der Tat den historiographischen Gegensatz zwischen einem von den ›Klassikern‹ weit entfernten Mittelalter und ihrer Wiedergeburt. Wenn für Vasari und die Italiener das Antike gleichermaßen römisch und griechisch war, sogar mehr römisch als griechisch, so verteilte Winckelmann die Rollen neu und siedelte die Griechen auf der einen Seite (wie Raffael und Michelangelo) und die Römer auf der anderen Seite (wie die mittelalterliche Kunst) an. Und hier knüpfte die Neueinschätzung der römischen Kunst durch das Wiener Fin de Siècle an, die nur von dem *Nachher* gedacht war, der mittelalterlichen Kunst Europas. Gerade wegen ihrer Beziehung zum ›Klassischen‹ nahm die römische Kunst zwei konträre Rollen an: auf der einen Seite die Grundlage der Entwicklung der mittelalterlichen Kunst; auf der anderen Seite merkwürdiger Weise eine privilegierte Quelle, aus der man Vorbilder und Normen schöpfen konnte, eine sichtbare Hypostase jener integren ›Klassizität‹, aus der man fortschreitend die griechische Kunst herausschälen konnte.

Wie dieses Beispiel deutlich zeigt, stellen die Oszillationen und Widersprüche, in der Reichweite, der Definition und dem Gebrauch des Wortes ›klassisch‹, auf die oben nur zu einem kleinen Teil verwiesen wurde, niemals seine Existenz in Frage, allenfalls seine Identität oder Identifizierung. Der immer wiederkehrende periodische Rekurs auf Formen des ›Klassischen‹ im Dienst der Gegenwart (von dem Augenblick an, als die griechische Kunst sich selber bestätigte und den Kult für die Vergangenheit beförderte) ist ein so eigentümliches historisches Kennzeichen, daß Ernst Howald (Die Kultur der Antike, 1948) die Wiedergeburt des ›Klassischen‹ als »rhythmische Form« der europäischen Kulturgeschichte bezeichnen konnte. Dennoch war es möglich, von dem ›Klassischen‹ gänzlich unterschiedlichen und sogar entgegengesetzten Gebrauch zu machen und laufend sein Bild zu modifizieren – vor allem deswegen, weil sich mit dem ›Klassischen‹ als solchem Werte verbinden wie Perfektion, Maß, Gleichgewicht, Anmut, Intensität und Natürlichkeit des Ausdrucks. Diese Werte werden (normalerweise implizit) mit dem ›Klassischen‹ verbunden als immer aktuelle Botschaften für die Kultur in ihrer Fülle, die als ewig und zeitlos zu verstehen seien. Damit werden sie ihres Charakters als historisch determinierte Produkte beraubt. Diese vorgebliche immerwährende Aktualität insbesondere der griechischen ›Klassik‹ taucht sogar 1857 in Marx' ›Grundrissen‹ wieder auf:

»Bei der Kunst ist bekannt, daß bestimmte Blütezeiten derselben keineswegs im Verhältnis zur allgemeinen Entwicklung der Gesellschaft, also auch der materiellen Grundlage, gleichsam des Knochenbaus ihrer Organisation stehn. Zum Beispiel die Griechen verglichen mit den modernen oder auch Shakespeare. (...) Aber die Schwierigkeit liegt nicht darin zu verstehn, daß griechische Kunst und Epos an gewisse gesellschaftliche Entwicklungsformen geknüpft sind. Die Schwierigkeit ist, daß sie uns heute noch Kunstgenuß gewähren und in gewisser Beziehung als Norm und unerreichbares Muster gelten.«

Als nur scheinbares Paradox gewinnt dieser »unerreichbare«, zeitlose, ewige Charakter der ›klassischen‹ und insbesondere griechischen Kultur und Kunst umso mehr Kraft, desto mehr sich das Bewußtsein des historischen Prozesses verliert, der von den Griechen bis zu uns die Formen des ›Klassischen‹ bestimmt hat, das gerade im Bewußtsein seiner tausend Facetten in seiner Bedeutung relativiert und begrenzt werden kann.

Aber im Namen dieses unterstellten obersten und unveränderlich paradigmatischen Charakters des ›Klassischen‹ wurde die griechisch-römische Antike schließlich in einem sehr verbreiteten Bild als gemeinsame Wurzel der Kultur identifiziert, die wir ›Westen‹ zu nennen gelernt haben. Nach einem berühmten Satz Hegels fühle sich beim Namen »Griechenland« der gebildete europäische Mensch gleich zu Hause. In diesem und tausend anderen möglichen Zitaten erscheint das ›Klassische‹ (mittlerweile mehr griechisch als römisch) als Grundlagen schaffende Bedeutung nicht allein von Ergebnissen, Handlungen oder Erinnerungen, sondern von noch gültigen Werten, die man zu legitimieren vorgibt, indem man sie als mit jenen ›klassischen‹ als identisch oder ihnen nahe erklärt. Diese Inspiration ist nicht immer begründet, und doch ist sie umso wirksamer, desto mehr ihre Voraussetzungen als allgemein bekannt vorausgesetzt werden.

Die Konzeption, die den übernationalen und grundlegenden Wert des ›Klassischen‹ als bekannt und nicht in Frage gestellt ausgibt, ist vor allem ein verwässertes Erbe des hohen Status der ›klassischen‹ Bildung, die bis gestern in Geltung war; aber es ist für unsere Zeit recht bezeichnend, daß ein solches Bild bestehen und sich sogar verfestigen kann, während dagegen die tatsächliche Rolle der ›klassischen‹ Kultur in der Ausbildung und der allgemeinen Kultur heute jeden Tag mehr zurückgeht. Vor diesem Hintergrund ist es in der Tat einfacher, sich weiterhin ungestraft des Stereotyps der ›Klassizität‹ als Wiege und Rechtfertigung des ›Westens‹ zu bedienen und es zu perpetuieren, insbesondere angesichts der Tatsache, daß die Anzahl der Bürger, die dies mit Kenntnis in der Sache bezweifeln könnten, immer mehr abnimmt. Wie jedes andere Bild des ›Klassischen‹ erscheint auch dies im Gewand des Postulats, aber in Wirklichkeit reflektiert es ein Projekt; das Projekt, eine feste und unzweifelhafte Identität für den ›Westen‹ zu konstruieren. Eine solche Identität kann nicht geographisch sein, weil sie natürlich die Vereinigten Staaten oder Australien einschließen muß, und sie kann genauso wenig religiös oder sprachgebunden sein. Und auch die Faktoren der Ökonomie und des Marktes, die hier sicher eine sehr relevante Rolle spielen, scheinen von allein keinen ausreichend identitätsstiftenden Wert zu haben (auch weil sie eine Gegebenheit implizieren, die man im Bewußtsein zu verdrängen neigt, nämlich die Armut der Länder außerhalb des ›westlichen‹ Bereichs.) Nun wird eine ›säkulare‹ kulturelle‹ Identität für den ›Westen‹ sicher Dante und Shakespeare, Corneille und Goethe, Leonardo und Rembrandt einschließen, aber nur im ›klassischen› griechisch-römischen Zeitalter kann sie ein gemeinsames Substrat finden, auf das keine ›westliche‹ Nation einen alleinigen Besitztitel geltend machen kann.

Dieses Bild des ›Klassischen‹ verknüpft sich also mit der Konzeption (auch sie in Hegelscher Tradition) eines ›Westens‹ mit klaren und geschlossenen Grenzen, charakterisiert von einem starken Dynamismus, der einem unbestimmten und statischen ›Osten‹ gegenübersteht. Ein solches Bild ist nicht nur strikt eurozentrisch, sondern auch das Begleitmotiv der Auffassung, daß die ›westliche‹ Kultur jeder anderen überlegen und daher zu einer annexionistischen Politik kolonialistischer Prägung sowie zur ökonomischen und kulturellen Unterdrückung berechtigt sei. Der Gegensatz Griechen – Barbaren wird so in jene vom ›Westen‹/andere überführt, die neu aktualisiert und auf Asien oder Afrika projiziert wird. Die Vermutung liegt nahe, daß diese *reductio ad unum* der Komplexität der antiken Kulturen verheerende Wirkungen haben wird, weil sie gerade durch die Behauptung ihrer Überlegenheit dazu tendiert, die ›klassische‹ Kultur zu banalisieren und zu entleeren. So wird sie zu einer unbeweglichen Ikone einbalsamiert, während es ihr Schicksal zu sein scheint, das Gebiet immer weniger Spezialisten zu werden und zunehmend aus dem kulturellen Horizont der Bürger zu verschwinden. Die müden Litaneien derjenigen, die für eine Wiedergeburt der ›klassischen‹ Bildung im Namen ihres immerwährend gültigen beispielhaften Werts kämpfen, sind ein ingesamt irrelevantes Produkt dieser großen kulturellen Veränderung, die im selben Augenblick die Kanonisierung des ›Klassischen‹ und seine Marginalisierung einschließt. Eine überzeugendere Rechtfertigung der ›klassischen‹ Studien könnte dagegen die Tatsache sein, das die gesamte Kulturgeschichte großer Teile der Welt von Texten, Bildern und Gedanken geprägt ist, die etwas mit den ›klassischen‹ Kulturen zu tun haben, und daß dies auch außerhalb des ›Westens‹ passiert, zum Beispiel in der arabischen Philosophie und Wissenschaft oder in der indischen Kunst.

Zu diesem Bild des ›Klassischen‹ als etwas, das »dem Westen gehört« gibt es jedoch eine attraktive Alternative. In seinem sehr kurzen Essay »Les trois humanismes« von 1956 hat Claude Lévi-Strauss vorgeschlagen, in der Wiederentdeckung der ›klassischen‹ Antike in der Renaissance ›eine erste Form der Ethnographie‹ zu sehen, weil damals »erkannt wurde, das keine Kultur sich selbst denken kann, wenn sie nicht über andere Gesellschaften verfügt, die ihr als Vergleichsmaßstab dienen«. Die erneuerte Präsenz der Antike führe so »die Technik der Entfremdung« als intellektuelle Übung ein. Nach Lévi-Strauss war sogar die entstehende Ethnographie nichts anderes als eine Erweiterung des ersten Humanismus: dem Studium der Alten (ein »woanders« mehr in der Zeit als im Raum) folgte als natürliche Entwicklung das der außereuropäischen Kulturen (ein »woanders« mehr im Raum als in der Zeit). Von Lévi-Strauss' drei Humanismen hat der erste die griechisch-römische Antike zum Gegenstand, der zweite die großen orientalischen Zivilisationen von Indien über China bis nach Japan, der dritte die Kulturen, die man einmal primitiv nannte, die ›geschichtslosen‹ der ›Naturvölker‹.

Der Vergleich mit den Alten als latente Anthropologie: man kann annehmen, daß in diesem Rahmen die verschiedenen Wendungen des ›Klassischen‹, die wir vorgeführt haben (und viele andere, die wir weggelassen haben) ein schärferes Profil gewinnen und ein größeres Interesse beanspruchen können. Das ›Klassische‹ könnte anstelle eines unveränderlichen Modells das werden, was es immer gewesen ist, ein zwingend durchgeführter Vergleich von Alten und Modernen, der immer im Sinne der Gegenwart und immer als – durchaus auch harsche – Konfrontation zwischen gegensätzlichen Interpretationen nicht allein der Vergangenheit, sondern auch der Zukunft ausgespielt wurde. Deswegen ist jene unaufhörliche Berufung und Neudefinition des ›Klassischen‹ nichts anderes als eine andauernde Suche nach unseren Vorfahren, die *per definitionem* uns fern sind und *per definitionem* doch zu uns gehören; die uns hervorgebracht haben und die wir in dem Augenblick hervorbringen, in dem wir uns in der Gegenwart und für die Gegenwart wieder auf sie berufen. Je mehr wir das ›Klassische‹ als etwas anzuschauen wissen, das nicht zu uns gehört, sondern als etwas, was uns zutiefst *fremd* ist, um so mehr wird es uns in der Zukunft zu sagen haben.

Übersetzung aus dem Italienischen: Mathias René Hofter

Literatur:

Allgemein: R. Bianchi Bandinelli, Kunst der Antike und neuzeitliche Kritik (1931); W. Jäger (Hrsg.), Das Problem des Klassischen und die Antike (1931); K. Bauch, Klassik, Klassizität, Klassizismus, in: Das Werk des Künstlers 1, 1939/40; C. J. Burckhardt, Zum Begriff des Klassischen in Frankreich und in der deutschen Humanität, in: Cincinnitas. Wölfflin-Festschrift (1944) 26ff.; W. Voßkamp (Hrsg.), Klassik im Vergleich. Normativität und Historizität europäischer Klassiken (1993); A. Borbein, Die Klassik-Diskussion in der klassischen Archäologie, in: H. Flashar (Hrsg.), Altertumswissenschaft in den 20er Jahren. Neue Fragen und Impulse (1995); H. Pfotenhauer – G. Böhm (Hrsg.), Klassik und Klassizismus (1995); H. Stenzel, Klassik als Klassizismus, in: Der Neue Pauly 14 (2000) 887 ff.

1. Das »Klassische« als Unterscheidungsmerkmal zwischen Postmoderne und Moderne

R. Venturi, Complexity and Contradiction in Architecture (1966); D. Drier, Neo Neo-Classicism: the Uses of Tradition in Late 20th Century Art (1986); C. Jencks, Post-modernism. The New Classicism in Art and Architecture (1987); G. L. Hersey, The Lost Meaning of Classical Architecture: Speculations on Ornament from Vitruvius to Venturi (1992); D. Hezel (Hrsg.), Architekten. Ricardo Bofill und Taller de Arquitectura[3] (1993); L. Schneider, Il classico nella cultura postmoderna, in: S. Settis (Hrsg.), I Greci. Storia, cultura, arte, società 1. Noi e i Greci (1996) 707 ff.; M. Dobbe, Querelle des anciens, des modernes et des postmodernes: Exemplarische Untersuchungen zur Medienästhetik der Malerei im Anschluß an Positionen von Nicolas Poussin und Cy Twombly (1999).

2. Das Klassische in den historischen Stilen

N. Pevsner, The Romantic Movement, Historicism, and the Beginning of the Modern Movement, 1760–1914 (1965); H. Andics, Ringstrassenwelt. Wien 1867 bis 1887 (1983); B. Rukschcio – R. Schachel, Adolf Loos. Leben und Werk (1987); K. W. Forster,

L'ordine dorico come diapason dell'architettura moderna, in: S. Settis (Hrsg.), I Greci. Storia, cultura, arte, società 1. Noi e i Greci (1996) 665 ff.; K. Solomonson, The Chicago Tribune Tower Competition (2001).

3. Das »Klassische« ist nicht »authentisch«
R. M. Rilke, Auguste Rodin (1919); E. Buschor, Vom Sinn der griechischen Standbilder (1942); W. Schnell, Der Torso als Problem der modernen Kunst (1980); M. Pratesi, Prospettiva 46, 1986, 80 ff.; S. Settis, Un'arte al plurale. L'impero romano, i Greci e i posteri, in: G. Einaudi (Hrsg.), Storia di Roma 4. Caratteri e morfologie (1989) 827 ff.; ders., Idea dell'arte greca d'occidente fra Otto e Novecento. Germania e Italia, in: Storia della Calabria antica. Età italica e romana (1994) 855 ff.; G. W. Most, Atene come scuola della Grecia, in : S. Settis (Hrsg.), I Greci. Storia, cultura, arte, società 2. Una storia greca, 2. Definizione (1997) 1339 ff.; A. Kostka – I. Wohlfarth (Hrsg.), Nietzsche and »an Architecture of our Minds« (1999).

4. Griechische »Klassik« gegen römische »Klassik«
E. M. Butler, The Tyranny of Greece over Germany (1935); M. L. Clarke, Greek Studies in England, 1700–1830 (1986); J. Wilton-Ely, G. B. Piranesi, Vision und Werk 2 (1988); D. Constantine, Early Greek Travellers and the Hellenic Ideal (1984); J. Raspi-Serra (Hrsg.), La fortuna di Paestum e la memoria moderna del dorico, 1750–1830 (1986); D. Stillman, English Neo-classical Architecture (1988); R. G. Kennedy, Greek Revival America (1989); M. Iversen, Alois Riegl: Art History and Theory (1993); J. Harris, The Palladian Revival (1994); M. Warnke, Il bello e il naturale: un incontro letale, in: S. Settis, I Greci. Storia, cultura, arte, società 1. Noi e i Greci (1996) 343 ff.; F. Salmon, Building on Ruins. The Rediscovery of Rome and English Architecture (2000).

5. »Klassik«, Freiheit, Revolution
H. M. Kallen, Art and Freedom: a Historical and Bibliographical Interpretation of the Relations between the Ideas of Beauty, Use and Freedom in Western Civilization from the Greeks to the Present Day (1969); N. Himmelmann, Utopische Vergangenheit (1976); T. W. Gaehtgens (Hrsg.), Johann Joachim Winckelmann 1717–1768 (1986); H. Pfotenhauer – G. Boehm (Hrsg.), Frühklassizismus: Position und Opposition: Winckelmann, Mengs, Heinse (1995); A. Momigliano, Pace e libertà nel mondo antico ([1940] 1996); E. Décultot, Johann Joachim Winckelmann. Enquête sur la genèse de l'histoire de l'art (2000); E. Pommier, Arte e libertà: Winckelmann e i suoi seguaci, in: S. Settis (Hrsg.), I Greci. Storia cultura arte civiltà 3. I Greci oltre la Grecia (2001) 1287 ff.; C. Avlami, Libertà liberale contro libertà antica. Francia e Inghilterra, 1752–1856, in: ebenda 1311 ff.

6. Das »Klassische« als Repertoire
M. R. Levin, The Wedding of Art and Science in Late Eighteenth-Century France: a Means of Building Social Solidarity, Eighteenth Century Life 7, 1982, Nr. 3, 54 ff.; M. Kemp, Art Bulletin 1969, 178 ff.; J. Starobinski, 1789. Les emblèmes de la raison (1980); H. Beck (Hrsg.), Ideal und Wirklichkeit der bildenden Kunst im späten 18. Jahrhundert (1984); A. Boime, Art in an Age of Revolution, 1750–1800 (1987); G. Clarke (Hrsg.), Architecture and Language. Constructing Identity in European Architecture, c. 1000–1650 (2000); J. Hargrove (Hrsg.), The French Academy: Classicism and its Antagonists (1990); J. Lichtenstein, The Eloquence of Color: Rhetoric and Painting in the French Classical Age (1993); D. G. Irwin, Neoclassicism (1997).

7. »Wiedergeburt der Antike«
B. L. Ullman, Studies in Philology 49, 1952, 105; B. Bullen, Modern Language Review 76, 1981, 311 ff.; B. Andreae – S. Settis (Hrsg.), Colloquio sul reimpiego dei sarcofagi romani nel Medioevo, MarbWPr (1984); N. Treadgold (Hrsg.), Renaissances before the Renaissance (1984); S. Settis (Hrsg.), Memoria dell'antico nell'arte italiana 1–3 (1984–86); G. Agosti – V. Farinella – S. Settis, Passione e gusto per l'antico nei pittori italiani del Quattrocento, in: AnnPisa Ser. 3,17, 1987, 1061 ff.; M. L. McLaughlin, Humanist Concepts of Renaissance and Middle Ages in the Tre- and Quattrocento, in: Renaissance Studies 2, 1988, 13; C. Landauer, Erwin Panofsky and the Renascence of the Renaissance, Renaissance Quarterly 47, 1994, 255 ff.; S. Settis, Ars moriendi: Cristo e Meleagro, in: Studi in memoria di Giovanni Previtali (2001).

8. Das »Klassische« vor der »klassischen Antike«
A. Momigliano, Ancient History and the Antiquarian, in: ders., Contributo alla storia degli studi classici (1955) 67 ff.; W. Tatarkiewicz, Revue internationale de philosophie 12, 1958, 5 ff.; H. Baron, Journal of the History of Ideas 20, 1959, Nr. 1, 3 ff.; H. R. Jauss, Einleitung zu: C. Perrault, Parallèle des anciens et des modernes, 1693 (1964); H. Silvestre, Quanto iuniores, tanto perspicaciores. Antécédents à la Querelle des Anciens et des Modernes, in: Recueil commémoratif du Xe anniversaire de la Faculté de Philosophie et Lettres de l'Université Lovanium de Kinshasa (1968) 231 ff.; E. Gössman, Antiqui und Moderni im Mittelalter (1974); C. Vasoli, La première Querelle des Lanciensl et des Lmodernesl aux origines de la Renaissance, in: R. R. Bolgar (Hrsg.), Classical Influences on European Culture, AD 1500–1700 (1976) 67 ff.; D. Buschinger – A. Crépin (Hrsg.), La représentation de l'antiquité au Moyen âge (1982) 49 ff.; F. Kermode, The Classic: Literary Images of Permanence and Change (1983); S. Settis, Zeitschrift für Kunstgeschichte 51, 1988, 157 ff.; A. Grafton, Germanograecia: lo spazio del greco nel sistema d'istruzione, in: S. Settis, (Hrsg.), I Greci. Storia, cultura, arte, società 3. I Greci oltre la Grecia (2001) 1263 ff.

9. Der »Klassizismus« der »Klassiker«
T. Gelzer – H. Flashar (Hrsg.), Le classicisme à Rome aux 1. siècles avant et après J.-C., Entretiens de la Fondation Hardt 25 (1979); P. Burke, Daedalus 2, 1976, 137 ff.; J.-P. Niemeier, Kopien und Nachahmungen im Hellenismus (1985); S. Settis, Did the Ancients have an Antiquity? The Idea of Renaissance in the History of Classical Art, in: A. Brown (Hrsg.), Language and Images of Renaissance Italy (1995) 27–50; ders., La conception de l'histoire de l'art chez les Grecs et son influence sur les théoriciens italiens du Quattrocento, in: E. Pommier (Hrsg.), Histoire de l'histoire de l'art de l'Antiquité au XVIIIe siécle 1 (1996) 145 ff.; W. Ax, Rheinisches Museum 143, 2000, 337 ff. –Das Zitat von J. Griffin in: The New York Review of Books 36, 1989, Nr. 12, 14–15.

10. Die Zukunft des »Klassischen«
C. Lévi-Strauss, Les trois humanismes (1956), in: Anthropologie structurale deux (1973) 319 ff.; S. Settis, (Hrsg.), I Greci. Storia, cultura, arte, società 3. I Greci oltre la Grecia (2001).

Suzanne Marchand

Klassizismus und Wissenschaft

Es ist ein hoher Anspruch, Klassik und Wissenschaft in einem kurzen Essay zu behandeln, denn beide Termini sind im weitesten Sinne Jahrhunderte alt und ihre Beziehungen untereinander vielfältig. Bereits im 6. Jahrhundert v. Chr. studierten und imitierten die Griechen die von ihnen sehr geschätzten homerischen Epen. Die Römer studierten begeistert die griechische Literatur, und jede folgende Generation europäischer Intellektueller war bis vor kurzem in der einen oder anderen Weise ins Studium der ›Klassiker‹ vertieft. Wenn es auch in Westeuropa, von Konstantin dem Großen bis Petrarca, hauptsächlich römische Literatur und Gesetzestexte waren, welche sich die Eliten zum Vorbild nahmen und bewunderten, so lebten die griechischen Autoren im Byzantinischen Reich und – nicht zu vergessen – in der höher kultivierten islamischen Welt weiter.

Aristoteles oder Plato mit dem Christentum zu vereinen, waren wichtige Aufgaben des Spätmittelalters und der Renaissance, da Theologen und Philosophen, Dichter wie Naturwissenschaftler tief in den Klassikern bewandert sein mußten, um überhaupt ernst genommen zu werden. Viele Staatsdiener und Politiker, wie der italienische Humanist und Sekretär Lorenzo Valla (ca. 1407–1457), waren ausgezeichnete Textkritiker. So demonstrierte Valla seine Fähigkeiten dem König von Neapel, seinem Herrn, indem er bewies, daß die päpstlichen Ansprüche auf neapolitanisches Territorium auf einem gefälschten spätrömischen Dokument beruhten. Karl Marx behandelte in seiner Dissertation die Philosophie Epikurs, William Gladstone schrieb ein umfassendes Werk über die homerischen Epen und Virginia Wolf schrieb eine sorgfältige Studie über Vergils Eklogen. Es wäre daher einfacher, eine Geschichte der europäischen Intellektuellen zu schreiben, die nicht in gewisser Weise klassische Gelehrte waren, als über solche, die es waren.

Ich beschränke mich hier auf einige Aspekte der Verbindung zwischen klassischer Tradition und intellektuellem Leben, vor allem auf die zweideutige Beziehung zwischen Klassizismus, den ich als exklusive Bewunderung für klassische Normen definieren möchte, und der besonderen Art von Kenntnissen, die als ›Wissenschaft‹ bekannt geworden ist. Daß für uns ein Widerspruch zwischen diesen Begriffen besteht, ist offensichtlich: Wie kann eine ›objektive‹ Wissenschaft exklusiv sein, oder überhaupt historische oder ästhetische Vorurteile zeigen? Ipso facto können Wissenschaftler in unserem Sinn nicht Klassizisten sein, und Klassizisten – sofern sie überhaupt existieren – sollten sich auf die Literatur und die bildenden Künste beschränken. Dies ist aber unsere heutige Sichtweise, nicht die des späten 18. Jahrhunderts, in der beide, Wissenschaft und romantischer Klassizismus, zusammen volljährig wurden und gemeinsam die Grundlagen der kulturellen Institutionen des 19. Jahrhunderts bildeten. Diese Verbindung muß daher aus historischer Sicht überprüft werden, ohne daß man davon ausgehen kann, daß unser Blickpunkt bestimmt war, die Oberhand zu gewinnen, oder bestimmt ist, fortzudauern.

Um den Klassizismus des 19. Jahrhunderts zu verstehen, muß man die Wiedergeburt der Klassik verstehen, die ihm vorausging. Die Renaissance stellte bekanntlich eine mächtige Wiedergeburt des Interesses an der klassischen Antike dar, obwohl betont werden muß, daß die mittelalterliche Welt, römisch, byzantinisch oder islamisch, keineswegs Griechenland und Rom ›vergessen‹ hatte. Einige Seiten dieser heidnischen Welt waren natürlich unterdrückt worden und einige Texte verloren gegangen, aber die Alten behielten weiterhin Ansehen und Einfluß. Daher ist es vielleicht wichtiger, die Bedeutung der Renaissance im Brechen des vorhandenen Monopols der Kirche für das intellektuelle Leben zu betonen; denn das Aufkommen von weltlichen Mäzenen für Kunst, Literatur und Gelehrsamkeit war entscheidend für das Entstehen einer neuen sozialen Form, die als »République des Lettres« bekannt wurde. Natürlich war dies kein wirklicher Ort, sondern mehr eine Bezeichnung für eine weit verstreute Gemeinschaft von Gelehrten, die Ideen, Informationen und Ansichten untereinander austauschten, hauptsächlich durch Bücher und persönliche Korrespondenz oder indem sie durch Salons, private Museen und Bibliotheken zogen. Angeblich bildeten hier Leistung und nicht Geburt oder Geld die Qualifikation für eine Mitbürgerschaft – obgleich die meisten Mitglieder dieser Gemeinschaft nicht berufstätig und vermögend waren. Bücher waren von zentraler Bedeutung in dieser Welt, auch bei den Naturwissenschaftlern. Es wurde ein harter Feldzug zwischen jenen geführt, die ihre Behauptungen auf Grundlage der antiken Autoritäten wie Aristoteles und Plinius aufstellten, und denen, die darauf bestanden, daß neuere Erfahrungen die Erkenntnisse, die jahrhundertelang von Gelehrten anerkannt worden waren, übertreffen könnten. Die ›Modernisten‹ gewannen natürlich letztendlich diesen Feldzug, aber nur durch die Zuflucht in sorgfältig kontrollierte Experimente, ein anderes Mittel (wie das Zeugnis der antiken Autoritäten), um religiösen Streitigkeiten oder politischer Parteilichkeit auszuweichen, welche den Austausch von Informationen und Ideen unmöglich gemacht hätte. Indem sie beides, Leistung und die wissenschaftliche Methode, als absolut notwendig für den kulturellen Fortschritt anerkannten, legten die Mitglieder der »République des Lettres« die Grundlagen für das Ideal von Objektivität, das zuerst ein Kennzeichen des Zeitalters der Aufklärung wurde und dann auch der ›Wissenschaft‹ des 19. Jahrhunderts.

Interessanterweise trug die Reformation stark zur Gründung einer humanistischen Fachwissenschaft bei. Nach 1517 hing theologisch und politisch ziemlich viel von der Übersetzung und Interpretation griechischer, hebräischer und lateinischer Bibeln und der Rekonstruktion der Geschichte der frühen christlichen Kirche ab. Der Wunsch, einen zuverlässigen, authentischen Text auszuarbeiten – sich so wörtlich wie möglich an Gottes eigenen Worten und (rationalen) Absichten zu orientieren –, entstand in dieser Zeit und sollte vor allem die protestantischen Gelehrten (in England, den Niederlanden und Norddeutschland) in den kommenden Jahrhunderten ausfüllen. Darüber hinaus gab die Beschäftigung von Gelehrten wie Erasmus und Melanchthon mit biblischer Textkritik und Übersetzung den Philologiestudien ein neues Gewicht und eine neue Bedeutung in der Erziehung nicht nur von Theologen, sondern einer männlichen Elite – und im weit geringeren Maß auch einer weiblichen – als Ganzes. Im späten 18. Jahrhundert hatten sich dann Adlige, Bibelforscher, gebildete Frauen und Sammler von Münzen, Statuen und klangvollen Phrasen schon seit Jahrhunderten auf dem Feld der Antike abgemüht, mit unterschiedlichen Zielen und Ergebnissen, aber immer mit der Überzeugung, daß die Alten nicht nur interessante, sondern wesentliche Quellen des Wissens und Vorbilder für die kulturelle Entwicklung Europas waren.

Was im späten 18. Jahrhundert und frühen 19. Jahrhundert geschah, ist sehr vielschichtig, kann aber folgendermaßen erklärt werden: Eine Kombination von kulturellen, ökonomischen und politischen Veränderungen suggerierte der europäischen Elite, daß ihre Welt gerade mit der ihrer Väter und Großväter ganz wörtlich brach. Vor allem machte der globale Handel die Europäer zum ersten Mal wohlhabender als ihre asiatischen Nachbarn, und zwar so wohlhabend, daß sie im Stande waren, eine große Anzahl an Büchern, musikalischen Kompositionen und exotischen Früchten zu produzieren und zu konsumieren. Im wesentlichen hatten Wissenschaftler die Schlacht zwischen Alten und Modernen gewonnen, und die klassischen Autoritäten (und biblischen Texte) wurden zunehmend mit Argwohn statt mit Ehrfurcht betrachtet. Dichter, Maler und Schriftsteller brachen mit den klassischen Regeln. Gelehrte hörten auf, ihre Vorlesungen auf Latein zu halten oder zu publizieren. Wenn sich die politische Theorie eines Thomas Jefferson und Jean-Jacques Rousseau noch auf die Alten stützte, die Generation nach 1789 – von Edmund Burke bis Charles Fourier – fühlte sich eher verpflichtet, sich mit mehr zentralen, gegenwärtigen Ereignissen zu befassen. Schließlich überschwemmte die Revolutionswelle, die in Nordamerika begonnen hatte, mit Napoleons Armee Europa, veränderte ebenso Lateinamerika und überzeugte Beobachter davon, daß eine neue Welt entstanden war, zumindest, wie nach 1815 gesagt wurde, im Geiste, wenn auch nicht in Metternichs Europa. Es war im Zusammenhang mit diesen sozialen und politischen Veränderungen, daß das Studium der klassischen Antike ›wissenschaftlich‹ wurde – und tatsächlich die eigentliche ›Wissenschaft‹ für die nicht kaufmännischen Mittel- und Oberschichten wurde. Bis zu einem gewissen Grad wurde der Klassizismus damit wissenschaftlich exakt, als seine Bedeutung für die Alltagskultur Europas im Schwinden begriffen war. Entstanden in der Welt Schillers und Edward Gibbons, setzte sich die neue Wissenschaft das tief romantisch gefärbte Ziel einer Wiederbelebung von etwas, das nun unwiederbringlich verloren war.

Das Studium der Altertumskunde hatte, wie oben beschrieben, immer eine streng gelehrsame Ausrichtung gehabt – auch wenn es vor dem späten 18. Jahrhundert gewöhnlich anderen Zielen untergeordnet war –, nämlich dem genauen Verstehen von Gottes Wort, der Erziehung zu gut sprechenden, moralisch einwandfreien Menschen, dem Gebrauch von vergangenen Texten für gegenwärtige Angelegenheiten (z. B. um das richtige Datum von Ostern festzulegen oder einfach zum Zeitvertreib). Was es ›wissenschaftlich‹ machte, war die Überzeugung auf Seiten weniger Mitglieder dieser Elite, daß Altphilologie wie Philosophie keinen anderen Studien unterzuordnen waren, noch durch die ›nützlicheren‹ Künste (wie es sich Rousseau gewünscht hätte) verdrängt werden, sondern um ihrer selbst willen studiert werden sollten, ein Prozeß, der beinhaltete, daß die antiken Texte durch eine moderne philologische Mangel gepreßt wurden (oder, um es mit Ulrich von Wilamowitz-Moellendorfs militärischem Ausdruck zu sagen, daß »die Eroberung der antiken Welt durch Gelehrsamkeit« vollzogen wurde). Die Verpflichtung zu dieser Annäherung war besonders stark in Preußen ausgeprägt, wo im späten 18. Jahrhundert die Universitätsreformen genau diese Art von Forschung erleichterten. Mit Unterstützung der deutschen Staaten begann die Blüte der Universitäten, die es Angehörigen der Mittelklasse ermöglichten, beides, nämlich Theologie und vor allem weltliche Wissenschaften, intensiv und ohne Sorge um ihre Anerkennung in der Öffentlichkeit zu studieren; und obwohl Professoren immer noch staatlichem und kirchlichem Druck ausgesetzt waren, so bestand doch die Hoffnung, daß aufgeklärte Regierungen vielleicht Objektivität und Leistung anerkennen würden, was viele dann auch taten.

Aus verschiedenen Gründen standen Hannover, Sachsen und Preußen in vorderster Reihe dieser Entwicklung. Hier waren viele Mitglieder der theologischen Fakultäten auch ausgezeichnete Philologen (gewöhnlich verbanden sie klassische und biblische oder orientalische Philologie miteinander). Hier kam es wirklich zu einer Universitätsreform, und die Universitäten blieben Dreh- und Angelpunkt des kulturellen Lebens. Hier war der graecophile Klassizismus besonders ausgeprägt. Ebenso etablierte sich hier die akademische Autonomie der klassischen Gelehrsamkeit zuerst. Um 1780 riet der weltberühmte Altertumswissenschaftler Christian Gottlieb Heyne dem leidenschaftlichen, jungen, textkritischen Friedrich August Wolf vom Studium der klassischen Philologie statt der Theologie ab, da es »der gerade Weg zum Verhungern« war – denn zu dieser Zeit gab es nur sechs Lehrstühle für klassische Philologen, aber mehr als tausend für protestantische Theologen. Aber Wolf fand einen Verbündeten im Preußischen Kultusministerium und erhielt einen Lehrstuhl an der Universität Halle. Wenn die meisten seiner Studenten auch nur daran interessiert waren, das Examen zu bestehen, um eine Stelle im öffentlichen Dienst zu bekommen, so fand er doch »einige wenige ausgewählte Seelen, die wirklich ein tiefes Interesse an dem von ihnen gewählten Fach hatten«, und für diese waren seine Vorlesungen bestimmt. Zu seinem Bekenntnis zur Säkularisierung und Spezialisierung fügte Wolf eine leidenschaftliche Verteidigung der nicht-utilitaristischen Macht der Altertumskunde hinzu und bewies besonders durch seine Berufung an die philosophische Fakultät der neuen Berliner Universität 1810, daß man auch als Hauptfachstudent der klassischen Philologie überleben und erfolgreich sein konnte.

Das Hinzukommen dieser neuen Karrieremöglichkeit zu den anderen Typen des klassischen Gelehrten – der Freizeitmensch, der Dichter, der Antiquar im Staatsdienst, der Höfling, der Bibelforscher – nötigte eigentlich nicht zu einem Wechsel der Art des gelehrten Klassizismus. Es kam aber trotzdem zu einem Wechsel, besonders in Preußen, wo Wolf und seine Studenten schnell zu Vorbildern wahrer ›Klassiker‹ wurden und wo die säkularisierte klassische ›Wissenschaft‹ grundlegend für eine Reihe von Institutionen wie Museum, Universitätsseminar und Gymnasium wurden. Dies machte wiederum Preußen und die anderen deutschen Staaten zu den produktivsten Ländern in ihrer Verbindung von Klassik und ›Wissenschaft‹. John Sandys' 1958 erschienenes Werk »A History of Classical Scholarship« dokumentiert diese nationale Unausgeglichenheit; Sandys widmet zwei Bände der Zeit vom 6. Jahrhundert v. Chr. bis zum 17. Jahrhundert n. Chr. und den letzten Band im wesentlichen der Zeit von 1800 bis 1900. Darin nehmen die Deutschen neun Kapitel ein, während die Italiener, Franzosen, Niederländer, Engländer, Skandinavier und Amerikaner jeweils nur ein Kapitel umfassen. Dennoch ging vieles in diesem Prozeß der Herausbildung der Fachwissenschaft verloren, und diese Verluste haben ihre Spuren auch im deutschen kulturellen Leben hinterlassen.

Nicht nur wurden Frauen fast gänzlich als »Produzenten« neuen Wissens ausgeschlossen (sie spielten oft eine wichtige Rolle im Hintergrund, wie z. B. als Mittlerinnen, Sekretärinnen, Beraterinnen und Haushälterinnen), sondern mit der Entwicklung nationaler Institutionen und Denkschulen verringerten sich die internationalen Verbindungen der Gelehrtenrepublik sehr stark. ›Wissenschaft‹ erreichte neue Stufen von Spezialisierung und Seriosität, trieb damit aber einige (natürlich nicht alle) Eigenwilligkeiten und Freuden aus den einzelnen Fächern aus.

Ein weiterer bemerkenswerter Wechsel, den das späte 18. Jahrhundert für die klassischen Studien brachte, war die neue Leidenschaft für die Griechen. Petrarca stand im späten Mittelalter relativ allein mit seiner Beherrschung des Griechischen; in seinem Kielwasser wuchs durch die Verbindung der Renaissance-Gelehrsamkeit mit einem reformierten Studium des Neuen Testaments die Zahl der Griechischstudenten außerordentlich an. Dennoch blieb Latein die Sprache der Bildungseliten, und lateinische Autoren wie Cicero, Ovid und Plinius wurden mehr gelesen und nachgeahmt als ihre griechischen Vorgänger. Das Aufkommen des Griechischen als einer gleichbedeutenden oder in ästhetischer Hinsicht sogar noch bedeutenderen Sprache war ein Ergebnis der Romantik und der Revolutionszeit. Im Fahrwasser von Winckelmanns kunstgeschichtlichen Lobpreisungen über die Schönheit der reinen, universell ansprechenden griechischen Skulptur stand das Eintauchen in die weit entfernte Welt der Griechen hoch im Kurs. Die athenische Polis stand im späten 18. Jahrhundert beispielhaft für die Art von Freiheit, nach der man verlangte, nämlich Freiheit von den Restriktionen des Ständestaates und von der Zensur durch die Kirchen, Freiheit der Kunst, der Dichtung und sogar der Philosophie, die nicht dem einzelnen Herrschaftswillen entsprach (wie in der Barockzeit), sondern vielmehr den Bedürfnissen der Menschheit als Ganzes. Wolf erhöhte dieses Bild durch die Wiederbelebung des Studiums der griechischen poetischen Tradition in seinem grundlegenden philologischen Werk »Prolegomena ad Homerum« (1795). Obwohl Wolf das Studium der klassischen Welt in all ihren Aspekten verteidigte, stellte für ihn die griechische Welt und besonders die griechische Sprache den Höhepunkt »wahrer Menschlichkeit« dar. Die Ägypter, Juden, Perser und anderen Orientalen, so behauptete er, hatten nur das Niveau einer »bürgerlichen Policirung oder Civilisation« erreicht und den Römern fehlte, trotz all ihre materiellen Errungenschaften, der ursprüngliche Genius der Griechen. Die Verbindung von Winckelmanns Prosa und Wolfs Gelehrsamkeit drückte der Generation der 1790er ihren Stempel auf, und zwar einen, der Schiller und Goethe, Friedrich Schlegel und – wohl am wichtigsten – Wilhelm von Humboldt mit einschloß.

Humboldt ist berühmt wegen seiner Schulreform in Preußen und der Gründung der Berliner Universität. In weniger als zwei Jahren (1809/1810) flößte er der deutschen Bildung und Wissenschaft neues Leben und neue Zweckbestimmung ein, indem er den oben beschriebenen anti-utilitaristischen, weltlichen Reformprozeß festigte. Es ist entscheidend, daß diese beiden neuen Konzepte durch seine Beschäftigung mit dem Wolfschen Klassizismus und seine eigenen griechischen Sprachstudien geformt wurden. ›Bildung‹ war jetzt im Prinzip allen zugänglich und allumfassend, dennoch war Humboldt fest davon überzeugt, daß seine Studenten andere Welten nur verstehen konnten, wenn sie die dazugehörigen Sprachen dieser Welten wüßten, und daß die wichtigste, für sie zu entdeckende ›fremde‹ Welt das antike Griechenland war. ›Wissenschaft‹ bedeutete für ihn spezialisierte, unvoreingenommene (weltliche und unpolitische) Forschung – und Wolfs Werk war hier ein wichtiges Vorbild für die Art von ›Wissenschaft‹, der Universitätsprofessoren nachgehen sollten. Humboldt hoffte, Wissenschaft und Bildung miteinander verbinden zu können, indem er die Forschung an den Universitäten und eine individuell abgestimmte Erziehung an den höheren Schulen förderte. Seine Modelle wurden beneidet und von verschiedenen Institutionen in den anderen deutschen Staaten und im Ausland nachgeahmt. Aber die Humboldtsche Wissenschaft war eine besondere Art von sozialer, politischer und kultureller Bildung, und sie hatte ihren sozialen und kulturellen Preis genauso wie ihre Erträge. Im folgenden Absatz möchte ich versuchen, ein Bild von der Art des Klassizismus zu geben, die das Zeitalter der Wissenschaft hervorgebracht hat, was sie uns gelehrt hat und was sie aus ihrer ›olympischen‹ Weltsicht ausgelassen hat.

Politisch war Humboldt, wie man sagen muß, ein aufgeklärter Monarchist; er glaubte, daß die Macht des Staats begrenzt sein sollte und daß jedes Individuum die Gelegenheit haben sollte, seine

Lage zu verbessern. Genauso aber glaubte und praktizierte er die Reform von oben. Wie viele andere Graecophile seiner Zeit sah er das antike Griechenland – eine Ansammlung von kleinen, aufgeklärten Stadtstaaten mit großartiger kultureller, wenn auch nicht politischer Macht – als ein Modell für Preußen an, das es nachzuahmen galt. Die »stille, ruhige Größe« der Griechen sollte der französierenden Oberflächlichkeit des einheimischen Adels wie auch der römisch-imperialistischen Hybris der französischen Revolutionsarmeen Widerstand leisten. Dies war im wesentlichen eine liberal-nationalistische Weltsicht, und zwar eine, die das Studium des Altertums während der 20er Jahre des 19. Jahrhunderts erfüllte, als der liberale Nationalismus bereits als Gefahr für den wiederhergestellten Status quo angesehen wurde. Als Metternich die anderen deutschen Fürsten zwang, die Unterstützung für den griechischen Unabhängigkeitskrieg einzustellen, da er die Verbreitung liberal-nationalistischer Gesinnung zu Hause befürchtete, begannen auch andere Konservative, die Altertumskunde zu verdächtigen, ein Treibhaus für heranwachsende Rebellen und Ketzer zu sein. Berlins Gymnasium »Zum Grauen Kloster« radikalisierte sogar den jungen Otto von Bismarck: »Als normales Produkt unseres staatlichen Unterrichts«, so erzählte er später, »verließ ich 1832 die Schule als Pantheist, und wenn nicht als Republikaner, doch mit der Überzeugung, daß die Republik die vernünftigste Staatsform sei...«. Aber in Wirklichkeit hatten in den späten 1830er Jahren die Altertumskundler an Universität und Gymnasium viel von ihrem Reformeifer verloren und sich unpolitischen Debatten über die antike Welt und ihre Sprachen gewidmet, eine Abmachung mit der Staatsmacht, die eine enorme wissenschaftliche Produktivität, aber auch eine Festigung der staatlichen Institutionen mit sich brachte.

Man kann ohne Übertreibung sagen, daß bis zur Mitte des 19. Jahrhunderts die Philologie die Philosophie als die Königin unter den deutschen Wissenschaften ersetzt hatte, zumindest bis zum Aufstieg der Naturwissenschaften gegen Ende des Jahrhunderts. Aber es gab unterschiedliche Arten von Philologen, sowohl innerhalb wie außerhalb der Altertumskunde. In den 1820er Jahren wurde eine Kampagne gegen die spekulative, sehr weitreichende Arbeit von Friedrich Creuzer geführt, dessen dreibändiges Werk »Symbolik« die Ursprünge der griechischen Mythen in den orientalischen Religionen zu finden suchte. Creuzers Arbeit wurde von seinen Kritikern als ›unwissenschaftlich‹ bezeichnet, sie scholten ihn wegen seiner freien Etymologien und seines Mangels an zuverlässigen historischen Quellen. Im Gefolge dieses Creuzer-Streits wagten es nur wenige aufstrebende Akademiker, sich beider, nämlich sowohl der orientalischen als auch der klassischen Welt, in ihren Publikationen anzunehmen. Dies überrascht nicht, denn so verschärfte sich die Tendenz unter den Altertumswissenschaftlern, sich auf Rom und Griechenland zu konzentrieren und den Orient den Orientalisten zu überlassen. Letztere waren in der Mitte des 18. Jahrhunderts einflußreiche Humanisten und Theologen gewesen. Oft waren natürlich Altphilologen gleichzeitig Orientalisten und umgekehrt. Aber am Ende des Zeitalters der Aufklärung entwickelten sich die Forschungsfelder auseinander, und in den folgenden Jahrzehnten erlitt die Orientalistik eine Reihe von Rückschlägen, nämlich als die Altphilologen sich abwendeten und die Hauptinstitutionen, an denen die Orientalisten angesiedelt waren – die theologischen Fakultäten –, sehr rasch an Ansehen und Einfluß verloren. Wenn die Indologen ihre Relevanz wegen der Erforschung der Ur-Germanen behaupten und auf Humboldts Faszination für Sanskrit, die ihn nach 1820 erfaßt hatte, verweisen konnten, so war es eigentlich erst der Beginn der groß angelegten archäologischen Ausgrabungen und des Zeitalters der Kolonisation, die dem Orient, sowohl in Gelehrtenkreisen als auch in der Öffentlichkeit, etwas von dem Prestige zurückgab, das er im Zeitalter des hohen Klassizismus verloren hatte.

Natürlich war ein weiterer Hauptkonkurrent für die klassische Altertumskunde im 19. Jahrhundert die Germanistik, aber auch im Vergleich hierzu genoß das Studium der klassischen Welt ein höheres wissenschaftliches Ansehen. Das Studium der deutschen Geschichte und Sprache war zwischen 1789 und 1815 stark von liberal-nationalistischem Gedankengut beeinflußt, und nach 1819 hegten vor allem konservative Fürsten große Zweifel gegenüber diesem Gedankengut. Die Universitäten, abhängig von fürstlicher Patronage, wurden in den 20er Jahren des 19. Jahrhunderts in ihrer Orientierung sehr konservativ; hinzu kam, daß viele Gelehrte solch ein offensichtlich ›relevantes‹ Fach wie Germanistik nicht wirklich für wissenschaftlich hielten. Auf den Gymnasien wurde natürlich deutsche Literatur und Sprache gelehrt – aber das höchste ästhetische Ansehen blieb den Skulpturen, der Dichtung, Rhetorik und den Tragödien der Griechen vorbehalten (und im geringeren Umfang den Römern, obwohl das Erlernen der lateinischen Sprache schon früher begann und mehr Schüler erreichte). Als das Besitzbürgertum sich gegen die Konzentration auf die Antike in den Gymnasien wandte und mehr Platz für ›moderne‹ Fächer im Curriculum verlangte (deutsche Geschichte, Naturwissenschaften, moderne europäische Fremdsprachen), erstaunt es nicht, daß die Fakultäten darauf bestanden, daß es ihre Aufgabe sei, die heiligen Weisheiten zu verabreichen und den studentischen Verstand dazu zu erziehen, sich erst im späteren Leben mit den verschiedenen, aber banaleren Inhalten des modernen Wissens herumzuschlagen. Darüber hinaus war ja das Studium der Altertumskunde der einzig wahre Weg zu nationalem und kulturellem Gedeihen. Was das Studium der klassischen Philologie in dieser Zeit inspirierte, war, wie ein Fachmann 1897 schrieb, »die Überzeugung, durch Festhalten an der antiken Bildung allein sei es möglich, sich selbst und unserem Volke die Einheit des weltgeschichtlichen Bewußtseins zu sichern, deren Besitz die Vorbedingung jeder neuen weltgeschichtlichen Blüte ist«. Diese defensive Position – gegen Nationalisierung und Modernisierung des Wissens – illustriert aufs Schönste das Für und Wider der klassischen Erziehung im 19. Jahrhundert: Auf der einen Seite blieb man durch das Schauen auf Normen der Vergangenheit frei von Gegenwärtigkeiten; auf der anderen Seite isolierte man Bildung von den intellektuellen Tagesströmungen. Auch liberale, historistische Altertumswissenschaftler flößten der Bildung und Wissenschaft ihre säkularisierende, patriarchalische, rationalistische Weltsicht ein, indem sie Studien über griechische Religion, Frauen, Gewalt und Sexualität zu Tabu-Themen machten.

Die Liste der altertumswissenschaftlichen Leistungen des 19. Jahrhunderts ist lang: Sie umfaßt große vielbändige Werke wie Theodor Mommsens »Römische Geschichte«, George Grotes »History of Greece«, Eduard Meyers »Geschichte des Altertums« (eigentlich im 20. Jahrhundert publiziert), enorme Texteditionen wie das »Corpus Inscriptionum Latinarum« und Pauly-Wissowas »Realencyclopädie der classischen Altertumswissenschaft«; wichtige Fachzeitschriften entstanden und große archäologische Ausgrabungen wurden durch das Preußische Kultusministerium und die Königlichen Musen zu Berlin finanziert. Charismatische und einflußreiche Lehrer des 19. Jahrhunderts wie Gottfried Hermann und Ernst Curtius, Friedrich Ritschl und August Böckh, Hermann Brunn und Karl Lachmann vermittelten ihre Ideen und bemerkenswerte Gelehrsamkeit nicht nur ihren Studenten, sondern inspirierten diese auch dazu, Neuerungen einzuführen; die nachfolgende Generation schloß den jüdischen Gelehrten für antike Religion, Drama und Philosophie Jacob Bernays, den süddeutschen Kunsthistoriker Adolf Furtwängler, der berühmt war für sein enzyklopädisches Wissen griechischer Kunstwerke, und den einzelgängerischen Philosophen Friedrich Nietzsche ein, der – neben anderen Dingen – die vernichtende Kritik des Klassizismus und der Wissenschaft schreiben sollte. Dies war eine hochkarätige Welt, kurz gesagt, reich an Talenten, Ideen und Innovationen. Die Durchschlagskraft ihrer Arbeiten, in Büchern, Vorlesungen, Zeitschriften und Museumsausstellungen ermöglichte einem immer größer werdenden Publikum den Zugang zur antiken Welt (obwohl in der Praxis nur sehr wenig davon die Arbeiterklasse oder die Landbevölkerung erreichte).

Obgleich die meisten dieser Gelehrten in ihren fachlichen Arbeiten die Winckelmannsche Graecophilie der älteren Romantik weit hinter sich gelassen hatten, reproduzierten sie doch deren Weltsicht in ihren populären Vorlesungen und Ausstellungen. In der Tat, der Graben, der die historisch orientierten klassischen Wissenschaften von ihrer mehr ästhetischen Form der öffentlichen Bildung trennte, verbreiterte sich im Laufe des Jahrhunderts beträchtlich. Dies ist zum Beispiel in der Entwicklung des Gebiets der Kunstgeschichte und Archäologie erkennbar. War die Archäologie am Anfang des 19. Jahrhunderts ästhetisierend und weitgehend auf die griechische Skulptur ausgerichtet, so erweiterte sie allmählich ihren Aufgabenbereich, als großangelegte Ausgrabungen in Olympia, Mykene, Troja und Pergamon gänzlich »un-winckelmannische« Objekte zutage förderten. Mit riesigen Mengen von schlichten Scherben und Säulentrommeln konfrontiert, entwickelten Ausgräber und Museumskuratoren gelehrte Entwicklungsgeschichten von Kunstprodukten, die auf Erkenntnissen sowohl der historischen Philologie als auch der vergleichenden Anatomie basierten.

Aber es war ihnen selten möglich, diese banalen Gegenstände mit den klassizistischen Erwartungen in Einklang zu bringen. So wie die nicht sachverständige Öffentlichkeit nach Beethoven lieber klassische Musik als komplizierte moderne Kompositionen hören wollte, so wollten Museumsbesucher neue Versionen des Apoll vom Belvedere sehen – und Ausgräber wollten diese finden. Damit sah das Publikum, auch nachdem manche wissenschaftliche Ausgrabung beendet worden war, wenn es mit der ›Antike‹ in den Museen oder in den Schulstunden des Gymnasiums zu tun hatte, doch wieder hauptsächlich griechische Skulpturen – oder noch eher weiße Gipsabgüsse, von denen es in jeder mittelgroßen Stadt in Deutschland eine Sammlung gab und die eine zentrale Rolle in der Entwicklung und Aufrechterhaltung der klassizistischen Normen spielten.

Klassizismus war eine Vorliebe, die Bildungsbürger und Adlige miteinander teilen konnten und auch teilten, und solange ihre kulturellen Einrichtungen vorherrschten – Universität, Gymnasium und Museum –, blieb der Klassizismus der Brennpunkt der Bildung, wie auch der humanistischen Wissenschaft. Obgleich die rasche Industrialisierung und Urbanisierung, die Deutschland zwischen 1850 und 1900 erfuhr, dem Besitzbürgertum neue Stärke und neue kulturelle Schlagkraft gab, hatte die Altertumskunde immer noch enormen institutionellen Einfluß und Popularität, wie man an der Größe der Abgußsammlungen im gesamten Reich sehen kann und an den Menschenmengen, die kamen, um Ulrich von Wilamowitz-Moellendorfs öffentliche Vorlesungen zu hören. Aber Popularität und Einfluß hatten ihren Preis, besonders als die Generation der 1890er ihre ödipale Revolte begann. Früher hatte schon das Basler Triumvirat Johann Jakob Bachofen, Jacob Burckhardt und Friedrich Nietzsche seine Klagen über den kränklich-süßen Klassizismus und die staubtrockene preußische Wissenschaft vorgebracht, die beide die lebendige, tragische Macht der Alten zu zerstören drohten. Bei der Verteidigung Nietzsches gegen von Wilamowitzs Angriff wegen dessen ›unwissenschaftlicher‹ Philologie, hat auch Richard Wagner wütend den »Bücherphilhellenismus« gebrandmarkt, der die wirkliche Liebe zu den Griechen zerstöre. Für die 1890er waren vor allem die Alten für die intellektuelle Überfrachtung der deutschen Studenten verantwortlich, ein Leiden, das, so behaupteten die Kritiker, bei den Studenten zu physischer Degeneration und moralischer und politischer Unzuverlässigkeit führte. Auf der Schulreformkonferenz von 1890 verteidigte Wilhelm II. diese Ansicht und plädierte für eine Reduzierung des altsprachlichen Unterrichts auf den Gymnasien, sowie für die Öffnung der Universitäten für Studenten von ›modernen‹ Gymnasien genauso wie von humanistischen.

Die Schulreform war schon schlimm genug; aber es war nicht das einzige Zeichen, daß die Verbindung der gebildeten Öffentlichkeit mit dem Klassizismus im Schwinden war. Arnold Böcklin, Stefan George, Walter H. Pater und Sigmund Freud zeigten auf die ihnen eigene Art und Weise die dunklen Seiten der antiken Welt auf, führten die Avantgarde weiter und weiter weg von der Welt der Wissenschaft und stellten die Philologie als das einzig wahre Mittel zum Verständnis des Griechentums in Frage. Obgleich es natürlich weiterhin ›Wissenschaft‹ gab, nahm die Kritik an ihr zu; die Klagen der Bildungsbürger, daß die Philologie zu trocken und verstaubt geworden war, nahmen ständig zu, unterhöhlten den ästhetischen Klassizismus und öffneten dem Orient, Germanentum und modernen Europa den Weg, eine größere Rolle in der Kulturgeschichte der Weimarer Republik zu spielen. Auch wenn die Nazi-Jahre eine Neuauflage des Klassizismus sahen, hatten die Nationalsozialisten kaum Interesse an humanistischer Wissenschaft, und somit war zu dieser Zeit ganz sicher die Ära der gemeinsamen (wenn auch schwierigen) Herrschaft von Wissenschaft und Klassizismus vorüber.

Der Nutzen aus dieser Tradition war enorm. Nicht nur war Deutschland zwischen 1820 und 1930 die Heimat der angesehensten und fleißigsten Altertumswissenschaftler. Diese begnadeten Wissenschaftler legten die Grundlagen für viele Denkrichtungen, denen wir bis heute anhängen, und was vielleicht noch wichtiger ist, sie leisteten Wesentliches im Sammeln, Edieren und Herausgeben der textlichen und archäologischen Materialien, die notwendig für den Fortschritt des Faches waren. Darüber hinaus hat das System der klassischen höheren Erziehung, das von Humboldt eingeführt worden war, sehr zum Aufblühen auch der anderen Wissenschaften beigetragen. Viele deutsche Natur- und Sozialwissenschaftler schrieben es später ihrer klassischen Erziehung zu, daß sie die intellektuelle Disziplin und Gelehrsamkeit besaßen, die für Neuerungen in ihren eigenen Fächern unabdingbar waren. Schließlich brachten die gemeinsamen klassischen Normen eine Art von gemeinschaftlicher Kultur mit sich, die auch über provinzielle und professionelle Trennungen und Ober- und Mittelschichtgrenzen mehr als über Freundschaftsbünde geteilt wurde. Aber dies hatte wieder seinen Preis. Altertumskunde war als Fachwissenschaft ausschließlich eine männliche Angelegenheit und litt sehr unter der Distanz zur Poesie, Politik, zu religiösen Gefühlen und Humor, nicht zu vergessen die selbst gewählte Isolation von den orientalischen und europäischen Philologien. Das Fach schaute oft nur in die Vergangenheit, um Auseinandersetzungen mit der Gegenwart zu vermeiden, und bevorzugte definitiv, die antike griechische Demokratie bloßzustellen, statt eine eigene für sich zu Hause zu entwickeln. Von unserem historischen Standpunkt können und sollten wir dieses intellektuelle Experiment des 19. Jahrhunderts und seine kulturelle Einheit würdigen, und die blinden Flecke und die ausschließenden Praktiken bedauern, die alle ebenso ein Produkt der Wissenschaft wie des Klassizismus waren. Wir leben immer noch im Zwielicht dieser Götter, sowohl im Guten als auch im Schlechten.

Übersetzung aus dem Amerikanischen: Volker Heenes

Literatur: S. Marchand, Down from Olympus. Archaeology and Philhellenism in Germany 1750–1970 (1996); K. Plath, Ernst Curtius und die Erforschung des deutschen Altertums (1897); H. Schelsky, Einsamkeit und Freiheit: Idee und Gestalt der deutschen Universität und ihrer Reform (1963); U. von Wilamowitz-Moellendorf, Geschichte der Philologie[3] (1921, Neudruck 1998); F. A. Wolf, Darstellung der Altertumswissenschaften, in: G. Bernhardy (Hrsg.), Kleine Schriften II (1869).

Werner Oechslin

Klassisch und modern: um 1933

1. »Patris II« – »... l'Acropole merveilleuse au clair de lune ...«: Wiederentdeckung des Mittelmeerraums

Am 6. Februar 1933 schreibt Walter Gropius aus Berlin an Sigfried Giedion, den Sekretär der C.I.A.M. (Congrès Internationaux de l'Architecture Moderne), er sei vom Zustand in Rußland »erschüttert«. Leid und Hungersnot! »Die Verhältnisse sind so rapide verschlechtert, daß ich die Besorgnis habe, die Russen werden ihre Einladung zurückziehen.« Nach La Sarraz, Frankfurt und Brüssel sollte hier, in Moskau, der C.I.A.M.-Kongreß stattfinden. Doch die Lage verändert sich in der Tat sehr schnell. Die ungarischen Kollegen würden keine Pässe für Rußland erhalten, so wiederum Gropius. Am 22. März meldet er noch eindringlicher: »Eine Ausreise über die östliche Grenze ist zwar noch nicht verboten, wie ich ausdrücklich festgestellt habe, aber jeder, mit dem ich darüber gesprochen habe, rät von der Reise ab.« Noch Anfang März war Giedion mit der »state tourist company intourist« am Moskauer »sverdlow square« in Verhandlung. Dann aber am 22. März und noch einmal per Telegramm am 15. April wird dort ultimativ die Verschiebung des Moskauer Kongresses auf 1934 anberaumt. Giedion berichtet van Eesteren in Amsterdam am selben Tag, dem 22. März 1933: »Übrigens ist Gropius heute in Deutschland persönlich in Gefahr.« Man rechnet nicht mehr mit der Teilnahme der Deutschen. Notsitzung in Paris. Le Corbusier bringt Algerien in Vorschlag. Mailand ist im Gespräch. Giedion hält dagegen, »wir müssen einen neutralen Ort wählen«. Gleichentags kommt die Anregung, ein Schiff zu mieten; ein griechisches Reisebüro ist schnell gefunden. Auch die russischen Kollegen werden bald über »den nunmehr an Bord des Dampfers Patris II stattfindenden Kongreß« informiert und mit der tröstlichen Mitteilung versehen, »daß der Kongreß das volle, für Moskau vorgesehene Arbeitsprogramm aufrechterhalten wird«.

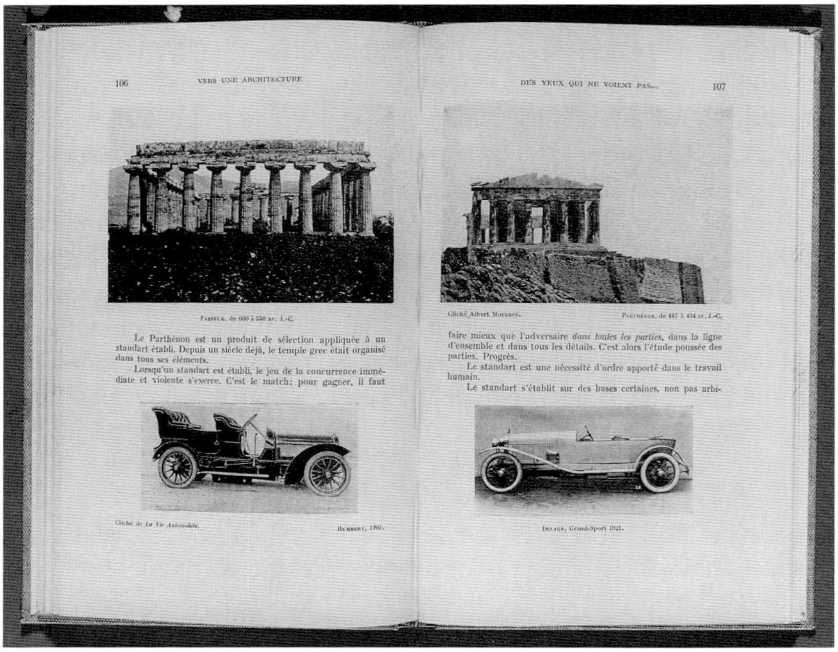

Le Corbusier, Tempel-Auto-Vergleich im Sinne von Perfektion und »standart«, aus: Vers une architecture (1923)

Schnell entfaltet sich der neue Plan. Eine »Gesellschaftsreise nach Griechenland« wird jetzt organisiert. Man erwägt einen Ausflug nach Kreta samt Rückfahrt, bei der »einige der interessanten griechischen Inseln (z. B. Santorin, Naxos etc.) angelaufen werden« sollen. Den Wünschen und dem Budget sind Grenzen gesetzt. »Impossible au ›PATRIS II‹ de faire escale en Italie«, meldet die Firma Neptos. Die Reise führt um so zielstrebiger direkt nach Griechenland und nach Athen. Am 8. Juli folgt die offizielle Einladung des Senators und Professors am Athener Technikum, N. Kitsikis, in dem er die Absicht der C.I.A.M., ihren Kongreß in Athen und dem griechischen Archipel abzuhalten, als »la plus agréable des surprises« und als Ehre für den griechischen Staat bezeichnet. »Les intellectuels de notre pays se considèrent heureux de l'occasion qui se présente d'entendre ces personnalités universellement connues, principaux créateurs de l'Architecture Moderne.« Es folgen Angebote: ein Bankett, ein ›Arbeitsraum‹ im Polytechnikum unter offenem Himmel für abendliche Sitzungen. Man weiß um die sommerlichen Temperaturen in Athen. Gropius, der trotz »katastrophaler« finanzieller Verhältnisse eine Teilnahme noch nicht ausschließen mag, gibt zu bedenken, daß in Anbetracht der großen Hitze »wir Nordländer dort nicht im Vollbesitz unserer Aktivität sein (werden)«. In Athen hat man bereits vorgesorgt: nach früh-abendlicher Arbeitssitzung, »cette même soirée et après le repas on pourra monter sur l'Acropole, merveilleuse au clair de la lune«.

Da sind in einem erstaunlich vollständigen Maße die – alten und neuen – äußeren Symptome der Annäherung an das Klassische und das Griechentum genannt. Der erzwungenen Änderung des Reiseprogramms jener Schar moderner ›Pioniere‹ aus dem nord-westlichen Europa, die sich nunmehr ins ›neutrale‹ Becken des östlichen Mittelmeers und somit in klassische Gefilde begibt, folgt der Hinweis des Nordländers auf das für ihn unerträgliche warme Klima des Südens. Dieser hatte noch 1919 bei der Gründung des Bauhauses die Wiedererstehung der Kunst aus der Idee der Kathedrale und der Bauhütte beschworen und danach 1925 unter dem Titel einer »Internationalen Architektur« ein »einheitliches Weltbild« proklamiert und »objektive Geltung« beansprucht. Nun aber, da nicht nur in Moskau, sondern auch in Deutschland die Sache der Moderne riskanter geworden war, wandten sich die C.I.A.M. notgedrungen nach Griechenland. Durch internationale Gewässer hindurch, das was schon Johann Leonard Hug 1812 in seinen »Untersuchungen über den Mythos der berühmten Völker der alten Welt, vorzüglich der Griechen« als »Heeresstraße« beschrieb, auf der der Verkehr »unendlich leichter« zu bewerkstelligen war, ging es ins klassische Land der Griechen. *Mare nostrum!* »So ist aus diesem Meere zuerst der herrliche Tag der Künste und Wissenschaften emporgestiegen, der sich landeinwärts in größern und kleinern Entfernungen von der Küste ausbreitete.

Mag er auch abgekommen, oder aus den Fluten aufgegangen seyn: immerhin ich habe nichts entgegen; und bedaure es nur, daß ich einzig mit den Denkmälern bekannt bin, welche diesen Tag der Bildung und Einsicht beurkunden, der anfangs die östlichen Angrenzungen des Mittelmeeres, dann auch die westlichen erleuchtete.«

Hier also schöpft man neue Kräfte. Giedion schreibt am 1. September 1933 an den Kurator des Department of Architecture des Museum of Modern Art, Philip Johnson, vom »großen Erfolg« und fügt hinzu, man wolle »nun in Amerika endlich einmal vor(zu)stoßen«. Dort hatten ja im Jahr zuvor Johnson und Hitchcock die moderne Architektur unter dem mühsam gefundenen Titel »international style« – und durchaus mit amerikanischen und auch gotischen Akzenten – als neue, weltumspannende ›koiné‹ ausgerufen. Derweil hört man aus Berlin vom Schriftleiter der »Bauwelt«, die Sache wäre ja nun mal – Paulsen denkt dabei allerdings in erster Linie an die Italiener – eine »Mittelmeerangelegenheit«. Wie zur Bestätigung läßt man sich im C.I.A.M.-Sekretariat vom Tourismusbüro »Neptos« 18 Meter Film über »Patris II en Navigation« kommen. Gleichzeitig dankt Giedion dem Senator Kitsikis in Athen, niemand würde diesen Kongreß vergessen. Man plane nun, in den »Cahiers d'Art« zwei Hefte erscheinen zu lassen: »L'un contenant l'ancienne Grèce, l'autre contenant le 4.me Congrès et l'architecture moderne de notre temps.«

Die C.I.A.M., die bedeutendste, sich selbst noch lange als orthodoxe Wahrerin moderner Ideale der Architektur bezeichnende Organisation, tagte also in Griechenland. Alt und neu sind sich dabei, so scheint es, nicht sonderlich näher gekommen und man betont (so Giedion im zuletzt zitierten Brief) moderne Architektur »de *notre* temps«. Man hatte schließlich seine Hausaufgaben – das Thema lautete »die funktionelle Stadt« – zu lösen. Ansonsten blieb es bezogen auf Griechenland wesentlich eine Gesellschaftsreise. Die »Charte d'Athènes« enthält außer dem Namen nichts, was Griechisches oder gar Griechentum erahnen ließe. Allein, zu schnell sollte man nicht über die Gründe jener veränderten Reisepläne hinweggehen. Es ist auffällig genug, wie gerade jetzt, ›um 1933‹, die ohnehin vielfach gegebenen Bezüge zum klassischen Griechenland verstärkt in den Vordergrund treten und in ihrer Gültigkeit neu erkannt werden. Wenige Monate vor jener Reise auf der Patris, am 18. Februar 1933, hatte Paul Valéry in Nizza sein »Centre Universitaire Méditerranéen« ins Leben gerufen und die Zusammenarbeit mit Aix beschlossen, wo wenige Jahrzehnte zuvor durch Cézanne jene bald allgemein als Grundlage der Moderne anerkannte kubistische Kunst angeregt wurde. Einer ihrer Theoretiker, Albert Gleizes, spricht Cézanne früh eine klassische Qualität (»quelque chose de classique«) zu.

Später wird die erste Phase kubistischer Malerei, 1911–1918, als »epoque classique du Cubisme« bezeichnet werden. Ihr ist der Hang zum Architektonischen (Roland Chavedon 1918 zu Juan Gris: »rechercher la construction, l'architecture«) von Anfang an eingegeben. Architektur, ›vocation classique‹ sind in Harmonie vereint. Sie sollen der Moderne insgesamt jene neue Grundlage gültiger Formkonstanten verleihen: ganz im Sinne jener alt-neuen Sehnsüchte nach einer verbindlichen Grundlage, wie sie Ozenfant mit seinen »Constantes des sensations et des formes-éléments dans la nature et dans l'art« beschreibt. Längst war Gino Severinis »Du Cubisme au Classicisme«, in dem eine Proportionsfigur des Parthenon nicht fehlen durfte, als eine auf Zahl und Zirkel aufgebaute Ästhetik, selbst zum Klassiker geworden. Von der Montagne Sainte-Victoire zur neuentdeckten Grundlegung von Natur und Kunst in »horizontalité« und »verticalité«, letztere im Peplos einer Kore *ad oculos* demonstriert, oder gar – in Ausweitung der Blossfeldschen, mikroskopischen Einsichten in die Natur – der »nature ›dorique‹« und »nature ›ionique‹« war durch Ozenfant umfassend eine universale Grundlegung der gültigen (und klassischen) Form wiederhergestellt.

Das Mittelmeer, genauer: »la nature méditerranéenne« sei es, so Paul Valéry in seiner Programmskizze zu den »études méditerranéennes«, die am Anfang jener erstaunlichen psychologischen und technischen Veränderung stünde, die beides, die »précision des méthodes« und die »puissances de l'esprit« zur Entfaltung gebracht hätte. Nach den deutschen Anfängen der architektonischen Moderne, als aus der Mitte des Deutschen Werkbundes bei Kriegsbeginn, 1914, die germanischen Nationen zusammengerufen wurden und als lange zuvor der Mentor des kulturellen Aufbruchs, der »Rembrandtdeutsche«, ein Schüler Heinrich Brunns und Träger des archäologischen Reisestipendiums, die Richtung – nämlich den Zugang zum Meer im Nordwesten – angegeben hatte, ist jetzt wieder eine völlig andere Welt, das Mittelmeer ins Visier geraten. Jean Cocteaus »Le Rappel à l'Ordre« ist zwar nicht mehr als ein über verschiedenste, zwischen 1918 und 1926 geschriebene Texte gesetzter Buchtitel, aber gleichwohl gibt der Autor dort sinnstiftende Signale für den haltsuchenden Zeitgeist, beginnend bei der Erörterung des Begriffs der »simplicité«, die nach dem »raffinement« Ruhe und Klärung verheißt: »elle dégage, elle condense la richesse acquise.« Genau so sieht es Paul Valéry, wenn er für den »classicisme« formuliert: »L'essence du classicisme est de venir après«, was für ihn gleichbedeutend ist mit: »L'ordre suppose un certain désordre qu'il vient de réduire.« Bereinigung! Da ist kein Raum mehr für (deutsche) Tragödien der Architektur. Paul Fechter, Autor des so betitelten Buches, hat seinerseits im Blick auf den Kubismus ganz in der Schiene idealer Menschheitsentwicklung – und deutscher Philosophie – nicht nur den Gang in die »reine Abstraktion«, sondern eben auch die »Potenzierung aus den Regionen des ›Verstandes‹ in die der ›Vernunft‹« gesehen.

Nach so vielen Zerreißproben gleitet jetzt also der Blick aufs Mittelmeer hinaus – und sucht das, was hier durch viele Stürme (und Jahrhunderte umkämpfter Entwicklung) hindurch zur ›gültigen‹ Aussage geworden ist. Was vom blauen Meer und dem Menschenbild dort eingefangen und – von Picasso beispielsweise – auf die Leinwand gebracht wird, mag, das ist die Versprechung, klassisch sein oder werden. Paul Dermée zumindest schließt auf diese Weise den Reigen seiner Aphorismen, die schon 1918 »un prochain âge classique« ankündigen: »Je sais une peinture et une littérature qui deviendront classiques et qui chargeront la vie de significations nouvelles.«

Zudem, auf dem Mittelmeer, das nicht nur dem französischen Süden vorgelagert ist, gelangt man ohne Umwege, wie dies die Reisegesellschaft der »Patris II« erfahren hat, nach Griechenland: so wie zu Zeiten Louis' XIV., als man über Rom und Italien hinweg den direkten Vergleich mit Griechenland suchte, damit die ›vocation classique‹ Frankreichs begründend; und so wie jetzt Le Corbusier seine »Leçons de Rome« mit warnender Geste beschließt (»Le Grand Prix de Rome et la Villa Médicis sont le cancer de l'architecture française.«), um nur gerade Michelangelo – im direkten Vergleich mit Phidias – als Inbegriff und Aussöhnung von »intelligence« und »passion« herauszuheben: »Michel-Ange est l'homme de nos derniers mille ans comme Phidias fut celui du précédent millénaire.« (Le Corbusier war sich wohl kaum bewußt, daß beispielsweise auch jemand wie K. O. Müller den Vergleich Phidias–Michelangelo durchaus bemühte: allerdings mit völlig anderem Ausgang, wonach nämlich im Zeichen von ›Ermüdung‹ und ›Erschöpfung‹ die Verwandtschaft eher mit Lysipp zu vermuten sei. Und selbst wenn er es gewußt hätte, er hätte es – wie seine gesamte ›deutsche‹ Bildungs-Vergangenheit – nach 1918 und nach seiner Naturalisierung als Franzose 1930 abgelegt: Frankreich scheint jetzt dem Klassischen – insbesondere in der Kunst – wieder nähergekommen zu sein.)

Von Frankreich aus also, über das Mittelmeer nach Griechenland! Mit welchen direkten Folgen? Die spätere Erkürung der modernen Architektur als einer ›klassischen‹ erfolgt in erster Linie nach Mustern Andrea Palladios, dem man seinerseits immerhin stets »simplicité grec« zugebilligt hatte. Die C.I.A.M.-Architekten (unter ihnen Le Corbusier), so scheint es, sind weder tagsüber noch bei Mondenschein auf die Akropolis gepilgert, um dort zu skizzieren. Sie hatten vordergründigere Aufgaben zu erledigen. Doch das ›Klassische‹ und Griechenland, waren längst als ›geistige‹ Bezüge registriert. Als Le Corbusier in »Esprit Nouveau« seine Aufsätze publizierte, um sie dann zum wohl erfolgreichsten Architekturbuch des 20. Jahrhunderts unter dem Titel »Vers une architecture« zusammenzufassen, besann er sich auf seine frühen Reiseskizzen und -notizen, insbesondere auf diejenigen vom Besuch der Akropolis 1911. Bei genauerem Hinsehen durchziehen die Erinnerungen an den Parthenon und an Phidias dieses »livre-manifeste« der Moderne wie ein roter Faden. Die Überlegungen zur Grundrißbildung beginnen mit der Analyse der Anlage der Akropolis, so wie der provokative kulturgeschichtliche Blick auf das Symbol des Jahrhunderts, das Automobil, doppelt provozierend mit dem Parthenon eingeleitet – und entsprechend illustriert – wird: »Le Parthenon est un produit de sélection appliquée à un standart.« Das ist gleichbedeutend mit der Aussage, daß dieses Bauwerk – und es allein – höchsten modernen technischen Standards und damit den modernen, zeitgenössischen Vorstellungen – trotz seiner Geschichte – gewachsen sei. Noch mehr: »Il (Phidias) a fait œuvre de perfection, de haute spiritualité.«

Erst gegen Ende von »Vers une architecture« wird dieser Aspekt gründlich und umfassend dargelegt und das Kapitel »Architecture« mit dem Bild des Parthenon und der Kernaussage »pure création de l'esprit« eingeleitet. Dazu, zur Architektur, gehört die ganze Unmittelbarkeit von Stimmung und Emotionalität, was anderswo so schnell und leicht – zugunsten formaler ›klassischer‹ Betrachtungsweisen – abhanden kommen konnte: »On a dressé sur l'Acropole des temples qui sont d'une seule pensée...« Zu diesem ›einheitlichen Gedanken‹ werden der weite Horizont, die Landschaft, die Natur hinzugenommen, so wie das Ganze körperlich konkret, als »système plastique« – Phidias im Gedanken – aufgefaßt wird. Die erste, von Le Corbusier selbst gestellte Frage lautet dann demgemäß so: »L'émotion nait de quoi?« »Rapport«, »concordance«. Übereinstimmung. Wichtig ist, daß jene Einheit sich in jeder Hinsicht, geistig wie körperlich und architektonisch ausdrückt: als »unité d'idées« in gleicher Weise wie als »unité de matières« und als »unité de la modénature«. Bis in die konkreten Profilierungen hinein verfolgt Le Corbusier diese künstlerisch-geistigen Bestrebungen und er macht sie in der Ausformung einer einzelnen Triglyphe dingbar: »Austerité des profils. Moralité dorique.« Das Geistige und das Ethische in einem, vom Steinmetzen zugerichteten Werkstück vom Gebälk des Parthenon! Absolutsetzung wie kaum anderswo: »Il n'existe rien d'équivalent dans l'architecture de toute la terre et de tous les temps.« Also, klassisch schlechthin. In einem entscheidenden Moment der Geschichte sei hier Gewißheit geschaffen worden in der Übereinstimmung höchster Emotion und höchster mathematischer Präzision, während ansonsten die Künste – so Le Corbusier mit Bezug zu seiner eigenen Zeit – lediglich tastend voranschreiten würden. Für all dies, den Inbegriff des Klassisch-Gültigen gibt es einen Namen, unanzweifelbar und unbestritten: »Le Parthénon, c'est Phidias qui l'a fait, Phidias le grand sculpteur.«

Ein überzeugteres Bekenntnis zur griechischen Klassik läßt sich in der Moderne des 20. Jahrhunderts wohl kaum finden. Es stammt von dem, der wie kein zweiter vehement gegen Akademismus und blinde Nachahmung angeht. Kein Kompromiß, nicht die Spur jener Unterscheidung von Klassik und Klassizismus von »angeborener« respektive (bloß) »erworbener« Empfindung für die klassische Form. Der Vorrang des unmittelbaren Zugangs zum Künstlerischen selbst gemäß seiner umfassendsten Bedeutung und Intensität – in jener »unité d'idées« – läßt alle andersgerichteten Einschränkungen und Unterscheidungen als obsolet erscheinen. Auf Umwegen gelangt man nicht zum Klassischen. Hier geht es einzig und allein um die Kernfrage, das Schöpferische in der Kunst: »Et l'homme ressent un grand bonheur à se sentir créer.« Mit dieser Formulierung schließt Le Corbusier *seine* Version der »Prière sur l'Acropole«, von der inspiriert er in jungen Jahren auf die Akropolis gestiegen war. Jenes ›Gebet‹ spricht Ernest Renan in dem Moment, in dem er auf die Akropolis gekommen die vollkommene Schönheit zu begreifen beginnt: »quand je fus arrivé à en comprendre la parfaite beauté«. So nur, im Wissen um die Unmittelbarkeit und Einzigartigkeit des konkreten Erlebnisses, kann man dem Pathos und der Emphase bei ihm wie bei Le Corbusier folgen: »O noblesse! ô beauté simple et vraie! Déesse dont le culte signifie raison et sagesse...«

2. Aus der (reduktiven) Sicht – und dem Bedürfnis – der Moderne heraus: »norme del gusto« / »esemplari del bello«

Wo denn die ›Moderne‹ genau beginnt, ist wohl weniger wichtig und bestimmbar, als die Tatsache, daß häufig genug ihre Erklärung im Kontrast zum Alten – und Klassischen – vorgenommen wird. Die ›querelle‹ in ihren vielfachen Varianten gibt dieses Muster vor. Dabei ist von Anfang an klar, daß dem bloßen historisch-zeitlichen Gegensatz von alt und neu eine solche unterschiedliche Wertung überstülpt wird. »MODERNE, ce qui est nouveau, ou de notre temps, en opposition à ce qui est ancien.« So definiert es in klarer begrifflicher Trennung die »Encyclopédie«. Doch der nächste Satz hebt alles auf, was vermeintlich so klar geordnet war: »Moderne se dit encore en matière de goût, non par opposition absolue à ce qui est ancien, mais à ce qui étoit de mauvais goût: ainsi l'on dit l'architecture moderne, par opposition à l'architecture gothique, quoique l'architecture moderne ne soit belle, *qu'autant qu'elle approche du goût de l'antique*.« Der wirkliche, für die Bewertung der Kunst ent-

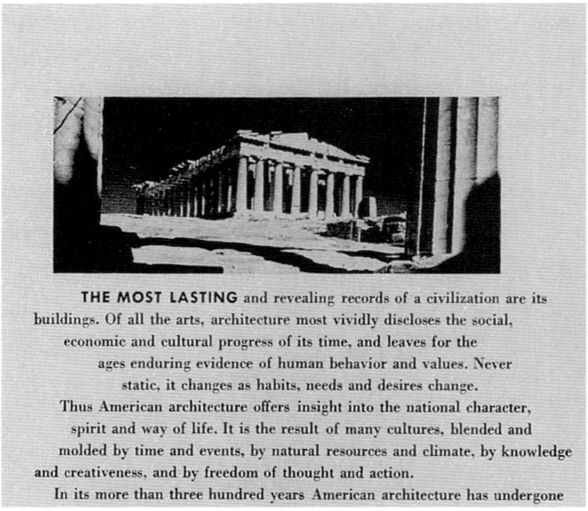
THE MOST LASTING and revealing records of a civilization are its buildings. Of all the arts, architecture most vividly discloses the social, economic and cultural progress of its time, and leaves for the ages enduring evidence of human behavior and values. Never static, it changes as habits, needs and desires change. Thus American architecture offers insight into the national character, spirit and way of life. It is the result of many cultures, blended and molded by time and events, by natural resources and climate, by knowledge and creativeness, and by freedom of thought and action.
In its more than three hundred years American architecture has undergone

Abb. 170. Peter Behrens, Die Festhalle.

Ewiggültige Klassik (»the most lasting and revealing records of a civilization«, aus: U.S.A., um 1960) vs. Reformklassik der Moderne (Behrens' Festspielhaus der Werkbundausstellung 1914 in Köln)

scheidende Gegensatz ist also nicht der von alt und neu. Ganz im Gegenteil, die *Qualität* des Modernen – hier am Beispiel der Architektur demonstriert – ermißt sich, scheinbar unbestritten, gerade am Alten. Der entsprechende ›Syllogismus‹ ist der französischen Kunsttheorie seit Louis XIV. in Fleisch und Blut übergegangen. Dort, in Frankreich, versucht Roland Fréart de Chambray schon 1650 musterhaft das System der fünf Säulenordnungen auf die ›originalen‹ drei griechischen Ordnungen, da in ihnen allein »perfection« herrsche, zurückzuführen. Und daraus wird wenig später in schierer Konsequenz, von der Autorität des griechischen, auf die Gültigkeit des französischen Modells geschlossen. Schon Félibien sieht in seiner der Publikation der Akademievorlesungen 1669 vorangesetzten »Epistre« die Tempel Griechenlands und Italiens »avec un air aussi grand & aussi magnifique« entstehen. François Blondel bestätigt dies 1675 in der Widmung seines »Cours d'Architecture«, der entscheidenden, regelsetzenden, mit der Gründung der Architekturakademie verknüpften Publikation, ja er unterstellt es ausdrücklich der Intention Louis' XIV. bei dessen baulichen Unternehmungen: »Dans cette pensée V. M. a fait élever tous ces bâtimens augustes, dont la veue ne contribue pas moins à l'instruction des Architectes François *que l'exemple des Edifices Grecs avoit autrefois contribué à l'instruction des Architects Romains.*«

Der Rückgriff auf die Griechen dient der Legitimation des eigenen Führungsanspruchs – im Falle Louis' XIV. gegen das zeitgenössische wie auch (im Rundumschlag) gegen das alte Rom gerichtet. Ein verwandtes Argumentationsmodell findet sich in Le Corbusiers Schelte des barocken Roms zugunsten des griechischen Ideals, aber auch – unmittelbar dem Syllogismus der »Encyclopédie« vergleichbar – in der 1921 publizierten Schrift des Propagators der De-Stijl-Bewegung, Theo van Doesburg, »Classique-Baroque-Moderne«. Auch hier wird zuerst für ›klassisch‹ wie ›modern‹ Harmonie und Gleichgewicht reklamiert und dies gegen den »rapport disharmonieux« des Barock (an Stelle des ›Gotischen‹) gesetzt. Dann aber folgt als Steigerung des ›Klassischen‹, dessen Harmonie sich in natürlichen Formen (»donc à la façon de la nature«) zeigt, jene ›Moderne‹, die dasselbe ausschließlich »par des formes et des couleurs abstraites«, also rein künstlerisch schafft. Man muß ergänzen, daß gerade dies, der Sieg der Form, immer mal wieder der Klassik als spezifisches Kennzeichen zugedacht wurde.

Absolutsetzung! Höher kann man nicht greifen. Daraus ergibt sich der Anspruch auf das Klassische als *Norm.* Dort wo – am Anfang einer langen Reihe von Bemühungen von Wölfflin bis zu Le Corbusiers »Modulor« und dem Mailänder Kongreß ›Proporzioni‹ von 1951 – August Thiersch die Proportionsfiguren neu über die griechischen Tempelfassaden legt und hier das Gültige, eine »Lex Thierschiana« proklamiert, dort wird auch gleichzeitig das geschichtliche Urteil über architektonische Normen an und für sich gefällt: »In der Tat ist nirgends mehr eine so vollkommene Übereinstimmung aller Teile erzielt worden als am Säulenbau des griechischen-dorischen Tempels.« Daß man dies nicht ›historistisch‹ mißverstehen soll, belegt der Erfolg dieser Proportionierungs-Regeln durch das ganze 20. Jahrhundert hindurch. Nichts, schon gar nicht eine einzelne, bestimmte Form hat sich in der Architektur der Moderne so sehr durchgesetzt wie die auf diese Weise als gültig herausgestellte Vorstellung vollendeter Proportion.

Die vorausgegangenen historischen Einschätzungen griechischer Kunst und Kultur – und in erster Linie die Bekenntnisse zu deren Vorrang – haben dies natürlich grundgelegt. »Sì, Grecia fu prima, che in ogni spezie d'ottimi studj e di liberali discipline ci ha dato le norme del gusto, e gli esemplari del bello, quelle norme e quegli esemplari…« Solche Äußerungen, wie gerade diese aus der Antrittsvorlesung Giuseppe Barbieris in Padua (1808), wiederholen sich in regelmäßigen Abständen. Allein, die Beschränkung auf das Normative riskierte stets einer trivial verstandenen, bloß formal-äußerlichen Nachahmungslehre zuzufließen. Im Wissen um dieses Risiko ist auch in moderner Zeit gerade deshalb, so bei Mies van der Rohe, die Nähe von Form und Formalismus warnend in Erinnerung gerufen worden. Die neue ästhetische Fragestellung – durch Baumgarten begrüßt (»diese wohltätige Wissenschaft«) – verlangte nach mehr. Engelschall kommentierte in einem Fragment zur Kunstgeschichte des Jahres 1794, »endlich« hätte »die zunehmende Kultur den Geist der Teutschen auf die Philosophie des Schönen« gelenkt. Natürlich stand das alsbald im Zeichen vertieften Forschens über das Griechische, aber andererseits auch der Warnung vor dem »Undankbaren der unmittelbaren Übertragung griechischer Formen auf die neuere Kunst«. Dessen ungeachtet trennte Alois Hirt 1827 säuberlich – wie so mancher vor und nach ihm – Geschichte respektive Bau- und Formenlehre: »In der Darstellung der Gebäude aber kommt es nicht so viel auf das Geschichtliche der einzelnen Bauwerke an, als auf die Grundsätze, Formen und Einrichtungen, welche jeder Gattung und Art von Gebäuden als eigenthümlich zum Grunde liegen.« Mit einer solchen Versuchsanordnung ist ihm unter anderem Henry Wotton vorangegangen, der schon 1624 mittels Unterscheidung von »historical« und »logicall« – letzteres eben »by casting the rules and cautions of this Art, into some comportable Methode« – den Vorrang des architektonischen Interesses unmißverständlich klargemacht hat. Wer möchte nicht – gleich – zur ›Methode‹ greifen. »Nach dem Beyspiele der *Griechen*«: was war damit, mit geschichtlicher Kenntnis, *mehr* zu gewinnen als mit dem üblichen bloßen Regelwerk?

Jede tiefergreifende Begründung würde notwendigerweise zu geschichtsphilosophischen Überlegungen führen, auch und gerade dann, wenn dies in Anwendung auf die ›moderne‹ Jetztzeit, »auf den Geist des Jahrhunderts«, erfolgen sollte. Nochmals Engelschall, der 1795 aus konkretem Anlaß wenigstens drei »Ursachen« bei diesem Unterfangen berücksichtigen wollte: die »Energie des Geistes«, »die edlere Bestimmung der bildenden Kunst« und die »vertraute Bekanntschaft mit der schönen Natur«. Wer will nun aber unterscheiden zwischen tiefschürfenden philosophischen Gedanken oder aber bloßen kunsttheoretischen Gemeinplätzen? Die Zielsetzung im jeweils übergeordneten Diskussionszusammenhang wird wohl die Richtung weisen. Die Kunstgeschichte entscheidet sich bald einmal für die Formgesetze und deren historische Entwicklung und wird natürlich nicht der ›Geschichtsphilosophie‹ den Vorrang geben. Man identifiziert den ›Wert‹ der Geschichte in deren Artefakten. Daraus entstammen dann Formulierungen wie diejenige, die Anton Springer in seiner kunstgeschichtlichen Übersicht von 1867 vorgibt: »Die Architektur der Hellenen findet ihren Mittelpunkt im Tempel.« Dem setzt er gleich hinzu: der Tempel sei »die allein unsterbliche, mustergültige Schöpfung des hellenischen Baugeistes«. Darauf – auf dem ›Unsterblichen‹ und ›Mustergültigen‹ läßt sich alles, was sich – noch enger gefaßt – in der Tempelfront als ›klassisch‹ zu erkennen gibt, auch in moderner Zeit begründen. So wie schon Palladio dieses ›Motiv‹ für sämtliche – auch private – Bauaufgaben adoptiert hatte, so kann sie Tessenow für seine Bildungsanstalt in Hellerau und Behrens für die Festhalle der Werkbund-Ausstellung von 1914 anwenden, beides Inkunabeln der Architektur des 20. Jahrhunderts! Ein »klassisch zu wirken, ohne sich dem Klassizismus hinzugeben«, beansprucht 1913 Fritz Hoeber, der Biograph Behrens' in Anbetracht der Petersburger Botschaft! Wer wird dies, was ganz offensichtlich den authentischen Charakter des Kunstwerkes bezeugen soll, für mehr als ein bloßes Bekenntnis nehmen? Auf die bloße Norm und deren formale Ausprägung bezogen läßt sich sehr viel als Nachlese der ›klassischen Architektur‹ nachreichen. Die Kunsthistoriker mögen die Säulen und Giebel zählen, die das 20. Jahrhundert auf inflationäre Weise in die Welt gebracht hat.

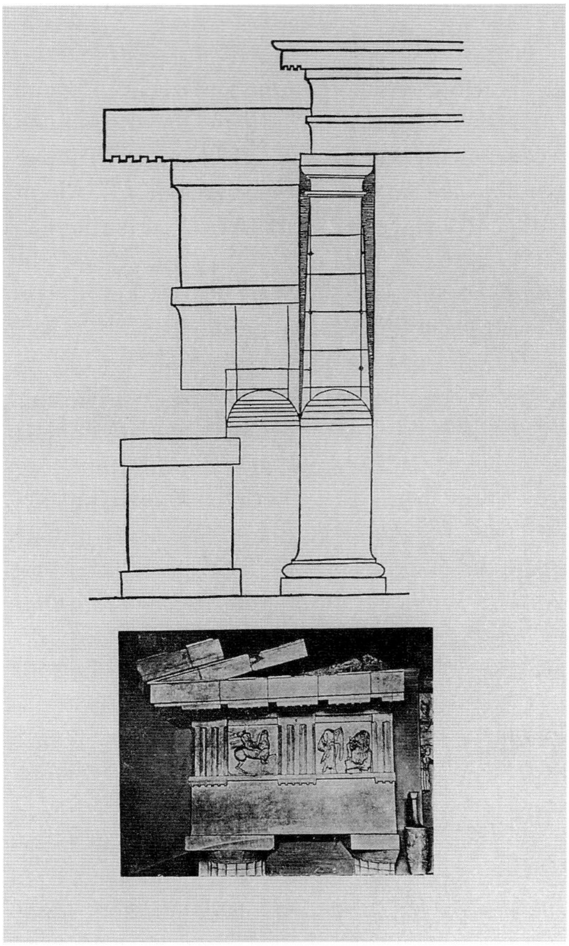

Klassische Wesensmerkmale: Freiheit und Selbstbestimmung und die Selbstbefreiung der modernen Kunst (»la libération est dans ce dessin«, Le Corbusier, Une maison-un palais, 1928)

3. »... der Griechen ausschließliches Eigenthum« (Heinrich Meyer);
»Bei den Griechen fühlen wir uns sogleich heimatlich...« (Georg Wilhelm Friedrich Hegel);
»Ausdruck europäischer Cultur« (Franz Kugler)

Man mag den Säulen außer ihrer Form nichts ansehen! Um so bedeutsamer ist der Blick in die Geschichte, um die Beweggründe, die ganz konkret diese oder jene ›klassische‹ Tat begleiteten, entdecken und einsehen zu können; und um sich auf diese Weise doch noch einem Begriff des »Klassischen«, wie er denn im Verlauf der – modernen – Geschichte zweifellos entwickelt wurde, anzunähern. Daß dies etwas mit Geschichte, genauer mit deren Vorstellung und (philosophischen) Beurteilung zu tun habe, ist heute wohl kaum umstritten: man wird denn auch ›klassisch‹ am ehesten als ›geschichtsphilosophische‹ und weniger als ›ästhetische‹ Kategorie auffassen wollen. Was also ist – stets geschichtlich gesehen – deren Inhalt, womit sich das Besondere an dieser Vorstellung erklären ließe? Bei der Darlegung und Beurteilung der griechischen Geschichte ging es schon früh stets auch um deren herausragende Stellung innerhalb – und paradoxerweise noch mehr: außerhalb – einer möglichen Gesamtentwicklung. Um Epochen und Entwicklungsstufen drehte das Gespräch. Amadeus Wendt, Professor in Göttingen, wird von Franz Ficker, Professor in Wien, dafür gelobt, daß er so dezidiert die »Hauptperioden der schönen Kunst« unterscheide. Wendt unterschied kurzum vorgriechische Kunst, »griechische *oder classische* Kunst« und germanische Kunst. Da erscheint schon mal 1831 deutlich herausgestellt das ›klassisch‹ in der Überschrift einer kunstgeschichtlichen Darstellung. Franz Kugler subsumiert in seinem »Handbuch der Kunstgeschichte« (1842) im zweiten, »Geschichte der classischen Kunst« betitelten Abschnitt die Entwicklung des gesamten ›klassischen‹ Altertums bis zu den Römern und unter Einschluß der Etrusker. Eine weiterführende Akzentuierung ist lediglich darin zu erkennen, daß ausdrücklich vom »*System* der griechischen Architektur« und insofern in erster Linie vom »Tempelbau in seinen *allgemeinen* Formen« gehandelt wird, so wie natürlich auch andernorts – so beispielsweise bei Quatremère de Quincy – längst die Rede von dem für die griechischen Architektur bezeichnenden »*système constitutif*« ist. »An ihnen«, den (griechischen) Tempeln hätte sich die architektonische Kunst ausgebildet, »deren Formen sodann auch bei den anderweitigen Bauanlagen, je nachdem diese für eine ideale Gestaltung mehr oder weniger empfänglich waren, in Anwendung gebracht wurden«. Die Rede ist also – frei nach Palladio – von einer gewissen Verallgemeinerbarkeit der am Tempel entwickelten Bauformen. Hier das Klassische festzumachen, vermeidet Kugler, aber er beschreibt natürlich die ›herausragende‹ Rolle der griechischen Kunst. Das zeigt sich insbesondere in den vorausgegangenen Kapiteln, in denen die »griechische Kunst im heroischen Zeitalter« und (danach) die »griechische Kunst in der historischen Zeit« dargestellt wird, wo »günstige Umstände« »*die höchste Entfaltung des griechischen Lebens*« und damit der Kunst auf »gedeihlichstem Boden« ermöglichten. Da wird weiter, einführend die Charakterisierung der künstlerischen Form in der griechischen Kunst als »klarer, durchgebildeter Organismus« bezeichnet und dies ergänzt: »*das Gepräge der individuellen Freiheit und das einer durchwaltenden Gesetzmäßigkeit erscheinen hier im lautersten Maße gegeneinander abgewogen*«. Also doch: Freiheit und Gesetzmäßigkeit in harmonischer Symbiose als Kennzeichnung des Klassischen! Zu einer »in sich geschlossenen Vollendung« sei die griechische Kunst gediehen. Kugler geht noch weiter. Ohne zusätzliche Begründung wird dies gleichgesetzt mit dem »Ausdruck europäischer Cultur«. Danach folgt wieder etwas zurückhaltender, historisch gefaßt, der einzige Ansatz einer definitorischen Festlegung des Klassischen: »Wir fassen die Erscheinungen der nationell griechischen und der mit ihr zunächst verwandten und von ihr abhängigen Kunst unter dem, schon vielfach für ähnliche Zwecke angewandten Namen der ›classischen‹ Kunst zusammen.«

›Schon vielfach angewandt …‹: man weiß sich in einer Wissensgemeinschaft aufgehoben, verläßt sich auf ein gemeinsam geteiltes Verständnis – und beläßt vieles im Vagen. Kugler verweist in der Fußnote auf K. O. Müller (»für das Ganze und das Einzelne«) – und bezeichnet so die Spur einer möglichen näheren Bestimmung des Begriffs der klassischen Kunst, um sich seinerseits vermehrt den »verschiedenen Stadien der Entwicklung«, der Geschichte, den Kunstlandschaften und ihren Monumenten, zuzuwenden. Der angesprochene, früh verstorbene K. O. Müller rechnet es – gemäß dem Vorwort der zweiten Ausgabe seines berühmten Handbuches von 1835 – zu den Entsagungen, daß er »auch in der Darlegung der inneren Prinzipien der alten Kunst, von denen die Künstler bewußt oder unbewußt bei der Entwicklung ihrer Ideen geleitet wurden«, nicht mehr ausgesagt hätte. Immerhin, es ist jetzt, geht man von Müllers theoretischer Einleitung aus, schon sehr viel mehr als bloße Modellsetzung oder bloße historische Autorität gefordert, um jenes Besondere ›klassischer‹ Kunst einfangen zu können. Vom inneren, notwendig begründeten Zusammenhang zur Gesetzmäßigkeit, zur Schönheit und Einheit, dem Kunstwerk als »ein Eines und Ganzes« führt ein Weg, dem genauso wichtig die Vorstellung einer »Kunstidee«, die nicht Begriff ist, sondern stets, in jedem einzelnen Kunstwerk als »Besonderes« sich darstellt, beigegeben ist. Dementsprechend sind architektonische Gebilde nicht allein geometrisch (formal), sondern »in Gemäßheit von Gefühlen und Kunstideen« zu beschreiben. In diesem Sinne bezieht sich »Architektonik« auf eine »machtvolle Darstellung tiefer Empfindungen«. Man ist gar nicht soweit von Le Corbusiers »émotions plastiques« entfernt! Schließlich weiß Müller auch im Rahmen dessen, was er zu den »geschichtlichen Erscheinungen« zählt, zwischen »individuellen« und »nationalen« Kunstäußerungen zu unterscheiden, die gemäß seiner Vorstellung beide mit dem Begriff des »Styls« erfaßt werden, und auch jenen durch »Satzung oder Gewohnheit festgestellten Formen, welche der freien Kunstthätigkeit Schranken setzen«, die er in den Begriff des »Typus« faßt. Die historischen Einsichten haben zu differenzierterer Betrachtung beigetragen, ohne daß man auf grundsätzliche Charakterisierungen und Wertbestimmungen verzichten würde. Also bleiben diese vernünftigerweise umstritten.

Die geschichtsphilosophische Vertiefung, sosehr sie sich von vorschnellen Vereinfachungen distanziert hat, schließt die Suche nach dem Normativen nicht aus, sondern hat dies vielmehr zum eigentlichen Gegenstand. Wie sonst als letztendlich in dieser Absicht will man Kuglers Bemerkung vom »Ausdruck europäischer Cultur« verstehen? Auch hier wird der Geschichte ausdrücklich eine ›teleologische‹ Kraft unterstellt. Es zeigt sich die Überzeugung vom tieferen Sinn der Geschichte. Amadeus Wendt meinte seinerseits zu Beginn des Kapitels über die griechische Kunst, nachdem er das Wesentliche zum dort »fortschreitenden Menschengeiste« im Erreichen der vollkommenen Entsprechung des Äußeren und Inneren, im Übereinkommen des Geistigen und Natürlichen und letztlich im Sieg der Form über die Masse beschrieben hat: »Diesen Schritt that die Kunst, indem sie nach Europa überging.« Das, der beanspruchte Vorrang der europäischen Kultur, für die jetzt unzweifelhaft die griechische herhalten soll, war schon im 18. Jahrhundert – gerade in Frankreich – ein zeitweilig heftig umstrittenes Thema. Müssen Kuglers und Wendts Formulierungen überraschen? Mitnichten! Georg Friedrich Wilhelm Hegel beginnt den zweiten Teil seiner »Vorlesungen über die Philosophie der Geschichte«, »die Griechische Welt«, mit dem Satz: »Bei den Griechen fühlen wir uns sogleich heimatlich, denn wir sind auf dem Boden des Geistes, und wenn der nationale Ursprung sowie der Unterschied der Sprachen sich weiter hin nach Indien verfolgen läßt, so ist doch das eigentliche Aufsteigen und die wahre Wiedergeburt des Geistes erst in Griechenland zu suchen.« Wenn man nun auch noch dazu nimmt, was Heinrich Meyer zu Beginn seiner »Geschichte der bildenden Künste bei den Griechen« (1824) meint, so ist im Verein mit der über den (deutschen) Geist erfolgten heimatlichen Anbiederung und der entsprechenden Projektion in die Geschichte hinein die Rechnung schnell gemacht: »was wir im allerstrengsten Sinne die Kunst nennen, das höhere schönere Bilden, war und blieb in der alten Welt der Griechen ausschließliches Eigentum.« So begründet sich das moderne ›Griechentum‹.

Philosophen tun sich weniger schwer im Zusammenfügen der verschiedenen Gedanken. Im ›und wenn‹ der zitierten Bemerkung bezeugt Hegel seine Kenntnis unterschiedlicher Theorien der Her- und Ableitung alter und neuer Kulturen, was ihn in keiner Weise davon abhält, jenes ›Eigentliche‹ und die »wahre Wiedergeburt des Geistes« an die ›richtige‹ Stelle zu rücken. Die Selbständigkeit der griechischen Entwicklung, genauer: eine im Innern des Griechischen angesiedelte »Vollkommenheitsvorstellung« scheint als Voraussetzung für jenes meist umschriebene und seltener benannte ›Klassische‹ Vorbedingung zu sein. Wie kann gerade dies ›historisch‹ begründet oder gar präzisiert werden?

Kaum jemand ist dieser Frage in jener für die Altertumswissenschaft so bedeutenden Phase des frühen 19. Jahrhunderts intensiver nachgegangen als Friedrich Thiersch. In den schon früh vor der Akademie der Wissenschaften in München 1816, 1819 und 1825 vorgetragenen Abhandlungen »Über die Epochen der bildenden Kunst unter den Griechen«, über die Abfolge von der »ältesten Epoche« zur »Epoche der Kunstentwicklung« und schließlich zur »Epoche des vollendeten Kunststyls« geht er – natürlich in Kenntnis des üblichen Schemas von Aufstieg, Höhepunkt und Rückbildung – den Fragen von Entwicklung und deren angemessener Beschreibung und Charakterisierung genauer nach. Schnell tritt ihm das Feindbild in Form von Vorstellungen allgemeiner, gesamthafter, alles überziehender und pauschalisierender Kunstentwicklungen entgegen. So ist ihm – mittlerweile, in den 40er Jahren, handelt er über das Erechtheion – die Ansicht Böttigers, die griechische Kunst würde, da sie die Entwicklungsphasen anderer Kulturen gleichsam mitgenommen oder eben übersprungen hätte, »gleich der heiligen Pallas Athene gerüstet und fertig ans Licht« treten, ein Greuel. Er bezeichnet sie als »Abstraction« und »ziemlich barocke Phraseologie einer bekannten philosophischen Anschauungsweise«. Der »letzte und vollkommenste Ausdruck« einer Epoche ergäbe sich nicht einfach aus der Tatsache einer »vorangegangenen«, wie Böttiger mit dem (organischen) Bild vom Keim zur Blüte und zur Frucht belegen möchte. Offensichtlich hatte Böttiger jenen Passus in Hegels »Phänomenologie des Geistes« (1807) entweder nicht oder nicht präzis gelesen, in dem Hegel eben gerade umgekehrt die Frage der »fortschreitenden Entwicklung der Wahrheit« im

Kontrast zu »fremdartigen Interessen«, zu »Verschiedenheiten« und »Widersprüchen« zu begreifen hilft: Knospe, Blüte, Frucht, »diese Formen unterscheiden sich nicht nur, sondern verdrängen sich auch als unverträglich miteinander«. Und dabei, so ist jedermann klar, bilden sie natürlich gleichwohl »Momente der organischen Einheit«. Zugegeben, das sind für damalige – wie heutige – Verhältnisse hohe, jedoch der Komplexität historischer Abläufe angemessene Ansprüche des Denkens.

Zurück zu Thiersch. Er ist vertraut mit den – in Mode gekommenen – Vergleichen mit Vorstellungen aus der Naturgeschichte und lehnt (nur) deren mißbräuchliche Anwendung ab. Weder Gesamtentwicklungen noch die Herleitung der »Fülle der Gewächse und Geschöpfe« aus »Urpflanze« und »Urthier« können sinnvollerweise auf die kulturelle Entwicklung der griechischen Kunst *tale quale* angewandt werden. Anders urteilt Thiersch bezüglich der kraft »bestimmten Einflüssen des Bodens, des Klima's und günstiger Pflege« – und nicht der Verallgemeinerung davon in »Momenten, Potenzen und Durchgehen der Momente« – heranwachsenden Pflanzen. Die Geschichte besinnt sich auf die Konkretheit und Einmaligkeit des von ihr Betrachteten, ohne sich darin verlieren zu wollen. »Es ist eine in sich haltlose und erfolglose Bewegung des speculativen Begriffes, der von den in die Entwicklung eintretenden Völkern jedes seiner Selbständigkeit und entelecheia entkleidet, ein Verfahren, bei welchem jede geistige Freiheit und Selbstbestimmung, das Höchste, was den Menschen zum Menschen macht, aufgehoben, und das vollkommenste Werk seiner Kunst, wie die höchste Tugend und die schönste That zu dem ›nothwendigen Moment‹ eines nur gesteigerten Krystallisationsprozesses gemacht wird.« Gegen das »schachteln« von Kunsthistorikern wehrt sich Thiersch, bei dem das Wesentliche, *»organisches Leben«* und eine *»nach einem bestimmten Ziel gerichtete Thätigkeit«* aufgehoben würden. Das klingt modern, genauso wie jener Begriff der damit in den Vordergrund rückt: *Selbstbestimmung* ist das magische Wort des Griechentums, in dem sich eine moderne Kunstauffassung sehr wohl spiegeln kann. Thiersch setzt Freiheit gegen Fatum. Das bloße Faktum vorausgegangener Entwicklung und damit insbesondere das »dem Keime nach schon (I)nnengelegen(e)« sei überhaupt nicht aussagekräftig. »...die Freiheit führt auf dem Gebiete des geistigen Schaffens den Vorsitz und das Steuer.« Auf den konkreten Gegenstand der griechischen Kunst zurückgebracht: »...der Parthenon wäre auf der Akropolis zu Athen in seiner Herrlichkeit erschienen, wenn auch am Nil zu Theben kein Pallast des Osymanthias wäre gebaut worden.« Eine »äußerliche« Übertragung von Kunstformen und Kunstfertigkeit – im Sinne allgemeiner, universalgeschichtlicher (oder eben auch losgelöster ›kunstgeschichtlicher‹) Entwicklung – läßt Thiersch nicht zu. Er geht noch weiter, wendet sich gegen die, die »griechische Glossen über die Architektur gesammelt« und zu »Füssen eines philosophischen Mystagogen« gesessen haben, »um der Enthüllung ihrer Ästhetik« beizuwohnen, und bestärkt, was er als Architekt »auf der hohen Schule der Architektur, der Akropolis von Athen« »in sorgfältiger Erforschung« und »mit hellem Blick« beobachtet und erlernt hat. Weit ist man auch hier nicht von Le Corbusier entfernt, der wie Thiersch beides, die präzise Erforschung des konkreten, unverwechselbaren und einmaligen Monumentes und das von tieferer historischer Einsicht geprägte, ethisch-moralisch grundgelegte Urteil zu verbinden weiß. Längst hat hier Thiersch ästhetische und allzu triviale entwicklungsgeschichtliche Modelle verworfen – man muß beifügen: ehe sie überhaupt durch Kunstgeschichte und Archäologie über die ganze Welt verbreitet wurden!

4. »Nicht von dem Klassischen als Problem, sondern von der klassischen Ideologie soll hier gehandelt werden: jenem für die bildende Kunst aufgestellten Gedankensystem, das sich seit der Renaissance herausgebildet und Jahrhunderte lang behauptet hat.« (Werner Weisbach, 1933)

Insofern ist man kaum überrascht, daß dieselben Themen und Fragen diskutiert wurden, als man sich in der Pfingstwoche 1930 unter dem Vorsitz Werner Jaegers in Naumburg zu einer Fachtagung der klassischen Altertumswissenschaft traf, um just »das Problem des Klassischen und die Antike« anzugehen. Die »unmittelbare geistige Zusammenarbeit« hatte sich diese 1924 gegründete Einrichtung zum Ziel genommen. Wie sollte sich dies bewerkstelligen lassen? Längst erscheinen die Dinge wieder getrennt – und wollen doch wieder versöhnt sein. »›Klassisch‹ als historischer Begriff«!

Max Klinger, »Integer vitae scelerisque purus« (aus: Vom Tode. Zweiter Teil, opus XIII, 1900)

40 LES GRANDES CONCEPTIONS MONUMENTALES.

aussitôt à être reçu par Alexandre. « Je t'apporte, dit-il, un projet à exé- « cuter qui serait digne de ta renommée. Je veux faire du mont Athos une « statue colossale, une figure virile. Sa main gauche contiendrait une ville « entière avec ses murailles et sa main droite porterait une vasque où tous « les cours d'eau de la montagne viendraient confluer pour se jeter de là dans « la mer. » Alexandre, ajoute Vitruve, ne trouva pas le projet absurde, mais le jugea impraticable parce que le mont Athos ne produit pas le blé néces-

saire à la subsistance d'une grande ville. Il félicita pourtant l'architecte pour la grandeur, l'audace de son idée et se l'attacha aussitôt pour faire appel à lui dans d'autres entreprises. Quand il résolut de fonder à l'embouchure du Nil une cité nouvelle, ce fut à Dinocrate qu'il demanda d'en dresser les plans. »

Presque rien ne subsiste aujourd'hui de l'antique Alexandrie, mais assez d'auteurs anciens nous en ont décrit la magnificence. On construisit là, d'un seul coup, un port, une ville et un vaste palais des arts et des sciences, qu'on appela le *Musée*. A l'entrée du port, s'éleva dans l'île de Pharos la célèbre tour carrée qui fut le premier phare et que l'on compta parmi les merveilles du monde.

Une autre de ces merveilles était le fameux *colosse de Rhodes*. Il n'approchait point par ses dimensions, pourtant énormes, de la statue rêvée par Dinocrate, mais il fut autre chose qu'un audacieux projet. L'œuvre géante représentait Apollon; il faut sans doute imaginer la tête du dieu telle que

Henri Rapin, Le projet de Dinocrate (aus: H. Ch. Andersen – E. M. Hébrard, Création d'un centre mondial de communication, 1913)

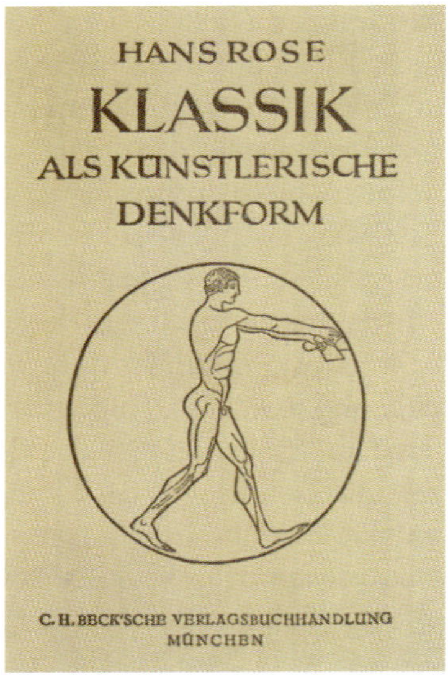

Das Motiv des Schreitenden, im Buchdeckel von: Hans Rose, Klassik als künstlerische Denkform (1937)

»Gebrochenheit der nachgriechischen Klassik«! »In mächtigen Gegenstößen wehrt sich der europäische Geist gegen den gesetzgeberischen Anspruch der Klassik.« Da sind es nicht mehr heimatliche Gefühle, die das ›Griechische‹ ins Herz Europas schließen möchten. Statt dessen spricht Helmut Kuhn in seinem Versuch, die »im Begriff ›klassisch‹ enthaltene Vieldeutigkeit« darzustellen, von einem »ins Metaphysische erhobenen Leistungsbegriff des Klassischen«, in dem »die Gegensätze der klassischen Versöhntheit und der modernen Entzweiung ... in dem Bild einer neuen, zukünftigen Klassik konvergieren«. Das Pathos scheint hier keineswegs geringer als bei Quinet, Renan und Le Corbusier: mit einem entscheidenden Unterschied. Helmut Kuhn nimmt sich und seine Deutung zurück. »Mit voller Wucht« würde die Auseinandersetzung mit der Klassik »in den Aufgabenkreis des Erkennens« fallen. An Nietzsche gewandt will er gerade davon, vom Kontakt mit der religiösen Sphäre absehen und sich auf ›klassisch‹ als einen »historischen Begriff« besinnen: »Nur Mensch, nicht Gott.« Darauf haben andere nicht gehört.

Gleichwohl die »Besinnung auf die innersten Bildungswerte«, so Bernhard Schweitzer, hätte die Bemühungen – seit zwei Jahrzehnten – wesentlich bestimmt. Für ihn, in ganz andere Richtung denkend, ist das Einlenken in eine »überhistorische Perspektive« – Wölfflins – vorerst weiterhin zumindest bedenkenswert. »Außerhistorische Maßstäbe«. Aber dann erkennt er selbst die alten und neuen Probleme: »*die Isolierung und eigentümliche Enthistorisierung des Stilphänomens*« und auch das, bezogen auf Rodenwaldt: »Stilisierung und Nachahmung«, doch bloß formale Betrachtung der Kunst.

Kaum jemand hatte sich damals mehr mit Wölfflin und seinen Schriften befaßt als Hans Rose. 1937 erscheint seine Darstellung »Klassik als künstlerische Denkform«. Merkwürdigerweise wird auch hier das Geschichtliche in verschiedener Weise ausgeblendet – genauer: als der Inhaltsdeutung des Klassischen abträglich erachtet, obwohl ja gerade ihm, Rose, die Geschichtlichkeit der Konstruktion des Klassischen mehr als bewußt ist. »Tatsächlich entsteht die Vorstellung und der Begriff des Klassischen erst in dieser retrospektiven Sicht«, läßt Rose schon im Vorwort wissen. Gekoppelt ist diese vielfach wiederholte Sichtweise mit der Feststellung einer ›psychologischen Wahrscheinlichkeit‹: »Klassik ist zu keiner Zeit bewußt als Gegenwart erlebt worden, nicht einmal im perikleischen Athen.« Im gleichen Atemzug will Rose aber auch zumindest für sich eine reale Zukunftsvision behalten: »Das Gebiet der Klassik liegt aber noch vor uns.« Woher dieser Mut? Überlebt sei die »Philologie über das Klassische«; statt dessen: »Wir brauchen klassisch empfindende Menschen.« Wie soll das geschehen, da Klassik gemäß obiger Annahme »zu keiner Zeit bewußt« war? Gilt das nur für die Geschichte? Zeigt sich hier wieder einmal die Arroganz der Spätkömmlinge, die glauben, als erste über Geschichte urteilen und so frei verfügen zu können, daß sich daraus zwingend der Blick in die Zukunft ergibt? Da entgleitet einiges der Kontrolle und dem »Erkennen«. Hegels ›heimatliche Gefühle‹ wirken harmlos in Anbetracht von Feststellungen wie derjenigen Roses: »*Klassizismus endlich wird als Weltstil gefordert im Sinne der Hegemonie des Abendlandes über die anderen Erdteile*.« Das war vorerst zwar ›bloß historisch‹ gemeint. Doch zwei Sätze später wird die ›politische Implikation‹ dieser Behauptung genügend explizit gemacht: »Was Deutschland angeht, so haben wir ein gewisses Recht zu hoffen, daß bei einer Wiederkehr des Klassischen ein gewichtiger Teil der geistigen Neuordnung sich in unserem Land vollziehen wird, auf Grund unserer Überlieferung und durch die allgemeine Entzündbarkeit durch Kräfte der Idee.« Hinsichtlich der »formalen und bildnerischen Dinge« zweifelt Rose zwar an der spezifischen Berufung der Deutschen. Aber er will im Rahmen dieser Ausführungen zum Thema ›Klassik und Gegenwart‹ gegen den Pessimismus von Archäologen angehen, die sich mit »erzieherischen Ergebnissen« und mit dem »Wachhalten des humanistischen Bildungsideals« zufriedengeben würden. Er, Rose, sieht dagegen »Anzeichen dafür, daß sich eine Wendung zur klassischen Form vorbereitet«: »Ich halte es für möglich, daß uns ein Klassizismus bevorsteht...« Er meint einen Hauptstrom neben andern, grenzt ab gegen das Unklassische des »erneuten Bekenntnisses der Gegenwart zum Maschinellen« und der versuchten Verbreiterung der »kulturtragenden Schicht«. Diesbezüglich sind es Welten, die diese kultur-elitäre und konservative von der Modernitäts-bejahenden Position eines Le Corbusiers trennt. Stellte dieser provozierend Tempel und Automobil Seite an Seite, so sah Rose Unklassisches auch im modernen Sport, weil dort »der menschliche Körper auf seine Ähnlichkeit mit der Maschine hin gedrillt wird«. Klassik als Wert – denn »Klassik als Stil« hatte Rose aus seiner Betrachtung ausbedungen – gerät in Krise, wenn sie denn auf diese Weise zu den modernen, zeitgenössischen Lebensformen in Konkurrenz gesetzt wird. »Klassik als eine bestimmte geistige Haltung«, die dann – mit Bezug auf Helmut Kuhns Äußerungen in Naumburg – teleologisch gedeutet zum »transzendenten Sinn der Geschichte« aufsteigt?

Das sind zugegebenermaßen knappe, aus dem Zusammenhang gerissene Gedankenfetzen einleitender – und gelegentlich doch ausholender – Fragen, die wie üblich gleich wieder in die Schranken gewiesen, aber damit natürlich nicht vom Tisch gefegt werden: »Ich beschränke mein Thema auf diejenige Klassik, wie sie in den bildenden und tektonischen Künsten ans Licht getreten ist, ohne damit sagen zu wollen, daß ich auf eine geistesgeschichtliche Untermalung verzichte.« »Geistesgeschichtliche Untermalung«, bezogen ausgerechnet auf die gemäß eigener Einschätzung zentralen Fragen eines grundsätzlichen Problems! Rückzug ins Deskriptive? Die Crux der Fachwissenschaften! So wohltuend es sein mag zu beobachten, wie sich Hans Rose in der Folge zurücknimmt, um *sine ira et studio* eine Vielfalt von Argumenten aus der Geschichte zum Klassischen darzutun, so unbefriedigend bleibt dieser Rückzug allemal.

Für Hans-Georg Gadamer waren die Naumburger Tagung und die Klassik-Frage Anlaß genug, um ihr – in »Wahrheit und Methode« – ein Unterkapitel in seinen Ausführungen zur »Geschichtlichkeit des Verstehens« zu widmen. Die Verquickung von Geschichte, Wert, Normativität bringt er in der Feststellung zusammen: »So wird der allgemeine Wertbegriff des Klassischen auf dem Umweg über seine besondere historische Erfüllung zu einem wiederum allgemeinen historischen Stilbegriff.« Das reicht natürlich Gadamer nicht aus und läßt auch ihn – über Hegel – das ›*mehr*‹ des Klassischen gegenüber der bloßen »historischen Konstruktion der vergangenen ›Welt‹« dartun: »Dem« – diesem ›mehr‹ – »aber entspricht eine Mitzugehörigkeit des Werkes zu unsrer Welt.«

Der Künstler hatte es einfacher, er hat aus seiner, ihm nicht zu nehmenden – und wie im Fall Le Corbusier in stetiger Folge, dutzendfach beanspruchten – Mitzugehörigkeit zur Welt das ›mehr‹, aus seiner Kreativität heraus unmittelbar geschaffen und der Geschichte zugeschlagen, so wie es beispielsweise Friedrich Thiersch für den griechischen Mensch exemplarisch in Anspruch genommen hatte. ›Geschichtliches Verstehen‹, gegenwartsbezogen!

Braucht es hier Zukunftsvisionen? Am Ende seiner Darstellung kam Hans Rose unter dem Titel

»Klassik als Wert« auch auf »Leben und Tod« zu sprechen, was die Klassik »im Sinne des Lebens gleichgesetzt« hätte. Ob Rose selbst und weshalb er dann das in einen Kreis gesetzte Bild eines mit ausgestreckten Armen vorwärtsschreitenden Jünglings auf den Buchdeckel prägen ließ, kann offenbleiben. Der Jüngling ist eine häufig verwendete Metapher. Er ist es, der im ersten Satz der Einleitung der »Propyläen« (1798), »wenn Natur und Kunst ihn anziehen, glaubt, mit einem lebhaften Streben, bald in das innerste Heiligthum zu dringen«, um dann festzustellen, daß er sich als Mann »noch immer in den Vorhöfen befinde«. Das Bild auf Roses Buchdeckel scheint gemäß dem Duktus der Linien einem griechischen Vasenbild entlehnt zu sein. Doch die Vorlage bildet unzweifelhaft eine Komposition Max Klingers, die dieser – auch sie eine klassische Jünglings-Allegorie – mit »Integer vitae scelerisque purus« übertitelt hat. Was von jenem ›visionären‹ Bild in der graphischen Reduktion des Buchumschlages nicht erscheint, ist die vulkan-zerstörte Landschaft und der tödliche Abgrund, auf den der Jüngling blindlings zugeht.

1933 hat ein anderer Kunsthistoriker sich zum Klassischen geäußert. Sein Auge nun ganz direkt auf »jene(s) für die bildende Kunst aufgestellte Gedankensystem« gerichtet, spricht er über die »klassische Ideologie«. Das impliziert, daß das Klassische, daß ›Klassik‹ als Ideologie verwendbar sei. Und das meint er auch. Werner Weisbach hat sich nur in einer Sache getäuscht, als er am Ende, nachdem er, wie er glaubte, mit dem (erneuten) Hinweis auf den Kontrast und Gegensatz von »schöpferischem Erleben« und dem beliebigen Herleiten von »Normen- und Regelsystem« verbindlich aufgeklärt hatte, schrieb: »... von diesem Wahn der Ideologie ist die Menschheit wohl für immer befreit worden«. Geschrieben 1933; weit gefehlt!

Gleichzeitig, 1932, präzisierte Karl Jaspers in seiner Darstellung »Max Weber. Deutsches Wesen im politischen Denken, im Forschen und Philosophieren« bezogen auf die Zielsetzung von Mensch und Nation und »Willen«: »nicht notwendig im Sinne von Rasse und Abstammung, sondern so, *wie wir die Griechen kennen*, denen wir unser Sein verdanken«. Wie wir die Griechen kennen!

Solche Einschränkung und Mahnung wurde wohl kaum gehört. Mit der 1939/1940 neu herausgegebenen Zeitschrift »Das Werk des Künstlers« suchte der Herausgeber, Hubert Schrade, den Blick »aus einer Zeit der Vorherrschaft der rein formalen Kunstbetrachtung«, der Ästhetik und »absoluten Enthobenheit« in die *Wirklichkeit* und somit eben auf das Werk des Künstlers zurückzuführen. In dieser Zeitschrift publizierte Kurt Bauch den Text »Klassik-Klassizität-Klassizismus«, den er »schon vor acht geschehnisvollen Jahren abgefaßt« und als Antrittsvorlesung an der Frankfurter Universität 1932 vorgetragen hatte. Mit all den Definitionen des Klassischen als »objektivierte Leistung«, als »unbedingt im Bedingenden lebende Form«, als »Harmonie« – (»Symmetrie, Rhythmus, Proportion sind doch nichts wie Rahmen.«) – konnte er nicht viel anfangen. »Welches Maß, welche Proportion ist gemeint?« Und: »welche Menschlichkeit ist es, nach der die Humanisten sich nennen?«. »Unsere«, sagt Bauch und gelangt von hier – auch er nicht weit von Thiersch entfernt – zur *»völligen Selbstverwirklichung«* als dem Inbegriff des Klassischen, der »Reife«, »Einzigartigkeit« und »Bewußtwerdung« umschloß. Als Wertbezeichnung erkannt, gab es für Bauch drei Anwendungen: »auf die Hellenik«, »auf alles zu totaler Selbstverwirklichung Gelangende« und »auf das für uns im Hinblick auf unsere Selbstverwirklichung Gültige«. Dem stellt er die geschichtliche »Einmaligkeit der Klassik« gegenüber. Kein Wunder, daß bei dieser Versuchsanordnung für Bauch im wesentlichen nur das zu beobachten übrigblieb, was »Klassizismen aus der Klassik gemacht haben«. Die »Einmaligkeit der Klassik« verflüchtete sich in ein »Urbild«. Auch so kann man aus der Geschichte heraustreten.

Dessen unbekümmert – oder eben: dies mißverstehend – hat das vergangene Jahrhundert und die Jetztzeit – Christie's wirbt mit »contemporary classic« – Klassizismen in unübersehbarer Menge produziert. Gleich nach 1945 zeigt eine deutsche Architekturzeitschrift, aus der Enge und Isolation in die große, internationale Welt tretend, nebeneinander antike, kannelierte Säulen und plissierte Damenröcke – und die Konterfeis zeitgenössischer ›Klassiker‹ von Gropius zu Mies van der Rohe. In Amerika setzt eine offizielle Werbebroschüre des »United States Information Service« den Parthenon auf die erste Seite und ergibt sich in eine – diesmal etwas profanere – »prière sur l'acropole« im Zeichen einer alles integrierenden amerikanischen Zivilisation. Für die gilt (als Bildlegende des Parthenon): »The most lasting and revealing records of a civilization are its buildings.« Seiten später vernimmt man: »But the classic ruled and spread across the developing land...« Darunter ein Bild des Weißen Hauses in Washington mit der Legende: »The Classic Revival is obvious in the White House.« Obviously!

Als Elsie de Wolfe zum ersten Mal vor dem Parthenon stand, sagte sie: »It's beige! *My* color!«

»Das Wort klassisch hat für uns etwas Erkältendes«. Heinrich Wölfflin, Klassische Kunst (1899), Buchdeckel

5. »Das Wort klassisch hat für uns etwas Erkältendes« (Heinrich Wölfflin)

Zu den Antinomien des Klassischen zählt Rose die Gefahr – jedes Klassizismus –, die sich aus der Rückbildung einer reicheren in eine einfachere Vorstellungsform ergibt. Was bei Cocteau und Valéry in positiver Weise als notwendige Bereinigung erschien, das nennt Rose nun »Abkühlungs- und Verhärtungserscheinungen«. Man fröstelt. Wölfflin hatte an den Beginn seiner ›klassischen‹ Darstellung »Die klassische Kunst« die Feststellung gesetzt: »Das Wort ›klassisch‹ hat für uns etwas Erkältendes.« Die Vorstellung ist keineswegs neu. Friedrich Schlegel, bekannt für seine (architektonischen) Metaphern des Gefrorenen, geht 1828 immerhin davon aus, daß »der todte Stein und der kalte Marmor« durch den Künstler in Leben und Bewegung versetzt werden. Leopoldo Cicognara stellte demgegenüber schon im Jahre 1808 in seiner Darstellung »Del Bello« erstaunt fest, daß die ästhetischen Theorien vornehmlich aus dem Norden kämen, wo doch im Süden dazu sehr viel mehr Anlaß gewesen wäre: »O forse perchè agli Italiani come ai Greci, pieni di caldo e di sentimento, era più ovvio il far gustare e l'imprimere le sublimi sensazioni, di quello che annalizzarne con una certa fredda calma la forza e l'origine?« Wiederum im Norden läßt Friedrich Theodor Vischer den katharrgeplagten Helden seiner Reisebekanntschaft – ausgerechnet aus Anlaß einer Diskussion zur geplanten und dann verworfenen architektonischen Aufwertung des schweizerischen Nationalheiligtums des Rütlis am Vierwaldstätter See – klagen: »›Sie erkennen doch, daß im klassischen, das heißt rein griechischen Styl Alles auf den Ausdruck des Satzes angelegt ist: hier, auf diesem windigen Peribolos, hier in diesen zugigen Säulenhallen, hier in diesem kühlen lichtlosen oder (wenn der Tempel ein hypäthrischer ist) erst doppelt zugigen Heiligthum wirst du, mußt du – wenigstens gewiß, wenn du ein Nordländer bist – dich verkälten! ...« Nach Wölfflin wird auch Paul Valéry in »Quelques Notes« (1928) die Kältewirkung des Klassischen – gleichsam die Möglichkeiten von Kühlschrank und Tiefkühltruhe vorwegnehmend – bedenken: »Les œuvres classiques sont peut-être celles qui peuvent se refroidir sans périr, sans se décomposer; et la volonté de conservation, cachée dans l'idée de perfection et de forme achevée, serait intéressante à découvrir, à déceler dans les principes, les règles, les lois ou canons des arts dans les époques classiques.«

Valéry bemüht allerdings die Unterscheidung Klassik–Klassizismus nicht, die der deutschen Kultur als Rettungsanker – oder eben auch als gefährliche Fußangel – echt-empfundener Kunst lange genug zur Verfügung stand, bevor sie dann gleichwohl in die Stilisierung des Klassischen abstürzte. Valérys Aphorismus ist polemisch gemeint, wie die nachfolgende Bemerkung erkennen läßt, man würde von seinen Schülern und Nachfolgern weit mehr als von seinen Meistern lernen, wenn man denn bloß genügend Zeit hätte, deren Entwicklung und Leistung zu verfolgen. So ist auch hier der Faktor Zeit, ist Geschichtlichkeit als Handicap des Begriffs des Klassischen herausgestellt. Und die wiederkehrende Frage ist nicht vermeidbar, ob es doch nur oder zumindest in erster Linie die Autorität der Geschichte sei, was uns zu dieser übergeschichtlichen Annahme eines Klassischen, Ewiggültigen verführen würde. Dieser Zweifel mag andererseits dort obsolet sein, wo sich – wie schon Vischer 1844 im ersten Band seiner »Kritischen Gänge« bemerkt – ein inneres Kunstverständnis verflüchtigt hat. »Unsre Kunst ist entwurzelt, sie flattert bodenlos in den Lüften...« Sie sei wie ein »Vagabund, der Alles kennt und kostet und dem es mit Nichts Ernst ist, unsre Kunst ist der Verstorbene, der Semilasso, der Vergnügling, kurz der Fürst Pückler-Muskau«. Was wir heute in zunehmendem Maß als unser eigenes Problem diagnostizieren, hat Vischer für seine Zeit als Mangel erkannt: »In der Zeit selbst liegt das Übel. Ich fasse es in der Mitte und sage: unsre Zeit hat keine Gegenwart, sondern nur eine Vergangenheit und eine Zukunft.«

Was paßt besser zu unserer ›Zeit‹, der man jetzt gerade den Verlust der Ausdehnung anmerkt. Wo keine Zeit, da auch kein Leben und keine Wärme. Sterilität: Inbegriff aller Negativurteile über das Klassizistische! Dagegen in einfachsten Worten, was Vischer – zwar etwas nahe am »Volksgeist« – positiv zur griechischen Klassik formulieren wollte: »Die Kunst stellte dar, was in Aller Herzen gegenwärtig lebte, worin jedes Bewußtsein den Kern alles Daseins fand.«

Der Rest ist – ganz und gar menschlich – Sehnsucht: »Was Aristoteles den Griechen, Varro den Römern war, wer wird es uns sein? Die Voraussetzung dieser Frage ist – daß die Zeit zu ihrer Lösung auch für uns gekommen sei.« So schreibt es 1854 Ernst von Lasaulx – im Einklang mit seinen politischen Hoffnungen – in seinen »Studien des Classischen Alterthums«. Auch Ozenfant, dem die Prophezeiungen der selbsternannten Moderne doch nicht ausreichen und der in der Architektur Le Corbusiers, nachdem er sich von ihm getrennt hat, doch nur Industriebaukunst – also Maschinen und nicht Kunst – sah, nahm von Teleologie und Vision Abstand und verlegte sich aufs Hoffen, ja aufs bloße Abwarten. Le Corbusier hatte das römische Kolosseum unter dem Stichwort der »perennité« zur Architektur jenseits der Bindungen der Zeit erklärt. Ozenfant korrigiert: das »Colisée, et autres bâtiments utilitaires de l'antiquité avaient de la force, mais pas cette élégance majestueuse«. Gemeint ist:... der klassischen Kunst. Daraus die Forderung: »Nous avons nos Romains et nos Nègres. Nous attendons nos Grecs.« Das läßt sich so deuten: nach Industrie, nach Kubismus vielleicht wieder einmal Kunst! Am Ende jenes bedeutenden, lapidar »Art« betitelten Buches hat Ozenfant unter der Überschrift »Pour Méditations« einen Aphorismus Voltaires hinzugefügt, der Genaueres über Hoffnung und die dazugehörige – auch schon mal von Gottfried Semper in den »Prolegomena« zu seinem »Stil« herbeigesehnte – Phönixgeburt aussagt: »La résurrection, Madame, lui dit le Phénix, est la chose du monde la plus simple. Il n'est pas plus surprenant de naître deux fois qu'une.«

Trost! Nach jenem ersten lautet der letzte von Ozenfant gewählte Aphorismus frei nach Leonardo: »Ce qui fait la noblesse d'une chose. C'est son éternité.« Es gehört wohl beides, das phönixhaft Neue und das Ewiggültige, zu den tiefsten menschlichen Sehnsüchten. Soweit reicht auch die Vorstellung des Klassischen: von wegen ›erkältet‹ und kalt, feurig und heiß!

»Börsendorisch«. Federal Reserve-Bank, Chicago, aus: E. Mendelsohn, Amerika. Bilderbuch eines Architekten, 1928

6. »Tour de Grèce: Athènes en 13 heures« – »Ce dorique formaliste pour Bourses de commerce...«

Also zurück aufs Mittelmeer. Die Architekten-Gesellschaft auf der »Patris II« ist längst aus Athen zurückgekehrt. Ozenfant stand früher schon einmal in Marseille und konnte wegen Kriegsbeginn das Schiff nach Piräus nicht besteigen. Das holt er jetzt 1930, noch vor jener C.I.A.M.-Reise, nach – und berichtet darüber und über jede dabei empfundene, feinste intellektuelle und künstlerische Regung: »Tour de Grèce – un essai sur l'Acropole et la Grèce, et trente-deux photographies par l'auteur«. Dabei bedenkt Ozenfant nicht nur seine moderne Position, sondern auch seine moderne Lebenserfahrung.

In seinem Tagebuch wirft Ozenfant Le Corbusier und seinen »confrères de l'Architecte de l'Univers« vor, den Begriff der Architektur dem »galimatias« und dem »pathos« ausgeliefert zu haben. Aber bei seiner Ankunft in Athen fehlen auch ihm die passenden Worte. Er vergleicht den Parthenon vorerst treu den Programmen der modernen Architektur mit einem »transatlantique (qui) domine une flotte de voiliers, trône et règne sur la nature et sur nous...«. Doch dann erinnert er sich auch noch an seinen Pariser Freund Serge Mais, der ebenfalls »faire la Grèce«, eine Reise nach Griechenland machen wollte. Er hätte vom Parthenon gehört und sich eine »Madeleine« (die populäre, in Form eines Tempels errichtete Pariser Stadtkirche), etwas älter und noch besser vorgestellt. Über diese entwaffnende Äußerung sinnierend stellt Ozenfant fest, man wäre ja seit der Kindheit durch Fotos und Lektüre darauf eingestellt gewesen, den Parthenon zu lieben. Etwas verallgemeinert und auf den Punkt gebracht: »il est vrai que la publicité d'Hollywood dirige l'amour vers les stars.« Gleichwohl, man wird hinfahren, immer wieder. Ozenfant ist jetzt dabei, dies zu tun. Und seiner Mappe »Tour de Grèce« wird er die Werbebeilage »Athènes en 13 heures. AIR FRANCE.« hinzufügen.

Vor ihm – so nun sein moderner Rückblick – sind andere auf die Akropolis gestiegen und haben gestaunt: so Louis de Hayes, der französische Botschafter, der 1630 den Parthenon sah und feststellte, er wirke wie neu (»s'il ne venait que d'être fait«), was Ozenfant kommentiert: »L'heureux homme!... Il était neuf depuis vingt-et-un siècles.« Geschichtslos, ewig in der Naivität des Betrachters! Und dann beschreibt Ozenfant jenes berühmte Debakel: »Vient l'an de grâce 1687«, als Poussin 35 und Claude Lorrain 30 Jahre alt war, als Newton die Gravitationslehre verbreitete und die Zivilisation so richtig gut vorankam (»le ›Char du Monde Civilisé‹ va vraiment bon train.«). Da in guter Vorausahnung der Segnungen des Fortschritts wird die Kanone auf das türkische Pulverfaß im Parthenon gerichtet. Man kann dem Geschoß, wie damals bemerkt, mit seinen Augen folgen und dann: »Epatant, lieutenant... Mouche!« Treffer, jetzt bleibt umsomehr nur Sehnsucht und Trauer. Beethoven könne nun, so Ozenfant, seinen türkischen Marsch ›auf den Ruinen Athens‹ komponieren und Chateaubriand über den »illustres vanités« weinen. Die Türken können mit dem aus dem pentelischen Marmor gewonnenen Kalk ihre Befestigungen verstärken und Lord Elgin 1816 – »ce qui fait l'honneur, ou si vous voulez le déshonneur du British Museum« – die Reste wegführen. Ozenfant argumentiert keineswegs chauvinistisch. Er denkt sich vielmehr aus, wie die Franzosen in vergleichbarer Situation gehandelt hätten und hofft, daß sie den Lykabettos, der ja die Gegend weit besser dominiert, und nicht die Akropolis für ihre militärischen Ziele eingesetzt hätten. Keine Berührungsängste mit strategischer Notwendigkeit! »Les artistes construisent. Les militaires aussi: défaire pour eux c'est faire... les arts militaires sont très grands constructeurs de ruines.«

Die Wirklichkeit richtet sich nach dem Eindruck der Ruinen – und deren Bildern. Das hat sich bei Ozenfant sosehr eingeprägt, daß er sich in Anbetracht des beinahe intakten – und kalten – Theseion (»devant la froideur de ce pâle Theseion«) fragt, ob man jenen »Mars-artilleur« nicht dafür zu loben habe »d'avoir perfectionné les oeuvres d'Ictinos et de Mnésiclès«. Das erinnert an futuristische Manifeste und deren Aufforderung zur Zerstörung von Kunst und Geschichte. Aber die Wortwahl des ›in-der-Zerstörung-Perfektionierens‹ bezieht sich – noch weit zynischer – auf jene Begriffe, mit denen Le Corbusier den Parthenon als zeitlos *und* modern, als in der Perfektion klassisch eben, ausweist. Dessen ungeachtet läßt sich Ozenfant von seinen zivilisationskritischen Vorstellungen weitertreiben. Ein bombardiertes Theseion würde sich sehr wohl für Hubert Robert oder einen »décorateur de cinéma« eignen. Oder aber, abgebaut, transportiert und neu aufgestellt könne es »richement« das ›Griechische‹ in einem »parc de milliardaire à Hollywood« darstellen und verkörpern. »Ce dorique formaliste pour Bourses de commerce...«: Ozenfant verachtet jene verbreitetste Form des Griechentums, das, was sich in welcher Form auch immer als ›Greek Revival‹ hundertfach anbietet.

So findet auch Ozenfant zurück – über die Ruine. Selbst hier, nach der Zerstörung, gilt es zu unterscheiden. Es gibt Ruinen und Ruinen. Ruinen schlechter Bauten demonstrieren nur das Zerstörungswerk. Beim Parthenon zeigt sich – durch die Ruine –, daß eine künstlerische Schöpfung eine »structure mentale« sei. Da trifft sich Ozenfant wieder mit Le Corbusier und seinem am Parthenon applizierten Credo von der »architecture pure création de l'esprit«. Und jetzt hält auch ihn nichts mehr. Auch er findet den angemessenen Ton in der Poesie: »... mais cette volupté ne finit pas, toujours elle recommence au bonheur de nos yeux.«

Die im Tagebuch an dieser Stelle festgehaltenen Wortwechsel mit Serge Mais, der ja von der Vorstellung einer (noch) etwas besseren Madeleine ausgegangen war, werden eliminiert und ersetzt. Auch keine rationalen Erklärungen, sondern: »par les mystères des causes«. Und da er nun zusehends in religiöse Vorstellungen gleitet, quittiert dies sein naiver Begleiter dementsprechend: »Amen! Dit Monsieur Mais.«

Die 31 Fotos, die zur Mappe gefaßt die »Tour de Grèce« bilden, zeigen nur in Minderheit antike Bauten. Nur vom Poseidontempel auf Kap Sunion ist eine ganze Säulenreihe abgebildet. Der Parthenon wird durch einen Blick ins Gebälk als Pars pro toto vorgeführt, und Ägina erscheint durch die Säulen hindurch als Blick auf Landschaft und Meer. Das Titelbild ist überschrieben: »Jeune fille de l'Ile de Thassos«. Nicht Jüngling, sondern mediterraner und modern: junge Frau! Eine »symphonie« nennt Ozenfant sein Buch. So wie hier eine junge Griechin zuvorderst erscheint, so begann er 1928 sein Buch »Art« (»mon testament de la période de l'Esprit Nouveau«) mit dem Abbild eines jungen nackten Paars von Afrikanern. Leben – zurückgeführt auf Griechenland (»Nous attendons nos Grecs.«) Griechischer Geist verknüpft mit dem Jünglingsalter der Welt wie in Hegels »Philosophie der Geschichte«! In der von Gertrud Grohmann besorgten Übersetzung des Buches Ozenfants ist das »Art« ganz in dessen Sinn und Geist mit »Leben und Gestaltung« wiedergegeben. Aller Musealisierung und ›Hollywoodisierung‹ zum Trotz und gegen alle touristischen Postkarten-Déjà-vus kommt es einzig und allein darauf an.

Der »agonie de la Grèce« kann nur immer wieder der lebendige Bezug zum Griechischen entgegengestellt werden. Elie Faure, in vieler Hinsicht die Quelle und das direkte Modell der corbusierianischen Emphase auf der Akropolis, nennt unter dem Titel des »crépuscule des hommes« die dreifache Verletzung des wahren Griechentum: »La sensualité grandit aux dépens de l'énergie morale, la raison déborde la foi, l'enthousiasme s'émousse au contact de l'esprit critique.« Auch er weiß, daß man um so mehr aus den Ruinen schöpfen kann – und muß. Also doch Pathos: »C'est par elles (les ruines) que nous touchons aux profondeurs de notre histoire...« Nur in dieser Distanz, getrennt durch die an der physischen Zerstörung demonstrierte Geschichtlichkeit, ist das Griechische, das Dorische, das Klassische erkennbar. »L'art grec, à ce moment, atteint l'instant philosophique.« ›Phidias‹, nur der freie Mensch kann das Gesetz beleben und dem Wissen Gefühl einhauchen: »Seul l'homme libre animera la loi, prêtera à sa science la vie de son émotion et trouvera dans son esprit le sommet du flot continu qui l'attache à l'ensemble des choses, jusqu'au jour où sa science tuera son émotion.« Le Corbusier hat diese Zeilen verstanden, und es scheint, als ob Faure auch den folgenden Satz ihm, Le Corbusier, zugedacht hätte: »Il (l'artiste d'aujourd'hui) a tort d'avoir peur de passer pour un philosophe.«

»Athènes en 13 heures!« Werbebeilage aus: Ozenfant, Tour de Grèce (1938)

7. Nach der »Eiswüste der Abstraktion«

»Tour de Grèce« – 1930; »Patris II« – 1933: alte, neue Reisen nach Griechenland. »Die Entdeckungsfahrten und der Humanismus« seien zwei mächtige Bewegungen »analogen Wesens« und von großer Bedeutung, wo »die geschichtliche Menschheit ihre gesellschaftlichen und staatlichen Urformen wiederholt« und »ihre edelsten Schöpfungen noch einmal durchlebt«. So leitet 1859 Georg Voigt seine Darstellung der »Wiederbelebung des classischen Alterthums« ein. Ob die Mittelmeerreisen Ozenfants und der C.I.A.M. sich damit vergleichen lassen sollen, kann man offenlassen. Man ist inzwischen – und das ist viel bedeutsamer – durch die »Eiswüste der Abstraktion«, um eine von Walter Benjamin stammende und von Adorno berichtete Formulierung von 1937 zu bemühen, hindurchgegangen, was hier auch abstrakt gemeint ist. Alle engeren Auffassungen der Normativität und Nachahmung sind sowieso obsolet geworden und die tiefer im Geistigen gründenden bleiben sich regelmäßig einstellenden Krisen ausgesetzt. Das ist der Preis des Geistigen. Was hilft da mehr als das, was schon immer ›modern‹ als Selbstbestimmung und Freiheit beansprucht wurde. Also kommt es nach wie vor einzig und allein darauf an, ein Verhältnis zum ›Klassischen‹ jeweils neu zu begründen. Die Geschichte sagt ›nur‹, daß die Meßlatte hoch sei. Unten findet sich bestenfalls ›Klassizismus‹. Und auf einen ›-ismus‹ einzuschränken, was so herausfordernd Wesentliches, Gültiges und Lebendiges der Geschichte abtrotzen – genauer: in sie hineinlesen – wollte, wäre denn doch zu wenig. Also zurück aufs Schiff und auf nach Athen! »Jeder sei auf seine Art ein Grieche, aber er sei's!« Goethe!

Wolf-Dieter Heilmeyer

Die ›Zeitschiene‹ der Klassik

Die griechische Kunst ist durch ihre immer wieder neue Bemühung um das Bild vom Menschen ausgezeichnet, um die Darstellung des Mannes und der Frau, der Göttin und des Gottes. Will man das, wie schon in der Antike vorgeschlagen, als einen Entwicklungsweg vom Statuarischen und Realen zum Bewegten und Augenblickshaften verstehen, gerät man in die Gefahr, ein einheitliches und gleichgeartetes Bemühen aller griechischen Künstler vorauszusetzen, was der geschichtlichen Vielfalt und der historischen Situation jeder einzelnen bildnerischen Gestaltung widerspricht. Dennoch scheint die Entwicklung des Menschenbildes in den zwei klassischen Jahrhunderten in Griechenland wie in einem großen gemeinsamen Gespräch gleichgerichtet zu verlaufen, so daß man in unseren Handbüchern, um hier nur die Bildhauerei herauszugreifen, die charakteristischen Standbilder in einer langen Perlenkette Jahrhundertviertel um Jahrhundertviertel vorgeführt bekommt. Darin ist »Die griechische Plastik« allen anderen Kunst-Geschichten voraufgegangen, und sie schien nur auf das moderne Medium der photographischen Abbildung gewartet zu haben, um die Perlenkette als Bildfolge überzeugend anordnen zu können.

Eines allerdings verwirrt: die überlieferte Geschichte der griechischen Skulptur ist eine Geschichte der Künstler, die auch in unserer Ausstellung häufiger in Marmorwerken der Römerzeit als in Fragmenten des 5. und 4. Jahrhunderts v. Chr. erscheint. Als Beispiel sei hier die Statue des ›Apoll aus dem Tiber‹, in der klassischen Archäologie als ›Tiber-Apoll‹ bekannt, an den Anfang gestellt. Vor über hundert Jahren in mehreren Teilen mitten in Rom aus dem Tiber geborgen, stellt sie heute ein vielgerühmtes Meisterwerk des Römischen Nationalmuseums (Thermenmuseum) dar: »Dieser eben dem Jünglingsalter entwachsene Apoll, auf dessen glatter Stirn ebenso Majestät wie Heiterkeit liegt und den die leichte Neigung des Kopfes nach links unendlich menschlich und liebenswürdig macht, ist wirklich der edelste der Götter« (S. Aurigemma). Niemand hat gezweifelt, daß darin auf ein griechisches Bildwerk angespielt ist, das auf der ›Zeitschiene der Klassik‹ um 450 v. Chr. anzusiedeln ist. Und wer von der Exaktheit der Kopie ausging, hat dann vorgeschlagen, das Vorbild (möglicherweise aus Bronze und ohne die Stütze) mit einem der großen Bildhauer des mittleren 5. Jahrhunderts v. Chr. zu verbinden, mit dem Athener Pheidias oder dem Böotier Kalamis.

Wer aber von dem eindeutig römischen Fundort der Statue ausging und davon, daß sie das Werk eines römischen Steinbildhauers aus Marmor ist, hatte größere Schwierigkeiten. Noch ist die ›Zeitschiene der römischen Kunst‹, was die Idealplastik angeht, nicht durchgegliedert. Der Tiber-Apoll scheint im 2. Jahrhundert n. Chr. geschaffen zu sein, aber seine Körperformen verlangen ein sehr genaues Einsehen, da sie auf der Vorderseite durch die Flußlagerung stark abgeschliffen sind. Die kantige rechte Schulter, die unteren Teile beider Beine und der Stütze sind nach der Auffindung ergänzt worden. Könnte sich in der von Aurigemma erwähnten »Menschlichkeit« des Götterbildes nicht überhaupt eine originäre römerzeitliche Schöpfung zu erkennen geben? Es gibt eine weitere Kopie der Statue in Nordafrika: könnten beide nicht auf ein Original der klassizistischen Kunst unter Kaiser Augustus zurückgehen (E. Simon)? Schon das Kopieren von idealplastischen Vorbildern ist ein wesentlicher Ausdruck des sogenannten Klassizismus. Das Schaffen in ›klassischen‹ Einzelformen, das Neuschaffen eines entsprechenden Formengutes, das Versetzen des Klassischen in neue Zusammenhänge kann eine sehr lebendige Kunst sein, die mit dem Schlagwort des ›Klassizismus‹ nicht völlig erfaßt wird. Die Ambivalenz seiner Zugehörigkeit zur klassisch-griechischen wie zur klassizistisch-römischen Kunstsprache ist dem Tiber-Apoll jedenfalls wie kaum einem zweiten eigen.

Das entwertet die ›Zeitschiene der Klassik‹ nicht. Im Gegenteil zeigt es eine ihrer Eigenheiten deutlich auf: in der Klassik sind offenbar in schneller Folge Referenzformen des Menschen- (und des Götter-) Bildes geschaffen worden, auf die sich spätere Zeiten berufen konnten. Nur auf diese Weise hat ein Großteil klassischer Formen überlebt, aber nicht authentisch klassisch, sondern eben in klassizistischer Aneignung.

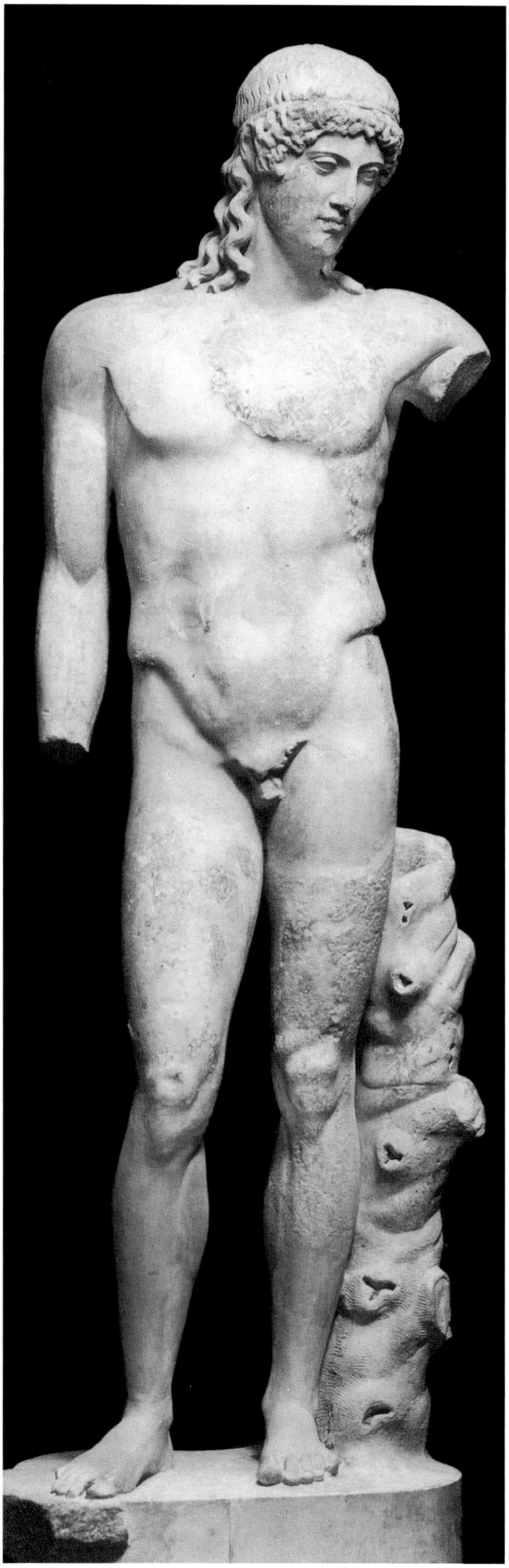

Kat.-Nr. 1

1 Tiber-Apoll

Griechischer Marmor; H 2,04 m
Mitte 2. Jh. n. Chr.
1891 in mehreren Teilen aus dem Tiber in Rom geborgen
Rom, Museo Nazionale Romano Inv. 608
Literatur: Helbig III[4] 161 ff. Nr. 2253 (H. v. Steuben); G. Lippold, Die griechische Plastik, Handbuch der Archäologie III 5 (1950) 111 Taf. 36, 1 (Cherchel); S. Aurigemma, Die Diokletiansthermen und das Museo Nazionale Romano[4] (1960) 104 Nr. 256 f. Taf. 38. 39; LIMC 2, 1 (1984) 373 Nr. 38 (E. Simon; vgl. O. Palagia ebenda 258 Nr. 600); W.-D. Heilmeyer, Der Jüngling von Salamis (1996) 37.

Pascal Weitmann

Götterbild und Götternähe im Spiegel der Entwicklung klassisch griechischer Skulptur

2 Kasseler Apoll

Marmor; H 2,00 m
Kopie Anfang 2. Jh. n. Chr., nach Bronzeoriginal des Pheidias um 460/450 v. Chr.
Kassel, Antikenabteilung der Staatlichen Kunstsammlungen Inv. Sk 3
Ausgestellt: Gipsabguß; Berlin, Abgußsammlung, Standort Charlottenburg
Literatur: P. Gercke – W. Langsdorf (Hrsg.), Apollon und Athena (1991).

3 Athena Lemnia

Marmor; H 2,07 m
Kopie um die Zeitenwende, nach Bronzeoriginal des Pheidias um 450 v. Chr.
Dresden, Staatliche Kunstsammlungen, Skulpturensammlung Inv. Hm 49
Ausgestellt: Gipsabguß; Berlin, Abgußsammlung, Standort Charlottenburg
Literatur: N. Kunisch, AM 89, 1974, 85–104; P. Gercke – W. Langsdorf (Hrsg.), Apollon und Athena (1991); S. Ritter, JdI 112, 1997, 21–57; M. Steinhart, AA 2000, 377–385. – Zum Standort am Eingang der Akropolis von Athen: Pausanias I 28, 2.

4 Nike des Paionios

Marmor; H des Pfeilers einst 8,80 m, H der Figur 2,12 m
Um 420 v. Chr.
Olympia, Archäologisches Museum
Ausgestellt: Gipsabguß; Abgußsammlung, Standort Hohenschönhausen, auf einem Sockel in der ursprünglichen Höhe.
Literatur: R. Harder in: R. Lullies (Hrsg.), Neue Beiträge zur Klassischen Altertumswissenschaft (1954) 192–201; T. Hölscher, JdI 89, 1974, 70–111; B. Schmaltz, JdI 112, 1997, 77–107.

Kat.-Nr. 2

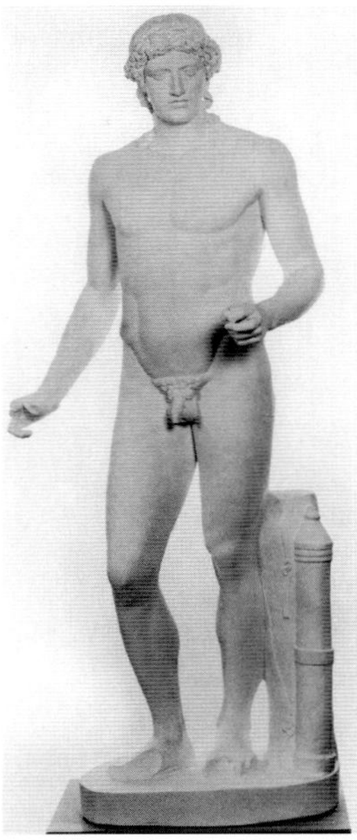

Kat.-Nr. 3

Kat.-Nr. 5

Kat.-Nr. 6

Kat.-Nr. 4

Kat.-Nr. 7

5 Ares Borghese

Marmor; H 2,12 m
Kopie 2. Viertel 2. Jh. n. Chr., nach Original um 430/420 v. Chr.
Paris, Musée du Louvre Inv. Ma 866
Ausgestellt: Gipsabguß; Berlin, Abgußsammlung, Standort Charlottenburg

Hartswick hat in dem Ares ein römisches Pasticcio der augusteischen Zeit erkennen wollen, und immerhin scheint der Helm jedenfalls erst in hellenistischer Zeit denkbar zu sein. Die gängige Zuweisung an den Arestempel in Athen ist jedoch reine Spekulation, die Formen von Kopf und Körper passen gleichermaßen zum späten 5. Jh. v. Chr.; was hindert, daß an dem Original ein vielleicht ohnehin separat aufgesetzter Helm gelegentlich erneuert und dann als anscheinender Teil des Originals mit kopiert wurde? Es sollten auch die Ähnlichkeiten zum Helm der Athena Parthenos nicht aus dem Blick geraten.

Literatur: B. Vierneisel-Schlörb, Klassische Skulpturen des 5. und 4. Jahrhunderts v. Chr. (1979) 178–187 Kat.-Nr. 16; K. J. Hartswick, RA 1990, 227–283.

6 Aphrodite Fréjus

Marmor; H 1,65 m
Kopie Anfang 1. Jh. n. Chr., nach Original wohl des Kallimachos um 420/410 v. Chr.
Paris, Musée du Louvre Inv. Ma 525
Ausgestellt: Gipsabguß; Berlin, Abgußsammlung, Standort Charlottenburg
Literatur: M. Brinke in: AntPl 25 (1996) 7–64.

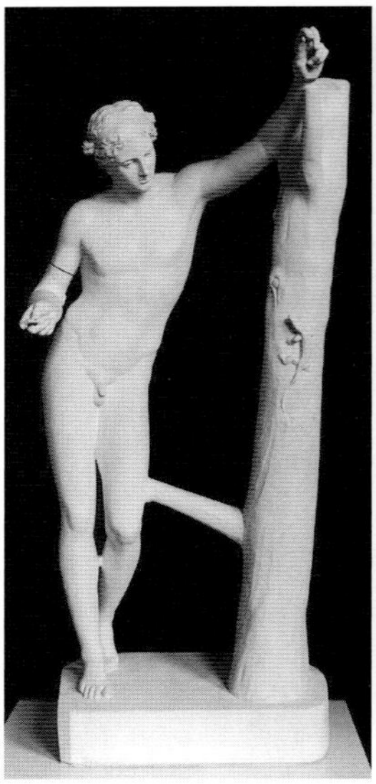

Kat.-Nr. 8

Kat.-Nr. 9

Kat.-Nr. 10

Kat.-Nr. 11

7 Eirene mit dem Plutosknaben

Marmor; H mit Plinthe 2,06 m
Kopie 2. Jh. n. Chr., nach Bronzeoriginal des Kephisodot um 370 v. Chr. (Pausanias I 8, 2 mit IX 16, 2)
München, Glyptothek Inv. Gl. 219
Ausgestellt: Terrakottaabguß des Deutschen Archäologischen Institutes, Berlin, aus dem Besitz von Georg von Bunsen, 1870/71
Literatur: B. Vierneisel-Schlörb, Klassische Skulpturen des 5. und 4. Jahrhunderts v. Chr. (1979) 255–273 Kat.-Nr. 25; N. Agnoli, XeniaAnt 7, 1998, 5–24; L. Malke in: W. Hoepfner – F. Neumeyer (Hrsg.), Das Haus Wiegand von Peter Behrens in Berlin-Dahlem (1979) 140 f. Kat.-Nr. 37. – Zum Kult der Eirene: Cornelius Nepos, Timotheus 2, 2; Isokrates, Antidos 109 f.

8 Apollon Sauroktonos

Marmor; H 1,49 m
Kopie 2. Viertel 2. Jh. n. Chr., nach Original des Praxiteles um 350 v. Chr.
Paris, Musée du Louvre Inv. Ma 441
Ausgestellt: Gipsabguß; Göttingen, Archäologisches Institut der Universität, Abgußsammlung
Literatur: J. Maxmin, AAA 6, 1973, 296–298.

9 Knidische Aphrodite, Replik ›Venus Colonna‹

Marmor; H 2,05 m
Kopie 1. Hälfte 1. Jh. n. Chr., nach Original des Praxiteles 360/350 v. Chr.
Vatikanische Museen Inv. 812
Ausgestellt: Gipsabguß; Göttingen, Archäologisches Institut der Universität, Abgußsammlung
Literatur: Ch. Blinkenberg, Knidia (1933); L. Closuit, L'Aphrodite de Cnide (1978); Ch. M. Havelock, The Aphrodite of Knidos and Her Successors (1995); C. Rolley, La Sculpture grecque II (1999) 258 f.

10 Hermes des Praxiteles

Marmor; H 2,15 m
Kopie spätes 1. Jh. v. Chr.; nach Bronzeoriginal des Praxiteles um 340/330 v. Chr.
Olympia, Archäologisches Museum
Ausgestellt: Gipsabguß; Göttingen, Archäologisches Institut der Universität, Abgußsammlung

Hinweis auf eine Kopie ist die Querstütze mit Gewand von hellenistischer Fülligkeit, auf ein Original aus Bronze weisen die dicken, kurzen Löckchen seiner Frisur. Nur im Blick auf die Stütze würde man die Kopie sogar gerne in das frühere 1. Jh. n. Chr. datieren wollen.

Literatur: F. Muthmann, Statuenstützen, AbhHeidelberg (1950) H. 3, 33–35; S. Adam, The Technique of Greek Sculpture, 3. Suppl. BSA (1966) 124–128; A. Corso, NumAntCl 25, 1996, 131–153.

11 Apoll vom Belvedere

Marmor; H 2,24 m
Kopie 2. Viertel 2. Jh. n. Chr., nach Original um 330/320 v. Chr.
Vatikanische Museen Inv. 1015
Ausgestellt: Gipsabguß; Berlin, Abgußsammlung, Standort Charlottenburg
Literatur: R. Tölle, JdI 81, 1966, 142–172; O. R. Deubner, JdI 94, 1979, 223–244; P. Weitmann, La Part de l'Œil 15/16, 1999/2000, 268–301.

Unternimmt man es, anhand des Götterbildes einen Überblick über die Entwicklung klassisch griechischer Skulptur zu geben, ist als Grundlage festzuhalten, daß die Griechen zumindest seit homerischer Zeit ihre Götter in der Regel in Menschengestalt dargestellt haben. Einer der wesentlichen Züge der griechischen Klassik ist jedoch, daß auch hier uralte Traditionen in Frage gestellt wurden und darüber eine teilweise tiefe Kluft zwischen den Vorstellungen der Intellektuellen und des breiten Volkes entstand. Diese Entwicklung ist nicht allein in der Literatur und Wissenschaft der Zeit, sondern, freilich versteckter, auch in ihren Götterbildern nachweisbar. Das traditionelle Erscheinungsbild einer griechischen Gottheit schildert uns der archaische ›homerische‹ Hymnus auf Demeter anläßlich von deren Besuch im Haus einer Sterblichen:

(...) die betrat mit den Füßen die Schwelle, und, ja, das Gebälke
Reichte ans Haupt, dabei waren die Türen voll göttlichen Glanzes.
(...)
Derart sagte die Göttin, veränderte Größe und Aussehn,
Alter warf sie hinweg, auch wehte allseits die Schönheit;
Sehnsuchtserfüllter Duft aus opfererfülltem Gewande,
Teilte sich aus, und das Licht von der Göttin unsterblichem Körper
Weithin erstrahlte, doch blondfarbne Locken umwallten die Schultern.
Glanz aber wie eines Blitzes erfüllte das feste Gemäuer, (...). [188 f. 275–280]

Allerdings stellte solche Ansichten von den Göttern schon gegen Ende der archaischen Epoche der Rhapsode und Philosoph Xenophanes (570–475 v. Chr.) als Ausfluß beschränkten Vorstellungsvermögens in Frage und postulierte einen den Menschen an Aussehen und Denken unähnlichen kugelförmigen und unbeweglichen Gott rein geistiger Kraft. Daran schloß sich die Kritik Heraklits an, die Menschen würden die Götterbilder anbeten, als wenn sie mit Gebäuden sprechen könnten und als ob diese Sinne hätten. Man betrachtete also offensichtlich Götterbilder als Haus, Sitz der Götter. Die Kritik an den menschengestaltigen Göttern verband sich untrennbar mit einer Suche nach naturgesetzlichen Erklärungsmöglichkeiten der Welt, so daß etwa Anaxagoras (500–428 v. Chr.) behauptete, Sonne und Mond seien keine Gottheiten, sondern glühende Eisen- bzw. Gesteinsmassen. Auf jeden Fall war die Kritik am Götterbild zunächst eine Kritik an der *Gestalt*, nicht der Existenz, des Göttlichen. Deshalb bedeutete es eine Radikalisierung, als Protagoras (481–411 v. Chr.) einen strikten Subjektivismus und Skeptizismus hinsichtlich Existenz und Charakter der Götter vertrat und den Menschen als Maß aller Dinge postulierte. So endete das 5. Jahrhundert v. Chr. mit radikal atheistischen Tendenzen, denen aber im 4. Jahrhundert v. Chr. Restaurationsversuche entgegenarbeiteten: Platon (427–348 v. Chr.) hielt die Götterbilder für unbeseelt, vertrat jedoch gleichzeitig den Gedanken, die Emotionen würden Menschen ziehen, als wenn letztere Marionetten in der Hand der unerforschlichen Götter wären, und nur durch eine entsprechende und letztlich göttliche Leitung über die Gesetze sei der Mensch als Vernunftwesen Herr seiner selbst. Ergänzend wies er unter anderem die Thesen des Anaxagoras als Gottlosigkeit zurück und revidierte Protagoras: Nicht der Mensch, sondern Gott sei das Maß aller Dinge. Selbst der materialistische Philosoph Epikur (342–271 v. Chr.) hielt die Götter explizit für erkennbar, nur fern von all dem, was ihnen die Menschen an der Glückseligkeit abträglichen Dingen anhängten; sie lebten ihm also bereits den Zustand, den er den Menschen als Ziel setzte. So konnte der Philosoph im Verlauf der klassischen Epoche mit eigenartiger Folgerichtigkeit vom Kritiker der Göttervorstellung zum Verteidiger der Götter werden.

All dies war den gemeinen Gläubigen, durchaus aller Schichten, fremd, die nahe und konkrete Götter suchten. Ihr Motiv hat Epikur auf den Punkt gebracht: »(...) es ist besser, dem Mythos über die Götter anzuhängen, als sich dem von den Naturwissenschaftlern vertretenen Schicksal zu unterwerfen. Ersterer läßt nämlich Gebetshoffnung wegen Ehrung der Götter, letzteres dagegen beinhaltet die unerbittliche Notwendigkeit« (Diogenes Laertios X 134).

Am Ende der archaischen Zeit hatte Peisistratos sich seiner Macht in Athen u. a. dadurch zu versichern gewußt, daß er eine stattliche Frau als Athena verkleidete und feierlich auf einem Wagen mit sich in die Stadt einziehen ließ. Die Geschichte unterstreicht einerseits einen festen Glauben in der

Bevölkerung an die Möglichkeit leibhafter Erscheinung der Gottheit, andererseits die Möglichkeit manch ›aufgeklärter‹ Protagonisten zu einem bewußten Spiel auf dieser Klaviatur religiöser Erwartung. Dagegen fand die Krise im Verhältnis zu den Göttern bereits zur Zeit des Perikles eine öffentliche Darstellung: Die Prozession der Athener auf dem Ostfries des Parthenon bewegt sich einerseits auf die Gruppe der Götter zu, in welche die Aktion der Peplosübergabe sogar eingeschoben ist, also scheinbar eine ungemeine Nähe – aber ein Festordner winkt über die Götter hinweg auf die andere Seite des Frieses, und Aphrodite weist in einem weite Entfernung andeutenden, flachen Winkel hinunter auf diese Menschen: Im Rahmen der kosmischen Gesamtschau des Parthenon sind alle gleichermaßen dargestellt, aber die Menschen bleiben auf Erden bei ihrem Geschenk – und die Götter relativ desinteressiert auf dem Olymp; Athena, die eigentliche Adressatin der Prozession, sitzt sogar mit dem Rücken zu den Stiftern. Die Schrecken des Peloponnesischen Krieges führten schon kurze Zeit später auch zu religiösen Gegenentwicklungen, man suchte weniger distanzierte Wohltäter: 420 v. Chr. etwa wurde der ursprüngliche Arzt-Heros Asklepios als Heilgott in Athen neu eingeführt, wobei er Apollon aus dieser Rolle verdrängte, und fand sogleich großen Zulauf. Diese Tendenz blieb im Volk populär und kam etwa gegen 306 v. Chr. in einem Hymnus zum Ausdruck, als die Athener beschlossen, dem General und Diktator Demetrios Poliorketes göttliche Ehren zuzusprechen:

Oh Kind des stärksten Gotts, Poseidons, und dazu
Aphroditens – Gruß Dir!
Zwar, andre Götter halten gar entfernt von uns
Sich oder sind gehörlos,
Sind nicht seiend auch oder beachten uns nicht *einen* Deut –
Dich aber sehn wir vor uns,
Nicht hölzern, Steingebilde auch nicht, dafür real –
Beten so zu Dir nun: . . .
(Athenaios, Deipnosophistai VI 253 e)

Dem Götterbildner stellte sich das Problem, ob er die scheinbar unvereinbaren Vorstellungen und Erwartungen vermitteln wolle und könne.

Haben wir nun aber eine Diskrepanz zwischen der Götterauffassung von Intellektuellen und Volk festgestellt, dann muß besonders Phidias (ca. 490–430/20 v. Chr.) ins Zentrum des Interesses rücken, der antike Götterbildner schlechthin, der sich aber als Vertrauter des Perikles zugleich im progressivsten Intellektuellenkreis seiner Zeit bewegte, um Protagoras, den politisierenden Musiktheoretiker Damon oder Anaxagoras. Perikles selbst soll die Götter als solche öffentlich für unsichtbar und nur über ihren Kult indirekt in ihrer Unsterblichkeit erschließbar erklärt haben. Phidias blieb anscheinend traditionell – trotz der Thesen des Anaxagoras bildete er Sonne und Mond, d. h. Helios und Selene, am Parthenon, an der Athena Parthenos darin wie auch am Zeusbild in Olympia in menschlicher Gestalt und schon geradezu auffälliger Häufigkeit. Helios und Selene als rahmende und an der gerahmten Handlung nicht eigentlich beteiligte Gestalten gliedern dort das Geschehen in einen kreislaufartigen kosmischen Vorgang ein. Aber gerade diese Bewegung der Gestirne und das darin beschlossene Werden, all das ordnete nach der Lehre des Anaxagoras die Weltvernunft. Das dargestellte Geschehen rückt so in einen Weltenplan, als dessen aktuell letzte Konsequenz man die perikleische Gegenwart begreifen mochte. Mythische Darstellungsweise muß sophistisch-philosophischen Ambitionen nicht widersprechen, wie des Prodikos' Geschichte von Herakles am Scheidewege zwischen Tugend und Laster beweist. Darüber hinaus aber konnte Staatsraison selbst für radikale Atheisten es geraten erscheinen lassen, der breiten Masse die Götter nicht einfach abzuräumen.

Das Wesentliche der Götterbilder des Phidias vor der Entstehung von Athena Parthenos und Zeus in Olympia ist der noch deutlich beibehaltene Charakter der frei in den Raum aufragenden, dabei aber weitgehend in sich abgeschlossenen Statue. Sie zeigen verhaltene Bewegung und insgesamt große Schlichtheit, gut zu beobachten beim sog. Kasseler Apoll (Kat.-Nr. 2) als Schlußpunkt der

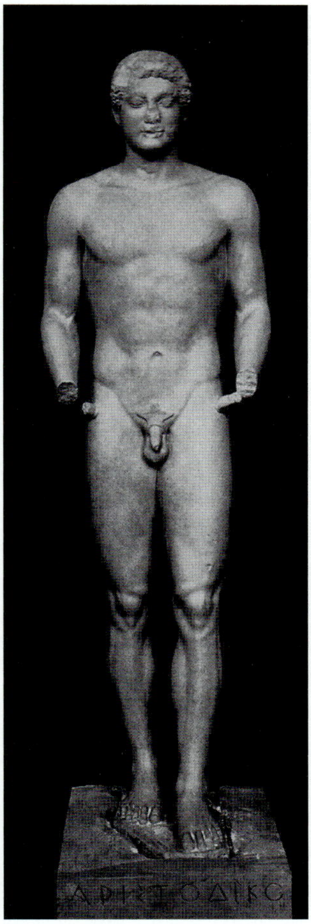

Abb. 1. Aristodikos. Athen, Nationalmuseum

Abb. 2. Statuette der Athena Parthenos aus Varvakion. Athen, Nationalmuseum Inv. 129

Abb. 3. Idol. Kopenhagen, Nationalmuseum Inv. 3719

Apollontypen des Strengen Stiles, der den archaischen Jünglingstypus mit dem Ziel des Eindrucks größerer Lebendigkeit kontrapostisch überformt, aber sich noch nicht allzu weit davon entfernt hat (Abb. 1).

Das Motiv der Epiphanie der Gottheit versuchte Phidias durchaus in neuer, den Menschen direkter ansprechender Weise zu fassen, wie seine Athena Lemnia (Kat.-Nr. 3) beweist, die in der rechten Hand ihren Helm vorstreckte und damit nicht nur eine Geste des Abschieds für die Militärsiedler für Lemnos zeigte (vgl. Kat.-Nr. 373), welche wahrscheinlich das bronzene Original gegen 450 v. Chr. weihten, sondern gleichsam ihre Identität in gesteigerter Form enthüllte, sich damit einem Gegenüber zuwandte, das sie aber nicht in den Blick nimmt. Das Original muß unmittelbar am Zugang der Akropolis gestanden haben, die Göttin grüßte gleichsam die Besucher ihres Heiligtums.

Schon die vorklassische Kunst hatte verschiedentlich das Phänomen der Perspektive als Mittel zur Verbesserung der Naturähnlichkeit der Kunstwerke berücksichtigt. In der Generation des Perikles wurde es nun wohl erstmals, etwa von Anaxagoras, theoretisch reflektiert. Dies paßt zu den erwähnten Thesen des Protagoras vom Menschen als Maß der Dinge, spezieller auch zu derjenigen, daß die Existenz der Dinge abhängig sei von ihrer Wahrnehmung durch einen Menschen. Durch seine enge Bekanntschaft mit diesen Theoretikern alleine darf man bereits annehmen, daß auch Phidias sich mit dem Problem beschäftigte, selbst wenn man unberücksichtigt ließe, daß der Fries des Parthenon deswegen vielleicht im oberen Teil mit 20 Prozent größerer Relieftiefe gearbeitet ist. Hatte der Kontrapost ein konstruktives Moment in der Statue für sich selbst bedeutet, so ist die Perspektive im Sinne der neuen Prioritäten ein solches mit Bezug auf einen Betrachter. Ihre theoretische Ausbildung wird im Umkreis des Theaters lokalisiert, und das Theatralische ist über sie ins Götterbild gelangt. Man denke in diesem Zusammenhang auch an den ›Gott aus der Maschine‹, welchen der neumodische Euripides in seinen Theaterstücken herabschweben ließ.

Ein weiterer Schritt in diese Richtung war etwa die Nike, d. h. »Sieg«, des Paionios (Kat.-Nr. 4), dank wehender Kleidung schon einansichtig, zudem geneigt, damit man sie bei etwa drei Metern Größe in rund neun Meter Höhe noch gut erkennen möge, auf einem Pfeiler dreieckigen Querschnitts, der dem Betrachter möglichst wenig sichtbare Substanz bieten sollte und über einem quer fliegenden Zeus-Adler angeordnet, der gemeinhin recht hilflos als bloßes Steigerungsmittel für die Illusion des Fliegens gedeutet wird. Vergleicht man sie jedoch mit der wenige Jahre älteren und fast lebensgroßen Nike der Athena Parthenos, über einer Säule auf der rechten Hand der Göttin stehend, dann wird evident, wie bemüht Paionios war, im Anschluß an Phidias den technisch notwendigen Sockel, die göttliche Quelle des Sieges und den realistisch-suggestiven Effekt in verbesserten Einklang zu bringen. Das Monument erreichte in seiner Gesamthöhe die Größe der phidiasischen Kultbilder, es gedenkt des letztlich von Zeus bewirkten Sieges – aber in der Darstellung ist er geschrumpft auf den bloß verweisenden Adler unter Nikes Füßen. Die Athena Parthenos (Abb. 2) erreichte wie die eingangs zitierte Demeter stehend das Dach, der Zeus des Phidias sitzend, wäre er aufgestanden, hätte er das Dach sogar durchbrochen. Analog zu diesen Werken mit ihren Niken auf der Hand müssen wir uns wohl Zeus zur Nike des Paionios hinzudenken – in entsprechender Über-Übergröße, urtümlich bildlos, weil jenseits des Darstellbaren, quasi den Rand des Kosmos erreichend. Auch hier zeigt sich die Entrückung der alten, großen Götter ins Unsicht- und Ungreifbare trotz geglaubter Gegenwärtigkeit durch ihr Wirken unter den Menschen. Es handelt sich bei der Nike ansonst um ein Siegesmonument der Messenier und Naupaktier über die Spartaner von ca. 420 v. Chr., das bewußt so aufgestellt war, daß es in Antithese trat zu dem älteren spartanischen Sieges-Schild auf dem Zeustempel. Wie die Inschrift zu der Nike bekundet, sah sich Paionios vom Sieg außerdem persönlich begnadet, hatte er doch im Wettbewerb für die Ausgestaltung der gegenüberliegenden Akrotere des Zeustempels gesiegt. Diese Nike ist nicht nur ein megalomanes religiöses und politisches Monument, sondern zugleich das wohl monumentalste Zeugnis von Künstlerstolz, an repräsentativstem Platz.

Im letzten Drittel des 5. Jahrhunderts v. Chr. begann auch der Psychologismus im Götterbild sichtbarer zu werden. Es ist die Zeit, in der Sokrates dem Maler Parrhasios und dem Bildhauer Kleiton entlockt haben soll, daß es erforderlich sei, zur Erzeugung des Eindruckes von Lebendigkeit nicht nur die äußeren Eigenschaften, sondern insbesondere auch die seelischen Zustände und Qualitäten einer Person darzustellen. Eine entsprechende Gestaltungsweise kann man an dem verhalten sinnierenden und trotz seiner Attribute so ganz unkriegerisch wirkenden Ares Borghese (Kat.-Nr. 5) bemerken, der in seiner Körperhaltung stark dem bereits erwähnten Krieger auf dem Bild des Achilleus-Malers ähnelt, doch ohne dessen deutlichen Handlungsbezug – zögerlich nicht nur in der Miene, zögerlich auch in der Positur.

Ebenso tritt die Bevorzugung einer bestimmten Ansichtsseite auch bei Statuen deutlich in Erscheinung, die nicht, wie die beiden Goldelfenbeinwerke des Phidias, durch ihre Größe bei gleichzeitiger Fixierung in einem architektonischen Rahmen kaum anders gestaltet werden konnten: so bei der Nike des Paionios, die durch ihre Flugbewegung gerichtet ist; so aber noch deutlicher bei der sog. Aphrodite von Fréjus (die aber aus der Nähe von Neapel stammt, Kat.-Nr. 6). Diese zeigt trotz aller rundplastischen Übergänge ein Manteltuch, das wie eine Nische die Figur umschließt und hinten in schweren Steil- und Schüsselfalten herabfällt – während die Vorderseite nur von einem dünnen Chiton bedeckt ist, der mehr ent- als verhüllt. Der in den Mantel zurückgreifende und diesen ablegende rechte sowie der einst einen Apfel nach vorn präsentierende linke Arm unterstreichen die Gerichtetheit der Figur zusätzlich. Die kontrapostischen Entgegensetzungen ihrer Körperhälften scheinen auf die Schüler Polyklets zu deuten, dennoch sichert das Zitat der Skulptur auf der Rückseite des Reliefs mit Echelos und Basile für sie einen berühmten attischen Künstler, wahrscheinlich Kallimachos, der auch Maler war, was zum Charakter dieser Statue passen würde. Die auseinanderstrebenden Diagonalen, die den Oberkörper der Figur bestimmen, weisen auf die Entwicklungen des 4. Jahrhunderts v. Chr. voraus. Am Ende des 5. Jahrhunderts v. Chr. wurden die ursprünglich auf

Abb. 4. Nike von Paros

Abb. 5. Fresko Pompeji VI 10, 11

Ausgleich berechneten Achsenverschiebungen des Kontrapostes teilweise schon so ins Extreme geführt, daß die Figur kippt, nur noch angelehnt zu stehen vermag, wie dies, ausgehend von den Stammesheroen am Ostfries des Parthenon, etwa bei der Aphrodite Borghese (s. u. Kat.-Nr. 230) zu beobachten ist und seinerseits Schule machte. Der gewagte Effekt siegte über weitgehende Ausgeglichenheit.

Im Jahre 374 v. Chr. führte man in Athen den Kult der Eirene (Kat.-Nr. 7), des Friedens, ein, die von Kephisodot wenige Jahre später in einer bronzenen Gruppe für den Athener Areopag dargestellt wurde. Diese greift in der Kleidung die Tracht der Karyatiden des Erechtheion und, seitenverkehrt, in der Haltung die Athena Lemnia auf. Die Blockhaftigkeit der Lemnia wurde aber flächig gedehnt, was vor allem in der Rückenansicht deutlich wird, insbesondere durch die im Rücken nicht mehr am Körper anliegende, sondern wie ein Vorhang abstehende Kleidung, die der Skulptur zu einer betonten Ansichtsseite vorne verhilft. Statt des Helms der Lemnia hält die Eirene den Knaben Plutos, »Reichtum«, auf dem Arm. Allerdings ist das Kind derartig an den Rand gerückt, daß man ihm noch eher die Funktion eines Attributes zuschreiben muß als eine gleichwertige Rolle wie etwa später beim Hermes des Praxiteles. Wie der Helm der Athena, weist das Kind auf den Charakter der Göttin, aber anders als jener, läßt es sich allenfalls indirekt als Zeichen von deren Selbstoffenbarung lesen: »Recht und, mit ihm aufgezogen, Frieden/Verwalter des Reichtums den Männern«, wie Pindar (Olympien XIII 10) diese Personifikationen und ihren Zusammenhang schon fast hundert Jahre zuvor besungen hatte, in jenen ›guten, alten Zeiten‹ attischen Glanzes, die nun mit dem Frieden gleichsam wiedergekehrt schienen und in der altertümlichen Form beschworen wurden. Zuordnung und Mimik der Figuren entsprechen dem modischen Psychologismus, der beliebten Einbindung in einen zumindest scheinbar situativen Bezug bzw. dem introspektiv-abwesenden Blick der Götter des 4. Jahrhunderts v. Chr.

Diese dem Menschen scheinbar so alltäglich nahen Götter des 4. Jahrhunderts ließen das bewußte Spielen mit Zweideutigkeiten der Darstellung zu, wie es der eidechsentötende Apollon Sauroktonos (Kat.-Nr. 8) von Kephisodots Sohn Praxiteles (ca. 400–330 v. Chr.) zeigt. Praxiteles war spezialisiert auf Götterbilder und ist insofern ein Pendant zu Phidias. Die Eidechse ist eines der Apoll als Übelabwehrer zugeordneten Tiere, sie mag hier auch als Abbreviatur für den von ihm getöteten Drachen Python stehen. Die normale Scheuheit dieser Eidechsen und die eigenartige Haltung des linken Armes Apollons lassen vermuten, daß das Tier im Original an eine metallene Leine gefesselt zu rekonstruieren ist. Jedenfalls scheint auf den ersten Blick das Ganze eine alltägliche Genreszene zu sein, der wir einigermaßen indiskret zusehen. Dieser Eindruck wird nicht zuletzt durch die beliebte S-Form praxitelischer Gestalten verstärkt, die beim Apollon Sauroktonos und dem Hermes als solche bereits den unmittelbaren Gedanken an Erhabenheit konterkariert. Die Haltung und Vorderansichtigkeit der Aphrodite Fréjus wird damit aufgegriffen, aber, wie schon bei der Eirene, durch ein stärkeres Ausgreifen in die Breite ergänzt. So reißt die separate Stütze auch eine Räumlichkeit derartiger Skulpturen auf, die nicht mehr in der Figur alleine beschlossen liegt. Mittels der deutlich schlankeren Proportionen sowie des Verzichts auf die hinterfangenden Manteltücher kann aber die Massigkeit etwa der Eirene vermieden werden – der Raum wird weniger erfüllt als vielmehr umrissen, die Götter wirken entrückter. Die Anregung zu derartigen plastischen Kompositionsformen wird von der großformatigen Malerei der Zeit gekommen sein. Praxiteles war Neffe des bedeutenden Generals und Platonschülers Phokion, er dürfte im Kreise Platons verkehrt haben. Platon faßte, wie wir sahen, den Gedanken der Menschen als Marionetten der Götter, sprach auch vom göttlichen Brettspieler, der nach Lohn und Strafe die Steine versetze, um so die Leichtigkeit der göttlichen Fürsorge zu charakterisieren (vgl. schon Heraklit). Die zentralen Götter des Platonischen Staates sollten Apoll und Helios werden. Deshalb vielleicht wurde, kurz vor Platons Tod im Jahre 347 v. Chr., Apollon als großes, spielendes Kind gebildet.

Einen gewichtigen Markstein der Entwicklung stellt die vollständig nackt gegebene Knidische Aphrodite des Praxiteles (Kat.-Nr. 9) dar. Einerseits läßt sich ihre Nacktheit wieder dem Streben nach größerer Menschenähnlichkeit zuordnen, gleichsam als Kanonisierung weiblicher Schönheit, wenn auch weniger dem Auftreten der gesitteten Frau als eher dem der Prostituierten entsprechend. Andererseits wird darin, über hier umgedeutete altorientalische Traditionen hinaus, wozu auch auf die Geschlechtsteile weisende Hände und der Bezug zum Wasser gehören (Abb. 3), wiederum das Voyeuristische deutlich, unter dessen Voraussetzung derartige Bildwerke geschaffen sind. Man erhascht einen Blick auf eine Szenerie, aber steht nicht der Gottheit eigentlich selbst gegenüber, befindet sich zumindest in einer zweideutigen Situation, denn die Gesamthaltung der Göttin scheint nicht mit einem Betrachter zu rechnen, die vorsichtig verdeckende Haltung der linken Hand sehr wohl. Freilich kann bei dieser vielleicht ersten überlebensgroßen rundplastischen Darstellung einer nackten Frau darin eine Konzession des Bildhauers an das unreflektierte Schamempfinden der erwarteten Betrachter gesehen werden. Allerdings hatte schon bei der Nike in Paros (Abb. 4), der Nike des Paionios wie auch dem Original der Aphrodite Fréjus die verhüllende Enthüllung einen immer höheren Grad erreicht, bei allen dreien durch die angepreßten Gewänder sogar noch graphisch akzentuierter, und war damit die Betonung tatsächlicher Gegenwart der Gottheit mittels ihrer menschlich-körperlichen Enthüllung immer deutlicher formuliert worden. Die Knidierin ist der Form nach nicht mehr die altorientalische Fruchtbarkeitsgöttin, die mit drastischer Selbstverständlichkeit diese ihre Eigenschaft deutlich werden läßt, sondern eine schöne Frau, die unter dem Vorwand der Vorbereitung eines Bades nackt und mit flächig verdeckender Geste zu sehen ist. Das zeigt zugleich, wie bereits bei Skulpturen des späten 5. Jahrhunderts v. Chr. mit ihrer verselbständigten Schönlinigkeit der Oberfläche, einen Hang zur Malerei; Polygnot von Thasos soll jedenfalls in der Malerei bereits ein Jahrhundert zuvor durchscheinende Gewänder eingeführt haben, wie sie uns etwa an der Nike in Paros, der Mutterstadt von Thasos, faßbar werden. Wir haben davon auszugehen, daß Praxiteles über erheblichen Reichtum verfügte, und so gewinnt die Nachricht an Glaubwürdigkeit, er (oder wohl besser: der von ihm geleitete Betrieb) habe es sich leisten können, zwei verschiedene Aphroditen auf Vorrat zu fertigen – eine bekleidete, die nach Kos ging, und die nackte Knidierin. Man mag darin banal eine konservativere und eine progressivere Variante erkennen wollen. Aber in ihnen sind zwei Aspekte der Aphrodite auseinandergefallen, die etwa im 5. Jahrhundert v. Chr. noch zusammen dargestellt wurden: nackte Prostituierte versus verhüllte Braut. Eine solche Aufteilung ruft unmittelbar Platons Differenzierung der himmlischen und vulgären Aphrodite in Erinnerung. So könnte auch die Knidierin aus platonischem Blickwinkel geschaffen sein und sich damit zugleich ihre neuartige Darstellungsweise, die im Blick auf den Orient eine ganz altertümliche ist, erklären: die uralte, himmlische, wassergeborene Aphrodite als Tochter des Uranos, nicht die neuere, vulgäre Tochter von Zeus und Dione. Und als solche wohlplaziert in einem knidischen Heiligtum der Aphrodite Euploia, »der guten Seefahrt«, während auf Kos ein Heiligtum der vulgären Aphrodite überliefert ist.

Als derart im Stile der Zeit dargestellte, nimmt die Gottheit in der Regel motivisch gerade keinen Bezug auf den Betrachter. Sie bleibt dem Menschen bei aller Nähe fern, »Geschlecht der glückseligen Götter« (Platon, Phaidros 247 a 5) in einer anderen, unbeschwerteren Welt. Bei dem Hermes des Praxiteles in Olympia (Kat.-Nr. 10) dürfen wir so gleichsam in die himmlische Kinderstube blicken: Der Gott hielt seinem Halbbruder Dionysos die begehrte Weintraube hoch, blickte aber weder Traube noch Kind an, handelte wie geistesabwesend. Dieses Werk ging mit der Ersetzung der aufstehenden Stütze durch ein fallendes Gewandbündel, das wir uns im Original kürzer vorstellen dürfen (Abb. 5), in der bloßen Andeutung der Begrenzung des Raumes der Skulptur noch weiter als der Apollon Sauroktonos und weist darin bereits auf den Apoll vom Belvedere voraus. Dazu der schlanke, hoch aufschießende, unruhige Körper, die glänzende Oberfläche, die völlige motivische Abgeschlossenheit der Gruppe: Wie die Traube für den so ganz menschlich begehrenden Dionysos, geraten beide zusammen für den menschlichen Betrachter zur dionysischen Vision, die der Götterbote Hermes vermittelt.

Der Apoll vom Belvedere (Kat.-Nr. 11), diese auf glatte, ewige Jugendlichkeit getrimmte Läufergestalt, deren Mantel, obwohl sicher gegenüber dem bronzenen Original vom Kopisten kräftig nach unten vergrößert, ihn wie einen Vorhang hinterfängt, ist und bleibt die vollendetste plastische Inszenierung der spätklassischen Gottesauffassung und -erfahrung. Die von Polyklet herrührenden, kreuzweise den Körper aufbauenden ge- und entspannten Teile dienen bei ihm nicht mehr der Geschlossenheit der Figur in sich, sondern unterstreichen gerade die radikale Öffnung nach außen, eine Epiphanie in nicht einmal deutlich faßbarer, sondern eher potentieller Handlung. Gerade wegen solcher Merkmale hat dieser Apoll in der europäischen Tradition bis heute vor allem die Maler inspiriert, ihn mit dem Menschen schlechthin, ja mit Christus gleichzusetzen. Man ist hier weit entfernt von dem noch ganz in sich selbst versammelten, in noch kaum gebrochener plastischer Gewichtigkeit dastehenden Apollon Typ Kassel. Diese Auffassung Apolls als optisch-entrückte, aber immer noch wirkungsmächtige Erscheinung kommt auch trefflich in einer etwas jüngeren Dichtung zum Ausdruck, die Tradition und Wandel im Vergleich zu der eingangs zitierten Schilderung Demeters deutlich werden läßt:

Denen aber der Sohn der Latona, von Lykien eilend
Ferne zum grenzlosen Lande der hyperboreischen Menschen,
Zeigete sich; aber goldne von beiden Seiten der Backen
Locken, den Trauben vergleichbar, die flossen herab ihm beim Gehen;
Links beherrschend den silbernen Bogen, am Rücken gestreckt der
Pfeilbewahrer herab von den Schultern. Die Insel erbebte
Unter den Füßen als Ganze; und Wellen umspülten das Ufer.
Die aber faßte beim Anblick ein ratloses Staunen, und keiner
Wagte, dem Gotte entgegen in herrliche Augen zu strahlen,
Sondern sie standen, nach unten geneigt auf die Erde – indessen
Ferne der wandelte hin auf das Meer durch die Lüfte, …
(Apollonios Rhodios II 674–684)

Man schaut nicht hin, denn wie die Mythen der Semele oder des Aktaion lehrten, konnte der Anblick des unverhüllten Gottes den Menschen töten. Es wäre also völlig verfehlt, die spätklassischen Götterbilder nur noch als reine Kunstwerke im neuzeitlichen Sinne zu betrachten – das Göttliche wurde sehr wohl auch in ihnen gesehen, freilich in einer Weise, wie sie dann seit der Spätantike, in radikalisierter Form dieser Entwicklung, in der byzantinischen Ikone sich manifestiert, die gerne wie ein Siegelabdruck des Dargestellten verstanden wird: Wirkungsmächtige Gegenwart des Dargestellten in tendenziell rein optisch erfahrbarer, zweidimensional-entmaterialisierter Form, und insofern jenseitiger, visionärer, dadurch aber auch im Sinne der frühen philosophischen Kritiker göttlich wie je.

Das Problem, das sich erstmals Phidias gestellt haben dürfte, wie Götter zu gestalten seien, an die man nicht mehr selbstverständlich zu glauben vermag, hat die weitere Entwicklung ebenso begleitet wie seine darauf antwortenden Konzeptionen. Praxiteles und der Künstler des Apoll vom Belvedere gaben in der Spätklassik die größte Annäherung an die Auffassung von einer scheinbar nahen und doch fernen Gottheit. Schließlich soll der Bildhauer Lysipp (ca. 372–306 v. Chr.) auf eine Theorie gesetzt haben, wonach der Erscheinungsweise für den Betrachter bei Bemessung der Proportionen Vorrang zu geben sei vor den ›tatsächlichen‹ Größenverhältnissen, daher auch sich besonders um die Gestaltung der Oberfläche bemüht haben. Diese Konzeption faßt rückwirkend die entsprechende Entwicklung in der griechischen Skulptur der klassischen Zeit zusammen: Nach Aristoteles hätten Dichter, Maler und andere Bildner drei Arten der Mimesis zur Verfügung: wie etwas war oder ist, wie etwas scheint oder wie etwas sein soll – Lysipp soll gesagt haben, die Alten hätten die Menschen gebildet wie sie sind, er wie sie erscheinen. Die Entwicklung läßt sich in formaler Hinsicht also deuten als eine der Verschiebung dessen, was man unter der darzustellenden Realität zu verstehen hätte – eine objektiv-absolute Eigenschaft des Darzustellenden oder eine solche, die sich aus der Beziehung zum Betrachter jeweils erst konstituiert.

Nachweis, in Abfolge der Bezugnahmen, der herangezogenen Quellentexte zu:
Anaxagoras: Platon, Apologia 26 d 1–6; Diogenes Laertios II 8. – Simplikios, In Ph. 156, 21–0.157, 2; 163, 20–24.
Athena Parthenos des Phidias, Nike: Pausanias I 24, 7.
Epikur: Diogenes Laertios X 123; Cicero, De natura deorum I 49.
Heraklit: Origenes, Cels. VII 62. – Hippolytos, Haer. IX 9, 4.
Ikone: z. B. Theodoros Studites, Antirrheticus adversus Iconomachos III 4, 9.
Kallimachos: Plinius, Nat. Hist. XXXIV 92.
Lysipp und Aristoteles: Plinius, Nat. Hist. XXXIV 65. – Aristoteles, poet. 1460 b 8–11.
Peisistratos und seine ›Athena‹: Herodot I 60, 3–5.
Perikles: Plutarch, Per. 8, 9.
Perspektive: Vitruv VII praef. 11. – Brommer (1979) 26. 58.
Platon: Leges 931 a 1 f. d 9–e 6. – 644 d 7–645 b 3. 803 c 4–6. – 886 d 2–887 a 8. – 716 c 4 f. – 903 d 3–904 a 4. – 945 e 6. 947 a 6; Dodds (1991) 121 mit 254 Anm. 85: Apollon für das Volk, Helios für die rationale Verehrung der Wenigen. – Symposion 180 d 6–181 c 6.
Polygnot: Plinius, Nat. Hist. XXXV 58.
Praxiteles, zur Biographie: Plutarch, Phocion 4, 2; 19, 1; Plinius, Nat. Hist. XXXVI 24. – Plinius, Nat. Hist. XXXVI 20.
Prodikos: Xenophon, Memorabilia II 1, 21–34.
Protagoras: Sextus Empiricus, P. I 216; Diogenes Laertios IX 51. – Hermias, Irris. 9.
Sokrates: Xenophon, Memorabilia III 10, 1–8.
Xenophanes: Diogenes Laertios IX 19; Clemens Alexandrinus, Strom. V 109, 1 f.
Zeusbild des Phidias in Olympia: Pausanias V 11, 8. – Strabon VIII 353.

Zitierte und Überblicksliteratur:
Überblickswerke zur Skulptur: A. H. Borbein, Die griechische Statue des 4. Jahrhunderts v. Chr., JdI 88, 1973, 43–212; C. Rolley, La sculpture grecque I. II (1994. 1999); A. Stewart, Greek Sculpture I. II (1990); L. Todisco, Scultura greca del IV secolo (1993).

Übrige Literatur:

F. Brommer, Die Parthenongiebel-Skulpturen (1979); E. R. Dodds, Die Griechische und das Irrationale (1991); N. Himmelmann-Wildschütz, Zur Eigenart des klassischen Götterbildes (1959); Ch. Höcker – L. Schneider, Phidias (1993) [nicht ohne die Rezension zu benutzen: N. Himmelmann, BJb 193, 1993, 453–456]; H. G. Niemeyer, SEMATA. Über den Sinn griechischer Standbilder (1996); E. Simon, Die Götter der Griechen² (1980); P. Weitmann, Die Problematik des Klassischen als Norm und Stilbegriff, AuA 35, 1989, 150–186; K. Zimmermann, Wandlungen des griechischen Götterbildes in der bildenden Kunst der niedergehenden Polis, in: E. Ch. Welskopf (Hrsg.), Hellenische Poleis III (1974) 1205–1289 [grundlegend, spezifiziert für die einzelnen Gottheiten]. Außerdem jeweils die einschlägigen Artikel im LIMC.

Generell gilt zu den einzelnen Beispielen: Die Stücke sind vielfach ergänzt, aber aus Raumgründen wurde auf detaillierte Angaben dazu verzichtet. Aus gleichem Grund werden zur teilweise schier unübersehbaren Spezialliteratur nur erste Hinweise gegeben.

II. Die Entstehung der Klassik im 5. Jahrhundert v. Chr.

1. Athen und die Welt im 5. Jahrhundert v. Chr.

Die Sicht der Griechen auf die Welt

Wolf-Dieter Heilmeyer

Weltbild und Weltkarten

Athen und die Welt im 5. Jahrhundert v. Chr. – das ist ein großes, kaum zu erschöpfendes Thema. Das beginnt mit den Empfindungen, die ›man‹ in Athen selbst als Bürger, als Ansässiger, als Fremder, als Sklave mit seiner topographischen Identität und seiner Herkunft hatte. Der athenische adlige Feldherr Xenophon, der nach seinem berühmten, von ihm selbst geschilderten Feldzug in Persien lange von Athen verbannt gewesen war, hat in einer Schrift um die Mitte des 4. Jahrhunderts v. Chr. Athen gepriesen: »Nicht ohne Grund darf man glauben, daß die Stadt ungefähr in der Mitte Griechenlands, ja der ganzen bewohnten Welt (Oikumene) gelegen ist. Je weiter man sich nämlich von ihr entfernt, desto lästiger ist die Kälte oder Hitze, die einen umfängt. Und wer immer von einem Ende Griechenlands zum anderen gelangen will, der muß an Athen wie an dem Mittelpunkt eines Kreises vorbeisegeln oder vorbeikommen« (Xenophon, Poroi I 6, übers. nach G. von Reutern). Dieses Athen-zentrische, hellenozentrische Bild hat die griechische Klassik bis heute geprägt.

Xenophon hatte vermutlich eine Weltsicht, die von der der großen Historiker des 5. Jahrhunderts v. Chr. nicht sehr verschieden war. Für Herodot, einen von ihnen, der im Norden selbst bis in die heutige Ukraine gekommen ist und im Süden in Ägypten den Lauf des Nils erkundet hat, war der äußerste Norden der Oikumene wegen der Kälte unbewohnbar und im Süden das Land wegen der Hitze sandig und wüst (s. Kasten). Im Osten lag das wohlorganisierte Perserreich: davon gab es Landkarten, Regierungsbezirkseinteilungen und Routenkarten mit Eintragungen von Raststätten (Herodot III 90; V 49; V 52). Im Westen lag das Mittelmeer: von dort gab es Küstenbeschreibungen und Seefahrererzählungen, die im 5. Jahrhundert noch relativ vage waren, sich aber im 4. Jahrhundert verdichteten. Bis ins 4. Jahrhundert v. Chr. ging man dabei von der Scheibengestalt der Erde aus, aber ab dem 5. Jahrhundert wußten einige auch bereits von der Welt als Kugel. *Vor* der Zeit Herodots gab es das Weltbild des ionischen Schriftstellers Hekataios aus Milet, *nach* der Zeit Xenophons und den auf ihn folgenden Alexanderzügen gab es die bereits auf einem Koordinatensystem beruhende Erdkarte des hellenistischen Wissenschaftlers Eratosthenes, der an der Universität von Alexandria tätig war. So haben wir eine recht genaue Vorstellung davon, was man im Athen der Klassik von der Welt wissen konnte und wie die Klassik durch Vermessung der Welt dieses Wissen fixiert hat: Geographie und Geo-metrie gehörten dabei anscheinend zusammen.

In zwei großen Berichten spricht der an den Kaukasus gefesselte alte Feuergott Prometheus in dem gleichnamigen Tragödienfragment des Aischylos zwischen 470 und 460 v. Chr. von den Errungenschaften der Kultur und von den Rändern der damals bekannten Welt. Kultur ist danach vor allem das Bauen in Ziegeln, das Zimmermannswerk, das Berechnen der Jahreszeiten und der Gestirne, das Verwenden der Zahlen und der Schriftzeichen (beides lag damals ja nicht mehr als 300 Jahre zurück), die Zähmung der Zugtiere, vor allem der Pferde, der Schiffsbau, die Kunst der Ärzte und Seher, der Traum- und Opferdeuter sowie die Gewinnung und Bearbeitung der Metalle – alles Beispiele, an denen sich der Fortschrittsglaube des 5. Jahrhunderts bis zu Plato entzünden sollte. Von den Rändern der Welt weiß er, daß dort die männerfeindlichen Amazonen leben, die alles versteinernden Gorgonen und die Phorkiden, uralte Frauen, die zu dritt nur einen Zahn und ein Auge haben, die Greifen und die einäugigen Arimaspen sowie die schwarzen Aithiopen. Das sind die

Reste des archaisch-mythischen Weltbilds der Griechen, bei dem der Weltfluß Okeanos das Bewohnbare und das unbewohnbar Gefährliche umgab.

Vom östlichen Indien, von Indonesien, von China und Japan ist darin noch nichts, ebensowenig von den beiden Amerika, und das ferne Australien segelte völlig ungesehen im Weltmeer. Erst moderne Wissenschaft hat die den Griechen nicht bekannten Kulturen und ihre eigenständige Entwicklung zu beschreiben begonnen; synoptische Darstellungen, die die parallelen Entwicklungen benennen, sind allerdings noch selten. Der Schweizer Philosoph Karl Jaspers hat in seiner äußerst zeittypischen Schrift »Vom Ursprung und Ziel der Geschichte« 1949 das beinahe weltweite Ende des »mythischen Zeitalters« um 500 v. Chr. mit den Namen der Philosophen und Religionsgründer Anaximander in Griechenland, Jeremias in Israel, Zarathustra in Persien und Lao Tse in China, oder etwa Pythagoras im Westen, Buddha und Konfuzius im Osten benannt, die er sich in einer »Achsenzeit« nebeneinander in Europa und Asien wirkend vorgestellt hat. Für die Dichte der kulturellen Beziehungen, die sich damals auch hinter den vielzitierten kriegerischen Auseinandersetzungen zeigten, sei an eine sehr eigentümliche Beutenahme jener Zeit erinnert. Ausgerechnet die erste ›Tyrannenmördergruppe‹ des spätarchaischen Künstlers Antenor haben die Perser um 480/79 nach der Einnahme Athens und trotz der Niederlagen bei Salamis und Plataiai nach Susa mitgenommen. Wer interessierte sich unter solchen Umständen in der persischen Monarchie für das politische Denkmal, mit dem man in Athen die Vorläufer der Demokratie geehrt hatte? Und wie wurde es in Persien überhaupt aufbewahrt und angesehen? In Athen hat man jedenfalls kurz nach der Entführung die zweite, moderne, die klassische Version der Bronzekünstler Kritios und Nesiotes an derselben Stelle aufgestellt, die in Kopien der Römerzeit auf uns gekommen ist (Kat.-Nr. 132). Wie merkwürdig muß es ausgesehen haben, als dann in der Alexanderzeit oder kurz danach die erste Gruppe wieder nach Athen gebracht und neben der zweiten aufgestellt wurde! Kopiert wurde in der Römerzeit anscheinend vor allem die zweite. Es ist nicht unwahrscheinlich, daß auch in der originalen Marmorstatue des ›Jünglings von Mozia‹ (Kat.-Nr. 47) ein Ehrenbild derselben Zeit zu sehen ist, allerdings im westlichen Mittelmeer von einem griechischen Künstler geschaffen, um an den Opfertod des karthagischen Feldherrn Hamilkar bei der Schlacht von Himera 480 v. Chr. zu erinnern. Dieses schöne und eindrucksvolle Bild ist allerdings zu Anfang des 4. Jahrhunderts v. Chr. zerstört und begraben und erst im 20. Jahrhundert wieder ausgegraben worden.

Aus der Herodot bekannten Oikumene vom westlichen Mittelmeer bis zum östlichen Perserreich sind schon früh durch reisende oder wandernde Händler und Handwerker Kontakte in die fernere Welt aufgenommen worden, die schriftlich nicht überliefert sind. Hier wird weitere archäologische Forschung, die die Kontakte der Kulturen für wichtiger nimmt als die vermeintlichen Grenzen derselben, noch Wesentliches beizutragen haben. Herodot weiß immerhin bereits von bestimmten Entdeckungsreisen (s. Kasten); alle Nachrichten über solche Reisen hat Richard Hennig in den ersten Bänden seines grundlegenden Werks »Terrae incognitae« seit 1936 zusammengestellt und kommentiert. Eine zerlesene Herodot-Ausgabe kennt der moderne Leser aus dem Roman des aus Ceylon stammenden kanadischen Autors Michael Ondaatje »Der englische Patient« 1992: »Ich habe oftmals in den Herodot geschaut, um einen Hinweis auf Geographisches zu bekommen. Aber Katharine hatte Herodot als Fenster zu ihrem Leben betrachtet.« Der Dichter Arno Schmidt, der gerne selbst Landkarten und Weltbilder entwarf und vielen seiner Schriften anspielungsreiche antike Titel gab, hat in mehreren seiner monologisch-dialogischen Radio-Texte um 1950 von den Rändern der antiken Welt erzählt, von Pytheas von Massilia, der von den Karthagern gefangen gehalten wird, »weil es mir damals gelungen war, mich als Matrose auf ihre Schiffe zu schmuggeln und zweimal nach Norden zu fahren, (nach) Thule... « (Gadir, 1949), von einem Mitglied der Expedition des Eratosthenes nach Süden »zu den Welträndern ins Menschenlose« (Enthymesis, 1949), von einem Schüler des Aristoteles, der nach wochenlanger Reise ins ferne Babylon gerade an den Todestagen Alexanders des Großen (des anderen Aristoteles-Schülers) dort eintrifft und von desillusionierten Teilnehmern am Indienfeldzug Bericht erhält (Alexander, 1953) sowie von einem jungen Pärchen in der Spätantike, das bei seinem Lehrer Kosmas ein rückschrittliches, flächiges, nicht kugeliges Weltbild erfährt – »die Stiftshütte Mosis als Erdmodell« – mit dem Berg des Nordens im Mittel-

KELTEN
Rom
MAYA
NOK

SKYTHEN
CHINA
JAPAN
PERSIEN
GYPTEN
JEMEN

Nachrichten von den im 5. Jahrhundert v. Chr. in Griechenland bekannten Rändern der Welt nach Herodot, Historien (um 440–430 v. Chr.),

übersetzt nach A. Horneffer

Norden

Herodot III 115 f.: Trotz aller Mühen erfahre ich nichts über das Nordmeer von Europa. Daß Zinn und Bernstein aus dem äußersten Land der Erde kommen, ist (aber) sicher. Im Norden von Europa gibt es augenscheinlich große Mengen Gold. Der Sage nach rauben es die einäugigen Arimaspen den Greifen.

IV 10: Die Thraker behaupten, daß jenseits der Donau ›Bienen‹ hausten, die niemanden weiter vordringen ließen. Ich glaube, daß die Länder im Norden wegen der Kälte unbewohnt sind.

IV 7: In das Land, das nordwärts vom Skythenland liegt, könne man gar nicht hineinsehen, erzählen (die Skythen), auch nicht hineingehen, weil soviel Federn umherflögen. Erde und Luft seien ganz voller Federn, so daß man nichts sehen könne.

IV 31: Ich erkläre mir das folgendermaßen. Nördlich vom Skythenland schneit es ununterbrochen, im Sommer freilich weniger als im Winter. Wer einmal dichten Schnee hat fallen sehen, der versteht mich: Der Schnee sieht aus wie Federn. Wegen der Kälte ist denn auch der nördliche Teil dieses Erdteils unbewohnt.

Nordosten

IV 25: Bis zu den Kahlköpfen ist das Land bekannt (nordöstlich des Kaspischen Meeres), aber über das Weitere kann keiner etwas Bestimmtes sagen. Hohe, unzugängliche Berge schieben sich davor, die niemand überschreitet. Die Kahlköpfe erzählen, was ich aber nicht glaube, auf diesen Bergen lebe ein ziegenfüßiges Volk und jenseits der Berge ein anderes Volk, das sechs Monate lang schliefe. Das scheint mir nun vollends unglaublich.

IV 27 f.: Nördlich von den Issedonen (= Massageten, Ostskythen), erzählen sie selber, wohnen jene einäugigen Menschen und jene goldhütenden Greifen... In allen genannten Ländern ist der Winter streng. Acht Monate lang herrscht unerträgliche Kälte. Gießt man Wasser aus, so wird die Erde nicht schmutzig, aber wenn man ein Feuer anzündet, wird sie es. Das Meer gefriert... Zur Zeit, wo es anderswo zu regnen pflegt, regnet es dort fast gar nicht; dagegen hört es im Sommer nicht auf zu regnen.

Osten

III 94: Die Inder, weitaus das größte Volk, das man (in Persien) kennt, entrichten auch die höchste Steuersumme, 360 Talente Goldstaub.

III 98: Die Inder gewinnen jene großen Mengen Goldstaubs auf folgende Weise. Der nach Osten gelegene Teil des indischen Landes (= Pakistan, Wüste Tharr) ist Sandwüste. Die Inder nämlich sind von Osten, vom Aufgang der Sonne her, das erste Volk Asiens, das wir kennen und von dem wir bestimmte Nachrichten haben. Östlich von Indien ist Sand und Wüste.

III 102 ff.: In dieser Wüste leben große Ameisen, kleiner als Hunde, aber größer als Füchse... Diese Ameisen werfen beim Bau ihrer unterirdischen Wohnung den Sand auf, wie es auch die Ameisen in Griechenland tun, denen sie auch im Aussehen sehr ähnlich sind. Der aufgeworfene Sand aber ist goldhaltig, und zur Gewinnung dieses Sandes ziehen die Inder in die Wüste...

III 106: Und wild wachsende Bäume tragen dort als Frucht Wolle, die an Schönheit und Haltbarkeit über der Schafwolle steht. Die Kleidung der Inder wird aus den Früchten dieser Bäume hergestellt.

Südosten

In IV 44 berichtet Herodot von einer Expedition zur Zeit des persischen Königs Dareios mit Seeleuten, unter denen sich der griechische Schriftsteller Skylax aus Karyanda befand, den Indus hinab: Sie fuhren bis ins Meer hinein, dann auf dem Meer nach Westen zurück, bis sie im 30. Monat an jene Stelle kamen, wo einst der ägyptische Pharao Necho die Phöniker zur Umschiffung Libyens (d. h. Afrikas) ausgesandt hatte.

III 107: Im Süden ist das äußerste Land der Erde Arabien. Und in keinem anderen Land als in Arabien wachsen Weihrauch und Myrrhen... Die Weihrauchbäume werden von geflügelten Schlangen bewacht, die klein und buntfarbig sind und sich in Mengen in der Nähe jedes einzelnen Baumes aufhalten.

SÜDEN

III 114: Südlich davon liegt nach Westen Aithiopien als äußerstes Land der Erde. Es ist sehr goldreich, hat gewaltige Elefanten, wildwachsende Fruchtbäume, Ebenholz und sehr große, schöne, langlebige Menschen.

III 101: (Die Aithioper sind schwarz).

III 20: Von diesen Aithiopern aber erzählt man, daß sie das höchstgewachsene und schönste Volk der Erde seien.

II 29 f.: Oberhalb von Elephantine (Assuan) ist die Bevölkerung schon aithiopisch... Die Stadt Meroë soll die Mutterstadt sämtlicher Aithioper sein.

II 31: So ist denn der Nil südwärts von Ägypten noch über 100 Tagereisen weit zu Wasser und zu Land bekannt... Von dem weiteren Lauf aber weiß niemand etwas Bestimmtes. Das Land ist dort wüst infolge der großen Hitze.

In IV 42 f. berichtet Herodot von einer Afrikaumseglung zur Zeit des Pharaos Necho vom Roten Meer aus: Sie erzählten aber, daß sie während der Umschiffung (die fast drei Jahre dauerte) die Sonne auf einmal zur Rechten gehabt hätten.

II 32 f.: Das Binnenland südlich der libyschen Küstenstämme ist voll wilder Tiere. Und südwärts dieser Tierzone ist das Land sandig, ohne Wasser und ganz wüst... (Fünf Häuptlingssöhne der Nasamonen) zogen viele Tage lang durch sandige Gegenden (die Sahara). Endlich sahen sie wieder Bäume in einem Tal stehen. Sie gingen hin und pflückten von den Früchten, die die Bäume trugen. Währenddessen aber kamen kleine Menschen herzu, kleiner als ein mittelgroßer Mann; die packten sie und schleppten sie fort. Aber ihre Sprache konnten die Nasamonen nicht verstehen. Sie führten sie durch weite Sümpfe hindurch, und endlich kamen sie in eine Stadt, in der alle Menschen so klein waren wie ihre Führer und von schwarzer Farbe. Und an der Stadt vorüber floß ein großer Strom, und zwar von Westen nach Osten (der Niger?), und in ihm sah man Krokodile... Jene Nasamonen seien wieder heimgekommen. Die Völker, die sie besucht, hätten aus lauter Zauberern bestanden.

In IV 43 berichtet Herodot von einer Expedition nach Westafrika von Karthago aus: Er fuhr bis zu den Säulen des Herakles (Gibraltar). Er fuhr hindurch, an dem Vorgebirge Soloeis (Tanger?) vorüber und wandte sich dann nach Süden. Monate lang fuhr er weiter... Ganz hinten in Libyen (Afrika) seien sie an einem Volk von kleinen Menschen vorbeigekommen. Mit Palmenblättern seien sie bekleidet gewesen, seien in die Berge geflohen, sobald das Schiff gelandet sei und hätten ihre Städte im Stich gelassen. Das Schiff habe nicht weiter vordringen können und sei auf Untiefen gestoßen.

IV 196: Nach den Erzählungen der Karthager setzt sich das bewohnte Libyen noch über die Säulen des Herakles hinaus fort. Wenn die Karthager dorthin fahren, laden sie ihre Waren aus und legen sie nebeneinander an den Strand... Die Eingeborenen... legen als Preis für die Waren Gold hin... Keiner schädigt den anderen.

WESTEN

II 33: Die Kelten wohnen jenseits der Säulen des Herakles und sind Nachbarn der Kynesier (in Portugal), des am meisten westlich wohnenden Volkes unter allen Europäern. Der Istros (die Donau) kommt aus dem Land der Kelten, von der Stadt Pyrene her und fließt mitten durch Europa.

I 202: Das Kaspische Meer ist ein Binnenmeer... Die anderen Meere, also das von den Griechen befahrene (d. h. das Mittelmeer) und das jenseits der Säulen des Herakles beginnende sogenannte atlantische und ferner das Rote Meer, sind alle nur ein einziges Meer.

IV 9: Der Wohnsitz des (dreileibigen legendären Herdenbesitzers) Geryoneus war eine von den Griechen Erytheia genannte Insel im Okeanos bei Gadeira (Cadiz) jenseits der Säulen des Herakles.

KELTEN
SPANIEN
Rom
Selinunt
Karthago

0
200
500
1000
2000
3000 m
0
150
300
450
600
750
1000 km
55°
30°
35°
40°
45°
SKYTHEN
etapont
Olynth
PERSIEN
Piräus
Samos
Athen
Milet
Olympia
ZYPERN
KRETA
PHÖNIKIEN
LIBYEN
ÄGYPTEN

punkt der Erde (Kosmas, 1955): »Du glaubst also der Bibel mehr als Deinen eigenen Augen? – Ich breche die Unterhaltung ab! (giftig – fromm).« Damit war die klassische Welterkenntnis für lange Zeit gleichgültig geworden. In der Populärwissenschaft des 20. Jahrhunderts hat sich Paul Herrmann in seinem vielgelesenen Buch mit dem auf die Zeitmessung der Seefahrer anspielenden Titel »Sieben vorbei und acht verweht« (1952) unverkennbar auf R. Hennig bezogen.

Heute bietet besonders die prähistorische und ethnologische Forschung der nördlichen Hemisphäre ein Gegenbild zu den spärlichen Zeugnissen der griechischen und römischen Geschichtsschreibung am Übergang vom Mythos zur Historie. Selbst die Wege der archäologisch schwer zu fassenden Hirtennomaden, von denen Herodot im Norden und Nordosten des Schwarzen Meeres Nachrichten hatte, werden beschreibbar. Es ist das Land, in das Herodot die legendären reitenden Amazonen verschoben hat (IV 110 ff.), die ursprünglich – als die Welt noch kleiner war – in Kleinasien als Nachbarn der Griechen angesehen worden waren. Man sagte auch, daß die Amazonen vor Zeiten, als sie noch in Kleinasien lebten, die griechische Göttin Artemis verehrt hätten, und daß Ephesos oder zumindest der Artemistempel von Ephesos von ihnen gegründet worden sei. So erklärt sich das Thema des Bildhauerwettbewerbs, in dem die bedeutendsten griechischen Bildhauer des 5. Jahrhunderts v. Chr. – alle Wanderhandwerker und teils Athener teils Argiver – gegen 430 v. Chr. je eine Amazone für das Artemisheiligtum von Ephesos gestaltet und aus den sagenhaft fernen die vorbildhaften nahen Frauen der Klassik im Bild inszeniert haben (Kat.-Nr. 28–30).

Neuere Literatur zu Griechenland und Persien: M. C. Miller, Athens and Persia in the 5th Century BC (1997); J. Boardman, The Diffusion of Classical Art in Antiquity (1994); ders., Persia and the West (2000). – Allgemein: A. Dihle, Die Griechen und die Fremden (1994). – Einzelnes: H.-J. Gehrke, Die Geburt der Erdkunde aus dem Geist der Geometrie, in: W. Kullmann (Hrsg.), Gattungen wissenschaftlicher Literatur in der Antike (1998) 163 ff.; W.-D. Heilmeyer, Athen und Babylon, in: H. Kühne – R. Bernbeck – K. Barth (Hrsg.), Fluchtpunkt Uruk (1999) 314; N. Bode, Die Statue von Mozia: Hamilkar als Heros, AntK 36, 1993, 103–110; B. Piotrowskij in: Gold der Skythen, Ausstellungskat. München (1984) 15 ff.; R. Rolle, Welt der Skythen, Ausstellungskat. Kiel (1991).

12 Römische Porträtbüste des griechischen Historikers Herodot von Halikarnassos

Marmor; H 33,5 cm
2. Jh. n. Chr.
Aus Italien, schon im 18. Jh. in der königlichen Sammlung Berlin-Potsdam
Berlin, Antikensammlung Inv. Sk 295

Das schon im 18. Jh. von B. Cavaceppi ergänzte Porträt ist durch mehrere mit Inschriften versehene Wiederholungen zweifelsfrei als Herodot anzusehen; entsprechend ist auch der nicht vollständig erhaltene Vollbart in Gips ergänzt worden. Weniger klar ist, auf welches griechische Vorbild die nicht seltenen römischen Kopien zurückgehen; drei Bronzestatuen sind überliefert. Keines dieser Bilder reichte allerdings vermutlich in die Lebenszeit des Herodot zurück, so daß die Züge, die man darin erkannt hat (»intelligent, observant eyes, kindly, but not uncritical«, Richter), jedenfalls idealisiert sind, vgl. Kat.-Nr. 408–410.

Literatur: G. M. A. Richter, The Portraits of the Greeks I (1965) 146 Nr. 5; vgl. K. Schefold, Die Bildnisse der antiken Dichter, Redner und Denker (1997) 348.

W.-D. H.

Kat.-Nr. 12

Christof Berns

Bilder vom Rand der Welt

Der Rand der Welt ist für die Griechen das Territorium der fantastischen Ungeheuer und das der Helden, die sie besiegen. In Aia, wo im Thalamos des Helios die Sonnenstrahlen liegen, erschlägt Iason den Drachen, an der Grenze der Nacht begegnet Perseus der Gorgo, und die abenteuerliche Reise des Herakles (Kat.-Nr. 13) führt in einem Kreis fast um die gesamte bekannte Erde. Am Kaukasus, dem entlegendsten Ort im Norden, befreit er Prometheus (Kat.-Nr. 14), König Busiris tötet er in Ägypten, den Riesen Antaios in Libyen. Von dort führt sein Weg nach Westen zu Geryoneus, einem dreileibigen Wesen, das sogar jenseits der Erde auf einer Insel im Okeanos lebt. Zur Erinnerung an die gefährliche Überfahrt (Kat.-Nr. 15) errichtet der Heros die ›Säulen des Herakles‹ auf dem afrikanischen und auf dem europäischen Ufer der Straße von Gibraltar. Sie markieren fortan den Rand der Welt.

Das der mythischen Topographie zugrunde liegende Weltbild war durch eine strikte Zweiteilung in die Erde und den sie umgebenden, undefinierten Raum geprägt. Die Grenze zwischen beiden Bereichen markierte die Küste des Okeanos, welcher die kreisförmig gedachte Landmasse der allerdings nicht in ihrer ganzen Ausdehnung bekannten Kontinente Europa, Afrika und Asien umfloß. Das jenseitige Ufer des Okeanos blieb dabei unbestimmt. Diese Vorstellung spiegelt sich in der homerischen Beschreibung des Achilleus-Schildes (Homer, Ilias 483 ff. bes. 607 f.) ebenso wie in den Karten, die Anaximander und Hekataios im 6. Jahrhundert herstellten (Abb. 1). In ihrem Rahmen systematisierte auch Aristeas von Prokonnesos um 550 v. Chr. die fremde Welt, indem er gewissermaßen Ringe von zunehmend wundersamen Völkern um den vertrauten inneren Bereich der Erde anordnete (Herodot IV 13). In seinem Epos Arimaspeia erzählt er von einer Reise in das nördliche Schwarzmeergebiet, auf der er bis zu den historisch bezeugten Issedonen gekommen sei. Diese hätten ihm von ihren nördlichen Nachbarn, den einäugigen Arimaspen, berichtet. Von dort aus gelange man wiederum zu den Greifen (Kat.-Nr. 18 a. b) und schließlich zu den Hyperboräern, die in paradiesischen Verhältnissen am nördlichen Okeanos lebten.

Ein anderes Modell prägte im 5. Jahrhundert das Werk Herodots (Abb. 2). Unter dem Eindruck der auf ausgedehnten Reisen gesammelten Beobachtungen und Nachrichten stellte es die abstrakte Konzeption einer vom Okeanos umgebenen Erde in Frage. Herodot gliederte die Welt vielmehr in die bevölkerte und deshalb kommunizierende Oikumene, sowie die leeren, unbegrenzten Gegenden im Norden, Indien im Osten und Libyen im Süden. Über diese leeren Gegenden sei, da sie keine Bewohner hätten, kein Wissen verfügbar.

Der Rand der Welt war stets auch eine Projektionsebene für Gegenbilder zur inneren, vertrauten Welt. Dort wurden das Reich der Toten (Kat.-Nr. 17) und paradiesische Gefilde (Kat.-Nr. 16) imaginiert; dort lag das Land der Amazonen, die als weibliche Kriegerinnen die etablierte Ordnung bedrohten (Kat.-Nr. 19); dort wohnten aber auch Völker, welche diese Ordnung in ideale Verhältnisse überführt hatten: die Aithiopier im Süden, bei denen die Götter zu Gast waren (Homer, Ilias 1, 423 f.), und die Hyperboräer im Norden, deren Leben sich als endloses Fest ohne Krankheit und Alter, ohne Mühsal und Krieg gestaltete (Pindar, Pythien 10, 30 ff.).

Wechsel der Perspektive ergaben sich in dem Maße, in dem der Rand der Welt gewissermaßen näher rückte, weil Kolonisten und Händler ein zunehmend dichteres Netz von Verbindungen zu den entfernten Gegenden knüpften. Vor allem seit dem 4. Jahrhundert wurden dabei immer mehr Bewohner der Peripherie der griechischen Welt zu Abnehmern von Waren aus ihrer Mitte. Sie wurden dadurch auch zu Betrachtern der Bilder, die sich die Griechen seit langem von ihnen machten. So wurde der weitaus überwiegende Teil der griechischen Vasen, die mit Bildern des Mythos von den Arimaspen und Greifen dekoriert sind, auf dem Gebiet des bosporanischen Reiches gefunden, also eben in jener Gegend, in der diese Fabelwesen von den Griechen lokalisiert wurden (Kat.-Nr. 18 a. b). Der gute Absatz der Gefäße legt es nahe, daß ihre neuen Besitzer die Bilder durchaus positiv lasen. In ihren Augen wandelten sich die Imaginationen einer äußeren offenbar zur Erinnerung an ihre eigene Welt.

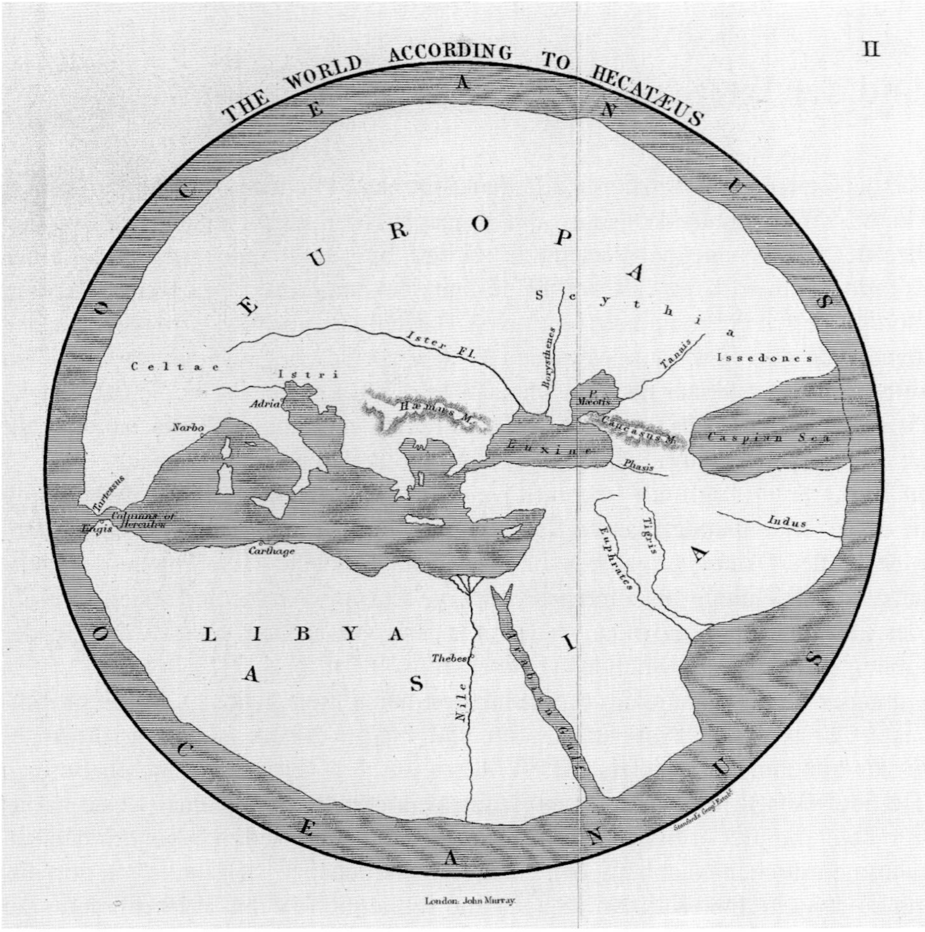

Abb. 1. Weltbild des Anaximander und Hekataios

Abb. 2. Weltbild des Herodot

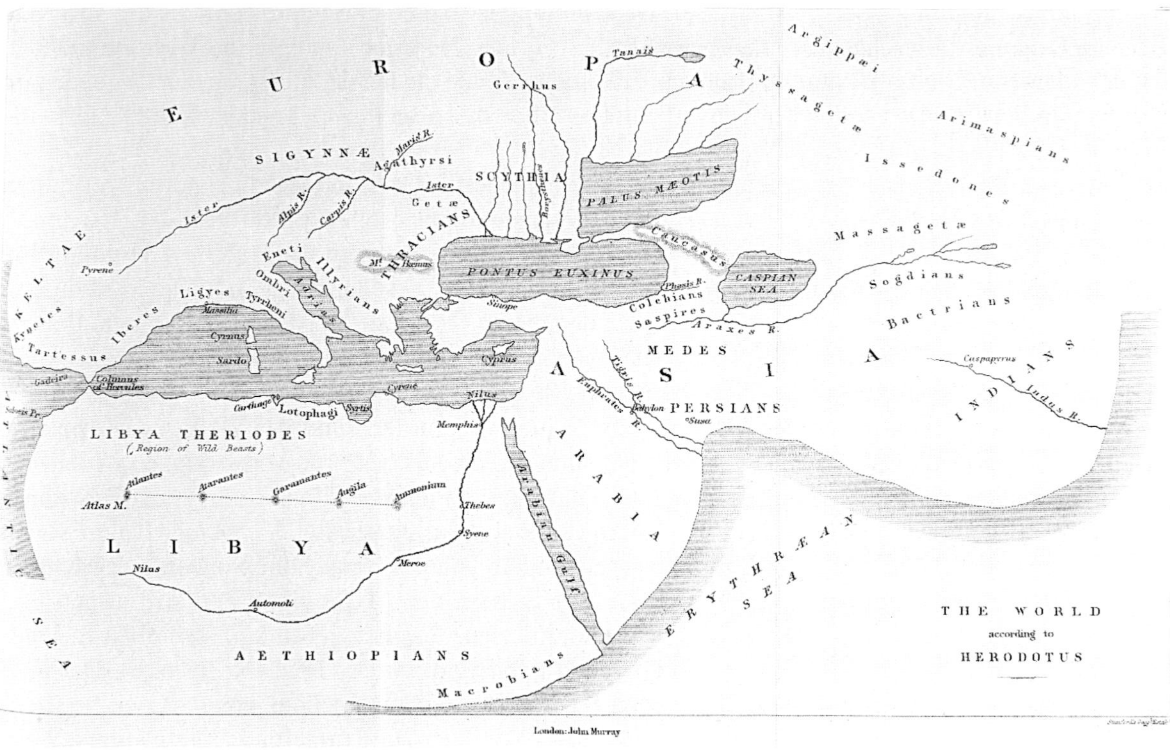

Literatur: E. H. Bunbury – W. H. Stahl, A History of Ancient Geography (1959); H. A. Shapiro, GrRomByzSt 24, 1983, 105 ff.; LIMC 4. 5 (1988. 1990) s. v. Herakles; J. S. Romm, The Edges of the Earth in Ancient Thought (1992); A. Dihle, Die Griechen und die Fremden (1994); H. G. Nesselrath, MusHelv 52, 1995, 20 ff.; LIMC 8 (1997) s. v. Arimaspes; ebenda s. v. Gryps; T. Hölscher, Aus der Frühzeit der Griechen (1998) 56 ff.; F. Fless, Rotfigurige Keramik als Handelsware (Habil.-Schrift Köln, im Druck).

13 Apulisch-rotfiguriger Kolonnettenkrater: Bemalung einer Marmorstatue des Herakles

H 53 cm
Um 350 v. Chr.
New York, Metropolitan Museum of Art Inv. 50.11.4

Die Hauptseite des Kraters vermittelt einen distanzierten Blick auf den populären Helden Herakles. Dargestellt ist die Bemalung seiner Statue. Sie steht auf einer hohen Basis in einem Heiligtum, das durch eine Säule am linken Bildrand angedeutet ist, und gibt vermutlich das Kultbild eines unteritalischen Tempels wieder. Die Arbeit des Statuenmalers und seines Gehilfen beobachten Zeus, Nike und, in erwartungsvoller Haltung, Herakles selbst.

Literatur: RVAp I 266, 47; LIMC 4 (1988) s. v. Herakles 271; W. Oenbrink, Das Bild im Bilde (1997) 389 G 3.

Kat.-Nr. 13

14 Apulisch-rotfiguriger Kelchkrater: Die Befreiung des Prometheus

H 56,8 cm, Dm 54,2 cm
Um 350–340 v. Chr.
Berlin, Antikensammlung Inv. 1969,9

Das einzige derartige Vasenbild spiegelt vermutlich die Dramatisierung des Prometheus-Mythos durch Aischylos, der das Geschehen am Kaukasus lokalisiert. War der Titan zur Strafe seines Betruges der Götter in den älteren Darstellungen wie im Text Hesiods an eine Säule gefesselt, zeigt ihn das Hauptbild des Kraters an einen Felsen gebunden. Damit wird der topographische Bezug der Begegnung mit Herakles evoziert. Nachdem der Held den quälenden Adler getötet – unterhalb der Szene stürzt der Vogel bereits getroffen zu Boden – und Prometheus' Fesseln gelöst hat, gibt ihm Prometheus eine ausführliche Beschreibung seines weiteren Weges.

Literatur: A. D. Trendall, JBerlMus 12, 1970, 168 ff.; RVAp II 476,6; R. Vollkommer, Herakles in the Art of Classical Greece (1988) 63; LIMC 7 (1994) s. v. Prometheus 72.

15 Attisch-rotfigurige Schale: Herakles setzt auf die Insel Erytheia über

Dm 29,2 cm
490–480 v. Chr.
Aus Vulci
Vatikanische Museen Inv. 16563

Das Innenbild der Schale zeigt eine Episode aus Herakles' Geryoneus-Abenteuer. Der Heros fährt im Sonnenbecher des Helios über den Okeanos, um zur Insel Erytheia jenseits des westlichen Randes der Erde zu gelangen. Der mythische Ort wurde seit der Geryoneis des Stesichoros im 6. Jh. mit Gadeira/Cadiz oder einer Insel in seiner Nähe identifiziert. An der wenig östlich davon gelegenen Straße von Gibraltar befinden sich die markanten Berge Kalpe (Gibraltar) und Abila (Djebel Musa): die ›Säulen des Herakles‹.

Literatur: ARV² 449,2; Ph. Brize, Die Geryoneis des Stesichoros und die frühe griechische Kunst (1980) 30 ff.;

Kat.-Nr. 14

Kat.-Nr. 15

Kat.-Nr. 16

LIMC 5 (1990) s. v. Herakles 2552. – Zu den Säulen des Herakles: A. Schulten in: O. Jessen (Hrsg.), Die Straße von Gibraltar (1927) 174 ff.

16 Apulisch-rotfiguriger Volutenkrater: Herakles in den Gärten der Hesperiden (sog. Archemoros-Vase)

H 160 cm
350–325 v. Chr.
Aus Ruvo
Neapel, Museo Archeologico Nazionale Inv. 81394

Auf Seite B des Kraters ist der paradiesische Garten der Hesperiden dargestellt. Der Maler hat die sieben Mädchen um den Baum mit den goldenen Äpfeln, auf dem die Schlange Ladon wacht, angeordnet. Die Szene darüber zeigt Herakles im Gespräch mit Atlas, aus dessen Händen er die Früchte des Baumes erhalten wird. Gerahmt von Phosphoros (dem Morgenstern) und dem Gespann des Helios trägt Atlas das Himmelsgewölbe. Dies wird am westlichen Rand der Welt lokalisiert, der Garten der Hesperiden meist, wie das Land des Geryoneus (vgl. Kat.-Nr. 15), auf einer Insel im dortigen Okeanos.

Literatur: RVAp II 496,42; LIMC 5 (1990) s. v. Herakles 2686.

17 Apulisch-rotfiguriger Volutenkrater: Herakles in der Unterwelt

H 116 cm
350–325 v. Chr.
Aus Ruvo
Karlsruhe, Badisches Landesmuseum Inv. B 4

Die Hauptseite des Kraters zeigt ein Panorama der Unterwelt. Das Zentrum bilden Hades und Persephone in einer Aedicula. Sie sind umgeben von prominenten Gästen und Bewohnern ihrer Welt, darunter der Sänger Orpheus sowie Theseus und Peirithoos. Ebenfalls anwesend ist Herakles. Er hat den Höllenhund Kerberos an eine Kette gelegt und versucht, das Tier gegen seinen Widerstand fortzuführen. Das Totenreich wurde am Rand der Erde oder genauer in ihrem äußersten Westen vorgestellt, bevor sein Zugang seit hellenistischer Zeit an ganz verschiedenen Orten lokalisiert wurde.

Literatur: CVA Karlsruhe (2) Taf. 61, 5 – 63; RVAp I 481,81; LIMC 5 (1990) s. v. Herakles 2571; A. D. Trendall, Rotfigurige Vasen aus Unteritalien und Sizilien (1990) Abb. 151.

18 a. b Attisch-rotfiguriges Krater-Paar: Kampf zwischen Greifen und Arimaspen

H 43,5 bzw. 43 cm, Dm 37,5 bzw. 38 cm
Um 350 v. Chr.
Aus der Sammlung Falaieff, ursprüngliche Herkunft unsicher
Paris, Musée du Louvre Inv. G 529 und 530

Die beiden Gefäße bilden nach ihrer ungewöhnlichen Form, ihrer Größe und ihrem Dekor ein Paar. Ihr bauchiger unterer Teil endet jeweils in einer eingezogenen

Kat.-Nr. 17

Kat.-Nr. 17

Kat.-Nr. 18 a

Kat.-Nr. 18 b

Kat.-Nr. 19

Mündung, wie sie für Stamnoi üblich ist. Diese Öffnung bleibt jedoch hinter einem hohen Fries, der auf den oberen Gefäßrand gesetzt ist, verborgen. Die Friese und jeweils eine Seite der Gefäßkörper sind mit Darstellungen des Kampfes zwischen Greifen und Arimaspen dekoriert.

Der Mythos lokalisiert die Greifen in den Gegenden nördlich des Kaspischen Meeres, wo sie sagenhafte Mengen von Gold bewachen sollten. Diese Schätze versuchten ihre Nachbarn, die einäugigen Arimaspen, zu rauben. Die Vasenbilder zeigen die Arimaspen freilich nicht als mißgestaltige Wesen, sondern als durchaus schöne Menschen in bosporanischer Kleidung. Die Gefäße stammen mit wenigen Ausnahmen aus dem 4. Jh. v. Chr. und sind überwiegend auf dem Gebiet des bosporanischen Reiches gefunden worden. Es liegt nahe, daß die dortigen Abnehmer den Mythos durchaus positiv als Zeugnis ihrer eigenen Geschichte verstehen konnten.

Literatur: CVA Louvre (5) III Ie Taf. 7. 8; ARV^2 1469,161 bzw. 1470,162; LIMC 8 (1997) s. v. Arimaspoi 39. 40; Fless a. O.

19 Amazonen-Rhyton des Sotades

H 34 cm, L 31 cm
Boston, Museum of Fine Arts Inv. 21 2286
Gefunden in der südlichen Königsnekropole von Meroë im Sudan. Das Objekt stand auf der geplünderten Kammer einer kleinen, in das 4. Jh. v. Chr. datierten Grabpyramide. Es ist aus verschiedenartig hergestellten Teilen zusammengesetzt; die Amazone ist weißgrundig-polychrom, das Rhyton rotfigurig bemalt. Die Signatur »Sotades epoiesen« auf seiner Basis weist es als Produkt des Töpfers Sotades, der um die Mitte des 5. Jhs. v. Chr. in Athen gearbeitet hat, aus. Es dürfte sich um die Kopie eines Metallgerätes handeln, bei dem die reitende Amazone als Ständer eines separat gearbeiteten, verwendungsfähigen Rhytons diente.

Das Rhyton ist mit Kampfszenen zwischen siegreichen Persern und deutlich unterlegenen Griechen dekoriert. Es ist daher unwahrscheinlich, daß das Gefäß für den athenische Markt hergestellt worden ist. Vielmehr dürfte es, wie offenbar auch andere Produkte der Sotadeswerkstatt, von vorneherein für orientalische Abnehmer gedacht gewesen sein. Ein solches Publikum könnte auch die Amazone, die in Griechenland seit dem 5. Jh. als Chiffre für den orientalischen Gegner etabliert war, mit anderen Augen gesehen haben (vgl. auch Kat.-Nr. 28–30, Amazonen von Ephesos). D. Metzler hat auf die mögliche positive Bewertung aktiver Frauen im Perserreich hingewiesen, die sich etwa darin äußere, daß die Nebenfrauen des Königs ihren Herren auf der Jagd begleiteten. So könnte die jagende Amazone von einem orientalischen Betrachter im Sinne eines tapferen Vorbildes verstanden worden sein.

Literatur: A. R. Sanborn in: Festschrift J. Loeb (1930) 81 ff.; ARV^2 772 θ; L. Kahil, RA 1972, 271 ff.; W. Raeck, Zum Barbarenbild in der Kunst Athens im 6. und 5. Jh. (1981) 124 ff.; H. Hoffmann – D. Metzler, VisRel 7, 1990, 172 ff.; H. Hoffmann, Sotades (1997) 89 ff. C. B.

Gloria Olcese

Schiffswracks und Transportamphoren

Im Griechenland des 5. und 4. Jahrhunderts v. Chr. ist ein Steigerung der Warenkreisläufe und damit verbunden des Konsums und der Produktion, sowie, als direkte Konsequenz, ein Anstieg der vorwiegend auf dem Wasserweg importierten und exportierten Lebensmittel und anderer Handelsgüter zu verzeichnen, deren Spuren in epigraphischen Quellen und in den Ladungen gesunkener Schiffe zu finden sind. Die Politik der Einfuhr von zum Verzehr bestimmten Waren scheint auf einen großen Umfang ausgelegt worden zu sein, während die Handelsaktivität noch unorganisiert und in verschiedene Strömungen geteilt war. Der Meinung einiger Wissenschaftler nach überwog der private Handel mit kleinen und mittelgroßen Schiffen, der von meteorologischen Bedingungen (die Seefahrt beschränkte sich vor allem auf die Zeit zwischen April und Oktober) und der Piraterie beeinflußt wurde, wie schriftliche Quellen und Vasendarstellungen bezeugen.

Der griechische Handel bezieht verschiedene Bereiche des Mittelmeerraumes ein und weist entsprechend den Zonen verschiedene Charakteristiken auf. Im Handel mit dem Osten nehmen Athen, Ägina und Korinth eine bedeutende Stellung ein.

Athen ist im 5. Jahrhundert v. Chr. ein bedeutender Motor für die Entwicklung des Handels. Piräus ist eines der Schlüsselzentren des Mittelmeers, ein Umschlagsplatz erster Klasse, in dem Güter aus Griechenland und aus anderen Gegenden des Mittelmeerraumes gehandelt werden, darunter an erster Stelle das Getreide, das die Griechen schon seit archaischer Zeit aus der Ägäis, dem Schwarzmeerraum, von Sizilien und aus Ägypten importieren.

Die Athener »lassen dank der Herrschaft über das Meer und durch persönliche Kontakte in Athen alles das zusammenströmen, was sich an Schönem auf Sizilien, im italischen Raum, auf Zypern, in Ägypten, in Lydien, im Schwarzmeergebiet, auf der Peloponnes und an jedem anderen Ort findet« (Pseudo-Xenophon über die Verfassung der Athener 2, 6). Die Bandbreite der im Mittelmeer zirkulierenden und in Athen ankommenden Waren ist sehr groß, wenn man der Auflistung des Hermippos, eines Zeitgenossen des Perikles, Glauben schenkt: »Aus Kyrene Schäfte des Silphion und Rinderhäute, vom Hellespont Makrelen und gesalzener Fisch, aus Thessalien Grütze und Rindfleisch... Syrakus liefert Schweine und Käse... Aus Ägypten Segeltuch und Papyrus, aus Syrien Weihrauch; Kreta liefert Zypressenholz, Libyen Elfenbein, aus Euböa kommen Birnen und Äpfel, aus Phrygien Sklaven... Phönikien liefert Datteln und Weißmehl, Karthago Teppiche und bunte Kissen« (Athenaios I 27 e. f).

Athen bietet im Gegenzug von Künstlern gefertigte Objekte aus Marmor, Silber, Kupfer, Elfenbein, Gold, Eben- und Zypressenholz; außerdem Amphoren voll Öl und die berühmten attischen Vasen, die vor allem nach Etrurien, Gallien, Spanien und an das Schwarze Meer exportiert werden.

Im westlichen Mittelmeer verlief der Handel auf verschiedenen Routen und stand in den unterschiedlichen Regionen unter dem Einfluß diverser Mächte. In einigen dieser Gebiete wird eine Veränderung und ein Bedeutungsverlust des etruskischen Handels deutlich, z. B. zugunsten der Karthager im westlichen Teil Siziliens oder zugunsten der Händler aus Marseille im nordwestlichen Mittelmeer.

In Großgriechenland und auf Sizilien bestand ein dichtes Netz aus lokalen Handelsbeziehungen, das durch die archäologischen Forschungen nach und nach aufgedeckt wird, indem Produktionsstätten lokalisiert und Keramik und Amphoren lokaler Produktion identifiziert werden. So sind Amphoren mit Weinen lokaler Herstellung im Umlauf, es fehlen aber keineswegs die Importe hochwertiger Weine aus Griechenland, z. B. aus dem ägäischen Raum, aus Korinth/Korfu oder aus anderen Gebieten des Mittelmeerraumes (Massilia [Marseille], Etrurien).

Die Schiffswracks

Welche Spuren hinterließ der Warenverkehr, und was für einen Beitrag leistet die Archäologie zur Rekonstruktion des Handelsbeziehungen und des Warenaustausches im Mittelmeer in klassischer Zeit?

Die in verschiedenen Regionen des Mittelmeers gefundenen Wracks geben Aufschluß über die transportierten Waren und die von den Schiffen befahrenen Routen. Das Studium des an Bord genutzten Geschirrs und der in das Geschirr eingeritzten Graffiti (wie jene griechischen und punischen des Wracks von El Sec, entdeckt in den Gewässern vor Palma de Mallorca) läßt zuweilen auch Rückschlüsse auf die Personen, die auf diese Reisen gingen, die Händler und Besatzungsmitglieder zu. Es handelte sich um karthagische und griechische Händler, Kaufleute aus Massilia (Marseille) und Kampanien, deren Aufgabe es war, die in den verschiedenen Häfen gelöschten Waren zu tauschen und weiter zu vertreiben.

Gerade die transportierten Waren sind es, die die entscheidenden Hinweise geben und die eine historisch-ökonomische Interpretation erst ermöglichen. In diesem Zusammenhang spielen besonders die Amphoren und die Töpferwaren eine fundamentale Rolle, sei es als Behältnisse von leicht verderblichen Waren, von denen in einigen wenigen Fällen noch Reste vorhanden sind, sei es als Transportgefäße als solche. Allerdings gibt es einige Interpretationsschwierigkeiten: Oft ist der Ausgangshafen des Schiffes genauso wenig bekannt wie der Ursprungsort der Waren. Ein Frachtschiff legte in mehreren Häfen an, wobei jeweils Waren gelöscht und andere an Bord genommen wurden; deshalb haben Schiffswracks aus archaischer und klassischer Zeit oft Ladungen an Bord, die aus Amphoren und anderer Keramik unterschiedlicher Herkunft bestehen.

Für die klassische Periode sind im Mittelmeer einige Schiffswracks bekannt, von denen nur manche ergraben sind, und das oft auch nur teilweise. Die Wracks von Porticello und El Sec, beide im westlichen Teil des Mittelmeers zu Tage gekommen, wurden als Beispiele für gesunkene Schiffe aus klassischer Zeit und gleichzeitig auch als Beispiele für die auftretenden Interpretationsprobleme ausgewählt. Für beide Schiffe gibt es nur Vermutungen bezüglich des Ausganghafens und des Ziels der Reise. Das Wrack von El Sec hatte eine aus Gütern verschiedenster Herkunft bestehende Ladung, die an einem oder an mehreren Umschlagsplätzen zusammengestellt worden war, deren Lokalisierung noch nicht möglich ist.

Beide Schiffe transportierten Wein, einen der Katalysatoren des Seehandels. In dem Wrack von El Sec wurden auch Gefäße zum Trinken des Weins gefunden: Trinkgefäße und Amphoren formten gewissermaßen ein Service, das einen Beitrag zur Verbreitung eines fundamentalen Aspektes der griechischen Lebensart leistete, der Kultur des Weines.

Porticello

Das Schiff von Porticello bei Villa San Giovanni (Reggio Calabria) ist in den Gewässern der Meerenge von Messina, vielleicht aus Griechenland kommend, gesunken; anhand der Ladung wurde es in die Zeit um 400 v. Chr. datiert. Holzfragmente eines Balkens sind mit der C^{14}-Methode analysiert worden. Das Ergebnis läßt auf den Bau diese Schiffes zwischen 450 und 400 v. Chr. schließen.

In dem Wrack wurden Amphoren verschiedener Provenienz gefunden, aus Mende in Nordgriechenland, aus einer punisch beeinflußten Region (Sizilien?) und aus dem süditalischen Raum (Locri?).

Der bedeutendste Fund ist jedoch der von Resten mehrerer Bronzestatuen, darunter ein männlicher Kopf, der des sog. Philosophen, der in das letzte Viertel des 5. Jahrhunderts v. Chr. datiert wird. Außerdem waren noch gestempelte Bleibarren, von denen sich nur zwei erhalten haben, und eine Reihe von Tintenfässern Bestandteile der Ladung. Zwischen dem Bordgeschirr fanden sich einige Stücke attischer Schwarzfirniskeramik (›bolsals‹), ein Skyphos und einige Öllampen, die in die Jahre 430–425 v. Chr. datiert werden; außerdem ein Mörser (*mortarium*) und etwas Gebrauchskeramik, vielleicht nordafrikanischen Ursprungs.

El Sec

Dieses Schiffswrack wurde in der Bucht von Palma de Mallorca entdeckt und teilweise ausgegraben. Es wird in die Mitte des 4. Jahrhunderts v. Chr. datiert und hatte als Ziel eventuell die Balearen. Es barg 474 Amphoren (der größte Teil ist heute verloren oder befindet sich in Privatbesitz), die als Transportgefäße für Wein dienten, der wahrscheinlich aus Gebieten des östlichen Mittelmeers stammte. Die Amphoren kommen überwiegend aus Samos, aber es fanden sich auch welche aus Mende, Thasos, Sinope, Korinth, Samos, Pantikapaion (?), Chios (?), Rhodos (?), Sizilien und aus punischen Gebieten, auch wenn diese Zuordnungen mit den Fortschritten der archäologischen Forschung noch einmal verglichen werden sollten.

Man vermutet, daß das aus Samos kommende Schiff in Piräus und/oder einem anderen bedeutenden Umschlagplatz haltgemacht hatte, in dem attische Keramik und Amphoren kleinerer Siedlungen an Bord genommen wurden. Die Präsenz süditalischer Amphoren (Sizilien?) ist Indiz für einen Aufenthalt auch in dieser Region, vielleicht in Syrakus, bevor sein Auftrag das Schiff nach Karthago führte.

Neben den Amphoren bestand die Ladung aus attisch-rotfigurigen Vasen (Kratere des Malers des Black Thyrsus, Skyphoi der Gruppe des Fat-Boy-Malers und Schalen der Gruppe Wien 116), Schwarzfirniskeramik, Gebrauchskeramik wahrscheinlich punischer Herkunft, bronzene Gefäße und Objekte (vielleicht etruskischer oder süditalischer Herkunft), gestempelte Bleibarren sowie Reibsteine aus Lavagestein. Es wurden auch Reste von Oliven, Mandeln, Nüssen und Pistazien geborgen.

Viele der Keramiken weisen Graffiti, bestehend aus kurzen griechischen oder punischen Inschriften, auf, die zu der Vermutung geführt haben, daß der Absatz der Waren punischen Händlern anvertraut war, die beauftragt waren, griechische Produkte im Westen zu vertreiben.

Aufgrund der Fülle an Transportgefäßen an Bord – darunter auch große Pithoi mit einem jeweiligen Fassungsvermögen von 1000 Litern – besteht die Hypothese, daß es sich hier um einen für diese Zeit außergewöhnlich großen Transport gehandelt haben muß, der an Ereignisse gebunden war, die heute nicht mehr nachvollziehbar sind.

Literatur: M. Austin – P. Vidal Naquet, Economies et sociétés en Grèce ancienne (1972); F. Braudel, La Mediterranée (1985); Sur le pas des Grecs en Occident. Hommages à André Nickels (1995); A. Arribas – G. Trias – D. Cerda – J. de Hoz, El barco de El Sec (Costa de Calvia, Mallorca). Estudios de los materiales (1987); C. J. Eiseman – B. S. Ridgway, The Porticello Shipwreck. A Mediterranean Merchant Vessel of 415–385 B.C. (1987); A. J. Parker, Ancient Shipwrecks of the Mediterranean Provinces, BAR International Series (1992); C. Vandermersch, Vins et amphores de Grand Grèce et de Sicile, IV–III siècle av. Chr. (1994); F. Laubenheimer, Le temps des amphores en Gaule. Vins, huiles et sauces (1990); I. K. Whitbread, Greek Transport Amphorae. A Petrological and Archeological Study (1995).

Klassifizierung und Numerierung der Zeichnungen der Funde von El Sec beziehen sich auf die Publikation Arribas–Trias–Cerda–de Hoz a. O. (Amphoren: D. Cerda, ebenda; attische Keramik: G. Trias, ebenda; Lampen: D. Cerda, ebenda; Gebrauchskeramik: A. Arribas, ebenda), außerdem auf die Klassifizierung von Vandermersch a. O. (MGS = Magna Grecia e Sicilia)

20 Funde aus El Sec

Amphoren

a. Amphore Typ H: »cabeza de cisne«. Herkunft unbekannt, 5./4. Jh. v. Chr.; Dm Rand 20 cm, Dm Bauch 38 cm, H 68 cm.
Palma de Mallorca, Museum Inv. 1369. – Cerda Nr. 482.

b. Amphore Typ C1: MGS IV. Herkunft: Großgriechenland/Sizilien, 4./Anfang 3. Jh. v. Chr.; Dm Rand 25,5 cm, Dm Bauch 34 cm, H 68 cm.
Palma de Mallorca, Museum Inv. 1370. – Cerda Nr. 425.

c. Amphore Typ C2. Herkunft: Großgriechenland/Sizilien, 4./Anfang 3. Jh. v. Chr.; Dm Rand 16 cm, Dm Bauch 35 cm, H 68 cm.
Porciuncola (Mallorca), Museum. – Cerda Nr. 432.

d. Amphore Typ O. Herkunft: Pantikapaion (?), Schwarzes Meer; dieser Typ ist auf der Agora von Athen dokumentiert im 3. Viertel des 4. Jhs. v. Chr.; Dm Rand 12 cm, Dm Bauch 39 cm, Dm Fuß 6 cm, H 69 cm.
Palma de Mallorca, Museum Inv. 5913. – Cerda Nr. 600.

e. Amphore Typ O. Herkunft: Pantikapaion, Schwarzes Meer (?); Datierung wie Kat.-Nr. 20 d; Dm Rand 13 cm, Dm Bauch 40 cm, Dm Fuß 6 cm, H 69 cm.
Palma de Mallorca, Museum Inv. 5912. – Cerda Nr. 601.

f. Amphore Typ P. Herkunft: Chios (?); dieser Typ ist auf der Agora von Athen dokumentiert im 3. Viertel des 5. Jhs. v. Chr.; Dm Rand 12,5 cm, Dm Bauch 35,5 cm, Dm Fuß 7 cm, H 68,5 cm.
Palma de Mallorca, Museum Inv. 27365. – Cerda Nr. 610.

Kat.-Nr. 20 b

Kat.-Nr. 20 d

Kat.-Nr. 20 e

Kat.-Nr. 20 f

Kat.-Nr. 20 i

Kat.-Nr. 20 j

Kat.-Nr. 20 j

Kat.-Nr. 20 h

Kat.-Nr. 20 k

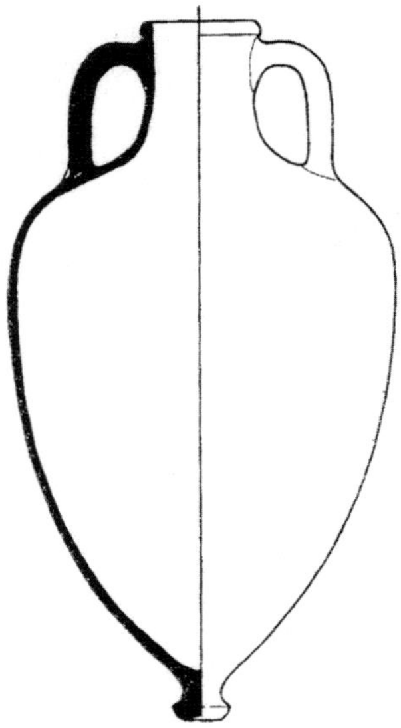

Kat.-Nr. 20 e

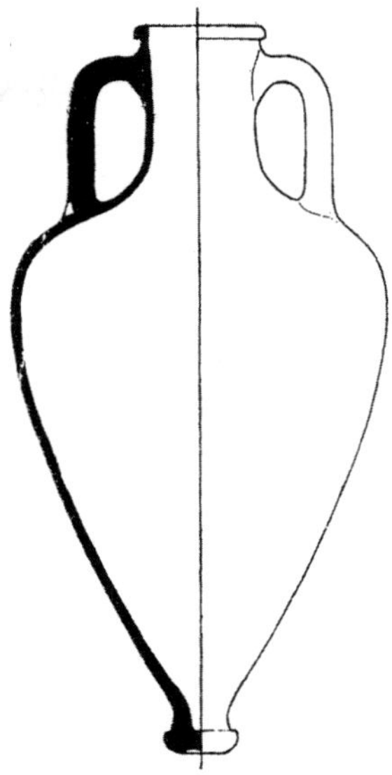

Kat.-Nr. 20 d

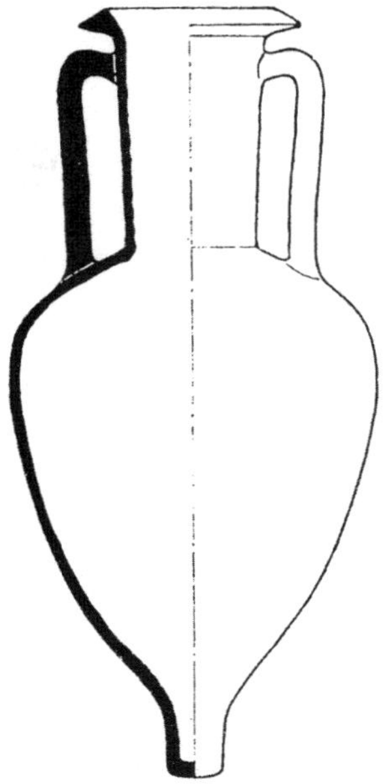

Kat.-Nr. 20 a

Kat.-Nr. 21 d

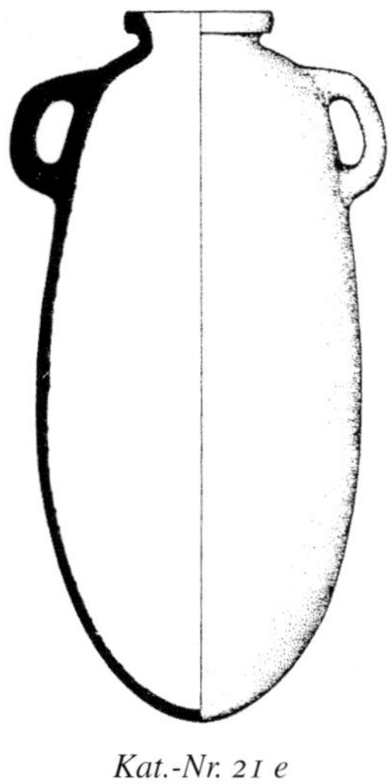

Kat.-Nr. 21 e

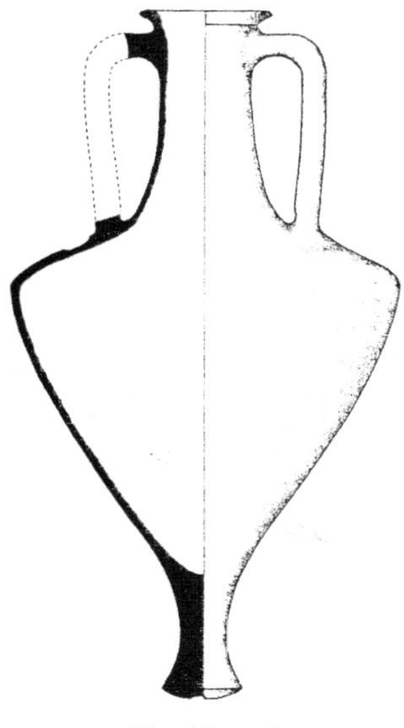

Kat.-Nr. 21 b

KERAMIK

g. Rotfigurige attische Schale, Gruppe Wien 116, 2. Viertel 4. Jh. v. Chr.; Dm Rand 14,7 cm, Dm Fuß 7,8 cm, H 4,4 cm.
Palma de Mallorca, Museum Inv. 27310. – Trias 96 Nr. 51 Abb. 51.

h. Attische Lampe (?), Agora Typ 24 C (R. H. Howland, Agora 4 [1958] 66), 2. Hälfte 4. Jh. v. Chr.; Dm max. 8 cm, H 5,2 cm.
Palma de Mallorca, Museum Inv. 27307. – Cerda 384 Nr. 412.

i. Attische Lampe (?), Agora Typ 25 A (R. H. Howland, Agora 4 [1958] 67), 2. Hälfte 4. Jh. v. Chr.
Palma de Mallorca, Museum Inv. 27308.

j. Pyxis, Typ Lamboglia 3 (Lamboglia 1952, 20), Agora Typ

D (B. A. Sparkes – L. Talcott, Agora 12 [1970] 328), 4. Jh. v. Chr.; Dm 5 cm, Dm Basis 5,8 cm, H 3,8 cm.
Palma de Mallorca, Museum Inv. 27306. – Cerda 243 Abb. 1.

k. Gebrauchskeramik: Chytra-Kasserole, 2. Hälfte 5. Jh./Anfang 4. Jh. v. Chr. (?); Dm Rand 19,1 cm, H 16,2 cm.
Palma de Mallorca, Museum Inv. 1390. – Arribas 522ff.

l. Gebrauchskeramik: Deckel; Dm max. 18 cm.
Palma de Mallorca, Museum Inv. 2657. – Arribas 522ff.

21 Amphoren aus Porticello

a. Amphore aus Mende (Chalkidike), Ende 5./Anfang 4. Jh. v. Chr.; Dm Bauch 40 cm, H 67 cm.
Reggio di Calabria, Museum Inv. 17835. – C. J. Eiseman – B. S. Ridgway, The Porticello Shipwreck. A Mediterranean Merchant Vessel of 415–385 B.C. (1987) 37 Typ 1.

b. Amphore aus Mende (Chalkidike), Ende 5./Anfang 4. Jh. v. Chr.; Dm Bauch 38 cm, H max. 63 cm.
Reggio di Calabria, Museum Inv. 17857. – Eiseman–Ridgway a. O. 37 Typ 1.

c. Amphore Typ MGS II. Herkunft: westgriechisch (Kampanien, Lukanien, Bruttium), 2. Hälfte 5./ 4. Jh. v. Chr.; Dm ›Schulter‹ 32 cm, Dm Rand 17 cm, H 82 cm.
Reggio di Calabria, Museum Inv. 17864. – C. Vandermersch, Vins et amphores de Grand Grèce et de Sicile, IV–III siècle av. Chr. (1994) 65.

d. Amphore, punische. Herkunft: zentraler Mittelmeerraum; Dm max. 32 cm, Dm Fußansatz 5,5 cm, H 112 cm.
Reggio di Calabria, Museum Inv. 17821. – Eiseman–Ridgway a. O. 43 Typ 2.

e. Amphore, punische. Herkunft unbekannt; Dm max. 29 cm, H 58,3 cm.
Reggio di Calabria, Museum Inv. 17810. – Eiseman–Ridgway a. O. 45 Typ 2.

G. O.

Übersetzung aus dem Italienischen: Stefan Wünscher

Bernhard Weisser

Münzfunde als Zeugnisse des Handels

In archaischer Zeit gab es nur in einigen Orten Münzen, seit Ende des 5. Jahrhunderts v. Chr. verbreitete sich dagegen das Münzprägen allgemein in Städten, bei Städtebünden und Herrschern. Die Vorteile von gemünztem Geld gegenüber dem reinen Metall als Tauschwährung lagen in der Normierung von Gewicht und Wert, für die ein Staat oder eine Person mit Bild und Namen garantierte. So erleichterte das Münzgeld jeglichen Handel.

Das Silber war das Basismetall der Münzen in klassischer Zeit. Die Gold- bzw. Elektronprägung beschränkte sich auf einige kleinasiatische Städte, auf persische Dareiken und auf Goldprägungen in Zeiten erhöhten Münzbedarfs bei gleichzeitigem Silbermangel (z. B. die athenischen Goldmünzen, die mit dem Einschmelzen von goldenen Nikestatuen in der Notlage des Peloponnesischen Krieges 407/406 v. Chr. in Verbindung gebracht werden). Überlegungen zu Erleichterungen im Umgang mit Münzgeld im täglichen Leben führten im ausgehenden 5. Jahrhundert v. Chr. in verschiedenen Regionen zur Einführung von bronzenem Kreditgeld (Sizilien, Sarmatia, Nordgriechenland).

In Ägypten, das keine eigene Münzprägung besaß, waren Münzen aufgrund ihres Metallwertes begehrt. Sie wurden in Edelmetallhorten gesammelt und teilweise über mehrere Generationen aufbewahrt. In Gegenden mit eigener Münzprägung sind solche Hortfunde dagegen kaum zu erwarten, denn die Münzen wurden hier immer wieder dem Münzumlauf zugeführt. Ein charakteristischer Münzhort aus Ägypten, dessen Schlußmünze in das 4. Jahrhundert v. Chr. zu datieren ist, bildet der sog. Fund von Zagazig (Münzkabinett Berlin, Überblicksansicht Abb. 1). Er beinhaltet Münzen verschiedener Herkunft aus der östlichen Mittelmeerregion. Hierbei handelt es sich um die Handelsgewinne von einem oder mehreren Reisenden und um den repräsentativen Querschnitt des Metallgeldes, das in Ägypten seit frühklassischer Zeit kursierte. Neben Münzen enthält der Hortfund auch Silberbarren. In seiner Zusammensetzung aus größeren Nominalen entspricht er K. Krafts Definition für Hortfunde: »Hortfunde bevorzugen das Edelmetall« und entstehen unter einer »Auswahl nach Wertgesichtspunkten«.

Ein Teil der Münzen stammt aus den thrakisch-makedonischen Landschaften (Kat.-Nr. 22 b. c), darunter sind auch Oktodrachmen der Derronen (Kat.-Nr. 22 i) als eine Bergwerksprägung. Weiterhin sind Münzen aus Akanthos, Thasos, Dikaiopolis (Kat.-Nr. 22 a), Mende, Potidaia und Terone

Abb. 1. Der Fund von Zagazig. Überblicksansicht

(Kat.-Nr. 22 d) vertreten. Athen bildet den anteilsmäßigen Schwerpunkt (Kat.-Nr. 22 e–g), danach folgt Aigina. Die athenischen ›Eulen‹ waren in Kleinasien, Ägypten und der Levante so begehrt, daß sie lokal nachgeahmt wurden, um die Nachfrage zu befriedigen. Eine solche Nachahmung befindet sich auch im Fund (Kat.-Nr. 22 h). Mit weiteren Exemplaren sind Delphi, Korinth, Paros, Sinope, Teos, Chios, Samos, Karpathos, Rhodos, Phaselis sowie andere lykische Prägungen, Zypern und Kyrene vertreten. Eine Münze aus Messana auf Sizilien vervollständigt das Bild vielfältiger Handelsbeziehungen in klassischer Zeit. Das eingenommene Geld wurde nicht ohne weiteres akzeptiert, sondern durch tiefe Einhiebe und -schnitte geprüft, die fast alle Münzen aufweisen. Dadurch konnte man eine Münze mit einem Kern aus unedlem Metall erkennen.

Der Hortfund illustriert die vielen verschiedenen Währungen, die nebeneinander existierten. Ähnliches läßt sich auch für Athen annehmen. Hierfür ist eine Inschrift von 429/28 v. Chr. repräsentativ, in der Tempeleinnahmen aus kyzikenischem und phokäischem Gold (eigentlich Elektron), persischen Golddareiken, ungemünztem Gold und Silbermünzen von Ägina, Chios, Korinth, Akanthos, Samos und Tarent aufgelistet werden (IG I^3 383, Z. 15–34). Einen literarischen Niederschlag finden die Handelsbeziehungen bei dem Dichter Hermippos, einem Zeitgenosse von Perikles. In einer Komödie läßt er so einen Überseekapitän die Handelspartner und die vielfältigen nach Athen importierten Güter aufzählen.

Literatur: Goldmünzen Athens, u. a.: C. M. Kraay, Archaic and Classical Greek Coins (1976) 68 f. – ›Fund von Zagazig‹: H. Dressel – K. Regling, Zwei ägyptische Funde altgriechischer Münzen:. ZfN 37, 1927, 1–138 [im folgenden: Dressel–Regling]: Erstpublikation des Hortes von Zagazig; J. H. Kroll, A Small Find of Silver Bullion from Egypt, in: American Journal of Numismatics 2001 (im Druck): Datierung des Verbergungszeitraumes des Hortfundes von Zagazig in das 4. Jh. v. Chr.; K. Kraft, Zur Auswertung und Bereitstellung der römischen Münzfunde, Congrès International de Numismatique, Paris 6–11 Juillet 1953, Bd. 2: Actes (1957) 175–179 (nachgedruckt in: D. Kienast – H. Castritius [Hrsg.], K. Kraft, Gesammelte Aufsätze zur antiken Geldgeschichte und Numismatik I [1978] 76–80): allgemeine Definition von Hortfunden; M. Price – N. Waggoner, Archaic Greek Coinage. The Asyut Hoard (1975) 22: zur Zusammensetzung von Zagazig. – Hermippos: Hermippos f. 63 K. Übers. O. Weinreich, in: L. Seeger, Aristophanes. Sämtliche Komödien nebst Übersetzung von Fragmenten der alten und mittleren Komödie (1952).

Kat.-Nr. 22 a–j (von oben links nach unten rechts)

22 Der sog. Hort von Zagazig (Auswahl)

a. Dikaia (Makedonien), Tetradrachmon. 26–29 mm, 17,31 g
Berlin, Münzkabinett Inv. 1902/693. – Dressel–Regling 112 Taf. 4.

b. Unbestimmte Münzstätte in Thrakien-Makedonien, Tetradrachmon. 26–27 mm, 13,92 g
Berlin, Münzkabinett Inv. 1902/697. – Dressel–Regling 117 Nr. 186 Taf. 4.

c. Unbestimmte Münzstätte in Thrakien-Makedonien, Stater (Didrachmon). 19–24 mm, 9,57 g
Berlin, Münzkabinett Inv. 1902/699. – Dressel–Regling, 119 Nr. 188 Taf. 4.

d. Terone (Makedonien), Tetradrachmon. 27 mm, 15,47 g
Berlin, Münzkabinett Inv. 1902/804. – Dressel–Regling 115 Nr. 183 Taf. 4.

e. Athen (Attika), Tetradrachmon. 20–21 mm, 17,25 g
Berlin, Münzkabinett Inv. 1902/702. – Dressel–Regling 120 Nr. 191 Taf. 5.

f. Athen (Attika), Tetradrachmon. 25–28 mm, 17,19 g
Berlin, Münzkabinett Inv. 1902/705. – Dressel–Regling 122 Nr. 206 Taf. 5.

g. Athen (Attika), Tetradrachmon. 22–26 mm, 14,85 g
Berlin, Münzkabinett Inv. 1902/811. – Dressel–Regling 123 Nr. 219.

h. Nachahmung eines athenischen Tetradrachmons. 21–22 mm, 12,25 g
Berlin, Münzkabinett Inv. 1902/704. – Dressel–Regling 121 f. Nr. 204.

i. Derronen (Makedonien), Dekadrachmon. 33–36 mm, 31,31 g
Berlin, Münzkabinett Inv. 1902/803. – Dressel–Regling 108 f.

j. Silberbarren (mit athenischem Tetradrachmon verbacken). 49–57 mm, 156,57 g
Berlin, Münzkabinett Inv. 1902/ ohne Nummer. – Dressel–Regling 135 Nr. b.

B. W.

Wolf-Dieter Heilmeyer

Athen und Griechenland

Unsere archäologische Kenntnis vom klassischen Griechenland ist noch lange nicht flächendeckend: Gegenden mit reichen Funden, denen die wissenschaftliche Aufmerksamkeit schon lange sicher ist – Athen und Attika, die griechischen Inseln, die Peloponnes – stehen andere gegenüber, in denen die historische Überlieferung viel schwächer ist. Mehr noch: solange man die griechische Kunst als einheitliches Phänomen mit einer einheitlichen Entwicklung gesehen hat, war man auf Athen und Attika als Kernländer der Klassik fixiert und nahm allenfalls die Peloponnes als Kontrahenten in den Blick. So gesehen, ist die klassische Kunstepoche sogar eine der radikalen Konzentration und Verarmung: Denn die traditionelle Kunsttopographie der archaischen, vor der klassischen blühenden Epoche nennt eine Vielzahl großer, mittlerer und kleiner ›Bildhauerschulen‹, die sich im archäologischen Material der Keramiken, Votivbronzen, Steinbildwerke, ja sogar des Schmucks wiederfinden lassen. Das endet mit der ›Einigung‹ Griechenlands nach den Perserkriegen und der politischen Zusammenfassung in die großen attischen und peloponnesischen Städtebünde. Doch darf man sich auch von den üblicherweise herangezogenen topographischen Übersichten nicht festlegen lassen: der römische Reiseführer Pausanias (2. Jh. n. Chr.) beschreibt Griechenland nach der römischen Provinzeinteilung, läßt also z. B. Kreta aus, und unsere Übersichten sind von den modernen Ländergrenzen bestimmt, die z. B. Kleinasien vom heutigen Griechenland abtrennen.

Geographisch ist der griechische Kulturraum im Norden zum Balkan und im Osten ins Innere Kleinasiens ebenso offen wie nach Süden und Westen für die griechischen Schiffe. Kulturgeographisch war die griechische Klassik daher prinzipiell grenzenlos. Um ihre Resultate dennoch nach ihrer Entstehungssituation beurteilen zu können, ist eine Bestimmung ihrer Produktionszentren in ihrer historischen Differenzierung von Nutzen. Dies muß alle örtlichen Funde, die örtlichen Materialressourcen und die möglichen Absatzgebiete einschließen. Und es muß für alle griechisch besiedelten, also nach griechischer Gesellschaftsordnung, d. h. nach griechischem Stadtrecht organisierten Gegenden gelten, also das westliche Kleinasien, das Schwarzmeergebiet, den südlichen Balkan,

Abb. 1. Grabstele eines Mannes mit Helm aus Minoa, inselionische Werkstatt, um 440/30 v. Chr., Echo auf den ›Parthenonstil‹. Amorgos, Archäologische Slg. Inv. K. 9

Abb. 2. Grabstele eines Mädchens aus Nea Kallikrateia, parische Werkstatt, um 440 v. Chr. Thessaloniki, Archäologisches Museum Inv. 6876

Süditalien und bestimmte Schwerpunkte in Mittel- und Norditalien, sogar in Südfrankreich und Spanien einschließen. Blickt man auf das städtische Leben, so ist auch das städtische Produzieren gemeint, zuerst die konkurrenzhafte, vereinzelnde Spezialisierung, dann die Zusammenfassung in Produktionsgemeinschaften und Handelsorganisationen. So gesehen, unterscheidet sich ›Griechenland‹ im Inneren sehr stark, aber auch im Ganzen von seinen keltischen und skytischen Nachbarn im Norden und von den im persischen Flächenstaat zusammengefaßten orientalischen und nordafrikanischen Regionen. In Athen wurden im 5. und 4. Jahrhundert v. Chr. nahezu alle Gattungen klassischer Kunstproduktion bis zu Kleidung und Möbeln hergestellt, Korinth hatte dagegen z. B. neben seiner Ton- und Bronzeindustrie ein blühendes Bauhandwerk. Wenn andere Orte nur für Einzelzweige bekannt waren, muß archäologische Forschung nun die Beweise sammeln, auf welchem Niveau und durch welche Importe das heimisch Fehlende ausgeglichen wurde. Wir müssen bei der Sammelarbeit unterscheiden zwischen regionalen Produktionen, vor allem aus dem überall vorhandenen Holz und Ton, überregionalen Produktionen, besonders der Handelskeramik, den wertvolleren Metallarbeiten usw., sowie den Großaufträgen, aus denen in klassischer Zeit die eigentlichen

Kunstschulen erwuchsen. Diese schwankten zwischen dem althergebrachten Wanderhandwerkertum und erheblichen Betriebsgrößen. An der Entstehung der ›klassischen Kunst‹ waren viele beteiligt (Abb. 1).

Kat.-Nr. 23

23 Sog. Stele Giustiniani

Parischer Marmor; H 143 cm
Parische Werkstatt, um 450 v. Chr.
Aus Griechenland, im 19. Jh. in Venedig, Slg. Giustiniani
Berlin, Antikensammlung Inv. Sk 1482

Grabstele einer jungen Frau, die einen Schmuckkasten geöffnet hat. Die Stele wird mit anderen Reliefs, darunter einer wenig jüngeren von der Chalkidike in Thessaloniki (Abb. 2), zu den inselionischen Bildhauerwerkstätten gerechnet, die seit archaischer Zeit im Bereich des hervorragenden Marmors des Kykladeninsel Paros arbeiteten. Zu Recht hat man betont, daß diese Werkstätten gleichwertig denjenigen waren, die den hochklassischen Parthenonstil in Athen schufen, und mit Sicherheit sogar eine der Quellen desselben.

Literatur: B. Knittlmayer – W.-D. Heilmeyer (Hrsg.), Die Antikensammlung. Altes Museum – Pergamonmuseum (1998) 132 f. Nr. 71.

24 Grabstele des aus Phokis (Landschaft um Delphi) stammenden Alkias

Marmor; H 74 cm, B 50 cm
Aus Korinth, um 400 v. Chr.
Athen, Nationalmuseum Inv. 751

Kat.-Nr. 24

Die eigentümliche Darstellung des von hinten gesehenen Kriegers, der über einen Gefallenen schreitet, ist von »provinzieller Naivität« (S. Karousou), aber nicht ohne attische Bilderfahrung denkbar. Das Schwanken der Reliefschichtung, die Rahmung des Bildfeldes durch (ursprünglich farbig hervorgehobene) seitlich herabhängende Totenbänder und die durch das schleifende Gewand des Kriegers betonte Drastik, überhaupt die »Mittelstellung zwischen Relief und Malerei« (Lippold) erweisen die Eigenständigkeit des korinthischen Reliefs.

Literatur: S. Karousou, Illustrierter Führer (1978) 88 Nr. 751; Lippold, Griech. Plastik (1950) 222 Anm. 12.

W.-D. H.

Die Nachbarn im Norden

Wolf-Dieter Heilmeyer

Kelten und Skythen

Im Nordwesten begegneten die Griechen auf ihren Handelsfahrten den keltischen Stämmen, in Nordosteuropa den skythischen. Beide Kulturkreise zeichnen sich durch die ungeheuer goldreichen Bestattungen in Grabhügeln aus, die man nach Größe und Ausstattung gewöhnlich »Fürstengräber« nennt. Und beide sind mit griechischen Bezeichnungen (Keltoi, Skythai) aus der Vorgeschichte in die Geschichte getreten.

25 Funde aus dem ›Fürstengrab 1‹ von Schwarzenbach bei St. Wendel/Saar

Gefunden 1849
Keltisch und etruskisch, um 400 v. Chr. zusammengestellt
Literatur: Antikenmuseum Berlin. Die ausgestellten Werke (1988) 294 f. Vitr. 22,1 (vgl. Vitr. 6,1,7); G. Platz-Horster, Altes Museum – Antiker Goldschmuck (2001) 48 ff. Nr. 28.

a. Spitzamphora

Bronze
H 38,2 cm ohne Deckel
5. Jh. v. Chr.
Berlin, Antikensammlung Inv. Fr. 674

Zusammen mit einer heute verschollenen Bronzekanne um 400 v. Chr. als älterer Import aus dem etruskischen Italien ins keltische Grab gestellt.

b. Keltische Goldblechbeschläge von zwei Trinkhörnern

Blechstreifen, z. T. durchbrochen, Palmetten in verschiedener Größe, Masken u. a.
Keltisch (Latène A)
Berlin, Antikensammlung Inv. GI 4
Eine die antike Anordnung der Bleche erläuternde Plexiglasmontage wird mit ausgestellt.

c. Keltische Goldblechbeschläge eines weiteren Trinkhorns

1887 fälschlich auf eine moderne Messingschale (Dm 12,1 cm) montiert: die Bleche müßten, analog Kat.-Nr. 25 b montiert, ein etwas größeres Trinkhorn geschmückt haben.
Berlin, Antikensammlung Inv. GI 4

Das keltische Kunsthandwerk hat nach Vorbildern aus dem griechischen Kulturkreis (Lotosblüten, Palmetten, Voluten, Blattformen) eine Linearornamentik eigener Prägung entwickelt, die die im Süden üblichen Epocheneinteilungen überspielt.

26 Der Fund von Vettersfelde/Niederlausitz (heute Witaszkowo bei Guben in Polen)

Ausgegraben 1882
Skythisch, um 500 v. Chr.
Literatur: Antikenmuseum Berlin. Die ausgestellten Werke (1988) 320 f. Vitr. 22, 10; G. Platz-Horster, Altes Museum – Antiker Goldschmuck (2001) 43 f. Nr. 25.

a. Griff und Klinge eines Schwertes, Eisen und Goldblech, sowie Goldbeschlag einer Schwertschneide: Tierfriese

L des Scheidenbeschlags 19 cm
Berlin, Antikensammlung Inv. Misc. 7844/50 (GI 2)

Kat.-Nr. 25 a–c

b. Schwertscheiden-Beschlag

L 19,9 cm
Original Kriegsverlust
Kopie: Mainz, Römisch-Germanisches Zentralmuseum

c. Goldene Kette, Armring, zwei Anhänger, einer mit Steineinlage, Ohrring; mehrere weitere Schmuckstücke Kriegsverlust

L des Ohrgehänges 7,7 cm
Berlin, Antikensammlung Inv. Misc. 7843/45/46/51/53

d. ›Schleifstein‹, oben in Gold gefaßt und durchbohrt zum Anhängen

L 16,4 cm
Berlin, Antikensammlung Inv. Misc. 7852

e. Goldene Zierplatte mit Tierfriesen

17 x 17 cm
Berlin, Antikensammlung Inv. Misc. 7841

f. Der Fisch von Vettersfelde: aus starkem Goldblech getrieben mit der Darstellung von Panther und Löwe als Herren der Erde, einem Mischwesen aus Fisch und Mann als Herrn der Meere und dem Adler mit der Schlange als Herrn der Lüfte

L 41 cm, heutiges Gewicht über 600 g
Berlin, Antikensammlung Inv. Misc. 7839 (GI 2)

Die Tierdarstellungen auf den Goldblechen sind griechischer Kunst so nahe verwandt, daß sie von griechischen Handwerkern stammen können. Ihre Zusammenstellung auf den ornamentalen oder selbst wieder figürlichen Blechen (Fisch) gehört in den Bereich skythischer Applikationen, wobei offenbleiben muß, wozu der Fisch eigentlich gedient haben kann. Unklar bleiben auch die Fundumstände: sind Skythen selbst soweit nordwestlich bis in unsere Weltgegend geritten? Und warum? W.-D. H.

Kat.-Nr. 26 a–d

Die Nachbarn im Osten

Christof Berns

Ionien und Lykien

»Städte, die früher groß waren, sind größtenteils klein geworden; und die zu meiner Zeit mächtig waren, sind früher unbedeutend gewesen.« Herodot I 5

Ionien vor und nach den Perserkriegen

Das Jahr 499/8 markiert mit dem Abfall Milets und seiner Bundesgenossen vom Perserreich einen tiefen Einschnitt in der Geschichte Ioniens. In archaischer Zeit war die Landschaft eines der prosperierendsten Gebiete der griechischen Welt gewesen. Dies galt weitgehend unbeeinflußt von den wechselnden äußeren Abhängigkeiten ihrer Städte, die seit 560 zum lydischen, seit 546 zum persischen Reich gehört hatten. Mit dem ökonomischen Erfolg waren prägende kulturelle Leistungen einher gegangen, die mit den Namen der ionischen Naturphilosophen oder Bildhauerschulen wie der von Chios verbunden sind. Der Formenkanon der ionischen Architekten wurde noch im westlichen Mittelmeerraum aufgegriffen. Ausführlich beschreibt Herodot (III 60) drei als außerordentliche Schöpfungen empfundene Bauten jener Zeit in Samos als »die gewaltigsten aller Griechen«: die unterirdische Wasserleitung des Eupalinos, die nahezu vierhundert Meter lange Hafenmole und den Neubau des Heratempels.

Mit den Perserkriegen verloren die ionischen Städte ihre wirtschaftliche Macht und ihre kulturelle Autorität. Zwar scheinen die Milesier, die nach dem Scheitern des Ionischen Aufstandes deportiert worden waren, nach ihrer Rückkehr noch einmal versucht zu haben, ein Zeichen dagegen zu setzen. Wohl zum ersten Mal überhaupt legten sie der Neuplanung ihrer von den Persern zerstörten Stadt ein Rastersystem zugrunde. Doch fehlte es offenkundig an Mitteln zur weiteren Ausgestaltung, denn der zur selben Zeit wieder errichtete Athenatempel scheint für lange Zeit das einzig bedeutendere Bauwerk der Stadt geblieben zu sein. Auf dem Gebiet der klassischen Skulptur wirkt der berühmte Torso (Kat.-Nr. 164), der im römischen Theater von Milet gefunden worden ist, als erratisches Objekt.

Die gegenüber der archaischen Zeit veränderte Befindlichkeit der ionischen Städte wurde vermutlich nicht nur durch die Last der unmittelbaren Kriegsfolgen bestimmt, sondern auch durch die angesichts der andauernden Konfrontation mit dem persischen Reich veränderten Rahmenbedingungen ihrer ökonomischen Aktivität, durch dramatische innere Konflikte und nicht zuletzt durch die Konzentration von Ressourcen in der die antipersische Allianz dominierenden Stadt: Athen. In Samos, das bis 479 auf Seiten der Perser gestanden hatte und deshalb nicht zerstört worden ist, fällt der Kontrast zwischen dem reichen Erscheinungsbild des archaischen Heraion und dessen Situation in klassischer Zeit auf. Das einzig bedeutendere Votiv aus dem 5. Jahrhundert scheint eine Skulpturengruppe des Myron gewesen zu sein. Sie war anläßlich des Sieges der Athener über eine Revolte der Samier, die im Jahre 440 den Seebund hatten verlassen wollen, geweiht worden. Auch in den Heiligtümern von Chios, Smyrna und Didyma waren im 5. Jahrhundert nur bescheidene Aktivitäten zu verzeichnen.

Erst im Laufe des 4. Jahrhunderts deutete sich mit der Verlegung von Kolophon, Magnesia, Priene und vielleicht auch Smyrna eine Wende im Geschick der ionischen Poleis an, bevor ihre Stadtbilder dann in hellenistischer Zeit als Bühne monarchischer Repräsentation eine neue Qualität gewannen.

Das Artemision von Ephesos

Eine mögliche Antwort auf die skizzierte Situation war der Rekurs auf die große eigene Tradition, wie er sich beim Artemision von Ephesos (Kat.-Nr. 27–30) beobachten läßt. Begonnen worden war dieser Tempel freilich als etwas radikal Neues. Vermutlich hatte ihn der ephesische Tyrann Pindaros kurz vor 560 als Antwort auf ein ähnliches, nur wenig früher begonnenes Projekt des Tyrannen von Samos in Auftrag gegeben. Beide Unternehmen stellten eine technische und ästhetische Herausforderung ohnegleichen dar, denn die neuen Tempel sollten um ein vielfaches größer als ihre jeweiligen Vorgängerbauten, ja größer als jeder bislang errichtete griechische Tempel überhaupt werden. In den folgenden Jahrzehnten hielten die Epheser über alle politischen Umwälzungen hinweg an dem einmal gefaßten Plan fest, bis der Tempel gegen 440 fertiggestellt war, mithin ungefähr zu der Zeit, als der Parthenon in Athen geweiht wurde. Das kühne Vorhaben zur Selbstdarstellung eines Herrschers hatte sich unterdessen zum Sinnbild einer bedeutenden, über die Figuren seiner Erbauer hinausweisenden Tradition des Ortes gewandelt.

Dieser Ort, das ephesische Heiligtum, war das Kultzentrum einer orientalischen, mit Artemis identifizierten Fruchtbarkeitsgöttin. Zu seiner Kultpraxis gehörte nicht nur, wie in griechischen Heiligtümern, die Veranstaltung von Spielen. Es wird auch von der Anwesenheit persischer Magier berichtet (Plutarch, Alexander 3) und der ›Megabyzos‹ genannte Oberpriester war ein Eunuch (Strabon 14, 1,23). Sichtbares Zeichen seiner langen Tradition war das Kultbild der Göttin, eine altertümliche Holzstatuette, die als vom Himmel gefallen galt (Plinius, Nat. hist. 16, 213 f.).

Der Tempel selbst wirkte bei seiner Fertigstellung als Monument einer vergangenen Epoche. Sein ganzer Habitus widersprach dem Leitbild des Maßvollen und Regelhaften, das für den Parthenon und andere Bauten klassischer Zeit so charakteristisch ist. Das machte schon seine enorme, mehr als sechstausend Quadratmeter große Fläche deutlich, vor allem aber die Einzelheiten der Gestaltung. So standen die Säulenbasen auf hohen, kubischen Sockeln, die ebenso wie die Säulenhälse mit Reliefs verziert waren. Den oberen Abschluß des Gebälks bildete eine Sima, die altmodisch steil aufragte und zudem noch mit figürlichen Reliefs geschmückt war (Kat.-Nr. 27). An diesen Reliefs war bis gegen 460 gearbeitet worden. Ihre Darstellungen müssen also, auch wenn sie zumindest teilweise bereits in spätarchaischer Zeit konzipiert und umgesetzt worden sind, insgesamt den Vorstellung entsprochen haben, die sich die Epheser in der Mitte des 5. Jahrhunderts von der Dekoration eines repräsentativen Bauwerks machten. Zumindest können sie diesen Vorstellungen nicht widersprochen haben. Ein von den klassischen Bauten Athens geprägter Betrachter entdeckte freilich neben Vertrautem auch viele Elemente einer fremd gewordenen Bilderwelt. So sah er beispielsweise Kämpfe, die mit Hilfe von Streitwagen ausgefochten wurden. Einen nicht unbedeutenden Teil der Darstellung scheint eine Prozession ausgemacht zu haben, an der Griechen und Perser, den ambivalenten Zügen des ephesischen Artemiskultes entsprechend, gemeinsam teilnahmen.

Die Betonung der eigenen Tradition gegenüber den in anderen Städten, insbesondere in Athen propagierten Leitbildern bestimmte, wie T. Hölscher gezeigt hat, auch die Weihung der Amazonen in das Artemision (Kat.-Nr. 28–30), auf dessen Bedeutung als Ort der Asylie die Statuengruppe verwies. Ihren hohen Stellenwert für die Selbstdarstellung der Epheser, welche die Gruppe nicht lange nach der Fertigstellung des Tempels in Auftrag gegeben hatten, brachte die Beteiligung der berühmtesten klassischen Bildhauer zum Ausdruck.

Lykien

Gewissermaßen ein Gegenmodell zur Fixierung auf die Überlieferung entstand im speziellen kulturellen und politischen Umfeld Lykiens. Zwischen ungefähr 470 und 370 wurde hier die Entwicklung einer Bildersprache forciert, in der griechischer, von athenischen Vorbildern geprägter Stil als Ausweis monarchischer Qualitäten fungieren sollte. Besonders deutlich läßt sich das am Beispiel der Monumente von Xanthos verfolgen.

Abb. 1. Nereiden-Monument von Xanthos

Die Stadt war der wohl bedeutendste Herrschersitz innerhalb der kleinteiligen politischen Geographie Lykiens, und ihre Bürger hatten noch auf dem Kriegszug des Xerxes von 481 bis 479 an der Seite der Perser gekämpft. Zehn Jahre später scheint der athenische Feldherr Kimon Xanthos erobert und in den Delisch-Attischen Seebund gezwungen zu haben, auf dessen unvollständig erhaltenen Tributlisten es zwischen 452 und 445 belegt ist. Danach ist die Stadt aber noch vor 442 wieder unabhängig geworden, bevor sie bald erneut persischer Oberhoheit unterstand. Dabei wurde sie stets von einer einheimischen Dynastie regiert, deren Angehörige eine umfangreiche Bautätigkeit auf dem Siedlungshügel veranlaßten. Zeugnisse davon sind unter anderem mehrere Friese, deren Blöcke in der byzantinischen Ummauerung der Akropolis verbaut gefunden worden sind und die offenbar einst die Grabmonumente der Herrscher dekorierten. Die ambivalenten, griechische mit persischen Zügen verbindenden Darstellungen dieser Friese sind oft als Reflexe einer mal griechischen, mal persischen Dominanz über Xanthos verstanden worden. Dagegen spricht freilich, daß die heterogenen stilistischen und ikonographischen Merkmale mitunter an ein und demselben Monument, wie beispielsweise am sog. Gebäude G, zu beobachten sind. Die Darstellungen sind deshalb eher mit dem Versuch der Herrscher zu erklären, eine eigene, ihren spezifischen Bedürfnissen angepaßte Bildersprache zu finden. Dies ergibt sich auch aus den Forschungen zum sog. Nereiden-Monument, das gegen 380 als Grabbau des Herrschers Arbinas an exponierter Stelle unterhalb der Akropolis von Xanthos errichtet worden sein dürfte (Kat.-Nr. 31).

Die zahlreichen Reliefffriese, die das Monument dekorierten, entfalten ein Panorama der Qualitäten des Herrschers, indem sie ihn beispielsweise als erfolgreichen Kämpfer, als Städtebezwinger oder als Jagdherrn zeigen. Diese Topoi des Herrscherlobs gehen auf achämenidische Repräsentationsmuster zurück, und teilweise leiten sich auch die zu ihrer Darstellung verwendeten Bildformeln, wie etwa Szenen der Stadteroberung, von entsprechenden Vorlagen her. Vor allem die Kampfszenen sind hingegen von griechischen Denkmälern, etwa den Friesen des Athena-Nike-Tempels in Athen, be-

einflußt. Andere Bilder, wie die Schilderung eines Männergelages (Abb. 2), sind vieldeutiger. Entsprechende Darstellungen lassen sich im persischen Bereich nicht nachweisen, doch auch die Analogie zum griechischen Symposion erweist sich als trügerisch. Die deutliche Hierarchisierung der Zecher, die sich beispielsweise in der räumlichen Distanzierung einer Hauptfigur, ihrer Ausstattung mit einer besonderen Kline oder in der Zuwendung der Dienerschaft äußert, erweist das Bankett vielmehr als ein Element monarchischer Selbstdarstellung. So bezeugen die Reliefbilder insgesamt eine recht freie, an den Repräsentationsabsichten des Auftraggebers orientierte Adaption heterogener Vorlagen.

Der griechische Stil, der alle Reliefs unabhängig von ihrer Ikonographie kennzeichnet, sollte in diesem Zusammenhang offenbar dokumentieren, daß der Herrscher über griechische Kultur als Attribut verfeinerter Lebensführung verfügte. Daß dies ein in Lykien verbreiteter Habitus war, lassen Funde attischer Keramik auf der Akropolis von Xanthos und sogar in abgelegeneren Orten Zentrallykiens vermuten. Wie intensiv sich Arbinas um diese Lebensführung bemühte, zeigt nicht nur die Anwesenheit griechischer Kulturvermittler an seinem Hof, sondern auch ein Weihgeschenk in dem zu Xanthos gehörenden Letoheiligtum. Dessen griechisches Epigramm verkündet nicht ohne Stolz, daß es der lykische Dynast auf den Rat des Orakels von Delphi gestiftet hatte. Die an den Reliefs zu beobachtenden ambivalenten Züge zeigte auch die Architektur des Grabmonuments. Es hatte die Gestalt eines griechischen Tempels, der wie ein Zeichen auf einem hohen Sockel präsentiert wurde (Abb. 1). Einige seiner Details scheinen das Zitat besonders zu autorisiert haben zu wollen, indem sie prominenten Beispielen nachgebildet waren. So lassen sich die ionischen Kapitelle (Kat.-Nr. 31) auf diejenigen des Erechtheion in Athen (s. Kat.-Nr. 528) zurückführen. Bezeichnend für den freien Umgang mit den Vorlagen ist dabei die unverblümte Inanspruchnahme der sakralen Bauform für die Selbstdarstellung des Monarchen. Sie kulminierte im Tympanon der Hauptseite des Monumentes, in dem das Herrscher- wie ein Götterpaar dargestellt war.

Das mit dem Nereiden-Monument des Arbinas eindrucksvoll ausgestaltete Repräsentationsmuster wurde in der Folge von anderen lykischen Herrschern aufgegriffen und prägte so auch die Grabbauten des Perikles von Limyra und des Heroons von Trysa (Kat.-Nr. 32–34), das zu einem unbedeutenderen Herrschersitz gehörte. Der Entwurf des Heroons war offenbar vom Theseusgrab in Athen (Pausanias 1, 17, 2–6) inspiriert, und sein reicher Bildschmuck verband Elemente des Herrscherlobs mit einer Dokumentation griechischer Bildung, die sich beispielsweise in bildlichen Zitaten der Ilias äußerte.

Literatur: Ionien allgemein: C. Emlyn-Jones, The Ionians and Hellenism (1980); M. Corsaro in: S. Settis (Hrsg.), I Greci II 2 (1997) 27 ff.; Verschiedene Beiträge in: F. Krinzinger (Hrsg.), Die Ägäis und das westliche Mittelmeer (2000); F. Işik in: D. Papenfuß – V. M. Strocka (Hrsg.), Gab es das griechische Wunder? (2001) 147 ff. – Chios: A. Archontidou-Argyri – Th. Kyriakopuolou (Hrsg.), Χίος (2000). – Didyma: W. Hahland, JdI 79, 1964, 142 ff. – Kolophon: L. B. Holland, Hesperia 13, 1944, 91 ff. – Magnesia: C. Humann, Magnesia am Mäander (1904). – Milet: A. Linfert, AntPl 12 (1973) 81 ff.; W. Hoepfner – E. L. Schwandner, Haus und Stadt im klassischen Griechenland[2] (1994) 17 ff.; W. Held, Das Heiligtum der Athena in Milet (2000). – Priene: F. Rumscheid, Priene (1998). – Samos: H. Kyrieleis, Führer durch das Heraion von Samos (1981); H. Kienast, AM 113, 1998, 111 ff.; B. Freyer-Schauenburg in: H. Friesinger – F. Krinzinger (Hrsg.), 100 Jahre Österreichische Forschungen in Ephesos (1999) 689 ff.; E. Berger in: 38. Suppl. BCH (2001) 27 ff. – Smyrna: J. M. Cook – R. V. Nicholls, Old Smyrna Excavations: The Temples of Athena (1998).

Lykien allgemein: Ch. Bruns-Özgan, Lykische Grabreliefs des 5. und 4. Jhs. v. Chr. (1987); B. Jacobs, Griechische und persische Elemente in der Grabkunst Lykiens zur Zeit der Achämenidenherrschaft (1987); Ch. Le Roy in: Festschrift E. Akurgal (1989) 217 ff.; P. Briant, Histoire de l'empire perse de Cyrus à Alexandre (1996) bes. 575 f. 626 f.; A. G. Keen, Dynastic Lycia (1998); F. Kolb, Lykische Studien 5 (2000). – Xanthos: H. Metzger, Fouilles de Xanthos 2 (1963); P. Coupel – H. Metzger, RA 1976, 247 ff.; Th. Marksteiner, Die befestigte Siedlung von Limyra (1997) 101 ff. – Votiv im Letoon: J. Bousquet, Fouilles de Xanthos 9 (1992) 155 ff.

Abb. 2. Xanthos, Nereidenmonument. Männergelage

27 Fragment von einem der Simafriese des älteren Artemisions von Ephesos

H ca. 20 cm, L 51 cm
Um 470/60 v. Chr.
Aus den englischen Grabungen des 19. Jhs. in Ephesos
London, British Museum Inv. B 179. B 161

Dargestellt sind ein bewaffneter Krieger, vielleicht von einer Prozession, und ein Pferd.

Literatur: F. N. Pryce, Cat. Sculpture Brit. Museum I 1 (1928) 65 ff.; U. Muss, die Bauplastik des archaischen Artemisions von Ephesos (1994) 43 ff.; vgl. A. Bammer – U. Muss, Das Artemision von Ephesos (1996).

28–30 Amazonengruppe

Plinius berichtet (Nat. hist. 34, 75) von fünf Amazonenstatuen im Artemision von Ephesos, deren Existenz er mit der Anekdote eines Wettbewerbes zwischen den Künstlern Polyklet, Phidias, Kresilas, Kydon und Phradmon erklärt. Diese Nachricht wird auf drei, in zahlreichen römischen Kopien überlieferte Statuentypen bezogen, deren verlorene Originale aus stilistischen Gründen gegen 430 entstanden sein dürften. Nur die Identifizierung des Typus Mattei (Kat.-Nr. 30) als des phidiasischen ist so gut wie unumstritten. Die Zuweisung der Amazonen Sciarra (Kat.-Nr. 28) und Sosikles (Kat.-Nr. 29) an Polyklet und Kresilas hingegen wird seit 1897 unvermindert diskutiert; zuletzt hat sich R. Bol nach einer gründlichen Formanalyse für die Paarungen Sciarra/Polyklet und Sosikles/Kresilas ausgesprochen. Die Statue des Phradmon ist unbekannt. Die Nennung eines Kydon ist vermutlich mit einer Verschreibung des Geburtsortes des Kresilas, Kydonia, zu erklären.

Unter den verschiedenen Deutungsvorschlägen der Amazonen ist der Bezug auf den Mythos ihrer Flucht vor Dionysos und Herakles, auf der sie Asyl im Artemision gefunden hatten (Pausanias 7, 2,7; Tacitus, Annalen 3, 61), der überzeugendste.

Kat.-Nr. 27

Kat.-Nr. 28

Kat.-Nr. 29

28 Amazone im Typus Sciarra

Marmor; H 2,02 m
Ergänzungen: Plinthe mit Füßen, Pfeiler, linker Unterarm, rechter Arm, Teile der Gewandfalten
Tiberische Kopie nach einer Bronzestatue des Polyklet oder des Kresilas
Gefunden 1868 in Rom in den ehem. Gärten des Sallust
Berlin, Antikensammlung Inv. Sk 7

29 Amazone im Typus Sosikles

Marmor; H 2,02 m
Ergänzungen: Linker Unterarm, rechter Arm, Gewandpartien
Antoninische Kopie nach einer Bronzestatue des Kresilas oder des Polyklet
1733 aus der Sammlung Albani erworben
Rom, Museo Capitolino, Salone, Inv. 651

Kat.-Nr. 30

30 Amazone im Typus Mattei

Marmor; H 2,11 m
Ergänzungen: Rechter Unterschenkel, Teile der Stütze, beide Arme, Kopf (antik, Typus Sosikles), Teile der Gewandfalten
Augusteische Kopie nach einer Bronzestatue des Phidias
1770 aus der Sammlung Mattei erworben
Vatikanische Museen, Galleria delle Statue, Inv. 265

Literatur: R. Bol, Amazones Volneratae (1998); J. Raeder, Die antiken Skulpturen in Petworth House (2000) 36 ff. Nr. 2; T. Hölscher in: 38. Suppl. BCH (2001) 205 ff. – Zur Amazone Sciarra: M. Miller in: B. Knittlmayer – W.-D. Heilmeyer (Hrsg.), Die Antikensammlung. Altes Museum – Pergamonmuseum (1998) 166 f. Nr. 95; Bol a. O. Nr. I 2. – Zur Amazone des Sosikles: Stuart Jones, Mus. Cap. 296 Nr. 33; Bol a. O. Nr. II 2. – Zur Amazone Mattei: Amelung, Vat. Kat. II (1908) 453 ff. Nr. 265; Bol a. O. Nr. III 3.

Kat.-Nr. 31

31 Ionisches Kapitell von der Säulenhalle des sog. Nereiden-Monuments von Xanthos

Marmor; H 30,3 cm, B 62,0 cm, T 46,0 cm
Um 380 v. Chr.
Aus den englischen Grabungen 1838–44
London, British Museum Inv. BM 932

Vereinfachte und in den Proportionen leicht veränderte Nachbildung der Kapitelle des Erechtheions in Athen.

Literatur: P. Coupel – P. Demargne, Fouilles de Xanthos 3 (1969) 75 ff.; vgl. W. Childs – P. Demargne, Fouilles de Xanthos 8 (1989); S. Ebbinghaus in: Festschrift J. Boardman (2000) 99 ff.

C. B.

32–34 Das Heroon von Trysa

1841 entdeckte der Posener Gymnasiallehrer Julius August Schönborn auf der im Südwesten der heutigen Türkei gelegenen Halbinsel Lykien ein Heroon – die mit reliefgeschmückten Mauern umgebene Grabstätte eines Fürsten, der wie ein Heros kultische Verehrung genoß. Schönborn bemühte sich vergeblich, die Friese für die Berliner Museen zu erwerben; nach seinem Tod geriet das Denkmal wieder in Vergessenheit. Vierzig Jahre später gelang Otto Benndorf, Ordinarius für Klassische Archäologie in Wien, seine Wiederauffindung. In den Jahren 1882 bis 1884 konnten die Reliefs für das Wiener Antikenkabinett erworben werden. Für eine geplante Neuaufstellung werden sämtliche Friesplatten zur Zeit einer grundlegenden Restaurierung und Konservierung unterzogen.

Das antike Trysa bestand aus einer befestigten Burg und einer Wohnsiedlung an den Hängen des Burghügels, auf dessen nordöstlichem Ausläufer sich noch

Kat.-Nr. 32

heute das ca. 22 x 26 Meter messende Mauergeviert des Heroons befindet. In den ersten Jahrzehnten des 4. Jahrhunderts hat ein uns namentlich nicht bekannter Fürst dieses stattliche Denkmal in Auftrag gegeben. Als treuer Vasall des persischen Großkönigs konnte er es sich leisten, griechische Künstler in dieses abgeschiedene Grenzgebiet der griechischen und persischen Kultur zu rufen. Unter ihrer Führung wurde in den Reliefs ein Werk geschaffen, in dem sich rein griechische Wesensmerkmale mit einheimisch-lykischen und orientalischen Elementen verbinden. An der Ausführung dieses reichen Bildschmucks waren zahlreiche Bildhauer beteiligt; ihre Vorlagen bestanden aus vorgegebenen Mustern, vermutlich Zeichnungen.

Der Fürst war im Inneren des Heroons in einem hausförmigen Sarkophag, von dem sich Reste erhalten haben, bestattet. Die Mauer war innen an allen vier Seiten, außen nur an der mit einem monumentalen Eingangstor versehenen Südseite mit einer doppelten Reihe von Reliefbändern geschmückt (vgl. das Modell Kat.-Nr. 32). Die Gesamtlänge der Friese betrug 211 Meter, fast 600 Figuren sind aus dem Stein gemeißelt. Das Material ist der am Ort anstehende Kalkstein, dessen Oberfläche zum Teil erheblich unter der Verwitterung gelitten hat. Die Reliefs wurden nicht in Werkstätten, sondern in die fertig versetzte Mauer gearbeitet. Von der ursprünglichen Bemalung fanden sich bei den jüngst durchgeführten Restaurierungsarbeiten erstmals Farbspuren (rotes und gelbes Eisenoxid, Ägyptischblau), wobei die Farben offensichtlich ohne Grundierung auf den Stein aufgetragen wurden.

Das Heroon von Trysa ist das größte und hinsichtlich der Vielfalt seiner Darstellungen reichste Denkmal Lykiens. Die Themen der Reliefs sind meist der griechischen Mythologie entnommen; hinter einzelnen Szenen darf man aber wohl mit Recht reale Ereignisse der lokalen Geschichte vermuten. Dies gilt vor allem für drei Einzelplatten auf der Süd-Innenseite, die sich programmatisch auf den Inhalt der Reliefs zu beziehen scheinen: der Herrrscher auf dem Wagen eines Viergespanns, eine Frauenraubszene sowie Bellerophon, der Ahnherr der lykischen Fürstengeschlechter, im Kampf gegen die Chimaira. Auffallend ist die mehrfache Wiederholung von Themen: die Eroberung einer Stadt im Kampf der Sieben gegen Theben und die Stadtbelagerung (Kat.-Nr. 34); zweimal eine Schlacht an der Meeresküste, zweimal Amazonen- und Kentaurenkämpfe. Dazu kommen der Freiermord des Odysseus (Kat.-Nr. 33), die Kalydonische Eberjagd, der Raub der Töchter des Leukippos durch die Dioskuren, Theseus- und Perseustaten sowie Jagdszenen. In der Südostecke befand sich ein überdachter hölzerner Einbau, in dem Bestattungsriten und das jährlich abzuhaltende Totenmahl stattfanden; darauf nehmen die Reliefs in diesem Abschnitt der Mauer Bezug (Darstellung des Totenmahls mit Musik und Tanz).

Kat.-Nr. 33

Literatur: O. Benndorf – G. Niemann, Das Heroon von Gjölbaschi-Trysa (1889); F. Eichler, Die Reliefs des Heroon von Gjölbaschi-Trysa (1950); W.A.P. Childs, The City-Reliefs of Lycia (1978) 13 f. 18 ff. 31 ff. u. öfter; C. Bruns-Özgan, Lykische Grabreliefs des 5. und 4. Jahrhunderts v. Chr.; 33. Beih. IstMitt (1987) 56 ff.; K. Gschwantler, Bäume, Säulen, Mauern: Zum Fugenschluß der Reliefs von Gölbasi-Trysa, in: Akten des 2. Internationalen Lykien-Symposions Wien 1990 (1993) 77 ff.; W. Oberleitner, Das Heroon von Trysa, in: Götter, Heroen, Herrscher in Lykien, Ausstellungskat. Schloß Schallaburg (1990) 71 ff. (vgl. 156. 167 f.); ders., Das Heroon von Trysa. Ein lykisches Fürstengrab des 4. Jahrhunderts v. Chr. (1994); Th. Marksteiner, Trysa, Korba, Tyberissos und Teimiussa: Lykische Herrensitze in klassischer Zeit, in: Lykische Studien 1, Asia Minor Studien 9 (1993) 97 ff.; J. Borchhardt, Ästhetische Betrachtungen zur Topik und Ikonographie der Stadt im Frieden und im Krieg in Literatur und Kunst, Lykia I (1994) 18 ff.; H. D. Szemethy, Der Stein des Sultans: Studien zur Erwerbungsgeschichte der Skulpturen von Trysa in der Antikensammlung des Kunsthistorischen Museums in Wien (ungedr. Diss. Wien 1999).

32 Modell des Heroons von Trysa

Gips, bemalt; Maßstab ca. 1:30
Hergestellt von Paul Kohl, 1889
Wien, Kunsthistorisches Museum, Antikensammlung Inv. XIV 265

Modell des Heroons und der östlich anschließenden Nekropole; vor der Südostecke der Dereimis-Aischylos-Sarkophag (heute in Wien, Antikensammlung). Die Rekonstruktion des Fürstensarkophages im Inneren des Heroons ist überholt und durch ein zweigeschossiges Grabhaus zu ersetzen (nach J. Borchhardt und K. Schulz).

Literatur: Götter, Heroen, Herrscher in Lykien, Ausstellungskat. Schloß Schallaburg (1990) 155 Nr. 44.

33 Freiermord des Odysseus

H 59, L (gesamt) 590 cm
380–370 v. Chr.
Wien, Kunsthistorisches Museum, Antikensammlung Inv. I 481–484

Auf der Südwand innen westlich des Tores waren im oberen Fries der Freiermord, darunter die Kalydonische Eberjagd dargestellt. Der erste Block des Freiermordes ist doppelt so lang wie der folgende, das Geschehen findet im Frauengemach statt. Links steht Penelope, ihr Gefolge um Haupteslänge überragend – die Szene wirkt wie ein in den Stein übertragenes Zitat aus Homers Odyssee (18, 190. 195. 210 f.): »Aber die Göttliche unter den Göttern (Athena)... schuf sie höher zugleich an Wuchs und voller von Ansehen... Vor ihre Wangen hielt sie des Hauptes schimmernden Schleier, und zu den beiden Seiten stand ihr eines der Mädchen« (Übers. J. H. Voss). Im Relief steht eine mädchenhafte Dienerin links neben Penelope hinter

Kat.-Nr. 34

einem Tischchen, rechts eine Gruppe von drei Mägden, wobei man in der linken Eurykleia erkennen möchte, die alte Amme des Odysseus. Nach rechts hin eilt, sich umwendend und die Hände erschrocken erhoben, eine weitere Magd, wohl die böse Melantho: Homer nennt sie »unverschämte Hündin«, da sie auf Seite der Freier steht und Odysseus verhöhnt hat. Vor ihr eilt der getreue Schweinehirt Eumaios mit Schwert und Fackel zur geöffneten Türe, die er auf Geheiß des Odysseus bewachen soll. Der eigentliche Freiermord vollzieht sich auf den folgenden Blöcken: In einem großen Saal mit glatten Säulen, die die Stoßfugen verkleiden, liegen die Freier auf aneinandergereihten Ruhebetten (Klinen) beim Gelage; links ist ein großer Volutenkrater zu sehen, in dem der Wein mit Wasser vermischt wurde. Odysseus zielt mit dem (einst gemalten) Bogen auf die Freier, ihm zur Seite sein Sohn Telemachos mit gezücktem Schwert. Der ihnen am nächsten liegende Freier hat sich aufgerichtet und bittet mit erhobenem Arm um Gnade. Dahinter versuchen andere sich mit vorgehaltenen Speisetischchen und Gewändern zu schützen, doch vergeblich: mehrere Freier sind bereits von den todbringenden Pfeilen getroffen. Als ersten ereilt das Schicksal den Antinoos, den Rädelsführer der Freier; nach den Worten Homers glauben wir ihn in der zurückgesunkenen Gestalt auf der rechten Seite des dritten Blockes zu erkennen: er greift mit der rechten Hand zum Nacken, die Trinkschale ist zu Boden gefallen: »Aber Odysseus zielte und traf ihn grad' in die Kehle, daß aus dem zarten Genick die Spitze des Pfeiles herausfuhr. Rückwärts sank er um; dem Getroffenen rollte der Becher aus der Hand...« (Odyssee 22, 15–18; Übers. J. H. Voss).

34 Stadtbelagerung

H (max.) 124, L (gesamt) 645 cm
380–370 v. Chr.
Wien, Kunsthistorisches Museum, Antikensammlung Inv. I 459–468

Im Mittelteil des Westfrieses des Heroons ist auf zehn reliefierten Blöcken die Bestürmung und Verteidigung einer Stadt dargestellt. Durch die übergreifenden, mit Zinnen bekrönten Stadtmauern werden beide Friesstreifen zu einer Einheit zusammengefaßt. Auf dem ersten Block links oben bildet ein Kämpferpaar und ein säulenartiger Schaft den Abschluß der im linken Teil der Westwand befindlichen Reliefs einer Schlacht an der Küste. Auf dem letzten Block der Stadtbelagerung rechts unten folgt hingegen auf eine flüchtende Frau und ihren Begleiter mit einer gefallenen Amazone und einem Krieger übergangslos die erste Szene einer Amazonomachie, die im rechten Drittel das Thema des Westfrieses bildet.

Auf den Wehrgängen der von sieben Türmen verstärkten Mauer versuchen zahlreiche Verteidiger mit Steinen und Speeren die Angreifer abzuwehren, die hinter ihren Schilden Deckung suchen oder durch zwei Tore der Mauer in die Stadt einzudringen versuchen. Im oberen Fries hebt sich vom Hintergrund der Giebel eines tempelartigen Gebäudes mit einem pflanzlichen Akroter ab. Im Zentrum über den Zinnen thronen der Herrscher und seine Gemahlin, umgeben von Dienern und Soldaten. Das Erscheinungsbild des Herrschers ist in bewußter Anlehnung an das höfische Protokoll des persischen Großkönigs entwickelt. Ein iranisch gekleideter Page hält den (ursprünglich gemalten) Sonnenschirm über den Herrscher, der sich mit seiner Rechten auf ein Zepter stützt; zu seinen Füßen liegt ein zahmer Panther. Die königliche Frau thront gleichfalls unter einem Schirm, der diesmal im Relief ausgeführt ist. Links vom Herrscher eine Opferszene: In voller Rüstung hat ein Offizier die rechte Hand zum Gebet erhoben, während links von ihm ein Krieger auf einem Widder kniet, um ihn mit dem Schwert zu töten. Auf das thronende Herrscherpaar folgen drei Krieger mit Sichelschwertern und ein Offizier, der sich zu ihnen zurückwendet und mit der erhobenen Rechten zum Kampf ruft. Von links und rechts eilen zwei Scharen von Kriegern zum Entsatz des Tores herab. Die Staffelung dieser Krieger mit ihren Rundschilden ist nur eines der Mittel, mit denen in der Stadtbelagerung versucht wird, räumliche und perspektivische Wirkung zu erzielen. Die Reliefs des Heroons gehören innerhalb der griechischen Reliefplastik zu den frühesten Beispielen, in denen die Linearperspektive in größerem Ausmaß berücksichtigt wurde. Dies trifft vor allem auf die Thronsessel und die Türme der Stadtmauer zu, deren perspektivische Wirkung durch die ursprüngliche Bemalung sicher noch verstärkt war.

Für die beiden Entdecker des Heroons, August J. Schönborn und Otto Benndorf, war in dieser Stadtbelagerung ohne Zweifel die Belagerung von Troja zu erkennen. Während aber Troja bekanntlich von den Griechen eingenommen wurde, scheinen die zahlenmäßige Überlegenheit der Verteidiger und die Hervorhebung des Herrscherpaares eher dafür zu sprechen, daß die Angreifer abgewehrt werden konnten. Die erfolgreiche Verteidigung einer Stadt bildete wohl eine der großen Taten des Fürsten von Trysa, ein Ereignis der lokalen Geschichte, das möglicherweise symbolhaft durch die mythische Stadtbelagerung von Troja dargestellt werden sollte.

K. G.

Wolf-Dieter Heilmeyer

Zypern

Die drittgrößte Insel des Mittelmeers, Zypern, ist durch ihre Lage, 65 km südlich von Kleinasien (heute Türkei), ca. 100 km westlich von Syrien und mit ca. 400 km gleichweit von Rhodos wie von Ägypten entfernt, ein ideales Seehandelszentrum und eine Drehscheibe der Kulturen. Seit ältesten Zeiten hat es den Bewohnern der Insel Vorteile gebracht, wenn die äußeren Einflüsse im Gleichklang waren oder wenn eine dominante Herrschaft die anderen Kultureinflüsse bestehen ließ. In spätarchaischer und klassischer Zeit gehörte die Insel nahezu ständig zum Perserreich, in hellenistischer Zeit zum ptolemäischen Ägypten. Sehr reiche Metallvorkommen, vor allem von Kupfer, das seit römischer Zeit nach der Insel genannt wird, sind seit altersher abgebaut worden: Tamassos/Politiko im Inneren der Insel und Soloi (wozu auch Limniti gehört) im Nordwesten sind wie Salamis/Enkomi im Osten durch die nahegelegenen Erzbergwerke berühmt geworden. Athen interessierte sich um die Mitte des 5. Jahrhunderts v. Chr. besonders für die kleine Hafenstadt Marion/Polis im äußersten Westen der Insel, woher eine größere Anzahl an keramischen Ausgrabungsfunden nach Berlin gekommen ist.

35 Sog. Apollon Chatsworth: Kopf einer großen Apollonstatue

Bronze; erhaltene H 31,6 cm
Um 470 v. Chr.
Aus Tamassos/Zypern; gefunden 1836, früher in der Sammlung Chatsworth
London, British Museum Inv. 1958.4–18.1

Der Kopf ist ein herausragendes Werk des frühklassischen Stils Griechenlands und wird mit athenischen Werkstätten verbunden. Bei seiner Auffindung wurde anscheinend die gesamte Statue entdeckt, aber bis auf den Kopf (und ein Bein) zerschlagen und eingeschmolzen.

Literatur: D. Haynes, RA 1968, 101–112; C. Mattusch, Greek Bronze Statuary (1988) 154 ff.; D. Boschung – H. v. Hesberg – A. Linfert, Die antiken Skulpturen in Chatsworth (1997) 11 ff.

Kat.-Nr. 35

Kat.-Nr. 36 a

Kat.-Nr. 36 b

Kat.-Nr. 36 c

36 a–c Drei Köpfe von männlichen Votivfiguren

Terrakotta; H 30,5–35 cm
1. Hälfte 5. Jh. v. Chr. (zyprisch-spätarchaisch/klassisch)
Aus dem Heiligtum von Limniti bei Soloi, Nordwestzypern; ausgegraben um 1887, 1888 auf Vermittlung von M. Ohnefalsch-Richter für Berlin erworben
Berlin, Antikensammlung Inv. TC 8211 101–103

Die drei Köpfe zeigen einen eigenen, wenig ausgeprägten Stil, der zwischen Anregungen aus dem griechischen wie aus dem syrisch-phönikischen Kulturbereich schwankt. Da Ton und Bemalung auf örtliche Produktion schließen lassen, aber die Formate von einem gewissen Anspruch künden, müssen diese Schwankungen das kulturelle Selbstverständnis der Auftraggeber spiegeln, die sich – persische Untertanen – vermutlich selbst in den Votivfiguren erkannten.

Literatur: M. Ohnefalsch-Richter, Kypros – Die Bibel und Homer (1893) 22 Nr. 52; 387 f. Taf. 44, 1–3; alle demnächst in V. Karageorghis (Hrsg.), Ancient Cypriot Art in Berlin (in Druck). W.-D. H.

Ralf-Bernhard Wartke

Vorderasien – Persien

Schon längere Zeit bestand zwischen dem Okzident und dem Orient – insbesondere zwischen den Griechen und den Völkern Kleinasiens und Vorderasiens – ein vielfältiges Beziehungsgeflecht, eng verbunden mit einem regen Informationsaustausch. Im Zusammenleben verschiedener Völker spielten diplomatische Kontakte mit Austausch von Geschenken eine Rolle, zu Zeiten wirtschaftlicher und militärischer Expansionen kamen weitere Formen der ›Berührungen‹ einschließlich Beute, Tributen und Bevölkerungsdeportationen hinzu. Intensiver kultureller Austausch folgte den Wegen des Handels und Handwerks, wenn man von der Mobilität nicht nur der Handelsprodukte, sondern auch von mobilen Spezialisten unterschiedlicher Profession und von Tradierung handwerklicher Techniken und Technologien ausgeht.

Stellvertretend für die zahlreichen gegenseitigen Einflußnahmen genannt seien die Funde von Objekten eindeutig vorderasiatischer Provenienz in Griechenland (in Theben/Böotien gefundener Hort von Rollsiegeln, Siegel und orientalische Bronzen aus dem Heraion von Samos, orientalische Bronzen aus Olympia), das Phänomen der Übernahme orientalischer Motive in der griechischen Kunst (›orientalisierender Stil‹ des ausgehenden 8. und des 7. Jhs. v. Chr.) sowie der Nachweis griechischer Keramik an Fundstellen Vorderasiens, beispielsweise in Babylon.

In Keilschrifttexten des assyrischen Herrschers Sargon II. werden Ionier erwähnt, aus anderen Quellen ist bekannt, daß Griechen in Babylonien Heeresdienste ableisteten: Antimenidas, Bruder des Dichters Alkaios, nahm unter Nebukadnezar II. an der Belagerung von Askalon teil. Ionische Handwerker waren beim Ausbau Babylons zur Zeit Nebukadnezars II. eingesetzt.

Insbesondere seit der frühen achämenidischen Kunst (6. Jh. v. Chr.) lassen sich direkte griechische Einflüsse nachweisen. Dazu zählen beispielsweise die unterschiedlichen Spuren, die Griechen im Zusammenhang mit den Palastbauten in den persischen Metropolen und an monumentalen Bauwerken hinterlassen haben. Bereits bei der Errichtung der Paläste in Pasargadai (Residenz unter Kyros II. und Kambyses II.) sowie an dem hausförmigem Grabmal Kyros' II. ebendort ist das Mitwirken griechischer Baumeister gesichert. Die Einflüsse sind sowohl formaler und technisch-technologischer Art (z. B. Bildhauertechniken, Anathyrosis) als auch bei den architekturalen Motiven (z. B. Kyma, Geison, Zahnschnitt) und im Stil (z. B. Gewandfaltenbehandlung) nachzuweisen.

Im Bauerlaß Dareios' I. berichtet der König u. a. über die Handwerker, die am Bau des Palastes des Residenz in Susa mitgewirkt haben. So werden als Steinmetzen griechische Handwerker (Ionier) und Leute aus Sardes genannt. Die unter Dareios I. neugegründete und unter Xerxes I. sowie

Artaxerxes I. fertiggestellte Residenz Persepolis wurde als zeremonieller Mittelpunkt für hohe staatliche Repäsentationsaufgaben, insbesondere anläßlich des Neujahrsfestes, überaus monumental und prächtig ausgestaltet. In dem umfangreichen Bildprogramm, das an den einzelnen Bauwerken in Reliefs gestaltet wurde, manifestiert sich die persische Reichsidee mit dem König an der Spitze: An den Vertretern der herrschenden Völker – Meder und Perser – zogen alljährlich zum Frühlingsanfang die Repräsentanten aller Völker des Reiches vorbei, um dem obersten Herrscher Gaben ihrer Länder zu überbringen. Aus griechischer Sicht mußte nach der Eroberung Babylons durch Kyros II. (538 v. Chr.) Persepolis als weit im Osten nahe der Grenzen der bekannten Welt gelegene Hauptstadt des gesamten Orients gelten, die zugleich als Zentrum für orientalischen Luxus angesehen wurde und zum Ausgangspunkt für die militärische Überflutung der östlichen Mittelmeerwelt wurde. Der dramatische Untergang von Persepolis durch die Brandschatzung Alexanders des Großen (331 v. Chr.) dürfte den Griechen als späte Genugtuung für früher erlittenes Leid erschienen sein.

Beispiele für die gewaltigen Dimensionen der Palastanlagen von Persepolis und der einzelnen steinernen Bauelemente wie etwa die kolossalen Säulenkonstruktionen waren im 5. Jahrhundert v. Chr. nur aus Griechenland bekannt. Es läßt sich annehmen, daß bei Planung und Ausführung der Bauten griechische Baumeister und Handwerker maßgeblich und verantwortlich mitgewirkt haben. Hinzuweisen ist in diesem Zusammenhang auf die möglicherweise an der Baustelle des Artemisions von Ephesos seit Mitte des 6. Jahrhunderts v. Chr. gesammelten Erfahrungen. Direkter Nachweis der Beteiligung von Griechen an den Bauarbeiten sind die Funde von Münzen unterhalb der Steinkassetten mit den Gründungsurkunden für das Apadana (Thronsaal) Dareios' I. Zu diesen Gründungs-Deposita gehörten lydische (goldene Kroisos-Statere), zyprische (Paphos) und griechische Münzen (Silbermünzen aus Ägina und Abdera), wohl aus dem beginnenden 5. Jahrhundert v. Chr. – ein Spiegel der Herkunft der mitarbeitenden Spezialisten.

Obwohl in der Vergangenheit durchaus negiert, läßt sich sagen, daß bei einem prägenden mesopotamischen Hintergrund und neben weiteren Einflüssen (z. B. aus Ägypten, Syrien, Urartu, Medien, Elam) auch griechische Kunst, Technologie und Kunsthandwerk zu den Grundlagen der achämenidischen Kunst gehören. Für die Jahrhunderte bis zum 4. Jahrhundert v. Chr. ist es jedoch nicht zu einem tiefergehenden kulturellen Austausch zwischen Griechen und den Völkern Vorderasiens gekommen.

Literatur: C. Nylander, Ionians in Pasargadae. Studies in Old Persian Architecture (1970); J. Boardman, Persia and the West. An Archaeological Investigation of the Genesis of Achaemenid Art (2000); S. Ribichini – M. Rocchi – P. Xella (Hrsg.), La questione delle influenze Vicino-Orientali sulla religione Greca, Atti del Colloquio Internazionale Roma, 20–22 Maggio 1999 (2001).

37 Relief zweier Krieger

Grauer Kalkstein; H 59,0, B 52,0 cm
Nach Gründungsdepositen Planung und Baubeginn des Apadana Anfang 5. Jh. v. Chr. unter Dareios I. (521–486 v. Chr.), Fertigstellung unter Xerxes I. (485–465 v. Chr.)
Erworben 1899; von der Nordtreppe der Audienzhalle (Apadana), Persepolis
Berlin, Vorderasiatisches Museum Inv. VA 2987

An zwei Stellen der Audienzhalle, an den Freitreppen zur Nordportikus und zur Ostportikus, finden sich Darstellungen von jeweils 23 Delegationen aus den verschiedensten Teilen des persischen Weltreiches, die dem Großkönig Geschenke bringen. Das Relieffragment gehört zu der, nach gängiger Zählung, 19. Delegation, die aus vier Delegierten besteht und die Speere, Schilde und einen Hengst übergibt. Anhand der Tracht – spitze Kappen (Baschliks), Überwürfe mit Quasten an den Enden, Hosen, Stiefel – sind die Männer als Vertreter der europäischen Skythen identifiziert worden, die in Thrakien und damit am äußersten nordwestlichen Rande des persischen Reiches ansässig waren.

Literatur: Das Vorderasiatische Museum (1992) 241 f. Nr. 188.

38 Ausgußkanne (Amphore) mit zwei figürlich gestalteten Henkeln

Silber; H 16,0 cm
5./4. Jh. v. Chr.
Erworben 1967 (angeblich aus Südwest-Iran)
Berlin, Museum für Vor- und Frühgeschichte Inv. XIc 4327

Kostbare Gold- und Silbergefäße zählen zu den Geschenken, die die Vertreter der Völker des persischen Reiches dem Großkönig nach Persepolis sandten. Der

Kat.-Nr. 37

Typ der aus Metall getriebenen, kunstvoll verzierten Amphoren mit Henkeln in Tiergestalt taucht in den Händen der Mitglieder der armenischen und der lydischen Gesandtschaft (3. bzw. 6. Delegation) auf den Reliefs von Persepolis auf, unterschieden einzig im Format und in Details. Insbesondere mit den beiden Amphoren der lydischen Delegation ist das originale Silberkännchen direkt zu vergleichen, finden sich doch bei beiden die Facettierung des Gefäßbauches, die Betonung des Halsansatzes durch einen plastischen Wulst (am originalen Gefäß mit Blattzungen dekoriert) und die Ausgestaltung der beiden Henkel als geflügelte Tiere mit zurückgewandten Köpfen. In die kleine Standfläche der silbernen Amphore ist eine Rosette ziseliert. Auf dem Rücken eines der Flügelpferde sitzt eine kleine Ausgußtülle, genau dort, wo auch bei den genannten Reliefs jeweils an einem der Henkel eine Tülle wiedergegeben ist.

Kat.-Nr. 38

Kat.-Nr. 39

Literatur: Belser Kunstbibliothek. Die Meisterwerke aus dem Museum für Vor- und Frühgeschichte – Staatliche Museen Preußischer Kulturbesitz (1980) Nr. 53.

39 Henkel einer Amphore: Geflügelter Steinbock

Silber, teilweise vergoldet; H 27,0 cm
1. Hälfte 4. Jh. v. Chr.
Erworben 1891 (angeblich aus Erzincan/Armenien)
Berlin, Antikensammlung Inv. Misc. 8180

Als ein Merkmal achämenidischen Kunsthandwerks fällt die besondere Vorliebe für die Darstellung von Tieren auf, bei der ein besonderer Realismus erreicht wurde. Der geflügelte Steinbock als Teil einer zweihenkligen Amphore stellt fraglos ein Meisterwerk dar. Funktional handelt es sich um den separat gearbeiteten Henkel einer Amphore (vgl. Kat.-Nr. 38), dessen antithetisches Gegenstück sich im Musée du Louvre in Paris befindet. Im formalen Vergleich mit eng verwandten Gefäßen aus Edelmetall, die ebenfalls massive und plastisch ausgestaltete Henkel in Tiergestalt aufweisen, zeigt sich, daß das Gefäß, an dem die Henkel einst saßen, ein einzigartiger Luxusartikel gewesen sein muß.

Obwohl ein Beispiel der achämenidischen Hofkunst, verraten die im Vergleich zu anderen Gefäßhenkeln in Tiergestalt freiere Gestaltung des Motivs – separierte Hinterläufe, der Steinbock stützt sich mit den Hufen auf den Gefäßrand auf, der Kopf ist zur Seite gewandt, die Flügel sind frei gestellt –, die plastische Ausgestaltung des Tierkopfes und die Silensmaske mit Kopfaufsatz in Form einer Palmette griechischen Einfluß.

Literatur: Kunsthaus Zürich (Hrsg.), Kunstschätze aus Iran, Ausstellungskat. Zürich (1962) 95 Nr. 360; 183 Nr. 873; 873 Abb. 47; Antikenmuseum Berlin. Die ausgestellten Werke (1988) Vitr. 22, 13 b 1.

40 Rhyton mit Stierprotome

Bronze; H 28,5 cm
5. Jh. v. Chr.
Erworben 1930 (angeblich aus Syrien)
Berlin, Antikensammlung Inv. 31158

Das aus Bronze gegossene Trinkhorn ist zumindest aus zwei Teilen zusammengesetzt (die Hörner fehlen, durch die Nase war ein Ring gezogen), dem becherartigen Trinkgefäß und aus dem Unterteil, der als Stierprotome ausgebildet ist. Vorne an der Brust des Tieres zwischen den Vorderbeinen befindet sich die Ausgußtülle.

Die funktional aus den Trinkbechern herzuleitenden Rhyta, häufig aus gebranntem Ton, erfreuten sich bei den Medern und Persern seit dem frühen 1. Jt. v. Chr. großer Beliebtheit. Der Typ des Rhytons in Form einer Tierprotome mit anschließendem senkrechten Flüssigkeitsbehälter ist eine jüngere Weiterentwicklung, die in ihren kostbarsten Ausfertigungen in Silber und Gold gearbeitet wurden und als Trinkgefäße bei Banketten erlesene Beispiele achämenidischer Hofkunst darstellen. In stilistischer Hinsicht erscheint die Stierfigur an die strengen Regeln der Hofkunst gebunden, was die große formale Ähnlichkeit in Haltung und Körpergliederung erklärt, die zu anderen liegenden Stierfiguren besteht, darunter auch zu den Stieren der Kapitelle von Persepolis.

Literatur: R. Zahn, BerlMus 51, 1930, 148 Abb. 1; H. Luschey, AA 1938, 762 Anm. 6.

R.-B. W.

Kat.-Nr. 40

Iris Gerlach – Holger Hitgen

Das Reich von Saba

Unter den südarabischen Hochkulturen war das sabäische Reich das mächtigste und in der Überlieferung das sagenumwogenste. Die Träger dieser Kultur wanderten vermutlich um 1200 v. Chr. aus dem levantinischen Raum nach Südarabien ein. Nach der allgemeinen Lehrmeinung brachten sie neben ihrer eigenen Sprache, die sich in der südarabischen Schrift manifestiert, unter anderem eine zuvor in dieser Region nicht bekannte Steinmetztechnik mit.

Am Rande zur Wüste Ramlat al-Sab'atayn gründeten sie Oasenreiche mit einer hochentwickelten Bewässerungstechnologie. Intensive Landwirtschaft, erfolgreiche Expansionspolitik und ein zunehmender Fernhandel, vor allem mit Weihrauch, bildeten die Grundlagen für den Reichtum des sabäischen Reiches mit seiner Hauptstadt Marib. In diesem politischen Zentrum blühte Architektur und Kunst. So entwickelte sich in der Oase eine große befestigte Stadtanlage mit Verwaltungsgebäuden, Wohnbauten, Werkstätten und Sakralbauten. Aber auch außerhalb der Stadtmauern Maribs entstanden über die gesamte Oase verteilt Siedlungen und Heiligtümer.

Nachdem Saba zu Beginn des 7. Jahrhunderts v. Chr. unter dem Mukarrib (»Vereiniger«) Karib'il Watar große Teile Südarabiens sowie vermutlich bereits Regionen Äthiopiens erobert hatte, beginnt die Blütezeit Sabas, die sogenannte klassische oder frühsabäische Periode (7.–2. Jh. v. Chr.). Speziell unter den Nachfolgern Karib'il Watars bildet sich ein strenger Formenkanon in Architektur, Kunst und Schrift heraus, der für viele Jahrhunderte in seinen Grundzügen in Südarabien erhalten bleibt.

Auch der Formenschatz der Bauplastik beschränkt sich in dieser Zeit auf wenige, immer wiederkehrende Motive. Die künstlerische Umsetzung dieser Motive zeichnet sich durch eine starke Abstrahierung und Stilisierung aus. Figürliche Darstellungen – hier wählte man lediglich zoomorphe Elemente – werden durch die schematische Ausführung und die friesartige Anordnung auf einen rein ornamentalen Charakter reduziert. Die Tierdarstellungen stehen allerdings im direkten Zusammenhang mit der Götterwelt Südarabiens und gelten als Symboltiere bestimmter Gottheiten. Es überwiegen Darstellungen von Stieren, Steinböcken und Antilopen. Symmetrische Anordnungen, Frontalität sowie die deutliche Hervorhebung der Tierköpfe beherrschen die Bildkomposition. Kombiniert werden diese zoomorphen Friese häufig mit Elementen, die Architekturdekor imitieren, wie zum Beispiel Zahnschnitte und Scheinfenster.

Die beiden Ausstellungsobjekte aus dem Nationalmuseum von Sana'a bilden typische Beispiele altsabäischer Bauplastik, die gewöhnlich in Heiligtümern verbaut sind. Bei der Reliefplatte handelt es sich um eine Wandverkleidung, der Steinbockfries ist als Teil der Gebälkszone zu deuten.

41 Flachrelief mit Weihinschrift

Alabaster; H 106,5 cm, B 131,0 cm, T 11,5 cm, H der Buchstaben: 8,3 cm
5. Jh. v. Chr.
Aus Marib, Almaqah-Tempel von Bar'an
Sana'a, Nationalmuseum Inv. YM 12935

Bei diesem Flachrelief handelt es sich um eine Wandverkleidungsplatte, die im Hof des Almaqah-Tempels von Bar'an verbaut war. Die Ränder der Platte sind mit Tierfriesen und Architekturdekor verziert. Sie bilden die Rahmung einer sorgfältig polierten Fläche, die als Träger einer zweizeiligen Widmungsinschrift dient. Die Buchstaben dieser südarabischen Schrift zeichnen sich in dieser Zeitstufe durch ausgewogene Proportionen und Symmetrien aus. Der Hintergrund im Bereich der Inschrift war ursprünglich rot bemalt.

Während die beiden seitlichen Rahmungsleisten der Verkleidungsplatte aus im Profil wiedergegebenen lagernden Steinböcken besteht, bilden den oberen Rahmen ein Fries aus frontalansichtigen Antilopenköpfen. Hörner und Ohren dieser Tiere sind bandartig miteinander verbunden. Sie stellen mit dem sich darüber erhebenden Zahnschnittfries und dem horizontalen lamellenartigen Dekor – beides Architekturimitationen – einen ornamentalen Abschluß dar, der häufig bei Verkleidungsplatten anzutreffen ist und im direkten Bezug zur umgebenen Sakralarchitektur steht.

Die Wandverkleidungsplatte gehört zur vierten Bauphase des Bar'an-Tempels. In dieser Zeit wurde dem

Kat.-Nr. 41

Kat.-Nr. 42

südarabischen Podiumstempel ein großer rechteckiger Hof vorgelagert, der von Galerien umgeben wird. Die Wände dieser Galerien waren umlaufend mit entsprechenden alabasternen Verkleidungsplatten versehen. Der untere Abschluß dieser Platten weist keinen rahmenden Tierfries auf und ist nur grob bearbeitet, da dieser Bereich von Alabasterbänken verdeckt wurde.

42 Steinbockfries

Kalkstein; H 26 cm, B 57,5 cm, T 20,5 cm
7.–5. Jh. v. Chr.
Kunsthandel, Provinz Marib
Sana'a, Nationalmuseum

Dieses Friesfragment bildet einen Teil der Gebälkzone von Sakralbauten. Die Steinböcke stehen frontalansichtig, symmetrisch ausgerichtet nebeneinander. Dominant sind die plastisch wesentlich deutlicher herausgearbeiteten und proportional zum Körper extrem großen Köpfe. Die einzelnen Körperteile fügen sich wie additiv aneinander: Deutlich wird dies bei den runden, aufgesetzten Augen, den großen geschwungenen Hörnern, den kantig gearbeiteten Schnauzen sowie den links und rechts an den Kopf angesetzten statisch wirkenden Beinen. Diese Stilisierung spiegelt die schematisierte Gestaltungsweise altsüdarabischer Kunst in dieser Periode wider.

Bisher läßt sich lediglich an wenigen Beispielen sicher belegen, wo exakt diese Steinbockfriese verbaut waren. Vergleiche zu sabäischen Sakralbauten zeigen, daß sie den oberen Abschluß der Tempelmauer dekorierten. Neben Zahnschnittfriesen scheinen diese Steinbockreihen die einzigen Verzierungselemente der ansonsten ungegliederten Wände zu sein.

Literatur: J. Schmidt, Tempel und Heiligtümer in Südarabien. Zu den materiellen und formalen Strukturen der Sakralbaukunst, Nürnberger Blätter zur Archäologie 14, 1997/98, 11 ff.; Jemen. Kunst und Archäologie im Land der Königin von Saba', Ausstellungskat. Wien (1998); B. Vogt – W. Herberg – N. Röring, »Arsh Bilqis« – Der Tempel des Almaqah von Bar'an in Marib (2000).

Die Nachbarn im Süden

Dietrich Wildung

Ägypten

Unter den Zeitgenossen und Nachbarn des klassischen Griechenland nimmt Ägypten einen privilegierten Platz ein. In ihrer einzigartigen historischen und territorialen Kontinuität blickt diese »Kultur mit dem längsten Gedächtnis« (J. Assmann) in bewußter Erinnerungsarbeit auf eine damals bereits zweieinhalb Jahrtausende währende, ungebrochene kulturelle Evolution zurück. Der Klassizismus der ägyptischen Spätzeit (660–332 v. Chr.) rezipiert, reflektiert und aktualisiert das literarische und künstlerische Erbe einer großen nationalen Geschichte. Als in der Mitte des 7. Jahrhunderts griechische Söldner und Kaufleute nach Ägypten kommen, begegnen sie nicht nur einer für sie staunenswerten Gegenwart, sondern auch einer wohl aufbereiteten, lebendig gebliebenen Vergangenheit.

Der historischen Tiefe ihrer Kultur bewußt, präsentieren die Priester, denen Hekataios von Milet Ende des 6. Jahrhunderts im oberägyptischen Theben seine Abstammung über 16 Generationen bis zu den Göttern vorträgt, den Stammbaum ihrer Amtsvorgänger in 341 monumentalen Statuen; Herodot errechnet daraus die Länge der ägyptischen Geschichte mit 11340 Jahren. Der athenische Gesetzgeber Solon muß sich bei seinem (von Platon erwähnten) Besuch in Ägypten von den Priestern in Sais sagen lassen, daß einzig Ägypten die Archive besitze, aus denen sich die Existenz eines ersten athenischen Staates vor 9000 Jahren ermitteln lasse.

Diese Hinweise auf die für Hellas kaum vorstellbare geschichtliche Dimension Ägyptens finden sich nicht in altägyptischen Originalquellen, sondern werden von Griechen überliefert, deren auf den Mythos gegründetes Geschichtsbewußtsein sich hinter solcher rationaler Klarheit altägyptischer Geschichtsschreibung in den Schatten gestellt sieht und sich von der Gräkozentrik zur Ägyptozentrik wandelt. Ägypten ist den Griechen das Land der Uranfänge – bis hin zur Gestaltwerdung der Götter. Herodot schließt aus der Gleichsetzung der griechischen und ägyptischen Götter generell auf den Ursprung personhafter Göttergestalten in Ägypten.

Die von den Griechen erlebte und beschriebene Wesensverwandtschaft mit den Ägyptern in zentralen Lebensbereichen verstärkt sich im 5. Jahrhundert unter dem Eindruck gemeinsamer Gegnerschaft gegen die Perser, gegen die die ägyptischen Aufständischen unter Amyrtaios und Inaros 460–455 v. Chr. gemeinsam mit Athen zu Felde ziehen. Für Herodot, der wenige Jahre später Ägypten bereist (oder zumindest bereist zu haben behauptet), liegen trotz der vielen von ihm betonten Absonderlichkeiten dieser Kultur die Wurzeln Griechenlands am Nil. Die schon von Pythagoras in Ägypten beobachtete Kodifizierung aller Lebensbereiche ist für Platon der Inbegriff menschlicher Gesittung.

Diese griechische Ägyptologie ist nicht die Spiegelung authentischer historischer Realität, ist auch nicht die Umsetzung der Innensicht der Ägypter dieser Epoche, sondern der Blickwinkel derer, die – schon in den homerischen Epen und im Danaidenmythos – bewundernd und gebannt vor der einzigartigen Vergangenheit und monumentalen Präsenz dieser Nachbarkultur stehen. Das wohl eindrucksvollste Zeugnis der Aneignung des ägyptischen Präzedenzfalles findet sich in den Anfängen der griechischen Monumentalskulptur. Die formale Struktur, die virtuelle Bewegung im Stand-Schreit-Motiv und die funktionale Einbindung der Kuroi von Naxos und Samos sind trotz ihrer stilistischen Autonomie ohne das ägyptische Vorbild nicht denkbar.

Der altgriechischen Ägyptozentrik steht das Desinteresse Ägyptens an der Kultur seiner Bewunderer gegenüber. Dem klassischen Griechenland ist es, abgesehen vom Sonderfall Naukratis, nicht gelungen, nachhaltige Spuren in Ägypten zu hinterlassen. Erst mit der Eroberung durch Alexander den Großen faßt Griechenland in Ägypten Fuß, bleibt aber in den Griechenstädten isoliert vom Umland.

Selbst der oft bemühte Kronzeuge für die Wirkungskraft Griechenlands auf seinen ägyptischen Nachbarn verweigert letztlich den Dienst: Der Berliner Grüne Kopf, wohl um 400 v. Chr. geschaffen, ist in seiner ausgeprägten Individualität nicht ein Werk, das nur vor dem Hintergrund griechischer Skulptur entstanden sein kann, sondern führt die genuin ägyptische Tendenz zum Porträt auf ihren Höhepunkt.

Ägyptens Desinteresse an Griechenland steht in einem krassen Gegensatz zur intensiven Beziehung zu Nubien, seinem südlichen Nachbarn. In gegenseitigem Geben und Nehmen verbinden sich in der Kunst des mittleren Niltals ägyptische Form und Ikonographie mit ›afrikanischem‹ Stil. Diese Brückenfunktion Ägyptens zwischen Mittelmeerwelt und Afrika bleibt von den Griechen unbemerkt. Für sie beginnt jenseits von Elephantine, dem südlichsten Punkt von Herodots Reise, eine *terra incognita*, über die nur Berichte aus dritter Hand verfügbar sind. Daß Kambyses an dieser Region scheitert, ist den Griechen Warnung genug, ihr Weltbild nicht über Ägypten hinaus nach Süden zu erweitern. Erst in ptolemäisch-römischer Zeit wird das Reich von Meroë zum Partner der Epigonen des klassischen Griechenland.

Literatur: S. Morenz, Die Begegnung Europas mit Ägypten (1969) 41–67. 184–193; Ch. Froidefond, Le mirage égyptien dans la littérature grècque d'Homère à Aristote (1971); E. Iversen, The Myth of Egypt and its Hieroglyphs[2] (1993) 38–44; H. Kyrieleis, Der große Kuros von Samos, Samos 10 (1996) 68–86. 108–127; E. Hornung, Das esoterische Ägypten. Das geheime Wissen der Ägypter und sein Einfluß auf das Abendland (1999); J. Assmann, Weisheit und Mysterium. Das Bild der Griechen von Ägypten (2000).

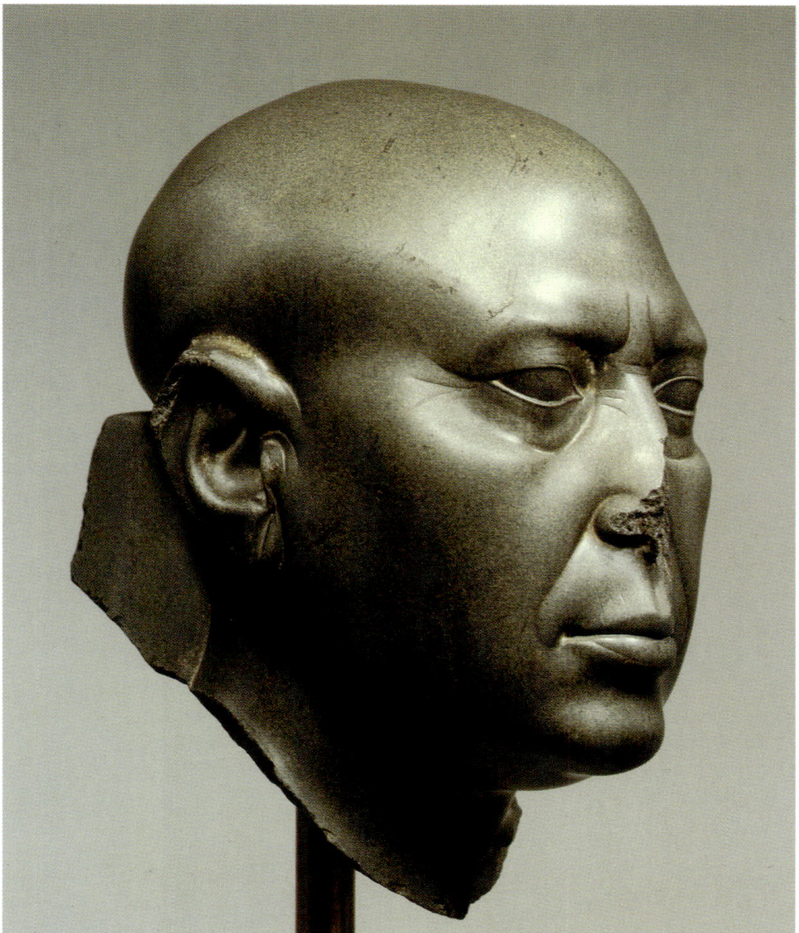

Kat.-Nr. 43

43 Berliner Grüner Kopf

Grauwacke; H 21,5 cm
500–400 v. Chr.
Herkunft unbekannt; 1894 von James Simon erworben
Berlin, Ägyptisches Museum und Papyrussammlung Inv. 12500

Die formale Struktur des Rückenpfeilers und die Ikonographie des seit der Perserzeit belegten Halsreifs fügen sich mit den subtilen Asymmetrien der Stilistik des kahlköpfigen Priesters zu einem Hauptwerk der invidualisierenden Porträtplastik Altägyptens, deren Tradition in der Pyramidenzeit um 2500 v. Chr. beginnt.

44 Stele des Königs Nastasen

Granit; H 163, B 127, T 16,5 cm
335–315 v. Chr.
Aus Neu-Dongola, ursprünglich wohl Gebel Barkal; 1853 von W. Graf von Schlieffen gefunden; Geschenk von Abbas Pascha an Friedrich Wilhelm IV.
Berlin, Ägyptisches Museum und Papyrussammlung Inv. 2268

Ägypten liefert die äußere Form für die stilistisch eigenständige Darstellung nordsudanesicher Herrscher und für einen sprachlich eigenwilligen Text, in dessen ägyptischen Hieroglyphen sich Elemente einer eigenen Sprache artikulieren.

45 Standfigur der Königin Amanimalel

Granit; H 141, B 50, T 48 cm
643–623 v. Chr.
Vom Gebel Barkal (Nordsudan), Tempel B 500; Harvard University – MFA Boston-Expedition April 1916
Khartum, National Museum Inv. 1843

Die Statue der kuschitischen Königin integriert den formalen Grundtypus der ägyptischen Frauenstatue in ein eigenständiges stilistisches Konzept, das seine afrikanischen Wurzeln offen zur Schau stellt.

D. W.

Kat.-Nr. 44 (oben)
Kat.-Nr. 45 (unten)

Die Nachbarn im Westen

Christof Berns

Die Phönizier

Die Phönizier haben, wie die Griechen, keinen einheitlichen Staat gebildet, sondern waren durch ihre einheitliche Sprache, Religion und materielle Kultur verbunden. Ihre Sammelbezeichnung als ›Phoinikes‹ ist von Griechen geprägt worden. Die Phönizier waren in Stadtstaaten organisiert, die oft in Abhängigkeit von größeren Reichen standen. So gehörten die Städte an der Levanteküste, dem Kernbereich phönizischer Kultur, im 5. Jahrhundert zu Persien. Die von ihnen gebildete Flotte war ein wichtiger Teil der persischen Streitmacht im Krieg mit den Griechen. Von der Levante aus wurden seit dem 10. Jahrhundert v. Chr. zahlreiche Kolonien im westlichen Mittelmeergebiet, einzelne sogar an den Atlantikküsten Spaniens und Nordafrikas gegründet.

Literatur: S. Moscati (Hrsg.), I Fenici, Ausstellungskat. Venedig (1988); I Fenici: Ieri, oggi, domani, Kolloquium Rom 1994 (1995); V. Krings (Hrsg.), La civilisation phénicienne et punique, Handbuch der Orientalistik I 20 (1995).

46 Marmorsarkophag in Menschengestalt

Komplett erhalten, L 1,83 m
Um 400 v. Chr.
Gefunden 1861 in Sidon/Syrien, Nekropole von Magharat Tabloun, Hypogäum 11, Kammer 1
Paris, Musée du Louvre Inv. AO 4807

Anthropoide, also menschengestaltige Sarkophage sind im phönizischen Bereich nur vom Ende des 6. bis zum Ende des 4. Jhs. v. Chr. produziert worden. Der Typus ist offenbar von entsprechenden Särgen der ägyptischen Spätzeit angeregt und wurde zunächst in Ton, seit dem 5. Jh. v. Chr. auch in Marmor umgesetzt. Die ältesten dieser Marmorsarkophage wurden von griechischen Bildhauern geschaffen, die nach den Perserkriegen vermehrt in den phönizischen Städten gearbeitet zu haben scheinen. Sie stehen unter deutlichem stilistischem Einfluß griechischer Kunst. Der verwendete Marmor stammt von den Kykladen.

Literatur: S. Frede, Die phönizischen anthropoiden Sarkophage 1 (2000) 76 Nr. I.2.5 Taf. 17.

47 Der sog. Jüngling von Mozia

Weißer, grobkristalliner Marmor; H 1,81 m
Mozia, Museo G. Whitaker I.G. 4310

Die Statue ist 1979 in Mozia auf San Pantaleo in der Bucht von Marsala gefunden worden. Die kleine, nur etwa 45 Hektar große Insel war vom 8. bis zum Beginn des 4. Jhs. v. Chr. phönizisch-punisch besiedelt. 397 v. Chr. ist sie von Dionysios I. von Syrakus zeitweilig erobert und danach zugunsten der Festung von Lilybeion aufgegeben worden. In diesem Zusammenhang war die Statue offenbar in einem, in der Nähe des Heiligtums Cappiddazzu gelegenen Werkstattareal niedergelegt und sorgfältig unter dem Abraum der Zerstörung verborgen worden. Sie ist bis auf die fehlenden Füße, Arme und angefügte Attribute vollständig erhalten. Ihr Kopf ist glatt abgetrennt, aber anpassend und zusammen mit dem Körper gefunden worden.

Ihr Fundort – es ist die einzige Marmorstatue dieser Größe aus Sizilien –, ihr stilistischer Habitus und ihre Ikonographie machen die Statue zu einem bislang einzigartigen Stück und bedingen die Unsicherheiten in seiner Beurteilung, die auch durch die jüngsten Untersuchungen nicht ganz überwunden werden konnten. Einigkeit besteht lediglich darüber, daß die Statue von einem griechischen, oder zumindest griechisch geschulten Bildhauer geschaffen worden ist. Umstritten ist hingegen ihre Datierung. Es sind verschiedene chronologische Ansätze im 5. Jh. v. Chr., vereinzelt aber auch in den Hellenismus vertreten worden. Während letzterer schon aufgrund des skizzierten Grabungsbefundes ausscheiden dürfte, hängt die genaue Einordnung im 5. Jh. vor allem von einer Bewertung des Standmotivs, der Gewandwiedergabe und des Kopfes ab. Betont man die lebendige Umrißlinie der Statue, die Beweglichkeit ihres Standes und die komplizierte Feinheit der Chitonfalten, dann kommt man zu einer Datierung in die zweite Jahrhunderthälfte, wobei der Kopf deutlich retardierende Züge aufwiese. Geht man hingegen von der stilistischen Stellung des Kopfes aus und versteht die Körperhaltung nicht als fortgeschrittene Wiedergabe eines Kontraposts, sondern als Bestandteil des Stützmotivs der Figur, hebt man schließlich die im ein-

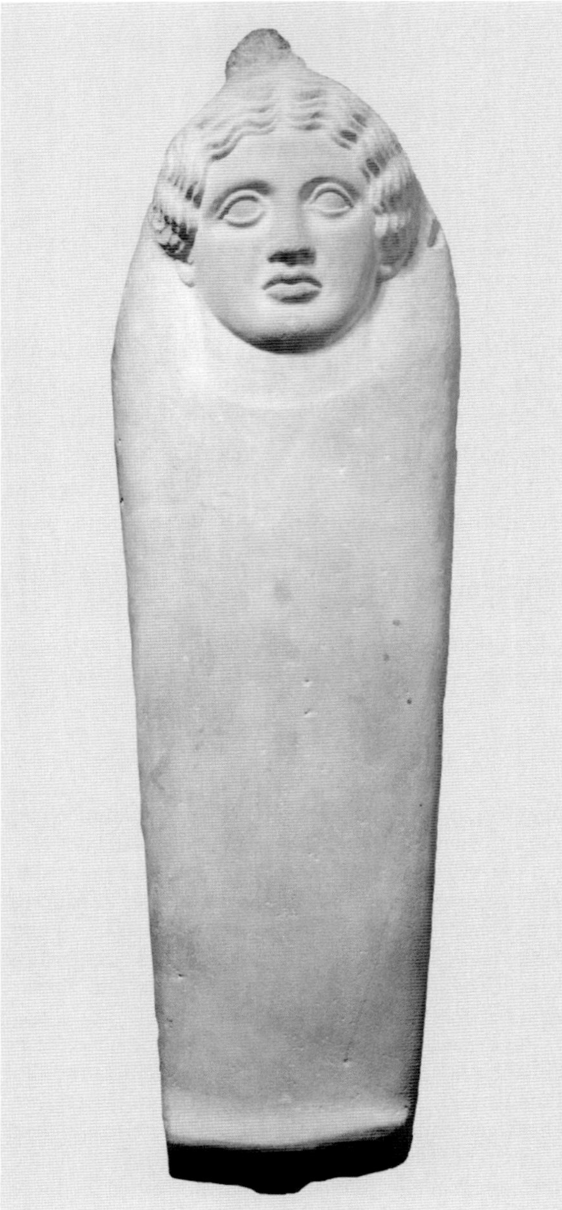

Kat.-Nr. 46

zelnen abstrakten Formulierungen der Gewandfalten hervor, dann wird man eher eine frühere Datierung in die Jahre um 470 vertreten.

Nach wie vor wird auch die Ikonographie der Statue kontrovers diskutiert. Ein größerer Teil der Forscher sieht in ihr die Darstellung eines griechischen Wagenlenkers, worauf vor allem ihre Kleidung – ein langes, dünnes, an einen Chiton erinnerndes Gewand – hinzudeuten scheint. Sie wäre dann als Kriegsbeute aus einem griechischen Heiligtum auf die punische Insel gebracht worden. Gegen diese bis in jüngste Zeit vertretene Deutung sind freilich mehrere überzeugende Einwände gemacht worden. Vor allem die Siegerpose der Figur, die nicht dem Wagenlenker, sondern dem Besitzer des Gespanns zukäme, spricht gegen sie. Darüber hinaus unterscheidet sich das Gewand der Figur im Detail vom griechischen Chiton und läßt sich besser als orientalische Tracht erklären. Der Kopf, in dessen grob gepickter Kalotte mehrere Bronzedübel erhalten sind, war dann womöglich mit einer kegelförmigen Tiara bedeckt. Vorausgesetzt, die frühere Datierung der Statue trifft zu, könnte es sich um eines der Denkmäler handeln, die für den karthagischen Feldherrn Hamilkar in allen punischen Kolonien errichtet worden sind, und die an dessen Selbstopferung nach der verlorenen Schlacht von Himera 480 erinnern sollten (Herodot VII 166 f.). Genauerer Aufschluß über Rekonstruktion und Interpretation der Statue wäre freilich erst von einer systematischen Auswertung der zahlreichen Ab- und Einarbeitungen in ihrer Oberfläche zu erhoffen, die ein Desiderat ist.

Literatur: V. Tusa in: H. Kyrieleis (Hrsg.), Archaische und klassische griechische Plastik 2, Kolloquium Athen 1985 (1986) 1 ff.; La statua marmorea di Mozia e la scultura di stile severo in Sicilia, Kolloquium Marsala 1986 (1988); V. Tusa in: I Fenici (1988) 188 ff. 538 ff.; A. Spanò Giammellaro in: Lo stile severo in Sicilia, Ausstellungskat. Palermo (1990) 232 f. Nr. 77; F. Canciani in: Festschrift E. Simon (1992) 172 ff.; N. Bode, AntK 36, 1993, 103 ff.; C. Rolley, La sculpture grecque 1 (1994) 389 ff.; P. Moreno in: I Fenici, Kolloquium Rom 1994 (1995) 545 ff.; C. Odo Pavese, L'auriga di Mozia (1996); Th. Schäfer, JdI 111, 1996, 25 ff.; M. Denti, RA 1997, 107 ff.; E. Pochmarski in: F. Krinzinger (Hrsg.), Die Ägäis und das westliche Mittelmeer, Kolloquium Wien 1999 (2000) 299 ff.

48–61 Funde aus Tharros

Tharros an der Westküste Sardiniens gehört zu den älteren phönizischen Kolonien im westlichen Mittelmeer. Die Stadt ist im 8. Jh. an der Stelle einer indigenen Siedlung auf der Spitze der schmalen, weit ins Meer reichenden Halbinsel Sinis angelegt worden. Im 6. und 5. Jh. ist sie offenbar umfassend ausgebaut worden. Zu den bei ihrer Ausgrabung gemachten Funden gehören auch typisch phönizische Luxusgegenstände wie Goldschmuck oder Glasgefäße. Daneben veranschaulichen Objekte aus Griechenland oder Ägypten die weitreichenden Kontakte seiner Bewohner.

Literatur: E. Acquaro in: I Fenici, Ausstellungskat. Venedig (1988) 220 ff.; E. Acquaro, RendLinc 6, 1995, 523 ff.; E. Acquaro – A. Mezzolani, Tharros (1996).

48 Teil einer Halskette

Gold; H 3,9 cm, B 1,9 cm, T 0,3 cm
Tharros, 6./5. Jh. v. Chr.
Sassari, Museo Nazionale G. A. Sanna Inv. 7254
Literatur: I Fenici Kat.-Nr. 625.

49 Applike

Gold; Dm 1,9 cm
Tharros, 6./5. Jh. v. Chr.
Sassari, Museo Nazionale G. A. Sanna Inv. 7309
Literatur: I Fenici Kat.-Nr. 635.

Kat.-Nr. 47

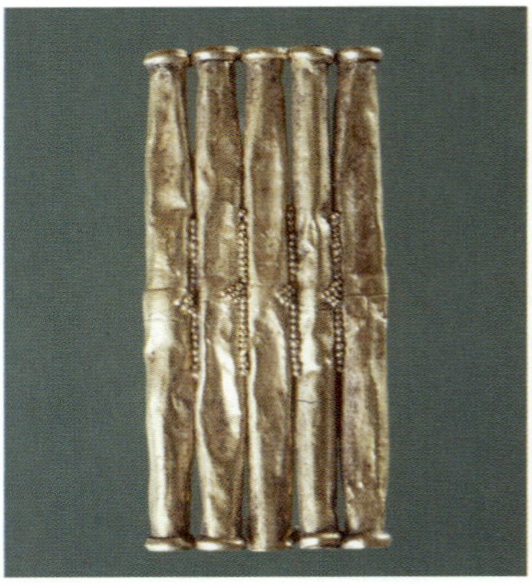
48

49

50

51

52

53

54

56

57

58

60

61

Kat.-Nr. 48–54, 56–58, 60–61

50 Ring mit Skarabäus: Horusfalke

Grüner Jaspis und Gold; 0,8 x 1,1 cm (Skarabäus), 2,2 x 1,4 cm (Ring)
Aus Sardinien, 4. Jh. v. Chr.
Cagliari, Museo Archeologico Nazionale, ohne Inv.
Literatur: Vgl. I Fenici Kat.-Nr. 662.

51 Ring mit Skarabäus: Krieger

Grüner Jaspis und Gold; 1,4 x 1,1 cm
Tharros, 5. Jh. v. Chr.
Cagliari, Museo Archeologico Nazionale Inv. 19849
Literatur: I Fenici Kat.-Nr. 667.

52 Amulett-Täfelchen: Horus-Auge

Fayence; H 1,7 cm, B 2,0 cm
Aus Sardinien, 5./4. Jh. v. Chr.
Cagliari, Museo Archeologico Nazionale, ohne Inv.
Literatur: Vgl. I Fenici Kat.-Nr. 683.

53 Amulett-Täfelchen: Kuh und Kalb

Glaspaste; H 1,5 cm, B 1,8 cm
Aus Sardinien, 5./4. Jh. v. Chr.
Cagliari, Museo Archeologico Nazionale, ohne Inv.
Literatur: I Fenici Kat.-Nr. 682.

54 Plättchen: Hase

Elfenbein; H 2,1 cm, L 5,9 cm
Tharros, 5. Jh. v. Chr.
Cagliari, Museo Archeologico Nazionale, ohne Inv.
Literatur: Vgl. I Fenici Kat.-Nr. 712.

55 Plättchen: Hase und Kalb

Bein; H 2,2 cm, L 8,5 cm
Aus Nora, 5. Jh. v. Chr.
Cagliari, Museo Archeologico Nazionale Inv. 18577
Literatur: I Fenici Kat.-Nr. 713.

56 Amulett: Bes-Darstellung

Elfenbein; H 3,1 cm, B 1,6 cm
Tharros, 7.–4. Jh. v. Chr.
Sassari, Museo Nazionale G. A. Sanna Inv. 7595
Literatur: I Fenici Kat.-Nr. 699.

57 Bärtiger Kopf

Elfenbein; H 5,3 cm, B 2,5 cm
Aus Sardinien, 5. Jh. v. Chr.
Cagliari, Museo Archeologico Nazionale, ohne Inv.
Literatur: I Fenici Kat.-Nr. 698.

58 Alabastron

Glas; H 8,4 cm, Dm 3 cm
Tharros, 6.–4. Jh. v. Chr.
Sassari, Museo Nazionale G. A. Sanna Inv. 2414
Literatur: Vgl. I Fenici Kat.-Nr. 749.

59 Amphoriskos

Glas; H 7,6 cm, Dm 4,6 cm
Tharros, 6.–4. Jh. v. Chr.
Sassari, Museo Nazionale G. A. Sanna Inv. 2431
Literatur: I Fenici Kat.-Nr. 750.

60 Aryballos

Glas; H 6,1 cm, Dm 4,7 cm
Tharros, 6.–4. Jh. v. Chr.
Sassari, Museo Nazionale G. A. Sanna Inv. 2430
Literatur: I Fenici Kat.-Nr. 753.

61 Oinochoe

Glas; H 8,2 cm, Dm 4,5 cm
Tharros, 5./4. Jh. v. Chr.
Sassari, Museo Nazionale G. A. Sanna Inv. 2410
Literatur: I Fenici Kat.-Nr. 755.

C. B.

Pilar León

Die Iberer

Ganz weit im Westen des Mittelmeeres, für griechische Begriffe am Ende des Erdkreises, entwickelten im Laufe des 5. und 4. Jahrhunderts v. Chr. die Iberer eine Kultur von eigenem, unverwechselbarem Charakter, eingebunden auch diese in den großen Wirkungskreis der ›Klassik‹, und dennoch im Verhältnis zum zentralen Geschehen eine ausgesprochene Randerscheinung.

Um 575 v. Chr. wurde im Rahmen der vom ionischen Phokaia ausgegangenen Kolonisierung des westlichsten Mittelmeerraumes Emporion (Ampurias) gegründet. Dieses Ereignis bedeutete einen entscheidenden Impuls im Entstehungsprozeß der iberischen Kultur: über Emporion strömten wichtige kulturelle Einflüsse ins Land, und zugleich trat Iberien ins Blickfeld der westlichen Griechen.

Die Entdeckung der griechischen Kunst und Kultur, zunächst vermittelt durch Werke aus Kleinkunst und Kunsthandwerk, hatte eine ebenso unverhoffte wie nachhaltige Wirkung auf die angestammte Formenwelt der Iberer und bewirkte und beförderte in entscheidender Weise den Beginn einer eigenen kreativen Kunstentwicklung. In der Tat ist gerade während der formativen Phase der iberischen Skulptur (vom Ende des 5. bis in die 1. Hälfte des 4. Jhs. v. Chr.) die Wirkung der griechischen Kunst besonders deutlich erkennbar. Er zeigt sich sowohl in der Wahl der Sujets – es gibt plötzlich Sphingen, Greifen, menschenköpfige Stiere – als auch durch die ikonographische und stilistische Nähe der iberischen Werke zu griechischen Vorbildern.

Die anscheinend direkte ›Transfusion‹ griechischer Kunstformen – vermittelt vielleicht über nicht immer unbedingt erstklassige, aus Westgriechenland stammende Kunsthandwerker – hatte nur begrenzte Dauer, hinterließ aber anhaltenden Einfluß auf die lokale Kunstübung. Jedenfalls blieben die iberischen Bildhauer offensichtlich künstlerischen Idealen und Prinzipien der archaischen und frühklassischen Zeit verpflichtet, auch wenn alsbald bodenständig-einheimischer Geschmack und Anspruch die bildliche Darstellung von Themen aus der eigenen Vorstellungswelt forderten. Mit Recht hat man von einer auch in späteren Zeiten immer wieder bewußt gesuchten Rückstilisierung auf archaische Formen gesprochen.

Die griechische Stilentwicklung selber zu verstehen und zu verfolgen, war man offenbar nicht interessiert. Man bemühte sich vielmehr fortdauernd um die Nachahmung und Nachgestaltung von Motiven und Stilformen der spätarchaischen und frühklassischen Kunst; das zeigen beliebte Elemente wie mandelförmig geschnittene, schrägstehende Augen, zierlich gelegte Zickzackfalten und übereinandergeschichtete Gewandzipfel.

Dabei gestalteten die iberischen Bildhauer ihre Werke zwar nicht gänzlich selbständig, aber doch frei und unabhängig, ganz ›nach ihrer Façon‹, woraufhin sie nach den Worten von B. Cunliffe im Zeitraum von der Mitte des 5. bis zum Ende des 4. Jahrhunderts v. Chr. zu einer reifen Synthese griechischer und einheimischer Formvorstellungen gelangen konnten. Im übrigen aber verraten solche Werke vielfach auch ein starkes Erbteil älterer ›orientalisierender‹ Kunst, dem nun beigemischt wurde, was Vorbilder aus dem großgriechischen Bereich lehren konnten. Daher sehen iberische Skulpturen dieser Zeit oftmals nur allgemein irgendwie ›hellenisierend‹ aus und sind mit genuin griechischen Arbeiten kaum zu verwechseln.

Eine gewisse technische und stilistische Einheitlichkeit der iberischen Plastik, besonders zur Zeit der Klassik, läßt an das Wirken einiger weniger Werkstätten denken, deren Künstler jeweils an den Ort neuer Aufträge reisten. Deutlich ist aber die überragende Bedeutung eines Zentrums im südöstlichen Küstenbereich, besonders in der Gegend um Elche und Alicante sowie, weiter im Hinterland, im Gebiet von Murcia. Im Binnenland läßt sich ein Schwerpunkt iberischer Skulpturenproduktion in der Provinz Albacete erkennen; in Andalusien befinden sich solche Zentren in der Gegend um Córdoba und, weiter nördlich, in Porcuna (Provinz Jaén). Überall wird weicher lokaler Stein verwendet; die Bearbeitungstechnik ist grundsätzlich immer dieselbe. Ihre wesentlichen Mittel sind Ritzung und Gravur sowie liebevoll zarte Behandlung der glatten Oberflächen, alles dies unter Verzicht auf plastische Tiefengestaltung. Erstaunlicherweise wurden diese Techniken kaum fortentwickelt, weswegen selbst Werke von herausragender Qualität stets einen kunsthandwerklichen Eindruck vermitteln.

Wollte man die iberische Plastik von einer kanonisch-klassischen Warte aus beurteilen, so müßte sich unweigerlich der Eindruck von Disziplinlosigkeit, ja Anarchie einstellen. Geht man dagegen von der eigenen Wertskala dieser Kunst aus, die sich auf Anregungen aus der griechischen Kunst stützte, ohne dieser unterworfen oder von ihr abhängig zu sein, so wird man ihren originellen und unbekümmert selbstbewußten Charakter richtig erfassen. Gerade in der Treue zu ihren ureigenen Prinzipien plastischer und graphischer Gestaltung liegt trotz ihrer unbestreitbar nur lokalen Bedeutung der große Reiz der iberischen Kunst begründet.

Literatur: R. Olmos, La sociedad ibérica a través de la imagen (1992); B. Cunliffe in: P. Bilde (Hrsg.), Centre and Periphery in the Hellenistic World (1993) 53 ff.; J. Boardman, The Diffusion of Classical Art in Antiquity (1994) 49 ff.; Die Iberer, Ausstellungskat. Bonn (1998); P. León, La sculpture des Ibères (1998); P. Cabrera – C. Sánchez (Hrsg.), Los Griegos en España. Tras las huellas de Herakles (2000).

62 Sphinx von Agost (Provinz Alicante)

Kalkstein; H 80, B 55 cm
Ende 6./Anfang 5. Jh. v. Chr.
Madrid, Museo Arqueológico Nacional

Typisches und besonders qualitätvolles Werk der frühesten Stufe iberischer Kunst unter griechischem Einfluß. Man hat daran gedacht, die Sphinx könne das Werk eines mit der Westkolonisation nach Iberien gelangten griechischen Bildhauers sein. Die starke Vereinfachung der plastischen Modellierung aber und die Veränderung der Proportionen gegenüber möglichen griechischen Vergleichsstücken sprechen doch entschieden gegen diese Vorstellung. Die Skulptur muß man sich im architektonischen Zusammenhang eines Grabmonuments verwendet vorstellen.

Literatur: T. Chapa, Influjos griegos en la escultura zoomorfa ibérica (1986) 115 Nr. 194; 188 ff.; Olmos a. O. 97 Nr. 2; León a. O. 55 Nr. 1.

63 ›Priester‹ aus Porcuna (Provinz Jaén)

Kalkstein; H 102, B 40 cm
2. Hälfte 5. Jh. v. Chr.
Jaén, Museo Arqueológico

Eines der aufschlußreichsten Beispiele für das Verständnis der Grundprinzipien iberischer Skulptur. Motive aus der spätarchaischen und frühklassischen Kunst der Griechen werden hier zitiert und zusammengestellt nach dem Geschmack des iberischen Bildhauers; sein künstlerischer Beitrag besteht in einer gegenüber den Vorbildern sehr eigenwilligen Veränderung der Proportionen, des organischen Aufbaus der Figur und des Verhältnisses von Körper und verhüllendem Gewand. Die Präzision in der Wiedergabe ornamentaler Details und die große Sorgfalt, mit der die Oberflächen gestaltet und geglättet sind, darf man als charakteristisch für das iberische Verständnis von Plastizität bezeichnen. Die Bekleidung der Figur und der

Kat.-Nr. 62

Kat.-Nr. 63

Kat.-Nr. 64

eigenartige ›Manipel‹, der über den linken Unterarm gelegt ist, dazu die hieratisch-strenge Würde der Haltung haben daran denken lassen, daß hier ein Priester dargestellt sein könnte.

Literatur: W. Trillmich in: J.-P. Descœudres (Hrsg.), Proceedings of the First Australian Congress of Classical Archaeology, Sydney (1985) 609 ff. Taf. 63, 1. 2; J. A. González Navarrete, Escultura ibérica del Cerrillo Blanco, Porcuna, Jaén (1987) 102 ff.; I. Negueruelo, Los monumentos escultóricos ibéricos del Cerrillo Blanco de Porcuna, Jaén (1990) 235 ff.; León a. O. 84 Nr. 52.

64 Krieger aus Porcuna (Provinz Jaén)

Kalkstein; H 84, B 38 cm
2. Hälfte 5. Jh. v. Chr.
Jaén, Museo Arqueológico

Künstlerische Grundzüge dieses Werkes sind der eindeutige Rückgriff auf archaische Stilisierungsformen und der Vorrang dekorativer Tendenzen vor funktionaler und organischer Darstellungsweise. Der Bildhauer verstärkt den Ausdrucksgehalt des Gesichtes durch Züge, die er aus einem als wertsteigernd angesehenen Stil entlehnt, gleichwohl umgedeutet und abstrahierend reduziert hat. Sein selektives und syntaktisches Verfahren kennzeichnet den Weg der iberischen Kunst in Richtung auf eine künstlerische Reife, die schließlich griechische und einheimische Elemente harmonisch miteinander zu verschmelzen weiß. Stilistisch ist dieser Kopf ein Musterbeispiel für die iberische Auffassung von plastischer Gestaltung.

Literatur: González Navarrete a. O. 29. 71 ff.; Negueruelo a. O. 49 Taf. 1–11; Olmos a. O. 95 Nr. 2; Die Iberer, Ausstellungskat. Bonn (1998) 253 Nr. 16 (P. Rouillard); León a. O. 88 Nr. 56. P. L.

Übersetzung aus dem Spanischen: Walter Trillmich

Was die Griechen nicht kannten

Klaus Helfrich

Einführung

Mit dem Anfang der Menschheitsgeschichte, also mit der Entstehung des *Homo sapiens,* verbindet sich dessen erstes und seither schicksalhaftes Bemühen, jene Lebenswelten, in denen er als Individuum und Spezies sein Dasein bewältigen und gestalten muß, sich auch geistig anzueignen – ein einzigartiges, über jede rein biologische Lebens- und Überlebenserfordernis weit hinausreichendes Unterfangen. Denn unter allen irdischen Lebewesen sucht allein der Mensch von Anbeginn an, in seiner einem steten Anpassungsdruck unterworfenen Begegnung und Auseinandersetzung mit der ihn umgebenden Welt, deren Teil er ist und an der er Anteil hat, das ›eigentliche‹ Wesen der seine Lebenswirklichkeit einschließenden Seinsordnung zu erkennen. Erste eindrucksvolle Zeugnisse solchen Strebens sind die uns überkommenen, etwa vierzigtausend Jahre alten australischen Felsmalereien, häufig grandiose Kunstwerke. Sie und spätere frühzeitliche Kunstschöpfungen bekunden insgesamt eine von jeder nichtmenschlichen, ausschließlich biologisch gesteuerten Lebensfürsorge weit abgehobene Art der Daseinsbewältigung, die in dem nur den Menschen auszeichnenden kreativen Willen gründet, seine Welt deutend und ordnend zu verstehen. Dies in der Erwartung, das hieraus folgende – wenn auch nur bruchstückhafte – Wissen um das Woher, Warum und Wie jener Seinsordnung führe ihn mit verläßlicher Gewißheit zu ›richtigen‹ Lösungen bei der ihm innerhalb dieser Ordnung aufgegebenen Lebensfürsorge.

In den frühen Kulturen, bis hin zu den ›vorindustriellen‹ der Neuzeit, spiegeln sich die jeweiligen Vorstellungen über die ›wahre‹ Seinsordnung in einem mythischen Weltbild. Darin fügen sich Mythen, also die jenen Kulturen eigenen Überlieferungen von Zuständen und Geschehnissen der Vergangenheit und deren Auswirkungen auf die gegenwärtige Lebenswirklichkeit, wie in einem Mosaik zu einem Gesamtbild der bekannten Welt und ihrer Ordnung. Solch mythische Erkenntnisse wurzeln in erinnerten, freilich jedem kritischen Zweifel entzogenen Wirklichkeitserfahrungen, deren Deutung und folgliche Einordnung in Seinszusammenhänge nicht rational, sondern intuitiv erfolgt. Deshalb entzieht sich auch der Erkenntnisgehalt mythischer Aussagen jeder abstrakt formulierenden Mitteilung, er kleidet sich vielmehr immer in eine anschauliche, bildhafte Sprache.

In dem erhaltenen Mythenschatz ›vorindustrieller‹ Kulturen läßt sich ein offenkundig gemeinsames Grundmuster erkennen. Dessen Themen sind: der (ungeordnete) Zustand der urzeitlichen Welt; dann die schöpferische Veränderung dieses Zustandes durch bestimmte urzeitliche Wesen (Demagottheiten, Kulturheroen, Urahnen, Schöpfungsgötter usw.) und die damit verbundene Schaffung der gegenwärtigen, mithin jetzt gültigen Seinsordnung; und schließlich die Abstammung der Menschen(geschlechter) und ihre Einbindung in diese neue Ordnung. Die im jeweiligen mythischen Weltbild jener Kulturen als ›wahr‹ erkannte, in Urzeiten gesetzte Seinsordnung legitimiert den gegenwärtigen Zustand der Welt mit ihrer gesellschaftlichen Verfassung, ihren Wertsystemen und Handlungsnormen und anderes mehr. Deshalb auch kann sie eine – stets religiös begründete – Verbindlichkeit beanspruchen. In Ableitung aus solchen Vorstellungen dient das kultische Handeln der Menschen dem Erhalt der ›wahren‹ Seinsordnung und der gesellschaftlichen Anerkennung ihrer Gültigkeit.

Auch im griechischen Kulturkreis ist bis in die spätarchaische Zeit das Wissen über die Welt und ihre Ordnung im wesentlichen mythisch geprägt. Entsprechende Weltbilder scheinen in berühmten mythisch-epischen Dichtungen, etwa der »Ilias« und der »Odyssee« des Homer oder der »Theogonie« des Hesiod auf. Mit Beginn der griechischen Klassik indes zeichnen sich ganz unvermittelt und erstmals in der menschlichen Geistesgeschichte völlig andere, nämlich rein rationale Ansätze bei dem Bemühen um Welterkenntnis ab. Das bis dahin den Griechen überlieferte mythische Wissen um die Beschaffenheit der ›Oikumene‹, des bewohnten Erdkreises, wird jetzt zunehmend von den Logographen der ›Ionischen Schule‹ in Zweifel gezogen, namentlich von dem herausragenden Hekataios von Milet (ca. 550–479 v. Chr.). In seinem bahnbrechenden Werk »Periegesis«, einer Art Länderkunde der den Griechen bekannten Welt, unterzieht er die hierzu überkommenen mythischen Vorstellungen einer dezidiert rationalistischen Kritik und versucht, dieses archaische Weltbild zunächst von nicht belegbaren Behauptungen möglichst zu säubern. Hekataios selbst bezieht seine Kenntnis der Oikumene aus den eigenen Beobachtungen auf seinen Erkundungsreisen in fremden Ländern bzw. aus der kritischen Bewertung (»Dies schreibe ich, wie mir wahr zu sein scheint«) anderer Quellen. Basierend auf der von ihm revidierten Erdkarte des Anaximandros entsteht somit erstmals der wissenschaftliche Versuch einer empirisch und quellenkritisch abgesicherten kulturgeographischen Bestandsaufnahme, die erstaunlich weit reicht, von den Säulen des Herakles im Westen bis hin zum fernen Gandhara im Osten. Die darin enthaltenen ethnographischen Aussagen lassen überdies bereits die klare Absicht erkennen, auch zum Verständnis für die Andersartigkeit nichtgriechischer, eben fremder Lebensweisen beizutragen.

Zwei Generationen später bereichert und verfeinert ein Dorier, der geniale Logograph Herodotos von Halikarnassos (ca. 490–425 v. Chr.), konsequent die methodischen Prinzipien der empirischen und quellenkritischen Ansätze des Hekataios, beschränkt sich bei seiner Thematik allerdings nicht wie jener in der »Periegesis« auf die länder- und kulturkundliche Beschreibung der Oikumene, sondern erweitert sie um zwei ihm unverzichtbar erscheinende historische Dimensionen. Herodots ›Forschungen‹ – so der ursprüngliche Wortsinn des Titels seines neunbändigen Werkes »Historiai« – erstrecken sich nämlich gleichermaßen auch auf die Ereignis- und Kulturgeschichte der von ihm beschriebenen Länder und ihrer Bewohner. Sein methodisches Vorgehen ist strikt empirisch: Er sammelt systematisch Daten, die auf eigenen Beobachtungen bei seinen ausgedehnten Auslandsreisen beruhen, führt darüber hinaus gezielt Befragungen ihm zuverlässig erscheinender Gewährsleute durch und unterzieht Mitteilungen vom Hörensagen einer kritischen Abwägung ihrer Glaubwürdigkeit. Dabei gilt sein Interesse ebenso der natürlichen Ausstattung des jeweiligen Lebensraumes der die Oikumene bewohnenden Völker, also der dortigen Morphologie und Topographie, den Bodenschätzen, dem Klima sowie der Flora und Fauna, soweit diese für seine Bewohner von Bedeutung sind, wie auch deren Physis, Sprache, Gesellschaftsordnung, Kultur und Geschichte. Seine empirisch absichernde Art der Datensammlung, seine gelegentlichen, im Kulturvergleich gründenden Schlußfolgerungen und schließlich sein einsichtiges, nach heutigem Wissenschaftsverständnis unabdingbares Bemühen, Mensch, Umwelt, Kultur und Geschichte in einen anthropologischen Gesamtzusammenhang zu stellen, machen Herodot unzweifelhaft zum »intellectual ancestor of the modern anthropologist« (Farnell).

Herodot gelingt der Durchbruch zu einer wissenschaftlich fundierten Weltbetrachtung. Seine erkenntnisgeschichtlich so bedeutsamen Forschungen sind wegbereitend für die anschließende antike Geschichtsschreibung und zugleich, mit ihrer ›interdisziplinär‹ vertieften Thematik und ihren methodischen Prinzipien, in der Tat ein richtungsweisender Vorgriff auf die Forschungsorientierung der Ethnologie, die sich erst rund 2400 Jahre später, im Verlauf des 19. Jahrhunderts, als eigenständige universitäre Disziplin etabliert.

Wie bei Herodot implizit, so gilt das Erkenntnisstreben dieser Disziplin explizit der ›Kultur‹ des Menschen in ihren fast unüberschaubar vielfältigen Ausprägungen von Einzelkulturen. »Kultur« begreift die Ethnologie als »Gesamtheit aller Ideen, Kenntnisse, Vorstellungen, Fertigkeiten, Verhaltensweisen materiellen und immateriellen Gestaltungen, die jeweils eine Gruppe von Menschen charakterisieren, und die selbst oder in ihren Voraussetzungen in Innovation gründen und über Lernsysteme tradiert werden« (Helfrich). Insofern ist ›Kultur‹ – als wissenschaftliches Erklärungsmodell der Ethnologie – die »Art und Weise menschlicher Daseinsgestaltung«, der die Bedeutung eines distinktiven und wesentlichen Merkmales der Spezies *Sapiens* innerhalb der Gattung *Homo* zukommt. Distinktiv, weil der Mensch dieses Merkmal mit keiner anderen Spezies teilt, und wesentlich, weil seine Art ohne diesen Kulturbesitz nicht überlebensfähig wäre. Funktional gesehen handelt es sich dabei um das nicht angeborene, aus Erfindung und Erlernen herrührende Instrumentarium, über das jeweils eine konkrete Gruppe von Menschen (z. B. eine ›Ethnie‹) bei der Bewältigung und Gestaltung ihres Daseins verfügt. Ausgehend von empirisch und quellenkritisch abgesichertem Datenmaterial gelangt die Ethnologie zunächst zu ›ethnographischen‹ Beschreibungen solcher Einzelkulturen in Raum und Zeit. Derart geht auch Herodot vor, ohne jedoch – bis auf zaghafte, aber immerhin verdienstvolle Ansätze – die folgenden Schritte der modernen Ethnologie zu tun. Diese führt der Vergleich jener Einzelkulturen untereinander zunächst zu verallgemeinerbaren Schlußfolgerungen zu Struktur, Organisation, Funktion und Genese von Einzelkulturen, Erkenntnisse, die schließlich in allgemeinen Erklärungsmodellen von *der* ›Kultur‹ des Menschen münden.

Herodots ethnographische Bestandsaufnahme der Oikumene läßt erkennen, daß er sich durchaus im klaren ist über den kulturprägenden Einfluß außerkultureller Faktoren, wie etwa bestimmte Gegebenheiten in der lebensräumlichen Umwelt der von ihm beschriebenen fremden Völker. Dieser Zusammenhang selbst ist ein Grund unter vielen für die unglaubliche Vielfalt fremdartiger Lebensweisen, um deren Verständnis Herodot sich bemüht. Sein überaus starkes Interesse an der Ereignis- und Kulturgeschichte jener Völker deutet überdies auch auf eine Ahnung davon, daß Einzelkulturen in ihrer Vielfalt nicht statisch, sondern prozeßhaft sind. Sie unterliegen stetigen, mehr oder weniger schnell verlaufenden Veränderungen, einem fortschreitenden Wandel mit evolutiver Dynamik. Die dabei sich durchsetzenden Tendenzen führen im Verlauf der Menschheitsgeschichte zu immer größerer Komplexität der Einzelkulturen, wegen der sehr unterschiedlichen Geschwindigkeit jener Wandlungsprozesse allerdings in – bezogen auf dieselbe Zeitebene – stark voneinander abweichender Ausdifferenzierung, die den jeweiligen historischen ›Entwicklungsstand‹ einer Kultur bestimmt. Darin liegt ein weiterer, diesmal kulturinhärenter Grund für die zeitgleiche Verschiedenheit menschlicher Daseinsgestaltung. Auch in dieser Hinsicht gleicht natürlich die von Herodot gezeichnete ethnographische Vielfalt innerhalb der Oikumene dem Bild jener den Griechen noch unbekannten Lebenswelten, die hinter deren Grenzen lagen. K. H.

Literatur: K. Helfrich, Kultur und Kulturen. Theoretische Überlegungen zur Darstellung des Fremdkulturellen im Völkerkundemuseum, Baessler-Archiv N.F. 45 (1997); K.-H. Kohl, Ethnologie – die Wissenschaft vom kulturell Fremden. Eine Einführung (1993).

Claudius Müller

China

Für Herodot und seine Zeitgenossen waren diese Lebenswelten nicht nur unbekannt, sondern weder vorstellbar noch existent. Die umfassende und weitreichende empirische Bestandsaufnahme hatte außerhalb der erschlossenen, bewohnbaren Welt keinen Platz für noch unbekannte Völker vorgesehen. Von den Griechen um 500 v. Chr. führte kein Weg zu den blühenden kulturellen Zentren und komplexen Gesellschaften in China, der Nok in Afrika oder der Reiche Mesoamerikas und der Anden. Diese Kulturen sind uns in vielen Fällen nur rudimentär bekannt. Lediglich China hat uns eine Fülle an historischen Informationen hinterlassen, die den Vergleich mit Griechenland geradezu herausfordern bis hin zur Frage, ob vielleicht von den Chinesen des 5. vorchristlichen Jahrhunderts ein Weg zu den Griechen führte. Kurz: Welches war das Weltbild der Chinesen dieser Zeit, und war darin Platz für nicht-chinesische, noch unbekannte Völker vorgesehen?

In der Mitte des 1. vorchristlichen Jahrtausends waren die späteren Zentralgebiete Chinas politisch in zahlreiche Kleinstaaten aufgesplittert. Es war die Endphase einer Entwicklung, die etwa 7000 Jahre zuvor mit der Seßhaftwerdung einzelner Gruppen in den fruchtbaren Niederungen und Flußtälern Nordchinas begonnen hatte und die einige Jahrhunderte später mit der gewaltsamen Einigung der miteinander konkurrierenden Staaten durch den Ersten Kaiser 221 v. Chr. ihren Abschluß finden sollte. Erst seit diesem Zeitpunkt können wir de facto von China sprechen, das sich als ein im wesentlichen einheitlich geprägter, auf Landwirtschaft basierender Kulturbereich darstellt. In dem Maße, in dem die verschiedenen Staaten zusammenwuchsen, übernahmen sie die Leitvorstellung einer gemeinsamen kulturellen Einheit im Goldenen Zeitalter der mythischen Urkaiser. Aus zahlreichen regionalen mythischen Traditionen konstruierten die Gelehrten ein einheitliches, mehr oder minder widerspruchsfreies System. Um 500 v. Chr. war das Weltbild geprägt von der imaginären Einheit der Vergangenheit und dem Wunschbild eines geeinten China in der Zukunft. Beide Vorstellungen standen der Realität der Zeit diametral entgegen und beschrieben eine für diese Zeit charakteristische Spaltung in reale und spekulative Weltsichten, die nichtsdestotrotz nebeneinander bestehen konnten.

Aus den Ergebnissen von archäologischen Forschungen und – für die Zeit seit dem 1. vorchristlichen Jahrtausend – vermehrt auch aus schriftlichen Quellen wissen wir, daß die Herausbildung eines einheitlichen chinesischen Kulturbereiches viele Jahrtausende dauerte und sich keineswegs linear, sondern von verschiedenen Zentren aus und in Sprüngen entwickelte. Ackerbau treibende Gruppen setzten sich auf inselartigen Enklaven fest und ›eroberten‹ dank ihrer langfristig überlegenen Lebensweise nach und nach das umliegende fruchtbare Land, indem sie es als Anbaugebiet in Besitz nahmen. Die auf diesen ›Inseln‹ errichteten Dörfer, seit dem 2. Jahrtausend mit Stampflehm ummauerte Palast- und Stadtanlagen, waren die Zentren, von denen aus sich jene Kultur verbreitete, die sich im Laufe des 1. vorchristlichen Jahrtausends als chinesische etablierte. Durch Jahrtausende lebten verschiedene Bevölkerungsgruppen mit unterschiedlichen Lebensweisen, Ackerbauern und Wildbeuter, in enger Nachbarschaft neben- und miteinander. Die seßhaften Ackerbauern vertrieben ihre vornehmlich jagenden und sammelnden Nachbarn: Sie drängten sie ab in die unzugänglichen, bewaldeten Bergregionen im Landesinneren oder in die nördlich und westlich gelegenen Steppen, wo sich eine spezialisierte, nomadisierende Lebensweise im Laufe des 2. vorchristlichen Jahrtausends zu entwickeln begann. In den meisten Fällen allerdings assimilierten sich die wildbeuterischen Gruppen und gingen in der Ackerbau treibenden Bevölkerung auf.

Um 500 v. Chr. war die Option chinesische versus nicht-chinesische Kulturzugehörigkeit in der Endphase: die Handvoll von Groß- und Kleinstaaten, die um die Vorherrschaft und letztlich die politische Einigung kämpften und sich als Mittelreiche bezeichneten, waren in ihren jeweiligen Territorien weder einheitlich ›zivilisiert‹, noch entsprachen sie dem Ideal der ›chinesischen‹ Lebensweise. Je weiter außerhalb des Zentrums diese Staaten lagen, für desto ›barbarischer‹ wurden sie gehalten.

Diesen realen Gegebenheiten stellten die Gelehrten der Zeit ein idealisiertes Weltbild gegenüber. Es war schematisch und starr konstruiert als ineinander geschachtelte, konzentrische Quadrate, mit dem Zentralherrscher, dem ›Himmelssohn‹ in der Mitte, um den herum sich von innen nach außen in abnehmender zivilisatorischer Qualität die nach der chinesischen Kultur strebenden Staaten gruppierten. Über die quadratisch gedachte Erde, die alles umschloß, also auch die äußersten Randzonen, die von der zivilisierenden Tugendkraft des Himmelssohnes nicht mehr erreicht werden konnten, spannte sich der als runder Schirm vorgestellte Himmel, der die gesamte Erde bedeckte, die als ›tianxia‹, alles was unter dem Himmel ist, bezeichnet wurde.

Das Bild der Erde als Quadrat geht auf die befestigte Siedlung, die von Mauern umgebene Stadt, den Herrschersitz, zurück. Die befestigte Siedlung als Zentrum war zwar durch eine Mauer vom umgebenden Territorium abgegrenzt, mit diesem aber zugleich untrennbar verbunden: Die Menschen in der Siedlung mußten das Land außen bebauen, um zu leben. Diese Trennung war also kein Ausschließen, sondern ein Verbinden der beiden notwendig zusammengehörenden Bereiche. Übertragen auf die politische Struktur waren um die Hauptstadt des Zentralherrschers die unmittelbar abhängigen Lehnsfürsten und danach die von Chinesen verwalteten, tributpflichtigen Gruppen angesiedelt. Daran schloß sich die von eigentlichen Barbaren bewohnte Außenzone an, die unterteilt wurde in verbündete Barbaren, benachbarte Barbaren und schließlich okkupierte Territorien und Grenzregionen. Ein ähnlich spekulatives Modell jener Zeit unterteilt die Außenzone in ›rohe‹ – also unzivilisierte – und ›gekochte‹, zivilisierte Barbaren. Die Vorstellung der Erde umschließt gleichermaßen und untrennbar Stadt und Land, Innen und Außen, Chinesen und Nicht-Chinesen.

Zwar werden in den frühen schriftlichen Quellen vielfach nicht-chinesische Nachbarn erwähnt, allerdings sind spezifische Beschreibungen ihrer Lebensweise eher spärlich. Vor allem fehlen

Aussagen darüber, worin sie sich von Chinesen unterschieden. Aufzeichnungen über barbarische Völker, die denen eines chinesischen Herodot vergleichbar wären, sind erst seit der Zeit um 100 v. Chr. bekannt.

Dennoch lassen sich aus den Quellen des 1. vorchristlichen Jahrtausends konsistente Aussagen über das Verhältnis zwischen Chinesen und Nicht-Chinesen treffen. Die Chinesen bezeichneten sich selbst als Bewohner der Mittleren Reiche und als Ackerbauern, und setzten sich damit per definitionem von allen anderen, den Nicht-Chinesen, ab. Für ›Barbaren‹ gab es keinen Gattungsbegriff, sondern man bezeichnete sie mit vier Pseudo-Stammesnamen, die schon früh keine konkrete Zuordnung zu tatsächlichen Ethnien ermöglichten, nämlich Di, Man, Rong und Yi. Daß damit bewußt ein genereller Terminus für Barbaren geschaffen werden sollte, läßt sich aus der üblichen Verbindung dieser Bezeichnungen mit Zahlen und Richtungen – die sechs Man(-Stämme) des Südens, die sieben Rong des Westens, die acht Di des Nordens und die neun Yi des Ostens – ableiten. Außerdem wurden die Schriftzeichen – wohl mit Absicht – nach dem üblichen Schema früher Stammesbezeichnungen gebildet, indem sie Tierassoziationen – mit Hunden, Reptilien und Vögeln – weckten.

Bereits in den wenigen konkreten Beschreibungen der Barbaren aus der Zeit um 500 v. Chr. zeichnete sich die Tendenz ab, sie mit Stereotypen zu belegen, die den realen Beobachtungen immer wieder widersprechen. Die explizite Absicht war es, anhand solcher feststehender Topoi kulturelle Charakteristika – wie Sprache, Kleidung, Eßsitten, Heiratsgebräuche – als von der eigenen chinesischen Norm abweichend, also »nicht der Ordnung entsprechend«, darzustellen. Damit strebte man weniger die Abwertung nicht-chinesischer Gruppen an, man wollte sich vielmehr von diesen kulturell absetzen.

Sich vom anderen distanzieren heißt nicht, ihn auszugrenzen oder ihn auszusperren, wie an der chinesischen Vorstellung von befestigter Siedlung im Gegensatz zum umgebenden Land und dem Begriffspaar »innen/außen« deutlich wird. Die Große Chinesische Mauer, die realiter und metaphorisch China von den ›Barbaren‹ getrennt hat, geht in ihren Anfängen auf das 5. Jahrhundert v. Chr. zurück. Die Vorläufer dieser riesigen Verteidigungsanlage waren ursprünglich Schutzwälle *zwischen* den sich als chinesisch verstehenden Staaten Nordchinas; diese Wälle wurden erst mit der Reichseinigung zusammengefaßt und als Schutz und Zeichen gegen die nomadisierenden Nachbarn im Norden gerichtet. Die Große Mauer markierte die äußerste Ausdehnung des damals agrarisch zu nutzenden Siedlungsterritoriums. Die breite Grenzregion innerhalb und außerhalb der Mauer, in der sich eine äußerst fruchtbare Vermittlerkultur entwickelte, belegt darüber hinaus, daß diese Grenze nicht nur Trennung, sondern auch Verbindung zwischen Innen und Außen, zwischen Chinesen und Barbaren bedeutete.

Den Schöpferheroen der chinesischen Mythologie war es vornehmlich nicht um die Trennung von Ordnung und Chaos, sondern um die Zuordnung der Dinge und Wesen an ihren richtigen Platz gegangen: Der mythische Kaiser Yü machte das Land für die Menschen bewohnbar, indem er die sich aufstauenden Flüsse ableitete, Wasser von Land trennte, und beiden ›ihren‹ Platz zuwies. Gleiches galt für die Trennung von Himmel und Erde, die ursprünglich miteinander verbunden, nun voneinander getrennt, ihren Platz oben und unten einnahmen. Und gleiches galt für die Trennung von Barbaren und Chinesen: Die mythischen Ordnungshelden hatten die ersteren aus den zentralen Siedlungsgebieten vertrieben, damit sie an den ihnen außerhalb zugewiesenen Plätzen für die Aufrechterhaltung der Ordnung sorgten. Himmel und Erde, Wasser und Land, Chinesen und Nicht-Chinesen gehören zusammen. Ordnung, wenngleich unterschiedlicher Art, herrschte innen und außen. Die Miao-Barbaren hatten mittels *geschriebener Gesetze* vergeblich die Menschen zu bessern versucht. Yü hatte sie deswegen nach ›außen‹ verbannt, wo sie seitdem die Barbarei der geschriebenen Gesetze verbreiteten, während in China mittels ›Vorbild und Sitte‹ erfolgreich regiert wurde.

Im chinesischen Weltbild bildete alles, was »unter dem Himmel« ist, eine Einheit, deren unterschiedliche oder gar gegensätzliche Teile erst eine Gesamtheit ermöglichten, in der Harmonie und Ausgewogenheit herrschten. Die Chinesen um 500 v. Chr. wußten nichts vom anderen Ende des eurasischen Kontinents, geschweige denn von Kulturen in Afrika oder Amerika. Aber im Unterschied zu der griechischen, empirisch und rational erforschten und damit begrenzten Welt, war im chinesi-

Kat.-Nr. 65

Kat.-Nr. 65 (Detail)

schen Weltbild Raum für das Unbekannte vorgesehen, hätte man also auch für die Griechen, wann immer sie ins Blickfeld gerückt wären, einen ihnen gebührenden Platz gefunden. C. M.

Literatur: P. Lindegger, Griechische und römische Quellen zum peripheren Tibet, Opuscula Tibetana. Arbeiten aus dem Tibet-Institut Rikon-Zürich 10 (1979). 14 (1982); W. Bauer (Hrsg.), China und die Fremden. 3000 Jahre Auseinandersetzung in Krieg und Frieden (1980).

65 Rituelles Weingefäß (hu)

Bronze; H 41,4 cm
Östliche Zhou-Zeit, um 500 v. Chr.
Privatbesitz Schweiz

Das Gefäß weist sieben Dekorbänder auf, die in sich wiederholende Motivfelder unterteilt sind. Das erste und dritte Band ist mit geometrisierenden Ranken gefüllt. Die Bänder 2 und 4 zeigen vogelartige Fabelwesen im Kampf mit Schlangen und anderen Tieren. Im fünften Band speeren Jäger einen Bullen über Schlangen jagenden Kranichen oder Störchen (?). In den beiden unteren Bändern sind gegenständige Hirsche und Vögel sowie Kraniche und Schlangen dargestellt.

Im China des 5. Jhs. v. Chr. tauchten plötzlich auf verschiedenen Typen von Bronzegefäßen Dekore auf, die zum ersten Mal Menschen in Alltagsszenen – wie Jagd, Kampf, Ritualfesten, Pflücken von Maulbeerblättern – zeigen. Alain Thote konnte zwei Herkunftszentren dieser Gefäßtypen identifizieren, die heutige Provinz Shanxi und das 1000 Kilometer südöstlich gelegene untere Yangzi-Tal. Themen, Kleidung und Architektur sowie die Integration von Fabelwesen in den Alltag lassen vermuten, daß sich die Menschen dieser beiden Regionen in unterschiedlichen Phasen der Herausbildung einer einheitlichen chinesischen Kultur befanden.

Literatur: A. Thote, Intercultural Relations as seen from Chinese Pictorial Bronzes of the Fifth Century B.C.E., res 35, 1999, 10–42.

C. M.

Wolf-Dieter Heilmeyer

Japan

Es ist sehr eigentümlich, daß in vielen Kulturkreisen der Welt die zeitliche Abfolge des Übergangs von den vorgeschichtlichen zu den historischen Epochen noch nicht geklärt ist. In Japan faßt man eine älteste Kulturstufe seit der Steinzeit (um 5000 v. Chr.) nach den auffallenden Abdrücken von Schnüren auf der Keramik als ›Jomon-Zeit‹ zusammen, die bis um 500/300 v. Chr. gedauert haben soll. Es ist völlig unwahrscheinlich, daß in einem so langen Zeitraum nicht bestimmte Entwicklungsstufen erkannt werden können. Und tatsächlich hat man aus der Spätzeit dieser Jomon-Kultur Tonfiguren in Menschengestalt von expressiver Ausdruckskraft. Sie stammen aus Häusern, und man vermutet eine Art Hausgötter in ihnen. Ob die abstrakten Kopf- und Körperformen als Darstellung von Mischwesen verstanden und daher magisch interpretiert werden dürfen, ist umstritten.

Ähnlich wie in Indien unter westlichem Einfluß hat sich in Japan unter chinesischem Einfluß erst gegen 300 v. Chr. ein andersartiges Leben und eine neuartige Bildkunst herausgebildet, die hier mit dem Reisanbau verbunden ist und die nach einem ersten Fundort in Tokio Yayoi-Kultur genannt wird.

Literatur: Japanische Kunst aus drei Jahrtausenden (1974).

66 Tonfigur

H 35,7 cm, B 21,0 cm
Späte Jomon-Zeit (vor 300 v. Chr.)
Aus Kabukuri-Ebisuda, Provinz Miyagi
Tokio, Nationalmuseum Inv. J 38304

67 Tonfigur

H 18,1 cm, B 9,8 cm
Jomon-Zeit (vor 300 v. Chr.)
Aus Takimamuro, Provinz Saitama
Tokio, Nationalmuseum Inv. J 23211

W.-D. H.

Kat.-Nr. 66

Kat.-Nr. 67

Maria Gaida

Guatemala

Die Olmeken gelten als Mutterkultur der vorspanischen Kulturen in Mittel- und Zentralamerika. In der Zeit zwischen etwa 1200–500 v. Chr. hinterließen sie nicht nur in ihrem Kernland an der mexikanischen Golfküste architektonische Überreste, die die Existenz geschichteter Gesellschaften belegen, sondern auch Keramik, Steinartefakte und vor allem Steinskulpturen, von denen wohl am bekanntesten die bis zu 3 m hohen, sog. Kolossalköpfe sind.

In der späten Präklassik (500–200 v. Chr.) sprechen zwingende stilistische Gründe für eine Verschiebung des olmekischen Einflusses in westliche und östliche Richtung, entlang der Küste von Chiapas und zum zentralen Hochland Guatemalas; eine Situation, die direkte Auswirkungen auf die Pazifikküste Guatemalas hatte.

Die pazifische Küstenebene und die südlichen Abhänge der Vulkankette in Guatemala gehören zu den noch am wenigsten erforschten Regionen Mesoamerikas. Das Gebiet bot günstige geologische und klimatische Bedingungen für eine frühe Besiedlung, mit fruchtbaren Böden, Flüssen, dem Zugang zum Meer und einer reichen Flora und Fauna.

In der gesamten Region gibt es zahlreiche archäologische Fundorte aus der späten Präklassik. Vor allem aber Steinmonumente, die meist beim Roden des Urwaldes für das Anlegen von Zuckerrohr- und Kaffeeplantagen entdeckt wurden. Obwohl sie kaum im Kontext mit architektonischen Funden oder Keramik gefunden wurden, lassen sie sich inzwischen um die Mitte des 1. Jahrtausends v. Chr. datieren. In dieser Zeit gab es in der Steinmetzkunst gleichzeitig feiner gearbeitete Flachreliefs und relativ grob rundum bearbeitete Steinblöcke (full round carvings). Es handelt sich hierbei um eine olmekisch beeinflußte, aber eigenständige regionale Entwicklung der Häuptlingstümer mit zum Teil schon komplexeren Siedlungen.

Der namengebende Hauptfundort ist Monte Alto im guatemaltekischen Küstentiefland. Die Form und Größe des natürlichen Steinblockes bedingte die Größe der steinernen Köpfe und Figuren. Der große Geröllblock wurde mit den notwendigen, expressiven Details so bearbeitet, daß die Transformation in eine Figur, von grobem, archaischem Typ, erreicht wurde, die die Menschen erkennen und wertschätzen konnten. Nicht auszuschließen ist, daß die fettleibigen Figuren eine Gottheit repräsentieren.

Die Steinskulptur, die 1880 nach Berlin verschifft wurde, teilt wesentliche Merkmale mit den Monte-Alto-Skulpturen. Sie stammt aus Concepción, ca. 15 km nordöstlich von Monte Alto gelegen. Der Steinblock ist in Form einer fettleibigen menschlichen Figur behauen. Die Vorderseite ist mit größerer Sorgfalt und etlichen Details versehen, während die Rückseite lediglich etwas abgerundet wurde. An dem dicken Bauch ist der hervortretende Nabel auffällig. Die angewinkelten Arme umklammern den geschlechtslosen Körper und die wenig detailreich gearbeiteten Beine legen sich um die Basis der Skulptur. Der unproportional große, dicke Kopf sitzt halslos auf dem Oberkörper auf. Auf dem kahlen Kopf ist der Scheitel deutlich herausgearbeitet. Die Lider der geschlossenen Augen wirken angeschwollen. Die dicken Backen sind durch vertikale Furchen klar von der vollippigen Mundpartie abgegrenzt. Die Linie reicht vom Kinn bis zu den Augen. Die ansonsten unbekleidete Steinfigur ist mit runden Ohrpflöcken geschmückt und trägt als weiteres Ornament einen Kragen aus dreieckigen Verzierungen.

68 Bearbeiteter Steinblock in Form einer menschlichen Figur

Geröllblock, in Form einer menschlichen Figur bearbeitet
H 116 cm, Bauchumfang 241 cm
500–300 v. Chr.
Aus Concepción, Guatemala

Berlin, Ethnologisches Museum Inv. Nr. IV Ca 7197 (Monument 47)

Literatur: O. Chinchilla Mazariegos, »Peor es nada«: El origen de las esculturas de Cotzumalguapa en el Museum für Völkerkunde Berlin, in: Baessler-Archiv, N.F. S. 295–357 (1996); R. Piña Chan, The Olmec. Mother Culture of Meso-

Kat.-Nr. 68

america (1989); Piezas Maestras Mayas, Galería Guatemala III (1996); L. A. Parsons, Bilbao, Guatemala. Publications in Anthropology 12, Bd. 2, Milwaukee Public Museum (1969); L. A. Parsons, Post-Olmec Stone Sculpture: The Olmec-Izapan Transition on the Southern Pacific Coast and Highlands, in: E. P. Benson (Hrsg.), The Olmec and their Neighbors (1981) 257–288; L. A. Parsons, The Origins of Maya Art: Monumental Stone Sculpture of Kaminaljuyu, Guatemala, and the Southern Pacific Coast, Studies in Pre-Columbian Art and Archaelogy 28 (1986).

M. G.

Manuela Fischer

Kolumbien – Peru

69 Maske

Gold (Goldfeingehalt nach Stichprobe: 750/000); H 17 cm, B 17 cm; Gewicht ca. 81 g
350–100 v. Chr.
Kolumbien, Ilama
Berlin, Ethnologisches Museum Inv. VA 30550

Die Maske eines menschlichen Gesichtes besteht aus dünnem hochkarätigem Goldblech mit erhaben getriebener Nase und Wangen. Die Pupillen und die Mundöffnung sind ausgeschnitten. Kleine Löcher in Schläfen- und Mundhöhe dienten vermutlich zur Befestigung der Maske.

Masken aus Goldblech gehören zu den typischen Formen der Ilama-Goldschmiedekunst aus dem Südwesten Kolumbiens. Bislang sind 27 solcher Masken bekannt. Gefunden wurden sie als Beigaben in bis zu zwei Meter tiefen Schacht-Nischen-Gräbern. Die wenigen Masken, die bei kontrollierten Grabungen gefunden wurden, stammen aus außergewöhnlich großen, reich ausgestatteten Gräbern. Man fand sie an die Grabwand gelehnt, so daß sie – anders als bisher angenommen – nicht als Totenmaske verwendet wurden. Die kleinen seitlichen Löcher an der Maske lassen es wahrscheinlicher erscheinen, daß sie zu zeremoniellen Anlässen getragen wurden.

Die Ilama haben vorwiegend Goldblech verarbeitet, z. B. auch zu Halsketten mit in Serie hergestellten Elementen, für die sie steinerne Model verwendeten. Das Gold hierfür wurde – wahrscheinlich wie heute – aus den nahegelegenen Flüssen gewaschen.

Die heute bekannten Objekte der Ilama stammen fast ausschließlich aus Grabfunden. Die Bestattungen finden sich in Feldern von 20 bis 30 Gräbern an Hängen und auf den Kuppen der hügeligen Landschaft des Calima-Gebietes, meist in der Nähe oder unterhalb von Siedlungsplattformen. Viele Ilama-Gräber sind allerdings in der folgenden Yotoco- und Sonso-Periode gestört oder wiederverwendet worden. Daher ist die archäologische Information über diese Kultur bisher noch rudimentär.

Anhand der z. T. sehr naturalistischen Darstellungen auf Keramikgefäßen läßt sich dennoch das Leben der Ilama in groben Zügen nachzeichnen. Die außergewöhnliche Vielfalt an wilden Tieren (Jaguare, Gürteltiere, Kapuzineräffchen, Vögel, Schlangen usw.) auf Tongefäßen deutet auf eine zu dieser Zeit stärkere Bewaldung der Region und auf die Nutzung dieser Gebiete, wie auch der sumpfigen Niederungen, neben der Landwirtschaft auf fruchtbaren Hochbeeten. Zu Siedlungsformen gibt es noch kaum archäologische Nachweise. Ein einzigartiges Tongefäß zeigt jedoch eine Ansammlung von Häusern, die sich um ein größeres

Kat.-Nr. 69

zentrales Gebäude gruppieren. Die Unterschiede in den Grabausstattungen und die Differenzierung von Gebäuden lassen auf eine soziale Organisation von religiös verbundenen Häuptlingstümern schließen, wie sie in späterer Zeit nachweisbar sind.

Literatur: M. Cardale de Schrimpff – W. Bray – Th. Gähwiler-Walder – L. Herrera, Calima. Trois cultures precolombiennes dans le sud-ouest de la Colombie (1991); I. von Schuler-Schömig, Werke indianischer Goldschmiedekunst. Staatliche Museen Preußischer Kulturbesitz, Berlin (1981) Abb. 13.

70 Steigbügelgefäß in Gestalt eines hockenden Mannes

H 28 cm
700–400 v. Chr.
Peru, Templadera
Berlin, Ethnologisches Museum Inv. V A 64864

Das bauchige Tongefäß mit einem Ausguß in Form eines »Steigbügels« zeigt einen Mann in Hockstellung. Die plastisch ausgearbeiteten Hände ruhen auf den hochgezogenen Knien. Die für den Templadera-Stil typische brauntonige Keramik ist *nach* dem Brand bemalt. Die farbigen Flächen des Pektorals und des vorderen Teiles des Körpers sind vom Rücken durch feine geritzte Linien abgesetzt. Von der Stirn, die mit konzentrischen Kreisen verziert ist, ziehen sich geritzte Voluten bis zu den Nasenflügeln. Von der Nasenwurzel bis zum Kinn ist eine dreieckige Vertiefung mit einem gelblichen Farbton bemalt, eine Technik, die an die zur gleichen Zeit an der Südküste vorkommenden harzgebundenen Malerei der Paracas-Keramik erinnert.

In den Jahren 1964/65 wurde in der Nähe des Ortes Tembladera im Jequetepeque-Tal an der Nordküste Perus ein an Keramiken reiches Gräberfeld gefunden, das namengebend für den Stil des späten Formativums in dieser Region wurde. Es handelte sich um Figuren, Flaschen mit langen Hälsen, Schalen und Steigbügelgefäße, wie sie als Grundformen des Chavín-Komplexes bekannt sind, jedoch in den Motiven und Bearbeitungstechniken stark von dem klassischen Chavín abweichen.

Ab etwa 900 v. Chr. geht von Chavín de Huantar der sog. Frühe Horizont aus, der fast den gesamten Norden Perus umfaßt und das südliche Peru beeinflussen wird. In dieser Zeit beginnt ein reger Austausch von Gütern und Ideen zwischen den bis dahin relativ isolierten Regionen und ist durch verschiedene Gemeinsamkeiten geprägt. Dazu zählen eine vielseitige Landwirtschaft und Viehzucht, neue Handwerkstechniken (echte Weberei, die Goldblechverarbeitung) und nicht zuletzt gemeinsame religiöse Vorstellungen. Diese äußern sich in der monumentalen Architektur von Zeremonialzentren, deren bedeutendstes das auf 3177 m Höhe gelegene Chavín de Huantar im Mosna-Tal ist. Auf Steinreliefs und Skulpturen, aber auch in der Kleinkunst (Keramik, Knochen, Gold) ist ein strenger Kanon von Motiven, zu denen Raubkatzen, felide Wesen und definierbare »Gottheiten« (Stabgott) gehören, dargestellt.

Kat.-Nr. 70

Gegen Ende des Formativums sind erneut regionale Entwicklungen zu beobachten, in der Chavín-Formen und -Motive mit lokalen Stilen verschmelzen, zu denen neben der von Cupisnique im Chicama-Tal auch die von Templadera gehört.

Literatur: W. Alva, Frühe Keramik aus dem Jequetepeque-Tal, Nordperu, Materialien zur Allgemeinen und Vergleichenden Archäologie 32 (1986); H. Bischof, Zur Entstehung de Chavín-Stils in Alt-Peru, Beiträge zur Allgemeinen und Vergleichenden Archäologie 6 (1984) 355–452; F. Kauffmann Doig, Introducción a la cultura Chavín, Arte y Tesoro del Perú 4 (1981); E. P. Lanning, Peru before the Incas (1967); A. Lapiner, Pre-columbian Art of South-America (1976); L. Lumbreras, The Peoples and Cultures of Ancient Peru (1974).

M. F.

2. Politik und Öffentlichkeit

Hans-Joachim Gehrke – Ulrich Gotter

Revolution des Politischen: Glanz und Elend der athenischen Demokratie

1. Das athenische Jahrhundert

Im Frühjahr des Jahres 404 v. Chr., nach einem nahezu dreißigjährigen Krieg, sah sich das mächtige Athen zur bedingungslosen Kapitulation gezwungen. Seine Feinde, Sparta nebst zahlreichen Alliierten, hatten auf der ganzen Linie gesiegt. Zuletzt war die athenische Flotte bei Aigospotamoi, im Hellespont, vernichtend geschlagen worden, und der spartanische Oberbefehlshaber Lysandros hatte Athen auch von der See her eingeschlossen. Nach monatelanger Belagerung brach eine Hungersnot aus, und die Menschen in der Stadt begannen zu sterben. Endlich mußten sich die Athener der Gnade ihrer Feinde ausliefern, obwohl sie wußten, was ihnen blühen konnte. Sie hatten selbst in etlichen Fällen gegenüber Gegnern, die sich ergeben hatten, kein Mitleid gekannt, die erwachsenen Männer getötet, die Frauen und Kinder in die Sklaverei verkauft. Ein ähnlicher ›Vernichtungsfrieden‹ stand jetzt auch ihnen bevor, Korinth und Theben, ihre größten Feinde und Spartas wichtigste Verbündete, forderten ihn. Die Spartaner jedoch hielten nichts von der Göttin Nemesis, und deshalb kamen die Athener glimpflich davon: Sie verloren ihre Macht, aber nicht Leib und Leben oder die Freiheit. Die demokratische Verfassung, ihren ganzen Stolz, mußten sie allerdings modifizieren. Dadurch kam kurz nach dem Friedensschluß eine oligarchische Junta an die Macht, »die Dreißig«, die ein Terrorregime errichteten.

Am Ende eines Jahrhunderts, das man mit Fug und Recht das athenische nennen darf, lag Athen am Boden. Es war ein glanzvolles Zeitalter gewesen, und klassisch wurde es schon unmittelbar danach für die Zeitgenossen. Wenn diese Ära der Klassik von uns jetzt das athenische Jahrhundert genannt wird, dann ist dies naturgemäß auch eine Verengung. Das charakteristische Signum des antiken Griechenland ist ja gerade die Buntheit und Vielfalt seiner politischen Welt, der Poleis mit ihren unterschiedlichen Ausprägungen und Zusammenschlüssen, Freundschaften und Feindschaften. Im 5. Jahrhundert stand immer Sparta neben, teilweise vor Athen als griechische Großmacht, und es verkörperte ein durchaus anderes Modell sozialer und politischer Ordnung. Und jenseits der beiden Hegemonialstaaten, im ›Dritten Griechenland‹, gab es eine Fülle weiterer Systeme und Formen des Zusammenlebens und der Kommunikation. So war Athen keineswegs der geborene Vorreiter, und was dort geschah, war von seinem Ursprung her durchaus nicht einmalig.

Dennoch ist es legitim, in einer Ausstellung über die griechische Klassik die Perspektive auf Athen zu fokussieren. Im 5. Jahrhundert lief vieles, ja das meiste in Athen zusammen, was im künstlerischen, literarischen und intellektuellen Leben Griechenlands Rang und Namen hatte. Athen war ein Magnet für Philosophen und Rhetoren, Autoren und Künstler. Und es wurde dadurch auch selbst produktiv, indem Athener in vielen dieser Bereiche bedeutende Positionen errangen – in der Philosophie und Historiographie etwa mit Sokrates und Thukydides –, neue literarische Gattungen entwickelten – die Tragödie und die politische Komödie – und ihre Stadt nebst den Subzentren des Umlandes in einer Art und Weise architektonisch und künstlerisch ausgestalteten, daß man nur staunen konnte. Athen war im Verlauf des 5. Jahrhunderts unstreitig das kulturelle Zentrum Griechenlands geworden, die »Schule von Hellas«.

Athenisch war dieses Jahrhundert aber auch in einem unmittelbaren politischen Sinne. Tatsächlich hat Athen dem Geschehen der Zeit seinen Stempel aufgedrückt, seit es zunächst nahezu allein (bei Marathon im Jahre 490 v. Chr.), danach im Bunde mit anderen Griechen und unter spartanischem Oberkommando (bei Salamis und Plataiai in den Jahren 480 und 479 v. Chr.), den Angriff des persischen Weltreiches erfolgreich abgewehrt hatte. Dieses siegreiche Ende der Verteidigung wurde für Athen zu einem Anfang, denn sogleich ging man zur Offensive über. In einer neuformierten Allianz forderten die Athener selbst das Weltreich in die Schranken. In den folgenden Jahrzehnten kämpften sie auf nahezu allen Kriegstheatern, von der Krim bis nach Ägypten, von Kilikien bis nach Sizilien, und an fast allen großen Konflikten des Jahrhunderts waren sie in führender oder treibender Rolle beteiligt: Noch im Krieg mit dem Perserreich zerbrachen sie im Jahre 461 die alte Waffenbrüderschaft mit Sparta und ließen sich damit auf einen Zweifrontenkrieg ein. Und nach einer kurzen Friedenszeit von fünfzehn Jahren steuerten sie – zumindest risikofreudig – in den Peloponnesischen Krieg (431–404 v. Chr.), der ein griechischer Weltkrieg werden sollte. Gewiß nicht zufällig ließ ein Tragödiendichter in Athen einen Chor singen: »Vieles Gewaltige existiert, aber nichts ist gewaltiger als der Mensch« (Sophokles, Antigone 332 f.).

So stellt sich die Frage: Wie kam es zu dieser Explosion von Machtwillen und Machtbewußtsein, die die eigenen Ressourcen am Ende – übrigens nur knapp – überstiegen? Was war es, das Athen im Guten wie im Bösen noch über das hinausführte, was sich auch bei anderen Poleis immer wieder fand, das aber in Athen ebenso auf die Spitze getrieben wurde wie die Meisterschaft des Denkens und des künstlerisch-literarischen Gestaltens? Die zeitliche Koinzidenz läßt vermuten, daß es zwischen der Entwicklung der Klassik und dem politischen Geschehen Zusammenhänge gibt. Es liegt nahe, hierfür die Revolution des politischen Raumes in Athen verantwortlich zu machen: die ganz spezifische Ausformung der Demokratie, die in Athen eine andere Gestalt gewann als anderswo und in dieser Form einerseits von Athen ›exportiert‹ wurde, andererseits ausstrahlte, indem sie sich gleichsam selbst verbreitete.

2. Die Begründung der Demokratie aus dem Geiste der Gewalt

Die Folie, vor der die Genese und Gestalt der athenischen Demokratie gesehen werden muß, ist die Tyrannis des 6. Jahrhunderts. Deren Beseitigung stellte in gewisser Weise den ›Gründungsakt der Demokratie‹ dar, jedenfalls in der Optik der Athener. Die Statuengruppe der Tyrannentöter Harmodios und Aristogeiton wurde geradezu zur Ikone der Demokratie. Auch wenn es historisch weniger hehr zugegangen war als in der nachträglichen kollektiven Imagination, so stand doch tatsächlich die gewaltsame Vertreibung des letzten Tyrannen, Hippias, am Beginn der Entwicklung der Demokratie, und eine Bluttat, die Tötung des Tyrannenbruders, hatte genau diesen Platz im kulturellen Gedächtnis der Athener.

Die Perhorreszierung der Tyrannis war damit der neuen athenischen Ordnung von Anfang an eingeschrieben. Die Herrschaft eines einzelnen konnte bei den Griechen ohnehin keine dauerhafte Akzeptanz beanspruchen. Sie wurde immer als ein Verhältnis struktureller Gewalt angesehen: Der Tyrann war der Herr, die anderen ihm gegenüber Sklaven. Diese Sicht der Dinge war in Athen besonders ausgeprägt, weil die Beseitigung der Tyrannis durch Totschlag als Akt legitimer Gewalt verherrlicht und erinnert wurde. »Im Myrtenzweig werde ich mein Schwert tragen, wie Harmodios und Aristogeiton, als sie den Tyrannen erschlugen und in Athen gleiches Recht verbreiteten«, so sang man in Athen (Skolion 10 D).

Doch derart nahe, wie es die verklärende Erinnerung will, standen sich die Beseitigung der Tyrannis und die demokratische Ordnung nicht. In der politischen Elite der Stadt haßte man zwar die Tyrannis der anderen, für sich selbst aber wollte man durchaus die Macht. So brach in der herrenlosen Stadt der adlige Kampf erst richtig aus, Bürgerkrieg lag in der Luft. Der schwächere Kontrahent, Kleisthenes aus der illustren Familie der Alkmaioniden, gewann die Unterstützung der breiten Mehrheit, indem er ein Konzept politischer Beteiligung vorlegte. Er hatte die Zeichen der Zeit erkannt: Die Vorstellung, daß Freiheit von Herrschaft am ehesten durch Mitwirkung *in politicis* erreicht werden konnte, war mittlerweile weit verbreitet. Deshalb konnte im Jahre 508/7 v. Chr. sogar eine spartanische Intervention die Durchsetzung der kleisthenischen Reformen nicht mehr verhindern. Eine Ordnung, die man ursprünglich »isonom«, später demokratisch nannte, setzte sich durch. Der aristokratische Kampf war zum Laboratorium der politischen Revolution geworden.

Ähnliches wiederholte sich strukturell in den späten 60er Jahren des 5. Jahrhunderts, als die demokratische Verfassung ihre definitive Form gewann. Adlige Machtmenschen wie Kimon, Ephialtes und Perikles rangen um Positionen und politische Orientierungen. Der nach außen spartafreundliche und im Inneren gegenüber der demokratischen Partizipation eher zurückhaltende Kurs Kimons wurde abgelöst durch eine strikt aggressive Außenpolitik sowie eine weitere Mobilisierung der Bürgerschaft und des demokratischen Potentials: Die Kompetenzen des Volksgerichts wurden gestärkt; für wichtige politische Tätigkeiten, gerade im Rat und Gericht, wurden Aufwandsentschädigungen (Diäten) gezahlt, die auch den Ärmeren die wirkliche Teilhabe ermöglichen sollten. Im Zuge der adligen Auseinandersetzungen war Athen an den Rand eines Bürgerkrieges geraten. Im Ergebnis aber wurde die von Kleisthenes etablierte Ordnung nicht nur bestätigt, sondern auch in wichtigen Punkten organisatorisch verfestigt und ideologisch radikalisiert.

Was aber war das Prinzip der revolutionären Ordnung? Es bestand vor allem darin, daß der Machtkampf selbst, die gesamte politische Auseinandersetzung, in einen größeren Raum gestellt wurde. Gleichgültig wer agierte, sich nach vorne schieben oder seinen Einfluß wahren wollte – und dies waren zunächst nach wie vor Aristokraten als Angehörige der politischen Elite: Er tat dies vor einer breiteren Öffentlichkeit; er mußte, in der Volksversammlung und vor Gericht, Mehrheiten gewinnen und Entscheidungen in seinem Sinne durchsetzen. Weil der Kreis der Berechtigten sehr viel weiter gezogen war, waren kleine schlagkräftige Cliquen (wie die alten Bürgerkriegsgruppen) und viele Praktiken inneraristokratischer Kommunikation nicht mehr so wirksam wie zuvor. Der neue Bezugsrahmen der Elite war damit die athenische Öffentlichkeit, auf die sich die Macht der Entscheidung verschoben hatte. Wie aber funktionierte die neue Bürgergemeinschaft konkret?

3. Bürgerverband und Machtorganisation

Der Demos, das Volk, war als ein organisierter Verband von Bürgern seit der neuen Phyleneinteilung des Kleisthenes in politischen Einheiten zusammengefaßt, die die einzelnen Regionen der Stadt Athen und des attischen Territoriums repräsentierten und zugleich auf die Bürgergemeinde verwiesen. Deren Identität manifestierte sich einerseits in der Akzentuierung positiver Zusammengehörigkeiten, andererseits im Ausschluß bestimmter Personengruppen. Dabei lassen sich drei Ebenen von Gemeinschaft unterscheiden:

1. Der Bürgerverband war eine *Mitwirkungsgemeinschaft*. Da der mobilisierte männliche Vollbürger die Stabilität des Systems garantierte, wurde seine Position in der attischen Demokratie außerordentlich privilegiert. Indem die politische Mitwirkung ins Zentrum der Identitätsstiftung rückte, gewannen andere Differenzen innerhalb der Bürgergemeinschaft, zumal die zwischen Mann und Frau, erheblich an Schärfe.

2. Der Demos war eine *Bürgergemeinschaft*. Die Polis verstand sich als eine exklusive Vereinigung. Die Zugehörigkeit zu ihr war, durch das Bürgerrecht, objektiviert. Zudem verstand sich die Bürgergemeinde auch als eine Kult- und Abstammungsgemeinschaft. In diesem Rahmen waren Bürgerfrauen eingeschlossen. Elementar und äußerst strikt waren allerdings die Außengrenzen des Kollektivs. Nach dem Bürgerrechtsgesetz des Perikles (451 v. Chr.) war athenischer Bürger nur die Person, die väterlicher- wie mütterlicherseits von einem Athener bzw. einer Athenerin abstammte. Eine derart ethnisch begriffene Gemeinschaft war kaum erweiterbar, freigelassene Sklaven wurden nicht Bürger, Metöken, also dauerhaft ansässige Fremde, nur in den seltensten Fällen. Die Verleihung des Bürgerrechts galt als Privileg und besondere Ehrung.

3. Die Polis war eine *Siedlungsgemeinschaft*, bestehend aus dem zentralen Ort Athen, den verschiedenen Subzentren und Kleinstädten, Dörfern und Einzelgehöften des attischen Landes. Dieser

relativ schwache Identitätsrahmen integrierte die gesamte Bevölkerung: Sklaven, Freigelassene, Metöken, Bürger beiderlei Geschlechts. Abgebildet wurde er durch allgemein zugängliche Kulte und die entsprechenden religiösen Feste.

Entscheidend für die Funktion und Wahrnehmung der politischen Gemeinschaft war die Frage nach der Verteilung und Ausübung von Macht. Nicht zuletzt die Erfahrung der Tyrannis hatte die dichotomische Opposition von Herrschen und Beherrschtwerden, von Freiheit und Versklavung tief ins griechische Bewußtsein eingegraben. Diese binäre Struktur beherrschte das politische Vorstellungsvermögen und Verhaltensrepertoire der Griechen und war letztlich nie disponibel. Indem seit den Perserkriegen Grieche-Sein und Frei-Sein als dasselbe angesehen wurde, war »die Freiheit« endgültig zum Fetisch griechischer Identität geworden.

Unter diesen mentalen Bedingungen war die Organisation des politischen Raums, in dem es zwangsläufig Über- und Unterordnung gab, ein prinzipielles Problem. Die konfliktträchtige Vorstellung der Sklaverei ließ sich nur vermeiden, wenn nicht immer dieselben – wenigen, einzelnen – die Macht ausübten. Freiheit (Autonomia, Eleutheria) brauchte die Vorstellung, daß ständig die Mehrheit herrschte. Plausibel wurde dies in Athen einerseits durch die Herstellung einer konstanten mächtigen Öffentlichkeit und andererseits durch die konsequente Rotation der Amtsinhaber.

Vor allem in zwei Aggregatzuständen, als Volksversammlung und Volksgericht, konstituierte die Öffentlichkeit eine Zwinggemeinschaft für die sozial Überlegenen. Ausgangspunkt für diese Variante des politischen Controlling war nicht die romantische Idee, daß eine sozial inhomogene Masse von Menschen zu selbständigen Trägern von Entscheidungen in vollstem Wortsinne werden kann. Man war sich sehr bewußt, daß sozialer Status und unterschiedliche Kompetenz die Mitwirkungschancen der einzelnen unweigerlich und ganz wesentlich beeinflussen. Unter diesen Umständen gab es evidentermaßen nicht nur eine ›Elite‹ als Gruppe, sondern immer auch eine Handvoll ›führender Leute‹, die sich im innerelitären Wettstreit (Agon) um Prestige und Macht besonders auszeichneten. Für Personen aus diesem Kreis prägte man sogar ein entsprechendes Wort: Demagogos, das heißt genau: führender Mann im Volk.

Diese Gesellen aber kannte man nur zu gut. Ihr Agon hatte sich nicht selten zu gewalttätigen Auseinandersetzungen gesteigert und zur Etablierung von Tyrannenherrschaften geführt. Damit, daß jemand sehr gerne ein Tyrann sein wollte, rechnete man ständig, und die vergötterte Freiheit in ihrer höchsten Form war nach allgemeiner Auffassung die Möglichkeit, alles tun zu können. Freiheit und Herrschaft gehörten damit auf heikle Weise zusammen. Da man nun aber auf die dominierenden Politiker auch nicht verzichten konnte – Athen betrieb schließlich Großmacht- und Weltpolitik –, mußte man dafür Sorge tragen, daß der vehemente und stets virulente politische Ehrgeiz nicht ins Kraut schoß, daß der Agon innerhalb der Elite nicht grenzenlos und zum Bürgerkrieg (Stasis) wurde. Deshalb definierte man das zulässige Feld der Auseinandersetzung: die politische Öffentlichkeit in der breiten Form der Mitwirkungsgemeinschaft.

Deren Zwangspotential hatte bereits Kleisthenes etabliert. Die weitere Entwicklung der Demokratie war folgerichtig durch die Ausweitung, Förderung und Kompetenzerweiterung dieser Öffentlichkeit geprägt. Das bedeutete konkret den Einsatz des Scherbengerichts (Ostrakismos), durch das einzelne mißliebige Politiker auf Zeit aus der Stadt verbannt wurden, die deutliche Reduzierung der Macht des elitären Rates vom Areopag durch die Reformen des Ephialtes und Perikles, die Vergrößerung der Kompetenzen der Gerichtshöfe sowie die Einführung von Diäten.

Das Thema »Freiheit von der Macht einzelner« spiegelte sich notwendigerweise im prekären Verhältnis der attischen Demokratie zu ihren Ämtern und Amtsinhabern. Der ingeniöse Ausweg aus dem Dilemma, daß nicht alle zugleich befehlen konnten, bestand darin, daß zumindest eine möglichst große Zahl von Bürgern, die in diesem Sinne als gleich angesehen wurden, *regelmäßig* und *regelrecht* die Rolle zwischen Herrscher (Archon) und Beherrschtem (Archomenos) tauschte. Aristoteles hat gerade darin ein Charakteristikum der Demokratie gesehen. Das logische Verfahren für einen solchen Wechsel von Herrschen und Beherrschtwerden (archein und archesthai) war das Los. Mit dessen Anwendung ließ sich zugleich verhindern, daß – wie im Falle einer Wahl – die vorgängige Macht bestimmter Kandidaten das Ergebnis präjudizieren konnte. Zur Entwicklung der Demokratie im 5. Jahrhundert gehörte nun die Ausdehnung des Losverfahrens auf die Wahl auch der höchsten Amtsträger, der Archonten. Im Sinne des demokratischen Wechsels war dies nur folgerichtig, aber natürlich wirkte sich dieser Modus der Bestellung auf das realpolitische Gewicht dieses Amtes negativ aus. Auf Prestige und Kompetenzen eines zugelosten Amtes konnte sich sinnvollerweise kein führender Politiker stützen.

Vor diesem Hintergrund bildete die Strategie, also das Amt des militärischen Oberbefehlshabers, einen überaus heiklen Sonderfall. Wegen der existentiellen Bedeutung dieser Funktion meinte man von einer Wahl hier nicht abgehen zu können. Und so drängten sich die Spitzenpolitiker gerade in dieses Amt, in das etwa Perikles in der Zeit seiner politischen Dominanz Jahr um Jahr gewählt wurde. Um so virulenter war allerdings die Kontrolle der Strategen, die von vornherein als ein zehnköpfiges Kollegium ohne eine Spitze eingesetzt worden waren, und die Begrenzung ihrer Amtsgewalt. Die problematische Rolle amtsgestützter Macht in der athenischen Ordnung wird durch die existentielle Unsicherheit des Strategen markiert: Hatte er Erfolg, ließ sich für demokratische Verhältnisse erheblicher Ruhm ernten. Im Falle gravierenden Mißerfolgs allerdings drohten ihm rasch die Verbannung oder sogar das Todesurteil.

4. Demokratie und Konflikt

Zwar galt im Vorstellungshorizont, in dem dieses System ausgestaltet wurde, die große Macht einzelner als gefährlich. Macht als solche war aber gar nicht normativ zu disqualifizieren, weil die Ausübung von Macht und das Verfügenwollen über andere als natürlich galt und das Machthaben und Verfügenkönnen als gut und schön. Im Zeitalter der Klassik lernte man, die Welt und insbesondere die Politik nach der Kategorie der Macht zu ordnen. Diese spezifische Form der Machtfixierung verhinderte jeglichen Versuch, innerhalb der politischen Ordnung – etwa durch gezielte Konsenspolitik – Konfliktualität abzuschaffen oder sie auch nur in einigen Bereichen zu suspendieren. Also blieb nur die Option, die Konfliktaustragung zu reglementieren und zu kanalisieren, um das Schlimmste, den Bürgerkrieg, zu verhindern, oder – was gewissermaßen noch eleganter war – den Konflikt selbst in den Dienst des politischen Systems zu stellen. In diese Richtung hatten sich die Griechen schon in der Archaik in vielen Poleis bewegt, als sie sich Regeln in Form von Gesetzen schufen, die genau dies leisteten. Das demokratische Athen bildete durchaus einen Höhepunkt in dieser Entwicklung und wurde auch insofern ›klassisch‹.

Es war gerade die Praxis selbst, die das zeigte, vor allem in der Volksversammlung und in der Rechtsprechung. Indem sich die Kämpfe der Mächtigsten in der Polis vor einem Publikum abspielten, das immerhin über die präsentierten Alternativen entscheiden konnte, wurden die Konflikte der ›Möchtegerntyrannen‹ zum Instrument der Volkssouveränität. Und wenn der Konflikt so intensiv wurde, daß er das gesamte politische System zu lähmen drohte, stand mit dem Ostrakismos gewissermaßen eine Notbremse zur Verfügung.

Aus dieser Auffassung von Macht und Konflikt in der attischen Demokratie erklärt sich die offenkundige Obsession für formale Verfahrensfragen. Bezeichnend ist in diesem Zusammenhang vor allem die Ideologie des Messens, die sich in der peniblen Reglementierung von Zeit und anderen Ressourcen niederschlug. Das zeigt sich besonders eindrücklich im Rechtssystem. »Gerechtigkeit« war dort primär die Gewährleistung der Waffengleichheit: daß beiden Seiten die gleiche Redezeit zustand und niemand die Chance hatte, die Richter zu bestechen. Auf die Garantie beider Bedingungen wurden erhebliche Mühen und Ressourcen verwendet. Darunter ist die Konstruktion von Zeitmeßgeräten ebenso zu rechnen wie die Vermaßung der Richterkollegien und die Entwicklung immer ausgefeilterer Losverfahren zur Richterbestimmung. Auch das Beweisverfahren selbst benutzte eher den Konflikt der Parteien, als daß es ihn durch Tatbestandsobjektivierungen zu schlichten suchte: Die zu erwartenden Manipulationen aufzudecken, überließ man der Gegenpartei, deren Intentionen man kannte, statt vermeintlich neutrale Zeugen zu befragen. Auch mit der Reglementierung des Verfahrens war freilich nicht unbedingt zu erreichen, daß der im Prozeß Unterlegene sich gerecht behandelt fühlte und das Urteil *innerlich* akzeptierte. Aber dem billigen Argument, er sei ausschließlich einer Intrige seiner Feinde zum Opfer gefallen (ein tendenziell stasisförderndes Argument), war immerhin die Plausibilität in ganz erheblichem Maße entzogen. Man versuchte es dann im Zweifelsfalle noch einmal in einem neuen Gerichtsverfahren, anstatt zur Gewalt zu schreiten – wie es übrigens in Griechenland ansonsten nicht selten geschah. In Athen war vielleicht nicht die einzelne Entscheidung, immerhin aber das gesamte Entscheidungssystem weitgehend akzeptiert.

Die demokratische Verfassung in Athen war also in erster Linie auf die Verhinderung übergroßer individueller Machtentfaltung und die Vermeidung von inneren Kriegen angelegt. Dabei zielten ihre Instrumente nicht primär auf die Schaffung von ethischem Konsens, sondern auf die formale Eindämmung von Machtkonzentrationen durch die Erzeugung von Gegengewichten. Selbstverständlich gab es auch auf der Ebene der sozialen Normen Versuche, der tendenziell dissoziierenden, die Gemeinschaft sprengenden Orientierung entgegenzuwirken, etwa die Einordnung in ein System kooperativer Werte, wie sie in bäuerlichen Gemeinschaften ausgeprägt waren. Zugleich wurden Vorstellungen von Zurückhaltung und Maß im Sinne alter Denksprüche – »metron ariston« – »Maßhalten ist das beste«; »meden agan« – »Nichts im Übermaß!« – weiterentwickelt, in Literatur, Kunst und Philosophie.

Der Erfolg solcher Bemühungen war allerdings eher mäßig. Auch wenn Athen durch lange und weitestgehend akzeptierte demokratische Übung gefestigt war, drohten bei einer Schwächung des Staates – in Kriegszeiten – wieder Aufruhr, Bürgerkrieg und Tyrannei, so beim Umsturz von 411 und bei der Etablierung der Dreißig Tyrannen (404/3 v. Chr.). Die – für das Griechenland des 5. Jahrhunderts untypische – Stabilität wurde nämlich ganz wesentlich durch die erfolgreiche Ableitung des brutalen Machtdiskurses nach außen gefördert. Die athenische Öffentlichkeit verstand sich nicht nur als Kollektiv, das seine elitären Protagonisten kontrollierte, sondern auch als privilegierte Herrengemeinschaft. Den Attisch-Delischen Seebund, eine von ihnen dominierte Militärallianz, gestalteten die Athener zu einem Instrument der Machtausübung um. Athen selbst war damit zum Tyrannen geworden, der um die Herrschaft über ganz Griechenland kämpfte. Die attische Demokratie war nicht nur eine wehrhafte Demokratie *stricto sensu*, sondern auch eine aggressive und imperialistische Ordnung: Das herrschaftliche Auftreten nach außen war für sie nicht minder charakteristisch als die Kontrolle herrschaftlichen Verhaltens im Inneren. Es handelte sich dabei geradezu um zwei Seiten einer Medaille. So war das weite, auch räumlich weite Ausgreifen der athenischen Politik und die Politik die Realisierung langwieriger und ausgreifender Kriege genuin demokratische Politik: Zwischen 480 und 404 gab es gerade einmal 15 Friedensjahre, und auch diese nur mit Unterbrechungen. Folgerichtig war die Katastrophe Athens am Ende des Peloponnesischen Krieges (404 v. Chr.) auch mit dem Sturz der demokratischen Verfassung verbunden.

5. Das 4. Jahrhundert und die Stiefel der Vorväter

Es ist erstaunlich und scheint an ein Wunder zu grenzen, daß sich Athen nach dieser Katastrophe so unglaublich schnell erholte, daß es rund zehn Jahre später, im Bündnis mit anderen, schon wieder Sparta Paroli bieten konnte und seine demokratische Ordnung so nachhaltig erneuerte, daß sie über Jahrzehnte hinweg höchste Stabilität erwies. Dieses »attische Mirakel« (A. Heuß) ist äußerst erklärungsbedürftig und lädt zugleich ein zu einer Analyse des Verhältnisses des 4. zum 5. Jahrhundert.

Deutlich wird sofort, daß die Athener mit der Katastrophe ihre Lektion gelernt hatten, im Inneren wie nach außen. Innerhalb der Polis wollte man zusammenhalten und in der Außenpolitik – vorsichtiger als zuvor – Hegemonialpolitik treiben. »Homonoia und Arche« (P. Funke) – Eintracht und Herrschaft waren die Slogans. Die Basis für den inneren Konsens war die demokratische Ordnung und ihre völlige Akzeptanz. In der Tat hatten die Exzesse der oligarchischen Junta, die rasch gestürzt wurde, jede Alternative zur Demokratie auf Jahrzehnte hinaus, ja im Grunde auf immer diskreditiert. Die neue Demokratie war eine erneuerte, eine restaurierte Demokratie, und sie verstand sich auch explizit so: als

Rückkehr zur ererbten Verfassung, zur Ordnung der Vorväter, zur »patrios politeia«. Dieser Begriff war in den Umsturzbewegungen des Peloponnesischen Krieges aufgekommen und diente dazu, Modifikationen oder Veränderungen des demokratischen Systems als Rückkehr zur guten alten Ordnung, etwa Solons, darzustellen. Nach dem Sturz der Oligarchie aber erschien nahezu allen Athenern nur die Demokratie als gute alte, mithin: legitime Ordnung. Insofern war man um die Jahrhundertwende und danach ›klassizistisch‹.

Aber, wie gesagt, man hatte die Lektion gelernt: Die Verfassung wurde nicht unverändert wieder eingesetzt, sondern erst nach eingehenden Diskussionen über ihre Gestalt und nach Revision der Gesetze. Dabei gab es nicht unbedeutende Reformen. So wurde ein neues Verfahren für die Gesetzgebung eingeführt, das eine genauere Prüfung vorsah und die eigengesetzliche Spontaneität von Volksversammlungsentscheidungen begrenzte: Eine Kommission von Nomotheten (Gesetzgebern) entschied über die Gesetzesvorlagen im formalen Prozedere eines Gerichtsverfahrens – mit dem Initiator des neues Gesetzes als Kläger und einem Vertreter der bestehenden Gesetze als Verteidiger, unter Einhaltung strenger Fristen und Regeln. Auch in den Außenbeziehungen zeigte man mehr guten Willen als zuvor. In der Entfaltung des Herrschaftsanspruchs unterließ man die tyrannischen Verfahrens- und Verhaltensweisen, die im 5. Jahrhundert besonderen Anstoß erregt hatten.

Trotz solcher Änderungen läßt sich die Demokratie des 4. Jahrhunderts von der des 5. qualitativ nur schwer unterscheiden. Es gibt klare Kontinuitätslinien. Veränderungen erfolgten entlang früherer Tendenzen und bilden klare Entwicklungslinien: Die Losverfahren wurden immer weiter verfeinert und ausgefeilt; die Diätenzahlungen ausgedehnt, für den Besuch der Volksversammlung, schließlich gar für den der Theaterfestspiele. Generell ließ sich eine Zunahme in der Bildung von Kommissionen beobachten, die für konkrete Aufgaben ad hoc oder ständig eingesetzt wurden. Gerade dies ist Ausdruck der Vitalität der Demokratie: Professionalität und Sachverstand wurden gesucht und genutzt, aber immer unter Kontrolle des Volkes, die einer Verselbständigung des Expertentums einen Riegel vorschob.

Entsprechend war auch das Selbstverständnis der Bürger. Ihr Sinn für Macht und Konflikt war ungebrochen, zumal nachdem die unmittelbaren Erfahrungen des Peloponnesischen Krieges verblaßt waren. Stolz schauten sie zu ihren Vorfahren auf, die die Freiheit erzwungen und verteidigt hatten, die Griechen gegen die barbarischen Mächte verteidigt und die Schwachen geschützt hatten, im Inneren gefestigt und nach außen stark und machtbewußt. Entsprechend führten sich die Athener auch wieder auf, wenn es die Verhältnisse zuließen: So mündete ihre zunächst sehr vorsichtige Bündnispolitik im Zweiten Seebund immer mehr in herrschaftliche Bahnen ein. Das war vor dem Hintergrund der mentalen Disposition nur folgerichtig.

Der Rückblick auf die glorreiche Zeit des 5. Jahrhunderts hielt dieses immer als Maßstab und Norm hoch. Dies verstärkte sich noch mit und nach der als traumatisch empfundenen Niederlage gegen die Makedonen in der Schlacht von Chaironeia (338 v. Chr.). Die Athener fühlten sich jetzt als Sklaven, die makedonische Herrschaft war für sie im Grundsatz inakzeptabel. Entsprechend haben sie sich verhalten: Sie machten bei den großen Unternehmungen der makedonischen Könige, Philipp und Alexander, gegen Persien mit, soweit es nicht anders ging. Aber in Wirklichkeit rüsteten sie auf, konkret, d. h. wirtschaftlich und militärisch, aber auch mental, durch eine forcierte Beschwörung ihrer ruhmreichen Vergangenheit. In der Ära des Lykurgos, der die organisatorische Grundlage für den Widerstand schuf, wurde aus dem apellativen Umgang mit der eigenen Geschichte eine echte Heldenverehrung. Bezeichnenderweise wurden nun auch bestimmte Gattungen kanonisiert und die großen öffentlichen Versammlungsräume, die Pnyx und das Theater, neu und monumental umgestaltet. Die Athener gingen wohlgerüstet in die Auseinandersetzung mit den Makedonen, die sie nach dem Tode Alexanders des Großen gezielt suchten. Die erneute Katastrophe, die sie dabei erlitten, bescherte ihnen Oligarchie und Tyrannei – oder was sie dafür hielten. Zur längst klassisch gewordenen Demokratie gab es allerdings keine wirkliche Alternative mehr.

H.-J. G./U. G.

Die Ordnung der Welt

Egon Flaig

Differenz und Gewalt

Jede Kultur muß ihre Ordnungen strukturieren, die gedachten und die gelebten, die kosmologischen wie die sozialen. Das geht nur mittels Differenzen, die gegebenenfalls als harte Grenzziehungen fungieren. Die kardinalen Differenzen der griechischen Klassik waren: Götter – Menschen, Menschen – Tiere, Freie – Sklaven, Männer – Frauen, Griechen – Barbaren. Je nach Bedarf schlossen sich weitere Oppositionspaare an: Helden – Monster, Bürger – Nichtbürger, Sieger – Besiegte, Alte – Junge usw. Diese Differenzen waren nicht neutral. Sie waren konnotiert mit Überlegenheit und Minderwertigkeit, sei es biologisch, moralisch, intellektuell oder politisch. Sie wurden rituell inszeniert, versinnbildlicht und verinnerlicht. Dabei spielten Gewalt und Blut eine erstrangige Rolle. Denn die griechische Klassik war eine blutige Kultur. Das wird ersichtlich an der herausragenden Rolle des kultischen Blutopfers: Es choreographierte die Kommunikation zwischen den Göttern, welchen man opferte, und der menschlichen Gruppe, welche opferte, und schärfte damit die fundamentale Scheidung ein. Der kulinarische Opfercode verstärkte die Differenz: während die Götter den Opferduft genossen (ihr Altar wurde mit Blut besprengt und auf ihm verbrannte man ihnen Fett und Knochen), nährten sich die Menschen vom Opferfleisch. Gleichzeitig trat eine andere Unter-Scheidung in Kraft: die Menschen töteten und aßen Fleisch, das (gezähmte) Tier wurde getötet und gegessen. Ferner schied das Zeremoniell die Rollen von Frauen und Männern: die Frauen stießen den gellenden Schrei aus, sobald das Beil dem Tier den Nacken brach; aber sie blieben radikal abgesondert von den Blutinstrumenten und konnten daher an der Fleischzubereitung nicht teilnehmen. Die Differenzierungsleistung der Jagd war weitaus geringer, doch inszenierte sie die Feindschaft zwischen der gehegten menschlichen Ordnung und der bedrohenden Natur auf gewaltsame und blutige Weise, indem die meist jungen Jäger den (wilden) Tieren nachstellten. Wenn Heraklit behauptet: »Der Krieg ist der Vater aller Dinge, die einen erweist er als Götter, die anderen als Menschen, die einen macht er zu Sklaven, die anderen zu Freien«, dann erkennt er in Kampf und Sieg die Vektoren für die zwei fundamentalen Trennungen im Kosmologischen und im Sozialen. Allerdings: Götter sind wesensmäßig was sie sind; Krieg und Sieg machen sie lediglich als solche erkenntlich. Freie und Sklaven hingegen werden durch den Sieg nicht erkenntlich, sondern gemacht. Sklaverei ist somit Ergebnis einer Niederlage. Doch das sahen sehr viele Griechen anders. Für sie war die Unterlegenheit der Schwächeren nicht zufällig, sondern der Unterlegene war von Natur aus schwächer und – dümmer. Platon und Aristoteles theoretisierten eine landläufige Auffassung, als sie behaupteten, es gebe Menschengruppen, die von Natur aus zur Sklaverei bestimmt wären, da ihre mangelhafte Intelligenz sie zu planvollem Leben gar nicht befähige. Folglich nütze die Sklaverei nicht nur dem Herrn, sondern auch dem Sklaven (Aristoteles, Politeia 1252a 32). Die Antwort, wer denn von Natur aus Sklave sei, blieben diese Philosophen nicht schuldig: selbstverständlich die Nichtgriechen, zumindest die weit meisten. Und wie bekam man diese zu Sklaven? Indem man sie gewaltsam unterwarf. Freilich sollten nicht versehentlich von Natur aus Freie (Griechen) versklavt werden. Die erste philosophische Theorie des gerechten Krieges entstand aus dieser Sorge: »Darum ist auch die Kriegskunst von Natur eine Art Erwerbskunst (die Jagdkunst ist ein Teil von ihr), die man anwenden muß gegen Tiere und gegen Menschen, die von Natur zum Sklavendienst bestimmt sind und dies doch nicht wollen. Denn ein solcher Krieg ist von Natur gerecht« (Aristoteles, Politeia 1256b 23–26). Nun war ein Sklave unzweifelhaft ein menschliches Wesen; doch er sollte es im Vollsinne nicht sein. Wie vermochte man also die Sklaven auf plausible Weise im Alltag als Menschen von grundsätzlich anderer

Art erscheinen zu lassen? Dazu bedurfte es institutionalisierter Verfahren, die den Sklaven als Menschen herabsetzten und seine menschliche Eigenschaften verdrängten, so daß man ihn von freien Menschen unterscheiden konnte. Die öffentliche körperliche Züchtigung und Folter leisteten diese ständige Arbeit des Differenzierens. Die Schreie der Gefolterten hallten vom Hephaistostempel über das Zentrum Athens und strukturierten es als akustischen Raum. Die Peitsche wurde in der Klassik zum politischen Symbol, weil jeder Freie wußte, daß sie ihm niemals drohen konnte, wohingegen Sklaven ständig mit ihrer Drohung leben mußten, auch wenn es im Laufe eines Sklavenlebens nur selten zur Auspeitschung kam. Die gewaltsame Abstrafung am Leibe diente nicht allein zur Disziplinierung, sondern zur ständigen Inszenierung der fundamentalen Differenz zwischen Freien und Unfreien.

E. F.

71 Attische Oinochoe (sog. Eurymedon-Kanne)

H 23,8 cm
Um 460 v. Chr.
Hamburg, Museum für Kunst und Gewerbe Inv. 1981 173

Auf diesem Vasenbild gibt ein Perser in breitbeinig gebückter Haltung seine Bereitschaft zu sexuellem Mißbrauch zu erkennen, zu dem ein Grieche auf der anderen Seite des Gefäßes sich anschickt. Eine Beischrift mit dem Namen Eurymedon (»Ich bin [heiße] Eurymedon. Ich stehe vornüber gebeugt«) weist auf den Ort eines fulminanten Sieges der athenischen über die persische Flotte im Jahre 468 v. Chr. Es ist u. a. vorgeschlagen worden, das Bild als abstoßende Metapher für die militärische Demütigung der Perser zu lesen.

Literatur: M. C. Miller, Athens and Persia in the Fifth Century BC. A Study in Cultural Receptivity (1997) 13 Abb. 1. 2.

72 Rhyton des Sotades: Perser als Kamelführer

H 35,0 cm
Um 450 v. Chr.
Aus Memphis (Ägypten)
Paris, Musée du Louvre Inv. CA 3825

Diese aus sechs Fragmenten zusammengesetzte und stark ergänzte Gruppe mit der Signatur des Töpfers So-

Kat.-Nr. 71

Kat.-Nr. 71

Kat.-Nr. 72

Kat.-Nr. 72

Kat.-Nr. 73

Kat.-Nr. 74

tades auf der 1,8 cm hohen Basis zeigt einen Perser als Kamel- oder Dromedarführer. Herodot und Aristophanes belegen, daß Kamele den Griechen als typisch persische Tiere galten. Das ägyptische Memphis, der Fundort des Pariser Rhytons, war im 5. Jh. v. Chr. lange Zeit persische Garnison, die sich auch eines Angriffs der Athener zu erwehren hatte. Es ist daher wahrscheinlich, daß dieses Gefäß – wie andere Produkte der Sotades-Werkstatt – gezielt für östliche Abnehmer hergestellt wurde.

Literatur: Beazley, Addenda 767; H. Hoffmann, Sotades. Symbols of Immortality on Greek Vases (1997) 158 f. Nr. J1 Abb. 88. 89.

73 Rhyton des Sotades: Krokodil beißt Negerknaben

H 25,0 cm
Um 450 v. Chr.
Aus Nola
Dresden, Staatliche Kunstsammlungen, Albertinum Inv. 364

Die plastisch geformten Krokodil-Rhyta der Werkstatt des Sotades sind in neun Repliken überliefert, die sich allein durch die rotfigurigen Szenen unter dem Rand des Trinkhorns unterscheiden. Das stark fragmentierte Bild auf dem Dresdner Stück zeigt einen Krieger, der beim Abschied vor dem Auszug zur Schlacht aus einer Schale opfert. Die drei Figuren hinter ihm stellen die in trauriger Gewißheit um sein Schicksal zurückgelassene Familie dar. H. Hoffmann hat diese von der älteren Forschung als »Töpferscherz« (E. Buschor) gewerteten Krokodilgefäße unlängst als Gegenbilder zum klassischen Ideal des ›schönen Todes‹ gedeutet und die neun Repliken als Variationen einer gemeinsamen dionysischen Botschaft erklärt, deren Funktion in einer alles beherrschenden Strategie zur Akzeptanz des Todes liege. Plastisch gestaltete Rhyta (Trinkhörner) und Phialen (flache Opferschalen), die ebenfalls in der Sotades-Werkstatt hergestellt wurden, fanden ihre Verwendung bei rituellen Banketten und Trankopfern.

Literatur: ARV^2 764,11; H. Hoffmann, Sotades. Symbols of Immortality on Greek Vases (1997) 19–33. 156 Nr. F4 Abb. 9 a.

74 Rhyton des Sotades: Krokodil beißt Negerknaben

H 24,0 cm
Um 450 v. Chr.
Aus S. Maria di Capua Vetere
Boston, Museum of Fine Arts Inv. 98 881
Vgl. o. Kat.-Nr. 73

Literatur: ARV^2 766,2; H. Hoffmann, Sotades. Symbols of Immortality on Greek Vases (1997) 19–33. 155 Nr. F1 Abb. 1–4. A. S.

Egon Flaig

Wie die Klassik den Untermenschen erfand: Die Sklaverei

Wo Sklavenhaltung praktiziert wird, dort tendieren die Freien dazu, die Sklaven als Menschen abzuwerten. In seltenen historischen Fällen kann das so weit gehen, daß Sklaven als fundamental differente Wesen erscheinen, also als Untermenschen. Eben dies geschah im klassischen Athen. Auf das Wort ›Untermensch‹ kommt es nicht an, sondern auf das diskursive Konzept; und das ist eine Erfindung der Klassik.

Die Kultur des klassischen Athen beruhte auf der Sklaverei. Athen war eine Sklavenhaltergesellschaft; denn wenn nur etwa 15 Prozent der Bevölkerung Sklaven sind, ist die Sklaverei bereits allgegenwärtig; und im 5. Jahrhundert v. Chr. dürften es manchmal knappe 30 Prozent gewesen sein. Die Demokratie mit ihrer hochkulturellen Infrastruktur, ihrer extensiven und intensiven Partizipation benötigte ein gewaltiges ökonomisches Surplus; denn mehrere Tausend ärmerer athenischer Bürger waren freizustellen, damit sie jährlich an Volksversammlungen, an Gerichtstagungen, an Übungsfahrten der Flotte und an den Festen der Stadt teilnehmen konnten. Große Überschüsse waren zu erwirtschaften und umzuverteilen; die gesellschaftlich notwendige Arbeit mußte jedoch von anderen erledigt werden; die Massensklaverei leistete beides. Ohne sie hätte die athenische Demokratie keine vier Wochen überlebt; ohne sie sind die athenische Baukunst, Kultur und Politik undenkbar.

Wie rentabel die Sklaverei jeweils ist, hängt davon ab, wie der Sklavenhalter den unfreien Menschen einsetzt. Wo der Sklave keine Rechte mehr hat, wo keine Schutzbestimmungen ihm Schonräume verschaffen, dort ist das System am flexibelsten. Die griechische Klassik erreichte den äußersten Punkt der rechtlich – nicht faktisch! – möglichen Unterwerfung von Menschen. Denn alle Schutzbestimmungen fielen weg. Was das bedeutet, erhellt der Vergleich mit den Schutzbestimmungen im alttestamentlichen Israel: Sabbatruhe, bedingter Schutz vor sexuellem Zwang, Schutz vor vorsätzlicher Verstümmelung und vor vorsätzlicher Tötung. In Hellas dagegen verfügte der Herr über den Sklaven ohne rechtliche Einschränkung – über seine Arbeitskraft, seine sexuellen Qualitäten und über sein Leben. Diese unbegrenzte Verfügung ermöglichte eine beträchtlich höhere Produktivität der Sklavenarbeit als im Orient. Nicht zuletzt deswegen setzte sich die Sklaverei als die dominante Form abhängiger Arbeit in Hellas so früh und so umfassend durch. Doch die rechtlichen Regelungen sagen nur über den Grenzfall möglicher Brutalität etwas aus; sie besagen wenig über die Alltagssituationen. Diese unterschieden sich beträchtlich, je nachdem ob ein Sklave im städtischen Haus diente, ob er als spezialisierter Handwerker sich seine Freiheit erdienen konnte, ob er auf dem Feld arbeitete, in den Werften sägte, in den Steinbrüchen schuftete, oder ob er in der Mühle und in den Bergwerken langsam und elendiglich zugrunde ging.

Welche Auswirkungen hatte nun der Sklavenstatus auf das Selbstverständnis eines Sklaven? Kein einziger Text aus der Antike gibt uns darüber Aufschluß. Die Texte stammen allesamt von Nichtsklaven; sie enthalten lediglich Diskurse über den Sklaven oder über die Sklaverei. Selbstzeugnisse von Sklaven fehlen fast völlig. Das archäologische Bildmaterial zeigt nur einen schmalen Ausschnitt der sehr privilegierten Haussklaven; auch die Inschriften betreffen lediglich Sklaven mit hoher technischer Qualifikation. Somit sind die Sklaven ein stummgemachter Sektor der athenischen Geschichte. Was uns Primo Levi über die NS-Vernichtungslager gelehrt hat – nämlich die entmutigende Tatsache, daß genau jene, die es am schlimmsten traf, kein Zeugnis ablegen konnten: zu unterschiedlich waren die sozialen Situationen, als daß die Geretteten für die Untergegangenen sprechen könnten –, eben das gilt für die Sklaven der athenischen Klassik: über jene mindestens zehn Prozent, die in den Mühlen und Silberminen ihrer Vernichtung durch Arbeit entgegengingen, wissen wir nichts. Doch ohne sie hätte das System der Sklaverei nicht so reibungslos funktioniert. Der Herr konnte mit der Mühle und der Silbermine drohen; die Sklaven wußten, was diese Drohung bedeutete. Die bloße Existenz dieser fatalen Endstationen reichte aus, um den Einsatz von Körperstrafen erheblich zu reduzieren. Diese Endstationen waren Eckpfeiler des sklavistischen Systems. Es ist also falsch, aus der sozialen Position eines Sklaven darauf zu schließen, wie er seine Sklaverei erfuhr: in die Erfahrung ging immer die äußerste Drohung ein, gegen die er nicht geschützt war.

Dennoch sind vier Grunderfahrungen rekonstruierbar: 1. Sprachlosigkeit: Sklaven waren allzumeist Nichtgriechen; die Befehle erfolgten in einer Sprache, die ihnen fremd war. In den meisten sozialen Positionen kamen sie über einen Sklaven-Slang nicht hinaus und blieben buchstäblich sprachlos. Das Risiko von Mißhandlung stieg aber proportional zur mangelnden Sprachkompetenz. 2. Atomisierung: Sie wurden aus ihrer Herkunftsgruppe herausgerissen, einzeln verkauft. Jeder hatte ein Einzelschicksal. Freundschaften entstanden kaum, weil Sklaven sprachlich, ethnisch und kulturell einander fremd blieben. Selbst wenn sie untereinander Bindungen eingingen, dann brachen diese jäh ab, sobald ein Teil der Sklaven weiterverkauft oder vermietet wurde. Sie waren somit unfähig zu kollektivem Widerstand. 3. Familienlosigkeit: Sklaven konnten keine dauerhaften emotionalen Bindungen eingehen – sie hatten keine Ehefrau, keine eigenen Kinder. Ihr emotionaler Haushalt war gestört, bestenfalls fand eine Umpolung statt, denn Sklaven ›liebten‹ häufig ihre Herrn, war er doch das einzige Objekt, auf das sie dauerhaft Emotionen richten konnten. 4. Verlust des Selbstvertrauens: Immer wieder drohte Sklaven körperliche Mißhandlung, selbst in guten Positionen. Ihr Herr verfügte auch sexuell über sie; und das raubte dem Sklaven die Würde als Mann oder als Frau und brach die Selbstachtung.

Wie mußten solche Menschen athenischen Bürgern erscheinen? Als antriebsschwach, dumm, hinterlistig, schmeichlerisch, intrigant und als ungemein feige – als Untermenschen. Spartas Heloten machten Aufstände; die athenischen Sklaven erhoben sich nie. Schiere Apologie hat dies als Beweis genommen, daß die athenische Sklaverei ein »lebbarer Zustand« (so der Nazi-Historiker J. Vogt) war. Primo Levi hat uns eines Besseren belehrt; Menschen mit gebrochenem Selbstwert machen keine Aufstände. Im hehren klassischen Kontext konnten solch defiziente Menschen vor Gericht keinen Eid ablegen, sondern die Wahrheit wurde aus ihren Körpern herausgefoltert, beim Tempel des Hephaistos, im Zentrum der Polis. Nicht zufällig verwandten die Griechen für den Sklaven auch das Wort Andrapodon, »Menschenfüßiges«; das Wort ist ein Neutrum, ein Andrapodon ist eine Sache. Keine Hochkultur vor der Klassik hatte ein solches Wort. Dieses »illustriert die griechische

Konstruktion des Sklaven als Untermenschen ... ausgezeichnet« (Paul Cartledge). Vor diesem Hintergrund entwarfen Platon und Aristoteles erstmals in der Menschheitsgeschichte eine systematische Theorie des »Sklaven von Natur«, des Untermenschen schlechthin, und versuchten, das Dilemma zu lösen, welcher Status diesem defizienten Wesen zwischen dem (gezähmten) Tier und dem griechischen Polisbürger eigentlich zukomme.

Literatur: Actes du Colloque sur l'Esclavage 1970–1973 (1972–1976); G. Berthiaume, Les rôles du mágeiros. Etudes sur la boucherie, la cuisine et le sacrifice dans la Grèce ancienne, 70. Suppl. Mnemosyne (1982); P. Cartledge, Die Griechen und wir (1998) 111–141; M. Detienne – J.-P. Vernant (Hrsg.), La cuisine du sacrifice en pays grec (1979); M. I. Finley, Was Greek Civilization based on Slave Labour?, Historia 8, 1959, 145–164; ders., Die Sklaverei in der Antike. Geschichte und Probleme (1980) 96–98; ders. (Hrsg.), Classical Slavery (1987); V. Hunter, Policing Athens. Social Control in the Attic Lawsuits, 420–320 (1994) 154–189; P. Levi, Die Untergegangenen und die Geretteten (1993); N. Loraux, La cité divisée. L'oubli dans la mémoire d'Athènes (1997); C. Meillassoux, Anthropologie der Sklaverei (1989); P. A. Milani, La schiavitù nel pensiero politico dai Greci al basso medio evo (1972); O. Patterson, The Study of Slavery, Annual Report of Sociology 3, 1977, 407–449; R. W. Winks (Hrsg.), Slavery: A Comparative Perspective. Readings on Slavery from Ancient Times to the Present (1980).

E. F.

Kat.-Nr. 75

Kat.-Nr. 76

75 Attisch-schwarzfigurige Schale: Bergwerkssklave

Dm 19,5 cm
490–480 v. Chr.
Aus der Umgebung von Neapel
Leiden, Rijksmuseum van Oudheden Inv. K. 1894/9.15

Das Innenbild dieser kleinen Schale gehört zu den wenigen realistischen Wiedergaben eines Arbeitssklaven in der griechischen Bildkunst. Dargestellt ist ein nackter, ausgemergelter Mann, dessen Physiognomie mit betont wulstigen Lippen, einer langen Nase und stark gekräuseltem Haar als negroid charakterisiert ist. Die zusammengeketteten Beine, der Eimer in der Linken und der Brocken in der rechten Hand legen es nahe, hier einen Bergwerkssklaven beim Sammeln silberhaltigen Gesteins zu erkennen.

Literatur: CVA Leiden 2 (1978) 10 f. Taf. 63, 3.

76 Bronzene Henkelattasche: Schlafender Negerknabe

H 4,0 cm
2. Viertel 5. Jh. v. Chr.
Angeblich aus Dodona; 1882 erworben
Wien, Kunsthistorisches Museum, Antikensammlung Inv. VI 2551

Der Kopf des schlafenden Jungen ruht, nach vorne gesunken, auf der linken Hand, die auf dem Knie des aufgestellten rechten Beines liegt, während das linke Bein untergeschlagen ist. Dicke Lippen, die Stupsnase und die sorgfältig stilisierten Buckellocken charakterisieren den Sklaven als Schwarzen. Ein solch entspanntes Sitzmotiv mit ostentativer Entblößung der Scham wurde im 5. Jh. v. Chr. fast ausschließlich für Banausen und Sklaven verwandt. Zudem ist der faul schlafende Sklave ein fester Topos in Komödie und Bildkunst.

Literatur: K. Gschwantler u. a. (Hrsg.), Guß+Form. Bronzen aus der Antikensammlung, Ausstellungskat. Wien (1986) 70 Nr. 66 Abb. 131.

A. S.

Demokratie und Konflikt

Andreas Scholl

Geschlossene Gesellschaft: Die Bewohner des klassischen Athen in den Bildern und Inschriften ihrer Grabdenkmäler

Kaum eine soziale Formation der Antike hat uns ein so geschlossenes ›Bild‹ ihrer selbst überliefert wie die Bürger des klassischen Athen. Wie sie sich und ihre Familien sahen, wie sie noch nach Generationen erinnert werden wollten, führen Hunderte von Grab- und Weihreliefs aus der Zeit zwischen etwa 430 und dem späten 4. Jahrhundert v. Chr. vor Augen. Aber nicht nur die Vollbürger, auch die keineswegs geringe Zahl minder- bzw. unterprivilegierter Bewohner Attikas machten sich in den Bildern und Inschriften dieser Monumente selbst zum Gegenstand der Schilderung. So entstanden Denkmäler, deren Wert als Selbstzeugnisse kaum hoch genug veranschlagt werden kann. Der kommemorative, auf dauerhafte Repräsentation angelegte Charakter der Denkmäler brachte es mit sich, daß uns die rigoros gegliederte Gesellschaft des klassischen Athen hier weitgehend in idealtypischen, stark stilisierten Bildern gegenübertritt. Diese typengebundene Wiedergabe der Verstorbenen ist vor ihrem Hintergrund, dem attischen Totenkult und den Wertvorstellungen der klassischen Polisgesellschaft, in neueren Arbeiten intensiv untersucht worden. Dabei ist die religiöse Primärfunktion der aufrechten Stele als Grabmarkierung und unmittelbares Objekt des Grab- und Totenkultes unlängst ebenso grundsätzlich wie grundlos bestritten worden (J. Bergemann). Keinesfalls ist die Überbetonung ›politischer‹ Aussagen geeignet, folgende Grundtatsachen in Frage zu stellen: die attischen Grabdenkmäler wurden für bestimmte Todesfälle errichtet, ihnen galten die unverzichtbaren Riten des Totenkultes, und sie stellen demonstrativ familiäre Verbundenheit bei gleichzeitiger Veranschaulichung unüberwindlicher Trennung und tiefer Trauer um den Verstorbenen dar. Im Idealfall geschah dies in Bildern, deren Eindringlichkeit noch den modernen Betrachter unmittelbar berührt (Kat.-Nr. 77).

Spezifische Merkmale sozialer Gruppen haben sich in den Darstellungen der Grab- und Votivreliefs des klassischen Athen nur in vergleichsweise geringer Zahl, wenn auch prägnanter Form nachweisen lassen. Dieser Befund bedeutet jedoch nicht, daß die rigide Privilegierung der allein am politischen Prozeß beteiligten Vollbürger Athens keine Abgrenzungsmechanismen hätte entstehen lassen. Schon der Bürger-Name auf den Grabmälern ist ein solches Distinktionsmerkmal: Ausschließlich dem männlichen Vollbürger vorbehalten war die Namensform der *tria nomina*, bestehend aus 1. dem Eigennamen (z. B. Andreas), 2. dem Namen des Vaters im Genitiv (dem Patronymikon; z. B. Kallisthenou = [Sohn des] Kallisthenes), 3. dem Namen der Heimatgemeinde (dem

Demotikon; z. B. Kephisieus = aus dem Demos Kephisia). Selbstverständlich war den fremden, aber freien Metöken (Mitwohnern) und den nach Tausenden zählenden Sklaven im klassischen Athen die Führung des explizit auf das politische Mitwirkungsrecht verweisenden Demotikons bei massiver Strafandrohung verboten.

Athenische Vollbürger und ihre Frauen

Der signifikante Bestandteil des athenischen Bürgernamens, das Demotikon, sollte nach den Vorstellungen des Kleisthenes (Aristoteles, Athenaion politeia 21, 4) den Vatersnamen ersetzen und so die Bindung des einzelnen an seinen Demos unterstreichen. Obwohl die athenischen Bürger gerade durch die Namensinschriften ihrer Grabmäler als Individuen erscheinen, wird in ihrer bildlichen Darstellung auf eine Individualisierung weitgehend verzichtet. Es liegt die Vermutung nahe, daß die alltäglichen Erfahrungen der Bürger mit und in der demokratischen ›Gleichheitsordnung‹ des 4. Jahrhunderts v. Chr. die Idealität und typologische Einförmigkeit der bildlichen Darstellungen im sepulkralen Bereich gefördert haben. Gerade die bedrängend monotonen Familienszenen lassen sich vor einem kollektiven Erfahrungshintergrund als Hinweis auf die große Bedeutung des Oikos (Hausstand) als kleinster und wichtigster Einheit in der Polis verstehen. Für diese war es aus politischen und religiösen Gründen von lebenswichtiger Bedeutung, daß sich die Zahl der Oikoi nicht verminderte.

Die rechtliche Abhängigkeit der bürgerlichen Frauen von ihrem Vormund (dem ›kyrios‹) drückt sich auf den Denkmälern allein in ihren Namensformen aus. Bis in das 2. Jahrhundert v. Chr. führen sie fast nie ein eigenes Demotikon in adjektivischer Form, wie dies für die Männer charakteristisch ist. Vielmehr wird ihrem Eigennamen häufig der des Vaters (oder des Ehemanns) mit dessen Demotikon in der üblichen adjektivischen Form angehängt. Nicht selten wird durch den Zusatz ›gyné‹ (Frau) oder ›thygathér‹ (Tochter) klargestellt, ob es sich bei dem im *genitivus possessivus* genannten Mann um den Vater (Kat.-Nr. 79) oder den Ehegatten handelt.

Geduldete Fremde: Metöken, Isotelen, Xenoi

Ohne das massive Engagement zahlloser Nicht-Athener in Handel, Handwerk und Geldverleih wäre die Stadt in klassischer Zeit kaum lebensfähig gewesen. Die Athener wußten dies nur zu genau und entwickelten bereits frühzeitig Strukturen, die bei völliger politischer Rechtlosigkeit eine optimale ökonomische Integration der freien Fremden erlaubte (vgl. S. 168 f.). Allein von unternehmerischen Aktivitäten in der Landwirtschaft waren die Metöken durch ein Verbot des Grunderwerbs in Athen und Attika ausgeschlossen.

Bei den für Athens Wirtschaft so bedeutsamen Metöken, die in klassischer Zeit im Durchschnitt etwa die Hälfte der freien Bevölkerung ausgemacht haben dürften, handelt es sich um zugelassene Bewohner, keinesfalls aber Mitglieder eines attischen Demos im politischen Sinne. Statt dessen werden sie in offiziellen Inschriften des klassischen Athen als im Demos XY wohnhaft bezeichnet. Diese eindeutig auf den rechtlichen Status verweisende Wendung fehlt in den privaten Grabinschriften der Metöken Athens jedoch völlig. Vielmehr zogen es die Metöken vor, auf ihren Grabstelen als X, Sohn des Y aus der Polis Z zu firmieren und so zumindest den expliziten Hinweis auf ihren politisch rechtlosen Status in Athen zu vermeiden. Mit der Nennung ihrer Herkunft betonen die Metöken statt dessen demonstrativ den Besitz des Bürgerrechts ihrer Heimatstadt (Kat.-Nr. 80), das sie auch als Metöken in Attika behielten. Die seltene Ausnahme von dieser Praxis ist die stolze Nennung der Isotelie, eines bisweilen an Metöken verliehenen Privilegs, das die rechtliche Gleichstellung mit den Vollbürgern in steuerlichen und militärischen Leistungen beinhaltete. In diesen Fällen ersetzt der Titel ›isotelés‹ grundsätzlich das die Herkunft bezeichnende Ethnikon. Mit Nennung der Isotelie wollten sich verstorbene Metöken ganz offensichtlich vom Kreis ihrer gewöhnlichen Standesgenossen

Abb. 1. Grabrelief mit einer im Seehandel tätigen Metökenfamilie und der Darstellung eines Frachtschiffes (sog. Charon-Relief), 330/320 v. Chr. Athen, Kerameikos-Museum Inv. P 692

abheben. Dabei ist vor allem bemerkenswert, daß in den Augen der durch die Isotelie geehrten Metöken die Verleihung dieses Privilegs durch die Athener wichtiger war als der Hinweis auf den Besitz des vollen Bürgerrechts ihrer Heimatstadt durch die Erwähnung des Ethnikons. Nur die Nennung des Titels ›isotelés‹ erlaubt es, ein attisches Grabdenkmal oder Weihrelief definitiv mit einem Metöken zu verbinden. In allen anderen Fällen, in denen nur der Eigenname, Vatersname oder Ethnikon genannt werden, ist eine Unterscheidung der Metöken von den nur kurzfristig in Athen lebenden Fremden, den Xenoi, nicht sicher möglich. Allein die Tatsache, daß die Zahl der Metöken die der kurzfristig in Athen lebenden Fremden weit überstieg, spricht dafür, die Mehrzahl der Grab- und Weihinschriften mit Eigennamen, Vatersnamen und Ethnikon auf Metöken zu beziehen, denn nach einem ständigen Aufenthalt von einem Monat mußte ein fremder Besucher oder Einwohner sich als ›métoikos‹ in einem Demos – meist im Piräus – eintragen lassen.

Der bezeichnende Umstand, daß die wenigen mit dem Privileg der Isotelie geehrten Metöken das Ethnikon in ihren Grabinschriften durch den neu gewonnenen Titel ›isotelés‹ ersetzten, beleuchtet schlaglichtartig, »daß für den Metöken der Bürger das Vorbild war, er also, wenn er überhaupt an den Wandel seines Status dachte, in den Bürgerstand hineinstrebte und eine Alternative gar nicht im Blick hatte« (J. Bleicken). Diese kaum verwunderliche Vorbildhaftigkeit der Vollbürger, deren privilegierten Status übrigens nur die wenigsten Metöken durch Verleihung des vollen Bürgerrechts je erreichten, spiegelt sich überdeutlich in der Ikonographie der spätklassischen attischen Grabdenkmäler wider. Fehlende Identität als soziale Gruppe ist deshalb sicher ein Grund dafür, daß eine spezifische Selbstdarstellung der Metöken auf den attischen Grabdenkmälern nicht stattgefunden hat. Für die durchgängig zu beobachtende Adaption ›bürgerlicher‹ Figuren- und Bildtypen (Kat.-Nr. 80. 81) spielte darüber hinaus eine große Rolle, daß der Haupttätigkeitsbereich der Metöken, Handel und Handwerk, gerade im allgemeinen Bewußtsein der als vorbildhaft empfundenen Vollbürger eine so niedrige Rangstellung einnahm, »daß diese Sphäre im Umkreis von Grab und Tod sich einer Wiedergabe entzog« (G. Zimmer). Daran änderte auch die Tatsache nichts, daß zahlreiche ›banausische‹ Tätigkeiten von Bürgern, Metöken und Sklaven gemeinsam ausgeführt wurden. Auf attischen Grabdenkmälern wird deshalb nur in Ausnahmefällen durch ein attributiv der Darstellung hinzugefügtes Werkzeug oder Handwerksprodukt auf die berufliche Tätigkeit des Verstorbenen hingewiesen (Kat.-Nr. 80; Abb. 1).

Unter den Menschen: Die Sklaven im klassischen Athen

Das auf zeitintensiver politischer Partizipation der Vollbürger basierende System der klassischen Demokratie Athens hätte ohne die rigorose Nutzung von Sklavenarbeit nicht funktioniert (vgl. S. 173ff., 176ff.). Während zahlreiche Zeugnisse die Einstellung der Vollbürger zur Sklaverei beleuchten, fehlen Selbstzeugnisse der Sklaven fast vollständig und sind auf bescheidene Grab- und Votivdenkmäler beschränkt. Auch im Falle der Sklaven ist schon der Name Indikator sozialer Position. Es fehlt dem Sklavennamen natürlich das Demotikon, aber auch der Vatersname, denn der als bewegliche Sache angesehene Sklave hatte nach athenischem Rechtsverständnis keine Angehörigen. Ein weiteres Indiz für die Identifizierung der Sklavenstelen oder eines von Sklaven geweihten Denkmals ist der Charakter des Eigennamens selbst, denn manche Namensbildungen fremder wie griechischer Herkunft weisen auf den Sklavenstatus seines Trägers. Vor allem von barbarischen Volksstämmen abgeleitete, implizit dem Träger Individualität absprechende Namen (wie etwa Karion = der Karer: Kat.-Nr. 83; Phrygon = der Phryger u. ä.) sind in archaischer und klassischer Zeit ausschließlich für die Benennung von Sklaven verwendet worden. Zu solchen Namensformen barbarischer Herkunft kann auf den attischen Grabstelen als weiteres Indiz für den Sklavenstatus das Standard-Epitheton der Unfreien treten: ›chrestós‹ (Kat.-Nr. 83), bzw. ›chresté‹ (= der/die Nützliche/Brauchbare). Eine Form herablassender Charakterisierung, die nur äußerst selten für Nicht-Sklaven Verwendung fand. Tritt dann noch in Wort oder Bild eine hauptsächlich von Unfreien ausgeübte Tätigkeit hinzu, wie etwa die der Ammen, ist die Verbindung eines Denkmals mit einem Unfreien höchst wahrscheinlich.

Die allgemeine Situation der Sklaven legt es nahe, daß Grabdenkmal und Namensinschrift (oder sogar ein Grabgedicht in Form eines kurzen Epigramms) eine außergewöhnlich seltene Ehrung für einen verstorbenen Unfreien darstellten, zumal ihr Besitzer gesetzlich ausschließlich dazu verpflichtet war, für die Bestattung zu sorgen. Da der Sklave als ein seelenloses Wesen ohne Angehörige galt (vgl. S. 176ff.), erfährt man bezeichnenderweise auch nichts davon, daß ihm Totenopfer dargebracht wurden. Solche Opfer hätten die Existenz eines Grabkultes für die Sklaven zur Voraussetzung gehabt. In Athen aber kannte man keine Grabesehren für einen toten Sklaven. Von dieser »ziemlich lückenlosen bürgerlichen Diffamierung« (F. Boemer) gab es nur ganz wenige Ausnahmen. Grundsätzlich gilt daher, daß der Sklave im klassischen Athen, auch wenn es sich um Grab und Jenseits handelte, gänzlich außerhalb der menschlichen Gemeinschaft stand.

Von dieser unzweifelhaften Grundeinstellung der meisten attischen Bürger wichen jedoch einzelne Sklavenbesitzer, offenbar aus emotionaler Verbundenheit mit einem Unfreien, ab. Auf den klassischen Grabstelen finden sich immerhin 16 Namensinschriften, die den Sklaven oder häufiger die Sklavin durch das Epitheton ›chrestós‹ (= brauchbar) loben, damit aber sogleich auch als Unfreien bezeichnen. Daß man vor allem jener Sklaven durch Grabmal und Inschrift gedachte, denen man im Bereich des Hauses und der Familie eine Aufgabe übertragen hatte, können die Stelen für Ammen verdeutlichen. Neben den vom Besitzer aufgestellten Sklavenstelen lassen sich aber auch Stelen und Weihreliefs nachweisen, die von den Sklaven selbst errichtet worden sind. Solche Grabstelen sind vor allem für die Bergwerkssklaven von Laurion mehrfach belegt (Kat.-Nr. 85).

Neben den inschriftlichen Indizien gibt es nur wenige ikonographische Hinweise auf den sozialen Status des Unfreien. Als Grundzug der griechischen Sklavenikonographie hat N. Himmelmann in einer maßgeblichen Untersuchung deren doppelgesichtigen Charakter herausgearbeitet. Dabei erscheint die von ihm als »physiognomisch« bezeichnete, den Sklaven als ›Sklaven von Natur‹ charakterisierende Darstellung auf attischen Grabmälern nur in Ausnahmefällen (Kat.-Nr. 83) neben der verbindlichen »idealistischen« Wiedergabe, die den Sklaven ikonographisch weitgehend an den Freien angleicht (Kat.-Nr. 85). Idealistisch meint, daß die Sklaven in Schemata dargestellt sind, die auch für die athenischen Bürger und Metöken geläufig waren. Hierbei kamen natürlich nicht alle ›bürgerlichen‹ Figurentypen und Kompositionsschemata für die Sklavenstelen in Frage. So schieden besonders Darstellungen eines Sklaven in den eindeutig auf die Bürger gemünzten Typen des auf den Stock gestützten Mannes, des Athleten in der Palästra und natürlich auch als Priesterin oder Priester von vornherein aus. Es überwiegen damit die unspezifischen Familienszenen (Kat.-Nr. 85) und die Einzelbilder von Sklavinnen im Typus der sitzenden Frau auf den klassischen Grabreliefs. Da jedoch insbesondere die Stelen mit dem Epitheton ›chrestós‹ sicher nicht als Selbstzeugnisse der attischen Sklaven zu verstehen sind, könnte man ihre idealistische Wiedergabe zunächst als posthume Ehrung durch ihre früheren Herren auffassen. Einige von Sklaven gesetzte Grabstelen, wie etwa die des Bergwerkssklaven Thous aus Laurion (Kat.-Nr. 85), zeigen jedoch, daß verständlicherweise die Unfreien selbst einer idealistischen Darstellung den Vorzug gaben und sich ihrerseits etwa mit einem anderen Sklaven abbilden ließen.

Die Bevorzugung der idealistischen Darstellungsform ist sowohl aus der Sicht der Bürger als auch aus jener der Sklaven einleuchtend zu erklären. Für den Bürger oder Metöken, der als Sklavenbesitzer etwa einer verstorbenen Amme, die ihre Zöglinge oft durch die ganze Kindheit begleitete, eine Grabstele errichtete, beinhaltete diese Form der Darstellung primär einen persönlich-emotionalen Aspekt. Auch wenn der Besitzer damit den Sklaven sicher nicht als menschlich gleichrangig ansah, bot die idealistische Art der Darstellung doch die Möglichkeit, im Einzelfall menschliche Verbundenheit über den Tod hinaus zu dokumentieren. Es ist deshalb für die Sklaverei im klassischen Athen in höchstem Maße bezeichnend, daß man auf den Grabstelen vor allem reine Haussklaven, wie es die Ammen waren, in ikonographisch an das Bild der Frauen und Töchter attischer Bürger angeglichener Form darstellte und sie dabei allenfalls mit den Attributen ihrer früheren Tätigkeit ohne jede Spur von Diffamierung ausstattete.

Andererseits macht die Berücksichtigung gerade dieser Sklavengruppe für die Darstellung auf den attischen Grabreliefs aber auch mit aller Schärfe deutlich, wie groß die Anzahl derer ist, die nicht zur Darstellung kamen. Von der Vielgestaltigkeit der attischen Sklaverei, die vom »gefesselten Bergwerkssklaven bis zum selbständigen Großunternehmer« (N. Himmelmann) reichte, spiegeln die Grabreliefs klassischer Zeit eben nur einen winzigen Ausschnitt wider. Dem Sklavenhalter kam wohl überhaupt nur der zum eigenen Oikos gehörige Unfreie für die Errichtung einer Grabstele in den Sinn. Daß die Sklaven auf den von ihnen errichteten Grabstelen die ›bürgerlichen‹ Typen bevorzugten, erklärt sich durch ihren Wunsch nach sozialem Aufstieg durch Freilassung. Während die idealistische Richtung der attischen Sklavenikonographie die Unfreien in einigen auch für die Bürger und Metöken geläufigen Schemata darstellt und seine soziale Identität nur durch Attribute oder durch die Inschrift deutlich werden läßt, unterstreicht die physiognomische Darstellungsweise mit allem Nachdruck das griechische Konzept des Sklaventums ›von Natur‹ (den ›physei doulos‹), den geborenen »Untermenschen« (vgl. S. 178). Daß die physiognomische Darstellungsform des Sklaven auf den Grabreliefs gerade bei einer einfigurigen Darstellung (Kat.-Nr. 83) vorkommt, ist kein Zufall, denn als alleiniges Bildthema konnte der Sklave in der bildenden Kunst der Klassik nur als ›Sklave von Natur‹ kenntlich gemacht werden. Auf einer attischen Stele niedrigster Qualität (Kat.-Nr. 83) geschieht dies in ganz besonders drastischer Weise, denn sie stellt einen Sklaven beim gebückten Schleppen eines schweren Sackes dar. Auf dem Fragment sind noch sehr deutlich Hinterkopf und Schulterpartie eines Mannes mit kurzem krausem Haar und dem rot bemalten Bündel auf dem Rücken zu erkennen. Er trägt den Namen Karion (= der Karer) und damit einen besonders typischen, seinen Träger entindividualisierenden Sklavennamen. Das kleine, aus minderwertigem

Marmor gefertigte Stelenfragment des Karers ist ein besonders eindringliches Zeugnis für die physiognomische Charakterisierung eines Sklaven auf einem attischen Grabrelief klassischer Zeit. Das dem Namen hinzugefügte Epitheton ›chrestós‹ (= brauchbar) erhält durch die Art der Darstellung eine wohl nicht nur für den modernen Betrachter zynische Note.

Literatur: Zu den klassischen Grabreliefs: C. W. Clairmont, Classical Attic Tombstones I–VI (1993); B. Schmaltz, Griechische Grabreliefs (1983); A. Scholl, Die attischen Bildfeldstelen des 5. und. 4. Jhs. v. Chr. (1996); J. Bergemann, Demos und Thanatos (1997); N. Himmelmann, Attische Grabreliefs (1999). – Zu den klassischen Weihreliefs: G. Neumann, Probleme des griechischen Weihreliefs (1979). – Zur Sozialgeschichte des klassischen Athen: V. Ehrenberg, Aristophanes und das Volk von Athen. Eine Soziologie der altattischen Komödie (1968); F. Gschnitzer, Griechische Sozialgeschichte von der mykenischen bis zum Ausgang der klassischen Zeit (1981). – Zu den Vollbürgern, Metöken, Sklaven und Fremden: Ph. B. Manville, The Origins of Citizenship in Ancient Athens (1990); D. Whitehead, The Ideology of the Athenian Metic (1977); N. Himmelmann, Archäologisches zum Problem der griechischen Sklaverei, AbhMainz 13 (1971) 615–659; S. Lauffer, Die Bergwerkssklaven von Laureion[2] (1979); B. Bäbler, Fleißige Thrakerinnen und wehrhafte Skythen (1998).

Kat.-Nr. 77

Kat.-Nr. 78

Kat.-Nr. 79

77 Grabstele des Bürgers Thraseas und seiner Frau Euandria

H 1,60 m, B 0,91 m
350–340 v. Chr.
Aus Athen, Kerameikos
Berlin, Antikensammlung Inv. Sk 738

Das prachtvolle Grabrelief des offenkundig wohlhabenden Vollbürgers Thraseas aus der athenischen Gemeinde Perithoidai, der in den Bürgermantel (Himation) gekleidet seiner auf dem häuslichen Hocker sitzenden Ehefrau die Hand reicht, vertritt den geläufigen Typus des Familienbildes. Die Gattin des Thraseas trägt den für die Dominanz der Männergesellschaft im klassischen Athen höchst bezeichnenden Namen Euandria, der Männlichkeit oder Tapferkeit bedeutet. In solchen Familienszenen wird das Idealbild der Gemeinschaft des Oikos durch die mit Blick- und Körperkontakt verbundenen Eheleute und die um sie versammelten, oft expressiv trauernden Hinterbliebenen, unter denen häufig Haussklaven zu sehen sind, zum Ausdruck gebracht.

Literatur: C. W. Clairmont, Classical Attic Tombstones III (1993) Nr. 3.419.

A. S.

78 Grabstele eines Athleten in Begleitung eines Palästrasklaven

H 1,29 m
Aus zwei Teilen zusammengesetzt; auf dem Architrav die Inschrift (IG II^2 5486): »Theomnestos, Sohn des Theophrastos, aus dem Demos Halai.«
350–330 v. Chr.
Aus dem Laurion
Athen, Nationalmuseum Inv. 3586

Kat.-Nr. 80

Ein Jüngling in lockerem Stand mit weit herausgebogener Hüfte stützt sich mit dem rechten Arm auf einen Pfeiler, der die linke Ante zum Teil verdeckt; in der angewinkelten Linken hält er eine Strigilis. Er blickt zu seinem ihm gegenüber stehenden Diener herab, der ein Himation über der linken Schulter und ein Ölfläschchen in der linken Hand hält. Beider Haare sind nur kursorisch angegeben, das Gesicht des Dieners weist in Ohrgestaltung und Gesichtsfalten barbarische Züge auf.

Die Darstellung deutet – wie die meisten Athletendarstellungen auf Grabreliefs klassischer Zeit – allgemein auf die Welt des Gymnasions und damit der Bildung bzw. Ausbildung, ohne auf konkrete athletische Aktivitäten oder Erfolge des Verstorbenen einzugehen. Der Diener zeigt den sozialen Status des Jünglings an. In der Regel sind die Dienerknaben – anders als in diesem Fall – idealisiert wiedergegeben. Die Deutung des Sklaven als erwachsener Zwerg und nicht als Knabe durch Clairmont scheint angesichts des Körpers und der nicht allzu ausgeprägten realistischen Gesichtszüge jedoch überzogen.

Literatur: C. W. Clairmont, Classical Attic Tombstones I (1993) Nr. 1.879.

M. B.

79 Bildfeldstele des Meneas und der Menekrateia

H 0,77 m, B 0,41 m
370–360 v. Chr.
Aus Attika
Berlin, Antikensammlung Inv. Sk 756

Bildfeldstelen wie diese wurden zum einen als Denkmäler für Einzelgräber, zum andern aber auch komplementär zu anderen Monumenten eines Grabbezirks verwendet. Das Berliner Relief zeichnet sich durch eine für das kleine Format überdurchschnittliche Qualität aus. So gehört das sorgfältig gearbeitete Gesicht des Meneas zu den wenigen Altersbildnissen auf den kleinformatigen Grabmonumenten Attikas.

Kat.-Nr. 81

Kat.-Nr. 82

Kat.-Nr. 82

Literatur: C. W. Clairmont, Classical Attic Tombstones II (1993) Nr. 2.304a.

80 Grabstele des Metöken Sosinos

H 1,00 m, B 0,60 m
410–400 v. Chr.
Aus Attika
Paris, Musée du Louvre Inv. MA 769

Die Namensinschrift auf der Grabstele des Sosinos identifiziert den Verstorbenen eindeutig als Kupferschmied aus dem kretischen Gortyn. In würdevoller Haltung sitzt er im Bürgermantel auf einem eleganten Lehnstuhl (Klismos), die Linke auf einen Stab gestützt. Die locker herabhängende rechte Hand hält ein Becken oder einen Kessel – gemeint ist sicher ein Produkt aus der Bronzewerkstatt des Sosinos. Damit gehört das Denkmal zu den wenigen attischen Grabreliefs, die durch ein hinzugefügtes Werkzeug oder Handwerksprodukt auf die berufliche Tätigkeit des Verstorbenen hinweisen.

Literatur: C. W. Clairmont, Classical Attic Tombstones I (1993) Nr. 1.202.

81 Bildfeldstele der Kypria

H 0,82 m, B 0,35 m
380–370 v. Chr. (?)
Aus Athen; Slg. Rottiers
Leiden, Rijksmuseum van Oudheden Inv. 1821:ROIA12

Kypria, »die Frau aus Kypros (= Zypern)«, trägt ihre Herkunftsbezeichnung als Eigennamen. Da lediglich einige von barbarischen Volksstämmen abgeleitete Namen (etwa Karion, Phrygon u. ä.) in klassischer Zeit ausschließlich für die Benennung von Sklaven verwendet wurden, wird es sich bei der griechischstämmigen Kypria am ehesten um eine Metökin handeln. Sie ist auf dem häuslichen Lehnstuhl (Klismos) sitzend damit beschäftigt, die in einem großen Korb vor ihren Füßen aufbewahrte Wolle zu spinnen.

Literatur: C. W. Clairmont, Classical Attic Tombstones I (1993) Nr. 1.220. – Inschrift: IG II/III^2 11933.

82 Torso der Sitzstatue eines Mannes in persischer Tracht

H 1,13 m (einschließlich der Sockelung in Zement), B 0,72 m
330–320 v. Chr.
Aus Athen, Kerameikos
Athen, Nationalmuseum Inv. 2728

Der 1908 in einem Grabbezirk des Kerameikos neben seinem Sockel gefundene Torso eines sitzenden Mannes in persischer Tracht ist einem Darstellungstypus eng verpflichtet, der im 4. Jh. v. Chr. an der Peripherie des Achämenidenreiches für bedeutende Würdenträger verwendet wurde. Mit dem anspruchsvollen, ursprünglich wohl von knienden Schützen eingerahmten, ›Perser‹ in fürstlicher Pose kann nur eine im politischen Sinne hochrangige Person geehrt worden sein – vermutlich der Gesandte eines Gemeinwesens aus dem persischen Einflußbereich. Da im Kerameikos diplomatische Vertreter fremder Staaten bestattet worden sind, erscheint die Erklärung des Torso als Grabstatue eines phönizischen Gesandten oder Gastfreundes der Athener, auch im Blick auf die engen künstlerischen Kontakte zwischen einigen phönizischen Städten und Athen, erwägenswert. Weniger wahrscheinlich ist die Darstellung eines Griechen in persischer Tracht. Be-

Kat.-Nr. 83

Kat.-Nr. 84

Kat.-Nr. 85

kanntermaßen war Alexander der Große trotz heftiger Kritik seiner Umgebung schon bald nach dem Tode des Dareios 330 v. Chr. dazu übergegangen, zeitweilig die persisch-medische Tracht zu tragen, so daß ein von Alexander nach Athen entsandter Funktionär in persischer Tracht aufgetreten sein könnte.

Literatur: A. Scholl, Der ›Perser‹ und die ›Skythischen Bogenschützen‹ aus dem Kerameikos, JdI 115, 2000, 79–112 Abb. 1–27.

83 Fragment der Stele des Sklaven Karion

H 0,15 m, B 0,18 m
Um 320 v. Chr.
Athen, Epigraphisches Museum Inv. EM 6068

Auf diesem winzigen Stelenfragment ist der Sklave Karion beim Schleppen eines schweren Sackes oder Bündels dargestellt. Der Hinterkopf mit dem kurzen krausen Haar sowie der angewinkelte rechte Arm sind noch deutlich zu erkennen.

Literatur: C. W. Clairmont, Classical Attic Tombstones I (1993) Nr. 1.462; Scholl, Bildfeldstelen 231 f. Nr. 23 Taf. 43, 3. – Inschrift: IG II/III^2 11822.

84 Seitenteil (Ante) eines monumentalen Grabnaiskos mit dem Relief eines Pferdesklaven

H 0,88 m, B 0,57 m
330–320 v. Chr.
Aus Athen; 1930 in Paris erworben
Kopenhagen, Ny Carlsberg Glyptotek Inv. 2807

Das Kopenhagener Fragment stammt von der architektonischen Rahmung eines großformatigen Grabreliefs vom Ende des 4. Jhs. v. Chr. Dargestellt ist ein Junge, der die ursprünglich aufgemalten Zügel des hinter ihm stehenden Pferdes in der erhobenen rechten Hand hielt. Bekleidet ist er mit einem kurzen Gewand (Exomis), das die rechte Schulter und den rechten Arm unbedeckt läßt – ein Kleidungsstück aus meist grobem Stoff, das von körperlich Arbeitenden getragen wurde. In der Bildkunst, aber auch in der attischen Komödie, kennzeichnet es den Sklaven. Der Pferdejunge ist durch plumpe Nase, breite Lippen, schweres Kinn und den muskulösen Hals auch physiognomisch als Sklave charakterisiert. Den Sklavenbildern auf den Antenreliefs der monumentalen Grabnaiskoi, von denen sich mehrere erhalten haben, kommt eine rein attributive Funktion zu, da sie die soziale Stellung des Verstorbenen bildlich konkretisieren.

Literatur: C. W. Clairmont, Classical Attic Tombstones I (1993) Nr. 23.

85 Bildfeldstele des Bergwerkssklaven Thous und seiner Familie

H 1,15 m
Um 320 v. Chr.
Aus dem Laurion
Athen, Nationalmuseum Inv. 890

Kat.-Nr. 86

Kat.-Nr. 87

Sklavenstelen wie die des Thous aus dem attischen Silberbergbaugebiet um Laurion bestätigen, daß auch Unfreie einer idealistischen Darstellung den Vorzug gaben und sich ihrerseits mit einer Bedienung abbilden ließen. Hier ist es die Gestalt eines kleinen Palästrasklaven. Für solche Darstellungen werden die Sklaven sicher auch auf vorgefertigte Stelen zurückgegriffen haben.

Literatur: C. W. Clairmont, Classical Attic Tombstones III (1993) Nr. 3.922.

86 Grabvase (Marmorlekythos) einer Frau

H 0,59 m
1. Hälfte 4. Jh. v. Chr.
Angeblich aus Marathon
Berlin, Antikensammlung Inv. Sk 1110

Eine sitzende Frau in der Tracht attischer Bürgerinnen entnimmt einem ihr von der Dienerin vorgehaltenen Kästchen eine Wollbinde oder ein Schmuckstück. Der Hals des Gefäßes fehlt, der Fuß ist ergänzt.

Literatur: C. W. Clairmont, Classical Attic Tombstones I (1993) Nr. 1.774.

87 Grabvase (Marmorlekythos) eines Mannes

H 0,51 m
2. Viertel 4. Jh. v. Chr.
Angeblich aus Marathon
Berlin, Antikensammlung Inv. Sk 1111

Gegen 400 v. Chr. begann man, die exklusiv für den Totenkult verwendete Vasenform der Lekythos in Marmor zu monumentalisieren und sowohl als Einzelgrabmäler, wie auch zur dekorativen Rahmung großer Grabbezirke zu verwenden. Dargestellt ist der Abschied eines mit Helm und großem Rundschild bewaffneten Bürgersoldaten von seinem Vater. Der Hals des Gefäßes fehlt, der Fuß ist ergänzt.

Literatur: C. W. Clairmont, Classical Attic Tombstones II (1993) Nr. 2.303a.

A. S.

Andreas Scholl

Kult im klassischen Athen

Kein Aspekt der griechischen Kultur klassischer Zeit bietet dem Verständnis ähnliche Schwierigkeiten wie die spezifische Eigenart der griechischen Religion, ihre aus christlicher Sicht beträchtliche Andersartigkeit. Nirgendwo wird die historische Distanz spürbarer als bei dem Versuch nachzuvollziehen, wie intensiv und allgegenwärtig Kult und Mythos (Religion) im klassischen Griechenland jeden Bereich menschlichen Daseins sinnstiftend durchdrangen. Diese Einbettung des Lebens in die Religion konnte so intensiv empfunden werden, weil der Zugang zum Göttlichen nicht durch eine Priesterkaste monopolisiert wurde. Ganz im Gegenteil hat man treffend von einer »demokratischen Politisierung des Religiösen« (F. Graf) sprechen können, die jeden Griechen sein eigener Priester sein ließ (Kat.-Nr. 89. 90).

Kaum zufällig war es deshalb den klassischen Griechen ein tief empfundenes Bedürfnis alle nur denkbaren Facetten ihrer Religion nicht nur zu literarisieren, sondern auch mit faszinierender Intensität in Bilder umzusetzen. Aus dieser Flut von Darstellungen ragt eine Gruppe von Denkmälern heraus, die den Kontakt der Sterblichen mit den Göttern und Heroen immer wieder vor Augen führt. Es sind die in großer Zahl erhaltenen Weihreliefs (vgl. S. 321 ff.), die als Bitt- oder Dankvotive (Kat.-Nr. 91. 92.) in fast jedes griechische Heiligtum gestiftet wurden. Sie illustrieren die festen Parameter des griechischen Kultes: das Fest als besondere Zeit der Kommunikation mit der Gottheit, das Heiligtum mit dem Altar als besonderen Ort, die anthropomorphe Gottheit (Kat.-Nr. 88) als den übermenschlichen Rezipienten, das blutige (Kat.-Nr. 89) oder unblutige Opfer als exemplarische Verzichtshandlung sowie die besondere Gleichgestimmtheit der den Kult gemeinsam Ausübenden (Kat.-Nr. 91), die sich in besonderer Kleidung auch als Ausweis kultischer Reinheit ausdrücken kann.

Kat.-Nr. 88

Griechischer Kult war zeitlich sowohl an die definierten Festtage einer jeden Polis gebunden, als auch an außergewöhnliche, das Leben gliedernde Ereignisse wie Geburt, Pubertät, Hochzeit, Tod, die den einzelnen oder die Gruppe sich an die Götter wenden ließ. Während ein Opfer obligatorisch war, hatte die Prozession (Pompé) der Kultteilnehmer vor allem repräsentativen Charakter. Die klassischen Weihreliefs deuten das Opfer oft durch die Wiedergabe des Altares oder eines Opfertieres an, der oft vielfigurige Adorantenzug (Kat.-Nr. 91) spiegelt den festlich geschmückten Prozessionszug der Kultteilnehmer wider. Die Abtrennung des Heiligtums vom Profanen wird üblicherweise durch eine Umfassungsmauer oder andere Raummarkierungen sinnfällig gemacht. Den Darstellungen genügt meist der Altar als das Heiligtum konstituierender Bestandteil, Grotte oder Baum können als Landschaftsabbreviaturen die Lage des Sakralbereichs in der freien Natur veranschaulichen. Da sich jeder Kult an ein imaginiertes Gegenüber richtet, darf die Darstellung der verehrten Götter oder Heroen nicht fehlen (Kat.-Nr. 88. 91). Ihr übermenschlicher Charakter wird regelmäßig durch eine die Sterblichen weit überragende Bedeutungsgröße (Kat. 91) betont. In besonderem Maße gilt dies für die gewaltigen Gold-Elfenbein-Kultbilder des 5. Jahrhunderts v. Chr. (Kat.-Nr. 90). Fokus der Darstellungen des griechischen Kultus ist meist die zentrale rituelle Handlung, ein blutiges Tieropfer, das auf den Reliefs meist nur durch die Bildchiffren Altar und Opfertier angedeutet wird. Nach antiker Auffassung diente die Verbrennung von Knochen und Fleischteilen ganz konkret der Speisung der Götter. Neben dem Tieropfer steht das weniger aufwendige und deshalb viel weiter verbreitete unblutige Opfer, bei dem Baum- oder Ackerfrüchte aus den unterschiedlichsten Anlässen dargebracht wurden. Zur Begleitung des Opfers, aber auch als unabhängige Ritualakte dienten Libationen und Gebete. Die Libation, das rituelle Ausgießen bestimmter Flüssigkeiten (vor allem Wein, aber auch Wasser, Milch, Honig oder Olivenöl), markiert im Opferablauf verschiedene Phasen, kann aber auch allein stattfinden, wie besonders prominent im Grabkult klassischer Zeit.

Literatur: W. Burkert, Griechische Religion der archaischen und klassischen Epoche (1977); F. Graf, Griechische Religion, in: H.-G. Nesselrath (Hrsg.), Einleitung in die griechische Philologie (1997) 457–504.

88 Kultbild der Göttin Nemesis von Rhamnous (Attika)

H 1,93 m
Römische Kopie des hochklassischen Originals
430–420 v. Chr. (Original); 2. Jh. n. Chr. (römische Kopie)
1907 in Rom erworben
Kopenhagen, Ny Carlsberg Glyptotek Inv. I.N. 2086

Der Demos Rhamnous im äußersten Nordosten Attikas, der Insel Euboia gegenüber, besaß einen heute stark zerstörten Tempel der Göttin Nemesis. Diese galt den Griechen vor allem als Begriff und vergöttlichte Personifikation des sittlichen Rechtsgefühls und der gerechten Vergeltung. Der nach 440 v. Chr. begonnene Bau wurde bei Ausbruch des Peloponnesischen Krieges (431 v. Chr.) kurz vor der Vollendung unterbrochen. Das im Tempel auf einer reliefgeschmückten Basis errichtete Kultbild wird vom kaiserzeitlichen Reiseschriftsteller Pausanias als berühmtes Werk von kolossalen Ausmaßen beschrieben. Agorakritos von Paros, ein Meisterschüler des Pheidias, habe es in Marmor ausgeführt. Originale Fragmente des in der Spätantike zerschlagenen Kultbildes erlaubten dem griechischen Archäologen Georgios Despinis 1971 die Identifizierung einer Gruppe von insgesamt elf, das Original in kleinerem Maßstab wiederholenden römischen Kopien, unter denen die Kopenhagener Statue die mit Abstand qualitätvollste ist. Die im klassischen Kontrapost stehende Göttin hielt in der vorgestreckten rechten Hand eine flache Opferschale (Phiale), in der gesenkten Linken einen Apfelzweig. Über einem gegürteten Chiton trägt sie ein Himation, das um den Unterkörper, den Rücken und die linke Schulter gelegt ist. Ein originales, aber stark verriebenes Fragment vom Kopf des Kultbildes im Britischen Museum macht die stilistische Nähe der Nemesis zu den zwischen 440 bis 432 v. Chr. entstandenen Giebelskulpturen des Parthenon zusätzlich evident.

Literatur: B. Knittlmayer, JdI 114, 1999, 1–18 Abb. 1–3; J. Stubbe Ostergaard in: Führer durch die Sammlungen der Ny Carlsberg Glyptotek (2000) 84–86 Farbabb.

89 Grabrelief eines Priesters mit Opfermesser

H 0,33 m
410–400 v. Chr.
1865 erworben
Berlin, Antikensammlung Inv. Sk 944

Die Reihe der Priesterbilder auf den attischen Grabreliefs wird im letzten Jahrzehnt des 5. Jhs. v. Chr. durch den betenden Priester dieser Grabplatte eröffnet. Er trägt den langen ungegürteten Chiton der athenischen Sakralbeamten, hat die Rechte betend erhoben und hält in der linken Hand das lange, einschneidige Messer (Machaira) zum Töten der Opfertiere.

Literatur: C. W. Clairmont, Classical Attic Tombstones I (1993) Nr. 1.186.

Kat.-Nr. 89

90 Urkundenrelief mit einer Priesterin vor dem Kultbild der Athena Parthenos

H 0,23 m
330–320 v. Chr.
Aus Athen
Berlin, Antikensammlung Inv. Sk 881

Dieses Relieffragment zeigt links eine Priesterin, die von der Siegesgöttin Nike auf der Hand des Kultbildes der Athena Parthenos bekränzt wird. Die Athenapriesterin trägt als unmißverständliches Kennzeichen ihres hohen Amtes einen großen, zweifach gewinkelten Tempelschlüssel über der linken Schulter. Der besondere Wert dieses bescheidenen Bildes liegt in der Wiedergabe des 438 v. Chr. geweihten Kultbildes der Athena Parthenos, das Pheidias für den Parthenon auf der Athener Akropolis aus Gold und Elfenbein geschaffen hatte. Da Bekränzungen und andere Ehrungen für verdiente Inhaberinnen eines Sakralamtes im klassischen Athen bestens belegt sind, wird das Relief eine solche Ehrenurkunde bekrönt haben.

Literatur: M. Meyer, Die griechischen Urkundenreliefs, 13. Beih. AM (1989) 301 f. Nr. A 129 Taf. 33, 1.

Kat.-Nr. 90

91 Weihrelief mit einem Heros beim Gelage

H 0,31 m
2. Hälfte 4. Jh. v. Chr.
Aus Theben (Böotien)
Berlin, Antikensammlung Inv. Sk 825

Rechts erscheint auf einem gepolsterten Speisesofa (Kline) der bärtige Heros im Bildschema des gelagerten Zechers. Die in der Linken gehaltene Weinschale und das hoch erhobene Trinkhorn (Rhyton) charakterisieren sein Dasein als ein fortdauerndes Gelage (Symposion). Auch die am Fußende der Kline sitzende Gefährtin des Heros, die Heroine, hat an diesem glückseligen Zustand Anteil. Sie hält in der Linken ein offenes Kästchen und legt mit zwei Fingern der Rechten Harzkörner auf einen Weihrauchspender, der zwischen Gebäck, Früchten und zwei kleinen Salbgefäßen auf dem Tisch vor der Kline steht. Von links nähert sich eine sechsköpfige Gruppe von Sterblichen, von denen drei mit erhobener rechter Hand den Heros anbeten. Der gerahmte Pferdekopf links über der Bankettszene ist ein typisches Bildzeichen des Heros, der als zwischen Göttern und Menschen stehender Held, vor allem im griechischen Volksglauben größte Verehrung genoß. Ihr Kult war stets lokal gebunden. In aller Regel fand er an einem Grabmal statt, das Heroon hieß und die Reliquien des Heros enthielt.

Literatur: C. Blümel, Die klassisch griechischen Skulpturen der Staatlichen Museen zu Berlin (1966) 70 Nr. 81 Abb. 114.

Kat.-Nr. 91

Kat.-Nr. 92 (Detail)

Kat.-Nr. 92

92 Pfeilerrelief des Schuhmachers Dionysios für den Heros Kallistephanos

H ca. 1,20 m
2. Viertel 4. Jh. v. Chr.
Aus Athen, Agora, südöstlich der Stoa des Attalos
Athen, Agora-Museum Inv. I 7396

Bei dieser ganz ungewöhnlichen Alltagsszene handelt es sich bezeichnenderweise nicht um ein Weihrelief im eigentlichen Sinne, sondern um ein ergänzendes Bild auf dem tragenden Pfeiler. Es zeigt den Laden des Flickschusters Dionysios, der das Denkmal gestiftet hat, an einem geschäftigen Arbeitstag. Rechts sitzen zwei Handwerker hinter einer Schusterbank, neben ihnen erscheint frontal ein junger Mann, der konzentriert an einer Sandale arbeitet. Am linken Rand greift ein älterer kahlköpfiger Mann, wohl Dionysios selbst, hinauf zu einem quer über die Darstellung verlaufenden Balken, von dem bereits zahlreiche Sandalen herabhängen. Vor dem Meister hockt ein kleiner Knabe und schneidet Lederstreifen. Unter der Werkstattszene ist die Weihinschrift für den ansonsten unbekannten Heros Kallistephanos (den Wohlbekränzten) angebracht:

»Dionysios der Schuhmacher, Sohn des [...] onos, und seine Kinder weihen dies dem Heros Kallistephanos.«

Darunter folgt ein Epigramm in Hexametern, das den Anlaß der ungewöhnlichen Weihung nennt:

»Schlafend sah Dionysios eine göttliche Vision, so schmückt er den Heros und die Kinder des Kallistephanos; so gib du als Gegengabe dafür Wohlstand und glückliche Gesundheit.«

Literatur: The Athenian Agora. A Guide to the Excavation and Museum[4] (1990) 211–213 Abb. 134; N. Himmelmann, Realistische Themen in der griechischen Kunst der archaischen und klassischen Zeit, 28. Ergh. JdI (1994) 29 mit Anm. 32 Abb. 14.

Staat: Institutionen der klassischen Demokratie

Hans-Joachim Gehrke – Ulrich Gotter

Volksversammlung (Ekklesia)

Die Volksversammlung war das zentrale Organ der attischen Demokratie. Sie war ›das Volk‹, die relevante Öffentlichkeit, die das politische Geschehen selbst bestimmte und prinzipiell über alles entscheiden konnte. Sie war eine Direktversammlung. Stimmrecht hatten in ihr konsequenterweise alle Beteiligten, d. h. alle männlichen erwachsenen Bürger. Deren Zahl betrug in der klassischen Zeit etwa 35000 bis 40000, von denen im Schnitt selten mehr als 6000 regelmäßig teilnahmen. Dies hielt man für hinreichend und nahm die Zahl gleichsam für das Ganze, denn in wichtigen Entscheidungen war ein Quorum von 6000 vorgesehen. Natürlich mußte es auch einen Versammlungsort geben, den diese Zahl faßte. Als solcher bildete sich die Pnyx (Kat.-Nr. 93) heraus, die westlich der Akropolis lag und zunehmend ihrem Zweck gemäß ausgebaut wurde. Diese Volksversammlung war also der primäre Ort des regulierten politischen Konfliktaustrages, der Raum für Wortstreit und Debatte. Diese waren frei und offen für jedermann, vorausgesetzt er war Bürger Athens. Die Freiheit der Rede (Parrhesia), »des freien Mannes Recht auf freie Rede« war eine der Grundfesten der Demokratie.

Nach der Debatte erfolgte die Abstimmung, in der Regel durch Handaufheben (Cheirotonia), in besonderen Fällen, so in vielen Personalangelegenheiten, durch Einzelabstimmung mit Stimmsteinen. Dabei herrschte das Prinzip »one man one vote« ganz strikt. Die Autorität manches Redners mochte mehr ins Gewicht fallen, aber ihm *eo ipso* zu folgen, fühlte man sich nicht veranlaßt. Die Entscheidung erfolgte durch Mehrheitsentscheid, nicht durch Konsens – auch dies ein deutliches Indiz für die Orientierung auf Konflikt und Auseinandersetzung.

Die Konsequenzen derartiger organisatorischer Strukturen liegen auf der Hand: Die Versammlung vertrat nur bedingt die gesamte Bevölkerung, die Bewohner entfernt liegender Ortschaften – Marathon liegt bekanntlich rund 40 km von Athen entfernt – waren benachteiligt, die Kleinbürger und Handwerker der städtischen Bevölkerung überrepräsentiert. Hinzu kommt das schiere pragmatische Problem der ordnungsgemäßen Durchführung einer Versammlung von Männern, die ein kleines Fußballstadion leicht füllen können. Gerade die Notwendigkeit einer vorstrukturierenden Organisation konnte aber das Prinzip der freien Entscheidung des versammelten Volkes gefährden.

Für dieses Dilemma fanden die Väter und Gestalter der attischen Verfassung ingeniöse Lösungen, die sie immer weiter verfeinerten. Die entscheidende Weichenstellung nahm bereits Kleisthenes vor (508/7 v. Chr.). Er schuf für die Volksversammlung ein eigenes Vorbereitungs- und Leitungsgremium, das ebenfalls aus dem Volk heraus gebildet wurde: den Rat der 500 (Bulé). In ihm wenigstens kam die Bevölkerung des gesamten attischen Landes in einzelnen Vertretern zu Wort. Kleisthenes teilte zu diesem Zweck die Bürgerschaft in zehn Phylen ein. Dies waren an sich fiktive Abstammungsgemeinschaften, die jetzt aber strikt regional definiert waren. Aus drei unterschiedlichen Zonen des athenischen Territoriums (Stadt, Binnenland, Küstengebiet) mußte jeweils rund ein Drittel (Trittys) jeder Phyle stammen. Die organisatorischen Grundeinheiten waren die Demen, kleinere Siedlungen, Dörfer und Gemarkungen mit Elementen eigenständiger Verwaltung. Jeder dieser Demen stand eine bestimmte Zahl von Sitzen im Rat zu, jeder der zehn Phylen 50 Ratsherren.

Auch ein Gremium von 500 Personen ist nicht einfach zu handhaben. Deshalb gab es für Rat und Volksversammlung ein Vorstandsgremium, die Prytanen. Dies waren die je 50 Angehörigen einer Phyle, die für den zehnten Teil des Amtsjahres die Geschäfte Athens führten und damit formell die ›Regierung‹ bildeten. Sie hatten einen Vorsitzenden, der aus ihren Reihen ausgelost wurde und täglich wechselte. Die Identität von Vorsitz im Rat und in der Volksversammlung wurde im 4. Jahrhundert aufgelöst, was eine ganz extreme Sorge vor Machtmißbrauch verrät. In den Rat wurden Bürger nach der Vollendung des 30. Lebensjahres gelost. Die Amtszeit betrug ein Jahr, maximal zweimal durfte jemand als Ratsherr amtieren.

Es war also die Bürgerschaft selbst, die durch ihre Repräsentanten die Volksversammlung organisierte. Denn im Rat wurden die wichtigsten Entscheidungen vordiskutiert. Die Bulé legte auch die Tagesordnung fest und gab zu verschiedenen Punkten darüber hinaus einen Beschlußvorschlag (Probuleuma) vor. Dies strukturierte und erleichterte die Debatten, ohne die Redner zu gängeln; denn sie konnten die Vorlage durch Ergänzungs- und Änderungsanträge modifizieren oder auch ihre Ablehnung herbeiführen oder durch Beschluß der Volksversammlung ein Probuleuma des Rates zu einem ihnen wichtigen Gegenstand für die nächste Sitzung der Volksversammlung verlangen.

Generell – und auch das war für das Gewicht der Volksversammlung bedeutsam – mußte die Ekklesia nach einem bestimmten Turnus einberufen werden. Im 4. Jahrhundert war vorgeschrieben, daß die Volksversammlung mindestens viermal in jeder Prytanie, also vierzigmal im Amtsjahr zusammenkommen mußte – und immer an Tagen, die keine Gerichtstage waren: Der Zusammenhang von Versammlung und Gericht als den wesentlichen Aggregatzuständen der politischen Öffentlichkeit war stets präsent.

Faktisch war die Reichweite der Mitwirkung jedes einzelnen natürlich begrenzt: Die Redner in der Volksversammlung bildeten durchaus eine ›political class‹. Diese war aber alles andere als exklusiv, und ihre Vertreter hatten sich immer wieder der Debatte und Entscheidung zu stellen. Auch wenn ein Bürger nie den Mund aufmachte – er entschied und war sich seiner Macht bewußt, als Kyrios (Herr) der Ordnung, als »Herr Demos von der Pnyx«.

H.-J. G./U. G.

93 Modell der Pnyx

63 x 49 cm
Athen, Makriyanni, Akropolis-Dokumentationszentrum; Neuanfertigung P. Dimitriadis (2002)
Berlin, Antikensammlung

Platz der Volksversammlung (Ekklesia) war die monumentale Anlage der Pnyx auf dem Musenhügel westlich der Akropolis. Die heutige Form der Pnyx ist das Ergebnis zweier Umbauten. Zunächst sammelten sich die allein stimmberechtigten männlichen Vollbürger Athens in einem Halbrund, das entsprechend dem natürlichen Gefälle des Hanges nach Norden zur Rednertribüne orientiert war. Im späten 5. Jh. v. Chr. veränderte man die Disposition des Auditoriums grundlegend. Die Volksversammlung blickte jetzt nicht mehr auf die Stadt, was die Bürger zu sehr abgelenkt haben soll, sondern nach Südwesten. Im Zuge der lykurgischen Baumaßnahmen vergrößerte man die theaterähnliche Anlage beträchtlich, schüttete große Erdmengen an und stützte diese durch eine mächtige, geschwungene Mauer im Norden ab und schuf eine neue, aus dem Felsen des Hanges gemeißelte Rednertribüne. Die Pnyx ist der für die Entwicklung und Ausgestaltung der attischen Demokratie bedeutsamste Ort. Hier wurde über Krieg und Frieden abgestimmt, aber auch die großen Bauprojekte beraten. Die Teilnahme an der Ekklesia galt als Ehrenrecht des Bürgers, wurde aber schon bald unter dem Einfluß der radikalen Demokratie mit ihren ständigen Sitzungen als so lästig und zeitaufwendig empfunden, daß Perikles ein Entgelt für die Teilnahme an einer Abstimmung einführte.

Kat.-Nr. 93

94 Urkundenstele mit einem Beschluß der Volksversammlung über ein Gesetz gegen Staatsstreiche zugunsten einer Tyrannenherrschaft (sog. Antityrannengesetz des Eukrates)

H 1,57 m
337/6 v. Chr.
Von der Athener Agora
Athen, Agora-Museum I 6524 (Abguß)

Das Relief zeigt einen älteren, würdevoll thronenden Mann im Bürgermantel als Personifikation des Volkes von Athen, der von einer jungen Frau, der Verkörperung der Demokratie, bekränzt wird. Unter dieser Darstellung folgt der vollständige Text eines Gesetzes, das von der Volksversammlung auf Vorschlag des Eukrates, Sohn des Aristotimos aus dem Demos Piräus, im Jahre 337/6 v. Chr. beschlossen worden war. Dieses nur wenige Monate nach der verheerenden Niederlage der Athener gegen die Makedonen unter Philipp II. bei Chaironeia verabschiedete Gesetz richtete sich präventiv gegen einen promakedonischen Umsturzversuch in Athen. Der Text läßt es deshalb an Klarheit nicht fehlen, heißt es dort doch u. a.: »Wenn sich jemand zum Zweck der Tyrannis gegen den Demos erhebt oder sich zusammenschließt, um eine Tyrannis zu errichten oder den Demos von Athen zu beseitigen oder die athenische Demokratie zu stürzen, wer auch immer Täter solcher Dinge tötet, sei ohne Schuld.«

Literatur: M. Meyer, Die griechischen Urkundenreliefs, 13. Beih. AM (1989) 293 Nr. A 97 Taf. 30, 2.

95 Urkundenrelief: Ehrenbeschluß der Volksversammlung für zwei Gesandte aus Phokis

H 0,58 m
323/22 v. Chr.
Aus Athen, Akropolis
Athen, Epigraphisches Museum Inv. EM 7180–2811

Das Relief bekrönt einen Ehrenbeschluß der in Zeile 7 genannten athenischen Volksversammlung für zwei Männer (erhalten ist nur der Name eines Asklepiodoros), die offenbar vom griechischen Stamm der Phoker (Zeile 12) als Gesandte nach Athen gekommen waren. Historischer Hintergrund ist die Lage Athens unmittelbar nach dem Tode Alexanders des Großen. Jetzt wagte man gemeinsam mit den Aitolern gegen die Makedonen vorzugehen, und in diesem Zusammen-

Kat.-Nr. 95

hang hat man offenbar mit den Phokern als Nachbarn der Aitoler über gemeinsame Aktionen gegen die Makedonen beraten. Beschlüsse zur Verleihung eines – meist goldenen – Ehrenkranzes an auswärtige Diplomaten waren Sache der Volksversammlung. Die Reliefdarstellung überhöht den prosaischen Vorgang: Links steht die einen Kranz haltende Athena; es folgt eine weibliche Gottheit (vielleicht die personifizierte Volksversammlung) mit einem Kranz in der vorgestreckten Rechten, sodann die kleiner wiedergegebene Gestalt des Gesandten und ganz rechts als Verkörperung des athenischen Volkes, der Demos, ebenfalls den Geehrten bekränzend.

Literatur: IG II^2 367; Meyer a. O. 300 f. Nr. A 125 Taf. 35, 2.

A. S.

Kat.-Nr. 94

Stefan Brenne

Das Scherbengericht (Ostrakismos)

Nach den Reformen des Kleisthenes verteidigte der Mittelstand seine gewonnene Macht und vertrat vehement das Gleichheitsideal. Der Adel hielt es nicht mehr für angebracht, luxuriöse Grabmäler zu errichten oder Koren zu weihen, und die Vasenmaler stellten sich auf bürgerliche Themen ein. Politisch wurde die Gleichheit im Staat (Isonomie) durch die Ämterlosung eingefordert, und auch der Ostrakismos demonstrierte die Souveränität des Volkes und seine Macht über jeden einzelnen. Er erlaubte es den Athenern, einmal im Jahr einen Mitbürger ohne rechtliche Begründung zu verbannen. Im 4. Jahrhundert v. Chr. interpretierten Verfassungstheoretiker den Ostrakismos als Notbremse gegen Anwärter auf die Tyrannis, doch der festgelegte zeitliche Ablauf, die Beschränkung auf ein Opfer pro Jahr und die Ehrenhaftigkeit der Verbannung machten das Scherbengericht nicht zum geeigneten Mittel gegen eine akute Bedrohung. Es war vielmehr ein politisches Ritual, ein Damoklesschwert über allen, die mehr sein wollten, als ihnen das Volk zugestand. Im Laufe des 5. Jahrhunderts v. Chr. wurde das Gesetz immer wieder als politisches Instrument eingesetzt, und manche Stimmscherben offenbaren die ganz persönlichen Motive der Wähler.

Ablauf

Etwa im Januar entschied die Volksversammlung, ob eine Scherbensammlung (Ostrakophoria) stattfinden sollte oder nicht. Bei einfacher Mehrheit dafür setzte sie einen Termin für die Abstimmung fest. Die Zwischenzeit blieb nicht ungenützt, denn manche Zusatzbemerkungen auf den Stimmscherben deuten auf politische Propaganda (Kat.-Nr. 106) und auf Spottverse hin (Kat.-Nr. 105). Am Tag der Abstimmung trafen sich die Bürger auf der Agora und schrieben den Namen ihrer Wahl auf eine Scherbe (Ostrakon) oder besorgten sich eine vorbereitete Stimmscherbe (Kat.-Nr. 115. 117). Dann betraten sie einen abgegrenzten Bezirk mit zehn Eingängen. Laut Philochoros mußten sie die Scherbe umdrehen, doch war damit keine Geheimhaltung beabsichtigt, denn viele Scherben waren beiderseits beschriftet (Kat.-Nr. 102). Man mußte vielmehr beweisen, daß man nur eine Scherbe in der Hand hielt. Den weiteren Vorgang schildert wahrscheinlich eine Schale des Pan-Malers (Kat.-Nr. 96): man transportierte die Scherben zu Zählstellen, sortierte sie und notierte das Ergebnis. Gefordert war wohl ein Quorum von 6000 Stimmen. Wer dabei die einfache Mehrheit erhielt, mußte Attika innerhalb von zehn Tagen für zehn Jahre verlassen. Sein Besitz wurde nicht angetastet, und nach der Rückkehr nahm er seinen Platz im öffentlichen Leben übergangslos und ohne Beschränkung wieder ein.

Geschichte

Der erste Ostrakismos fand 487 v. Chr. statt. Er traf Hipparchos (Kat.-Nr. 97), einen Verwandten der verbannten Tyrannen. Im Jahr darauf mußte Megakles gehen (Kat.-Nr. 98), 484 v. Chr. Xanthippos (Kat.-Nr. 99), der Vater des Perikles. Schon damals spielte Themistokles eine wichtige Rolle, wie neuere Funde in der Agora (Kat.-Nr. 100) zeigen. 482 v. Chr. entschied die Ostrakisierung des Aristeides seinen Streit mit Themistokles um den Flottenbau (Kat.-Nr. 101. 107), doch gingen viele Stimmen auch an Hippokrates Alkmeonidou (Kat.-Nr. 102) und Kallixenos (Kat.-Nr. 103–106). Zwei Jahre danach hatten die frühzeitig zurückbeorderten Aristeides und Xanthippos großen Anteil am Sieg gegen die Perser. Die Ostrakophorie von 471 v. Chr. ist durch einen Hortfund im Kerameikos dokumentiert und führte zum zweiten Exil des Megakles, dem viele Ostraka einen protzigen Lebensstil vorwarfen. Wiederum war der Hauptkonkurrent Themistokles, der dann im nächsten Jahr

Athen verlassen mußte. Die Ostrakisierung des Kimon 461 v. Chr. (Kat.-Nr. 108) markierte den Wandel hin zu mehr Demokratie, und auch die Verbannung des Thukydides Melesiou 442 v. Chr. oder etwas später war eine politische Entscheidung, diesmal für Perikles (Kat.-Nr. 111). Weitere Ostrakisierungen wie die des Kallias Didymiou (Kat.-Nr. 109. 110) sind zwar überliefert, aber nicht sicher datiert. Nach einer Pause griff man 416 v. Chr. auf das Scherbengericht zurück, doch vereinigten die eigentlichen Antagonisten Nikias (Kat.-Nr. 115) und Alkibiades (Kat.-Nr. 112) ihren Einfluß gegen den Demagogen Hyperbolos (Kat.-Nr. 113). Dieser überraschenden Entscheidung wegen wurde das Gesetz nie wieder angewandt.

Ostraka als Quelle

Es wurden inzwischen über 10500 Ostraka gefunden, davon rund 9000 als Hortfund in der deutschen Kerameikos-Grabung. Als unmittelbare Zeugnisse beleuchten die Ostraka historische Ereignisse und Diskussionen, die Vorwürfe wie »Verräter« (Kat.-Nr. 106) provoziert haben, und bereichern unsere Kenntnis der Politiker im 5. Jahrhundert v. Chr. Kleophon (Kat.-Nr. 114) beispielsweise wurde in den Quellen als Demagoge von niederer Herkunft dargestellt. Die Ostraka dagegen zeigen, daß auch sein Bruder Philinos (Kat.-Nr. 116) und bereits ihr Vater, Kleippides, politisch von Bedeutung waren.

Interessant ist es, daß viele Ostraka an Stelle des üblichen Vatersnamens den Demos (Kat.-Nr. 100. 107) oder beides (Kat.-Nr. 114), gelegentlich auch nur den Namen selbst (Kat.-Nr. 105. 106) nennen und neben dem gängigen Nominativ den Dativ (Kat.-Nr. 109. 116) oder den Akkusativ (Kat.-Nr. 116) verwenden.

Für die Entwicklung der Sprache und Schrift sind die Ostraka eine wichtige Quelle. Von Schreibfehlern sind manche Ausspracheregeln abzuleiten, etwa daß häufig die Endkonsonanten nicht gesprochen wurden. Im Attischen wurden Namen auf -kles zunächst unkontrahiert (Kat.-Nr. 98: -klees) geschrieben, später kontrahiert mit einem langem Epsilon (Kat.-Nr. 100. 107. 111) wie andere Namen auf -es (Kat.-Nr. 101. 102. 106), bevor sich das ionische Eta (Kat.-Nr. 112. 115) durchsetzte, und gleiches gilt für das lange Omikron (Kat.-Nr. 108), das gegen Ende des Jahrhunderts dem Omega (Kat.-Nr. 114) wich. Länger noch hielt sich die Schreibweise des Xi als Doppelkonsonant Chi-Sigma (Kat.-Nr. 99. 103–106. 111) und die Genitivendung (ou) mit langem Omikron (Kat.-Nr. 97. 98. 101–103. 108. 109. 111–116), das gelegentlich durch ein Omega oder ein Ypsilon (Kat.-Nr. 103) ersetzt wurde. Der Hauchlaut Heta (Kat.-Nr. 98. 102. 107) fand Verwendung, bis das Zeichen durch das Eta (Kat.-Nr. 113) blockiert war, und dank der Hauchassimilation wurde im frühen 5. Jahrhundert v. Chr. Themis*th*okles (Kat.-Nr. 100. 107) geschrieben und sicherlich auch gesprochen.

Die Entwicklung der Buchstaben von attischen zu ionischen Formen läßt sich gut verfolgen: vom ›altertümlichen‹ (Kat.-Nr. 98–105. 107) zum ›modernen‹ (Kat.-Nr. 108–110. 112–114. 116) Lambda, vom Rho mit (Kat.-Nr. 98. 101. 111) zum Rho ohne (Kat.-Nr. 97. 99. 100. 102. 103. 107. 111. 113. 114) Abstrich, vom dreistrichigen (Kat.-Nr. 97. 99–103. 105–107. 111) zum vierstrichigen (Kat.-Nr. 112–114) Sigma.

Die Archäologie profitiert von den Ostraka u. a. bei der Datierung von Gebrauchskeramik und nicht zuletzt von der größtenteils bewußten Schriftgestaltung auf den Scherben: sie erlaubt einen Blick auf das ästhetische Empfinden der breiten Bürgerschaft in klassischer Zeit.

Literatur: E. Vanderpool, Ostracism at Athens, in: Semple Lectures II 6 (1973) 217–270; D. J. Phillips, Athenian Ostracism, in: G. H. R. Horsley (Hrsg.), Hellenika (1982) 21–43; M. Dreher, Verbannung ohne Vergehen, in: L. Burckhardt – J. v. Ungern-Sternberg (Hrsg.), Große Prozesse im antiken Athen (2000) 66–77; S. Brenne, Ostrakismos und Prominenz in Athen (2001); ders., Die Ostraka als Testimonien, in: P. Siewert (Hrsg.), Ostrakismos-Testimonien I (2001) 36–166.

96 Rotfigurige Schale des Pan-Malers

Dm 26 cm
470/60 v. Chr.
Oxford, Ashmolean Museum Inv. 1911 617

Wahrscheinlich sind Transport (Innenbild) und Auszählung (Außenseite A) der abgegebenen Stimmscherben beim Ostrakismos dargestellt.

Literatur: T. B. L. Webster, Potter and Patron in Classical Athens (1972) 142; S. Brenne in: Historia Einzelschrift 155 (2001) 174–184.

Kat.-Nr. 96

Kat.-Nr. 96

97 Randfragment eines Kolonnetten-Kraters als Stimmscherbe gegen Hipparchos Charmou

13,5 cm
487 v. Chr.
Athen, Agora-Museum Inv. P 5287

Literatur: M. Lang, Ostraka, Agora 15 (1990) 49 Nr. 136 Taf. 1.

98 Wandungsfragment einer großen Lekane als Stimmscherbe gegen Megakles Hippokratous

10 cm
486 v. Chr.
Athen, Agora-Museum Inv. P 2651

Literatur: M. Lang, Ostraka, Agora 15 (1990) 94 Nr. 635 Abb. 20.

99 Schalenfuß als Stimmscherbe gegen Xanthippos Arriphronos

7,3 cm
484 v. Chr.
Athen, Agora-Museum Inv. P 16873

Mit umlaufendem Distichon: »Daß Xanthippos, sagt diese Scherbe, des Arriphron Sohn, von all den verfluchten Prytanen am meisten Unrecht getan hat.«

Literatur: A. E. Raubitschek, AJA 51, 1947, 257–262; S. Brenne in: Historia Einzelschrift 155 (2001) 134–139.

100 Wandungsfragment einer Lekane mit Henkel als Stimmscherbe gegen Themistokles Phrearrios

13,7 cm
484 v. Chr.
Athen, Agora-Museum Inv. P 32902

Literatur: J. McK. Camp II, Hesperia 68, 1999, 274 Nr. 45 Abb. 18.

101 Randfragment eines Kelchkraters als Stimmscherbe gegen Aristeides Lysimachou

11,5 cm
482 v. Chr.
Athen, Agora-Museum Inv. P 20399

Literatur: M. Lang, Ostraka, Agora 15 (1990) 35 Nr. 25 Taf. 1.

102 Randfragment eines Kraters als Stimmscherbe gegen Hippokrates Alkmeonidou

10 cm
482 v. Chr.
Athen, Agora-Museum Inv. P 6036

Literatur: M. Lang, Ostraka, Agora 15 (1990) 57 Nr. 228 Taf. 2.

103 Randfragment einer großen Lekane als Stimmscherbe gegen Kallixenos Aristonymou

12,5 cm
482 v. Chr.
Athen, Agora-Museum Inv. P 17919

Literatur: G. A. Stamires – E. Vanderpool, Hesperia 19, 1950, 384 Nr. 14 Taf. 112.

104 Henkel einer Oinochoe als Stimmscherbe gegen Kallixenos

Zwei Fragmente: 3,7 cm und 4,8 cm
482 v. Chr.
Athen, Agora-Museum Inv. P 17960

Die Scherbe wurde mit Glanzton beschriftet und gebrannt, also von langer Hand vorbereitet.

Literatur: G. A. Stamires – E. Vanderpool, Hesperia 19, 1950, 390 Nr. 34 Taf. 112.

105 Randfragment einer Lekane als Stimmscherbe gegen Kallixenos

9,4 cm
482 v. Chr.
Athen, Agora-Museum Inv. P 7103

Mit Ritzzeichnungen, unter anderem einem Kopf mit persischem Bart und Zackenkrone. Das erinnert an den Hahn (griechisch: persischer Vogel) in Aristophanes' Vögeln: »Deshalb wohl, wie der Großkönig selbst, stolziert er auch jetzt noch umher und trägt dabei auf dem Kopf die Mütze als einziger Vogel aufrecht.« Komödien wie diese gab es auch schon zur Entstehungszeit des Ostrakons, das vielleicht auf einen solchen Spottvers anspielt.

Literatur: P. J. Bicknell, AntCl 43, 1974, 334–337; S. Brenne, AM 107, 1992, 177–185 Abb. 9.

106 Randfragment einer Lekane als Stimmscherbe gegen Kallixenos »den Verräter«

10,3 cm
482 v. Chr.
Athen, Agora-Museum Inv. P 3786

Literatur: G. A. Stamires – E. Vanderpool, Hesperia 19, 1950, 389 f. Nr. 32 Abb. 24.

107 Wandungsfragment einer großen Lekane als Stimmscherbe gegen Themistokles Phrearrios

14,7 cm
482 v. Chr.
Athen, Agora-Museum Inv. P 5958

Literatur: M. Lang, Ostraka, Agora 15 (1990) 122 Nr. 928 Taf. 3.

108 Fragment eines Deckziegels als Stimmscherbe gegen Kimon Miltiadou

10,6 cm
471–461 v. Chr.
Athen, Agora-Museum Inv. P 18555

Literatur: M. Lang, Ostraka, Agora 15 (1990) 89 Nr. 594 Taf. 2.

109 Wandungsfragment eines Kraters als Stimmscherbe gegen Kallias Didymiou

8,2 cm
471–461 v. Chr.?
Athen, Agora-Museum Inv. P 4622

Literatur: E. Vanderpool in: Semple Lectures II (1973) 239 Abb. 56.

110 Fragment einer Brennstütze als Stimmscherbe gegen Kallias Didymiou

6,4 cm
471 v. Chr.
Athen, Agora-Museum Inv. P 5946

Mit Tinte beschriftet. Im Kerameikos wurde vier identische Scherben gefunden; es handelt sich also um Stimmscherben, die zur Verteilung vorgesehen waren.

Literatur: S. Brenne in: W. Coulson u. a. (Hrsg.), The Archaeology of Athens and Attica Under the Democracy (1994) 18 Abb. 19.

111 Fuß eines Skyphos als Stimmscherbe gegen Perikles Xanthippou

7,0 cm
Um 442 v. Chr.
Athen, Agora-Museum Inv. P 16755

Literatur: M. Lang, Ostraka, Agora 15 (1990) 98 Nr. 651 Taf. 3.

112 Zwei Fragmente eines Flachziegels als Stimmscherben gegen Alkibiades Kleiniou (den Jüngeren)

7,4 cm bzw. 7,6 cm
416 v. Chr.
Athen, Agora-Museum Inv. P 29372. 29374

Die beiden Stimmscherben passen aneinander an, stammen vom selben Schreiber und waren zum Verteilen bestimmt.

Literatur: E. Vanderpool, Hesperia 43, 1974, 189 Nr. 1. 2 Taf. 28.

113 Fuß einer stiellosen rotfigurigen Schale als Stimmscherbe gegen Hyperbolos Antiphanous

8,5 cm
416 v. Chr.
Athen, Agora-Museum Inv. P 18495

Literatur: E. Vanderpool in: Semple Lectures II (1973) 242 Abb. 64–66.

114 Ecke eines Deckziegels als Stimmscherbe gegen Kleophon Kleippidou Acharneus

12,4 cm
416 v. Chr.
Athen, Agora-Museum Inv. P 27594

Literatur: E. Vanderpool in: Semple Lectures II (1973) 241 f. Abb. 58.

Kat.-Nr. 97

Kat.-Nr. 99

Kat.-Nr. 101

Kat.-Nr. 102

Kat.-Nr. 103

Kat.-Nr. 107

Kat.-Nr. 108

Kat.-Nr. 109

Kat.-Nr. 111

Kat.-Nr. 112

Kat.-Nr. 113

Kat.-Nr. 116

115 Henkel eines Kruges als Stimmscherbe gegen Nikias Nikeratou

8,5 cm
416 v. Chr.
Athen, Agora-Museum Inv. P 31179

Literatur: M. Lang, Ostraka, Agora 15 (1990) 97 Nr. 648 Abb. 21.

116 Fuß einer stiellosen Schale als Stimmscherbe gegen Philinos Kleippidou

7,6 cm
416 v. Chr.
Athen, Agora-Museum Inv. P 23548

Literatur: M. Lang, Ostraka, Agora 15 (1990) 100 Nr. 659 Taf. 3.

Hans-Joachim Gehrke – Ulrich Gotter

Geschworenengerichte

Die Organisation der Rechtsprechung war für die attische Demokratie so charakteristisch, wie sie unseren heutigen Vorstellungen von Recht und Gerechtigkeit fremd ist. Die Gerichte waren Volksgerichte, d. h. die einzelnen Gerichtshöfe (Heliaiai) repräsentierten das Volk. Sie sprachen ihr Urteil nicht »im Namen des Volkes«, sie waren das Volk, also die Öffentlichkeit in einem bestimmten Aggregatszustand. Dies kommt schon darin zum Ausdruck, daß die Liste der Geschworenen 6000 Personen umfaßte – genau die Zahl, die in der Volksversammlung und beim Ostrakismos das Quorum bildete. Ferner gab es keine strikte Trennung der Kompetenzen, weil bestimmte Rechtsfragen auch im Rat und in der Volksversammlung traktiert wurden. Und vor allem war die Vorstellung, daß man sich an das Volk wandte, wenn man vor Gericht plädierte, ganz geläufig.

Bezeichnenderweise gab es keine professionellen Richter, die Entscheidungen treffen konnten. Die Gerichtsbeamten, im wesentlichen die Archonten, sorgten lediglich für den organisatorischen Rahmen und den ordnungsgemäßen Ablauf des Verfahrens. Die Entscheidung, sowohl über die Frage von Schuld und Unschuld wie über das Strafmaß, lag ausschließlich bei den Geschworenen, also bei Laienrichtern, die in Gerichtshöfen von in der Regel mehreren hundert Personen zusammentraten.

Und schließlich existierte keine öffentliche Strafverfolgung im Sinne von Offizialdelikten. Ein Prozeß kam nur zustande, wenn ein Bürger als Kläger auftrat und einen anderen vor die Schranken des Gerichts forderte. In privaten Angelegenheiten – und dazu gehörten auch strafrechtlich relevante Delikte wie Diebstahl, Betrug und Mord – war dies von vornherein selbstverständlich. Aber auch in öffentlichen Angelegenheiten, wenn die Polis selbst oder ihre Amtsträger betroffen waren, sowie dort, wo einzelne sich nicht selbst vertreten konnten, war jeder Bürger berechtigt, Klage zu führen (sog. Popularklage). Ja, er war dazu in gewisser Weise aufgerufen, weil die Polis sich gegen die Gemeinschaft gerichtete Delikte wie etwa Hochverrat gar nicht anders wehren konnte. Daher erhielt ein solcher Kläger im Erfolgsfalle auch einen Anteil von der anfallenden Strafsumme. Das öffnete andererseits dem Mißbrauch Tür und Tor. Sogenannte Sykophanten spezialisierten sich auf die Klägerrolle, und sehr leicht konnte man in die unangenehme Position des Beklagten geraten. Aber das war angesichts des Systems der strikten Justiz durch das Volk unvermeidlich, und durch verschiedene Maßnahmen wurde der Mißbrauch dieses Instruments eingeschränkt.

Es gab also in der attischen Demokratie keine Gewaltenteilung und keine unabhängige Justiz. Besonders deutlich wird das in dem öffentlichen Verfahren der ›graphé paranomon‹ (Klage wegen Gesetzwidrigkeit). Sie diente dem Verfassungsschutz, d. h. der Verhinderung von Beschlüssen der Volksversammlung, die den bestehenden Gesetzen widersprachen. Die Instanz, die darüber entschied, war wohl seit den Reformen von Ephialtes und Perikles das Geschworenengericht, also letztlich wiederum das Volk, das als Volksversammlung den Beschluß gefaßt hatte. Den Athenern war allerdings wichtig – und auch hinreichend –, daß dies in einem anderen Verfahren erfolgte.

Verfahrensfragen waren generell entscheidend. Gerade angesichts der wachsenden Bedeutung der Gerichtsverfahren auch in politischen Angelegenheiten und der im Spiel befindlichen persönlichen und politischen Energien sowie der immer bestehenden Gefahren des Mißbrauchs verwendete man penibelste Sorgfalt auf die Regelung des prozeduralen Rahmens. Das begann bereits mit dem Gesamtaufgebot der Geschworenen. Sie mußten das 30. Lebensjahr vollendet haben, mit ihrer Auslosung gehörten sie dem Korps ständig an und wurden, wiederum durch Los, einer von zehn Sektionen à 600 Mann zugeteilt, die mit den ersten zehn Buchstaben des Alphabets bezeichnet waren. Als ›Ausweis‹ erhielten sie ein Metallplättchen (Pinakion; Kat.-Nr. 118).

An ca. 200 Tagen im Jahr waren Gerichtsverhandlungen möglich. Je nach Zahl und Art der anstehenden Prozesse wurden täglich die einzelnen Geschworenen den verschiedenen Gerichtshöfen zugelost (Kat.-Nr. 117), so daß vor dem Prozeß nie feststand, wer worüber entscheiden würde. Unter diesen Umständen waren Bestechungsversuche sinnlos; es ist allerdings bezeichnend, wie fest man mit ihnen rechnete.

Der Ablauf des Prozesses selbst zeigte bis ins kleinste Detail, daß er ein Wettstreit war, der nach strikten Regeln ausgefochten wurde, die den Beteiligten völlige Gleichheit der Waffen garantierten. Kläger und Beklagter lieferten sich ein zeitlich genau begrenztes Rededuell (Kat.-Nr. 120), präsentierten selbst ihre Beweise, Zeugenaussagen, Eide. Die Geschworenen schauten und hörten zu und entschieden danach in geheimer Abstimmung. So saß das Volk zu Gericht, und dies galt schon den Zeitgenossen als spezifisches Merkmal dieser Demokratie. Nach Aristoteles (Athenaion politeia 9,1) war der Demos als Herr über den Stimmstein (Kat.-Nr. 121) »Herr über den Staat«.

H.-J. G./U. G.

117–118 Auslosungsgerät (Kleroterion) und zwei zugehörige Geschworenen-Identitätskarten aus Bronze (Pinakia)

117 Kleroterion

Hellenistisch
Von der Athener Agora
Athen, Agora-Museum Inv. I 3967

Literatur: S. Dow, Prytaneis, 1. Suppl. Hesperia (1937) 198–215.

118 Pinakia

L 10,2 bzw. 13,9 cm
Mitte 4. Jh. v. Chr.
Von der Athener Agora
Athen, Agora-Museum Inv. B 822; B 1352

Literatur: A. L. Boegehold, Agora 28 (1995) 61 Nr. P 2 Taf. 7; 62 Nr. P 9 Taf. 7.

Das interessanteste archäologische Zeugnis für das athenische Gerichtwesen ist sicher das Auslosungsgerät, über dessen Aussehen und Funktionsweise wir durch mehrere Fragmente von der Agora orientiert sind. Es diente der Zufallsauswahl von Geschworenen und Beamten und ist ein klares Zeugnis für die Sorgfalt, mit der die Athener Absprachen und Bestechungs-

Kat.-Nr. 117

Kat.-Nr. 118 a

Kat.-Nr. 118 b

versuchen entgegenwirkten. Das Auslosungsgerät bestand aus einer hohen Marmorstele mit senkrecht angeordneten Reihen schmaler Schlitze, wobei jede Reihe für je eine Phyle Athens vorgesehen war. Am Prozeßtag erschienen die Geschworenen vor dem für ihre Verteilung auf die verschiedenen Gerichtshöfe verantwortlichen Beamten, der ihre bronzenen Identitätskarten (Pinakia) einsammelte und in einen für jede Phyle reservierten Korb legte. Sodann steckte er in zufälliger Reihenfolge alle Pinakia von Phyle A in die erste senkrechte Schlitzreihe des Geräts, alle Pinakia von Phyle B in die zweite Reihe usw. An der Außenseite oder auch in der Stele selbst befand sich eine hohle Bronzeröhre mit einem Trichter am oberen und einem Kurbelmechanismus am unteren Ende. Durch den Trichter füllte man schwarze und weiße Kugeln in zufälliger Reihenfolge, die dann durch Drehen der Kurbel einzeln entnommen wurden. War diese weiß, dann waren die Männer, deren Pinakia in einer horizontalen Schlitzreihe steckten, für diesen Tag als Geschworene bestimmt. War die Kugel schwarz, dann waren sie für diesen Tag entlassen. Dieser Vorgang wurde bis zur vollständigen Besetzung eines Gerichtshofes wiederholt.

Kat.-Nr. 119

119 Sitzmarken für Geschworene (Symbola)

Dm 1,7 bzw. 1,8 cm
325–300 v. Chr.
Von der Athener Agora
Athen, Agora-Museum Inv. B 1135 und B 1169

Mit Hilfe von Bronzemarken (Symbola), die einen behelmten Athenakopf auf der einen und einen griechischen Buchstaben auf der anderen Seite zeigen, teilte man den Geschworenen nach dem Zufallsprinzip bestimmte Sitzreihen oder Sektoren im Gerichtsgebäude zu. Neben einer durch das Los bestimmten Verteilung der Geschworenen auf bestimmte Verfahren sollte die ebenfalls zufallsgesteuerte Plazierung derselben im Gerichtshof Absprachen während der laufenden Verhandlung verhindern.

Literatur: Boegehold a. O. 73 Nr. T 10 Taf. 10; 73 Nr. T 11 Taf. 10.

120 Wasseruhr (Klepsydra)

H 0,23 m
Um 400 v. Chr.
Von der Athener Agora
Athen, Agora-Museum Inv. P 2084

Nur ein Exemplar dieser durch eine Bemerkung des Aristoteles bekannten Wasseruhren zur Redezeitbegrenzung wurde bei den Grabungen auf der Agora gefunden. Es handelt sich um ein Tongefäß mit zwei Henkeln, einem Überlaufloch unter dem Rand und einem kleinen Bronzeausfluß über dem Standring. Das geborgene Gefäß stammt aus der Zeit um 400 v. Chr. und gehörte nach Ausweis einer Aufschrift der Phyle (Stamm) Antiochis. Zwei ebenfalls aufgemalte XX bedeuten wahrscheinlich, daß das Fassungsvermögen zwei »choes«, also 6,4 Liter beträgt. Der Durchlauf dauerte sechs Minuten, was mit den überlieferten Gerichtsreden aus dem 4. Jh. v. Chr. nicht in Einklang zu bringen ist. Die Gerichtsreden eines Demosthenes etwa dauerten entschieden länger, und es wird dementsprechend größere Uhren gegeben haben. Zeugenaufrufe oder die Verlesung offizieller Dokumente gingen nicht zu Lasten der Redezeit. Routinierte Gerichtsredner pflegten ihre Plädoyers mit dem letzten Tropfen zu beenden oder spielen in ihren Reden sogar auf die begrenzte Zeit an. So behauptet Isokrates einmal, er könne alle Sünden seines Widersachers gar nicht auflisten, »nicht einmal mit doppelt soviel Wasser würde die Zeit reichen«.

Kat.-Nr. 120

121 Stimm-Marken aus Bronze zur Verwendung bei Gericht

L 6,3 bzw. 6,2 cm
Hellenistisch
Von der Athener Agora
Athen, Agora-Museum Inv. B 992 (Original) und B 1057 (Nachbildung)

Diese beiden Stimm-Marken aus Bronze bestehen aus einer Scheibe mit einer massiven bzw. einer durchbohrten Mittelachse und tragen die Aufschrift »psephos demosia« (»amtliche Stimm-Marke«). Durchbohrte Achsen bedeuteten schuldig, undurchbohrte Freispruch. Jeder der am Verhandlungstag ausgelosten Geschworenen bekam beim Betreten des Gerichtsgebäudes auf der Agora je eine von beiden Typen. Nach Abschluß der Verhandlung konnte er geheim abstimmen, indem er beim Legen des Märkchens in die Urne Daumen und Zeigefinger auf die Enden der Achse preßte.

Literatur: Boegehold a. O. 87 Nr. B 10 Taf. 16; 88 Nr. B 14 Taf. 17.

122 Attisch-rotfigurige Schale des Stieglitz-Malers: Abstimmungsszene

H 9 cm (ohne Fuß), Dm 32,7 cm
470–460 v. Chr.
Dijon, Musée de Beaux-Arts Inv. CA 1301

Diese stark fragmentierte Schale des Stieglitz-Malers zeigt die Verwendung großer Bronzehydrien als Wahlurnen zur Aufnahme von Stimm-Marken in einem nicht

Kat.-Nr. 121 a–c

Kat.-Nr. 122

Kat.-Nr. 123

genauer zu bezeichnenden Darstellungszusammenhang.

Literatur: ARV² 829,37; Boegehold a. O. 210 Taf. 5.

123 Attisch-rotfigurige Schale des Duris: Streit um die Waffen Achills

Dm 33,8 cm
Um 490 v. Chr.
Aus Caere (Cerveteri)
Wien, Kunsthistorisches Museum, Antikensammlung Inv. AS IV 3695

Eine offene Abstimmung im mythischen Kontext zeigt die von Python getöpferte Prunkschale des Duris in Wien. Beherrscht wird die Szene von Athena in der Bildmitte; vor ihr ein steinerner Tisch (Trapeza), auf der die herantretenden Krieger ihre Stimmsteine ablegen. Links Odysseus, der beim Anblick der vielen Steine auf seiner Seite freudig die Hände erhebt, rechts Aias, der sich betrübt abwendet. Das Innenbild zeigt den Ausgang des Streits: Neoptolemos, der Sohn des Achilleus, erhält von Odysseus die göttlichen Waffen des Vaters.

Literatur: ARV² 429,26; Boegehold a. O. 131 Taf. 25.

A. S.

Staat: Formen der Distinktion

Ralf Krumeich

Porträts und Historienbilder der klassischen Zeit

Einleitung

Porträts und Historienbilder bzw. Darstellungen historischer Personen und Geschehen bilden neben mythologischen Gestalten und Kompositionen seit der archaischen Zeit ein wesentliches Thema der griechischen Kunst und Kulturgeschichte. Die große Anzahl derartiger uns archäologisch oder durch Schriftquellen überlieferter Denkmäler ist eng verknüpft mit deren Funktion in unterschiedlichen und im kulturellen Leben antiker griechischer Städte zentralen Kontexten: Wiedergaben einzelner oder mehrerer menschlicher Figuren dienten als Sonderform von Weihgeschenken im Heiligtum, als Grabstatuen oder als von einer politischen Gemeinschaft dekretierte Ehrenstatuen. Die uns aus literarischen Quellen bekannten Historiengemälde der klassischen Zeit wurden in der Regel von der Polis in Auftrag gegeben und zumeist in Gebäuden an öffentlichen Plätzen präsentiert; hinzu treten Wiedergaben historischer Schlachten in Form von Tempelfriesen und von Reliefs an Staatsgrabmälern. Unabhängig von ihrer jeweiligen Funktion fanden fast alle uns bekannten Bildnisse und Historienbilder der archaischen und klassischen Zeit ihren Platz im öffentlichen Raum (zu ›privaten‹ Bildnisweihungen s. u. S. 217 ff.).

I. Allgemeines zum griechischen Porträt

Definition: Als griechisches Porträt bzw. Bildnis gilt – im Unterschied zur ›Idealplastik‹ oder zu mythologischen Gestalten – die Darstellung einer konkreten historischen Person. Einen der modernen Bezeichnung »Porträt« entsprechenden Begriff hat es im Griechischen nicht gegeben; vielmehr konnten Figuren von Menschen, Heroen und Göttern mit den gleichen Termini beispielsweise als ἀνδριάντες (»Männerbilder«) oder εἰκόνες (»Bildnisse«) bezeichnet werden. Für die Identifizierung einer plastischen oder gemalten anthropomorphen Figur als Porträt sind deren inschriftliche Benennung und/oder Funktion maßgeblich; stützende Hinweise können Attribute (wie Sportgeräte u. ä.) geben. Dagegen spielen besonders individuelle Ikonographie oder Bildnisähnlichkeit bei griechischen Bildnissen nur eine untergeordnete Rolle. Zumeist ist ohnehin nicht zu entscheiden, inwieweit sie dem oder der Dargestellten ähnlich sehen, zumal die spärlichen literarischen Nachrichten zum Aussehen historischer Griechen hier keine Überprüfung erlauben, da sie eventuell von Porträtstatuen und nicht von der realen Physiognomie des Menschen abgeleitet sind; allerdings gehen außergewöhnliche Gesichtszüge oder Frisuren in einzelnen Fällen sicherlich auf die wiedergegebene Person zurück (vgl. Kat.-Nr. 126. 131). Als reine Phantasie- oder Rekonstruktionsporträts sind dagegen zum Beispiel die Jahrhunderte nach der Lebenszeit des Dichters entstandenen Bildnisse des Homer zu verstehen, der zwischen dem 5. und dem 2. Jahrhundert v. Chr. in vier ganz unterschiedlichen Typen verbildlicht wurde (vgl. Kat.-Nr. 125). Aber auch das kurz vor oder nach dem Tod des Dargestellten errichtete Perikles-Porträt (Kat.-Nr. 127; um 430 v. Chr.) beansprucht keine Bildnisähnlichkeit für sich: Seine ruhigen und entspannten Züge entsprechen dem zeitgenössischen idealen Menschenbild, und der damals in der Realität bereits seit vielen Jahrzehnten nicht mehr verwendete korinthische Helm dient hier als zeichenhafter Verweis auf das von Perikles über lange Jahre bekleidete Strategenamt. Ebenso wie viele mittelalterliche und neuzeitliche Bildnisse waren griechische Porträts der klassischen Zeit in der Regel keine realistischen Wiedergaben des oder der Dargestellten, sondern dokumentierten vornehmlich die von Auftraggebern und Künstlern mit dem oder der Dargestellten verbundenen Vorstellungen.

Erscheinungsformen: Darstellungen historischer Personen spielen bereits seit dem 3. Jahrtausend v. Chr. in den altorientalischen Kulturen und im pharaonischen Ägypten eine wichtige Rolle als Herrscherbildnisse, Weihgeschenke und Grabfiguren; in Ägypten dienten die Grabstatuen dem Dargestellten nach dem durch einen Priester vollzogenen Belebungsritual der ›Mundöffnung‹ als eine Art Ersatzkörper, in dem sich der Verstorbene niederlassen konnte. Für die griechische Kultur sind Bildnisse seit der 2. Hälfte des 8. Jahrhunderts v. Chr. und vor allem seit der archaischen Zeit in den verschiedensten Spielarten überliefert: Es handelt sich zum Beispiel um Statuetten und Statuen unterschiedlichen Formats, um Figuren in Weih-, Urkunden- und Grabreliefs, um Tafelbilder und um bemalte hölzerne oder tönerne Weihetafeln (Pinakes). Als Sonderfall kann die Wiedergabe historischer Gestalten in der Vasenmalerei gelten, die zur Verzierung aufwendiger Symposiongefäße diente. Hier wurden seit dem 6. Jahrhundert gelegentlich berühmte Personen der Gegenwart und jüngeren Vergangenheit ›verewigt‹: So zeigt eine attisch-rotfigurige Bauchamphora um 500 v. Chr. den lydischen König Kroisos (reg. 560–546 v. Chr.) als Fürsten in griechischen Gewändern, wie er sich freiwillig auf dem Scheiterhaufen verbrennen läßt (s. Kat.-Nr. 369).

Vor allem in der spätarchaischen Zeit erscheinen in der attischen Vasenmalerei immer wieder namentlich benannte Zeitgenossen, die offensichtlich Gegenstand des Gesprächs bei attischen Symposien waren: Erhalten sind Figuren von Dichtern wie dem am Hof der Peisistratiden aktiven Anakreon (vgl. Kat.-Nr. 179), Athleten, aber auch von jungen Aristokraten beim Symposion und im (der Realität entsprechenden?) Gespräch mit Vasenmalern. Die Verbildlichung zeitgenössischer Personen entspricht im übrigen der von 550/40 bis zum späten 5. Jahrhundert v. Chr. gut belegten Konvention, durch oft unabhängig vom Thema der Vasenbilder in die Kompositionen integrierte ›Lieblingsinschriften‹ (»X ist schön«) Mitglieder der aktuellen Jeunesse dorée zu rühmen und zum Gesprächsthema beim Symposion zu machen, in dem die Inschriften laut gelesen wurden. Zu den retrospektiven Bildnissen in der attisch-rotfigurigen Vasenmalerei des 5. Jahrhunderts gehören die Darstellungen der um 600 v. Chr. auf Lesbos lebenden Dichter Sappho und Alkaios auf einem Gefäß der Zeit um 470; die Lyrik der beiden war noch im 5. Jahrhundert sehr beliebt.

Überlieferung: Durch Originale, römische Kopien und schriftliche Nachrichten ist eine große Anzahl klassischer Porträts überliefert. Während die großplastischen Bildnisse archaischer Zeit in der Regel aus Marmor oder Kalkstein bestanden und uns daher gut erhalten sind, ergab sich mit der Perfektionierung des Bronze-Hohlgusses in der 2. Hälfte des 6. Jahrhunderts v. Chr. die Möglichkeit, auch großformatige und bewegte Statuen aus dem stabilen und fein zu bearbeitenden Metall herzustellen. Seit etwa 450 v. Chr. werden Bildnisstatuen und andere Figuren nur noch selten aus Marmor und in der Regel aus Bronze gearbeitet, so daß die Vergabe einer Ehrenstatue in den einschlägigen Quellen mit χαλκοῦν τινα ἱστάναι (»jemanden in Bronze aufstellen«) umschrieben wird. Für unsere Kenntnis klassischer Porträtstatuen war dieser Materialwechsel freilich weniger günstig: Wird Delphi in literarischen Quellen mehrfach als »statuenbekränzt« bezeichnet (Diodor 11, 14, 4) und berichtet noch der römische Reiseschriftsteller Pausanias um 160–180 n. Chr. von unzähligen Bronzefiguren in den griechischen Städten und Heiligtümern, so fielen die meisten dieser Werke der notorischen Metallgier der Spät- und Nachantike zum Opfer. Originale freiplastische Porträts klassischer Zeit sind beispielsweise der Kopf eines Faustkämpfers aus Olympia und die marmornen Figuren des Daochos-Monuments in Delphi; als Bildnis ist wahrscheinlich auch der eindrucksvolle Kopf eines bärtigen Alten aus dem Meer bei Porticello (s. Abb. 2) zu interpretieren. Wichtige Hinweise zum Erscheinungsbild klassischer Porträts liefern ferner die in archäologischer Hinsicht bisher noch nicht systematisch ausgewerteten Basen, deren Oberseiten Einlassungen für die Befestigung der Figuren aufweisen und so Aussagen zu Material, Format und Standmotiv der Statuen zulassen.

Charakteristisch für die Überlieferung großplastischer griechischer Porträts ist die Existenz römischer Marmor- und (seltener) Bronzekopien, die in der Regel Villenanlagen römischer Aristokraten schmückten und so Gärten und Räume dieser Gebäude geradezu zu ›Bildungslandschaften‹ werden ließen; mit der Funktion der originalen Statuen hatten diese Stücke freilich nichts mehr zu tun. Je nach Aufstellungsort und Verwendung der römischen Werke handelt es sich um maßgleiche Kopien der gesamten Figur, des Kopfes (Büsten, Hermen) oder um stark verkleinerte Bronzerepliken, die zum Beispiel auf den Inhalt von Bibliotheken und Bücherschränken verwiesen (vgl. Plinius, Nat. hist. 35, 9–10; Sueton, Tiberius 70). Darüber hinaus wurden insbesondere die Köpfe griechischer Porträtstatuen gelegentlich auch in römischen Reliefs, Wandmalereien, Mosaiken und Werken der Kleinkunst wiedergegeben; die Nähe zum Original kann hier stark differieren. Auch die Originaltreue der rundplastischen Kopien ist durchaus unterschiedlich zu beurteilen: Neben sorgfältig gearbeiteten Exemplaren sind zahlreiche, summarisch als Massenware produzierte Stücke erhalten, und gerade bei qualitätvollen Repliken stehen der exakten Wiedergabe einzelner Details gelegentlich deutliche ›Modernisierungen‹ gegenüber. Im kampanischen Küstenort Baiae gefundene römische Gipsabgußfragmente nach den originalen Figuren der Tyrannenmörder (Kat.-Nr. 132. 133. 494) und anderen klassischen Statuen zeigen im Vergleich mit den ebenfalls erhaltenen römischen Kopien, wie maßgenau die römischen Künstler arbeiteten. Andererseits waren Auftraggeber und Kopisten geneigt, die Oberfläche der Figuren dem Geschmack ihrer Zeit anzupassen; dies wirkte sich insbesondere auf die Gestaltung von Gewändern und Gesichtern aus, die z. B. hinsichtlich des Inkarnats (straffe oder faltige Haut), der Augenbildung und des Ausdrucks häufig den jeweils aktuellen, durch Kaiser- und Privatporträts vertretenen Modeströmungen entsprechen. Eine annähernd verläßliche Vorstellung von den Formen des Originals ist daher allein durch den Vergleich mehrerer Repliken untereinander und durch die »Subtraktion« zeitspezifischer Veränderungen durch den römischen Kopisten zu gewinnen (Kopienkritik).

Auftraggeber der römischen Kopien waren zumeist Senatoren, die sich in den Wochen des *otium*, der von den politischen Alltagsgeschäften in Rom befreiten »Mußezeit«, in ihre verschiedenen, oft in der hügeligen Umgebung Roms oder am Golf von Neapel gelegenen Villen zurückzogen und sich dort mit griechischer Kultur beschäftigten. Es liegt auf der Hand, daß man sich in diesem Umfeld nicht mit beliebigen griechischen Porträts, sondern mit Darstellungen »berühmter« und vorbildhafter Griechen (Philosophen, Dichtern, Rednern und Feldherren) umgeben wollte. Ausdrücklich hebt Plinius das große Interesse der Römer an Bildnissen der »berühmten Männer« (*viri illustres*) hervor, das sich unter anderem in einem 15bändigen Werk des M. Terentius Varro niederschlug, der um 40 v. Chr. 700 Abbildungen »irgendwie berühmter« Männer mit kurzen Kommentaren versah (Plinius, Nat. hist. 35, 9–11). Durch diesen elitären römischen Filter und die weitgehende Zerstörung der meisten originalen griechischen Bildnisse ist schließlich auch unsere Kenntnis des griechischen Porträts weitgehend bestimmt und verengt. Vor diesem Hintergrund ist zu betonen, daß in griechischen Städten, Heiligtümern und Nekropolen eine große Anzahl von Personen aus allen sozialen Schichten und nicht etwa allein die intellektuelle und politische Elite durch Bildnisse ganz unterschiedlicher Art repräsentiert war. Ein zuverlässigeres Bild der Bandbreite klassischer Porträts ergibt sich auf der Grundlage einer synoptischen Betrachtung und Interpretation der archäologischen, epigraphischen und literarischen Überlieferung, die für das griechische Porträt allerdings erst in Ansätzen durchgeführt wurde.

Charakteristika: Im Gegensatz zu den meisten römischen Kopien gaben die griechischen Originale in der Regel die gesamte Gestalt einer Person wieder; erst seit der hellenistischen Zeit werden rundplastische griechische Bildnisse gelegentlich auch in Form von Hermen oder Büsten hergestellt. Haltung, Gesten, Attribute und Bekleidung (oder Nacktheit) der Statue waren den griechischen Auftraggebern mindestens ebenso wichtig wie die Gestaltung des Gesichts und lieferten den Betrachtern eine Fülle von Informationen zur Repräsentation des Dargestellten. Dies gilt sowohl für die freiplastischen Bildnisse jeglichen Formats als auch für die Wiedergabe historischer Personen in der Flächenkunst.

Abb. 1. Greiser Seher aus dem Ostgiebel des olympischen Zeustempels, 470–457/56 v. Chr. Olympia, Museum

Abb. 2. Kopf eines Bärtigen aus dem Meer bei Porticello. Fragment einer bronzenen (Porträt?-)Statue, 450–425 v. Chr. Reggio di Calabria, Museo Archeologico Nazionale Inv. 17096

Als ganzfigurige Denkmäler waren die Porträts in besonderer Weise geeignet, den Dargestellten im jeweiligen Aufstellungskontext zu ›verewigen‹ und somit eine Stellvertreterfunktion auszuüben. Vor diesem Hintergrund ist auch die wahrscheinlich nach dem Tod des Leonidas in den Thermopylen (480 v. Chr.) institutionalisierte spartanische Sitte zu verstehen, als Ersatz für den Leichnam eines im Krieg gefallenen und nicht nach Sparta überführten Königs eine plastisch modellierte Figur (εἴδωλον) anzufertigen und diese anstelle des Verstorbenen zu Grabe zu tragen (Herodot 6, 58, 3). Generell sind bei griechischen Porträts oft politische, repräsentative und religiöse Elemente miteinander verbunden: So dokumentieren Figuren betender Sieger in Olympia oder die Kombination des erfolgreichen Strategen Tolmides mit seinem Seher auf der Athener Akropolis (Pausanias 1, 27, 5; um 450 v. Chr.) zum einen Erfolg und Prestige der Dargestellten, zum anderen aber auch deren dauerhafte Präsenz im Heiligtum und den Glauben an die Abhängigkeit menschlicher Erfolge vom Willen der Götter. Den religiösen Gehalt vieler Porträtstatuen in den Heiligtümern verdeutlichen auch die auf den Statuenbasen oft erhaltenen Weihinschriften, in denen Frömmigkeit (εὐσέβεια), Gelübde oder Bitten und Dank an die Gottheiten eine große Rolle spielen. Aber auch die Grabreliefs in den Nekropolen (s. S. 179 ff.) präsentierten nicht allein persönliche Leistung und soziale Stellung der Verstorbenen und deren Angehöriger, sondern waren zugleich mit regelmäßig verrichteten rituellen Handlungen verbunden (Bekränzung von Grabstelen, Grabspenden). Diese Beispiele können den grundsätzlich ambivalenten Charakter griechischer Porträts beleuchten: Zum einen dokumentieren Aufstellungskontext, Weihinschriften und Ikonographie deutlich die Einbindung vieler Porträts in religiöse Kontexte. Andererseits dienten die Bildnisse auch der persönlichen Repräsentation des Dargestellten vor einem breiten, zum Teil auch internationalen Publikum im öffentlichen Raum der

Heiligtümer, städtischen Plätze und Nekropolen. Material, Format, Gruppenbildungen und prestigeträchtige Aufstellungsorte konnten hier auf soziale Stellung und Ansehen des oder der Dargestellten und der zugehörigen Familie verweisen. Naturgemäß im Vordergrund standen »Denkmalcharakter« bzw. politische Repräsentation bei den von der Heimatpolis oder einer anderen politischen Gemeinschaft dekretierten Ehrenstatuen, die im klassischen Athen zumeist auf der Agora und damit im Zentrum des öffentlichen Lebens plaziert wurden. Die Integration von Ehrenstatuen in staatliche, im Apollonheiligtum von Delphi errichtete Anatheme und die seit dem späten 4. Jahrhundert v. Chr. belegte Aufstellung einzelner Ehrenstatuen auf der Athener Akropolis und in anderen Heiligtümern zeigen jedoch mit aller Deutlichkeit, daß selbst diese vorwiegend politischen Monumente Anteil am prinzipiell ambivalenten Charakter griechischer Bildnisse haben konnten.

Ikonographie: In typologischer und ikonographischer Hinsicht entsprechen archaische Bildnisse weitgehend dem zeit- und regionalspezifischen Menschenbild. Mit Figuren von Heroen und Göttern teilen die als Porträts zu bestimmenden Weihgeschenke, Grabstatuen und Relieffiguren in dieser Zeit das jeweils aktuelle Schönheitsideal. Den idealtypischen plastischen Darstellungen vergleichbar sind auch die Wiedergaben historischer Personen in der attischen Vasenmalerei. Jedoch gibt es hier in der spätarchaischen Zeit (um 500) auch deutlich von der Schönheitsnorm abweichende und mitunter geradezu häßliche Züge: Unbenannte Athener erscheinen zum Teil mit Hakennase, ausgeprägter Stirnglatze, eigentümlichen Ziegenbärtchen oder ungleichmäßigem Bartwuchs. Man könnte geneigt sein, in diesen Figuren die frühesten individualisierten Porträts der griechischen Kunstgeschichte zu erkennen, und ohne Zweifel waren die attischen Vasenmaler durch reale Zeitgenossen und deren Physiognomien inspiriert. Auffällig ist jedoch, daß derartige von der Norm abweichende Züge ausschließlich bei anonymen Figuren auftreten, während die mit Namensbeischriften versehenen und daher als Darstellungen konkreter Zeitgenossen intendierten Gestalten durchweg als »schön« und idealisiert zu bezeichnen sind (L. Giuliani). Wie wenig Wert man auf individualisierende Kennzeichnung bzw. Unverwechselbarkeit der Züge bei der Wiedergabe von Zeitgenossen legte, zeigen zwei annähernd gleichzeitige Darstellungen des Vasenmalers Smikros, der auf zwei Gefäßen der Zeit um 510/500 jeweils als Symposiast erscheint und durch eine Namensbeischrift identifiziert ist: Auf einem dem Euphronios zugeschriebenen Kelchkrater in München ist Smikros als junger Mann mit langen blonden Haaren und hellen Augen dargestellt, während der Vasenmaler sich selbst auf einem Stamnos in Brüssel als Jüngling mit kurzgeschnittenen schwarzen Haaren und dunklen Augen »porträtiert«. Eine Wiedererkennbarkeit der Person war nicht intendiert – vielmehr handelt es sich jeweils um einen »schönen« jungen Mann mit idealisierten Zügen, der erst durch die Beischrift benennbar wird. Die von der Norm abweichenden und daher individuell wirkenden Figuren dagegen scheinen in karikierender Absicht allgemeine Menschentypen zu zeigen, die die Betrachter der Gefäße beim Symposion zum Spott über solche oder ähnliche, physisch »defizitäre« Zeitgenossen gereizt haben dürften (L. Giuliani). In der spätarchaischen Zeit waren individuelle Merkmale also offensichtlich noch mit negativen Konnotationen verbunden.

Ähnlich wie die Darstellungen des Smikros und anderer konkreter Personen in der attischen Vasenmalerei bleiben auch die rundplastischen Bildnisse bis gegen 480 v. Chr. durchweg ›ideal‹ und dem jeweils aktuellen Schönheitsideal verpflichtet. Dies ändert sich erst mit Beginn der klassischen Zeit im sog. Strengen Stil. Das in einer römischen Kopfkopie überlieferte Themistokles-Porträt zeigt den athenischen Staatsmann mit bulligem, fast kubischem Schädel, Stiernacken, breitem Mund und wulstigem Orbital (Kat.-Nr. 124; 480/70). Typologisch erinnert der Kopf an Darstellungen massiger Schwerathleten, ohne daß eine Verbindung des Themistokles zu entsprechenden Sportarten bekannt wäre. Ganz individuell wirkt das etwa 450/40 v. Chr. entstandene und in mehreren römischen Kopfrepliken überlieferte Bildnis des Pindar (Kat.-Nr. 126): Der Dichter erscheint hier mit rechteckigem Schädel, übergroßen Ohren, breitem Mund, ausgeprägten Alterszügen und einer auffälligen Bartfrisur.

Sinn und Intention solcher und ähnlicher individualisierender Charakterisierungen, die seit dem mittleren 5. Jahrhundert v. Chr. auch in der Münzprägung (s. S. 241 ff.) und offenbar auch in der

Abb. 3. Thera (Santorin), Nekropole der antiken Stadt Thera: Grabstatue in Fundlage, 640/630 v. Chr.

Abb. 4. Athen, Agora: Ehrenstatue des Chabrias, 376 v. Chr. (Rekonstruktion J. Buckler)

Abb. 6. Kopflose Statuette des Pindar, römische Kopie. Verschollen; ehem. Rom, Sammlung F. Ursinus

gleichzeitigen Tafelmalerei zu beobachten waren (s. u. S. 226 f. zu den *iconici duces* im Marathongemälde; 460/50), sind nicht leicht zu ermitteln. Negativ oder karikierend wie in der Zeit um 500 v. Chr. waren sie hier freilich nicht gemeint, und als distinktives Merkmal für die Unterscheidung eines Porträts von einer mythologischen Figur sind individuelle Züge ebenfalls nicht zu werten, da auch mythische Figuren wie der alte Seher (Abb. 1) im Ostgiebel des Zeustempels von Olympia (etwa 470–457/56) ganz ähnlich individuell erscheinen können. Seit den 1920er Jahren bestimmt

Abb. 5. Relief eines Staatsgrabmals im Demosion Sema, 420–400 v. Chr. Athen, Nationalmuseum Inv. M 4551

das Bemühen um eine Beantwortung dieser Frage die Debatte über die Entstehung des individualisierten griechischen Porträts. Nicht weiterführend ist der Versuch einer physiognomischen Deutung, die sich auf Fragmente einiger in den Jahrzehnten um 300 v. Chr. entstandener physiognomischer Traktate stützt, in denen äußerliche Merkmale eines Menschen – oft unter Verwendung von Tiervergleichen – als Hinweise auf dessen Charakter gewertet werden. In der Forschung stehen sich zur Zeit im wesentlichen zwei Positionen gegenüber, nach denen individualisierte Porträts a) der Heraushebung des Dargestellten aus der ›Menge‹ dienten (dies ist die unter anderem von T. Hölscher und L. Giuliani vertretene *communis opinio*; vgl. Kat.-Nr. 124 [Themistokles]) oder b) im Gegenteil eine »fromme Selbstbescheidung« gegenüber Göttern und Menschen bekundende, ungeschönte Selbstdarstellung im Heiligtum dokumentierten (N. Himmelmann zu Pindar; Kat.-Nr. 126). Beide Sichtweisen sind nicht unproblematisch, da sie sich nicht hinreichend auf einschlägige zeitgenössische Quellen zum Phänomen der individualisierenden Ikonographie stützen können und auch hinsichtlich von Auftraggeber, Aufstellungsort und Funktion der Bildnisse jeweils mit Hypothesen arbeiten müssen. Die Nachricht von den *iconici duces* im Marathongemälde (Plinius, Nat. hist. 35, 57) scheint jedoch – zumindest im Kontext eines staatlichen Historienbildes – eher für die heraushebende Funktion individualisierender Züge zu sprechen (s. u. S. 227). Ohne Zweifel diente ein besonders individuell gearbeitetes Porträt nicht zuletzt der Wiedererkennbarkeit des Dargestellten, dessen Identifizierung allerdings wie zuvor in erster Linie durch die jeweilige Basisinschrift gesichert war.

Wesentlich ist ferner, daß sich seit der frühklassischen Zeit durchgehend zwei ikonographische Strömungen beobachten lassen: Neben individualisierten Bildnissen werden weiterhin auch idealisierte Statuen hergestellt. Nur wenige Jahre nach dem Bildnis Pindars entstehen die Porträts Anakreons (s. Kat.-Nr. 179; um 440) und des Perikles (Kat.-Nr. 127; um 430), die sich mit ihren entspannten und ebenmäßigen Zügen kaum von gleichzeitigen Darstellungen mythischer Gestalten oder von bürgerlichen Figuren auf den um 440/30 wieder einsetzenden attischen Grabreliefs unterscheiden, für die das weitgehende Fehlen individueller Züge bis zu den letzten Exemplaren der Gattung im späten 4. Jahrhundert v. Chr. charakteristisch bleibt. Vor dem Hintergrund der seit 480/70 möglichen Wahl zwischen individualisierten und idealisierten Porträts sind die idealen Züge des Perikles-Porträts wohl zu Recht mit den Intentionen des Auftraggebers in Verbindung gebracht worden, Perikles als »Gleichen unter Gleichen« darzustellen; freilich würde man gerne mehr über das Aussehen des Statuenkörpers wissen (vgl. Kat.-Nr. 127).

Parallel zu dieser idealisierenden Richtung sind auch nach 450 v. Chr. und besonders im 4. Jahrhundert wieder individualisierte Porträts belegt (s. a. Kat.-Nr. 129. 131). Der im Meer bei Porticello (Kalabrien) in einem antiken Schiffswrack gefundene Kopf einer originalen Bronzestatue aus dem 3. Viertel des 5. Jahrhunderts zeigt einen langbärtigen älteren Mann mit ausgeprägter Adlernase, gefurchter Stirn, Stirnglatze und strengem Ausdruck (Abb. 2). Es ist durchaus möglich, daß dieser eindrucksvolle Kopf als Porträt einer historischen Person anzusprechen ist und nicht, was generell auch denkbar wäre, als Wiedergabe eines mythischen Alten. Stark individualisiert und deutlich von der Schönheitsnorm abweichend müssen auch die Bildnisse des athenischen Bronzegießers Demetrios von Alopeke gewesen sein, der in der 1. Hälfte des 4. Jahrhunderts tätig war und unter anderem die Figur eines korinthischen Feldherrn namens Pellichos mit Glatze, dickem Bauch und angeschwollenen Adern verfertigt haben soll (Lukian, Philops. 18–20). Solche und ähnliche Werke brachten Demetrios die Etikettierung »Menschenbildner« (ἀνθρωποποιός) anstelle der üblicheren Bezeichnung »Statuenbildner« (ἀνδριαντοποιός) ein. Großes Interesse an den realen Zügen des Dargestellten und seiner Wiedererkennbarkeit ist für Lysistratos, den Bruder des berühmten Lysippos, bezeugt, der im fortgeschrittenen 4. Jahrhundert Gipsformen von den Gesichtern seiner ›Modelle‹ hergestellt haben soll, die er mit Wachs ausgoß und zur Grundlage seiner Bildnisse machte (Plinius, Nat. hist. 35, 153). Natürlich kann das Endprodukt nach der Bearbeitung durch den Künstler keinesfalls als ›Kopie‹ des Dargestellten gewertet werden, jedoch ist bemerkenswert, daß Lysistratos bei der Herstellung seiner Statuen von der realen Physiognomie des ›Modells‹ ausging (vgl. Kat.-Nr. 131).

Auch wenn sich die archäologische und literarische Überlieferung zu ›realistischen‹ Porträts im 4. Jahrhundert verdichtet, ist festzustellen, daß es in der griechischen Kunst keine lineare Entwicklung hin zum individualisierten (oder gar realistischen) Porträt gegeben hat. Neben den seit 480/70 belegten individualisierten Bildnissen kam in der klassischen Zeit durchgehend auch die traditionelle Form des idealisierten Porträts zur Ausführung (s. Kat.-Nr. 128. 130).

Anlässe: Über die unterschiedlichen Anlässe von Bildnisweihungen in Heiligtümern sind wir durch literarische Nachrichten und Inschriften recht gut informiert: Statuen und gemalte Bildnisse konnten, oft nach einem Gelübde, geweiht werden als Dank für persönliche Erfolge politischer, militärischer oder agonistischer Art, für materiellen Wohlstand, Gesundheit und Rettung aus Gefahr, als Erinnerungsmal (μνημεῖον) an Verstorbene, aus Dankbarkeit gegenüber Eltern und Lehrern oder schlicht als Dokument der Frömmigkeit (εὐσεβεία) oder der sozialen Stellung.

In einigen Fällen kamen griechische Porträts auch als Sühnestatuen zur Aufstellung: So verpflichteten sich die athenischen Archonten bei ihrem Amtsantritt eidlich, im Falle der Bestechlichkeit oder eines anderen Amtsvergehens dem Apollon in Delphi eine lebensgroße vergoldete Statue von sich als Sühne zu weihen (Platon, Phaidros 235 d–e; Aristoteles, Athenaion politeia 7, 1; 55, 5). Deutlich wird hier eine – uns recht fremde – Facette des griechischen Porträts: Sogar lebensgroße und vergoldete Statuen dienten nicht regelmäßig der persönlichen Repräsentation des Dargestellten, sondern konnten in bestimmten Fällen auch als kostspielige, gesetzlich geforderte Sühne eines bestechlichen Beamten dienen. Sühne der Stifter und Substitution des Dargestellten sind die wesentlichen Charakteristika zweier Bronzestatuen des spartanischen Feldherrn Pausanias, der von den Spartanern im Heiligtum der Athena Chalkioikos auf der Akropolis von Sparta im Jahre 467 v. Chr. zu Tode gehungert worden war (Thukydides 1, 134, 3; Pausanias 3, 17, 7–18, 1). Diese Mißachtung des Asylrechts eines Flüchtlings im Heiligtum zog einen Fluch nach sich, der laut einem einige Jahre später eingeholten delphischen Orakel nur zu bannen sei, wenn die Frevler der Athena »zwei Körper anstelle des einen« zurückgäben. Infolgedessen ließen die Spartaner zwei (wohl lebensgroße) Bronzestatuen des Pausanias anfertigen und stellten diese im Heiligtum der Athena Chalkioikos als »Ersatz« für den Feldherrn auf.

Auch wenn die zahlreichen privaten und staatlichen Bildnisse und die zugehörigen Inschriften ohne Zweifel auch (und oft in erster Linie) soziale Stellung, Erfolg und persönliche Leistung des Dargestellten und sein Verhältnis zur Polis thematisierten, sollten die hier angesprochenen religiösen Motive vieler klassischer Porträts nicht außer acht gelassen werden. Sie markieren in ihrer Bezugnahme auf göttliche Normen, Forderungen und Weisungen ein wesentliches Merkmal der griechischen Kulturgeschichte.

Zeitpunkt der Statuenstiftung: Plastische und gemalte Bildnisse konnten zu Lebzeiten, kurz nach dem Tod und gelegentlich auch erst Jahrzehnte oder Jahrhunderte nach der Lebenszeit des oder der Porträtierten entstehen. Zahlreiche der in Heiligtümern oder auf öffentlichen Plätzen errichteten Statuen kamen auch in klassischer Zeit und im demokratischen Athen bereits zu Lebzeiten der Dargestellten zur Aufstellung; deren Todesdatum kann daher keineswegs regelhaft als Terminus post quem für die Aufstellung eines Bildnisses gelten.

Regulierungen: Über die Regeln für die Aufstellung klassischer Porträtstatuen und -bilder in Heiligtümern und auf öffentlichen Plätzen sind wir (anders als im römischen Bereich) nur unzureichend informiert. Überlegungen zu diesem grundlegenden Thema erreichen daher allenfalls den Grad des Wahrscheinlichen. Grundsätzlich scheint die Stiftung eines Bildnisses in ein Heiligtum jedem griechischen und nichtgriechischen Interessenten freigestanden zu haben. Anzunehmen ist freilich auch, daß die Koordination der zahlreichen Weihungen im Heiligtum und auf öffentlichen Plätzen und damit die Raumorganisation schon früh von den jeweiligen Priesterschaften bzw. staatlichen Behörden organisiert wurde, wie es für die hellenistische Zeit durch einige sakrale Inschriften belegt ist. So mußten die zentralen Wege zu Altar, Tempel(n) und anderen Bauten im Heiligtum jederzeit passierbar sein und von allzu unübersichtlichen Anathem-Konglomeraten freigehalten bzw. gelegentlich befreit werden – nicht zuletzt, damit der Blick auf wichtige Weihgeschenke möglich blieb. Für die Vergabe besonders prestigeträchtiger Aufstellungsorte (ἐπιφανέστατοι τόποι) werden auch in der klassischen Zeit Einfluß von Stiftern und Dargestellten sowie deren Verhältnis zu den jeweiligen Behörden ausschlaggebend gewesen sein. Einen tiefgreifenden Sonderfall der Regulierung von Bildnis-Aufstellungen bildet die uns vorwiegend aus dem römischen Bereich (als *damnatio memoriae*) bekannte und in Griechenland nur in Einzelfällen praktizierte Zerstörung bzw. Einschmelzung von Statuen verurteilter oder mißliebiger Personen, deren Andenken auf staatliche Anordnung aus dem kollektiven Gedächtnis getilgt werden sollte. Beseitigt wurden auf diese Weise gelegentlich sowohl Ehrenstatuen als auch, und dies ist besonders bemerkenswert, auf ›private‹ Stiftungen zurückgehende Bildnisse in Heiligtümern.

II. ›Private‹ Porträts der klassischen Zeit

Als ›private‹ Porträts werden diejenigen Bildnisse bezeichnet, die nicht auf staatliche Beschlüsse zurückgehen, sondern vom Dargestellten selbst, seiner Familie oder seinen Freunden in Auftrag gegeben worden sind. Die Bezeichnung solcher Denkmäler als »privat« ist allerdings recht mißverständlich, da die Porträts der archaischen und klassischen Zeit ihren Platz regelmäßig im öffentlichen Raum der Heiligtümer, städtischen Plätze oder Nekropolen fanden und nicht etwa zur Ausstattung von Privathäusern dienten. Eine Differenzierung zwischen ›privaten‹ Bildnissen und staatlichen Ehrenstatuen (s. u. S. 221 ff.) ist jedoch gerade für die klassische Zeit und für das Verhältnis von Individuum und Polis von hoher Relevanz.

Nahezu alle Porträts der vorklassischen Zeit gehen auf ›private‹ Stiftungen zurück. Zu den frühesten gesicherten Porträts der griechischen Großplastik gehören die zum Teil deutlich überlebensgroßen Grabfiguren. Eine erst im Jahr 2000 in einer Nekropole auf Thera (Santorin) gefundene, ausgezeichnet erhaltene und etwa 2,3 m hohe weibliche Marmorstatue (Abb. 3) der Zeit um 640/30 v. Chr. diente ebenso als Grabdenkmal wie die vor allem für Athen und Attika gut überlieferten Grabkuroi und -koren des 6. Jahrhunderts v. Chr. Ein weiteres großes Thema der archaischen Plastik ist die Repräsentation einzelner oder ganzer Familien in Heiligtümern und an Heiligen Straßen. Handelt es sich hier zumeist um stehende, sitzende oder (beim Symposion) liegende Gestalten, so wird das typologische Spektrum in spätarchaischer Zeit deutlich erweitert: Hinzu kommen nun Reiter, Wagenweihungen (mit begleitenden Porträtstatuen), Beamte (›Schreiber‹) und andere Statuentypen, die auf den sozialen Rang oder die konkrete Funktion des oder der Dargestellten Bezug nehmen.

Nach Einführung der Demokratie in Athen und mit Beginn der klassischen Zeit ändert sich im Bereich der ›privaten‹ Porträts nicht viel: Auch im demokratischen Athen stiften Angehörige sämtlicher sozialer Schichten Bildnisse ihrer selbst oder von Verwandten, Freunden und Angehörigen in die Heiligtümer. Anders als in anderen Zentren Griechenlands wurden in Athen zwischen etwa 500 und 440/30 offensichtlich infolge eines Grabluxusgesetzes keine Grabstatuen oder -reliefs mehr errichtet. Welch ein Spielraum vermögenden Bürgern und Metöken für ihre Selbstdarstellung in den Nekropolen gerade auch im demokratischen Athen eingeräumt wurde, bezeugen die in der Hochklassik (um 440/30 v. Chr.) wieder einsetzenden und im 4. Jahrhundert zum Teil außergewöhnliche Qualität und Formate erreichenden attischen Grabreliefs und die zum Teil reich ausgestatteten gleichzeitigen Grabbauten; freiplastische Figuren in Nachfolge der archaischen Grabstatuen fehlen in dieser Stadt allerdings offenbar vollständig.

Material: Als Material rundplastischer Bildnisse diente seit spätarchaischer Zeit und vor allem seit dem mittleren 5. Jahrhundert v. Chr. zumeist die detailliert zu formende Bronze, deren lebendige Wirkung durch Einlagen rötlichen Kupfers für Lippen, Wimpern und Brustwarzen sowie durch die Kombination von Elfenbein und verschiedenfarbiger Steine für die Augen erhöht wurde. Daneben wurden weiterhin auch Figuren aus partiell bemaltem Marmor und in einigen Fällen sogar aus dem an altertümliche Werke erinnernden Holz hergestellt. Literarisch sind gelegentlich auch goldene oder aus vergoldeter Bronze bestehende Bildnisse überliefert, die besonders kostspielig und auffällig gewesen sein müssen. Derartige Denkmäler dienten ohne Zweifel zumeist der aufwendigen Repräsentation der Dargestellten, konnten aber – ebenso wie die gerade in Delphi besonders zahlreichen goldenen Dreifüße – auch als besonders kostbare Weihgeschenke zu Ehren der Götter verstanden werden, die traditionell eine enge Verbindung zum Material Gold hatten (s. auch u. S. 219 zum athenischen Archonteneid). Vor diesem Hintergrund wirkt es beinahe plausibel, wenn der Großneffe des Gorgias (etwa 480–380 v. Chr.) in der Inschrift einer von ihm in Olympia gestifteten Statue des Sophisten erklärt, dieser habe sein eigenes vergoldetes Bildnis in Delphi nicht zur Demonstration seines Reichtums, sondern aus Frömmigkeit gegenüber den Göttern errichtet. Auf der anderen Seite zeigen sowohl diese apologetische Inschrift als auch der große Widerhall der delphischen Gorgias-Statue in der antiken Literatur, daß vergoldete Porträtstatuen in der Regel natürlich nicht allein religiöse Konnotationen hatten, sondern zugleich als Denkmäler der Selbstdarstellung und sozialen Distinktion gewertet wurden. In noch weitaus höherem Maße muß dies für die Bildnisse Philipps II. und seiner Familie in Olympia gegolten haben, die in der sonst nahezu ausschließlich für Götterstatuen verwendeten Goldelfenbein-Technik hergestellt waren (Pausanias 5, 20, 9–10; s. u. S. 220).

Format: Auffällig sind die deutlichen Unterschiede im Format der freiplastischen Bildnisse archaischer und klassischer Zeit, deren Maße von unterlebensgroßen Statuetten bis zu weit überlebensgroßen Statuen reichen. Diese Größendifferenzierung kann nicht allein mit den ökonomischen Verhältnissen des Auftraggebers begründet werden, wie z. B. die sehr qualitätvollen, aber unterlebensgroßen Sitzstatuetten mehrerer athenischer Beamter (›Schreiber‹, 520–510 v. Chr.) von der Athener Akropolis und das wohl noch im 5. Jahrhundert errichtete kleinformatige Bildnis (εἰκόνιον) des Themistokles im Tempel der Artemis Aristoboule in Athen (Plutarch, Themistokles 22, 2–3) zei-

Abb. 7. Herme des Perikles, römische Kopie. London, British Museum Inv. 549

Abb. 8. Bärtiger alter Mann. Fragment eines attischen Grabreliefs, um 350 v. Chr. Kopenhagen, Ny Carlsberg Glyptotek Inv. 1957

gen, welches dem gut lebensgroßen, durch eine römische Kopfkopie überlieferten Porträttypus (Kat.-Nr. 124) gegenübersteht.

Auch wenn es kaum verbindliche Regeln für das Format archaischer und klassischer griechischer Porträts gegeben hat, zeichnen sich diesbezüglich doch einige Charakteristika ab. Viele der archäologisch überlieferten Bildnisse lassen sich mit einer zu rekonstruierenden Statuenhöhe von 1,6 bis 2,0 Metern als »lebensgroß« oder »leicht überlebensgroß« beschreiben (vgl. Kat.-Nr. 124. 126–129. 131–133). Tatsächlich muß die Lebensgröße einer Porträtstatue – zumindest gelegentlich – eine wesentliche Kategorie gewesen sein: So enthalten die bei Diogenes Laertius (5, 16. 52) überlieferten Testamente des Aristoteles und des Theophrast konkrete Vorgaben zur Größe einiger noch anzufertigender Bildnisse, die vier Ellen hoch (τετράπηχυς; ca. 1,77 m) bzw. »gleich« (sc. groß wie der Dargestellte; εἰκὼν ἴση) werden sollten. Auch im Eid der attischen Archonten gehörte die Lebensgröße (ἰσομέτρητος) zu den zentralen Vorgaben für die potentiellen Sühne-Weihgeschenke; möglicherweise sollte hierdurch verhindert werden, daß sich ein Beamter nach seiner Verfehlung mit einem kleinformatigen Bildnis aus der Affäre ziehen konnte. Generell mag das lebensgroße Format vieler griechischer Porträts mit deren ambivalentem Charakter zusammenhängen: Auf diese Weise konnte der Dargestellte einerseits besonders glaubwürdig als dauerhaft in einem Heiligtum anwesender Sühneleistender, Beter oder den Göttern Dankender repräsentiert werden; andererseits waren lebens- oder leicht überlebensgroße Figuren natürlich besonders geeignet, persönliche Verdienste und sozialen Status des oder der Dargestellten vor einem großen Publikum zu unterstreichen. Welche Konnotationen Auftraggeber und Betrachter mit deutlich überlebensgroßen Bildnis-Formaten verbanden, ist nicht überliefert. Zu betonen ist allerdings, daß solche Figuren keineswegs als frevelhafte, hybride Schöpfungen galten und auch nicht etwa durchgehend erst postum zur Aufstellung kamen, um an ›heroisierte‹ Intellektuelle (Kat.-Nr. 125) oder andere Verstorbene zu erinnern. Sicher noch zu Lebzeiten des Dargestellten entstanden ist eine bronzene Siegerstatue des Athener Pankratiasten und

Politikers Kallias Didymiou in Olympia, die nach Ausweis der auf der Basis zu erkennenden Fuß-Umrisse eine Höhe von etwa 2,5 m erreicht haben muß (kurz nach 472 v. Chr.); dies belegt im übrigen, daß die von Lukian (pro im. 11) überlieferte Vorschrift, nach der olympische Siegerstatuen ein lebensgroßes Format nicht überschreiten durften, zumindest im 5. Jahrhundert v. Chr. nicht galt.

›Private‹ Porträtstatuen in Heiligtümern

Die Wirkung eines Porträts ist nicht zuletzt in hohem Maße durch seinen Aufstellungsort und seine nähere Umgebung bedingt. In klassischer Zeit standen die Figuren zumeist auf einfachen Quader- oder Rundbasen, auf bogenförmigen Sockeln oder auf zusammengesetzten und zum Teil mehrstufigen Postamenten; gelegentlich konnten sie aber auch säulenförmige Basen unterschiedlicher Höhe bekrönen und auf diese Weise aus ihrer Umwelt herausgehoben werden. Innerhalb der Heiligtümer bildeten sich – unter Mitsprache und zum Teil nach Genehmigung der jeweiligen Behörden – im Laufe der Zeit besonders prätentiöse und sogleich ins Auge fallende Plätze heraus, die besonders begehrt waren und in den Inschriften als »am besten sichtbare Orte« (ἐπιφανέστατοι τόποι) bezeichnet werden. Nicht selten wird auch die Nähe zu Bildnissen von Familienmitgliedern oder Freunden gesucht.

Auf der Athener Akropolis wurden auch nach der Einführung der Demokratie in Athen und während der gesamten klassischen Zeit nicht wenige ›private‹ Bildnisse verschiedenster Personengruppen errichtet: Staatsmänner bzw. Politiker sind hier ebenso vertreten wie Dichter, Musiker, siegreiche Athleten und Priesterinnen. Auch in den panhellenischen Heiligtümern von Olympia, Delphi, Nemea und Isthmia befanden sich zahlreiche Porträtstatuen; besonders gut unterrichtet sind wir über die Bildnisse in Olympia, wo sie, vor allem zur Zeit der Olympischen Spiele, vor einem großen gesamtgriechischen Publikum Beachtung fanden. Dominierend waren hier die Statuen der gymnischen und hippischen Wettkampfsieger, die sich z. B. als Beter, mit Attributen ihrer jeweiligen Disziplin oder als Begleiter ihres siegreichen Wagengespanns darstellen ließen. Eine der aufwendigsten und prätentiösesten Inszenierungen von Bildnissen der spätklassischen Zeit befand sich im Westen der Altis in einem Rundbau, der Philippeion genannt und kurz nach der Schlacht von Chaironeia (338) wohl bereits von Philipp II. in Auftrag gegeben und später von seinem Sohn Alexander d. Gr. vollendet wurde. Im Inneren des Gebäudes befanden sich auf einer bogenförmigen Marmorbasis die von Leochares aus Gold und Elfenbein gearbeiteten (chryselephantinen) Bildnisse Philipps, seiner Eltern Amyntas und Eurydike, seiner Frau Olympias sowie seines Sohnes Alexander (Pausanias 5, 20, 9–10). Die sonst vorwiegend für Götterfiguren verwendete Goldelfenbeintechnik muß den antiken Betrachter sogleich an den kolossalen Zeus des Pheidias im benachbarten Zeustempel oder an andere chryselephantine Götterstatuen des 5. Jahrhunderts v. Chr. (Athena Parthenos; Hera von Argos) erinnert und den selbstbewußten Anspruch der Stiftung verdeutlicht haben. Ohne Zweifel liegt die Selbstdarstellung der makedonischen Stifter mit ihren dynastischen Ansprüchen und der Angleichung an die Götter hier auf einer anderen Ebene als beispielsweise die vergoldete Porträtstatue ihres Vorfahren Alexander I. in Delphi (Herodot 8, 121, 2; kurz nach 478 v. Chr.), die zwar ebenfalls sehr repräsentativ war, zugleich aber mit anderen Edelmetallweihungen an Apollon verglichen werden konnte.

In dem vor allem durch vielfigurige Gruppenanatheme griechischer Poleis geprägten Apollonheiligtum von Delphi (s. u. S. 223 ff.) muß sich eine große Anzahl von Statuen pythischer Wettkampfsieger befunden haben. Einzelne Bildnisse von Tyrannen, Königen, Staatsmännern, Dichtern und anderen Personen erweiterten das Spektrum der Bildnisweihungen. Auch in diesem Heiligtum war Raum für die aufwendige Repräsentation vornehmer Familien: Oberhalb des Tempelvorplatzes erhob sich ein langrechteckiges Gebäude, in dessen Halbdunkel sich auf einer Basis aus dunklem Kalkstein neun leicht überlebensgroße Figuren eines Anathems befanden, das der thessalische Tetrarch Daochos (um 339–334 v. Chr.) in Auftrag gegeben hatte: Neben einer unbenannten sitzenden Gestalt (wohl des Apollon) waren als Athleten und Feldherren Protagonisten von sechs Generationen der Stifter-familie repräsentiert, die deren schon lange währenden und auch in Zukunft andauernden

Ruhm bezeugten. Bemerkenswert ist die Kombination ›klassizistischer‹ Figuren, die Statuentypen des 5. Jahrhunderts v. Chr. zitieren und damit der Lebenszeit der Dargestellten entsprechen, mit Gestalten im zeitgenössischen Stil des fortgeschrittenen 4. Jahrhunderts.

III. Ehrenstatuen der klassischen Zeit

Als öffentliche Ehrenstatuen werden diejenigen Bildnisse verstanden, deren Errichtung – unabhängig von der Übernahme der Kosten und vom Aufstellungsort – ein öffentlicher Beschluß der Polis oder anderer Gemeinschaften zugrunde liegt. Gerade solche Bildnisse können als wichtige Indikatoren für die Spannung zwischen einzelnem und Gesellschaft in demokratischen Poleis gelten. Ehrenstatuen gehören seit archaischer Zeit zu den höchsten staatlichen Ehrungen, wie die bereits um 500/490 belegte Integration der Bildnisse lebender Sterblicher in staatliche Gruppenanatheme (s. u. S. 225), aber auch literarische Nachrichten zu anderen Denkmälern zeigen. So könnte es sich bei der marmornen kurosgestaltigen Figur des Olympiasiegers Arrhachion auf der Agora von Phigalia um eine solche Ehrenstatue des 6. Jahrhunderts handeln, die zudem vielleicht – ähnlich wie die Tyrannenmörder in Athen (Kat.-Nr. 132. 133) – ohne religiösen Kontext im Zentrum der Polis plaziert wurde (Pausanias 8, 40, 1).

Individuum und Polis: Ehrenstatuen und andere Ehrungen im klassischen Athen

Unverkennbar ist das Bemühen der Athener, in ihren offiziellen Stifterinschriften des 5. Jahrhunderts v. Chr. als egalitäre Gemeinschaft zu erscheinen. So firmieren sie hier regelmäßig als »die Athener« oder »die Söhne der Athener«, ohne daß einzelne Beamte, Strategen oder andere Personen besonders hervorgehoben werden. Bezeichnend ist hier auch die Weigerung der Athener, Miltiades in der Stifterinschrift des Marathonbildes in der Stoa Poikile (460/50) namentlich zu erwähnen (Aischines 3, 186; vgl. Demosthenes 13, 22; 23, 198; s. u. 226 f.). Erst im frühen 4. Jahrhundert sollte bei einer Beuteweihung neben den Athenern gelegentlich auch ein einzelner Stratege genannt werden (Suda s. v. Ἰφικράτης). Dieser kollektiven Selbstdarstellung der Athener entsprechen im 5. Jahrhundert v. Chr. auch die im Vergleich mit anderen Poleis strengen Restriktionen bei der Vergabe von Ehren an (lebende) Zeitgenossen. Aber auch in dieser Zeit traten die Athener nicht ausschließlich als anonymes Kollektiv auf; vielmehr integrierten auch sie hin und wieder die Bildnisse einzelner Bürger in ihre staatliche Repräsentation.

Die Ehrung der Tyrannenmörder: Bereits kurz nach dem mit maßgeblicher Hilfe der von den Alkmeoniden zu Hilfe gerufenen Spartaner unter ihrem König Kleomenes I. erreichten Sturz des Peisistratiden Hippias verständigten sich die Athener auf hohe postume Ehren für die beiden Tyrannenmörder Harmodios und Aristogeiton, die einige Jahre zuvor (514 v. Chr.) Hipparchos, den Bruder des Hippias, umgebracht hatten und kurz darauf selbst getötet worden waren. Nach dieser Aktion wurde die Tyrannis des überlebenden und nunmehr mißtrauischen Hippias allerdings noch drückender, und so war die Tat des Freundespaares Harmodios und Aristogeiton bereits im 5. Jahrhundert sehr umstritten (Herodot 6, 123; Thukydides 6, 53–59). Ihre Überhöhung zu Freiheitshelden zeigt, wie weit die athenische Selbstdarstellung bereits in den ersten Jahren der Demokratie von dem historischen Sachverhalt entfernt war – wirkliche Verdienste hatten die Spartaner unter Kleomenes I. und das einflußreiche Geschlecht der Alkmeoniden. Mit einem Spartaner konnte die Gründung der neuen Verfassung allerdings kaum verbunden werden, und die Position der Alkmeoniden sollte offensichtlich nicht weiter gestärkt werden. So scheint man sich auf die Hervorhebung der aus einer weniger bedeutenden Familie stammenden Tyrannenmörder als Vorkämpfer der Demokratie verständigt zu haben. Mitten auf der Agora wurden nun (wohl bereits um 500) zwei von Antenor gearbeitete, bronzene Ehrenstatuen errichtet, die nach ihrer Entführung in den Perserkriegen sogleich durch eine neue Gruppe der Künstler Kritios und Nesiotes ersetzt wurden (477/76; Kat.-Nr. 132). Bis in die römische Kaiserzeit gehörten diese Statuen zu den zentralen und identitätsstiftenden Denkmälern der Stadt. Ihre Umgebung wurde per Gesetz von anderen Figuren freigehalten, wie zwei frühhellenistische Inschriften belegen; nur zweimal wurde diese Regel durchbrochen, als im Jahre 307/6 v. Chr. die makedonischen »Retter« Antigonos Monophthalmos und Demetrios Poliorketes als vergoldete Figuren in einem repräsentativen Wagen und später die als »neue Tyrannenmörder« gefeierten Cäsarmörder Brutus und Cassius unmittelbar neben den Tyrannenmördern plaziert wurden (42 v. Chr.); in beiden Fällen blieb dies allerdings ein vorübergehender Zustand: Nach Änderung der politischen Verhältnisse wurden die Makedonen gegen 200 v. Chr. und die Cäsarmörder spätestens 31 v. Chr. wieder ›abgeräumt‹. Die postumen Ehren für die Tyrannenmörder bestanden im übrigen nicht allein in der Errichtung der Ehrenstatuen auf der Agora, sondern auch in zwei Vorrechten, die den jeweils ältesten Nachkommen der beiden Volkshelden auf unbestimmte Zeit zuerkannt wurden: Neben dem Recht auf öffentliche Speisung im Prytaneion (Sitesis) erhielten diese Nachfahren das Privileg, bei allen von der Polis veranstalteten Agonen jeweils auf speziell markierten Plätzen in einer der vordersten Reihen zu sitzen (Prohedrie). Ebenso wie in anderen Poleis bildeten Sitesis, Prohedrie und Ehrenstatue die drei höchsten Ehren (μέγισται τιμαί), die die Stadt zu vergeben hatte. Allerdings nimmt Athen insofern eine Sonderstellung ein, als die Errichtung einer Ehrenstatue für lebende Honoranden im gesamten 5. Jahrhundert in den politischen Gremien, wohl aufgrund eines ungeschriebenen Gesetzes, nicht durchzusetzen war (zum athenischen Marathonmonument in Delphi mit der postumen Statue des Miltiades s. u. S. 225). Diese Konvention mag aus dem Fehlen einer vergleichbaren Ehrung für die Alkmeoniden resultieren, deren Verdienste um den Sturz der Tyrannis kaum zu überbieten waren.

Die athenischen Ehrenstatuen des 4. Jahrhunderts v. Chr.: Erst im frühen 4. Jahrhundert erklären sich die Athener bereit, Ehrenstatuen lebender Zeitgenossen auf der Agora errichten zu lassen: Im Jahre 393 werden der athenische Feldherr Konon und sein Bundesgenosse Euagoras von Zypern nach einem entscheidenden Sieg über die Spartaner bei Knidos (394) jeweils durch eine (lebensgroße?) bronzene Ehrenstatue vor der Stoa des Zeus Eleutherios geehrt. Die Nähe dieser Figuren zu Halle und Statue des seit den Perserkriegen verehrten »Befreiers« Zeus rühmt die beiden Geehrten nicht zuletzt als Befreier der ehemals mit Athen verbündeten kleinasiatischen Städte von der spartanischen Oberherrschaft: Die Ehrung Konons wird von Demosthenes unter Rekurs auf das Verdienst der Tyrannenmörder damit erklärt, daß er die griechischen Städte Kleinasiens von einer »nicht kleinen Tyrannis« befreit habe (Demosthenes 20, 70).

Bis gegen 330 v. Chr. wurden Ehrenstatuen (und andere höchste Ehren) in Athen offenbar nur relativ selten und in erster Linie an »Wohltäter« (Feldherren, Redner) und einzelne Dichter vergeben. Die meisten dieser Bildnisse kamen auf der Agora und in staatlichen öffentlichen Gebäuden (zum Beispiel im Prytaneion [Kat.-Nr. 128], im Pompeion [vgl. Kat.-Nr. 129] oder im Dionysos-Theater [Kat.-Nr. 408–410]) zur Aufstellung. Erst seit dem Ende des 4. Jahrhunderts scheinen die Athener dazu übergegangen zu sein, derartige Denkmäler auch auf der Akropolis oder in anderen Heiligtümern zu errichten. Zur Ikonographie der Ehrenstatuen sind nur vereinzelte Nachrichten erhalten: Feldherren konnten unter Hinweis auf ihre militärischen Funktionen mit Waffen oder Schiffszierat (nach einem Sieg zur See) dargestellt werden. So erschien Chabrias (Abb. 4) im Jahre 376 in Erinnerung an eine konkrete Kampftaktik als Stratege mit Lanze und an die Knie gelehntem Schild (Cornelius Nepos, Chabrias 1, 2–3); denkbar ist ferner, daß einige der in römischen Kopien überlieferten ›Strategenköpfe‹ auf athenische Ehrenstatuen des 4. Jahrhunderts zurückgehen. Sollte dies zutreffen, so hätte man Strategen mitunter ähnlich wie Perikles (Kat.-Nr. 127) mit zurückgeschobenem korinthischen Helm dargestellt.

Rezeption und Wertung der klassischen athenischen Ehrenstatuen durch die Zeitgenossen waren – je nach Blickwinkel des Autors und Kontext seiner Aussage – durchaus unterschiedlich. Einerseits beklagt Demosthenes (ebenso wie dies Aristophanes schon 424 v. Chr. in den »Rittern« [V. 573 ff. 702 ff. 1404 f.] nach der Vergabe von Sitesis und Prohedrie an Kleon getan hatte) die seiner Meinung nach

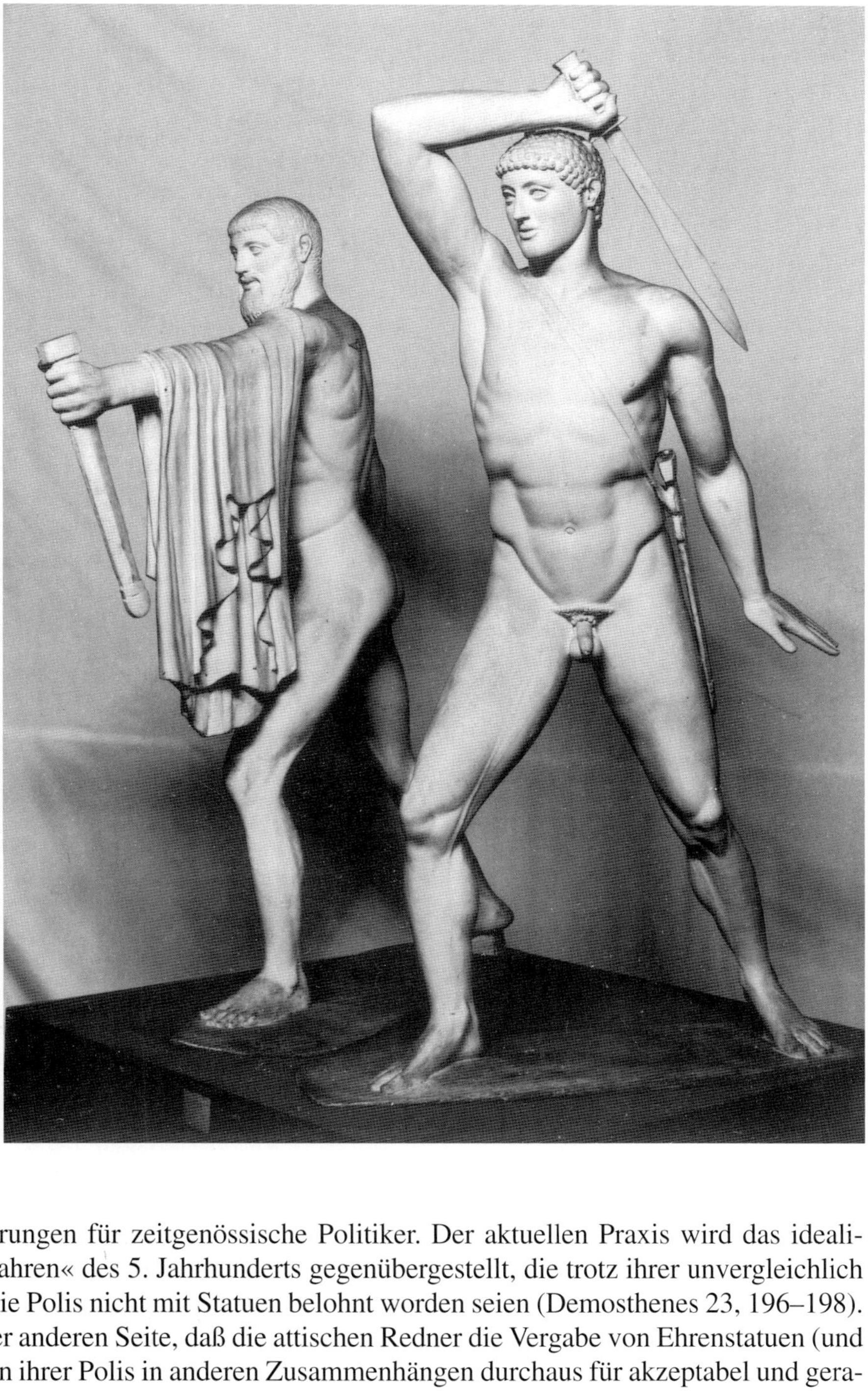

Abb. 9. Ehrenstatuen der Tyrannenmörder. Rekonstruktion der Figuren im Gipsabguß. Rom, Museo dei Gessi

überhandnehmenden Ehrungen für zeitgenössische Politiker. Der aktuellen Praxis wird das idealisierte Beispiel der »Vorfahren« des 5. Jahrhunderts gegenübergestellt, die trotz ihrer unvergleichlich höheren Verdienste um die Polis nicht mit Statuen belohnt worden seien (Demosthenes 23, 196–198). Aufschlußreich ist auf der anderen Seite, daß die attischen Redner die Vergabe von Ehrenstatuen (und weiterer μέγισται τιμαί) in ihrer Polis in anderen Zusammenhängen durchaus für akzeptabel und geradezu vorbildhaft halten: So hebt Lykurg (um 330 v. Chr.) die Athener Agora mit ihren »Statuen guter Strategen und der Tyrannenmörder« von den Plätzen anderer Poleis ab, auf denen sich lediglich die Statuen siegreicher Athleten befänden (Lykurg, Leocr. 51; vgl. auch Demosthenes 20, 112 ff.).

IV. Die Repräsentation von Poleis und Staatenbünden durch vielfigurige Statuengruppen und Historienbilder

Konkurrierende Statuenwälder. Delphi als Ort politischer Repräsentation griechischer Poleis: Aufgrund seiner nicht zuletzt durch das berühmte Orakel begründeten religiösen und

Abb. 10. Das Attentat auf Hipparchos. Attisch-rotfiguriger Stamnos des Kopenhagener Malers, um 470 v. Chr. Würzburg, Martin-von-Wagner-Museum der Universität Inv. I. 515

politischen Bedeutung wurde das panhellenische Apollonheiligtum von Delphi in archaischer Zeit zu einem der zentralen Orte für die Repräsentation von Poleis, Bünden und einzelnen Herrschern. Seit frühester Zeit konzentrierten sich hier kostbare Weihgeschenke und Schatzhäuser von Tyrannen, Königen und Städten. Bereits diese Denkmäler waren nicht selten nach Siegen von Griechen über Griechen gestiftet worden, was den Schriftsteller und delphischen Priester Plutarch im frühen

2. Jahrhundert n. Chr. zu unverhohlener Kritik veranlaßte (Plutarch, Moralia 401 c–d); J. Burckhardt bezeichnete Delphi gar als »Museum des nationalen Hasses« – eine Bemerkung, die freilich deutlich von der Entstehung der Nationalstaaten im 19. Jahrhundert geprägt und kaum auf die heterogene griechische Staatenwelt anzuwenden ist.

Seit etwa 500 v. Chr. und insbesondere in der klassischen Zeit entstanden in Delphi zahlreiche vielfigurige bronzene Statuengruppen, die vor allem an der unteren und mittleren Heiligen Straße von verschiedenen griechischen Poleis errichtet wurden und uns durch die Beschreibung des Pausanias und gelegentlich auch durch originale Basen überliefert sind. Anhand politischer Weihgeschenke in Olympia und Delphi hat T. Hölscher das im Laufe der Zeit herausgebildete Geflecht zwischen repräsentativen Denkmälern einzelner Stadtstaaten herausgearbeitet (Hölscher 1974). Durch Plazierung, Thema, Figurenprogramm und Inschriften solcher Weihgeschenke wurde der Betrachter auf deren freundliche oder polemische Beziehungen zu benachbarten älteren Anathemen hingewiesen.

Im Eingangsbereich des delphischen Apollonheiligtums, an der unteren Heiligen Straße, läßt sich anhand der ›politischen‹ Gruppen die Konkurrenz zwischen den einzelnen Poleis und das Auftrumpfen der jeweils erfolgreichen Mächte (Athen, Argos, Sparta, Theben) besonders gut ablesen. Es handelte sich hier um Kompositionen, die Darstellungen von Gottheiten, lokaler Heroen und mehrfach auch lebender oder jüngst verstorbener historischer Protagonisten einer Polis oder eines Bundes enthielten. Einige prominente Anatheme seien hier exemplarisch vorgestellt: Nach einem wichtigen Sieg über die thessalische Reiterei (500/490) stifteten die Phoker eine bronzene Figurengruppe, in der neben Apollon und phokischen Landesheroen die Porträtstatuen des Sehers Tellias aus Elis und einiger Feldherren zu sehen waren (Pausanias 10, 1, 10; 13, 6); zumindest Tellias lebte noch zur Zeit der Errichtung des Anathems. Ein ähnliches Figurenprogramm ist für das eine Generation später (470/60) entstandene, von Pheidias gearbeitete Marathon-Weihgeschenk der Athener überliefert, in dem die offizielle Repräsentation Athens mit einer deutlichen Rühmung des attischen Geschlechts der Philaiden verbunden war, dem Miltiades und sein – wohl stark an der Entscheidung über Stiftung und Programm der Gruppe beteiligter – Sohn Kimon angehörten (Pausanias 10, 10, 1–2): Athena, Theseus und Kodros sowie die zehn attischen Phylenheroen (Eponymen) repräsentierten die übermenschlichen Schutzmächte Athens; durch die zehn eponymen Heroen war die gesamte Bürgerschaft Athens und Attikas in ihrer seit Kleisthenes gültigen Aufteilung vertreten (s. S. 195 f.). Hinzu traten Apollon als Gott des Heiligtums, Philaios, der mythische Ahnherr der Philaiden, und der 489 verstorbene, maßgeblich am Sieg der Athener und Plataier über die Perser bei Marathon beteiligte Stratege Miltiades, der unmittelbar neben der wahrscheinlich etwas größeren Athena stand und vielleicht von der Göttin bekränzt wurde. Auch wenn die physische Nähe eines Menschen zu einer Gottheit nicht etwa als vergöttlichende Überhöhung interpretiert werden muß (zur gleichen Zeit bekränzt auf einer attisch-rotfigurigen Hydria Athena als Handwerksgöttin einen Vasenmaler), kam die Existenz einer postumen Ehrenstatue des Miltiades in einem athenischen Weihgeschenk einer gewaltigen Ehrung gleich.

Als die Spartaner in einer Seeschlacht bei Aigospotamoi (405) einen entscheidenden Sieg über die athenische Flotte errangen, ließ ihr Feldherr Lysander mit Genehmigung seiner Polis aus der Beute eine umfangreiche Gruppe in Delphi errichten, die in Plazierung, Anzahl der Figuren und Programm Bezug auf das athenische Marathonmonument nahm und dieses zu übertrumpfen versuchte (Plutarch, Lysander 18, 1; Pausanias 10, 9, 7–10). Unmittelbar vor dem älteren Denkmal errichtet, stellte das Lysanderanathem mit seinen 40 Figuren (!) das 16figurige ältere Weihgeschenk buchstäblich in den Schatten. In der vorderen Reihe waren neben einigen mit Delphi, Sparta, Lysander und dem Seesieg von Aigospotamoi verbundenen Gottheiten (Poseidon, Artemis, Apollon, Zeus) und den Dioskuren Porträtstatuen des Lysander und von Personen seiner engsten Umgebung (Seher, Herold, Steuermann) zu sehen; Lysander wurde in Erinnerung an den Sieg zur See vom Meeresgott bekränzt – auch dies eine deutliche Bezugnahme auf die Komposition des Marathonmonuments, in dem Miltiades neben Athena stand und eventuell ebenfalls von dieser bekränzt wurde. Hinter diesen gut lebensgroßen Figuren, bei denen die Götter die Menschen nach alter Konvention um einige Zentimeter überragten, standen auf einer etwa 30 cm höheren Stufe in der zweiten Reihe 30 leicht unterlebensgroße Statuen weiterer Spartaner und deren Alliierter, die den Hintergrund für die Protagonisten in der ersten Reihe bildeten. Das Lysanderanathem zeigt in hohem Maße, wie traditionelle Repräsentationsformen unabhängig von der aktuellen historischen Entwicklung beibehalten werden konnten. Thema der Gruppe war nicht etwa die präzise Wiedergabe historischer Ereignisse, sondern die konventionsgebundene Dokumentation eines mit Hilfe von Göttern und Heroen errungenen Sieges, die der Legitimierung des Auftraggebers und der Sieger insgesamt diente. Noch in frühhellenistischer Zeit sollte man an derartige spätarchaische und klassische Denkmäler anknüpfen: Nach 279 v. Chr. stifteten die Aitoler nach ihrem Sieg über die Kelten eine Gruppe in Delphi, in der einige Feldherren neben Apollon, Artemis und Athena erschienen (Pausanias 10, 15, 1).

Historienbilder: ›Historienbilder‹ bzw. die Thematisierung von Ereignissen der jüngeren Vergangenheit in narrativen Darstellungen sind sporadisch bereits für das 6. Jahrhundert v. Chr. belegt und gehören seit der klassischen Zeit zu den repräsentativsten Denkmälern griechischer Poleis. Zumeist handelt es sich nun um großformatige Tafelbilder, die in öffentlich zugänglichen Gebäuden zu besichtigen waren und uns allein durch literarische Beschreibungen überliefert sind. Bezug auf historische Vorgänge nahmen auch die Friese des Athena-Nike-Tempels auf der Athener Akropolis und attische Staatsgrab-Reliefs.

Das Marathongemälde in der Stoa Poikile

Gegen 460/50 gaben die Athener bei einigen der berühmtesten Maler ihrer Zeit je zwei mythologische und historische Tafelgemälde in Auftrag, die zur Ausschmückung einer Säulenhalle dienen sollten, die von Kimons Schwager Peisianax am Nordrand der Athener Agora erbaut worden war und hernach aufgrund ihrer Ausstattung Stoa Poikile (»Bunte Halle«) genannt wurde.

Von zentraler Bedeutung war hier das Marathongemälde, dessen Komposition und Entstehungsbedingungen seit dem 4. Jahrhundert v. Chr. in vielen literarischen Nachrichten ihren Niederschlag gefunden haben (s. bes. Pausanias 1, 15, 3). Dargestellt war in drei räumlich und zeitlich getrennten Bereichen, wie die vereinten Athener und Plataier die Perser bei Marathon zu ihren Schiffen zurückdrängten. Im linken Teil des Bildes sah man die von den Plataiern unterstützten Athener zu Beginn ihres Sturmlaufs, durch den sie den persischen Pfeilhagel unterlaufen konnten. An der Spitze der Kämpfer war Miltiades gemalt, wie er die Griechen mit nach vorne ausgestrecktem Arm zum Angriff anspornte. Im Hintergrund befanden sich mit Athena, dem Ortsheros Marathon, Herakles und dem aus dem Boden auftauchenden attischen ›Nationalheros‹ Theseus göttliche und heroische Helfer der Griechen. Der mittlere Abschnitt des Gemäldes zeigte offenbar Einzelkämpfe zwischen Griechen und Persern und im Vordergrund die unterliegenden Perser, die bei ihrer Flucht in unbefestigtes Gelände gerieten und sich gegenseitig in den Sumpf stießen. Im rechten Teil des Bildes waren die mit geflohenen Persern bemannten und zum Ablegen bereiten phönizischen Schiffe zu sehen. Hier waren neben einigen anderen griechischen Einzelkämpfern auch der trotz einer tödlichen Verwundung noch kämpfende Polemarch Kallimachos und Kynegeiros, der Bruder des Tragikers Aischylos, besonders hervorgehoben: Bei dem Versuch, ein persisches Schiff an der Abfahrt zu hindern, verlor Kynegeiros durch einen Axthieb seine rechte Hand.

Das Marathongemälde stellt ein herausragendes Dokument für die überhöhende Stilisierung der Schlacht von Marathon durch das demokratische Athen dar. Die Anwesenheit Athenas und mehrerer, zum Teil aktiv in das Geschehen eingreifender Heroen dokumentiert den (auch durch einige literarische Quellen bezeugten) Glauben an die Hilfe, die übermenschliche Wesen den Griechen in den Perserkriegen gewährt hatten. Ebenso wie die Göttin und die Heroen waren historische Protagonisten wie die beiden persischen Anführer, der zum Angriff anfeuernde Stratege Miltiades oder die Kämpfer Kallimachos und Kynegeiros durch ihre Ikonographie sowie ihre Funktion im narrativen Kontext anscheinend ohne weiteres zu erkennen. Die genannten fünf Personen sollen laut Plinius, der auf die Errungenschaften der klassischen Malerei abhebt, darüber hinaus als *iconici duces,* also

Abb. 11. Satyrkopf auf der Vorderseite einer Drachme aus Katane (Sizilien), 420/10 v. Chr. Berlin, Münzkabinett

offenbar als »mit Bildniszügen versehene Anführer« wiedergegeben worden sein (Plinius, Nat. hist. 35, 57); in der Tat sind individualisierende Elemente (s. o. S. 213 ff.), in jedem Fall aber eine besonders expressive Mimik bei diesen Figuren durchaus vorstellbar. Unabhängig davon ist die Hervorhebung dieser Personen durch Position und Funktion ihrer Bildnisse im Gemälde und damit die hohe staatliche Ehrung zeitgenössischer bzw. jüngst verstorbener athenischer Bürger in jedem Fall bemerkenswert, und dies gilt insbesondere für die Gestalt des Miltiades, der als Anführer des vereinten griechischen Heeres charakterisiert und daher – offensichtlich mit Zustimmung der athenischen Volksversammlung, die lediglich die Nennung des Feldherrn in der Stifterinschrift untersagt hatte (Aischines 3, 186) – in eindeutig überhöhender und panegyrischer Weise dargestellt wird. In Analogie zu dem wenige Jahre zuvor errichteten Marathonmonument in Delphi zeigt sich hier, daß die Athener, sicherlich auch in diesem Fall auf Empfehlung des Kimon oder seiner Parteigänger, gelegentlich die rühmende Hervorhebung einzelner in ihre staatliche Selbstdarstellung integrierten.

Das Marathongemälde rahmte zusammen mit einer (nicht detailliert beschriebenen) Darstellung der Schlacht zwischen Athenern und Spartanern bei Oinoë in der Argolis (um 460) zwei mythologische Bilder: Gezeigt waren hier der von Theseus angeführte, erfolgreiche Abwehrkampf der Athener gegen die bis nach Attika vorgedrungenen Amazonen (›Attische Amazonomachie‹) und die im Kontext der Eroberung Trojas (Iliupersis) vorgenommene Entsühnung des Aias, der Kassandra vergewaltigt hatte. Sämtliche vier Gemälde in der Stoa Poikile thematisierten die Leistungen der (mythischen und historischen) Athener bei Kämpfen gegen äußere Feinde. Iliupersis, Amazonomachie und die Schlacht von Marathon erscheinen im übrigen seit etwa 479 v. Chr. immer wieder in den ›Tatenkatalogen‹, die athenische Gesandte und Redner wiederholt zur Legitimierung athenischer Hegemonieansprüche in den Perserkriegen und im Delisch-Attischen Seebund vorbrachten. Ebenso sind auch die gegen 460/50 entstandenen Tafelbilder in der Stoa Poikile als Verherrlichung attischer ›Taten‹ und als wichtige Dokumente der athenischen Repräsentation im mittleren 5. Jahrhundert v. Chr. zu verstehen.

Kollektive Repräsentation der Athener. Architekturplastik und Staatsgrab-Reliefs

Historische Ereignisse bildeten in der klassischen Zeit in einem Fall auch das Thema von Bauplastik: Nach anfänglichen Erfolgen im Peloponnesischen Krieg ließen die Athener in den 430er Jahren auf der ehemaligen mykenischen ›Bastion‹ oberhalb des Aufgangs zur Akropolis einen ionischen Tempel für die an dieser Stelle bereits seit archaischer Zeit verehrte Siegesgöttin Athena Nike errichten, dessen Architekturschmuck wohl erst einige Jahre später (um 425/420 v. Chr.) konzipiert wurde. Der Bau ist an der Außenseite mit einem umlaufenden Fries verziert, an dem Darstellungen innergriechischer Kämpfe mit solchen der Griechen gegen die Perser miteinander kombiniert sind: In für die klassische Zeit typischer Art werden die Kampfszenen in zwei- bis dreifigurige Gruppen aufgelöst, die zum Teil über Gefallenen stattfindende Einzelkämpfe zwischen Griechen und Griechen bzw. zwischen Griechen und Persern zeigen. Auf diese Weise kämpfen und sterben die Krieger als anonyme Repräsentanten der jeweiligen Gegner, ohne daß einzelne Anführer in besonders exponierter Weise dargestellt wären. Die Kämpfe gegen Perser und gegen griechische Feinde sind hier als ›rein‹ kollektive Erfolge der Athener repräsentiert.

In dieser egalitären Darstellungsweise entsprechen die Friese des Niketempels den etwas später entstandenen Reliefbändern (Abb. 5), welche die in jedem Kriegsjahr errichteten Inschriftstelen auf dem attischen Staatsfriedhof (Demosion Sema) im Kerameikos bekrönten: Oberhalb der nach den zehn kleisthenischen Phylen geordneten Gefallenenlisten sah man ganz ähnliche zwei- bis dreifigurige Kampfgruppen, die an die in den jeweils memorierten Gefechten geleisteten Taten der hier beerdigten athenischen Gefallenen erinnern sollten. Auch hier wird das historische Ereignis als Summe vorbildlicher Einzeltaten anonymer Kämpfer vorgestellt, ohne daß einzelne Strategen, Reiter oder andere Bürger besonders hervorgehoben wären. Anders als im delphischen Marathonmonument (470/60) oder im Marathongemälde in der Stoa Poikile (460/50) war am Niketempel und im Demosion Sema offenbar kein Raum für die Rühmung einzelner verdienter Athener. Deutliche Heraushebung einzelner im Rahmen staatlicher Denkmäler und egalitäre Verbildlichung athenischer Leistungen stellen zwei, maßgeblich von politischen Konstellationen und der Funktion der Monumente abhängige Spielarten staatlicher Repräsentation des demokratischen Athen dar.

Literaturauswahl:

I. Porträt
Materialsammlungen: G. M. A. Richter, The Portraits of the Greeks I–III (1965); Supplement (1972); G. M. A. Richter – R. R. R. Smith, The Portraits of the Greeks (1984); M. Nowicka, Le portrait dans la peinture antique (1993).

Zusammenfassende Darstellungen: J. D. Breckenridge, Likeness. A Conceptual History of Ancient Portraiture (1968); W. Gauer, Die griechischen Bildnisse der klassischen Zeit als politische und persönliche Denkmäler, JdI 83, 1968, 118–179; T. Hölscher, Ideal und Wirklichkeit in den Bildnissen Alexanders des Großen, AbhHeidelberg 1971, H. 2; L. Giuliani, Individuum und Ideal. Antike Bildniskunst, in: Bilder vom Menschen in der Kunst des Abendlandes, Ausstellungskat. Berlin (1980) 41–86; E. Voutiras, Studien zu Interpretation und Stil griechischer Porträts des 5. und frühen 4. Jahrhunderts (1980) [Rez.: L. Giuliani, Gnomon 54, 1982, 51–56]; L. Giuliani, Bildnis und Botschaft (1986); K. Fittschen (Hrsg.), Griechische Porträts (1988); N. Himmelmann, Realistische Themen in der griechischen Kunst der archaischen und klassischen Zeit, 28. Ergh. JdI (1994) [Rez.: L. Giuliani, Gnomon 70, 1998, 628–638]; H.-G. Niemeyer, Semata. Über den Sinn griechischer Standbilder (1996); L. Giuliani, Il ritratto, in: S. Settis (Hrsg.), I Greci. Storia, cultura, arte, società 2, 2 (1997) 983–1011; S. Walker, Griechische und römische Porträts (1999); M. Bergmann, Repräsentation, in: A. H. Borbein – T. Hölscher – P. Zanker (Hrsg.), Klassische Archäologie. Eine Einführung (2000) 166 ff.; N. Himmelmann, Die private Bildnisweihung bei den Griechen (2001); Der Neue Pauly 10 (2001) 189–193 s. v. Porträt (R. Neudecker). – Vgl. auch: R. Preimesberger – H. Baader – N. Suthor (Hrsg.), Porträt (1999); H. Belting, Bild-Anthropologie. Entwürfe für eine Bildwissenschaft (2001).

Einzelne Gruppen von Bildnissen: I. Scheibler, Sokrates in der griechischen Bildniskunst, Ausstellungskat. München (1989); R. von den Hoff, Philosophenporträts des Früh- und Hochhellenismus (1994); P. Zanker, Die Maske des Sokrates. Das Bild des Intellektuellen in der antiken Kunst (1995) [Rez.: N. Himmelmann, BJb 195, 1995, 653–661; M. Hofter, Klio 80, 1998, 231–241]; R. Krumeich, Bildnisse griechischer Herrscher und Staatsmänner im 5. Jahrhundert v. Chr. (1997); K. Schefold, Die Bildnisse der antiken Dichter, Redner und Denker[2] (1997); Ch. Löhr, Griechische Familienweihungen (2000).

Archaische Grabkore aus Thera: AW 32, 2001, 89 mit Abb. 4.

Hellenistische Inschriften zu Aufstellung und Pflege von Porträtstatuen in Heiligtümern: F. Sokolowski, Lois sacrées des cités grecques (1969) Nr. 43. 58. 177.

Griechische Bildnisse in römischem Kontext: Th. Lorenz, Galerien von griechischen Philosophen- und Dichterbildnissen bei den Römern (1965); R. Neudecker, Die Skulpturenausstattung römischer Villen in Italien (1988) 64ff.; H. Mielsch, Die römische Villa als Bildungslandschaft, Gymnasium 96, 1989, 444ff.; M. Bentz – B. Wesenberg, *Velut coram.* Zu einem Aspekt des Literatenporträts bei den Römern, in: H. v. Steuben (Hrsg.), Antike Porträts. Zum Gedächtnis von H. v. Heintze (1999) 149ff.

II. Politische Denkmäler und Historienbilder
T. Hölscher, Griechische Historienbilder des 5. und 4. Jahrhunderts v. Chr. (1973); T. Hölscher, Die Nike der Messenier und Naupaktier in Olympia. Kunst und Geschichte im späten 5. Jahrhundert v. Chr., JdI 89, 1974, 70–111; A. Rouveret, Les lieux de la mémoire publique: Quelques remarques sur la fonction des tableaux dans la cité, Opus 6–8, 1987–89, 101ff.; K. Stähler, Griechische Geschichtsbilder klassischer Zeit (1992); K. Stähler, Form und Funktion. Kunstwerke als politisches Ausdrucksmittel (1993); F. De Angelis, La battaglia di Maratona nella Stoa Poikile, AnnPisa Ser. 4, 1, 1996, 119–171; R. Krumeich, Namensbeischrift oder Weihinschrift? Zum Fehlen des Miltiadesnamens beim Marathongemälde, AA 1996, 43–51; Ch. Ioakimidou, Die Statuenreihen griechischer Poleis und Bünde aus spätarchaischer und klassischer Zeit (1997); D. Boedeker, Presenting the Past in Fifth-Century Athens, in: dies. – K. A. Raaflaub (Hrsg.), Democracy, Empire, and the Arts in Fifth-Century Athens, Kolloquiumsbericht Washington 1995 (1998) 185–202; T. Hölscher, Images and Political Identity: The Case of Athens, ebenda 153–183; D. Castriota, Democracy and Art in Late Sixth- and Fifth-Century B.C. Athens, in: I. Morris – K. A. Raaflaub (Hrsg.), Democracy 2500? Questions and Challenges (1998) 197–216; Der Neue Pauly 5 (1998) 640f. s. v. Historienmalerei (N. Hoesch).

124 Herme des Themistokles

Marmor; H 0,50 m; H des Kopfes 0,26 m
Vorderer Teil der Nase abgebrochen; Bestoßungen an Ohren, Bart und Hermenrändern; diagonaler Sprung in der Hermenbrust. Weitgehend abgearbeiteter Puntello (Meßpunkt) im Bereich der ›Bartfliege‹. Auf der Hermenbrust ist die Inschrift Θεμιστοκλῆς zu lesen.
Aus einem Haus (Caseggiato del Temistocle) in Ostia (1939)
Ostia, Museum Inv. 85

Die wahrscheinlich in hadrianischer Zeit gearbeitete Herme stellt bisher die einzige Kopfkopie einer um 480/70 v. Chr. entstandenen, mit einer zu rekonstruierenden Höhe von etwa 1,8–1,9 m gut lebensgroßen Bronzestatue des athenischen Staatsmanns Themistokles (524–459) dar, der maßgeblichen Anteil am Aufbau der attischen Flotte und am Sieg über die Perser in der Seeschlacht von Salamis (480) hatte. 471/70 ostrakisiert und 467 in Abwesenheit zum Tode verurteilt, gelangte er schließlich nach Magnesia am Mäander, wo er bis zu seinem Tod in Diensten des persischen Großkönigs als Dynast herrschte. Die Herme gibt sich durch die leichte Kopfdrehung nach links sowie durch die unterschiedliche Breite und Neigung der Schultern als Kopie eines Statuenausschnitts zu erkennen: Offensichtlich handelte es sich um eine ponderierte Statue, die Themistokles mit Blick auf ein möglicherweise in der erhobenen Linken gehaltenes Attribut zeigte. Nicht zu entscheiden ist, ob der Körper des Originals nackt, bekleidet oder gepanzert war; die Nacktheit der Hermenbrust allein ist keine hinreichende Grundlage für die Rekonstruktion einer nackten Statue.

Die Kopie geht auf eine bronzene Porträtstatue der Zeit um 480/70 zurück, die zu Lebzeiten des Themistokles und vielleicht noch vor dessen Ostrakisierung (471/70) entstanden ist; eine Identifizierung dieses Bildnisses mit einem der literarisch überlieferten Porträts des Atheners ist allerdings nicht möglich. Anders als Perikles (Kat.-Nr. 127) und andere Staatsmänner trägt Themistokles keinen Helm; nicht auszuschließen ist allerdings, daß er durch Lanze oder Chiton und Lederpanzer als Feldherr charakterisiert war. Auffällig sind die deutlich von dem zeitgenössischen Schönheitsideal abweichenden Züge des Porträts, dessen Asymmetrien, Mimik und grimmiger Gesichtsausdruck weit von den entspannten Zügen gleichzeitiger idealisierender Bildnisse (vgl. Kat.-Nr. 132. 133) entfernt sind. Wuchtiger Kopf, Stiernacken und geschwollenes Ohr (›Pankratiastenohr‹) der Herme lassen sich typologisch gut mit Darstellungen des Herakles oder von Schwerathleten vergleichen, ohne daß sich hieraus eine An-

Kat.-Nr. 124

gleichung des Themistokles an derartige Sportler oder an den Heros ermitteln ließe. Das Themistokles-Bildnis stellt das früheste individualisierte Porträt der griechischen Kunst dar und ist daher seit seiner Auffindung im Jahre 1939 Gegenstand zahlreicher Abhandlungen gewesen, die auch in den letzten Jahren zu durchaus unterschiedlichen Interpretationen gelangt sind (s. o. S. 213).

Literatur: L. Giuliani, Bildnis und Botschaft (1986) 130 f. Abb. 22; N. Himmelmann, Realistische Themen in der griechischen Kunst der archaischen und klassischen Zeit, 28. Ergh. JdI (1994) 54. 66–69. 79 ff. 85 f.; R. Krumeich, Bildnisse griechischer Herrscher und Staatsmänner im 5. Jahrhundert v. Chr. (1997) 72 ff. 241 Abb. 27–29; K. Schefold, Die Bildnisse der antiken Dichter, Redner und Denker[2] (1997) 88 f. mit Abb. 22; N. Himmelmann, Die private Bildnisweihung bei den Griechen (2001) 61 ff. Taf. 1.

125 Einsatzkopf des Homer im ›Epimenides-Typus‹

Marmor; H 0,397 m
Nase abgebrochen; Haare über der Stirn und an den Seiten stark verrieben; kleinere Bestoßungen an seitlichen Locken und Bart.
Erworben in Rom (1892)
München, Glyptothek Inv. 273

Der in der frühen Kaiserzeit entstandene, deutlich überlebensgroße Kopf war ursprünglich in eine Statue oder Herme eingelassen und stellt die beste von sechs maßgleichen römischen Kopfrepliken einer um 460 v. Chr. errichteten Bronzestatue dar. Wiedergegeben ist ein vollbärtiger alter Mann mit geschlossenen Augenlidern, in dem man zunächst den Kreter Epimenides erkennen wollte, der ein sagenhaftes Alter erreicht und nach einer Legende 40 Jahre oder länger ohne Unterbrechung in einer Grotte geschlafen haben soll. Die Anzahl der römischen Kopien zeigt jedoch, daß es sich um eine Person handeln muß, die für die römischen Auftraggeber von beträchtlicher Bedeutung war, was für Epimenides nicht gilt; auch weisen die geschlossenen Augen in Kombination mit der aufrechten Kopfhaltung kaum auf die Figur eines Schlafenden. Berühmtheit, geschlossene Augen als Chiffre für Blindheit und die auf eine Heroisierung des Dargestellten deutende Wulstbinde (das Strophion) führten zu der plausiblen und heute als *communis opinio* anerkannten Identifizierung des Typus als Bildnis des Homer, der in der 2. Hälfte des 8. Jhs. v. Chr. im ostionischen Bereich lebte und als Verfasser der Ilias und vielleicht auch der Odyssee gelten kann (letztere ist allerdings eventuell das Werk eines jüngeren Autors, des ›Odysseedichters‹). In Analogie zu dem in der Odyssee am Hof der Phaiaken auftretenden hochgeachteten Sänger Demodokos (Homer, Odyssee 8, 62–64) stellte man sich Homer bereits seit dem 6. Jh. v. Chr. als blind vor (Hymn. Hom. Ap. 172; vgl. Thukydides 3, 104, 5).

Der Dichter trägt volles, nackenlanges und die Ohren verdeckendes Haar, das durch die dünne Wulstbinde in eine kappenartige Kalotte und einen etwas voluminöseren Haarkranz unterteilt wird, sowie einen blockartigen Vollbart mit langen Strähnen. Zwei lange Haarpartien sind in altertümlicher Weise vom Wirbel aus nach vorne gekämmt und über der Stirn miteinander verknotet. Tiefe Nasolabialfalten, Krähenfüße, schlaffe Wangen und ausgeprägte Stirnfurchen unterstreichen das hohe Alter des eindrucksvoll charakterisierten blinden Sängers. Jahrhunderte nach der Lebenszeit des Dargestellten entstanden, handelt es sich um ein Rekonstruktionsporträt, das die damals für Homer überlieferten Charakteristika in sich vereint und ihn als blinden und gerade deswegen schöpferischen Greis und als gepflegte Erscheinung mit altertümlicher Frisur vorstellt; die Wulstbinde verweist auf die postume Heroisierung des Dichters. Blindheit, würdevolle Alterszüge und Haartracht gehören zu den individualisierenden Merkmalen des Bildnisses und dienten sicherlich nicht zuletzt der Wiedererkennbarkeit des ›rekonstruierten‹ Homer.

Die sechs erhaltenen Kopfkopien lassen kaum sichere Aussagen zur Ikonographie der überlebensgroßen originalen Bronzestatue zu; mit einiger Wahrscheinlichkeit war der Dichter durch eine stehende, etwa 2,2 m große Figur mit leicht nach rechts gewandtem Kopf repräsentiert, und vielleicht erschien er als mit einem Himation bekleideter alter Mann, der sich auf einen Stab stützte (vgl. Christodoros in: Anthologia Palatina 2, 311–350 zu einer Statue Homers in Konstantinopel). Auftraggeber, Aufstellungsort und Funktion des Originals bleiben unbekannt, da der Bildnistypus mit keiner der zahlreichen, durch literarische Nachrichten oder Inschriften überlieferten Homerstatuen kombiniert werden kann. Zwei dieser Figuren lassen sich in die klassische Zeit datieren: Etwa zur Zeit der Entstehung des ›Epimenides-Typus‹ (um 460) ließ der in Diensten des Tyrannen Anaxilaos von Rhegion reich gewordene und nun im arkadischen Tegea lebende Mikythos als Dank für die Genesung seines Sohnes ein vielfiguriges Anathem in Olympia errichten; durch unterlebensgroße Statuen waren hier neben Asklepios, Hygieia und weiteren Gottheiten auch Homer und Hesiod vertreten, deren Bildnisse eventuell auf die dominierende Rolle dieser Autoren in der Prägung der griechischen Mythologie und auf die umfassende Bildung des Stifters anspielen sollten (Pausanias 5, 26, 2–5; nach 467 v. Chr.). Am zwischen Athen und Eleusis gelegenen Grab des um 340 gestorbenen tragischen Dichters Theodektes aus Phaselis standen Figuren des Homer und anderer Dichter, die offensichtlich auf die berühmten Vorgänger des hier ebenfalls durch ein Bildnis repräsentierten Verstorbenen verwiesen ([Plutarch] Moralia 837 c–d). Weihgeschenk, Ausstattungselement eines Dichtergrabes oder postume Ehrenstatue in einer der Städte, die als Heimat Homers gelten wollten, sind die wesentlichen Funktionen, die für das Original des ›Epimenides-Typus‹ in Frage kommen, das zusammen mit der unterlebensgroßen Figur im olympischen Mikythos-Anathem zu den frühesten Versionen einer Homerdarstellung gehörte; von drei weiteren Bildnistypen der klassischen und hellenistischen Zeit sind römische Kopien überliefert.

Kat.-Nr. 125

Kat.-Nr. 126

Literatur: B. Vierneisel-Schlörb, Klassische Skulpturen des 5. und 4. Jahrhunderts v. Chr. Glyptothek München, Katalog der Skulpturen II (1979) 36 ff.; Ch. Vorster, Vatikanische Museen. Museo Gregoriano Profano Ex Lateranense, Katalog der Skulpturen II 1 (1993) 148 f. Kat.-Nr. 64 Abb. 283–288; P. Zanker, Die Maske des Sokrates. Das Bild des Intellektuellen in der antiken Kunst (1995) 21 ff.; K. Schefold, Die Bildnisse der antiken Dichter, Redner und Denker[2] (1997) 92 f. mit Abb. 28; R. Wünsche in: B. Andreae, Odysseus. Mythos und Erinnerung, Ausstellungskat. München (1999) 10 ff.

126 Herme des Pindar

Marmor; H 0,54 m; H des Kopfes 0,28 m
Nase, Ohrenränder und Teil des Schnurrbarts auf der rechten Seite sind modern ergänzt. Die Inschrift auf der Vorderseite der Herme (IANUS INPEATOR) ist nicht antik.
Fundort unbekannt. Ehemals Slg. Giustiniani
Rom, Kapitolinische Museen, Stanza dei Filosofi, Inv. 587

Die im frühen 2. Jh. n. Chr. entstandene Herme ist das zuverlässigste Exemplar von insgesamt neun Kopfkopien einer um 450/40 v. Chr. errichteten, gut lebensgroßen Bronzestatue des aus Kynoskephalai bei Theben stammenden chorlyrischen Dichters Pindar (522 oder 518 – kurz nach 446), von dessen Werken sich insbesondere die Loblieder (Epinikien) auf aristokratische Sieger in den panhellenischen Spielen erhalten haben. Lange Zeit galt die Herme aufgrund der neuzeitlichen Inschrift als Darstellung des spätantiken Kaisers Julian Apostata; später wurde sie unter anderem als Wiedergabe des spartanischen Feldherrn Pausanias interpretiert. Erst als 1981 im kleinasiatischen Aphrodisias eine inschriftlich benannte Schildbüste gefunden wurde, gelang die Identifizierung des Bildnistypus als Porträt des Pindar.

Der Dichter erscheint als älterer Mann mit rechteckigem Schädel und hervortretenden Wangenknochen, kurz geschnittenem, in langen Sichellocken in die Stirn gekämmtem vollen Haar und einem aus langen Strähnen gebildeten Vollbart, dessen Locken unter dem Kinn in einem Knoten zusammengebunden sind; im unteren Bereich der ›Bartfliege‹ fällt eine waagerechte Einkerbung auf, die wohl als eigenwillige Bartfrisur oder als Verweis auf eine Narbe zu verstehen ist. Das Pindar-Porträt gehört mit seinen deutlichen Alterszügen (tiefe Nasolabialfalten, erschlaffte Wangen, Tränensäcke), der singulären Bartform und den großen Ohren zu den eindrucksvollsten individualisierenden Bildnissen des 5. Jhs. v. Chr. (vgl. auch Kat.-Nr. 124. 125). Die durch die Brauenkontraktion bewirkte nachdenkliche Miene bestimmt hier den Gesichtsausdruck und kann als charakteristisch für die Bildnisse von Dichtern, Philosophen und anderen Intellektuellen gelten (Kat.-Nr. 130). N. Himmelmann hat das Porträt als Selbstdarstellung des Pindar gedeutet, der sich mit »groben, fast bäurischen Zügen« habe darstellen lassen, die auf die

»Mühsal seines Daseins« verweisen. Hierdurch habe der Dichter gegenüber Göttern und Menschen seine »fromme Selbstbescheidung« bekundet. Ohne Zweifel hatten viele griechische Porträtstatuen (z. B. als Weihgeschenke) auch eine religiöse Komponente, die sich auch in ihrer Ikonographie niederschlagen konnte (s. o. S. 225). Aber abgesehen davon, daß nicht zu entscheiden ist, ob das Pindar-Porträt wirklich noch vor dem Tod des Chorlyrikers entstanden ist und somit eventuell von diesem in Auftrag gegeben wurde, stellt die Interpretation der individualisierenden Züge des Bildnisses als »bäurisch« eine recht subjektive Bewertung dar. Distinktiv für das Porträt sind der an altertümliche, um 450 bereits aus der Mode gekommene Barttrachten erinnernde Bartknoten und die vielleicht auf eine Narbe verweisende Einkerbung in der ›Bartfliege‹. Mit einiger Wahrscheinlichkeit rekurrieren diese Merkmale auf die reale Bartfrisur des Dichters und erleichterten dem antiken Betrachter so die Wiedererkennbarkeit der Statue; in gleicher Weise mögen die von der zeitgenössischen Schönheitsnorm abweichenden Merkmale des Kopfes zu interpretieren sein (L. Giuliani).

Die ausgestellte Porträtherme und zwei weitere Kopfrepliken zeigen, daß der stehend oder sitzend dargestellte Pindar mit einem Himation bekleidet war und den Kopf deutlich nach links drehte. Denkbar ist, daß der Dichter in der Linken ein Saiteninstrument hielt, wie es eine durch einen Stich überlieferte, inschriftlich als Pindar benannte kopflose Statuette zeigt (Abb. 6), deren schräge Gewandführung allerdings nicht zu den drei genannten Kopien paßt. Auftraggeber, Aufstellungsort und Funktion der noch zu Lebzeiten oder kurz nach dem Tod des Pindar errichteten Bronzestatue sind nicht mehr zu ermitteln, da sich der Bildnistypus nicht mit einer der literarisch überlieferten Porträtstatuen kombinieren läßt. Erst im 4. Jh. v. Chr. oder später ließen die Athener auf ihrer Agora eine bronzene Ehrenstatue des Dichters errichten, der die Stadt in den Perserkriegen gerühmt hatte: Vor der Stoa Basileios am westlichen Rand des Platzes war Pindar durch eine Sitzstatue repräsentiert, die ihn mit Gewand, Haarbinde, Lyra und aufgewickelter Buchrolle auf dem Schoß zeigte ([Aischines] Epistolai 4, 3; Pausanias 1, 8, 4).

Literatur: J. Bergemann, AM 106, 1991, 157 ff. Taf. 29–36; N. Himmelmann, Realistische Themen in der griechischen Kunst der archaischen und klassischen Zeit, 28. Ergh. JdI (1994) 69 ff. 79–81 [Rez.: L. Giuliani, Gnomon 70, 1998, 634–637]; P. Zanker, Die Maske des Sokrates. Das Bild des Intellektuellen in der antiken Kunst (1995) 20 f. Abb. 7. 8; 33 f. 302 f. Abb. 176; L. Giuliani in: S. Settis (Hrsg.), I Greci. Storia, cultura, arte, società 2, 2 (1997) 992 ff.; K. Schefold, Die Bildnisse der antiken Dichter, Redner und Denker² (1997) 96 f. mit Abb. 30. 31; N. Himmelmann, Die private Bildnisweihung bei den Griechen (2001) 63 ff. Taf. 4. 5.

127 Einsatzbüste des Perikles

Marmor; H 0,54 m; H des Kopfes ohne Helm etwa 0,25 m
Nase und Vorderkante des Helms bestoßen
Aus Lesbos (1901 im Kunsthandel erworben)
Berlin, Antikensammlung Inv. Sk 1530

Kat.-Nr. 127

Der qualitätvolle, für den Einsatz in eine Herme (eher als in eine Statue) bestimmte und in der 1. Hälfte des 1. Jhs. n. Chr. entstandene Berliner Kopf ist eine von vier kaiserzeitlichen Kopfrepliken einer lebensgroßen, um 430 v. Chr. aufgestellten Bronzestatue des athenischen Staatsmanns Perikles (495–429), der nach der Ostrakisierung Kimons (461) zum einflußreichsten Politiker Athens aufstieg und zwischen 443/42 und 429 in jedem Jahr zu einem der zehn Strategen gewählt wurde. Die Identifizierung des Bildnistypus ist durch Namensaufschriften auf zwei Kopien gesichert. Perikles erscheint als reifer Mann mit kurzem gepflegten Vollbart und vollen Haarlocken, die unter dem über die Stirn zurückgeschobenen korinthischen Helm sichtbar werden. Ebenmäßige und entspannte Züge bestimmen das ernste Gesicht, in dem keinerlei mimische Regungen oder individuelle Züge auszumachen sind. Wesentlich für die Rekonstruktion der Statue ist eine im frühen 2. Jh. n. Chr. entstandene Herme in London (Abb. 7), die ebenso wie die Berliner Kopie eine leichte Neigung und Drehung des Kopfes zur Linken überliefert. Die ungleichmäßig abfallenden Schultern der Londoner Herme zeigen ferner, daß es sich beim Original um eine ponderierte Statue mit linkem Stand- und rechtem Spielbein handelte. Wie im Fall des Themistokles-Porträts (Kat.-Nr. 124) ist auch hier die Ikonographie des Statuenkörpers umstritten. Die nackte Brust zweier Kopien muß nicht auf das Vorbild zurückgehen, und so könnte Perikles auch bekleidet oder mit Chiton und Panzer repräsentiert gewesen sein.

Die originale Statue entstand um 430 v. Chr. und wurde daher eventuell noch zu Lebzeiten des Perikles aufgestellt. Einige Wahrscheinlichkeit hat die seit dem 19. Jahrhundert vorgebrachte Annahme, daß dieses Bildnis identisch ist mit einem für den Künstler Kresilas bezeugten bronzenen Periklesbildnis (Plinius, Nat. hist. 34, 74) sowie mit einer von Pausanias (1, 25, 1; 28, 2) auf der Athener Akropolis gesehenen Porträtstatue des Staatsmanns, die sich gleich hinter den Propyläen im Eingangsbereich des Heiligtums befunden hat. Durch die räumliche Trennung dieser Figur von einem Bildnis des Xanthippos, Perikles' Vater, wollte man offensichtlich den Eindruck dynastischer Ansprüche vermeiden (T. Hölscher). Zeichenhaft verweist der in der Realität seit etwa 470 nicht mehr getragene korinthische Helm auf das vielfach von Perikles bekleidete Amt des Strategen; ob der leicht angehobene Kopf der Statue den Staatsmann als zu den Göttern betend charakterisiert, wie jüngst N. Himmelmann vorgeschlagen hat, ist kaum zu entscheiden. Der Berliner Kopf und zwei weitere Kopien lassen Haarsträhnen hinter den hochliegenden Augenlöchern des Helmes erkennen und scheinen damit auf die für Perikles bezeugte überlängte Kopfform anzuspielen, die bereits in der Alten Attischen Komödie als »Meerzwiebelkopf« verspottet wurde (Plutarch, Perikles 3, 3–4; 13, 10). Allerdings handelt es sich hier offensichtlich um ›gelehrte‹ Zutaten der römischen Kopisten, denn auch hier scheint die Londoner Herme (Abb. 7) das Richtige zu überliefern, die hinter den Helmlöchern keine Haarlocken durchscheinen läßt – der Auftraggeber des Bildnisses wird schließlich kaum Wert darauf gelegt haben, ausdrücklich auf eine körperliche Anomalie des Perikles zu verweisen (vgl. auch die Anekdote bei Plutarch, Perikles 3, 4, wonach die meisten Künstler Perikles mit einem Helm darstellten, um seinen überlängten Kopf zu *kaschieren*). Vor dem Hintergrund der seit 480/70 möglichen Auswahl zwischen individualisierten (s. Kat.-Nr. 124–126) und idealisierten Bildnissen stellt die Idealisierung des Perikles-Porträts mit seinen ruhigen und entspannten Zügen eine absichtsvolle Repräsentation des Politikers dar, und in der Tat wird für Perikles ein hohes Maß an Selbstbeherrschung und Unterdrückung persönlicher Emotionen überliefert. Generell kann der Bildnistypus als Ausdruck einer Selbststilisierung des Perikles interpretiert werden, die mit den zeitgenössischen Normen für das Auftreten führender Politiker in Einklang stand.

Kat.-Nr. 128

Literatur: T. Hölscher in: Festschrift E. Siegmann I, WürzbJb N. F. 1, 1975, 187 ff. (Neudruck in: K. Fittschen [Hrsg.], Griechische Porträts [1988] 377 ff.); N. Himmelmann, Ideale Nacktheit in der griechischen Kunst, 26. Ergh. JdI (1990) 86 ff. [Rez. T. Hölscher, Gnomon 65, 1993, 524]; P. Zanker, Die Maske des Sokrates. Das Bild des Intellektuellen in der antiken Kunst (1995) 29. 32–34; L. Giuliani in: S. Settis (Hrsg.), I Greci. Storia, cultura, arte, società 2, 2 (1997) 995 ff.; R. Krumeich, Bildnisse griechischer Herrscher und Staatsmänner im 5. Jahrhundert v. Chr. (1997) 118 ff. 237 Abb. 60; K. Schefold, Die Bildnisse der antiken Dichter, Redner und Denker[2] (1997) 100 f. Abb. 33; N. Himmelmann, Die private Bildnisweihung bei den Griechen (2001) 54 f. Taf. 2. 3.

128 Herme des Miltiades

Marmor; H 0,68 m; H des Kopfes 0,33 m
Nase, Untergesicht und Hinterkopf waren abgebrochen und wurden wieder angesetzt; neben dem rechten Auge und an der rechten Hermenseite Einlassungen für Ergänzungen des 16. Jhs. Vorderseite und linke Seite der Herme tragen neben der Namensinschrift Μιλτιάδης drei in lateinischer und griechischer Sprache verfaßte Distichen zum Lob des Miltiades.
Zuerst gefunden auf dem Caelius in Rom (1553). Die hernach verschollene Herme wurde 1940 bei der Mündung des Reno in der Nähe von Ravenna wiedergefunden.
Ravenna, Museo Nazionale Inv. 347

Die nach Ausweis der Augen- und Bartbehandlung in antoninischer Zeit entstandene Ravennater Inschriftherme gehört zu vier römischen Kopfkopien einer leicht überlebensgroßen bronzenen Porträtstatue des Miltiades (etwa 550–489), die um 350/340 v. Chr. errichtet wurde. Der maßgeblich am Sieg über die Perser in der Schlacht von Marathon (490) beteiligte Stratege erscheint als reifer vollbärtiger Mann mit kurzgeschnittenem Haar, dessen kurze Locken die Ohren freilassen und vorne in die Stirn gekämmt sind; auf der linken Schulter der Herme liegt die Stoffbahn eines Gewandes.

Anders als z. B. Perikles (Kat.-Nr. 127) war Miltiades nicht durch einen Helm als Feldherr gekennzeichnet, sondern erschien offensichtlich wie ein ›ziviler‹ attischer Bürger mit einem Himation bekleidet. Das ernste und entspannte Gesicht sowie Haar- und Barttracht finden gute Vergleiche auf attischen Grabreliefs des mittleren 4. Jhs. (s. Abb. 8). Miltiades ist hier wie ein zeitgenössischer Bürger repräsentiert, nichts verweist auf seine militärische Funktion oder auf seine Lebenszeit im frühen 5. Jh. v. Chr., und keinerlei individuelle Züge bestimmen das Porträt. Die Ravennater Herme und die übrigen drei Kopfrepliken des Miltiades-Porträts vermitteln eine Vorstellung davon, wie eine retrospektive Ehrenstatue des Miltiades und anderer berühmter »Vorfahren« im Athen des 4. Jhs. ausgesehen haben könnte. Denkbar ist, daß das Original der römischen Kopien identisch ist mit einer von Pausanias gesehenen Statue des Strategen, die sich zusammen mit Bildnissen des Themistokles und anderer Staatsmänner im Prytaneion am Nordabhang der Athener Akropolis befunden hat (Pausanias 1, 18, 3).

Literatur: D. Hertel, MM 36, 1995, 259 ff.; P. Zanker, Die Maske des Sokrates. Das Bild des Intellektuellen in der antiken Kunst (1995) 66–68; R. Krumeich, Bildnisse griechischer Herrscher und Staatsmänner im 5. Jahrhundert v. Chr. (1997) 85 f. 97 f. 234–236 Abb. 43; K. Schefold, Die Bildnisse der antiken Dichter, Redner und Denker[2] (1997) 346 f. Abb. 220.

129 Einsatzbüste des Sokrates (Typus A)

Marmor; H 37 cm; H des Kopfes 32 cm
Ergänzungen an der Nasenspitze und am linken Ohr
Gefunden in Rom (im 16. Jh.). Ehemals Rom, Sammlung Farnese
Neapel, Museo Archeologico Nazionale Inv. 6129

Die in der frühen Kaiserzeit entstandene und ursprünglich zu einer Herme gehörende Einsatzbüste ist die qualitätvollste von insgesamt sieben römischen Kopfkopien einer um 380/70 errichteten, gut lebensgroßen Bronzestatue des Sokrates (469–399 v. Chr.). Der berühmte, insbesondere aus den Schriften seiner Schüler Platon und Xenophon bekannte athenische Philosoph (vgl. auch die »Wolken« des Aristophanes [423 v. Chr.]) wurde im Jahr 399 wegen der »Einführung neuer Götter« angeklagt und von den Athenern zum Tode durch den Schierlingsbecher verurteilt. Die Identifizierung des Bildnistypus (Typus A) ist durch seine physiognomische Verwandtschaft mit dem um 330 v. Chr. entstandenen und durch zwei Inschrifthermen eindeutig benennbaren Typus B des Sokrates-Porträts gesichert.

Auffällig ist die an Satyrköpfe erinnernde und keineswegs den Schönheitsnormen der klassischen Zeit entsprechende Ikonographie des Porträts: Sokrates erscheint als älterer Mann mit ausgeprägter Stirnglatze, kugeligem Schädel, flachem Gesicht, kleinen Augen, Krähenfüßen und spitz zulaufendem Vollbart. Auch wenn Haare und Bart einen recht gepflegten Eindruck machen, erinnern insbesondere die kahle Stirn, die eigentümliche breite Sattelnase und die hoch ansetzenden Ohren an die Köpfe klassischer Satyrdarstellungen (Abb. 11). Dies ist kein Zufall: Sokrates wird in den literarischen Nachrichten als auffallend häßliche, dickbäuchige Gestalt mit den Gesichtszügen eines Satyrn oder Silens beschrieben (Platon, Symposion 215 b; Theaitetos 143 e; Xenophon, Symposion 2, 19; 4, 19; 5, 1–7); er selbst soll sein Äußeres allerdings als durchaus zweckmäßig und daher als schön gerühmt haben: Mit seinen hervortretenden Augen könne er ringsherum alles sehen, mit seinen großen Nüstern ausgezeichnet riechen und – dies gesteht sein Dialogpartner sofort ein – mit seinen dicken Lippen könne er die weichsten Küsse geben (Xenophon, Symposion 5, 4–7). Im platonischen Symposion wird Sokrates zudem als Wesen beschrieben, in dessen häßlicher silenshafter Schale sich Besonnenheit und ein göttliches Inneres befinden (Platon, Symposion 215 a–b; 216 c–d).

Die Neapeler Kopfkopie geht auf ein um 380/70 v. Chr. entstandenes Original zurück, das wahrscheinlich mit einer literarischen Nachricht zu verbinden ist, auf die E. Voutiras vor wenigen Jahren aufmerksam gemacht hat und nach der mehrere Personen (offensichtlich ehemalige Schüler des Sokrates) eine von einem Künstler namens Butes gearbeitete Bronzestatue des Sokrates in der 388/87 gegründeten Akademie des Platon stifteten. Die Figur wurde wohl (wie später die Statue des Platon [Kat.-Nr. 130]) im dortigen Musenheiligtum errichtet und zeigte den Philosophen wahrscheinlich stehend im Himation und mit leicht nach rechts gewandtem Kopf. Das als Typus A des Sokrates-Porträts bezeichnete Bildnis stellt das früheste archäologisch überlieferte Porträt eines griechischen Philosophen dar. In Übereinstimmung mit der (Selbst)stilisierung des Sokrates ließen die Auftraggeber eine Figur anfertigen, deren Kopf den Typus des Satyrn mit menschlichen Augen und gepflegtem Bart verband, hierdurch ganz individuell wirkte und daher einen hohen Wiedererkennungseffekt gehabt haben muß; ob dieses Porträt dem 20 bis 30 Jahre zuvor hingerichteten realen Sokrates sehr ähnlich sieht, ist allerdings recht zweifelhaft, zumal der Kopf weder hervorquellende Augen noch große ›Nüstern‹ aufweist, wie sie für den Philosophen charakteristisch gewesen sein sollen.

Um 330 v. Chr. beauftragten die Athener den berühmten Künstler Lysipp mit der Herstellung einer postumen bronzenen Ehrenstatue des Sokrates, die im Pompeion am nordwestlichen Zugang in die Stadt errichtet werden und der offiziellen Rehabilitierung des Philosophen dienen sollte (Diogenes Laertius 2, 43). Lysipp orientierte sich am älteren Bildnis, milderte aber dessen satyrhafte Komponenten deutlich und repräsentierte Sokrates als älteren athenischen Bürger im Himation (etwa 30 römische Kopfkopien und eine Statuettenreplik dieses ›Typus B‹ sind erhalten). – Im 2. Jh. v. Chr. entstand schließlich ein hellenistisches Bildnis des Sokrates, das lediglich in zwei Kopfkopien überliefert ist (Typus C).

Literatur: I. Scheibler, MüJb 40, 1989, 7 ff.; R. von den Hoff, Philosophenporträts des Früh- und Hochhellenismus (1994) 28 f. 32 f.; E. Voutiras, AM 109, 1994, 133 ff.; P. Zanker, Die Maske des Sokrates. Das Bild des Intellektuellen in der antiken Kunst (1995) 38 ff.; K. Schefold, Die Bildnisse der antiken Dichter, Redner und Denker[2] (1997) 126–129 Abb. 52 a. b; L. Giuliani in: A. Köstler – E. Seidl (Hrsg.), Bildnis und Image. Das Portrait zwischen Intention und Rezeption (1998) 15 ff.; I. Scheibler in: H. v. Steuben (Hrsg.), Antike Porträts. Zum Gedächtnis von H. v. Heintze (1999) 11 f. Taf. 3, 1.

130 Kopf des Platon (Fragment)

Marmor; H 0,35 m
Erhalten ist der Vorderteil des Kopfes. Nase abgebrochen; linke und obere Seite des Kopfes stark bestoßen.
Angeblich aus Rom. 1932 aus Wiener Privatbesitz erworben
Berlin, Antikensammlung Inv. Sk 1854

Das in der frühen Kaiserzeit gearbeitete Kopffragment gehört zu insgesamt 22 Kopfkopien einer um 350/40 v. Chr. entstandenen, überlebensgroßen bronzenen Statue des athenischen Philosophen Platon (428/27–348/47), der 388/87 im nordwestlich vor den Toren Athens gelegenen Gebiet der Akademie eine Philosophenschule gründete und seinen Lehrer Sokrates (Kat.-Nr. 129) in zahlreichen Dialogen verewigte. Die Identifizierung des Bildnistypus ist durch eine ebenfalls in Berlin aufbewahrte Herme mit der Aufschrift Πλάτων gesichert. Nach dem ehemaligen Besitzer der heute in der Münchener Glyptothek befindlichen besten Kopie spricht man vom Platon-Porträt im Typus Boehringer; eine auf diesen Bezug nehmende hochhellenistische Umbildung ist in drei Repliken überliefert (Typus Holkham Hall–Basel). Kurz und sorgfältig geschnittenes Haar und ein dichter, recht langer Vollbart umrahmen das ernste Gesicht des Philosophen, dessen fortgeschrittenes Alter durch tiefe Nasolabialfalten und Krähenfüße verdeutlicht wird, während Stirnfalten und zusammengezogene Augenbrauen den Eindruck angestrengten Denkens vermitteln. Die Brauenkontraktion gehört seit dem mittleren 5. Jh. v. Chr. (vgl. Kat.-Nr. 126) zu den ikonographischen Kennzeichen des Intellektuellen und wird in der Literatur des 4. Jhs. mehrfach als Charakteristikum nachdenklicher und kluger Menschen hervorgehoben; sie ist daher weder als distinktives Merkmal für Philosophenporträts noch als individueller Zug des Platon-Porträts zu werten. Dessen typologische Ähnlichkeit mit Köpfen älterer bärtiger Männer auf zeitgleichen attischen Grabreliefs (Abb. 8) zeigt vielmehr, daß Platon als idealtypischer attischer Bürger repräsentiert wurde, der sich durch seine nachdenkliche Miene als Intellektueller zu erkennen gibt.

Kat.-Nr. 129

Anhaltspunkte für eine Rekonstruktion des zugehörigen Statuenkörpers liefern zwei Kopien in Kassel und Korinth, bei denen ein Himation um beide Schultern gelegt ist. Umstritten ist, ob der Kopftypus zu einer stehenden Figur oder zu einer Sitzstatue gehörte, welche als Vorläufer der seit dem 3. Jh. v. Chr. üblichen Sitzfiguren von Philosophen gelten könnte (eine früher mit dem Typus Boehringer verbundene, nur in Gipsabgüssen überlieferte Sitzstatuette mit der Inschrift [Π]λάτων ist aufgrund der abweichenden Gewandführung von jenem zu trennen und gehört zudem aus stilistischen Gründen in das späte 3. Jh. v. Chr.). Aufrechte Kopfhaltung mehrerer Repliken und die auf attischen Grabreliefs des 4. Jhs. nicht selten bezeugte Wiedergabe stehender älterer Männer mit über beide

Kat.-Nr. 130

Kat.-Nr. 131

Schultern gelegtem Himation sprechen jedoch eher für eine stehende Figur, für die sich eine Höhe von etwa 2,1 m errechnen läßt. Das Original ist wahrscheinlich identisch mit einer bei Diogenes Laertius (nach Favorinus) überlieferten, vom Künstler Silanion gearbeiteten Bronzestatue des Platon, die ein Perser namens Mithradates, in dem wohl ein Schüler des Philosophen zu erkennen ist, den Musen in der Akademie als Weihgeschenk errichten ließ (Diogenes Laertius 3, 25). Das Bildnis fand seinen Platz demnach offensichtlich im dort von Platon gegründeten Musenheiligtum (vgl. Diogenes Laertius 4, 1), das in der Nähe des von der Philosophenschule als Lehrgebäude genutzten Gymnasion lag und damit der Öffentlichkeit zugänglich war. Nicht zu entscheiden ist, ob die Statue noch zu Lebzeiten des Platon oder erst kurz nach seinem Tod (348/47) gestiftet wurde.

Literatur: L. Giuliani, Bildnis und Botschaft (1986) 134 ff. Abb. 25; R. von den Hoff, Philosophenporträts des Früh- und Hochhellenismus (1994) 20 f. 29 f. 32 f. 189; P. Zanker, Die Maske des Sokrates. Das Bild des Intellektuellen in der antiken Kunst (1995) 70 ff.; K. Schefold, Die Bildnisse der antiken Dichter, Redner und Denker[2] (1997) 132–137 Abb. 56. 58 a. b; K. Vierneisel in: H. v. Steuben (Hrsg.), Antike Porträts. Zum Gedächtnis von Helga von Heintze (1999) 15 ff.

131 Kopf des Aristoteles

Marmor; H 0,29 m

Der Hinterkopf fehlt; die Nase und ein Stück der rechten Augenbraue sind ergänzt.

Fundort unbekannt. Geschenk des Erzbischofs V. E. Milde (1846)

Wien, Kunsthistorisches Museum Inv. I 246

Der in der frühen Kaiserzeit entstandene Wiener Kopf ist die differenzierteste und zuverlässigste der insgesamt 20 römischen Kopfrepliken einer um 320 v. Chr. errichteten, etwa lebensgroßen Bronzestatue des Philosophen Aristoteles (384–322) aus Stageira auf der Chalkidike. Dieser lebte seit 367 als Schüler Platons in Athen, wurde einige Jahre später selbst Dozent an der Akademie und gründete schließlich nach Wanderjahren, die ihn unter anderem als Lehrer des jungen Alexander an den makedonischen Hof in Pella geführt hatten (343–340), eine eigene Philosophenschule im Athener Lykeion-Gymnasion, das im Osten unmittelbar vor den Toren der Stadt lag (335). Nach der für die Lehre benutzten Säulenhalle des Gymnasions wurde die Schule später als Peripatos (»Wandelhalle«) bekannt. Die Identifizierung des Bildnistypus gelang F. Studniczka im Jahr 1900 auf der Grundlage einer bereits damals verschollenen, nur in zwei Zeichnungen überlieferten kleinformatigen Marmorbüste, deren Sockel die Namensinschrift Ἀριστοτέλης trug.

Der Philosoph ist als älterer Mann mit gepflegtem und kurz gestutztem Vollbart charakterisiert; die Haare bedecken die Ohren zur Hälfte und sind in langen Strähnen nach vorne über die kahle Stirn geführt. Anders als z. B. bei den Bildnissen des Pindar (Kat.-Nr. 126) oder des Platon (Kat.-Nr. 130) ist das Gesicht nicht wesentlich von der (durch stärker zusammengezogene Augenbrauen bewirkten) »nachdenklichen Miene« des Intellektuellen bestimmt. Zurückhaltend angegebene Krähenfüße und Tränensäcke sowie insbesondere die dünne Haut mit den erschlafften Wangen verdeutlichen das Alter des Dargestellten. Gehören die langen, über die Stirnglatze gestrichenen Haare seit der archaischen Zeit zur Ikonographie älterer Männer und ist der kurz geschnittene Vollbart auch für andere Porträts und für Figuren auf attischen Grabreliefs der gleichen Zeit belegt, so dominieren beim Porträt des Aristoteles unzweifelhaft die individualisierenden Züge: Der gewölbte Schädel, die auffällig eng beieinander stehenden kleinen Augen und der breite Mund sind die distinktiven Merkmale des Bildnisses und entsprechen in keiner Weise dem ›idealen‹ Bürgerbild des späten 4. Jhs. Da Stirnglatze, kleine Augen und ein modisch kurz geschnittener Bart durch literarische Nachrichten auch für den realen Aristoteles überliefert sind (vgl. Richter a. O. II 170 f.), scheint das Porträt hier tatsächlich auf die Physiognomie des Philosophen Bezug zu nehmen. In diesem Zusammenhang ist eine Notiz des Plinius von Bedeutung, nach der Lysistratos, der Bruder des bekannten Künstlers Lysippos, im späteren 4. Jh. v. Chr. als erster von den Gesichtern seiner ›Modelle‹ Gipsformen genommen haben soll, die ihm als Grundlage für die Herstellung von Bildnissen dienten (Plinius, Nat. hist. 35, 153). Das Streben nach Ähnlichkeit zwischen Dargestelltem und Bildnis gewinnt mit den (nicht erhaltenen) Werken des Lysistratos und offensichtlich auch mit dem Aristoteles-Bildnis eine neue Qualität.

Die Kopfrepliken lassen nicht erkennen, ob Aristoteles durch eine stehende Figur oder eine Sitzstatue repräsentiert war. Das aufgrund stilistischer Vergleiche in die Zeit um 320 zu datierende Original ist plausibel mit einer Statue des Aristoteles in Verbindung gebracht worden, die im Testament seines zwischen 288/87 und 285/84 gestorbenen Nachfolgers Theophrast erwähnt wird und im frühen 3. Jh. v. Chr. im Musenheiligtum des Lykeion *wieder*aufgestellt werden soll (Diogenes Laertius 5, 51). Diese Figur gehörte zusammen mit anderen Weihgeschenken bereits zuvor zur Ausstattung dieses vor den Toren der Stadt gelegenen Heiligtums, das möglicherweise aufgrund der außenpolitischen Situation nach 306 geräumt werden mußte und erst 287, nach dem Ende der makedonischen Oberherrschaft, restauriert und erneut eingerichtet werden konnte. Denkbar ist, daß das Museion erst zwischen 317 und 307 von Theophrast angelegt wurde (Voutiras a. O.); Sicherheit ist hier jedoch nicht zu erlangen. Ebenso wie bei der Statue des Platon handelte es sich beim Aristoteles-Porträt um ein privates Weihgeschenk in einem Musenheiligtum, das wahrscheinlich zum Gymnasion-Bereich des Lykeion gehörte und daher der Öffentlichkeit zugänglich war. Aus Gründen der Pietät gegenüber seinem Vorgänger sorgte Theophrast später für die Wiederaufstellung der Statue im Heiligtum.

Literatur: R. von den Hoff, Philosophenporträts des Früh- und Hochhellenismus (1994) 30–33. 59–62. 190. 192; P. Zanker, Die Maske des Sokrates. Das Bild des Intellektuellen in der antiken Kunst (1995) 73. 75–77; L. Giuliani in: S. Settis (Hrsg.), I Greci. Storia, cultura, arte, società 2, 2 (1997) 1008 ff.; K. Schefold, Die Bildnisse der antiken Dichter, Redner und Denker[2] (1997) 186 f. Abb. 91; E. Voutiras in: Wissenschaft mit Enthusiasmus. Beiträge zu antiken Bildnissen und zur historischen Landeskunde, Festschrift K. Fittschen (2001) 123 ff. Taf. 17.

132 Statuen der Tyrannenmörder Harmodios und Aristogeiton

Marmor. – Aristogeiton: H 1,828 m (ohne Plinthe, mit nicht zugehörigem Kopf); Harmodios: H 1,85 m (ohne Plinthe, mit ergänzten Beinen)
Moderne Ergänzungen (vor 1790): a) Aristogeiton: rechter Arm bis zur Hand; Steg zwischen rechtem Oberschenkel und rechtem (modernen) Handgelenk; linke Hand mit Ansatz des Handgelenks bis zum Rand des Mantels; Genital; am linken Fuß: Vorderteil der großen Zehe, zweite und dritte Zehe; Teile der Stütze und des Gewandes. Aufgesetzt ist ein Gipsabguß einer Kopfreplik (ehem. Vatikanische Museen Inv. 906), die ihrerseits seit 1957 mit der Statuenreplik Rom, Konservatorenpalast Inv. 2404 kombiniert ist. – b) Harmodios: Plinthe mit Baumstamm; rechtes Bein vom Oberschenkelansatz an; linker Unterschenkel samt Fuß; Genital; beide Arme von der Schulter an; Stütze zwischen linkem Glutäus und linkem (modernen) Unterarm.
Fundort unbekannt. Spätestens 1535–1586 in Rom, Palazzo Madama; 1586–1790 in Rom, Palazzo Farnese; seit 1790 in Neapel
Neapel, Museo Archeologico Nazionale Inv. 6009 und 6010

Das in hadrianischer oder frühantoninischer Zeit entstandene Statuenpaar geht auf die von Kritios und Nesiotes gearbeiteten und 477/76 v. Chr. auf der Athener Agora errichteten, gut lebensgroßen bronzenen Ehrenstatuen für die beiden Tyrannenmörder Harmodios und Aristogeiton zurück. Diese hatten im Jahre 514 Hipparchos, den Bruder des Tyrannen Hippias, ermordet und waren unmittelbar darauf selbst getötet worden. Allerdings führte das Attentat keineswegs zur Befreiung Athens von der Tyrannis, sondern bewirkte vielmehr, daß die Herrschaft des nunmehr mißtrauischen Hippias noch drückender wurde. Dennoch wurden die beiden Freunde, nachdem der Tyrann durch die von den Alkmeoniden mit Hilfe des delphischen Orakels nach Athen gerufenen Spartaner gestürzt worden war (510), bereits seit den ersten Jahren der 508/7 eingeführten Demokratie zu Volkshelden stilisiert (s. o. S. 221 f.). Wie populär Harmodios und Aristogeiton waren, zeigen nicht zuletzt die zu ihren Ehren gesungenen Symposienlieder (Skolien), das jährlich an ihrem Grab im Kerameikos vom Archon Polemarchos vollzogene Opfer und die Privilegien ihrer jeweils ältesten Nachkommen (Sitesis und Prohedrie). Die Überhöhung der Tyrannenmörder wurde nicht zuletzt, wahrscheinlich schon um 500, durch die Errichtung zweier bronzener Ehrenstatuen bewirkt, die bei Antenor in Auftrag gegeben und mitten auf der Agora plaziert wurden; vom Aussehen dieser spätarchaischen Figuren ist keine konkrete Vorstellung mehr zu gewinnen. Die Gruppe gehörte schon im frühen 5. Jh. zu den zentralen Monumenten Athens, wie ihr Raub durch die Perser (480/79) und ihre sofortige Ersetzung durch ein neues Denkmal bezeugt: Bereits im Jahr 477/76 wurden die von Kritios und Nesiotes gearbeiteten und in mehreren römischen Kopien überlieferten Statuen der Tyrannenmörder im Zentrum der Agora errichtet.

Nachklänge der frühklassischen Gruppe in der Vasenmalerei, auf Reliefs und Münzen ermöglichten es C. Friederichs im Jahr 1859, die Statuen im Bestand der römischen Kopien nachzuweisen. Vom Aufbau der beiden Figuren kann insbesondere das Statuenpaar in Neapel trotz seiner neuzeitlichen Ergänzungen einen guten Eindruck vermitteln. Verbindungsstege auf den Kalotten zweier Kopfkopien des Harmodios sichern, daß der rechte Schwertarm des jüngeren Gefährten scharf angewinkelt war und das Schwert parallel zum Rücken und zum linken Schulterblatt hielt (Abb. 9), was auch durch die Darstellungen in der Flächenkunst bestätigt wird. Schließlich kann ein Vergleich der in Baiae gefundenen Gipsabgußfragmente nach der originalen Tyrannenmörder-Gruppe des Kritios und des Nesiotes mit den Neapler Kopien deren relativ hohe Genauigkeit bezüglich Haltung und Anlage der Figuren bestätigen; andererseits wird deutlich, wie sehr sich die römischen Marmorrepliken in ihrer Oberflächengestaltung von den Originalen unterscheiden (vgl. Kat.-Nr. 133. 494).

Dargestellt ist nicht der historische Vorgang der Ermordung des Hipparchos im Jahr 514, sondern allein die Aktion der beiden Tyrannenmörder, die im Begriff sind, mit ihren Schwertern gegen den nicht wiedergegebenen Peisistratiden vorzugehen. Durch ihre Nacktheit werden die beiden Attentäter als schöne und tüchtige Männer charakterisiert; ebenso wie bei den archaischen Kuroi spielt die im Alltag getragene Kleidung keine Rolle. – Dagegen zeigt ein um 470 v. Chr. entstandener attisch rotfiguriger Stamnos in Würzburg (Abb. 10) die Tat selbst, bei der die Attentäter realitätsnäher in Mänteln erscheinen: Aristogeiton hat dem durch Frisur und verziertes Gewand hervorgehobenen Tyrannen bereits sein Schwert in die Seite gestoßen, während Harmodios (motivisch ganz ähnlich wie in der bronzenen Gruppe) noch zum Schwertstreich ausholt; auf der Rückseite des Gefäßes laufen drei Leibgardisten aufgeregt gestikulierend hin und her. – Der bärtige Aristogeiton der plastischen Gruppe setzt sein linkes Bein nach vorne, bereitet mit der zurückgenommenen Rechten einen Schwertstoß vor und streckt den linken, in einen Mantel gehüllten Arm mit der Schwertscheide fast waagerecht nach vorne. Der jugendliche Harmodios dagegen steht in Ausfallstellung und holt zu einem mächtigen Schwertstreich aus. Ein sich auf dem Oberkörper der Neapler Kopie abzeichnender heller Streifen zeigt, daß diese Replik ursprünglich mit einer bronzenen Schwertscheide versehen war, deren Befestigungsband von der rechten Schulter diagonal zur linken Hüfte verlief, und dies entspricht auch den Darstellungen des Harmodios in der Vasenmalerei; die moderne Ergänzung des linken Armes ist entsprechend zu korrigieren. Durch seine defensivere Kampfhaltung gibt sich Aristogeiton als der ältere und erfahrenere Mann zu erkennen, der anders als Harmodios nicht den ganzen Körper als Angriffsfläche bietet, sondern sich und seinen jungen Mitkämpfer mit dem über den waagerecht gehaltenen linken Arm gelegten Mantel schützend abschirmt. Die Gesichter der beiden Attentäter entsprechen idealtypischen Köpfen des frühen 5. Jhs. und sind nicht durch individualisierende Züge gekennzeichnet. Physisch wird der Altersunterschied zwischen den zwei Dargestellten durch Bart bzw. Bartlosigkeit, aber auch durch die unterschiedliche Gestaltung der nackten Körper vor Augen geführt: Der Oberkörper des Aristogeiton ist durch ein Muskelrelief geprägt, dessen einzelne Kompartimente durch härtere Zäsuren voneinander getrennt werden, als dies beim Körper des Harmodios der Fall ist, bei dem die Muskeln durch weichere Übergänge miteinander verbunden sind. Da die Tyrannenmörder jeweils als Einzelstatuen mit eigenen Plinthen kopiert worden sind, ist die ursprüngliche Komposition der originalen Bronzegruppe bis heute nicht vollends gesichert. Ihren Wiedergaben in der Flächenkunst ist jedoch zu entnehmen, daß die beiden Figuren in eine gemeinsame niedrige Basis eingelassen waren und etwa auf gleicher Höhe sowie Rücken an Rücken standen; nicht zu entscheiden ist, ob die beiden Attentäter parallel nebeneinander kämpften oder sich keilförmig auf ihr Opfer zu bewegten.

Mehrere schriftliche Nachrichten sichern, daß die frühklassischen Tyrannenmörder – und nach der zwischen 330 und 261 v. Chr. erfolgten Rückkehr der älteren Figuren des Antenor beide Gruppen – im Zentrum der Athener Agora standen, unmittelbar im Westen des Panathenäischen Weges, wo 1936 auch ein kleines, mit hoher Wahrscheinlichkeit zum jüngeren Statuenpaar gehörendes Basisfragment gefunden wurde. Die metrische Inschrift dieses Postaments ist auch literarisch überliefert und beginnt mit den Worten: »Ja, ein großes Licht erstrahlte den Athenern, als Aristogeiton und Harmodios Hipparchos töteten…« Bis in die frühe Kaiserzeit, als Odeion und Arestempel auf der Agora errichtet wurden, waren die Tyrannenmörder von allen Seiten des Platzes sogleich zu sehen; nach Ausweis zweier frühhellenistischer Inschriften wurde ihre Umgebung per Gesetz von anderen Porträtstatuen freigehalten – das zentrale Monument Athens sollte nicht in seiner Wirkung beeinträchtigt werden, und abgesehen von zwei vorübergehenden Ausnahmeregelungen scheint dies auch durchgesetzt worden zu sein (s. o. S. 222). Welch eine Bedeutung die Figuren für Athen hatten, verdeutlichen auch ihre Zitate auf attischen Symposiengefäßen der klassischen Zeit und ihre Wiedergabe als Schildzeichen der Athena auf einigen, um 400 v. Chr. entstandenen Panathenäischen Preisamphoren sowie als Beizeichen auf hellenistischen athenischen Münzen.

Kat.-Nr. 132

Kat.-Nr. 133

Als Ehrenstatuen ohne unmittelbaren religiösen Kontext auf dem zentralen öffentlichen Platz der Polis errichtet (der Kult der beiden heroisierten Attentäter fand an deren Grab im Kerameikos statt), können die spätarchaischen Tyrannenmörder-Figuren des Antenor und die 477/76 aufgestellte Ersatzgruppe des Kritios und des Nesiotes als die ersten rein politischen Monumente der jungen athenischen Demokratie gelten; auch in anderen Poleis scheinen Ehrenstatuen (zum Beispiel für siegreiche Athleten) auf den Agorai zuvor nur selten errichtet worden zu sein. Mit der Rühmung des Freundespaares Harmodios und Aristogeiton verdichtete sich die Legende vom Sturz der Tyrannis durch die beiden Tyrannenmörder, die fortan als nachahmenswerte Vorkämpfer für die Demokratie überhöht wurden. Als Abschreckung potentieller Tyrannen und verpflichtendes Vorbild für die athenischen Bürger stand ihr Denkmal (nicht nur topographisch) im Zentrum des klassischen Athen.

Literatur: S. Brunnsåker, The Tyrant-Slayers of Kritios and Nesiotes[2] (1971); T. Hölscher, Griechische Historienbilder des 5. und 4. Jahrhunderts v. Chr. (1973) 85 ff. Taf. 6. 7; B. Fehr, Die Tyrannentöter (1984); M. W. Taylor, The Tyrant Slayers[2] (1991); R. Krumeich, Bildnisse griechischer Herrscher und Staatsmänner im 5. Jahrhundert v. Chr. (1997) 57–59 Abb. 23; A. Stewart, Art, Desire, and the Body in Ancient Greece (1997) 69 ff.; A. Ajootian in: ΣΤΕΦΑΝΟΣ. Studies in Honor of B. S. Ridgway (1998) 1 ff.; T. Hölscher in: D. Boedeker – K. A. Raaflaub (Hrsg.), Democracy, Empire, and the Arts in Fifth-Century Athens, Kolloquiumsbericht Washington 1995 (1998) 158–160. 162. 169; G. Grimm, AW 32, 2001, 179 ff.

133 Einsatzbüste des Tyrannenmörders Aristogeiton

Marmor; H 0,325 m
Der Kopf ist stark beschädigt; es fehlen die Nase, das rechte Ohr und der obere Teil des Vorderkopfes. Starke Bestoßungen an allen Seiten.
Fundort unbekannt
Rom, Kapitolinische Museen 2312 [z. Zt. Rom, Centrale di Montemartini]

Der wahrscheinlich für den Einsatz in eine Herme bestimmte, in der frühen Kaiserzeit entstandene Kopf stellt die zuverlässigste der insgesamt drei römischen Kopfkopien der im Jahre 477/76 v. Chr. zusammen mit einer Figur des jüngeren Gefährten Harmodios auf der Athener Agora errichteten Ehrenstatue des Tyrannenmörders Aristogeiton dar (vgl. Kat.-Nr. 132).

Charakteristisch für diese Replik sind die plastischen, weich modellierten und etwas undifferenziert wirkenden Bartlocken. Ein Vergleich der rechten Kopfseite mit dem direkt vom frühklassischen Original genommenen römischen Gipsabgußfragment des Aristogeiton-Gesichts (s. Kat.-Nr. 494) verdeutlicht, daß die Anordnung der Locken in den beiden oberen Reihen weitgehend zuverlässig kopiert worden ist, während die tiefer liegenden Kompartimente (wie bei den beiden anderen Kopfkopien) recht summarisch ausgearbeitet sind und sich nicht am Original orientieren. Auffallend ist der Unterschied der dicklichen und nicht in einzelne Haarsträhnen unterteilten Bartzotteln zu den fein ziselierten Locken des Gipsfragments; denkbar ist allerdings, daß die Binnengliederung des Bartes bei der römischen Kopie durch die nicht mehr erhaltene Polychromie angedeutet wurde. Weichen die Augen mit ihren Tränenkarunkeln deutlich vom griechischen Original ab, so sind der leicht geöffnete Mund und die Modellierung der relativ großflächigen rechten Wange gut mit jenem zu vergleichen (weitaus angespannter, kugeliger und hierdurch jünger wirken die Wangen des Kopfes, der zur ursprünglich auf dem Kapitol aufgestellten Statuenkopie des Aristogeiton gehört).

Trotz der angeführten, vor allem die Oberflächengestaltung betreffenden Unterschiede zur originalen Statue des Aristogeiton kann der Einsatzkopf in den Kapitolinischen Museen hinsichtlich des Bartlockenschemas und der Modellierung des Gesichts als beste der drei erhaltenen Kopfkopien bezeichnet werden, die wesentliche Merkmale des Kopfes der bronzenen Ehrenstatue des älteren Tyrannenmörders überliefert.

Literatur: D. Mustilli, BCom 58, 1930, 113 ff. Taf. 1–3; S. Brunnsåker, The Tyrant-Slayers of Kritios and Nesiotes[2] (1971) 58–60 Kat.-Nr. A 4 Taf. 10 b; 11; Ch. Landwehr, Die antiken Gipsabgüsse aus Baiae, AF 14 (1985) 31–34. 39 f. Taf. 5 b; 7 b.

Andrea Gorys

Münzen im Zeichen des Herrschers: Von Dareios I. bis Philipp II.

Bereits die frühesten Münzprägungen sind mit Herrschernamen verbunden. Die ältesten Münzen wurden mit Motiven persönlicher Siegel gestempelt. Der Übergang vom Elektrongeld zur bimetallischen Gold- und Silberwährung wird dem Lyderkönig Kroisos (561–546 v. Chr.) zugeschrieben. Jenseits der demokratischen Städte und Städtebünde waren zu allen Zeiten Münzen weit verbreitet, die unter der Autorität eines Herrschers als Zahlungsmittel ausgegeben wurden.

Bei der Gestaltung der Münzen gab es für die Herrscher verschiedene Möglichkeiten: Die städtischen Tyrannen von Sizilien (z. B. Gelon) traten namentlich auf den von ihnen veranlaßten Münzen nicht in Erscheinung. Ikonographische Hinweise auf sie erschienen indirekt in Form von bei Olympischen Spielen erfolgreichen Pferdegespannen. Der Betrachter mußte wissen, daß sich hinter ihnen die Tyrannen als Besitzer verbargen (s. S. 593). Im Bereich der persischen Oberhoheit gab es zwei Varianten der Herrscherpräsentation. Der Großkönig und seine Satrapen sowie mehr oder weniger unabhängige Klientelherrscher konnten selbst im Münzbild erscheinen. Die zweite Möglichkeit war die Adaption von im Herrschaftsgebiet vertrauten Götterbildern und deren Attributen, denen ein eigenes Herrschaftssymbol oder eine Namenslegende beigefügt wurde.

Drei Gruppen von Münzen sind in klassischer Zeit für die Entwicklung von Herrscherdarstellungen von Bedeutung. Die sog. Dareiken mit Bildern des Großkönigs boten eine Vorlage für die Münzbilder von Satrapen und Klientelkönigen. In der Gruppe dieser Herrscherbilder finden sich die ersten Münzporträts mit individueller Charakterisierung. Gleichzeitig sind sie die frühesten Zeugnisse für griechische Porträts lebender Menschen überhaupt. Daneben treten die Münzen des makedonischen Königshauses, die schließlich mit ihren Herrschermünzen für Philipp II. und Alexander den Großen die Vorbilder für die griechischen Diadochenporträts lieferten.

Der Dareikos

Der Perserkönig Dareios I. führte um 515 v. Chr. eine eigenständige persische Währung ein, die aus goldenen Stateren und silbernen Sigloi bestand. Diese Münzsorten wurden bis zur Niederlage von Dareios III. gegen Alexander mit wenig verändertem Münzbild geprägt, was die Zuordnung zu einzelnen Herrschern erschwert. Als Motiv wurde der mit langem Gewand bekleidete Großkönig im Knielaufschema nach rechts eilend gewählt. In der linken Hand hält er einen gespannten Bogen, in der Rechten einen Speer (erkennbar am runden Balanciergewicht am hinteren Ende). Häufig sind über der rechten Schulter noch drei aus einem Köcher ragende Pfeile zu erkennen. Der Großkönig ist immer mit langem Bart wiedergegeben und trägt auf dem Kopf als Herrschaftszeichen den sog. Kidaris (Kat.-Nr. 134). Als Goldmünzen waren diese Stücke auch in Athen gebräuchlich und erscheinen in den Tempelinventaren (vgl. hier S. 117).

Herrscher unter persischer Oberhoheit

War das Prägen von Goldmünzen dem Großkönig vorbehalten, galt dies nicht für das Silber und das bronzene Kleingeld. Zahlreiche Herrscherprägungen in Silber und Bronze sind im griechisch beeinflußten Westen des großpersischen Reiches überliefert. Die rechtlichen Verhältnisse dieser Herrscher zum persischen Großkönig waren unterschiedlich. Die lykischen Könige, von denen einige persische Namen trugen, waren weitgehend unabhängig und beteiligten sich zeitweise sogar mit

Beiträgen am Attischen Seebund. Kilikien wurde dagegen bis um 400 v. Chr. von einer Dynastie einheimischer Klientelkönige beherrscht, danach erhielt es den Status einer Satrapie mit Hauptsitz in Tarsus. Einige Küstenstädte in Kilikien und Pamphylien waren unabhängige Stadtstaaten. Phönikien dagegen blieb auch unter persischer Oberhoheit in der Hand der alten Herrschergeschlechter. Alle diese Herrscher ließen Münzen prägen, auf denen sie sich in unterschiedlicher Weise präsentierten. Ein Klientelherrscher mit dem griechischen Namen Pythagoras setzte lediglich seinen eigenen Namen neben das Bild des Großkönigs (Kat.-Nr. 135). Ein anderer stellte dem Bild des Großkönigs auf der Vorderseite sein eigenes als speerschwingender Reiter auf der Rückseite entgegen (Kat.-Nr. 136). Am Ende des 5. Jahrhunderts erschienen Tetradrachmen persischer Feldherren, die mit den literarisch gut bekannten Satrapen Tissaphernes und Pharnabazos in Verbindung gebracht werden. Beide bekleideten das Amt des persischen Oberbefehlshabers (Keranos), auf den Münzen an der vorn über der Stirn gebundenen Schleife erkennbar. Das Porträt des Tissaphernes (Kat.-Nr. 137) zeigt auf der Rückseite neben dem Großkönig eine senkrecht stehende Galeere. Diese Galeere gilt als direkter Hinweis auf Tissaphernes, der ab ca. 411 v. Chr. Kommandant der persischen Flotte war. Als einer der vier Feldherren des Artaxerxes war er an dessen Sieg über Kyros bei Kunaxa im Jahr 401 v. Chr. beteiligt (Xenophon, Anabasis 1, 8, 9). Nach seiner Niederlage gegen den Spartaner Agesilaos und infolge von Intrigen wurde er 395 v. Chr. hingerichtet. Anhand des Kopfes auf der Vorderseite wurde die Frage des Individualporträts diskutiert. Besonders die markante Höckernase wurde als individualisierender Zug hervorgehoben. Abgesehen davon weist dieser Kopf jedoch keine individuellen Merkmale auf, und es wurde bemerkt, daß die Höckernase als persisches Schönheitsideal gelten konnte, somit nicht als Individualmerkmal zu werten sei. Die Keranoshaube erschwert zusätzlich die Feststellung individueller Züge. Vergleicht man dieses Stück mit der kleinen Bronzemünze aus Astyra (Kat.-Nr. 138), auf der der Kopf durch die Namenslegende ΤΙΣΣΑ eindeutig als Tissaphernes benannt ist, so zeigen sich dort wesentlich deutlicher Individualmerkmale, wie beispielsweise das zurückweichende Stirnhaar als Charakterisierung eines älteren Mannes. Der Kopf auf einem Tetradrachmon von Kyzikos (Kat.-Nr. 139), der durch eine Namensbeischrift zum Porträt des Keranos Pharnabazos erklärt wird, ist in dem Typus eines jugendlichen Mannes mit Einzelheiten, wie dem stilisierten Stirnhaar, trotz seiner späteren Entstehung wesentlich idealisierter.

In die Zeit zwischen 465 und 455 v. Chr. gehört eine Münzserie mit Götterdarstellungen. Sie wurde in Magnesia unter Themistokles, dem Sieger von Salamis, geprägt. Durch Ostrakismos aus Athen verbannt, fand Themistokles 465 v. Chr. am Hof des persischen Großkönigs freundliche Aufnahme. Vom ihm hatte er unter anderem die Stadt Magnesia zum Lehen erhalten, wo er 459 v. Chr. starb. Auf dem größten Nominal, dem Stater, tragen die Münzen auf ihrer Vorderseite ein Bild des Gottes Apollon. Das Berliner Exemplar dieser Serie zeigt den Gott in einem Schrittmotiv nach links (Kat.-Nr. 140). In seiner linken Hand hält er ein Lorbeerstämmchen mit Zweigen. Über dem Oberarm hängt ein Mantel und von der ausgestreckten Rechten fliegt ein Vogel auf. Auf der Rückseite ist in vertieftem Quadrat ein Adler mit ausgebreiteten Schwingen dargestellt. Seine Schwanzfedern sind von den ersten beiden Buchstaben des Stadtnamens M-A gerahmt. Themistokles verdeutlichte seine Prägehoheit durch die Hinzufügung seines Namens im Genitiv: ΘΕΜΙΣ[ΤΟΚΛΕΟ]Σ. Die Beschränkung auf eine Götterikonographie in Kombination mit dem Namen bzw. Namenskürzel gilt auch für die anderen Nominale seiner Prägungen und die Münzen seines Erben Archepolis. Hekatomnos, der Satrap von Karien (395–377 v. Chr.) entschied sich ebenfalls dafür, anstatt des eigenen Bildes Motive mit religiösem Gehalt auf den Münzen zu zeigen (Kat.-Nr. 141). Für die Vorderseite wählte er den karischen Zeus von Labranda mit der Doppelaxt und für die Rückseite den stehenden Löwen, über dem er seinen Namen anbringen ließ. Auf entsprechende Weise ließ sein Sohn Maussolos (377–353 v. Chr.) Münzen prägen.

Lykien, durch seine abgelegene und gebirgige Lage weitgehend unabhängig, erwies sich als offen für persische und griechische Einflüsse. Dies läßt sich auch an den Münzbildern ablesen, in denen Elemente persischer und griechischer Kunst zusammen mit Besonderheiten lykischer Ikonographie erscheinen. Seit Beginn der klassischen Zeit hatten die lykischen Herrscher ihre Münzen mit Namen versehen und zusätzlich mit Triskeles, vereinzelt Tetraskeles (drei bzw. vier wirbelförmig angeordnete Beine) als Herrschaftssymbol gekennzeichnet. Einige Münzen des 5. Jahrhunderts v. Chr. trugen bereits Herrscherdarstellungen, die aber noch keine erkennbaren individuellen Züge aufwiesen. Es waren insofern Porträts lebender Menschen, da sie durch die Namenslegende als Individuen erkannt werden wollten. Erst zu Beginn des 4. Jahrhunderts v. Chr. wurde in Lykien das erste benannte Münzporträt mit individuellen Zügen geschaffen. Der lykische Dynast Mithrapata (um 400–375 v. Chr.) ließ Münzen prägen, auf denen er sich im leicht vertieften Quadrat auf der Rückseite neben seiner Namenslegende präsentierte (Kat.-Nr. 142). Sein Porträt steht in der Tradition der langbärtigen Satrapenbildnisse. In den meisterlich geschnittenen Stempeln lassen jedoch die Wiedergabe des Karnats um Auge, an der Nasenwurzel und Wange sowie das nach vorn gestrichene Stirnhaar keinen Zweifel an der individuellen Charakterisierung des Porträtierten.

Fehlen bei Mithrapata Hinweise auf ein Abhängigkeitsverhältnis zu den Persern (etwa durch eine entsprechende Kopfbekleidung), so durfte sich der Stempelschneider bei seinem Nachfolger Perikles (375–362 v. Chr.) ganz von den Vorbildern der Satrapenbildnisse lösen (Kat.-Nr. 143). Die Münze zeigt auf der Vorderseite den Kopf eines bärtigen Mannes von vorn, der leicht nach links gewendet ist. Schon in der Wahl der Kopfhaltung beweist der Stempelschneider seine Fähigkeiten. Die Darstellungsweise von Köpfen en face auf Münzen hatte zu Perikles' Zeit noch keine lange Tradition. Sie ist zuvor erstmalig für die Köpfe der Götter Helios auf Rhodos und Apollon in Klazomenai belegt. Von diesen Götterporträts unterscheidet sich der Männerkopf allerdings grundlegend. Der Kopf wird durch das Haar mit welligen Locken gerahmt, so daß der Eindruck von Fülle und Bewegtheit entsteht. Die dynamische und ungewöhnliche Haarbewegtheit steht im Gegensatz zu dem Vollbart, der in seiner Wiedergabe demjenigen athenischer Bürger entspricht und zeitgleich auf Grabreliefs überliefert ist. Weitere Charakteristika des Münzbildes sind die relativ niedrige Stirn mit den Protuberanzen, die lange Nase, die hochliegenden Wangenknochen, die ausgeprägte Nasolabialfalte und der kleine Mund mit vollen Lippen. Jedes einzelne der genannten Elemente ließe sich auch bei dem einen oder anderen zeitgenössischem Götter- und Heroenbild finden; in ihrer Kombination erwecken sie jedoch den Eindruck eines Individualporträts.

Die feine Porträtzeichnung und das Abweichen von der Profilansicht zur Wiedergabe des Kopfes en face präsentieren den Stempelschneider als Meister seiner Kunst, so daß mit ihm der Name des Demetrius von Alopeke in Verbindung gebracht wurde, eines Zeitgenossen des Lykierkönigs, der für seine veristische Porträtkunst gerühmt wurde. In der Periklesmünze haben wir es mit einem der ersten qualitätvollen griechischen Individualporträts zu tun, und dies in einer Zeit, als die Darstellung lebender Menschen im griechischen Mutterland noch unüblich war.

Auch in dem bärtigen Kopf des Kriegers auf der Rückseite dieser Münze wollte man das Porträt des Perikles wiedererkennen. Wegen der geringen Größe des Kopfes fällt es jedoch schwer, Porträtzüge zu erkennen, auch wenn sicherlich der Herrscher in der Pose eines Heros gemeint war. Für diese heroische Pose griff der Stempelschneider auf einen bekannten Bildtypus zurück, der in dieser Zeit auch in anderen griechischen Münzstätten genutzt wurde (z. B. für Ajax in Lokroi Opuntioi und für Leukapsis in Syrakus).

In den Kombinationen von Satrapenporträt, griechischer Formensprache und lykischer Münzlegende zeigen sich beispielhaft die Einflüsse, denen sich Lykien in der 1. Hälfte des 4. Jahrhunderts v. Chr. öffnete, in einer Zeit, als Athen mit dem zweiten Attischen Seebund erneut internationale Bedeutung erlangte, bevor die Stadt nach der Schlacht von Chaironeia 338 v. Chr. in der politischen Bedeutungslosigkeit versank. Perikles, dessen Name selbst bereits von Philhellenismus zeugt, ist für die klassischen Archäologen der am besten bekannte lykische Dynast, weil er mit seinem Heroon in Limyra den Einfluß athenischer Kunst in einem außerhalb der griechischen Machtsphäre liegenden Gebiet zeigt.

Makedonisches Königshaus

Vor dem Hintergrund der Herrscherprägungen in Kleinasien lassen sich die Münzprägungen der makedonischen Könige besser beurteilen. Sie gehören bis zu Alexander dem Großen zu der Gruppe von Herrschermünzen, bei denen der Name mit einem Bild kombiniert wird, das nicht unmittelbar mit der Person selbst verbunden ist. Schon der Gründer der makedonischen Dynastie, Alexander I. (498–451 v. Chr.), nannte seinen Namen auf der Rückseite seiner Münzen. Er hatte nach dem Rückzug der Perser das Stammesgebiet der Bisalten mit reichen Silbervorkommen eingenommen und setzte nun deren Prägungen unter seinem Namen fort (Kat.-Nr. 144). Der Reiter auf der Vorderseite mit Kausia und zwei Jagdspeeren läßt sich von den früheren Bisaltenprägungen ableiten, wird aber im persischen Herrschaftsgebiet, wo diese Münzen auch kursierten, für eine Darstellung des Herrschers selbst gehalten worden sein. Die gleiche mehrdeutige Bildsprache fand sich später auch auf den Tetradrachmen Philipps II. (359–336 v. Chr.), des Vaters Alexanders des Großen. Während die Vorderseite von einem bärtigen Zeuskopf eingenommen wird, erscheint auf der Rückseite ein bärtiger Reiter mit Kausia und Schultermantel, der die Rechte zu einem Grußgestus erhoben hat (Kat.-Nr. 145). Der Name des Philippos ist diesem Bild beigegeben, das zu Recht als Darstellung des Königs selbst interpretiert wurde.

134 Dareikos eines persischen Großkönigs

Gold; 8,32 g
5.–4. Jh. v. Chr.
Berlin, Münzkabinett Inv. 1931/1213
Vorderseite: Persischer Großkönig im Knielaufschema rechts, ein langes Gewand tragend, in der Linken einen Bogen, in der Rechten eine diagonal nach unten gerichtete Lanze, Pfeile von Köcher erkennbar.
Rückseite: Oblonges Incusum.

Literatur: I. Carradice, Coinage of the Persian Empire, BAR Int. Series (1987) 42: zu den Datierungsschwierigkeiten.

135 Stater eines persischen Satrapen

Silber; 14,82 g
4. Jh. v. Chr.
Berlin, Münzkabinett Inv. 1900 Imhoof-Blumer
Vorderseite: ΠΥΘΑΓΟ–ΡΗ, persischer Großkönig im Knielaufschema rechts, ein langes Gewand tragend, in der Linken einen Bogen, in der Rechten eine diagonal nach unten gerichtete Lanze mit Gegengewicht; Standlinie.
Rückseite: Vertiefte unregelmäßige gepunzte Fläche (›Landkarte‹?).

Literatur: M. E. Babelon, Les Perses Achéménides, les Satrapes et les Dynastes tributaires de leur Empire Cypre et Phénice (1893) S. LXXVII–LXXXIX: dort als eponymer Stratege von Ephesos unter der Herrschaft des Rhodiers Memnon (334 v. Chr.).

136 Stater eines persischen Satrapen

Silber; 14,75 g
4. Jh. v. Chr.
Berlin, Münzkabinett Inv. 1900 Imhoof-Blumer
Vorderseite: Persischer Großkönig im Knielaufschema rechts, ein langes Gewand tragend, mit gespanntem Bogen, über der Schulter Köcher erkennbar, Punktlinie.
Rückseite: Reiter mit Lanze nach rechts galoppierend, links oben im Feld bärtiger Kopf rechts, Punktlinie.

Literatur: M. E. Babelon, Les Perses Achéménides, les Satrapes et les Dynastes tributaires de leur Empire Cypre et Phénice (1893) 91 Nr. 620 Taf. 17, 15 var.: dort Artaxerxes III. Ochus und Euargoras II. (361–351 v. Chr.) von Salamis.

137 Tetradrachmon des Tissaphernes

Silber; 14,92 g
Vor 395 v. Chr.
Berlin, Münzkabinett Inv. 1873 Fox
Vorderseite: Bärtiger Herrscher mit Keranoshaube rechts.
Rückseite: ΒΑΣΙΛΕΩΣ Großkönig (Artaxerxes II. Mnemon ?) im Knielaufschema mit Bogen und Lanze rechts, links im Feld Galeere mit einer Ruderreihe, Bildfeld in Quadratum Incusum.

Literatur: E. Pfuhl, Anfänge der griechischen Bildniskunst. Ein Beitrag zur Geschichte der Individualität (1927) 1–31; W. Schwabacher, Satrapenbildnisse. Zum neuen Münzporträt des Tissaphernes, in: K. Schauenburg (Hrsg.), Charites. Studien zur Altertumswissenschaft, Festschrift Langlotz (1957) 31; K. Fittschen (Hrsg.), Das griechische Porträt (1988) 20 Taf. 28, 3.

138 Tissaphernes auf Bronzemünze aus Astyra

Silber; 1,45 g
411–395 v. Chr.
Berlin, Münzkabinett Inv. 1995/91
Vorderseite: Bärtiger Kopf des Tissaphernes mit Halbglatze rechts, darunter Münzlegende ΤΙΣΣ[Α].
Rückseite: ΑΣΤΥΡΗ, frontal stehende archaische Städtgöttin Artemis Astyrene auf Basis; rechts oben im Feld Keule.

Literatur: H. A. Cahn, Tissaphernes in Astyra, AA 1985, 585 Nr. 1 Abb. 1–3; ders., Weitere Bildnismünzen des Tissaphernes, in: R. Margolis – H. Voegtli (Hrsg.), Numismatics – Witness to History (1986) Taf. 3, 4.

Kat.-Nr. 134

Kat.-Nr. 135

Kat.-Nr. 136

Kat.-Nr. 137

Kat.-Nr. 138

Kat.-Nr. 139

Kat.-Nr. 140

Kat.-Nr. 141

139 Tetradrachmon des Pharnabazos

Silber; 14,82 g
Um 397 v. Chr.
Berlin, Münzkabinett Inv. von Prokesch-Osten
Vorderseite: [ΦAP]N–ABA, bärtiges Porträt des Pharnabazos mit Keranoshaube rechts.
Rückseite: Schiffsbug mit apotropäischem (übelabwehrendem) Auge und Greif verziert, nach links ausgerichtet; gerahmt von zwei Delphinen, darunter ein Thunfisch links (Zeichen der Münzstätte Kyzikos).

Literatur: K. Regling, Die Münze als Kunstwerk (1924) 82 Taf. 19, 424; Pfuhl a. O.; Schwabacher a. O.

140 Didrachmon von Magnesia für Themistokles

Silber; 8,58 g
464–459 v. Chr.
Berlin, Münzkabinett Inv. 1897/227
Vorderseite: ΘEMIΣ[TOKΛE]OΣ, Apollon mit Lorbeerbäumchen und auffliegendem Vogel; Perlkreis.
Rückseite: M–A, Adler, Kopf links, mit ausgebreiteten Schwingen diagonal in vertieftem Quadrat, das durch geperlte Rahmung begrenzt ist.

Literatur: H. Dressel, ZfN 21, 1898, 221 f. Taf. 5, 10; J. Nollé – A. Wenninger, Themistokles und Archepolis: eine griechi-

Kat.-Nr. 142

Kat.-Nr. 143

Kat.-Nr. 144

Kat.-Nr. 145

sche Dynastie im Perserreich und ihre Münzprägung, in: JNG 48/49, 1998/99, 29–70 bes. 64 Nr. Th 1c (diese Münze).

141 Tetradrachmon des Hekatomnos

Silber; 15,15 g
395–377 v. Chr.
Berlin, Münzkabinett, ohne Inv.
Vorderseite: Zeus von Labranda mit Doppelaxt und Zepter nach rechts.
Rückseite: EKATOM[NOΣ], Löwe rechts stehend.

Literatur: J. Friedländer – A. v. Sallet, Das königliche Münzkabinett (1873) 72 Nr. 155. – Vgl.: C. M. Kraay, Archaic and Classical Greek Coins (1976) 275 Nr. 999.

142 Stater des Mithrapata

Silber; 10,01 g
390–370 v. Chr.
Berlin, Münzkabinett Inv. 1999/123
Vorderseite: Löwenskalp von vorn.
Rückseite: MEXPAΠA-T-A (auf lykisch), Büste des bärtigen Mithrapata l.; links unten im Feld Triskeles, das ganze in Quadratum Incusum.

Literatur: Vgl. N. Olcay – O. Mørkholm, The Coin Hoard from Podalia, in: NumChron 1971, 1–29, bes. Kat.-Nr. 84 (Boston, 9,77 g).

143 Stater des Perikles

Silber; 9,85 g
Um 375–362 v. Chr.
Privatbesitz
Vorderseite: Bärtiger Kopf des Perikles von vorn.
Rückseite: Name des Perikles in lykischer Schrift; Krieger (Perikles?) mit Helm, Schwert und Schild, rechts Triskeles, darüber Stern (überprägt auf Münze des Euagoras).

Literatur: P. R. Franke – M. Hirmer, Die griechische Münze (1964) 659; Olcay–Mørkholm a. O. Nr. 432.

144 Oktodrachmon Alexanders I.

Silber; 29,06 g
Um 475 v. Chr.
Berlin, Münzkabinett Inv. 1879/385
Vorderseite: Reiter in kurzem Gewand und mit Kausia sowie mit zwei Speeren rechts, Punktkreis.
Rückseite: AΛEΞANΔPO, in vertieftem Rahmen um Quadrat.

Literatur: Vgl. C. M. Kraay, Archaic and Classical Greek Coins (1976) Nr. 494.

145 Tetradrachmon Philipps II.

Silber; 14,43 g
Ca. 355–349/8 v. Chr.
Berlin, Münzkabinett Inv. a.B.
Vorderseite: Kopf des Zeus rechts.
Rückseite: ΦIΛIΠ–ΠOY, Philipp II. nach links reitend, die Rechte erhoben; links unten im Feld Bogen (Zeichen der Münzstätte Amphipolis).

Literatur: G. Le Rider, Le monnayage d'argent et d'or de Philippe II frappé en Macédoine de 359 à 294 (1977) 88 Nr. 162 a Taf. 29, 162: Amphipolis, ca. 355–349/8 v. Chr.

Martin Bentz

Sport in der klassischen Polis

Bereits in der Antike werden der Sport und das Gymnasion als Unterscheidungsmerkmal der Griechen gegenüber Barbaren verwendet. Die Athletik wird spätestens seit J. Burckhardt als typischer Ausdruck des agonalen Geistes der Griechen angesehen.

In der Polis war es das Gymnasion, in dem sich der Sport im Alltag abspielte. Kaum ein griechisches Gemeinwesen kam seit dem 6. Jahrhundert ohne eine derartige Einrichtung aus, die von unterschiedlich aufwendiger architektonischer Struktur sein konnte. Im Laufe der Zeit entwickelten sich Gymnasien zu multifunktionalen Großbauten, die neben den im eigentlichen Sinne athletischen Bereichen, wie etwa einem großen Übungshof (Palästra) und einer Laufbahn (Dromos), auch Badeanlagen, Schuleinrichtungen, Bibliotheken und kleine Heiligtümer beinhalten konnten (Abb. 1). Das Gymnasion wurde seit klassischer Zeit zum sicher wichtigsten öffentlichen Kommunikationsraum der männlichen Bürger neben der Agora, wie es zahlreiche Vasenbilder belegen.

In der Forschung war lange umstritten, ob die Einrichtung des Gymnasion der Wehrertüchtigung diente und mit der Einführung der Hoplitenphalanx in Zusammenhang stand. Die wichtigsten Argumente dagegen sind jedoch, daß der griechische Sport so gut wie immer ein Individualsport ist und gar nicht auf die Erfordernisse einer Phalanx vorbereitet; in seinen Grundzügen besteht er bereits in der adeligen Lebenswelt Homers vor Einführung der Phalanx. Außerdem entstammen die Besucher des Gymnasion zumindest in der Frühzeit dem Adel. Es handelt sich beim Gymnasion – wie bei der Jagd oder dem aufwendigen Symposion – ursprünglich um einen Ausdruck aristokratischer Lebenskultur, die stark durch das kompetitive Element geprägt war.

Die prosopographischen Untersuchungen von D. Kyle zeigen zumindest für Athen, daß auch die meisten der erfolgreichen Athleten bis in hochklassische Zeit hinein dem Adel und auch danach zumindest wohlhabenden Familien entstammten; erst seit Mitte des 4. Jahrhunderts ist eine deutlichere Verschiebung des sozialen Gefüges der Athleten zu erkennen. Die seit dem 6. Jahrhundert bestehende hohe Spezialisierung der Athleten, die praktisch das ganze Jahr hindurch trainierten, konnten sich nur diejenigen leisten, die nicht ihren Lebensunterhalt durch tägliche Arbeit verdienen mußten. Seit der 2. Hälfte des 4. Jahrhunderts ist das Gymnasion Ort der neu institutionalisierten Ephebenausbildung für die 19 bis 20 Jahre alten Bürger.

Neben den baulichen Resten veranschaulichen vor allem Vasenbilder, aber auch Funde wie Sportgeräte, die Aktivitäten im Gymnasion.

Die großen Feste: Selbstdarstellung nach außen – Identitätsstiftung nach innen

Sehr viel genauer als über die tägliche Ausübung des Sports sind wir über öffentliche Wettkämpfe informiert, die anläßlich religiöser Feste in allen griechischen Poleis ausgerichtet wurden. Sowohl in der antiken Literatur als auch in Inschriften und der Kunst haben diese Spiele Niederschlag gefunden. Von überregionaler Bedeutung sind vor allem die panhellenischen Feste – am berühmtesten waren die wegen der Siegespreise sogenannten ›Kranzspiele‹ – im Zeus-Heiligtum von Olympia, im Zeus-Heiligtum von Nemea, im Poseidon-Heiligtum von Isthmia sowie im Apollon-Heiligtum von Delphi.

Am Beispiel von Athen läßt sich zeigen, daß es nicht nur gelegentliche besondere, große Wettkämpfe gab, sondern daß auch kleinere Agone den Jahresablauf der Polis begleiteten. So betont Perikles in seiner Leichenrede an erster Stelle die regelmäßige Durchführung von Agonen als Zeichen städtischer Normalität und Lebensqualität. So gab es neben den alle vier Jahre stattfindenden panhellenischen ›großen‹ Panathenäen zu Ehren der Stadtgöttin Athena zahlreiche Spiele, an denen dann allerdings meist nur die Athener Bevölkerung teilnahm. So sind unterschiedlich ausgestaltete sportliche Wettkämpfe, die zumeist wenige Agone umfaßten, anläßlich der Theseia, Hermaia, Hephaistia, Olympieia, Eleusinien, Oschophoria, Genesia und Epitaphia und anderen mehr überliefert, außerdem gab es Bootsregatten im Zeus-Soterios- und Artemis-Munichia-Heiligtum in Piräus.

Archäologisch ist der Ablauf der großen Panathenäen von Athen am besten dokumentiert. Während von anderen Festen vor allem literarische, epigraphische und architektonische Zeugnisse erhalten sind, gibt es zu den Panathenäen eine große Zahl von Reflexen in der Flächenkunst – hingegen gibt es z. B. kein Vasenbild, das sich sicher auf die Olympischen Spiele beziehen ließe. Außerdem haben sich die Siegespreise, ehemals mit Öl gefüllte Amphoren, in großer Menge erhalten; auf ihren Rückseiten ist die jeweilige Disziplin dargestellt, für die das Gefäß als Preis bestimmt war.

Die panathenäischen Spiele wurden 566 v. Chr. eingerichtet, kurz nach der Gründung der oben genannten großen panhellenischen Feste bzw. der Kanonisierung des Programms der sehr viel älteren Olympischen Spiele in der 1. Hälfte des 6. Jahrhunderts v. Chr. Der Zeitpunkt der Etablierung der Wettkämpfe ist nicht zufällig, sondern spiegelt die Konkurrenz unter den Poleis, die sich in dieser Zeit politisch und ökonomisch neu formierten. Die Einführung panhellenischer Spiele dienten der Stadt vor allem zur Selbstdarstellung nach außen. Um die Attraktivität der Spiele zu steigern und einen Anreiz für möglichst viele Teilnehmer aus ganz Griechenland zu schaffen, wurden wertvolle Preise ausgesetzt. Diese – mit Öl gefüllte Preisamphoren, von denen die Sieger bis zu 140 bekamen – besaßen einen Gegenwert von bis zum mehrfachen Jahresverdienst einfacher Bürger. Außerdem verbreiteten sich die Preisamphoren, von denen ca. 1500 für jedes Fest produziert wurden, über die Sieger, die sie verkauften oder mit in die Heimat nahmen, im ganzen Mittelmeerbereich. Sie fanden sich in Gräbern, Wohnhäusern und – für weitere Kreise sichtbar – sehr zahlreich in Heiligtümern und im öffentlichen Bereich. Auf jedem der Gefäße war die Stadtgöttin Athena zu sehen, und neben ihr stand die Preisinschrift TON ΑΘΕΝΕΘΕΝ ΑΘΛΟΝ, »von den Preisen aus Athen«, eine Formulierung, die sich offensichtlich an Nicht-Athener richtet; auf der anderen Seite stellte man die sportlichen Wettkämpfe dar. Und so wurde die Einführung der Preisamphoren zur Erfolgsgeschichte: bereits im 6. Jahrhundert entwickelten die Gefäße sich neben der Eule zum allgemein verständlichen Symbol für die Stadt Athen; ihre Form wurde bis zum Schwarzen Meer hin imitiert, und seit dem 5. Jahrhundert – vor allem im Grabbereich – sogar zum Symbol für männliche Tugend allgemein.

In der Inschrift IG II^2 2311 (Kat.-Nr. 146) hat sich das Programm der Panathenäen aus klassischer Zeit zu großen Teilen erhalten; es entspricht weitestgehend dem der übrigen panhellenischen Spiele, weist jedoch einige lokale Besonderheiten auf. Das Programm, das sich vermutlich über eine Woche erstreckte, besteht zunächst aus gymnischen (Leichtathletik und Kampfsport) und hippischen (Pferde- und Wagenrennen) Agonen, die bei allen panhellenischen Festen ausgetragen wurden. Für diese gab es die Preisamphoren als Preise. Hinzu kommen musische Wettkämpfe (Instrumentalmusik und Gesang), die es z. B. auch in Delphi, nicht jedoch in Olympia gab, sowie als athenische Spezialität kriegerische Disziplinen, die zumeist athenischen Bürgern vorbehalten waren. Die Einführung der kriegerischen Reiteragone in der 2. Hälfte des 5. Jahrhunderts hängt vermutlich mit der Verstärkung und Neuordnung der athenischen Reiterei unter Perikles zusammen, deren Bedeutung auch bei den Spielen betont werden sollte.

Die gymnischen Agone wurden in verschiedenen Altersklassen (Knaben, Jugendliche, Männer) durchgeführt und bestanden aus Laufdisziplinen (Kurz-, Mittel- und Langstrecke sowie Waffenlauf), Fünfkampf (Kurzstreckenlauf, Diskus- und Speerwurf, Weitsprung und Ringen) sowie den drei Kampfsportarten Boxen, Ringen und Pankration (Allkampf).

Lange Zeit wurden die Wettkämpfe im Herzen der Stadt, auf der Agora, durchgeführt; erst unter Lykurg, im fortgeschrittenen 4. Jahrhundert v. Chr., wurde am Rande der Stadt ein Stadion errichtet.

Eine Besonderheit der athenischen Spiele waren die Mannschaftswettkämpfe, bei denen Abordnungen der zehn Phylen (Stämme) gegeneinander antraten. Es handelt sich um den Fackellauf, den Waffentanz, das Bootsrennen, die Euandrie (deren Bedeutung unklar ist) und die Anthippasia (Formationsreiten mit Schaukampf). Dieser letzte Teil des Festprogramms diente weniger der Außenwirkung Athens, sondern wirkte identitätsstiftend nach innen. Dies zeigt sich unter anderem an den Preisen. Es werden keine Preisamphoren vergeben, sondern Stiere und etwas Geld für die Durch-

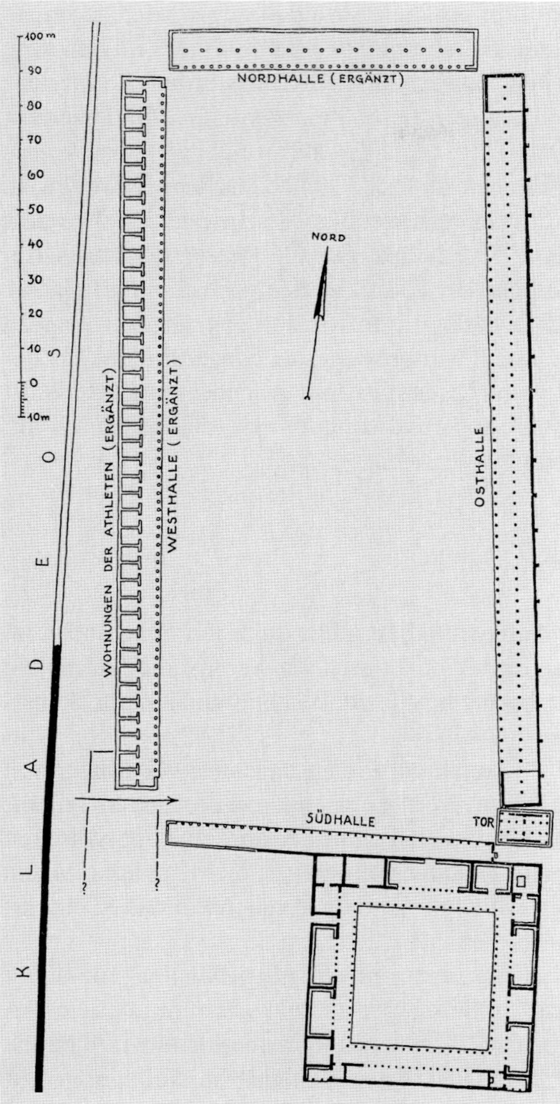

Abb. 1. Gymnasion und Palästra von Olympia

Abb 2. Glockenkrater des Nikias mit Fackelläufern, um 420 v. Chr. London, British Museum

Abb. 3. Bronzekopf von der Siegerstatue eines bärtigen Faustkämpfers aus Olympia, um 350 v. Chr. Athen, Nationalmuseum Inv. 6439

führung von gemeinschaftlichen Siegesfeiern. Die Einführung dieser Wettkämpfe wird zum Teil in die Zeit nach den kleisthenischen Reformen im späten 6. Jahrhundert fallen, als die Phylen eine neue administrative und politische Bedeutung erhielten. In perikleischer Zeit wurden die Phylenwettbewerbe jedoch besonders betont; erst in dieser bzw. seit dieser Zeit werden sie in der Kunst häufiger dargestellt.

Am besten läßt sich der neue Umgang mit den Phylenagonen am Fackellauf beobachten. Obwohl nach Mitte des 5. Jahrhunderts die Zahl der Darstellungen des Sports abnehmen, erscheinen plötzlich sehr viele Vasenbilder mit Fackelläufern; es haben sich etwa 50 erhalten, die alle Phasen des Laufs von der Vorbereitung über den eigentlichen Lauf mit Übergabe der Fackel an den nächsten Staffelläufer bis zur Bekränzung des Siegers zeigen. Auf einem Glockenkrater in London aus der Zeit um 420 (Abb. 2) tragen die Läufer die Namen ihrer Phylen auf den Stirnbändern; der Sieger kommt aus der Phyle Antiochis. Der Maler dieses Gefäßes signierte singulärerweise mit Angabe seiner Herkunft »Nikias, Sohn des Hermokles, aus dem Demos Anaphlystos« und solidarisierte sich hierdurch mit der siegreichen Phyle, zu der sein Heimatdemos gehörte.

Die Sieger: individueller Ruhm – Ruhm für die Gemeinschaft

Athletische Sieger besaßen – wie heute auch – in der Antike und besonders im 5. Jahrhundert v. Chr. eine herausgehobene Stellung. Sie erfuhren vielfältige Ehrungen – durch den Veranstalter der Spiele und durch ihre Heimatpolis –, nutzten die Siege aber auch zur Selbstdarstellung bis hin zur Selbstinszenierung.

Die Preise, die die Festveranstalter den Siegern überreichten, lassen sich in zwei Kategorien unterteilen, zum einen diejenigen mit rein symbolischem Wert, zum anderen diejenigen mit oft hohem materiellem Wert. Bei den großen panhellenischen Spielen gab es Kränze aus ortstypischen Pflanzen (Olympia – Ölbaum, Delphi – Lorbeer, Isthmia – Fichte, Nemea – Eppich), andernorts gab es Kränze zusätzlich zu weiteren Preisen. In Olympia erhielten die Sieger außerdem das Recht, im Heiligtum eine Statue von sich errichten zu lassen.

Die materiell wertvollen Preise konnten aus Geld bestehen, aus Metallgefäßen – vor allem Dreifüsse und Hydrien, seltener Kessel, Phialen und Schilde –, aber auch aus Naturalien, wie Getreide bei den Eleusinien und Olivenöl bei den Panathenäen. Am besten informiert sind wir über den Wert der panathenäischen Preise. Die Inschrift IG II^2 2311 (Kat.-Nr. 146) nennt die Wettkämpfe mit den jeweiligen Preisen, im Falle der musischen Agone bis zu weit über 1000 Drachmen im besonders geschätzten Kitharödenwettbewerb. Bei den Sportwettkämpfen war das Wagenrennen mit 140 Amphoren Öl am höchsten dotiert. Diese umgerechnet mehr als 5000 Liter Öl hatten einen Verkaufswert von 1600 bis 7700 Drachmen – je nach dem stark schwankenden Ölpreis. Zum Vergleich sei erwähnt, daß Arbeiter und Handwerker im 5. Jahrhundert ca. eine Drachme pro Tag verdienten.

Die Heimatpolis ehrte die Sieger auf vielfältige Art, da sie mit ihren Taten vor allem den Ruhm der Stadt nach außen vermehrten. Die Ehrungen reichen von Prozessionen und Siegesfeiern über Geldprämien, Ehrenplätze im Theater, lebenslange öffentliche Speisung, die Aufstellung von Statuen bis hin zur kultischen Verehrung. Bereits in den Epinikien, den Siegesliedern, und in der Flächenkunst werden Taten von Athleten mit denen von Heroen verglichen; zum Kult kam es allerdings erst nach dem Tod der Sportler. Aus dem 5. Jahrhundert sind sieben derartige Fälle überliefert. Die besondere Heraushebung der Sieger hat bis auf wenige Ausnahmen, bei denen Sportler politisch ambitioniert waren, keine Konflikte innerhalb der Polis ausgelöst. Da sie auch für die Heimatstadt, die in allen Inschriften und Siegerlisten vermerkt wurde, und nicht nur für sich selbst gewonnen hatten, ließen sie sich gut in die Polisgemeinschaft integrieren und dienten als Identifikationsfiguren, denen man bestimmte Sonderrechte und Privilegien nicht neidete, welche im Gegenteil unabdingbar zu ihrer Funktion in der Gemeinschaft gehörten.

Die Sieger selbst weihten mit ihrem Namen versehene Sportgeräte (Diskoi, Sprunggewichte etc.) oder

Abb. 4. Grab D von der Via Nitti in Tarent (sog. Athletengrab); Schnittzeichnung

ihre Preise in Heiligtümer. Sie ließen Epinikien verfassen und gaben Gemälde und Statuen in Auftrag, die in der Heimatpolis und/oder im Heiligtum, in dem sie erfolgreich waren, aufgestellt wurden. Als Beispiel sei der reiche Politiker und Rennstallbesitzer Alkibiades genannt, der nach seinem Sieg 416 v. Chr. in Olympia die ganze Festgesellschaft zu seiner Siegesfeier verköstigte und neben Statuenweihungen auf der Akropolis von Athen Gemälde weihte, auf denen er von den Personifikationen der Spiele, bei denen er gesiegt hatte, bekränzt wird bzw. in deren Schoß sitzt, also in quasigöttliche Sphären gerückt wird. Vom Tragödiendichter Euripides ließ er sich ein Epinikion verfassen. Diese übertriebene Darstellungssucht brachte ihm allerdings auch Kritik ein. Ein weiterer Sonderfall ist der Schwerathlet Milon von Kroton; er wurde wegen seiner Kraft mit Herakles verglichen und zog, mit einem Löwenfell verkleidet und mit seinen Siegeskränzen versehen, an der Spitze des Heeres seiner Heimatstadt in den Krieg.

Die im öffentlichen Raum aufgestellten Statuen waren die sichtbarsten Zeugnisse der erfolgreichen Athleten. Zur Zeit des Reiseschriftstellers Pausanias im 2. Jahrhundert n. Chr. standen noch rund 200 von ihnen im Heiligtum von Olympia, das einem ›Statuenwald‹ geglichen haben muß (Abb. 3). Da die Statuen bereits in der Antike zerstört wurden, haben sich heute vor allem zahlreiche Basen mit Inschriften und Standspuren der Figuren erhalten. Römische Kopien geben zahlreiche Athletenstatuen wieder, die aber nur in seltenen Fällen benannt werden können. Die Statuen folgen in der Klassik nur wenigen Darstellungstypen; es handelt sich zumeist um ruhig stehende, unbekleidete Figuren, die nach dem Wettkampf, häufig mit der Siegerbinde, wiedergegeben werden. Gelegentlich halten sie auch ein sportspezifisches Attribut, wie z. B. den Diskus oder die Faustriemen der Boxer in der Hand.

Ohne die Inschriften wären sie auch in der Antike kaum benennbar gewesen (zu ihrer Bedeutung im Zusammenhang der Entwicklung des Porträts s. S. 209). Ein gutes Beispiel für eine derartige Siegerstatue ist der ›Schaber‹ von Ephesos (Kat.-Nr. 381) – eine qualitätvolle römische Bronzekopie nach einem Original des mittleren 4. Jahrhunderts, die im Hafengymnasium der kleinasiatischen Stadt aufgestellt war. Sie stellt einen Athleten dar, der sich nach dem siegreichen Wettkampf reinigt und das hierbei verwendete Schabeisen säubert. Nur das leicht geschwollene rechte Ohr weist darauf hin, daß es sich wohl um einen Kampfsportler handelt. Gerade bei einem solchen ist der Kontrast zwischen dem ruhigen, alltäglichen Darstellungsmotiv und der aktionsreichen Disziplin besondern augenfällig. Eine der wenigen bewegten Athletenstatuen klassischer Zeit ist hingegen der Diskobol des Myron, dessen Bewegungsmotiv auch auf einem der Preisamphorenbilder zitiert wird (Kat.-Nr. 149).

In der Vasenmalerei nimmt die Zahl der Sportdarstellungen in der Klassik gegenüber der spätarchaischen Zeit immer mehr ab. Parallel zu den Statuen verändert sich die Bildsprache. Aktionsgeladene, figurenreiche Wettkampfszenen bilden nun die Ausnahme; sie treten gegenüber beruhigten, oft auf den Sieger fokussierten Bildern zurück. Als neuer, häufiger Bildtypus wird die Siegerehrung eingeführt, die durch Kampfrichter oder die Siegesgöttin Nike ausgeführt wird.

Athletik im Grabbereich – Chiffre für ein tugendhaftes Leben

Sport ist als Thema im Grabbereich vielfältig präsent, ohne daß man jedoch eine klare Definition des Begriffs ›Athletengrab‹ geben könnte. Es gibt zum einen Grabreliefs, die den Verstorbenen als Athleten charakterisieren, zum anderen können Teile der Grabbeigaben mit der Welt des Sports in Zusammenhang stehen. Sportgeräte im eigentlichen Sinn, wie etwa Diskoi, finden sich selten in Gräbern, häufiger hingegen Strigilis und Ölbehältnis, die allgemein auf das Gymnasion verweisen. Außerdem können bemalte Vasen mit Bildthemen aus der Athletik den Verstorbenen charakterisieren.

Die eindruckvollsten Athletengräber von archaischer bis in klassische Zeit fanden sich in der großgriechischen Stadt Tarent. In Kammergräbern ließen sich Mitglieder von Athletenvereinigungen in Gemeinschaftsgräbern beisetzen. Die Ausstattung mit Strigileis und Alabastra für das Öl sowie häufig panathenäischen Preisamphoren verweisen auf die Welt des Sports (Abb. 4). Hinzu kommt noch Trinkgeschirr, z. T. ebenfalls mit athletischen Szenen versehen. Die Grundrisse dieser Gräber erinnern an Bankettträume. In diesen Gräbern werden zwei Themen aus dem männlichen Leben, der Sport als Ausdruck der körperlichen Kraft und Tugend sowie das Symposion als Ausdruck des gesellschaftlichen Lebens, miteinander verknüpft. Ob die hier Beigesetzten tatsächlich erfolgreiche Sportler waren, gar Olympiasieger, läßt sich anhand der Gräber nicht beweisen.

Im Gegensatz zur Selbstdarstellung erfolgreicher Sportler im Leben sind die Grabausstattungen von Athleten klassischer Zeit insgesamt wenig explizit; ihre Aussage liegt anscheinend auf einer eher allgemeinen Ebene, sind Ausdruck des Standesbewußtseins einer wohlhabenden Bürgerschicht.

Ähnliches trifft auf die Grabreliefs zu. Während es in archaischer Zeit seit Mitte des 6. Jahrhunderts eine Serie von Einfigurenstelen mit Athleten gibt, die bei der Ausübung einer spezifischen Sportart (Speer- und Diskuswerfen, Faustkampf etc.) gezeigt werden, so endet diese Reihe mit wenigen Ausnahmen in der Klassik. In der Regel werden nun jugendliche Palästriten gezeigt, die nackt oder mit einem Mantel bekleidet, Strigilis und Aryballos halten und von einem kleinen Diener begleitet werden können (Kat.-Nr. 158). Diese Bilder finden sich zumeist auf großformatigen Stelen, was darauf hindeutet, daß der Sport und das Gymnasion vorwiegend einer materiell besser gestellten Schicht vorbehalten waren.

Literatur: Gymnasion: J. Delorme, Gymnasion. Étude sur les monuments consacrés à l'éducation en Grèce (1960); Ch. Wacker, Das Gymnasion in Olympia: Geschichte und Funktion (1996); Ch. Mann, Krieg, Sport und Adelskultur. Zur Entstehung des griechischen Gymnasions, Klio 80, 1998, 7–21. – Feste: J. Neils (Hrsg.), Goddess and Polis. The Panathenaic Festival in Ancient Athens (1992); W. Decker, Sport in der griechischen Antike (1995); M. Bentz, Panathenäische Preisamphoren. Eine athenische Vasengattung und ihre Funktion vom 6.–4. Jh. v. Chr. (1998). – Mannschaftssportarten: N. Crowther, International Journal of the History of Sport 12, 1995, 127–136; J. Neils in: W. Coulson – O. Palagia (Hrsg.), The Archaeology of Athens Under the Democracy (1994) 151–160. – Sieger: E. Kephalidou, Niketes (1996); Ch. Mann, Athlet und Polis im archaischen und frühklassischen Griechenland, Hypomnemata 138 (2001); M. Bentz – Ch. Mann, Zur Heroisierung von Athleten, in: R. von den Hoff – S. Schmidt (Hrsg.), Konstruktionen von Wirklichkeit. Bilder im Griechenland des 5. und 4. Jhs. v. Chr. (2001) 215–230. – Grabbereich: F. G. Lo Porto, Tombe di atleti tarentini, in: AttiMemMagnaGr 8, 1967, 31–96; A. Scholl, Die attischen Bildfeldstelen des 4. Jhs. v. Chr. (1996) 124–135; J. Bergemann, Demos und Thanatos (1997).

Kat.-Nr. 146

146 Zwei Fragmente einer Inschriftenstele

1. Hälfte 4. Jh. v. Chr.
Von der Akropolis in Athen
Athen, Epigraphisches Museum Inv.-Nr. 8070. 8092

Es haben sich zwei nicht anpassende Fragmente erhalten. Aufgelistet sind die Wettkämpfe der großen Panathenäen mit den jeweiligen Siegespreisen. Die Inschrift verdiente eine neuere ausführliche Behandlung, die hier aber nicht geleistet werden kann.
Die Eintragungen in eckigen Klammern sind ergänzt; PA = Preisamphoren, Dr. = Drachmen

[Musische Agone]

... Stein gebrochen ...

[Kitharisten Knaben]
[dem Ersten:] Kranz [
dem Zweiten [
dem Dritten [
Kitharoden (Gesang zu Kitharaspiel)
dem Ersten: goldener Olivenkranz im Wert von 1000 Dr. und 500 Silberdr.
dem Zweiten: 1200 Dr.
dem Dritten: 600 Dr.
dem Vierten: 400 Dr.
dem Fünften: 300 Dr.
Auloden Männer (Gesang zu Aulosspiel)
dem Ersten: Kranz im Wert von 300 Dr.
dem Zweiten: 100 Drachmen
Kitharisten Männer
dem Ersten: 500 Dr., davon ein Kranz im Wert von 300 Dr.
dem Zweiten: [200 Dr.]
dem Dritten: 100 Dr.
Auleten
dem Ersten: [ ] Dr., davon ein Kranz
dem Zweiten: [

[Gymnische Agone]

... Stein gebrochen ...

[Knaben] Stadionlauf
dem Sieger: [50] PA
dem Zweiten: 10 PA
Knaben Fünfkampf
dem Sieger: 30 PA
dem Zweiten: 6 PA
Knaben Ringen
dem Sieger: 30 PA
dem Zweiten: 6 PA
Knaben Boxen
dem Sieger: 30 PA
dem Zweiten: 6 PA
Knaben Pankration
dem Sieger: 40 PA
dem Zweiten: 8 PA
Jugendliche Stadionlauf
dem Sieger: 60 PA
dem Zweiten: 12 PA
Jugendliche Fünfkampf
dem Sieger: 40 PA
dem Zweiten: 8 PA
Jugendliche Ringen
dem Sieger: 40 PA
dem Zweiten: [8 PA]
Jugendliche Boxen
dem Sieger: [40 PA]
[dem Zweiten: 8 PA]
[*Jugendliche Pankration*]
dem Sieger:[50 PA]
[dem Zweiten: 10 PA]
[*Männer Dolichos* (Langstrecke)]
[dem Sieger: 50 PA]
[dem Zweiten: 10 PA]
[*Männer Stadionlauf* (Kurzstrecke)]
[dem Sieger: 80 PA]
[dem Zweiten: 16 PA]
[*Männer Diaulos-Lauf* (2 Stadien)]
[dem Sieger: 50 PA]
[dem Zweiten: 10 PA]
[*Männer Hippios-Lauf* (Mittelstrecke)]
[dem Sieger: 50 PA]
[dem Zweiten: 10 PA]
[*Männer Fünfkampf*]
[dem Sieger: 60 PA]
[dem Zweiten: 12 PA]
[*Männer Ringen*]
[dem Sieger: 60 PA]
[dem Zweiten: 12 PA]
[*Männer Boxen*]
[dem Sieger: 60 PA]
[dem Zweiten: 12 PA]
[*Männer Pankration*]
[dem Sieger: 70 PA]
[dem Zweiten: 14 PA]
Männer Waffenlauf
[dem Sieger: 30 PA]
[dem Zweiten: 6 PA]

[*Apobates*]
[dem Sieger: 20 PA ?]
[dem Zweiten: 5 PA ?]
[*Pferderennen*]
[dem Sieger: 40 PA ?]
[dem Zweiten: 8 PA ?]
Wagenrennen (Viergespann, Fohlen)
dem Sieger: 40 PA
dem Zweiten: 8 PA
Wagenrennen (Viergespann, ausgewachsene Tiere)
dem Sieger: 140 PA
dem Zweiten: 40 PA

Kriegerische Wettkämpfe
Pferderennen
dem Sieger: 16 PA
dem Zweiten: 4 PA
Wagenrennen (Vierspänner)
dem Sieger: 30 PA
dem Zweiten: 6 PA
Wagenparade
dem Sieger: 4 PA
dem Zweiten: 1 PA
Speerwerfen vom Pferd (›Schildstechen‹)
dem Sieger: 5 PA
dem Zweiten: 1 PA

Siegespreise (für Mannschaftswettbewerbe)
Knaben Waffentanz
ein Stier zu 100 Dr.
Jugendliche Waffentanz
ein Stier zu 100 Dr.
Männer Waffentanz
ein Stier zu 100 Dr.
Euandrie (Schönheitswettbewerb?)
der siegreichen Phyle ein Stier zu 100 Dr.
Fackellauf
der siegreichen Phyle ein Stier zu 100 Dr.
dem Einzelsieger eine Hydria zu 30 Dr.

Siegespreise der Bootsrennen
der siegreichen Phyle [drei Stiere] zu 300 Dr. und 200 Dr. für das Festessen
der zweiten: [zwei] Stiere zu 200 Dr.

... Stein gebrochen ....

Literatur: IG II^2 2311; A. Johnston, BSA 82, 1987, 125–129; M. Bentz, Panathenäische Preisamphoren (1998) 13 ff.

147–157 Panathenäische Preisamphoren mit Darstellungen der kanonischen Sportarten

(Auf den Vorderseiten der Preisamphoren ist jeweils Athena zwischen Säulen wiedergegeben.)

147 Kurzstreckenlauf (Stadion oder Diaulos)

H 62,2 cm, max. Dm 41,5 cm
Berliner Maler, 480–460 v. Chr.
Aus Nola
Berlin, Antikensammlung Inv. F 1832

Vier bärtige Läufer nach links. Die Disziplin ist durch den ausgeprägten Spreizlauf und die kräftig ausholenden Arme charakterisiert. Die Staffelung der Figuren steht noch in spätarchaischer Tradition.

Literatur: CVA (5) Taf. 49, 7. 8; 50, 2; 51, 2; M. Bentz, Panathenäische Preisamphoren (1998) Nr. 5.071 Taf. 62. 63.

148 Langstreckenlauf (Hippios oder Dolichos)

H mit Deckel 93,0 cm, max. Dm 36,0 cm
Marsyas-Maler, aus dem Jahr des Archon Polyzelos: 367/6 v. Chr.
Aus Benghasi
Brüssel, Musées Royaux d'Art et d'Histoire Inv. A 1703

Kat.-Nr. 147

Kat.-Nr. 148

Kat.-Nr. 148

Kat.-Nr. 149

Kat.-Nr. 151

Drei Läufer nach rechts. Der lockere Lauf und die herabhängenden Armen sind typisch für die Disziplin. Das gleichmäßig verteilten, ›schwebenden‹ Läufer entsprechen der klassischen Darstellungsweise.

Literatur: CVA (1) Taf. 14, 3; Bentz a. O. Nr. 4.012 Taf. 103–105.

Kat.-Nr. 150

149 Fünfkampf: Diskuswerfer und Kampfrichter

H 50,0 cm, max. Dm 32,0 cm
Achilleus-Maler, um 430 v. Chr.
Aus Cumae
Neapel, Museo Archeologico Nazionale Inv. 86333

Wie in klassischer Zeit üblich, werden nicht alle oder viele Disziplinen des Fünfkampf zusammen in einem Bild dargestellt, sondern nur eine einzige.

Literatur: CVA (5) Taf. 39. 40; Bentz a. O. Nr. 6.166 Taf. 76.

150 Waffenlauf

H 66,5 cm, max. Dm 33,0 cm
Aus dem Jahr des Archon Kephisodoros: 323/2 v. Chr.
Aus Benghasi
Paris, Musée du Louvre Inv. MN 704

Drei mit Helm und Schilden bewaffnete Läufer nach rechts.

Literatur: CVA (5) III Hg Taf. 5, 1. 3. 5; Bentz a. O. Nr. 4.105 Taf. 131.

Kat.-Nr. 152

Kat.-Nr. 154

151 Boxkampf

H 65,0 cm, max. Dm 41,8 cm
Maler von Berlin 1833 (namengebendes Stück), 500–480 v. Chr.
Aus Vulci
Berlin, Antikensammlung Inv. F 1833

Kat.-Nr. 153

Das Kämpferpaar wird von einem Kampfrichter und einem Athleten flankiert. Der Sieger ist in der Mitte der Komposition hervorgehoben.

Literatur: CVA (5) Taf. 49, 5. 6; 50, 1: 51, 1; Bentz a. O. Nr. 5.067 Taf. 58. 59.

152 Ringen (oder Pankration?)

H 62,8 cm, max. Dm 40,5 cm
Kleophon-Maler, 430–420 v. Chr.
Kopenhagen, Ny Carlsberg Glyptotek Inv. 3606

Das jugendliche Kämpferpaar wird von einem Kampfrichter beobachtet. Es ist eine Szene zu Beginn des Kampfes dargestellt. Es ist schwer zu entscheiden, ob ein Ringkampf oder der Allkampf gemeint ist. Nur bei letzterem war Treten erlaubt.

Literatur: Bentz a. O. Nr. 5.172 Taf. 77.

153 Pankration

H 78,2 cm, max. Dm 39,3 cm
Aus dem Jahr des Archon Niketes: 332/1 v. Chr.
Aus Capua
London, British Museum Inv. B 610

Kat.-Nr. 155

Kat.-Nr. 156

Kat.-Nr. 156

Der Allkampf ist durch Ringergriffe und Faustschlag charakterisiert. Rechts ein Kampfrichter, links ein zuschauender Athlet.

Literatur: CVA (1) III Hf Taf. 4, 3; Bentz a. O. Nr. 4.097 Taf. 126. 127.

154 Wagenrennen

H 63,5 cm, max. Dm 40,0 cm
Um 450 v. Chr.
Aus Benghasi
Berlin, Antikensammlung Inv. V.I. 3979

Ein Viergespann mit Wagenlenker in langem weißem Chiton nach rechts. Die Darstellungsweise dieses Agons bleibt von archaischer bis in hellenistische Zeit fast unverändert.

Literatur: Bentz a. O. Nr. 5.192 Taf. 84.

155 Pferderennen

H 81,0 cm, max. Dm 40,0 cm
Aus dem Jahr des Archon Pythodelos: 336/5 v. Chr.
Aus Athen
München, Staatliche Antikensammlungen Inv. 7767

Drei Reiter, davon der mittlere bekleidet, im Galopp nach links.

Literatur: Bentz a. O. Nr. 4.088 Taf. 121. 122.

156 Apobates

H mit Deckel 99,5 cm, max. Dm 39,0 cm
Marsyas-Maler, aus dem Jahr des Archon Theophrastos: 340/39 v. Chr.
Malibu, J. Paul Getty Museum Inv. 79.AE.147

Viergespann mit Wagenlenker und Hoplit nach links. Bei diesem typisch athenischen Wettkampf mußte der Hoplit vom Wagen abspringen und einen Teil der Strecke laufend zurücklegen.

Literatur: Bentz a. O. Nr. 4.080 Taf. 117. 118.

Kat.-Nr. 157

157 Schildstechen

H 57,0 cm, max. Dm 33,0 cm
Kuban-Gruppe, 406 v. Chr. (?)
Aus Benghasi
London, British Museum Inv. 1903.2–17.1

Zwei Reiter mit Speeren vor einem Pfahl, an dem ein Schild hängt. Bei diesem nur in Athen durchgeführte Wettbewerb mußte reitend ein Ziel mit dem Speer getroffen werden.

Literatur: CVA (1) III Hf Taf. 1, 1; Bentz a. O. Nr. 5.229 Taf. 92. 93.

158 Grabrelief

Marmor; H 1,33 m
Unterer Teil der Stele mit den Füßen der Figuren fehlt
Aus Salamis; um 350 v. Chr.
New York, Metropolitan Museum of Art Inv. 09.258.41

Stele mit seitlichen Anten, schmalem Architrav und Dach mit sieben Antefixen. Drei Akrotere, seitlich hockende Sphingen, in der Mitte eine geflügelte Sirene im Trauergestus. Die Inschrift auf dem Architrav (IG II^2 7090) nennt den Namen des Verstorbenen: Sostratos, Sohn des Teisandros aus dem Demos Paiania.

Der verstorbene Jüngling steht frontal, eine Strigilis vor den Körper haltend, die Linke in einem etwas ungenau ausgeführten Selbstbekränzungsgestus erhoben. Sein Haar ist zu einem Kranz über der Stirn eingerollt. Neben ihm ein jugendlicher Diener, der das Himation des Sostratos über der linken Schulter und den Aryballos in der Rechten trägt.

Die Stele verweist durch die Attribute unspezifisch in die Welt der Palästra bzw. der Ausbildung der jungen Polisbürger, wie es auf klassischen Grabreliefs die Regel darstellt. Der Bekränzungsgestus mag die Qualitäten des Verstorbenen ausdrücklich unterstreichen, könnte aber auch einen konkreteren Anlaß, einen athletischen Sieg in seinem Leben, andeuten.

Literatur: G. M. A. Richter, Catalogue of Greek Sculpture. Metropolitan Museum of Art (1954) 84 Nr. 85 Taf. 69 a; C. W. Clairmont, Classical Attic Tombstones I (1993) Nr. 1.825.

Kat.-Nr. 158

Hans-Joachim Gehrke – Ulrich Gotter

Die Stadt als Tyrann – oder: Die Mechanik des Imperialismus

Der grandiose Aufstieg Athens war verbunden mit den Perserkriegen, namentlich mit den Siegen von Marathon (490 v. Chr.) und Salamis (480 v. Chr.). Das bedeutet aber auch: Das attische Imperium wurde errichtet auf der Erfahrung existentieller Bedrohung, auf hohen Verlusten an Menschen, auf der Zerstörung von Heiligtümern. Nach der Abwehr nicht lockerzulassen, sondern den Gegner in seinen eigenen Ländern zu attackieren, entsprang ebenso einem unbändigen und sieghaft bestätigten Freiheitswillen wie dem brennenden Wunsch nach Vergeltung. Beides setzte soviel Energien frei, daß interne Differenzen in Athen, die es durchaus gab, ganz in den Hintergrund traten. Der Machtinstinkt und das Ehrbewußtsein der Großen, der sich auf die gesamte Bürgerschaft ausgedehnt hatte, fanden nach außen reichliche Nahrung.

Innere und äußere Entwicklung hingen aber nicht nur in diesem grundsätzlichen Sinne zusammen, sondern auch in sehr konkreten Punkten: Aufwendungen für den militärischen Sektor bestimmten ganz wesentlich die politischen Normen und gewichteten die Leistungen des einzelnen für die Stadt. Die vornehmen und vermögenden Bürger übernahmen Kommandos und finanzielle Leistungen, insbesondere für die Flotte, die neue Waffe, die seit dem Sieg bei Salamis der Stolz der Athener war. Da als Ruderer eine enorme Zahl von Männern gebraucht wurde, waren nun auch ärmere Bürger militärisch tätig – und wichtig. Sie konnten sich als heldenhafte Krieger fühlen und taten dies auch. Das mußte sich auf ihr Selbstbewußtsein als Bürger in Versammlung und Gericht auswirken. Jedenfalls ist ein Zusammenhang zwischen der militärisch-außenpolitischen und der innenpolitischen Entwicklung unverkennbar.

Dazu gehört auch, daß zentrale innere Konflikte um die Richtung der Außenpolitik gingen, wie sich überhaupt Fragen der auswärtigen Orientierung sehr häufig auf der Agenda der Volksversammlung fanden. Das kulminierte in den 480er Jahren, als es um den Bau einer modernen Kriegsflotte ging, in den 460er Jahren, als der Kurs gegenüber Sparta gleichzeitig mit der Intensivierung der Demokratie geändert wurde, und nicht zuletzt in den Auseinandersetzungen um Kriegsführung und Friedensschluß während des Peloponnesischen Krieges (431–404 v. Chr.). Entscheidungen in diesen Konfliktlagen standen immer in Wechselwirkungen mit der Innenpolitik.

Mit dem Zusammengehörigkeitsgefühl der Athener mußte ihnen auch ein gewisses Standesbewußtsein zuwachsen. Als Herrscher über andere Griechen konnte sich auch der ›kleine Mann‹ aus Athen Aristokraten aus einer anderen griechischen Stadt überlegen fühlen – so z. B. wenn er über sie zu Gericht saß. Dies stabilisierte wiederum die politischen Verhältnisse in Athen. Überdies wuchsen dem athenischen Staat durch die außenpolitische Entwicklung, durch Beute und Tribute, durch wachsende Wirtschaftserträge und Zölle ungeheuere finanzielle Mittel zu. Diese wurden nicht nur für die Unterhaltung der militärischen Zwangsmittel und die Zahlung von Diäten verwendet, sondern auch für die Monumentalisierung und Ästhetisierung des öffentlichen Raumes, besonders dort, wo die athenische Identität verkörpert war, auf der Akropolis und in der Verehrung der Athena. So war selbst die große Kunst letztlich das Produkt der außenpolitischen Erfolge Athens, thematisch wie sachlich.

Daß die Perserkriege der Ursprung der athenischen Dominanz waren, wird auch in der Organisation des neuen Imperiums deutlich. Zur Abwehr der Perser hatten die Griechen im Jahre 481 einen Hellenenbund gegründet, ein militärisches Schutz- und Trutzbündnis unter spartanischer Führung. Als der Konflikt als Befreiungs- und Rachekrieg nach Kleinasien und an die Meerengen getragen wurde, kam es zu Unstimmigkeiten mit dem Oberbefehlshaber Pausanias, und das Interesse der Spartaner ließ auch nach. So übernahmen die Athener den Oberbefehl und gaben dem Bund – ohne Sparta und dessen Alliierte – eine neue Organisationsstruktur. Er wurde eine hegemoniale Symmachie, ein Militärbündnis unter Führung Athens: »die Athener und ihre Bundesgenossen«; wir sprechen vom Attisch-Delischen Seebund, weil sich die Bundeskasse zunächst im bedeutenden Apollonheiligtum auf der Insel Delos befand. Die Alliierten waren verpflichtet, entweder Schiffe zu stellen oder eine feste – von athenischer Seite fixierte – Geldzahlung, den »Beitrag« (Phoros), zu leisten. Aus diesem Bündnis wurde ziemlich schnell ein Instrument athenischer Herrschaft: Die Kasse wurde 454 v. Chr. nach Athen verlegt, zugleich wurde von diesem Zeitpunkt an ein Teil des Beitrags an die Göttin Athena wie ein Erstlingsopfer abgeführt. Staaten, die die Allianz verlassen wollten, wurden gewaltsam in sie zurückgezwungen; häufig wurden dabei Verfassungen nach athenischem Vorbild eingesetzt oder mindestens athenfreundliche Gruppen an die Macht gebracht, nicht selten durch athenische Besatzungen und Gouverneure gestützt. Der Beitrag wurde zunehmend als drückender Tribut empfunden. Rechtsstreitigkeiten zwischen Bürgern alliierter Städte und Athenern wurden vor dem Volksgerichtshof ausgetragen: Athen selbst war zum Tyrannen geworden, und in der Vorphase des Peloponnesischen Krieges konnten die Spartaner die Emphase des Freiheitsgedankens gegen dessen ehemaligen Vorkämpfer, die Athener, ins Feld führen.

Der Seebund und seine Geschichte lehrten in besonderer Weise, wie unauslöschlich das Machtdenken der griechischen Politik eingeschrieben war: Immer mit der Alternative ›Herr oder Sklave sein‹ konfrontiert, sah man sich im Ernstfall nur dann als frei an, wenn man die Mittel der Macht kontrollierte. Deshalb lag es nahe, denjenigen, den man schützte, auch zu beherrschen. Und die Athener scheinen diese Auffassung offen vertreten zu haben. So wurde ihr Seebund auf Dauer ein Zwangsinstrument, weil keine akzeptablen Medien und Strategien der Integration entwickelt wurden. »Herr Demos von der Pnyx« aber konnte sich gerieren wie ein Potentat und Tyrann, in der Förderung der schönen Künste wie in der Brutalität der Machtausübung. »Ihr meint«, redet Perikles mit Thukydides' Worten (2, 62, 2) die Athener im Jahre 430 v. Chr. an, »ihr herrschtet nur über eure Verbündeten, ich aber will euch zeigen, daß von den zwei Reichen, die dem Menschen zum Gebrauch verliehen sind, Erde und Meer, ihr des einen völlig und alleine Gewalt habt ...; da ist niemand, weder der Großkönig noch irgendein anderes Volk, euch im Augenblick Halt zu gebieten.«

H.-J.G./U.G.

159 Helm aus der Perserbeute

Bronze; H 23,1 cm
1. Viertel 5. Jh. v. Chr.
Aus Olympia, Brunnen 34 im Stadion-Nordwall
Olympia, Museum Inv. B 5100

Dieser assyrische Bronzehelm ist das einzige originale Beutestück, das aus den Perserkriegen (490–480/79 v. Chr.) erhalten ist. Die in punktierten Buchstaben ausgeführte Inschrift weist das hervorragend erhaltene Stück als Beuteweihung für den olympischen Zeus aus: »Dem Zeus (weihten diesen Helm) die Athener, die ihn den Medern abgenommen haben.« Da das genaue Ereignis nicht vermerkt ist, legen allein die Fundumstände eine Erbeutung im frühen 5. Jh. v. Chr. (Marathon?) nahe.

Literatur: A. Mallwitz – H.-V. Herrmann, Die Funde aus Olympia. Ergebnisse 100jähriger Ausgrabungstätigkeit (1980) 96 Nr. 58 Taf. 58.

160 Grabrelief des Sosias und Kephisodoros

H 1,05 m
Um 410 v. Chr.
Berlin, Antikensammlung Inv. Sk 1708; 1910 in Paris erworben

Das letzte Drittel des 5. Jhs. v. Chr. brachte den Zusammenbruch der athenischen Macht im Peloponnesischen Krieg, in dem Sparta mit seinen Bündnern gegen Athen mit seinem Seereich stand. Aus der Endphase dieser erbittert geführten Auseinandersetzung stammt dieses

Kat.-Nr. 159

Kat.-Nr. 160

Grabrelief. Es zeigt zwei Bürgersoldaten der Stadt Athen, gerüstet mit dem großen Rundschild, Lanze und einem kegelförmigen Piloshelm. Diese Leichtbewaffneten verdrängten im Verlauf des langen Krieges immer mehr die schwerbewaffneten Hopliten der unbeweglichen Phalanx. Der links stehende bärtige Mann in der Tracht athenischer Priester ist hier vielleicht als Seher zu deuten, dessen Befragung vor jeder Schlacht obligatorisch war.

Literatur: C. W. Clairmont, Classical Attic Tombstones III (1993) Nr. 3.192.

161 Drei Fragmente vom sog. Lenormant-Relief

410–400 v. Chr.

a. Kopf und rechter Oberarm eines jugendlichen Heros

H 0,29 m, B 0,23 m
Athen, Akropolis-Museum Inv. 2544

b. Mittschiffsteil einer athenischen Triere in voller Fahrt

H 0,39 m, B 0,52 m
Aus Athen, Akropolis, beim Erechtheion (1852)
Athen, Akropolis-Museum Inv. 1339

Kat.-Nr. 161 c

Kat.-Nr. 161 b

c. Oberkörper eines Ruderers und Reste einer gelagerten Figur

H 17, B 6 cm
Athen, Akropolis-Museum Inv. 16479 (ehem. Athen, Nationalmuseum)

Das nach seinem Entdecker, dem französischen Archäologen F. Lenormant, benannte Fragment (a) eines monumentalen Weihreliefs von der Akropolis stellt die Mitte der Steuerbordseite eines geruderten Langschiffs der athenischen Flotte dar. Trotz verlorener Bemalung und verriebener Oberfläche handelt es sich hier um das wichtigste Bildzeugnis für diese bedeutendste Waffe Athens in klassischer Zeit. Das Deck dieses Dreiruderers (Triere), auf dem Reste sitzender und liegender Figuren auszumachen sind (s. u.), wird von einer Reihe gebogener Pfosten gestützt. Zwischen diesen sitzen acht Ruderer, deren Riemen durch zwei schwere horizontale Balken verlaufen. Unter dieser obersten Reihe von Ruderern waren auf einer Triere zwei weitere angeordnet, von denen hier nur die runden Ruderpforten und die Riemen sichtbar sind. 1987 konnte die »Olympias« als erste seetüchtige Rekonstruktion einer athenischen Triere das legendäre Tempo und die Wendigkeit dieser Schiffe belegen. Deutlich wurde aber auch, daß nur härtester Drill der Rudermannschaften diese Kampfmaschinen beherrschbar machte.

Die Reste der entspannt an Deck liegenden und sitzenden Figuren machen jedoch deutlich, daß die dargestellte Triere in friedlicher Mission unterwegs ist. Man hat deshalb an die »Paralos«, eines der beiden athenischen Staatsschiffe, gedacht, die für Festgesandtschaften und staatliche Botschaften eingesetzt wurden und sich daher auch bei der Kampfflotte befinden konnten. Das Fragment der oberen rechten Ecke des Reliefs (b), das in Kombination mit der Dal-Pozzo-Zeichnung (s. u.) einen sitzenden Heros erkennen läßt, ist deshalb mit guten Gründen als Darstellung des Heros Paralos erklärt worden. Ihm wird sich von links die nicht erhaltene Gruppe der Adoranten, unter ihnen der Stifter des Denkmals, genähert haben.

Kat.-Nr. 161 a

Zwei weitere Fragmente des Lenormant-Reliefs sowie die Zeichnung eines heute verlorenen Bruchstücks mit dem Bug der Triere aus der Sammlung des Cassiano dal Pozzo bespricht weiter unten M. Hofter S. 695 ff.

Literatur: L. Beschi, ASAtene 47/48, 1969/70, 117–132 Abb. 18–25; J. S. Morrison – J. F. Coates, Die athenische Triere (1990) bes. 156–163.

A. S.

162 Abklatsche der Stele mit den Tributquotenlisten I–XV (sog. *Lapis primus*)

Auf allen vier Seiten beschriebene Stele aus pentelischem Marmor; H > 3,58 m, B 1,10 m, T 0,385 m, aus 154 Fragmenten zusammengesetzt.
454/3–440/39 v. Chr.
Berlin-Brandenburgische Akademie der Wissenschaften, Archiv der Inscriptiones Graecae
Original: Athen, Epigraphisches Museum (EM 6857, 6870 u. a.); gefunden auf der Akropolis und der Agora

Im Jahre 454 v. Chr. stellten die Athener auf der Akropolis eine gewaltige Marmorstele auf. Lange vor der Realisierung des perikleischen Bauprogramms wurde auf monumentale Weise die neue Machtstellung der Stadt und deren finanzielle Grundlage dokumentiert. In diesem Jahr war die Bundeskasse des Attisch-Delischen Seebundes von Delos nach Athen gebracht worden. Einer eigens geschaffenen athenischen Behörde, propagandistisch ›Hellenotamiai‹ (Schatzmeister der Griechen) genannt, oblag die Verwaltung. Von den einlaufenden Tributen der Mitglieder des Seebundes wurde eine Abgabe in Höhe von einem Sechzigstel, die sog. Aparché, abgezogen und an die Kasse der Athena überwiesen. Die Liste mit den Namen der Städte und der Höhe ihrer Aparché wurden am Jahresende den 30 Rechnungsprüfern vorgelegt und nach der Genehmigung auf der Stele verzeichnet, die insgesamt 15 solcher Listen umfaßt. Die folgenden neun Listen stehen auf einer etwas kleineren Stele von immerhin noch 2,19 m Höhe (dem sog. *Lapis secundus*). Seit dem Jahr 430/29 v. Chr. erhielt jede Liste ihre eigene Stele.

Die Tributquoten (Aparché) wurden anfänglich in der Reihenfolge ihres Einganges verzeichnet; später teilte man die Mitgliedsstädte des Seebundes in fünf Steuerbezirke ein. Aller vier Jahre wurden die Tribute neu festgesetzt. Schwankungen erklären sich vor allem aus politischen Gründen. Namen und Zahl der zum Bund gehörenden Städte und die Höhe ihres Tributes gewähren einen einzigartigen Blick in die innere Struktur des athenischen Reiches. Die Tributquotenlisten sind die wichtigsten Zeugen des athenischen Imperialismus.

»Folgende Tributquoten, einzeln und insgesamt, wurden als erste von den Hellenotamiai... den 30 Rechnungsprüfern vorgelegt; die Quoten für die Göttin vom Bündner-Tribut... betragen eine Mine (= 100 Dr.) von jedem Talent (6000 Dr.)«, heißt es in der Überschrift, und verkürzt in den mit größeren Buchstaben geschriebenen Überschriften der folgenden Jahre: »Im (Zahl) Amtsjahr, als (Name) Sekretär war«. Die Listen der Jahre I und II sind auf Vorder- und rechter Schmalseite verzeichnet, II–VII stehen auf der Vorderseite, VIII auf der rechten, IX–XIII auf der rückwärtigen, XIV und XV auf der linken Seite. Umstritten ist, ob und warum die Liste VI (449/8) fehlt.

Verständlicherweise interessiert in der Forschung nicht so sehr die Aparché als vielmehr der Tribut selbst. Nun ist es kein Problem, z. B. aus den folgenden Einträgen der Inseln Syros: 16 Dr. 4 Ob., Seriphos: 100 Dr., Tenos: 200 Dr., Naxos: 666 Dr. 4 Ob, Paros: 1800 Dr., den jeweiligen Tribut zu 1000 Dr., 1 Tal., 2 Tal., 6 Tal. 4000 Dr., 18 Tal. zu berechnen. Aber keine Quotenliste ist vollständig und die Ergänzungen der Ziffern aus wesentlich früheren oder späteren Listen bedenklich. Ein einziges Mal, in einem Postskript zur Liste I, wurden Gesamtsummen angegeben, »getrennt das Silber und das Gold: An Silber betrug die Summe [6 Tal.?] 2320 [+] Dr., an Gold kyzikenischer (Elektron-) Währung insgesamt... hundertsechs«, aber beide Ziffern sind unvollständig. Immerhin läßt die Liste XII (IG I^3 269), in der übrigens der Dichter Sophokles als amtierender Hellenotamias genannt ist, bei nur fünf fehlenden Einträgen einen Tribut von mehr als 342 Tal. für das Jahr 443/2 v. Chr. erkennen. Für die beiden Jahrzehnte vor dem Peloponnesischen Krieg dürfte der jährliche Tribut die Summe von 400 Tal. nicht überschritten haben. Den Zeitgenossen war das Wechselverhältnis zwischen Tribut und wirtschaftlicher Prosperität wohl bewußt. Perikles selbst forderte, nach Abzug der notwendigen Militärausgaben »den Überschuß auf solche Dinge zu verwenden, von denen man sich für die Zukunft unsterblichen Ruhm, für jetzt aber eine allgemeine Wohlhabenheit versprechen könnte« (Plutarch, Perikles 12).

Die meisten Fragmente der ersten Tributquotenstele sind bereits im 19. Jh. auf der Akropolis gefunden und abgeschrieben worden. Im Laufe der Zeit gingen 29 davon wieder verloren. Aus 146 Fragmenten wurde im Jahre 1927 im Epigraphischen Museum in Athen der *Lapis primus* rekonstruiert, sieben kamen später noch hinzu, ein weiteres befindet sich in London. Die Anordnung der insgesamt 183 Fragmente ist das Ergebnis jahrzehntelanger epigraphischer Forschung, die nicht nur die physische Beschaffenheit der Bruchstücke, sondern vor allem die historische Interpretation der Texte zu berücksichtigen hatte. Die hier gezeigte, aus den Berliner Abklatschen zusammengesetzte Kopie des *Lapis primus* ist vollständiger als das Original in Athen. Sie umfaßt nicht nur die 154 noch vorhandenen, sondern auch fünf Abklatsche jetzt verlorener Fragmente, die in dem 1902 gegründeten Archiv der »Inscriptiones Graecae« aufbewahrt werden.

Literatur: IG I^3 259–272; The Athenian Tribute Lists I–IV (1939–1953); K. Brodersen u. a. (Hrsg.), Historische griechische Inschriften in Übersetzung 1. Die archaische und klassische Zeit (1992) Nr. 62.

K. H.

163 Reliefbekrönung einer Inschriftenstele mit dem Beschluß der athenischen Volksversammlung über die Bestallung der Tributeinzieher (sog. Kleonymos-Dekret)

H ca. 0,50 m
426/5 v. Chr.
Von der Athener Akropolis
Athen, Epigraphisches Museum Inv. EM 6595

Kat.-Nr. 163

Im Kopfbild der Stele, auf der das sog. Kleonymos-Dekret des Jahres 426/5 v. Chr. aufgezeichnet ist, verbildlichen Geldsäcke und Hydrien (große Wassergefäße) den Phoros (jährlichen Tribut) der Mitgliedsstädte des Seebundes. Das unter diesem sprechenden Bild verzeichnete Dekret verpflichtet die Mitgliedsstädte des Seebundes unter Strafandrohung zur Ernennung von Tributsammlern, die insbesondere die vollständige und termingerechte Zahlung der jährlichen Abgabe sicherzustellen hatten. Die Geldsäcke auf dem Relieffragment sind prall gefüllt. Sie könnten die gebräuchliche Transportverpackung des Geldes gewesen sein, während die Hydrien vielleicht die üblichen Gefäße für die Aufbewahrung des Geldes im Parthenon, dem Schatzhaus des Attisch-Delischen Seebundes, waren. Die Gegenüberstellung voller Säcke und leerer Hydrien sollte vielleicht auf den im Dekret genannten Erfüllungstermin anspielen.

Literatur: B. Wesenberg, JdI 110, 1995, 170 f. mit Anm. 128. 129 Abb. 13.

A. S.

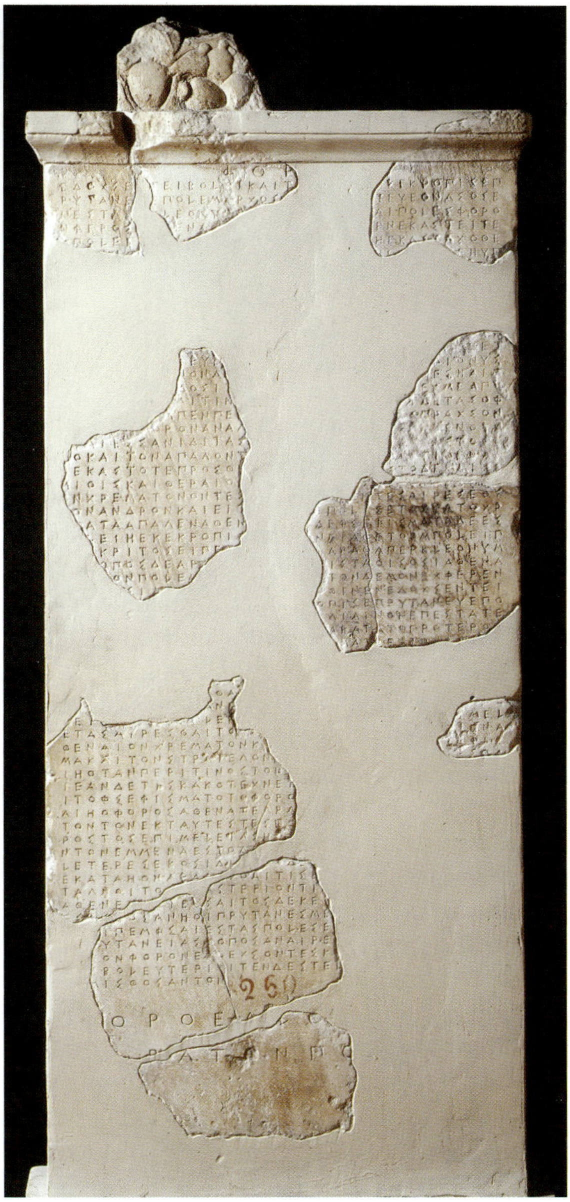

Kat.-Nr. 163

3. Leben in Bildern, leben mit Bildern

Susanne Moraw

Einführung

Die klassische Bilderwelt

Die Menschen der Klassik waren umgeben von Bildern. Die Tempel schmückten in der Regel Darstellungen aus dem Leben der Götter und Heroen, im Fries des Parthenon verewigten sich gar die Bewohner Athens selbst. In den Heiligtümern zeigten Weihreliefs den Stifter oder die Stifterin, manchmal vor der verehrten Gottheit, und entlang den Ausfallstraßen priesen Grabmonumente die Tugenden der Verstorbenen. In den Häusern war das bessere Tongeschirr gleichfalls mit Bildern verziert – heroische Taten oder Szenen des Gelages auf dem Geschirr, das beim Gelage Verwendung fand, Szenen der Hochzeit oder des häuslichen Lebens auf den von Frauen verwendeten Gefäßen. All diese verschiedenen Bilder und Bildwerke dienten spezifischen Zwecken und richteten sich an einen bestimmten Adressatenkreis. Zudem hat, wie die einzelnen Beiträge im Katalog deutlich machen werden, jede Gattung ihre spezifischen Themen und Darstellungskonventionen.

Gemeinsam ist ihnen der Umstand, daß sie vor allem eines thematisieren: den Menschen. Die freiplastische Darstellung des Menschen, in erster Linie des Mannes, gilt als der wichtigste Beitrag des klassischen Griechenland zur abendländischen Kunst. Aber auch alle anderen Bilder und Bildwerke zeigen nicht so sehr Pflanzen, Tiere oder Fabelwesen, sondern Männer und Frauen der Gegenwart oder einer heroischen Vergangenheit. Ebenso schufen die Griechen Götter und Göttinnen nach ihrem eigenen Bild: »Wenn aber die Rinder und Pferde Hände hätten und mit diesen Händen malen könnten und Bildwerke schaffen wie Menschen, so würden die Pferde die Götter abbilden und malen in der Gestalt von Pferden, die Rinder in der von Rindern«, spottete schon um 500 v. Chr. der Philosoph Xenophanes (Fragment DK 21 B 15).

Nun darf ein antikes Bild – selbst wenn es von realen Menschen handelt anstelle von mythischen – nicht als Abbild der Wirklichkeit mißverstanden werden. Es handelt sich vielmehr um ein höchst artifizielles Konstrukt. Aus dem Blickwinkel der Semiotik, der ›Lehre von den Zeichen‹, sind sowohl das zweidimensionale Bild als auch das rundplastische Bildwerk nichts anderes als eine Zusammenstellung von visuellen Chiffren, von ›Zeichen‹. Diese Chiffren haben zunächst einmal eine rein sachliche Bedeutung, Denotation genannt, die für alle Betrachter, ›Zeichenbenutzer‹, verbindlich ist. Entsprechend den künstlerischen Konventionen der Zeit stellen etwa die Vasenmaler eine Hausherrin in ihrem Gemach dar, oder sie zeigen den attischen Lokalheroen Theseus bei der Bezwingung diverser Ungeheuer. Die Hausherrin sitzt in der Regel, eventuell erwartet eine stehende Dienerin ihre Befehle; weitere ›Attribute‹ der Herrin können ein Kind, ein Wollkorb, ein Spiegel, ein Salbgefäß oder eine Schmuckschatulle sein. Alle diese Bildelemente tragen eine zusätzliche Bedeutung, Konnotation, die über die rein sachliche Information hinausgeht, und das beinhaltet, was ein Betrachter oder eine Betrachterin gedanklich mit dem Angeschauten assoziiert. Diese Assoziationen sind weitaus weniger verbindlich als das Denotat, sondern abhängig von Vorwissen, Lebenssituation und Gemütslage des individuellen Betrachters. Da es kaum möglich ist, alle diese Facetten an konnotativer Bedeutung zu rekonstruieren, beschränkt sich die Forschung in der Regel auf die ›ideale‹ Konnotation. So sollen idealiter das entspannte Sitzen und die gehorsame Dienerin die Hausherrin als diejenige ausweisen, die Befehle erteilt und delegiert; das Kind verweist auf die zweite wesentliche Rolle einer Athenerin, auf die Mutterschaft; der Wollkorb symbolisiert hausfraulichen Fleiß, die restlichen Utensilien deuten die makellose Schönheit und Gepflegtheit der Betreffenden an. In vergleichbarer Weise visualisiert die jugendlich schöne Gestalt des Theseus den vorbildhaften und siegreichen jungen Athener par excellence, während die häßlichen, primitiven Ungeheuer klar als minderwertig charakterisiert werden und ihrem verdienten Ende entgegensteuern.

Von der Mehrzahl der Betrachter wurden die Bilder wohl auch so verstanden. Theoretisch denkbar wären aber auch andere Konnotationen. So könnte für eine Betrachterin der oben genannten Frauengemachszene das im Bild dargestellte Kind eine schmerzhafte Erinnerung daran sein, daß die beste Freundin gerade im Kindbett gestorben ist; ebenso könnte der Wollkorb als lästige Mahnung an noch zu erledigende Hausarbeiten angesehen werden. Für den Bereich der Literaturwissenschaft demonstrierte J. J. Winkler überzeugend, wie der berühmte Roman »Daphnis und Chloë« des im 2. Jahrhundert n. Chr. tätigen Schriftstellers Longos bezüglich der Frage von Sexualität und Gewalt auch ›gegen den Strich‹ – mit Sympathie für Chloë als dem Opfer dieser Mechanismen anstatt mit Zustimmung für ihre Zwangsdomestizierung – gelesen werden kann. Wobei die Frage, ob Longos selbst diese Lesart in seinem Roman schon anlegte, eine ganz andere ist und sich nach Ansicht von Winkler auch nicht eindeutig beantworten läßt! Für alle diese Lesarten gilt, daß sie in der Antike nicht schriftlich fixiert wurden. Wir können sie höchstens in bestimmten Situationen postulieren. Den wohl berühmtesten Versuch einer Lesung gegen den Strich stellt Peter Weiss' Beschreibung des Pergamonaltars in der »Ästhetik des Widerstands« dar.

Die Wahl des Bildthemas hängt zum einen, das wurde bereits gesagt, von der Gattung und dem Verwendungszweck des betreffenden Werkes ab. Hinzu kommt, daß in einer bestimmten Kultur und Epoche grundsätzlich immer nur ganz bestimmte Motive als ›bildwürdig‹ gelten. Hier beziehen sie sich auf die großen und erinnerungswerten Taten der Vergangenheit (einschließlich der mythischen), auf Personen des Zeitgeschehens, auf die Götterwelt. Ein Teil dieser Themen wurde aus der archaischen Kunst übernommen und neu gestaltet, so etwa das Motiv der Hochzeit oder des Frauengemachs in der Vasenmalerei; anderes, beispielsweise das durch die Physiognomie und nicht allein durch die Namensbeischrift individualisierte Porträt, kann als genuine Schöpfung der klassischen Kunst gelten. Alles zusammen konstituierte die ›Bilderwelt‹ des klassischen Griechenland. Diese Bilderwelt ist einer der wesentlichen Faktoren einer Kultur – neben anderen, wie etwa der Sprache oder der Religion – und damit beteiligt an der Schaffung einer kollektiven Identität.

Ein Postulat der Forschung lautet, daß jedes Werk der bildenden Kunst, über das konkrete Motiv und den konkreten Rezeptionszusammenhang hinaus, auch der Vermittlung von Wertvorstellungen dient. So zeigt ein Grabrelief zwar zunächst eine ganz bestimmte, namentlich genannte Verstorbene und beschreibt im Epitaph die Trauer der Hinterbliebenen. Darüber hinaus bezeugt ein solches Monument aber dem antiken – und modernen – Betrachter, wie im klassischen Athen die Vorstellung von der idealen Frau aussah. Umgekehrt konnte am Parthenon der mythische Kampf der Athener gegen die Amazonen als Parabel für den Abwehrkampf gegen die Perser und damit als Verherrlichung Athens interpretiert werden. Zudem machte diese Gleichsetzung von Amazonen und Persern samt der beiden gemeinsamen vernichtenden Niederlage allen Betrachtern – und erst recht den Betrachterinnen – klar, wie eine ideale Frau *nicht* zu sein hatte.

Dargestellt werden also vor allem solche Themen, die – sei es im Zuge einer Identifikation oder umgekehrt als Gegenbild – normativen Charakter haben. Die Bilderwelt des klassischen Athen entwirft ein Ideal, das mit der zeitgenössischen Realität nur sehr bedingt etwas zu tun hat. Gleich den Tragödien des Sophokles zeigt sie die Menschen so, wie sie sein sollen, nicht so, wie sie sind (Aristoteles, Poetik 25,14605). Um den Untertitel dieser Ausstellung aufzugreifen: Die klassische Bilderwelt ist ganz entschieden mehr ›Idee‹ als ›Wirklichkeit‹ – und kein Betrachter sollte sich dazu verleiten lassen, beides miteinander zu verwechseln.

Folgerichtig werden viele als negativ oder auch nur leicht peinlich empfundene Züge der damaligen Kultur ausgeblendet. Ob Werke der bildenden Kunst allerdings grundsätzlich *immer* idealisierend und normativ sein müssen, ist eine andere Frage. In der Literatur, die weniger dem Standpunkt eines wie auch immer gearteten Kollektivs verpflichtet ist, verhält es sich nicht so. Schon Hesiod und Archilochos übten Kritik an der Korrumpiertheit der »geschenkefressenden Könige« und dem hohlen Selbstlob des Adels; in klassischer Zeit seziert Thukydides schonungslos die Amoralität der politischen Ideologien, führt Euripides die Ideale der attischen Polis ad absurdum und dekonstruiert sie.

Schwierig zu beantworten ist auch die Frage, warum manche für unser Empfinden positiv konnotierten Themen nicht bildlich dargestellt wurden, so beispielsweise nahezu der gesamte Bereich der politischen Institutionen im engeren Sinne: Wahl, Volksversammlung oder Gericht (zu den ganz wenigen Ausnahmen s. o. Kat.-Nr. 121). Eine mögliche Erklärung kann sein, daß für die betreffenden Themen keine Denkmälergattungen existierten, als deren Bildschmuck sie geeignet gewesen wären. Und daß umgekehrt der Wunsch der Menschen nach Visualisierung dieser Themen nicht so stark war, daß sie deshalb neue Gattungen hervorgebracht hätten: So hätte man beispielsweise die Gerichtsgebäude mit entsprechenden Szenen aus dem Alltag eines Geschworenengerichts schmücken können. Weiterhin liebten es die Griechen, Erfahrungen und Institutionen ihrer eigenen Lebenswelt in die Sphäre des Mythos zu transponieren. Eventuell waren also für die von uns heute vermißten Themen keine geeigneten mythischen Exempla vorhanden, anhand derer man sie hätte bildlich zum Ausdruck bringen können. Die griechische Welt der Götter und Heroen war zu einem Zeitpunkt geschaffen worden, als noch niemand an demokratische Institutionen dachte.

Ein Kunstwerk entsteht nicht im luftleeren Raum, sondern ist immer ein Produkt seiner Entstehungszeit. Als solches reflektiert es deren geistige und gesellschaftliche Strömungen, im Idealfall – vor allem wenn es sich um ›große‹ Kunst handelt – prägt es sie sogar bis zu einem gewissen Grad. So gesehen ist das Kunstwerk eine Schnittstelle verschiedener Diskurse, wobei als Faustregel gilt: je anspruchsvoller ein Werk, desto vielschichtiger. Wie ein solches Kunstwerk heute zu interpretieren ist und ob es überhaupt umfassend erklärt werden kann, davon handelt der folgende Abschnitt.

Die ›Wissenschaft von den Bildern‹

Die Methode der Bildinterpretation – meist Ikonographie, seltener Ikonologie genannt – haben die Archäologen aus der Kunstgeschichte übernommen. Formuliert wurde sie in der 1. Hälfte des 20. Jahrhunderts von Erwin Panofsky, der zwei Erkenntnisinteressen und damit verbundene Herangehensweisen unterschied.

Die sog. ikonographische Analyse beschäftigt sich mit der Identifizierung der einzelnen Bildelemente. Semiotisch ausgedrückt: mit der Denotation und Konnotation der verschiedenen Zeichen. Auf einer ersten Stufe muß der Betrachter, die Betrachterin die einzelnen Elemente im Bild korrekt identifizieren und bezeichnen. Welche Personen, sonstigen Lebewesen, Gegenstände sind dargestellt und in welcher Beziehung stehen sie zueinander, durch welche Handlungen werden sie miteinander verbunden? Da viele Darstellungsformen kultur- und epochenspezifsch sind, ist dies nicht immer einfach. Kleine nackte Jungen mit Flügeln beispielsweise sind im antiken Griechenland keine Engel, sondern Eroten! Notwendig ist also eine Kenntnis der Darstellungskonventionen jener Zeit, deren Bildwerke man interpretieren möchte. Die zweite Stufe von Panofskys ikonographischer Analyse galt der Entschlüsselung von Personifikationen, Allegorien, Geschichten und anderen abstrakten Konzeptionen. Neben dem Wissen darüber, in welchen Bildtypen jene Konzeptionen zu einer bestimmten Zeit tradiert wurden, ist die wesentliche Voraussetzung hier die Kenntnis der entsprechenden Literaturstellen – aus der Bibel oder von antiken Schriftstellern –, auf welche sich die bildlichen Konzeptionen beziehen. Nur jemand, der die Geschichte vom verhängnisvollen Urteil des Paris kennt, wird die Darstellung von drei Göttinnen vor einem jungen Mann auch korrekt als »Parisurteil« benennen können. Für die heutige Archäologie von Interesse ist zudem ein Aspekt, den Panofsky noch nicht so stark betonte: die Frage nach dem, was die antiken Betrachter mit einer bestimmten Darstellung – oder dem Detail einer Darstellung – gedanklich verbanden, also nach den sog. Konnotationen.

Bei der Klärung aller bis jetzt angesprochener Aspekte – welche Einzelelemente und welche abstrakteren Konzeptionen sind dargestellt, welche Konnotationen waren damit verbunden? – ist das Vorgehen im Grunde dasselbe: Die neuen Beobachtungen werden in den bereits bekannten Rahmen, die von der archäologischen Forschung im Laufe der Zeit erstellten Interpretationsmuster eingebunden. Dabei sollte jedem bewußt sein, daß dieser größere Rahmen natürlich ursprünglich aus genau solchen Einzelbeobachtungen erarbeitet wurde! Dieser Umstand kann – je nach wissenschaftlichem Temperament – als *circulus methodicus* oder als *circulus vitiosus*, als Zirkelschluß, bezeichnet werden.

Die Addition der verschiedenen Teile, Chiffren des Bildes und ihrer Bedeutung ergibt – so hofft der Interpret oder die Interpretin – ungefähr das, was der damalige Betrachter gedanklich mit diesem Werk verband oder zumindest verbinden sollte. Auf die Problematik, die mit diesem Postulat einer ›idealen Lesart‹ verbunden ist, wurde weiter oben bereits hingewiesen.

Was die Betrachtung und Interpretation von Bildwerken anbelangt, so sei noch eine weitere Schwierigkeit genannt. Jede Beobachtung und jeder damit verknüpfte Gedanke muß in Sprache gefaßt, also in ein anderes Medium übertragen werden. Daß sich bei dieser ›Übersetzung‹ Probleme ergeben, ist evident. So kann die Vielschichtigkeit von Bedeutungen (Konnotationen), die sich an ein Bildelement knüpfen und die beim Betrachten möglicherweise alle gleichzeitig durch den Kopf spuken, im geschriebenen Text kaum adäquat wiedergegeben werden, selbst wenn es gelingen sollte, alle zu eruieren. Der Interpret, die Interpretin wird also in der Regel die Aspekte herausgreifen, die für die eigene Interpretation als wesentlich angesehen werden. Weiterhin muß der Text Dinge, die im Bild gleichzeitig und gleichwertig angelegt sind, aufgrund seines linearen Charakters in eine bestimmte Abfolge bringen. Diese Abfolge impliziert jedoch zwangsläufig – sei das intendiert oder nicht – eine bestimmte Beziehung oder Abhängigkeit zwischen direkt nacheinander erwähnten Elementen, ebenso eine gewisse Wertigkeit. Schließlich enthält ein Werk der bildenden Kunst vieles, das mit Worten nur schwer zu fassen ist: das betrifft nicht allein die ikonographischen Zeichen, sondern auch die Formgebung, den Stil etc. Erinnert sei hier an die Schwierigkeit zu definieren, was genau eigentlich das Herausragende und Besondere der klassischen Kunst ausmacht! Oder in der Formulierung von Max J. Friedländer: »Alles was über Kunst gesagt wird, klingt wie schlechte Übersetzung.«

Die ikonographische Analyse beschäftigte sich also mit der Deutung eines Bildwerkes aus sich selbst heraus. Panofskys zweite – und von ihm selbst als die wesentliche angesehene – Methode, die sog. ikonologische Analyse, geht einen Schritt weiter. Sie transformiert das Monument zum Dokument für etwas anderes. Dieses andere wird in der Regel in den dem Kunstwerk zeitgenössischen Diskursen zu suchen und zu finden sein. So beispielsweise in der Frage der religiösen Haltung, die man gegenüber den Göttern einnimmt; in der Frage, was ein idealer Heros ist oder wie man Männlichkeit definiert. Diese Vorstellungen fließen in das Kunstwerk zwangsläufig mit ein, ohne daß sich der Künstler dessen unbedingt bewußt sein muß und ohne daß sie gleichzusetzen wären mit dem, was er ›eigentlich‹ ausdrücken will. So will ein Vasenmaler bei der Darstellung einer Hochzeit natürlich vor allem die Harmonie zwischen den Brautleuten ins Bild setzen. Aus heutiger Sicht jedoch zeigen die Vasenbilder durch die Art, wie die Braut von ihrem Bräutigam entweder als passives Bündel manipuliert oder besitzergreifend am Handgelenk gepackt wird, vor allem eines: das Macht-Ungleichgewicht zwischen den Geschlechtern, das integraler Bestandteil der griechischen Kultur war. Die Bilderwelt wird bei einer solchen Analyse zum Zeugnis für Vorstellungen, Gedanken, Mentalitäten, die zum Teil übereinstimmen mit dem, was man aus literarischen Quellen erschließen kann. Zum Teil – und das sollte vor einer allzu engen Parallelisierung warnen – leisten die Bilder aber auch einen sehr eigenständigen Beitrag zu diesen Diskursen (s. hierzu vor allem den Beitrag von L. Giuliani).

Die Vorstellung, man könne ein Kunstwerk rundherum ›erklären‹, ist nach allem bisher gesagten illusionär. Was beispielsweise wäre die allumfassende Interpretation von Euripides' »Bakchen«? Ebenso falsch wäre es, den umgekehrten Weg zu gehen und ein Kunstwerk auf ein bestimmtes Schlagwort reduzieren zu wollen. Sinnvoller erscheint es, das Werk unter einem bestimmten Aspekt zu analysieren – wobei die Frage, ob dieser spezielle Aspekt vom Produzenten des Kunstwerks überhaupt bewußt intendiert war, zweitrangig ist. Auch das Phänomen, daß verschiedene Interpreten ein und desselben Kunstwerkes oft zu völlig unterschiedlichen Ergebnissen kommen, liegt zum Teil darin begründet, daß sie unterschiedliche Aspekte desselben untersuchen. Wie schon erwähnt, ist ein

Kunstwerk ein komplexes Gewebe aus verschiedensten Diskursen. Es kommt also darauf an, welche Stränge man verfolgt und wie man gewichtet. Dasselbe gilt etwa für die Inszenierung eines ›Klassikers‹ auf der Bühne: Abhängig von Regie und Zeitgeist kann man aus der »Antigone« des Sophokles ein Stück über Zivilcourage machen, über Geschlechterkampf, über Todessehnsucht, über den Konflikt zwischen familiären Verpflichtungen und Staatsräson etc. Außer acht lassen sollte man diejenigen Interpretationen, die schon in sich absurd sind und zudem den antiken Befund vergewaltigen.

Ikonographie und Ikonologie sind zwei Möglichkeiten, ein Werk der bildenden Kunst unter einer bestimmten Fragestellung zu interpretieren. Selbstverständlich sind sie nicht die einzigen. Eine weitere Möglichkeit, auf die an dieser Stelle nicht eingegangen werden kann, wäre etwa die Formanalyse.

Seit einiger Zeit hat es sich durchgesetzt, bei einer Interpretation von Bildern und Bildwerken den Fokus vor allem auf das anvisierte Publikum, die Adressaten oder Rezipienten der Werke zu richten. Daß dieses Publikum kein monolithischer Block war, versteht sich von selbst. Michel Foucault hatte schon vor Jahren konstatiert, daß eine Kultur oder Epoche keineswegs nur von einer Ideologie, einem einheitlichen ›Geist‹ beseelt sein muß. Sie besteht vielmehr aus verschiedenen ›Ablagerungsschichten‹ (beispielsweise Geschichte der politischen Verfassungen, der Wirtschaft und des Handels, der Literatur, der sozialen und demographischen Veränderungen etc.), die sich mit sehr unterschiedlicher Geschwindigkeit verändern und neuen Gegebenheiten anpassen. Hinzu kommen die unterschiedlichen sozialen und politischen Gruppierungen innerhalb einer Gesellschaft, die keineswegs zwangsläufig dieselben Ziele oder Ideale verfolgen müssen und die in unterschiedlich ausgeprägter Weise die Möglichkeit haben, sich zu artikulieren. Alle diese heterogenen Elemente laufen nebeneinander her, bekämpfen sich oder finden eventuell einen Ausgleich. Tonio Hölscher schreibt zurecht, daß der Analyse dieser Widersprüche und Differenzen in der Zukunft mehr Bedeutung zukommen muß.

Die Bilderwelt ist ein Teil dieses ›widersprüchlichen Systems‹. Es kann geschehen, daß die Aussagen der Bilder generell im Widerspruch stehen zu anderen kulturellen Äußerungen, wie etwa der Literatur. Ein Beispiel hierfür wäre das Bild der idealen Athenerin in der Vasenmalerei einerseits (aphrodisisch schöne, souveräne Hausherrin) und den philosophischen Traktaten des 4. Jahrhunderts v. Chr. andererseits (inferiores Komplement zum Polisbürger). In anderen Fällen weist die Bilderwelt in sich Widersprüche auf. So beispielsweise die Charakterisierung der Mänade in der hochklassischen Vasenmalerei: Sie erscheint dort entweder als abnorme Rasende oder als ›Bürgerin‹ mit Thyrsosstab.

Wie jedoch lassen sich den in den Denkmälern faßbaren unterschiedlichen Strömungen auch unterschiedliche Bevölkerungsgruppen zuordnen? Was die Differenzierung in verschiedene Klassen oder ethnische Gruppierungen anbelangt, ist darüber im Beitrag von A. Scholl (s. o. S. 179 ff.) bereits einiges gesagt worden. Konstitutiv für *jede* Gesellschaft ist darüber hinaus die Differenzierung nach dem Geschlecht. Sie wurde in der deutschen Archäologie noch kaum als heuristisches Mittel wahrgenommen, auch wenn der jüngst erschienene (aus dem Amerikanischen übersetzte!) Artikel in einer Einführung in die klassische Archäologie von Natalie Boymel Kampen dies vielleicht suggeriert. Wie die Autorin betont, ist es bei einer betrachterorientierten Interpretation etwa der Knidischen Aphrodite keineswegs gleichgültig, ob dabei von einem Betrachter oder einer Betrachterin ausgegangen wird. Auch bleibt die Analyse eines gesellschaftlichen Systems naturgemäß unvollständig, wenn man die Hälfte der am System Beteiligten bewußt oder unbewußt ignoriert.

Die Themen im Katalog

Die hier versammelten Beiträge sind entsprechend dem heutigen Stand und Interesse der Forschung recht heterogen. Man bemühte sich um einen möglichst repräsentativen Querschnitt: Es gibt Abhandlungen über eine einzelne mythische Gestalt (Theseus) oder eine bestimmte Denkmälergattung (Weihrelief); sodann über eine wichtige Institution (Symposion) oder über die Gesellschaft strukturierende soziale Kategorien (Männer – Frauen – Kinder); schließlich den Vergleich der bildenden Kunst mit einem anderen Medium (Verhältnis Schrift – Bild).

›Klassik‹ im strengen Sinne umfaßt das 5. Jahrhundert v. Chr., die ›Hochklassik‹ sogar nur die Jahre 450–430 v. Chr. Auch den Athenern selbst scheint am Ende des Peloponnesischen Krieges durchaus bewußt gewesen zu sein, daß mit der vernichtenden Niederlage eine Ära zu Ende gegangen war. Auf dem Gebiet der bildenden Kunst hingegen laufen viele Traditionen weiter, entwickeln sich und werden später in dieser Form als ›klassisch‹ rezipiert werden. Aus diesem Grund erschien es gerechtfertigt, in diesem Abschnitt auch Beiträge aufzunehmen, die den zeitlichen Rahmen des 5. Jahrhunderts sprengen und bereits in das 4. Jahrhundert v. Chr. gehören.

Gleichfalls aufgenommen wurden Bildwerke, die nicht aus Athen, der ›Erfinderin‹ der Klassik stammen. So beispielsweise Terrakotta-Statuetten aus Böotien im Beitrag von M. Maischberger. Diese Werke zeigen deutlich, daß dort entsprechend dem andersgearteten gesellschaftlichen und künstlerischen Umfeld auch andere Darstellungskonventionen herrschten.

Literatur: Zur Lesung gegen den Strich: J. J. Winkler, Der gefesselte Eros. Sexualität und Geschlechterverhältnis im antiken Griechenland (1997); H.-J. Schalles, Der Pergamonaltar. Zwischen Bewertung und Verwertbarkeit (1986). – Zur archäologischen Hermeneutik: E. Panofsky, Studies in Iconology. Humanistic Themes in the Art of the Renaissance² (1962); ausführliche Bibliographie bei O. Bätschmann, Einführung in die kunstgeschichtliche Hermeneutik⁴ (1992); A. H. Borbein – T. Hölscher – P. Zanker (Hrsg.), Klassische Archäologie. Eine Einführung (2000); hier v. a. T. Hölscher, Bildwerke: Darstellungen, Funktionen, Botschaften 147ff. und N. B. Kampen, Gender Studies 189ff. (jeweils mit weiterer Literatur). – Zum griechischen Drama und seiner Rezeption: S. Patsalidis – E. Sakellaridou (Hrsg.), (Dis)Placing Classical Greek Theatre (1999); M. X. Zelemak, Gender and Politics in Greek Tragedy (1998). – Zur Binnendifferenzierung des Adressatenkreises: M. Foucault, Archäologie des Wissens (1981); J. Butler, Bodies that Matter: on the Discursive Limits of »Sex« (1993).

Martin Maischberger

Was sind Männer?
Bilder von Mann und Männlichkeit in klassischer Zeit

Das Bild des Mannes – ob nackt oder bekleidet, jung oder alt – kann als roter Faden der griechischen Kunst nicht nur der klassischen Zeit angesehen werden. Über alle Epochenumbrüche und regionalen Unterschiede hinweg war die Gesellschaft des antiken Griechenland im öffentlichen Bereich bis auf wenige Ausnahmen (s. u. S. 300 ff.) männlich geprägt. So ist es nicht verwunderlich, daß die Träger des öffentlichen Lebens sich selbst bevorzugt ins Bild setzen ließen. Das Spektrum der Bilder ist breit: wir finden Ideale und Wunschbilder, Bilder des Anderen, Fremden, Abschreckenden sowie Karikaturen, Bilder des täglichen Lebens, des herausragenden historischen Ereignisses und Bilder des Mythos. Statuen nackter Männer von perfekter Statur wie diejenigen der beiden Bronzekrieger aus dem Meer bei Riace, des Diskobol des Myron oder des Doryphoros des Polyklet (s. u. Kat.-Nr. 240) bestimmen im allgemeinen Bewußtsein unserer Zeit die Vorstellung vom klassisch griechischen Männerbild. Im folgenden Beitrag wird aus dieser Fülle nur ein kleiner Ausschnitt eher unbekannter Denkmäler geboten. Ein Schwerpunkt ist die Inszenierung des Mannes in verschiedenen gesellschaftlichen Zusammenhängen – mit Vater, Ehefrau, Hetäre und geliebtem Jüngling –, ein anderer liegt auf androgynen Männerbildern aus ›Grenzbereichen‹ der Männlichkeit.

Der bald nach 480 v. Chr. entstandene, von R. M. Rilke als »Archaïscher Torso Apollos« (1908) besungene Torso eines Mannes aus Milet (Kat.-Nr. 164) markiert den Übergang von der spätarchaischen zur frühklassischen Zeit. Der statuarische Typus des nackten Mannes in Frontalansicht leitet sich ab aus der Tradition der sog. Kuroi (Jünglingsstatuen), der repräsentativsten Darstellungsform des Mannes in archaischer Zeit. Wie bei den spätesten Kuroi werden die kräftigen Brust-, Bauch- und Rückenmuskeln durch die markanten Furchen der Medianrinne und der Wirbelsäule unterteilt. Die Zeitstellung erschließt sich aus scheinbar nebensächlichen Details wie der Schamhaargestaltung. Gemeinsam ist all diesen Statuen die vollständige oder beinahe vollständige Nacktheit. In der Archäologie wurde hierfür der Begriff ›ideale‹ oder ›heroische‹ Nacktheit geprägt, womit zum Ausdruck gebracht werden sollte, daß die Darstellungsform häufig nicht der Realität entspricht, sondern als Chiffre für bestimmte Werte steht: körperliche und geistig-moralische Qualitäten – das Ideal der Kalokagathia, Tapferkeit, Tugend, Männlichkeit, vornehme Abstammung, Reichtum. In den letzten Jahren ist diese Sichtweise differenziert worden: bestimmte Aspekte der Nacktheit haben durchaus einen realen Hintergrund, z. B. im Bereich der Athletik. Und auch die Eigenbedeutung des Körpers ist zu berücksichtigen – auch, aber nicht nur, im Kontext des weitverbreiteten und gesellschaftlich angesehenen Phänomens der Knabenliebe. Das Beispiel des Torsos von Milet zeigt, wie schwierig die Frage im konkreten Einzelfall häufig zu entscheiden ist: nicht nur der fragmentarische Erhaltungszustand erschwert eine weitergehende Deutung, sondern vor allem auch das Fehlen eines aussagekräftigen archäologischen Kontextes (die Fundlage im Bereich des Theaters von Milet ist sekundär) und ergänzender Informationen, etwa einer Inschrift auf zugehöriger Basis oder auf dem Stück selbst. So muß offenbleiben, ob bei dem hier dargestellten Mann, der für uns namenlos bleiben muß, die Nacktheit beispielsweise als Ausdruck für die Tapferkeit und Mannhaftigkeit eines jung verstorbenen Kriegers steht oder für die vornehme Herkunft eines reichen Stifters im Heiligtum einer Gottheit.

So oder so ist bei der lebensgroßen Statue davon auszugehen, daß sie als Einzelstück und zu repräsentativen Zwecken öffentlich aufgestellt war. Im Gegensatz dazu haben wir es bei den nachfolgenden, überwiegend kleinformatigen Werken mit Gegenständen zu tun, deren Gebrauch auf den ›privaten‹ Rahmen des Symposions (Trinkgelages), der Hochzeit und des Totenkultes beschränkt war. Die Anlässe ihrer Verwendung waren jedoch mitnichten eine reine Privatsache im Sinne der bürgerlichen Gesellschaften des europäischen 19. und 20. Jahrhunderts: Ganz im Gegenteil boten sie Gelegenheit zur Selbstdarstellung der Familien nach innen und außen, gegenüber Freunden, Verwandten und nicht zuletzt gegenüber sich selbst.

Zu den seit archaischer Zeit weitverbreiteten Bildthemen gehört der Kriegerabschied. Im klassischen 5. Jahrhundert hat das Thema nichts an Aktualität eingebüßt, ja erfuhr sogar einen regelrechten Boom. Gegenüber den früheren Darstellungen zeichnen sich diejenigen aus dem 5. Jahrhundert durch einen intimeren Charakter aus: Oft wiederholen die Szenen stereotyp das Schema eines Kriegers, der sich von einem einzelnen Angehörigen verabschiedet – meistens einem alten Mann, in dem man den Vater oder einen anderen männlichen Angehörigen erkennen könnte (Kat.-Nr. 165), oder einer Frau unbestimmten Alters, in der man die Mutter oder die Ehefrau sieht (Kat.-Nr. 166). Ohne den Krieg und seine Folgen selbst darstellen zu müssen, was inhaltlich und kompositorisch weitaus komplexer gewesen wäre und auf Vasen meist nur im mythologischen Bereich umgesetzt wurde, bieten die Zweierszenen erhebliche Vorteile: Zum einen wird damit der Schrecken des Krieges durch Verkürzung auf eine sentimentale Episode ins Positive transzendiert. Darüber hinaus bietet diese Schnittstelle zwischen familiärem Leben und Krieg verschiedenen Personen Möglichkeit zur Identifikation mit dem Geschehen, dem Krieger ebenso wie seinen nächsten Angehörigen. Letztere waren es ja auch, die die Bildträger – kostbares Tafelgeschirr wie die Schale Kat.-Nr. 165 oder Gefäße, die beim Totenkult Verwendung fanden wie die Lekythos (Salbölflasche) Kat.-Nr. 166 – die längste Zeit vor Augen hatten oder überhaupt zu sehen bekamen. Nicht zuletzt bieten die Szenen aber auch die Gelegenheit zur idealtypischen Gegenüberstellung verschiedener Altersstufen und Geschlechtsmerkmale. Im Innenbild der Schale Kat.-Nr. 165 sind Vater (?) und Sohn geradezu klischeehaft in Szene gesetzt: Der in Profilansicht wiedergegebene Greis ist eingehüllt in seine

Chlamys (Mantel) und auf seinen Bürgerstock gestützt, führt die Linke klagend an die Stirn und reicht dem Sohn die Rechte. Das schneeweiße Haupt- und Barthaar kennzeichnen sein Alter. Der junge Mann, in etwas verkürzter Frontalansicht, erscheint beinahe statuarisch und trotz des Handschlags und des dem Alten zugewandten Kopfes fast schon entrückt. Er trägt die Hoplitenausrüstung, bestehend aus Helm, Schild, Schwert, Lanze, Beinschienen und Brustpanzer. Der anatomisch geformte Panzer ahmt reale Brust- und Bauchmuskulatur detailliert nach, wie sie etwa beim Krieger auf der Lekythos des Achilleus-Malers (s. u. Kat.-Nr. 373) vorgeführt wird. Ist dort der Krieger eindeutig als bereits Verstorbener am Familiengrab zu verstehen, so läßt die Schale diese Frage offen. Gleiches gilt für die Lekythos Kat.-Nr. 166 mit der Szene des sich von seiner Frau und seinem Kind verabschiedenden bärtigen Kriegers. Hier ist allerdings allein durch die Gefäßgattung und ikonographische Parallelen eine Deutung des Kriegers als bereits verstorben naheliegend. Frau und Mann werden hier in der Blockhaftigkeit ihrer nur summarisch angegebenen Kleidung und in ihrer Haltung auffällig parallel wiedergegeben; ein starker Kontrast entsteht lediglich in der Bildmitte, wo der familiär-häuslichen Sphäre (Kleinkind in den Armen der Mutter) die Welt des Krieges entgegengehalten wird (korinthischer Helm in der Rechten des Kriegers).

Interaktion zwischen Mann und Frau und ihre Gegenüberstellung im Bild begegnen uns erwartungsgemäß ganz besonders im Zusammenhang von Hochzeit und Sexualität. Die Pyxis (Dose) mit Hochzeitsszene (Kat.-Nr. 167) ist ein interessantes Zeugnis für die Vielschichtigkeit des Geflechts zwischen den Produzenten attischer Keramik, ihren Auftraggebern sowie ihren antiken wie heutigen Betrachtern beiderlei Geschlechts. Pyxiden waren als Behälter für Salben, Kosmetik oder Schmuck dezidiert weibliche Utensilien. Ihre Dekoration wurde also primär von Frauen betrachtet. Eine Szene auf unserer Pyxis zeigt den Hochzeitszug, an dessen Spitze ein durch Bartwuchs deutlich als reif gekennzeichneter Mann seine Braut zum gemeinsamen Haus führt. Vor dem Haus wartet bereits die Mutter des Bräutigams auf das Paar, hinter der Braut sitzt eine Frauengestalt, wahrscheinlich ihre Mutter. Der Mann packt seine Frau am Handgelenk, was auf heutige Betrachter befremdlich wirkt: Tatsächlich symbolisierte der Gestus auch den Übergang der Braut von der Rechtsgewalt des Vaters in die des Ehemannes. Damit wird der hohe Symbolcharakter dieser und aller anderen Szenen auf dem Gefäß deutlich: Die scheinbar ausschließlich auf weibliche Betrachterinnen ausgerichteten Bilder hielten einen für beide Ehepartner gleichermaßen bedeutsamen Rechtsakt fest.

Erotik und Sexualität sind bekanntlich in der attischen Vasenmalerei ein beliebtes Thema. Allerdings werden gegenüber der spätarchaischen Zeit mit ihrer großen Vielfalt auch derberer Szenen im Verlauf des 5. Jahrhunderts die expliziten Darstellungen immer seltener und auch ruhiger. Die in den Liebesszenen dargestellten Frauen – so ein weitgehender Konsens in der Forschung – können nicht Ehefrauen meinen, sondern entweder Prostituierte (Hetären) oder Sklavinnen (s. u. S. 301 f.). Dies gilt auch für das singuläre Bild auf der Weinkanne Kat.-Nr. 168. Interessant ist in unserem Zusammenhang die – bis auf eine entscheidende Ausnahme – fast regungslose Erscheinung des Mannes, der mit seinen langen, auf Schläfen und Hals herabfallenden Locken noch als Jüngling gekennzeichnet ist. Es handelt sich um eine der ganz seltenen Darstellungen, wo der Frau die Initiative beim Sex überlassen ist. Der häufig vorgetragenen Interpretation eines angeblichen tiefen emotionalen Verhältnisses zwischen den beiden Partnern ist zu Recht widersprochen worden: Der hierfür als Beleg angeführte intime Blickkontakt ist in der attischen Vasenmalerei, insbesondere bei diesem Maler, auch zwischen Feinden möglich und daher unspezifisch.

Ein besonderes Kapitel ist die Liebe zwischen Männern, genauer: zwischen Männern und Jungen. Grundsätzlich gilt, daß unsere heutigen Begriffe von Homo- und Heterosexualität auf die griechische Antike nicht zutreffen. Liebe, emotionales Verlangen und Sexualität waren im Prinzip zwischen allen Geschlechtern möglich, unterlagen aber einem rigiden Verhaltenskodex – zumindest im öffentlichen Diskurs, der sich auch in den Bildern niederschlägt. Darüber hinaus gab es große regionale Unterschiede. Wir konzentrieren uns hier auf die Situation im klassischen Athen, die im wesentlichen gegenüber der vorangegangenen archaischen Zeit unverändert blieb. Die Knabenliebe, Päderastie, hatte in Athen eine eminent wichtige erzieherische Funktion: Durch den Umgang mit einem erwachsenen Werber (Erastes) sollte ein umworbener Junge (Eromenos) im Knaben- oder

Jünglingsalter (ab 12 Jahre, Pais oder Ephebe) sittlich, künstlerisch und politisch heranreifen. In sexueller Hinsicht mußte der Jüngere sich ganz zurückhalten; dem Älteren hingegen war erlaubt, am Jüngeren den sogenannten Schenkelverkehr zu vollziehen, keinesfalls aber anale Penetration, die als entehrend angesehen wurde. Zwei auf höchst komplexe Weise miteinander verschränkte Faktoren kommen in diesem Diskurs zum Tragen: zum einen die Frage der ungleich verteilten Macht zwischen Älterem und Jüngerem, zum anderen die für beide Seiten gleichermaßen geltende, allgegenwärtige Forderung nach Mäßigung (Sophrosyne). Erreichte der Ephebe das Erwachsenenalter (mit 20, nach Ableistung eines zweijährigen Ephebendienstes), durfte die Beziehung offiziell überhaupt keine sexuelle Komponente mehr haben. De facto wurden die offiziellen Vorschriften, wie zahlreiche Zeugnisse aus der Komödie, der Geschichtsschreibung und den Gerichtsreden belegen, häufig ignoriert. In den Bildern, die eben kein wörtliches Abbild der Realität sind, kommt hingegen die offizielle Ideologie zum Ausdruck.

Ein Paradebeispiel hierfür ist die Schale Kat.-Nr. 169. Die Außenfriese dieses Gefäßes stellen auf beiden Seiten je drei erwachsene, bärtige Männer Jünglingen verschiedener Altersstufen gegenüber. Auf einer Seite unterrichten die Älteren zwei junge Männer, Neoi, im Flöten- und Kitharaspiel. Auf der gegenüberliegenden Seite werben sie um die Gunst von zwei züchtig in Mäntel gehüllten Knaben und um einen etwas älteren Jüngling. Letzterer hält ein typisches Liebesgeschenk in der Hand: einen Hasen. Die Altersstufen werden durch eine Reihe von Chiffren kenntlich gemacht: Körpergröße und Statur (etwa die Unterschiede zwischen den umworbenen Jungen in der Werbeszene), Bartflaum auf den Schläfen für die jungen Männer am Übergang vom Epheben- zum Erwachsenenalter, Vollbärte für die reifen Männer. Die pädagogische Bedeutung der Knabenliebe wird durch die beinahe spiegelbildliche Gegenüberstellung der Situationen auf den beiden Außenseiten der Schalen eindrucksvoll unterstrichen. Auf dem Innenbild desselben Gefäßes stehen ein Jüngling und ein Mädchen einander ebenfalls in einer sinnlich aufgeladenen Situation gegenüber. Die Gleichwertigkeit der verschiedenen Erscheinungsformen des Eros wird so deutlich zum Ausdruck gebracht.

Bilder wie diese sind in der attischen Vasenmalerei der spätarchaischen und frühklassischen Zeit äußerst zahlreich. Außerhalb dieser Kunstgattung gibt es nur sehr wenige archäologische Zeugnisse für päderastische Verhältnisse. Eines der eindrucksvollsten ist das erst 1988 in der Nähe der Stadt Rhodos auf der gleichnamigen Insel entdeckte Grabrelief mit der Darstellung eines Erastes, der seinem noch sehr knabenhaften Eromenos einen Hahn geschenkt hat (Abb. 1). Das Relief belegt die Verbreitung und pädagogische Bedeutung der Knabenliebe auch außerhalb Athens. Als Bildthema freilich blieb sie hier wie dort auf die archaische und frühklassische Zeit beschränkt: Aus Gründen, die wir nicht kennen, hören derartige Szenen um 460 v. Chr. auf. Das bedeutet nun mitnichten, daß die Praxis der päderastischen Liebesverhältnisse als solche nicht mehr existiert hätte: zahlreiche nichtarchäologische Zeugnisse beweisen das Gegenteil. Möglicherweise wurde das Thema aber für den Kanon ›bürgerlicher‹ und politischer Werte, die in klassischer Zeit Männlichkeit definierten und mit Bildern vermittelt wurden, nicht mehr als adäquat empfunden.

Allen bisher beschriebenen Männerbildern ist gemeinsam, daß sie unabhängig von allen Altersunterschieden eine klare ikonographische Differenz zwischen Männern und Frauen vorführen: durch Kleidung, Frisur, Attribute, Habitus. Bei den folgenden Darstellungen verschwimmen die Grenzen hingegen fast bis zur Unkenntlichkeit. Gegenüber dem Mainstream klassischer Männerbilder, die wie die oben besprochenen Denkmäler stereotypen Idealen verpflichtet sind – zu Beginn des 5. Jahrhunderts noch aristokratischen, später ›bürgerlichen‹ Tugenden, militärischen Qualitäten usw. –, stellen sie eindeutig die Ausnahme dar, Abweichungen von der Regel. Bezeichnenderweise sind sie chronologisch an den Anfangs- und Endpunkten der klassischen Epoche anzusiedeln, in Zeiten gesellschaftlicher und künstlerischer Umbrüche.

Die erste Gruppe derartig uneindeutiger Darstellungen findet sich in der attischen Vasenmalerei spätarchaischer und frühklassischer Zeit, und zwar auf Gefäßen aus dem Umfeld des Symposions. Das auf all diesen Vasen immer wiederkehrende Thema sind Männer in einem luxuriösen Gewand, das in vielen Details an die Frauentracht erinnert. Abgeleitet vom englischen Wort für Zechbruder, »boon companion«, werden diese Gestalten in der archäologischen Literatur ›booners‹ genannt.

Abb. 1. Grabstele eines jungen Mannes, der mit seinem Eromenos dargestellt ist; Marmor, um 470 v. Chr. Rhodos, Großmeisterpalast Inv. Γ 1640

Zecher sind die ›booners‹ denn auch, die meist als Komasten, nach dem Gelage umherziehende Trinkgefährten, erscheinen (s. u. S. 286 ff.). Im Unterschied zu herkömmlichen Komasten sind die ›booners‹ reich bekleidet und mit einer Reihe von Accessoires ausgestattet: Auf dem Kolonnettenkrater Kat.-Nr. 171 tragen sie ein knöchellanges Untergewand (Chiton), darüber einen Mantel mit weiten Ärmeln und breiten Falten, ihre Füße stecken in spitzen Stiefeln, die Haare sind unter gemusterten Hauben zusammengebunden. Ohrringe, Sonnenschirme und Musikinstrumente – hier ein Barbiton – ergänzen das Repertoire. All dies kontrastiert merklich mit der betonten Barttracht der Männer. Auffallend ist auch der Kontrast zu den konventionellen, nackten Komasten auf der Rückseite des Gefäßes. Der Stamnos Kat.-Nr. 170 zeigt auf beiden Seiten je vier ›booners‹, deren langes Haar in unterschiedlichsten Hauben steckt, in ausgelassenen, exaltierten Tanzbewegungen. Während einzelne Trachtbestandteile der ›booners‹ nicht ausschließlich weiblich besetzt sind – namentlich Chiton, Himation und Stiefel –, galten andere als dezidiert für Frauen reserviert, vor allem Ohrringe und Schirme.

Über die Bedeutung dieser Darstellungen ist lange gerätselt worden. Auszuschließen ist jede Lesart einer karikaturhaften oder gar pejorativen Darstellung: dies verbietet allein die gleichwertige Gegenüberstellung der ›booners‹ mit den konventionellen Komasten auf Kat.-Nr. 171. Viele der dargestellten Trachtbestandteile haben eine klare orientalische Konnotation: Chiton und weiter Mantel waren gängige Kleidungsstücke ostgriechischer Männer, Mitren (Hauben) weisen – als männliche Kleidungsstücke – noch weiter in den Osten, in den vorderasiatischen Kulturkreis. Diese Bilder spielen also für die athenischen Zeitgenossen unmißverständlich auf einen luxuriösen orientalischen Lebensstil an. Darüber hinaus stehen die Bilder im Zusammenhang mit rauschenden Festen und der Welt des Weingottes Dionysos. Der Gott selbst tritt zuweilen in üppig-schwelgenden, durchaus feminin wirkenden Kleidern, Frisur und Habitus auf (s. u. Kat.-Nr. 177). Die Bilder zeigen also, daß selbst innerhalb einer Welt der scheinbar starren Geschlechter-Dichotomie, der fest definierten Rollen- und Verhaltensideale, Zwischenformen oder Grenzbereiche existierten, die weiblichen Zügen bei Männern in bestimmten Zusammenhängen auch positive Aspekte abgewannen. Die mögliche Assoziation des in diesen Bildern gepriesenen orientalischen Lebenswandels mit dem persischen Gegner stellte offensichtlich kein Problem dar.

Eine weitere Gruppe ambivalenter Denkmäler, diesmal aus einem nicht-attischen Umfeld, tritt uns mit den Terrakotta-Statuetten von Jünglingen aus der mittelgriechischen Landschaft Böotien vor Augen. Aus leicht erreichbarem Material in Serienproduktion preisgünstig herstellbar, gehören Tonstatuetten zu den gängigsten Votivgaben in Heiligtümern, Beigaben in Gräbern, Dekorationselementen in Häusern und Spielzeugen für Kinder. Häufig ist ihre genaue Deutung noch ungesichert, weil ähnliche oder gleiche Typen sowohl in Gräbern wie auch in Heiligtümern gefunden wurden.

Dies trifft auch auf die Gruppe der hier vorgestellten Jünglingsbilder zu. Einige von ihnen stammen aus dem Heiligtum der Kabiren in der Nähe der böotischen Hauptstadt Theben (Kat.-Nr. 172–174), andere aus nicht näher bezeichneten Kontexten in Theben, Tanagra (Kat.-Nr. 175), Thespiai und Halai. Sie stellen Jünglinge stereotyp in reliefhafter Flächigkeit und frontaler Position auf hohen Sockeln dar, nur mit einem Mantel bekleidet, der durch seine Drapierung entlang der Schultern, des Oberkörpers und der Beine die Nacktheit der Abgebildeten nur noch stärker unterstreicht. In der linken Hand halten sie jeweils ein Attribut, meist einen Hahn (Kat.-Nr. 172–175), manchmal aber auch eine Leier, einen Widder oder einen Hasen. In diesem Zusammenhang interessant ist vor allem ihre Angleichung an weibliche Erscheinungsmerkmale, etwa in der Darstellung der breiten Hüften, vor allem aber der Frisur. Die späteren unter ihnen aus der 1. Hälfte des 4. Jahrhunderts v. Chr. tragen eine aus mehreren Lockenreihen aufgetürmte, perückenartige Frisur, die eindeutig von gleichzeitigen Frauenbildern abgeleitet ist (Kat.-Nr. 176).

Für die Statuetten aus dem Kabirion ist ein Bezug zu den dort verehrten Gottheiten vorgeschlagen worden. Eine allzu enge Verbindung verbieten jedoch Terrakotten gleichen Typs aus Gräbern. Es wäre verlockend, diese Bilder in Zusammenhang mit Initiationsriten für junge Männer zu sehen, die aus literarischen und epigraphischen Quellen für ganz Griechenland bezeugt und auch für das Kabirion gefordert worden sind, auch wenn aufgrund der dürftigen Überlieferungslage genauere Aussagen noch nicht möglich sind. Unbestreitbar ist jedoch die Absicht erkennbar, junge Männer in einer Körperlichkeit zu inszenieren, die eine Zwitterstellung zwischen Virilität (dezent ausgeprägte Muskulatur) und Weiblichkeit (breite Hüften, Frisuren) bezeichnet. Es ist völlig ausgeschlossen, daß derlei Bildern eine negative oder auch nur zwiespältige Wertung anhaftete: ganz im Gegenteil müssen wir aufgrund der Verwendungszwecke davon ausgehen, daß dem Besitzer, dem Betrachter wie auch der beschenkten Gottheit damit ein positiv konnotiertes Bild vor Augen geführt werden sollte.

Androgyne Elemente haben die Griechen schließlich auch ihren Göttern zugeschrieben: Es ist ein Charakteristikum des (nach-)klassischen 4. Jahrhunderts und des darauffolgenden hellenistischen Zeitalters, daß Gottheiten wie Apollon und Dionysos häufig in femininer Tracht und Habitus dargestellt wurden. Zur gleichen Zeit kamen neue, explizit zwitterhafte Gottheiten wie der Hermaphrodit auf. Das letzte hier besprochene Stück, in der Übergangszeit von der Nachklassik zum frühen Hellenismus entstanden, verdeutlicht, welche Verwirrung die Uneindeutigkeit der geschlechtlichen Identität bei modernen Betrachtern auslösen kann. Der Kopf Kat.-Nr. 177 ist eine römische Kopie nach einem griechischen Original des ausgehenden 4. Jahrhunderts v. Chr.; dieses Original wird in einem 1876 beim Athener Dionysos-Theater gefundenen Kopf erkannt. Meistens werden das Original wie die Kopien als Bildnis der Ariadne, der Partnerin des Dionysos, angesprochen. Hierfür sprächen sowohl der Fundort als auch bestimmte ikonographische und formale Details wie die Haarbinde, die Frisur mit ihren langen, am Hinterkopf zu einem Knoten zusammengebundenen Locken, der sehnsuchtsvolle Blick und die ›Venusringe‹ am Hals. Dagegen sind erst kürzlich sehr gute Gründe angeführt worden, in dem Kopf nicht Ariadne, sondern Dionysos selbst zu sehen. Tatsächlich kommen im 4. Jahrhundert neue statuarische Typen des Dionysos-Bildes auf, die in Hinblick auf Tracht, Frisur, Körperformen und Habitus weich, luxuriös-schwelgerisch und manchmal regelrecht feminin erscheinen. Fehlen eindeutige Attribute wie der Thyrsos-Stab, Weinranken oder der Panther, fällt die Identifizierung als Dionysos-Bild – zumal bei isoliert erhaltenen Köpfen – häufig schwer. Vergleiche mit vollständig erhaltenen Skulpturen erlauben jedoch auch in solchen Fällen oft eine treffende Benennung. Das Bild des feminin oder luxuriös gestalteten Gottes ist zu Recht mit seiner Rolle als Schutzgott der Feste, des Theaters und musischer Wettkämpfe erklärt worden.

Die große Vielfalt des Dionysos-Bildes, dessen Bandbreite von der bärtigen Vatergottheit bis zum lasziven, femininen Jüngling reicht, ist einerseits zwar ein ikonographischer (und religionsgeschichtlicher) Sonderfall, andererseits aber auch symptomatisch für das äußerst komplexe Konzept der Männlichkeit in der griechischen Antike. So unklar und widersprüchlich die Definition von Männlichkeit häufig blieb, um so klarer wurden Abweichungen von ihr verbal gebrandmarkt: die Anzahl von Varianten für die Begriffe »verweichlicht« und »verweiblicht« ist enorm, sie wurden in der rhetorischen Auseinandersetzung permanent eingesetzt – auch gegen Dionysos! Gleichzeitig wurden weiblich konnotierte Erscheinungsmerkmale bei Männern unter bestimmten Voraussetzungen nicht nur geduldet, sondern geradezu propagiert und entsprechend inszeniert. Die Erforschung dieses Phänomens steht noch am Anfang, verspricht aber großen Aufschluß über die Auffassungen und Facetten des griechischen Männerbildes.

Literatur: L. Bonfante, Nudity as a Costume in Classical Art, AJA 93, 1989, 543–570; K. J. Dover, Greek Homosexuality (1978; deutsch: Homosexualität in der griechischen Antike, 1983); L. Foxhall – J. Salmon (Hrsg.), Thinking Men. Masculinity and its Self-Representation in the Classical Tradition (1998); dies. (Hrsg.), When Men Were Men. Masculinity, Power and Identity in Classical Antiquity (1998); D. M. Halperin – J. J. Winkler – F. I Zeitlin (Hrsg.), Before Sexuality. The Construction of Erotic Experience in the Ancient Greek World (1990); N. Himmelmann, Ideale Nacktheit in der griechischen Kunst, 26. Ergh. JdI (1990); T. Hölscher, Rezension zu Himmelmann 1990, Gnomon 65, 1993, 519–528; N. Loraux, The Experience of Tiresias: The Feminine and the Greek Man (1995); C. Reinsberg, Ehe, Hetärentum und Knabenliebe im antiken Griechenland (1989); A. Stähli, Begehrenswerte Körper. Die ersten Männerstatuen der griechischen Antike, in: J. Funk – C. Brück (Hrsg.), Körper-Konzepte, Akten des Colloquiums Konstanz 1998 (1999) 83–0.110; A. Stewart, Art, Desire, and the Body in Ancient Greece (1997); J. J. Winkler, The Constraints of Desire. The Anthropology of Sex and Gender in Ancient Greece (1990; deutsch: Der gefesselte Eros, 1994) bes. 11–148.

Kat.-Nr. 164

Kat.-Nr. 166

164 Torso eines Mannes

Marmor; H 1,32 m
Um 480 v. Chr.
Aus Milet, 1872 im Bereich des Theaters ausgegraben
Paris, Musée du Louvre Inv. MA 2792

Literatur: A. Linfert, Der Torso von Milet, AntPl 12 (1973) Teil 6, 81–90 Taf. 21–26.

165 Attisch-rotfigurige Schale

H 13,5 cm, Dm 32 cm
Aus Nola
Maler von Berlin 2536 (namengebendes Werk); um 450/440 v. Chr.
Berlin, Antikensammlung Inv. F 2536

Innenbild: Kriegers Abschied (Greis und Jüngling)
Außenfriese: Parisurteil; Paris bei Helena

Literatur: CVA Berlin 3 (1962) Taf. 117; ARV^2 1287,1; Antikenmuseum Berlin. Die ausgestellten Werke (1988) 152 f.

166 Attisch-weißgrundige Lekythos

H 27 cm
Maler von Athen 1826; um 450 v. Chr.
Aus Athen
Berlin, Antikensammlung Inv. F 2444

Kriegers Abschied (Mann mit Ehefrau und Kind)

Literatur: ARV^2 746,14; C. Reinsberg, Ehe, Hetärentum und Knabenliebe im antiken Griechenland (1989) 75 f. Abb. 29; U. Koch-Brinkmann, Polychrome Bilder auf weißgrundigen Lekythen (1999) 16 f. Abb. 11–14 Beil. 1.

167 Attisch-rotfigurige Doppelpyxis

H mit Deckel 24,4 cm, Dm des Mündungsrandes 12,1 cm
Um 360/50 v. Chr.
Aus Eretria
Berlin, Antikensammlung Inv. V.I. 3373

Hochzeitsfeier: Zug zum Haus des Bräutigams, Überbringen der Geschenke am Tag nach der Hochzeit, Ero-

Kat.-Nr. 165

ten; auf dem Deckel, der selbst in Form einer kleinen Pyxis gestaltet ist: Frauengemachszenen, Eroten

Literatur: Reinsberg a. O. 58–60 Abb. 14 a–c; CVA DDR, Berlin 1 (1990) Taf. 48.

168 Attisch-rotfigurige Oinochoe

H 19 cm
Schuwalow-Maler; um 430 v. Chr.
Aus Lokri
Berlin, Antikensammlung Inv. F 2414

Liebesszene, möglicherweise im Bordell: Junger Mann mit Hetäre

Literatur: CVA Berlin 3 (1962) Taf. 145, 2; 146, 1. 2; ARV^2 1208,41; Reinsberg a. O. 133 Abb. 77.

169 Attisch-rotfigurige Schale

H 13,5 cm, Dm 33,2 cm
Werk des Töpfers Hieron und des Malers Makron; Anfang 5. Jh. v. Chr.
Aus Caere (Cerveteri)
Wien, Kunsthistorisches Museum, Antikensammlung Inv. 3698

Kat.-Nr. 167

Kat.-Nr. 168

Kat.-Nr. 168 (Detail)

Außenfriese: A: homoerotische Werbung (Männer und Knaben); B: Unterricht (Männer und Jünglinge)
Innenbild: Jüngling und Mädchen

Literatur: CVA Wien, Kunsthistorisches Museum 1 (1951) Taf. 14; ARV² 471,193; G. Koch-Harnack, Knabenliebe und Tiergeschenke (1983) 76 Kat.-Nr. 14.

170 Attisch-rotfiguriger Stamnos

H 33 cm
1. Viertel 5. Jh. v. Chr.
Madrid, Museo Arqueológico Nacional Inv. 11.009

A und B: Komos (›Anakreontische‹ Männer bzw. ›Booners‹)

Kat.-Nr. 169 (Außenfries A)

Kat.-Nr. 169 (Außenfries B)

Kat.-Nr. 170

Kat.-Nr. 171

Literatur: CVA Madrid 2 (1944) Taf. 6; D. C. Kurtz – J. Boardman, Booners, in: Greek Vases in the J. Paul Getty Museum 3. Occasional Papers on Antiquity 2 (1986) 35–70 Kat.-Nr. 10 Abb. 16; F. Frontisi-Ducroux – F. Lissarrague, From Ambiguity to Ambivalence. A Dionysiac Excursion through the »Anakreontic« Vases, in: D. M. Halperin – J. J. Winkler – F. I. Zeitlin (Hrsg.), Before Sexuality. The Construction of Erotic Experience in the Ancient Greek World (1990) 211–256.

171 Attisch-rotfiguriger Kolonnettenkrater

H 43 cm, Mündungs-Dm 34 cm
Schweine-Maler; um 470/460 v. Chr.
Cleveland, Museum of Art, A. W. Ellenberger Sr. Endowment Fund, Inv. 1926.549

A: Komos (›Anakreontische‹ Männer bzw. ›Booners‹);
B: Komos (drei Jünglinge)

Literatur: ARV^2 563, 9; CVA Cleveland 1 (1971) Taf. 25. 26; Kurtz–Boardman a. O. Kat.-Nr. 33 Abb. 25; Frontisi-Ducroux–Lissarrague a. O.

172 Böotische Terrakotta-Statuette: Jüngling mit Hahn

Ton; H 27,35 cm
2. Hälfte 5. Jh. v. Chr.
Aus dem Kabirenheiligtum bei Theben
Athen, Nationalmuseum Inv. 10272

Literatur: B. Schmaltz, Terrakotten aus dem Kabirenheiligtum bei Theben, Das Kabirenheiligtum bei Theben V (1974) 45 ff. bes. 69. 163 Kat.-Nr. 168 Taf. 13. – Zum Typus vgl. E. Schmidt, Martin-von-Wagner-Museum der Universität Würzburg, Katalog der Terrakotten I (1994) 62 f. Kat.-Nr. 71 (mit weiterer Literatur). – Zur Deutung vgl. A. Lembesi, AEphem 131, 1992, 1–19 (männliche Initiation im Kabirion?); M. Daumas, Cabiriaca (1998).

173 Böotische Terrakotta-Statuette: Jüngling mit Hahn und reicher Frisur

Ton; H 27,7 cm
1. Viertel 4. Jh. v. Chr.
Aus dem Kabirenheiligtum bei Theben
Athen, Nationalmuseum Inv. 10271/76

Literatur: Schmaltz a. O. 45 ff. bes. 64 f. 161 Kat.-Nr. 152 Taf. 11; vgl. Schmidt a. O. 63 f. Kat.-Nr. 72 f.

174 Böotische Terrakotta-Statuette (Oberkörper und Kopf) eines Jünglings mit reicher Frisur

Ton; H 13,14 cm
1. Viertel 4. Jh. v. Chr.
Aus dem Kabirenheiligtum bei Theben
Athen, Nationalmuseum Inv. 10384

Literatur: Schmaltz a. O. 45 ff. bes. 62. 161 Kat.-Nr. 148 Taf. 11.

175 Böotische Terrakotta-Statuette: Jüngling mit Hahn und reicher Frisur

Ton; H 32,4 cm
2. Viertel 4. Jh. v. Chr.
Aus Tanagra
Athen, Nationalmuseum Inv. 4599

Literatur: Schmaltz a. O. 45 ff. bes. 61. 67.

Kat.-Nr. 172

Kat.-Nr. 175

Kat.-Nr. 176

Kat.-Nr. 173

Kat.-Nr. 174

Kat.-Nr. 177

176 Böotische Terrakotta-Statuette: Frau mit reicher Frisur

Ton; H 36 cm
Aus Theben
Ende 5./Anfang 4. Jh. v. Chr. (Mollard-Besques)
Paris, Musée du Louvre Inv. CA 1914

Literatur: S. Mollard-Besques, Musée National du Louvre. Catalogue raisonnée des figurines et reliefs en terre-cuite grecs étrusques et romains I (1954) 93 Kat.-Nr. C 59 Taf. 66.

177 Kopf des Dionysos (oder der Ariadne?)

Marmor; H 38,5 cm
Römische Kopie des 2. Jhs. n. Chr. nach griechischem Original des späten 4. Jhs. v. Chr.
Ehemals Sammlung Riccardi, Florenz; 1842 durch G. F. Waagen erworben
Berlin, Antikensammlung Inv. Sk 610

Literatur: LIMC 3 (1986) 1062. 1068 Nr. 114 s. v. Ariadne (M.-L. Bernhard); H.-U. Cain (Hrsg.), Dionysos – »Die Locken lang, ein halbes Weib?...«, Ausstellungskat. München (1997) 70–72 Taf. 26 (zum Original im Athener Nationalmuseum); B. Knittlmayer – W.-D. Heilmeyer (Hrsg.), Die Antikensammlung. Altes Museum – Pergamonmuseum (1998) 181 f. Kat.-Nr. 106.

M. M.

Alfred Schäfer

Alte Werte, neue Bilder: Das Trinkgelage klassischer Zeit in Athen

Das Denken in geschichtlichen Prozessen ist der antiken griechischen Gesellschaft nicht fremd, wie das Werk des Thukydides bezeugt, der von etwa 460 bis nach 400 v. Chr. gelebt hat. Der Historiker hebt die Bedeutung des Peloponnesischen Krieges durch einen Vergleich mit dem Trojanischen Krieg, dem Zeitalter der Kolonisation und der Tyrannis sowie den Perserkriegen hervor. Ein Denken in größeren Zeiträumen ist insbesondere im Bereich des griechischen Trinkgelages zu fassen. Beim Symposion sind Standesideale und soziales Rollenverhalten von Generation zu Generation vermittelt worden. Die Gruppe der Teilnehmer hat sich selbst durch traditionelle Werte definiert, aber auch Neues ist formuliert worden, so daß es zu Veränderungen des eigenen Selbstverständnisses gekommen ist. Das Symposion in klassischer Zeit muß vor dem Hintergrund der Vergangenheit betrachtet werden, um Rückbezüge zu erkennen.

Die Tischgemeinschaft homerischer Zeit

Das festliche Gastmahl homerischer Zeit, ›dais‹ genannt, ist im Hause eines adeligen Grundherren abgehalten worden. In einer großen Halle (Megaron) versammelten sich ausschließlich männliche Teilnehmer zum Mahl, die entlang der Wände in Reihen saßen. Tische wurden reichlich mit geröstetem Fleisch und Brot beladen, und ein Weinschenk schöpfte den mit Wasser vermischten Trunk aus dem Krater. Gelegentlich sind Sonderportionen oder Ehrensitze erwähnt, doch im allgemeinen ist Wert auf die Gleichheit der Teilnehmer gelegt worden. Die Tischgemeinschaft umfaßt in erster Linie eine aristokratische Elite, die durch das gemeinsame Mahl ihren Status nach außen demonstriert und ihren inneren Zusammenhalt gefestigt hat.

Das Trinkgelage archaischer Zeit

An die Stelle des Festbanketts homerischer Zeit trat seit dem 7. Jahrhundert v. Chr. das Symposion als eine Trinkgemeinschaft führender Männer, die auf Klinen nach orientalischem Vorbild lagerten (s. u. Kat.-Nr. 281). Die Trennung des Hauptmahls vom Trinkgelage ging anscheinend auf das Bedürfnis der Symposiasten zurück, die Exklusivität ihrer Gruppe durch ein streng ritualisiertes Beisammensein herauszustellen. Das Symposion fand in der Regel in einem Kreis von etwa zehn Teilnehmern statt. Es formierten sich kleinere Gruppen aus Mitgliedern der aristokratischen Elite, so daß sich ein Unterschied zu den von Homer beschriebenen großen Banketten und den Opferfesten der Polis ergab. Frauen aus der Bürgerschaft waren bei den Symposien niemals zugegen, ausschließlich Hetären, Liebesdienerinnen, die meist Sklavinnen gewesen sind.

Zu den neuen Unterhaltungsformen beim Trinkgelage gehörte die lyrische Dichtung zum Spiel der Leier, die fast unvermittelt an die Stelle des Epos trat. Die einstimmige Lyrik, die wie das Epos von einem berufsmäßigen Sänger vorgetragen werden konnte, diente den Symposiasten zugleich als Trinklied. Im gemeinsam gesungenen ›skolion‹ haben sich die Zecher zu einer Gemeinschaft zusammengefunden. Die Inhalte der Liedthemen haben gleichfalls zur Schaffung eines Gruppenethos beigetragen, indem diese einen aristokratischen Lebensstil widerspiegeln. Wie bei den Darstellungen auf den eigens für das Gelage hergestellten Trinkgefäßen geht es in den Liedern um das Symposion selbst, homosexuelle Liebe, Heldentaten oder Krieg. Trotz der neuen Bedeutung der Lyrik schwindet keineswegs die Aktualität des homerischen Epos. Themen wie »Hektors Lösung« oder

Abb. 1. Umzeichnung der Schale des Oltos. London, British Museum Inv. E 18

»Aias trägt den Leichnam des Achill« sind nun in einem anderen Medium, der Bilderwelt der Symposiongefäße faßbar. In der attischen Vasenmalerei sind heroische Themen in den Jahren von etwa 580 bis 470 v. Chr. sehr beliebt. Die Vergangenheit der Helden, die in der Bilderwelt der Trinkgefäße rezipierbar bleibt, hat weiterhin zur Selbstdefinition der Banketteilnehmer beigetragen. Die bildliche und mündliche Erzählung von Kriegstaten tapferer Männer richtet sich insbesondere an die jüngere Generation. Der aristokratische Wertekanon wird Jünglingen als Vorbild gepriesen, die auf den Klinen neben älteren, bärtigen Trinkgefährten lagern. Die Institution der Knabenliebe, deren Ort vor allem das Symposion gewesen ist, dient zur Erziehung der männlichen Jugend und formuliert den aristokratischen Führungsanspruch für die Gegenwart und Zukunft.

Das Bild des Dichters beim Symposion in spätarchaischer und frühklassischer Zeit

Ein Weg zur Festigung der Bande zwischen den Trinkgefährten ist der ›komos‹, der öffentliche Umzug durch die Stadt. Nach dem Symposion haben die bekränzten Zecher ihren Zusammenhalt und ihre Festfreude vor dem Gemeinwesen demonstriert, indem sie oftmals betrunken agierten, ausgelassen tanzten oder laut sangen. Eine attisch-rotfigurige Schale des Oltos, um 510 v. Chr., stellt zwei Jünglinge dar, die im Komos zum Gesang und Leierspiel eines ausschreitenden, bärtigen Mannes tänzelnde Bewegungen ausführen (Abb. 1). Der Musikant wird in der Beischrift als Anakreon (Ἀνακρέων) bezeichnet. Es handelt sich um den berühmten Lyriker aus der ionischen Stadt Teos, dessen Lieder für den Vortrag beim Symposion bestimmt gewesen sind. Anakreon war am Hofe des Polykrates von Samos (537–522 v. Chr.) tätig, welcher für seinen Luxus bekannt gewesen ist. Nach der Ermordung des Polykrates suchte der Dichter die Förderung an einem anderen Tyrannenhof, die er schließlich bei Hipparchos in Athen fand. Attische Vasenbilder mit der inschriftlichen Nennung des Anakreon sind für die Zeit von ungefähr 510–490 v. Chr. überliefert und stehen damit dem athenischen Aufenthalt bei den Peisistratiden nahe. Die Darstellungen geben kein Individualporträt wieder, sondern entsprechen einem zeitgenössischen Typus, der auch für Lyriker wie Alkaios, Symposiasten und Komasten belegt ist. Ein Fragment eines attisch-rotfigurigen Kraters des Kleophrades-Malers, um 500 v. Chr., zeigt den beim Symposion gelagerten Dichter mit einem Saiteninstrument, auf dem der Name Anakreon geschrieben steht (Abb. 2). Es handelt sich wie bei dem

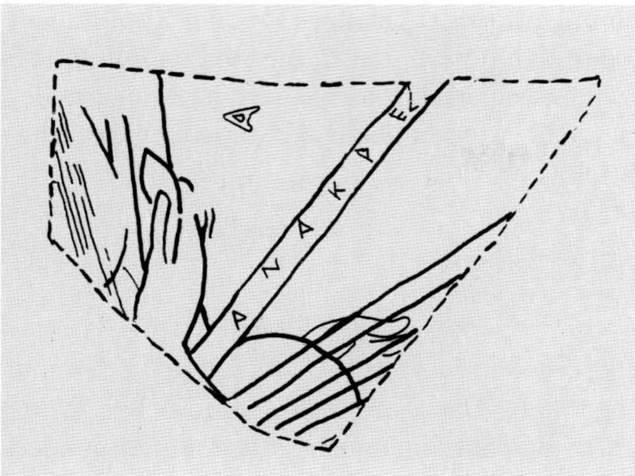

Abb. 2. Umzeichnung des Fragments eines attisch-rotfigurigen Kraters des Kleophrades-Malers, um 500 v. Chr.; Kopenhagen, Nationalmuseum Inv. 13365

Abb. 4. Hermenbüste des Dichters Anakreon; römische Kopie nach Original um 450/40 v. Chr. Rom, Museo Nuovo Capitolino Inv. 838

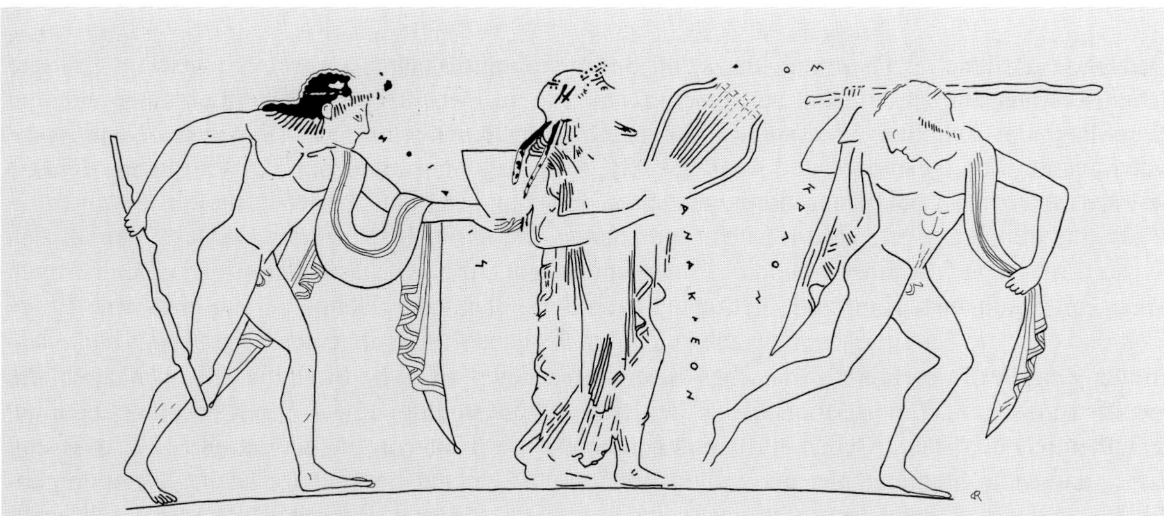

Abb. 3. Umzeichnung einer attisch-rotfigurigen Lekythos des Galesmalers, um 490 v. Chr.; Syrakus, Museo Archeologico Regionale ›Paolo Orsi‹ Inv. 26967

Vasenbild des Oltos (Abb. 1) um ein Barbiton. Mit der Einführung der lyrischen Dichtung beim Trinkgelage ist anscheinend das voller klingende Saiteninstrument aus dem ostgriechischen Raum anstelle der homerischen Kithara bevorzugt eingesetzt worden. Anakreon selbst wird als ›philobarbitos‹, als Liebhaber des Barbiton, als Liebhaber orientalischen Saitenspiels bezeichnet.

Auf einer attisch-rotfigurigen Lekythos des Gales-Malers, um 490 v. Chr., wird der inschriftlich genannte Anakreon zwischen zwei nackten Jünglingen als ausschreitender Komast abgebildet (Abb. 3). Der Dichter ist mit einem langen Leibrock (Chiton) und einem darüber liegenden Mantel

(Himation) bekleidet und singt zum Spiel des Barbiton mit erhobenem Haupt. Auf dem Kopf trägt er eine Haube. Diese Tracht ist auch für andere Zecher beim Symposion und Komos in den Jahren von 510 bis 460 v. Chr. belegt. Verwandte Darstellungen wie auf einer attisch-rotfigurigen Amphora des Flying-Angel-Malers aus dem frühen 5. Jahrhundert v. Chr. werden als anakreontische Bilder bezeichnet (Kat.-Nr. 178; s. auch o. S. 274–276 und Kat.-Nr. 170. 171).

Das Trinkgelage klassischer Zeit

Im 5. und 4. Jahrhundert v. Chr. haben private Trinkgesellschaften nach wie vor stattgefunden und als Bestandteil eines aristokratischen Lebensstils gegolten. Das Fortleben traditioneller Werte kommt in dem Terminus ›hetairoi‹ zum Ausdruck, der die Banketteilnehmer seit dem 5. Jahrhundert als Gefährten anspricht. Hetairos-Verbände, die exklusive Vereinigungen kleiner Gruppen von Männern der gleichen sozialen Stellung darstellen, sind bereits für die archaische Trinkgemeinschaft ein kennzeichnendes Merkmal gewesen. Seit dem ausgehenden 6. Jahrhundert v. Chr. erhoben jedoch auch weite Teile der Bürgerschaft Anspruch auf Teilnahme am Gelage, so daß es kein aristokratisches Vorrecht mehr darstellte. Aber im übrigen blieb vieles gleich, denn an den äußeren Formen änderte sich nur wenig. Die breiten Schichten der Bürgerschaft entwickelten kaum Alternativen für das Beisammensein beim Symposion, sondern haben in klassischer Zeit die adligen Anschauungen und Werte zum großen Teil übernommen, nach den eigenen Bedürfnissen modifiziert, aber nicht vollkommen abgelehnt.

Das Bildnis des Anakreon auf der Akropolis von Athen: ein Dichter beim Symposion

Der Reiseschriftsteller Pausanias, der seine Beschreibung Griechenlands etwa zwischen 160 und 180 n. Chr. verfaßt hat, erwähnt bei seinem Rundgang auf der Akropolis von Athen unter anderem eine Statue des Anakreon (Pausanias 1, 25, 1). Diese habe in der Nähe der Statue des Xanthippos, Vater des Perikles, gestanden und sei dargestellt, »wie wenn ein trunkener Mensch singen würde«. Wie darf man sich das Dichterbildnis vorstellen? Im Jahr 1884 kam an der Porta Portese im römischen Stadtteil Trastevere eine Hermenbüste zutage, die in der Inschrift den Dargestellten als den Lyriker Anakreon (Ἀνακρέων λυρικός) zu erkennen gibt (Abb. 4). Das Bildnis zeigt einen bärtigen Mann mit erhobenem Kinn und leicht zur linken Seite geneigtem Haupt, der im Haar eine Binde trägt und über die Schultern ein Gewand gelegt hat. Es handelt sich um einen Porträttypus hochklassischer Zeit, der in mehreren römischen Kopien überliefert ist. Eine Skulptur in Kopenhagen, die aus der römischen Villa in Monte Calvo bei Rieti stammt und um 130–160 n. Chr. zu datieren ist, dokumentiert den statuarischen Aufbau des griechischen Bronzeoriginals (Kat.-Nr. 179). Wie eng diese marmorne Statuenkopie am Vorbild orientiert ist, zeigen beispielsweise die leeren Augenhöhlen, in denen Augäpfel aus Glaspaste eingesetzt gewesen sind. Wiedergegeben ist der aufrecht stehende, nur mit einer Chlamys bekleidete Dichter, der ein heute nicht mehr erhaltenes Barbiton im linken Arm gehalten und mit der rechten, erhobenen Hand die Saiten angeschlagen hat.

Der nackte Körper mit seiner konturierten Bauch- und Brustmuskulatur ist von idealer Schönheit, und das Antlitz des Sängers besitzt ein straffes Inkarnat. Zur Gestalt des Dichters, der seine Lieder selbst beim Trinkgelage vorträgt, gehören der leicht geöffnete Mund, der nach oben gerichtete Blick, die Symposiastenbinde im Haar und die Nacktheit. Die Infibulation, das Zuschnüren der Vorhaut des Gliedes, betont Gepflegtheit und sexuelle Beherrschung. In der Seitenansicht nimmt man ein leichtes Schwanken des Dichters wahr, das die Weinseligkeit des Symposiasten andeutet. Anakreon ist vom Gott Dionysos erfaßt, der im Wein wirkt und präsent ist. Sein Zustand des ›enthusiasmos‹ beschreibt das richtige Maß zwischen Nüchternheit und Trunkenheit.

Die Statue in Kopenhagen ist aufgrund ihrer Ikonographie zu Recht mit dem verloren gegangenen Original auf der Athener Akropolis verbunden worden. Die von Pausanias erkannte Trunkenheit ist zurückhaltend dargestellt. Die ausgeglichene Haltung des Sängers unterscheidet sich ansonsten kaum von der Darstellung zeitgenössischer Götterbildnisse, wie etwa des Tiber-Apoll (s. o. Kat.-Nr. 1). Kopfform, Gesichtsschnitt und Haargestaltung sind dem sog. Kapaneus vom Schild der Athena Parthenos verwandt, und das Mäntelchen mit seinem charakteristischen Faltenwurf schmiegt sich wie bei den Skulpturen des Parthenon eng an den Körperumriß. Die beruhigten Züge des Anakreon sind nicht individuell gestaltet, sondern entsprechen der künstlerischen Formensprache Athens um 450/40 v. Chr.

Der Auftraggeber des Bronzewerks auf der Akropolis wird von Pausanias nicht genannt. Es dürfte sich um eine Person oder Personengruppe gehandelt haben, die das Monument aus privater Initiative stiftete. Denn erst seit dem frühen 4. Jahrhundert v. Chr. konnten Personen ein von der Gesamtheit der Polis zugewiesenes Ehrenmal erhalten, wie es zuvor im singulären Fall der Tyrannenmörder errichtet worden ist (s. o. Kat.-Nr. 132). In der Forschung wird Perikles oder sein Umkreis als Stifter der Anakreon-Statue angenommen. Die Deutung beruht darauf, daß das Bildwerk in der Nähe der Statue des Xanthippos gestanden hat und daß Anakreon ein Bewunderer von Perikles' Vater gewesen sei. Da die Lyrik des Dichters in der 2. Hälfte des 5. Jahrhunderts v. Chr. allgemein hoch geschätzt worden ist, kann der Initiatorenkreis nur schwer eingegrenzt werden.

Anhand der statuarischen Darstellung lassen sich hingegen die Intentionen fassen, die mit dem Werk verbunden worden sind. Die künstlerische Formensprache ist der Hochklassik entlehnt, gleichwohl haben alternative Ikonographien zur Wahl gestanden. Ein Dichterbildnis in der Art des Strengen Stils mit veristischen Alterszügen, wie es wenige Jahre zuvor anhand des Homer- und Pindarporträts entwickelt worden ist (s. o. Kat.-Nr. 125. 126), wird aber nicht aufgegriffen. Statt dessen besitzt das Gesicht des Anakreon straffe Züge, was zunächst bei einem mit 85 Jahren verstorbenen Mann verwundern könnte. Ebenso wird das effeminiert wirkende Kostüm, das Anakreon auf einem attischen Vasenbild um 490 v. Chr. trägt (Abb. 3) und an die Gelagefreuden des Ostens erinnert, nicht übernommen. Die Statue auf der Akropolis zeigt anstelle des Kleiderreichtums und weichen ionischen Lebensstils die Schönheit des nackten, männlichen Körpers. Nicht orientalischer Luxus, sondern eine ideale Körpergestaltung wird in diesem Dichterbildnis thematisiert.

Das Bildnis des Schöpfers archaischer Trinklieder entspricht im Körperideal dem Anspruch und Ziel seines dichterischen Werkes. In der Lyrik Anakreons wird insbesondere das Leitbild des maßvollen Weinkonsums hervorgehoben. Außerdem wird die päderastische Liebeswerbung beim Symposion besungen. In diesem Zusammenhang wird die Vergänglichkeit der Jugend bedauert und zugleich das Alter als beklagenswert dargestellt. Ästhetische Form wird in hochklassischer Zeit zum Maßstab idealen Handelns stilisiert, ein Schema, das auf den Wertekanon homerischer und archaischer Zeit ebenso wie der Hetairie-Gedanke zurückgeht. Die Statue des Anakreon formuliert gleichfalls um 450/40 v. Chr. das Leitbild der ›kalokagathia‹. Der Dichter verkörpert einen schönen und guten Mann, einen ›kaloskagathos‹. Das Denkmal des in der 2. Hälfte des 6. Jahrhunderts v. Chr. tätigen Mannes zeigt einen Sänger, der auch in seinem Verhalten vorbildlich ist und so gewissermaßen als Gesetzgeber beim Symposion auftritt. Er befaßt sich mit dem angemessenen und unangemessenen Verhalten während des Gelages und schreibt den Teilnehmern ihre Rechte und Pflichten vor.

Professionelle Unterhaltungskünstler beim Symposion

Zu den Schaustellern der Zeit von etwa 460–410 v. Chr. gehören auf einigen attischen Vasenbildern nackte Tanzzwerge, die sehr wahrscheinlich im Kontext eines Banketts zu sehen sind (Kat.-Nr. 180). Diese Zuweisung legt die Darstellung auf einem Gefäßfragment des Peleus-Malers, um 450/40 v. Chr., nahe (Kat.-Nr. 181). Denn der Tanzzwerg trägt nicht nur eine Weinranke um seine Schultern, sondern wird auch von einer Flöten- und Krotalenspielerin musikalisch begleitet, die gewöhnlich beim Trinkgelage aufspielen. Oberhalb des Zwerges ist der Rest einer Namensinschrift »...KLEIDES« zu lesen, die überzeugend zu Hippokleides ergänzt worden ist und sich auf den gleichnamigen Freier der Agariste bezieht. Bei einem Trinkgelage, das in Sikyon am Hofe des Tyrannen Kleisthenes stattgefunden hat, tanzte der Bewerber auf einem Speisetisch. Der Zwerg trägt den Namen eines athenischen Aristokraten aus der 1. Hälfte des 6. Jahrhunderts v. Chr., der durch sein unstandesgemäßes Auftreten beim Symposion berühmt geworden ist. Ironisierend wird auf den berühmten Namen zurückgegriffen, um aus der Sicht des zeitgenössischen Betrachters die Lächerlichkeit des mißgestalteten Akteurs zu steigern.

Auf eine geradezu stereotype Weise personifizieren die Tanzzwerge genau die Eigenschaften, die im Gegensatz zur idealen Körperkonzeption der Anakreon-Statue stehen. Ihre Gliedmaßen sind im Vergleich zum kräftigen Oberkörper zurückgebildet. Der Kopf ist überproportional groß und zeigt oft eine Stirnglatze sowie ungepflegtes Haupt- und Barthaar. Mitunter pendelt ihr Glied im Rhythmus der Bewegung. Die Mängel widersprechen der zeitgenössischen Vorstellung eines schönen, beherrschten und gepflegten Körpers. Im lächerlichen Gegenbild bestätigen die Tanzzwerge das Ideal des Symposiasten als ›kaloskagathos‹.

Auf einem attisch-rotfigurigen Glockenkrater des Lykaon-Malers, um 440 v. Chr., werden vier Zecher dargestellt, die paarweise auf zwei Klinen lagern (Kat.-Nr. 182). Der bärtige Mann am linken Bildrand hat seinen Arm zum Wurf der Weinneige beim sog. Kottabosspiel erhoben. Aus der Schale sollen die restlichen Weintropfen auf ein nicht näher zu bestimmendes Ziel geschleudert werden. Der rechts außen liegende Jüngling begleitet mit seinem Flötenspiel den Waffentanz eines Mädchens, dessen weibliche Haut durch Deckweiß hervorgehoben wird. Die Pyrrhiche-Tänzerin bewegt sich mit hüpfenden Schritten nach rechts und trägt einen attischen Helm auf dem Kopf. Den linken Arm hat sie durch die Bügel eines Rundschildes gesteckt, in der rechten Hand hält sie eine Lanze. Über der nackten Brust trägt das Mädchen ein Kreuzband und ist außerdem mit einer kurzen Hose, dem Perizoma, bekleidet.

Waffentänzerinnen, die beim Symposion zur Unterhaltung der Zecher auftreten oder sich in einer Tanzschule auf ihre Auftritte vorbereiten, sind in den Jahren von ungefähr 480/70 bis 400 v. Chr. häufig abgebildet worden. Vor allem in der 2. Hälfte des 5. Jahrhunderts v. Chr. sind professionelle Unterhaltungskünstler belegt, die besondere Tänze und akrobatische Künste beherrscht haben. Eine Hydria des Polygnot, um 430 v. Chr., stellt eine Tanzschule dar, in der eine Waffentänzerin, zwei Kalathiskos-Tänzerinnen, eine Tischakrobatin und eine Schwerttänzerin ihr Repertoire einüben (Kat.-Nr. 183). Letztere ist im Begriff einen akrobatischen Überschlag zwischen scharfen Klingen auszuführen, wie ihn eine Terrakotta-Statuette aus Chalkis demonstriert (Kat.-Nr. 184). Der Speisetisch, auf dem eine nackte Akrobatin eine Brücke ausführt, um hinterrücks aus einer Weinschale zu trinken, deutet auf den Ort der späteren Aufführung. Ein männlicher Zuschauer stellt vielleicht einen Interessenten dar, der die käuflichen Mädchen für den abendlichen Auftritt beim Symposion gewinnen möchte. Eine Tanzübung auf einem Speisetisch ist ferner auf einem böotischen Kelchkrater aus dem frühen 4. Jahrhundert v. Chr. wiedergegeben (Kat.-Nr. 186). Das in orientalischer Tracht gekleidete Mädchen zeigt den persischen Oklasma-Tanz, der in Verbindung mit den Gelageszenen des späten 5. und frühen 4. Jahrhunderts v. Chr. zu sehen ist (Kat.-Nr. 185).

Auf den attischen Vasenbildern der Hochklassik agieren die gelagerten Zecher zurückhaltend und maßvoll (Kat.-Nr. 182). Die ausgelassene Bewegung kommt in erster Linie den professionellen Gauklern zu. Die Banketteilnehmer treten dementsprechend weniger als Akteure denn als Zuschauer auf. Ihr Rollenverhalten entspricht dem Leitbild der Hochklassik, das von der Statue des Anakreon auf der Akropolis von Athen so beispielgebend formuliert worden ist. Die Zecher agieren keineswegs wild im Rausch. Vielmehr wird die rituelle Enthemmung durch den Weingenuß nach bestimmten Regeln durchgeführt, die das Gleichgewicht zwischen Ordnung und Unordnung sichern.

Adelsideale – Polisideale

Schon im 6. Jahrhundert v. Chr. bestand zwischen den aristokratischen Symposien eines kleinen Personenkreises und den städtischen Festen, deren sakrale Tischgemeinschaft das ganze Gemeinwesen geeint hat, kein klarer Unterschied in den Verhaltensweisen. Die Bilderwelt des Trinkgelages zur Zeit der Hochklassik in Athen zeigt nun, daß die traditionellen Normen der aristokratischen Elite zu den Leitbildern der Bürgerschaft geworden sind. Die Kalokagathia und weitere Verhaltenskodizes des griechischen Adels sollten offenbar von der gesamten Bürgerschaft übernommen werden, wie die Zeugnisse der Vasenmalerei und das Bildnis des Anakreon auf der Akropolis nahelegen. Bei der Statue des Anakreon handelt es sich geradezu um ein Erinnerungsmonument für angemessenes Verhalten beim Trinkgelage. Es stand im öffentlichen Raum auf der Akropolis von Athen, wo die Feste der Polis gefeiert worden sind, und konnte dort von jedem Teilnehmer als vorbildlich rezipiert werden. Die für die klassische Zeit maßgeblichen Formen der Geselligkeit haben sich im Unterschied zu den aristokratischen Vorläufern dahingehend geändert, daß sie im erweiterten gesellschaftlichen Rahmen der Bürgergemeinschaft stattgefunden haben. Zentrale Bedeutung für die Kommunikation innerhalb der Polis hatte das Fest und dieses mußte wie in der Vorzeit durch die Rituale des Gastmahls und des Trinkgelages geordnet werden. So ist auch durch das Symposion die erzieherische Funktion der städtischen Feste gewährleistet worden.

Literatur: O. Murray (Hrsg.), Sympotica (1990); K.-W. Welwei, Gymnasium 99, 1992, 481 ff.; C. Meier in: U. Schultz (Hrsg.), Speisen, Schlemmen, Fasten (1993) 26 ff.; O. Murray in: J.-P. Vernant (Hrsg.), Der Mensch der griechischen Antike (1993) 255 ff. – Zur Bilderwelt des Trinkgelages: B. Fehr, Orientalische und griechische Gelage (1971); J.-M. Dentzer, Le motif du banquet couché dans le Proche-Orient et le monde grec du VIIe au IVe siècle avant J.-C. (1982); K. Vierneisel – B. Kaeser (Hrsg.), Kunst der Schale (1990); W. J. Slater (Hrsg.), Dining in a Classical Context (1991); F. Lissarrague, The Aesthetics of the Greek Banquet (1990); P. Schmitt-Pantel, La cité au banquet (1992). – Zur Funktion der frühen griechischen Lyrik: R. Kannicht in: W. Haug – R. Warning (Hrsg.), Das Fest (1989) 29 ff.; W. Rösler, Dichter und Gruppe (1980); B. Gentili, Anacreon (1985); P. A. Rosenmeyer, The Poetics of Imitation: Anacreon and the Anacreontic Tradition (1992). – Zum Bildnis des Anakreon: G. M. A. Richter, The Portraits of the Greeks I (1965) 75 ff.; P. Zanker, Die Maske des Sokrates (1995). – Zu den professionellen Unterhaltungskünstlern: A. Schäfer, Unterhaltung beim griechischen Symposion (1997).

178 Attisch-rotfigurige Amphora

Flying-Angel-Maler; frühes 5. Jh. v. Chr.
Paris, Musée du Louvre Inv. G 220

Literatur: ARV^{2} 280, 11; D. C. Kurtz – J. Boardman, Greek Vases in the J. P. Getty Museum 3 (1986) 48 Nr. 9 Abb. 15 a. b.

179 Statue des Dichters Anakreon

Marmor; H 1, 90 m; H der Plinthe 16 cm
Späthadrianisch-frühantoninische Kopie nach einem griechischen Original um 450/40 v. Chr.
Kopenhagen, Ny Carlsberg Glyptotek Inv. I.N. 491

Literatur: G. M. A. Richter, The Portraits of the Greeks I (1965) 76 Nr. 5 Abb. 278. 279. 283; P. Zanker, Die Maske des Sokrates (1995) 29–38 Abb. 12. 17.

180 Attisch-rotfiguriger Skyphos

In der Art des Sotades-Malers; um 460 v. Chr.
Paris, Musée du Louvre Inv. G 617

Literatur: ARV^{2} 768, 33; V. Dasen, Dwarfs in Ancient Egypt and Greece (1993) 231 Taf. 42.

181 Attisch-rotfiguriger Stamnos (Fragment)

Peleus-Maler; um 450/40 v. Chr.
Erlangen, Kunstsammlung der Universität Inv. 707

Literatur: ARV^{2} 1039, 6; G. Lippold, RM 52, 1937, 44 ff. Taf. 14.

Kat.-Nr. 178

Kat.-Nr. 179

Kat.-Nr. 180

Kat.-Nr. 181

Kat.-Nr. 182

Kat.-Nr. 183

Kat.-Nr. 184

Kat.-Nr. 185

182 Attisch-rotfiguriger Glockenkrater

Lykaon-Maler; um 440 v. Chr.
Neapel, Museo Archeologico Nazionale Inv. SA 281

Literatur: ARV[2] 1045, 9; A. Kossatz-Deissmann, JdI 97, 1982, 75 Abb. 11.

183 Attisch-rotfigurige Hydria

Polygnot; um 430 v. Chr.
Neapel, Museo Archeologico Nazionale Inv. 81398 (ehem. 3232)

Literatur: ARV[2] 1032, 61; FR III 319 ff. Abb. 151–154; V. Liventhal, AnalRom 14, 1985, 43 ff. Abb. 5 a–d.

184 Statuette einer Akrobatin

Ton; H 9,0 cm
2. Hälfte 5. Jh. v. Chr.
Athen, Nationalmuseum Inv. 13605

Literatur: M. I. Davies, AntK 14, 1971, 151 Taf. 47, 4.

185 Attisch-rotfiguriger Glockenkrater

Frühes 4. Jh. v. Chr.
Wien, Kunsthistorisches Museum Inv. IV 910

Literatur: CVA Wien (3) III I Taf. 133, 3. 4. 6.

186 Böotisch-rotfiguriger Kelchkrater

Frühes 4. Jh. v. Chr.
Athen, Nationalmuseum Inv. 12683

Literatur: F. Weege, Der Tanz in der Antike (1926) 98 Abb. 154.

A. Schä.

Kat.-Nr. 186

Marina Heilmeyer

Kränze für das griechische Symposion in klassischer Zeit

Wichtiges Requisit beim gemeinsamen Essen und Trinken waren Kränze aus verschiedenen frischen Blüten und Blättern, die der Gastgeber für seine Gäste bereitzuhalten hatte. »Jede Zusammenkunft zu einem Symposion führte bei den Alten den Grund auf einen Gott zurück, man gebrauchte die den Göttern eigentümlichen Kränze«, schreibt um 200 n. Chr. Athenaios von Naukratis. Mehr als kultische Vorschriften scheint aber das jahreszeitlich bedingte Angebot auf dem Blumen- und Kranzmarkt die Auswahl bestimmt zu haben. Die besondere Vorliebe galt den zart duftenden Blüten und

Kat.-Nr. 195

Blättern, oder jenen Pflanzen, die außer ihrer Schönheit noch eine kühlende oder krampflösende Wirkung versprachen. Starke Düfte wurden vermieden, um den Kopf nicht zu benebeln. Wo bei den Kränzen ein Grundgerüst nötig war, wurde es aus frischen oder getrockneten Zweigen von Efeu oder Ackerwinde gebildet, oder aus den flexiblen Zweigen von Maulbeere und Feige. Bei Myrte und Efeu war kein anderes Material erforderlich. Gebunden wurde meist mit Lindenbast. Die Kränze verstand man als Zeichen göttlicher Nähe, denn, so Platon in seinem »Symposion«: »Auf blühende Farbe aber deutet, daß der Gott unter Blüten lebt: denn in einem Körper oder einer Seele oder sonst einem Ding, das blütenlos oder verblüht ist, weilt Eros nicht, wo aber eine blütenreiche oder düftereiche Stätte ist, da läßt er sich nieder und bleibt.«

Die Rekonstruktionen von neun verschiedenen Kränzen wurden nach antiken Literaturangaben von der Floristmeisterin Emmy Becker-Weigand angefertigt. Dazu wurden Pflanzen aus dem Botanischen Garten Berlin-Dahlem verwendet, die für das antike Griechenland nachweisbar sind. Alle Kränze sind auf getrocknete Ackerwinden-Ranken oder Efeu-Ranken gebunden und haben einen Durchmesser von 23 cm, wie er den Goldkränzen oder einem relativ zierlichen Kopfumfang entspricht. Für die Ausstellung wurden alle Kränze in einem speziellen, seit dem 17. Jahrhundert überlieferten Verfahren getrocknet und somit haltbar gemacht.

Literatur: Theophrast, Hist. plant. V 6, 2; Platon, Symposion 196; Athenaios V 192 b; s. M. Blech, Studien zum Kranz bei den Griechen (1982). – Sandtrockenverfahren s. G. B. Ferrari, De Florum Cultura (Rom 1633).

187 *Hedera helix* L. subsp. *poetarum* Nyman (Efeu mit goldgelben Früchten)

Symposionskranz aus Blättern (gezackte Jugend- und herzförmige Altersform) und Fruchtständen von *Hedera poetarum* (*Araliaceae*). – Dm 23 cm, gebunden auf Efeuranken.

Efeu war die meistverwendete Kranzpflanze der Antike. Seine leicht zu biegenden Zweige mit den langlebigen Blättern sind zu allen Jahreszeiten verfügbar gewesen. Er wächst, ohne besonderer Pflege zu bedürfen, überall in Griechenland. In Attika ist *Hedera helix* subsp. *poetarum*, der Efeu mit den gelben (χρησός) Früchten, am häufigsten. Die dem Dionysos heilige Pflanze wird in der antiken Literatur κισσός oder ἕλιξ genannt. Efeu blüht im Herbst und trägt seine schönen, je nach Sorte, blauen, gelben oder roten Fruchtstände zur wichtigsten Festzeit, im frühen Frühjahr. Ein Efeukranz kühlt den vom Weingenuß erhitzten Kopf, und seine Blätter haben zudem eine leicht adstringierende Wirkung.

Literatur: Außer Blech a. O. 71 Anm. 43 s. auch: Theophrast, Hist. plant. III 18, 9; Plinius, Nat. hist. XVI 34, 62; Pausanias I 31, 6.

188 *Apium graveolens* L. (Eppich oder Sellerie)

Symposiastenkranz aus Blattstielen und Blütendolden von *Apium graveolens* L. (*Umbelliferae*). – Dm 23 cm, gebunden auf getrockneten Zweigen von Ackerwinde (*Convolvulus arvensis* L.).

Diese alte Kultur- und Heilpflanze nennt Homer ἐλεότρεπτον σέλινον und Theophrast ἕλειο σέλινον, und Plinius bezeichnet sie als *apium*. Das deutsche Wort ›Eppich‹ geht auf dieses lateinische *apium* zurück, während der Name ›Sellerie‹ über das französische ›celerí‹ auf die griechische Bezeichnung zurückzuführen ist. Kränze aus Sellerie gibt es bereits in ägyptischen Gräbern der 18. Dynastie. Das ätherische Öl Apiol sorgt für den anregenden Duft des Sellerie. Kränze aus Sellerie werden im Zusammenhang mit Symposien häufig erwähnt und abgebildet. Athenaios läßt den Anakreon sagen: »Laßt mit kleinen Selleriekränzen uns die Stirn umwinden und ein Fest zu Ehren des Dionysos feiern.«

Literatur: Außer Blech a. O. 71 Anm. 43 auch: Homer, Odyssee V 72; Ilias II 776; Theophrast, Hist. plant. VII 6 ff.; Diosc. III 67; Athenaios XV 629 e, 674 c, 685; Horaz, Carmina I 36, 16; II 7, 24; IV 11, 3.

189 *Hedera helix* L. und *Viola odorata* L. (Efeu und wohlriechendes Veilchen)

Symposionskranz aus Blättern und Blüten von *Hedera helix* L. und *Viola odorata* L. (*Violaceae*). – Dm 23 cm, gebunden auf Efeuzweigen.

Unter den vielen für Kränze verwendeten Blüten werden die duftenden Veilchen besonders hervorgehoben. Theokrit bezeichnet sie als die reizendsten Kranzblumen, und Plinius meint, daß unter den wenigen Gartenblumen, die bei den Römern für Kränze verwendet wurden, die Veilchen an erster Stelle stehen. Die antike Heilkunde sprach den Veilchen auch eine kühlende Wirkung zu, und ein Veilchenkranz sollte durch seinen Duft Rausch und Kopfschmerzen vertreiben. So trug der berauschte Alkibiades in Platons Gastmahl einen Kranz aus Veilchen und Efeu auf dem Haupt.

Kat.-Nr. 187

Kat.-Nr. 188

Kat.-Nr. 189

Kat.-Nr. 190

Kat.-Nr. 191

Kat.-Nr. 192

Kat.-Nr. 193

Kat.-Nr. 194

Kat.-Nr. 195

Literatur: Außer Blech a. O, 71 Anm. 43 s. Theokrit, Hist. plant. VI 64; Pindar, Frgm. 46; Aristophanes, Equites 1334; Plinius, Nat. hist. XXI 14, 76; Athenaios IX 372 b; Vergil, Georgica IV 32.

190 *Mentha longifolia* L. (Minze)

Symposionskranz aus den Zweigen von teilweise blühender *Mentha longifolia* L. (*Labiatae*). – Dm 23 cm, gebunden mit Lindenbast auf getrocknete Ranken der Ackerwinde (*Convolvulus arvensis* L.).

»Der Wohlgeruch der Minze erfrischt den Geist und ihr Geschmack wirkt appetitanregend«, so sagt Plinius. Kränze aus Minze sind bereits in ägyptischen Gräbern der 18. Dynastie bekannt. Minze enthält das ätherische Öl Menthol, das gegen krampfartige Schmerzen hilft. Minze gehört zu den duftenden Kräutern einer griechischen Frühlingswiese.

Literatur: Außer Blech a. O. 71 Anm. 43 auch: Theophast, Hist. plant. II 4, 1 ff.; Plinius, Nat. hist. XX 44, 14; Athenaios XV 684.

191 *Myrtus communis* L. (Myrte)

Kranz aus blühenden Zweigen von *Myrtus communis* L. (*Myrtaceae*). – Dm 23 cm, gebunden auf lange Myrtenzweige.

Ebenso wie Efeu liefern auch die Myrtenbüsche, typische Vertreter der Mittelmeerflora, ganzjährig immergrüne Zweige. Blätter, Blüten und Früchte verströmen durch ihren hohen Gehalt an ätherischen Ölen einen angenehm herben Duft. Myrten galten als Symbol von Liebe und Frieden. Attische Staatsbeamte und Redner schmückten sich mit Myrtenkränzen. Mit Myrte bekränzt nahte man sich dem eleusinischen Heiligtum. So wichtig waren die Myrtenkränze, daß sie dem ganzen Kranzmarkt von Athen den Namen gaben, er wurde μυρρῆναι genannt. Zur notwendigen Opferausrüstung der beiden Stadtgründer in der Komödie des Aristophanes gehörten Myrtenkränze. Auch Myrtenkränze sollten durch ihre adstringierende Wirkung den Weindunst vertreiben helfen.

Literatur: Außer Blech a. O. 319 s. Anakreon, PMG 496, 151; Philoxenos, PMG 836; Pollux VI 107; Athenaios XV 675 ff.

192 *Rosa centifolia* L., *Rosa x alba* L. und *Rosa gallica* L. (Zentifolienrose, weiße Rose und Essigrose)

Symposionskranz aus Blüten der oben genannten Rosensorten (*Rosaceae*) und Blättern von *Hedera helix* L. (Efeu), gebunden auf Zweigen der Ackerwinde.

»Unter den Rosen gibt es verschiedene Arten; die meisten haben fünf Blütenblätter, andere zwölf und manche sogar hundert. Die wohlriechendsten kommen aus Kyrene«, so Theophrast. Euripides läßt Aphrodite sich selbst einen Rosenkranz für ihr Haar winden. Die Mundschenke der Götter – Hebe und Ganymed – sind mit Rosen bekränzt. Die Rose ist Symbol der Schönheit, aber auch der schnellen Vergänglichkeit der Freuden, die Aphrodite gewährt. Auch den Rosenkränzen wurde eine medizinische Wirkung nachgesagt. So sollen sie die Kopfnerven beruhigen, wie Athenaios meint, und ihre Blätter, Blumen und Knospen adstringieren und kühlen, wie Plinius schreibt.

Literatur: Außer Blech a. O. 71 Anm. 43 und 252 Anm. 37, s. auch: Plinius, Nat. hist. XXI 10 ff. und 73; Theophrast, Hist. plant. VI 6, 4; Euripides, Medea 840 f.; Herodot VIII 138; Athenaios XV 675.

193 *Consolida regalis* (Ackerrittersporn) und *Hedera helix* L. (Efeu)

Symposionskranz aus Blüten von *Consolida regalis* (*Ranunculaceae*) und Blättern von *Hedera helix* L. – Dm 23 cm, gebunden auf Zweigen der Ackerwinde (*Convolvulus arvensis* L.).

Theophrast nennt die violetten Blüten des wilden Rittersporns unter jenen Kranzblumen, die man ihrer Farbigkeit und Schönheit wegen verwendet, obwohl sie ganz ohne Duft sind, und Athenaios verweist auf die Lakedaimonier, die sich ihre Kränze aus Rittersporn winden. Die violetten Blüten des Rittersporns zierten bereits die Grabgirlanden ägyptischer Könige der 18. Dynastie. Trotz ihrer Zartheit sind diese Blüten sehr haltbar und verlieren über lange Zeit ihre intensive Farbe nicht.

Literatur: Theophrast, Hist. plant. VI 8, 3; Athenaios XV 679 und 684 ff.

194 *Majorana hortensis* (Majoran)

Symposionskranz aus Zweigen von *Majorana hortensis* (*Labiatae*) und Blüten von *Dianthus coronaria* (*Charyophyllaceae*). – Dm 23 cm, gebunden auf Zweigen der Ackerwinde.

Majoran sei süß wie ein Kuß, läßt Athenaios den Pherekrates beim Symposion sagen. Dennoch hält er den Duft für so betäubend, daß er von Majorankränzen für Symposien abrät. Theophrast und Plinius hingegen zählen den Majoran zu den beliebtesten Kranzpflanzen. Seine etwas fahle Farbe hat man gerne mit bunten Blüten aufgemuntert. Besonders beliebt war die duftlose Zeusblume, eine rosafarbene Nelkenart.

Literatur: Außer Blech a. O. 71 Anm. 43 auch: Theophrast, Hist. plant. VI 7, 2. 7; Diosc. III 41; Vergil, Aeneis, I 693: Athenaios I 28 c; XV 685.

195 *Melilotus officinalis* L. (Steinklee oder Honigklee)

Symposionskranz aus blühenden Zweigen von *Melilotus officinalis* L. (*Leguminosae*). – Dm 23 cm, gebunden auf Zweigen der Ackerwinde (*convolvulus arvensis* L.).

Der Melilot wächst aller Orten, der schönste aber in Attika. Der safranfarbene hat den Vorzug, wiewohl in Italien der weiße der wohlriechendste ist, berichtet Plinius. Steinklee war eine sehr beliebte Kranzpflanze, die schon im Ägypten des Mittleren Reichs oft für Kränze gebraucht wurde. Die aromatisch duftende Pflanze stand in besonderer Beziehung zum Helena-Kult. Ihr zu Ehren hängte man Steinklee-Kränze in die Bäume.

Steinklee enthält u. a. die Wirkstoffe Melilotin und Cumarin, denen krampflösende Wirkungen nachgesagt werden. Der süß-herbe Duft der Pflanze intensiviert sich beim Trocknen.

Literatur: Homer, Odyssee IV 602; Ilias II 775; Theokrit, Hist. plant. XVIII 43 ff.; Plinius, Nat. hist. XXI 37; Athenaios XV 678.

M. H.

Susanne Moraw

Was sind Frauen?
Bilder bürgerlicher Frauen im klassischen Athen

Tätigkeiten und Tugenden

Gleich dem Leben der athenischen Bürger wurde auch das Leben der Athenerinnen von einer Reihe geschriebener und ungeschriebener Gesetze bestimmt. Allerdings waren diese Gesetze weitaus restriktiver: Frauen waren in Athen keine juristischen Personen, sondern standen lebenslang unter der Vormundschaft ihres Vaters, Ehemannes oder eines anderen männlichen Verwandten. Eigener Besitz oder Handelsgeschäfte wurden ihnen nur in begrenztem Rahmen zugestanden. Sie besaßen weder aktives noch passives Wahlrecht und waren von allen politischen Institutionen ausgeschlossen. Während vor- und außereheliche sexuelle Beziehungen bei Knaben und Männern als selbstverständlich galten, waren ›anständigen‹ Frauen derartige Kontakte zu Männern untersagt; über weibliche Homosexualität läßt sich aufgrund der schlechten Quellenlage nichts Konkretes sagen. Frauen leisteten keinen Kriegsdienst und erhielten entsprechend auch keine Ausbildung als Sportlerin, Jägerin und Kämpferin. Athenerinnen hatten kein Bürgerrecht, sondern gaben dieses nur vom Vater an die Söhne weiter. Der Terminus ›Bürgerin‹ kann also nur in Anführungszeichen verwendet werden.

Nun zu den Positiva: Der folgende Abschnitt wird sich der Frage widmen, welche Tätigkeiten athenischer Frauen in der bildenden Kunst als darstellenswert galten und mit welchen Wertungen sie jeweils in den Augen der Betrachter (und Betrachterinnen) verbunden waren.

Die Pflege der Götter und der Toten waren die wichtigsten Anlässe für eine ehrbare Athenerin, sich außerhalb des Hauses zu bewegen. Eine polytheistische Religion wie die der Griechen, die sowohl männliche als auch weibliche Gottheiten kannte, verlangte nahezu zwangsläufig auch nach menschlichen Kultteilnehmerinnen und Priesterinnen. So setzte nach den Berechnungen von L. Bruit Zaidman etwa die Hälfte der über 30 jährlichen Feste in Athen die aktive Teilnahme jeweils eines Teils der weiblichen Bevölkerung voraus. Durch die Teilnahme am Kult trugen die Frauen bei zum Gedeihen der Heimatstadt. Ihre Rolle war so bedeutsam, daß in der Forschung zum Teil von einem ›kultischen Bürgerrecht‹ gesprochen wird. Die damit verknüpfte Tugend ist die der Eusebeia, der Gottesfurcht.

Die Darstellung auf einer Lekythos, einem Salbgefäß, zeigt Frauen beim Ritus der sog. Adonisgärten (Kat.-Nr. 196). Dieses Fest zu Ehren des Geliebten der Aphrodite wurde allein von Frauen gefeiert. Die Athenerinnen stiegen im Hochsommer auf ihre Dächer, um dort in zerbrochenen Amphoren kurzlebige Gärten auszusäen und bei deren Verwelken den allzu frühen Tod des Adonis zu beklagen. Man erkennt die Leiter, die zum Dach des Hauses führt. Die darauf Stehende entnimmt Myrrhe aus der Schale, die ihr die kleine Dienerin entgegenhält, um sie in dem großen Räuchergefäß zu verbrennen. Andere Frauen musizieren und tanzen. Die ›aphrodisische Stimmung‹, in der sich das Ganze abspielt, ist deutlich erkennbar an den kleinen Eroten und der durchsichtigen Gewandung einiger Frauen.

Von vergleichbarer Bedeutung war die Rolle der Frauen bei Bestattung und Grabpflege. So verwundert es nicht, daß auf einem im Totenkult verwendeten Gefäß drei Frauen in tiefer Trauer vor einem Grabmal dargestellt sind (Kat.-Nr. 197). Alle schlagen in charakteristischem Trauergestus die Hände vor den Kopf, die mittlere ist zudem in die Knie gesunken. Der Korb in der Hand der rechten Frau verrät, daß sie zur Grabpflege und -schmückung gekommen sind.

Mit diesen beiden Tätigkeiten – Götterkult und Totenkult – erfüllte eine Athenerin ihre religiösen Pflichten gegenüber Oikos und Polis.

Als adäquater Aufenthaltsort für eine Frau galt das Haus, wo sie unter der Aufsicht ihres Ehemannes das Geld und den Haushalt verwaltete, die Dienerschaft beaufsichtigte und sich um die Erziehung der Kinder kümmerte (s. u. S. 303 f.). Die Fähigkeit, die moralische und intellektuelle Überlegenheit des Mannes anzuerkennen sowie gemäß seinen Anweisungen einen Haushalt zu leiten, läßt sich mit dem Begriff Sophrosyne, »gesunder Verstand«, umschreiben. Weitere Facetten dieser weiblichen Haupttugend sind ›Mäßigung‹, ›Sittsamkeit‹ und ›Bescheidenheit‹.

Ein Grabrelief (Kat.-Nr. 198) zeigt die gängige Darstellungsformel für eine solche ideale athenische Hausherrin: In Chiton und Mantel gekleidet, sitzt sie in lässiger Haltung auf ihrem Stuhl. Vor ihr steht eine junge Sklavin, die ihr einen Kasten und einen Spiegel bringt. Die Herrin legt sich ein Armband um, das sie gerade dem Kasten entnommen hat. Spiegel und Schmuck sind Zeichen für die Schönheit und Gepflegtheit der Betreffenden; das Sitzen weist sie als diejenige aus, die Befehle erteilt und die Arbeit delegiert.

Die zweite Aufgabe einer Athenerin bestand im Gebären von legitimen Nachkommen, vorzugsweise von Söhnen. Seit dem Bürgerrechtsgesetz des Perikles von 451 v. Chr. hatte nur noch derjenige Anrecht auf das Athener Bürgerrecht, dessen Vater Athener Bürger und dessen Mutter gebürtige freie Athenerin war. Da eine Verringerung der Haushalte fatale Folgen für die Wirtschaft und Wehrfähigkeit der Stadt mit sich gebracht hätte, war es wichtig, daß die Frauen ihrer Pflicht zum Kindergebären nachkamen. Dennoch gibt es erstaunlich wenig bildliche Darstellungen von Athenerinnen als Mutter. Erscheinen sie doch einmal mit Kind, dann ist fast immer eine Dienerin dabei, die der Hausherrin das Kind entweder gibt oder es von ihr entgegennimmt. Die Darstellung auf einer Lekythos mag hier als charakteristisches Beispiel gelten (Kat.-Nr. 199).

Körper und Sexualität

Die Darstellung des nackten männlichen Körpers stand in Griechenland schon früh im Zentrum des künstlerischen Interesses (s. o. S. 271 ff.). Das Konzept dieser sog. idealen Nacktheit – Nacktheit entgegen der Realität und mit eindeutig positiven Konnotationen – läßt sich allerdings nur in einem sehr begrenzten Maß auf die Darstellung nackter Frauen übertragen. Untrennbar verbunden mit der unverhüllten Präsentation des weiblichen Körpers ist die Vorstellung von sexueller Attraktivität. Eindeutige sexuelle Handlungen hingegen werden bei ›Bürgerinnen‹ nicht thematisiert.

Wie die Darstellungen im ersten Abschnitt zeigten, werden bürgerliche Athenerinnen in der Regel anständig bekleidet dargestellt. Auf ihre Schönheit verweisen allein abstrakte Chiffren wie Spiegel, Schmuck oder Kosmetikutensilien. Nacktheit ist nur bei Frauen von niedrigem (oder zumindest unklarem) Status und bei Opfern von Gewalttaten darstellbar. Erst zu Beginn des sog. Reichen Stils setzt eine gewisse Veränderung ein, wie sie sehr schön auf einer Pyxis (Schmuck- oder Kosmetikdose) des Meidias-Malers zu beobachten ist (Kat.-Nr. 200). Die hier dargestellten Frauen tragen nicht nur äußerst aufwendige Frisuren und reichhaltigen Schmuck, sondern auch hauchdünne Gewänder, unter denen sich ihr Körper deutlich abzeichnet. Anstatt sich um ihren Haushalt und die Kinder zu kümmern, flirten sie mit jünglingshaften Eroten.

Die Frauen treten in diesen Darstellungen aus der Sphäre ihres Alltags heraus und werden dem mythischen Gefolge der Aphrodite angeglichen. Dies erlaubt es ihnen (und den Vasenmalern), sich über die realen Schranken und Verbote hinwegzusetzen. Träger solcher Bilder sind fast ausschließlich von Frauen verwendete Gefäße. Deren Darstellungen wenden sich also an Betrachterinnen und feiern deren Schönheit und Sinnlichkeit. So erscheint es logisch, daß bürgerliche Frauen jetzt auch nackt auftreten, wenn es der Bildkontext legitimiert. Auf einer Pyxis (Kat.-Nr. 201) schmücken zwei Frauen ein hohes dreihenkliges Gefäß, eine sog. Lutrophore, wie sie in Athen zum Einholen des Brautwassers verwendet wurde. Wir haben es hier also mit den Vorbereitungen für eine Hochzeit zu tun und befinden uns im bürgerlichen Kontext. Links und rechts dieser Szene sind die Vorbereitungen der Braut selbst dargestellt: Zuerst wäscht sie sich mit Hilfe eines Eros die Haare und den Körper, danach kleidet sie sich an und bindet schließlich ihr Haar auf.

Nacktheit meint in diesen Darstellungen nicht mehr niedrigen sozialen Status oder Opferrolle, sondern allein gottgleiche Schönheit und Attraktivität. Im Vergleich mit dem Konzept der männlichen idealen Nacktheit – die immer auch eine Aussage über die inneren Qualitäten des Betreffenden ist – fällt jedoch auf, daß der nackte Frauenkörper anscheinend keinerlei ethische Werte zu transportieren vermag. Weibliche Tugend und Vorbildhaftigkeit wird statt dessen, das zeigte der vorangegangene Abschnitt, durch entsprechende Handlungen in normengerechter Bekleidung zum Ausdruck gebracht.

Im 4. Jahrhundert v. Chr. setzen sich die hier beobachteten Tendenzen fort. Ein Lebes Gamikos (›Hochzeitskessel‹) im Athener Nationalmuseum (Kat.-Nr. 202) war einst als Hochzeitsgeschenk für eine Braut gedacht. Entsprechend zeigt das Hauptbild die Beschenkung der sitzenden Braut durch ihre Freundinnen. Was diese Darstellung über eine reine Abbildung der Realität hinaushebt, sind zum einen die beiden Eroten, die der Braut das Aussehen einer thronenden Aphrodite verleihen; zum anderen die Tatsache, daß die Braut abgesehen von einem den Unterkörper und die Beine bedeckenden Mantel vollkommen nackt ist!

Als ein weiteres Beispiel mag der Bildschmuck einer Lekanis, einer Art Schmuckschachtel, gelten (Kat.-Nr. 203). Hier sitzen gleich zwei Frauen in der Art der Hausherrin, während Dienerinnen und Eroten ihnen aufwarten. Auch in diesem Bild sind beide Herrinnen nur mit einem um den Unterleib geschlungenen Mantel bekleidet. Die Dienerinnen hingegen tragen im Unterschied zu früher die blickdichtere Bekleidung: War die frühere ›mangelhafte‹ Bekleidung von Sklavinnen ein Zeichen ihres niedrigeren Status, so ist es nun umgekehrt das Privileg der Herrin, die gottgleiche Schönheit ihres Körpers präsentieren zu dürfen. Das gilt zumindest in den Bildern! Es ist jedoch nicht anzunehmen, daß die Athenerinnen des 4. Jahrhunderts v. Chr. plötzlich auf den Chiton verzichteten und nur mit einem lose um die Beine geschlungenen Mantel im Haus umhergingen. Jedenfalls legen das weder die anderen Denkmälergattungen noch die Schriftquellen nahe. Es handelt sich vielmehr um eine allein auf die Vasenmalerei beschränkte Chiffre zur Darstellung herausragender Schönheit und Attraktivität. Und gleich der männlichen idealen Nacktheit wird sie entgegen der Realität eingesetzt.

Es muß betont werden, daß der hier aufgezeigte Weg allein für die Vasenmalerei – noch enger: für die Dekoration der von Frauen verwendeten Gefäße – Gültigkeit besitzt. Auf einem öffentlichen Monument, beispielsweise einem Grabrelief, wäre die Darstellung einer halbnackten, von Eroten umgebenen Hausherrin undenkbar gewesen. Es handelt sich hier um einen auf das private Medium der Vasenmalerei beschränkten, gattungsimmanenten Diskurs. In diesem gestalten die Vasenmaler das Bild einer überirdisch schönen, müßig herumsitzenden oder mit Eroten flirtenden Frau. Durch dieses Versetzen in eine teilweise der Realität entrückte, aphrodisische Atmosphäre ist der Betrachterin allerdings keine direkte Identifikation möglich, sondern nur eine gebrochene – sozusagen mit der sicheren Distanz des Mythos und dem Wissen, daß in ihrer Lebenswelt andere Spielregeln galten.

Betrachten wir abschließend noch einmal das Phänomen der weiblichen Nacktheit klassischer Zeit vor der Folie der männlichen ›idealen Nacktheit‹. Zunächst einmal fällt auf, daß weibliche Nacktheit motivisch legitimiert sein muß, in der Regel durch Baden, Haarewaschen oder ähnliches. Nacktheit entgegen jeder Realität – wie bei den Männern – ist nicht darstellbar. Am weitesten gehen in diese Richtung die Bilder von Hausherrinnen des 4. Jahrhunderts, bei denen der Chiton unter dem Mantel ›weggelassen‹ wurde. Jedoch kommt es auch dort nie zu vollständiger Nacktheit. Die weiblichen Genitalien werden, im Unterschied zu den nahezu omnipräsenten männlichen, niemals gezeigt. Die Künstler erreichen das durch entsprechende Körperdrehungen oder wie zufällig umherflatternde Gewandzipfel. Schließlich ein qualitativer Unterschied: Ganz gleich, ob in positivem oder negativem Kontext zur Darstellung gebracht, visualisiert Nacktheit bei einer Frau vor allem eines: ihre Attraktivität. Ethische Qualitäten sind damit, im Unterschied zur Darstellung des nackten männlichen Körpers, nicht verbunden.

Altersstufen

Die ideale Athenerin in den Darstellungen klassischer Zeit war jung und schön. Wie diverse Untersuchungen zeigen, lassen sich unter diese Kategorie ›jung und schön‹ im Grunde alle Frauen im gebärfähigen Alter subsumieren. Die Stufe davor beträfe die Mädchen bis zum Ende der Pubertät, deren Abschluß, die Menarché, nach Aussage der literarischen Quellen zwischen 11 und 14 Jahren einsetzte; die Stufe danach die älteren Frauen nach der Menopause, die zwischen 40 und 50 Jahren eintrat. Für alle drei Lebensabschnitte entwarfen die bildenden Künstler spezifische ikonographische Schemata, denen wir uns nun zuwenden wollen. Gleichfalls entsprechend diesen Lebensabschnitten waren im realen Leben die sozialen und religiösen Verpflichtungen der Frauen differenziert. Diese Kategorisierung macht noch einmal deutlich, daß bürgerliche Frauen im antiken Griechenland nahezu ausschließlich unter dem Aspekt der Reproduktivität betrachtet wurden.

Zunächst zu den Mädchen. Da ihre bildlichen Darstellungen im Artikel »Kinder« eigens thematisiert werden (s. u. S. 310 ff.), genügen hier wenige Worte über die von den Athenern vorgenommene unterschiedliche Behandlung von Mädchen und Knaben. Mädchen gingen im klassischen Athen nicht zur Schule, ihre Erziehung spielte sich ausschließlich im Oikos ab. Dort lernten sie zum einen jene Erzählungen von Göttern und Heroen, die den Kern des griechischen Selbstverständnisses bildeten. Dieser Aspekt der Erziehung war so bedeutsam, daß Platon für seinen Idealstaat beschloß, den Müttern und Ammen nur noch das Erzählen von sorgfältig ausgewählten und moralisch wertvollen Geschichten zu erlauben, um die Seelen der Kinder nicht zu verderben (Politeia 2,377). Zum anderen lernten die jungen Mädchen das Notwendigste über Haushaltsführung und Kindererziehung. So sagt ein Ehemann bezüglich seiner Neuvermählten: »Und wie ... hätte ich sie als eine bereits verständige Frau übernehmen sollen, die sie mit nicht einmal fünfzehn Jahren zu mir kam, in der vorhergehenden Zeit aber unter einer Aufsicht lebte, die ganz darauf ausging, sie möglichst wenig sehen, möglichst wenig hören und möglichst wenig fragen zu lassen!« (Xenophon, Oikonomikos 7,5). Der Rest der Ausbildung zur perfekten Hausfrau, das macht der weitere Verlauf dieses Dialoges klar, wird dann in ›learning by doing‹ unter der Aufsicht des Ehemannes bestehen.

Einige ausgewählte Mädchen aus vornehmen Familien durften – entsprechend der relativen Bedeutung, die Frauen generell im Bereich des Religiösen zukam – an Kulten teilnehmen: etwa als ›Bärinnen‹ der Artemis, beim Mahlen des Mehls für die Opferkuchen, beim Waschen und Weben des Peplos für Athena. Mit allen diesen Tätigkeiten wurden die Mädchen auf ihre zukünftige Aufgabe als Ehefrau und Mutter vorbereitet: Eine Initiation, die sich im Unterschied zu derjenigen der Knaben nicht auf alle freigeborenen Mädchen einer Altersklasse bezog, sondern allein auf eine kleine Elite. Auch die Institution der Ephebie – jenes Zwischenstadium zwischen Kindheit und Erwachsenenalter, das als die wichtigste Periode athenischer Erziehung galt – existierte für die Mädchenerziehung nicht. Zu einem Zeitpunkt, an dem die 18- bis 20jährigen Epheben den letzten Schliff in der Ausbildung zum politisch und militärisch verantwortungsvollen Bürger erhielten, hatten ihre Altersgenossinnen schon eine Hochzeit und mindestens eine Schwangerschaft hinter sich gebracht.

Der wichtigste Lebensabschnitt einer Athenerin war der, in dem sie Kinder in die Welt setzen konnte. Unter dem Gesichtspunkt der Reproduktivität betrachtet, ist die Gebärfähige in der Tat die einzig nützliche Frau; die anderen beiden Kategorien sind sozusagen vernachlässigbar. Aufgrund des frühen Heiratsalters ist dieser Lebensabschnitt nahezu gleichbedeutend mit dem sozialen Status einer verheirateten Frau und Hausherrin. Fast alle Darstellungen von Athenerinnen in der bildenden Kunst lassen sich darauf beziehen. Das hat zwei Konsequenzen. Zum einen die bereits konstatierte Idealisierung zur ewig jugendlichen Schönheit entsprechend der Gleichung gebärfähig = attraktiv = jung: Da die Stadt Athen auf Nachwuchs von Bürgern dringend angewiesen war, mußte eine Frau, die diesen Nachwuchs zu produzieren vermochte, in der Ideologie zwangsläufig als attraktiv und begehrenswert erscheinen, unabhängig von den realen Gegebenheiten. Und die ikonographische Formel, mit der begehrenswerte Attraktivität von den Künstlern zum Ausdruck gebracht wird, ist – was bei dem Jugendlichkeitskult der Griechen nicht weiter verwundert – ›Jugend‹ (gleichfalls unabhängig von

Abb. 1. Grabrelief der Ampharete, 420–400 v. Chr. Die Inschrift besagt: »Das Kind meiner Tochter halte ich, das liebe, das ich auf meinen Knien hielt, als wir lebend die Strahlen der Sonne mit Augen erblickten; jetzt halte ich das Tote als Tote«. Athen, Kerameikos-Museum Inv. P 695, I 221

den realen Gegebenheiten). Die zweite Konsequenz besteht in einer strengen Kontrolle der betreffenden Frauen, an der gemessen ganz jungen Mädchen und alten Frauen weitaus mehr Freiheiten eingeräumt werden. Diese Kontrolle ist in der Vorstellung der Athener notwendig, damit die Reproduktivität der Frauen nicht an der falschen Stelle zum Tragen kommt und Verwirrung stiftet.

Zuletzt zu den alten Frauen, das hieße gemäß der antiken Auffassung: den Frauen nach der Menopause. Da ihre Reproduktivität erloschen ist, bedürfen sie nicht mehr der früheren strengen Kontrolle. Entsprechend groß sind die Freiheiten, die diesen Frauen jetzt eingeräumt werden: Sie dürfen auch zu anderen Anlässen als zu hohen Festen, Hochzeiten oder Beerdigungen von nahen Verwandten aus dem Haus gehen; alte Frauen aus vornehmer Familie können nun bestimmte Priesterinnenämter einnehmen, weniger Begüterte verdingen sich als Amme oder Türsteherin, arbeiten als Wäscherin oder als Händlerin auf dem Markt. Dank ihrer größeren Bewegungsfreiheit dienen sie als Mittlerin zwischen den jüngeren Hausfrauen und können bei Bedarf als Kupplerin in Liebesaffären agieren. Auch die Göttinnen des Mythos – wie Athena in der Odyssee oder Demeter in ihrem großen Hymnus – verkleiden sich grundsätzlich als *alte* Frauen, wenn sie unerkannt und ungehindert unter den Sterblichen wandeln wollen. (Die Ausnahme von der Regel bildet Aphrodite im Aphrodite-Hymnus, was sich durch ihre andersgeartete Intention erklärt: in der Gestalt einer vornehmen jungen Frau verführt sie den nichtsahnenden Anchises.)

Auf die Schattenseiten dieser neuen Freiheit hat bereits J. N. Bremmer in einem wichtigen Aufsatz hingewiesen. Gerade der Mangel an Kontrolle mußte die Betreffenden in den Augen der Männer zwangsläufig als suspekt erscheinen lassen. So denunzierten diese die freie Beweglichkeit zwischen verschiedenen Haushalten als Konspiration, die größere Redefreiheit als Hang zu leerem Geschwätz, den leichteren Zugang zu Wein als Alkoholismus. Weitere mit alten Frauen in Verbindung gebrachte literarische Topoi drehen sich um Geilheit, Häßlichkeit, Neigung zu dubiosen Mysterienkulten, Hexerei. Wir fassen mit dem ›Bild‹ der alten Frau einen Gegenentwurf zum Konzept der Gebärfähigen: Dem Entfallen der mit der weiblichen Reproduktionsfähigkeit verbundenen Kontrolle entspricht ein Entfallen der damit gleichfalls verbundenen Idealisierung.

Das spiegelt sich auch in den bildlichen Darstellungen. Wie die Untersuchung von S. Pfisterer-Haas deutlich gezeigt hat, ist im 5. Jahrhundert v. Chr. die Angabe von Altersmerkmalen bei Frauen untrennbar verbunden mit einer negativen Bewertung der Betreffenden. Die Künstler, vor allem die Vasenmaler, entwerfen zwar eine ganze Reihe von expliziten Altersmerkmalen wie weißes Haar, runzliges oder dickliches Gesicht, füllige und erschlaffte Körperformen, gebeugte Haltung. Damit

Kat.-Nr. 196

Kat.-Nr. 196

versehen werden jedoch nur Ammen, Hetären, Sklavinnen und Ausländerinnen – also jene Arten von Frauen, die im Grunde die Folie bilden, vor der sich die bürgerliche athenische Hausherrin als weibliches Ideal abhebt. Das weibliche Pendant zum würdevollen und altersweisen Greis existiert in der Bildwelt der Klassik nicht.

Sowohl auf Grabreliefs als auch in der Vasenmalerei werden Frauen, die aufgrund der Inschrift oder des bildlichen Kontextes als ›alt‹ zu definieren wären, ohne Alterszüge dargestellt; so etwa Ampharete, die auf der Inschrift ihres Grabreliefs aus dem Kerameikos in Athen als Großmutter des Kindes auf ihren Knien bezeichnet wird (Abb. 1). Wie es scheint, war die Idealisierung der Gebärfähigen derart einseitig und festgelegt, daß es einem Künstler nicht möglich war, über diejenigen Frauen etwas Positives auszudrücken, die dieses Alter bereits hinter sich gelassen hatten. Dies ging nur über den Umweg der Verleugnung ihrer tatsächlichen Altersstufe: Eine Frau, über die man nichts Schlechtes aussagen will, *kann* nicht als alt charakterisiert werden.

Literatur: Gesetze: J. Gould, JHS 100, 1980, 38 ff.; J. Blok – P. Mason (Hrsg.), Sexual Asymmetry. Studies in Ancient Society (1987); W. K. Lacey, Die Familie im antiken Griechenland (1983) 105 f. – Religion: L. Bruit Zaidman, Die Töchter der Pandora. Die Frauen in den Kulten der Polis, in: P. Schmitt Pantel (Hrsg.), Geschichte der Frauen I (1993) 375 ff.; L. Deubner, Attische Feste (1932) 220 ff.; C. Bérard u. a. (Hrsg.), Die Bilderwelt der Griechen (1985) 137 ff. – Totenkult: D. C. Kurtz – J. Boardman, Thanatos. Tod und Jenseits bei den Griechen (1985). – Moral: M. Foucault, Der Gebrauch der Lüste. Sexualität und Wahrheit II[5] (1997); H. North, Sophrosyne. Self-Knowledge and Self-Restraint in Greek Literature (1966). – Mädchen: C. Sourvinou-Inwood, Studies in Girl's Transitions: Aspects of the arkteia and Age Representation in Attic Iconography (1988) 15 ff.; J. G. Younger, Gender and Sexuality in the Parthenon Frieze, in: A. O. Koloski-Ostrow – C. L. Lyons (Hrsg.), Naked Truths. Women, Sexuality, and Gender in Classical Art and Archaeology (1997) 120 ff. – Alte Frauen: J. N. Bremmer, La donna anziana: Libertà e indipendenza, in: G. Arrigoni (Hrsg.), Le donne in Grecia (1985) 275 ff.; S. Pfisterer-Haas, Darstellung alter Frauen in der griechischen Kunst (1989).

Kat.-Nr. 197

Kat.-Nr. 199

Kat.-Nr. 202

Kat.-Nr. 198

Kat.-Nr. 200

196 Attisch-rotfigurige Lekythos

H 27,5 cm
4. Jh. v. Chr.
Berlin, Antikensammlung Inv. V.I. 3248

Literatur: K. Schefold, Untersuchungen zu den Kertscher Vasen (1934) 32 Nr. 290; H. Metzger, Les représentations dans la céramique attique du IVe siècle (1951) 93 Nr. 44.

197 Attisch-weißgrundige Lekythos

H 42,1 cm
430/20 v. Chr.
Berlin, Antikensammlung Inv. V.I. 3372

Literatur: CVA Berlin (8) 40.

Kat.-Nr. 201

Kat.-Nr. 201

Kat.-Nr. 203

198 Grabrelief, sog. Sirenenrelief

H 77 cm, B 44 cm
Weißer großkristalliner Marmor
Anfang 4. Jh. v. Chr.
Berlin, Antikensammlung Inv. Sk 755 (K 31)

Literatur: B. Knittlmayer – W.-D. Heilmeyer (Hrsg.), Die Antikensammlung. Altes Museum – Pergamonmuseum (1998) 138 Nr. 75.

199 Attisch-weißgrundige Lekythos

H 36,9 cm
460/50 v. Chr.
Berlin, Antikensammlung Inv. F 2443

Literatur: CVA Berlin (8) 25 f.

200 Attisch-rotfigurige Pyxis

H 9,4 cm, Dm 19,7 cm
Meidias-Maler, 420–400 v. Chr.
Oxford, Ashmolean Museum Inv. G 302 (V. 551)

Literatur: L. Burn, The Meidias Painter (1987) Nr. M 29.

201 Attisch-rotfigurige Pyxis

Um 420 v. Chr.
New York, Metropolitan Museum of Art Inv. 1972.118.148

Literatur: J. H. Oakley – R. H. Sinos, The Wedding in Ancient Athens (1993) 16; V. Paul-Zinserling, Der Jena-Maler und sein Kreis (1994) 117.

202 Attisch-rotfiguriger Lebes Gamikos

H mit Ständer und Deckel 69 cm
Maler von Athen 1370 (namengebendes Stück), 3. Viertel 4. Jh. v. Chr.
Aus Böotien
Athen, Nationalmuseum Inv. 1370

Literatur: ARV^2 1506; M. Sgourou, Lebetes Gamikoi, in: J. H. Oakley u. a. (Hrsg.), Athenian Potters and Painters (1997) 71–83.

203 Attisch-rotfigurige Lekanis

H 16,2 cm, Dm mit Henkel 39,1 cm
370/60 v. Chr.
Stuttgart, Württembergisches Landesmuseum Inv. 4.161 (ehem. KAS 133)

Literatur: CVA Stuttgart (1) 38 f. S. M.

Jens-Arne Dickmann

Bilder vom Kind im klassischen Athen

Seit dem späten 6. Jahrhundert v. Chr. nehmen Zahl und Vielfalt der Darstellungen von Nicht-Erwachsenen erheblich zu. Im Zusammenhang mit dieser Veränderung hat man wiederholt auch von der Entdeckung des Kindes gesprochen, das nicht mehr nur als kleiner Erwachsener erfaßt, sondern nun in seiner Eigenart als Heranwachsendes und in seiner Kindlichkeit wiedergegeben werde. In dieser Hinsicht ließe sich die Darstellung auf einem um 490 v. Chr. entstandenen Stamnos des Berliner Malers mit der Übergabe des jungen Achill an den Kentauren Chiron verstehen (Kat.-Nr. 204). Mit seiner Kennzeichnung als schöner Knabe mit langem, gepflegtem Haar und makellosem Körper steht die Darstellung am Ende einer längeren Reihe von Vasenbildern, die bereits im späteren 6. Jahrhundert entstanden waren und Achill in der Regel als Kleinkind auf den Armen seines Vaters Peleus zeigen. Der Berliner Maler hingegen rückt die Begegnung mit dem künftigen Erzieher in den Mittelpunkt. Ein Baum, der kompositorisch die Bildmitte betont und gleichzeitig die bei der Übergabe des Knaben zu übertretende Grenze markiert, verweist genauso wie der vom Kentauren über der Schulter getragene Ast mit den erbeuteten Hasen auf den Bereich der körperlichen Ertüchtigung außerhalb des Hauses. Im Gegensatz zu den Darstellungen als Kleinkind weist Achill hier die notwendigen körperlichen Voraussetzungen für eine solche Erziehung auf. Hinter der veränderten Ikonographie wird die Absicht erkennbar, den Zeitpunkt der Übergabe in der Größe und altersgemäßen Erfassung der körperlichen Merkmale des jungen Helden präziser zu umschreiben. So dürfte Achill – in Schrittstand und mit tatbereit geöffneten Armen – in jenem Alter gezeigt sein, das den Beginn des Trainings der Knaben in der Palästra bezeichnet: der mythische Held also als Vorbild für die heranwachsende Jugend der Polis.

Dieser Realismus einer spezifischeren Alterskennzeichnung, der der veränderten Ikonographie des Helden zugrunde liegt, trifft allerdings nicht auf alle Darstellungen von Nicht-Erwachsenen zu. Der besondere Reiz einer Schale des Brygos-Malers mit Rüstungsszenen im Innenbild sowie auf den äußeren Friesen besteht in den differenzierten Altersangaben der Beteiligten (Kat.-Nr. 205). Die Krieger der Außenseite tragen entweder einen Vollbart und sind damit als reife Männer charakterisiert, oder aber ihre Wangen überzieht nur leichter Flaum, so daß sie als kriegsunerfahrene Neulinge erscheinen. Noch jünger scheint derjenige zu sein, der im Innenbild dabei ist sich die Beinschienen anzulegen. Seine Hingabe läßt ihn gar nicht bemerken, wie sich sein altgewordener Vater erregt und voller Sorge abwendet. Mit Interesse begutachten hingegen zwei lässig auf den Stock gestützte Jünglinge auf der Außenseite das Geschehen. Unter den Soldaten und Zuschauern befinden sich schließlich noch drei nackte Knaben, die beim Anlegen der Waffen helfen. Das ordentlich frisierte und von einem Band zusammengehaltene Haar, der grazile Körper und die leichtfüßig verrichtete Hilfestellung ließen an wohlerzogene Söhne aus gutem Hause denken, wenn ihre Tätigkeit sie hier nicht als Sklaven auswiese. Ihr stark stilisiertes Auftreten im Bild entspricht einer idealisierenden Tendenz, die sich auch in der Komposition niederschlägt. Unter den Sich-Rüstenden werden zweimal jeweils ein gereifter und junger Krieger einander zugeordnet, um auf diese Weise eine typische Bildtradition aufzugreifen. Bereits in archaischer Zeit negiert diese Tradition mit der Wiedergabe des Sklaven als schönem Knaben jeden Realitätsbezug. Statt dessen folgen die Bilder einem aristokratischen Ideal, das letztlich in dem Schenkknaben des Symposions als erotischer Gespiele sein Vorbild hat. Die Kennzeichnung als Knabe findet dabei in der umgangssprachlichen Bezeichnung selbst altgewordener Sklaven als ›pais‹ eine auffällige Parallele (Aischylos, Choephoren 653). Der in dieser Anrede eigentlich zum Ausdruck kommenden Vertrautheit entspricht im Vasenbild die Vorführung der vorzüglichen Knabenkörper. Umgangssprache und Ikonographie bedienen sich also derselben Mittel: in der Kennzeichnung als Nicht-Erwachsene schwingen in beiden Fällen inferiorer Status und die damit einhergehende Verfügbarkeit mit.

Was für die Darstellungen von Sklaven – und in aller Regel auch von Frauen – in der athenischen Gesellschaft gilt, das trifft in besonderem Maße für jene der Kinder zu: es handelt sich bei den Bildträgern nicht um Selbstzeugnisse, sondern stets um Wiedergaben, die von Erwachsenen, und zwar Männern, in Auftrag gegeben und hergestellt worden sind. Unser Blick auf das Kind in klassischer Zeit ist mithin gebrochen, überliefert nur durch die Brille der Väter und Onkel, der Nachbarn, Bekannten usw. Wir haben es mit Vorstellungen zu tun, die sich die männliche Erwachsenenwelt von Kindern machte.

Das gilt nicht nur für mythische Themen oder die Darstellungen auf Symposiongefäßen, sondern auch für die weißgrundigen Lekythen mit ihren Szenen der Grabpflege (Kat.-Nr. 206. 207) sowie für die bekannten Choenkannen mit ihrer Fülle von Kinderbildern (Kat.-Nr. 208–211).

In der Regel erscheinen Kinder, und zwar ausschließlich Knaben, auf Lekythen in den Armen ihrer Ammen oder Mütter. Als eines von sehr wenigen Gefäßen gilt das berühmte New Yorker Gefäß dem Tod eines Jungen, dessen ›Abschied‹ es zeigt, während er rechts bereits von Charon erwartet wird (Kat.-Nr. 206). In der übersichtlich komponierten Szene stellen seine Wendung zurück und das Strecken des Armes die einzigen, jedoch verhaltenen Regungen dar, die die Dramatik des Ereignisses auf merkwürdige Weise stilisieren. Die Strenge, in der die Mutter ohne jegliche Gebärde verharrt, findet auch in der Figur des Knaben einen Widerhall, dessen Standmotiv und Halten seines Spielrades zeitlos-ausgewogen und in sich ruhend, mitnichten aber momentan erscheinen. Kaum vorstellbar, daß diese Geste bei einem kleinen Kind von der alleinigen Wendung des Kopfes begleitet würde, ohne den Körper selbst zu erfassen. Von Kindlichkeit im Sinne typischer Bewegungsformen und Verhaltensweisen kann hier nicht die Rede sein. Das trifft hingegen für jene Szenen zu, in denen die Kinder nicht als Hauptfiguren, sondern nur als Begleiter der Erwachsenen auftreten. Auf der Berliner Lekythos (Kat.-Nr. 199) findet sich die Szene der Übergabe eines sich heftig nach der sitzenden Mutter streckenden Kindes. Die genauere Beobachtung kindlicher Regungen dient hier offensichtlich der eindrücklicheren Schilderung und emotionalen Aufladung der Szene. Bezeichnenderweise reagiert die Sitzende aber nur sehr verhalten; weder streckt sie ihre Arme noch beugt sie den Oberkörper. Auf diese Weise wird die Distanz zwischen dem Kind und den unerreichbaren Händen seiner verstorbenen Mutter also erst betont. Dasselbe Motiv mit vertauschten Rollen begegnet auf einer weiteren Lekythos (Kat.-Nr. 207), die den Betrachter im unklaren darüber läßt, ob und wenn ja wer hier als verstorben zu denken ist. Bereits ein Vergleich der Lekythenbilder, die in ihrer Funktion als Grabbeigaben nur in sehr begrenztem Umfang repräsentative Aufgaben erfüllten, deutet an, daß Kinder in unterschiedlichen Bildzusammenhängen jeweils eigene Rollen übernahmen, die mehr waren als bloße Wiedergaben des Kindlichen.

Dies trifft auch für die zahlreichen Darstellungen auf den Choenkännchen zu. In der Forschung wurde in den letzten Jahren insbesondere um das genaue Verhältnis der Kannenbilder zu den einzelnen Handlungen und Umzügen im Laufe des athenischen Festes der Anthesterien gestritten sowie um die Frage, inwiefern Kinder hierbei beteiligt waren. Mir scheint ein Bezug aus der Ikonographie der Gefäße selbst beinahe unabweisbar. Das auch hier zu beobachtende fast vollständige Fehlen von Mädchen zeigt, daß vielen, auf den ersten Blick so unbekümmerten Szenen kindlicher Ausgelassenheit und Spielfreude starke Auswahlkriterien zugrunde lagen. So ist die Abhängigkeit bestimmter Szenen auf den Kannen von Darstellungen festlicher Freude und besonders dionysischer Umzüge gar nicht zu übersehen. Die Szene des kleinen Chous mit dem auf einem großen Barbiton musizierenden Knaben, der von Vogel und vorauseilendem Hund mit umgehängter Kanne begleitet wird, meint den in eine kindliche Welt verlegten Komos (Kat.-Nr. 208). Statt der Wiedergabe unter Gleichaltrigen, wie sie für die älteren Jünglinge typisch ist, findet er sich umgeben von den engsten, häuslichen Spielgefährten, die uns auch auf den Grabstelen begegnen – eine treffende Umschreibung seines Alters. Gleichzeitig ist er jedoch mit einem stoffreichen, nur umständlich zu tragenden Mantel bekleidet, dessen sich seine Altersgenossen auf anderen Bildern längst entledigt haben, nicht aber die älteren Jugendlichen. Der mit über 20 cm Höhe unter den Kannen schon sehr große Chous des Marlay-Malers zeigt die festlich bekränzte, männliche Jugend unter sich, den von einem Auleten begleiteten Lyraspieler und einen voranschreitenden Altersgenossen mit der Weinkanne (Kat.-

Nr. 209). Es wird deutlich, in welcher Weise der Maler des Kännchens die Teilnehmer am Komos einfach durch Haustiere ersetzte, eine phantasievolle Übertragung männlichen Festgebahrens in die Sphäre der Kinder. Gleichzeitig kommt in der Szene jene Erwartungshaltung zum Ausdruck, die als Selbstverständlichkeit für alle Beteiligten nicht in Frage gestellt wurde: daß nämlich der Knabe den Forderungen des Sich-Einordnens in die Gepflogenheiten des Festes, der Opfer und Umzüge nachkam.

Unter diesen Umständen wird man vorsichtig sein, die übrigen Darstellungen der Choenkännchen einfach als Genre und Ausdruck kindlicher Vitalität aufzufassen. Bei dem Bild eines tanzenden Knaben muß es sich nach Art der Wiedergabe vielmehr um die Vorführung eines einstudierten Bewegungsablaufes handeln, mit der der Ausführende einen Preis zu gewinnen hoffte (Kat.-Nr. 210). Zwei etwas jüngere Burschen auf einem anderen Kännchen haben ihren waghalsigen Transport ähnlicher Choen gerade unterbrochen (Abb. 1). Auch hinter dieser Szene könnte der Wettstreit einer Geschicklichkeitsprüfung stehen, der mit einem Preis honoriert wurde. Wie begehrt die Trauben nicht nur unter den Kleinen waren, zeigt das Bild eines Krabbelkindes, das die viel zu große Frucht gegen die flinke Maus zu verteidigen sucht (Kat.-Nr. 211). Trotz aller Beschaulichkeit des Augenblicks, der die emotionale Beteiligung des Betrachters verrät, bleibt zu fragen, ob die Szene als Schilderung des Genres, im Kontrast zwischen behäbig sich umwendendem Kind und dem kleinen, aber viel schnelleren Tier, ihre ganze Erklärung findet, das Kleinkind sozusagen den Erwachsenen in ihrer festlichen Muße zur Belustigung diente.

Dieselbe Ikonographie der am Boden hockenden Kinder, die offensichtlich noch nicht laufen können und gezwungen sind, ihre Kraft und Geschicklichkeit mit den Haustieren zu messen, findet sich nämlich auch in den Statuen wieder, die Eltern seit dem ausgehenden 5. Jahrhundert vornehmlich in Asklepios-Heiligtümer stifteten (Kat.-Nr. 212). Auch hier überwiegt die Zahl der Knaben. Die Figur eines kleinen Jungen aus dem Athener Heiligtum unterhalb der Akropolis stammt aus dem späten 4. Jahrhundert und läßt trotz weitgehender Zerstörung noch erkennen, daß der Kleine sich in momentaner Gebärde kraftvoll nach etwas streckte. Die als Fürbitte oder Dank gestifteten Votive werden am ehesten in Verbindung mit Geburt oder Krankheit bzw. wiedererlangter Gesundheit des Kindes verständlich. In der Wahl solcher Motive steckt daher auch der elterliche Stolz auf die kindlichen Fähigkeiten, insbesondere jene der Knaben, die als Voraussetzung für die späteren Aufgaben des Polisbürgers galten. Auffällig bleibt, daß im Falle von Kleinkindern die Weihung einer Statue in ein öffentliches Heiligtum nicht unbedingt genutzt wurde, um die Kleinen im Habitus von Erwachsenen vorzuführen. Im Gegensatz zu den Statuen älterer, stehend gezeigter und wie Erwachsene gekleideter Kinder könnte die Unfähigkeit zu laufen bei den Allerjüngsten eine diesbezüglich realistische Darstellung unterstützt haben.

Diese Rolle des Kleinkindes ändert sich jedoch in dem Moment, in dem nicht mehr es allein Anlaß der Weihung ist, sondern die gesamte Familie vor die Gottheit tritt. Die ähnlich wie die Statuen seit dem späten 5. Jahrhundert in zunehmend größerer Zahl in die Heiligtümer gestifteten Weihreliefs dokumentieren die wachsende Bedeutung, die man dem Auftreten des eigenen Oikos in der Öffentlichkeit beimaß. Darauf weist nicht zuletzt der überdimensionierte Opferkorb hin, den die Sklavin auf einem Weihrelief des späten 4. Jahrhunderts an Asklepios und Hygieia einhändig auf dem Kopf balanciert (Kat.-Nr. 213). Hinzu kommt, daß selbst ein Sklavenknabe in kurzem Chiton am rechten Reliefrand noch in das Bild mit aufgenommen wird. Das etwa zeitgleich entstandene, nur fragmentarisch erhaltene Relief an Amphiaraos zeigt den Sklaven als Opfergehilfen neben dem Hausherrn stehend, während die mit sich selbst beschäftigte Kinderschar hier der Obhut der Dienerin anvertraut wurde (Abb. 2). Der Oikos präsentierte sich also nicht nur mit großer Nachkommenschaft, sondern führte in Personal und Opfergerät zugleich seine finanziellen Ressourcen vor. Die Zahl der Kinder scheint dabei keinen genauen Aufschluß über die Größe des Oikos zu liefern; nur auf wenigen Votivreliefs sind mehr als drei von ihnen abgebildet (vgl. u. Kat.-Nr. 218. 219). Aus den Gerichtsreden und archäologisch gut überlieferten Grabbezirken wissen wir aber, daß auch im 4. Jahrhundert in vielen Familien durchaus drei oder mehr Kinder aufwuchsen. In dieser Hinsicht scheinen die Weihreliefs also nicht unbedingt ein treues Abbild der personellen Konstellation des Oikos formuliert zu haben. Statt dessen legte man Wert auf das einheitliche Auftreten der Haus-

Abb. 1. Attisch-rotfiguriger Chous, um 400 v. Chr.: Zwei Knaben pausieren beim Transport von Choen. London, British Museum Inv. E 536

Abb. 2. Weihrelief an Amphiaraos (?), um 325 v. Chr.: Elternpaar tritt mit einem Sklaven, drei kleinen Kindern und einer Dienerin opfernd vor die heute fehlende Gottheit. Marmor. Athen, Nationalmuseum Inv. 1384

Abb. 3. Grabrelief des Xanthippos, um 425 v. Chr.: Während der Schuster stolz auf seinen Leisten blickt, suchen die Töchter die Aufmerksamkeit des Vaters zu gewinnen. Marmor. London, British Museum Inv. 1805.7-3.183

gemeinschaft. Die Kinder tragen ihr Sonntagshabit, sind bis zum Kopf in Chiton und Mantel eingehüllt; selbst ihre Arme haben sie züchtig in den Stoff eingedreht. In diesen Fällen kann man davon sprechen, daß sie als kleine Erwachsene vorgeführt werden. Ihr diszipliniertes Auftreten wird insbesondere an der Spitze des Familienzuges erwartet, dort wo man der Gottheit unmittelbar gegenübertritt. Erst dahinter wird es möglich, aus der Reihe auszuscheren, sich frontal dem Betrachter zuzuwenden oder sich gar nach hinten zu den Nachfolgenden umzudrehen und zu flüstern.

Die Rolle als kleine Erwachsene übernehmen die Kinder auch auf solchen Grabmonumenten, die nicht dem eigenen Tod, sondern dem eines Verwandten gelten. Eine von sehr wenigen, in ihrer Qualität allerdings herausragenden Stelen ist diejenige des Schusters Xanthippos (Abb. 3). Zu Recht ist bemerkt worden, daß seine beiden Töchter nicht wie Kinder, vielmehr wie verkleinerte Erwachsene auftreten. Bemerkenswerter aber ist, daß der Vater hier nicht etwa mit Söhnen, sondern zusammen mit seinen Töchtern gezeigt wird. Letztere suchen erkennbar seine Nähe, eine Szenerie, die sonst – wenn überhaupt – nur verstorbenen Müttern vorbehalten ist. Die Stele der Ampharete (s. S. 304 Abb. 1), die sicherlich als Darstellung einer Mutter mit Kind galt, ehe sie durch das Epigramm zur Begegnung von Großmutter und Enkelkind umgedeutet wurde, stellt diesbezüglich ebenfalls eine von wenigen Ausnahmen dar. In der Regel spielte der liebevolle Umgang zwischen Elternteil und Kind auf den öffentlich aufgestellten Stelen keine Rolle. Das gilt auch für das Grabrelief des Schusters, der sich jeder Reaktion auf das Verlangen seiner Töchter enthält. Von der Forschung ist vermutet worden, in der eigenwilligen Ikonographie spiegele sich der Status des Auftraggebers, eines Metöken, das heißt eines ohne athenisches Bürgerrecht in Athen lebenden Mannes, für den die Zeugung von Söhnen und die Möglichkeit zur Vererbung von Grund- und Hausbesitz nicht von Bedeutung war. Auch ohne diese Frage beantworten zu können, verrät das Relief nicht nur den Stolz der Angehörigen auf den beruflichen Erfolg des Verstorbenen, sondern weist mit der Nachkommenschaft auch auf einen größeren eigenen Haushalt hin.

Das Bestreben, die eigene Nachkommenschaft der Öffentlichkeit gegenüber in bestem Licht zu präsentieren, läßt sich in besonderem Maße aber den Grabreliefs für die zu jung Verstorbenen ablesen. Wie jüngst noch einmal nachdrücklich gezeigt werden konnte, hoffte man durch die Errichtung einer besonders aufwendigen Grabstele die öffentliche Aufmerksamkeit auf den allzu frühen Tod der selbst kinderlos Verstorbenen zu lenken, um ihnen damit die Grabpflege angedeihen zu lassen, die ihnen durch nicht vorhandene eigene Nachkommen nicht zuteil werden konnte. In der Bildsprache dieser einfigurigen Grabstelen kommen dabei die ehrgeizigen Hoffnungen und Erwartungen seitens der Eltern prägnant zum Ausdruck. So wendet sich Philostratos in zeitlos-eleganter, für ein Kind jedoch völlig untypischer Haltung ganz aus dem Bild heraus, dem Betrachter zu, und schenkt weder dem an ihm hochspringenden Hund noch seinem Diener die geringste Aufmerksamkeit (Kat.-Nr. 214). Seine Nacktheit – zusammen mit dem ihm zu Diensten stehenden Pais – und der auf der Schulter liegende Mantel antizipieren die verheißenen Erfolge als Palästrit und seine spätere Karriere als vorbildlicher Polisbürger. Einzig im Epigramm, das in der direkten Anrede des Knaben – »Kind, der Du den Namen Deines Vaters Vater trägst…« – als tatsächlicher Nachruf formuliert ist, klingen individuellere Töne an, insbesondere wenn mit dem Hinweis auf das stete Babbeln indirekt auch eine Altersangabe gegeben wird. Im Vergleich dazu scheint die Stele den Knaben viel älter wiederzugeben. Vor allem in der Hinzufügung des Dieners und der als athletischer Kraft zu deutenden Nacktheit wird den tatsächlichen Fähigkeiten offensichtlich weit vorgegriffen. Stillere Töne schlägt dagegen die Stele der Plangon an (Kat.-Nr. 215). Die Körperproportionen mit dem großen Kopf, der Kranz (Stephane) im Haar und die Trageweise des dünnen Chitons, der hoch gegürtet und auf der Schulter zusätzlich befestigt worden ist, weisen den Tod in die ersten Jahre der Kindheit. Hinzu kommt die Puppe in der Linken des Mädchens und die Gans als häusliches Spiel- und Zuchttier (Homer, Odyssee 19, 536 ff.). Auf den attischen Grabreliefs gesellt sie sich nur zu den älteren Mädchen, jenen, die Puppen mit sich führen. Plangon ist unter allen bekannten als die mit Abstand jüngste wiedergegeben. Sollte die Vermutung zutreffen, daß mit den Puppen auf deren bevorstehende Weihung anläßlich der Hochzeit des Mädchens angespielt wurde, dann würde deutlich, wie sehr auch diesem Bildentwurf eine proleptische Darstellungsweise eigen ist. In diesem Fall hätte das Bild also darauf hinweisen sollen, welch begehrte Tochter aus ihr geworden wäre. Sowohl Knaben- wie Mädchenstele waren in ihrer Ikonographie also ganz von den Erwartungen der Erwachsenen und den ihnen vorbehaltenen Rollen als Athlet und Bürger bzw. als Mutter bestimmt.

Bereits die Auswahl von wenigen Bildträgern, die sich in Größe, Material und Funktion erheblich voneinander unterscheiden, veranschaulicht, daß die Vorstellungen und Erwartungen seitens der Erwachsenen an die Kinder im Athen des 5. und 4. Jahrhunderts stark variierten. Vor der Öffentlichkeit maß man die Heranwachsenden stets an den Normen der elterlichen Gesellschaft. Erst wenn die Kinder, und hier vor allem Klein- und Wickelkinder, als einzelne Beifiguren der Hauptperson in das Bild mit aufgenommen wurden, entstand der Spielraum, der es Malern und Bildhauern ermöglichte, spezifisch kindliche Gebärden und Bewegungsweisen zu gestalten. Bei diesen Bemühungen handelte es sich jedoch nicht um den Versuch, das Kind als Kind zu entdecken. Vielmehr ist zu fragen, welche Qualität man der Beziehung zu Kindern in diesen Fällen beimaß.

Literatur: M. Golden, Childhood in Classical Athens (1990); ders., Pais, ›Child‹ and ›Slave‹, AntCl 1985, 91–104; E. Reeder (Hrsg.), Pandora. Frauen im klassischen Griechenland, Ausstellungskat. Basel (1995); E. Rumpf, Eltern-Kind-Beziehungen in der griechischen Mythologie (1985); L. Summerer, Kinder, Spiele und Spielzeug, in: F. W. Hamdorf (Hrsg.), Der Hauch des Prometheus. Meisterwerke in Ton, Ausstellungskat. München (1996) 123–127.

204 Attisch-rotfiguriger Stamnos

H 34,6 cm
Berliner Maler; um 490 v. Chr.
Aus Chiusi (Etrurien)
Paris, Musée du Louvre Inv. G 186

Literatur: ARV² 207,140; 1633; Beazley, Addenda² 194; R. Buxton, La Grèce de l'imaginaire, les contextes de la mythologie (1996) Taf. 18; A. Schnapp, Le chasseur et la cité. Chasse et érotique dans la Grèce antique (1997) 447 Nr. 542.

205 Attisch-rotfigurige Schale

Dm 30,4 cm
Brygos-Maler; um 480 v. Chr.
Aus Vulci (Etrurien)
Vatikanische Museen Inv. 16583

Literatur: ARV² 373,48; 1649; Beazley, Addenda² 226; A. M. Tamassia, BdA 52, 1967, 1ff. Abb. 5–7; E. Jarva, Archaiologia on Archaic Greek Body Armour, Studia Archaeologica Septentrionalia 3, 1995, 38 Abb. 12.

Kat.-Nr. 204

Kat.-Nr. 205

Kat.-Nr. 206

Kat.-Nr. 207

Kat.-Nr. 208

206 Attisch-weißgrundige Lekythos

H 31,8 cm
Um 425 v. Chr.
New York, Metropolitan Museum Inv. 09.221.44

Literatur: ARV^2 1168,128; 1633; H. Rühfel, Das Kind in der griechischen Kunst (1984) 118 Abb. 47 a.

207 Attisch-weißgrundige Lekythos

H 20 cm
Vogelmaler; um 425 v. Chr.
München, Antikensammlungen Inv. 7619

Literatur: ARV^2 1233,18; Beazley, Addenda[2] 352; Rühfel a. O. 113 f. Abb. 45 a. b.

208 Attisch-rotfiguriger Chous

H 10 cm
Um 425 v. Chr.
Aus Kamiros (Rhodos)
London, British Museum Inv. E 527

Literatur: R. Hamilton, Choes and Anthesteria. Athenian Iconography and Ritual (1992) Abb. 15; G. van Hoorn, Choes and Anthesteria (1951) Nr. 631 Abb. 96; Rühfel a. O. 143 Abb. 80.

Kat.-Nr. 209

Kat.-Nr. 210

Kat.-Nr. 211

Kat.-Nr. 212

Kat.-Nr. 213

209 Attisch-rotfiguriger Chous

H 21,2 cm
Marlay-Maler; um 425 v. Chr.
Aus Athen
Kopenhagen, Nationalmuseum Inv. 5377

Literatur: ARV[2] 1277,10; Beazley, Addenda[2] 357.

210 Attisch-rotfiguriger Chous

H 9,1 cm
Um 425 v. Chr.
Heidelberg, Sammlung des Archäologischen Instituts der Universität Inv. 66.1

Literatur: R. Hampe u. a., Universität Heidelberg. Katalog der Sammlung Antiker Kleinkunst. Neuerwerbungen 1957–70 (1971) 58 Nr. 88 mit Abb.; Rühfel a. O. 134 Abb. 73.

211 Attisch-rotfiguriger Chous

H 5,1 cm
Um 400 v. Chr.
Paris, Musée du Louvre Inv. CA 2505

Literatur: R. May u. a., Jouer dans l'Antiquité (1991); Rühfel a. O. 164 Abb. 97.

212 Statue eines sitzenden Knaben

Marmor; H 0,455 m; B 0,52 m
Um 325 v. Chr.
1878 in Athen, im Asklepios-Heiligtum gefunden
Athen, Nationalmuseum Inv. 2211

Literatur: J. N. Svoronos, AEphem 1909, 163 Abb. 13; Ch. Vorster, Griechische Kinderstatuen (1983) 372 Nr. 123 Taf. 9, 2; E. G. Raftopoulou, Figures enfantines du Musée National d'Athènes (2000) 54 ff. Nr. 31 Taf. 60.

213 Weihrelief an Asklepios und Hygieia

Weißer Marmor; 0,37 x 0,53 m
Um 325 v. Chr.
Berlin, Antikensammlung Inv. Sk 685

Literatur: C. Blümel, Die klassisch griechischen Skulpturen der Staatlichen Museen zu Berlin (1966) 84 Nr. 100 Abb. 125; M. Edelmann, Menschen auf griechischen Weihreliefs (1999) Abb. 16.

Kat.-Nr. 214

Kat.-Nr. 215

214 Grabrelief des (Phil)ostratos

Marmor; 1,07 x 0,37 m
Um 325 v. Chr.
Aus Athen, Nähe der Heiligen Straße
Athen, Nationalmuseum Inv. 3696

Epigramm auf dem Architrav: »Knabe, der Du den Namen des Vaters Deines Vaters trägst und (uns) ein sprudelnder Quell der Freude warst, / den wir Plappermäulchen nannten, das Schicksal ereilte Dich und ließ uns sehn/süchtig zurück.«

Literatur: C. Clairmont, Gravestone and Epigramm (1970) 83 ff. Nr. 17 Taf. 9; C. W. Clairmont, Classical Attic Tombstones (1993) Nr. 0.855 a.

215 Grabrelief der Plangon

Pentelischer Marmor; 0,74 x 0,53 m
Um 325 v. Chr.
Aus Athen, Nekropole am Syntagmaplatz
München, Staatliche Antikensammlungen und Glyptothek Inv. GL 199

Literatur: B. Vierneisel-Schlörb, Klassische Grabdenkmäler und Votivreliefs, Glyptothek München III (1988) 65–71 Taf. 25. 26; C. W. Clairmont, Classical Attic Tombstones (1993) Nr. 0.869 a.

J.-A. D.

Anja Klöckner

Habitus und Status. Geschlechtsspezifisches Rollenverhalten auf griechischen Weihreliefs

Zu den in klassischer Zeit besonders beliebten Votiven gehören marmorne Weihreliefs. Vor allem im Attika des 4. Jahrhunderts v. Chr. wurden sie in den Heiligtümern in großer Zahl aufgestellt, um die Gottheiten zu ehren, Gebeten Nachdruck zu verleihen und für erwiesene Wohltaten zu danken. Über zweitausend Exemplare haben sich erhalten.

Je nach dem finanziellen Einsatz der Auftraggeber kann ihr Format gerade einmal der Größe einer Hand entsprechen, aber auch bis zu anderthalb Meter in der Breite betragen. Qualitativ reicht das Spektrum von einigen ausgezeichneten Werken (Abb. 1) bis zu Plättchen dürftigster Machart. Das Gros sind eher schlichte Arbeiten, die in etwa den bescheideneren Grabreliefs gleichkommen.

Auf einem kleinen Teil dieser Votive sind die Gottheiten unter ihresgleichen (Kat.-Nr. 216). In den meisten Fällen bringen sich die Stifter aber selbst ›mit ins Bild‹; die Darstellungen zeigen Menschen, die sich in ehrfürchtiger Haltung ihren göttlichen Ansprechpartnern nähern. Die reale Kultpraxis hat dabei keine große Bedeutung. Nur selten nimmt man durch die Wiedergabe konkreter Requisiten oder Opfergaben direkt Bezug auf bestimmte Rituale. Statt dessen versucht man, die Bildsprache auf den jeweiligen Stiftungsanlaß abzustimmen und den unterschiedlichen Rollen und Anliegen der Gläubigen gerecht zu werden. Selbst den einfacheren Steinmetzen stehen vielfältige Möglichkeiten zur Verfügung, um die Adoranten nach Alter, Geschlecht und Rang zu differenzieren und die spezifischen Formen ihrer Annäherung an die Gottheiten zu charakterisieren. Frauen und Männer etwa kleiden, bewegen und verhalten sich höchst verschieden, wobei sich Habitus und Status gegenseitig bedingen.

Abb. 1. Weihung der Xenokrateia für ihren Sohn Xeniades an Kephisos und die mit ihm zusammen verehrten Gottheiten, aus Neu-Phaleron, spätes 5. Jh. v. Chr. Athen, Nationalmuseum Inv. 2756

Kleidung, Gestik, Körpersprache

Bereits hinsichtlich der Motive, die zur Aufstellung eines Weihreliefs führen, unterscheiden sich beide Geschlechter signifikant. Männer stiften als Mitglieder von Zusammenschlüssen und Vereinen aller Art auch entsprechende Votive. Vergleichbare Weihungen von Frauengemeinschaften finden sich dagegen nur vereinzelt.

Auf einem Relief an Bendis in London z. B. (Abb. 2) führen zwei bärtige Männer im Mantel eine Riege unbekleideter Jünglinge an. Jeweils der erste hält den Griff einer Fackel in der Hand, was auf den Anlaß der Stiftung hindeutet: ein abendlicher Fackelzug zu Pferde, der im Piräus zu Ehren der Göttin veranstaltet wurde. Auch die Nacktheit der Jünglinge verweist auf diesen athletischen Wettkampf. Die beiden Männer sind als Verantwortliche für die Gruppe zu verstehen, entweder als Kultbeamte oder als Finanziers der Unternehmung. Während sich die meisten der Jugendlichen aus dem Reliefgrund herausdrehen oder sich miteinander beschäftigen – der letzte etwa legt seinem Vorgänger die Linke auf die Schulter –, ist das Erscheinungsbild der Erwachsenen deutlich gesetzter. Im strengen Profil wiedergegeben wenden sie ihre ganze Aufmerksamkeit der Göttin zu. Mit den großen Mänteln, die jeweils auf der linken Schulter aufliegen und brustabwärts den Körper umschließen, tragen sie die typische Tracht des freien Mannes.

Insgesamt weitaus häufiger als solche Vereinigungen von gleichgeschlechtlichen Kult- oder Berufsgenossen sind allerdings gemischte Gruppen von Männern, Frauen und Kindern, in denen allem Anschein nach meist Familien zu erkennen sind.

Als Beispiel sei hier ein Relief im Athener Nationalmuseum angeführt, das dem Herakles geweiht ist (Abb. 3). Der Gott, erkennbar an Löwenfell und Keule, steht nackt am rechten Bildrand. Er ist deutlich größer als die Menschen, die ihm von links entgegenkommen. Ein Opferdiener in kurzem Schurz, der einen Stier heranbringt, geht voran. Ihm folgt ein bärtiger Mann, der in der Inschrift als Stifter genannte Panis. Zu seiner Seite steht ein Junge, hinter ihm eine Frau. Abgeschlossen wird der Adorantenzug von einer Kistophore: einer Dienerin, die einen großen, mit Stoff verhüllten Behälter für Kultgerät und Weihegaben auf dem Kopf trägt.

Abgesehen von der überproportionalen Bildung von Opferdiener und Stier, die den Rang des kostspieligen Tieropfers und damit auch des Weihenden eindrücklich vor Augen führen soll, ist das Relief in allen Punkten dem Durchschnitt zuzurechnen. Größe und Qualität sind mittelmäßig. Die Rahmung der Stiftergruppe durch Personal findet sich auf Hunderten von Vergleichsstücken wieder. Zum Standard gehört zudem, daß der Mann als Oberhaupt die Familie anführt. Auch in Habitus und Tracht sind die Adoranten konventionell wiedergegeben. Der Junge hat sich von den Fußknöcheln bis zum Hals vollständig in seinen Mantel gewickelt. Ein solch zurückhaltendes, kontrolliertes Auftreten entspricht den Anforderungen an das adäquate Verhalten des Nachwuchses. Beide Erwachsenen vollziehen die typische Adorationsgeste. Aufrecht stehend, haben sie ihre rechte Hand erhoben und wenden die Innenfläche der Gottheit entgegen. Während das Himation des Mannes wie üblich Oberkörper und rechten Arm freiläßt, sind bei der Adorantin nur Gesicht und Hand unbekleidet. Den Mantelsaum hat sie so weit hochgezogen, daß er ihren Hinterkopf bedeckt. Derartig verhüllt, bewegen sich erwachsene Frauen in der Öffentlichkeit und so werden sie auf den Weihreliefs häufig charakterisiert. Durch das alles umschließende Gewand sind sie in ihrer Bewegungsfreiheit und damit zwangsläufig auch in Körpersprache und Gestik eingeschränkt. Dies unterstreicht ihre Rolle als gesittete, unauffällige Begleiterinnen der vor ihnen stehenden Männer.

Auf einem fast doppelt so großen und auch qualitätvolleren Relief für Asklepios (Kat.-Nr. 217) tritt die innerfamiliäre Hierarchie ähnlich klar hervor, und zwar hier bei den Adoranten wie bei den Gottheiten. Beide Gruppen sind zahlreich versammelt und stehen dichtgedrängt. Unter den Gottheiten nimmt Asklepios den ersten Platz ein. Ihm folgt, mit fraulich verhülltem Hinterkopf, seine Gattin Epione. Sie wird fast vollständig von den Umstehenden verdeckt, nur das Haupt ist in flachem Relief wiedergegeben. Diese nachrangige Position im Bild korrespondiert mit der geringen Bedeutung der Göttin im Kult. Zwar hinter ihrer Mutter, aber dafür in der vorderen Reliefebene stehen die beiden Söhne des Paares, deren Nacktheit die jugendliche Schönheit ihrer Körper offenbart. Die ver-

Abb. 2. Weihung an Bendis, aus dem Piräus (?), gegen 320 v. Chr. London, British Museum Inv. 2155

Abb. 3. Weihung des Panis an Herakles, aus dem südlichen Ilissosgebiet in Athen, 2. Hälfte des 4. Jhs. v. Chr. Athen, Nationalmuseum Inv. 3952

trauliche Geste, mit der der hintere seinem Bruder die Hand auf die Schulter legt, demonstriert die enge Verbundenheit der Geschwister. Den Schluß der göttlichen Familie bilden die drei barhäuptigen Töchter. Die Schar der Menschen wird, wie üblich, von einem Mann geleitet, der die anderen auch an Größe überragt. Ihm folgt ein Gleichaltriger. Zu seiner Linken stehen zwei Jungen, sittsam und beherrscht. Es schließt sich eine Adorantin an, die wieder nur Gesicht und Hand aus dem Himation herausschauen läßt.

Dieses Kleidungs- und Haltungsschema wird auf den Weihreliefs stereotyp wiederholt. Allerdings ermöglicht die weibliche Tracht, die generell abwechslungsreicher als die männliche ist, durch geschicktes Hantieren mit Stoffmenge, Saumhöhen und Faltenlegung sowie dem Grad der Verhüllung des Körpers eine breite Palette anderer Drapierungen. Auch diese werden nicht selten dargestellt.

So geht z. B. bei der Frau mit Kästchen am linken Bildrand, wohl einer Dienerin, der Mantel gerade bis über die Knie. Unter dem Saum kommt der ungewöhnlich tief hinabhängende, aus dem Gürtel herausgezogene Bausch ihres Untergewandes hervor. Ebenso gekleidet sind auch Frauen, die eindeutig nicht zum Personal gehören, und sogar Göttinnen. Diese Trachtvariante weist ihrer Trägerin keinen bestimmten Rang zu und kommt in verschiedenen Zusammenhängen vor. Ähnliches gilt für das Motiv der Barhäuptigkeit. Es kennzeichnet die Unfreie mit kurzem Haar genauso wie die Jugendliche. Aber auch erwachsene Frauen, selbst solche mit Mann und Kind, haben auf den Weihreliefs den Kopf mitunter nicht bedeckt. Die Bedeutung dieser Bildelemente ist nicht festgelegt, sondern erschließt sich jeweils aus dem Kontext.

Aufschlußreich ist in diesem Zusammenhang ein Weihrelief an Asklepios (Kat.-Nr. 218). Am Altar ist ein bärtiger Mann mit den Belangen des Kultes beschäftigt, wobei ihm die gewohnte Himationtracht den nötigen Handlungsspielraum läßt. Ein Diener mit Rind und ein nackter Knabe mit Opferkorb stehen ihm zur Seite. Bei den drei Frauen hingegen wenden sich sowohl Herrin als auch Dienerin von dem Geschehen ab und widmen ihre ungeteilte Aufmerksamkeit den beiden Kindern. Barhäuptig und z. T. mit freien Armen können sie dabei wesentlich ungehinderter agieren, als wenn sie von Kopf bis Fuß in den Mantel gehüllt wären.

Die Unterschiede zwischen den Geschlechtern artikulieren sich auf den Weihreliefs allerdings nicht nur in der Kleidung, sondern auch in der Körper- und Gebärdensprache, z. B. beim Gebet. Am häufigsten adorieren sowohl Männer als auch Frauen mit erhobener rechter Hand. Abweichungen betreffen bei den Männern v. a. die Fingerstellung, die Körperhaltung insgesamt bleibt davon jedoch unbeeinflußt. Frauen hingegen beten z. T. in expressiver, raumgreifender Manier. Das Knien vor der Gottheit z. B. soll die Dringlichkeit des Anliegens unterstreichen und findet sich auf Reliefs für Gottheiten, von denen man sich direkte Hilfe in persönlichen Belangen verspricht. So hat sich auf einem Relief an Zeus (Kat.-Nr. 219) eine Frau vor dem Gott auf den Boden gekauert und streckt die Hände nach ihm aus. Unterstrichen wird die Intensität dieser Begegnung noch dadurch, daß der Opferdiener hier gemeinsam mit der Kistophore am rechten Bildrand steht. Ginge er der Gruppe voran, wie dies sonst auf den Reliefs die Regel ist, würde er das Gegenüber des Gottes und seiner Verehrerin stören.

Ein solch flehentliches Auftreten geht nicht konform mit dem Ideal des souveränen erwachsenen Mannes, wohl aber mit der Vorstellung von der weniger zur Beherrschung fähigen Frau. Gleiches gilt für die auffällige Geste, bei der beide Unterarme parallel nach oben weisen (Abb. 1. 4). Zwar wissen wir aus schriftlichen Quellen, daß beide Geschlechter auf diese Weisen beten konnten, so dargestellt wird aber ausschließlich das weibliche. Gerade hieran läßt sich der Bezug zwischen Bildern und zeitgenössischen Regeln für angemessenes geschlechtsspezifisches Verhalten deutlich ablesen.

Während man also den Typus des würdigen Mantelträgers in gemessener Haltung stets aufs neue fast unverändert wiederholt, wird das Schema der verhüllten Adorantin zwar klar bevorzugt, aber in Kleidung und Körpersprache auch häufig abgewandelt. Das Männerbild zeichnet sich damit durch hohe Konformität, das Frauenbild durch größere Vielfalt aus. Offenkundig ist dies nicht nur kompositionell oder situativ, sondern in bestimmten Fällen auch inhaltlich begründet. Anscheinend dient bei manchen Darstellungen der besondere Habitus einer Frau dazu, ihren speziellen Status hervorzuheben.

Bildkomposition

Status wird auf den Weihreliefs vor allem durch Reihung, Kombination und Anzahl der Figuren zum Ausdruck gebracht. Zumeist ist die Rangfolge eindeutig: Männer stehen am Altar und bilden die Spitze des Adorantenzuges, Frauen gehören zu denen, die angeführt werden. Dabei ist die Zahl der Frauen, die über die Rolle der Begleiterin hinaus aktiv werden und z. B. als Stifterinnen auftreten, nicht zu vernachlässigen. Unter den Inschriften überwiegen zwar die männlichen Namen, die weiblichen machen aber immerhin ein Drittel aus.

Dies spiegelt sich jedoch in der Darstellung nicht unbedingt wider. Das Bild des männlichen Familienoberhauptes ist so dominant, daß man mitunter an den gewohnten Mustern familiärer und gesellschaftlicher Wertordnung festhält und ein Mann die Spitze des Zuges einnimmt, obwohl gar nicht er, sondern die Frau hinter ihm das Relief geweiht hat. Selbst bei prächtigen und detailreichen Exemplaren, etwa aus dem Artemis-Heiligtum von Brauron, kann die Stifterin als einem Mann nachgeordnete Adorantin gekennzeichnet sein (Abb. 5).

Um so aussagekräftiger sind vor diesem Hintergrund die Votive, auf denen die herausgehobene Position einer Frau auch bildlich umgesetzt wird; wenn sie etwa, in Umkehrung der üblichen Reihenfolge, die Schar der Adoranten anführt. Auf einem Heroenmahlrelief in Kopenhagen z. B. geht der bärtige Mann nicht, wie üblich, voran, sondern nimmt die Mitte zwischen zwei barhäuptigen Frauen ein (Kat.-Nr. 220). Wie der Widmung zu entnehmen ist, haben alle drei das Votiv gemeinsam aufgestellt. Ihre Namen auf dem Architrav sind nicht fortlaufend geschrieben, sondern so versetzt, daß sie jeweils über den Dargestellten stehen, diese also konkret benennen.

Nicht ganz so klar ist der Sachverhalt auf einem schon in seiner Form einzigartigen Votiv aus dem Athener Asklepieion (Abb. 4), da die Inschrift fehlt. Dafür ist die Bildersprache um so einfallsreicher. Der Heilgott, seine Tochter Hygieia und seine sitzende Gattin Epione erwarten in einem plastisch ausgebildeten Naiskos die Gläubigen, die sich ihnen in einer langen Reihe nähern. Zuerst kommen drei Paare, dann ein Junge und schließlich zwei Frauen mit einem Mädchen an ihrer Seite. Wieder wird der Zug von einem Opferdiener mit Schwein und einer Kistophore gerahmt. Bei den beiden Paaren in der Mitte stehen jeweils die Männer in der vorderen Reliefebene und verdecken ihre Begleiterinnen zu großen Teilen. Gegenüber diesem gewohnten Bild fällt die Gestaltung des ersten Paares ins Auge. Hier verhält es sich genau umgekehrt. Der Mann ist der Frau zwar um eine halbe Fußlänge voraus und befindet sich damit formal an der Spitze des Zuges. Sie aber steht im Vordergrund und nimmt mit ihrem sehr stoffreichen Gewand nicht nur mehr Raum ein als er, sondern auch als die beiden Adoranten hinter ihr. Außerdem hebt sie sich unter den übrigen Gläubigen hervor, indem sie mit parallel nach oben weisenden Unterarmen betet. Daß diese Frau unter den Teilnehmern des Zuges einen herausragenden Platz einnimmt, ist selbst ohne Inschrift ersichtlich.

Unzweifelhaft ist der Status der Dargestellten bei den Reliefs, auf denen Frauen ohne männliche Begleitung vor die Gottheit treten: Es kann sich nur um die Stifterinnen selbst handeln. Es fällt auf, daß hier das Schema der verhüllten Adorantin, bei der Unterkleidung und Gliedmaßen fast vollständig bedeckt und damit auch Körpersprache und Gestik gehemmt sind, nur selten Verwendung findet. Eines der wenigen Beispiele ist die Weihung der Chrysis an einen unbenannten Heros (Kat.-Nr. 221). Meist sind die betreffenden Frauen, die sich unabhängig von männlicher Vermittlung direkt an die Gottheiten wenden und damit einen eigenständigen Status demonstrieren, barhäuptig; oft fallen sie durch Gewanddrapierung und Gebetshaltung auf.

Am eindrucksvollsten ist das aufwendige Votiv, das Xenokrateia für ihren Sohn Xeniades aufgestellt hat (Abb. 1). Es setzt sich nicht nur durch seine stattlichen Abmessungen und seine herausragende Qualität von der Masse ab, auch die Figur der Stifterin sticht unter den konventionellen Frauendarstellungen hervor. Ihr Kopf ist nicht bedeckt, ihr rechter Arm bis zur Schulter hinauf entblößt,

Abb. 4. *Weihung an Asklepios, aus dem Asklepieion in Athen, nach 350 v. Chr. Athen, Nationalmuseum Inv. 1377*

Abb. 5. *Weihung der Persis an Artemis Brauronia, 3. Viertel des 4. Jhs. v. Chr. Brauron, Archäologisches Museum Inv. 83,1152*

und sie vollzieht die prägnante Gebetsgeste mit erhobenen Unterarmen. Ihre Sonderstellung zeigt sich zudem in dem betont engen Kontakt mit dem Flußgott Kephisos. Dieser wendet sich Mutter und Sohn direkt zu, und Xeniades reckt sich dem Gott entgegen, als wolle er von ihm hochgenommen werden. Damit soll nicht nur die Zutraulichkeit eines Kleinkindes, sondern in der Annäherung von göttlicher und menschlicher Sphäre auch die Exklusivität der religiösen Bindung demonstriert werden.

Resümee

Die unterschiedlichen Leitbilder für männliches und weibliches Verhalten definieren ersteres vorrangig als aktive Teilhabe am Leben der Polis. Neben der Führung des eigenen Oikos werden die Übernahme verschiedener Ämter und das Mitwirken in diversen Organisationen erwartet. Diese sozialen Rollen kommen auch auf den Weihreliefs zum Tragen. Männer treten vorrangig als Familienoberhäupter auf, in geringerem Umfang als einzelne Stifter; daneben aber noch als Mitglieder beruflicher Zusammenschlüsse, religiöser Vereinigungen und anderer Gruppierungen sowie als Ausrichter von Wettbewerben bzw. Betreuer der bei diesen auftretenden Mannschaften. In der Bildersprache findet diese Vielfalt jedoch nur bedingt Ausdruck. Eine Differenzierung der einzelnen Rollen erfolgt durch die gemeinsame Wiedergabe mit Familie, Vereinsmitgliedern, Berufsgenossen, Kultteilnehmern etc., nur sehr selten aber durch Kleidung und Gestik. Der erwachsene Mann ist fast durchgängig auf den Typus des bärtigen Mantelträgers mit beherrschter Körpersprache und würdigem Auftreten festgelegt. Das Ideal des musterhaften Politen findet in diesem gleichförmigen Habitus seine gültige Formulierung.

Frauen hingegen nehmen außer sakralen Ämtern keine öffentlichen Aufgaben wahr. Ihr Leben dreht sich hauptsächlich um die Belange des Oikos, was sich auch in den Bildern spiegelt. Hier erscheinen sie vor allem im Familienverband, den männlichen Mitgliedern meist nachgeordnet. Deutlich seltener sind die Reliefs, auf denen sie ohne Begleitung von Männern auftreten. Größere Vereinigungen von Frauen werden bis auf wenige Ausnahmen nicht gezeigt. Innerhalb dieses begrenzten Rollenspektrums kommt allerdings ein Formenreichtum zum Einsatz, der sich von der Einheitlichkeit des Männerbildes klar absetzt. Das uniforme Schema der von Kopf bis Fuß in ihren Mantel gehüllten Adorantin wird recht oft abgewandelt. Die weibliche Tracht bietet eine Fülle von Variationsmöglichkeiten, Körpersprache und Gestik sind mitunter, gemäß dem vermeintlich emotionaleren Wesen der Frauen, betont ausladend und expressiv. Gerade bei Adorantinnen, die sich nicht in den Familienverband einordnen, sondern aus diesem herausheben oder sogar lösen, wird auf diese Weise ihr besonderer Status unterstrichen.

Anmerkung der Herausgeber: Kurzfristige Absagen geplanter Exponate haben den Beitrag von Anja Klöckner in einem unerwartet hohen Ausmaße betroffen. Im Einvernehmen mit der Autorin haben wir den beschreibenden Charakter des Textes, der als Erläuterung zu den ausgestellten Objekten konzipiert war, weitgehend beibehalten.

Literatur: U. Hausmann, Kunst und Heiltum. Untersuchungen zu den griechischen Asklepiosreliefs (1948); ders., Griechische Weihreliefs (1960); G. Neumann, Probleme des griechischen Weihreliefs (1979); F. T. van Straten, Votives and Votaries in Greek Sanctuaries, in: Le Sanctuaire Grec. Entretiens sur l'antiquité classique, Vandœuvres 1990 (1992) 247–290; M. Edelmann, Menschen auf griechischen Weihreliefs (1999). – Zum Preis von Weihreliefs: zuletzt ebenda 180 Anm. 1186. – Zu Opfertieren auf Weihreliefs: F. T. van Straten, Hiera Kala. Images of Animal Sacrifice in Archaic and Classical Greece (1995). – Gebetsgesten: G. Neumann, Gesten und Gebärden in der griechischen Kunst (1965) 77–89; D. Aubriot-Sévin, Prière et conceptions religieuses en Grèce ancienne jusqu'à la fin du Ve siècle av. J.-C. (1992) 125–145. – Zur knienden Adoration: F. T. van Straten, BABesch 49, 1974, 159–189.

Kat.-Nr. 216

Kat.-Nr. 216

216 Doppelseitig reliefierte Weihung des Kephisodotos, Sohn des Demogenes, aus Boutadai, an Hermes und die Nymphen

H 76 cm, B 88 cm, T 11 cm
Spätes 5. Jh. v. Chr.
Aus Neu-Phaleron
Athen, Nationalmuseum Inv. 1783 (Gipsabguß: Berlin, Abgußsammlung, Standort Charlottenburg)

Literatur: C. Edwards, Greek Votive Reliefs to Pan and the Nymphs (1985) 339–369 Kat.-Nr. 4; Travlos, Attika 288 Abb. 376. 377; G. Güntner, Göttervereine und Götterversammlungen auf attischen Weihreliefs. Untersuchungen zur Typologie und Bedeutung (1994) 10 ff. 21 f. 127 f. Kat.-Nr. A 52 Taf. 11.

Kat.-Nr. 217

Kat.-Nr. 218

217 Weihung an Asklepios

H 51 cm, B 73,5 cm, T 11 cm
380–370 v. Chr.
Aus dem Kloster Luku (Peloponnes), ehemals aus Athen?
Athen, Nationalmuseum Inv. 1402 (Gipsabguß: Erlangen, Antikensammlung der Friedrich-Alexander-Universität)

Literatur: S. Karusu, RM 69, 1976, 258. 263 f. Taf. 82, 2; LIMC 2 (1984) 883 Nr. 248* s. v. Asklepios (Holtzmann); Güntner a. O. 34 ff. 40 f. 143 Kat.-Nr. C 38 Taf. 22, 2.

218 Weihung an Asklepios

H 49,5 cm, B 90 cm, T 7 cm
Um 340 v. Chr.
Paris, Musée du Louvre Inv. MA 755

Literatur: LIMC 2 (1984) 873 Nr. 64* s. v. Asklepios (Holtzmann) (= Hygieia 558 Nr. 32); M. Hamiaux – A. Pasquier, Les sculptures grecques 1. Des origines à la fin du IVe siècle avant J.-C., Musée du Louvre (1992) 218 Nr. 227 mit Abb.; Güntner a. O. 34 ff. 139 Kat.-Nr. C 19 Taf. 19, 2; H. Schulze, Ammen und Pädagogen. Sklavinnen und Sklaven als Erzieher in der antiken Kunst und Gesellschaft (1998) 41 f. 131 Kat.-Nr. A W 1 Taf. 11, 1.

219 Weihung an Zeus

H 25 cm, B 39 cm, T 7,5 cm
Um 330 v. Chr.
Aus Athen oder dem Piräus
Athen, Nationalmuseum Inv. 1408

Literatur: F. T. van Straten, Gifts for the Gods, in: H. S. Versnel, Faith, Hope and Worship (1981) 82 f. Abb. 9.

220 Weihung der Aristomache, der Theoris und des Olympiodoros an Zeus Epiteleios Philios, an die Mutter des Gottes, Philia, und an dessen Frau Agathe Tyche

H 43 cm, B 58 cm, T 13 cm
Um 330 v. Chr.
Aus dem Piräus?
Kopenhagen, Ny Carlsberg Glyptotek Inv. 1558

Literatur: M. Moltesen, Greece in the Classical Period. Ny Carlsberg Glyptotek (1995) 135 f. Kat.-Nr. 70 mit Abb.; LIMC 8 (1997) 118 Nr. 3 s. v. Tyche (Villard) (= Zeus 341 Nr. 210*); Ch. Löhr, Griechische Familienweihungen. Untersuchungen einer Repräsentationsform von ihren Anfängen bis zum Ende des 4. Jhs. v. Chr. (2000) 161 Anm. 87; 211; IG II/III^2 4627.

221 Weihung der Chrysis an einen Heros

H 23 cm, B 24,5 cm, T 5,5 cm
2. Drittel des 4. Jhs. v. Chr.
Vom Nordabhang des Areopag in Athen
Athen, Agora-Museum Inv. I 4707

Literatur: J. M. Dentzer, Le motif du banquet couché dans le Proche-Orient et le monde grec du VIIe au IVe siècle avant J.-C. (1982) 344. 453. 468. 584 Kat.-Nr. R 143 Abb. 409.

A. K.

Kat.-Nr. 219

Kat.-Nr. 220

Kat.-Nr. 221

Ralf von den Hoff

Die Pracht der Schalen und die Tatkraft des Heros. Theseuszyklen auf Symposiongeschirr in Athen

Figürlich bemalte Gefäße aus Ton gehörten zu den wichtigsten Utensilien, die man in Griechenland beim Symposion benutzte (s. S. 285 ff.). Besonders reich ist unsere Kenntnis solcher Trink- und Mischgefäße (Schalen, Skyphoi, Kratere) aus Athen. Das Themenrepertoire ihrer Bilder ist nicht auf das Symposion beschränkt, sondern umfaßt mythische sowie vielfältige Alltags- und Kultszenen. Obwohl viele der uns bekannten Stücke aufgrund der günstigen Erhaltungsbedingungen in Italien gefunden wurden, richteten sie sich immer auch an das Publikum in Athen selbst. Die Bilderwelt der attischen Symposiongefäße ist damit ein Spiegel der Interessen derer, die sie beim Gelage benutzten und über sie sprachen: der männlichen Bürger Athens. Theseus war auf diesen Gefäßen im 6. Jahrhundert v. Chr. nach Herakles die zweitwichtigste Figur. Während der panhellenische Herakles die Ideale der griechischen Aristokraten vertrat, die auch das archaische Athen dominierten, war Theseus die bedeutendste attische Figur der griechischen Mythologie. Er hatte die Kinder der wichtigsten Familien Athens vor dem Minotauros bewahrt und so die Existenz des Gemeinwesens gerettet. Spätestens im 5. Jahrhundert verstanden sich die Athener als ›Kinder des Theseus‹. Kurz nach 475 brachten sie seine angeblichen Gebeine in die Stadt zurück, um sie in seinem Heiligtum zu bestatten. In Athen und nirgendwo sonst wurde Theseus verehrt, insbesondere in gemeinschaftlichen Festen, was seine Bedeutung als Identifikationsfigur der gesamten Polis unterstreicht. Anders als bei Herakles versicherten sich Individuen seiner Nähe nur selten durch die Stiftung von Weihreliefs (Kat.-Nr. 222). Eine Vielzahl von Tragödien des 5. Jahrhunderts kreiste um seine Person, Bilder seiner Taten schmückten Tempel (Abb. 1) und andere Gebäude der Stadt. Theseus war damit der Polisheros des klassischen Athen.

Aber schon in der Spätphase der Tyrannenherrschaft gegen 520/10 hatte die Zahl der Theseusdarstellungen auf attischen Tongefäßen drastisch zugenommen. Erstmals sah man dort nun nicht mehr allein seinen Kampf gegen den Minotauros, sondern auch die Taten, die er auf dem Weg von seiner Geburtsstadt Troizen nach Athen vollbrachte. Etwa zur gleichen Zeit begann man, die Dekoration von Trinkschalen aufwendiger zu gestalten und die verschiedenen Bilder auf einem Gefäß thematisch zusammenzubinden. Ihre traditionell drei Bildfelder – der Innentondo und die beiden Außenseiten – wurden nun häufiger mit Szenen aus ein und demselben Mythos dekoriert. Eine wachsende narrative Einheitlichkeit war die Folge. Im Zusammenwirken dieser Tendenzen gab man in Theseusdarstellungen gegen 510 erstmals sogar die Beschränkung jedes einzelnen Bildes einer Schale auf eine zentrale Handlung oder einen zentralen Handlungsort auf, indem man mehrere Taten des Polisheros in einem Bildfeld zeigte. In der früheren Vasenmalerei war dies nur in Ausnahmefällen außerhalb Athens bei Herakles geschehen. Auch widmete man die Bilder eines einzigen Gefäßes nun bisweilen ausschließlich ihm. Damit standen den Symposiasten seine Leistungen erstmals in einer Art Zyklus von mehr als drei Taten vor Augen. Die entscheidenden Schritte in diese Richtung geschahen in der Werkstatt des Töpfers Kachrylion. An der Wende zum 5. Jahrhundert bemalte Onesimos eine der größten Schalen ihrer Zeit, die Euphronios getöpfert hatte, ausschließlich mit einem Theseuszyklus (Abb. 2). Es ist bezeichnend, daß solche Zyklusdarstellungen zunächst nur an der Figur des Theseus erprobt wurden und daß dies nur auf Symposiongefäßen geschah: Offenbar wollte man die visuelle Präsenz gerade des Polisheros beim Symposion steigern und zugleich den Reiz und Wert der Gefäße erhöhen, wie es auch sonst in dieser Zeit zu beobachten ist. Kurz nach 510 wandten die Athener das Prinzip der Zyklusdekoration jedoch erstmals auch in einer Baustiftung der Polis an: Auf den Südmetopen des Athener-Schatzhauses in Delphi sah man die Taten des Heros und sein Zusammensein mit der Polisgöttin Athena.

Kurz vor der Mitte des 5. Jahrhunderts gelang dem Penthesilea-Maler eine weitere Steigerung. Er nutzte ein bisweilen schon früher angewandtes Dekorationsprinzip für eine Schale mit Theseuszyklus (Abb. 3): Der Innentondo wurde mit einem Kreis von Theseustaten umgeben, um ein weiteres ›Bildfeld‹ zu gewinnen, das aber friesartig umlief und nicht, wie die beiden Außenbilder, von Henkeln unterbrochen war. Blickte man in die Schale, so übersah man sieben Theseustaten mit einem Blick (von oben nach rechts: Marathonischer Stier – Skiron – Krommyonische Sau – Kerkyon – Prokrustes – Sinis – Minotauros). Zusätzlich war das Gefäß in seinen Dimensionen gesteigert: Es handelt sich mit einem Durchmesser von 0,56 m um die größte uns bekannte attische Schale überhaupt. Die Tendenz zur Größensteigerung und zur Ausweitung des Bilddekors ist auch sonst für Schalen dieses Malers typisch.

Sind hier die Außenseiten und der Innentondo noch nicht dem Theseus gewidmet, so geschieht dies kurz nach 450. Der Kodros-Maler greift das Dekorationsprinzip auf, zeigt nun aber Theseustaten im Innenfries, im Zentraltondo und auf beiden Außenseiten (Kat.-Nr. 223). Dreizehnmal erscheint der Polisheros auf demselben Gefäß: eine Fülle und Konzentration auf eine Figur, wie sie vorher unbekannt war. Dies ist nicht überraschend bei einem Maler, der sich auch sonst spezifisch attischer Themen bedient. Zusätzlich entsprechen sich bei ihm die Tatenfolgen innen und außen bis in die Anordnung und die Gesten der Figuren. Was man innen von vorne sieht, sieht man außen von hinten. Der Kodros-Maler hat also erneut den ästhetischen Reiz der Schale gesteigert, indem er rundplastische Darstellungen evozierte. Andere Maler folgten ihm darin und übertrugen das Dekorationsprinzip in vereinfachter Form auch auf kleinere Schalen.

Schalen mit Innenfries blieben für Theseuszyklen bis ins späte 5. Jahrhundert üblich. Aber auch die älteren Dekorationsformen liefen weiter. Dabei stellt die Schale des Aison aus dem letzten Jahrhundertviertel (Kat.-Nr. 224) einen Höhepunkt dar, denn wiederum handelt es sich um eine der größten Schalen ihrer Zeit. Die brutale Minotauros-Szene in ihrem Tondo wurde zu einem fast regelmäßigen inneren ›Motto‹ solcher Schalen (Kat.-Nr. 223. 224). Theseuszyklen blieben aber nicht auf

Abb. 1. Athen, Tempel des Hephaistos mit Theseus- und Heraklesmetopen, um 460/50 v. Chr.

Abb. 2. Attisch-rotfigurige Schale des Onesimos, getöpfert von Euphronios, 500/490 v. Chr. Innenbild: Theseus zu Besuch bei seiner Stiefmutter Amphitrite am Meeresgrund; Außenfriese: Theseus kämpft gegen Skiron, Prokrustes, Kerkyon und den marathonischen Stier. Paris, Musée du Louvre Inv. G 104

Abb. 3. Attisch-rotfigurige Schale des Penthesilea-Malers, 460/50 v. Chr. Fries im Inneren: sieben Taten des jugendlichen Theseus (von oben nach rechts: marathonischer Stier, Skiron, krommyonische Sau, Kerkyon, Prokrustes, Sinis, Minotauros). Ferrara, Museo Nazionale Inv. 44885

diese Gefäßform beschränkt. Auch Kratere wurden in dieser Weise bemalt (Kat.-Nr. 225). Man hat sogar schon früher versucht, durch ihr Format für Zyklusdarstellungen ungeeignete Bildfelder mit mehreren Theseustaten zu dekorieren (Abb. 4).

Mehr noch als in dekorationstypologischer Hinsicht – hier griff man vielfach auf bekannte Schemata zurück – waren die Zyklusdarstellungen des Theseus in narrativer Hinsicht etwas Neues (Kat.-Nr. 223–225). Dem attischen Heros wurde im Bild eine geradezu epische Abfolge von Taten zugeschrieben, wie sie typisch für große Erzählungen des griechischen Mythos ist. Beim Symposion konnte man um so mehr über ihn erzählen und wertete ihn auf. Man sah eine Tat unmittelbar auf die andere folgen, doch wurde anders als in modernen Comics die zeitlich-topographische Abfolge kaum je beibehalten. Und auch eine deutliche Trennung der Szenen wurde vermieden: Sie gehen fließend ineinander über. Immer konnte man mehrere mit einem Blick erfassen. Es ging also nicht darum, die Teile eines ›Theseusepos‹ der Reihe nach zu erzählen, sondern darum, visuelle Mittel zu finden, um Theseus in verschiedener Art, immerzu und an real voneinander entfernten Orten permanent handeln und präsent sein zu lassen. Dieses an Theseus sich herausbildende Interesse wurde aber nicht nur auf Symposiongefäßen, sondern auch im öffentlichen Raum umgesetzt: am Athener-Schatzhaus in Delphi am Ende des 6. Jahrhunderts und am Hephaisteion oberhalb der Athener Agora gegen 460/50 (Abb. 1). Wir wissen, daß die Athener im 5. Jahrhundert ihre *polypragmosyne*, ihre unablässige Aktivität, als zentrale Bedingung ihres Erfolges und ihrer Macht erachteten, ja für eine typische Verhaltensform von Demokraten hielten. Der Untätige, so Perikles bei Thukydides (2, 40, 2), sei unnütz. Sogar Theseus selbst wurde diese Qualität zugesprochen (Euripides, Suppl. 575 f.). Dieses Verhaltensideal setzten die Athener in den Zyklusdarstellungen offenbar als zentralen Bestandteil ihres Selbstbildes sinnfällig in das Bild ihres Polisheros um: beim Symposion und in öffentlichen Bauten in und außerhalb der Stadt.

Aus der Zeit zwischen etwa 510 und 400 v. Chr. kennen wir heute 26 attische Symposiongefäße – und nur solche – mit Zyklusdarstellungen des Theseus. Die Tatsache, daß von diesen mehrere Schalen wegen ihrer Größe kaum wirklich benutzt worden sein werden (Kat.-Nr. 223. 224), macht es wahrscheinlich, daß sie auch als Schaustücke oder als Weihgeschenke dienen konnten. Für kleinere

Abb. 5. Attisch-rotfigurige Schale, gegen 510 v. Chr.: Theseus und Minotauros, Herakles und der Löwe, Theseus und Prokrustes (rechts abgeschnitten). Paris, Musée du Louvre Inv. G 71

Abb. 4. Attisch-rotfiguriger Kolonnettenkrater, frühes 5. Jh. v. Chr.: Theseus und Prokrustes, Theseus und Minotauros. Salerno, Museo Archeologico Inv. 26 a

Gefäße und Kratere (Kat.-Nr. 225) liegt dies aber nicht nahe. Anders als man es erwarten würde, fehlen zyklische Darstellungen der Taten des Herakles auf attischen Vasen weitgehend. Nur zwei Kratere – wiederum also Symposiongefäße – zeigen eine solche Dekoration, sind aber einige Jahre jünger als die ersten Theseuszyklen, die sie wohl imitieren. Beim Symposion besaß Theseus insofern Präferenz. Allerdings konnte Herakles bisweilen sogar in einen Theseuszyklus eingebunden werden (Abb. 5). Am Athener-Schatzhaus und am Hephaisteion (Abb. 1) sind Tatenzyklen beider Heroen nebeneinander gestellt: Es ging nicht nur um Konkurrenz, sondern auch darum, die Äquivalenz beider Heroen zu visualisieren und damit beide für die Polis Athen zu vereinnahmen. Sicherlich hat die Überführung der Theseusgebeine nach Athen kurz nach 475 auch der Produktion von Zyklusgefäßen mit seinen Taten neuen Auftrieb gegeben. Deren Einsetzen im späten 6. Jahrhundert zeigt aber, daß dahinter ein schon älteres Interesse stand: die Etablierung des Theseus als kollektiver Identifikationsfigur. Sie wirkte sich offenbar auf die Entwicklung neuer Dekorations- und Erzählformen im Bild aus. Das Symposion war ein zentraler Ort dieser Wandlungen. Das Interesse, den Wert und den Reiz der dort benutzten Gefäße zugleich mit der bildlichen Präsenz des Polisheros zu steigern, führte am Ende des 6. und während des 5. Jahrhunderts in Athen zu neuen formalen und narrativen Ausdrucksformen in der Vasenmalerei: zu einer Produktion von Prachtgefäßen für das Symposion, die Schaustücke für die Leistungsfähigkeit der athenischen Handwerker und für die Tatkraft des bedeutendsten athenischen Heros Theseus zugleich waren.

Literatur: Theseusdarstellungen: LIMC 7 (1994) 922 ff. s. v. Theseus (J. Neils) mit älterer Lit.; R. von den Hoff, Der Heros und die Polis. Wandlungen des Theseusbildes im Athen des 6. und 5. Jhs. (Habilitationsschrift München 2000). – Theseuskult und Bedeutung des Theseus in Athen: H. Walker, Theseus and Athens (1995); C. Calame, Thésée et l'imaginaire Athénien[2] (1996); S. Mills, Theseus, Tragedy, and the Athenian Empire (1997); J.-M. Luce, RA 1998, 3 ff. – Narrative Vereinheitlichung spätarchaischer Schalen: H. A. Shapiro, NumAntCl 23, 1994, 32 ff. – Theseuszyklen: M. Taylor, The Tyrant-Slayers[2] (1991) 38 ff.; LIMC a. O. 926 ff.; M. Rausch, Isonomia in Athen (1999) 87 ff.; in der Bauplastik: H. Knell, Mythos und Polis (1990) 52 ff. 127 ff.; K. Hoffelner, AM 103, 1988, 77 ff. – Schalengrößen: T. Seki, Untersuchungen zum Verhältnis von Gefäßform und Malerei attischer Schalen (1985). – Penthesilea-Maler: M. Robertson, The Art of Vase-Painting in Classical Athens (1992) 160 ff.; Seki a. O. 90 f. – Übergroße Prachtschalen: C. Haspels, BCH 54, 1930, 444 ff.; H. Hoffmann in: Greek Vases in the Getty Museum 4 (1989) 133 ff.; M. Robertson in: ebenda 5 (1991) 75 ff.; D. Williams in: ebenda 5 (1991) 47 ff. – Schalen mit Innenfriesen: K. Schauenburg in: 7. Beih. AntK (1970) 33 ff.; J. Boardman, GettyMusJ 1, 1974, 7 ff.; Williams a. O.; A. Lezzi-Hafter in: R. Olmos (Hrsg.), Coloquio sobre Teseo y la copa de Aison (1992) 68 f. – Attische Themen beim Kodros-Maler: U. Kron in: Kanon. Festschrift E. Berger, 15. Beih. AntK (1988) 291 ff. – Zu Zyklusdarstellungen allgemein: H. Froning in: Olmos a. O. 131 ff. (auch zu Herakles); R. Stupperich in: Mousikos Aner. Festschrift M. Wegner (1992) 425 ff.; M. Stansbury-O'Donnell, Pictorial Narrative in Greek Art (1999). – Polypragmosyne: V. Ehrenberg, JHS 67, 1947, 54 ff.; L. B. Carter, The Quiet Athenian (1986) 52 ff.

222 Weihrelief des Sosippos für Theseus

Marmor; H 0,59 m, B 0,57 m
1840 gefunden in Athen oder Piräus? Frühes 4. Jh. v. Chr.
Paris, Musée du Louvre Inv. Ma 743

Sosippos, Sohn des Nauarchidos und Stifter des Reliefs, ist unterhalb seiner Dedikationsinschrift in der Mitte erkennbar. Er hat die Hand betend erhoben. Ihm folgt sein Sohn, der seine Adoration zurückhaltender ins Gewand eingehüllt ausübt. Vor beiden steht der jugendliche Theseus, dem das Relief und die Verehrung gilt. Aufgrund seines Status als Heros ist er größer dargestellt und bis auf einen unter den rechten Arm geklemmten Mantel nackt. Als Zeichen seiner bürgergleichen Rolle indes stützt er die linke Achsel auf einen ursprünglich gemalten Stock oder seine dünne Keule. Als Krieger weist ihn zugleich ein pilosförmiger Helm aus. Mit der rechten Hand hebt er diesen vom Kopf, ein konventionelles Zeichen für die reale Präsenz und Nähe eines Gottes oder Heros. Zwischen Kultempfänger und Adoranten findet sich ein flacher Altar (*eschara*), wie er für den Heroenkult typisch war. Das Relief war wohl in einem der vier Theseusheiligtümer in Athen aufgestellt. Da es das einzige uns bekannte Weihrelief für Theseus ist, wird seine individuelle Verehrung in Athen gegenüber dem kollektiven Kult der Polis nicht von großer Bedeutung gewesen sein. Im Gegensatz dazu wurde Herakles individuell und in vielen Weihreliefs verehrt.

Literatur: IG II^2 4553 ; P. Le Bas, AdI 17, 1845, 243 ff.; Roscher, ML 1, 2 (1886–90) 2499 ff. Abb. 1 s. v. Heros (F. Deneken); C. Dugas – R. Flacelière, Thésée. Images et récits (1958) 72 f. Taf. 23; LIMC 7 (1994) 949 s. v. Theseus Nr. 322* (J. Neils); M. Edelmann, Menschen auf griechischen Weihreliefs (1999) 111. 211 Nr. E 14.

223 Attisch-rotfigurige Schale des Kodros-Malers

Ergänzte H 11,2 cm; Mündungs-Dm 32,2 cm
Aus Vulci; 440/30 v. Chr.
London, British Museum Inv. E 84

Im Innentondo schleift Theseus den sterbenden Minotauros aus dem Labyrinth. Das Bild umgibt ein Fries mit sechs Taten des Theseus, von oben nach rechts gelesen: Kerkyon – Prokrustes – Skiron – Marathonischer Stier – Sinis – Krommyonische Sau. Außen erscheinen dieselben Taten aus anderer Perspektive jeweils dort am Gefäßkörper angeordnet, wo die Szenen sich auch innen finden. So entsteht der Eindruck ›rundplastischer‹ Darstellungen. Die Anordnung der Taten folgt nicht der Chronologie im Mythos. Die Typologie der Szenen entspricht den neuen, für Theseus seit etwa der Mitte des 5. Jhs. maßgeblichen Mustern: Es wird weniger auf die athletische Komponente der Kämpfe abgehoben (vgl. die Schale des Euphronios Abb. 2) als auf die Überlegenheit des Heros, der beispielsweise gegen Prokrustes und Kerkyon zum ›Siegerhieb‹ ausholt (vgl.

Kat.-Nr. 222

Kat.-Nr. 223

Kat.-Nr. 224

Kat.-Nr. 225

Kat.-Nr. 225

die Schale des Penthesilea-Malers Abb. 3). Das unnachgiebig-brutale Vorgehen gegen den schon geschlagenen Minotauros ist ebenfalls Zeichen dieses Überlegenheitsanspruchs (vgl. Kat.-Nr. 224).

Literatur: ARV[2] 1269, 4; Beazley, Addenda[2] 356; R. Olmos (Hrsg.), Coloquio sobre Teseo y la copa de Aison (1992) 46 ff. Taf. 14–16; LIMC 7 (1994) 927 f. s. v. Theseus Nr. 46* (J. Neils); R. von den Hoff, in: ders. – S. Schmidt (Hrsg.), Konstruktionen von Wirklichkeit. Bilder im Griechenland des 5. und 4. Jhs. v. Chr. (2001) 70 ff. Abb. 6.

224 Attisch-rotfigurige Schale des Aison

H 13,0 cm, Mündungs-Dm 36,5 cm
420/10 v. Chr.
Madrid, Museo Arqueológico Nacional Inv. 11265

Der Innentondo zeigt Theseus, der den sterbenden Minotauros aus dem Labyrinth schleift (vgl. Kat.-Nr. 223). Hier blickt Athena auf die brutale Szene und heißt das Geschehen im Sinne der Polis gut. Weitere Theseustaten finden sich außen auf der Schale: auf der einen Seite Skiron, Krommyonische Sau und Sinis, auf der anderen Marathonischer Stier, Prokrustes und Kerkyon. Wieder ist im Kampf mit Kerkyon die Professionalität des Ringergriffes ins Bild gesetzt, wobei Theseus allerdings bereits unmittelbar vor dem entscheidenden Wurf steht. Gegen Skiron und Prokrustes holt Theseus zum überlegenen ›Siegerhieb‹ aus.

Literatur: ARV[2] 1174, 1; 1685; Beazley, Addenda[2] 339; R. Olmos (Hrsg.), Coloquio sobre Teseo y la copa de Aison (1992); LIMC 7 (1994) 928 s. v. Theseus Nr. 52* (J. Neils).

225 Attisch-rotfiguriger Kelchkrater des Dinos-Malers

H 39,5 cm
Aus Spina; 430/20 v. Chr.
Oxford, Ashmolean Museum Inv. 1937.983

Das Gefäß ist in zwei Registern dekoriert. Auf der Hauptseite findet sich im unteren ein Bild der Verfolgung des Kephalos durch Eos. Darüber steht in einem ununterbrochen umlaufenden Fries die Führung des gefesselten Stieres von Marathon durch Theseus. Nach rechts schließen fünf seiner Taten an: Krommyonische Sau – Prokrustes mit Poseidon – Skiron mit Athena – Sinis – Entdeckung der Gnorismata (Waffen) mit Aigeus. Stärker als bei den Zyklusschalen (vgl. aber die Schale des Euphronios Abb. 2) ist die Götternähe des Theseus hervorgehoben. Zusätzlich unterstreicht das Bild der Entdeckung seiner Waffen unter einem Fels, die sein Vater Aigeus dort deponiert hatte, seine Leistungsfähigkeit schon von früher Jugend an. Sowohl die Sinis- als auch die Skiron-Szene folgen einer besonderen Typologie: Hier ist ein Gespräch zwischen den Gegnern gezeigt: Theseus wird so auch zum qualifizierten Redner. Gegen Skiron scheint er den Gegner überdies listig täuschen zu wollen, indem er anbietet, ihm wirklich die Füße zu waschen, wie dieser es forderte. Damit sind jetzt als wichtig erachtete Qualitäten des Heros bezeichnet.

Literatur: ARV[2] 1153, 13; Beazley, Paralipomena 457; Beazley, Addenda[2] 336; LIMC 7 (1994) 928 s. v. Theseus Nr. 50* (J. Neils); S. B. Matheson, Polygnotos and Vase Painting in Classical Athens (1995) 151 Abb. 134; 383 Nr. D 14; M. Vickers, Ancient Greek Pottery (1999) 54 f. Nr. 41 mit Abb.

R. v. d. H.

Luca Giuliani

Bilder für Hörer und Bilder für Leser. Zur Veränderung der narrativen Ikonographie in klassischer Zeit

Auf griechischen Vasen werden seit archaischer Zeit immer wieder Bilder vor Augen geführt, die sich auf Episoden des Mythos beziehen: dabei verstehen wir unter Mythos nichts anderes als den reichen Komplex traditioneller Geschichten von Göttern und Helden; diese wurden durch alltägliches Erzählen am Herdfeuer ebenso vermittelt wie durch hohe, festliche Dichtkunst. Die Maler erfinden die darzustellenden Episoden also nicht selbst, sondern greifen bekannte, mehr oder weniger kanonische Erzählungen auf. Die narrativen Stoffe sind, bevor sie ins Bild gesetzt werden, immer schon durch sprachliche Erzählung vorgeprägt. Das wichtigste Medium solcher Prägung ist in Griechenland die Dichtung. Dabei macht es allerdings einen wesentlichen Unterschied aus, ob dichterische Texte in mündlicher oder in schriftlicher Form rezipiert werden: ob sie gehört oder gelesen werden. Und genau auf dieser Ebene findet in klassischer Zeit ein Umbruch statt, der auch die Struktur der Bilder grundlegend verändert.

Alle traditionellen Genera griechischer Dichtung haben sich ursprünglich nicht an Leser, sondern an Zuhörer gerichtet: die Rezeption eines dichterischen Textes war (auch dann, wenn dieser im Medium der Schrift komponiert worden war) an den lebendigen Vortrag gebunden und ist lange Zeit auf diesen beschränkt geblieben. Schriftliche Texte haben erst nach und nach eine weitere Verbreitung und damit auch immer mehr Leser gefunden: gegen Ende des 5. Jahrhunderts v. Chr. werden Buchrollen auf dem Athener Markt in eigenen Ständen zum Kauf angeboten; bald darauf, im frühen 4. Jahrhundert, zirkulieren sie nicht mehr nur innerhalb der griechischen Städte, sondern werden auch nach Übersee exportiert (Xenophon, Anabasis 7, 5,14). Für dieselbe Zeit berichtet Platon, daß die Schriften des Anaxagoras von jedermann erworben werden können für nicht mehr als eine Drachme (Apologie 26 D). Mit der Verbreitung ändert sich aber auch die Funktion des Geschriebenen. Wenn Lehrer im 5. Jahrhundert Abschriften von Gedichten an ihre Schüler verteilen (Platon, Protagoras 325 E; Plutarch, Alkibiades 7), so sind diese lediglich als ein didaktisches Hilfsmittel gedacht, wodurch das Auswendiglernen erleichtert werden soll: Ziel der Übung bleibt der freie mündliche Vortrag. Gegen Ende des 5. Jahrhunderts ist diese untergeordnete Rolle schriftlicher Texte aber schon nicht mehr selbstverständlich. Immer häufiger hören wir davon, daß Texte nicht mehr mündlich vorgetragen, sondern zum Gegenstand einer individuellen, stillen Lektüre gemacht werden; das früheste Zeugnis hierfür findet sich bei Aristophanes in den 405 v. Chr. aufgeführten »Fröschen«. Isokrates scheint unter den attischen Rednern der erste gewesen zu sein, der seine Texte nicht nur an die gegenwärtigen Zuhörer, sondern auch an potentielle Leser in der Ferne und in der Zukunft richtete. Vergleichbares läßt sich auch im Bereich der philosophischen Schulen feststellen. Platons Schriften waren bekanntlich nur für die Außenstehenden bestimmt und nicht für die Schüler; deren Unterricht in der Akademie war noch ausschließlich an das mündliche Gespräch gebunden; dagegen spielte in der Schule des Aristoteles das Lesen bereits eine zentrale, unersetzbare Rolle. Der Einsatz der Schrift im philosophischen Lehrbetrieb war innerhalb einer einzigen Generation unproblematisch und selbstverständlich geworden. Mit der Priorität der Lektüre gegenüber dem mündlichen Vortrag etabliert sich zugleich der Primat des Textes; ganz konsequent betrachtet Aristoteles auch bei dramatischen Werken diesen als das Wesentliche und die Aufführung lediglich als einen äußerlichen Aspekt (Poetik, 6 = 1450 b 16–20): eine wertende Unterscheidung, die jedem Theaterbesucher des 5. Jahrhunderts höchst absonderlich vorgekommen wäre.

Mit diesem Umschwung vom Hören zum Lesen von Texten haben sich aber auch die Voraussetzungen geändert, unter denen Bilder produziert und rezipiert wurden. Bis zum späten 5. Jahrhundert lebten und wirkten die Produzenten von Bildern in einem Raum, in dem es (noch) keine schriftlichen Texte gab, genauer: in dem schriftliche Texte für die Rezeption von Dichtung keine Rolle spielten. Hinter den Vasenbildern des 6. und 5. Jahrhunderts steht keine Literatur, sondern das, was man als ›Oralitur‹ bezeichnen könnte. Für die Ikonographie solcher Bilder ist also nicht das maßgebend gewesen, was in Schriftrollen stand, sondern das, was von einem mündlichen Vortrag in Erinnerung behalten wurde.

Das menschliche Gedächtnis hat seine eigenen Gesetze. Wenn jemand dem Vortrag eines epischen Gedichtes oder der Aufführung einer Tragödie beigewohnt hat, so verschwimmt ihm die Erinnerung an den gehörten Wortlaut bereits nach kürzester Zeit. Im Gedächtnis gespeichert wird eine mehr oder weniger reduzierte Fassung der Handlung. Wichtig ist dabei, daß dieses vereinfachte Handlungsschema vom Zuhörer nicht passiv empfangen, sondern aktiv erarbeitet wird: es ist das Produkt einer selbständigen Umformung. Vor diesem Hintergrund wird man auch für Bilder, die auf Erinnerung an mündlich vorgetragene Texte beruhen, eine gewisse Distanz zu deren Inhalt und ein hohes Ausmaß an ikonographischer Eigenständigkeit erwarten.

Die Verhältnisse ändern sich in dem Augenblick, wo Produzenten und Rezipienten von Bildern die Möglichkeit erhalten, auf schriftliche Texte zurückzugreifen; dadurch ergeben sich zum erstenmal die Voraussetzungen für die Entstehung dessen, was wir heute als Illustration bezeichnen: Bilder, die sich (oft mit verblüffender Treue) an eine ganz bestimmte, häufig eng begrenzte Textpassage halten. Ein wesentliches Charakteristikum solcher Bilder besteht in der Tendenz, den Inhalt der betreffenden Textpartie möglichst ausführlich und vollständig ins Bild zu setzen; umgekehrt gilt: was darin nicht erwähnt wird, kann leicht ausgeblendet werden. Indem der Fokus enger wird, geraten die großen Linien der Erzählung leicht aus dem Blick.

Die Verfügbarkeit über einen reichen Fundus an schriftlicher Literatur hat – vor allem in der griechischen Vasenmalerei aus Unteritalien – eine Ikonographie von erstaunlicher Vielfalt ins Leben gerufen, die Bilder aber zugleich auch immer stärker an den literarischen Wortlaut gebunden. Für die Eigenständigkeit von Bildern bedeutet die Bindung an schriftliche Texte immer auch ein Risiko. Je enger ein Bild der betreffenden Textpassage folgt, desto schwieriger wird es für den Betrachter, den zunehmend partikularen Inhalt zu entschlüsseln: muß er doch von sich aus all das ergänzen, was im Bild zwar nicht dargestellt, wohl aber vorausgesetzt wird. Im Extremfall hat der Betrachter es dann mit einem Bild zu tun, das er ohne entsprechende Lektüre gar nicht mehr zu verstehen vermag und das ihm doch wieder kaum mehr als das vor Augen führt, was er im Text eben schon gelesen hat.

Der Unterschied zwischen einer text-fernen und einer text-nahen Ikonographie soll im Folgenden an einigen Vasenbildern verdeutlicht werden, die sich auf eine einzige mythische Episode beziehen: es handelt sich um die Geschichte von der Gesandtschaft an Achill, wie sie im neunten Buch von Homers Ilias nachzulesen ist. Die Episode ist sowohl im 5. als auch im 4. Jahrhundert dargestellt worden: allerdings in jeweils sehr unterschiedlicher Form.

In der Ilias wird erzählt, wie Achill sich im zehnten Jahr des Trojanischen Krieges nach einem heftigen Streit mit dem achäischen Oberbefehlshaber Agamemnon in sein Zelt zurückgezogen hat und am Kampf nicht mehr teilnimmt. Dadurch geraten die Achäer in schwere Bedrängnis. Schließlich beruft Agamemnon eine Versammlung ein, auf der beschlossen wird, dem zürnenden Helden ein Versöhnungsangebot zu unterbreiten; als Boten werden Aias, Odysseus und Phoinix bestimmt. Die drei finden im Zelt des Achill eine freundliche Aufnahme, aber nach langer Wechselrede hält Achill an seiner Weigerung fest: die Trojaner mögen die Achäer schlagen und deren Schiffe in Brand setzen, er selbst werde dem tatenlos zusehen und erst dann eingreifen, wenn auch sein eigenes Lager, seine eigenen, die myrmidonischen Schiffe und Leute bedroht sind. So ziehen die Gesandten am Schluß unverrichteter Dinge wieder davon.

Diese Unterredung hat sich bei attischen Vasenmalern in den Jahren zwischen 490 und 470 v. Chr. einer bemerkenswerten Beliebtheit erfreut: es haben sich ein gutes Dutzend Darstellungen erhalten, die ikonographisch eng zusammenhängen. Auf einem Stamnos in Basel (Kat.-Nr. 226) und einem Aryballos in Berlin (Kat.-Nr. 227) sind alle Figuren mit Namensbeischriften versehen. Mittelpunkt beider Vasenbilder ist die Gestalt des Achill: er sitzt nach vorn gebeugt und bis über den Scheitel in seinen Mantel gehüllt auf einem Stuhl, faßt sich mit der rechten Hand an das gesenkte Haupt und scheint von den auf ihn einredenden Gesandten keinerlei Notiz zu nehmen. Ihm gegenüber sitzt Odysseus, mit seltenen Ausnahmen immer in der gleichen Haltung: er hat die Beine übereinander geschlagen, beide Hände um das angezogene linke Knie geschlungen und den Oberkörper lässig zurückgelehnt, den Blick dabei scharf auf Achill gerichtet. Dieser aus zwei Figuren bestehende ikonographische Kern wird auf den zwei Vasen durch zusätzliche Gestalten erweitert, deren Haltung stärker variiert. Auf dem Stamnos sind es Diomedes und Phoinix, auf dem Aryballos Aias, Phoinix und Diomedes; andere Personen kommen in dieser Ikonographie nicht vor.

Daß hier die Gesandtschaft an Achill dargestellt sei, unterliegt keinem Zweifel. Bemerkenswert ist aber die ausgesprochene Eigenständigkeit der Bilder im Verhältnis zum Text. Keine Rede ist dort davon, daß Achill sich gegenüber den Gesandten verschließen würde; vielmehr werden diese in der Ilias freudig begrüßt und reichlich bewirtet; erst nachdem sie gespeist und getrunken haben, trägt Odysseus als erster das Anliegen der Achäer vor. Aber auch darauf reagiert Achill im Text ganz anders als auf den Bildern: er hört aufmerksam zu und antwortet mit einer lebhaften Gegenrede; es ist einzig und allein sein Zorn auf Agamemnon, der ihn daran hindert, auf Odysseus' Angebot einzugehen. Zwar ist das Ergebnis der Unterredung negativ: aber deren Verlauf wird im Text ganz anders geschildert, als man es von den Bildern her vermuten würde.

Die Ilias-Episode gewinnt einen wesentlichen Teil ihrer Spannung gerade aus dem Kontrast zwischen Achills Freundlichkeit gegenüber den anwesenden Boten und Achills Zorn auf den abwesenden Agamemnon. Der Dichter kann einen solchen Kontrast mühelos in Worten schildern. Der Maler hat es wesentlich schwerer; mit den Mitteln der bildenden Kunst darstellbar wäre entweder das freundliche Gespräch oder aber der Zorn, der Gegenstand dieses Gesprächs ist: eine Synthese von beidem ist im Rahmen einer wortlosen Darstellung kaum zu erreichen. Im Mittelpunkt der Ilias-Episode (und des ganzen Epos) steht aber selbstverständlich nicht Achills Freundlichkeit, sondern dessen Zorn. So hat der Maler letzten Endes auch gar keine Wahl: er hat den zürnenden, nicht den freundlichen Achill ins Bild zu setzen. Wie aber läßt sich Zorn in adäquater Form zum Ausdruck bringen?

Im ikonographischen Repertoire des frühen 5. Jahrhunderts gibt es eine eindeutige Formel für den Zorn eines Helden: man läßt ihn zur Waffe greifen und auf seinen Kontrahenten losstürzen. Diese Formel ist für unser Thema allerdings denkbar wenig geeignet: erstens ist der eine Streitpartner (Agamemnon) ja gar nicht anwesend und kann insofern auch nicht zum Zielpunkt einer aggressiven Handlung gemacht werden. Zweitens besteht das unverwechselbare Charakteristikum von Achills Zorn ja auch gar nicht in dessen Aggressivität, sondern in der Weigerung, weiterhin für Agamemon zu kämpfen. Für den Maler ergab sich somit eine tiefgreifende Diskrepanz zwischen den ikonographischen Formeln, über die er im Rahmen seines Handwerks verfügen konnte, und den narrativen Anforderungen des Stoffes, den er sich vorgenommen hatte. Einerseits war es schlechterdings unmöglich, Achills Affekt als aggressives Verhalten darzustellen; und andererseits mußte Achills Groll als Weigerung zu kämpfen, als unnachgiebiger Rückzug in die Passivität vor Augen geführt werden. Um dieses doppelte Problem zu lösen, hat der unbekannte Urheber unserer Gesandtschaftsikonographie auf eine traditionelle Bildformel zurückgegriffen, mit der bis dahin schmerzliche Affekte wie Trauer und Klage zum Ausdruck gebracht worden waren; dieser Formel entsprechend hat er Achill in tief gebeugter Haltung dargestellt, ganz und gar in den Mantel gehüllt. Im gegebenen Bildzusammenhang ist der Sinn der Gebärde freilich ein anderer geworden: indem Achill keinerlei Initiative oder Reaktion zeigt, sondern völlig unbewegt und in sich versunken dasitzt und sich jedem äußeren Einfluß gegenüber verschließt, werden sein Groll und seine Ablehnung unmittelbar überzeugend ins Bild gesetzt. Dabei ist Achills Haltung von solcher Regungslosigkeit, daß der Betrachter schließen muß: wer so sitzt, wird so bald nicht wieder aufstehen. Schwere und Regungslosigkeit des Achill finden in der beweglichen, leicht veränderbaren Haltung des Odysseus ihre symmetrische Umkehrung: man wird nicht leicht eine sitzende Figur finden, die diesen Odysseus an federnder Dynamik, beherrschter Balance und wippender Nonchalance übertrifft. Beide Sitzmotive gewinnen ihre eigentümliche Aussage erst als Kontrastpaar; sie gehören zueinander wie die Pole eines Magneten. Der höchst alerten Bereitschaftshaltung des einen steht die schmerzliche, passive Verschlossenheit des anderen gegenüber. So wird der Gegensatz zwischen Achill und den Gesandten, den das Epos in Rede und Gegenrede breit ausmalen kann, mit einfachen Mitteln zu einer schlüssigen bildlichen Formel verdichtet.

Die Reihe der attischen Gesandtschaftsbilder bricht um 470 v. Chr. ab, das Thema scheint danach außer Mode gekommen zu sein. Es kehrt in der griechischen Vasenmalerei nur noch ein einziges Mal wieder auf einem apulischen Glockenkrater in Heidelberg (Kat.-Nr. 228). Trotz seines fragmentarischen Erhaltungszustands ist die Gesamtkomposition ohne weiteres zu erkennen. Rechts sitzt Achill unter einem Pavillon auf einer Kline und spielt auf der Leier; hinter ihm hängen die unbenutzten Waffen: Schild und Helm. Außerhalb des Pavillons sitzt links ein junger Mann, Achill zugewandt, aber doch an ihm vorbeiblickend: er hat den Kopf leicht nach vorn geneigt, um dem Leierspiel des Freundes besser lauschen zu können. Ähnlich wie Odysseus auf attischen Vasenbildern umfaßt auch er mit beiden Händen das hochgezogene linke Knie; die Übereinstimmung ist gewiß nicht zufällig: sie zeigt, daß die ältere Ikonographie dem Maler des frühen 4. Jahrhunderts nicht ganz unbekannt gewesen sein kann; um so bedeutsamer ist die Tatsache, daß er sich kaum an sie gehalten hat. Im Rücken Achills und seines Gefährten und von diesen unbemerkt stehen drei Männer unterschiedlichen Alters dicht beieinander in vertraulichem Gespräch: es fällt nicht schwer, in ihnen die drei Boten Odysseus, Aias und Phoinix zu erkennen. Zu einem besseren Verständnis des ganzen Bildes braucht man im übrigen nur die entsprechende Textpassage nachzulesen.

Die Gesandten, so heißt es dort, »schritten entlang am Ufer des rauschenden Meeres, und sie beteten viel zum Erschüttrer und Halter der Erde, daß sie leicht gewännen den hohen Sinn des Achilleus. Als zu der Myrmidonen Zelten und Schiffe sie kamen, fanden sie ihn, wie er gerade sein Herz an der kunstvollen, schönen, klingenden Leier erfreute, auf der ein silberner Steg war; erbeutet hatte er sie, als Eetions Stadt er zerstörte. Damit erfreut' er sein Herz, sang Ruhmestaten der Männer. Doch Patroklos allein saß ihm gegenüber in Schweigen, wartend, bis Aiakos' Enkel beendet hätte sein Singen« (Ilias 9, 182–191; Übersetzung: R. Hampe; »Aiakos' Enkel« ist eine Bezeichnung für Achill).

Die Passage der Ilias liest sich wie eine genaue Bildbeschreibung bzw. umgekehrt: der Maler scheint seinem Bild eben diese Verse zugrundegelegt zu haben. Er zeigt Achill – der Ilias folgend – in einer Haltung unkriegerischer Muße: er, der selber einst Ruhmestaten vollbrachte, singt nun die Ruhmestaten anderer; schweigend und konzentriert hört Patroklos seinem Freund zu. Die Konfrontation zwischen Achill und den Gesandten wird nicht, wie auf den älteren Bildern, explizit zum Thema gemacht, sondern proleptisch angedeutet.

Die Unterschiede zwischen dem jüngeren apulischen Krater und den älteren attischen Vasenbildern liegen auf der Hand. Die attischen Maler des 5. Jahrhunderts reduzieren die Sagenepisode auf ihren narrativen Kern, indem sie das Scheitern der Gesandtschaft und Achills unversöhnlichen Zorn ins Bild setzen. Der Betrachter muß die Grundzüge der Erzählung natürlich in Erinnerung haben; weitergehende Bezüge zum Ilias-Text sind in den Vasenbildern aber nicht enthalten, und dessen genauere Kenntnis würde dem Betrachter kaum zu einem besseren Verständnis der Ikonographie verhelfen. Der apulische Maler des 4. Jahrhunderts hingegen hält sich exakt an eine begrenzte Passage. Die Übereinstimmungen zwischen dem Vasenbild und diesem Textausschnitt gehen weit über das hinaus, was man dem Niederschlag einer mündlichen Vermittlung noch zutrauen könnte: hinter einem solchen Bild steht nicht mehr der ephemere Vortrag eines Rhapsoden, sondern ein verfügbarer Text, in dem die betreffende Stelle jederzeit wieder aufgeschlagen werden kann. Gerade weil das Bild so stark auf den Text bezogen ist, zeigt es auch einen engeren Ausschnitt und blendet wesentliche Handlungsmomente aus: was wiederum bedeutet, daß beim Betrachter eine sehr viel exaktere Textkenntnis und ein ganz anderes Ausmaß an abrufbarer literarischer Bildung vorausgesetzt wird. Statt die Handlung als Ganzes im Auge zu haben, hält sich der Maler des 4. Jahrhunderts eng an den Wortlaut einer einzelnen Textpassage. Dieses Vorgehen ist keineswegs unproblematisch. Die Nähe zum Text kann leicht zu Darstellungen führen, die aus sich heraus kaum zu verstehen sind, ihre mediale Eigenständigkeit geradezu verleugnen. Was sie dem literarisch gebildeten Betrachter statt dessen zu bieten haben, ist der – vergleichsweise doch etwas laue – Reiz des Déjà-lu.

Kat.-Nr. 226

Literatur: E. G. Turner, Athenian Books in the Fifth and Fourth Centuries (1952); L. Woodbury, Aristophanes' Frogs and Athenian Literacy, TransactAmPhilAss 106, 1976, 349–357; M. Detienne, L'invention de la mythologie (1981) 61–72; W. V. Harris, Ancient Literacy (1989) 65–115; S. Usener, Isokrates, Platon und ihr Publikum. Hörer und Leser von Literatur im 4. Jahrhundert v. Chr. (1994); L. Giuliani, Bilder nach Homer. Vom Nutzen und Nachteil der Lektüre für die Malerei (1998); K. Friis Johansen, Zur Darstellung der Episode der Gesandtschaft an Achill, in: ders., The Iliad in Early Greek Art (1967) 166–178; LIMC 1 (1981) 108–114 (A. Kossatz-Deissmann).

226 Attisch-rotfiguriger Stamnos

Um 480 v. Chr.
Basel, Antikenmuseum und Sammlung Ludwig Inv. BS 477

A: Gesandtschaft an Achill; B: Zweikampf zwischen Hektor und Patroklos

Literatur: ARV^2 361,7; M. Schmidt, Der Zorn des Achill, in: Opus Nobile, Festschrift U. Jantzen (1969) 141 ff.; LIMC 1 (1981) 110 Nr. 453 (Seite A); 136 Nr. 583 (Seite B); CVA Basel 3 (1988) Taf. 22. 23 (V. Slehoferova); L. Giuliani, Bilder nach Homer. Vom Nutzen und Nachteil der Lektüre für die Malerei (1998) 90. 122 f.

227 Attisch-rotfiguriger Aryballos

Um 470 v. Chr.
Berlin, Antikensammlung Inv. F 2326

Gesandtschaft an Achill

Literatur: ARV^2 814,97; LIMC 1 (1981) 109 Nr. 443.

Kat.-Nr. 227

Kat.-Nr. 227

Kat.-Nr. 227

Kat.-Nr. 228

228 Apulisch-rotfiguriger Glockenkrater (Fragment)

Um 390 v. Chr.
Heidelberg, Antikenmuseum des Archäologischen Instituts der Universität Inv. 26,87

Gesandtschaft an Achill

Literatur: RVAp I 165,7/5; CVA Heidelberg 2 (1963) Taf. 73; J. M. Moret, L'ilioupersis dans la céramique italiote (1975) 267 f.; A. Kossatz-Deissmann, Dramen des Aischylos auf westgriechischen Vasen (1978) 13; Giuliani a. O. 100 f. L. G.

Kat.-Nr. 227

Kat.-Nr. 227

Kat.-Nr. 227

4. Maß, Vermessung, Akribie und Größe

Angelos Delivorrias

Bildwerk und Kopie

Das Verständnis griechischer Skulptur der klassischen Zeit setzt eine laufende Auseinandersetzung mit den erhaltenen originalen Schöpfungen voraus. Ohne die gleichzeitige Auswertung der Informationen, die aus den römischen Kopien vieler verlorener Werke herrühren, ist es aber mehr als fraglich, ob ein auch nur vorläufiger Überblick über ihre Entwicklung zu erreichen ist, der auch die verstreuten philologischen und epigraphischen Zeugnisse auswertet. Das Verhältnis der Kopien zu den Vorbildern bleibt dabei häufig dunkel. Die vielen Zweifel, die in den letzten Jahren bei den Kopien hinsichtlich der Genauigkeit der Nachbildung der Form und des Stils der Originale aufgekommen sind, haben tatsächlich das ältere Gebäude der Meisterforschung erschüttert.

Schon seit der archaischen Zeit, vor allem aber seit dem 5. Jahrhundert v. Chr. gibt es mehr oder weniger ›zeitgleiche‹ Wiederholungen berühmter Kunstwerke. Das ist ein Phänomen, das im Lauf der Zeit generelle Züge annimmt. Der Vorgang der Nachbildung resultierte dabei zunächst nicht aus der Notwendigkeit einer absoluten Genauigkeit, so daß im Ergebnis der Grad an Verwandtschaft zur ursprünglichen Idee unterschiedlich geblieben ist. Vor allem das Talent des nachbildenden Künstlers erreicht unterschiedliche Freiheit der ›gleichzeitigen‹ Wiederholungen von den originalen Schöpfungen. Daneben spielt die Funktion der Nachschöpfung eine Rolle, die häufige Änderung des Maßstabs und manchmal die Veränderung des Inhalts. Die ›Umbildungen‹, die z. B. der statuarische Typus der Aphrodite in den Gärten des Alkamenes seit seiner Schöpfung um 435 v. Chr. bis in hellenistische Zeit durchgemacht hat, bescheinigen einerseits die Unerschöpflichkeit der ursprünglichen Idee, andererseits die Fruchtbarkeit, die diese Umbildungen im Lauf der Zeit beflügelt hat: seit 420 v. Chr. mit dem Kultbild der aufgestützten Aphrodite von Daphni und der Darstellung der Göttin im Reliefschmuck der Basis der Kultgruppe im Hephaisteion bis hin zu den anmutigen Nachahmungen desselben Themas und seinen Nachklängen in Grab- und Weihedenkmälern des 4. Jahrhunderts v. Chr., von der Aphrodite von Chaironeia aus dem frühen 3. Jahrhundert v. Chr. bis zum römischen Kultbild, das dem Mars Ultor im Tempel auf dem Augustusforum in Rom zur Seite stand.

Im Gegensatz hierzu ist es im Falle der römischen Kopien nicht leicht, das plastische Vermögen, das auf den Fähigkeiten des Kopisten beruht, von den Eigenschaften der ursprünglichen Skulptur zu unterscheiden. Der Charakter der verlorenen Vorbilder läßt sich aber doch bis zu einem gewissen Grad aus der Art der Kopistentradition in ihrer Gesamtheit wiedergewinnen, wobei als Kriterium die Genauigkeit der Wiedergabe der ästhetischen Erscheinung des Urtypus im Vergleich zur statistischen Häufigkeit seiner Wiederholungen zu gelten hat. Heute verliert das Vertrauen in den Wert der Kopien für die Wiedergewinnung der monumentalen Plastik des 5. und 4. Jahrhunderts v. Chr. an Boden gegenüber dem Interesse an den formalen Problemen und dem tieferen Inhalt der römischen Kunst. Es muß freilich betont werden, daß eine einseitige Sicht, wenn es um künstlerische Phänomene geht, noch nie ein guter Ratgeber war.

Die allmähliche Unterbewertung der Kopien geht auf die freilich zurückhaltenden Behauptungen Georg Lippolds zurück, auf die sich vor allem diejenigen berufen, die von der Zuverlässigkeit der Kopien sowieso einen gewissen Prozentsatz abziehen. Man sollte aber nicht außer acht lassen, daß derselbe Forscher in der vielleicht bedeutendsten Abhandlung des 20. Jahrhunderts über die antike griechische Skulptur sich überwiegend auf die Zeugnisse der Kopistentradition gestützt hat.

Für diejenigen, die ihr Vertrauen in die normalerweise enge Verwandtschaft zwischen Kopien und Originalen aufrecht erhalten, ist der Fall des polykletischen Doryphoros von besonderem Gewicht (Kat-Nr. 240–243): Die immer exaktere Annäherung an diese ausdrucksvolle Schöpfung folgt der stetigen Verfeinerung des theoretischen Rüstzeugs der klassischen Archäologie, seit 1863 Karl Friederichs als erster die römischen Wiederholungen des Werks erkannt hat. Absolute Genauigkeit der Nachbildungen bezeugen im übrigen auch die wenigen Fälle, in denen sowohl das Original wie auch seine Kopien erhalten sind: an herausragender Stelle unter ihnen ist die aufregende Entdeckung der Nemesis des Agorakritos durch Giorgos Despinis zu nennen (Kat.-Nr. 88).

Bei jeder Wiederholung der formalen Merkmale eines älteren Skulpturenwerkes stellen sich Fragen in Hinblick auf die technische Ausarbeitung der Kopie, auf das Ergebnis genauer Berechnungen und die Wirkung akkurater Messungen des Originals, auf die Möglichkeit der Abänderung der Proportionen des Originals durch die Anwendung eines Gesamtsystems der Übernahme. Sicher ist die Verwendung mechanischer Hilfsmittel, die von den Bildhauern während der Phase der Fertigstellung eines Gips- oder Tonmodells laufend eingesetzt werden. Auch bei den Kopisten ist der Einsatz von Gipsabgüssen gesichert, wie sich aus dem Fund von Baiae in der Bucht von Neapel ergeben hat (Kat.-Nr. 494). So wird die Wahrscheinlichkeit eines Fehlers minimiert und die Präzision der Übertragung der Details erreicht, und so läßt sich auch die außerordentliche Gründlichkeit bei der Ausarbeitung vieler Wiederholungen erklären. Die Ausstrahlung des persönlichen Stils und die nicht zu wiederholende Qualität der ursprünglichen bildhauerischen Tätigkeit können allerdings nur die Originale garantieren.

Die Fragestellung sollte heute auf die Auffindung der Produktionszentren und die Modalitäten des Transports und Verkaufs der Kopien ausgedehnt werden. Zwei Meinungen verstärken noch die Schwierigkeiten der Forschung, ohne sich auf unwiderlegbare Beweise stützen zu können: Gemäß der ersten durften Werke, die in den großen panhellenischen Heiligtümern geweiht waren, aus religiösen Gründen nicht kopiert werden; laut der zweiten ist es fraglich, ob Werke, die nur bei Pausanias erwähnt sind, überhaupt kopiert wurden. Die Argumente, die in beiden Fällen herangezogen werden, fußen jedoch nicht auf ausdrücklichen Zeugnissen des Altertums. Gegen die erste Meinung könnte man daher die Zufälligkeiten der Erhaltung anführen, gegen die zweite die Schwierigkeiten der Identifizierung der Kopien bei der buchstäblich telegrammhaften Kürze der Erwähnung der Originale.

Welche bei Pausanias in den beiden griechischen Heiligtümern genannten Kunstwerke sind denn tatsächlich kopiert worden? Bei der Ausweglosigkeit der Forschungen in ihren wiederholten Versuchen, ein Bild des Weihgeschenks der Athener in Delphi wiederzugewinnen, eröffnet immerhin ein kürzlich geäußerter Vorschlag von Giorgos Despinis neue Wege. Im Falle des Heiligtums von Olympia ist zwar sicher, daß keines der zahlreichen in den Quellen erwähnten, dort aufgestellten Kunstwerke mit Sicherheit erkannt worden ist, doch ist ebenso sicher, daß Teile des kolossalen Goldelfenbeinbildes des Pheidias kopiert worden sind. Denn so sehr auch – zu Unrecht! – die Identifizierung der Nike des Zeus durch Hans Schrader mit dem Typus der Berliner Nike oder die Rekonstruktion der Sphinxgruppe aus Ephesos durch Fritz Eichler angezweifelt werden, hat doch bisher noch niemand daran gedacht, die Zuschreibung der Reliefs mit der Tötung der Niobiden durch Adolf Furtwängler zu erschüttern.

Im Falle der Akropolis in Athen ist der Stand der Dinge nicht klarer. Nach einer neuen Theorie mit unausgesprochen negativer Tendenz ist auf wenigen Seiten eines Artikels die Identifizierung der myronischen Gruppe mit Athena und Marsyas (Kat.-Nr. 399) abgelehnt worden. Dagegen ließen sich die gesamten bisherigen archäologischen Bemühungen stellen. Dasselbe gilt für das viel besprochene Charitenrelief (Kat.-Nr. 531), aber auch die Zuschreibung des Kopfes des Perikles zum Werk des Kresilas (Kat.-Nr. 127).

Stärkere Widersprüche begegnen im Hinblick auf die Identifizierung dreier anderer bedeutender Weihgaben auf der Akropolis, da zu den in die Diskussion einbezogenen Eigenschaften der Arbeit des Kopisten die noch fragwürdigeren Kriterien der stilistischen Einschätzung des Originals hinzutreten. Schwerlich könnte ich den Stil des Bildhauers Kalamis im Kasseler Apoll (Kat.-Nr. 2) erkennen und an seiner von Ludwig Curtius und Hans Schrader vorgeschlagenen Zuschreibung an den phidiasischen Apollon Parnopios zweifeln, noch weniger der Versetzung des Originals von der Akropolis auf die Agora zustimmen. Dasselbe würde ich auch zur Gleichsetzung der Athena Lemnia (Kat.-Nr. 3) mit dem statuarischen Typus Dresden-Bologna durch Adolf Furtwängler sagen, im

Gegensatz zu ihrer Übereinstimmung mit dem Typus der akrolithen Athena Medici, dessen Original – ob nun phidiasisch oder nicht – freilich nicht für einen unter freiem Himmel gelegenen Aufstellungsort bestimmt gewesen sein kann. Ich glaube schließlich nicht, daß die Zweifel berechtigt sind, daß der Anakreon Borghese jenen kopiert, den Pausanias gesehen hat (Kat.-Nr. 179).

Die systematische Tätigkeit von Kopisten auf dem Heiligen Felsen der Akropolis in Athen bezeugen die Wiederholung der Erechtheion-Koren (Kat.-Nr. 501) und der Reliefs der Nikebalustrade (Kat.-Nr. 270. 271). Dasselbe gilt für den alkamenischen Hermes Propylaios (s. S. 12 Abb. 5) trotz der schwachen Übereinstimmung von monumentaler und schriftlicher Überlieferung. Dasselbe gilt aber auch für andere bisher nur als Kopien bekannte Werke, deren Zahl sich bei den Fortschritten der Arbeiten auf der Akropolis erhöhen wird, wenn weitere kleine Fragmente der originalen Schöpfung ans Licht treten. Das steht zu hoffen für die archaistische Athena Promachos, oder für den ›Seher mit Netzgewand‹, für die Heroine des Deinomenes, dank derer auch das Problem der ›Schutzflehenden Barberini‹ (Kat.-Nr. 235) gelöst werden kann, aber auch für die sitzende Göttin mit der unglücklichen Bezeichnung ›Olympias‹ (Kat.-Nr. 234), trotz der ungerechtfertigten Zweifel, die sowohl hinsichtlich der Qualität des Fragments als auch hinsichtlich seiner Interpretation geäußert worden sind.

In ihrer Behauptung, daß in vielen Fällen zwischen den Originalen und den Nachbildungen freie zeichnerische Wiedergaben gestanden haben müssen, betont Brunhilde Ridgway die Bedeutung der mangelnden Übereinstimmung zwischen beiden zu stark. Dieselbe Praxis will sie denn auch in der Bearbeitung der Kopien der Amazonomachie vom Parthenosschild erkennen, wo aber die Forschung der letzten Jahre gezeigt hat, daß diese mit Hilfe von Gipsabgüssen angefertigt wurden, die bis in die römischen Werkstätten von Aphrodisias in Kleinasien gelangt waren. Freilich ist nicht auszuschließen, daß die Kopisten zu Zeichnungen Zuflucht nahmen, wenn es darum ging, die Schwierigkeiten zu umgehen, die mit der Nachbildung eines kolossalen Werks verbunden waren: die Errichtung eines riesigen Gerüsts und die entsprechenden Kosten, der Abguß in Teilmatrizen sowie die generelle Störung im Betrieb des Heiligtums, die Probleme bei der Zusammensetzung der Einzelteile aus Gips in den Räumen der Werkstatt, die nicht bequemer waren als die heutigen. So lassen sich die Abweichungen bei den Wiederholungen der goldelfenbeinernen Athena Parthenos (Kat.-Nr. 266. 267) ebenso erklären wie die Abweichungen bei der archäologischen Beurteilung der dem Original am nächsten stehenden Überlieferung. Auf diese Weise kommt Evelyn Harrison zu ihrem Recht, die, um die Identifizierung der Nike, die Athena hielt, mit den Kopien eines Kopfes von der athenischen Agora zu begründen, die Abnahme der Matrizen für die Gipsabgüsse der Nike mit Reparaturarbeiten an der Statue und dem Tempel nach dem katastrophalen Brand des 2. Jahrhunderts v. Chr. in Verbindung bringt. Während aber im Fall der Athena Parthenos die Anfertigung der Gipsmatrizen auf bestimmte einmalige Bauarbeiten zurückgeführt werden kann, so ist dasselbe für andere goldelfenbeinerne Statuen nur schwer nachzuweisen, die laufend gewartet und repariert worden sind. Bekannt ist, daß die Priesterschaft von Olympia sich an den bekannten Bildhauer Damophon wandte, um den phidiasischen Zeus reparieren zu lassen; mit dieser hellenistischen Reparatur lassen sich aber die oben genannten römischen Kopien von Einzelteilen des Zeusbildes zeitlich schwer vereinbaren.

Der Fall dieser gesicherten Kopien verbietet es eigentlich, zufällige Reparaturen oder Bauarbeiten anzunehmen, um eine Ausnahme von den angeblich unübertretbaren Verboten religiösen Charakters zu begründen. Eine solche strenge Haltung läßt sich im übrigen selbst im heiligsten der griechischen Heiligtümer in Eleusis – wo überdies der Kult ein Mysterienkult war – nicht nachweisen, betrachtet man die erhaltenen Kopien des großen eleusinischen Reliefs. Und auch die zweifelsfreie Existenz von Kopien berühmter Kultbilder, die in Tempeln von eigentlich geringerem theologischem Gewicht aufgestellt waren, wie der Nemesis des Agorakritos in Rhamnous in Attika (Kat.-Nr. 88) oder des Apollon Patroos des Euphranor auf der Athener Agora, schwächt die genannte Idee eines Kopierverbots auf der Akropolis, in Olympia oder Delphi.

Damit aber nicht der Eindruck entsteht, daß nur durch athenischen Einfluß Abweichungen von ansonsten nicht übertretbaren Regeln vorkamen, seien dieser vorläufigen Aufzählung auch einige Werke anderer Landschaften beigefügt: Der goldelfenbeinerne Asklepios des Thrasymedes im Tempel von Epidauros kann nach dem Zeugnis von Münzbildern ohne Zweifel in der wertvollen Kopie in Kopenhagen erkannt werden. Dasselbe gilt für die Aphrodite des Polyklet aus Amyklai, die nach der Niederlage der Athener bei Aigospotamoi die Dankbarkeit der Lakedaimonier gegenüber der ›Euploia‹ in ihrem durch das Grab des Hyakinthos geheiligten, altehrwürdigen Heiligtum zu Sparta ausdrückte. Sie ist nach neuer Interpretation im altbekannten statuarischen Typus der Hera Borghese zu erkennen. Exakt dasselbe würde ich auch über die goldelfenbeinerne Aphrodite aus Elis sagen, wenngleich die vorgeschlagene Identifizierung der einzigen Kopie aus Venedig in Berlin mit dieser reifen phidiasischen Schöpfung ausführliche Gegenargumente gegen die von Zeit zu Zeit ausgedrückten abweichenden Meinungen erfordern würde (Kat.-Nr. 229).

Die Möglichkeit, Gipsabgüsse auch von aus edlerem Material geschaffenen Werken zu nehmen, worauf vor Jahren schon Hans Jucker hingewiesen hatte, muß als nahezu sicher angesehen werden. Sicher ist im übrigen auch, daß die Beschäftigung mit der Forschung in bezug auf die Geheimnisse einer so weit entfernten Wirklichkeit nicht von einer unbeugsamen, von Vorurteilen bestimmten Geisteshaltung abhängig sein darf. Auch darf die logische Struktur der auszuwählenden Methode nicht in einer subjektiven Einschätzung der Quellen ersticken oder sich unter einer ebenfalls subjektiven Forschungserwartung entspannen.

229 Aphrodite mit der Schildkröte

Pentelischer Marmor; H 1,58 m
Um 420 v. Chr. (Original) oder Kopie danach
Berlin, Antikensammlung Inv. Sk 1459 (K5)

Von der überlebensgroßen, mit Chiton und Mantel bekleideten Figur fehlen die einst angesetzten, separat gearbeiteten Teile des Oberkörpers mit Hals und Kopf sowie beide Arme. Das an der linken Schulter herabfallende Gewand läßt über die Identität der Aphrodite keinen Zweifel. Dasselbe gilt für das ›Urania-Motiv‹ des aufgesetzten linken Fußes wie auch für die fehlende Stütze des linken Armes, in der man entweder eine Herme oder eine archaistische Kore gesehen hat. Umstritten ist, ob es sich um ein griechisches Original oder eine römische Kopie handelt. Allerdings existiert keine weitere Replik des Typus. Auch die Herkunft der Statue aus dem Palazzo Brazza in Venedig spricht für ihre Originalität, da unendlich viele griechische Originale über Venedig nach Westeuropa gekommen sind. Die stilistischen Beziehungen des Werkes zu den Parthenon-Skulpturen und seine Zuweisung an Pheidias haben zu einer Identifizierung mit der athenischen Aphrodite Urania geführt, welche aber aus parischem Marmor gearbeitet war (Pausanias 1, 14, 7). Sollte es sich um eine Kopistenarbeit handeln, ist plausibler, daß die Figur die ebenfalls phidiasische, aus Gold und Elfenbein gearbeitete Aphrodite Urania mit der Schildkröte in Elis wiedergibt (Pausanias 6, 25, 1). Allerdings ist die unter dem linken Fuß der Statue befindliche Schildkröte eine Ergänzung der Restauratoren in Venedig. Die für die Ausstellung 2002 durchgeführte Restaurierung hat die trotz der starken Verwitterung noch erkennbare ganz vorzügliche Oberflächenarbeit erkennbar gemacht, so daß die Wahrscheinlichkeit, hier ein griechisches Original erhalten zu haben, erneut zur Diskussion gestellt werden kann.

Literatur: C. Blümel, Staatliche Museen Berlin. Katalog der griechischen Skulpturen des 5. und 4. Jhs. v. Chr. (1928) K5;

Kat.-Nr. 229

Kat.-Nr. 230

Kat.-Nr. 231

Kat.-Nr. 232

LIMC 2 (1984) 28 Nr. 177 s. v. Aphrodite (A. Delivorrias); Ch. Höcker – L. Schneider, Phidias (1993) 110ff.; EAA Suppl. II (1994) 651 s. v. Fidia (A. Delivorrias); C. Rolley, La sculpture grecque 2. La période classique (1999) 140f. Abb. 125.

230 Angelehnte Aphrodite ›in den Gärten‹

Marmor; H 1,35 m (mit Basis)
Römische Kopie eines Werkes um 435 v. Chr.
Paris, Musée du Louvre Inv. Ma 414

Das Werk ist die besterhaltene Kopie eines in mehreren Wiederholungen überlieferten Aphrodite-Typus, in dem die Göttin mit reich gefaltetem Chiton und Mantel und überkreuzten Beinen an eine Stütze lehnend dargestellt ist. Das verlorene marmorne Original kann mit dem athenischen Meisterwerk des Alkamenes, der Kultstatue der Göttin in den Gärten am Ilissos, identifiziert werden. Dafür spricht die Andeutung eines Myrthenbaumes an der Nebenseite der Stütze sowie der Rabe an deren Vorderseite, als Andeutung der Nachbarschaft ihres Heiligtums zu dem des Apollon Pythios in derselben Gegend. Die Stütze, die öfters als Attribut bei Aphrodite vorkommt, ist als anikonische Darstellung derselben zu verstehen. Mit der Linken hatte die Göttin das herabfallende Gewand und in der Rechten wohl einen Spiegel gehalten.

Literatur: LIMC 2 (1984) 31 Nr. 196 s. v. Aphrodite (A. Delivorrias) (mit Literatur); I. Romeo, Xenia Antiqua 2, 1993, 31 ff.; EAA Suppl. 1 (1994) 173 Abb. 204 s. v. Alkamenes (A. Delivorrias); A. Delivorrias in: D. Buitron-Oliver (Hrsg.), The Interpretation of Architectural Sculpture in Greece and Rome (1997) 83 ff.; Rolley a. O. 140 Abb. 124; 148.

231 Aphrodite von Daphni

Parischer Marmor; H 0,35 m
Original der Zeit um 420 v. Chr.
Athen, Nationalmuseum Inv. 1604

Es handelt sich um das Fragment des Oberkörpers der Kultstatue der Aphrodite aus ihrem Heiligtum in Daphni bei der Heiligen Straße nach Eleusis. Trotz des fragmentarischen Zustandes spricht die hervorragende Qualität der Arbeit für die Zuweisung des Werkes an dieselbe Werkstatt, wenn nicht an denselben Meister, dem das Original der Aphrodite ›in den Gärten‹ zu verdanken ist (Kat.-Nr. 230). Auch die Konzeption beider Schöpfungen ist eng verwandt, trotz der Umkehrung des Hauptmotivs, der höheren Position des linken Armes und des Ersetzens der Stütze durch einen Baum, der den chthonisch-vegetativen Charakter der Göttin veranschaulicht.

Literatur: A. Delivorrias, Die Kultstatue der Aphrodite von Daphni, AntPl 8 (1968) 19 ff.; LIMC 2 (1984) 31 Nr. 200 s. v. Aphrodite (A. Delivorrias); EAA Suppl. 1 (1994) 174 f. s. v. Alkamenes (A. Delivorrias); N. Kaltsas, Εθνικό Αρχαιολογικό Μουσείο. Τα γλυπτά (2001) 122 Nr. 224.

232 Kopf der Aphrodite vom Typus Louvre-Neapel

Marmor; H 0,15 m
Gegen Ende des 5. Jhs. v. Chr.
Aus Athen
Athen, Nationalmuseum Inv. 3569

Verkleinerte Originalwiederholung eines berühmten Typus, deren gesicherte Herkunft auch den ursprünglichen Standort des verlorenen Archetyps eher in Athen als auf der Peloponnes impliziert. Die Vielzahl der erhaltenen Kopien spricht für seine Beliebtheit, ohne jedoch zu einer gesicherten, allgemein akzeptierten Zuschreibung und Zuweisung geführt zu haben. Aus der feinen Ausarbeitung des Kopfes mit den edlen Gesichtszügen und der Haube, die die Nackenhaare zusammenhält, läßt sich kein Schluß auf das Material des Originals ziehen, auch nicht auf eine Verbindung mit dem Werk des Bildhauers Kallimachos.

Literatur: S. Karousou, AM 89, 1974, 151 ff. Taf. 61. 62; LIMC 2 (1984) 35 Nr. 231 s. v. Aphrodite (A. Delivorrias); M. Brinke, Die Aphrodite Louvre-Neapel, AntPl 25 (1996) 49 f. Taf. 44; Kaltsas a. O. 123 Nr. 230.

233 Athena Velletri

Pentelischer Marmor; H 0,30 m

Kat.-Nr. 233

Griechische Wiederholung eines Werkes um 430–420 v. Chr. oder Kopie danach
Athen, Nationalmuseum Inv. 4486

Trotz der herausragenden Qualität der Arbeit bleibt die Frage offen, ob es sich um eine verkleinerte, zeitgenössische Wiederholung des bekannten überlebensgroßen Statuentypus aus dem ausgehenden 5. Jh. v. Chr. handelt, oder um eine Kopie der römischen Kaiserzeit. Das bronzene Original, das in Athen wohl im Freien und nicht in einem Tempel gestanden hatte, wird sowohl dem Bildhauer Kresilas als auch Alkamenes zugeschrieben. Bei diesem trug die Göttin den korinthischen Helm, Chiton und Mantel, eine kleine Aegis, in der erhobenen Rechten eine Lanze und in der vorgestreckten Linken eine Spendeschale.

Literatur: S. Karousou, AntPl 12 (1973) 37 ff. Taf. 6. 7; E. B. Harrison, AJA 81, 1977, 177 Nr. 17; P. Karanastassis, AM 102, 1987, 350; Kaltsas a. O. 123 Nr. 230.

Kat.-Nr. 234

234 Aphrodite ›Olympias‹

Parischer Marmor; H 0,30 m
450–440 v. Chr.
Athen, Akropolis-Museum Inv. 6692

Fragment vom Oberkörper einer sitzenden Figur, über deren Identifizierung als Artemis oder Hekate, Hygieia oder Aphrodite, aber auch als Porträtstatue einer verstorbenen Athenerin die Forschung nicht einig ist. Auch die Originalität des auf der Akropolis entdeckten Fragments, zu dem man inzwischen weitere Stücke gefunden hat, ist ohne genügende Gründe angezweifelt worden. Nach den erhaltenen römischen Kopien des Typus scheint diese Schöpfung, die im Freien aufgestellt war, einen besonderen Ruhm gehabt zu haben, wofür auch ihre verschiedenen Zuweisungen an Pheidias selbst, an Kalamis oder Alkamenes sprechen.

Kat.-Nr. 235

Kat.-Nr. 236

Literatur: A. Delivorrias, AM 93, 1978, 1 ff. Taf. 1–14; LIMC 2 (1984) 90 Nr. 819 s. v. Aphrodite (A. Delivorrias); C. Maderna Lauter in: P. C. Bol (Hrsg.), Forschungen zur Villa Albani. Katalog der antiken Bildwerke II (1990) 204 ff. Nr. 215 Taf. 142–149; L. Koch, Weibliche Sitzstatuen der Klassik und des Hellenismus und ihre kaiserzeitliche Rezeption. Die bekleideten Figuren (1994) 15. 184 Nr. 3 a Taf. 6, 1; 8, 1; I. Trianti, Το Μουσείο Ακροπόλεως (1998) 397 f.

235 ›Schutzflehende‹ Barberini

Marmor; H 1,02 m
Römische Kopie eines Werkes um 430 v. Chr.
Paris, Musée du Louvre Inv. Ma 3433

Die gut erhaltene, auf einem profilierten niedrigen Podest sitzende Frau mit dem pathetisch emporblickenden Kopf und dem auf der linken Schulter herabfallenden Chiton ist als Typus in mehreren römischen Kopien überliefert. Nach der Entdeckung zweier Fragmente desselben Typus von ausgezeichneter Qualität auf der Athener Akropolis ist das Original erkannt, seine ursprüngliche Bestimmung am Altar des Zeus Polieus gesichert und seine Identifizierung mit einer der beiden von Deinomenes geschaffenen Statuen der Io oder der Kallisto gelungen (Pausanias 1, 25,1)

Literatur: S. Karousou, Die ›Schutzflehende Barberini‹, AntK 13, 1970, 34 ff. Taf. 22–25; G. Despinis, Η ικέτιδα Barberini, in: Πρακτικά του XII Διεθνούς Συνεδρίου Κλασικής Αρχαιολογίας, Athen 1983, Bd. III (1988) 65 ff. Taf. 13; I. Trianti, Το Μουσείο Ακροπόλεως (1998) 396 f.; C. Rolley, La sculpture grecque 2. La période classique (1999) 154 f.

236 Nereide, auf einem Delphin reitend

Pentelischer Marmor; H 0,87 m
Spätes 5. – frühes 4. Jh. v. Chr.
Athen, Nationalmuseum Inv. 3397

Die aus mehreren Fragmenten zusammengesetzte,

Kat.-Nr. 237

Kat.-Nr. 238

nach links reitende Figur, die mit der erhobenen Linken einst den wie ein Segel wehenden Mantel hielt, hat als Eckakroter eines klassischen Tempels, wohl des Ares, gedient. Von der entsprechend als Gegenstück komponierten Nereide der rechten Seite ist der Oberkörper in Neapel erhalten. Fraglich bleibt das Aussehen des mittleren Firstakroters, in dem man eine Entführungsszene vermuten könnte. Auch die Datierung der ganzen Komposition bedarf einer weiteren Diskussion.

Literatur: A. Delivorrias, Attische Giebelskulpturen und Akrotere des 5. Jhs. v. Chr. (1974) 125 ff.; W. Fuchs, Boreas 2, 1979, 59 ff.; E. B. Harrison in: Πρακτικά του XII Διεθνούς Συνεδρίου Κλασικής Αρχαιολογίας, Athen 1983, Bd. III (1988) 104 f. Taf. 20, 1; P. Danner, Griechische Akrotere archaischer und klassischer Zeit (1989) 28 f. Nr. 172 Taf. 30; LIMC 6 (1992) 790 Nr. 42 a s. v. Nereides (N. Icard-Giandio – A.-V. Szabados); N. Kaltsas, Εθνικό Αρχαιολογικό Μουσείο. Τα γλυπτά (2001) 129 Nr. 245.

237 Firstakroter vom Poseidontempel in Sunion

Parischer Marmor; H 1,14 m
Um 440 v. Chr.
Athen, Nationalmuseum Inv. 1112

Das besterhaltene pflanzliche Firstakroter der Klassik wurde früher in einer Komposition mit zwei ebenfalls pflanzlichen Eckakroteren vorgestellt. Nach der Entdeckung eines der seitlichen Akroterkasten ist seine ursprüngliche Rahmung durch zwei laufende weibliche Figuren gesichert, wie es ebenso beim architektonischen Dekor mehrerer Tempel des 5. Jhs. v. Chr., vor allem des Parthenon, der Fall ist.

Literatur: Delivorrias a. O. 82 ff. Taf. 18 a; W. B. Dinsmoor Jr., AJA 78, 1974, 224 Abb. 13; A. Delivorrias in: E. Berger (Hrsg.), Parthenon-Kongreß Basel (1984) 289 ff.; Kaltsas a. O. 118 Nr. 213.

238 Athena-Kopf

Parischer Marmor; H 0,21 m
Um 440 v. Chr.
Athen, Nationalmuseum Inv. 558

Einer der wenigen im Original erhaltenen Athenaköpfe der reifen Klassik, in dem die Göttin, wie Athena Parthenos, mit attischem Helm dargestellt ist. Für den ursprünglich reichen Schmuck des Helmes durch bronzene Zutaten sprechen die Befestigungslöcher. Die stark verwitterte Oberfläche des Marmors könnte als Indiz dafür angenommen werden, daß dieser Kopf aus einer Giebelkomposition, wohl des Poseidontempels in

Kat.-Nr. 239 a

Kat.-Nr. 239 b

Sunion, stammt. Für eine solche Zuweisung spricht auch der dem oben erwähnten Firstakroter (Kat.-Nr. 237) entsprechende patinierte Zustand des Werkes, von dem trotz einer früheren Vermutung keine weiteren Fragmente erhalten sind.

Literatur: S. Karousou, Archäologisches Museum. Antike Skulpturen, Beschreibender Katalog (1969) 65 zu Nr. 558; A. Delivorrias, Attische Giebelskulpturen und Akrotere des 5. Jhs. v. Chr. (1974) 70 ff. Taf. 21. 22; G. Despinis, AA 1999, 173 ff.; Kaltsas a. O. 118 Nr. 212.

239 a Bärtiger Reliefkopf von der Agora von Athen

Pentelischer Marmor; H 0,14 m
430–420 v. Chr.
Athen, Agora-Museum Inv. S 1459

Literatur: F. Felten, Griechische tektonische Friese archaischer und klassischer Zeit (1984) 109 f. Taf. 31, 3; E. B. Harrison, The Classical High-Relief Frieze from the Athenian Agora, in: H. Kyrieleis (Hrsg.), Archaische und klassische Plastik II (1986) 109 ff. Taf. 120, 4.

239 b Weiblicher Reliefkopf von der Agora von Athen (Eris?)

Pentelischer Marmor; H 0,15 m
430–420 v. Chr.
Athen, Agora-Museum Inv. S 2331

Literatur: Felten a. O. 109 f. Taf. 31, 2; Harrison a. O. 109 ff. Taf. 122, 3. 4.

Beide Fragmente gehören zu einer Figurengruppe, die einst das besonders frei gearbeitete Relief eines Frieses geschmückt haben. Wegen des Fundortes auf der Athener Agora hat man versucht, die ganze Gruppe dem Ares-Tempel zuzuweisen, sei es als Schmuck eines inneren Frieses oder der Basis der Kultstatuen, sei es als Schmuck einer Balustrade des Altars. Nach der neuesten Untersuchung kommt auch der große Altar auf der Akropolis in Frage. Ungeklärt bleibt das Thema des dargestellten Mythos, in dem die Menge von ruhig stehenden weiblichen Figuren eine entscheidende Rolle gespielt zu haben scheint. Unter den vorgeschlagenen Interpretationen kommen eine Götterversammlung, ein Opferzug, die Hochzeit des Peleus, das Paris-Urteil und die Geburt der Pandora in Frage.

A. D.

Übersetzung aus dem Griechischen:
Martin Kreeb/Wolf-Dieter Heilmeyer

Adolf H. Borbein

Polyklet

Kein Bildhauer der griechischen Klassik hatte eine größere Wirkung als Polyklet, von keinem anderen wissen wir so viel wie von ihm. Sein Werk – auch wenn es nur in römischen Kopien anschaulich wird – und seine Wirkung machen ihn in besonderer Weise zum Repräsentanten der Kunst jener kurzen Epoche zwischen ca. 450 und 420 v. Chr., die wir Hochklassik nennen.

Polyklet stammte aus der nördlichen Peloponnes, aus Argos (oder aus Sikyon); daß er engere Beziehungen zu Athen, dem Hauptschauplatz der Hochklassik gehabt hätte, ist nicht überliefert. Seine Schaffenszeit können wir auf mindestens die Jahre zwischen 460 und 420 v. Chr. eingrenzen – freilich nur aufgrund unserer Datierungen der uns bekannten Werke; das bei dem römischen Autor Plinius (Nat. hist. 34, 50) genannte Datum für den Höhepunkt der Karriere des Künstlers, die 90. Olympiade (d. h. 420–417 v. Chr.), bezieht sich offenbar auf ein Alterswerk, das kolossale Goldelfenbein-Kultbild im Tempel der Hera von Argos, der nach einem Brand im Jahre 423 v. Chr. neu errichtet wurde. In Argos hatte Polyklet bei dem berühmten Ageladas sein Handwerk gelernt, und hier wohl wurde er auch selbst zum Inhaber einer Werkstatt, schließlich zum Haupt einer ›Schule‹ von Bildhauern, die sich bis in das 4. Jahrhundert v. Chr. nachweisen läßt – vielleicht sogar bis zu dem großen Lysipp, der für Alexander den Großen arbeitete.

Polyklet wurde ein Lehrmeister neuer Art; denn in Griechenland war er der erste Bildhauer, vielleicht der erste bildende Künstler überhaupt, der über sein Werk eine Schrift verfaßte, den »Kanon« (›Richtschnur‹). Vorher – seit dem 6. Jahrhundert v. Chr. – wurden vergleichbare Schriften nur von Architekten herausgegeben, von Leuten also, die wegen ihrer Leitungsfunktion sozial wesentlich höher rangierten als die im Schmutz der Werkstatt schweißtreibend schuftenden Bildhauer. Mit seiner Schrift stellte sich Polyklet auf eine Stufe auch mit anderen Autoren seiner Zeit, den Philosophen, den Rhetoriklehrern und den – ebenfalls als Handwerker geltenden – Ärzten. Der »Kanon« ist daher ein Zeichen für die soziale Emanzipation eines Berufsstandes und zugleich ein erstes Zeugnis für die Bereitschaft, zwischen Handwerk und Kunst zu unterscheiden. Auch für die Kunstgeschichte markiert der »Kanon« eine Zäsur: Als ein Regelwerk für die Praxis der Bildhauer steht er in der Tradition der Bildhauer-Regeln der ägyptischen und der archaischen griechischen Kunst, als Erfindung eines theoretisierenden Künstlers eröffnet er eine Epoche, in der eine durch Tradition gerechtfertigte und allgemein verbindliche Norm abgelöst wird durch konkurrierende Entwürfe einzelner, schulbildender Meister.

Aus Polyklets Schrift sind nur zwei kurze Sätze einigermaßen wortgetreu überliefert, außerdem einige inhaltliche Paraphrasen bei verschiedenen antiken Autoren. Nach diesen Zeugnissen war das oberste Prinzip des »Kanon« Genauigkeit bei der Planung und Ausführung des Kunstwerks, eine Exaktheit, neben welcher – zumindest in der Theorie – kein Raum blieb für Zufälligkeiten oder das bloße ›Glück‹ des Gelingens. Die Genauigkeit beruhte auf Maßen, die vom menschlichen Körper genommen waren, sie äußerte sich in Zahlen, vor allem in Zahlenverhältnissen (vgl. Kat.-Nr. 246). Diese führten von kleineren zu größeren Einheiten: von einem Finger zum anderen, von allen Fingern zur Mittelhand und Handwurzel, von dort zum Unterarm, zum ganzen Arm usw. Eben das zeigen auch die erhaltenen Statuen (Kat.-Nr. 240): Die mit dem zurückgesetzten Spielbein eingeleitete ›Bewegung‹ betrifft zunächst einzelne Glieder und ergreift dann sukzessiv den ganzen Organismus, und so wird der Körper aus Funktionsteilen gleichsam von unten aufgebaut.

Mit seinem Rekurs auf Maß und Zahl folgte Polyklet einem in der griechischen Kultur des 5. Jahrhunderts v. Chr. und besonders seit etwa der Mitte des 5. Jahrhunderts verbreiteten Trend. Das Messen zielte auf ein ›mittleres Maß‹, wobei die ersten Daten wohl empirisch, durch Vermessen von Menschen gewonnen wurden. Am Ende aber standen gewiß mathematisch-geometrisch bereinigte Proportionen, ein Menschenbild, das nach dem Urteil des römischen Redners Quintilian (Insti-

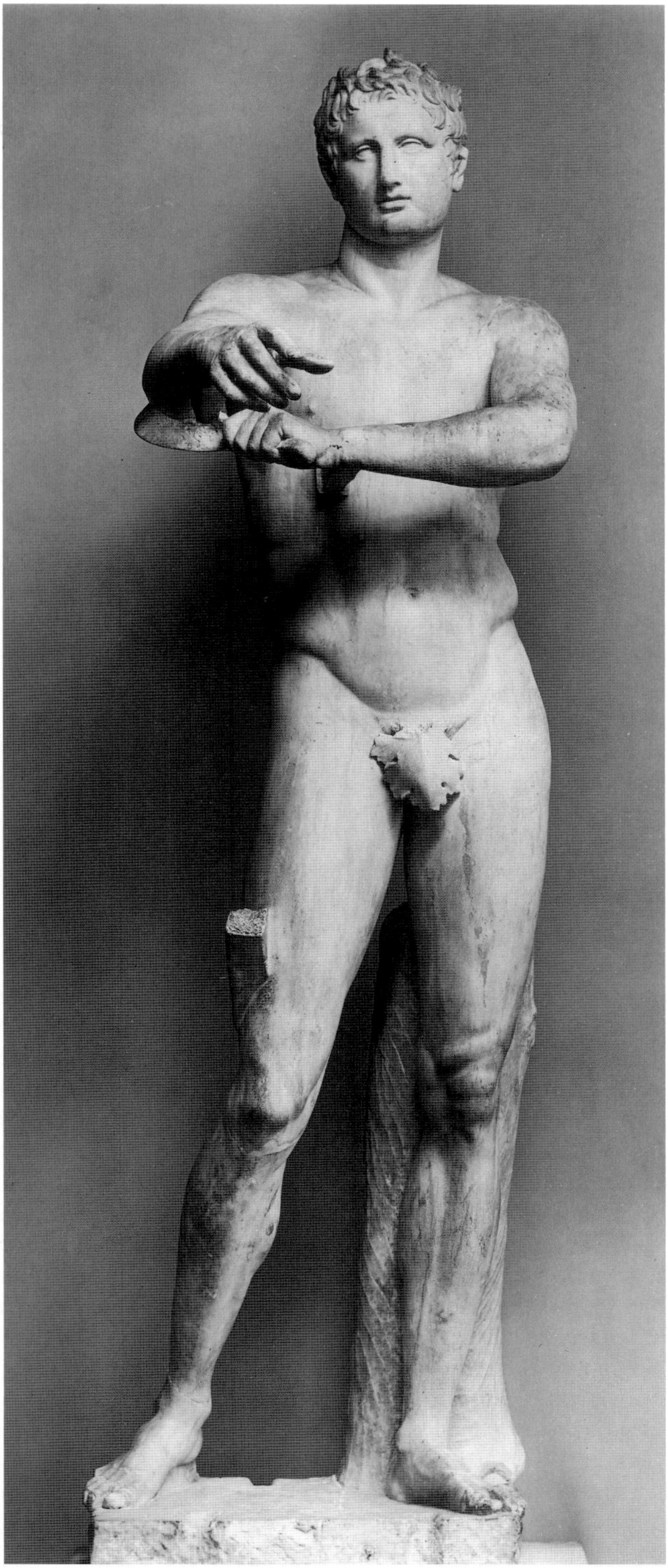

Abb. 1. Der Apoxyomenos (Schaber) des Lysipp in einer römischen Kopie der Vatikanischen Museen

tutio oratoria 12, 10, 8) *supra verum*, ›mehr als natürlich‹ war, das also die schlichte Naturnachahmung ebenso hinter sich ließ wie alles Individuelle und Zufällige, z. B. die Darstellung des Alters. Die gemäß Plinius (Nat. hist. 34, 56) *paene ad unum exemplum*, d. h. fast einem einzigen Vorbild entsprechend gearbeiteten Statuen Polyklets machen auch dies anschaulich.

Ein Ziel des »Kanon« war zweifellos seine praktische Anwendbarkeit. Polyklet ersetzte jedoch die tradierten Werkstattregeln durch ein System formaler Beziehungen, welche in den Naturgesetzen selbst ihre Begründung fanden: Indem er zeigte, daß die natürlichen Proportionen des menschlichen Körpers sich in mathematischen Relationen ausdrücken lassen, erwies er umgekehrt Proportion als Prinzip der Natur. Zahlen haben in diesem Zusammenhang eine andere Bedeutung als im Rasternetz der ägyptischen und archaisch-griechischen Bildhauer. Sie sind nicht nur technisches Hilfsmittel, sondern Ausdruck der den Naturgesetzen entsprechenden Richtigkeit.

In einem der beiden wörtlich überlieferten »Kanon«-Zitate wird das Ergebnis des genauen Beachtens vieler Zahlenverhältnisse mit dem Begriff »to eu«, ›das Gute‹ bezeichnet. Es spricht vieles dafür, daß hier wie auch mit dem Begriff des ›mittleren Maßes‹ eine nicht nur ästhetische, sondern auch moralische Qualität gemeint war. Polyklet muß davon überzeugt gewesen sein, daß die gelungene künstlerische Form etwas im moralischen Sinne ›Gutes‹ ist und daß es möglich sei, ästhetische Werte zu konstruieren, die zugleich moralische Werte sind. Wie die Form, so ist auch das Ethos herstellbar. Hier enthüllt sich der tiefere Sinn des Formalismus des polykletischen Kanon: Er ist kein L'Art pour l'Art, sondern zielt auf eine ›klassische‹ Vollkommenheit, die Körper und Geist, Denken und Handeln des Menschen betrifft. Dies paßt in eine Zeit, in der Philosophen und ›Sophisten‹ sittliches Handeln für lehrbar erklärten und in der der Glaube verbreitet war, der Mensch werde dank seiner Verstandeskräfte seine Umwelt in den Griff bekommen und zum Wohle aller gestalten – man hat hier treffend von »Können-Bewußtsein« (Christian Meier) gesprochen. Daß daneben die tragischen Dichter Athens die Grenzen menschlicher Fähigkeiten sahen, bedeutet keinen Widerspruch, läßt vielmehr die polare Spannung erkennen, die die griechische Klassik und auch ihre Kunst bestimmte. Polyklets »Kanon« eröffnete neue Möglichkeiten nur innerhalb von Grenzen, die ebenfalls zu seinem System gehören.

Die unmittelbare Wirkung des »Kanon« war offenbar weit geringer als sein späterer Ruhm. Schon die Werke, die man der Schule Polyklets zuschreibt, sind anders proportioniert als die des Schulgründers. Die hier bereits erkennbare Tendenz zu schlankeren Proportionen wurde von Lysipp wahrscheinlich zu einem neuen System erhoben (Abb. 1). Eine entsprechende Schrift Lysipps ist nicht explizit bezeugt. Doch zeigen mehrere überlieferte Äußerungen des Bildhauers, daß Lysipp sich mit kunsttheoretischen Problemen befaßte und daß er sich dabei auch auf Polyklet bezog – den Doryphoros (Kat.-Nr. 240) soll er als seinen Lehrmeister bezeichnet haben (Cicero, Brutus 296).

Galen aus Pergamon, seit 169 n. Chr. Leibarzt des Kaisers Marc Aurel, erwähnt Polyklet in mehreren seiner medizinischen Abhandlungen. Er berichtet, der Bildhauer habe seine Lehre in einer Statue perfekt verwirklicht, die er wie seine Schrift »Kanon« genannt habe. Eine solche Musterfigur zu akademischen Zwecken paßt freilich nicht in den Kunstbetrieb des 5. Jahrhunderts v. Chr., und auch die übertragene Verwendung des Begriffs ›Kanon‹ auf eine Statue dürfte damals noch nicht möglich gewesen sein. Dennoch ist uns wahrscheinlich ein Werk Polyklets in römischen Kopien überliefert, das die Prinzipien des »Kanon« besonders klar demonstriert; es war wohl deshalb besonders berühmt und wurde häufig offenbar relativ exakt reproduziert. Es ist der Doryphoros, dessen Original aus Bronze bestand und stilistisch in die Zeit um 450/40 v. Chr., den Beginn der ›Hochklassik‹ datiert werden kann (Kat.-Nr. 240).

Wie sehr diese Statue von späteren Generationen als formales Muster angesehen wurde, zeigt schon die Tatsache, daß nicht überliefert ist, wen sie darstellte; sie wurde in der antiken Literatur nach dem Darstellungsmotiv Doryphoros, d. h. Speerträger genannt. Auch ein anderes berühmtes Werk Polyklets war nur unter einer Motivbezeichnung bekannt: der Diadumenos, d. h. der Mann, der sich eine (Sieger?-)Binde umlegt. Gewiß jedoch hat ein griechischer Bildhauer des 5. Jahrhunderts, auch ein schon zu Lebzeiten berühmter wie Polyklet, keine inhaltlich neutralen Figuren um ihrer selbst willen dargestellt, sondern auf Grund von Aufträgen Statuen von bestimmten Göttern,

Heroen oder Menschen geschaffen, Werke, die öffentlich aufgestellt bestimmte Funktionen erfüllten (Götterbild, Siegerstatue etc.).

Als Bilderfindung ist der Doryphoros keineswegs originell: Figuren, die den Arm an der Seite des Standbeins herunterhängen lassen und mit dem angehobenen Arm auf der Seite des Spielbeins ein Attribut halten (hier einen Speer), sind in der griechischen Kunst des 5. Jahrhunderts v. Chr. auch schon vor der Schaffenszeit Polyklets geläufig. Dieser Figurentypus verwirklicht ganz allgemein die an der Wende vom 6. zum 5. Jahrhundert erfundene ›kontrapostische‹ Darstellungsweise, die die Bewegungsfähigkeit, die Lebendigkeit und den organischen Zusammenhang eines menschlichen Körpers dadurch anschaulich macht, daß sie ihn der Wirkung der Schwerkraft ausgesetzt zeigt: Beim Doryphoros wird die rechte Seite durch das Standbein, den herabhängenden Arm und die Kopfwendung als geschlossen, belastet und tragend gekennzeichnet. Sie ist – wie das hochgestemmte Becken und die in der Gegenrichtung dazu abgesenkte rechte Schulter verdeutlichen – durch die Last zusammengedrückt. Die linke, die Spielbeinseite aber öffnet sich, ist entlastet gedehnt; das Becken hängt, Schulter und Arme jedoch werden angehoben. Polyklet hat dies ebensowenig erfunden wie das zurück- statt vorgesetzte Spielbein. Doch hier erfassen wir zugleich etwas Neues, welches uns das bei Plinius (Nat. hist. 34, 56) überlieferte Urteil verstehen läßt, Polyklet habe Statuen geschaffen, die auf einem Bein stehen. Denn der Doryphoros setzt das Spielbein nicht nur zurück, sondern führt es in eine extreme Position: Das Spielbein, welches den Boden allein mit den Zehen berührt, ist vollkommen entlastet so weit zurückgestellt, wie es anatomisch und statisch eben noch möglich erscheint.

Ausgehend von diesem Standmotiv, welches die Verschiebungen der anderen Körperteile auslöst, demonstriert der Doryphoros am Beispiel einer stehenden Figur zugleich einen Extremfall der kontrapostischen Darstellungsweise überhaupt: Die primäre Unterscheidung zwischen einer geschlossenen (rechts) und einer sich öffnenden Seite (links) wird überlagert und differenziert durch ›chiastische‹ oder sich überkreuzende Querbezüge, welche zeigen, daß das Widerspiel von Kraft und Gewicht den Körper nicht in zwei Hälften zerfallen läßt, sondern ihn insgesamt erfaßt, ja seinen organischen Zusammenhang erst sichtbar macht. Auf der entlasteten Spielbeinseite ist der Arm, der den Speer trägt, belastet, auf der belasteten Standbeinseite der mit leerer Hand herabhängende Arm entlastet. Belastet am Doryphoros sind also rechtes Bein und linker Arm, entlastet linkes Bein und rechter Arm, wobei von den belasteten Gliedern der Arm, von den entlasteten das Bein stark eingeknickt wird.

Die enge Verknüpfung von Anspannung und Belastung, die den Aufbau des Körpers im ganzen sowie im Detail bestimmt, ist als Ausdruck jener die Schwerkraft überwindenden Fähigkeit zu verstehen, welche Bewegung und damit Leben ermöglicht. Diese Fähigkeit demonstriert der Doryphoros bis zur Gefährdung des Gleichgewichts, d. h. bis fast zu dem Punkt, an dem Ruhe in Bewegung übergeht. Daher sind Elemente potentieller Bewegung auf einer Körperseite, der linken, konzentriert: Das Spielbein greift hier nach hinten aus, während der Arm mit dem Speer angespannt nach vorn weist. Das Ungleichgewicht wird schließlich auf der Spielbeinseite selbst noch dadurch verstärkt, daß der schwere Speer auf ihr aufruht, obwohl das entlastete Bein sie nicht wirksam zu stützen vermag. Wäre nicht die linke Schulter genügend weit zurückgenommen, könnte sich der Körper kaum aufrecht halten.

Dadurch, daß Polyklet die Bewegungspotenz des Doryphoros in einer Ruhestellung nur indirekt anschaulich machte, ließ er auch die Grenzen der kontrapostischen Darstellungsweise erkennen. Denn das Prinzip des Kontraposts erfordert, daß jede Bewegtheit eines Körpers rückbezogen wird auf das statische Element der Schwerkraft. Das heißt: Bewegtheit tritt immer nur als Ergebnis einer Auseinandersetzung zwischen der Schwerkraft und dem Bewegungsimpuls in Erscheinung. Darstellbar ist daher nicht die Dynamik der Bewegung, die sich prozessual im Raum und in der Zeit zugleich entfaltet, sondern allein ihre Wirkung auf den trägen Organismus, fixiert in einem bestimmten Moment und erkennbar an bestimmten Muskelverschiebungen. Obwohl diese für die meisten bewegten Figuren der Rundplastik gilt und insbesondere für entsprechende Werke der griechischen Klassik, kommt dem Doryphoros dennoch eine exemplarische Bedeutung zu: Sein Schöpfer hat das künstlerische Problem, Bewegung in Ruhe darzustellen, in strengster Formalisierung anschaulich gemacht und zugleich mit einer Prägnanz gelöst, die der Klarheit einer gedanklichen Konstruktion entspricht.

Auffällig ist die ausgeprägte Blockform des Doryphoros: Die Front, die beiden Flanken und der Rücken der Statue sind wie vier selbständige Ansichtsseiten klar umrissen und durch fast abrupt umbrechende Kanten voneinander abgesetzt. Diesen Sachverhalt hat die antike Kunstkritik mit dem lateinischen Begriff *quadratus*, d. h. ›viereckig‹, ›vierschrötig‹, benannt (Plinius, Nat. hist. 34, 56). Die Blockform stellt vier besondere Untereinheiten des menschlichen Körpers heraus und betont durch die scharf umbiegenden Kanten seine Dreidimensionalität. Wie der alle Seiten der Figur gleichmäßig erfassende Kontrapost dient auch die Blockform dazu, den Körper als gegliedertes Funktionsgefüge vorzuführen. Der dreidimensionale natürliche Organismus erscheint so umgesetzt in dreidimensionale künstlerische Form – nicht bloß abgebildet, sondern gleichsam objektiviert und vollgültig übertragen in ein anderes Medium. Schon die archaisch-griechische Statue ist in diesem Sinne ein Objekt, das von allen Seiten betrachtet werden will, wobei die einzelnen Ansichten sich wie beim Doryphoros gegenseitig ergänzen: Wie weit zum Beispiel das Spielbein nach hinten ausgreift, sieht man erst von der Seite, und erst im Rücken sieht man, wie gerade der Körper sich hält – bei durchgedrücktem Kreuz. Zusätzlich bewahren die vierschrötig-›quadratischen‹ Statuen wohl auch eine Erinnerung an den viereckigen Steinblock, der neben dem runden Holz eine uralte Ausgangsform bildhauerischen Schaffens ist.

Im Grad der Formalisierung der Blockhaftigkeit übertrifft der Doryphoros aber ältere Werke, selbst Figuren des Strengen Stils, die die Mächtigkeit der physischen Erscheinung geradezu thematisieren (vgl. die ›Tyrannenmörder‹, Kat.-Nr. 132). Die Formalisierung hat auch hier vermutlich eine moralische Konnotation: τετϱάγωνοι, das griechische Äquivalent des oben erwähnten *quadratus* bezeichnet schon im 5. Jahrhundert neben der sichtbar gestalteten Vierkantigkeit oder Vierschrötigkeit auch moralische Qualitäten wie Rechtschaffenheit und geraden Sinn. Bei den Anhängern des Philosophen Pythagoras war die Zahl Vier aufgrund ihrer mathematisch-formalen Eigenschaften ein Zeichen für den Ausgleich von Gegensätzen, für Gerechtigkeit, für eine der Norm entsprechende Vollkommenheit, für Harmonie (s. u. S. 369 und Kat.-Nr. 272).

Körper und Kopf des Doryphoros sind in zahlreichen (ca. 70) Wiederholungen aus der römischen Epoche überliefert. Darunter befinden sich weitgehend vollständige Statuen (Kat.-Nr. 240), Torsi (Kat.-Nr. 241. 242) und Einzelköpfe (Kat.-Nr. 243. 244), die das Original relativ detailgetreu und maßgleich reproduzieren, neben verkleinerten oder in Einzelheiten veränderten Nachbildungen und Wiedergaben in der Flächenkunst (Kat.-Nr. 245). Die vollständige Statue aus Pompeji (Kat.-Nr. 240) und die Torsi in Berlin (Kat.-Nr. 241) und Florenz (Kat.-Nr. 242) stammen wahrscheinlich aus der gleichen Epoche der Regierungszeit der Kaiser Tiberius, Caligula und Claudius (14–54 n. Chr.). Die Unterschiede im Detail zeigen, daß selbst sehr gute Kopien mit dem Anspruch der Exaktheit in der Modellierung der Oberfläche voneinander abweichen und insofern das Original nicht ersetzen können. Der Basalt des Torsos in Florenz (Kat.-Nr. 242) ahmt im Stein die Bronze des Originals nach, ebenso der Basaltkopf in St. Petersburg (Kat.-Nr. 244). Dieser ist in die Epoche des Kaisers Augustus (31 v. Chr. – 14 n. Chr.) zu datieren wie auch der Kopf der Bronzeherme aus Herkulaneum (Kat.-Nr. 243), der vielleicht den besten Eindruck vom verlorenen Original vermittelt. Anders als an dem sehr viel summarischer gearbeiteten Kopf der Statue aus Pompeji (Kat.-Nr. 240) wird hier deutlich, wie rigoros die Frisur durchorganisiert ist: Die Haare sind in Strähnen und Locken zusammengefaßt, die in Schwung und Gegenschwung ein ›kontrapostisches‹ System ergeben; der »Kanon« Polyklets regelt alle Details. Auf einem Relief aus Argos (Kat.-Nr. 245), dessen Funktion und genaue Datierung ungewiß bleiben, wird die berühmte Statue in leicht veränderter Form dazu benutzt, einen neben seinem Pferd schreitenden Krieger als Verkörperung eines klassischen Ideals zu charakterisieren.

Die Fixierung eines »Kanon« bedeutete keineswegs Stagnation: Die Werke Polyklets – soweit sie uns bekannt sind – spiegeln nicht nur die Entwicklung des Zeitstils in der 2. Hälfte des 5. Jahrhunderts v. Chr., sie zeigen auch, daß der Bildhauer immer neue Aspekte der kontrapostischen Darstellungsweise erforschte. Beides belegt am besten ein Spätwerk, der um 420 v. Chr. zu datierende Dia-

dumenos, eine wie der Doryphoros hochberühmte und oft kopierte Bronzestatue unbekannter Benennung und Bestimmung. Mit den Händen hielt der junge Mann die Enden einer langen Binde, die er bereits einmal um den Kopf gelegt hatte; im nächsten Moment wird er die Enden zusammenknüpfen und am Hinterkopf feststecken. Daß der Diadumenos später geschaffen wurde als der Doryphoros, erkennt man sofort an der Gestaltung der Frisur: Die ›polykletischen‹ Lockenmotive sind zwar beibehalten, aber die strenge Ordnung ist aufgebrochen; die plastischen Einzelheiten erscheinen verschliffen, vorherrschend wird der Gesamteindruck einer weichen Masse schön fließenden Haares.

Die beiden Arme des Diadumenos sind wie beim Doryphoros in das kontrapostische System eingebunden – der rechte Arm über dem Standbein ist mehr gesenkt als der linke über dem Spielbein –, doch treten sie jetzt außerdem in eine unmittelbare räumliche Verbindung: Ihre ineinander laufenden Konturen umschreiben ein einheitliches Aktionsfeld. Dieses aus dem Umraum der Statue gleichsam ausgeschnittene Aktionsfeld ist der Figur vorgelagert. Nur in der Vorderansicht schließt es sich sinnvoll zusammen; es zerfällt, wenn man die Statue umschreitet. Verglichen mit dem Doryphoros weist der Diadumenos drei neue Gestaltungselemente auf, die in der Skulptur des folgenden 4. Jahrhunderts eine große Bedeutung haben werden: Der vorgelagerte Aktionsraum hebt die Vorderansicht der Statue besonders deutlich hervor, gleichzeitig entsteht dadurch eine gewisse Distanz zum Betrachter und schließlich bewirken die angehobenen Arme, daß die Figur sich nach oben hin verbreitert und ihr Schwerpunkt optisch in die Höhe rückt. Der Diadumenos erscheint dadurch leichter und beweglicher als der Doryphoros.

Wohin diese Tendenz führt, zeigt der etwa 100 Jahre später geschaffene Apoxyomenos, d. h. ›Schaber‹ des Lysipp, das im Original bronzene Bild eines Athleten, der sich mit dem einst in seiner Linken gehaltenen Schabeisen (Strigilis) den auf dem eingeölten Körper haftenden Sand der Palästra abschabt (Abb. 1). Die Statue folgt in ihrem klaren Aufbau dem Vorbild der Werke Polyklets, verbindet damit aber eine neuartige Darstellung momentaner Bewegtheit: Das halb belastete, abfedernde Spielbein, die gegeneinander bewegten Arme und der Gegenschwung im Rumpf erzeugen den Eindruck einer Pendelbewegung, die der Körper beim Sich-Schaben ausführt. Das strenge System Polyklets, das belastete und entlastete Körperteile strikt unterschied, um sie ›kontrapostisch‹ aufeinander zu beziehen, ist damit außer Kraft gesetzt. Neu und charakteristisch für Lysipp und seine Zeit sind auch die schlanken Proportionen – ein relativ kleiner Kopf bei langen Beinen – sowie die im Vergleich zu den ›vierschrötigen‹ polykletischen Figuren stärkere Rundung des Rumpfes. Die antike Kunstkritik hat diese Unterschiede bereits bemerkt (Plinius, Nat. hist. 34, 65) und auch auf die realistische Gestaltung der Haare hingewiesen, deren Grundform gleichwohl die polykletische Sichellocke ist.

Zu den wenigen Frauenstatuen, die Polyklet geschaffen haben soll, gehört die Amazone, welche zusammen mit bronzenen Amazonenfiguren des Phidias, des Kresilas und vielleicht noch weiterer Bildhauer im Heiligtum der Artemis von Ephesos stand (vgl. oben S. 126). Von den drei hochklassischen Amazonenstatuen, die uns jeweils in mehreren römischen Marmorkopien überliefert sind, kann die sog. Amazone Sciarra (Kat.-Nr. 28) mit guten Gründen Polyklet zugeschrieben werden; sie demonstriert, wie das System des Kontraposts bei einer aufgestützten Figur funktioniert.

Im Kampf neben ihrer rechten Brust verwundet, hat sich die Amazone in das schützende Heiligtum geflüchtet. Die Figur thematisiert ermattetes Ausruhen in doppelter Weise: einmal dadurch, daß sie sich aufstützt – wahrscheinlich auf einen Pfeiler, wie er auch meist von modernen Restauratoren ergänzt wurde –, außerdem durch die Bildchiffre der auf den Kopf gelegten Hand. Das Standbein und das weit zurückgesetzte Spielbein sind wie üblich klar voneinander geschieden, eine Unterscheidung, die sich im Gewand fortsetzt: Zu Seiten des senkrechten Faltenbündels schwingen die Hängefalten am Spielbein weiter aus als am Standbein. Anders als bei der frei stehenden ›kontrapostischen‹ Figur wie dem Doryphoros (Kat.-Nr. 240) ist die Schulter über dem Spielbein gesenkt und die über dem Standbein angehoben – mit gutem Grund: Da ein Teil des Körpergewichts von dem aufgestützten Arm getragen wird, ist die Spielbeinseite zwar entspannt, aber gleichzeitig auch belastet, die Schulter hier also gesenkt. Die angehobene Schulter auf der anderen Seite macht hingegen deutlich, daß das Standbein die Last des Körpers nicht mehr allein trägt. Die Beckenlinie aber fällt wie beim Doryphoros zum Spielbein ab; denn die Verteilung der Gewichte wurde durch das Aufstützen nur partiell verändert. Die Amazone Sciarra ist eine der frühesten freiplastischen Figuren mit Stütze in der griechischen Plastik. Sich aufstützende Figuren wurden in der Schule Polyklets und überhaupt in der Kunst des 4. Jahrhunderts v. Chr. beliebt – ein weiterer Beweis für die große Wirkung des Formalisten Polyklet.

Literatur: Polyklet. Der Bildhauer der griechischen Klassik, Ausstellungskat. Frankfurt/Main (1990) [im folgenden zitiert als: Polyklet 1990]; E. Berger – B. Müller-Huber – L. Thommen, Der Entwurf des Künstlers. Bildhauerkanon in der Antike und Neuzeit, Ausstellungskat. Basel (1992); A. H. Borbein, Canone, in: EAA Suppl. II 1 (1994) 841 ff.; W. G. Moon (Hrsg.), Polykleitos. The Doryphoros, and Tradition (1995); A. H. Borbein, Polykleitos, in: O. Palagia – J. J. Pollitt (Hrsg.), Personal Styles in Greek Sculpture (1996) 66. ff.; W. Sonntagbauer, Das Eigentliche ist unaussprechbar. Der Kanon des Polyklet als ›mathematische‹ Form (1995); C. Rolley, La sculpture grecque 2. La période classique (1999) 26 ff. – Zum Problem der Deutung des Doryphoros: B. Wesenberg, JdI 112, 1997, 59 ff. – Zur Amazone: R. Bol, Amazones Volneratae (1998).

Kat.-Nr. 240

Kat.-Nr. 241

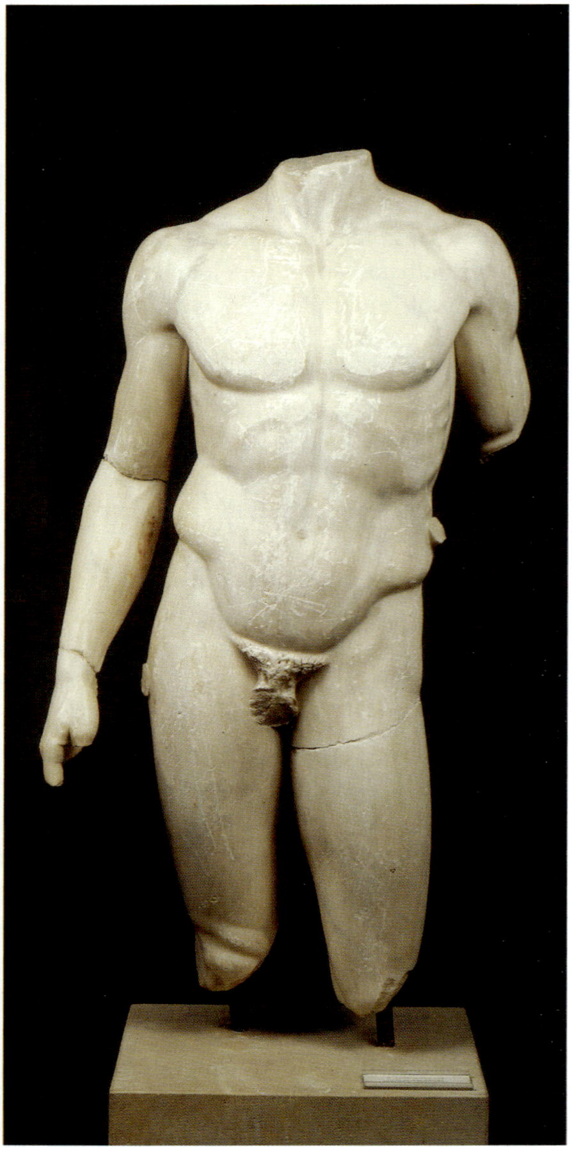

240 Doryphoros des Polyklet

H 2,00 m
Modern ergänzt: äußerer Teil der Standplatte (Plinthe), Keil unter dem linken Fuß, andere kleinere Stellen. Aus mehreren Fragmenten wieder zusammengesetzt.
Marmorkopie aus der Palästra von Pompeji, frühe römische Kaiserzeit
Neapel, Museo Archeologico Nazionale Inv. 6011

Literatur: D. Kreikenbom, Bildwerke nach Polyklet (1990) 163 Nr. III 2 Taf. 108–113; H. Weinstock, RM 104, 1997, 519 ff. (zum Aufstellungskontext).

241 Torso des Doryphoros

H 1,31 m
Mehrfach gebrochen. Am rechten Oberschenkel Bruchfläche einer Statuenstütze
Marmorkopie aus Rom (Palatin), frühe römische Kaiserzeit
Berlin, Antikensammlung Inv. Sk 1789, ehemals Sammlung Pourtalès

Literatur: Kreikenbom a. O. 165 Nr. III 9 Taf. 130. 131; Polyklet 1990, 539 f. Nr. 43.

242 Torso des Doryphoros

H 1,13 m
Basalt- (Grünschiefer-)Kopie, frühe römische Kaiserzeit
Florenz, Uffizien Inv. 308, ehemals Rom, Villa Medici

Literatur: Kreikenbom a. O. 165 f. Nr. III 10 Taf. 132. 133.

243 Kopf des Doryphoros

H mit Hermenbüste: 0,54 m
Bronzekopie aus Herculaneum (Villa der Pisonen), frühe römische Kaiserzeit
Neapel, Museo Archeologico Nazionale Inv. 4885

Der allein kopierte Kopf bildet den oberen Teil einer Herme. Am Ansatz des Hermenschaftes die griechische Signatur des Kopisten:
Ἀπολλώνιος / Ἀρχίου Ἀθηναῖος ἐποίησε
»Apollonios, Sohn des Archias, der Athener hat (das Werk) ausgeführt«.

Literatur: Kreikenbom a. O. 174 Nr. III 42 Taf. 172–175; M. R. Wojcik, La Villa dei Papiri ad Ercolano (1986) 171 ff. Nr. 61 Taf. 90. 91.

244 Kopf des Doryphoros

H 0,26 m
Modern ergänzt: Hals, Nase, Rand des rechten Ohres, rückwärtiger Teil der linken Wange mit Ohr und linker Hälfte des Hinterkopfes.
Basalt- (Grünschiefer-)Kopie, frühe römische Kaiserzeit
St. Petersburg, Ermitage Inv. A 292

Literatur: Kreikenbom a. O. 175 Nr. III 44 Taf. 178. 179; Polyklet 1990, 546 f. Nr. 52; D. Vanhove (Hrsg.), Le sport dans la Grèce antique. Du jeu à la compétition (1992) 284 Nr. 149.

245 Marmorrelief aus Argos mit Speerträger in der Haltung des Doryphoros

H 0,61 m, B 0,37 m
4. Jh. v. Chr. (?)
Athen, Nationalmuseum Inv. 3153

Literatur: Th. Lorenz, Polyklet (1972) 54 Taf. 21, 4; H. v. Steuben, Der Kanon des Polyklet (1973) 32 Taf. 26 a.

A. H. B.

246 Metrologisches Relief

Marmor; H 63,5 cm, erh. B 173 cm
Um 460 v. Chr.
Oxford, Ashmolean Museum Inv. Mich. 83

Kat.-Nr. 242

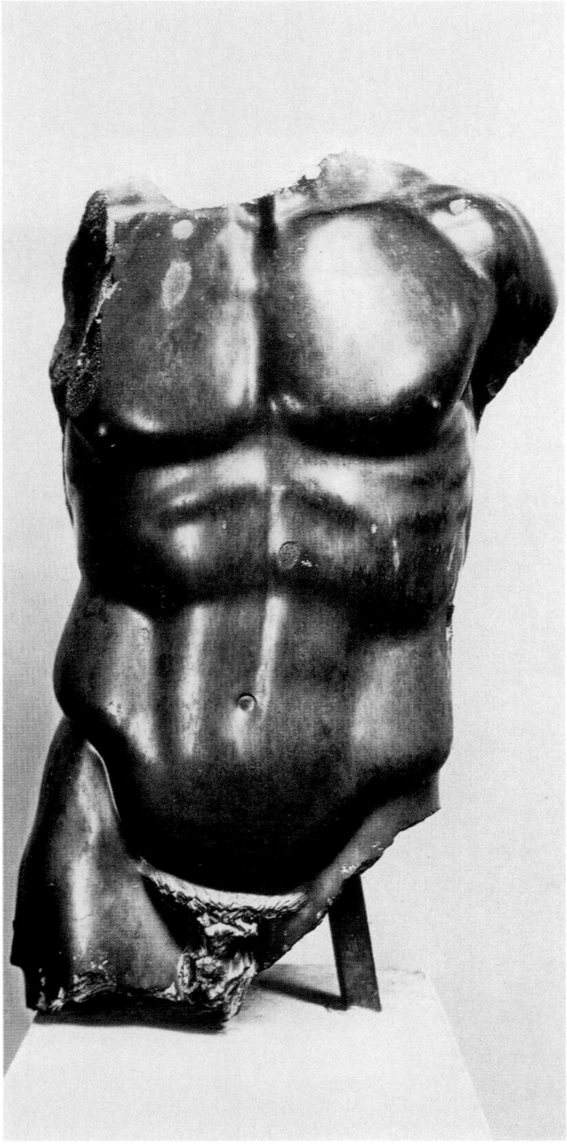

Kat.-Nr. 243

Kat.-Nr. 244

Kat.-Nr. 245

Kat.-Nr. 246

Das an der rechten Seite gebrochene Marmorgiebelfeld zeigt, leicht eingetieft, das Brustbild eines nackten Mannes mit ausgestreckten Armen und nach links gewendetem Kopf. Die – heute weitgehend weggebrochene – Rahmenbegrenzung an der Unterkante des Bildfeldes belegt, daß die menschliche Figur ohne Unterkörper ausgeführt war. Die ausgestreckten Arme ergeben, auf eine Gesamtlänge von ca. 2,09 m ergänzt, das Maß eines auf der ägyptischen Königselle basierenden, ostionisch-samischen Klafters; das zugehörige Fußmaß beträgt etwa 34,8 cm. Links vom Kopf ist demgegenüber als Vertiefung ein attischer Fuß von lediglich 29,5 bis 29,6 cm Länge wiedergegeben. Das Giebelfeld muß aufgrund seiner Form Teil einer Kleinarchitektur gewesen sein.

Der Fundort des Reliefs, das sich schon in der 1. Hälfte des 18. Jhs. in englischem Privatbesitz (Sammlung Arundel) befand, ist unbekannt. Stilistische Eigenheiten weisen nach Ostgriechenland. Daß die Art des abgebildeten Maßsystems wohl kein Indiz für seine Herkunft ist, belegt ein weiteres, erst 1985 gefundenes metrologisches Relief von der attischen Insel Salamis, jetzt im Piräus-Museum (Inv. 5352) befindlich, wo ein kleines ionisches Fußmaß von 30,1 cm neben einem dorischen (pheidonischen) von 32,20 bis 32,46 cm auf einem rechteckigen Steinblock eingemeißelt ist.

Das Oxforder Relief führt unmittelbar vor Augen, daß die Maßsysteme Griechenlands, wie die älteren des Vorderen Orients und Ägyptens, auf anthropomorphen Prinzipien aufgebaut waren. Das ergibt sich aus den Benennungen kleinerer Dimensionierungen nach den Teilen des menschlichen Körpers. Auf griechische Verhältnisse bezogen lauten sie:

4 Daktyloi (4 Fingerbreiten) = 1 Palaiste (Handbreite)
3 Palaistai = 1 Spithame (Handspanne, zwischen gespreiztem Daumen und kleinem Finger)
4 Palaistai = 1 Fuß
1 1/2 Fuß = 1 Elle
4 Ellen = 1 Orgyia (Klafter: Spannweite der ausgestreckten Arme)

Während in Mesopotamien und Ägypten aber die Elle zur Vermaßung von Bauwerken das wichtigste Grundmaß darstellte, war es in Griechenland der Fuß. Im archaischen Griechenland hatte beinahe jede Polis eigene absolute Gewichts- und Längenmaße, in der Klassik setzte dann aber ein Trend zur Standardisierung ein. Vor allem der attische Fuß fand immer stärkere Verbreitung; er entspricht im übrigen dem normalen römischen Fußmaß. Daneben wurde aber auch alternativ im dorischen (pheidonischen) Fuß gemessen.

Literatur: A. Michaelis, Ancient Marbles in Great Britain (1882) 559 Nr. 83; B. Wesenberg, MarbWPr 1975/76, 15 ff.; W. Koenigs, Maße und Proportionen in der griechischen Baukunst, in: Polyklet. Der Bildhauer der griechischen Klassik, Ausstellungskat. Frankfurt (1990) 121 ff. 536 f. Nr. 40; B. Müller-Huber in: E. Berger u. a. (Hrsg.), Der Entwurf des Künstlers. Bildhauerkanon in der Antike und Neuzeit, Ausstellungskat. Basel (1992) 25 ff.

A. Ko.

Manolis Korres

Die klassische Architektur und der Parthenon

Der Begriff ›Klassische Architektur‹ ist umfassend und vielschichtig. Im engeren Sinn meint er eine geographisch und zeitlich begrenzte Entwicklungsphase vor allem der sakralen griechischen Steinarchitektur, die von Säulen und Gebälken bestimmt wird und von einem ersten Grundprinzip geprägt ist: dem des Tragens und Lastens oder der vertikalen und horizontalen Linien. Die Ausstattung der klassischen Bauten mit ziegelgedeckten Satteldächern ist ein weiteres Grundprinzip; hieraus ergibt sich als prägende Architekturform der Giebel, das einzige Element mit schrägen Linien. Die Plazierung des Gebäudes auf eine architektonisch durchgebildete Basis bildet ein drittes der Grundprinzipien. Sie können mit den von Aristoteles formulierten theoretischen Gesetzen der Dichtkunst in Parallele gesetzt werden: Einleitung – Hauptteil – Schluß, also Basis – Baukörper – Dach usw. Weitere Grundprinzipien sind die Umwandlung negativer Formen in positive und die Verselbständigung konstruktiver oder dekorativer Formen, die mit dem Austausch bestimmter Formen gegeneinander oder mit der Wiederholung oder Erweiterung derselben verbunden sind. Hieraus ergibt sich ein komplexes System stereometrischer Formen und – was noch wichtiger ist – eine Aufwertung, Bedeutungssteigerung und Weiterentwicklung der freien Zwischenräume vom Negativen zum Positiven, d. h. von der formlosen Leere zum gestalteten Raum und folglich zur formulierten Gliederung und Ordnung der räumlichen Elemente. So entwickeln sich z. B. die freien Flächen zwischen den Balken zu selbständigen Trennelementen, Kassetten u. ä. mit einer einheitlichen, sie definierenden Fläche usw. Diese Grundprinzipien bestimmen, wie bei anderen bedeutenden Stilsystemen (z. B. der gotischen Architektur), nicht nur die Hauptelemente jedes Bauwerks, sondern auch die Einzelformen der Bauglieder, und dies bis ins kleinste Detail hinein. Hierdurch wird auf allen Stufen, von der Monumentalarchitektur bis zum kleinsten Gegenstand, eine vollendete geistige Einheit des Aufbaus und der Formen erreicht.

Die klassische Architektur wird auf der Grundlage eines mehr oder weniger klar definierten Systems von Regeln konzipiert und rezipiert. Von diesen Regeln werden bestimmt:

1. Typen, wie z. B. Grundriß- und Aufrißtypen, die eine bestimmte Disposition der Innenräume, eine bestimmte Form von Giebeln u. a. bedingen.
2. Mengen, wie z. B. die Zahl der Säulen einer Fassade oder die Blätter einer Palmette.
3. Formen, wie z. B. die Ausdehnung, die Anzahl, die Gattung, die Details und die Abfolge der Bestandteile einer Säulenbasis, eines Antenkapitells, eines Türrahmens u. a.
4. Kleinflächengliederung, wie z. B. die konkave, konvexe oder kombinierte Profilierung jedes Kymations, der Säulenkanneluren, der Volutenkanäle, des Echinus des Kapitells einer ionischen Säule und deren Basis, die Blätter der Palmetten und Rosetten, der Elemente des Perlstabs usw.
5. Abmessungen, wie z. B. die Wahl der Gesamt- und Teilmaße der Einzelabschnitte wie des Werks insgesamt.
6. Proportionierung, d. h. die Festlegung des Verhältnisses der Mengen und der arithmetischen und geometrischen Verhältnisse der verschiedenen Maße zueinander.

Wenn sich das oben dargestellte Gestaltungssystem durch eine einmalige Konsequenz und Vollkommenheit der Formen auszeichnet, so ist dies nicht in seiner Gesamtheit ein Verdienst der klassischen Zeit. Fast alle morphologischen Elemente waren bereits der archaischen Architektur geläufig; die meisten sind sogar von ihr entwickelt oder endgültig formuliert worden, so daß man der archaischen Architektur den Charakter einer tatsächlichen Revolution zubilligen muß. In dieser Hinsicht steht die klassische Architektur der archaischen nach, und ihr Beitrag zur Erfindung neuer architektonischer Formen ist erheblich geringer. Ihr Verdienst liegt vielmehr in der Überarbeitung und abschließenden Kanonisierung aller archaischen Bauformen und in deren von einem ausgeprägten Sinn für das Ästhetische geprägter Auswahl, Revision und Vervollkommnung.

Abb. 1. Die Vorhalle des Parthenon (Zeichnung M. Korres)

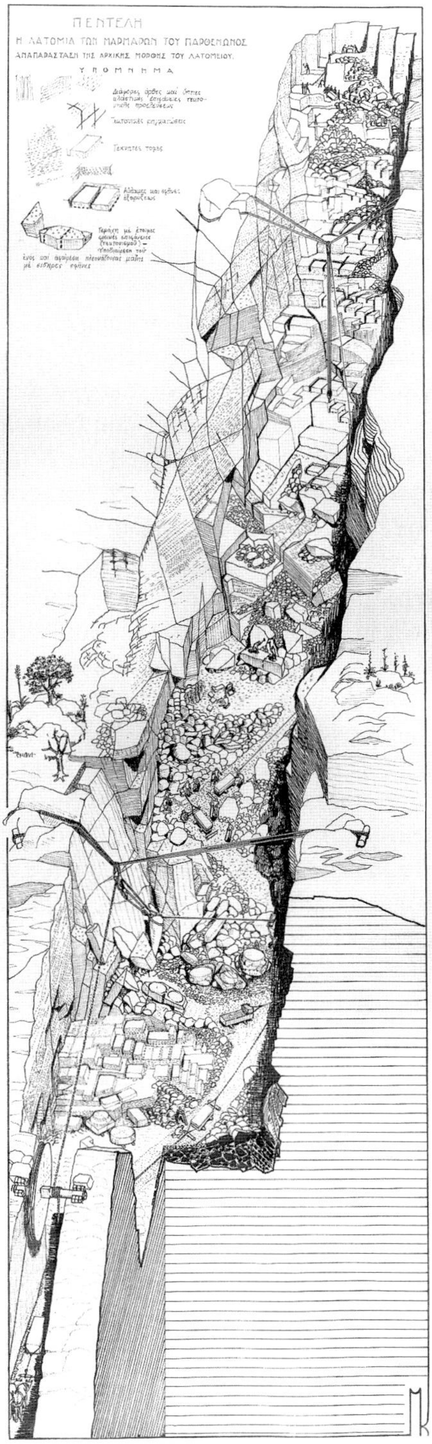

Abb. 2. Die Steinbrüche im Penteli für den Marmor des Parthenon (Zeichnung M. Korres)

In archaischer Zeit waren die architektonischen Kompositionen nicht das Ergebnis eines einheitlichen architektonischen Gesamtkonzepts oder einer Systematisierung ästhetischer Prinzipien, sondern vor allem einer langsamen Weiterentwicklung, bei der die Tradition zwar bindend wirkte, aber auch jedem neuen Entwicklungsschritt den Weg wies. Noch weniger oder gar nicht systematisch wurde beim Entwurf von Baugruppen vorgegangen. Der Ausrichtung der Achsen lagen lediglich einige raumplanerische Grundregeln zugrunde; eine solche war wahrscheinlich die Orientierung der Tempel am Tag des Tempelfestes nach Osten in Richtung auf den Sonnenaufgang (bei allen Unzulänglichkeiten des Kalenders in dieser Zeit). Die Aufgabe der Architekten bestand im wesentlichen darin, die Neubauten auf der Basis festliegender Bedingungen in die vorhandene Umgebung einzugliedern und unter Berücksichtigung der komplizierten Arbeitsorganisation die ästhetische und arbeitstechnische Detailplanung zu erstellen.

Die archaische Akropolis, bei der ein Mangel an Abstimmung der Einzelbauten aufeinander ebenso deutlich wird wie die Perfektion bei der Ausarbeitung der Einzelformen, mag dies illustrieren. In städtebaulicher Hinsicht kann das Ergebnis nur als heterogen bezeichnet werden. Zwischen zahlreichen kleineren Gebäuden erhoben sich zwei große Tempel von kristallener Perfektion, die ohne jede Vermittlung aus einem unregelmäßigen Terrain aufwuchsen, das zudem noch von einer regellosen und halb zerstörten, aus unregelmäßigen harten Steinblöcken errichteten Mauer eingefaßt war. Aber auch der Entwurf der Gebäude selbst läßt einen eklatanten Mangel an Harmonisierung der Einzelformen erkennen: stark in die Breite gezogene Kapitelle, auf denen schmale und sehr hohe Gebälke aufliegen, unter den Giebeln mächtige, an den Giebelseiten dagegen sehr schmale Geisa, überlebensgroße Figuren in der Mitte eines Giebels und weit unterlebensgroße in den Ecken usw. Jede Einzelfigur ist dagegen hervorragend ausgearbeitet und erheblich ausdrucksstärker und kraftvoller als die Bauskulpturen klassischer Zeit. Die Klassik war nicht in der Lage, schönere und ausdrucksstärkere dorische und ionische Kapitelle zu schaffen als die Archaik. Sie erreichte jedoch etwas, was ihrer Vorgängerin fehlte: die Harmonisierung der Kapitelle und aller anderen Einzelformen in Hinsicht auf das Gesamtwerk und auf jedes andere Bauglied. Dies zwang sehr häufig zur Verminderung der Größe und des Reichtums derjenigen Glieder, die sich in der Archaik besonderer Beliebtheit erfreut hatten, wie z. B. der Kapitelle und der Kymatien, sowie zur Betonung und Bereicherung weniger markanter Einzelformen, wie der Basen der athenischen ionischen Säulen.

Dieses Phänomen entspricht demjenigen der Milderung der Ungleichheiten durch die Einführung der Demokratie: Das politische System der klassischen Zeit beschränkt die Macht und zugleich den gesellschaftlichen Vorrang der Wenigen und Mächtigen und überträgt der Mehrheit Rechte, aber auch Pflichten. Diese Analogie jedoch kann nicht das architektonische Phänomen in seiner Gesamtheit erklären. Die Kapitelle eines archaischen Tempels sind nicht nur reicher als diejenigen des klassischen; jedes einzelne besitzt häufig individuelle Charakteristika, die es von allen anderen desselben Gebäudes absetzen. Diese individuellen Charakteristika sind manchmal deutlich erkennbar: Abmessungen mit Abweichungen von bis zu zehn Prozent, unterschiedlich reicher und typologisch abweichender Reliefschmuck auf dem Echinus (bei ionischen wie auch bei manchen dorischen Säulen), verschiedenartig geschmückte Basen, Voluten und andere Abschnitte der ionischen Kapitelle, wechselnde Zahl der Kanneluren der Säulenschäfte usw.

Dieses Phänomen, das unserem am Klassizistischen und Akademischen geschulten Empfinden diametral entgegensteht, begegnet nicht nur in der griechischen Architektur der archaischen Zeit, sondern auch in anderen Epochen und in anderen Kulturen und ist jedenfalls nicht erklärbar; manchmal sind diese Abweichungen, wie z. B. bei den Säulen des Palazzo Ducale in Venedig, für das Auge sogar ausgesprochen reizvoll und für den Verstand so packend, daß sie der simplen Wiederholung eines noch so vollendeten Entwurfs in jedem Fall vorzuziehen sind.

Mit dem Anbruch der klassischen Zeit nahm die Freiheit zur Realisierung individueller Abweichungen bei den architektonischen Gliedern ein und desselben Bauwerks stark ab und verschwand schließlich nahezu vollständig. Die Großbauten auf der Akropolis, die bald zu Prototypen der klassischen Architektur aufstiegen, wurden auf Kosten des demokratischen Staates und nicht mehr einzelner Stifter errichtet. Darüber hinaus wirkte sich die rasche Systematisierung der staatlichen Gesetzgebung und die Suche der Philosophen nach Idealen natürlich auch auf die Kunst aus, die ihrerseits nach bindenden, idealen Typen für ihre Werke suchte. Aus diesen Gründen stellen die ionischen Kapitelle der Propyläen und diejenigen des Nike-Tempels exakte Wiederholungen eines Entwurfs mit vollendeten Proportionen und plastischen Details dar. Der Wunsch nach dem einheitlichen Entwurf einer idealen architektonischen Form stellt einen Protagonisten in den Vordergrund, den Architekten, und drängt die alte schöpferische Freiheit der ausführenden Handwerker in den Hintergrund. Außer der Genugtuung, ihre außergewöhnliche Kunstfertigkeit unter Beweis stellen zu können,

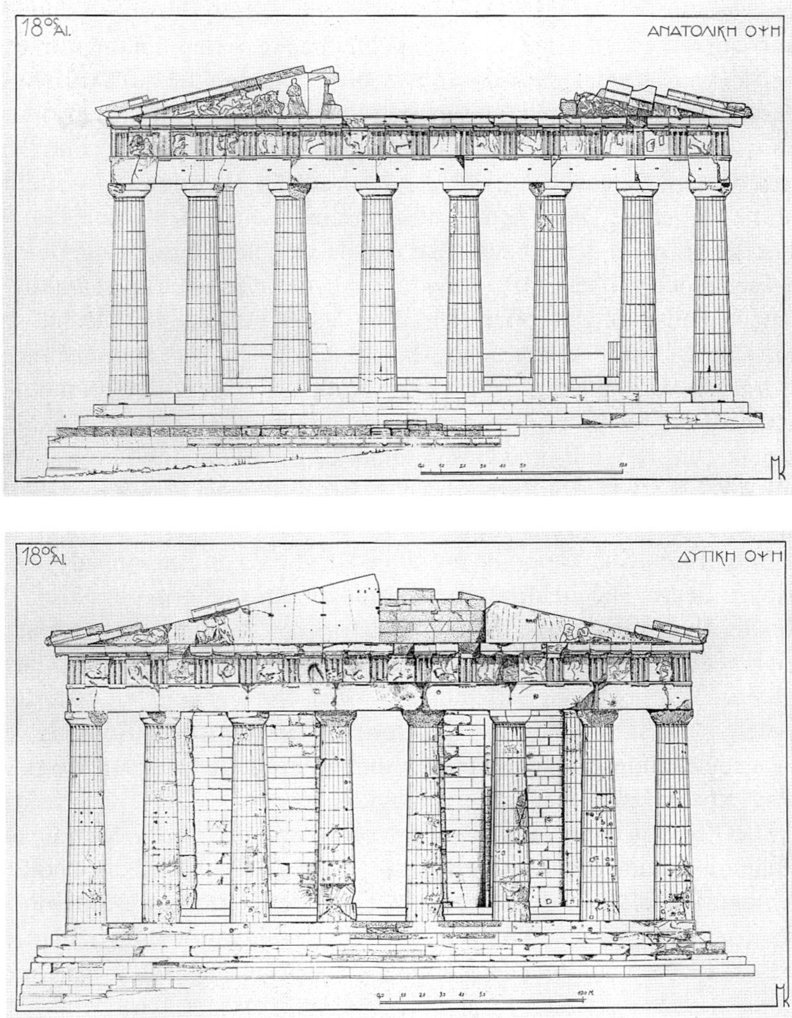

Abb. 3. Ost- und Westseite des Parthenon (Zeichnung M. Korres)

blieb ihnen lediglich eine begrenzte Freiheit bei der stilistischen Gestaltung kleinerer Einzelglieder: Die Kapitelle des Tempels der Athena Nike besitzen, wenn auch während desselben Bauabschnitts entstanden, Zwickelpalmetten, die unterschiedlichen Stilphasen vom Ende der archaischen Zeit bis zum letzten Viertel des 5. Jahrhunderts angehören. Ähnliche, wenn auch nicht so deutliche Unterschiede zeigen auch die Zwickelpalmetten der ionischen Kapitelle der Propyläen.

Während die zahlreichen einzelnen Bauglieder eines Tempels jeweils – und dies zu ihrem Vorteil – von einem anderen Handwerker gearbeitet sein können, konnte der Innenraum als unteilbare Einheit nur von einem einzigen damit Beauftragten konzipiert werden. Folglich steht die beständig zunehmende Präsenz und Einflußnahme des Architekten in klassischer Zeit (teils als Ursache, teils als Ergebnis) nicht nur mit der Tendenz zur Typisierung der sich wiederholenden Einzelelemente in Zusammenhang, sondern auch mit der systematischen Untersuchung und Entwicklung der Möglichkeiten einer einheitlichen Bau- und Raumplanung. Eindrucksvolle Ergebnisse dieser neuen Konzeption sind der Parthenon, die Propyläen und das Erechtheion, bei denen die weitgehende Typisierung der meisten architektonischen Einzelformen mit einer bis dahin nicht gekannten Steigerung der architektonischen Verschmelzung des Ganzen und des Entwurfs der Innenraumfolge zusammengeht, und dies unter schwierigen, durch Vorschriften und Regeln geschaffenen Voraussetzungen. Das Problem der Konzeption des Innenraums hat vor allem mit dem ausschließlichen Zweck des Tempels zu tun, ein Kultbild aufzunehmen, und nicht, wie dies für die christlichen Kirchen gilt, die Versammlung der Gläubigen. Die rasche Steigerung der Größe und der architektonischen Ausgestaltung der Kultbauten nach der Mitte des 6. Jahrhunderts hatte die ersten Bemühungen um eine architektonische Aufwertung der Innenräume mit sich gebracht. Als sich dann um die Mitte des 5. Jahrhunderts die Notwendigkeit ergab, einen besonders großen Innenraum für die Aufnahme der Kolossalstatue der Athena Parthenos zu entwerfen, betraten die Planer hiermit also kein absolutes Neuland. Mit dem Entwurf dieses Raumes stehen auch die Fenster beiderseits des Portals in Zusammenhang, die nicht nur eine bessere Beleuchtung, sondern auch eine Steigerung der Wirkung durch Licht-Schatten-Effekte zum Ziel hatten. Diese neue Errungenschaft setzte sich sofort durch. Das Erechtheion, die Pinakothek, der Tempel der Athena Nike und der Athener-Tempel auf Delos bilden gute Beispiele.

Ein anderes Phänomen der klassischen Architektur, das beim Vorparthenon (um 490 v. Chr.) nahezu vollständig entwickelt ist und dessen Ansätze bereits seit der Mitte des 6. Jahrhunderts zu beobachten sind, ist das hohe Maß an Exaktheit, das sich auf folgende Kategorien erstreckt: die technische Exaktheit, d. h. die Perfektion der Fugen, die geometrische Exaktheit, d. h. Perfektion der Linien, der Oberflächen und der Ecken, die metrische Exaktheit, d. h. die möglichst hohe Annäherung der Teil- und Gesamtmaße an die durch den Entwurf vorgegebenen Maße, und schließlich die Exaktheit des Entwurfs, d. h. der möglichst hohe Grad der Verbindung der Entwurfsregeln und der Maß- und Proportionsgesetze.

Von diesen Kategorien ist nur die erste von technischem Nutzen, und nur die zweite besitzt ästhetischen Wert. Die beiden letzten Kategorien, die in technischer und ästhetischer Hinsicht ohne Belang sind, verfolgen einzig und allein einen idealistischen Selbstzweck. Es ist offensichtlich, daß die bautechnische Genauigkeit nicht die geometrische oder die metrische voraussetzt; ebenso wenig setzt die geometrische Exaktheit die metrische Genauigkeit oder die des Entwurfs voraus, und dasselbe gilt für die metrische gegenüber der des Entwurfs. Bei umgekehrter Betrachtung wird jedoch die gegenseitige Abhängigkeit deutlich: Die metrische Exaktheit setzt die geometrische und diese ihrerseits die bautechnische Genauigkeit voraus.

Die Perfektion der Fugen genügt einer technischen Notwendigkeit und zugleich einer Idee: Die Säulen als einheitliche, tragende Elemente, die auf bearbeitete Baumstämme zurückgehen, sollten dementsprechend in dem neuen Material die Form von Monolithen besitzen. Da dies jedoch aus praktischen Gründen nicht immer möglich war, wurden die Säulen aus Trommeln aufgebaut, wobei jedoch die ursprüngliche Forderung nach der absoluten Einheitlichkeit der Form, die man durch perfekte, nach Möglichkeit unsichtbare Fugen anstrebte, bestehen blieb. Der von dem Wort ›Harmos‹ (Fuge, Fügung) abgeleitete Begriff ›Harmonie‹ meinte ursprünglich nichts anderes als das perfekte Verfugen von Steinblöcken. Beim Parthenon besitzen die Lagerflächen der Säulentrommeln eine Glättungsgenauigkeit von 1/40 mm (!) und eine Auflagegenauigkeit von bis zu 1/1000 mm (! Die Methode, mit der dieses Maß der Harmonie erreicht worden ist, erklärt Kat.-Nr. 255).

Die geometrische Exaktheit ist in der klassischen Architektur außerordentlich hoch. Beim Parthenon ist die Perfektion der Linien und der äußeren Flächen enorm. Die Abweichungen bei jedem einzelnen Meter bzw. Quadratmeter übersteigen nicht 1/20 mm (!), bei der Gesamthöhe der Säulen nicht 1/2 mm (!) und auf der gesamten Länge des Gebäudes nicht 2 mm. Bemerkenswerterweise schwanken die Zwischentrommeln der Säulen der Ringhalle in der Höhe an keiner Stelle um mehr als 1/10 mm (!). Abgesehen von ihrer unterschiedlichen Größe sind alle Kapitelle absolut quadratisch. Dort, wo an den Seiten die originale Oberfläche erhalten ist, sind keine Abweichungen in der Länge oder im rechten Winkel meßbar!

Die metrische Exaktheit kann beim Parthenon nur teilweise überprüft werden, da dies genaue metrologische Analysen voraussetzt, über deren Ergebnisse bisher keine Einigkeit erzielt werden konnte. Folglich kann auch nicht die Genauigkeit des Entwurfs überprüft werden. Sie kann jedoch (bis zum Erweis des Gegenteils) angenommen werden, da hierfür hervorragende Voraussetzungen festgestellt werden können: nämlich die unglaubliche geometrische und bautechnische Exaktheit. Was war aber die Ursache zunächst für die bautechnisch nützliche Harmonie und in der Folge für die bautechnisch und ästhetisch belanglose metrische und entwerferische Genauigkeit?

Die Harmonie als grundsätzliches Kriterium für die Beurteilung eines Werkes, ein Begriff, der seine Bedeutung bis heute nahezu unverändert behalten hat, bezeichnet bereits bei Homer den abso-

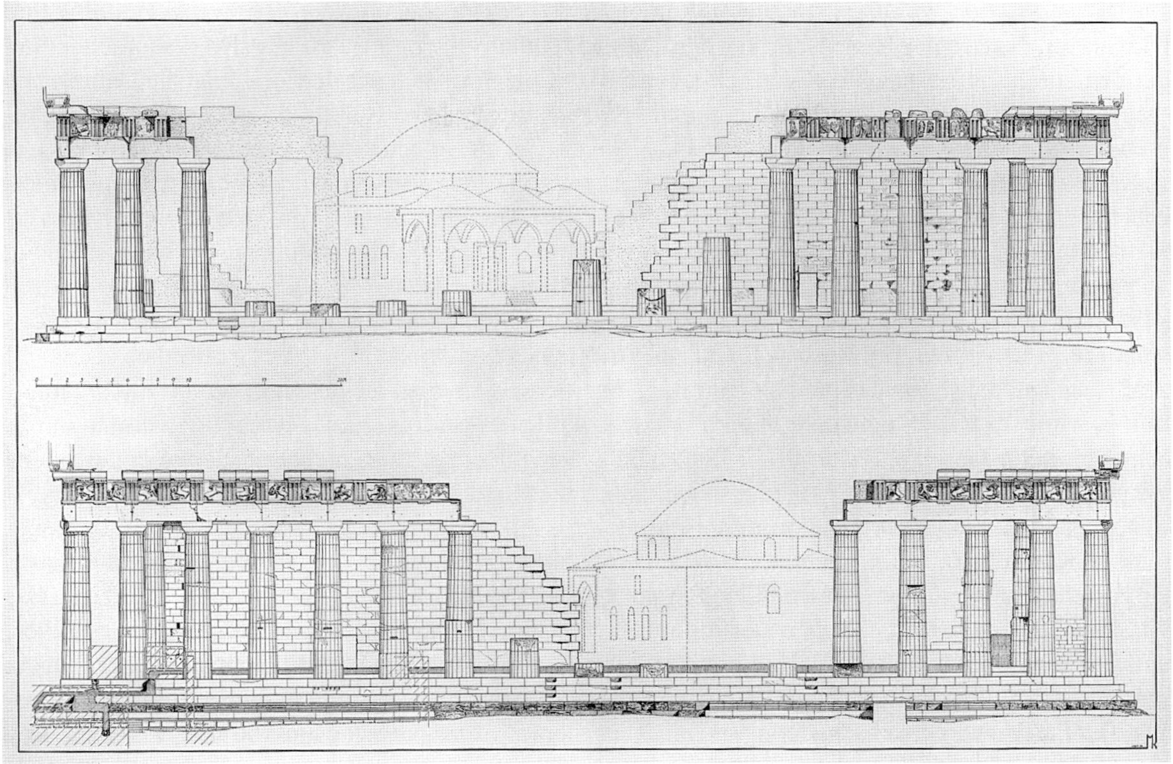

Abb. 4. Nord- und Südseite des Parthenon (Zeichnung M. Korres)

luten Einklang auf zwei Ebenen: zum einen den körperlich-materiellen Einklang, wie die perfekte Verbindung von Baugliedern, und zum anderen den logischen oder immateriellen Einklang, wie etwa bei Partnern oder bei einer Übereinkunft. Nach Heraklit erwächst die schönste Harmonie aus der Verbindung von Gegensätzen. Die Pythagoräer definieren die Harmonie als mathematische Regelmäßigkeit, und die Prinzipien der Mathematik seien zugleich die Prinzipien allen Seins, während sie nach Platon die Gesamtheit der Prinzipien ist, die den Kosmos und den Menschen regieren. Der Kosmos wird daher als eine sinnvolle Ordnung empfunden, und vor diesem Hintergrund erklärt er den Begriff des Schönen, wobei er zwischen dem Naturschönen, das er als relativ bezeichnet, und der Schönheit der abstrakten Elemente der Geometrie unterscheidet, die als absolut schön erscheint und die er als Ergebnis ewiger Ideen auffaßt. Nach eben dieser abstrakt-idealen und nicht nach der natürlichen Schönheit strebt offensichtlich die extreme metrische Exaktheit des Parthenon. Die vom Menschen wahrnehmbare natürliche Schönheit reizt ihn über die Sinne, während die unsichtbare geometrische und metrische Perfektion als absolute, ideale Schönheit mit Hilfe der Kenntnisse den Verstand erregt und natürlich in jedem Fall von den Göttern erkannt wird, für die ja der Tempel errichtet worden ist.

Der Parthenon

Unter den zahlreichen großen Werken der klassischen Kunst bildet der Parthenon den Höhepunkt, und dies, obwohl vieles verloren ist, wie die Goldelfenbeinstatue der Athena Parthenos, die unvergleichlichen, gewaltigen Portale, die einmalige geometrische Perfektion der Marmoroberflächen mit ihrem prächtigen malerischen Dekor, die Decke oder das Marmordach – vollendete Werke, die an Größe und Reichtum nichts ihresgleichen hatten.

Die historischen Voraussetzungen für die Entstehung des Parthenon waren zahlreich, vielfältig und bedeutsam. Nach einer langen Zeit des beständigen Aufstiegs, der auf den Handwerksbetrieben und der Seefahrt basierte, hatten die Athener gegen 510 v. Chr. als erste unter den Griechen die Demokratie eingeführt. Wenig später ersetzten sie den älteren, aus der Zeit des Solon und des Peisistratos stammenden Parthenon durch einen erheblich größeren, an derselben Stelle errichteten Tempel. Die Arbeiten an diesem ersten Monument des demokratischen Athen wurden in der Höhe der Krepis unterbrochen, nach der erfolgreichen Abwehr der Perser (bei Marathon, 490 v. Chr.) jedoch mit etwas verkleinerten Maßen und unter Verwendung von Marmor wieder aufgenommen. Noch unvollendet, wurde dieser als Siegesmonument geplante Marmortempel im Jahre 480 v. Chr. von den Persern zerstört; drei Jahrzehnte lang wurde der Tempel aus praktischen, aber auch aus symbolischen Gründen nicht wieder hergestellt. Ein Neubau, für den die Architekten Iktinos und Kallikrates namentlich überliefert sind – die antike Literatur nennt den Bildhauer Pheidias als eine Art Leiter der enormen Bauorganisation –, wurde erst nach dem endgültigen Frieden mit den Persern und mit Sparta möglich und in nur acht oder neun Jahren realisiert (447–438 v. Chr.). Noch heute erregen nicht nur die unvergleichliche technische und künstlerische Qualität, sondern auch die Kürze der Bauzeit Bewunderung.

Nie gesehen war auch der Skulpturenschmuck dieses Monuments der Demokratie und der siegreichen Kämpfe, und zwar nicht nur wegen der einzigartigen künstlerischen Qualität, sondern auch aufgrund seines Umfangs, der denjenigen an vergleichbaren Bauwerken erheblich übertrifft. Die 92 Metopen und die Giebel zeigen Darstellungen von Göttern und Mythen, und in der Mitte des Sekos, eines ungewöhnlich weiten Zentralraums, erhob sich die kolossale Goldelfenbeinstatue der Athena Parthenos. Mit dem Fortgang der Arbeiten wurde schließlich die Anbringung eines Frieses beschlossen. Die Entscheidung war schwierig, und ihre Realisierung verzögerte sich nicht so sehr, weil hierdurch einem dorischen Gebäude ein betont ionisches Element eingefügt wurde, sondern weil erstmals gewagt wurde, an einer Stelle wie dieser Sterbliche darzustellen.

Der Parthenon vertrat einen im übrigen Griechenland unbekannten Tempeltypus, der der Akropolis jedoch alles andere als fremd war: Der Vorparthenon, der Archaische Athena-Tempel (dessen Fundament südlich des Erechtheion zu sehen ist), das Erechtheion und wahrscheinlich auch der erste Peripteralparthenon (in der Fachliteratur als ›Urparthenon‹ bezeichnet) gehörten im Prinzip demselben Typus an: dem Doppeltempel mit unabhängigen Eingängen im Osten und Westen. Typologisch setzte der Parthenon also eine alte lokale Tradition fort, über die er jedoch mit einer Vielzahl tatsächlicher Neuerungen erheblich hinauswuchs, die nur bei ihm zu beobachten sind. Die achtsäulige Fassade, die harmonisch mit einem revolutionär weiten Innenraum verbunden wird, der durch die Parthenos und die großen Ausmaße des Tempels insgesamt begründet ist, dokumentiert ein unübersehbares Abrücken von den grundlegenden dorischen Stilprinzipien und eine eindeutige Hinwendung zur ionischen Architektur. Diese Ionisierung der dorischen Architektur und hier des Parthenon kommt in vielfältiger Weise zum Ausdruck, wie z. B. durch die Verwendung genuin ionischer Elemente in Malerei und Skulptur, durch die Schmuckformen auf den Antenkapitellen, durch die Kymatien auf den oberen Wandgesimsen, den Deckenbalken und den Kassettendecken sowie durch den Baldachin dieser Kassetten und den Schmuck des Daches. Besonders deutlich wird dieser ›Ionismus‹ bei den Maßverhältnissen der Vorhallen des Sekos, deren Säulen eine erheblich schlankere Form und dorisches Gebälk mit ionischen Proportionen besitzen.

Ein spezielles Charakteristikum des Parthenongebälks sind die offensichtlichen Unstimmigkeiten zwischen den Säulen und den Triglyphen auf nahezu der gesamten Ostseite und an einigen Stellen der Langseiten. Offenbar hatten sich die Architekten und die Bildhauer zu Beginn darauf geeinigt, daß nicht alle Metopen dieselbe Breite besitzen müßten, daß also einige aufgrund der Art, der Zahl und der Bewegungsmotive der dargestellten Figuren breiter und andere schmaler ausfallen durften.

Der eigenwillige Plan des Parthenon ist das Ergebnis zweier bedeutsamer Grundentscheidungen: Der neue Tempel sollte zwar erheblich breiter werden als sein Vorgänger, doch sollte er keine dickeren Säulen erhalten, damit die vom Vorgängerbau noch vorhandenen Säulentrommeln wiederverwendet werden konnten. Bis dahin war die Vergrößerung eines kanonischen, d. h. sechssäuligen dorischen Tempels nur bei gleichzeitiger Vergrößerung aller Bauglieder möglich gewesen. Das Hauptproblem

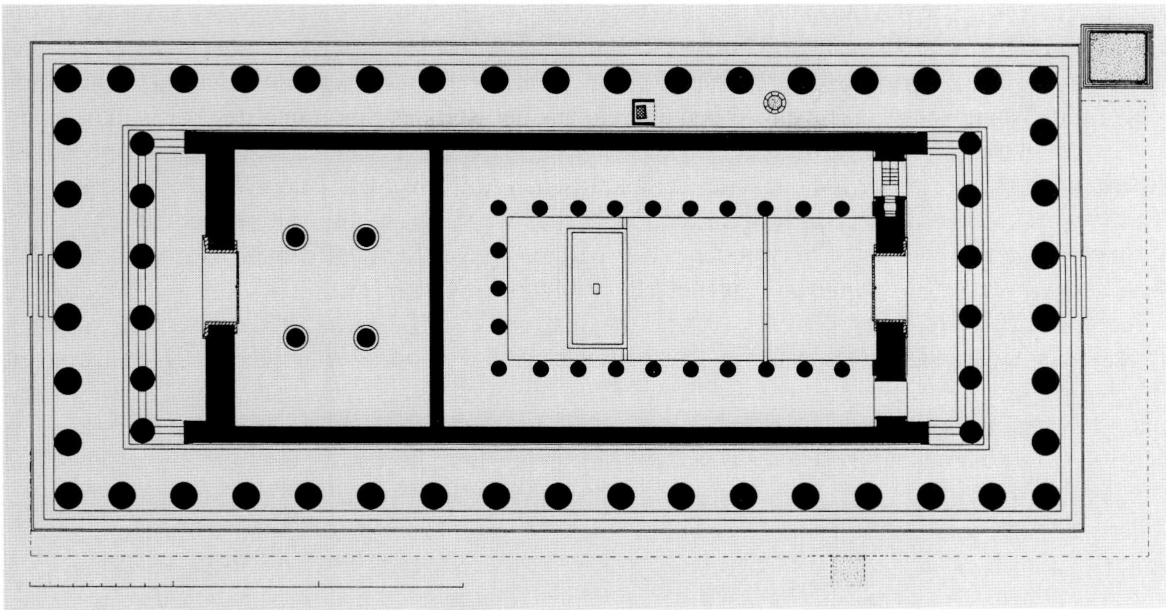

Abb. 5. Grundriß des Parthenon (Zeichnung M. Korres)

einer achtsäuligen dorischen Fassade war ästhetischer Natur, indem die Proportionen stark von denjenigen der kanonischen sechssäuligen abwichen. Dennoch ließen sich die Architekten auf das Wagnis ein und entwarfen einen in seiner Art einzigartigen achtsäuligen Tempel.

Zunächst mußten sie so gut es ging die Maßverhältnisse an den Fassaden korrigieren, weshalb sie die Höhe und die Dichte der Säulen vor allem an den Ecken steigerten, wo sie die Achsweiten doppelt so stark verringerten, als es die Lösung des bekannten dorischen Eckkonflikts erfordert hätte. Die Proportionsverhältnisse wurden nur teilweise korrigiert. Eine sichtbare Abweichung von der kanonischen Proportionierung blieb, ohne jedoch störend zu wirken und von den Architekten offenbar vorausgesehen. Werken wie diesem lassen sich nicht alle Regeln aufzwingen; sie besitzen ein Format, das Abweichungen von den Regeln gestattet. Von einem Moment zum anderen hatte sich die Beurteilungsgrundlage für immer verändert. Und dennoch steht auch heute bei jeder Bewertung der architektonischen Formen der Klassik der Parthenon an der Spitze.

Zu den Hauptcharakteristika des Parthenon zählen die berühmten Kurvaturen: Alle horizontalen Linien von den sichtbaren Abschnitten des Fundaments bis hinauf zum Dach sind leicht konvex, und zwar an den Fassaden stärker (Linienlänge ca. 31 m, Stichmaß 6,5 cm) und an den Langseiten schwächer (Linienlänge ca. 70 m, Stichmaß 11,5 cm); die Achsen der Säulen sind leicht nach innen geneigt (ca. 0,7 Prozent), ebenso wie die Seitenwände, und die Gebälke und die Stirnseiten der Anten neigen sich leicht nach außen (ca. 1 Prozent), ähnlich wie die der Geisa. Die Säulen schließlich zeigen die berühmte Entasis, d. h. ihre Konturen sind schwach konvex (Linienlänge 9,6 m, Stichmaß 17 mm), und entsprechend sind auch diejenigen der Anten, jedoch erheblich schwächer, gebogen (Seitenlänge 9,6 m, Stichmaß 4 mm!).

Zu den Kurvaturen ist bemerkt worden, daß sie unerwünschte optische Täuschungen korrigieren sollten – was bei den Giebeln auch tatsächlich der Fall ist –, doch sehen andere in ihnen eine reine Kunstform, die den an sich leblosen, typisierten geometrischen Formen Leben einhauchen sollte, ähnlich wie die Muskeln bei Mensch und Tier. Die Entasis der Säulen entspricht nicht nur der Reaktion eines Muskels auf die Belastung, sondern auch der nach tiefem Einatmen gehobenen Brust, wodurch die Energie nicht nur gesteigert, sondern auch sichtbar wird.

Die Kurvaturen des Parthenon weisen einige scheinbare ›Anomalien‹ auf, die als Verfeinerung der Verfeinerung die Grenzen des wissenschaftlich und künstlerisch Vorhersehbaren zu überschrei-

Abb. 6. Die Akropolis um 480 v. Chr. und um 160 n. Chr. nach den Modellen im Zentrum für Akropolis-Studien, Athen

ten scheinen: Der Tempel durfte nicht auf einem unregelmäßigen Terrain errichtet werden (wie der Vorgängerbau), sondern mußte sich auf einer mit technischen Mitteln geschaffenen horizontalen Fläche erheben. Acht Meter westlich des Tempels lief diese Fläche auf einem stufenförmigen Sockel aus. Diese teils in den Fels gehauene, teils mit Steinblöcken errichtete Terrasse sollte dem Tempel entsprechend Kurvaturen aufweisen, doch sah der Architekt auch noch folgendes voraus: Die vom Tempel weit entfernten Kurvaturen der Terrasse hätten, wenn man sie aus größerer Entfernung und von einem niedrigeren Standpunkt aus, z. B. von den Propyläen, schräg gesehen hätte, den Eindruck erweckt, als würden sie die Kurvaturen der Krepis nach rechts (Süden) hin schneiden. Das Problem wurde durch eine Absenkung der südlichen Ecke der Terrasse um etwa 2,5 cm und die Anhebung der Südwestecke des Tempels um 2,5 cm gelöst. Aus ähnlichen Gründen sitzt die Ostseite der Krepis (deren Ecken bis auf den Millimeter auf derselben Höhe liegen) 2,5 cm tiefer auf als die Nordwestecke.

Eine andere Verfeinerung der Verfeinerung ist die starke Zurücknahme der Wölbung der Oberkante der Orthostaten der Seitenwände. Diese Zurücknahme zeigt, daß die Wölbungen von überall aus gesehen werden sollten, während der ungeübte Blick des heutigen, wenn auch informierten Besuchers sie nur bemerkt, wenn er sie willentlich von einer Ecke bis zur gegenüberliegenden aufsucht; nicht informiert, aber automatisch erkennt er sie im langgestreckten Pteron, da sein Auge nur wenig von der Oberkante der Orthostaten entfernt ist. Die Modifizierung dieser Kurvatur wurde durch eine sich steigernde Verminderung der Orthostatenhöhe von den Ecken zur Mitte hin erreicht.

Viele haben bereits nach den Regeln, Gesetzmäßigkeiten und Typen gesucht, die den Maßen und Proportionen der verschiedenen Glieder des Parthenon zugrunde liegen sollen, sind jedoch nicht in einem einzigen Fall zu einem einmütigen Ergebnis gelangt. Offenbar ist der Entwurf des Parthenon noch komplexer als angenommen. Die zahllosen kleinen und manchmal großen, stets aber sorgfältig entworfenen Abweichungen bzw. Eigentümlichkeiten bei den verschiedenen, scheinbar typisierten Baugliedern, die jedes für sich ein Einzelstück darstellen, erweisen den Parthenon als das undogmatischste Bauwerk der klassischen Architektur.

Übersetzung aus dem Griechischen: Wolfgang Schürmann

247 Modell der Akropolis im ausgehenden 5. Jahrhundert v. Chr.

Maßstab 1:500
Holz, Kork, Plexiglas; 142 x 82 cm
Herstellung: M. Korres, P. Dimitriadis (2001)
Berlin, Antikensammlung

Gegen Ende des 5. Jhs. v. Chr. war das letzte große Bauwerk der Akropolis, das Erechtheion, bereits vollendet. Die Oberfläche des Felsens östlich und südlich des Parthenon, dessen Errichtung schon lange zurücklag, war jedoch unregelmäßig belassen worden und wartete auf eine künstliche Aufschüttung, die nie ausgeführt worden ist. Im Verhältnis zur Oberfläche erhielt die Umfassungsmauer nie die eigentlich notwendige Höhe. Ihre Errichtung wurde bei den Abschnitten von der Südwestecke des Parthenon bis zur Südostecke der Akropolis und auf der gesamten Länge der Ostseite zumindest 4 m zu niedrig beendet, war hier also nur so hoch, wie man sie heute noch sieht. Den Südhang beherrschten zwei Bauwerke, das Theater in seiner Gestalt vor dem großen lykurgischen Ausbau und das Odeion des Perikles. Westlich des Theaters stand bereits nahe am Felsen die kleine, aber reizvolle Stoa des Asklepieion (um 420 v. Chr.). Der Weg um die Akropolis, der Peripatos, besaß noch seinen alten verwinkelten Verlauf. Westlich des Theaters, wo später die Stoa des Eumenes und jenseits von dieser das Odeion des Herodes errichtet werden sollten, befanden sich Wohnhäuser. Zahlreiche zum Peripatos hinaufführende Straßen gliederten diesen Bezirk in schmale, langgestreckte Insulae; dasselbe war auch im Bereich zwischen dem Theater und dem Akropolisfelsen der Fall.

248 Modell des Parthenon

Maßstab 1:20
Holz und Kunstharz; L 363 cm, B 169,5 cm, H ca. 100 cm
Herstellung: Niklaus Deschler, Michele Cordasco, Mario Bollin nach Vorgaben von E. Berger (1976/77)
Basel, Skulpturenhalle

Literatur: E. Berger, Bauwerk und Plastik des Parthenon, AntK 23, 1980, 66–70 (Das Basler Parthenon-Modell) Taf. 17–23.

249 Modell der Propyläen

Maßstab 1:20
Holz und Kunstharz
Herstellung: Niklaus Deschler nach Vorgaben E. Berger
Basel, Skulpturenhalle

Modell der Akropolis von Athen um 480 v. Chr. Athen, Zentrum für Akropolis-Studien

Kat.-Nr. 247

Modell der Akropolis um 160 n. Chr. Athen, Zentrum für Akropolis-Studien

Kat.-Nr. 248

250 Zwei angepaßte Fragmente eines dorischen Kapitells vom ersten peripteralen Parthenon (›Urparthenon‹)

Harter Poros (Kalkstein); H 70,5 cm, B 178 cm, T 78 cm
Um 570 v. Chr.
Athen, Akropolis-Museum

Das vollständige Kapitell war 182 cm breit und ca. 60 cm hoch. Der Durchmesser am Hals betrug ca. 90 cm. Für die gesamte Säule werden folgende Maße errechnet: unterer Durchmesser ca. 126 cm, Höhe ca. 6,50 m.

Der Vergleich des Echinusschnitts anhand der besser erhaltenen Kapitellfragmente des Urparthenon zeigt, daß individuelle Unterschiede hinsichtlich der exakten Formen vorkommen. Daher rühren die erhaltenen Fragmente von mindestens dreizehn verschiedenen Kapitellen her. Die Kapitelle können nach ihrer Größe auf drei Gruppen verteilt werden. Es besteht folglich kein Zweifel, daß der Tempel die Gestalt eines hexastylen Peripteros besessen hat.

Kat.-Nr. 249

Kat.-Nr. 250

251 Bauteile des Vorparthenon

Athen, Akropolis-Museum

a. Fragment eines Stylobatblocks des Vorparthenon

Pentelischer Marmor; ca. 39,5 x 33 x 33 cm
Um 490 v. Chr.
Athen, Akropolis Inv. a 4693

b. Fragment eines Stylobatblocks des Vorparthenon

Pentelischer Marmor; 59 x 27 x 21 cm
Um 490 v. Chr.
Athen, Akropolis Inv. 13998

Der Stylobat des Vorparthenon bestand aus vier Eckblöcken (ca. 210 x 210 x 56 cm, Gewicht ca. 6900 kg) und 108 Normalblöcken (ca. 210 x 150 x 56 cm, Gewicht ca. 4900 kg).

Der Stylobat des Vorparthenon hatte dieselbe Höhe wie derjenige des Parthenon, war aber etwas tiefer. Die Blöcke besaßen wie diejenigen des Parthenon eine mittlere Länge von etwa einem Drittel der Achsweiten, aber eine leicht abweichende Anordnung.

c. Zwei Fragmente von unteren Säulentrommeln des Vorparthenon

Pentelischer Marmor; das größere Fragment ca. 67 x 62 x 28 cm
Um 490 v. Chr.
Athen, Akropolis Inv. n 57

Die Trommeln einer Säule sind noch zum Zeitpunkt der Versetzung halbfertig. Nötig sind in diesem Moment natürlich nur die fertige untere Lagerfläche und ein wenige Zentimeter hoher Teil der Außenfläche. Die

Kat.-Nr. 251 b

Kat.-Nr. 251 d

Kat.-Nr. 251 c

Kat.-Nr. 251 c

Oberseite wird planmäßig erst in unmittelbarem Zusammenhang mit der Versetzung der nächsten Trommel, also erst später behauen und geglättet. Noch später findet die Ausarbeitung der Außenfläche statt, und dies in zwei Phasen: Zunächst erfolgt die Abarbeitung der Hebebossen und der grob gespitzten Bosse der Steinbruchphase, so daß eine kanonische »zylindrische« Form, die »Mantelfläche«, entsteht, und danach die Ausmeißelung der Kanneluren, und zwar frühestens dann, wenn das Kapitell versetzt ist, oder besser noch erst Jahre später, nachdem die letzten Arbeiten am höheren Bereich des Baus, die von oben nach unten vonstatten gehen (Dach, Gebälk, obere Partien der Wände usw.), abgeschlossen sind. Die geometrische Bestimmung der Kanneluren setzt das Vorhandensein von genau vorbereiteten, einige Zentimeter hohen »Lehrflächen« oben und unten voraus. Als obere dient stets das Hypotrachelion, d. h. der Hals des dorischen Kapitells, das schon vor seinem Versatz bis zum letzten Schliff ausgearbeitet ist, als untere eine wenige Zentimeter hohe Zone der Mantelfläche, die schon aus handwerklichen Gründen vor der Versetzung der untersten Trommel fertiggestellt ist. Dieser vorgefertigte untere Kannelurenabschluß wird oft, wie beim Exponat, in zwei Zonen unterteilt: die tiefste für den letzten Schnitt und Schliff und die 9 mm höhere für den vorletzten Schnitt. Das besprochene Fragment ist leider so stark verwittert, daß die Feinheit der Arbeit in der tiefsten Zone der Kannelurlehren nicht mehr sichtbar ist. Am anderen, kleineren Fragment (Kat.-Nr. 251 d) ist die fein ausgearbeitete Fläche dagegen fast unversehrt erhalten und gestattet so ein Studium der Steintechnik und eine Beurteilung der Präzision der Arbeit.

d. Fragment einer unteren Säulentrommel des Vorparthenon

Pentelischer Marmor; ca. 56 x 8 x 5,5 cm
Um 490 v. Chr.
Athen, Akropolis Inv. AM 3807

Das Fragment, das Ergebnis einer thermischen Abspaltung der Oberkante einer unteren, noch nicht kannelierten Säulentrommel (der unfertige Bau brannte 480 v. Chr. nieder), trägt noch deutliche Reste roter Farbe, die auf das Richtplatten-Verfahren (s. u.) zurückgeht.

252 Bauteile des Parthenon

Athen, Akropolis

a. Fragment einer Säule des Parthenon mit teilweise erhaltenem Unterlager und durch einen antiken Brand zerstörter Außenfläche

Pentelischer Marmor; ca. 100 x 50 x 40 cm
Um 445 v. Chr.
Athen, Akropolis Inv. a 2050

Das Fragment stammt von der 9. Trommel der 2. Säule des Pronaos. Die Trommel gehört eher zu den kleineren, die größeren Trommeln der Peristasis sind 190 cm breit, ca. 100 cm hoch und wiegen mit ca. 8000 kg etwa doppelt so viel. Die Auflageflächen der Säulen des Parthenon wie auch derjenigen anderer klassischer Bauten weisen eine zweckmäßige Aufteilung in vier konzentrische Zonen auf. Die äußere wird mit einem sehr kleinen, scharfen Scharriereisen geebnet und die nächste nur mit dem Zahneisen, wobei aber beide exakt auf derselben Ebene liegen. Nur die dritte Zone wird mit dem Spitzeisen tiefer zugerichtet. Die vierte Zone, die keinen statischen Zweck erfüllt, ist nur für die genaue Plazierung des Empolions von Bedeutung. Letzteres, ein quadratisches, aus hartem Holz geschnittenes Bauteil, diente als Vorrichtung zum genauen Zentrieren im Moment des Versatzes, wenn die mit dem Baukran herabgelassene Trommel schwebte und schwang. Das Empolion wird in dieser quadratischen Einlassung befestigt, die beim ausgestellten Fragment zur Hälfte gut erhalten ist. Die Außenfläche der Trommel weist die gleiche Zerstörung auf wie alle noch stehenden Partien oder zerstreuten Trommeln der Pronaossäulen, die als thermischer Bruch (eine durch außenseitige Ausdehnung verursachte Bruchart) auf einen antiken Brand zurückgeht (Heruler-Sturm, 267 n. Chr.?).

b. Fragment eines dorischen Kapitells vom Parthenon

Pentelischer Marmor; ca. 42 x 57 x 24 cm
Um 445 v. Chr.
Athen, Akropolis Inv. 13997

Am Fragment, das zu einer der fehlenden Säulen der Südseite gehörte, sind ein Teil des Kapitellhalses, ein sehr kleiner Teil des Echinus und die dazwischen liegenden Anuli erhalten. Das vollständige Kapitell maß 200 cm im Quadrat, war 86 cm hoch und wog ca. 8000 kg.

c. Triglyphe von der Südseite des Parthenon

Mittelfeinkörniger pentelischer Marmor; B 90 cm, H 135 cm, T 80 cm, Gewicht 2700 kg (fertig ausgearbeitet) bzw. 3300 kg (mit dem Werkzoll)
Athen, Akropolis Inv. n 617

Am Parthenon sind Architrav und dorischer Fries, d. h. Triglyphen und Metopen, genau gleich hoch, nämlich 135 cm. Am dorischen Fries koexistieren folgende Extreme: die starke Schwankung der Metopenbreiten (zwischen 116 und 134 cm) und die absolute Identität der Triglyphenbreiten mit 84,5 cm. Die Versetzung der Triglyphen weist Ähnlichkeiten mit jener der Säulen auf: Alle Triglyphen besitzen eine gleichartige Neigung nach innen (und zwar eine stärkere als die Säulen), aber mit Ausnahme der Ecktriglyphen keine Neigung nach links oder rechts. Diese Regelmäßigkeit wird durch eine entsprechende, bei jeder Triglyphe andere Neigung ihrer Auflagefläche sichergestellt, die der aufgrund der bekannten Kurvaturen sich ständig ändernden Neigung der Oberfläche des Epistyls zu der einen oder der anderen Seite angepaßt wird. Bemerkenswert ist darüber hinaus das exakte Verhältnis von 5:8 zwischen der Breite der Triglyphen und ihrer Höhe (beim Parthenon sind runde Zahlenverhältnisse ein selten zu beobachtendes Phänomen).

Kat.-Nr. 252 d

Kat.-Nr. 252 b

Kat.-Nr. 252 e

Die Triglyphen der Südseiten zeigen mit Ausnahme der Ecktriglyphen und der 1687 zerstörten Stücke mutwillige Abarbeitungen der Seiten, die von den Arbeitern Elgins vorgenommen worden sind, um die Metopen nach vorn herauslösen zu können. Ihre Herausnahme nach oben wäre zwar bautechnisch korrekter und für die Triglyphen unschädlicher, aber auch schwieriger gewesen. Die barbarische Verstümmelung der Triglyphenecken ist mittels eines schweren Vorschlaghammers erfolgt, nachdem sie herabgefallen waren.

d. Antefix vom Parthenon

Mittelfeinkörniger pentelischer Marmor; ca. 51 x 35 x 30 cm
Athen, Akropolis-Museum Inv. 3392

e. Thranosfragment (oder Hypodokion, d. h. Balkenlager) vom Parthenon

Pentelischer Marmor; ca. 35 x 27 x 11 cm
Um 445 v. Chr.
Athen, Akropolis Inv. 10004

Deutlich sichtbare, durch unterschiedliche Verwitterung entstandene Spuren eines ehemals aufgemalten Ornaments (doppelter Mäander).

f. Deckenfragment des Opisthodoms (westliche Vorhalle) des Parthenon

Mittelfeinkörniger pentelischer Marmor; ca. 46 x 26 x 25 cm
Athen, Akropolis-Museum Inv. Diasp. 1927

Deutlich sichtbare, durch unterschiedliche Verwitterung entstandene Spuren ehemals aufgemalter Ornamente (vier Palmetten und vier Lotusblüten, axial und diagonal in einem Quadrat angeordnet). Das vollständige Bauelement, eine Platte mit zwei Kassetten, war 200 cm lang, ca. 70 cm breit und 26 cm dick. M. K.

Übersetzung aus dem Griechischen: Wolfgang Schürmann

g. Abklatsch der rechten Schmalseite der Stele mit den Abrechnungen für den Bau des Parthenon

Erhalten sind insgesamt 25 Fragmente einer Stele aus pentelischem Marmor, die auf allen vier Seiten beschrieben ist; H 1,60 m, B 1,80 m, T 0,20 m
434/3 v. Chr. (Jahr XIV)
Berlin-Brandenburgische Akademie der Wissenschaften, Archiv der Inscriptiones Graecae
Original: Athen, Epigraphisches Museum EM 6677 (Fragmente D und E), EM 6679 (Fragment A), gefunden auf der Akropolis

Nach dem Vorbild der Abrechnung für das Standbild der Promachos (Kat.-Nr. 379), aber ausführlicher angelegt sind die auf einer großen Stele vereinigten Rechnungen aus der 15jährigen Bauzeit am Parthenon: vorn die Jahre I–VI, hinten VII–XIII (in jeweils 3 Kolumnen), rechts XIV, links XV, sukzessive eingemeißelt. Neben der fortlaufenden Zählung der Rechnungsjahre I–XV ist jeweils der Archon Eponymos genannt, so daß – ein seltener Glücksfall – eine absolute Datierung möglich ist. Der Bau des Parthenon dauerte von 447/6 bis 433/2.

Über die gesamten 15 Jahre blieb eine größere Anzahl von Goldstateren lampsakenischer und kyzikenischer Prägung unangetastet. Die Einnahmen kamen, wie bei der Parthenos-Statue (Kat.-Nr. 265), hauptsächlich aus der Kasse der Athena, mehrmals auch von den Hellenotamiai, d. h. aus der Seebundkasse (s. Kat.-Nr. 162), gelegentlich von verschiedenen kommunalen Behörden. Die Ausgaben lassen den Baufortschritt erkennen. Im Jahre 447/6 wird vor allem für Steinbruch und -transport bezahlt, 440/39 für Türen und Säulen, ab 438/7 für Steinmetzarbeiten an den Giebelfiguren. Der Bauleiter sowie die Mitglieder der jährlich gewählten Baukommissionen und deren Sekretäre erhielten Monatslöhne.

Für das vorletzte Jahr (434/3) lautet die Abrechnung:

Für die Kommission und ihren Sekretär Antikles, im 14. Ratsjahr, dessen
erster Sekretär Metagenes war,
in dem Jahr, als Krates Archon der Athener war,
gab es folgende Einnahmen im Jahr:

Restbetrag aus dem vorigen Jahr:	1470 Dr.
Lampsakenische Goldstatere:	74
Kyzikenische Goldstatere:	27 1/6
von den Schatzmeistern der Gelder der Göttin und ihrem Sekretär Krates aus Lamptrai	25 000 Dr.
für verkauftes Gold, Gewicht 98 Dr., Erlös:	1372 Dr.
für verkauftes Elfenbein, Gewicht 3 Tal. 60 Dr., Erlös:	1305 Dr. 4 Ob.
Ausgaben:	
Einkäufe:	>[.]202 Dr.
Löhne:	
an die Arbeiter im Pentelikon und die Verlader der Blöcke auf die Karren:	1926 Dr. 2 Ob.
an die Bildhauer der Giebelfiguren, Lohn:	16 392 Dr.
Monatsgehälter	>18[.]1 Dr.
Restbetrag aus diesem Jahr:	.... Dr.

Offenbar waren die Arbeiten weitgehend abgeschlossen, da die Einkünfte nur mäßig waren und bereits Restbestände an Gold und Elfenbein verkauft wurden.

Literatur: IG I^3 436–451; K. Brodersen u. a. (Hrsg.), Historische griechische Inschriften in Übersetzung 1. Die archaische und klassische Zeit (1992) Nr. 94; R. Meiggs – D. Lewis, A Selection of Greek Inscriptions (1988), Nr. 59; G. Giovannini, Historia 39, 1990, 129–148. K. H.

253 Klassische ionische Kapitelle

Athen, Akropolis

a. Fragment eines ionischen Kapitells von den Propyläen

L 82 cm, H 62 cm, T 48 cm
438 v. Chr.
Athen, Akropolis

In den Propyläen besaß die Nutzung des inneren Durchgangs als Raum für Versammlungen und für den

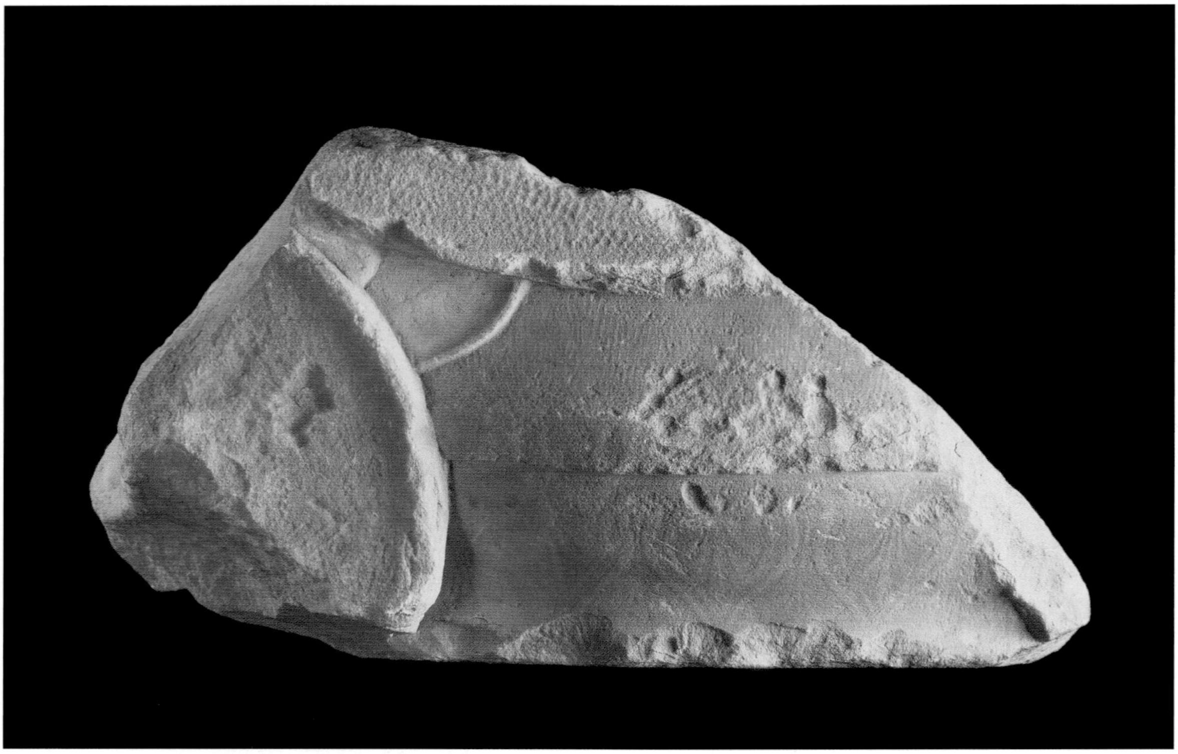

Kat.-Nr. 253 d

Verkehr besonderes Gewicht. Der Architekt wählte ionische Säulen von einer in Athen ungekannten Schlankheit und mit einer sehr schmalen Basis. Das Kapitell, wohl das vollendetste des attisch-ionischen Typs, weist einen besonders klaren Aufbau seiner Teile auf.

Die westliche Vorhalle der Propyläen und ihre einmalige Marmordecke, die 600 Jahre nach ihrer erstaunlich kurzen Bauzeit noch immer für unübertroffen gehalten wurde (Pausanias 1, 22, 4), ist erst gegen 1640 durch die Explosion eines Pulvermagazins in der östlichen Vorhalle zerstört worden. Um 1834, als die Oberfläche des Marmors noch gut erhalten war, hat E. Schaubert auf einem Kapitell aufgrund der noch erhaltenen Reste der Bemalung über dem Echinus Akanthusblätter erkennen können. Der wichtigste und eigenwilligste Dekor der ansonsten einfachen Formen bestand jedoch aus einer Komposition metallener Voluten und Palmetten in der Achse der Kapitelle. Auf dem vorgewölbten Teil des Echinus sind bei zahlreichen Fragmenten Befestigungslöcher mit Eisenstiften in immer derselben Anordnung erhalten. Offenbar haben also alle Kapitelle auf beiden Seiten denselben Metallschmuck getragen.

Der Echinus der Kapitelle besitzt die Form eines attisch-ionischen Kymations und gliedert sich in 24 absolut maßgleiche Eier, die exakt den 24 Kanneluren des Schaftes entsprechen und teils in hohem Relief, teils in sehr flachem, mit einem Rand versehenem und bemaltem Relief ausgeführt sind.

Der Abakus hat die Form eines ionischen Kymations, wobei die Eier mit ihren Rändern und die Lanzettblätter zwischen ihnen nur in Malerei angegeben waren.

Literatur: J. Hoffer, Allgemeine Bauzeitung 1841, Taf. 395–396; F. C. Penrose, The Principles of the Athenian Architecture (1851).

b. Fragment eines ionischen Kapitells (obere linke Ecke)

Pentelischer Marmor. Aufgrund unterschiedlicher Verwitterung reliefartig erhaltene Spuren der ursprünglichen Bemalung. 30 x 26 x 15,5 cm (vollständig: ca. 80 x 50 x 40 cm)
Athen, Akropolis Inv. 8845

c. Ionisches Kapitell

Pentelischer Marmor; 70 x 50 x 39 cm
Athen, Akropolis, Magazin Inv. 7796 und 13355 (1976 angepaßt)

d. Fragment eines ionischen Kapitells mit Resten der antiken Bemalung

Erh. H 18,0 cm, erh. B 37,0 cm, erh. T 14,0 cm
5. Jh. v. Chr.
Aus Athen, erworben 1844
Berlin, Antikensammlung Inv. Sk 997

Literatur: O. Puchstein, Das ionische Kapitell (1887) 6 Nr. 2.

e. Ionisches Kapitell vom Tempel der Athena Sounias

Feinkörniger Agryleza-Marmor; L 87,6 cm, T 62,3 cm, H 35,0 cm
Um 450 v. Chr.
Gefunden 1950
Athen, Agora-Museum Inv. A 1595

Kat.-Nr. 253 a

Kat.-Nr. 253 g

Kat.-Nr. 253 c

Kat.-Nr. 253 e

Kat.-Nr. 253 c (Detail)

Kat.-Nr. 253 h

Kat.-Nr. 253 e (Detail)

Deutlich sichtbare, durch unterschiedliche Verwitterung entstandene Spuren ehemals aufgemalter Ornamente. Das Kapitell wurde im Mai 1950 aus der spätrömischen Stadtmauer Athens geborgen. 1959/60 konnte Homer A. Thompson, der damalige Leiter der Ausgrabungen auf der antiken Agora, nachweisen, daß in augusteischer Zeit Tempelbauten der klassischen Zeit planmäßig von ihrem ursprünglichen Standort nach Athen transportiert worden sind. Einer dieser Bauten, der Athena-Tempel von Pallene, wurde unverändert auf die Agora verpflanzt, wo er bald auch als Ares-Tempel bezeichnet wurde. Weitere Tempel, darunter auch der Athena-Tempel von Sunion, wurden unterschiedlich behandelt: Nur ein Teil ihrer Architektur wurde aus seinem originalen Bauverband gelöst und auf der Agora bei der Konstruktion eines anders konzipierten Tempels wiederverwendet. Damit wird das unerwartete Vorkommen solchen Baumaterials in Athen erklärt: Ein weiteres Kapitell von Tempel der Athena Sounias wurde bereits seit 1832 als zu einem Bau innerhalb der Stadt Athen gehörig angesehen und zum Gegenstand mehrerer Architekturstudien. Von den Säulentrommeln desselben Tempels sind ebenfalls mehrere in Athen zu sehen, einige sogar in der inneren Säulenstellung an der Südseite der römischen Agora.

Literatur: L. Shoe Meritt, Hesperia 65, 1996, 134 f. 158 Nr. 17 A Abb. 25 Taf. 43.

f. Fragment eines ionischen Kapitells vom Tempel der Athena Sounias

Feinkörniger Agryleza-Marmor; H ca. 15,0 cm, L ca. 22,3 cm
Um 450 v. Chr
Athen, Agora-Museum Inv. A 1132

Aufgrund unterschiedlicher Verwitterung gut erhaltene reliefartige Spuren der antiken Bemalung.

Literatur: Shoe Meritt a. O. 163 Nr. 17 B Abb. 26 Taf. 43.

g. Ionisches Kapitell von einem unbekannten Bau

H 45,9 cm, B 123,5 cm, T 79,8 cm
Um 450 v. Chr.
Athen, Agora-Museum Inv. A 2972

Aufgrund unterschiedlicher Verwitterung gut erhaltene reliefartige Spuren der antiken Bemalung. Im Juli 1959 in der spätrömischen Stadtmauer verbaut gefunden.

Literatur: Shoe Meritt a. O. 129 ff. 154 Nr. 14 A Abb. 2. 20 Taf. 40. 41.

h. Farbige Zeichnung des ionischen Kapitells

Maßstab 1:1, Wasserfarben auf Karton, ca. 130 x 50 cm
P. de Jong (1960)
Athen, Agora-Museum

254 Bauteile des Erechtheion

Athen, Akropolis

a. Fragment einer oberen Säulentrommel vom Erechtheion

Pentelischer Marmor; H 55 cm, B 46 cm, T 35 cm
421–406 v. Chr.
Athen, Akropolis, Magazin Inv. 6355 und 3434

b. Kyma-Fragment vom Wandarchitrav des Erechtheion

Pentelischer Marmor; H 22 cm, L 65 cm, T 27 cm
Athen, Akropolis, Magazin Inv. 3430 und 3411

c. Fragment eines Fenstersturzes von der Ostwand des Erechtheion

Pentelischer Marmor; H 27 cm, B 22 cm, T 15,5 cm
Athen, Akropolis, Magazin Inv. 6372

d. Fenster der Ostcella des Erechtheion, ergänzt (A. Papanikolaou 1983)

Pentelischer Marmor; 175 x 350 x 65 cm
Athen, Akropolis-Museum ohne Inv.

Original von Kat.-Nr. 254 f

Kat.-Nr. 254 a

Kat.-Nr. 254 c

Während die Fenster in der wiederhergestellten Westwand des Erechtheion zur Zeit des Augustus hinzugefügt worden sind, gehören diejenigen in der Ostwand zur ursprünglichen Ausstattung des klassischen Gebäudes. Bei der Umwandlung des Erechtheion in eine christliche Kirche im 6. Jahrhundert ist die Ostwand niedergelegt worden. Einige Fragmente der hierbei zerstörten Fenster sind bei der Fundamentierung der Säulenstellungen der Kirche wiederverwendet worden. Die Überreste der beiden Fenster, sechs Fragmente der Fensterstürze und 15 der Laibungen mit außerordentlich reichem, fein ausgearbeiteten Dekor, erlauben eine exakte Rekonstruktion ihres ursprünglichen Aussehens. Die Berechnung der Maße basiert auf dem metrischen Befund an einigen Steinblöcken der Wand.

Literatur: G. P. Stevens u. a., The Erechtheum (1927) 35–45 Abb. 25–29; Committee for the Preservation of the Acropolis Monuments. The Acropolis at Athens, Ausstellungskat. Athen (1986) 95. 98 Abb. IX 1. 2 (A. Papanikolaou 1983).

e. Geisonblock vom Erechtheion

Pentelischer Marmor; H 29 cm, B 130 cm, T 100 cm
Athen, Akropolis Inv. 14000

M. K.

f. Abklatsch des Fragments XIII aus den Abrechnungen für den Bau des Erechtheion

Mindestens drei Reihen dünner Platten aus pentelischem Marmor, H 0,95 m, T 0,10 m, die an einer Wand befestigt waren. Erhalten sind insgesamt 23 Fragmente.
408/7 v. Chr.
Berlin-Brandenburgische Akademie der Wissenschaften, Archiv der Inscriptiones Graecae
Original: Athen, Epigraphisches Museum Inv. EM 6667, gefunden auf der Akropolis

Nach einer langen Unterbrechung wurde im Jahre 409 der durch den Krieg unterbrochene Bau des Erech-

Kat.-Nr. 254 b

Kat.-Nr. 254 e

theion wieder aufgenommen. Zunächst nahm eine Baukommission akribisch die noch ausstehenden Arbeiten auf. Noch im selben Jahr wurden die Arbeiten durch eine Inschrift (IG I[3] 474) öffentlich ausgeschrieben und vergeben. Aus den Jahren 409/8 und 408/7 liegen umfangreiche, aus 407/5 fragmentarische Abrechnungen vor (IG I[3] 475–479). Sie sind sehr detailliert und damit eine der wichtigsten Quellen zur Wirtschafts- und Sozialgeschichte Athens im späten 5. Jh.

Die Arbeiten wurden im Werk- oder Stücklohn bezahlt. Tätig waren kleine Unternehmer mit ihren Sklaven, Handwerker und freie Lohnarbeiter, darunter viele Metöken. Der im Abklatsch gezeigte Teil der Inschrift (Z. 5–71) enthält die Abrechnungen aus der 6. Prytanie, Januar/Februar 407. Am Beginn stehen Löhne für Handlanger-Arbeiten (Einsetzen einer Decke, eines Balkens, Auf- und Abbau von Gerüsten). Es folgen »Säge-Arbeiten im Tageslohn, an zwei Arbeiter, 16 Tage, pro Tag 1 Dr. für jeden, an Rhados (einen Metöken), wohnhaft in Kollytos, und Kollegen: 32 Dr. – Maler-Arbeiten: Bemalung des Kymations über dem inneren Epistyl, 5 Ob. je 30-cm-Abschnitt (Fuß), an den Unternehmer Dionysodorus (einen Metöken), wohnhaft in Melite: 30 Dr. – An die Vergolder, die die Rosetten vergoldet haben,... (Ziffer fehlt). – Gehälter: dem Bauleiter Archilochos aus Agyle: 37 Dr.; dem Untersekretär Pyrgion: 30 Dr. 5 Ob. – Gesamtausgaben: 1790 Dr. 3,5 Ob.« Demnach erhielt der Bauleiter 1 Dr., sein Sekretär 5 Ob. pro Tag.

Unter den im Stücklohn bezahlten Arbeiten sind von besonderem Interesse die Bearbeitung der mächtigen Säulen und die Herstellung der Giebelfiguren: »Praxias wohnhaft in Melite, für das Pferd und den Mann in Rückansicht, der es schlägt: 120 Dr. – Antiphanes aus Kerameis, für den Wagen, den Jüngling und die beiden angeschirrten Pferde: 240 Dr.« usw. (Z. 159–181).

Literatur: IG I[3] 476 (Z. 5–71); L. D. Caskey in: The Erechtheum (1927) 370–416.

K. H.

Manolis Korres

Richtplatten: Akribie, Harmonie und Kanon

Das akribische Aufeinanderpassen, die ›Harmonia‹, der Steinblöcke bei den besten Gebäuden der klassischen Zeit und besonders der Säulentrommeln wurde bereits in der Antike bestaunt und bewundert. Die Säulentrommeln liegen nicht nur an den Außenkanten auf, sondern auf der gesamten Fläche, mit Ausnahme einer kleinen runden Zone im Zentrum der Trommel, die aber nicht mehr als 1/16 der Gesamtfläche ausmacht.

Das Problem der absoluten Paßgenauigkeit tritt auch in moderner Zeit auf, vor allem beim Zusammenfügen von Teilen bestimmter Maschinen. Normalerweise werden für diese Arbeiten gußeiserne oder steinerne, meist granitene Platten verwendet, sog. Richtplatten, mit denen überprüft wird, ob die zusammenzufügenden Teile tatsächlich eben sind. Diese leicht eingefärbten Platten werden auf die zu prüfenden Flächen aufgelegt und hinterlassen an denjenigen Stellen Farbspuren, an denen Erhebungen stehengeblieben sind. Nach vorsichtigem Abschleifen der betreffenden Stellen wird die Prozedur dann so lange wiederholt, bis die erforderte Plangenauigkeit erreicht ist.

Exakt dieselbe Methode haben auch die Griechen angewandt, wie wir aus verschiedenen Quellen erfahren, besonders aus der Bauinschrift des Tempels des Zeus Basileus in Livadia. Das in der Antike verwendete Instrument wird gewöhnlich als »kánon« bezeichnet, und das zum Einfärben verwendete Material als »míltos« (Rötel).

Bei den Forschungen auf der Akropolis fanden sich unter anderem auch Fragmente großer Richtplatten, die sich in zwei Gruppen scheiden lassen, nämlich in rechteckige und runde. Messungen der Plangenauigkeit an den am besten erhaltenen Stücken mit Präzisionswerkzeugen ergaben Abweichungen von der mathematisch exakten Ebene in der Größenordnung von zwei Hundertstel Millimeter. Die Messungen ergaben für zwei der runden Platten einen Durchmesser von 191,4 cm, für zwei weitere von 187,8 cm, was exakt dem oberen Durchmesser der ersten und zweiten Säulentrommeln des Vorparthenons einschließlich der Dicke des Werkzolls entspricht. Ihre Dicke beträgt entsprechend 5,7/6,0/5,6 und 5,3 cm. Die Fragmente der rechteckigen Platten stammen von sieben verschiedenen Platten mit einer Dicke von 4,5/5,1/5,2/5,3/5,4/6,0/6,9 cm. Die Rückseite aller Platten ist mit einem relativ kleinen spitzen Werkzeug fein, beinahe dekorativ bearbeitet. Am Außenrand und an anderen Stellen existieren Bänder. Ein besonderes Merkmal der Platten sind ca. 8 cm breite, geradlinige Bänder oder Stege, die die feine Bearbeitung der Rückseite unterbrechen, und auf ihnen vorkommende runde Nagellöcher mit Nagelkopfnestern, in denen Vorrichtungen zur Befestigung eines hölzernen Traggestells mit Handgriffen zu erkennen sind. Auf einigen der Platten sind Reste roter Farbe erhalten, die ebenso an Fragmenten von Säulentrommeln des Vorparthenon vorkommt, die wiederum denselben Durchmesser aufweisen wie die Platten.

Erhellend für die Frage nach dem Zweck der Platten ist folgende Beobachtung: Die Lagerflächen der Parthenon-Säulen ergänzen einander, wenn sie auch nicht völlig eben sind, in ihren Abweichungen von einigen Hundertstel Millimetern. Folglich müssen die Richtplatten selbständige Paare gebildet haben. Die Platten eines Paares (P-untere und P-obere) sind die eine mit Hilfe der zweiten vermittels Einfärbung mit Rötel ausgearbeitet worden, so daß sie sich exakt ergänzten, wenn sie auch nicht mathematisch absolut eben waren. Geeignete Markierungen, hier mit M-o und M-u bezeichnet, sicherten die Paßorientierung der Platten zueinander. Die zusammengehörigen Platten bestimmten – die eine über der im Bauverbund versetzten Trommel, die andere über der vor dem Tempel befindlichen – die Abarbeitung der Auflageflächen beider Säulentrommeln, die später genau aufeinandergesetzt werden sollten. Während des gesamten Bearbeitungsvorgangs, der ein mehrfaches Anheben und Absenken der Richtplatten verlangte, wurden die Platten exakt in derselben Paßorientierung gehalten. Hierdurch ergänzten sich die Flächen der beiden Trommeln mathematisch exakt, da sie sich beide jeweils mit der Fläche einer der beiden Richtplatten ergänzten, die sich ja ihrerseits untereinander ergänzten. Die Dicke der aufgetragenen Farbschicht nahm mit zunehmender Genauigkeit der Arbeit ab. Die größere Dicke zu Beginn der Arbeiten erlaubte das Abschleifen größerer Partien in einem Arbeitsgang. Durch entsprechendes Verdünnen des Rötels und Abwischen der Flächen wurde die Farbschicht dann immer dünner, die Anzeige der noch stehengebliebenen Unregelmäßigkeiten dagegen immer genauer. Zum Schluß war die Dicke der Farbschicht praktisch gleich Null.

Kat.-Nr. 255 a

Kat.-Nr. 255 b

255 Antike Richtplatten

a. Fragment einer runden Richtplatte für den Kontakt der ersten und zweiten Trommeln der Peristylsäulen des Vorparthenon

Feinkörniger hymettischer Marmor mit dunkelgrauen Äderungen. Vollständig erhaltener Farbüberzug. 89 x 49 x 6,1 cm; errechneter ehem. Dm 191,2 cm
Athen, Akropolis-Museum Inv. 3748

b. Zwei zusammengefügte Fragmente einer rechteckigen Richtplatte für die Seitenwände des Erechtheion

Feinkörniger pentelischer Marmor; B 65 cm, L 29 cm, D 5,1 cm
Um 435 v. Chr.
Athen, Akropolis-Museum Inv. 14288 und 16758

c. Nachgebaute Richtplatte für die Säulen des Pronaos des Parthenon, 1992

Feinkörniger pentelischer Marmor; Dm 165 cm, D 5 cm
Athen, Makriyanni, Zentrum für Akropolis-Studien

M. K.

Übersetzung aus dem Griechischen: Wolfgang Schürmann

Alexandros Mantis

Die Bauplastik des Parthenon

Die 92 Metopen, die das Gebälk des Parthenon rundherum schmückten, verteilt auf je 32 an den Lang- und auf je 14 an den Schmalseiten des Tempels, die 160 Meter des Frieses, der die Langseiten der Cella sowie die Fronten des Pronaos und des Opisthodoms entlanglief, die beiden Giebelkompositionen auf der Ost- und Westseite des Tempels zusammen mit den Akroteren, bei denen sich – wie es scheint – außer den pflanzlichen auch figürliche Themen abwechselten, sowie auch die vier Ecksimen, die mit Löwenköpfen geschmückt waren, bilden – fertiggestellt in dieser Reihenfolge – die Gesamtheit des Skulpturenschmucks des Parthenon. Ihre Entstehung erfolgte nach den Bauinschriften des Tempels gestaffelt im Zeitraum von 447 bis 432 v. Chr. In dieser Zeit wurde auch die Gold-

Elfenbein-Statue der Göttin Athena ausgeführt, ein Werk des Pheidias, auf den offenbar Idee und Entwurf der gesamten Bauplastik des Tempels zurückgehen (ἐπίσκοπος παντῶν [Oberaufseher] nach Plutarch).

Die Bauplastik des Parthenon, über die in den schriftlichen Quellen fast notorisch geschwiegen wird, außer einer kurzen Erwähnung der beiden Giebelthemen bei Pausanias (2. Jh. n. Chr.), begann im Abendland schon durch die Skizzen des Ciriaco d'Ancona (15. Jh.; Kat.-Nr. 551) und später durch die Zeichnungen Carreys (1674; Kat.-Nr. 552) bekannt zu werden. Zu jener Zeit wurden sie wie keine andere materielle Hinterlassenschaft der griechischen Antike als stellvertretende Schöpfungen der klassischen Kunst gepriesen und verehrt.

Dieses ist nicht nur zurückzuführen auf ihre künstlerische Aussagekraft und meisterhafte Ausführung, sondern zugleich darauf, daß sie durch ihre verschiedenen Geschicke und Auflösungen zu einem Symbol und Mythos wurden. Wenn heute im allgemeinen Bewußtsein die Bauplastik des Parthenon weit über der engen Bedeutung üblicher archäologischer Überreste und Zeugnisse steht und dabei Dimensionen einer nationalen Bedeutung oder sogar einer der gesamten Menschheit erlangt hat, läßt sich dieses sicher in vielem auf die Verbindung mit dem Bauwerk zurückführen, welches die Apotheose von Maß und Schönheit der griechischen Klassik darstellt, aber nichtsdestoweniger auch auf das Abenteuer ihrer Ablösung und Zerstückelung sowie ihrer Verstreuung in der ganzen Welt.

Die Metopen des Parthenon mit der Gigantomachie im Osten, der Amazonomachie im Westen, der Iliupersis im Norden und der Kentauromachie auf der Südseite bilden thematische Einheiten, die im Repertoire der Kunst jener Zeit bekannt und vertraut waren; dennoch verbirgt sich sowohl hinter der Wahl des Themas wie hinter der Wahl des Anbringungsortes der verschiedenen Einheiten jedesmal eine deutliches Motiv. In ihrer Ausarbeitung lassen sich Tendenzen der athenischen Bildhauerkunst nach 450 v. Chr. sowie ein Reflex künstlerischer Werkstätten mit Verflechtungen konservativer und progressiver Züge aufspüren.

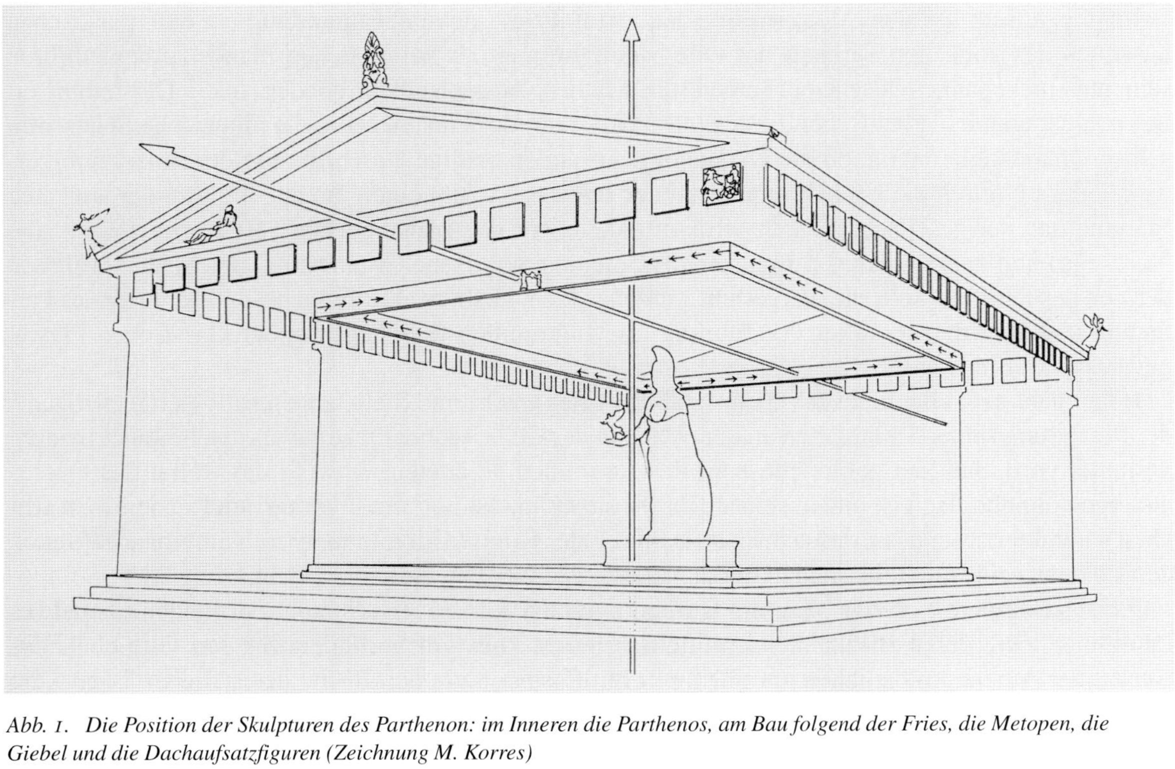

Abb. 1. Die Position der Skulpturen des Parthenon: im Inneren die Parthenos, am Bau folgend der Fries, die Metopen, die Giebel und die Dachaufsatzfiguren (Zeichnung M. Korres)

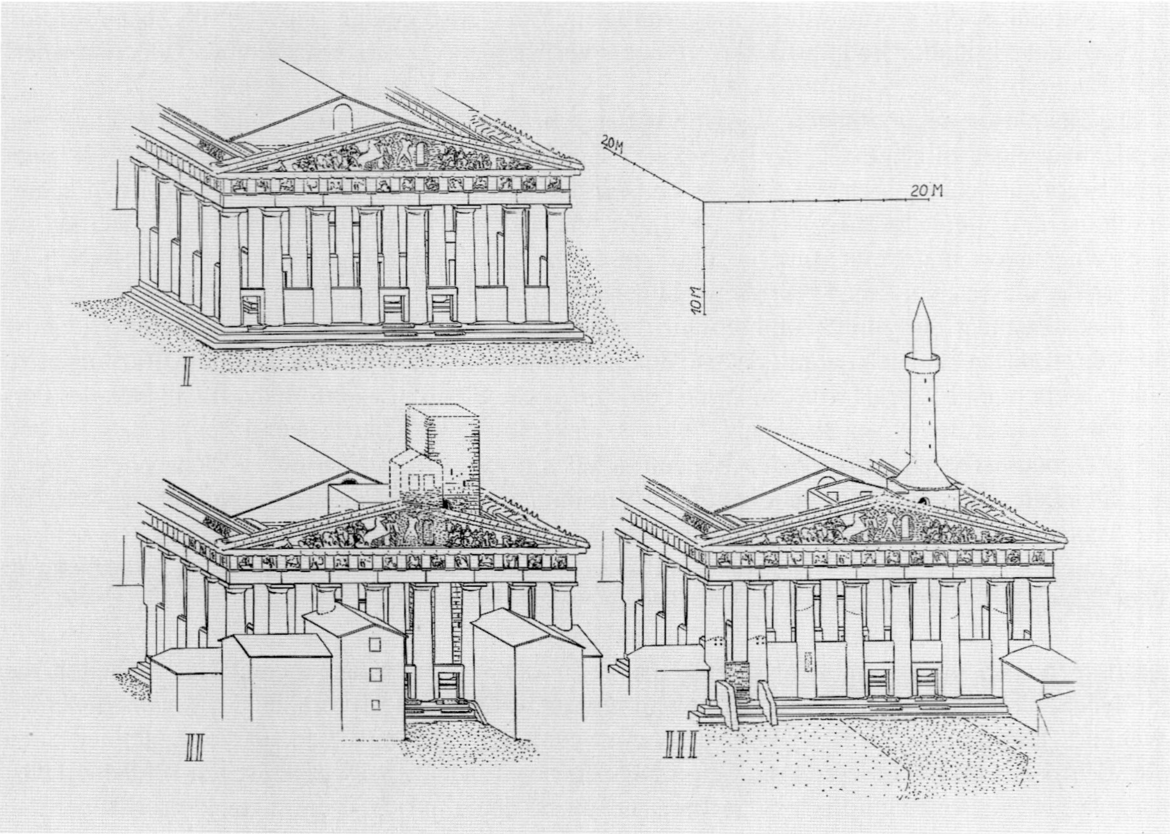

Abb. 2. Die Um- und Einbauten im Parthenon (Zeichnung M. Korres)

Im Gegensatz zu den Metopen werden beim Fries, dessen Einbindung in den plastischen Schmuck des dorischen Tempels auf eine Modifizierung des anfänglichen Planes zurückzuführen sein muß, nicht panhellenische oder athenische Mythen veranschaulicht, sondern in der Darstellung eines herausragenden athenischen Festes, der Prozession der Panathenäen, die athenische Staatsform selbst. Unabhängig davon, ob die Darstellung auf die erstmalige Durchführung der Prozession verweist oder ob durch die beiden Sequenzen der Prozession zum einen die alte Teilung der attischen Stämme und der gesellschaftlichen Struktur Athens vor den kleisthenischen Reformen (West- und Nordseite) und zum anderen, dem gegenüber, die demokratische Organisation des Staates während der Zeit des Perikles (Südseite) dargestellt werden sollten, bleibt es eine Tatsache, daß der Fries des Parthenon in seiner meisterhaften Ausführung als vollkommenste Schöpfung der klassischen Plastik gewürdigt werden kann.

Heute geht man allgemein davon aus, daß der Fries an Ort und Stelle angefertigt wurde, also nach der Plazierung seiner Steinplatten an den Wänden der Cella, wobei für seine plastische Ausarbeitung vermutet wird, daß hier zahlreiche Künstler zusammen arbeiteten. Obwohl das Relief des Frieses außergewöhnlich flach ist und in seiner größten Erhebung keine 5 cm überragt, sind zu den wesentlichen Charakteristika des Frieses die Verflechtung der Komposition in mehreren aufeinanderfolgenden Ebenen, seine Geschlossenheit und künstlerischer Geist sowie seine Qualität zu zählen.

Es ist zweifelhaft, ob wir ohne die – wenn auch nur kurze – Erwähnung der beiden Giebel bei Pausanias heute deren Bildthemen ermitteln könnten. Dies gilt besonders für den Ostgiebel. Die Geburt der Athena im östlichen und ihr Streit mit Poseidon um den Besitz des attischen Landes im westlichen Giebel stellen eine noch nie dagewesene Themenwahl für die Ausgestaltung großer Giebelkompositionen dar, die durch keine anderen Beispiele bezeugt ist. Wie sehr aber der Charak-

Abb. 3. Die Explosion des Parthenon im Jahr 1687 (Zeichnung M. Korres)

ter des Gebäudes selbst diese thematische Auswahl beeinflußte – es gilt als sicher, daß die beiden Kompositionen als Idee und Konzeption von Pheidias selbst stammen. Die Giebelskulpturen stellen rundplastische Werke dar, aufgenommen in den dreieckigen Raum, der zwischen den horizontalen und schrägen Geisa gebildet wird, mit Größen, die zum Zentrum hin ansteigen. Die sitzenden und liegenden Gestalten fanden genügend Auflager auf dem horizontalen Geison des Giebels, aber die aufrechten und manchmal stark bewegten Gestalten des Giebels waren bald mit einer Plinthe verstärkt, bald durch Eisenelemente entweder am Geison oder an den Orthostaten des Giebeltympanons verankert. Die Monumentalität und Kunstfertigkeit der Giebelfiguren, von denen die mittleren die Höhe von drei Metern überschritten, geben ein Gefühl von der großen Plastik wieder, wie sie sich im 2. Jahrzehnt der 2. Hälfte des 5. Jahrhunderts v. Chr. ausgebildet hatte.

Die Skulpturen des Parthenon haben jetzt etwa zweieinhalb Jahrhunderte unter dem Mikroskop und im Visier der archäologischen Forschung durchlaufen, haben dabei die historische Forschung bereichert und wie nichts anderes die wissenschaftliche Phantasie der Forscher angeregt, die sich mit ihnen beschäftigten. Sie wurden erstmals einer breiteren Öffentlichkeit bekannt durch die von Stuart und Revett angefertigten Zeichnungen (1765), während sie zu Beginn des 19. Jahrhunderts aufgrund ihrer gewaltsamen Abtrennung und Plünderung vom Monument und aufgrund der Abenteuerlichkeit ihres Transportes die Aufmerksamkeit eines beträchtlichen Teils der europäischen Geisteswelt hervorriefen. Diese Beeinträchtigung war bereits die dritte, die den Skulpturen seit der Epoche ihrer Fertigstellung widerfahren war. Nach der brutalen Abmeißelung der Metopen auf drei Seiten des Bauwerks und dem Niederreißen des mittleren Teils des Ostgiebels während der Umwandlung des Parthenon in eine Kirche (5.–6. Jh. n. Chr.), die den Christen angelastet werden muß, zerstörte die Explosion, die durch die Bombardierung Morosinis ausgelöst worden war, die Langseiten des

Denkmals, was zur Folge hatte, daß die Venezianer ausgewählte Bruchstücke abschlugen. Die Ankunft der Marmore des Parthenon in London schließlich und ihre Aufnahme in das British Museum (1816) riefen eine starke Reaktion in der allgemeinen Öffentlichkeit, in der künstlerischen Welt und der wissenschaftlichen Gemeinschaft hervor. Die damals angefertigten Abgüsse, besonders die von 1837, machten die Skulpturen in Europa bekannt, als sie die älteren Sammlungen der europäischen Universitätsinstitute (Göttingen, Bonn, Berlin, Athen [1846]) zu schmücken begannen.

Die erste wissenschaftliche Annäherung an die Skulpturen des Parthenon geschah mit dem grundlegenden Werk von A. Michaelis »Der Parthenon« (1871). Sie hielt während des gesamten letzten Viertels des 19. Jahrhunderts mit speziellen Artikeln hauptsächlich der deutschsprachigen Forschung (Prandl, Sauer, Malmberg) in wissenschaftlichen Periodika an. Eine Station in der weiteren Erforschung der Parthenon-Skulpturen stellt die Veröffentlichung der Zeichnungen Carreys (1674) im Buch von Armont »Athènes« (1890) dar. Diese waren dreizehn Jahre vor der Explosion (1687), die neben anderem auch schwerwiegende Zerstörungen und Verluste der plastischen Ausstattung des Denkmals verursacht hatte, angefertigt worden (s. Kat.-Nr. 552). Die Veröffentlichung der Zeichnungen Carreys, die die 32 südlichen Metopen, die beiden Giebelkompositionen und fast den gesamten Fries des Parthenon umfaßten, spornte die Bemühungen der Archäologen zur Wiederherstellung der ursprünglichen Einheit der plastischen Ausstattung an, die durch die Explosion und die darauf folgende Zerstreuung des Materials aufgelöst worden war.

Die beiden 1910 fast gleichzeitig erschienenen, monumentalen und gut illustrierten Ausgaben von Smith und Collignon zu den Parthenon-Skulpturen bestimmten den Verlauf der archäologischen Forschung im ersten Viertel des 20. Jahrhunderts, während seit dem zweiten Viertel der Stab der Forschung wieder an die deutsche Schule zurückgelangt ist. Eine Fülle von Veröffentlichungen mit ihren wichtigen Vertretern Schuchardt, Schweitzer und Langlotz beschäftigte sich mit der künstlerischen Bewertung der Skulpturen, deren stilistischer Einordnung und dem Bestimmen von Künstlerhänden, während zur gleichen Zeit die unschätzbare Arbeit von C. Praschniker zu den Metopen des Parthenon herausragte. Die Anstrengung der gesamten vorausgegangenen Forschung verdichtete sich schließlich im dritten Viertel des letzten Jahrhunderts in den drei Monographien von F. Brommer zu den Parthenon-Skulpturen.

In den letzten 25 Jahren hat die Erforschung der Parthenon-Skulpturen sich unter Beteiligung der griechischen archäologischen Forschung entwickelt. Eine Fülle neuer Bruchstücke der Parthenon-Skulpturen kam auf der Akropolis und dem sie umgebenden Gebiet ans Licht; diese ergänzen und stellen bruchstückhaft erhaltene oder völlig zerstörte Teile der plastischen Ausstattung wieder her. Diese Untersuchungen konzentrieren sich hauptsächlich auf die mangelhaft oder bruchstückhaft erhaltenen Einheiten des Skulpturenschmuckes, wie die zerstörte Mitte des Ostgiebels und die mittleren südlichen Metopen des Parthenon, die mit Hilfe der Zeichnungen Carreys zu einem beachtlichen Maß wiederhergestellt werden können.

Übersetzung aus dem Griechischen: Katina Braoudakis

Literatur: F. Brommer, Die Skulpturen der Parthenongiebel (1963); ders., Die Metopen des Parthenon (1967); ders., Der Parthenonfries (1977). Vgl. allgemein, auch zur Geschichte des Parthenon in neuerer Zeit: P. Tournikiotis, The Parthenon and its Impact in Modern Times (1994). Darin A. Delivorrias 98 ff. zu den Parthenon-Skulpturen.

256 Torso der Göttin Iris aus der Nordhälfte des Parthenon-Westgiebels

H 150 cm
Original: London, British Museum, West H
Abguß: Berlin, Abgußsammlung, Standort Hohenschönhausen

Am alten Abguß fehlen die heute am Original angesetzten, seit dem 19. Jh. aufgefundenen kleineren Fragmente.

Literatur: F. Brommer, Die Skulpturen der Parthenongiebel (1963) 45 ff. Taf. 111 ff. – Zum Kopf: C. Rolley, La sculpture grecque 2 (1999) 99 f. Abb. 89. – Zum Abguß: C. Friedrichs – P. Wolters, Gipsabgüsse antiker Bildwerke Berlin (1885) 253 f. Nr. 540.

Kat.-Nr. 256

Kat.-Nr. 257

Kat.-Nr. 258

257 Pferdekopf des Gespanns der Selene aus der Nordhälfte des Parthenon-Ostgiebels

H 95 cm, L 82 cm
Original: London, British Museum, Ost O
Abguß: Berlin, Abgußsammlung, Standort Charlottenburg

Das Original hat seit dem Beginn des 19. Jhs. viel Beachtung erfahren. J. W. Goethe hat die Darstellung (»als wenn es gegen die Natur gebildet wäre«) gelobt und ihr den seither oft wiederholten Namen »Urpferd« gegeben.

Literatur: Rolley a. O. 101 f. – Zum Abguß: Friedrichs – Wolters a. O. 255 f. Nr. 546.

258 Gipsrekonstruktion der Metope Süd 16 des Parthenon

Athen, Makriyanni, Zentrum für Akropolis-Studien

Die Originale befinden sich in Athen, in London und im Vatikan (Kat.-Nr. 259. 260), aus stilistischen Gründen zusammengehörig: Dargestellt ist eine Kampfszene.

259 Fragmente der Metope Süd 16 des Parthenon: Männlicher Körper in Bewegung

H des Torsos ca. 75 cm
Athen, Akropolis-Museum Inv. Akr. 950

Literatur: F. Brommer, Die Metopen des Parthenon (1967) 100 ff. Nr. 2 Taf. 202 ff.

260 Bärtiger Kopf der Metope Süd 16 des Parthenon

H 19,2 cm
Vatikanische Museen Inv. 1013

Literatur: Brommer a. O. Nr. 3.

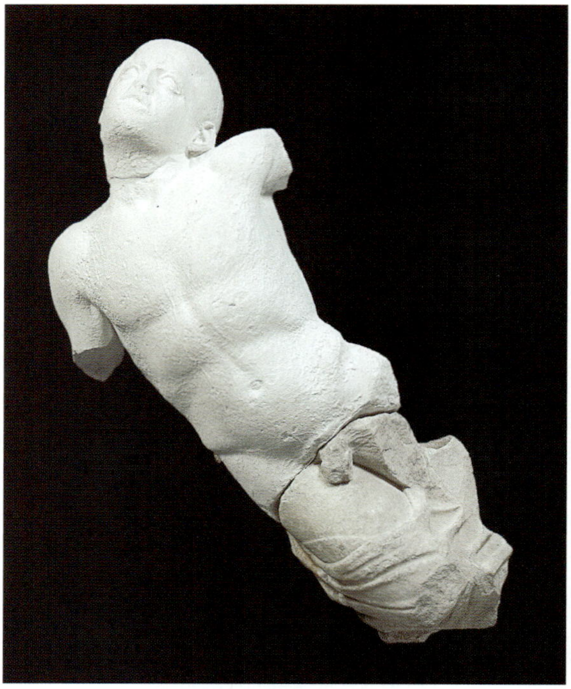

Kat.-Nr. 259

Kat.-Nr. 260

261 Metope Süd 31 des Parthenon: Kentaurenkampf

H 135,5 cm, B 131 cm
Original: London, British Museum
Abguß: Berlin, Abgußsammlung, Standort Hohenschönhausen

Die meisten Metopen der Südseite des Parthenon haben als Motiv die Kämpfe der Lapithen gegen die Kentauren.

Literatur: Brommer a. O. 126 f. Taf. 233 ff. – Zum Abguß: Friedrichs–Wolters a. O. 263 ff.

Kat.-Nr. 261

Kat.-Nr. 262

262 Metope Nord 32 des Parthenon

L 135,5 cm, B 118 cm
Original: Athen, Akropolis-Museum
Abguß: Berlin, Abgußsammlung, Standort Hohenschönhausen (Abguß der Firma Brucciani, London)

Diese Metope gehört zu den Skulpturen des Parthenon, die bis zur letzten Restaurierung am Bau verblieben waren; durch ihre Position an der Nordwestecke erschien sie auf jedem Übersichtsphoto der Akropolis in situ.

Literatur: Brommer a. O. 59 ff. Taf. 132 ff. – Zum Abguß: Friedrichs–Wolters a. O. 263 ff.

263 Platte IV des Westfrieses des Parthenon mit den Reitern 7 und 8

H 101 cm, B 140 cm
Original: Athen, Akropolis-Museum
Abguß: Berlin, Abgußsammlung, Standort Altes Museum

Der Westfries ist bis zur letzten Restaurierung des Parthenon noch am Bau gewesen und erscheint auf vielen älteren Photos in situ.

Literatur: F. Brommer, Der Parthenonfries (1977) 8 f. Taf. 1. 2. 13 ff. – Zum heutigen Zustand des Originals: T. Skoulikidis – E. Papakonstantinou u. a., Μελετή Αποκαταστάσεως του Παρθενώνος III 3 (1994) 128 ff. – Zum Abguß: Friedrichs – Wolters a. O. 267 f. Nr. 607.

264 Fragmente des Parthenon-Südfrieses mit Pferdekopf und Reiter

B ca. 40 cm
Athen, Akropolis-Museum Inv. 1134 und 1127

Literatur: F. Brommer, Der Parthenonfries (1977) 127 ff.; I. Trianti, Το Μουσείο Ακροπόλεως (1998) 284 Abb. 291.

W.-D. H.

265 Abklatsch der Inschrift mit der Gesamtabrechnung für die sog. Gold-Elfenbein-Statue des Pheidias

Zwei anpassende Fragmente einer Stele, oben und rechts gebrochen; H 0,86 m, B 0,16 m, T 0,17 m
438 v. Chr.
Berlin-Brandenburgische Akademie der Wissenschaften, Archiv der Inscriptiones Graecae
Original: Athen, Epigraphisches Museum (EM 6769), gefunden in der byzantinischen Kirche, die im Parthenon hineingebaut war

Auf insgesamt sieben Stelen, die alle nur sehr trümmerhaft erhalten sind, wurden die jährlichen Abrechnungen für die Gold-Elfenbein-Statue der Athena Parthenos aufgezeichnet (IG I^{3} 453–460). Die Aufzeichnung ist sehr summarisch. Die Rechnunglegung oblag den jährlich gewählten Kommissionen für die Errichtung des Standbildes, vertreten durch ihre Sekretäre. Einzige Einnahmequelle waren die jährlichen Überweisungen der Schatzmeister der Athena. Dabei handelt es sich um gewaltige Summen: z. B. 160 Talente Silber im Rechnungsjahr 443/2 (?) bzw. 100 Talente im Jahr 440/39. In die Kasse der Athena floß neben den üblichen, offenbar beträchtlichen Einnahmen aus Grundbesitz, Stiftungen, Strafen usw. auch die Aparché aus den Tributen der Bundesgenossen (s. Kat.-Nr. 162).

Doch bestätigen die Inschriften nicht den Vorwurf seiner Gegner, Perikles habe allein mit den Tributen sein Bauprogramm finanziert (Plutarch, Perikles 12, 2). An jährlichen Ausgaben sind jeweils nur zwei Posten genannt: »Gold wurde gekauft« und »Elfenbein wurde gekauft«. Es ist ein glücklicher Zufall, daß für das Jahr 440/39 der entsprechende Eintrag vollständig erhalten ist: »Für 87 Tal. 4652 Dr. 5 Ob. (= Silbergeld) wurde Gold gekauft im Gewicht von 6 Tal. 1618 Dr. 1 Ob.«

Kat.-Nr. 263

Kat.-Nr. 264

Kat.-Nr. 266

Silber und Gold standen demnach in einem Verhältnis von ziemlich genau 14:1 (1 Tal. = 6000 Dr.; 1 Dr. [= 6 Ob.] wog etwa 4,38 g).

Von der Schlußabrechnung ist nur ein Bruchstück des linken Randes erhalten; so sind nur Teile der Summen zu erkennen. Sie war viel detaillierter als die jährlichen Rechnungen. Am Beginn heißt es: »Die Kommission... hat eingenommen an Silber: 700 Tal.« – die weiteren Ziffern fehlen; erst am Schluß sind weitere 520 Drachmen erkennbar. Wird diese Summe im Verhältnis 14:1 auf Gold umgerechnet, ergeben sich Gesamtkosten von 50 Tal. Goldes. Der Historiker Philochoros aus Athen schreibt (FGrHist 328 F 121), daß im Jahre 438 die Statue »mit einem Goldgewicht von 44 Talenten« (ca. 1150 kg) aufgestellt wurde, während Thukydides (III 13, 5) von 40, Diodor (XII 39) von 50 Talenten sprechen.

Die Inschriften favorisieren Philochoros' Zahl – die verbleibenden sechs Goldtalente sind für Elfenbein und Löhne gezahlt worden. Sie lassen zugleich erkennen, daß sich die Arbeiten über acht Jahre, von 446/5 bis 439/8, erstreckten.

Literatur: IG I^3 460; B. D. Meritt, Athenian Financial Documents of the Fifth Century (1932) 30–41; G. Donnay, BCH 91, 1967, 50–86; K. Brodersen u. a. (Hrsg.), Historische griechische Inschriften in Übersetzung 1. Die archaische und klassische Zeit (1992) Nr. 91.

K. H.

266 Römische Nachbildung der Athena Parthenos in verkleinertem Format

H 98 cm
2. Jh. n. Chr.
Madrid, Museo del Prado Inv. E 47

Literatur: M. A. E. Barba – S. Schröder, Museo del Prado. Guía Escultura Clásica (1999) 70 f.

267 Römische Nachbildung der Athena Parthenos in verkleinertem Format

H 154 cm
Spätes 2. Jh. n. Chr.
Boston, Museum of Fine Arts Inv. 1980.196

Das Goldelfenbeinbild des Pheidias im Parthenon auf der Akropolis war nach Größe und Materialien nicht kopierbar. Man hat sich aber seit dem Hellenismus um Nachbildungen bemüht, die vorzugsweise in Bibliotheken aufgestellt wurden (Pergamon, Athen). Nach einer solchen sind dann vermutlich die nicht seltenen Marmorkopien in kleinem Format gefertigt worden, aus deren Vergleich auf das Original des Pheidias zurückgeschlossen wird.

Literatur: C. C. Vermeule – M. B. Comstock, Sculpture in Stone and Bronze, Additions 1971–1988 (1988) 29 ff. Nr. 19.

Kat.-Nr. 267

Skulpturenausstattung anderer Akropolisbauten

268 Sitzende weibliche Figur vom Fries des Erechtheion

Pentelischer Marmor; H 44,0 cm, B 28,0 cm, T 18,0 cm
409–406 v. Chr.
Athen, Akropolis-Museum Inv. Akr. 1072

Die Friese des Erechtheion zeichneten sich durch Verwendung unterschiedlicher Materialien aus: dunkler Marmor für den Grund, heller Marmor für die Figuren. Diese mußten daher mit Dübeln am Grund fixiert werden. Verschiedene Größen sprechen für verschiedene Friese am vielteiligen Bau. Für unsere Figur wird eine Unterbringung an der nördlichen Vorhalle des Tempels angenommen.

Literatur: M. S. Brouskari, The Acropolis Museum (1974) 154 Abb. 323.

269 Mehrere Platten des Frieses des Tempels der Athena Nike am Aufgang zur Akropolis: Götterversammlung und Perserkämpfe

H 45 cm, B 174 bzw. 103 und 117 cm
Original: Athen, Akropolis-Museum
Abguß: Berlin, Abgußsammlung, Standort Altes Museum

Die Originale sind bis vor kurzem noch im wiederaufgebauten Tempel versetzt gewesen, dabei aber gegenüber den Abgüssen in ihrer Oberfläche sehr stark reduziert worden.

Literatur: I. Trianti Το Μουσείο Ακρωπόλεως (1998) 360 ff. Abb. 386 ff. (Farbphotos mit dem heutigen Zustand der Originale). – Zu den Abgüssen: Friedrichs – Wolters a. O. 281 ff.

270 Fragment der Balustrade am Tempel der Athena Nike: Siegesgöttin (Nike)

Pentelischer Marmor; H ca. 45 cm
Um 420–410 v. Chr.
Athen, Akropolis-Museum Inv. Akr. 996

Literatur: Trianti a. O. 393 Abb. 416.

271 Platte der Balustrade am Tempel der Athena Nike: Zwei Siegesgöttinnen (Niken), die einen Stier führen

H 96 cm, B 123 cm
Original: Athen, Akropolis-Museum
Abguß: Berlin, Abgußsammlung, Standort Altes Museum

Literatur: Friedrichs – Wolters a. O. 285 ff. Nr. 761 (zum Abguß).

W.-D.H.

Kat.-Nr. 269

Kat.-Nr. 268

Kat.-Nr. 269

Abb. 4. Tempel der Athena Nike. Athen, Akropolis

Kat.-Nr. 270

zu Kat.-Nr. 270

Kat.-Nr. 271

Wolfram Hoepfner – Arno Kose

Bauordnung und Weltwunder

Das 4. Jahrhundert v. Chr. wird in der Regel als späte Klassik bezeichnet. Einige Fachleute vertreten aber die Meinung, daß es sich bereits um eine frühe Form des ›Nachschöpfens‹, um Klassizismus handelt, und andere wieder bezeichnen diese Epoche als vorhellenistisch. Richtig ist jedenfalls, daß die Künstler des 4. Jahrhunderts v. Chr. sich der Leistung und Bedeutung ihrer Vorfahren bewußt waren, sich an ihnen maßen und zugleich auch nach neuen Aufgaben und Methoden suchten. Wichtig ist dabei, daß die systematischen Wissenschaften und die wissenschaftliche Durchdringung neue Möglichkeiten erschlossen. Standen im 5. Jahrhundert in Athen die Heiligtümer bei Neubauten an erster Stelle, so waren es nun öffentliche Bauten profaner Nutzung. Dazu gehörte das Theater als eine in den Hang gebaute Mulde in streng geometrischer Form von unübertroffener Schönheit und bester Akustik. Paläste und große Häuser zeugen davon, daß sich Vorstellungen vom Raum änderten. Das betrifft die nunmehr säulenumstandenen Höfe, die als Peristyl zur Leitform für unterschiedliche Aufgaben wurden. Aber auch geschlossene Innenräume von bis dahin unbekannter Größe entstanden. Rundbauten in dorischer, ionischer und schließlich auch korinthischer Ordnung forderten mit ihren komplizierten Details Architekten heraus und verlangten Kenntnisse in Mathematik und Geometrie.

Den neu eingerichteten Akademien von Platon und Aristoteles, Bibliotheken, Forschungs- und Lehrstätten in einem, war größte Wirkung beschieden. Auch in neu aufblühenden Machtzentren wie Pantikapaion auf der Krim, Syrakus auf Sizilien, Halikarnassos in Karien, Sidon in Phönizien und vor allem Makedonien war griechische Kultur und besonders Philosophie gefragt. Könige verpflichteten die besten Gelehrten und Künstler, nicht selten für originelle Grabmäler, die ihrem Ruhm und Nachruhm förderlich waren. Solches Handeln, das der Verherrlichung einzelner Personen dient, steht im Gegensatz zu den Werken der hohen Klassik, die der Polis-Gemeinschaft verpflichtet waren.

W. H.

1. Philosophen, Architekten und Universalkünstler

A. Pythagoras und das Maß der Dinge

τὸν [...] ὅλον οὐρανὸν κατασκεθάζουσιν ἐξ ἀριθμῶν...
»Sie (die Pythagoräer) konstruieren (...) die ganze Welt aus Zahlen...«
Aristoteles, Metaphysik M6, 1080 b, 18 f. nach J. Mansfeld

Pythagoras wurde gegen 570 v. Chr. auf der Insel Samos geboren. Er studierte bei den Philosophen Thales und Anaximander im benachbarten Milet. Um 540 v. Chr. bereiste er den Orient. In Ägypten und Babylon erhielt er Einblick in die dort gehüteten religiösen, mathematischen und astronomischen Kenntnisse. Nach Jahren kam er nach Samos zurück, fand die Heimat aber von Tyrannen regiert und ließ sich im unteritalischen Kroton nieder. Hier gründete er einen Geheimbund und wurde als Philosoph weithin bekannt. Aber als alter Mann mußte er einer aristokratischen Revolte weichen und siedelte in das weiter nördlich gelegene Metapont um. Dort soll er erst gegen 480 v. Chr. gestorben sein. Seine Schule lebte weiter, aber wie alle Geheimbünde wurden auch die Pythagoräer mancherorten und mehrfach verdächtigt und verboten. Den Siegeszug der pythagoräischen Philosophie konnte das nicht aufhalten.

Prägnant beschrieb Aristoteles den Beitrag der Pythagoräer zur Philosophie in seiner »Metaphysik« (985 b): »Sie verlegten sich auf die Mathematik und waren die ersten, die diese Wissenschaft weiter förderten. Völlig nun in diese hinein gelebt, kamen sie auf die Ansicht, die mathematischen Prinzipien (ἀρχᾶς) seien Prinzipien alles Seienden. In der Mathematik aber ist die Zahl von Natur das Erste... Da sie erkannten, daß die Eigenschaften und Verhältnisse der musikalischen Harmonie auf Zahlen beruhen, und da auch alle anderen Dinge ihrer ganzen Natur nach den Zahlen zu gleichen schienen, so meinten sie, die Elemente der Zahlen seien die Elemente aller Dinge und das ganze Weltall sei Harmonie und Zahl« (Übersetzung B. L. van der Waerden).

Die Pythagoräer stellten sich im Gegensatz zum damals allgemein verbreiteten geozentrischen Weltbild die Erde und die anderen Gestirne als leuchtende Kugeln vor, die in zahlenmäßig bestimmten Abständen ihren kreisförmigen Reigen um das heilige Zentralfeuer, die »Burg des Zeus«, den »Herd des Alls«, aufführten. Indem die Erde sich um dieses Feuer in einem Kreis bewege, kämen Tag und Nacht zustande. Weiter glaubten sie, daß die Abstände der Gestirne den Tonintervallen der Musik entsprächen. Und da alles in rascher Umdrehung Befindliche töne, sollte dadurch eine himmlische Sphärenharmonie zustande kommen, die aber von Normalsterblichen nicht zu hören sei, da diese Menschen durch das ständige, seit Anbeginn der Zeiten vorhandene Tönen unempfindlich geworden seien – einzig Pythagoras habe diese hören können, »... da er die gesamte Harmonie der Sphären und der sich in ihnen bewegenden Gestirne verstand...« (Porphyrios, Vit. Pyth. 30). A. Ko.

Literatur: K. von Fritz, Grundprobleme der Geschichte der antiken Wissenschaft (1971); B. L. van der Waerden, Die Pythagoräer. Religiöse Bruderschaft und Schule der Wissenschaft (1979).

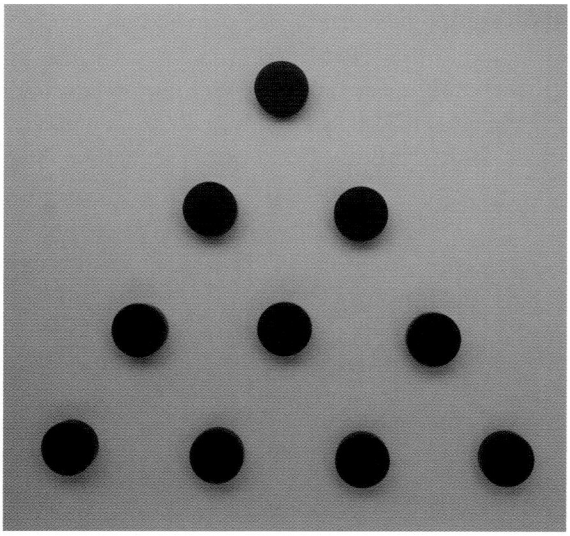

Kat.-Nr. 272

272 Tetraktys, das Erkennungszeichen der Pythagoräer

Die Tetraktys ist ein aus zehn Punkten bzw. Zählsteinen gebildetes Dreieck. Das Wort bedeutet »Gruppe von Vier« und meint die Zehnzahl als Summe der ersten vier natürlichen ganzen Zahlen: 1 + 2 + 3 + 4 = 10. Die Figur zeichnet sich weiter dadurch aus, daß sie alle musikalischen Harmonien von der Oktave (2:1) bis zur Doppeloktave (4:1) enthält. Die Pythagoräer betrieben ihre mathematischen Forschungen nicht im modernen Sinne, verbanden sie vielmehr in großem Maße mit mystischen Zahlenspekulationen. In dieser Hinsicht schrieb der Pythagoräer Philolaos (ca. 465/60–385 v. Chr.) der Zehnzahl eine außerordentliche Bedeutung zu. Sie sei Ursache »göttlichen und himmlischen sowie menschlichen Lebens«, die Zahl par excellence. Ohne sie »ist alles unbegrenzt, undeutlich und unklar«. Der sog. pythagoräische Eid (Iamblichos, Vit. Pyth. § 162) spricht das als allgemeinverbindlichen Glaubensgrundsatz aus: »Bei dem, der dem Menschengeschlecht die Tetraktys übergeben hat [gemeint ist Pythagoras], welche die Quelle und Wurzel der ewig fließenden Natur enthält.« Und ein sehr alter Spruch lautet: »Was ist das Orakel von Delphi? Die Tetraktys! Denn sie ist die Tonleiter der Sirenen.«

Wie hier dargestellt, wurden für mathematische Aufgaben oft Kieselsteine benutzt.

273 Monochord

Fichtenholz; L 86,5 cm, B 9 cm
Neuanfertigung Horst Rase
Berlin, Musikinstrumenten-Museum

Monochorde fanden bis weit über das Mittelalter hinaus als Tonmeßgeräte Anwendung. Im Prinzip bestehen sie aus einem länglichen Resonanzkasten, über den eine durch einen verschiebbaren Steg teilbare Saite gespannt ist.

Legenden der Neuplatoniker und Neopythagoräer besagen, daß Pythagoras auf seinem Sterbebett seinen Jüngern ans Herz gelegt haben soll, »das Monochord zu bespielen«. Der spätantike Musiktheoretiker Gau-

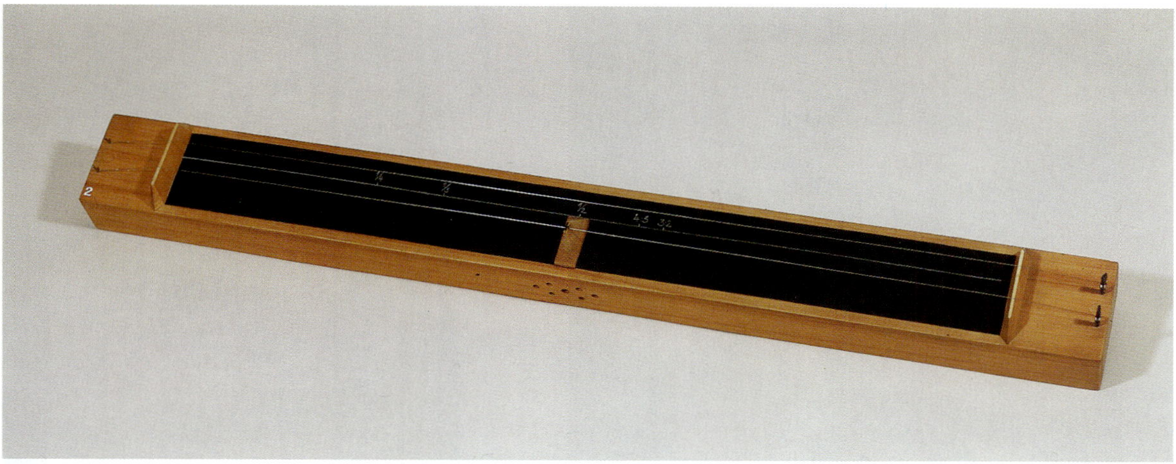

Kat.-Nr. 273

dentius schreibt, Pythagoras sei zu dieser Erfindung gekommen, indem er eine Saite über ein Lineal spannte und dieses in zwölf Teile teilte. Wenn er nun die Saite von der Länge 12 auf die Längen 6, 8 und 9 verkürzte, also im Verhältnis 2 : 1, 3 : 2 oder 4 : 3, so erhielt er Töne, die eine Oktave, eine Quinte oder eine Quarte höher waren. Die gleichen Zahlen 6, 8, 9 und 12 findet man im übrigen bei fast allen pythagoräischen und neopythagoräischen Musikschriftstellern. Daß die Konsonanzen (Tonintervalle) durch ganzzahlige Brüche darstellbar sind, war entscheidend für die altpythagoräische Philosophie, die bis in die hellenistische Zeit alle Wissenschaften und so auch Architektur und Städtebau beeinflußte.

Literatur: Der Neue Pauly 8 (2000) 530–533 s. v. Musik IV. Griechenland (F. Zaminer)

274 Maßstab des Amenemope

Holz; L 1 Elle, hier 52,35 cm
19. Dynastie (1306–1186 v. Chr.)
Aus Saqqara
Turin, Museo Egizio Inv. 6347

Die ägyptische Königselle des Neuen Reiches von ca. 52,5 cm zählt 28 Finger(breiten) zu 1,875 cm, bzw. 7 Handbreiten (1 Handbreite = Gesamtbreite der vier zusammengelegten Finger ohne Daumen) zu 7,5 cm. Zusätzlich ist an vorliegendem Stück eine Kleinelle zu runden 45 cm (6 Handbreiten = 24 Finger) und ein Fuß zu 16 Fingern (runde 30 cm) markiert, die Finger in steigender Fraktionierung von 1/2, 1/3 usw. bis zu 1/16 weiter unterteilt. Übereinstimmung griechischer Maßsysteme mit dem älteren ägyptischen stellten schon antike Autoren fest. Bei Herodot (II 168) heißt es: ὁ δὲ Αἰγύπτιος πῆχυς τυγχάνει ἴσος ἐὼν Σαμίῳ (»Die ägyptische Elle aber ist genau so lang wie die samische«). Und tatsächlich konnte dieses Maß an ionischen Bauwerken nachgewiesen werden, darunter befinden sich auch zwei der Sieben Weltwunder, nämlich das Artemision von Ephesos und das Mausoleum von Halikarnassos (Fußmaß von 30,08 cm nach W. Hoepfner, Zum Maussolleion von Halikarnassos, AA 1996, 98 – das entspricht 16 ägyptischen Fingern bzw. 2/3 der ägyptischen Kleinelle). Die Maßsysteme des Alten Orients, Ägyptens und der Antike nutzen alle vom Klafter abwärts Teile des menschlichen Körpers zur Benennung (s. Kat.-Nr. 246).

Literatur: B. Müller-Huber, in: E. Berger u. a. (Hrsg.), Der Entwurf des Künstlers. Bildhauerkanon in der Antike und Neuzeit, Ausstellungskat. Basel (1992) 12 f. Nr. 1-A.

Kat.-Nr. 274

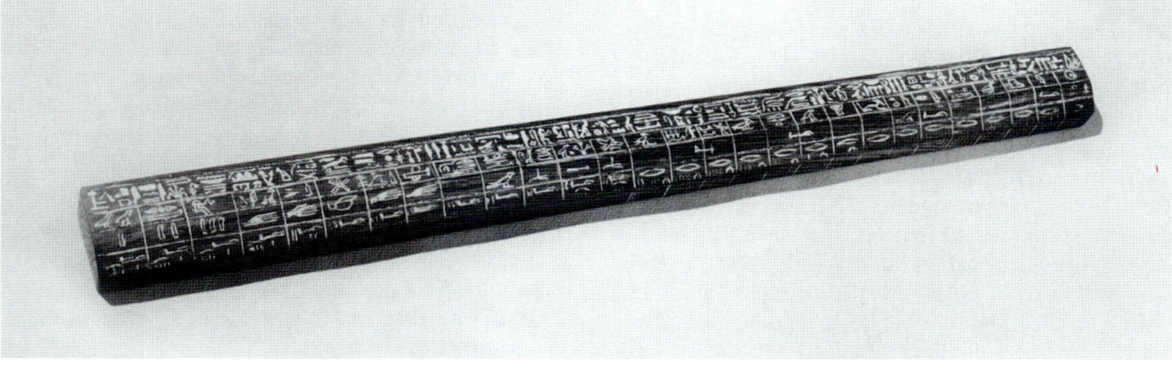

Kat.-Nr. 275 a

Kat.-Nr. 275 b

275 a Fragmente einer Keilschrifttafel mit mathematischen Aufgaben

Ungebrannter, brauner Ton; H 13,7 cm, B 11,4 cm, D 3,5 cm
Spätaltbabylonisch (ca. 17./16. Jh. v. Chr.)
Herkunft unbekannt, Ankauf aus dem Kunsthandel: Samhiry, Baghdad 1907
Berlin, Vorderasiatisches Museum Inv. VAT 6598
Ein weiteres, anpassendes Bruchstück (BM 96957) befindet sich im British Museum, London

Die alten Babylonier befaßten sich schon viele Jahrhunderte vor den großen griechischen Mathematikern mit der Berechnung rechtwinkliger Dreiecke. Beispiele bringen die vorliegende und die beiden folgenden Keilschrifttafeln. Tatsächlich zeigen solche Tafeln einwandfrei, daß auch der Pythagoras zugeschriebene Satz, daß in einem rechtwinkligen Dreieck die Summe der Quadrate über den Katheten dem Quadrat über der Hypotenuse ($a^2 + b^2 = c^2$) entspricht, viele Jahrhunderte vor diesem griechischen Philosophen im Alten Orient angewendet wurde.

Nach der Entzifferung der Keilschrift blieb den Assyriologen zunächst noch für mehrere Jahrzehnte der Zugang zu mathematischen Tontafeln verschlossen, bis 1916 Ernst Weidner an VAT 6598 erstmals die korrekte inhaltliche Integration von Teilen eines mathematischen Problemtextes gelang, wohl begünstigt durch die Anwesenheit der erläuternden Strichzeichnungen (auf den Tontafeln sind sie im übrigen nie maßstäblich). Unter anderem wird hier ein Verfahren zur näherungsweisen Berechnung einer irrationalen Hypotenuse vorgeführt. Ausgangspunkt ist eine rechteckige Türfüllung (in den Zeichnungen liegend dargestellt) mit h = 0;40 GAR bei w = 0;10 GAR (1 GAR sind 12 Ellen, die Tür ist also etwa 4 m hoch und 1 m breit), deren Diagonale d berechnet wird nach der Formel:

$$d = \sqrt{h^2 + w^2} \approx h + \frac{w^2}{2 \cdot h} \rightarrow 0;40 + \frac{0;10^2}{2 \cdot 0;40} \text{ GAR} = 0;41,15 \text{ GAR}$$

anschließend wird die Rechenanweisung umgeformt zu

$$d = h + \frac{w^2}{2 \cdot h} \Rightarrow d \cdot h - h^2 = \frac{w^2}{2} \rightarrow 0;42,13,20 \text{ GAR}$$

Literatur: J. Friberg, »Seed and Reeds Continued«, Another Metro-Mathematical Topic Text from Late Babylonian Uruk, Chalmer University of Technology, Göteborg 17, 1996, 73ff.; O. Neugebauer, Mathematische Keilschrifttexte 1 (1935) 277ff.

275 b Keilschrifttafel mit mathematischen Textaufgaben

Ungebrannter, brauner Ton; H 11,6 cm, B 6,2 cm, D 3,1 cm
Spätaltbabylonisch (ca. 17./16. Jh. v. Chr.)
Herkunft unbekannt, Ankauf aus dem Kunsthandel: Gejou, Paris
Berlin, Vorderasiatisches Museum Inv. VAT 7531

In den Zeilen 1–4 der Tafelvorderseite sind Trapeze Gegenstand von vier Rechenanweisungen, die der gleichmäßigen Aufteilung eines ererbten Grundstücks zwischen drei Brüdern dienen. Die Trapeze sind jeweils aus einem rationalen Rechteck und einem oder zwei pythagoräischen Dreiecken aufgebaut nach der Konstruktion der ›Heronischen Dreiecke‹. Die Seiten a, b und c der pythagoräischen Dreiecke stehen im Verhältnis 3 : 4 : 5 bzw. 5 : 12 : 13, 7 : 24 : 25 und 19 : 300 : 301.

Literatur: J. Friberg, A Survey of Publications on Sumero-Akkadian Mathematics, Metrology and Related Matters [1854–1982], Department of Mathematics CTH-GU, Report 17, Göteborg (1982) 87 f.; O. Neugebauer, Mathematische Keilschrifttexte 1 (1935) 291 ff.

275 c Keilschrifttafel mit mathematischen Textaufgaben

Ungebrannter, brauner Ton; H 10,5 cm, B 14,2 cm, D 2,2 cm
Seleukidisch (ca. 3./2. Jh. v. Chr.)
Herkunftsort wahrscheinlich Uruk-Warka, Ankauf aus dem Kunsthandel: Chajjat, Baghdad
Berlin, Vorderasiatisches Museum Inv. VAT 7848

Unter der Seleukidenherrschaft erlebte die babylonische Gelehrsamkeit und die damit verbundene Keilschrift eine letzte Blüte. Die vorliegende, aus dieser Epoche stammende Tontafel gibt im zweiten Absatz der Vorderseite (Zeile 5–6) eine Anweisung zur Berechnung der Hypotenuse c in einem rechtwinkligen Dreieck mit a = 45 n und b = 1,0 n nach dem ›Satz des Pythagoras‹:

$$c = \sqrt{a^2 + b^2} \rightarrow \sqrt{1,33,45}\, n = 1,15\, n$$

Literatur: O. Neugebauer – A. Sachs, Mathematical Cuneiform Texts (1945) 141 ff. Nr. Y.

A. Ko.

B. Hippodamos kreiert den europäischen Städtebau

Über das Leben von Hippodamos, den Sohn des Euryphon aus Milet, ist wenig bekannt. Daß er schon den Plan für das neue Milet nach 480 v. Chr. entworfen hat, ist nicht schriftlich überliefert, aber doch naheliegend, denn er muß bereits ein ausgewiesener Fachmann gewesen sein, als ihn wenige Jahre später die Athener engagierten, um den Plan für ihre neue große Hafenstadt Piräus zu entwerfen. Sein dortiges, erfolgreiches Wirken ist oft bezeugt, ja er erhielt als seltene Auszeichnung von den Athenern sogar das Bürgerrecht. 444/43 v. Chr. war Hippodamos dann als Stadtplaner an der Gründung von Thourioi in Unteritalien beteiligt. Zusammen mit dem Historiker Herodot und an-

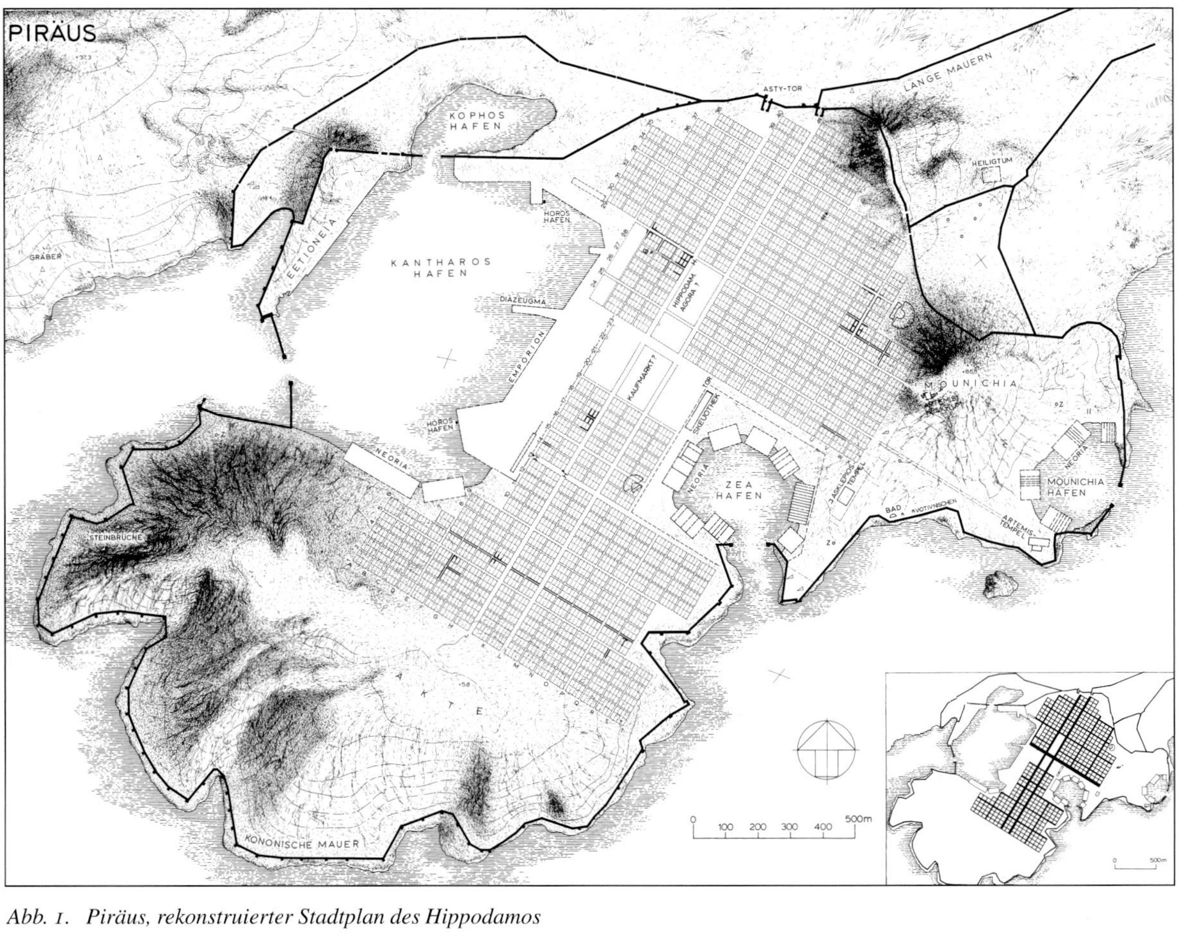

Abb. 1. Piräus, rekonstruierter Stadtplan des Hippodamos

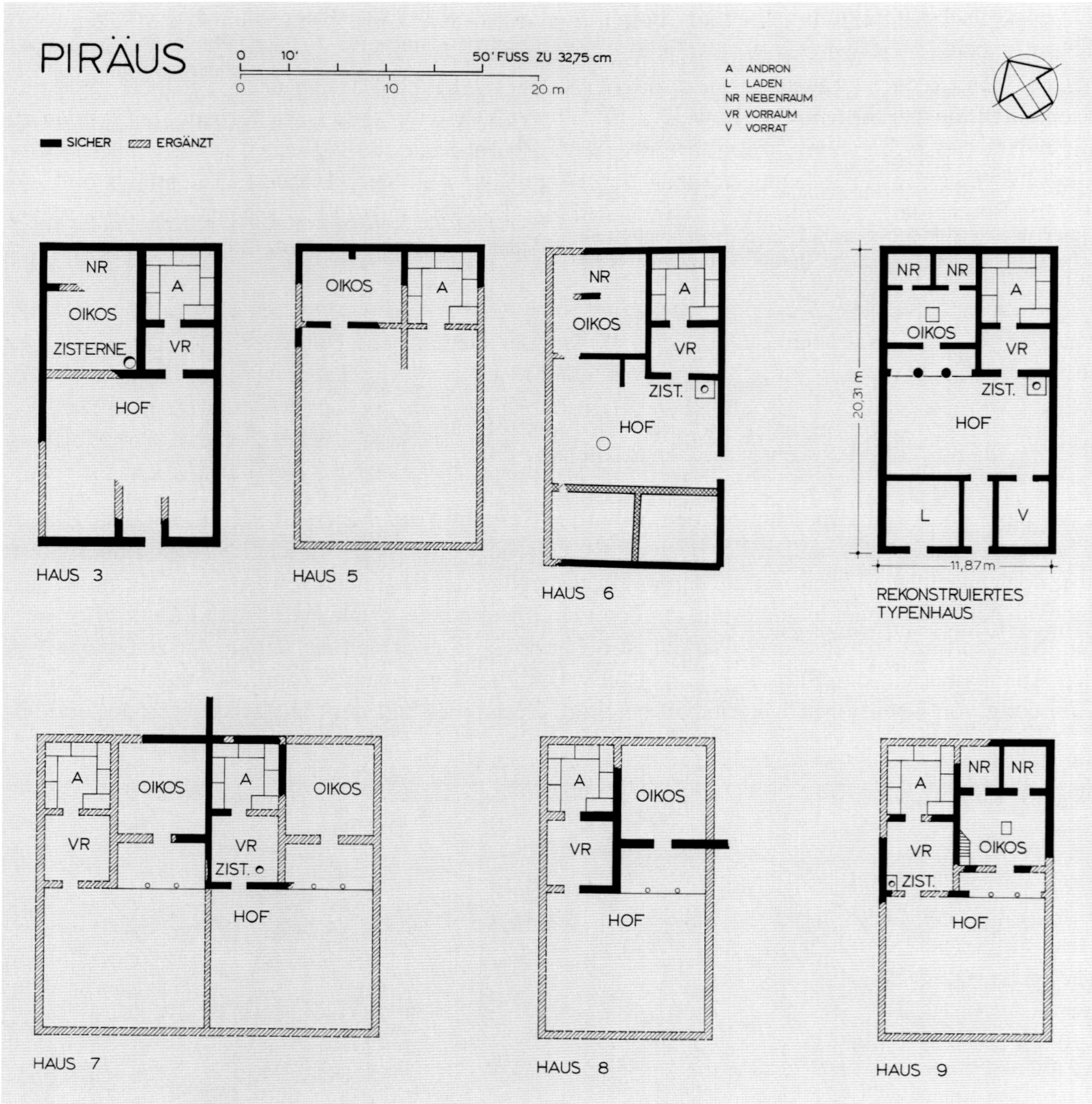

Abb. 2. Piräus. Grundrisse der Häuser, Entwurf des Hippodamos

deren berühmten Gelehrten sollte dort durch Planung der Stadtanlage und durch eine entsprechende Verfassung eine von Philosophen erdachte, bestmögliche Stadt entstehen. Das Unternehmen scheiterte, aber es ist unbekannt, ob Hippodamos daraufhin nach Athen zurückkehrte.

Was ist nun die eigentliche Leistung von Hippodamos? Die einzige ausführliche, aber leider auch nur mittelbare Schriftquelle ist die »Politeia« des Aristoteles, wo Hippodamos an zwei Stellen knapp als Stadtplaner charakterisiert wird: »... der die Aufteilung (διαίρεσις) der Städte erfand und den Piräus (Abb. 1. 2) in Stücke zerlegte (κατατέμνω)« (II 8, 1267 b) und »Die Verteilung der Privathäuser gilt als hübscher und praktischer, wenn sie gradlinig ist und dem neueren und hippodamischen Prinzip folgt« (VII 11, 1330 b). Aristoteles hebt hervor, daß Hippodamos der erste Nichtpolitiker gewesen sei, der »etwas über den besten Staat zu sagen versuchte« (II 8, 1267 b – 1268 a). Damit ist völlig eindeutig, daß der Städtebau für Hippodamos nicht ein nur ästhetisches Phänomen war, sondern daß es ihm um Probleme der Gesellschaft, um das Zusammenleben der Bürger in der Polis ging.

Daß mit »Einteilung« bei Aristoteles nicht, wie noch heute oft behauptet wird, das Schema der sich rechtwinklig kreuzenden Straßen gemeint sein kann, ist völlig klar, denn schon im 7. Jahrhundert wurden Koloniestädte basierend auf dem rechten Winkel als Streifenstädte, teilweise sogar von Fachleuten, ausgeführt. Einen Hinweis darauf, unter »Einteilung« einen Flächennutzungsplan zu verstehen, geben die vielen im Piräus gefundenen Grenzsteine. Ferner ist nach mehr als 100 Rettungsgrabungen im Piräus unbestreitbar, daß Hippodamos mit dem Piräus-Plan erstmals ein sehr dichtes Straßennetz basierend auf kleinen *Insulae* (Baublöcken) geschaffen hat. Der Piräus war Athens Tor zur Welt, und für den Transport von Waren stellten breite und damit schnelle Straßen eine Voraussetzung dar.

Antike Schriftsteller und Lexikographen heben hervor, daß Hippodamos sich besonders für Stadtzentren interessiert habe. Die Agora als Ort der Gemeinschaft und täglicher Treffpunkt der Bürger war in Milet, dessen Plan höchst wahrscheinlich von Hippodamos noch vor dem Piräus entworfen worden war, eine erstaunlich große freie Fläche, die vielseitig nutzbaren Hallenbauten, Gebäuden für die Verwaltung und den Kultus Raum bot. Eine Agora im Piräus wurde ›hippodamische Agora‹ genannt. Durch die Auffindung der Skeuothek im Jahr 1988 (durch Georgios Steinhauer) ist der Standort des inschriftlich erwähnten Propylon zur Agora bekannt. Letztere befand sich demnach zweifellos auf dem Rücken zwischen dem großen, dem Handel dienenden Kantharos-Hafen und dem militärischen Zea-Hafen.

Bei Aristoteles sind »die Häuser, die dem hippodamischen Prinzip folgen« eigens erwähnt. Das kann sich nicht auf gleichgroße Grundstücke beziehen, denn diese waren bei neuen Stadtanlagen schon seit Jahrhunderten üblich, wie die oft belegte Verteilung der Parzellen durch Los (κλῆρος) erkennen läßt. Hippodamos hat sehr konkret im Interesse der Polisgemeinschaft für die gleichgroßen Grundstücke der neuen Stadt einen idealen Hausgrundriß entworfen. Die Ausführung dieser Typenhäuser hat sicher der Zustimmung der Volksversammlung bedurft. Das Wohnen der Bürger neuer Städte in ausnahmslos gleichen Häusern war ein eigentümliches Phänomen des Städtebaus der klassischen Zeit.

W. H. – A. Ko.

276 Häuser einer *Insula* (von Straßen umgebener Baublock) im Piräus nach dem Entwurf des Hippodamos

B 110 cm, T 90 cm, H 25 cm
Modell im Maßstab 1:50 nach W. Hoepfner – E.-L. Schwandner
Ausführung in Holz, Pappe von U. Kellersmann
Berlin, Abgußsammlung, Standort Charlottenburg

Ausgrabungen an vielen Stellen der Stadt bei Gelegenheit von Neubauten haben den Nachweis gleicher Baublöcke und deren Einteilung in acht gleiche Grundstücke zu je 250 m² Größe ergeben. Der Grundriß als Typenhaus ist in mehreren Ausgrabungen belegt. Obergeschosse und Detaillösungen sind hypothetisch. W. H.

Kat.-Nr. 276

C. Platon und Aristoteles begründen die systematischen Wissenschaften: Sammeln, Ordnen und Zusammenhänge erkennen

Platon trat 390 v. Chr. als Vierzigjähriger eine Reise nach Unteritalien an, die dem Wirken und den Nachfolgern des Philosophen Pythagoras galt. In Syrakus fiel er wegen seiner Offenheit gegenüber dem Tyrannen Dionysios in Ungnade. Im Sommer 388 war Platon wieder in Athen und gründete nun seine Schule. Er lehrte in der Akademeia, dem »baumreichen Gymnasion vor der Stadt, das seinen

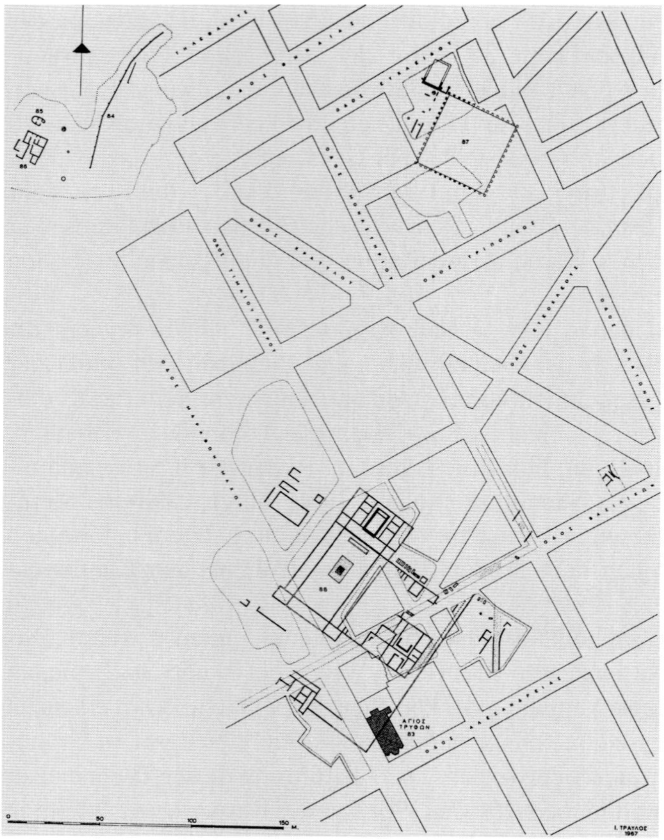

Abb. 3. Das parkartige Gelände der Akademie im Nordwesten vor den Toren Athens (Plan nach den Ausgrabungen von Stavropoullos von J. Travlos)

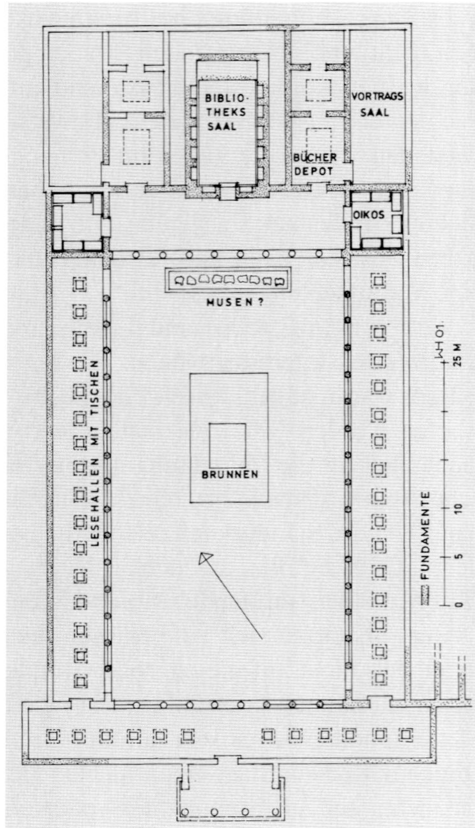

Abb. 4. Platons Forschungs- und Lehrstätte in der Akademie (rekonstruierter Plan W. Hoepfner)

Namen von dem Heros Hekademos hat« (Diogenes Laertius 3, 7). Das eigentliche Gymnasion stammt aus archaischer Zeit und war damals offensichtlich die einzige bauliche Einrichtung in dieser Gegend. Platon kaufte dort einen »kleinen Garten« (Diogenes Laertius 3, 20). Das Musenheiligtum (Museion), das zugleich Ort der Lehre war, wurde ebenda eingerichtet.

Bei Diogenes Laertius kommen im Zusammenhang mit Platon immer wieder die Worte Mouseion und Exedra vor, nicht aber das alte Gymnasion, wie oft angenommen wird. Auch aus einem Text bei Cicero *De finibus bonorum et malorum* 5, 2 ist nicht ablesbar, daß das alte Gymnasion im Zusammenhang mit den Philosophen dauerhaft eine Rolle spielte. Cicero erwähnt die besondere Stimmung, die ihn und seine Begleiter erfaßte, als sie im Jahr 79 v. Chr. bei einem Spaziergang durch die Akademie daran dachten, daß Platon hier zuerst seine philosophischen Vorlesungen zu halten pflegte und daß seine Gärten in der Nähe lägen. Ob mit diesen Gärten die Ruinen von Mouseion und Exedra gemeint sind, bleibt offen. Vom alten Gymnasion ist jedenfalls nicht die Rede. Das ist von größter Bedeutung für die Interpretation der am Ort der Akademie ausgegrabenen Ruinen.

Die neuzeitliche Akademie Athens und die Archäologische Gesellschaft hatten diese Grabungen von 1929 bis 1940 durchführen lassen. 1955 nahm Ph. Stavropoulos mit J. Travlos als Architekt die Arbeiten wieder auf (Abb. 3). Spätere Notgrabungen wurden von der 3. Ephorie Athens durchgeführt. Eine ausführliche Publikation der Grabungen ist trotz der großen Bedeutung des Orts noch nicht erfolgt.

Aus spätklassischer Zeit wurde ein rechteckiger, von Säulenhallen umgebener Hof (Peristyl) mit angrenzenden Räumen freigelegt (Abb. 4). Diese Ruinen wurden von den Ausgräbern ohne jeden Zweifel als das alte Akademie-Gymnasion angesehen, obwohl es keinerlei Funde aus archaischer Zeit gab. Unvereinbar mit der Palästra eines Gymnasion ist der Hof, da sich in ihm eine große Brun-

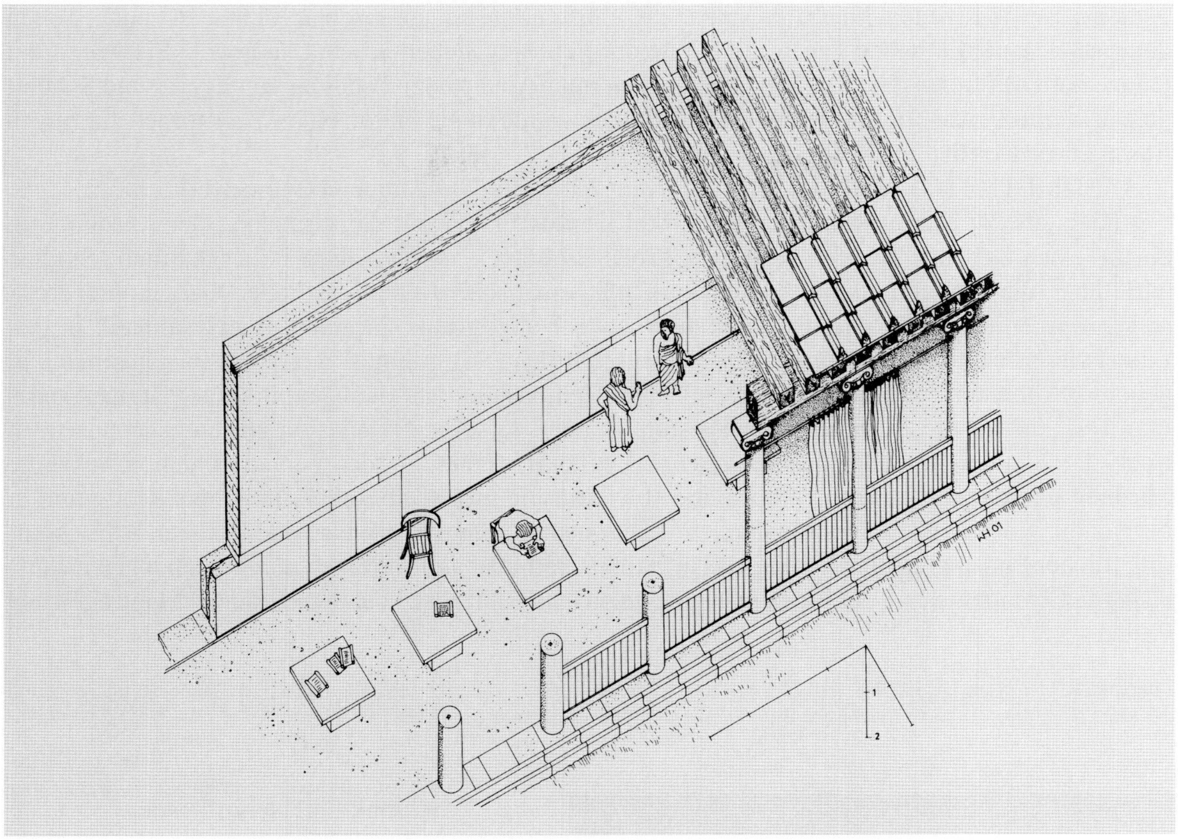

Abb. 5. Lesesaal in Platons Lehrstätte, die nach der Gegend Akademie genannt wurde (Rekonstruktionsversuch W. Hoepfner)

nenanlage mit Wasserbecken befindet. Der zentrale Raum im Norden hat doppelte Seitenwände, die weder für die Deutung als Ephebeion noch als Propylon sprechen. Die ausgegrabenen Ruinen sind die des Forschungsinstituts Museion und Exedra des großen Philosophen. Funde und Befunde bestätigen das. Die doppelten Wände im großen zentralen Saal sind Kennzeichen von Bibliotheken (Pergamon). Wegen der Gefahr der Durchfeuchtung der Wände wurden die Bücherschränke mit ihren kostbaren und höchst empfindlichen Schriftrollen auf ein von der Wand abgerücktes Postament gestellt oder in eine zweite innere Wand inkorporiert. Spätere Bibliotheken haben außen umlaufende Lüftungskammern. Neben dem Hauptraum für die wertvollsten Originale sind in den ausgegrabenen Ruinen auch die nötigen Nebenräume (ἀποθήκη) für weniger wertvolle Abschriften und auch Leseräume vorhanden. In drei Hallen wurden sogar noch am Ort in regelmäßigen Abständen Fundamente von Tischen (72 cm breit) gefunden. Sie korrespondieren mit den Säulen der Halle. In der großen Bibliothek in Pergamon gab es Vorhänge, die die Lesenden und die Papyri vor grellem Licht schützten. Die Ruinen der Akademie sind leider schlecht erhalten und geben über solche Details keine Auskunft. Diogenes Laertius nennt 16 Schüler Platons beim Namen und spricht von vielen weiteren, darunter auch zwei Frauen. Sie alle arbeiteten in den Hallen, und jeder hatte vermutlich seinen eigenen Tisch. Aristoteles soll sich mit seinem Lehrer überworfen haben; wohl deshalb gründete er wenig später ein eigenes und ähnliches Institut, in dem sich schließlich die seinerzeit größte Sammlung von Büchern befinden sollte (Abb. 5).

In Platons Akademie, die nach attischem Recht ein Kultverein der Musen, dazu des Apollon und vielleicht auch des Eros unter der Leitung des Stifters war, wurde geforscht, diskutiert und gelehrt. Räume für Vorträge standen beiderseits der Bibliothek zur Verfügung. Es wird ferner berichtet, daß gemeinsame Mahlzeiten eine Rolle spielten. Die beiden fast quadratischen Räume an beiden Seiten der großen Vorhalle haben genau die Größe der üblichen Sieben-Klinen-Andrones. Sie waren der Oikos, der Ort für das gesellige Beisammensein, mit dem die enge Bindung von Lehrer und Schüler gefestigt wurde. Am Tor (das leider nicht gefunden wurde) hatte Platon einen Wahlspruch anbringen lassen (Tzetzes, Hist. var. 8, 973):

ΑΓΕΩΜΕΤΡΗΤΟΣ ΜΗΛΕΙΣ ΕΙΣΙΤΩ (Kein Zutritt für Unkundige in Geometrie)

Anders als bei Sokrates und seinem Zirkel kam es Platon mit der Gründung der Akademie in einem festen Gebäude zweifellos auf eine große Bibliothek an, ohne die wissenschaftliche Studien z. B. über die pythagoräische Zahlenlehre, mathematische Astronomie oder Geographie ebensowenig möglich wären wie die deutlich erkennbar angestrebte Ordnung und Systematik in den Einzelwissenschaften. Der Typus der wissenschaftlichen Bibliothek mit Forschungsinstitut war geboren. Alle derartigen Einrichtungen späterer Zeit basieren auf dem Vorbild von Platons Akademie. Das gilt für die Bibliothek des Aristoteles beim Lykeion-Gymnasion am entgegengesetzten Ende der Stadt, jetzt ausgegraben von Evi Lygkouri, ferner für das nur aus Quellen bekannte Museion und die Bibliothek in Alexandria sowie für die große Bibliothek im Athena-Heiligtum in Pergamon. Noch neuzeitliche Akademien funktionieren in gleicher Weise und basieren auf wissenschaftlicher Forschung, dem Dialog als Unterrichtsmethode, auf Vorträgen und Beziehungen zu auswärtigen Gelehrten, die in der Akademie berichteten und nicht zuletzt auf gemeinsamen Mahlzeiten und Festen.

Literatur: RE I 1 (1893) 1132–34 s. v. Akademia Nr. 1 (Wachsmuth); W. Hoepfner, Platons Akademie. Eine neue Interpretation der Ruinen, in: ders. (Hrsg.), Griechische Bibliotheken und Bücherschränke (im Druck).

277 Schrank für Buchrollen der königlichen Bibliothek in Pergamon

B 132 cm, H 228 cm, T 41 cm
Nachbau in Birkenholz im Maßstab 1:1 nach Zeichnungen von W. Hoepfner
Ausführung von Tischlermeister Jozef Horala, Lugi bei Posen
Privatbesitz W. Hoepfner, Berlin

Die pergamenische Bibliothek sowie auch die Bibliothek in Alexandria beruhen weitgehend auf den Vorbildern der spätklassischen Zeit. Deshalb ist anzunehmen, daß die Bücherschränke in Platons Akademie ähnlich aussahen und einer Aedicula (tempelartige Nische) mit einer zierlichen Rahmenarchitektur glichen.

Kat.-Nr. 277

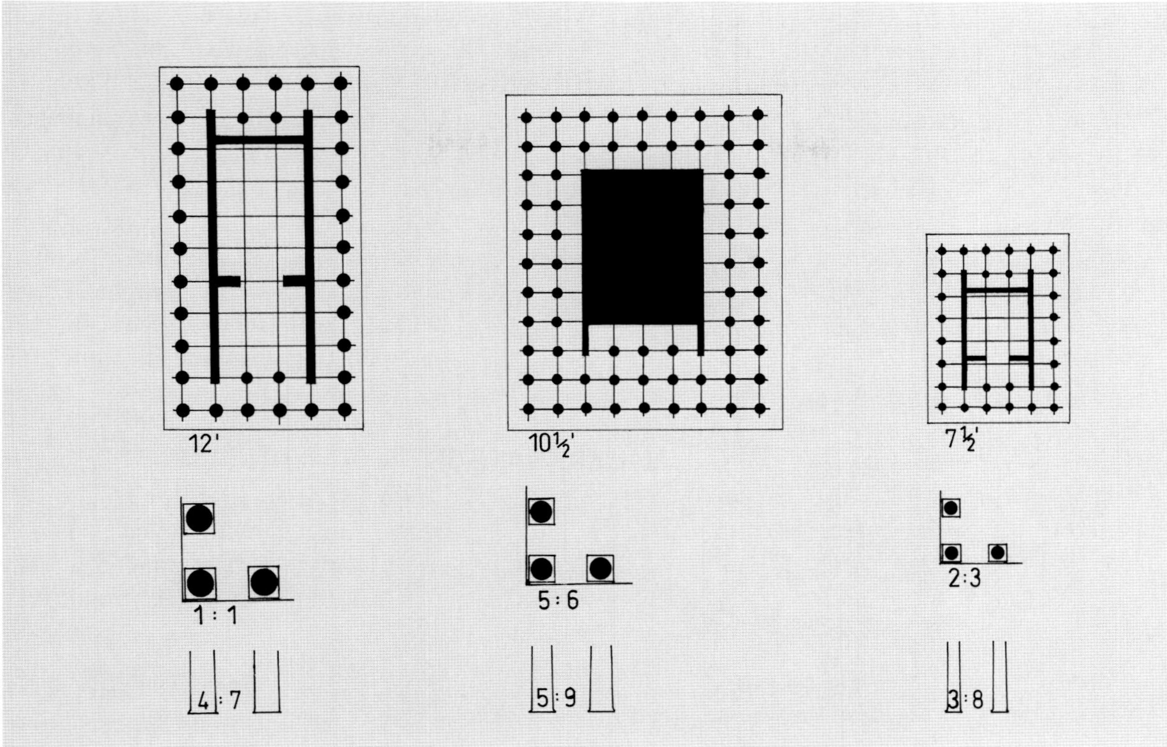

Abb. 6. Rasterbauten des Pytheos: Der Athena-Tempel in Priene, das Mausoleum von Halikarnassos und der Pytheos zugeschriebene Zeus-Tempel in Labraunda (Zeichnung W. Hoepfner)

D. Pytheos. Neue Regeln für die ionische Ordnung und eine Stadt als Gesamtkunstwerk

Pytheos war der wohl erfolgreichste und berühmteste Architekt der spätklassischen Zeit. Seine Wirkung und Nachwirkung beruhen nicht zuletzt auf Büchern, die er über seine Hauptwerke verfaßte. In einer Zeit, in der das Reisen umständlich war, kam Beschreibungen von Kunstwerken erhöhte Bedeutung zu. Noch der römische Baumeister und Schriftsteller Vitruv hat für sein Architekturlehrbuch die Schriften des Pytheos offensichtlich genau studiert und davon profitiert.

Pytheos muß um 390 v. Chr. geboren worden sein. Nach Ausbildung in einer Bauhütte trat er in die Dienste des Königs Maussollos von Karien. Dieser ließ im ehrwürdigen Heiligtum des Zeus in Labraunda einen ionischen Tempel, einen kleinen Peripteros mit 6 auf 8 Säulen errichten, der so viele Eigentümlichkeiten der späteren Bauten des Pytheos aufweist, daß man auch diesen Bau als sein Werk ansehen möchte (Abb. 6).

Das gewaltige Projekt des Mausoleums war in der neuen Hauptstadt Halikarnassos spätestens ab 360 v. Chr. im Bau. Pytheos war zusammen mit einem sonst nicht bekannten Satyros maßgebender Architekt (Vitruv 7 praef. 12) dieses späteren Weltwunders. Plinius berichtet in seiner Naturgeschichte (36, 30), daß Pytheos auch als Bildhauer an diesem Monument arbeitete.

Um 352 v. Chr., als die Arbeiten am Grabmal beim Tod des Königs noch nicht beendet waren, haben die Bürger des Stadtstaates Priene eine neue, landeinwärts gelegene Stadt gegründet und Pytheos mit dem Bau des Haupttempels beauftragt. Das ist bei Vitruv (7 Vorrede 12) überliefert. Es ist schon oft und sicher zu recht vermutet worden, daß Pytheos darüber hinaus für den Entwurf der

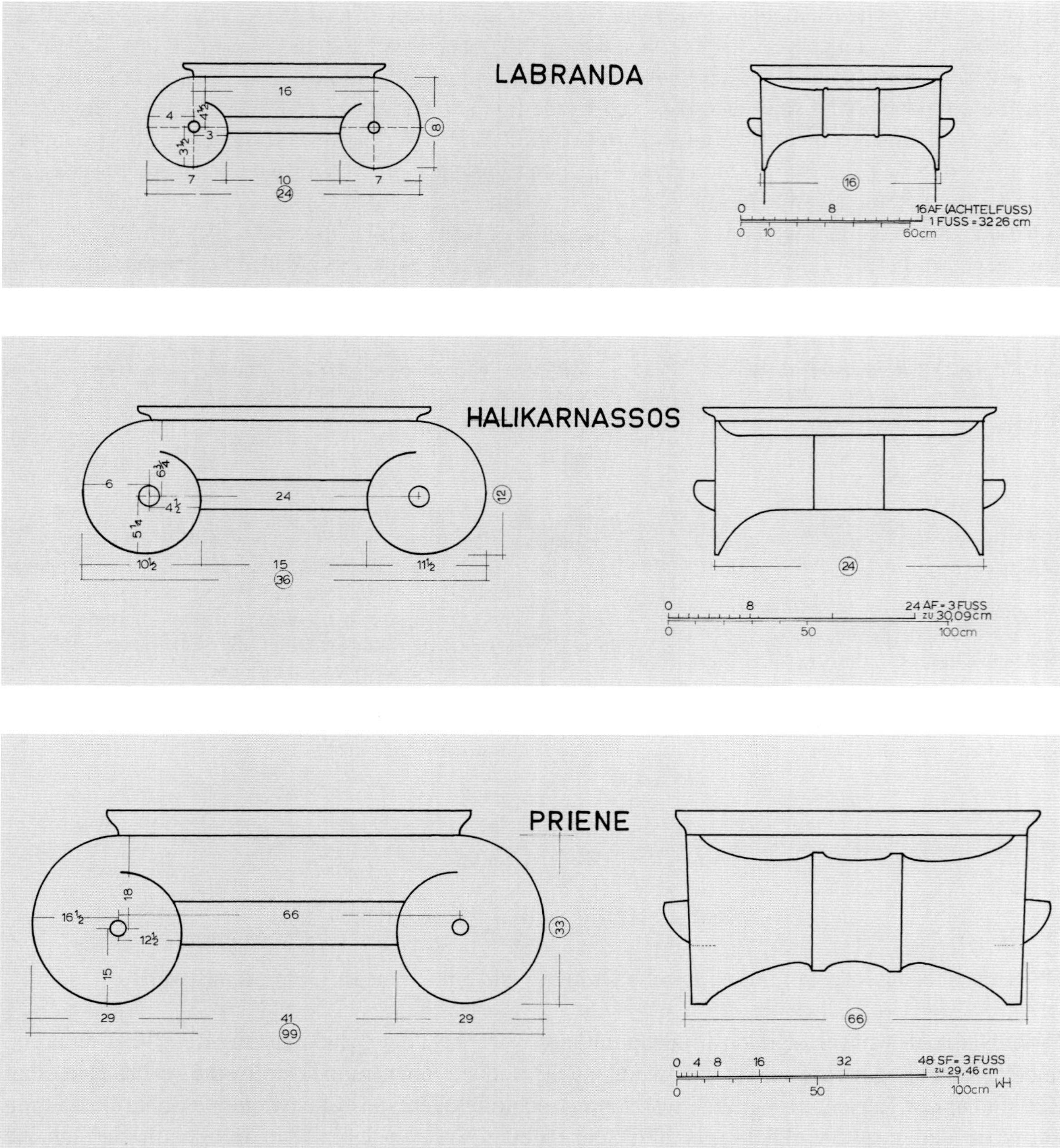

Abb. 7. Pytheos' Formel für ionische Kapitelle. Die folgenreichste Erfindung des Pytheos war sein ionisches Kapitell mit den Proportionen 1:2:3 der Volute (Volutenhöhe : Volutentiefe : Gesamtbreite) und mit quadratischem Abakus (Deckplatte) (Zeichnung W. Hoepfner)

ganzen Stadtanlage verantwortlich war. Dafür spricht nämlich die enge Beziehung von Tempel und Stadtraster und auch die schriftliche Überlieferung (Vitruv 1, 1,10), nach der Pytheos von Architekten gefordert habe, daß sie auf allen Gebieten der Kunst und Wissenschaft mehr leisten sollten als die Fachleute der einzelnen Disziplinen. Auf Städtebauer trifft diese Forderung nach Vielseitigkeit in besonderer Weise zu, da gerade der Städtebau alle Bereiche des menschlichen Lebens umfaßt.

Pytheos lehnte die dorische Ordnung ab. Sie war ihm zu wenig flexibel, und sie war mit seiner Theorie von einer mathematischen, rasterartigen Architektur nicht zu verbinden. Bei seiner Architektur hatten gleiche Elemente wie z. B. das Säulenjoch oder die Kassetten an den Decken der Hallen gleiche Größe und gleiche Proportionen. Diese Schemata übertrug Pytheos auch auf den Städtebau. So besteht die Stadtanlage von Priene aus gleichen, additiv gefügten Einheiten, die in größeren Einheiten aufgehen. Entscheidend sind auch hier sich wiederholende Grundrechtecke wie Parzelle, Baublock oder Agora. Diese Rechtecke waren wohlproportioniert: Das Verhältnis von Länge und Breite mußte sich in glatten Zahlen ausdrücken lassen, wobei den Zahlen nach der Lehre der Pythagoreer eine bestimmte Bedeutung zukam. Diese Proportionen und das sich über die ganze Stadt ausbreitende Netz von Zahlenbeziehungen waren am Ort freilich ohne Erklärung nicht sichtbar. Das gilt auch für die Lage des Tempels, der so in das städtebauliche Raster eingepaßt ist, daß die Ecksäulen auf den Ecken einer imaginären Insula stehen. Es muß aber gerade dieses unsichtbare Zahlengeflecht gewesen sein, das den Werken des Pytheos eine geheimnisvolle Aura verlieh.

Literatur: Th. Wiegand – H. Schrader, Priene (1904); W. Hoepfner – E.-L. Schwandner, Haus und Stadt im klassischen Griechenland[2] (1994); W. Hoepfner in: ders. (Hrsg.), Geschichte des Wohnens I (1999) 338 ff. mit Berichtigung des Stadtplans; Thieme – Becker, Künstlerlexikon der Antike, s. v. Pytheos (Hoepfner) im Druck.

W. H.

278 Priene. Insula (Baublock) mit acht Typenhäusern

Modell im Maßstab 1:50 nach Vorlagen von W. Hoepfner
Marmorähnlicher Kunststoff Corian
Ausführung Firma CCI Breslau (2002)
Berlin, Antikensammlung

Die schmalen Grundstücke von 207 m² Größe sind nach Süden zur Sonne ausgerichtet (Abb. 8). Niedrige Nebenräume liegen im Süden, der Hof nimmt die Mitte ein, und die Wohnräume im Norden öffnen sich mit Hallen zum Hof. Kern der Häuser ist der Oikos (Hauptwohnraum) mit einem niedrigen Herd (Hestia). Er hatte wegen des Rauchabzugs große Höhe. Daneben befinden sich ein Badezimmer und der mit Stuck farbig dekorierte Andron (Symposienraum) im Erdgeschoß. Darüber lagen Gynaikonitis (Frauenraum) und Thalamos (Schlafzimmer).

2. Wohnkultur am Beispiel Priene

Wohnhäuser der griechischen Antike waren lange ein Stiefkind der Forschung. Das liegt nicht zuletzt daran, daß man im 5. Jahrhundert v. Chr. den eigenen Behausungen weit weniger Aufmerksamkeit schenkte als den Bauten der Gemeinschaft und unter diesen vor allem den Tempeln. Von reichen Familien wurde erwartet, daß sie Geld für die großen Feste, für den Betrieb der Gymnasien und für öffentliche Bauten stifteten. Es galt aber im 5. Jahrhundert als unschicklich, große Häuser mit weiten Säulenhallen und protzigen Torbauten zu bewohnen.

Alle Häuser der Klassik waren Hofhäuser mit wenigen Zimmern auf der Nordseite. Das südliche Klima erlaubte eine intensive Nutzung einer zum Hof weisenden Halle und des Hofs, in dem auch gekocht wurde. Räume für Vorräte und solche für ein Handwerk konnten in das Haus integriert sein, während Haustiere wie Ziegen, Schafe oder Kühe aus hygienischen Gründen im ganzen Stadtgebiet nicht geduldet wurden. Obwohl das Tischlerhandwerk hoch entwickelt war, gab es in den privaten Häusern nur wenige Möbel. In den Räumen war es auch tagsüber ziemlich dunkel, denn größte Lichtöffnung waren die zweiflügeligen Türen. Zusätzlich gab es Schlitzfenster, die bei Kälte verstopft werden konnten. Größere Fenster hatten nur die Androne (Banketträume).

Gegen Ende des 5. Jahrhunderts änderten sich die Wertvorstellungen. Es waren Herrscher und Könige, die repräsentative Räume brauchten und kostbare Wände, Böden und Decken, luxuriöse Möbel aus edlen Hölzern und auch Säulenhallen aus Marmor in Auftrag gaben. Der Bann war gebrochen und schnell ahmten Bürger solchen Hof-Luxus nach. In den Häusern der makedonischen

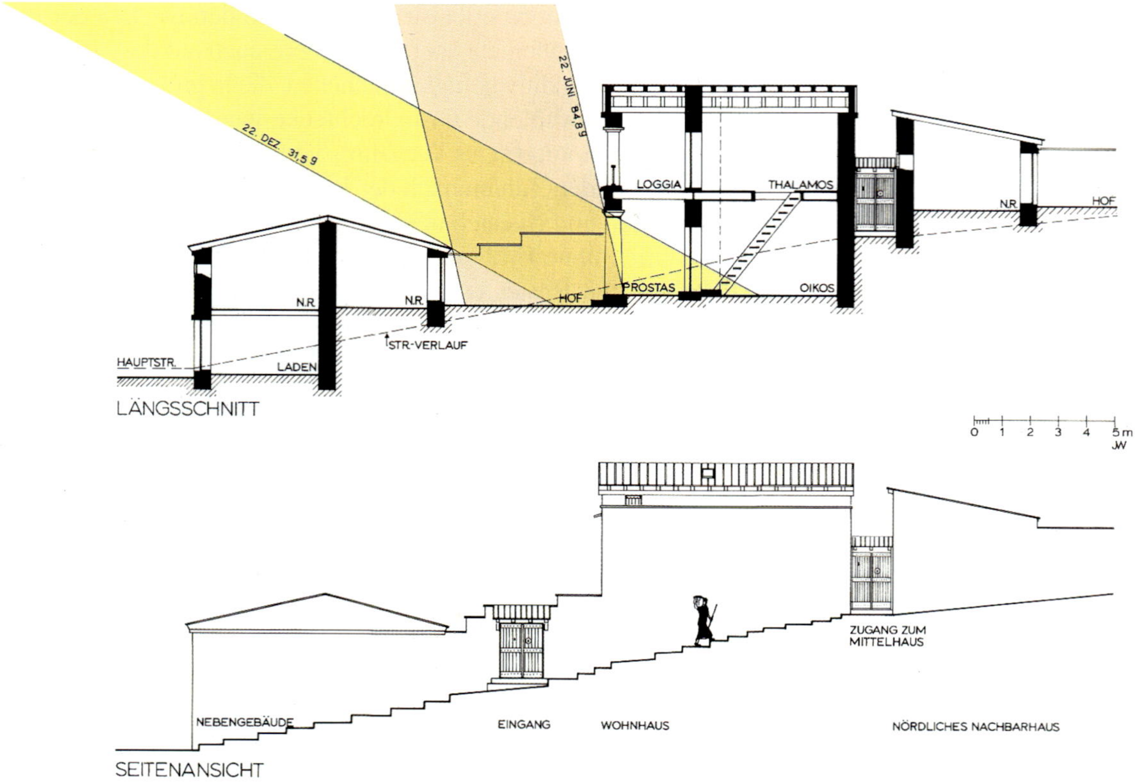

Abb. 8. Priene, genaue Ausrichtung der Häuser nach Süden zur Ausnutzung der Sonnenwärme

Stadt Olynth wurden als Zeichen von Luxus noch vor der Mitte des 4. Jahrhunderts Mosaikböden angelegt. In Eretria haben sich Anfang des 4. Jahrhunderts reiche Bürger nicht mehr mit bescheidenen Häusern zufrieden gegeben und bauten sich auf großen Grundstücken von bis zu 1000 m^2 Prunkhäuser mit Säulenhöfen (Peristylen). In anderen Poleis (Stadtstaaten) hielten die Bürger grundsätzlich an bescheidenen Häusern fest. Das gilt auch für Priene. W. H.

Literatur: W. Hoepfner in: ders.: (Hrsg.), Geschichte des Wohnens I (1999) 338 ff.; F. Rumscheid, Priene. Führer durch das Pompeji Kleinasiens (1998) 86 ff.

A. Gynaikonitis (Frauenraum)

Das Wort Gynaikonitis (Frauenraum) scheint erst gegen Ende des 5. Jahrhunderts aufzukommen. Daraus ist zu schließen, daß es einen solchen, der Hausfrau vorbehaltenen Raum in der archaischen Zeit nicht gegeben hat. Es ist offensichtlich eine Errungenschaft der Klassik, daß der Herrin der Großfamilie eine Möglichkeit geschaffen wurde, sich in eigene vier Wände zurückzuziehen. In einer Gerichtsrede des Advokaten Lysias (»Über die Ermordung des Erathostenes«) um 400 v. Chr. wird ein solcher Frauenraum als selbstverständlich vorhanden und über dem Andron liegend beschrieben. Tatsächlich ergaben die jüngeren Ausgrabungen und Forschungen, daß es besonders bei den Häusern des 4. Jahrhunderts im Obergeschoß solche als Gynaikonitis anzusprechenden Kammern gab. Nach zahlreichen Vasenbildern bargen sie Wäschetruhen, Stühle, Schmuckschatullen und Toilettengegenstände. In Priene lag die Gynaikonitis oben neben dem Schlafzimmer und neben dem Balkon, von dem aus der Hof überblickt werden konnte. Frauen waren in der griechischen Männergesellschaft benachteiligt. Aber immerhin führte die Hausfrau den Haushalt, war für das Personal verantwortlich und hatte damit nicht geringen Einfluß auf die Gestaltung des Familienlebens (s. auch o. S. 303).

Literatur: W. Hoepfner – E.-L. Schwandner, Haus und Stadt im klassischen Griechenland[2] (1994) 316 ff; W. Schuller, Frauen in der griechischen Geschichte (1985).
W. H. – A. Ko.

279 Truhe

H 52 cm, B 112 cm, T 50 cm
Nachbau in Birkenholz nach Zeichnung von W. Hoepfner
Ausführung von Tischlermeister Jozef Horala, Lugi bei Posen, Schnitzwerk von Bildhauer Wladislaw Klawitter, Posen
Privatbesitz W. Hoepfner, Berlin

Auf vielen Vasenbildern und Reliefs sind Truhen zu sehen. Sie waren das Universalmöbel der Haushalte in klassischer Zeit. Im Frauenraum waren sie für Wäsche bestimmt. Stoffe und auch Kleidung wurde von den Frauen des Hauses oft in einer eigenen Webkammer selbst hergestellt. Die Truhen bestehen aus einer Kastenkonstruktion mit vier Beinen und Füllfeldern, die oft friesartig dekoriert waren. Die Klappdeckel öffneten sich mit einem griechischen Scharnier aus ineinander gesteckten Einzelelementen. Truhen waren bis in die Mitte des letzten Jahrhunderts in Griechenland noch in vielen Häusern anzutreffen.

Literatur: G. Richter, The Furniture of the Greeks, Etruscans and Romans (1966) 72 ff.; E. Brümmer, Griechische Truhenbehälter, JdI 100, 1985, 101 ff.

280 Stuhl

H 70 cm, B 55 cm, T 50 cm
Nachbau in Birkenholz nach Zeichnung von W. Hoepfner
Ausführung von Tischlermeister Jozef Horala, Lugi bei Posen
Privatbesitz W. Hoepfner, Berlin

Übliche Sitzmöbel waren einfache Hocker. Stühle mit elegant geschwungenen Beinen und runder horizontaler Lehne standen nach Ausweis von Grabreliefs und Vasenbildern im Frauenraum.

Kat.-Nr. 280

Kat.-Nr. 279

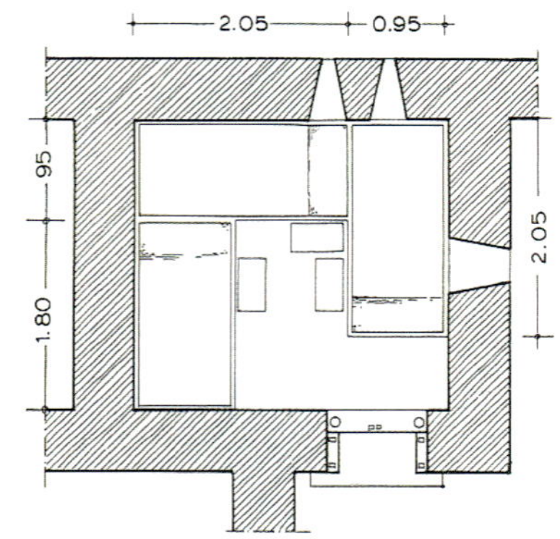

Abb. 9. Drei-Klinen-Andron in den Typenhäusern von Priene

B. Andrones (Symposienräume)

Das Phänomen der Andrones, der Männerräume, in denen Symposien gefeiert wurden, ist ein besonderes Merkmal der griechischen Gesellschaft und war (entgegen oft vertretener Meinung) schon in den Bürgerhäusern des späten 7. Jahrhunderts v. Chr. allgemein üblich (s. o. S. 285). Das Vorrecht der Männer, sich in einem Raum des eigenen Hauses unter Ausschluß der Hausfrau und anderer Frauen des Hauses mit Freunden allabendlich zu treffen, war auch im 5. und 4. Jahrhundert überall verbreitet und kann sich auf das Familienleben nicht günstig ausgewirkt haben. In Ausgrabungen auch kleiner Ortschaften und sogar in Dörfern sind in allen Häusern diese meist dicht an der Tür liegenden Andrones gefunden worden (Abb. 9).

Beim Symposion wurde mit Wasser vermischter Wein getrunken, und die Teilnehmer waren aufgeschlossen für jede Art von Vergnügungen. Dennoch liefen diese Veranstaltungen nach Regeln ab, und im Vordergrund stand der gedankliche Austausch, bei dem sich alle Teilnehmer in der freien Rede übten.

Literatur: W. Hoepfner in: ders. (Hrsg.), Geschichte des Wohnens I (1999) 141 ff.

Kat.-Nr. 281

281 Speisesofa (Kline) aus einem Raum für Gastmähler

H 65 cm, B 190 cm, T 95 cm
Nachbau in Ahornholz mit Intarsien aus Ebenholz, Voluten aus Lindenholz
Ausführung Tischlermeister Uwe Burczyk, Berlin (2001)
Antikensammlung Berlin

Mit der Einführung der Symposien in der 2. Hälfte des 7. Jhs. v. Chr. kam auch die Sitte nach Griechenland, zu Tisch zu liegen.

Es gab zwei Arten von Klinen, solche mit gedrechselten, runden Beinen und solche mit rechteckigen, mit Voluten geschmückten Beinen. Alle diese Liegemöbel konnten sehr einfach sein oder auch prunkvoll mit Beinen aus edlen Hölzern und Schnitzereien aus Elfenbein. Unsere Kline steht, wie es die Vasenbilder zeigen, auf Sockeln, die vermutlich Feuchtigkeit abhalten sollten. Statisch bedenklich und unerklärt sind bei Klinen Einschnürungen an den Beinen unterhalb der Mitte. Sie werden oben und unten von Palmetten begleitet. Oben an den Beinen kommen drei Reihen rechteckiger, kleiner schwarzer und weißer Felder vor. Sie sind ein Symbol für die eigentlich vorn sichtbaren Zinken der Eckverbindung zweier Seiten des Bettkastens. Am Kopfteil wird die Matratze von einer höheren Schmalseite gehoben. An der repräsentativen Front ist an dieser Stelle ein ionisches Kapitell äolischer Form angebracht. Auf dem Vasenbild ist zu sehen, daß die Matratze eine dünne Auflage hat und daß zwei große Kissen dem Aufstützen des linken Arms dienen.

W. H. – Uwe Burczyk

C. Hygiene. Die erstaunliche Reinlichkeit

In der mykenischen Gesellschaft haben – so scheint es – nur Könige den Luxus einer Badewanne genossen. Im klassischen Griechenland gab es in jedem damals errichteten Haus ein Badezimmer mit einer Badewanne. Auch in den kleinen Dörfern in Epirus haben wir bei Ausgrabungen in den einfachen Bauernhäusern Badezimmer angetroffen. Überall, und so auch in Priene, lagen die Naßräume neben dem zentralen Oikos (Hauptwohnraum). Dort konnte auf dem Herdfeuer schnell heißes Wasser bereitet werden.

Eine ausreichende Wasserversorgung war Voraussetzung für die Wahl des Orts einer neuen Stadt. In Priene konnte aus einer reichen Quelle Wasser durch eine Tonröhre in einen Verteiler am Berg oberhalb der Häuser geleitet und von dort auf Brunnenhäuser verteilt werden. Diese wurden an den Ecken der Insulae in so regelmäßigen Abständen angelegt, daß die Entfernung zu den einzelnen Häusern nie mehr als etwa 100 m betrug. Wasserleitungen aus Blei in die Häuser hinein gab es erst in der römischen Kaiserzeit.

Vasenbilder zeigen häufig Frauen unter der Dusche und auch Frauen beim Wäschewaschen. Körperpflege und Sauberkeit hatten in klassischer Zeit einen sehr hohen Stellenwert. Das erstaunt freilich nicht bei einer Gesellschaft, die in ganz auffälliger Weise den schönen menschlichen Körper verehrte.

Toiletten gab es vielleicht schon vereinzelt in Häusern des 5. Jahrhunderts. Die Stadt Theben scheint Vorreiter in dieser Sache gewesen zu sein. Bei Eubulos, einem Dichter der mittleren attischen Komödie heißt es (Zitat nach Athenaios 417d): »Darauf kam ich nach Theben, wo sie Nächte und Tage tafeln und man sein Klosett gleich bei der Tür hat – für den vollen Bauch das höchste Gut.« In Dystos auf Euböa fanden wir in einem Privathaus des 4. Jahrhunderts gegenüber dem Wohntrakt in einem kleinen Raum eine zweisitzige Toilette mit durch die Wand führenden Abflüssen (Abb. 10).

In den Städten war der Abtransport von Unrat gesetzlich geregelt. Wie in den europäischen Städten noch im 19. Jahrhundert fuhren Karren durch die Straßen. Nicht selten war eine Kompostgrube auf dem Hof oder wie in Rhodos auf der Straße an der Hausmauer installiert. Solche Gruben wurden auch als Toiletten genutzt. Verunreinigungen der Straßen und der öffentlichen Brunnen wurden schwer bestraft. Die Höhe der Strafgelder oder Prügel war gesetzlich geregelt. Für die Einhaltung dieser Gesetze waren besondere Astynomen (Wächter) zuständig.

Literatur: A. N. Oikonomides, Do Not Drop Things Here, AncWorld 18, 1988, 56; E. J. Owens, The Koprologoi at Athens in the Fifth and Fourth Centuries B. C., Classical Quarterly 33, 1983, 44–50; B. Ault, Koprones and Oil Presses, in: Structures rurales et sociétés antiques, Kolloquium Korfu (1992) 197 ff. W. H. – A. Ko.

Abb. 10. Zweisitzige Toilette in einem Privathaus in Dystos auf Euböa

282 Sitzbadewanne

H 60 cm, B 90 cm, T 120 cm
Nachbau in Terrakotta von Hella Junker, Berlin; Brand in den Ringöfen der Ziegelei Glindow bei Berlin (2001)
Berlin, Antikensammlung Inv. AA 2001.5

In den privaten Häusern gab es Badezimmer, in deren wasserfesten Estrichboden je eine Sitzbadewanne eingelassen war. Der Typus war in ganz Griechenland von Kreta bis Makedonien verbreitet, weil er raumsparend und praktisch war. Geringem Wasserverbrauch diente eine runde Vertiefung zwischen den Beinen. Das Wasser konnte dort mit einer runden Schale geschöpft werden. In Priene wurden nur Bruchstücke von Badewannen ausgegraben. Wir haben uns an ein Fragment in der Agora in Athen gehalten, bei dem die Wände oben mit einem runden Griff abschließen. Es sei in diesem Zusammenhang auf die hohe Kunst des Brennens großer Gefäße aus Ton hingewiesen.

Literatur: Waterworks in the Athenian Agora (1968). W. H.

283 Napf mit kimolischer Seife

H 6,5 cm, Dm 13 cm
Probe von modernem Abbau
Privatbesitz Wolfram Hoepfner, Berlin

Als Seife wurde in der Antike fettige Erde von der Insel Kimolos verwendet. Aristophanes erwähnt die κιμωλία γῆ in der Komödie »Die Frösche« 713.

284 Amis

Terrakotta; H 30 cm
Nachbau von Hella Junker, Berlin (2001)
Berlin, Antikensammlung Inv. AA 2001.6

Einige attisch-rotfigurige Vasenbilder zeigen gelagerte Symposiasten, die in Kannen urinieren (z. B. Berlin, Antikenmuseum Inv. V.I. 3198 [Kriegsverlust]), was bei den sich über viele Stunden hinziehenden Symposien sicher häufiger vorkam. Texte nennen solche Gefäße ›Amis‹ oder ›Lasana‹, spezielle Sklaven, die solche auf ein Fingerschnippen hin reichen mußten, ›Lasanophoros‹.

Kat.-Nr. 282

Literatur: L. Talcott, Hesperia 4, 1935, 495. 512 Abb. 16 Nr. 72. 73; dies., Agora 12, 1 (1970) 231 Nr. 2012. 2013.

285 Skaphion

Terrakotta; H 22 cm
Nachbau von Hella Junker, Berlin (2001)
Berlin, Antikensammlung Inv. AA 2001.7

Solche offenen, weitmündigen und tiefen Gefäße konnten vielfältigen Zwecken dienen. Es wird vermutet, daß es sich bei manchen Lekanen (Schüsseln) um das literarisch belegte ›Skaphion‹ (Frauen-Nachttopf) handelt.

A. Ko.

Kat.-Nr. 283

3. Das Mausoleum von Halikarnassos: Perfektion und Hybris

Das reich mit Skulpturen geschmückte Grabmal des Königs Maussollos war das berühmteste Bauwerk der spätklassischen Zeit. In den Listen der Sieben Weltwunder ist das Mausoleum oft hinter den Pyramiden an zweiter Stelle genannt. Noch heute werden prunkvolle Grabmonumente als Mausoleum bezeichnet. Als der König 352 v. Chr. und wenige Jahre später auch die Schwester und Königin Artemisia starben, war das Monument noch unfertig. Aber die Bildhauer arbeiteten weiter, bis alles fertiggestellt war, »dies als Denkmal ihres Ruhms und ihrer Kunst bewertend«, wie Plinius in seiner Naturgeschichte (36, 30) berichtet.

Der König hatte um 375 v. Chr. Halikarnassos zu seiner Hauptstadt gemacht und ein modernes, regelmäßiges Straßensystem anlegen lassen. Gründer griechischer Städte wurden oft mit besonderen Monumenten oder Grabbauten im Stadtzentrum verehrt. So ließ sich auch Maussollos genau in der Mitte seiner Stadt an der Hauptstraße sein Grabmal auf einer großen Terrasse errichten. Dieses war freilich nicht nur außergewöhnlich groß und mit 140 Fuß (42 m) Höhe vom Meer und vom Hafen aus weithin sichtbar, sondern es übertraf mit seinen vielen kostbaren Skulpturen von den besten Künstlern sogar alle Tempel-Neubauten.

1800 Jahre trotzte das Mausoleum Erdbeben, Kriegen und schlechten Zeiten, bis die Kreuzfahrer und Ritter es als Steinbruch benutzten und sich dort zum Schutz gegen die anrückenden Türken ein Kastell errichteten. C. T. Newton fand 1860 den Ort wieder, und seine Ausgrabungen brachten wertvolle Trümmer ans Licht. Die besten Stücke gingen an das British Museum in London und sind dort in einem Mausoleum-Raum ausgestellt. Die zeichnerischen Rekonstruktionen von Newton sind brillant und ideenreich. Später haben sich W. B. Dinsmoor und F. Krischen um Verbesserungen bemüht, bei denen es immer darum ging, die schriftlichen Quellen, die antiken Berichte von Fachleuten wie Vitruv und Plinius, mit den Ruinen und am Ort gefundenen Trümmern zur Deckung zu bringen. Seit 1966 hat K. Jeppesen im heutigen Bodrum neue Untersuchungen begonnen und am Ort des Mausoleums ein schönes Museum eingerichtet. Er fand weitere, wichtige Bauteile des Weltwunderbaus und legte mehrfach Rekonstruktionsvorschläge vor. Diese fanden für unser Modell und die neuen Zeichnungen indessen nur bedingt Verwendung.

Das Mausoleum bestand wie seine Nachfolger turmartig aus drei Teilen: Ein massives Sockelgeschoß enthielt an verborgener Stelle die Grabkammer, das Säulengeschoß mit neun auf elf ionischen Säulen hat tempelartigen Charakter und das Dach die Form einer Stufen-Pyramide mit bekrönendem Viergespann. Das Kunstwerk erstrahlte in weißem Marmor, nur für die Basen der Säulenplinthen, für die Podeste der Skulpturen und wahrscheinlich für die Cellawand wurde als Hintergrund für die Skulpturen ein bläulich-rötlicher Stein verwendet, den Jeppesen am Ort feststellte. Das von Newton ausgegrabene, rechteckige Felsloch von etwa 32 x 38 m, in dem die Fundamente standen, legt für die untersten Stufen der Front und Schmalseite den Wert von 100 Fuß nahe. Das Mausoleum war ähnlich wie der bedeutende Athena-Tempel in Priene ein »Hundertfüßer«, ein Hekatompedos. Verwendet wurde das damals oft und fast international benutzte Fußmaß von 30,08 cm, das auch an dem 1985 in Salamis entdeckten metrologischen Relief vorgegeben wird.

Der hohe Sockel des Mausoleums bedeutet eine Erhöhung des Toten und ist von älteren lykischen und karischen Grabmonumenten übernommen. Daß dieses Bauteil in Stufen gegliedert war, um Skulpturen aufzunehmen, wie Jeppesen und G. Waywell annehmen, ist auszuschließen, da das dem Charakter eines Sockels widerspräche. Ein oben abschließendes Gesims muß dagegen gefordert werden, und es besteht kein Zweifel, daß hier ein 90 cm hoher Fries mit Kämpfen der Griechen gegen die Amazonen seinen Platz hatte. Von diesem virtuos gearbeiteten Fries mit schlanken, weit ausschreitenden Kämpfern haben sich viele Platten erhalten.

Neu sind hier vorgetragene Überlegungen zum Säulengeschoß. Plinius beschreibt in seinem Buch über Marmorskulpturen die Skulpturengalerie in den Säulenhallen des Mausoleums. Er nennt die Namen der berühmten Bildhauer, die sich auf vier Seiten des Rechteckbaus verteilten. Skopas arbeitete im Osten an der Front des Baus, Leochares an der Rückseite im Westen, Timotheos im Süden und Bryaxis im Norden. Plinius hat für seine Beschreibung natürlich nicht am Ort selbst Maße genommen, sondern eine Schrift verwertet, die Pytheos, einer der Architekten und Bildhauer des Mausoleums, verfaßt hatte. Dessen Text ist aber eine Beschreibung der Architektur und Konstruktion, und so mußte Plinius versuchen, den Angaben zu Säulen und Säulenabständen die Maße der Skulpturenhallen zu entnehmen. 63 Fuß (bei Plinius in Buchstaben ausgeschrieben und deshalb schwerlich ein Irrtum) nennt Plinius für die Langseiten. Von den insgesamt 10 Jochen der Langseiten sind das 6, denn jedes Joch maß, wie schon Krischen und Dinsmoor erkannten, 10 1/2 Fuß (3,158 m). Die Skulpturen standen auf Podesten und diese lehnten sich außen an die ›Cella‹. Deren Länge, so ist zu folgern, entsprach 6 Jochen. Aus den verbleibenden Jochen bis zum Rand des Baus ergibt sich, daß das Mausoleum zwei umlaufende Säulenreihen hatte und damit als ein Dipteros dem Typus der bedeutenden riesigen Tempel der Artemis in Ephesos und der Hera in Samos entsprach. In altertümlicher Weise stand an den Schmalseiten und auch an den Langseiten eine Säule in der Mitte. Eines von vielen Bruchstücken des Sockels mit Einlassungen für Statuen greift rechtwinklig um eine Ecke. Es kann sich nur hinten an die Langseite und an die Rückwand der Cella gelehnt haben, die folglich als einfache geschlossene Wand zu rekonstruieren ist. Die Front des Kernbaus war dagegen vermutlich mit Anten und Säulen ausgestattet.

Die umlaufenden Doppelhallen waren die Standorte einer inneren und einer äußeren Reihe von kolossalen, aber äußerst präzise gearbeiteten Statuen, von denen sich viele Teile, Bruchstücke und Splitter gefunden haben. Zwei, die früher fälschlich für Maussollos und Artemisia gehalten wurden, sind fast unbeschädigt erhalten. Die 3 m große männliche Figur ist an der Rückseite ziemlich flach und stand auf dem Podest an der Cella. Die andere weibliche Figur ist nur 2,70 m hoch und gehört der vorderen Reihe von Statuen an.

Nun muß betont werden, daß griechische Grabmäler keine begehbaren Monumente waren. Weder hier noch anderswo sind Treppen belegt. Bewohner der Stadt und fremde Bewunderer sahen das Kunstwerk nur von unten, am besten vom Propylon, dem Tor zur Terrasse des von einer Mauer umgebenen heiligen Bezirks. Der Architekt Pytheos hat die Lage des Grabbaus genau so konzipiert, daß es vom Propylon aus bei perspektivisch verkürzten Langseiten wie ein quadratischer Bau erscheint. Ferner bewirkt die Untersicht, daß die Dachpyramide unsichtbar wird. Die das Monument bekrönende Quadriga scheint direkt über dem Säulengeschoß ihren Platz zu haben. Was nun die Skulpturen betrifft, so war die Reihe mit den um 30 cm kleineren Statuen auf einem niedrigen Podest aufgestellt, die größere zurückliegend auf einem höheren Podest, so daß der Betrachter bei perspektivischer Verkürzung beide Reihen in gleicher Größe und übereinander sah. Solche idealen und genau berechneten Architekturausblicke gab es schon im 5. Jahrhundert. Sie wurden Skenographien genannt.

Genau läßt sich die Zahl der Statuen nicht berechnen, aber es scheint, daß auf jeden der vier von Plinius genannten Bildhauer 14 Statuen oder Statuenpaare entfielen.

Was haben diese vielleicht 60 oder mehr Statuen vornehmer Damen und Herren in reicher Tracht – einige tragen persische Gewänder – zu bedeuten? Da es sich nicht um Götter oder Halbgötter handelt, und weil auch Personifikationen von Ortschaften oder ähnliches nicht in Frage kommt, kann es sich, wie schon mehrfach vermutet, nur um eine Galerie der Verwandten und Ahnen des Königs handeln. Die sehr viel später am Grabmal des Königs Antiochos von Kommagene aufgestellten Reliefs mit Ahnenbildern, die bis auf den Großkönig Dareios zurückgehen, sind zweifellos dem Mausoleum ebenso abgeschaut wie das dort gleichfalls strapazierte Thema der Apotheose des Königs Antiochos.

Die Säulen des Mausoleums erhoben sich auf ionisch-kleinasiatischen (stark geriefelten) Basen, waren nach Plinius 25 Ellen oder 37 1/2 Fuß (11,28 m) hoch. Die ionischen Kapitelle sind nach einer einfachen Formel entworfen, die von nun an in der Architektur dominieren sollte. Glücklicherweise sind auch von den reich dekorierten Kassettendecken und dem Gebälk fast lückenlos alle Teile in Bruchstücken vorhanden. Das gilt auch für die Sima mit Ranken und Löwenkopf-Wasserspeiern, die ebenso wie Blumen und Ranken der Regenrinne (Sima) und auch die Dachziegel mit den Säulen korrespondierten. Beim Rasterbau Mausoleum waren kleine und kleinste Elemente wie der Perlstab und große Elemente genauestens aufeinander abgestimmt.

Für den Dachrand konnte Jeppesen nachweisen, daß die unterste Stufe der Pyramide breiter war und Einlassungen für Skulpturen enthielt. Hier hatten vor allem Löwen ihren Platz, von denen viele Bruchstücke im Süden, Westen und Norden gefunden wurden. Ihre Köpfe sind leicht gewendet, und immer zwei der königlichen Tiere waren über einer Säule aufgestellt. Eine enge Bindung an die Säulen und Säulenjoche zeigt sogar der Amazonenfries am Sockel, denn immer drei Szenen entfallen auf ein Joch.

Am Dachrand standen aber auch Skulpturen, deren Oberfläche vom Wetter und von Hagel zerstört worden ist. Sie sind ebenso wie die Löwen knapp überlebensgroß. Diese Gruppe ist schlecht erhalten, aber immerhin eindeutig erkennbar ist der Kopf einer Apollon-Statue und ein Kopf des Hermes. Es handelt sich also um Götter, und sehr wahrscheinlich um die zwölf olympischen Götter, die im 4. Jahrhundert oft gemeinsam verehrt wurden. Als Paare gehören dazu in langer Tradition Zeus und Hera, Apollon und Artemis, Hermes und Athena, Ares und Aphrodite, Poseidon und Demeter sowie Hephaistos, der Gott der Schmiedekunst, zusammen mit Hestia, der Göttin der häuslichen Herde. Ein schöner Kopf eines bärtigen Mannes dieser Reihe mit einer Stirnlocke, wie sie später Alexander auszeichnete, ist keinem Gott zuzuweisen. Das Portrait, so ist zu vermuten, stellte Maussollos dar. Dann nämlich ist das Thema der lebensgroßen Skulpturen am Dachrand klar: In luftiger Höhe ist der Olymp gezeigt, wo die Götter den König in ihre Reihe aufnehmen. Die Zahl der zwölf Götter zusammen mit König und Königin stimmt mit den Säulen der östlichen Hauptseite des Monuments überein. In diese Gruppe gehören auch Pferde, von denen zehn leider nur verstümmelte Bruchstücke erhalten sind. Pferde, die nach dem königlichen Grabmal von Belevi an den Ecken des Dachrandes anzunehmen sind, symbolisieren die letzte Reise des Maussollos. Sie wurden von Pferdeführern und Dienern in persischer Kleidung gehalten. Mehrere Fragmente dieser Diener sind gefunden worden.

Auf der Pyramide des Mausoleums stand eine monumentale Quadriga. Vier Pferde doppelter Lebensgröße zogen einen Wagen. Ein Rad von 3,20 m Durchmesser und eindruckvolle Teile der Pferde hat Newton nach London bringen lassen. Nach einer neuen Studie von Manolis Korres stand bei Quadrigen der klassischen Zeit nicht wie bisher angenommen der König im Wagen. Dargestellt ist der Augenblick unmittelbar nach dem Sieg: Der Wagenlenker steht im Wagen, der König hält das eine äußere Pferd, ein Diener das äußere Pferd auf der anderen Seite. Plinius nennt Pytheos, der nach Vitruv der Architekt des Monuments war, als ausführenden Künstler der Quadriga. Daß bedeutende Künstler in mehreren Kunstgattungen, so als Architekt und Bildhauer, tätig waren, ist ein besonderes Kennzeichen der klassischen Zeit.

Viele Bruchstücke eines Frieses aus kostbarem Marmor der Insel Paros gehören ebenfalls zu den Funden von Newton. Sehr lebendig und packend ist ein Wagenrennen dargestellt. Die Oberfläche ist ungewöhnlich gut erhalten und zeigt sogar noch Spuren der Bemalung. Der Fries hatte also in einem Innenraum seinen Platz. Bei gleichzeitigen Gräbern in Makedonien sind solche Friese mit dem fürstlichen Sport des Wagenrennens an den Wänden der Grabkammer angebracht. Das dürfte auch am Mausoleum der Fall gewesen sein, zumal sich ein Innenraum für die im Kreis laufenden Gespanne besser eignet als eine Außenwand.

Bei den makedonischen Kammergräbern war dem Grabhügel nicht anzusehen, an welcher Stelle die Kammer mit den Gebeinen des Toten und den ihm mitgegebenen Schätzen lag. Auch am Mausoleum lag die Kammer nicht in der Mitte unter der Cella, sondern weiter nordöstlich. Nach der Bestattung war der ins Innere führende Gang mit einem schweren Schlußstein und Falldübeln verschlossen worden. Auf einer Treppe, die außen zum Gang hinab führte, fanden Jeppesen und seine Mitarbeiter die Skelette von Pferden. Sie waren für den Toten und für seine große Reise geopfert worden.

Die Botschaft des Mausoleums läßt sich in zwei Sätzen zusammenfassen: Der karische König ist ein Bewunderer und Förderer griechischer Kunst und Kultur. Mit feiner Säulenarchitektur und einem großen Programm für Reliefs und Statuen sollte jeder Betrachter bewundernd erkennen, daß er aufgrund seiner Taten und seiner vornehmen Abstammung in den Kreis der olympischen Götter aufgenommen wurde. W. H.

Literatur: C. T. Newton, A History of Discoveries at Halicarnassus, Cnidus, and Branchidae (1862); W. B. Dinsmoor, AJA 12, 1908, 3 ff. 141 ff.; F. Krischen, Weltwunder der Baukunst in Babylonien und Ionien (1956) 69 ff. 96 ff.; G. B. Waywell, The Free-Standing Sculptures of the Mausoleum at Halicarnassus in the British Museum (1978); W. Hoepfner, Zum Maussolleion von Halikarnassos, AA 1996, 95 ff.; K. Jeppesen, Forschungsbericht 1997, in: Proceedings of the Danish Institute at Athens 2, 1998, 161 ff. mit Hinweisen auf ältere Schriften; K. Jeppesen (Hrsg.), The Maussolleion at Halikarnassos. Reports of the Danish Archaeological Expedition to Bodrum, Bd. 1–4 (1981–2000); M. Korres, Αναθέματα και τιμητικά τέθριππα, in: Delphes. Actes du Colloque International 1992 à Delphes (2000) 293 ff.

Kat.-Nr. 286

286 Mausoleum von Halikarnassos

Corian, marmorähnlicher Kunststoff; B 130 cm, T 160 cm, H 120 cm
Modell im Maßstab 1:30 nach Rekonstruktion W. Hoepfner
Herstellung der Modellzeichnungen Jacek Kościuk, Breslau
Ausführung der Architekturteile Kazimierz Szydekko, der Friese und Skulpturen Janus Kucharski, alle Breslau
Modellbau: CCI, Breslau (2001)
Die Architekturteile sind einzeln aus Platten des Kunststoffs gesägt und gefräst. Dafür war die Herstellung spezieller, den Profilen entsprechender Diamant-Messer nötig. Statuen und Friese wurden maßstabgetreu in Wachs modelliert und dann wie bei einem antiken Bronzegußverfahren das Wachs ausgeschmolzen, so daß negative Formen aus Silikon entstanden. Für den Guß der Originale wurde Corian in flüssiger Form verwendet. Sehr helle Elfenbein- und Grau-Töne sollen dem in der Antike verwendeten Marmor entsprechen. Auf die Wiedergabe antiker und nur in Spuren nachgewiesener Farben wurde verzichtet. Das Modell ist zerlegbar. Die Herstellung dauerte acht Monate.
Berlin, Antikensammlung

Die neue Rekonstruktion zeigt das Mausoleum den Tendenzen der Zeit entsprechend als Rasterbau (gleiche Joche, gleiche Kassetten, damit übereinstimmende Details). Das Monument ist eine Ikonostase, bei der die Bedeutung der Architektur hinter der der Bildwerke zurücktritt.

Der Bezirk des Grabmals war eine riesige, von Mauern umgebene Terrasse, die an bestimmten Tagen (Geburtstag des Königs, Tag der Thronbesteigung) Festen und vermutlich auch sportlichen Wettkämpfen zu Ehren des Toten diente. Leider haben Ausgrabungen in dem heute dicht bebauten Gebiet von Bodrum nur spärliche Informationen zu den vorauszusetzenden Hallen und Banketthäusern geliefert. Im übrigen sind im Temenos (Heiligtum) weitere Weihgeschenke, und weil es sich um einen öffentlichen Raum handelt, auch Ehrenstatuen anzunehmen. Eine fragmentarisch erhaltene Skulpturengruppe zeigt einen persisch gekleideten Reiter, der einen Leoparden erlegt. Löwe, Bulle, Widder und Eber sind dagegen Wächterfiguren, die direkt vor dem Mausoleum anzunehmen sind.

Kat.-Nr. 288

Kat.-Nr. 289

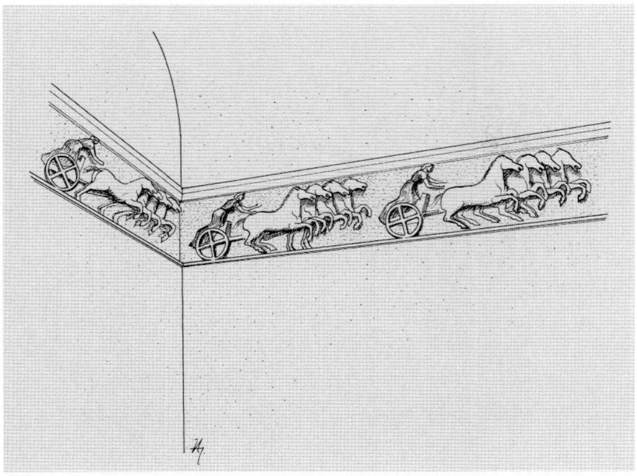

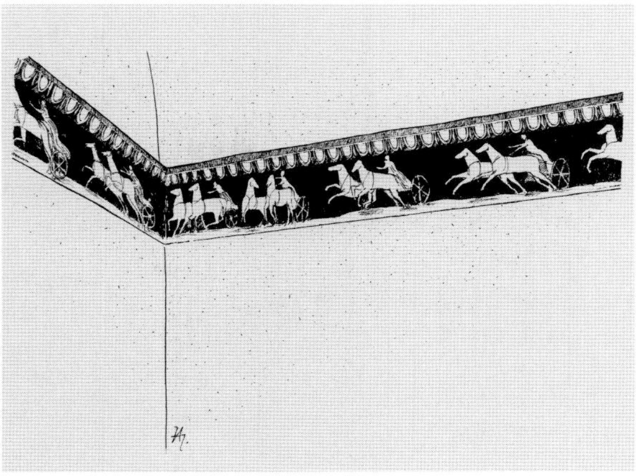

Abb. 11. Rekonstruktionsversuch des Wagenrennfrieses in der Grabkammer des Mausoleums und daneben ein gemalter Wagenrennfries in der Kammer des Prinzengrabes in Aigai, das etwa 30 Jahre später entstanden ist (Zeichnung I. Arvanitis)

287 Fragment vom Wagenrennfries aus der Grabkammer des Mausoleums

Pentelischer Marmor; Gesamt-H des Frieses 95 cm
London, British Museum Inv. 1037

Die drei bedeutenden und aus unterschiedlichem Marmor gearbeiteten Friese des Mausoleums sind bis heute nicht ausführlich publiziert worden. Das größte Fragment des Wagenrennen-Frieses, den einer der besten Bildhauer der Spätklassik gearbeitet haben muß, ist hier im Original zu sehen. Dieser Fries an den Wänden der Grabkammer wurde von den Grabräubern auf der Suche nach verborgenen Schätzen zu kleinen Fragmenten zertrümmert. Zu beachten sind gut erhaltene Farbreste.

Literatur: A. H. Smith, Cat. Sculpture British Museum II (1900) 120 Nr. 1037 Taf. 18.

288 Kopf einer Statue des Apollon vom Dachrand des Mausoleums

Marmor; H 42 cm, B 26,5 cm
London, British Museum Inv. 1058

Literatur: G. B. Waywell, The Free-Standing Sculptures of the Mausoleum at Halicarnassus in the British Museum (1978) 118 f. Nr. 48 Tab. 22.

289 Beschreibung der Sieben Weltwunder in einer Handschrift (Papyrus Berolinensis)

Papyrus; H 26 cm
2. Jh. v. Chr.
Berlin, Ägyptisches Museum und Papyrussammlung Inv. 13044

Der Papyrus war für den Unterricht bestimmt, denn er enthält Listen von bedeutenden Bildhauern oder auch Inseln. Unter der Rubrik Architekten ist in Kolumne 7 Pytheos als Architekt des Mausoleums genannt, in Kolumne 8 werden die Sieben Θεάματα (Schaustücke oder Wunder) aufgezählt, darunter das Mausoleum von Halikarnassos. Es ist die älteste erhaltene Liste dieser Art.

4. Palast der makedonischen Könige in Aigai (heute Vergina)

Aigai, die Hauptstadt Makedoniens, spiegelt mit ihrer Lage im Binnenland die auf Landwirtschaft gerichteten Interessen des Königreichs. Seit Manolis Andronikos dort vor 25 Jahren die Königsgräber entdeckte, ist die Kunst Makedoniens ein großes Thema der Archäologie. Weniger bekannt sind die am Abhang auf einer großen Terrasse im Süden der Stadt gelegenen Ruinen des Palasts (Abb. 16). Dieser Bau ist der älteste wirkliche Palast der griechischen Welt und im Gegensatz zum demokratischen Athen Ausdruck einer Gesellschaftsordnung, in der wenige Familien dominierten.

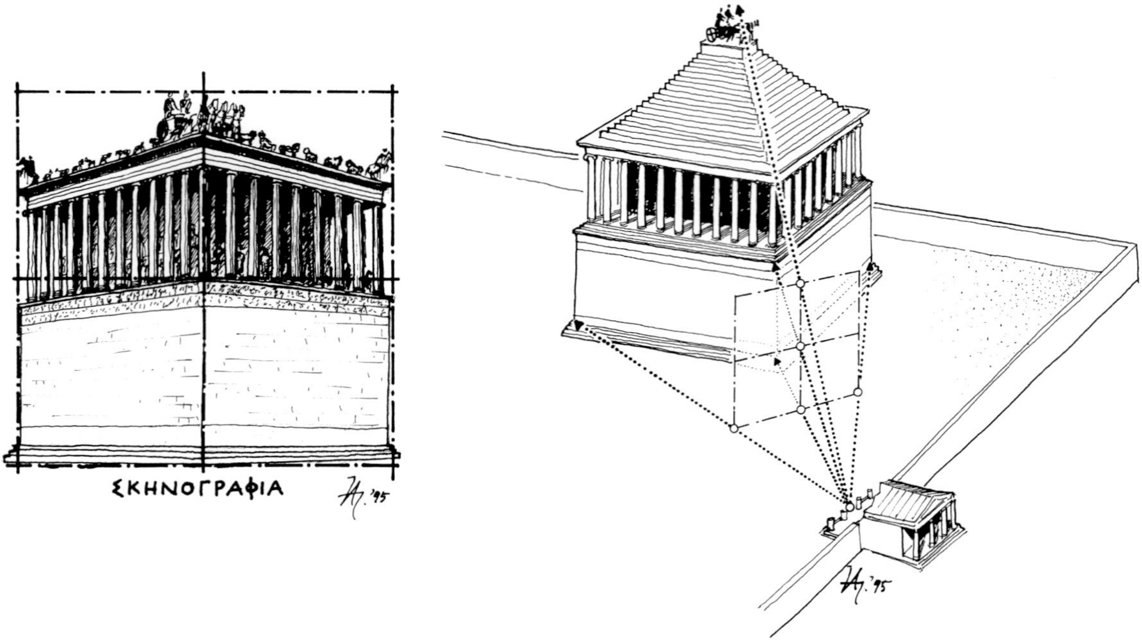

Abb. 12. Mausoleum. Zeichnerische Rekonstruktion der Ansicht vom Propylon des Heiligtums, wie es vom Architekten als Skenographia (Schaubild) geplant worden ist (Zeichnung I. Arvanitis)

Abb. 13. Mausoleum, Schnitt durch das Mausoleum mit Blick von der Terrasse

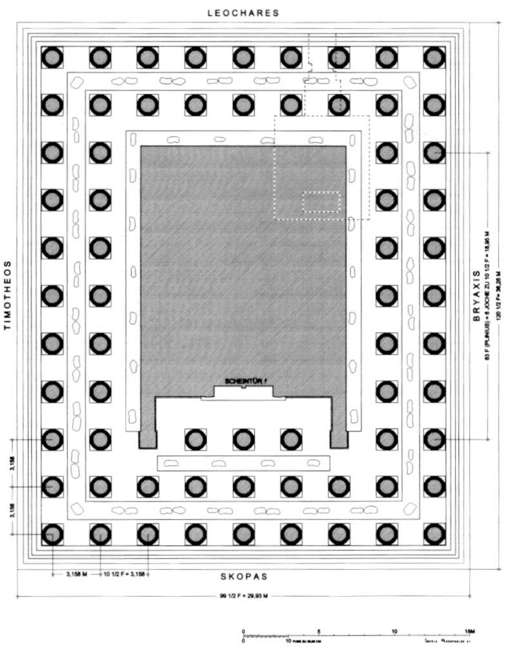

a

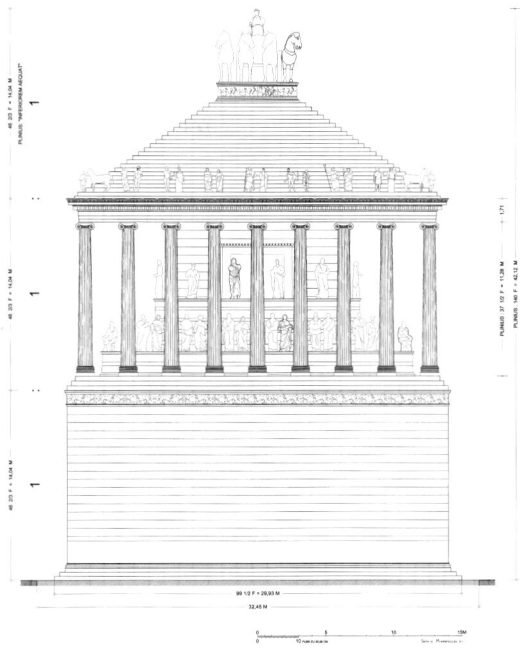

b

c

Abb. 14 a–c. Neue Rekonstruktionszeichnungen des Mausoleums von Halikarnassos. Grundriß, Ansicht, Schnitt

Wie die großen Privathäuser der spätklassischen Zeit (gut bekannt aus Eretria) bestanden die Paläste aus einem privaten oder Familienbereich und aus einem besonders prunkvollen offiziellen Teil. In Aigai wurde bisher nur dieser offizielle Bereich ausgegraben. Es ist ein Bankethaus für den Empfang vieler Gäste (Abb. 17. 18). Der König konnte hier gleichzeitig mehrere hundert Personen beim Symposion bewirten. Die Gäste lagen zu Tisch auf Klinen, die sich auf 13 quadratische, aber unterschiedlich große Räume verteilten. Diese öffneten sich mit Flügeltüren auf Hallen, und die Hallen gruppieren sich um einen quadratischen Hof von 42 m Seitenlänge.

Die Säulen des Peristyls dorischer Ordnung strahlten die gleiche Würde aus wie die Säulenhallen eines Tempels (Abb. 19). Viele Trommeln, Kapitelle und Fragmente des schweren Gebälks liegen

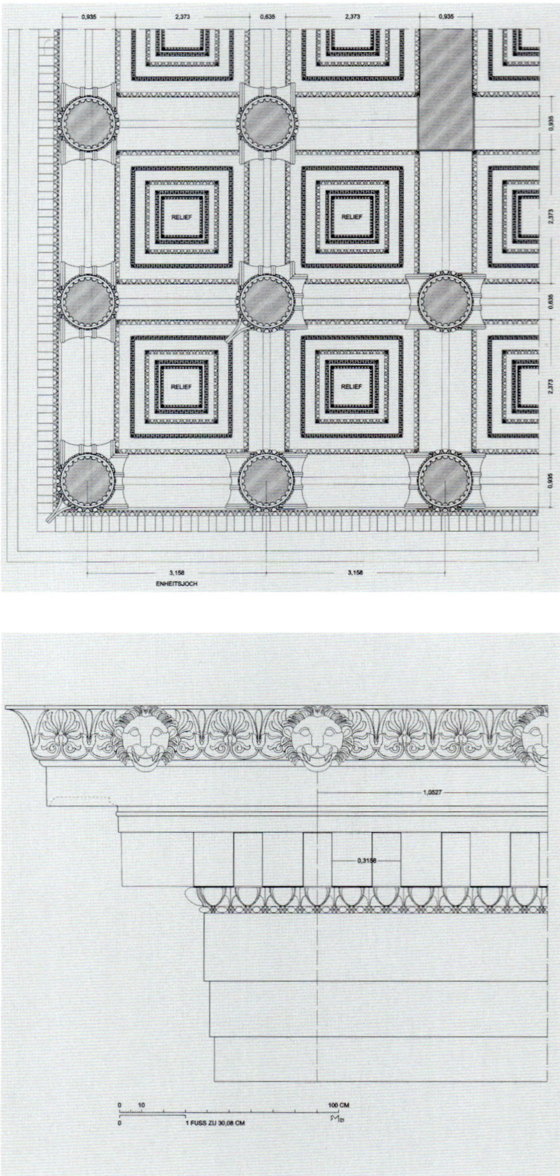

Abb. 15. *Neue Rekonstruktionszeichnung von der Kassettendecke der Hallen des Mausoleums und Schemazeichnung des Gebälks vom Dachrand*

Abb. 16. *Aigai (Vergina), Plan der Residenzstadt in Makedonien: 1. Palast; 2. Theater; 3. Heiligtum der Eukleia; 5. Grabmäler; 8. königlicher Grabhügel*

noch heute im Bereich der Ruine oder wenig tiefer am Hang. Nicht Marmor wurde dafür verwendet, sondern in alter Tradition Kalkstein mit einem sehr feinen Stucküberzug.

Der »Parthenon des Nordens«, wie ich den Palast schon früher genannt habe, hatte eine kostbare Innenausstattung. Kieselmosaiken mit Ranken, wie sie von den Vasen der klassischen Zeit bekannt sind, schmückten die Böden. Von den farbig stuckierten Wänden und den hölzernen Kassettendecken ist leider nichts erhalten.

Die Klassik war eine Männer-Gesellschaft; die Frauen des Hauses durften an den Symposien nicht teilnehmen. Die Paläste der späten Klassik belegen jedoch einen sich langsam vollziehenden Wandel: Erstmals waren die Königinnen als offizielle Personen an den Banketten zugegen. Der Palast in Aigai hat im Süden zwei gleichgroße Bankettträume mit einem gemeinsamen Vorraum. Es

Abb. 17. Aigai (Vergina), neue Rekonstruktion des Palastes (Zeichnung W. Hoepfner)

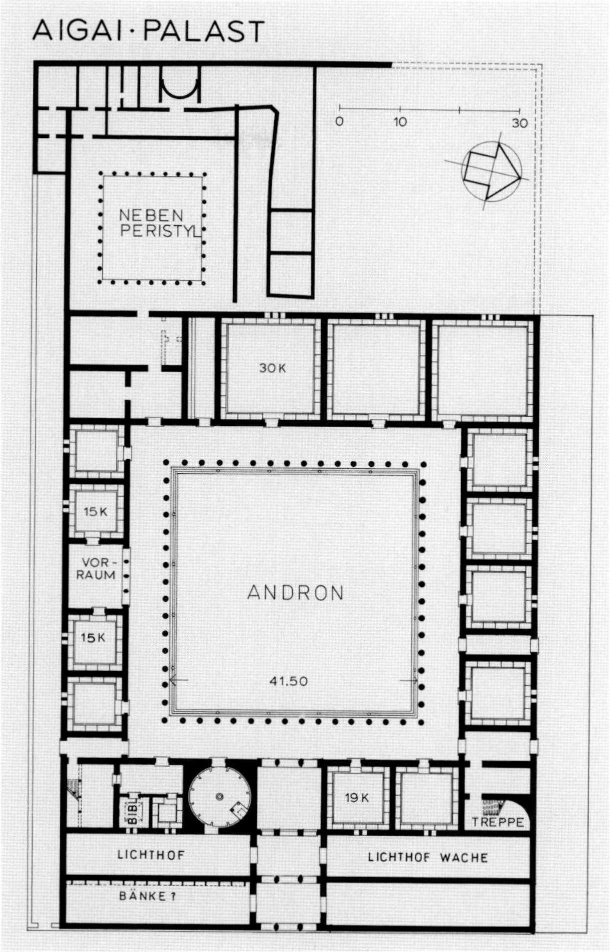

Abb. 18. Aigai (Vergina), neuer Rekonstruktionsversuch des Palastes von Aigai. Vogelschau (Zeichnung W. Hoepfner)

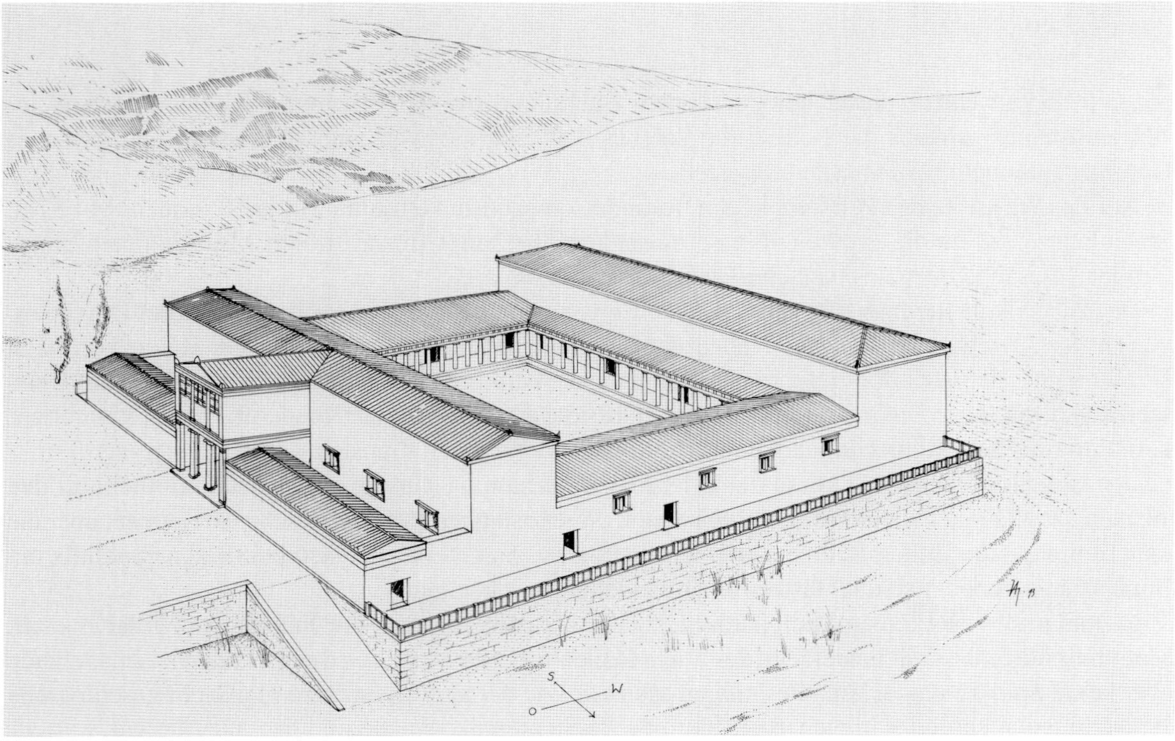

Abb. 19. Aigai (Vergina), Säulen und Gebälk vom Peristyl im Hof des Palastes (Zeichnung I. Arvanitis)

scheint, daß in einem dieser beiden vornehmen Räume die Königin mit Hofdamen speiste. Im Vorraum haben wir uns die Leibwache vorzustellen, und hier war auch Tafelsilber und goldenes Geschirr auf einem Schaubuffet ausgestellt.

Auf der Westseite des Peristyls liegen besonders große Bankettträume für je 30 Klinen. Mit 17 m Seitenlänge sind es die größten Räume dieser Art überhaupt. In der freien Mitte konnten ganze Gruppen Gesänge oder akrobatische Tänze vorführen.

Der Palast hatte nicht wie Privathäuser ein Eingangstor, sondern ein Propylon mit drei Durchgängen in der Art eines Heiligtums. Neben dem Durchgang liegt ein großer runder Raum von 11 m Durchmesser, der nach dort gefundenen Reliefs und Skulpturen der Ahnenverehrung und dem Herrscherkult diente. Eine Dreiraum-Gruppe daneben besteht aus einem intimen Sieben-Klinen-Andron (Bankettraum) und sehr wahrscheinlich einer Bibliothek. Denn die Symposien waren keine reinen Trinkgelage, sondern dienten vor allem der gelehrten Unterhaltung, für die eine Handbibliothek mit den Werken der Klassiker wichtig war. An den Seiten dieser östlichen Raumgruppe lagen Treppen, über die man in die quadratischen Räume des Obergeschosses gelangte. Ob es sich bei diesen ebenfalls um Bankettträume oder etwa um Gästezimmer handelte, ist unbekannt.

Neu an unserer Rekonstruktion ist der Eingangsbereich, von dem nur Fundamente erhalten sind. Manolis Andronikos hat beiderseits des Tores Hallen rekonstruiert. Von deren Säulen ist im Gelände aber keine Spur zu entdecken. Deshalb müssen wir wie bei anderen späteren Palästen geschlossene Wände annehmen und schlauchartige Räume. Sie dienten der Wache und den auf Audienz wartenden Besuchern. Hinter diesen Räumen sind schmale Lichthöfe anzunehmen, über die die Bankettträume Luft und Licht bekamen. Denn große Bankettträume sind ohne Fenster undenkbar.

Früher hat man fast alle Bau- und Kunstwerke Makedoniens in die hellenistische Zeit nach Alexander datiert. Heute setzt sich die Erkenntnis durch, daß es in Makedonien schon um die Mitte des 5. Jahrhunderts große Städte mit einem kunstinteressierten Bürgertum, Handwerkern und einer Kunstproduktion gab. Spätestens der große Förderer der Künste König Archelaos (413–399 v. Chr.) mußte aus Gründen der Repräsentation einen Palast bauen. Den ausgegrabenen Palast hatte wahrscheinlich der kunst- und literaturliebende Perdikkas, der ältere Bruder Philipps II., um 355 bauen lassen und hier auch Aristoteles und andere Philosophen, Literaten und Künstler empfangen. Dieser große Palast war eben der, in dem König Philipp II. im Jahr 334 am Vorabend seines Aufbruchs nach Kleinasien die Hochzeit für seine Tochter Kleopatra prunkvoll ausrichtete. Diodor (16, 92) hat dieses Fest und auch die Ereignisse des folgenden Tages genau beschrieben. Unterhalb des Palasts liegt ein kleines Theater, das man wohl als Palasttheater bezeichnen kann. Es ist kürzlich von Stella Drougou ausgegraben worden (vgl. S. 539). Philipp hatte im Palast die Huldigung der griechischen Städte, darunter auch der Abgesandten Athens, empfangen. Am Morgen nach der Feier versammelten sich die Gäste im Theater, und der König ließ als Auftakt die Bilder der zwölf Götter in das Theater tragen, denen er zum Erstaunen der Anwesenden sein eigenes Abbild hinzugefügt hatte. Wollte er es Mausolos gleichtun? Jedenfalls kam diese seine Hybris zu Fall: wenige Augenblicke später wurde der König im Theater von Mördern niedergestreckt.

Literatur: L. Heuzey – H. Daumet, Mission archéologique en Macédoine (1876); M. Andronikos u. a., Τὸ ἀνάκτορο τῆς Βεργίνας (1961); D. Pandermalis, ΑΜΗΤΟΣ. Festschrift für Manolis Andronikos (1987) 579 ff.; W. Hoepfner, Zum Typus der Basileia und der königlichen Andrones, in: ders. (Hrsg.), Basileia. Die Paläste der hellenistischen Könige (1996) 1 ff.; S. Drougou – Ch. Saatsoglou-Paliadeli, Vergina. Wandering through the Archaeological Site (1999); K. Rhomaios, Ο μακεδονικός τάφος της Βεργίνας (1951).

W. H.

290 Aigai, Vergina. Dorisches Kapitell von den Hallen des Palasthofes

Kalkstein, daran Stuckreste erhalten; H 32,5 cm, B 94 cm
Aus Palatitsa, erworben 1863
Paris, Musée du Louvre Inv. MA 709

Die Kapitelle zeichnen sich durch einen straffen und kaum gewölbten Echinus (Wulst) aus. Im Vergleich mit den Kapitellen des Parthenon zeigt sich der Wandel von der klassischen Architektur mit jugendlich-lebensprühenden Formen zu spätklassischer Architektur, deren Formen starr und gleichsam mathematisiert wirken.

Literatur: M. Hamiaux, Les sculptures grecques, Louvre Cat. II (1998) 235 Nr. 259.

Kat.-Nr. 290

Kat.-Nr. 291

291 Aigai, Vergina. Ionisches Halbsäulen-Pfeilerkapitell von einem Fenster des Palasts

Kalkstein, daran Stuckreste erhalten; H 36,5 cm, B 37,0 cm, T 33,5 cm
Aus Palatitsa, erworben 1863
Paris, Musée du Louvre Inv. MA 1408

Etwa zehn dieser Kapitelle von den Fenstern der Bankettträume sind erhalten. Bei einer Tiefe der Wände von 1 m würden runde Säulen unförmig groß sein. Deshalb wurden zierliche mit einem Pfeiler verbundene Halbsäulen verwendet. Das ionische Kapitell entspricht einer makedonischen Formel für ionische Kapitelle. In Anlehnung an die Schöpfung des Pytheos in Ionien hat der unbekannte Architekt in Makedonien ebenfalls Grundproportionen der Volute 1:2:3 vorgeschrieben. Aber hier ist damit die Volutenhöhe, der Abstand zwischen den Augen und die Gesamtbreite gemeint.

Literatur: Hamiaux a. O. 237 Nr. 263.

292 Aigai, Vergina. Ionisches Halbsäulen-pfeilerkapitell vom Eingangsbereich des Palasts

Kalkstein, daran Stuckreste erhalten; H 56 cm, B 114 cm, T 79 cm
Aus Palatitsa, erworben 1863
Paris, Musée du Louvre Inv. MA 708 a

Zwei dieser Kapitelle trennten den Eingangsbereich in drei Durchgänge. Der Architekt des Palasts hat hier einen neuen Typus ionischer Kapitelle geschaffen, die Eckkapitellen ähneln und große diagonal gestellte Voluten aufweisen. Sie betonen nicht wie die Kapitelle der Fenster die Ebene der Wand, sondern scheinen dem Besucher entgegenzukommen. Solche Kapitelle wurden im Hellenismus sehr beliebt.

Literatur: Hamiaux a. O. 231 Nr. 253.

293 Aigai, Vergina. Fragment eines korinthischen Kapitells aus dem Palast

Kalkstein; H 21,0 cm, B 23,4 cm, T 17,5 cm
Aus Palatitsa, erworben 1863
Paris, Musée du Louvre Inv. MA 1417

Kat.-Nr. 292

Abb. 20. Aigai (Vergina), Pfeiler mit angearbeiteten ionischen Halbsäulen

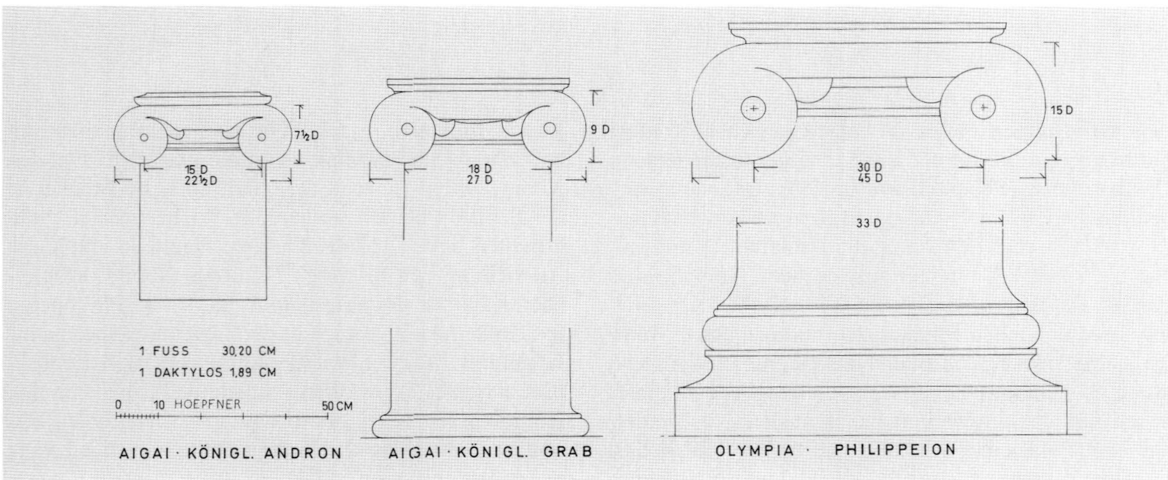

Abb. 21. Ionische Kapitelle des Palastes in Aigai, des Philippeion von Olympia und des königlichen Grabes 1 in Aigai

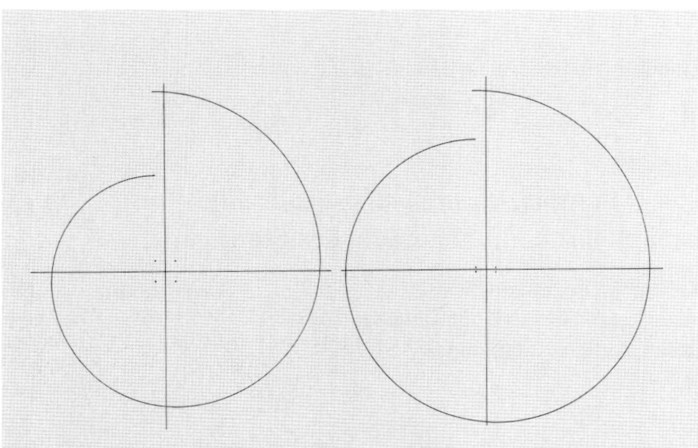

Abb. 22. Voluten ionischer Kapitelle im Vergleich (Zeichnung W. Hoepfner)

Kat.-Nr. 293

Kat.-Nr. 294

Am aufwendigen Palast der makedonischen Könige durfte auch die dritte der Bauordnungen nicht fehlen. Das korinthische Kapitell war im 5. Jh. erfunden worden, fand aber damals nur ganz vereinzelt Anwendung. In spätklassischer Zeit waren die Bauleute auf der Suche nach Prunkarchitektur für die neue Aufgabe der Paläste. Dafür eigneten sich die korinthischen Kapitelle mit ihren doppelten Blattkränzen und eleganten Voluten ausgezeichnet. Die Blätter waren grün, der Hintergrund oft blau und damit trugen die Kapitelle zu einer neuen farbigen Architektur bei. Vom Palast ist leider nur eine Ecke eines Kapitells mit Volute und hoher Deckplatte erhalten. Es gehörte zur Innenausstattung des vornehmsten Raumes, des Rundsaals für den Herrscherkult.

Literatur: Hamiaux a. O. 239 Nr. 267.

294 Olympia, korinthisches Halbsäulenkapitell aus dem Innenraum des Philippeion

Kalkstein, ursprünglich stuckiert. Aus zwei Teilen zusammengesetzt; H 42 cm, ohne den Säulenhals
Berlin, Antikensammlung Inv. Sk 1424

Das Philippeion in Olympia war ein Rundbau mit außen ionischer und innen korinthischer Ordnung, den König Philipp II. nach dem Sieg über die Athener in der Schlacht bei Chaironeia 338 v. Chr. im Heiligtum errichten ließ. Die korinthischen Kapitelle (für diese Ausstellung neu restauriert) sind ein Abbild der gleichen Kapitelle des Palasts in Aigai. Da im Philippeion die Goldelfenbeinstatuen des Königs und seiner Familie aufgestellt waren, wie der Reiseschriftsteller Pausanias berichtet, ist es offensichtlich, daß der König den Kultraum seines Palasts in Olympia wiederholen ließ und damit für das ehrwürdige Heiligtum einen ganz neuen Ton anschlug.

Es sei noch erwähnt, daß auch die ionischen Kapitelle des Philippeion nicht nur nach der makedonischen Formel entworfen wurden, sondern bis in die Windungen der Volute eine genaue Kopie der Kapitelle der Fenster des Palasts in doppelter Größe darstellen. Der König hatte demnach seinen Architekten, der schon den Palast entworfen hatte, mit der Bauaufgabe in Olympia betraut.

Literatur: H. Schleif, OF 1 (1944) 16 f. Abb. 3; A. Mallwitz, Olympia und seine Bauten (1972) 128 ff. Abb. 99 (das Parallelbeispiel in Olympia).

W. H.

Chryssoula Saatsoglou-Paliadeli

Die makedonischen Kammergräber

Die sog. makedonischen Kammergräber stellen die vielleicht repräsentativsten Vertreter der makedonischen Architektur der spätklassischen und hellenistischen Zeit dar. Der Ausdruck läßt sich darauf zurückführen, daß die meisten dieser beeindruckenden unterirdischen Grabbauten fast ausschließlich in Nordgriechenland, innerhalb der Grenzen des antiken makedonischen Königreiches, entdeckt werden; in einer Gegend also, die zusammenfällt mit dem heutigen Zentral-, West- und Ost-Makedonien.

Bei diesen besonders gestalteten Gräbern, die den modernen Betrachter durch ihre denkmalhafte Form und ihre farbige Ausgestaltung beeindrucken, handelt es sich um die einzigen Grabbauten des griechisch besiedelten Gebiets, die als Weiterentwicklung der Kuppelgrabmäler der mykenischen Periode betrachtet werden können.

Man gebraucht den Begriff »Kammergrab« im Hinblick auf die Bauform, um einen bestimmten architektonischen Typ eines unterirdisch errichteten Grabbaus mit ein oder zwei – sehr selten drei – tonnengewölbten Räumen zu bezeichnen. Sie haben architektonisch gestaltete Fassaden mit meist marmornen Türnischen und einem abschüssigen Zugang (Dromos), der von der Erdoberfläche auf das Eingangsniveau hinab führte. Die fast ausnahmslos aus Porosgestein errichteten makedonischen Kammergräber finden ihre literarische Entsprechung in der Beschreibung Platons (Nomoi 947 d–e). Wenn er hier deren Verwendung den Adeligen seines idealen Staates empfiehlt, bestätigt dies, daß der Athener Philosoph ihre Form und ihre Eigenart bereits vor seinem Tod im Jahr 348 v. Chr. kennenlernte.

Die früheren Beispiele des makedonischen Kammergrabes waren nur für eine einzige Bestattung bestimmt und offenbar beschränkte sich ihre Verwendung anfänglich auf Mitglieder der königlichen Familie.

Bei den späteren Beispielen jedoch, vom Ende des 4. Jahrhunderts und während der gesamten Dauer der Hegemonie des makedonischen Königreichs bis zu dessen Auflösung durch die Römer Mitte des 2. Jahrhunderts v. Chr., wählten auch die ökonomisch besser gestellten Klassen den makedonischen Grabtypus aus; sie verwendeten dann über einen langen Zeitraum denselben Bau als Familiengrab. Ein besonders charakteristisches Beispiel hierfür ist das Grab des Lyson und Kallikles in Leukadia.

Größtenteils lassen sich die makedonischen Kammergräber in den hellenistischen Zeitraum datieren. Die jüngste Entdeckung zweier makedonischer Kammergräber in Vergina, die bereits ins 3. Viertel des 4. Jahrhunderts v. Chr. datiert werden, bestätigt jedoch, daß ihre Entstehung keine Anleihe aus dem Osten darstellte und erst nach dem Feldzug Alexanders erfolgte. Vielmehr ergab sich das Tonnengewölbe aus der Notwendigkeit, große unterirdische Grabbauten sicher abzudecken, die aus statischen Gründen nicht mehr mit einem Flachdach versehen werden konnten. Denn sie waren dafür bestimmt, mit einem Grabhügel bedeckt zu werden, gemäß einer uralten Bestattungssitte, die in Makedonien bis in die hellenistische Zeit bewahrt blieb. Folglich unterscheiden sich die makedonischen Kammergräber beträchtlich von den Grabdenkmälern Lykiens und Phrygiens, die ja für die Nachwelt sichtbar blieben.

Die tonnengewölbte Eindeckung stellte die Festigkeit des unterirdischen Grabbaus sicher, verursachte aber ein wesentliches liturgisches Problem, da die Bestattung nicht mehr von oben vollzogen werden konnte, wie es bei den älteren Kistengräbern geschehen war. Für den Zugang zum Grab war folglich die Konstruktion eines Einganges in einer der Wände des unterirdischen Baus nötig, der wiederum durch die Anlage eines schrägen Dromos erreicht werden konnte.

Die Öffnung zum Grab erhielt die Form einer Türnische, mit Schwelle, Türleibung und -sturz. Bei den repräsentativeren Beispielen, die auch die frühesten dieser Art darstellen, reiht sich die gestaltete Tür in einen komplexeren architektonischen Rahmen ein und ahmt so die Fassade eines dori-

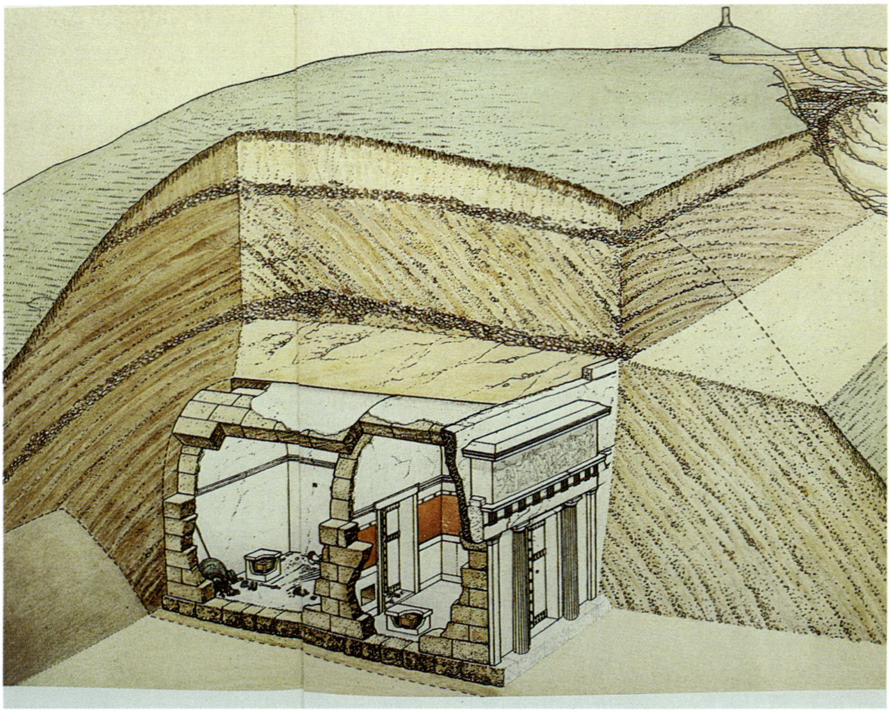

Abb. 1. Rekonstruktionszeichnung des Grabes Philipps II. In dieser Zeichnung nach Angaben des Entdeckers der Königsgräber, M. Andronikos, ist die dorische Fassade mit dem Jagdfries zu sehen, vor der sich die Totenfeier abspielte. Dahinter eine horizontal eingedeckte Vorkammer und die Hauptkammer, in der sich unter vielen Beigaben die goldene Urne mit der Asche des Königs befand

schen oder ionischen oberirdischen Gebäudes nach. Die architektonisch gestaltete Fassade funktionierte auch als Kulisse, hinter der sich die tonnengewölbte, der gradlinigen griechischen Architektur fremde Grabdecke verbarg. Die Poroswände im Inneren des Grabes, hauptsächlich aber die Wand der Fassade wurden in der Folge mit weißem Putz verkleidet und die plastischen architektonischen Details (Triglyphen, Metopen, Friese, Schmuckbänder, Geisa) wurden bemalt; und zwar auf ähnliche Weise wie bei den oberirdischen Bauten der archaischen und klassischen Zeit.

In dieser Hinsicht sind die makedonischen Kammergräber als Zeugnis für die Polychromie der antiken griechischen Architektur wertvoll, da sie in unserer Vorstellung das falsche, von der klassizistischen Auffassung beeinflußte Bild von der weißen Architektur revidieren.

Vielleicht überrascht den heutigen Betrachter der makedonischen Kammergräber die außergewöhnliche Sorgfalt, mit der die Makedonen die Fassade von Denkmälern gestalteten, die sofort nach dem Abschluß der Bestattung von einem Grabhügel verdeckt werden sollten. Man muß jedoch berücksichtigen, daß das Grab – unabhängig von seiner Form, ob nun kistenförmig oder als Kammergrab – zusammen mit allem, was es enthielt, dem Verstorbenen gehörte und sich nicht an die Hinterbliebenen richtete. Dies geht daraus hervor, daß sich die architektonische Gestaltung oft nicht nur auf die Fassade beschränkt, sondern auch im Inneren auftritt und zwar sowohl bei kistenförmigen Gräbern als auch bei einigen makedonischen Kammergräbern. Unter diesen ist das ›Grab der Eurydike‹ in Vergina, datiert um 340 v. Chr., mit der beeindruckenden architektonischen Gestaltung der Rückwand der Grabkammer, das repräsentativste Beispiel.

Der Glaube der Makedonen an ein Leben nach dem Tod spiegelt sich übrigens auch in der ›Möblierung‹ der Kammergräber mit den hölzernen oder steinernen Klinen (sehr selten mit Thronen) wider, aber auch in den zahlreichen Gegenständen, die den Verstorbenen auf dem Weg zu seinem letzten Wohnsitz begleiteten, wie es die wenigen Kisten- und Kammergräber bezeugen, die nicht geplündert worden sind.

Bei den meisten der Kisten-, aber auch der makedonischen Kammergräber sind die ursprünglich im Grabinneren deponierten Gegenstände nicht mehr erhalten, da sie seit der Antike ausgeraubt wurden.

Eine beeindruckende Ausnahme stellen die Kistengräber von Derveni dar, aber vor allem die beiden nicht geplünderten Königsgräber des sog. Großen Tumulus (Megali Toumba) von Vergina, die durch

Manolis Andronikos und seine Mitarbeiter ans Licht gebracht wurden (Abb. 1). Die Art der Bestattungen, wie sie durch die Untersuchung der Ausgrabung dokumentiert wurde, ergänzt unsere Kenntnis der Bestattungssitten der Makedonen mit wertvollen neuen Anhaltspunkten. Dank der Vielzahl ihrer kostbaren bronzenen, silbernen und goldenen Grabbeigaben stellen Metall- und Kleinkunst für die Archäologen keine unbekannten Gebiete der antiken griechischen Technik mehr dar.

Im Verlauf der frühhellenistischen Periode behalten die makedonischen Kammergräber den repräsentativen Charakter ihrer Fassaden und die hohe Qualität ihrer malerischen Ausstattung bei. Seit der Mitte des 3. Jahrhunderts v. Chr. werden sie kleiner angelegt, für Mehrfachbestattungen genutzt und ihre Ausgestaltung beschränkt sich allmählich auf wenige architektonische Elemente rund um die Türnische der Fassade.

Mit der Aufhebung der Unabhängigkeit des makedonischen Königreichs durch die Römer wird die Verwendung der makedonischen Kammergräber aufgegeben, und die Makedonen, als Bürger des römischen Imperiums, wählen für die Bestattung ihrer Toten nicht mehr den Typ eines Grabbaus, der mit der Zeit ihrer Blüte und ihres Ruhmes verbunden worden war. Sie kehren vielmehr zurück zu einfacheren Grabkonstruktionen, wie den Gruben-, Ziegel- und Kistengräbern, oder sie benutzen Marmorsarkophage, geschmückt mit pflanzlichem Reliefschmuck und szenischen Darstellungen, wie auch in anderen Gebieten der sich dem Ende zuneigenden hellenistischen und der beginnenden römischen Welt.

Übersetzung aus dem Griechischen: Katina Braoudakis

295 Gesims und Fries am Grab Philipps II.

B 5,95 m, Frieshöhe 1,23 m
334 v. Chr.
Aus dem Großen Tumulus in Aigai, Vergina in Makedonien
Original: Malerei auf Putz
Fotografie von H. P. Birk und H. R. Goette im Maßstab 1:1, heutiger Zustand und Rekonstruktion

Das Grab Philipps II. – die Zuweisung an den großen König gilt heute als sicher – weist wie alle Kammergräber dieser Art eine architektonisch gestaltete Fassade auf. Über dieser Fassade dorischer Ordnung ist ein Fries angebracht, dessen kostbare Malerei an vielen Stellen beschädigt ist. Offensichtlich wurde die Fassade mit Erde oder Kies zugeschüttet, als die Farbe noch nicht ganz trocken war. Dargestellt ist eine Jagd im Wald. Der junge Mann auf dem Pferd in der Mitte, der mit dem Speer zum tödlichen Wurf ausholt, ist mehrfach als Alexander der Große gedeutet worden. Wahrscheinlicher ist aber wohl, daß hier der jugendliche Philipp gemeint ist.

Literatur: M. Andronikos, Vergina. The Royal Tombs and the Ancient City (1984).

296 Weinkanne aus dem Grab Philipps II.

Silber; H ca. 29 cm
2. Drittel 4. Jh. v. Chr.
Aigai, Vergina im Tumulus-Museum

In der Grabkammer lagen an der Nordwand silberne Gefäße, die ursprünglich auf einem hölzernen Schaubüffet aufgebaut waren. Darunter ist diese Kanne mit dem Relief eines Silenskopfes, die beim Symposion zum Einschenken von Wein benutzt wurde.

Kat.-Nr. 295

297 Wandmalerei im ›Grab der Persephone‹

B Längswand 3,50 m, B Schmalwand 2,05 m
Mitte 4. Jh. v. Chr.
Aus dem Großen Tumulus in Aigai, Vergina in Makedonien
Original: Malerei auf Putz
Fotografie von H. P. Birk und H. R. Goette im Maßstab 1:1, heutiger Zustand

In der Nähe des Philipps-Grabes befindet sich ein Kammergrab aus Steinplatten ohne Fassade. Wahrscheinlich handelt es sich um ein Frauengrab. Die Wände in der Kammer tragen wundervolle Malereien, die von einem der besten Künstler der Epoche stammen müssen. Dargestellt ist ein Thema im Zusammenhang mit der Unterwelt: Hades hatte sich in Persephone verliebt und raubte sie, um sie in sein Reich zu bringen. Ihre Mutter Demeter hat sie anschließend auf der ganzen Welt gesucht.

Literatur: M. Andronikos, The Tomb of Persephone, Vergina II (1994). W. H.

Kat.-Nr. 296

Kat. Nr. 297

Chryssoula Saatsoglou-Paliadeli

Antike griechische Malerei

Unsere Kenntnis der antiken griechischen Malerei ist sehr fragmentarisch, und zwar aufgrund der Vergänglichkeit von Holz und Leder, die normalerweise für die monumentalen Gemälde benutzt wurden, und durch die Zerstörung der mit Stuck verzierten Wände der hauptsächlich öffentlichen und religiösen Gebäude, auf denen die Freskomalereien hergestellt waren. Die Stucküberreste des früharchaischen Poseidontempels in Isthmia nahe Korinth sind daher, trotz ihrer sehr fragmentarischen Erhaltung, ein Beleg für den Gebrauch von monumentalen Wandmalereien zumindest seit dem Beginn des 7. Jahrhunderts v. Chr., und sie dokumentieren die lange Tradition der Technik der Freskomalerei, die sich auf die beeindruckenden Wandmalereien der minoischen und mykenischen Zeit zurückführen läßt.

Kleinere Gemälde, die sich auf den Tonmetopen des Apollontempels von Thermos in Ätolien erhalten haben (ca. 640 v. Chr.), dokumentieren die flächige und sehr dekorative, zugleich aber monumentale Konzeption von menschlichen Darstellungen. Diese sind vor einem neutralen Hintergrund dargestellt und geben eine Farbpalette wieder, die hauptsächlich Rot, Schwarz, Ocker und Weiß enthält. Auf den kleinen Holzpinakes von Pitsas ist diese Palette vielfältiger, es gibt Ritualdarstellungen, noch zweidimensional, denen Blau und Grün hinzugefügt sind.

Die Entwicklung der antiken griechischen Malerei von geometrischer Zeit bis zur Spätklassik (8. bis 4. Jahrhundert v. Chr.) läßt sich nur indirekt, aufgrund der sehr genauen Kenntnis der griechischen Vasenmalerei, zurückverfolgen. Trotz ihrer gekrümmten Malfläche und ihrer begrenzten Farbpalette, hauptsächlich Schwarz und Rot und kaum durch weitere Farben ergänzt, sind griechische Vasen und ihre figürlichen Darstellungen oft eine große Hilfe beim Studium der griechischen Malerei und ihrer zeitlichen Entwicklung, da sie in gewissem Maß das Streben und die Leistung ihrer großen zeitgenössischen Maler widerspiegeln. Durch das Studium der geometrischen, archaischen und klassischen Vasenmalerei können wir die Veränderungen in der Konzeption und der Wiedergabe von Menschen und Tieren, ihre Kombination in Handlungen und die Art und Weise, in welcher der Raum um sie herum gestaltet wurde, erkennen.

Während der geometrischen und archaischen Zeit zeigte die antike griechische Vasenmalerei, die, was ihr Repertoire betrifft, hauptsächlich Mythen darstellte, ein besonderes Interesse an der Wiedergabe von Menschen- und Tierformen, im Stand oder in Bewegung, und an deren Kombination in einer zweidimensionalen Darstellung, die bis zum Ende des 6. Jahrhunderts v. Chr. in Gebrauch blieb. Während des frühen 5. Jahrhunderts wurde von Polygnotos, dem berühmten Maler aus Thasos, dessen verlorene Werke in Delphi von Pausanias beschrieben worden sind, eine neue Raumkonzeption eingeführt (die auch auf einigen gleichzeitigen rotfigurigen Vasen wiedergegeben ist). Er gebrauchte Landschaftsdarstellungen, um seine Kompositionen thematisch zu unterstützen.

Nachdem die Maler des späten 5. Jahrhunderts die volle Beherrschung einer komplexeren Figurenkomposition erreicht hatten, experimentierten sie mit der Darstellung von Objekten im Raum und deren Licht- und Schatteneffekten. Bis zum Ende des 5. und während des 4. Jahrhunderts vollendete die griechische Malerei ihren Lauf durch die Beherrschung der Licht- und Schattenreflexe auf Körpern und Objekten; durch die Darstellung nicht nur mythologischer, sondern auch historischer Szenen mit mehreren Figuren in Bewegung, und durch das Andeuten von Dreidimensionalität im Raum hauptsächlich durch gewagte Dreiviertelansichten entstand eine auf ihre Art überzeugende Perspektive, die aber nicht mit der rationalen Perspektive, die in Renaissancegemälden angewandt wird, verglichen werden kann.

Landschaftsdarstellungen waren kein Selbstzweck in der antiken griechischen Malerei, weder in der archaischen noch in der klassischen Zeit. Sie wurden entweder als Symbol zur Vervollständigung der Aussage der Darstellung gebraucht oder selektiv als Kommentar zu der Szene. In der gesamten Geschichte der antiken griechischen Malerei überwogen menschliche Figuren vor Landschaften. Bäume, Gebäude oder andere Architekturmerkmale wurden lediglich dargestellt, um das Verständnis der dargestellten Szene zu unterstützen. Das steht im Gegensatz zur späteren hellenistischen Malerei, wie den Odyssee-Darstellungen in Rom, wo die Landschaft eine Atmosphäre schafft, in der die menschlichen Figuren nur eine untergeordnete Rolle spielen.

Unsere Kenntnis der antiken griechischen Malerei wäre unvollständig ohne die literarischen Zeugnisse der antiken Schriftsteller, die über die antiken griechischen Maler und ihre Arbeiten berichten oder sie preisen. Unter ihnen ist Plinius der Ältere und sein 35. Buch der Naturalis Historia von großer Wichtigkeit für das Studium der antiken griechischen Malerei und ihrer Entwicklung, nämlich aufgrund der reichen Informationen zur Datierung und zu den Arbeiten der antiken griechischen Maler von geometrischer bis in hellenistische Zeit und der aufschlußreichen Bemerkungen zu deren Repertoire und ihren stilistischen Eigenheiten. Dank Plinius konnten viele der römischen Malereien und Mosaiken aus hellenistischer Zeit und der frühen Kaiserzeit, die in Italien und dem östlichen Mittelmeer zum Vorschein kamen, identifiziert werden, entweder als genaue Kopien oder verläßliche Nachbildungen von verlorenen monumentalen Kompositionen der klassischen Zeit. Einige davon konnten mit großen Künstlern verbunden werden, die Plinius erwähnt.

Diese reiche, aber hauptsächlich indirekte Kenntnis könnte den Verlust der großen Malereien der klassischen Zeit nicht ersetzen, wären da nicht einige wenige Originale, die sich seit der Antike in Gräbern der Nekropolen in Italien erhalten haben. Solche Gräber und Grabsteine sind auch in Griechenland selbst zum Vorschein gekommen, vor allem im antiken Makedonien. Aufgrund ihrer Erhaltung erweitern diese Grabdenkmäler unser Wissen über Malmethoden auf Marmor und stuckierten Wänden und beeindrucken uns durch die Lebendigkeit ihrer bunten Ausstattung. Von einigen wenigen Ausnahmen von hoher Qualität abgesehen – die beeindruckendsten Beispiele dafür sind das sog. Große Grab auf Lefkadia nahe Naousa in Nordgriechenland und das erst kürzlich entdeckte ›Grab von Agios Athanassios‹ nahe Thessaloniki –, sind die Mehrzahl dieser Grabmalereien Arbeiten von guten Handwerkern, die den Errungenschaften der gleichzeitigen Künstler folgten, aber kaum mit deren Meisterschaft mithielten.

Unter diesem Gesichtspunkt war die Entdeckung von zwei monumentalen Wandgemälden in Vergina im Inneren des sog. Kistengrabes der Persephone und an der Fassade des Philippsgrabes von größter Wichtigkeit. Die gründliche Studie von menschlichen und tierischen Körpern in beiden Kunstwerken, der meisterhafte Gebrauch der Umrißlinie oder des Schattens, um den Lichteinfall auf Figuren und Gesichter zu zeigen und ihre Körperlichkeit zu erreichen, die beeindruckende Ausdrucksfähigkeit ihrer Gesten und Gefühle sowie die kühne Dreiviertelansicht der Figuren im Raum sind die Hauptcharakteristika beider Malereien. Diese Merkmale sind bezeugt als Leistungen der großen Maler des 4. Jahrhunderts. Landschaftsmerkmale, abstrakt in der Entführung der Persephone gezeigt, reicher in den Jagdfriesen des Philippsgrabes dargestellt, setzen sich nicht gegen die figürlichen Darstellungen durch, sondern ergänzen deren Handlung gemäß den Erfordernissen der Komposition.

Die hohe Qualität ihrer Ausführung, nur vergleichbar mit den Meisterwerken der Renaissance, rechtfertigt nicht nur das Urteil über die großen Maler der spätklassischen Zeit in den antiken Quellen, sondern sie ermöglicht auch die Zuweisung der Fresken in Vergina an zwei große Maler aus der 2. Hälfte des 4. Jahrhunderts: Nikomachos von Theben beziehungsweise der Maler, dessen berühmte Alexanderschlacht gegen Dareios so großartig in dem einmaligen Mosaik aus Pompeji in Neapel kopiert worden ist. Das war nicht unbedingt Philoxenos von Eretria, wie gewöhnlich angenommen wird, sondern ein anderer Maler der Zeit Alexanders des Großen, möglicherweise Aristeides II. aus Theben.

Übersetzung aus dem Englischen: Volker Heenes

Literatur: A. Rouveret, Histoire et imaginaire de la peinture ancienne (1989); I. Scheibler, Griechische Malerei der Antike (1994); M. Andronikos, The ›Tomb of Persephone‹, Vergina II (1994).

5. Die Basis der Klassik

Einleitung

Franziska Lang

Städtisches und ländliches Milieu: das Beispiel Attika

Mit dem Begriff ›Klassik‹ werden berühmte Kunstwerke und weithin bekannte historische Ereignisse verbunden. Weniger im Bewußtsein stehen hingegen Überlegungen, die sich mit den materiellen Voraussetzungen beschäftigen. Dazu gehören die natürlichen Ressourcen, die Produktionsbedingungen und die menschliche Arbeitskraft. Sie sind selbstverständlich nicht nur für die klassische Epoche relevant; dennoch lassen sich die einen oder anderen Entwicklungen beschreiben, die für die Klassik charakteristisch sind. Mit den materiellen Ressourcen ist unmittelbar das Land verbunden, welches diese Ressourcen liefert. Das Land bildet auch die natürliche Umwelt, die dem Menschen bestimmte Nutzungspotentiale vorgibt. Andererseits formt das menschliche Verhalten diese Umwelt. So bestehen gegenseitige Abhängigkeiten und Wechselbeziehungen, die in Politik, Ökonomie, Gesellschaft, Kunst und Religion wirksam werden. Auswirkungen solcher Interdependenzen sollen hier knapp skizziert werden.

Wenn im folgenden vor allem auf das Beispiel Athen und Attika eingegangen wird, so hängt dies abermals mit dem Umstand zusammen, daß die Quellen- und Forschungslage der hier vorgestellten Thematik für diese Region am aussagekräftigsten ist.

Athen war in klassischer Zeit nicht nur die größte, sondern auch die mächtigste Stadt der damaligen griechischen Welt. Der athenische Politiker und Stratege Perikles rühmte die Polis sogar als »Schule Griechenlands«. Die politische Führungsrolle Athens gründete auf dem militärischen Erfolg über die Perser in der Schlacht von Salamis 480 v. Chr. Der Hegemonialanspruch Athens war für die übrigen Mitglieder des Attisch-Delischen Seebundes spätestens mit der Überführung der Bundeskasse von Delos in den Parthenon auf der Athener Akropolis unwiderruflich besiegelt. Diese Neuordnung der ägäischen Staatenwelt fand ihren unmittelbar sichtbaren Ausdruck nicht nur in der Umgestaltung und dem Ausbau des politisch-religiösen Zentrums der Stadt – der Akropolis und der Agora. Der Aufschwung zeigte sich auch im gesamten künstlerischen und kulturellen Leben.

Diese Entwicklung stand in krassem Gegensatz zum städtischen Erscheinungsbild Athens. Einem Besucher bot die Stadt ein wenig ansprechendes Ambiente. So notierte der Reisende Herakleides im 4. Jahrhundert v. Chr.: »Die Stadt ist trocken, gar nicht gut mit Wasser versehen, von winkligen Straßen unschön durchschnitten ... Die meisten Häuser sind geringwertig, nur wenigen höheren Anforderungen entsprechend; kaum dürfte ein Fremder beim ersten Anblick glauben, daß dies ›die Stadt der Athener‹ sei ...« In Athen – zur Zeit seiner Blüte eine für antike Verhältnisse wahre Großstadt mit ca. 100000 Einwohnern, was ungefähr einem Drittel der Gesamtbevölkerung Attikas entsprach – litten die Bewohner unter schlechter Luft, Lärm und der Enge des dicht bebauten Areals.

Diese Großstadt mußte versorgt und finanziert werden, wobei insbesondere die gewaltigen Bauprogramme und die aufwendigen Rüstungsausgaben, allen voran die Flotte, einer zusätzlichen Finanzierung bedurften, die Athen unmöglich aus eigener Kraft aufbringen konnte. Eine wichtige Finanzquelle waren die Tributzahlungen der Mitglieder des Attisch-Delischen Seebundes. Hunderte Gemeinwesen bezahlten – und dies nicht immer freiwillig – für ihren militärischen Schutz durch Athen. Einen anderen Teil der Mittel bezog die Stadt nach Aussagen antiker Quellen aus den Erträgen des Silberbergbaus im südostattischen Laurion (s. u.). Inschriftlich überliefert sind etwa finanzielle Zuweisungen des Laurion-Silbers für den Bau des Parthenon.

Wie jede andere Stadt wurde auch Athen von seinem Umland versorgt. Die große Bedeutung, welche die Region Attika für Athen besaß, demonstriert die Wahl der Komposition im Westgiebel des Parthenon. Das Giebelfeld zeigt den Streit zwischen Athena und Poseidon um das attische Land. Athena bot als Siegespreis den Ölbaum, Poseidon sprudelnde Quellen. Den Wettstreit gewann Athena (Kat.-Nr. 300). Öl war tatsächlich eines der wichtigsten Erzeugnisse der attischen Landwirtschaft. Wasser war in dieser kargen Region dagegen immer ein spärliches Gut. Nicht nur das Thema, sondern auch der Ort der Anbringung, eben jene Seite des Parthenon, die sich dem auf der Akropolis ankommenden Besucher als erstes präsentiert, unterstreicht den Rang: das Umland Attika, eine Quelle der Größe Athens, wird hier symbolträchtig in Szene gesetzt und zugleich der Anspruch Athens auf Attika versinnbildlicht.

Das ca. 2600 km^2 große Attika ist wie das übrige Griechenland relativ gebirgig und verfügt daher über wenig große Anbauflächen. Mit heißen und trockenen Sommern und plötzlichen, allerdings heftigen Regenfällen im Winter gehört Attika zu den regenärmsten und trockensten Regionen Griechenlands.

Die beschränkte Anbaufläche stand der Intensivierung der attischen Landwirtschaft in klassischer Zeit entgegen, die wegen der erhöhten Bevölkerungszahl eine dringliche Aufgabe war. Deshalb mußten zusätzliche Anbauflächen gewonnen werden, indem man umfangreiche Terrassierungsmaßnahmen in Attika durchführte. Selbst in Bergbaugebieten konnte auf Landwirtschaft nicht verzichtet werden. Archäologische Funde beweisen hinreichend landwirtschaftliche Aktivitäten in der Bergbauregion im Laurion, obwohl schon in der Antike darauf hingewiesen wurde, daß die Erde wegen der Umweltschäden in Bergbaugebieten allgemein für Landwirtschaft nicht geeignet sei. Dieses Urteil zeigt die damalige Kenntnis über Umweltbelastungen durch den Bergbaubetrieb wie Schlackehalden, Staub- und Rauchentwicklung.

Trotz dieser intensiven Maßnahmen konnte die heimische Produktion die Gesamtbevölkerung nicht ausreichend versorgen, so daß Getreide importiert werden mußte. Allerdings scheinen die Empfänger der Getreideimporte in klassischer Zeit vor allem die Bewohner der Städte – insbesondere der Großstädte Athen und Piräus – gewesen zu sein, die selbst nicht in der Landwirtschaft tätig waren. Diese Vermutung stützt sich auf die Kenntnis der griechischen Wirtschaftsweise. Sie war vor allem eine Subsistenzwirtschaft, die auf die Befriedigung des Eigenbedarfs gerichtet war. Neben dem direkten Verzehr mußten Vorräte angelegt werden, die für ein landwirtschaftliches Jahr ausreichen mußten: d. h. Samen für die nächste Aussaat zurückzuhalten und Vorräte für schlechte Zeiten anzulegen. Schließlich war eine gewisse Reserve für Sonderausgaben wie Aussteuer oder den Erwerb eines Esels notwendig. Das wiederum bedeutete, daß, wenn über das Normalmaß der Subsistenz hinausgehende Erträge anfielen, diese nicht zwangsläufig auf dem heimischen Markt verkauft wurden. Die Lagerhaltung landwirtschaftlicher Produkte war nicht staatlich geregelt, sondern oblag dem individuellen Risikomanagement. Somit hatte der Staat wenig Einfluß auf Speichermenge und Verkauf von heimisch produziertem Getreide. Das bedeutete, daß für jene, die nicht selbst Landwirtschaft betrieben – eben vor allem die Städter –, die Getreideversorgung durch Importe geregelt werden mußte. Da in Attika keine zentral organisierte Bevorratungswirtschaft existierte, fehlen große Speicherbauten. Einzig die Ausgrabungen im Mysterien-Heiligtum von Eleusis belegen einen großen Speicherbau, der möglicherweise eine Bedeutung im Kultgeschehen um Demeter, die dort verehrte Göttin des Ackerbaus, besitzt.

Verflechtungen zwischen Stadt und Land bestanden ebenfalls in der Wohnweise. So lebte ein Teil der Bauern nicht in ihren Gehöften auf dem Land, sondern – für uns untypisch – in der Stadt, von wo sie ihre Felder bewirtschafteten. Das wiederum zeigt, daß die Einkommensquelle eines Städters nicht zwingend im gewerblichen Bereich liegen mußte, sondern daß der Städter auch Bauer oder Landbesitzer sein konnte. Neben der rein auf Subsistenzbasis betriebenen Landwirtschaft konnte der Lebensunterhalt aus einer anderen Erwerbsquelle bestritten werden. In der Nekropole der sog. Princess Farm wurde das Fragment einer Grabstele gefunden, auf dem sich noch die Buchstaben ΤΙΜΗΣ (»Times …«) erhalten haben, die man überzeugend zu Timesios ergänzte. Darüber hinaus ist die Überschreibung eines weiteren Bauernhofes, der sog. Cliff Farm – ebenfalls im Laurion –, an Timesios inschriftlich überliefert. Dort setzte Timesios einen Verwalter (epitropos) für die Arbeiten auf seinem Gehöft ein. Er wohnte demnach nicht permanent auf seinen Gehöften. Zeigen diese Nachweise, daß Timesios mehrfacher Gehöftbesitzer war, so erfahren wir aus einer sog. Poletai-Inschrift, auf der Minenpächter aufgelistet werden (vgl. Kat.-Nr. 310), daß er auch eine Grube im Silberbergbaugebiet Laurion besaß. Sein Einkünfte bestritt er demnach aus verschiedenen Wirtschaftszweigen.

Sind die Lebensumstände dieses attischen Bürgers relativ gut nachzuzeichnen, so sind wir über jene einer großen sozialen Gruppe – der Sklaven – nur recht allgemein informiert. Die Sklaven waren nicht nur für das Funktionieren vieler Bereiche der Wirtschaft essentiell, sondern sie sind, insbesondere die im Laurion (Kat.-Nr. 309) massenhaft beschäftigten Bergwerkssklaven, immer wieder Gegenstand wissenschaftlicher Diskussionen über die Bewertung der antiken Gesellschaftsform (s. o. S. 176 ff.). Hierbei werden hauptsächlich die rechtliche Situation und die Lebensbedingungen dieser Sklaven diskutiert. Schriftzeugnisse und archäologische Quellen zeichnen ein vielgestaltiges Bild der Arbeits- und Lebensverhältnisse, das sich nicht immer mit unserer modernen Vorstellung von grausamer Sklaverei deckt. Bekannt ist, ohne über verläßliche Zahlen zu verfügen, daß sich Sklaven freikaufen konnten; daß viele aufgrund ihrer Qualifikation einen besonderen Status hatten; daß Sklaven sich einen gewissen Reichtum erwirtschafteten und selbst Sklaven hielten. Gleichwohl können diese Tatsachen nicht darüber hinwegtäuschen, daß das Leben für die Mehrheit der Sklaven anders aussah. Daß während des Peloponnesischen Krieges 20000 ›Handarbeiter‹ (wohl Sklaven) in Attika zu den Spartanern flüchteten, ist sicherlich nicht als Zeichen für die hervorragenden Lebensbedingungen zu werten. Die Sklaven waren als Abhängige der Willkür ihrer Besitzer ausgeliefert, was die Erstellung eines Regelwerkes, das der Mißhandlung Einhalt gebieten sollte, verdeutlicht. Daß Sklaven auch in Ketten gelegt wurden, beweist das Vasenbild, das einen ausgemergelten Mann mit Fußfesseln zeigt (s. o. Kat.-Nr. 75). Wo und wie die Sklaven des Laurion untergebracht waren, ist bislang noch nicht wirklich zu beantworten. Die ausgegrabenen Häuser und Werkstätten im Laurion, etwa im Bergbaustädtchen Thorikos, mögen auch Sklaven Unterkunft geboten haben. Doch bleiben wir auf Vermutungen angewiesen, da sich hiermit ein grundsätzlich methodisches Problem verbindet. Wie kann man anhand archäologischer Funde Sklaven nachweisen? Fremde Namen und charakteristische Darstellungen auf Stelen (vgl. o. S. 182 ff.) lassen sich mit Sklaven verbinden – die aus weiten Teilen der damaligen Welt stammten und besonders aus jenen Regionen, in denen Bergbau betrieben wurde –, aber darüber hinaus ist es noch nicht gelungen, Kriterien zu entwickeln, mit denen sich die materielle Kultur von Sklaven und Freien, die ebenfalls im Bergbau beschäftigt waren, unterscheiden läßt. Über die Anzahl der Sklaven im Silberbergbau schwanken die Schätzungen. Wahrscheinlich ist, daß etwa 10000 Sklaven pro Generation im 5. und 4. Jahrhundert allein im Laurion beschäftigt waren, hinzuzuzählen wären noch jene, die in der Landwirtschaft und in den Haushalten tätig waren.

Nicht nur die Wirtschaft steht in enger Verbindung mit dem Land, sondern auch politische Entscheidungen können unmittelbare Auswirkungen auf das Land haben. So wurde das Territorium Attikas am Ende des 6. Jahrhunderts v. Chr. von Kleisthenes neu geordnet, was mit Modifizierungen auch für die folgenden Epochen Gültigkeit hatte. Seine neue politische Organisation des attischen Staates auf Basis einer territorialen Gliederung löste das bis dahin geltende gentilizische System (Stammesverbände) ab. Attika war nun in küstennahe, bergige und ebene Zonen gedrittelt (Trittyen). Diese wiederum waren in einzelne Gemeindebezirke (Demen) gegliedert, aus denen man die Vertreter in die Athener Volksversammlung entsandte. Diese Reformen ermöglichten den einzelnen Demen, stärker auf politische Entscheidungen einzuwirken, und gaben dem Land gegenüber Athen ein größeres Gewicht. Die Grenzen (Horoi) der einzelnen Demen wurden im Gelände markiert und sind noch heute zu finden. Diese Neustrukturierung Attikas förderte zudem den Ausbau eines weit verzweigten Wegenetzes, auf dem auch die Güter transportiert werden konnten.

Ebenso konnten militärpolitische Entscheidungen die Organisation des Territoriums betreffen. Galt im 5. Jahrhundert v. Chr. Perikles' Politik, »Attika in Athen« zu verteidigen, weswegen u. a. die Langen Mauern zwischen Athen und seiner Hafenstadt Piräus gebaut wurden, hinter welche sich die Landbevölkerung im Krisenfalle flüchten sollte, so verlegte man die Verteidigungslinie im 4. Jahrhundert v. Chr. mit der Errichtung einer Kette von Festungen an die äußeren Grenzen Attikas. Dieses neue Verteidigungskonzept zeigt möglicherweise auch ein neues Verhältnis von Athen und Attika an: den zunehmenden Verlust der zentralen Bedeutung Athens gegenüber dem Umland.

Ein auf den ersten Blick ungewöhnlicher Zusammenhang besteht zwischen Land, Politik und Agrarkalender. Dieser Kalender gab den jährlichen Rhythmus der Feldarbeit vor, der Aussaat und Ernte bestimmte. In der Zeit jedoch, in welcher die Landwirtschaft weniger arbeitsintensiv war, wurden Kapazitäten frei, die anderweitig eingesetzt werden konnten. Großbauprojekte und Feldzüge wurden deshalb häufig in diese ›ruhigere‹ Phase verlegt. Die Gespanntiere konnten zum Transport schwerer Gegenstände eingesetzt werden, die bei Großbauvorhaben unabdingbar sind. Da Athen kein stehendes Heer besaß, rekrutierte man die Soldaten in der erntefreien Phase aus der Bevölkerung. Es standen dann mehr Waffengänger zur Verfügung. Hinsichtlich der militärischen Strategie war die Zeit kurz vor der Ernte für die Verwüstung von Feldern eines Feindes besonders geeignet. Diese Praxis wurde häufig in Attika während des Peloponnesischen Krieges angewandt. Gleichwohl zeigen neue Forschungsergebnisse, daß als Ganzes gesehen die Auswirkungen dieser häufig praktizierten Strategie weniger dramatisch waren als allgemein angenommen.

In der klassischen Epoche gewann die repräsentative Gestaltung der öffentlichen Architektur in Athen durch Verwendung bestimmter einheimischer Steinsorten, insbesondere des Marmors, zunehmend an Bedeutung. Das Baumaterial der meisten Bauten auf der Akropolis, die vor der Zerstörung durch die Perser um 480 v. Chr. gebaut worden waren, war der örtlich anstehende Kalkstein (Porosarchitektur). Der Wiederaufbau erfolgte in Marmor. Für die Gestaltung der wichtigsten religiösen Gebäude Athens wählte man nun den Marmor der nahen Steinbrüche. Der Parthenon wie auch viele andere Gebäude wurden aus dem bekannten, strahlend weißen Marmor des Penteli-Gebirges errichtet, das sich östlich von Athen erstreckt. Weitere Marmorbrüche befanden sich am südlich von Athen gelegenen Berg Hymettos.

Abbauspuren von Säulentrommeln für den weithin sichtbaren Poseidontempel auf Kap Sunion konnten im Silberbergbau-Gebiet Laurion in einem Marmorbruch im Agrileza-Tal nachgewiesen werden. Marmor war nun auch für Skulpturen und Inschriftensteine das bevorzugte Material geworden. Die gestalterische Wirkung vieler öffentlicher Bauten wurde seit dem 5. Jahrhundert v. Chr. durch das bewußte Spiel mit unterschiedlichen Steinsorten gesteigert, indem man beispielsweise neben Marmor den grauschwarzen Kalkstein aus Eleusis zur farblichen Konstrastierung verbaute.

Die Arbeiten in den Steinbrüchen verrichteten nur zu einem geringen Teil ganzjährig angestellte Steinmetze, die je nach Erfordernis durch Tagelöhner und Sklaven verstärkt wurden. Der Arbeitsaufwand war enorm. So teilt eine Inschrift aus Eleusis mit, daß ein Steinmetz ein Jahr für die Schaffung einer Säule für die Eingangshalle des Heiligtums benötigte. Die Arbeit in den Steinbrüchen war mühevoll und gefährlich. Griff man nicht auf ortsnahe Steinbrüche zurück, kam erschwerend hinzu, daß die Bauglieder über lange Strecken mit Gespannen auf häufig beschwerlichen Wegen zum Versatzort transportiert werden mußten.

Neben den berühmten Marmorsorten war eine weitere natürliche Ressource, der Ton, Rohstoff für begehrte attische Erzeugnisse. Gefäße aus dem signifikanten rot gebrannten Ton Attikas waren schon seit dem späten 6. Jahrhundert v. Chr. im Mittelmeer verhandelt worden. Die berühmte und weit verbreitete attische Feinkeramik war vor allem in und um Athen produziert worden, wo sich Tonlager befanden (s. S. 475 ff.). Doch die Masse der benötigten Keramik wurde in Lokalwerkstätten Attikas hergestellt, die bislang archäologisch nur spärlich nachgewiesen sind. Diese Töpfereien deckten auch den Bedarf der Landbevölkerung.

Repräsentationsbauten, Bevölkerungszunahme und ›Industrialisierung‹ des attischen Landes in klassischer Zeit führten zu einer beträchtlichen Nachfrage an Holz. Die umfangreichen Bauprojekte (die großen Tempel, Hallen und andere öffentliche Gebäude) und die erhöhte Anzahl an Privatbauten steigerten den Bedarf an Bauholz. Außerdem erforderte die Ausbeutung von Bodenschätzen eine große Menge Holz, das im Steinbruch und im Bergbau beispielsweise für das Transportwesen verwandt wurde. Viel Holz wurde auch für den Ausbau der athenischen Flotte gebraucht. Holzkohle wurde als Brennstoff bei der Verhüttung von Erzen sowie beim Brennen von Keramik und beim

Gießen der Bronzen benötigt. Das Brennholz war auch für den allgemeinen häuslichen Gebrauch erforderlich: für das Kochen und Heizen. Zur Deckung der Nachfrage holzte man den heimischen Baumbestand ab, der für den großen Bedarf allerdings nicht ausreichte, so daß Holzimporte notwendig wurden, die Athen besonders aus Makedonien erhielt. Die Entwaldung großer Gebiete führte zu Erosionen und damit zu nachhaltigen Schädigungen und Verkarstungen in Attika. Vielleicht war sie eine Ursache für die Entsiedlung des Südens von Attika, wo sich der Laurion befindet.

Eine weitere Ursache der Entwaldung war die Anlage neuer Siedlungen, deren Zahl von der archaischen zur klassischen Zeit in Attika deutlich angewachsen war. Hierzu mußten die benötigten Flächen umfangreich abgeholzt werden. Die neuen Siedlungen veränderten das allgemeine Siedlungsbild insofern, als die Zahl städtischer Siedlungen anstieg und man im ländlichen Raum verstärkt in Dörfern und einzeln stehenden Gehöften siedelte. Darüber hinaus entstanden neue Hausformen wie die ›Typenhäuser‹ und Turmhäuser in den Städten und Turmgehöfte auf dem Land. Die infrastrukturelle Gliederung der kleineren Städte, wie Thorikos oder Rhamnus, war der Athens ähnlich. Administrative Gebäude und Theater sind in einigen Orten Attikas nachzuweisen, d. h., daß neben dem Zentrum Athen die Landstädte für deren nähere Umgebung eine zentrale Bedeutung als Unterzentrum besaßen. Veränderungen betrafen nicht nur die Siedlungen, sondern führten auch zur Neugestaltung von Heiligtümern (Sunion, Eleusis, Rhamnus), zur Anlage neuer Kultstätten und zum Ausbau der Prozessionsstraßen. Das attische Land wurde großräumig besiedelt.

Die große Pestepidemie während des Peloponnesischen Krieges, die Tausende von Todesopfern forderte, und die Folgen des verlorenen Krieges am Ende des 5. Jahrhunderts v. Chr. führten zur Schwächung der Macht Athens. Diese Entwicklung veranlaßte Xenophon, eine Schrift mit konkreten Vorschlägen zur Krisenbewältigung (»Mittel und Wege, dem Staat Geld zu verschaffen«) zu verfassen, in der er resümierend die Schätze und Reichtümer Attikas und die damit vorhandenen Potentiale aufzählt: das milde Klima, ein langes landwirtschaftliches Jahr, das Meer, das neben Fisch auch Salz liefert, und die »immerwährenden Schätze«, den Marmor und die silberhaltige Erde. Trotz seines Bemühens die Krise abzuwenden, fanden seine Vorschläge entweder keine Fürsprache oder sie kamen zu spät. Jedenfalls läßt sich archäologisch nachweisen, daß Südattika im späten 4. Jahrhundert v. Chr. großräumig verlassen und gleichzeitig die Bergwerke im Laurion aufgegeben wurden. Es wäre daher zu überlegen, ob die Siedlungszunahme und die Erweiterung der landwirtschaftlichen Nutzflächen im 5. Jahrhundert v. Chr. in unmittelbarem Zusammenhang mit den Bergbauaktivitäten standen – allein die große Masse an Sklaven mußte versorgt werden – und nach deren Aufgabe keine Notwendigkeit mehr bestand, in dieser Gegend zu wohnen. Da sich nachweisen ließ, daß die Menschen ihre Häuser nicht plötzlich aufgaben – dies beweist das geplante Verlassen der Häuser an verschiedenen Orten –, scheint sich die Krise schon länger angebahnt zu haben. Noch bleibt zu klären, wo sich die Bewohner neu ansiedelten.

Dem gewandelten Forschungsinteresse der letzten Jahrzehnte ist es zu verdanken, daß es uns heute möglich ist, dieses mannigfaltige Bild von Attika zu zeichnen. Die antiken Autoren thematisierten das ländliche Leben kaum – und wenn in ironisch-abwertender Weise –, und die Forschungen waren lange auf Athen sowie seine Kunstwerke und Prachtbauten konzentriert. Erst durch neue Ansätze in der archäologisch-historischen Forschung, die zunehmendes Interesse an den Lebensbedingungen zeigten, die das Umland und nicht mehr nur das Zentrum in den Mittelpunkt stellten, machte den Blick auf Überreste von Gehöften, gewerblichen (wie Bergwerksstollen) und landwirtschaftlichen Einrichtungen (wie Dreschplätze, Terrassierungen) frei. Diese Forschungen werden jedoch zunehmend durch moderne Bautätigkeit gefährdet, die mittlerweile nahezu hemmungslos Attika erfaßt und zersiedelt.

Lit.: R. Osborne, Demos: The Discovery of Classical Attica (1985); R. Osborne, Classical Landscape with Figures. The Ancient Greek City and its Countryside (1987); Th. W. Gallant, Risk and Survival in Ancient Greece. Reconstructing the Rural Domestic Economy (1991); R. Sallares, The Ecology of the Ancient Greek World (1991); H. Lohmann, Atene. Forschungen zu Siedlungs- und Wirtschaftsstruktur des klassischen Attika (1993); J. Salomon – G. Shipley (Hrsg.), Human Landscapes in Classical Antiquity. Environment and Culture (1996).

F. L.

Wolf-Dieter Heilmeyer

Materialien und Werkprozesse

Schon die Antike hat herausgestellt, daß die griechische Klassik, was ihre Fertigungstechniken anbelangt, auf der Spezialisierung eines arbeitsteiligen Konkurrenzhandwerkertums beruhte: »Was man brauchte, waren Stein, Bronze, Elfenbein, Gold, Zypressen- und Ebenholz. Zu deren Bearbeitung gehörten Handwerker: Zimmerleute, Bildhauer, Kupferschmiede, Steinmetzen, Färber, Gold- und Elfenbeinarbeiter, Maler, Stoffkünstler, Metallhandwerker sowie deren Begleiter und Zulieferer. Zur See brauchte man Kaufleute, Matrosen und Steuerleute, zu Land aber Wagenbauer, Pferdehalter, Fuhrleute, Seiler, Leineweber, Sattler, Straßenbauer und Bergleute. Jedes Handwerk hatte noch, wie ein Feldherr seine eigene Truppe, eine Menge von Tagelöhnern und Hilfsarbeitern als Grundstock aller Dienstleistungen zu Verfügung« (Plutarch, Perikles 12, übersetzt nach W. Ax). Die angegebene Stelle bezieht sich ausdrücklich auf die expansive Arbeitspolitik im perikleischen Athen, dem groß gewordenen Zentrum des attischen Seebundes, und damit auch auf die künstlerischen Leistungen des klassischen Athen.

Nur ein geringer Teil der Tätigkeiten dieses Spezialistengefüges ist archäologisch nachweisbar, am ehesten bei den Arbeiten in Stein. Noch heute kann der Parthenon auf der Akropolis von Athen trotz aller Beschädigungen und Verwerfungen durch Zerstörung, Brand, Explosion oder Erdbeben als Muster für akribisch genaues Fügen und Versetzen von Marmor gelten (vgl. o. S. 364 ff.). Der Klassik war die ganze Bandbreite von lokaler, regionaler und überregionaler Nutzung der Steinbrüche mit allen Schwierigkeiten des Wasser- und Landtransportes der bis zu mehrere Tonnen schweren Blöcke bekannt. Wegen der Berge von Abschlägen wird man normalerweise alle Grundformen auch komplizierter Bauglieder oder Skulpturen schon in den Brüchen gearbeitet haben (Abb. 1). Die Werkplätze für die Feinarbeiten aber waren – soweit es sich nicht um handelsorientierte Kleinprodukte handelte – an den Aufstellungsorten, d. h. besonders häufig an den Bauplätzen. Von den bei Plutarch genannten Werkleuten wird das Heer der Handlanger bei den Steinarbeiten auf dem ganzen Weg von den jeweils ausgewählten Steinbrüchen bis zum Bauplatz seinen Einsatz gehabt haben. Und die wenigen Spezialisten für die künstlerischen Feinarbeiten werden täglich hinaus (oder im Fall der Akropolis hinauf) an die fertig werdenden Großbauten der Zeit gezogen sein.

Ganz anders die Arbeiten in den Produktionszweigen, die auf Tonmineralien beruhten. Wir können heute mit guten Gründen annehmen, daß die antike Keramik- und Tonfigurenproduktion im wesentlichen auf örtlichen Tonlagern beruhte, die die Töpfer nahe ihrer lokalen Werkstätten und Werkstattstraßen abbauten und aufbereiteten. Das gilt für die in archaischer Zeit sicher zeitweise weltweit größte Serienproduktion in Korinth in gleicher Weise wie für die in klassischer Zeit zunächst ebenso führende rotfigurige Keramik von Athen, die mit ihrem Stadtbezirksnamen Kerameikos (nach dem Ortsheros Keramos) der ganzen Gattung den Namen Keramik gegeben hat. Dort waren, so wenig davon bisher ausgegraben ist, stabile Werkstätten mit mehrere Generationen and auernden Traditionen von Werkprozessen angesiedelt. Nach der Qualität der Figurenzeichnung und ihrer stilistisch ablesbaren Entwicklung hat man ›Werkstätten‹ aus dem weithin exportierten Output an feinem, figürlich verziertem Geschirr zusammengestellt und mit den Namen ihrer Protagonisten benannt: manche Maler kennen wir dem Namen nach durch ihre eigenen Signaturen (Onesimos, Myson usw.), andere nennen wir nach den namentlich bekannten Töpfern, für die sie gemalt haben (Meidias-Maler: Kat.-Nr. 200), andere nach dem Aufbewahrungsort ihrer Werke (Jenaer Maler: s. u. S. 484 ff.). Die außerordentlich komplizierten Brennvorgänge der rotfigurigen Vasen haben aber weitere Spuren der Entstehungsprozesse dieser Bilder konserviert, die man bei günstigem Streiflicht auf den Oberflächen der rotfigurigen Vasen erkennen kann: Entwurfslinien und Vorzeichnungen, auch verworfene Erstideen, die mit festen Instrumenten aufgebracht wurden, noch ehe der Pinsel den unnachahmlich sicheren Linienzug des endgültigen Bildes brachte (s. S. 490 ff.).

Athen hat sicher auch stabile Werkstätten für Edelmetallschmiede, also für die Produktion von

Abb. 1. Marmorsteinbrüche östlich von Priene

Silbergeräten und von Goldschmuck, gehabt. Gold war das Material für das ganz Kleine. Der vielleicht bekannteste Bildhauer der Klassik Athens, Pheidias, war auch für mikrotechnische Wunderwerke bekannt, die sicher aus Edelmetallen waren. Gold ist in der Klassik aber auch an den überdimensionalen Goldelfenbeinbildern eingesetzt worden, die in Athen, Argos, Olympia und anderswo schon zu ihrer Zeit als staunenswerte Ausnahmen unter den Kultbildern galten. Gut, daß man von der Werkstatt des Pheidias in Olympia eine gewisse Vorstellung hat, in der der Bildhauer das Goldelfenbeinbild des thronenden Zeus von Olympia zusammengesetzt hat (vgl. S. 508 ff.). Diese Werkstatt ist eines der ersten Beispiele der europäischen Kunstgeschichte für das Zusammenspiel großer künstlerischer Ideen und perfekter Werkstattorganisation zu ihrer Realisierung. Pheidias hat das Heer an Steinarbeitern des Parthenon in Athen dirigiert, er hat die unvorstellbaren, aus einer Vielfalt von Materialien aufgebauten riesigen Kultbilder der Athena in Athen, des Zeus in Olympia geschaffen, und er hat auch eines der größten Bronzebilder aller Zeiten für die Akropolis in Athen gießen lassen. Beim Bronzeguß können wir besser als bei den anderen Kunstmaterialien der Klassik zeigen, daß technischer Fortschritt in einem Kumulus von Erfahrungen lag: Pheidias hat ihn in bezug auf die schiere Größe an die äußersten Grenzen der Gießerkunst seiner Zeit getrieben (vgl. S. 501 ff.).

Die Werkplätze für Bronzeguß waren ähnlich wie beim Stein temporär und an die Aufstellungsorte gebunden. Da man das Metall in großen Tiegeln schmolz, waren keine besonderen Ofenkonstruktionen vonnöten. Wichtiger war, daß die Montage der einzelnen Gußstücke nahe bei der endgültigen Aufstellung des Werkes stattfinden konnte. Aber anders als bei den Materialien Ton und Stein war der Gestalter in Bronze von der pünktlichen Lieferung der normalerweise von weit her gehandelten Rohmaterialien Kupfer und Zinn abhängig, die er zu schmelzen hatte. Die Beschaffung der ausreichenden Mengen an Heizmaterial und die Nutzung des lokalen Tons für Tiegel und Formen verband ihn mit den ortsansässigen Keramikern. Die große Zahl an Bronzestatuen, die im

5. und 4. Jahrhundert v. Chr. Aufstellung in den griechischen Heiligtümern fand, und die hohe Qualität der wenigen auf uns gekommenen Zeugnisse dieser Bronzekunst beweisen das von Plutarch geschilderte Spezialisierungsgefüge. Die von der späteren Kunstgeschichte überlieferten Künstler waren in besonderem Maße beweglich und für die Organisation der Werkstätten verantwortlich: wenn einer von ihnen aus Argos oder Athen per Schiff oder auf unsicheren Wegen in Olympia erschien, mußte er dort den Arbeitsplatz und die Handlanger finden, das Metall bestellen und sich um die Bewältigung der statischen Probleme bei der Aufstellung kümmern. Vielleicht nahm ihm die lokale Heiligtumsverwaltung manches ab, im Fall der Pheidias-Werkstatt ist das vorauszusetzen. Dabei ist zu beachten, daß dieser Werkplatz schon unmittelbar vor Pheidias und dann vielfach auch später für den Bronzeguß genutzt worden ist (vgl. S. 501 ff.).

Warum ist normalerweise von antiken Werkplätzen und Werkstätten so wenig zu finden? Steinabschläge liegen heute noch in größeren Halden in den Steinbrüchen, von den Arbeiten in Ton und Bronze findet man nur diejenigen, die viel Hitze erforderten, also die verschlackten Tonöfen und die bald nach Beendigung der Arbeiten zugeschütteten Gießgruben. Die Gebäude waren in klassischer Zeit geringwertige, schnell aufgeschlagene und ebenso schnell veränderte und wieder abgerissene Baracken (vgl. das Modell Kat.-Nr. 380). Der Montagebau des Zeusbilds in Olympia (s. S. 508 ff.) muß wie das Bild selbst eine Ausnahme gewesen sein. Und selbst dort werden die Künstler und Handwerker, allen voran Pheidias selbst, bei Beendigung der Arbeiten aufgeräumt und alle weiter- oder wiederverwendbaren Materialien, vor allem aber auch die noch brauchbaren Instrumente mitgenommen haben.

Die meisten unserer Rückschlüsse über die Werkprozesse laufen daher über die Werkspuren an den erhaltenen Werken selbst. Was die Vorzeichnungen auf den Vasen, sind die Meißelkerben auf den Rückseiten der Steinskulpturen (oder an den aus welchen Gründen auch immer liegen gebliebenen unfertigen Stücken) und die Formspuren im Inneren der hohlen Großbronzen. Sie festzustellen, helfen moderne Mittel wie Mikroskop, Radiographie und Tomographie. Die beiden berühmtesten klassischen Bronzen Süditaliens, die 1972 aus dem Meer bei Riace geborgen worden sind, haben mit ihrer Publikation 1984 die ausführlichste technologische Beschreibung erfahren. Im Rahmen der Klassik-Ausstellung 2002 sollen in Berlin entsprechende Untersuchungen an der nicht minder bekannten Jünglingsstatue aus Ephesos im Kunsthistorischen Museum Wien durchgeführt werden (vgl. 507 f.).

Literatur: H. Blümner, Technologie und Terminologie der Künste bei Griechen und Römern (1872–86); D. Hägermann – H. Schneider (Hrsg.), Landbau und Handwerk, Propyläen Technikgeschichte 1 (1991) bes. 19–31, Bibliographie 509–18.

W.-D. H.

Wolf-Dieter Heilmeyer

Kunstproduktion

Über nahezu 200 Jahre kunstarchäologischer Forschung ist der Begriff ›Werkstatt‹ stark verallgemeinert benützt worden: gewisse Gemeinsamkeiten einer größeren Zahl von Kunstobjekten wurden dadurch erklärt, daß sie von derselben Hand geformt, in derselben Werkstatt hergestellt, aus denselben Werkstattkreisen hervorgegangen seien. Um einer solchen theoretischen ›Werkstatt‹ einen Namen zu geben, hat man die topographischen Zentren gewählt (Athen), eine allgemeinere Kunstlandschaft (Attika) oder auch eine Region (nordostpeloponnesisch). Besonders allgemein mußte dabei bleiben, was denn eine ›Kunstlandschaft‹ ausmache und wo ihre Grenzen zur nächsten zu finden seien.

Die realen Umstände der Werkstätten, also die Zustände an den Arbeitsplätzen der einzelnen Kunstwerke, die auf uns gekommen sind, wurden von dieser allgemeinen ›Werkstatt‹-Forschung nicht berührt. Sie müssen abgelesen werden von den im Vorstehenden genannten Werkspuren an den Werken selbst und dem Abfall, der von dem Kunstwerk übriggeblieben ist: die Abschlaghalden in den Steinbrüchen, die zerschlagenen Formen in den zugeschütteten Gießgruben, die »misfired pieces«, d. h. die beim Brand überfeuerten, verzogenen Fragmente keramischer Produktion. Daraus müssen die Arbeitsabfolgen anschaulich gemacht werden, der Aufbau des Werkplatzes, die Zahlen der Werkleute, das Verhältnis von Arbeitsplatz und Wohnen, die Nähe zum Aufstellungsort oder zum Handelsplatz.

Unsere Erkenntnis über das vor uns stehende Kunstwerk gewinnt durch solche Anschauung erheblich, und zwar mehr als durch die wenigen aus der Antike erhaltenen Werkstattbilder. Diese sind meist Vasenbilder und bieten vor allem keramische, allerdings in klassischer Zeit zunehmend idealisierte Arbeitsplätze: die Schwere der Arbeit früherer Darstellungen nimmt ab, die kritischen Momente der archaischen Szenen am Ofen kommen nicht mehr vor. Dagegen treten Götter in die Werkstatt (vgl. Kat.-Nr. 392. 393). Tatsächlich hat die griechische Klassik die Trennung der fortan sog. ›hohen Kunst‹ vom Kunsthandwerk tief und schicksalshaft erlebt. In der Bildhauerei löst sich das Dasein des Künstlers aus der Handwerkerschaft und der vom Künstler verantwortete Entwurf aus der Erfahrungstradition des Werkprozesses. Der zum Formvorbild erhobene, geprägte ›Typos‹ ist nicht allein die handwerkliche Leistung aus langer Traditionsreihe, sondern jetzt auch das Ergebnis einer künstlerischen Setzung, mithin erstmals die Leistung einzelner Künstler. Ihre Namen, ihre Söhne und Enkel, ihre Schüler und deren Verhältnisse zueinander zu überliefern, war Aufgabe der damals einsetzenden Kunstgeschichte. Daher kann nun in einer so stark auf kunstgewerblicher Basis entwickelten Gattung wie der antiken Keramik der Funktionsbereich durch eine äußerst raffinierte Massenware abgedeckt werden – die attische Schwarzfirniskeramik, die bald auch in anderen Werkstattkreisen nachgeahmt wurde –, während die ›künstlerische‹ Rotfigurenmalerei zu einer ungeahnten Detaillierung strebte und die neue Gattung der Figurenvasen in unmittelbarer Zusammenarbeit mit der Tonfigurenproduktion brillierte. Unter diesem Anspruch kann die klassische Keramik allerdings auch als gescheitert betrachtet werden: standen an ihrem Anfang noch individuell benennbare Künstler als Werkstattleiter, so steht an ihrem Ende der Niedergang und Verlust der Figurenmalerei und die gleichmäßig schwarzgefirnißte, allgegenwärtige, aber namenlose Massenware. Als ›Künstler‹ galten dann nur noch Architekten, Maler und Bildhauer, und sie schrieben selbst Abhandlungen über ihre ›Kunst‹. Dieser Vorgang hat sich mehrfach in der europäischen Kunst wiederholt; der moderne Künstler ist fast vollständig von jedem Handwerk entfernt.

Literatur: A. Burford, Craftsmen in Greek and Roman Society (1972, dt. 1985); W.-D. Heilmeyer in: A. Borbein – T. Hölscher – P. Zanker, Klassische Archäologie – eine Einführung (2000) 129–146 mit weiteren Hinweisen.

W.-D. H.

Bernhard Weisser

Münzen und Löhne in Athen

Für Sokrates benötigte eine ideale Stadt Münzen, um den Austausch der Güter zu erleichtern (Platon, Politeia 2, 371 b). Es geht in dem diesbezüglichen Text (369 b ff.) um die Frage, aus welchem Grund die Polis entstanden sei: »Wie aber sollen sie miteinander tauschen, was sie hergestellt haben? Dies war schließlich der Grund, weshalb wir die Gemeinschaft (Koine) geschaffen und eine Stadt gegründet haben?« – »Offensichtlich«, sagte er, »zum Kaufen und zum Verkaufen.« – »Und deshalb wird uns ein Markt (Agora) entstehen und die Münze als Zeichen (Symbolon) zum Zwecke des Tausches.« Athen gehörte nach Ägina zu den ersten Städten im griechischen Mutterland, die eigenes Geld ausgaben. Seit der 2. Hälfte des 6. Jahrhunderts v. Chr. wurden hier Münzen geprägt. Athen besaß mit den Bergwerken in Laurion eigene Minen, die das erforderliche Silber lieferten. Das Silber wurde in Gewichtseinheiten eingeteilt, deren Bezeichnungen teilweise noch auf das vormünzliche Metallgeld verwiesen (Obol = Spieß, Drachme = eine Handvoll Spieße). Es gab Gewichtseinheiten, die in folgendem Verhältnis zueinander standen:

1 Talent 26,196 kg	60 Minen	3000 Statere (z. B. Korinth)	6000 Drachmen	36000 Obole
	1 Mine 436,60 g	50 Statere	100 Drachmen	600 Obole
		1 Stater	2 Drachmen	12 Obole
			1 Drachme 4,37 g	6 Obole
				1 Obol 0,73 g

Der größte Münzwert ist das Dekadrachmon, das im Fernhandel Verwendung fand. Es ist nur einmal geprägt worden und in wenigen Exemplaren erhalten geblieben. Die übliche Münze im Fernhandel war hingegen das Tetradrachmon, was viele Funde beweisen (vgl. hierzu auch den Hortfund von Zagazig, Kat.-Nr. 22). Zu dem Tetradrachmon gab es Unterstücke, die den täglichen Geldverkehr gewährleisteten. Die gebräuchlichsten Münzwerte waren Drachme und Obol. Folgende Münzwerte sind inschriftlich bekannt und wurden ausgeprägt:

Bezeichnung			Gewicht
Dekadrachmon	10 Drachmen	60 Obole	43,66 g
Tetradrachmon	4 Drachmen	24 Obole	17,46 g
Didrachmon	2 Drachmen	12 Obole	8,73 g
Drachme	1 Drachme	6 Obole	4,37 g
Pentobolon	5/6 Drachme	5 Obole	3,64 g
Tetrobolon	2/3 Drachme	4 Obole	2,91 g
Diobolon	1/3 Drachme	2 Obole	1,45 g
Trihemiobolion	1/4 Drachme	1,5 Obole	1,09 g

Obolos	1/6 Drachme	1 Obol	0,73 g
Tritetartemorion	1/8 Drachme	3/4 Obol	0,55 g
Hemiobolion	1/12 Drachme	1/2 Obol	0,36 g
Tetartemorion	1/24 Drachme	1/4 Obol	0,18 g

Die Größenverhältnisse veranschaulicht die maßstabsgetreue Abbildung Kat.-Nr. 298.

Die Münzen zeigen auf der Vorderseite den Kopf der Stadtgöttin Athena. Auf der Rückseite ist meist eine Eule wiedergeben. In einigen Fällen weist das Rückseitenbild auf den Nominalwert hin, so durch die beiden Eulen beim Diobol, die drei Halbmonde beim Tritetartemorion und den einzelnen Mond bei dessen Drittelwert, dem Tetartemorion. Die Münzbilder sind stilistisch konservativ und weisen noch in klassischer Zeit archaische Elemente auf. Hier überwog der Wunsch, durch ein unverändertes Münzbild Geldstabilität zu suggerieren. Andere Lösungen in der Gestaltung boten im gleichen Zeitraum die Städte Korinth und Syrakus, die ebenfalls die Münzbilder beibehielten, den Stempelschneidern aber eine große Freiheit in der Umsetzung des Bildthemas ließen.

Das attische Nominalsystem war weit verbreitet. Viele Städte lehnten sich in ihrer Münzprägung an den attischen Münzfuß an. Neben Athen existierten aber parallel dazu immer auch andere Nominalsysteme, die teilweise die gleichen Münznamen benutzten, jedoch abweichende Gewichtsstandards setzten oder sogar eigene Münzbezeichnungen führten (z. B. wurde in Sizilien die Drachme in fünf Litrai und 60 Unzen unterteilt). Man unterscheidet z. B. zwischen äginetischem, korinthischem, milesischem, persischem und phönizischem Münzfuß, um nur einige zu nennen. Die Verwendung unterschiedlicher Nominalsysteme verdeutlicht die Unabhängigkeit der einzelnen Münzstätten. Die Wahl eines Münzfußes oder dessen Wechsel durch eine Stadt kann aber auch als Indiz für entsprechenden wirtschaftlichen und politischen Einfluß gewertet werden. In der ›imperialistischen Phase‹ Athens im Ersten Attischen Seebund versuchte Athen um 423 v. Chr. sogar, die Bündnispartner zur Aufgabe ihrer Münzen zugunsten der Übernahme der attischen Eulen zu zwingen: »... Das Volk soll Herolde wählen, um die jetzigen Volksbeschlüsse zu verkünden, und sie zu den Städten aussenden, einen nach Ionien, einen zu den Inseln, einen zum Hellespont, einen in die thrakischen Gebiete, die Herolde aber soll das Volk auf der Stelle wählen, und die Feldherren sollen sie schleunigst aussenden, im anderen Fall sollen sie mit 10000 Drachmen bestraft werden. Die Beamten in den Städten sollen diesen Beschluß auf einer steinernen Säule anbringen lassen und dies auf dem Markte einer jeden Stadt aufstellen ... Der Ratsschreiber soll zu dem dem [athenischen Rat] abgenommenen Eid folgendes hinzufügen: ›Wenn einer Silbermünzen in den Städten schlägt und nicht die athenischen Münzen und Gewichte oder Maße anwendet, sondern fremde Münzen und Gewichte und Maße, so soll Bestrafung eintreten nach dem früheren, von Klearchos veranlaßten Volksbeschluß. Alle Privatpersonen sollen das ausländische Geld abgeben, jeder, wenn er will, die Stadt [Athen] aber soll es eintauschen‹« (übersetzt von W. Arend). Auch wenn für einige namhafte Münzstätten (Abdera, Ainos, Chios, Knidos, Kolophon, Kos, Samos, Teos und Thasos) eine Prägeunterbrechung für die 40er und 30er Jahre des 5. Jahrhunderts beobachtet wurde, blieben derartige Versuche des Eingriffes in die kommunalen Belange anderer Städte in klassischer Zeit ohne längerfristigen Erfolg.

Preise und Löhne

In attischen Inschriften und in antiken Texten finden sich zahlreiche Hinweise auf Preise und Löhne:

1. In dem Bergwerksgebiet von Laurion waren die Schürfrechte durch die Stadt Athen an private Pächter vergeben. Diese konnten Lohnarbeiter anstellen, die für die schwere Arbeit eine Drachme pro Tag erhielten. Die Alternative war die Anmietung von Sklaven bei einem Sklavenbesitzer, die in einem überlieferten Fall lediglich die Hälfte, nämlich drei Obole pro Tag, kosteten, wobei der Besit-

zer einen Obol als Reingewinn erhielt und zwei Obole für den Unterhalt des Sklaven zu zahlen waren.

2. Nach dem Hermenfrevel, an dem Alkibiades und Kephisodoros beteiligt waren, wurden Marmorstelen mit Versteigerungslisten aus deren Besitz öffentlich ausgestellt, die in die Jahre 415–413 v. Chr. zu datieren sind. Die Inschriften sind unvollständig, es sind aber doch einige Wertangaben erhalten. Danach wurden Sklaven auf zwischen 72 (ein Kind) und 301 Drachmen geschätzt, ein »Sofa mit Kopfteil« auf 17 Drachmen, ein Tisch auf vier Drachmen und ein »Lehnstuhl« auf eine Drachme.

3. Aristoteles berichtet, welche Aufwandsentschädigungen für öffentliche Ämter gezahlt wurden: [Aristoteles, Athenaion Politeia 57, 2]. Danach erhielt ein Bürger für den Besuch der Volksversammlung eine Drachme. Für die Teilnahme an einer Sitzung der Kurie erhielt man neun Obole (1,5 Drachmen); für Schöffentätigkeit am Gericht gab es drei Obole, für die Teilnahme an einer Sitzung der Bule fünf Obole. Diejenigen, die das Prytanenamt innehatten, erhielten zusätzlich einen Obol Verpflegungszuschuß.

4. Vor dem Hintergrund obiger Preise soll noch die wichtige Nachricht zum Flottenbauprogramm des Thukydides betrachtet werden: »Die Athener hatten viel Geld im Staatsschatz, das ihnen aus den Bergwerken von Laurion einging. Dieses Geld sollte unter den Bürgern verteilt werden, zehn Drachmen auf den Mann. Damals überredete Themistokles die Athener, mit dieser Verteilung aufzuhören und von dem Geld 200 Schiffe für den Krieg zu bauen, und zwar, wie er sagte, gegen Aigina« (Herodot 7, 144, 1 f., übersetzt von J. Feix). Um 480 hatte Athen etwa 30000 Bürger. Die Extragewinne aus dem Bergwerk hätten demnach eine Ausschüttung von 300000 Drachmen ergeben. Geht man davon aus, daß zwei Obole der durchschnittliche Tageslohn eines Arbeiters war, so darf die Überredungskunst des Thukydides nicht gering geschätzt werden, denn jeder Athener hatte auf zehn Drachmen zu verzichten. Mit der ertragreichen Silberader wurde eine Phase athenischer Münzprägung in Verbindung gebracht, die aufgrund der Zahl der verwendeten Münzstempel zu den produktivsten Phasen antiker Prägetätigkeit zählte.

5. In einer Stadt wie Berlin, die große Bauaufgaben zu erfüllen hat, soll der Hinweis auf die öffentlichen Aufwendungen der Athener für ihre Repräsentationsbauten nicht fehlen. Nach den inschriftlich erhaltenen Abrechnungen kostete der gesamte Parthenon ca. 3 Millionen Drachmen (ca. 500 Talente). Will man nun den Tagelohn von einer Drachme eines qualifizierten Handwerkers nach heutigen Verhältnissen mit 100 DM gleichsetzen (gemeint sind dabei nicht die Handwerker, deren Rechnungen ich im Briefkasten vorfinde), so hätten die Kosten des Parthenon 300 Millionen DM beansprucht; für dieses Geld wurde kürzlich die neue Gemäldegalerie errichtet! Die Herstellung der großen Gold-Elfenbeinskulptur der Athena Parthenos kostete 120 Millionen DM (ca. 200 Talente), hinzu kamen die Materialkosten an Gold in Höhe von 360 Millionen DM (ca. 600 Talente). ... Doch der Ruhm dieser Investitionen währt bis heute und hat sich in jeder Hinsicht amortisiert.

Literatur: Vereinheitlichung von Münzen im Attischen Seebund: Verschiedene Fragmente auf Marmorsäulen an mehreren Orten des Einflußgebietes vom Attischen Seebund. M. N. Tod, Greek Historical Inscriptions[2] Bd. I (1948) 74. Übersetzung: W. Arend in: ders., Geschichte in Quellen. Altertum[3] (1978) 243 Nr. 201; Diskussion der Texte u. a. bei: C. M. Kraay, Archaic and Classical Greek Coins (1976) 70 ff. – Löhne und Preise: A. Boeckh, Die Staatshaushaltung der Athener (1817): grundlegend; F. Hultsch, Griechische und römische Metrologie[2] (1882) 210 ff. und bes. 705: teilweise veraltet. – Hermenfrevel des Alkibiades: Der Bericht hierzu bei Thukydides 6, 27 f. 60 f. Inschriftenfragmente im Epigraphischen Museum, Athen Inv. 6760 und 6763. Zu den Inschriften: Syll. 96/103; IG I[2] 325/334; R. D. Meritt, Hesperia 3, 1934, 47 ff.; ders., Hesperia 5, 1936, 382 ff.; ders., Hesperia 7, 1938, 81 f. mit Abb.; ders., Hesperia 8, 1939, 69–76 mit Abb.; Tod a. O. 79/80; W. K. Pritchett, Hesperia 22, 1953, 225–299 Taf. 67–84 (mit Agorafunden); ders., Hesperia 30, 1961, 23–29 Taf. 5. 6; SEG X 237–242; XIII 12–22; XV 29; XVI 13; XVIII 7; XIX 23–25. – Flottenbauprogramm des Themistokles: Thukydides 1, 14, 3; Aristoteles, Ath. Pol. 22, 7; Herodot 5, 97; M. Price – N. Waggoner, Archaic Greek Coinage. The Asyut Hoard (1975) 63: Verbindung von der athenischen Prägephase ›Asyut IV‹ mit der Entdeckung der Silberader in Laurion und deren Ausbeutung zwischen 490 und 480 v. Chr.

298 Die athenischen Münzwerte in klassischer Zeit (5.–4. Jh. v. Chr.)

a. Dekadrachmon, 42,60 g. Inv. MK (SMB-PK) 1875 von Prokesch-Osten
b. Tetradrachmon, 16,96 g. Inv. MK (SMB-PK) 1875 von Prokesch-Osten
c. Didrachmon, 8,34 g. Inv. MK (SMB-PK) 1906 Löbbecke
d. Drachme, 4,28 g. Inv. MK (SMB-PK) 1900 Imhoof-Blumer
e. Triobol, 2,15 g. Inv. MK (SMB-PK) 1904/429.
f. Diobol, 1,38 g. Inv. MK (SMB-PK) Rauch
g. Trihemiobol, 1,07 g. Inv. MK (SMB-PK) 1885/217
h. Obol, 0,69 g Inv. MK (SMB-PK) 1900/567
i. Tritetartemorion, 0,49 g Inv. MK (SMB-PK) 1875 von Prokesch-Osten
j. Hemiobol, 0,32 g. Inv. MK (SMB-PK) 1886/7
k. Tetartemorion, 0,16 g Inv. MK (SMB-PK) 1906 Löbbecke

B. W.

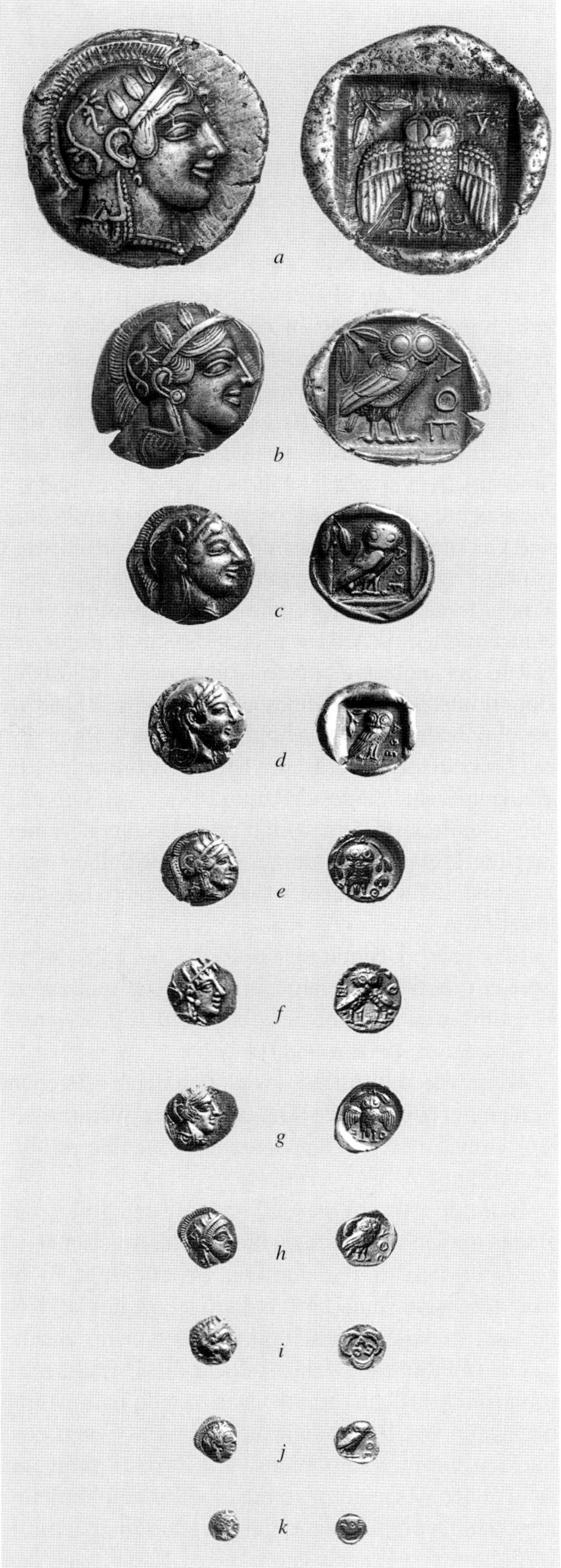

Kat.-Nr. 298

Franziska Lang

Landwirtschaft

Der Anbau landwirtschaftlicher Produkte ist für jede Gesellschaft ein essentielles Anliegen, und daher war und ist die Landwirtschaft der primäre Wirtschaftssektor. Im Gegensatz zu heute war in der Antike der Anbau agrarischer Erzeugnisse allein von den geologischen und klimatischen Voraussetzungen abhängig. Man kannte zwar schon Möglichkeiten, den Boden durch Düngung zu verbessern; sie führten jedoch nicht zu einer wesentlichen Produktionssteigerung. Der Agrarkalender gab die einzelnen Arbeitsabläufe in der Landwirtschaft vor. Ausführlich wurde er schon im 7. Jahrhundert v. Chr. von Hesiod beschrieben, der für uns heute einen wichtigen Anhaltspunkt für die Erforschung der antiken Landwirtschaft gibt. Dieser Kalender zeigt zugleich, wie sehr Landwirtschaft und Feste zu Ehren von Göttern miteinander verbunden waren. Neben literarischen Quellen geben uns auch Inschriften Aufschluß über die antike Landwirtschaft. Auf einer inschriftlich überlieferten Aufstellung aus dem späten 5. Jahrhundert v. Chr., die den Hausrat des zur Konfiszierung und Versteigerung stehenden Vermögens des athenischen Politikers Alkibiades auflistet, werden neben Mobiliar und Geräten auch Lebensmittelvorräte wie Oliven, Olivenöl, Koriander, Weizen, Sesam und Wicken genannt. Diese bei weitem nicht vollständige Liste gibt uns einen kleinen Einblick in die damaligen Produkte, deren Anbau, wie bereits erwähnt, vom Klima und der Geologie abhängig war. In dem trockenen Klima Attikas gedieh die mediterrane Trias: Ölbaum, Wein und Getreide.

Die bekannteste Pflanze Attikas war der Ölbaum, den Athena nach dem Sieg im Wettstreit mit Poseidon Attika geschenkt hatte (Kat.-Nr. 300). Obwohl der Olivenbaum auf anspruchslosem Boden gedeiht, bedeutet seine Anpflanzung eine enorme Investition, da der Ölbaum frühestens nach acht Jahren Früchte trägt. Der Baum lieferte verschiedene Produkte: Holz, das wegen seiner Härte und gleichzeitigen Elastizität geschätzt und teuer war, Oliven und Öl. Die Oliven wurden mehrmals ausgepreßt. Die erste Pressung ergab Öl für den Verzehr als eines der wichtigsten Grundnahrungsmittel. Das Öl der zweiten Pressung wurde zu Seife und Salben verarbeitet, während das Öl der dritten Pressung als Leuchtstoff für Lampen Verwendung fand. Die Olivenkerne schließlich wurden auch als Dünger benutzt.

Besondere Bedeutung besaß das attische Olivenöl als Preis für die Sieger der Panathenäischen Spiele, die alle fünf Jahre in Athen stattfanden (s. o. S. 248). Das attische Öl diente nicht nur zur Deckung des Eigenbedarfs, sondern war wegen seiner hohen Qualität bereits im 6. Jahrhundert v. Chr. ein ›Exportschlager‹.

Wein wurde in Attika – wie noch heute – in ebenem Gelände angepflanzt. Nach der Weinernte im September wurden die Trauben in der Weinpresse oder in großen Bottichen ausgepreßt. Der Most wurde anschließend zum Gären in Tongefäße gefüllt. Der fertige Wein wurde in Griechenland nicht pur, sondern mit Wasser vermischt gereicht.

Getreide war ein wesentlicher Bestandteil der Ernährung. Auf dem nicht besonders fruchtbaren Boden gedieh vornehmlich die Gerste. Aus Gerste wurden der schon von Homer erwähnte Gerstenbrei (»maza«) und ein fladenartiges Brot bereitet. In verschiedenen Regionen – etwa in Attika – konnte trotz Intensivierung der Landwirtschaft in klassischer Zeit die Eigenproduktion die Nachfrage nicht decken, so daß jährlich 50000 Tonnen Getreide zusätzlich importiert werden mußten.

Die ›mediterrane Trias‹ bildete die Grundlage des antiken Speiseplanes, der u. a. eine Bereicherung durch Früchte erhielt. Der Mandelbaum symbolisierte nach dem Winter das Wiedererwachen der Natur. Die Beliebtheit dieser Frucht belegt eine Schiffsfracht von 10000 mit Mandeln gefüllten Säcken, die in einem Wrack vor Zypern gefunden wurden. Auch der Walnußbaum wurde in verschiedener Weise genutzt: die Nuß für den Verzehr, die Schale als Färbemittel und das Holz als Baumaterial. Der Granatapfel galt wegen seiner zahlreichen Samen als Fruchtbarkeitssymbol. Er war im Heiligtum von Eleusis verboten, da Hades nach dem Genuß des Granatapfels Persephone, die Tochter der Göttin Demeter, festgehalten hatte (Kat.-Nr. 301 a–d).

Die attische Landwirtschaft war eine Mischwirtschaft, in der neben Acker- und Obstbau auch Tiere gehalten wurden. Ochsen oder Esel kamen als Gespanntiere für Transporte und zur Feldbestellung zum Einsatz. Schafe und Ziegen lieferten Milch, Käse, Fleisch, Wolle und Haut. Pferde hingegen hielt man vorrangig für militärische Aufgaben oder Wagenrennen.

Die technischen Möglichkeiten in der Landwirtschaft hatten sich seit der Einführung des Eisens in Griechenland im frühen 1. Jahrtausend v. Chr. auch in klassischer Zeit nicht wesentlich geändert. Die eiserne Pflugschar trat neben die hölzerne. Ebenfalls aus Eisen waren spezielle Messer zum Beschneiden der Bäume und Sicheln für die Ernte (Kat.-Nr. 302 a–e). Das Getreide wurde auf kreisrunden Tennen (5 bis 8 m Durchmesser) gedroschen, indem entweder Tiere über die Tenne getrieben (Kat.-Nr. 303) oder Dreschschlitten eingesetzt wurden. Dreschschlitten bestanden aus einem Brett, in welches Schlitze eingeschnitten und in die Steinspitzen eingesetzt wurden. Zugtiere waren den Dreschschlitten vorgespannt. Anschließend wurden die Getreidekörner in einem Mörser mit Stößeln (Kat.-Nr. 303) oder mit Handmühlen zermahlen.

Seit sich das Forschungsinteresse auch dem Umland einer Stadt zugewandt hat, sind spezifische ländliche Wohnformen bekannt geworden. Ausgegrabene Bauernhöfe zeigen eine den ländlichen Bedürfnissen angepaßte Architektur, die aber auch städtische Lebensart zu integrieren wußte. So finden sich in den Gehöften bisweilen Andrones (Gelageräume), die für die im Stadthaus üblichen Gastmähler gedient haben (s. o. S. 414 f.). Neben dem Wohntrakt gibt es Lagerräume, die bisweilen auch in Turmform errichtet wurden und zugleich den Bewohnern bei Gefahr Schutz gewähren konnten. Stallungen oder Pferche für das Vieh waren ebenfalls üblich. Zu den Gehöften gehörten zumeist auch die bereits genannten Dreschtennen (Kat.-Nr. 304).

Neben der schriftlichen Überlieferung und den archäologischen Funden geben uns bildliche Darstellungen Einblick in das antike Landleben. Landwirtschaftliche Techniken werden oft mythisch erklärt. Dem Mythos nach vermittelte Demeter, die Göttin des Ackerbaus, das Wissen, Getreide anzubauen, dem Sohn des Königs von Eleusis, Triptolemos, der es in der Welt verbreiten sollte. Er lehrte die Menschen Ackerbau und streute vom mit geflügelten Schlangen gezogenen Wagen der Demeter Getreidesamen auf der Erde aus. Darstellungen mit Triptolemos tauchen häufig in der attisch-rotfigurigen Vasenmalerei auf. Die Vase aus Malibu (Kat.-Nr. 305) zeigt ihn Ähren haltend und auf dem Schlangenwagen sitzend, der von Demeter und Persephone begleitet wird. Von eher allgemein beschreibender Natur sind Abbildungen, die den Verkauf von Öl zeigen, wo der Händler aus einer großen Kanne Öl in ein Fläschchen abgefüllt hat, das die Käuferin in der Hand hält. Sie zeigen auch, wie ein Silen vergnügt und vielleicht angeheitert Trauben ausstampft (Kat.-Nr. 306), oder Frauen beim Obstpflücken (Kat.-Nr. 307). Ein Baumspeicher (Kat.-Nr. 308) zeigt eine Möglichkeit, Produkte zu einzulagern, die sonst auch in großen Vorratsgefäßen (Pithoi) aufbewahrt wurden.

Die Landwirtschaft des antiken Griechenland hatte sich seit der archaischen Zeit nicht verändert. Technisches Know-how, Gerätschaften und Pflanzensorten waren im wesentlichen gleich geblieben. Die wachsende Bevölkerung und die damit verbundene verstärkte Nachfrage seit der klassischen Zeit erforderten allerdings eine Intensivierung, die vor allem durch die umfassendere Landnutzung – Terrassierungen, Erschließung abgelegenerer Flächen –, andere Produktionsformen und Importe erreicht wurde.

Literatur: S. Isager – J. E. Skydsgaard, Ancient Greek Agriculture. An Introduction (1992); H. Lohmann, Atene. Forschungen zu Siedlungs- und Wirtschaftsstruktur des klassischen Attika (1993).

299 Rotfigurige Lekythos mit Darstellung eines Holzfällers

Piräus, Archäologisches Museum Inv. 7073

Literatur: G. Steinhauer, Τα μνημεία και το αρχαιολογικό μουσείο του Πειραιά (1998) 43 Taf. 10.

300 Hydria im Kertscher Stil: Athena und Poseidon streiten um das attische Land

H 51,0 cm, Dm 38,0 cm
Aus Pantikapaion
2. Viertel 4. Jh. v. Chr.
St. Petersburg, Eremitage Inv. Π 1872.130

Kat.-Nr. 299

Kat.-Nr. 300

Literatur: E. A. Zervoudaki, AM 83, 1968, 37 Nr. 78 Taf. 23,1; G. Sokolow, Antike Schwarzmeerküste (1976) 39 Nr. 45; LIMC 2 (1984) 996 s. v. Athena Nr. 453.

301 Verschiedene Tonnachformungen von Früchten

a. Früchteteller; H 7,5 cm, Dm 34,5 cm (Inv. TC 7653)
b. Mandeln; L 4,5 bzw. 4,3 cm (Inv. TC 855/56)
c. Walnuß; L 3,5 cm (Inv. TC 5953)
d. Granatapfel; H 11,0 cm, B 9,5 cm (Inv. TC 33597)
Berlin, Antikensammlung

Unpubliziert

302 Verschiedene landwirtschaftliche Geräte

Aus Priene (Westkleinasien), Funde in hellenistischen Häusern

a. Messer (Inv. Misc. 10140)
b. Schere (Inv. Misc. 10144)
c. Kreuzaxt (Inv. Misc. 10122)
d. Spitzhacke (Inv. Misc.10125)
e. Hacke (Inv. Misc. 10127)
Berlin, Antikensammlung; Maße und genauere Angaben in: Th. Wiegand – H. Schrader (Hrsg.), Priene. Ergebnisse der Ausgrabungen (1904) 387 ff.

Literatur: Antikenmuseum Berlin. Die ausgestellten Werke (1988) 193 Nr. 24–34.

303 Attisch-rotfigurige Choenkanne: Bauer, Stößel haltend, und Esel auf der Dreschtenne

H 22,6 cm
Um 460 v. Chr.
Hamburg, Museum für Kunst und Gewerbe Inv. 1962.124

Kat.-Nr. 301 a

Kat.-Nr. 301 b–d

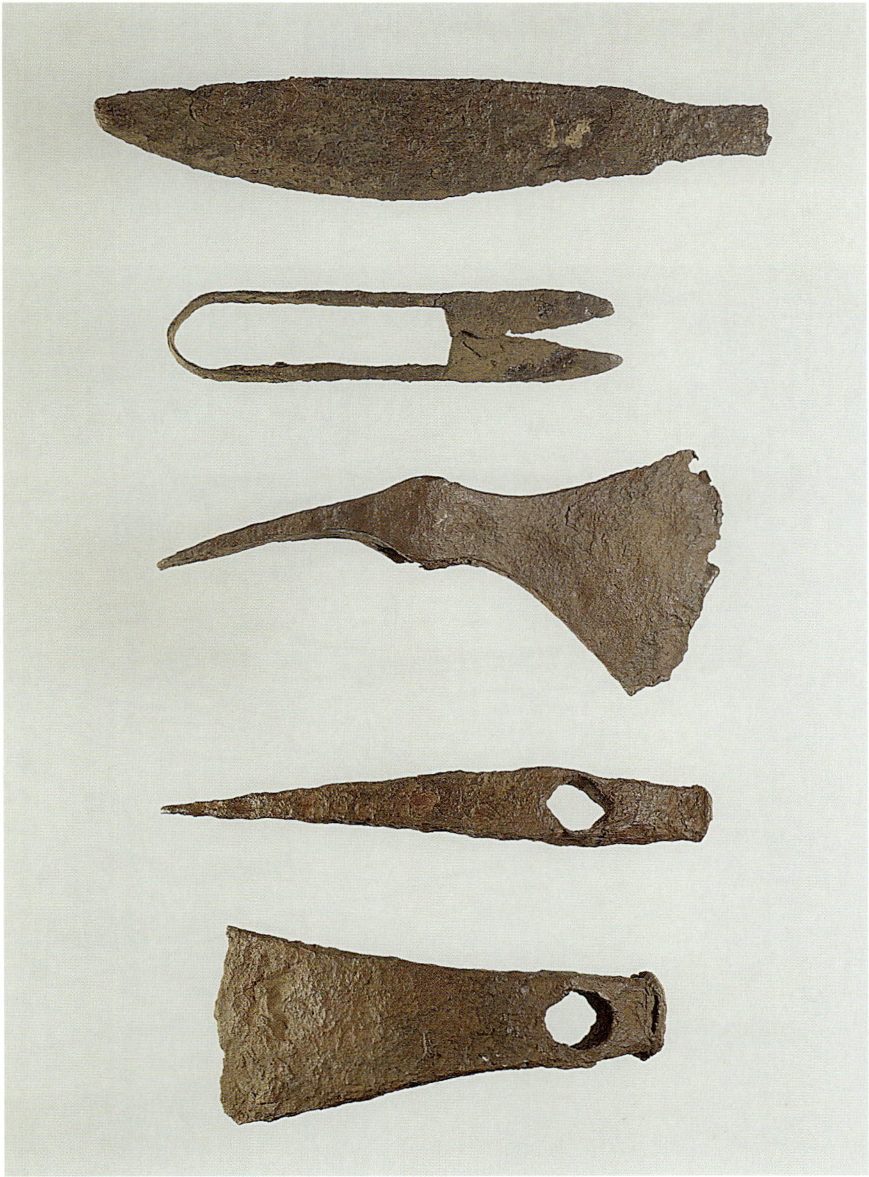

Kat.-Nr. 302 a–e

Kat.-Nr. 303

Literatur: H. Hoffmann, Griechische Kleinkunst, Bilderhefte des Museums für Kunst und Gewerbe Hamburg 6 (1963) 55 Abb. 20.

304 Modell eines attischen Turmgehöftes in Legrena, Palaia Kopraisia

101,5 x 101,5 x 31,0 cm
Münster, Archäologische Sammlung der Universität Inv. AM 11

Literatur: H. Lohmann, Atene (1993) 515 f. Taf. 98, 2.

305 Attisch-rotfiguriger Dinos mit Fuß: Triptolemos mit Ähren auf dem von Schlangen gezogenen Flügelwagen

H 36,8 cm, Rand-Dm 28,5 cm
Ca. 470 v. Chr.
Malibu, J. Paul Getty Museum Inv. 89.AE.73

Literatur: GettyMusJ 18, 1990, 167 Nr. 5; LIMC 8 (1997) 62 Nr. 96.

306 Attisch-rotfiguriger Kolonnettenkrater: Satyr beim Traubentreten

H 36,5 cm, Mündungs-Dm 22,0 cm
470/460 v. Chr.

Kat.-Nr. 304

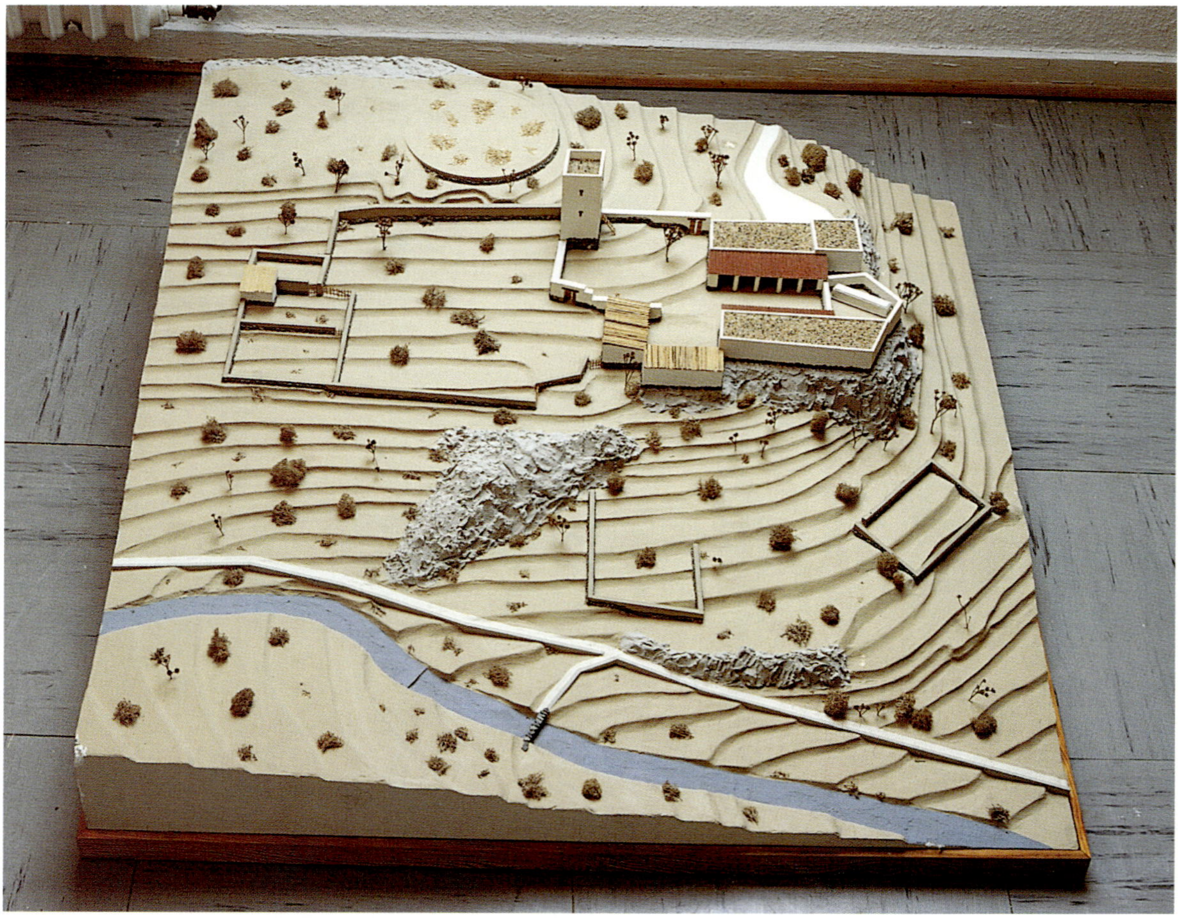

Kat.-Nr. 305

Kat.-Nr. 306

Bologna, Museo Civico Archeologico Inv. 16500 (Pellegrini Nr. 241)

Literatur: B. Sparkes, Treading the Grapes, BaBesch 51, 1976, 55 Abb. 23; CVA Italia (5) Bologna (1) 12 Taf . 28, 1–3.

307 Attisch-rotfiguriger Kolonnettenkrater: Frauen im Garten, Früchte vom Baum pflückend

H 44,1 cm
Um 460 v. Chr.
New York, Metropolitan Museum Inv. 07.286.74

Literatur: G. M. A. Richter, Attic Red-figured Vases in the Metropolitan Museum of Art (1936) 117 Nr. 87 Taf. 91; ARV^2 523 Nr. 1.

308 Attisch-rotfiguriger Glockenkrater: Satyr, Esel fütternd, dahinter ein Speicher im Baum

H ohne Fuß 25,8 cm, Rand-Dm 31,6 cm
Um 420 v. Chr.
Malibu, J. Paul Getty Museum Inv. 81.AE.149

Literatur: M. Elston, GettyMusJ 18, 1990, 61 Abb. 15. F. L.

Kat.-Nr. 307

Kat.-Nr. 308

Franziska Lang

Bergbau

Eine wichtige Basis der athenischen Wirtschaft in klassischer Zeit war die silberhaltige Erde Attikas. Forschungen der letzten Jahre haben unsere Kenntnis über den Silberbergbau und seine technische Seite in Südostattika im Gebiet des Laurion erheblich erweitert, auch wenn die Diskussionen in manchen Details noch nicht abgeschlossen sind. In dem 80 km^2 umfassenden Gebiet wurden mittlerweile dicht gedrängt über 2000 Minenschächte, Hunderte von Erzaufbereitungsanlagen und Zisternen und Dutzende Verhüttungsöfen entdeckt, die der Landschaft ein wahrlich industrielles und in dieser Dichte an das Ruhrgebiet erinnerndes Erscheinungsbild gaben (Kat.-Nr. 309). Es mag wenig verwundern, daß das Laurion schon in der Antike als gesundheitsschädlich eingestuft wurde. Die mächtigen Schlacken- und Abraumhalden, die den ›Industriecharakter‹ noch verstärkten und das Landschaftsbild bis in das 19. Jahrhundert geprägt hatten, sind heute allerdings fast vollständig verschwunden.

Obwohl die Befunde und schriftlichen Überlieferungen vor allem in das 4. Jahrhundert v. Chr. zu datieren sind, ist bezeugt, daß der untertägige Silberbergbau schon im 6. Jahrhundert v. Chr. bekannt war. Er wurde in klassischer Zeit intensiviert und die Produktion erheblich gesteigert. Die Erträge dieser Produktionssteigerung wurden direkt in die Aufrüstung Athens investiert. Themistokles schlug vor, mit den Einkünften aus dem Laurion den Auf- und Ausbau einer Flotte zu finanzieren, um der persischen Bedrohung im frühen 5. Jahrhundert v. Chr. eine schlagkräftige Antwort entgegenzusetzen. Die Bergwerke waren im Besitz des Staates, der sie verpachtete. Auskünfte über die Pächter geben Urkunden, die der Staat auf der Agora in Athen veröffentlichte. Auf diesen Inschriften werden die einzelnen Pächter und die jeweiligen Minen aufgelistet wie etwa auf der sog. Poleten-Inschrift in Berlin (Ende 4. Jh. v. Chr., Kat.-Nr. 310).

Der Produktionssteigerung gingen Fortschritte in der Bergwerkstechnologie voraus. Erst durch die ›Bewetterung‹ von Schachtanlagen, d. h. zusätzliche Belüftungsschächte, konnten bis zu 100 m tiefe, zumeist vertikale Schächte angelegt werden. So konnten die in dieser Tiefe besonders ertragreichen erzführenden Schichten erreicht werden. In den zwischen 1,3 bis 2,5 m engen Schächten konnte jeweils nur ein Arbeiter arbeiten, so daß der mühsame Vortrieb bei ca. 8 bis 10 m im Monat lag. Die Belüftungsschächte waren deutlich kleiner (0,8 bis 1,1 m), was das Ausschachten zusätzlich erschwerte; für diese Arbeiten hat man möglicherweise Kinder herangezogen. Ansonsten wurden vor allem Sklaven im Bergbau beschäftigt, deren Arbeits- und Lebensbedingungen unterschiedlich waren (s. o. S. 452). Sie reichten von begüterten Sklaven bis zu in Ketten gelegte Sklaven (s. O. S. 173 ff.).

War man auf eine erzführende Schicht gestoßen, begann der eigentliche Abbau nunmehr im horizontalen Vortrieb. In den engen Stollen (0,9 x 0,6 m) wurde mit Hacken, Schlegeln und Meißeln aus Eisen die erzhaltige Erde abgebaut und über Förderkörbe nach oben transportiert (Kat.-Nr. 311). Zur Beleuchtung dienten einfache Tonlampen, deren Brenndauer von ca. zehn Stunden vermutungsweise die Länge einer Arbeitsschicht angaben. Beim Abbau wurden in regelmäßigen Abständen Stützen stehengelassen, um einen Einsturz zu verhindern. Der Abbau dieser Stützen, selbst wenn sie erzhaltig waren, war von staatlicher Seite unter Androhung von Strafe verboten.

Die anschließende Aufarbeitung der Erze erfolgte in Werkstätten (Ergasteria), von denen mittlerweile über 200 entdeckt und einige auch ausgegraben wurden. Das Modell (Kat.-Nr. 312) zeigt ein Beispiel mit mehreren Werkstattkomplexen aus dem Agrileza-Tal. Während der Ausgrabung von K. Konophagos in den 70er Jahren wurde eine Inschrift gefunden, die sowohl den Namen des Besitzers, Simos, als auch den Namen seiner Mine, Askalepiakon, nennt. Die einzelnen Werkstattkomplexe folgen alle einem ähnlichen Aufbau: um einen Hof sind mehrere Räume gruppiert. Die Funktion der einzelnen Räume ist nur in wenigen Fällen gesichert, da detaillierte Grabungsergebnisse bislang noch nicht vorliegen. Einige Räume waren mit Estrich ausgekleidet, die u. a. auf Aktivitäten in

Zusammenhang mit Wasser weisen. Bestätigt wird diese Annahme durch einen Befund im Ostkomplex, wo man ein Badezimmer mit zwei Badewannen ausgegraben hatte. In der Werkstatt des Simos ist ein weiterer Raum in seiner Funktion eindeutig bestimmbar. Hier fanden sich Spuren für die Aufstellung von sieben Gelagebetten (Klinen), die eindeutig auf die Nutzung des Raumes als Andron (Gelageraum) verweist. Badezimmer und Männerraum machen wahrscheinlich, daß die Werkstattkomplexe nicht nur zum Arbeiten genutzt wurden. Wer allerdings diese Häuser bewohnt hat, läßt sich bislang nicht sicher belegen.

Südlich dieser Räume liegt die Erzwäsche. Vor dem Waschen wurden die Erdbrocken aus den Gruben mit Mörsern zerstampft und in Handmühlen zerkleinert. In der Erzwäsche wurden die Erze aus der Erde ausgespült und auf der großen Fläche zum Trocknen ausgebreitet. Um Wasser zu sparen, wurde es in einem Becken gesammelt, aus welchem es wieder in das Wasserdepot geschöpft wurde. Im regenarmen Attika war dies besonders wichtig. Das notwendige Wasser wurde in Zisternen gesammelt, die bis zu 500 m^3 Fassungsvermögen besitzen konnten. Wie viel Wasser die Erzwäschen brauchten, veranschaulicht die große Anzahl von Zisternen in dem Modell (Kat.-Nr. 309). Die Zahl der in der Erzwäscherei Beschäftigten wird auf 30 geschätzt.

Um Silber zu gewinnen, war ein weiterer Schritt notwendig. Das gereinigte Erz mußte in speziellen Öfen verhüttet werden. Den Nachweis solcher Verhüttungsöfen erbrachten Grabungen an verschiedenen Stellen im Laurion (Kat.-Nr. 309). In hohen Schachtöfen wurden die Silber- und Bleibestandteile in weiteren Schmelzverfahren getrennt (Kuppelation). Ihre Kapazität lag bei ca. sechs Tonnen Roherz in 24 Stunden, wofür eine Tonne Holzkohle als Brennstoff notwendig war.

Das Endprodukt dieses zeit- und arbeitsintensiven Prozesses war in erster Linie das Silber, aus dem die berühmten Silbermünzen, die sog. athenischen Eulen, mit einem Prägestempel geschlagen wurden (Abb. 1). Hierzu wurde das Silber in kleine Formen mit Vertiefungen gegossen, um die Schrötlinge für die spätere Prägung zu erhalten. Für eine Silbermünze von vier Gramm Gewicht

Abb. 1. Bronzener Prägestempel für Tetradrachme. Athen, Numismatisches Museum

mußten 16 Kilogramm Erz verarbeitet werden. Ein weiteres Produkt aus dem Laurion-Erz war Blei, das man u. a. im Bauhandwerk – zur Ummantelung von eisernen Dübeln und Klammern (Kat.-Nr. 313) – und im Töpferhandwerk für Pigmente und zur Flickung von Gefäßen verwandte. Schließlich lieferten die Erze insgesamt Grundsubstanzen für Arzneimittel.

Der Gesamtertrag der Erzbergwerke im Laurion wird auf 3,5 Tonnen Silber und 1,4 Millionen Tonnen Blei geschätzt. Der Bergbau im Laurion erlebte in klassischer Zeit seinen Höhepunkt und zugleich seinen Niedergang. Im späten 4. Jahrhundert wurden die Bergwerke aufgegeben, das Land verödete und schätzungsweise 1,5 Millionen Tonnen Bleischlacke blieben als Abfallprodukt aus der Erzgewinnung zurück. Diese Bleischlacke wurde in römischer Zeit und erneut seit dem 19. Jahrhundert durch eine französische Minengesellschaft wiederaufbereitet.

Lit.: S. Lauffer, Die Bergwerkssklaven von Laureion² (1979); C. Conophagos, Le Laurium antique et le technique grecque de la production de l'argent (1980); E. Ch. Kakavogiannis, AAA 22, 1989, 71–88; H. R. Goette, Ἀξιόλογος δῆμος Σούνιον. Landeskundliche Studien in Südost-Attika (2000); T. E. Rihll, Making Money in Classical Athens, in: D. J. Mattingly – J. Salmon (Hrsg.), Economies Beyond Agriculture in the Classical World (2001).

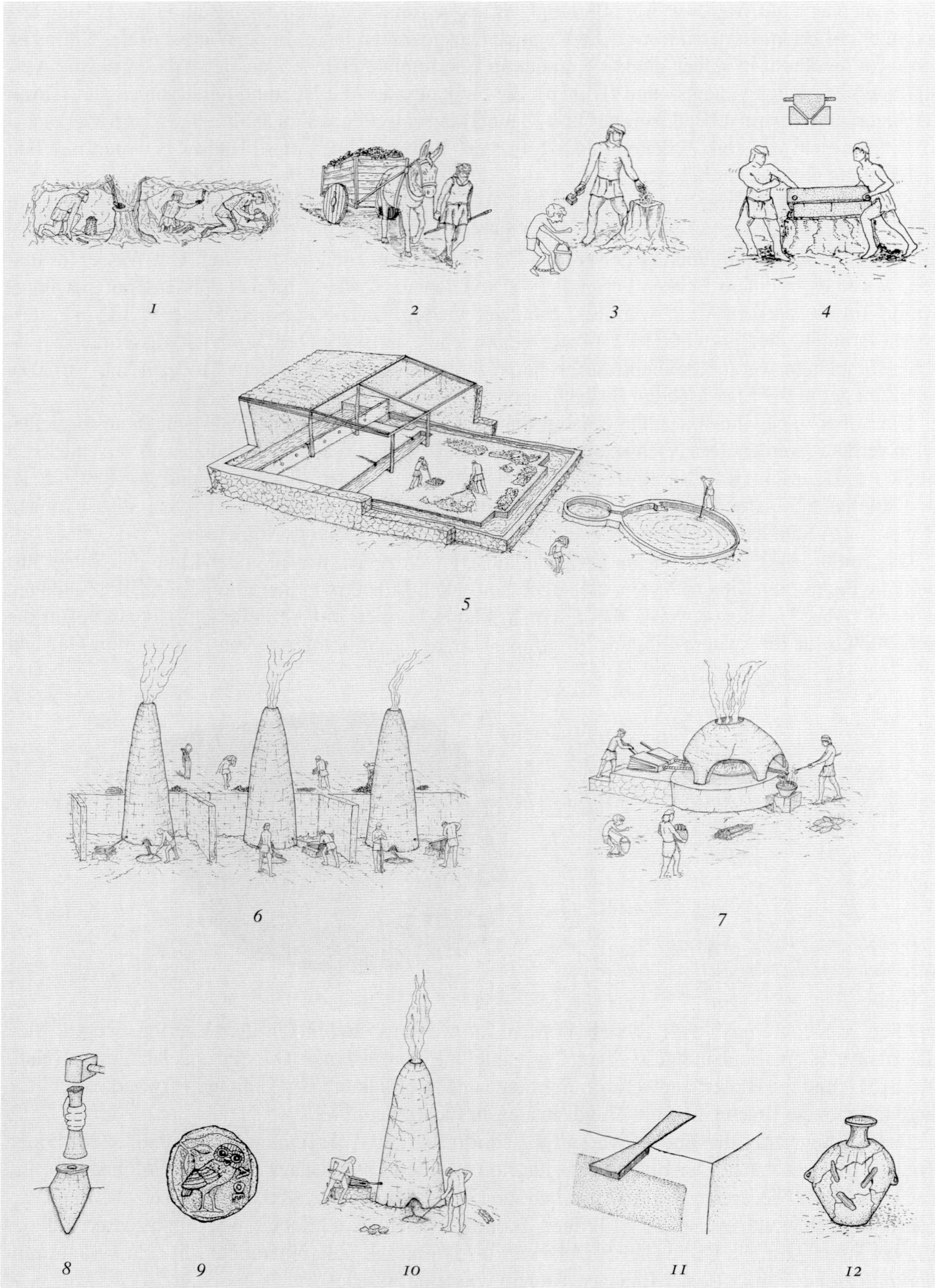

Abb. 2. Blei- und Silbergewinnung im Laurion

Kat.-Nr. 309

309 Modell des Bergbaugebietes Laurion

1,0 x 1,5 x 0,2 m
Maßstab 1:8000
Herstellung: Werk5, Berlin (2001)
Berlin, Antikensammlung Inv. 2001.3

F. L.

310 Urkunde der Poleten über die Verpachtung von Silberminen

Fragment einer Stele aus pentelischem Marmor, links Rand; H 0,21 m, B 0,21 m, T 0,078 m
Ende 4. Jh. v. Chr.
Angeblich im Norden der Stadt Athen gefunden
Berlin, Antikensammlung Inv. SK 1166

Kat.-Nr. 311

Die reichen Bleisilbererz-Vorkommen im Südosten Attikas, in dem Gebiet um Laurion, sind bereits in klassischer Zeit abgebaut worden. Aber erst aus dem 4. Jh. gibt es Inschriften, die den zeitgenössischen Bericht des Aristoteles (Athenaion Politeia 47, 2) bestätigen: »Die Poleten (= staatlichen Verkäufer) verkaufen die Bergwerke … und bestätigen demjenigen, den der Rat erwählt, die verkauften Minen, sowohl die in Betrieb befindlichen, die auf drei Jahre, als auch die konzessionierten, die auf sieben (?) Jahre verkauft werden.« Im juristischen Sinn handelt es sich um eine Verpachtung. Der Pächter pachtet bereits erschlossene und ergiebige Minen auf drei Jahre; er hat dem Staat einen festen Prozentsatz vom erbeuteten Silber zu geben. Für die übrigen erhält er eine längere, zwischenzeitlich wohl zu erneuernde Konzession auf sieben Jahre. Tatsächlich birgt sowohl die Erschließung neuer als auch der Ausbau alter, früher bereits stillgelegter Stollen ein hohes Risiko und rentierte sich erst nach Jahren. Dies erklärt die längere Laufzeit der Pacht und die niedrigen Zinsen von 20 bzw. 150 Dr. monatlich.

Die einzelnen Stollen waren nach Gottheiten benannt. Als Pächter traten vor allem reiche Bürger und Metöken auf, die die Minen selbst oder in Gesellschaften betrieben. Teuer war nicht nur der Betrieb der Minen selbst, der notwendigen Werkstätten und Schmelzöfen, sondern vor allem auch die Einstellung von Sklaven, Lohnarbeitern und Montanfachleuten. Man schätzt, daß im 4. Jh. etwa 30000 Menschen im attischen Bergbau tätig waren.

Die Berliner Inschrift paßt an ein Fragment in London (IG II/III^2 1581) an. Als einzige unter den mehr als 70 Fragmenten solcher Verkaufsurkunden, die auf der Agora gefunden wurden, befinden sie sich in Museen außerhalb Athens. Die Verpachtung der Stollen erfolgt

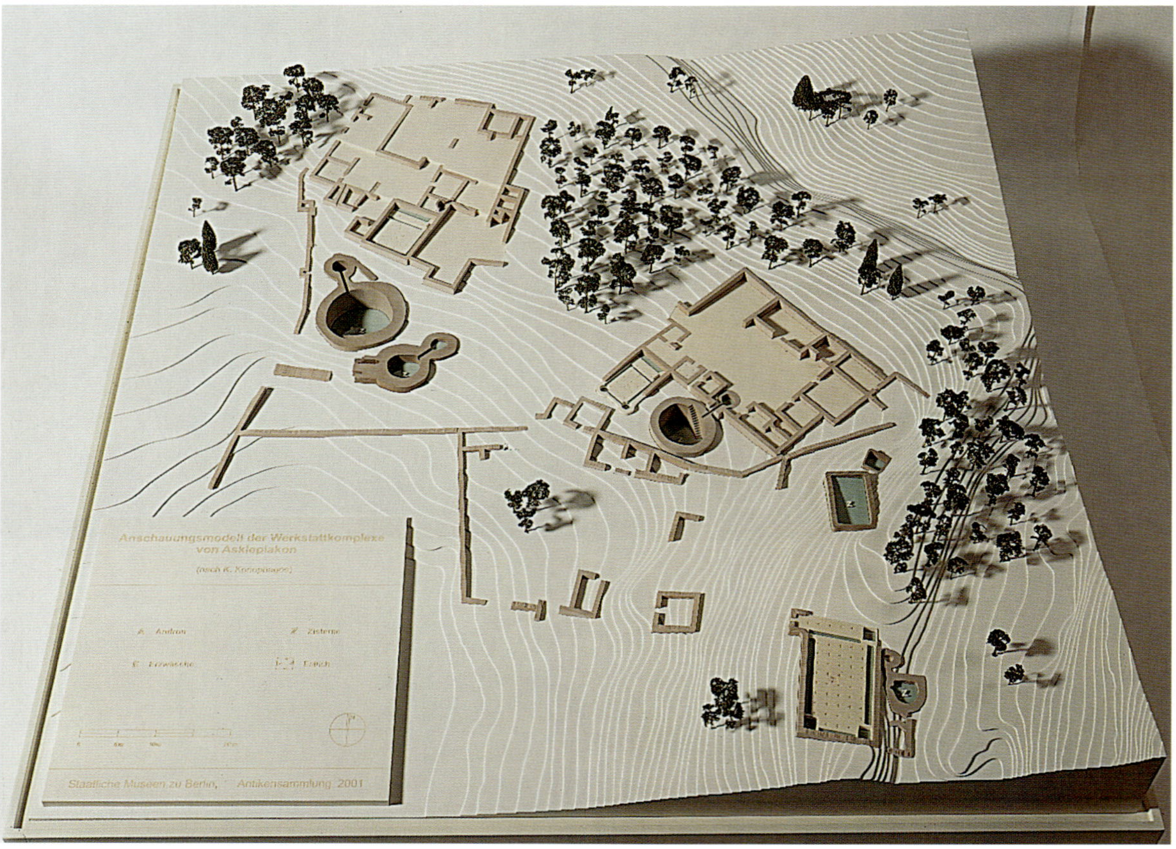

Kat.-Nr. 312

nach einem festen Urkunden-Schema (Z. 4–8): »Stollen ›Hermes‹. Epikydes aus Acharnai ließ registrieren den in Ausbau befindlichen Stollen, der markiert ist, genannt ›Hermes‹, auf dem Grundstück...; benachbart sind nach Norden: der Schmelzofen des Demophilos, nach Osten..., nach Süden: der Stollen ›Artemis‹, nach Westen... – Käufer: Epikydes aus Acharnai, Preis: 1[50] Dr.«

Literatur: IG II/III^2 1588; M. Crosby, Hesperia 19, 1950, 279–281; S. Lauffer, Die Bergwerkssklaven von Laureion^2 (1979); H. Kalcyk, Untersuchungen zum attischen Silberbergbau (1982); M. K. Langdon, Poletai-Records, in: Inscriptions, Agora 19 (1991) P 38.

K. H.

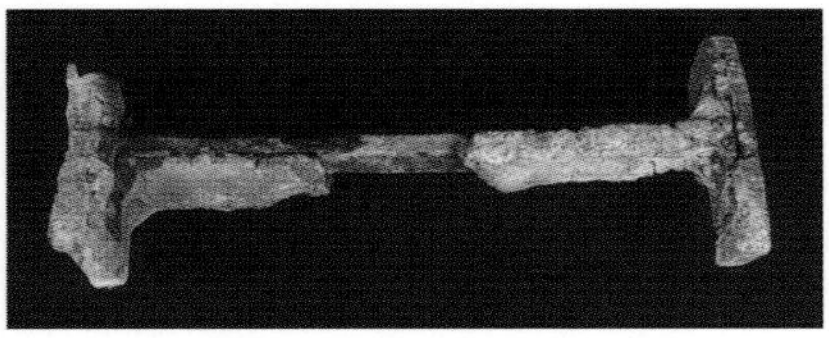

Kat.-Nr. 313

311 Attisch-rotfigurige Schale: Jüngling, Korb mit Erde füllend

Dm Innenbild 9,5 cm
Brüssel, Musées Royaux d'Art et d'Histoire Inv. R 347

Literatur: CVA Belgique (1) Bruxelles (1) III I c Taf. 4, 1.

312 Modell mehrerer Werkstattkomplexe mit Erzwäschereien

Grabung Konophagos – Agrileza-Tal, Attika
1,0 x 1,0 x 0,4 m
Maßstab 1:150
Herstellung: Werk5, Berlin (2001)
Berlin, Antikensammlung Inv. 2001.4

313 Mit Blei ummantelter Dübel

Eisen und Blei
Athen, Akropolis-Museum, Magazin

F. L.

Arbeitsplätze in Athen

Wolf-Dieter Heilmeyer

Agora, Stein

In Athen lebten und arbeiteten viele Handwerker in unmittelbarer Nähe der Agora. Berühmt ist der Schuster Simon, der bei Plato erwähnt ist und von dem man ein Graffito und mehrere Schusternägel ausgegraben zu haben meint. Etwas weiter waren an der heute sog. ›Straße der Marmorarbeiter‹ in mehreren älteren Wohnbauten, auch in einem nicht mehr als solches genutzten Gästehaus im 5. und 4. Jahrhundert v. Chr. Marmorhandwerker tätig. Davon sind vor allem Marmorabschläge übriggeblieben, die davon künden, daß die Probleme solcher Arbeit in der Stadt immer die nur noch als Schotter zu verwendenden Abschläge, der Lärm und der Staub gewesen sein müssen. In einem etwas unklaren Baubefund sind zwei unfertige und verworfene Kleinskulpturen gefunden worden: Ein Graffito von dorther hat dem Bau den etwas hochtrabenden Namen ›Atelier des Mikion und Menon‹ eingetragen (vgl. Kat.-Nr. 316). Ein fester Bautyp ist nicht zu erkennen.

Die beiden unfertigen Skulpturen lassen sich mit anderen vergleichen, nach denen man die Steinbildhauertechniken der Antike beschrieben hat. Zuerst wird die Figur auf allen vier Seiten ›bossiert‹, dann werden die Oberflächen geglättet und die Details angelegt, schließlich die Werkzeugspuren beseitigt. Bei den Reliefs war die Arbeit nicht viel anders, nur daß man natürlich von einer Seite aus in den Stein ging und daher an verschiedenen Stellen verschieden weit war, wenn die Arbeit abgebrochen wurde.

Literatur: C. Blümel, Griechische Bildhauer an der Arbeit (1943); S. Adam, The Technique of Greek Sculpture in the Archaic and Classical Periods (1966); S. Nolte, Steinbruch – Werkstatt – Skulptur. Untersuchungen zu Aufbau und Organisation griechischer Bildhauerwerkstätten (Diss. Berlin 1996, Mikrofiches) bes. 58 ff. 311 ff. – Zu Simon und den Werkstätten an der Athener Agora: H. A. Thompson – R. E. Wycherly, Agora 14 (1972) 174. 187 (Zusammenfassung).

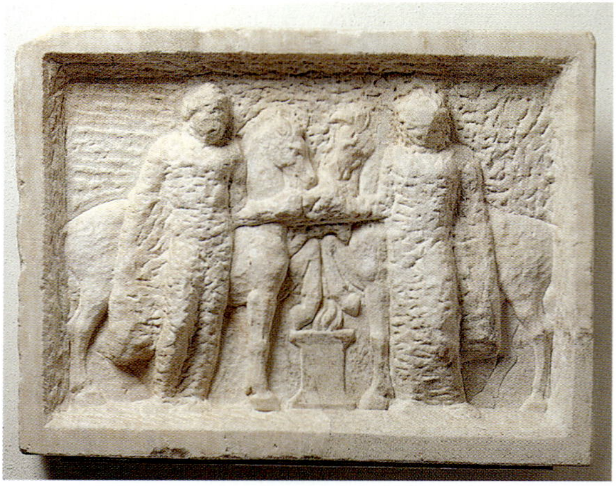

Kat.-Nr. 314

314 Unfertiges Weihrelief mit Darstellung der Dioskuren

Pentelischer Marmor; H 37,0 cm, B 50,0 cm
4. Jh. v. Chr.
Aus Athen, 1845 erworben, aus drei Teilen zusammengesetzt
Berlin, Antikensammlung Inv. Sk 730

Literatur: LIMC 3 (1986) 571 Nr. 33 (A. Hermary mit Zweifeln an der Datierung); Nolte a. O. 76 f. Nr. 58 (verschiedene Stadien der Fertigung).

315 Unfertige Statue eines jungen Mannes

Marmor; H 46 cm
4. Jh. v. Chr.
Erworben 1913 über München, aus mehreren Teilen zusammengesetzt, Arme und Füße fehlen
Frankfurt a. M., Liebieghaus Inv. 399

Literatur: P. C. Bol, Liebieghaus, Führer Antike Kunst (1980) 8 Abb. 5. 6; 267; Nolte a. O. 69 f. Nr. 52 (Spuren des Zahneisens, des Spitz- und Flachmeißels, Raspel sowie Schmirgel oder Bims).

316 a. b Zwei unfertige Kleinskulpturen aus der Werkstatt des Mikion und Menon an der Agora in Athen

Pentelischer Marmor; H 13,5 bzw. 12,5 cm
4. Jh. v. Chr.
1932 aus einer Zisterne im Hof der Werkstatt
Athen, Agora-Museum Inv. S 195 (Statuette) und 201 (Kopf)

Literatur: T. Leslie Shear, Hesperia 38, 1969, 389 f. Anm. 11; Nolte a. O. 73 f. Nr. 55. 56 Taf. 29 (beide Objekte aus Fragmenten von Marmorbecken umgearbeitet, das Relief eventuell ein Lehrstück).

317 Unfertiges Weihrelief mit Götterversammlung: Drei weibliche Göttinnen, Zeus und Hermes

Inselmarmor; H 59,0 cm, B 75,0 cm
2. Hälfte 4. Jh. v. Chr.
1905 auf Delos, Kompetaliasten-Agora, ausgegraben
Delos, Museum Inv. A 3194

Auffallend sind außer den verschiedenen Fertigungsstadien mit Zahneisen, Flach- und Spitzmeißel die Serien von einzelnen Punktbohrungen zur Gewinnung der Relieftiefe.

Literatur: J. Marcadé, Au Musée de Delos (1969) 103 Anm. 4; 106 Anm. 2; Nolte a. O. 79 f. Taf. 31–33.

318 Unfertige Reliefplatte vom Nereidenmonument in Xanthos

Marmor; H 46,0 cm, B 94,0 cm
Um 380 v. Chr.
1838–44 entdeckt und nach London überführt
London, British Museum Inv. BM 908

Literatur: W. A. P. Childs – P. Demargne, Fouilles de Xanthos 8 (1989) 214 f. und passim Taf. 136, 4; Taf. LXV; Nolte a. O. 91 f. Nr. 68 (Anfangsstadium der Fertigung).

W.-D. H.

Kat.-Nr. 315

Kat.-Nr. 316 a

Kat.-Nr. 316 b

Kat.-Nr. 317

Kat.-Nr. 318

Wolf-Dieter Heilmeyer

Agora, Tonabformungen

Ton ist ein Material, das in der Klassik nicht nur zur Herstellung von Ziegeln für Mauern und Dächer, von Tongefäßen als Luxus- oder Gebrauchsgeschirr und von Tonfiguren als kleine Grab- und Votivfiguren bis zu lebensgroßen Dachaufsätzen genutzt wurde. Ton wurde ebenso für die Öfen benötigt und zwar vom Keramiker wie vom Schmied und Metallhandwerker. Und dieser brauchte Ton auch für die großformatigen Bronzeschmelztiegel, die nur faustgroßen Löt- und die noch kleineren Goldschmelztiegel. Ton benutzte der Bronzebildhauer zur Erstellung seines Modells: Ein berühmter Satz des Polyklet sagt, jedes Kunstwerk werde am schwierigsten, »wenn der (ungeformte) Ton zum (kleinsten Detail, dem) Fingernagel wird«. Das besagt, daß die ganze wohlberechnete Statue des Polyklet bereits im Tonmodell angelegt war. Und wenn sie dann zum Bronzeguß vorbereitet werden sollte, wurde sie mit Ton ummantelt, wurde die Gußform aus Ton erstellt.

Ton wurde schließlich auch für alle Negativformen benützt, sei es daß man in ihnen unmittelbar etwas ausdrücken oder ausgießen wollte, sei es daß man ein besonders gelungenes Bildwerk aufbewahren wollte. Solche Negativformen und ihre positiven Ausdrücke wurden in größerer Zahl am Rande der Athener Agora in hellenistischen und römischen Kontexten gefunden, also z. T. Jahrhunderte nach ihrer Entstehung. Sie wurden vermutlich von kleinformatigen toreutischen Meisterwerken, aus Bronzeblech getriebenen Verzierungen von Panzern, Helmen oder Gürteln, abgeformt, um die schönen Bilder als Vorbilder zu erhalten. Das Bewußtsein, etwas Besonderes geschaffen zu haben und dieses nach Bedarf reproduzieren zu können, weil es gar nicht besser gelingen würde, ist der klassischen Kultur auf vielen Ebenen eigen. Die Trennung von künstlerischer Erfindung und handwerklicher Reproduktion ergab sich daraus von selbst.

Literatur: E. Reeder, Hesperia 45, 1976, 41 ff.; dies., Clay Impressions from Attic Metalwork (1979); W.-D. Heilmeyer in: B. v. Freytag – D. Mannsperger – F. Prayon (Hrsg.), Praestant interna, Festschrift U. Hausmann (1982) 52 ff. – Zum Polykletzitat: W.-D. Heilmeyer in: E. Pöhlmann – W. Gauer, Griechische Klassik, Tagung Blaubeuren (1991) 222.

319 Negativabdruck von der reliefierten Wangenklappe eines Helms: Herakles im Löwenkampf

Ton; 6,8 x 7,8 cm
Um 430 v. Chr.
Von den Ausgrabungen an den Pnyx-Abhängen, Athen
Athen, Agora-Museum Inv. T 181

Literatur: E. Reeder, Clay Impressions a. O. 149 ff. Nr. 20 (wegen seiner Schärfe scheint der Abdruck unmittelbar nach der Fertigung des Bronzereliefs genommen).

320 Negativabdruck von der reliefierten Wangenklappe eines Helms mit Darstellung des Heros Kadmos

Ton; L 10,9 cm
Um 430 v. Chr.
Aus einem Depot des 4. Jhs. an der Athener Agora
Athen, Agora-Museum Inv. T 930

Literatur: Reeder a. O. 153 ff. Nr. 21 (Abdruck von einem etwas abgenützten Relief).

321 Negativabdruck von der reliefierten Wangenklappe eines Helms oder einer Panzerklappe: Krieger

Ton; 6,6 x 6,5 cm
Um 400 v. Chr.
Aus einem Depot der Mitte des 4. Jhs. v. Chr. an der Athener Agora
Athen, Agora-Museum Inv. T 1931

Literatur: Reeder a. O. 161 ff. Nr. 23 (Abdruck nach frischem Relief).

322 Antiker Positivausdruck aus dem Negativabdruck von der reliefierten Wangenklappe eines Helms: Gigant

Ton; H 8,4 cm
Um 400 v. Chr.
Aus einem Kontext des 2. Jhs. v. Chr. von der Athener Agora
Athen, Agora-Museum Inv. T 359

Literatur: Reeder a. O. 165 ff. Nr. 24 (ein Negativ muß bald nach Herstellung des Reliefs genommen worden sein, das Positiv ist auch später möglich).

Kat.-Nr. 320

Kat.-Nr. 324

Kat.-Nr. 321

Kat.-Nr. 323

Kat.-Nr. 325

323 Antiker Negativabdruck von einer reliefierten Gürtelschließe: Odysseus

Ton; 11,8 x 11,5 cm
Um 400 v. Chr.
Von der Athener Agora
Athen, Agora-Museum Inv. T 3393

Literatur: Reeder a. O. 187 ff. Nr. 30 (auf der anderen Hälfte der Schließe kann Aias dargestellt gewesen sein).

324 Antiker Negativabdruck von einer Reliefplatte: Mädchen in archaistischem Gewand

Ton; 5,6 x 4,3 cm
Um 400 v. Chr.
Aus einem Kontext des 4.–2. Jhs. v. Chr. auf der Athener Agora
Athen, Agora-Museum Inv. T 2890

Literatur: Reeder a. O. 191 ff. Nr. 31 (vielleicht von einem Votivrelief aus Silber).

325 Moderner Positivabdruck aus einem verschollenen antiken Negativabdruck einer reliefierten Panzerklappe: Aphrodite und Eros

Der moderne Abdruck Kunstharz; H 11,2 cm
Die abgeformte Panzerklappe aus stilistischen Gründen um 420 v. Chr.
Das antike Original um 1870 in Athen, Slg. A. Rhousopoulos; in England verschollen
Berlin, Antikensammlung

Literatur: Vgl. Reeder a. O. 157 ff. Nr. 22; Heilmeyer, Praestant interna a. O. (der antike Abdruck ist von einem schon gebrauchten Relief genommen, das am Panzer ein Gegenstück gehabt haben muß und eventuell zur Reparatur in die Werkstatt gekommen war). W.-D. H.

Der Friedhof des Kerameikos von Athen: Gräber als Depot

Jutta Stroszeck

Das Grab des Eupheros

Obwohl in der Kerameikos-Nekropole durch günstige Umstände eine Reihe von Grabbezirken ganzer Familien erhalten ist, in denen noch ein Teil der Grabdenkmäler aufrecht steht, ist doch auch hier die Identifizierung von Grab und zugehörigem Grabdenkmal die Ausnahme. In der Regel bleiben die Gräber für uns anonym, die Grabdenkmäler sind in anderem Zusammenhang wiederverwendet worden, während die Gräber selbst häufig durch spätere Gräber oder durch Überbauung gestört sind.

Ist der Kontext ausnahmsweise vollständig erhalten, so verfügen wir über zusammenhängende Informationen, die die Voraussetzung für eine optimale Beurteilung sowohl des Grabdenkmals als auch der Bestattungssitten darstellen.

Ein solches Grab sei hier vorgestellt (Abb. 1). Es wurde um 430 v. Chr. an einem südlichen Seitenweg der Heiligen Straße angelegt, die, vom Heiligen Tor Athens ausgehend, zum Mysterienheiligtum von Eleusis führte. Am Rande dieses Seitenweges befand sich eine ausgedehnte Kindernekropole, die im gesamten 5. Jahrhundert v. Chr. belegt war. Die Grabstele befand sich am Fußende des Grabes; ein Grabhügel war nicht angeschüttet. Durch die Ausgrabung 1964 konnte festgestellt werden, daß das Grab bereits gegen 390 aufgelassen wurde. Die Grabstele wurde damals vorsichtig mit dem Relief nach unten umgelegt, aber nicht an anderer Stelle wiederverwendet. Aus diesem Grund hat sich das Grabmal einschließlich reicher Spuren einer früheren farbigen Bemalung erhalten (s. u.).

Die 2,18 m tiefe Grabgrube (B 0,96 m), enthielt Reste eines Holzsarges (L 1,58; B 0,55 m). Der Kopf lag im Osten, also zum Weg hin.

Das Skelett (L 1,35 m) wurde in Rückenlage mit seitlich angelegten Armen vorgefunden. Die Ausgräberin bezeichnete den Knochenbau als »zart«. Das Skelett war gut erhalten, wurde aber, entsprechend der damals üblichen Gepflogenheiten, nicht geborgen. Durch die Inschrift und die Beigabe zweier Schaber (Strigileis) ist das Geschlecht des Skelettes sicher richtig bestimmt, denn in Attika sind in dieser Zeit keine Frauengräber mit Strigileis bekannt.

Die Beigaben lagen an beiden Langseiten des Sarkophages und zu Füßen des Toten. Ausschließlich für das Totenritual hergestellt sind sechs weißgrundige Lekythen, Behälter für Duftöl. Sie waren paarweise seitlich des Kopfes, des Brustkorbs und der Schienbeine aufgestellt. Reste eines feinmaschigen Gewebes, das den Lekythen teilweise großflächig anhaftet, wurden bei einer Reinigung im Frühjahr 2001 beobachtet. Es dürfte sich um Abdrücke des Leichentuches handeln, in welches der Tote gehüllt war. Solche Leichentücher sind im Kerameikos mehrfach beobachtet worden. Herausragend unter den Lekythen ist ein Stück mit der Darstellung des Sisyphos (Kat.-Nr. 327 d). Eine Erklärung für die Wahl dieses Themas liegt m. E. im Mythos des Sisyphos selbst, der dem Hades ein Weiterleben abtrotzte. Das mythologische Beispiel warnt andererseits vor diesem Gedanken, denn Sisyphos wurde für seine List hart und in alle Ewigkeit bestraft.

Die Bilder der anderen Lekythen zeigen, soweit sie erhalten sind, Szenen am Grab: eine trauernde Frau am Grabhügel (Kat.-Nr. 327 f) sowie zweimal das Bild einer Palmettengrabstele, zu der bei dem besser erhaltenen Beispiel (Kat.-Nr. 327 a) eine Frau mit Opfergaben kommt.

Ein schwarz gefirnißter Kantharos lag, neben einem Salznapf, griffbereit bei der rechten Hand des Toten, Hinweis auf die Speise- und Trankspenden am Grab.

Beim rechten Fuß lag ein rotfiguriges Choenkännchen. Die Terrakottafigur eines Äffchens sowie eine Nähnadel und eine Hülse mit Metallbeschlägen, in der zwei Styli lagen (Schreibgeräte aus

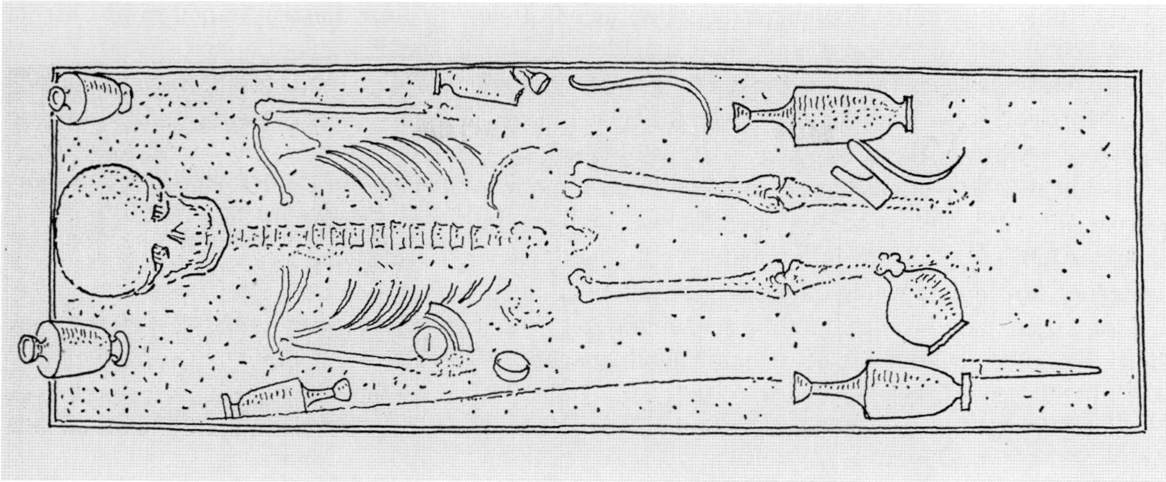

Abb. 1. Das Grab des Eupheros, Zeichnung des Auffindungszustands

Bein), ferner ein Astragal, waren beim rechten Bein deponiert; bei der linken Hand und neben dem linken Bein lag je eine Strigilis.

Körpergräber von Jugendlichen mit einem ähnlichen Beigabenset sind in Attika mehrfach vertreten. Charakteristisch dafür sind die Kännchen, der Kantharos und der Salznapf, figürliche Terrakotten (Äffchen wurden im Kerameikos mehrfach in Kindergräbern des 5. Jahrhunderts v. Chr. gefunden) und Astragale.

Eine Besonderheit sind die beiden Styli, die in einem Eisenbehälter steckten; das Schreibgerät tritt, als Hinweis auf die Bildung des Verstorbenen, nur selten als Grabbeigabe auf.

Die schlanke Stele, deren Basis schon bei der Ausgrabung fehlte, stand, nach ihrer Fundlage zu urteilen, wahrscheinlich über dem Fußende des Grabes. Sie ist aus einer flachen Marmorplatte gearbeitet, in die das Bildfeld eingetieft wurde, während der untere und der obere Abschluß die ursprüngliche Dicke der Platte angeben. Beide Schmalseiten der Stele weisen oben und unten einen feinen Randschlag auf, der auf die gesamte Länge des Bildfeldes unterbrochen ist; diese Zurichtung der Platte hat demnach vor der Anbringung des Reliefs stattgefunden. Oben ist die Stele durch einen in flachem Relief dargestellten Giebel mit breitem Architrav abgeschlossen. In der Mitte der Oberseite war ein Tänienstift aus Bronze eingelassen. Die Akrotere des Giebels sind bemalt, die Bemalung ersetzt hier das Relief. Für die Spitze des Mittelakroters war kein Platz vorhanden, sie fehlt daher, ebenso die Enden der Giebelgeisa. Die Bodenleiste ist glatt.

Die Inschrift auf dem Architrav benennt den Toten ohne Patronymikon: Er heißt Eupheros (d. h. der sich gut beträgt). Dieser Name ist bislang insgesamt achtmal in Attika nachgewiesen, z. B. in den Demen Acharnai, Auridai und Kephisia. Alle Nachweise stammen aus der 2. Hälfte des 5. und dem 4. Jahrhundert v. Chr. Die Träger dieses Namens kommen aus der besser gestellten Athener Politiker- und Bürgerschicht: einer lieferte Holz für den Bau des Parthenon, ein anderer wurde zusammen mit anderen Männern verflucht (auf attischen Fluchtafeln der klassischen Zeit sind oft die Namen einflußreicher Athener Bürger und Politiker zu lesen). Ferner tritt Eupheros als Vatersname von Beamten auf (eines Sekretärs der Bule, eines Flottenbeauftragten und eines Angestellten im Ernährungsamt) sowie zweimal als Vater einer Frau, die sich ein Grabrelief leisten konnte.

In den Bauabrechnungen für den Parthenon vom Jahr 438/37 ist ein Holzverkäufer mit diesem Namen aufgeführt. Da nach den Regeln der Namengebung im klassischen Athen der Name immer vom Vater auf den Sohn weitergegeben wurde, könnte es sich um den Großvater des Verstorbenen handeln. Der in einer anderen Inschrift vom Jahr (422/21) als Sekretär der Bule genannte Prepis, Sohn eines Eupheros, könnte demnach der Vater oder der Onkel unseres Eupheros sein. Diese Überlegungen sind jedoch sehr hypothetisch, da der Name mehrfach vorkommt.

Das Relief zeigt einen bekränzten Jüngling, der fast ganz in einen langen Mantel mit welligem Saum gehüllt ist. Außerdem trägt er Sandalen, deren Riemen gemalt waren. Eupheros ist als Linkshänder wiedergegeben: Mit der Linken hält er eine Strigilis vor sich, ein Gerät, mit dem man sich nach dem Sport Sand, Schmutz und Öl von der Haut schabte. Auch die eine der beiden Strigileis im Grab lag bei seiner linken Hand.

Es fällt das Mißverhältnis der zu langen und schmalen Oberschenkel der Figur zum gesamten Körper auf. Außerdem sind die Oberschenkel im Verhältnis zum Rumpf zu schmal. Auch ist das Haar des Jünglings seltsam grob und der Kopf abgeflacht wiedergegeben.

Bei der Auffindung waren intensive Farbspuren erhalten (s. S. 473 ff.).

Durch den Mantel ist der Jüngling als zukünftiger Bürger gekennzeichnet; diese Aussage wird ergänzt durch die Strigilis. Sie deutet auf den athletischen Aspekt der Ausbildung der Heranwachsenden hin. Für den Vorbeigehenden war klar, daß hier das Grab eines Jugendlichen lag, der starb, als er noch im Begriff war, sich auf seine Stellung in der Erwachsenenwelt vorzubereiten.

Literatur: B. Schlörb-Vierneisel, Zwei klassische Kindergräber im Kerameikos, AM 79, 1964, 85 ff. Beil. 48–56; dies., AM 81, 1966, 22. 24. 38 Nr. 72; C. W. Clairmont, Classical Attic Tombstones I (1993) 235 ff. Nr. 1.081; E. Kotera-Feyer, Die Strigilis (1993) 95 f.

a *b* *c* *d* *e* *f*

Kat.-Nr. 327 a–f

d

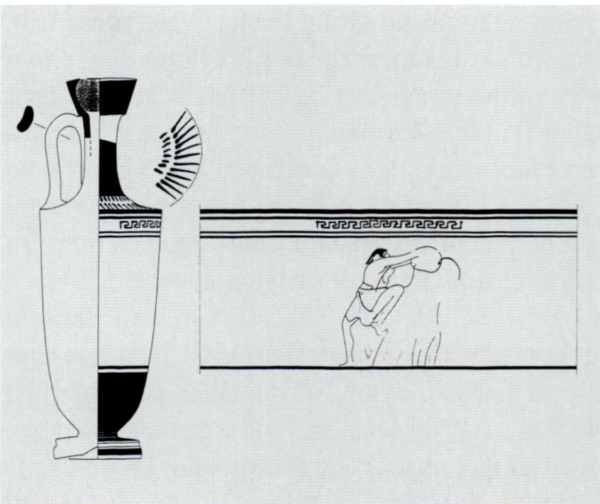

d

Alle Exponate:
Athen, Kerameikos-Museum

326 Grabstele

Pentelischer Marmor; H 1,47 m, B 0,49 m
Inv. P 1169 und I 417

327 a–f Sechs weißgrundige Lekythen

a. Inv. 2767

H 28,2 cm, Dm des Fußes: 5,3 cm

Schulter mit Palmetten und Ranken verziert. Palmettengrabstele. Links steht ein Jüngling im Mantel, an ihm springt sein Hund hoch (wenige Reste erhalten). Auf der vorgestreckten Linken hockt ein kleiner Vogel. Rechts steht eine Frau, sie hält einen flachen Korb voller Binden.

b. Inv. 2768

H 23,5 cm. Schulter mit Palmetten und Ranken verziert

Palmettengrabstele, Links Jüngling im Mantel, rechts Jüngling.

c. Inv. 2769

H 22,8 cm. Schulter mit Strahlenkranz

Bindengeschmückte Giebelstele auf zweistufiger Basis, links stehender Mann im Mantel.

d. Inv. 2770

H 22,7 cm, Dm Fuß: 5,4 cm. Schulter mit Strahlenkranz

Im Bildfeld plagt sich, wie zuerst E. Simon erkannt hat, Sisyphos. Seine Haare sind lang und durch zusätzlichen Farbauftrag als dunkelbraune Kappe kenntlich. Er trägt einen Schurz um die Lenden. Mit beiden Händen rollt er einen Stein einen steilen Fels hinauf. Mit dem rechten Bein steht er fest auf dem Boden, das linke stemmt er abgewinkelt gegen des Fels. In dieser Zeit einzigartig, reflektiert das Bild wohl eines der Satyrspiele des Aischylos mit diesem Thema.

e. Inv. 2771

H 18,6 cm. Schulter mit Strahlenkranz. Bemalung vergangen

f. Inv. 2772

H 18,1 cm, Dm Fuß: 4,4 cm. Schulter mit Strahlenkranz

In einen Mantel gehüllte, sitzende Frau an einem Grabhügel (Tymbos), der mit Binden geschmückt ist.

Kat.-Nr. 326

Kat.-Nr. 328 a

Kat.-Nr. 328 b

Kat.-Nr. 328 c

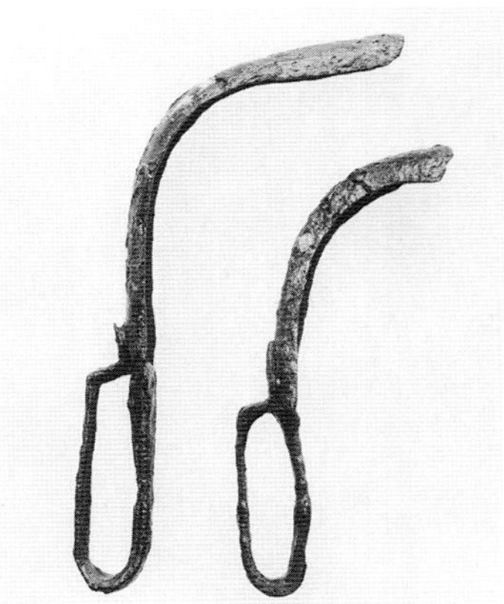

Kat.-Nr. 330

328 Weitere Keramik

a. Rotfigurige Kanne mit Kleeblattmündung

Inv. 2764. H 13,3 cm

Auf Stuhl (Klismos) sitzender Knabe links, ihm gegenüber kommt ein laufender Knabe mit Kleeblattkanne und abwärts gehaltener Fackel zum Stehen. Zwischen den beiden am Boden eine Ente. Dem Schuwaloff-Maler zugewiesen.

b. Schwarzgefirnißter Kantharos mit Dornhenkeln und Standplatte

Inv. 2765. H inkl. Henkel: 8,0 cm, Dm 7,1 cm

c. ›Salznapf‹

Inv. 2766. H 3,0 cm, Dm 5,4 cm. Schwarz gefirnißt.

329 Terrakotta-Äffchen

Inv. 2773 und T 458 A. H 7,7 cm, B 3,0 cm. Rückseite nur gewölbt, nicht modelliert.

Literatur: B. Vierneisel-Schlörb, Die figürlichen Terrakotten I. Spätmykenisch bis späthellenistisch, Kerameikos 15 (1997) 175 Nr. 585 Taf. 101; vgl. W. C. McDermott, The Ape in Antiquity (1938).

330 Zwei bronzene Strigileis

Inv. 2774
Inv. 2775. L 19,7 cm

331 Nähnadel aus Bronze

Inv. 2775 a. L 6,5 cm. Großes Öhr.

J. S.

Kat.-Nr. 329

Richard Posamentir

Zur farblichen Ausgestaltung des Eupheros-Reliefs

Abb. 1. Die Stele des Eupheros, UV-Reflektographie

Abb. 2. Die Stele des Eupheros, UV-Fluoreszenzaufnahme

Abb. 3. Die Stele des Eupheros, Farbrekonstruktion

Bei der Bergung der Stele im Jahr 1964 konnten noch deutlich sichtbare blaue Farbreste auf dem Stelengrund beobachtet werden; diese Hintergrundfarbe ist sonst sowohl für Anthemien als auch Relieffiguren zahlreich belegt und wäre zunächst grundsätzlich ebenso für die Stege zwischen den Akroterien und die Akroterien selbst anzunehmen. Es kann aber auch nicht ausgeschlossen werden, daß die Stege marmorhell belassen wurden, da sie eigentlich nur als Träger des gemalten Grabschmuckes dienten und damit nicht unmittelbarer Bestandteil der Darstellung sind. Der deutliche Unterschied zwischen Akroteriengrund und Stegen in den UV-Fluoreszenzaufnahmen legt letztere Hypothese deutlich nahe.

Voluten-Palmetten-Ornamente sind nicht nur im attischen Raum sehr häufig in einheitlich roter Farbe beobachtet worden; die sich in der Fluoreszenzaufnahme an diesen Stellen zeigende lichtabsorbierende Reaktion bei der Stele des Eupheros wäre hierfür durchaus passend. Aufgemalte Akroter-Ornamente sind bei allen attischen Giebelstelen anzunehmen, aber nur noch selten mit freiem Auge zu erkennen. Stelen des 5. Jahrhunderts v. Chr. können dabei sowohl in der Mitte als auch seitlich rundblättrige oder aber sichelblattförmige Palmetten tragen; ebenso ist jedoch auch die Mischung der Blattformen belegt, die ja auch die Stele des Eupheros zeigt.

Den attischen Stelen klassischer Zeit eigen ist die kanonische farbliche Dreiteilung der Leisten und Geisa. In der Regel sind diese farbigen Bänder durch Ritzlinien voneinander abgegrenzt, wodurch sie an vielen Reliefs und Stelen selbst bei schlecht erhaltener Oberfläche noch nachweisbar sind. Auf dem mittleren Band der Leiste sitzt bisweilen die aufgemalte oder eingehauene Namensbei- oder -inschrift.

Zumeist sind die beiden äußeren Bänder der Leiste in derselben Farbe angegeben, doch sind auch Ausnahmen bekannt, bei denen drei verschiedene Farben verwendet wurden. Beobachtet wurden bis jetzt hierfür die Farben Rot und Blau; bei einer einzigen Stele auch Grün. Nach Ausweis der UV-Fluoreszenzaufnahme sind in vorliegendem Fall aber die beiden äußeren Bänder auf den Giebelschrägen in einer einheitlichen Farbe gemalt gewesen. Auf der Horizontalleiste ist ungewöhnlicherweise nur ein schmales Band oberhalb der Buchstaben zu sehen, das sich farblich in den UV-Fluoreszenzaufnahmen auch nicht mehr deutlich vom Grund der Inschrift unterscheiden läßt. Diese Eigenheit weist auf das frühe Entstehungsdatum der Stele hin, denn später sind vor allem auch die Horizontalleisten kanonisch dreifach untergliedert.

Die eingehauenen Buchstaben wurden zudem durch Farbe noch hervorgehoben, womit sich die in vielen Fällen nicht besonders sorgfältige und seichte Gravierung der Inschrift erklärt. Als Farben sind ebenfalls wieder Rot und Blau zu beobachten, wobei Rot wesentlich häufiger für diesen Zweck verwendet wurde.

Die beiden perspektivisch dargestellten und sowohl in Farbnegativ als auch in Vorritzung zu verfolgenden Tänienrollen links und rechts des Mittelakroters waren nach Ausweis der UV-Fluoreszenzaufnahme in unterschiedlichen Farben angegeben; bei einem vergleichbaren Stück in München sind die beiden Rollen etwa in roter und blauer Farbe ausgeführt. Gemalte Tänienrollen gehören bei Stelen mit Stegen zwischen den Akroterien offensichtlich zur Grundausstattung und können daher bei Stelen des endenden 5. sowie des beginnenden 4. Jahrhunderts v. Chr. vor allem durch die Vorritzungen der perspektivisch verkürzten Rollenseiten des öfteren beobachtet werden; als Farben sind neben Rot und Blau auch Gelb belegt. Erstaunlicherweise wird dieses Motiv erst spät auch in plastischer Form wiedergegeben; einige wenige Beispiele aus diesem Bereich zeigen aber, daß sich an der Farbpalette für die Stoffrollen nichts ändert.

Über die ganze Stelenbreite ist eine weitere ausgerollte Tänie, wie an drei Stellen aufgehängt wirkend, dargestellt. Tänien in dieser Form sind ausgesprochen selten und auch in plastischer Form nur in Ausnahmefällen belegt. Der noch erhaltene Eisenzapfen auf der Oberseite des Reliefs oberhalb des Mittelakroters mag daran erinnern, daß der gemalte Schmuck nur eine ursprünglich tatsächlich existierende Tänie ersetzte und in einen dauerhaften Zustand versetzte. Das Band schlägt mehrmals um und suggeriert dadurch wie die perspektivisch gezeigten Rollen einen Anflug von Räumlichkeit, der durch Farbe mit Sicherheit noch unterstrichen wurde. Bei unserer Stele mögen also die ovalen Seitenflächen der Tänienrollen andersfarbig als die Vorderseiten wiedergegeben worden sein; zumindest legt dies die rechte Rolle in ihrem Verhalten unter UV-Licht durchaus nahe. Tänien oder Gewänder in dieser Weise mit teilweise sichtbar werdender Rückseite zu zeigen, um Stofflichkeit und Dreidimensionalität zu vermitteln, gehört zum Standardrepertoire in gleichzeitiger Vasenmalerei, aber auch Grabkunst und kann in einigen Fällen auch noch in seiner farblichen Differenzierung beobachtet werden. Die besten Beispiele für die Verdeutlichung des oben beschriebenen Phänomens differenzieren etwa Vorder- und Rückseite einer Tänie in hellem und dunklem Rotton.

Die bisweilen als weiß klassifizierten Tänien auf einfacheren kleinen Steinen sind dagegen durchgehend mißverstanden, in allen untersuchten Fällen handelt es sich um sog. Farbnegative von Farben, die eine hellere, weißlich erscheinende Oberfläche zurücklassen. Da dies vor allem auf jene Farben zutrifft, die schlecht oder gar nicht in die Steinoberfläche eindringen, und auch die ausgerollte Tänie auf der Stele des Eupheros ein sehr helles Farbnegativ aufweist, sind entweder Blau oder Grün als Farbwerte anzunehmen. Im Gegensatz zu Grün ist jedoch Blau bereits in zumindest zwei Farbabstufungen nachweisbar und damit als wahrscheinlicher zu bezeichnen.

Rätsel geben die beiden Tiere im Giebelfeld auf, die sehr unterschiedlich unter UV-Licht reagieren. Nach Ausweis der erkennbaren Schwanzquasten und Mähnenansätze handelt es sich bei beiden um männliche Löwen; jedoch erscheint der linke wesentlich heller als der rechte. Entweder ist diese Fläche stärker als andere Teile in Mitleidenschaft gezogen worden, oder die beiden Tiere waren farblich voneinander unterschieden, was wenig wahrscheinlich wirkt. Ein Analogieschluß ist in diesem Falle nicht zu ziehen, denn die Darstellung einer gemalten Tierkampfgruppe im Giebelfeld einer attischen Grabstele klassischer Zeit ist bisher ein absoluter Einzelfall. Vereinzelt lassen sich lediglich einfachere Gegenstände wie gemalte Rosetten oder Schilde bei anderen Stelen ausmachen. Da die Farbgebung bei attischen Grabreliefs in der Regel als durchaus realistisch eingestuft werden kann, wären Gelb für den Körper und Braun für die Mähnen anzunehmen. Die durchaus starke Reaktion gelber Farbreste auf anderen Stelen in UV-Fluoreszenzaufnahmen ließe zumindest für den linken Löwen an diese Farbverteilung denken. Da auch bei dem rechten Tier zumindest die Beine ebenfalls stark reagieren, ist hier die Kombination Gelb-Braun der farblichen Rekonstruktion zugrunde gelegt.

R. P.

Jutta Stroszeck

Spätklassische Töpferproduktion im Kerameikos

Bei Ausschachtungsarbeiten für das Kerameikos-Museum wurden 1937 Reste von drei Töpferöfen freigelegt. Die Öfen lagen vor den Toren der antiken Stadt Athen unweit des Heiligen Tores auf dem schmalen Bergrücken südlich der Eridanos-Senke, über den die moderne Hermesstraße führt. Durch die Nähe zum Fluß waren die Bedingungen für die Anlage von Töpferwerkstätten hier günstig.

Die Töpferöfen (Abb. 1)

Die Grundmauern dreier übereinanderliegender, d. h. nacheinander benutzter Öfen (Maße ca. 3,5 x 5,0 m) waren erhalten. Sie haben eine rechteckige Schmalseite, von der aus die Langseiten sich zur gegenüberliegenden Schmalseite hin verjüngen. An dieser Schmalseite befindet sich der Befeuerungskanal in Form zweier paralleler Mäuerchen (sog. birnenförmige Öfen). Die Öffnung zu Befeuerung wurde von einer Phase zur nächsten um 90 Grad verlegt. Nur in diesen schmalen Kanälen wurde nach Ausweis von analogen Öfen Feuer entfacht, denn nur hier sind Rußspuren bzw. grünlich glasierte Tonschlacken erhalten, die bei der Befeuerung entstehen.

Die beiden besser dokumentierten Öfen haben eine längliche, schmale Innenstütze. Ihre Wände waren aus Bruchsteinen errichtet. Die Kammer unter dem Rost, d. h. der meist gut erhaltene Boden der Öfen, ist stets frei von solchen Feuerspuren. Über die Innenstütze des Ofens wurde ein breiter Rost aus Ton gelegt, der die heiße Luft im Ofen zirkulieren ließ. Auf diesen Rost stapelten die Töpfer die ungebrannte Ware.

Um Fehlbrände zu verhindern, verwendeten die Töpfer sog. Brennstützen beim Stapeln der Keramik (Abb. 2). Diese Brennstützen können wie kleine Dreifüße, Zylinder, Pyramiden oder wie Ringe

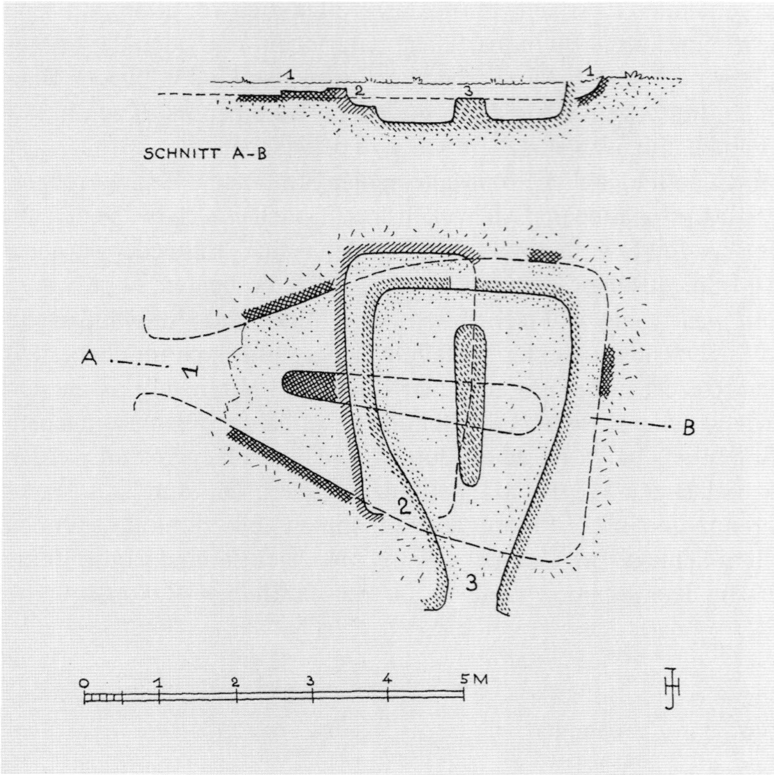

Abb. 1. Töpferöfen im Kerameikos, Grundriß und Ansicht

geformt sein, oder sie hatten die Form von Becherchen ohne Boden. Ihre Funktion war, durchlüftete Abstände zwischen der zu stapelnden Ware zu halten, damit die Ware nicht verbackt und damit zerstört wird. Wahrscheinlich ist die Form der Brennstütze von der Art der zu brennenden Keramik abhängig, aber es ist bislang nicht eindeutig geklärt, welche Brennstütze zu welcher Art von Keramik gehörte.

Der obere Teil der Ofens kann aus Lehmziegeln oder ebenfalls aus Bruchsteinmauern bestanden haben. Obwohl inzwischen eine Reihe von Töpferöfen klassischer Zeit archäologisch nachweisbar ist, sind nirgends Reste vom Oberbau der Öfen erhalten.

Bisher ungeklärt ist die Frage, für wie viele Brennvorgänge der Unterbau der Öfen verwendet werden konnte; der Oberbau könnte jedesmal neu errichtet und nach dem abgeschlossenen Brennvorgang abgetragen worden sein.

Töpferschutt (Abb. 2. 3)

Beim Brand entstanden häufig Fehlbrände, die in der Nähe der Öfen, meist in Abfallgruben oder Brunnen, entsorgt wurden. Die durchlöcherten Probestücke, die zur Überwachung des Brandvorganges notwendig waren (Kat.-Nr. 335), landeten ebenfalls dort. Auch Schutt aus den eigentlichen Töpferwerkstätten, nämlich Modeln für Kantharoshenkel und Terrakotten, sind am Hang unterhalb, d. h. nördlich des Kerameikos-Museums, in größerer Zahl gefunden worden; ein Indiz dafür, daß in diesem Fall Werkstatt und Öfen benachbart lagen. Dieser Töpferschutt erlaubt einen hervorragenden Einblick in die Produktionsweise der Kerameikos-Töpfer in spätklassischer Zeit. In unserer Werkstatt wurde demnach hauptsächlich schwarz gefirnißtes Eß- und Trinkgeschirr hergestellt: Kantharoi mit Dornhenkeln, Schalen mit Ringfuß sowie runde, innen gestempelte Teller.

Verworfen wurden versehentlich ungefirnißt belassene Stücke, sowie gesprungene, verbackene oder zu stark gebrannte Stücke.

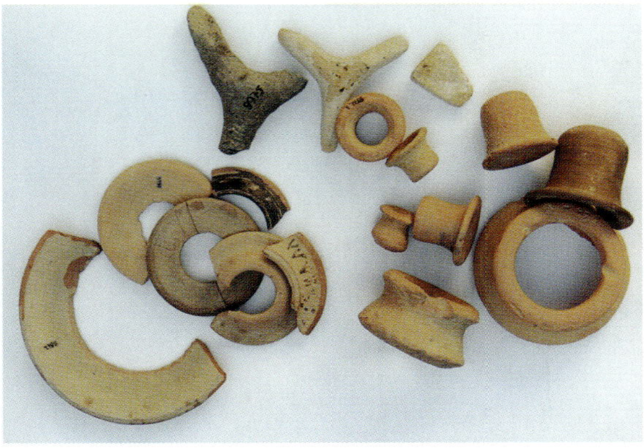

Abb. 2. Töpferschutt, Brennstützen

Abb. 3. Töpferschutt, Modeln für Kantharoshenkel

Besonders die großen Mengen an Töpferschutt von Kantharoi geben einen Einblick in die Produktionsweise dieser Gefäße: Fuß, Boden und Wandung wurden separat auf der Töpferscheibe gedreht und aneinandergesetzt, abschließend wurden die mit Modeln vorgeformten Henkel angefügt. Dann wurden die Gefäße gefirnißt, im Ofen gestapelt und gebrannt.

Drei Größen von Henkeln lassen sich unterscheiden: Große (L 10–12 cm); mittlere (L 6–10) und kleine (L 4–6 cm). Die Modeln bestehen durchgehend aus sehr fein geschlämmtem Ton, dessen Oberfläche auf der Rückseite der Model rauh und stumpf oder mit einem Spachtel glattgestrichen und seifig glänzend ist.

Drei Modeln der kleinsten Serie sind außen auf ihrer Rückseite mit eingeritzten Buchstaben gekennzeichnet (Alpha, Kappa und Tau, Inv. 9943. 9951. 9953). Der Sinn dieser Produktionsmarken ist noch unklar. Es ist wenig wahrscheinlich, daß es sich um Signaturen von Töpfern handelt, da nur ein Buchstabe angegeben ist und nicht der ganze Name bzw. wenigstens ein Kürzel davon, wie es später üblich ist. Vielleicht handelt es sich um Serien- oder Größenangaben.

Die Henkelmodeln sind teilweise von Metallkantharoi abgeformt, wie die scharfe Profilierung entlang der Ränder in einem Fall zeigt (Inv. 2343). Im Querschnitt sind die Henkel meist rechteckig, mit schmalrechteckigen Daumenplatten, die sich zu den Ansätzen an der Gefäßwandung hin verbreitern. Zwei Beispiele der kleinsten Gruppe sind gerundet: Inv. 9943. 9953.

Literatur: A. Brueckner, Der Friedhof am Eridanos (1909) 46 f.; K. Gebauer – H. Johannes, AA 1937, 185 f. Abb. 4. 11; M. Ch. Monaco, AM 114, 1999, 105 ff.; dies., Ergasteria. Impianti artigianali ceramici ad Atene ed in Attica dal Protogeometrico alle soglie del'Ellenismo (2000) 70 ff. Taf. 24–26.

Soweit nicht anders vermerkt, sind alle Stücke im Töpferschutt unterhalb (nördlich) des Museums gefunden worden.

332 Schalen

Die drei hier vorgestellten Schalen zeigen verschiedene Arten von Töpferschutt:

a. Inv. 9923 Tongrundige, gefirnißte Schale mit Palmettenstempel

H 3,8; B soweit erhalten: 12,3 cm. Hellbrauner Ton, gefirnißt, aber tongrundig geblieben.

Schale mit Ringfuß, innen geritzt: Rädchenkreise und sechs Palmetten, die untereinander mit Bögen verbunden sind.

b. Inv. 9763 Schwarzgefirnißte Stempelschale mit Ringfuß und nach innen geneigtem Rand

H 3,7; Dm innen 14,0 cm.

Innenseite: mit dem Rädchenstempel zwei Kreise sowie fünf Palmetten eingedrückt. Grau-grünlich verbrannt. Der Rand durchbohrt, damit das Stück zur Brandkontrolle aus dem Ofen gezogen werden kann. Der Bohrung gegenüber ist ein halbmondförmiges Stück aus dem Rand der Schale ausgeschnitten.

Kat.-Nr. 332 b

Kat.-Nr. 333 a

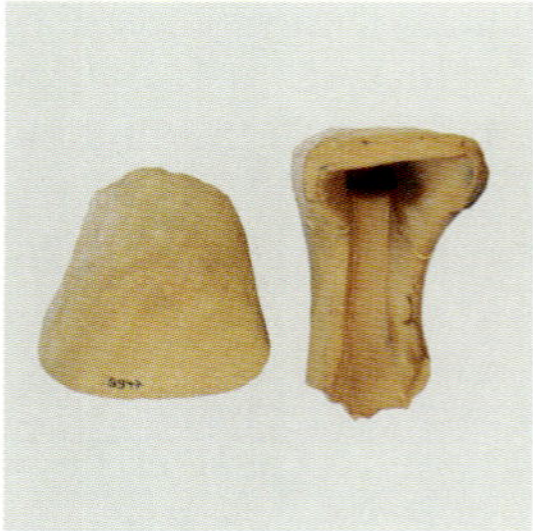

Kat.-Nr. 334 a

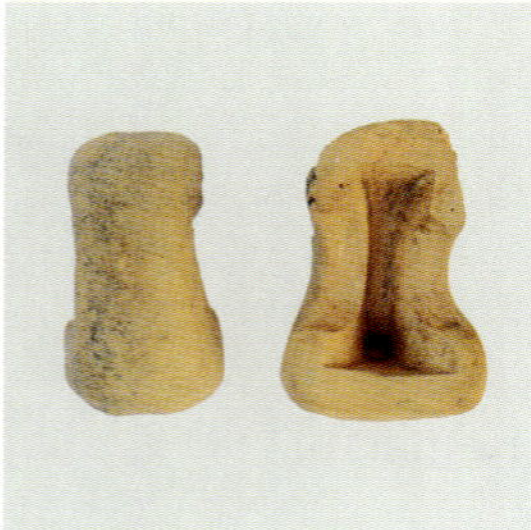

Kat.-Nr. 334 b

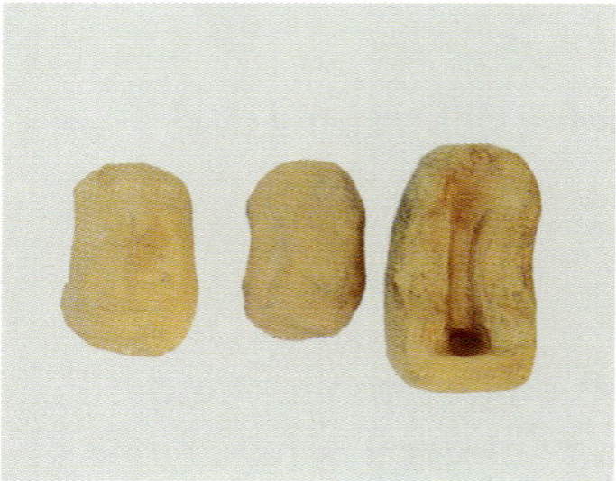

Kat.-Nr. 334 c

Kat.-Nr. 334 c

Kat.-Nr. 335 a

Kat.-Nr. 335 d

Kat.-Nr. 336 a

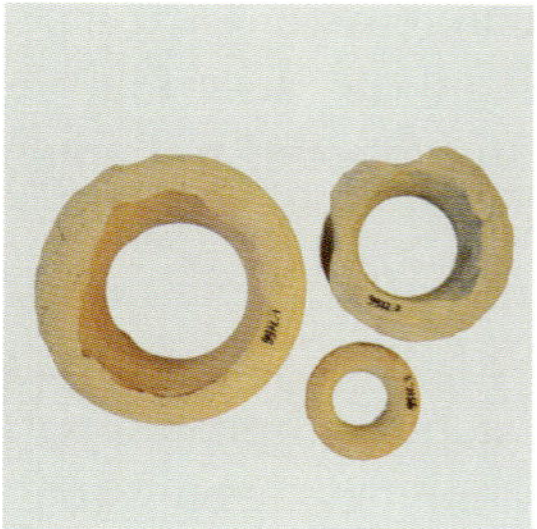

Kat.-Nr. 336 c

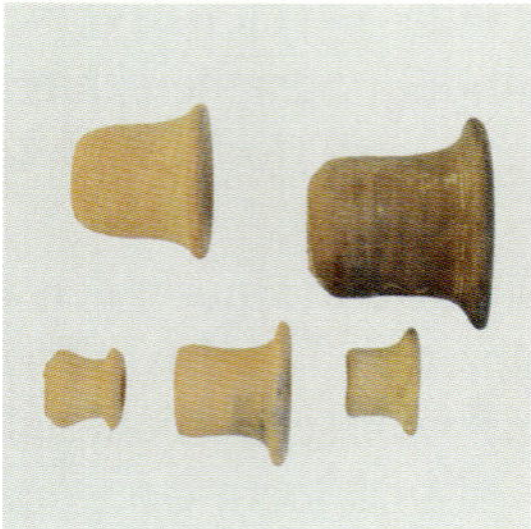

Kat.-Nr. 336 d

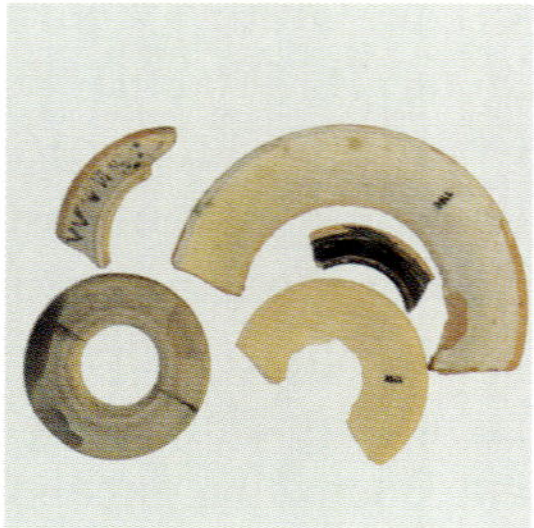

Kat.-Nr. 336 e

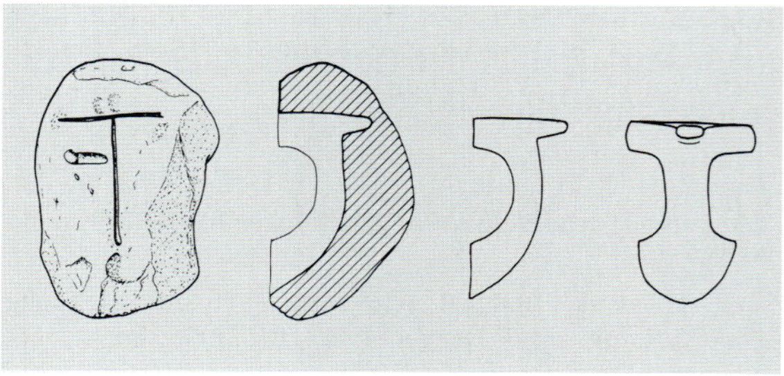

Kat.-Nr. 334 c

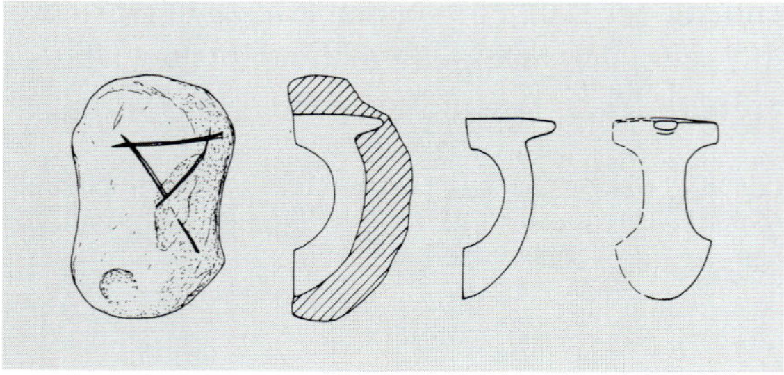

Kat.-Nr. 334 c

c. Inv. 9924 Tongrundiges, ungefirnißtes Schälchen

Fundort: Dromos 2000, Befund 0.212.9.
H 2,2; Dm 10,1 cm (soweit erhalten). Hellbrauner Ton, ungefirnißt und verzogen.

Fragment eines Schälchens, scheibengedreht, der Boden beim Brand stark verzogen, aus drei Teilen zusammengesetzt.

333 Teller

a. Inv. 9925 Fragment eines schwarzgefirnißten Tellers

L 17; Dm Fußring: 10,2 cm. Mittelbrauner Ton, glänzend schwarz gefirnißt bis auf einen hellbraunen Ring im Inneren.

Fragment eines Tellers mit gerundetem Rand und Ringfuß. Im Inneren umgibt ein Kreis mit Rädchendekor ursprünglich vier gestempelte Blätter. Das Zentrum des

Tellers war durchbohrt, am Rand ist ein halbmondförmiges Stück ausgeschnitten. Im Inneren ist zu sehen, daß im Töpferofen ein anderes Gefäß mit Ringfuß in den Teller gestapelt war, denn ein aus der Mitte verschobener, tongrundig gebliebener Ring zeichnet sich ab, wo das andere Stück stand.

Kantharoi

334 Modeln für Kantharoshenkel

a. Groß

Inv. 2343 Fragment aus drei Bruchstücken zusammengesetzt, der untere Ansatz der Model fehlt. L 11,6; H 7,1; B 6,4 cm. Sehr fein geschlämmter Ton mit glatter Oberfläche, Außenseite der Model mit Spachtelspuren. Von einem Metallhenkel abgeformt, denn die Ränder des Henkels sind profiliert.
Inv. 9947 Fragment mit Daumenplatte. L 6,4; H 7,1; B 8,9 cm. Ton hellbraun, stumpfer weißer Überzug.
Inv. 9954 Fragment. L 3,3; B 5,5; H 5,1 cm. Ton mittelbraun, Oberfläche glatt, Spachtelspuren.

b. Mittlere Größe

Inv. 9942 Vollständig. L 9,6; B 4,9; H 4,2 cm. Ton mittelbraun, Oberfläche stumpf.
Inv. 9948 Fragment mit Daumenplatte. L 5,4; B 4,6; H 4,5 cm. Ton mittelbraun, sehr fein geschlämmt, glatte Oberseite mit Spachtelspuren.
Inv. 2342 Vollständig. L 8,8; B 4,4; H 3,3 cm. Ton mittelbraun, fein geschlämmt, Oberseite Spachtelspuren.
Inv. 9945 Fragment. Daumenplatte und Ansatz des Bandhenkels erhalten. L 5,1; B 4,5; H 3,8 cm. Ton fein geschlämmt, Oberfläche glatt, an der Außenseite Spachtelspuren.
Inv. 9946 Fragment mit Daumenplatte. L 6,2; B 5,2; H 5,0 cm. Ton mittelbraun, glimmerhaltig, sehr fein geschlämmt. Außenseite glatt, mit Spachtelspuren und Fingerabdrücken.
Inv. 9955 Fragment. L 8,1; B 4,9; H 5,3 cm. Der untere Teil fehlt. Ton sehr fein geschlämmt, glimmerhaltig, die Model außen mit Spachtelspuren.
Inv. 9950 Fragment. L 6,9; B 3,9; H 4,5 cm. Ton mittelbraun, glimmerhaltig, Oberfläche mit Spachtelspuren.
Inv. 2341 Vollständig. Abplatzung am unteren Teil der Außenseite. L 9,9; B 6,2; H 4,8 cm. Ton mittelbraun, glimmerhaltig, Oberfläche stumpf.

c. Klein

Inv. 9943 Vollständige Form für einen gerundeten Henkel mit spitzovaler Daumenplatte. L 6,0; B 4,3; H 3,3 cm. Ton mittelbraun, glimmerhaltig, Oberfläche stumpf. Auf dem Rücken der Model ist mit einem spitzen Gegenstand ein großes Tau eingeritzt.
Inv. 9949 Fragment. L 5,6; B 3,3 H 3,2 cm. Ton fein geschlämmt, glimmerhaltig, die Oberseite glänzend, Spachtel- und Fingerabdruck.
Inv. 9952 Vollständig. L 7,8; B 4,0; H 3,5 cm. Glimmerhaltiger, mittelbrauner Ton mit rauhem Überzug. Außenseiten des Henkels schwach profiliert.
Inv. 9953 Vollständige Form. Der Henkel mit gerundetem Querschnitt, einige Abplatzungen an der Langseite. L 5,7; B 3,6; H 2,5 cm. Ton rötlich-braun, Oberfläche stumpf. Auf dem Rücken der Model ist mit einem spitzen Gegenstand der Buchstabe Alpha groß eingeritzt.
Inv. 9951 Fragment. L 5,0; B 3,1; H 3,1 cm. Oberer und unterer Abschluß abgebrochen. Sehr fein geschlämmter Ton. Auf dem Rücken der Model ist mit einem spitzen Gegenstand ein schwungvolles Kappa eingeritzt.
Inv. 9944 Fragment mit Daumenplatte. L 5,2; B 3,4; H 3,5 cm. Ton hellbraun, glimmerhaltig, Oberfläche glatt.
Inv. 9956 Antike Ausformung in Ton, gebrannt. L 6,1; B 4,4; H 3,7 cm. Ton hellbraun, sehr fein geschlämmt, glimmerhaltig. Der Henkel ist gebrannt, wie er aus der Form genommen wurde, und nicht zurechtgeschnitten. Der Teil, der über die Form vorstand, ist glattgestrichen und -gedrückt. Das Stück war wahrscheinlich als Vorbild für weitere Modeln gedacht und wurde deshalb gebrannt.

335 Probestücke zur Überprüfung des Brennvorganges

a. Inv. 9765 Probestück

H 6,8 cm. Boden und Henkelansatz eines grünbraun gebrannten Kantharos; der Boden ist vor dem Brand sorgfältig ausgeschnitten.

b. Inv. 9773 Probestück

H 3,0 cm. Boden eines grünbraun gebrannten Kantharos, der Boden ist vor dem Brand sorgfältig ausgeschnitten worden, damit das Stück zur Brandkontrolle verwendet werden kann.

c. Inv. 9774 Probestück

H 2,8 cm. Boden eines grünbraun gebrannten Kantharos, der Boden ist vor dem Brand sorgfältig ausgeschnitten worden, damit das Stück zur Brandkontrolle verwendet werden kann.

d. Inv. 1579 Schwarz gefirnißter Kantharos

H 12,0; Dm oben 12,0; B mit Henkeln 20,0 cm. Vollständiger Kantharos mit Dornhenkeln, profiliertem Fuß und außen verdickter Lippe, schwarzgrün glänzender Firniß. Kleinere Bestoßungen. Henkel wahrscheinlich aus der Form Inv. 2341 genommen.

e. Inv. 1579.1 Fragment eines schwarz gefirnißten Kantharos

H 6,5 cm. Henkel und Mündung eines Kantharos. Mündung gerundet, Dornhenkel. Der Firniß ist ganz ungleichmäßig gebrannt, die Farbe wechselt von rotbraun innen bis dunkelgrün (Henkel).

336 Brennstützen

a. Dreibeinig

Inv. 9868 Fundort: Füllung des Staatsgrabes beim 3. Horos. H 7,5; L eines Beinchens: 4,5 cm. Mittelbrauner, grob gemagerter Ton, weißer Überzug. Drei wulstige Beinchen, leicht zur Mitte der Brennstütze hin erhöht.
Inv. 9975 Fundort: Dromos 2000, Straßenschicht vom Ende des 4. Jhs. v. Chr. (Befund 0212. 33). L 10,0; L eines Beinchens: 7,0 cm. Zwei der drei Beine abgebrochen. Grünlich verbrannter, sehr grob gemagerter Ton. Fragment einer dreibeinigen Brennstütze, gerundetes, spitz zulaufendes Bein.

b. Pyramidal

Inv. 9976 Fundort: Dromos 2000, Straßenschicht vom Ende des 4. Jhs. v. Chr. (0212. 34). H 3,2; B unten 2,5 cm. Ton mittelbraun, grob gemagert, heller Überzug.

c. Wulstringförmig

Inv. 9972.1 Becher ohne Boden. H 4,0; Dm oben 9,7 cm. Ton hellrot.
Inv. 9972.2 Becher ohne Boden. H 3,4; Dm oben 7,0 cm. Ton hellbraun, heller Überzug.
Inv. 9972.3 Becher ohne Boden. H 1,9; Dm oben 4,0 cm. Ton hellrot, heller Überzug.

d. Becherförmig

Inv. 9971.1 Becher mit offenem Boden und ausschwingender Lippe. H 5,1; Dm oben 6,5 cm. Ton lilabraun verbrannt, innen heller Überzug.
Inv. 9971.2 Becher mit offenem Boden. H 3,5; Dm oben 4,5 cm. Ton hellrot, innen heller Überzug.
Inv. 9971.3 Becher mit offenem Boden. H 3,0; Dm oben 4,2 cm. Ton mittelbraun.
Inv. 9971.4 Becher mit offenem Boden. H 1,7; Dm oben 3,0 cm. Ton hellbraun, heller Überzug.
Inv. 9972.4 Becher mit offenem Boden. H 1,9; Dm oben 2,1 cm. Ton hellrot, feiner heller Überzug.

e. Ringförmig

Inv. 9840 Fragment. L 5,4 cm. Ton rot, schwarz gefirnißt. Zur Mitte hin gewölbt.
Inv. 9844 Fragment. Dm 8,5 cm. Ton hellbraun, ungefirnißt.
Inv. 9845 Dm 7,8 cm. Lilabraun verbrannt, vollständig, aus zwei Fragmenten zusammengesetzt. Reste eines Überzuges. Beiderseits flach.
Inv. 9843 Dm 7,5 cm. Ton hellbraun, weißer Überzug, Zur Mitte hin leicht gewölbt.
Inv. 9841 L 6,5 cm. Ton hellrot-braun, zur Mitte hin leicht gewölbt. Rest einer gemalten Inschrift.
Inv. 9842 Dm 16,5 cm. Ton hellrot, eine Seite grauweiß gefirnißt. Zur Mitte hin ansteigend.

J. S.

›Werkstatt‹-Funde in Bonn und Jena

Wilfred Geominy

Bonn

1904 erwarb das Bonner Akademische Kunstmuseum unter der Direktion von Georg Loeschke einige hundert Scherben rotfiguriger Vasen, die in Athen beim Bau eines Hauses im Bereich des antiken Töpferviertels (Kerameikos) gefunden worden waren. Brennproben (Kat.-Nr. 337) und Fehlbrände (Kat.-Nr. 339) machen sicher, daß die Scherben aus dem Abfall einer Töpferei stammen. Oft ist jedoch, vor allem bei Bruchstücken, die zu größeren szenischen Einheiten aneinandergefügt werden konnten, nicht ersichtlich, warum man das Gefäß verworfen hat.

Die Scherben stammen zum größten Teil von Glockenkrateren mit dem üblichen Dekorationsschema: Auf der Rückseite erscheinen die eintönigen Manteljünglinge, als Standleiste dient ein Mäanderband, und der Lippenbereich ist meist mit einem gegenständigen Lorbeerzweig geschmückt. Dennoch variiert das Verzierungssystem, so daß man nicht sagen kann, daß gewissermaßen in Fließbandarbeit alle Gefäße einheitlich gestaltet gewesen wären. Auch in der Größe der Vasen gibt es Unterschiede. Das Repertoire an mythologischen Themen ist breit gefächert: Erkennbar sind die Geburt der Helena aus dem Ei, Poseidon und Amymone (Kat.-Nr. 343), die Tötung des Argos und die des Minotauros (Kat.-Nr. 341), Boreas und Oreithyia (Kat.-Nr. 342), Danae und Perseus, Theseus und Sinis. Daneben waren mit Opferszenen (Kat.-Nr. 340) und Theaterillustrationen (Kat.-Nr. 339) auch andere Szenen vertreten. Von vier bis fünf der genannten Themen sind innerhalb des Komplexes zwei oder mehr Wiederholungen nachgewiesen (Kat.-Nr. 339 und 341), was auch wieder auf den Werkstattzusammenhang hinweist. Dafür spricht auch, daß wir an einer ganzen Reihe von Fragmenten mit Sicherheit die Hand *eines* Meisters erkennen können. Ihm wurde nach einer Vase in Athen der Name ›Athener Dinos-Maler‹ gegeben. Diese namengebende Vase ist übrigens mit einer Satyrchor-Szene geschmückt (s. Kat.-Nr. 402), die, wie zwei Scherben beweisen (Kat.-Nr. 338), als Wiederholung auch im Bonner Abfallmaterial vorhanden gewesen sein muß.

Vom Umfang des Œuvres dieses Malers kann man sich lediglich anhand der Bonner Scherben eine Vorstellung machen; denn bisher ist neben dem einen namengebenden Gefäß in Athen und den Bonner Fragmenten andernorts nur noch in Spina (Museum von Ferrara) ein von ihm bemaltes Fragment nachgewiesen worden.

Das wirft ein bezeichnendes Licht auf die Zufälligkeit und Statistik der Überlieferung der Vasenproduktion im allgemeinen, denn es wäre falsch, ohne die Kenntnis der Bonner Scherben aus den beiden Zeugnissen in Ferrara und Athen abzuleiten, die Tätigkeit des Athener Dinos-Maler sei beschränkt gewesen. Es mag sein, daß sich durch bisher unerkannte Zusammengehörigkeit von einzelnen Fragmenten zu ein und derselben Vase die Gesamtzahl der von seiner Hand gemalten Vasen im Töpferabfall reduziert, es kann aber gar kein Zweifel darüber bestehen, daß der Athener Dinos-Maler die Menge der Bonner Scherben beherrscht.

Charakteristisch für den Stil dieses Malers sind die knolligen Finger und Handballen. Seine Handschrift ist flott und verrät einen zügigen Schwung ohne allzu große Sorgfalt. Er ist ein Meister der Zeit des Reichen Stils, kommt aber an die großen Vasenmaler dieser Zeit, an den Meidias-Maler und den Berliner Dinos-Maler, nicht heran.

Ein Rest der Scherben hat mit dem Athener Dinos-Maler nichts zu tun. Ob diese von einem oder mehreren Werkstattkollegen bemalt wurden oder überhaupt zum Fundkomplex gehören, läßt sich nicht entscheiden. In jedem Fall sind sie gleichzeitig mit den Vasen des Athener Dinos-Malers zwischen 420 und 400 v. Chr. entstanden.

Literatur: CVA Bonn 1 (1938), bearbeitet von A. Greifenhagen; J. H. Oakley in: F. Blonde – J. Y. Perrault (Hrsg.), Les ateliers de potiers dans le monde grec aux époques géometrique, archaïque et classique, 23. Suppl. BCH (1992) 195 ff.

Alle Exponate:
Bonn, Akademisches Kunstmuseum

Die runden Klammern kennzeichnen Fragmente, die sich zusammensetzen ließen.

337 a–d Vier Fragmente von Brennproben

Inv. 1216, 152 [H 7,2 cm]; Inv. 1216 (153. 153a. 154) [H 9,5 cm]

Als Werkstattmaterial können Scherben identifiziert werden, die mit einem Loch versehen sind. Man nimmt an, daß sie auf einer Stange aufgespießt und in den Ofen gehalten wurden, um die Temperatur zu prüfen.

338 a–c Drei Fragmente: Protagonisten eines Satyrchores

Inv. 1216, 183 (184. 185) (354–357) [H zwischen 7,0 und 9,5 cm]

Im Satyrspiel trat ein Chor von Sängern auf, die wie Satyrn verkleidet waren. Sie trugen Satyrmasken und einen Schurz, an dem ein Pferdeschwanz und ein zumeist erigierter Phallos befestigt waren. Auch in diesem Fall hat der Maler sich selbst kopiert; denn die Scherbe mit dem Flötenspieler wiederholt offenbar dieselbe Figurenanordnung, die auch der Darstellung auf einem Dinos im Athener National-Museum zugrunde liegt (s. Kat.-Nr. 402), nach dem der Maler benannt ist.

339 a–f Fünf zusammengehörige Fragmente eines Fehlbrandes

Inv. 1216 (224. 442–445) [H 13,7 cm]

Üblicherweise wurden attische Vasen in einem Brennvorgang gefertigt, durch den das Gefäß zunächst rot verfärbt wurde, bevor es in einer zweiten Phase gänzlich schwarz wurde. Erst in einer dritten Phase kam es zur Trennung zwischen Rot und Schwarz; denn beim Abkühlen unter Sauerstoffzufuhr nehmen nur die nicht bemalten, tongrundigen Teile wieder ihren roten Farbton an. Bei diesen Scherben dauerte der Reoxydationsvorgang der dritten Phase zu lange, so daß ihm nicht nur die tongrundigen Teile unterworfen waren, sondern auch die an sich besser geschützten Glanztonpartien.

340 a–c Drei Fragmente: Splanchnoptai

Inv. 1216, 43–45 [H zwischen 4,7 und 12,0 cm]

Die drei Fragmente zeigen sog. Splanchnoptai, Eingeweideröster. Ihre Tätigkeit ist fester Bestandteil des griechischen Opfers. Vollständige Darstellungen

Kat.-Nr. 337 a

Kat.-Nr. 337 b

Kat.-Nr. 338 a

Kat.-Nr. 338 b

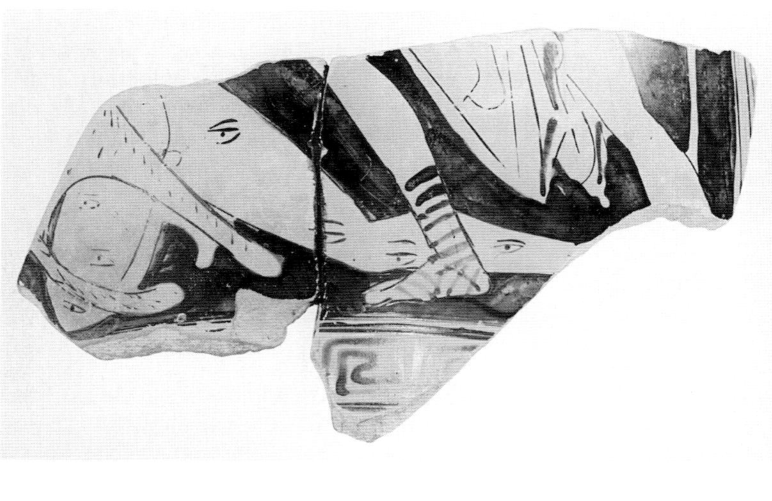

Kat.-Nr. 341 b

Kat.-Nr. 340

Abb. 1. Splanchnoptai (Eingeweideröster). London, British Museum Inv. E 504

(Abb. 1) zeigen sie, den Spieß haltend, neben dem Opferaltar.

341 a–f Sechs Fragmente: ›Theseus tötet den Minotauros‹ und ›Hermes tötet Argos‹

Inv. 1216, (20–25) (26. 27) 28 (29. 30) 63. 196 [H des größten Fragments 21,0 cm]

Argos ist der alles Sehende; deshalb ist sein Körper mit Augen übersät. Hera bestimmt ihn zum Wächter der in eine Kuh verwandelten Io. So konnte es dem von Zeus gesandten Hermes nur durch die Tötung des Argos gelingen, Io zu befreien.

Dem furchtbaren Mischwesen, dem Menschen mit dem Stierkopf, mußten als Tribut alljährlich attische Mädchen und Jünglinge zum Fraß vorgesetzt werden. Theseus tötet Minotauros und befreit Athen vom Blutzoll.

Da der Tötung des Argos und der Tötung des Minotauros das gleiche Darstellungsschema zugrunde liegt und der Maler sich selbst mehrfach kopiert hat, ist nicht zu entscheiden, zu welchem Mythos weitere Fragmente gehören, die einen mantelbekleideten Jüngling in Ausfallstellung zeigen.

342 Fragment: Boreas

Inv. 1216 (173. 174) [H 10,5 cm]

Aus vollständigen Darstellungen (Abb. 2) erschließt sich das Thema dieses Fragments. Boreas, der bärtige geflügelte Nordwind, verfolgt in eiligem Lauf die Nereide Oreithyia.

343 Fragment: Poseidon und Amymone

Inv. 1216 (116–119) [H 21,5 cm]

Amymone, Tochter des Danaos und der Europe, sucht im wasserarmen Argos nach Quellen. Dabei scheucht sie einen schlafenden Satyrn auf, der sogleich die Verfolgung aufnimmt. Poseidon rettet sie, worauf Amymone sich dem Gott hingibt. Für den Maler typisch ist

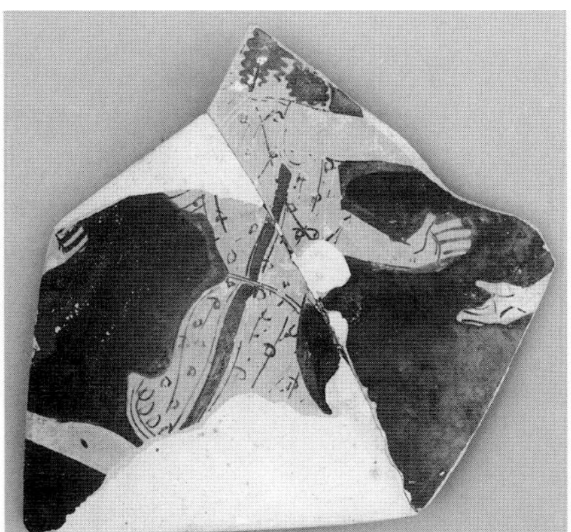

Kat.-Nr. 342

Abb. 2. Boreas verfolgt Oreithyia. München, Staatliche Antikensammlungen Inv. KM 7574

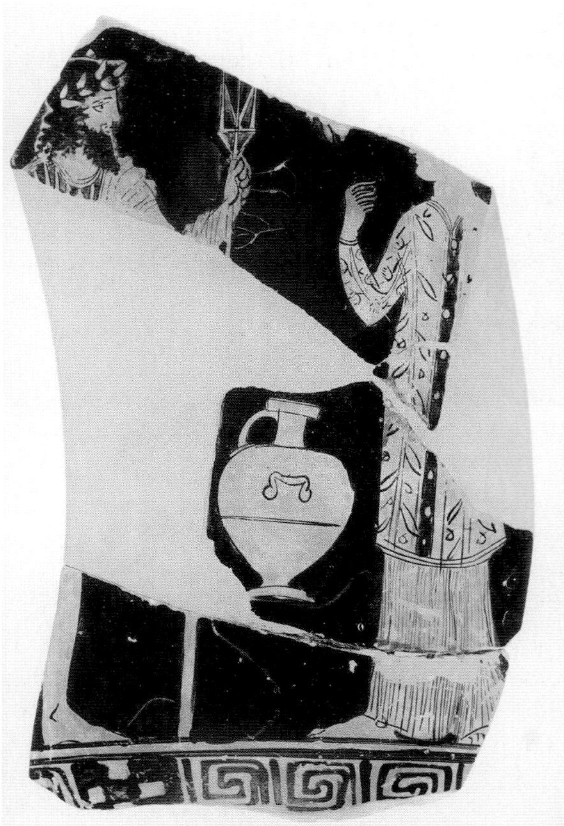

die Art der Gewandgestaltung Amymones. Ähnlich gezeichnete Gewänder finden sich noch auf zahlreichen anderen Scherben des Fundkomplexes.

344 Fragment: Musik- und Tanzszene

Inv. 1216 (62. 175–177) [H 11,5 cm]

345 a–k Elf Fragmente mit Figuren, die Prachtgewänder tragen

Inv. 1216 (186. 187) 374. 378. 380 (381. 382) 383. 384. 388. 413. 437. 438 [H zwischen 3,7 und 11,5 cm]

W. G.

Kat.-Nr. 343

Verena Paul-Zinserling

Jena

Der Fundort von 142 Fragmenten attischer Trinkschalen, die 1852 in der Hermesstraße beim Bau eines Hauses zu Tage kamen, liegt mitten im Kerameikos, dem antiken Töpferviertel Athens. Wie aus dem Bericht eines der Ankäufer hervorgeht, gehörten noch weitere heute verschollene Scherben zu diesem Fund, die bereits verkauft worden waren, bevor Carl Wilhelm Goettling den Restbestand für sein 1846 gegründetes Archäologisches Museum in Jena erwarb.

Bislang war man bei der Beurteilung des Hortfundes von einem ›Werkstattkomplex‹, ›Warenlager‹ oder ›Verkaufsladen‹ ausgegangen, und zweifellos handelt es sich auch um die Produkte einer auf Schalen spezialisierten Werkstatt – den »Jena-workshop« Beazleys (ARV^2 1510 ff.). Keines der Gefäße ließ sich jedoch vollständig zusammenfügen, lediglich größere Fragmente konnten aus anpassenden Scherben wiedergewonnen werden. Dies könnte ein Hinweis auf einen ›Abfallhaufen‹ sein, wo man das hinwarf, was schon bei der Herstellung zu Bruch gegangen war oder Produktionsfehler aufwies, wie es auch für den Bonner Scherbenfund des Malers des Athener Dinos (s. o. S. 480 ff.) angenommen wird. Allerdings gibt es gegen eine solche Interpretation auch Einwände: warum sollten z. B. gerade die beiden Pendantschalen gleichzeitig zerbrochen sein, und wieso enthält dieser Bothros soviel hervorragende Stücke?

Der Komplex umfaßt drei Schalenformen. Die eleganten Fußschalen wurden zum größten Teil vom Jenaer Maler dekoriert, einem der letzten und wohl der führende Schalenmaler der Spätklassik. Seine Konzentration auf das Schalenrund ließ großangelegte und im Detail sorgfältig ausgeführte

Einzelgestalten oder Zweiergruppen entstehen, die von innovativer Kraft, aber auch ausgeprägtem Traditionsbewußtsein und Bindung an die vorausgehende Malertradition zeugen. Feine durchgezogene Linien stellen das Gerüst der substanzvollen Körperlichkeit seiner Gestalten her, kurze, unruhig geschwungene skizzenhaft wirkende Strichfolgen verbunden mit offenen Kreisformen erzeugen die Illusion von Leichtigkeit und Bewegung. Beazley unterschied den im Stil eng verwandten Diomedes-Maler und die beiden geringeren Maler, seinen Stil B, der vor allem für Außenseitenbemalung, aber auch für Innenbilder nach dem Vorbild des Meisters der Werkstatt eingesetzt worden ist, und Stil C, der eine großzügige und nachlässige Umrißmalerei in seinem einzigem Motiv, den Manteljünglingen, zeigt.

Eine interessante Beobachtung bietet sich bei der Ornamentik der Schalen: So lassen sich mehrere Palmettenformen, die auch an eine bestimmte Stufe der Ausführungsqualität gebunden sind, unterscheiden – wohl ein weiterer Hinweis auf die Werkstattorganisation, d. h. die Beschäftigung mehrerer Hilfsmaler. Neben Fußschalen fanden sich etwa ebenso viele in ihrem dickeren Scherben robustere fußlose Schalen mit dem stereotypen Innenbild der Manteljünglinge zwischen Altar und Pfeiler. Ein sehr viel praktischeres Trinkgefäß sind die tiefen Schalenskyphoi mit Innenstempel, deren Bilder der Außenseiten in die Sphäre der praktizierten Religiosität führen: hier findet sich die bislang im Repertoire der Vasenmaler ungewöhnliche Bildkombination von Athletischem und Dionysischem. Strigilisträger in Gesellschaft bakchischer Frauen stehen offenbar weniger für athletischen Agon als für die im Bild verschlüsselte Botschaft dionysischer Wahrheiten. In mehreren Bildern der Jena-Werkstatt, die mit wahrscheinlich mindestens vier Malern zu den größeren gehört haben dürfte, läßt sich die schon im 5. Jahrhundert deutlich vorhandene Tendenz zu übertragener, an bestimmte geistige Voraussetzungen, d. h. an gesellschaftlich akzeptierte Übereinkünfte gebundene Sinngebung wahrscheinlich machen. Die auf Beschränkung und formelhafte Verdichtung gestellte Bildsprache der Gefäße enthält die immer stärker hervortretende symbolhafte Überfrachtung, die dem narrativen Element entgegenwirkt und die möglicherweise zum völligen Aufgeben dieser spezifischen Form der Mitteilung im Medium der antiken Gefäßkunst beigetragen hat.

Lit.: ARV^2 1510 ff.; Beazley, Paralipomena 499 f.; W. Hahland, Vasen um Meidias (1930) 16 f. 20 f.; ders., Studien zur attischen Vasenmalerei um 400 v. Chr. (1931) 58 ff.; V. Paul-Zinserling, Der Jenaer Maler und sein Kreis. Zur Ikonologie einer attischen Schalenwerkstatt um 400 v. Chr. (1994); J. Boardman, Rotfigurige Vasen aus Athen. Die klassische Zeit^2 (1996) 177. 249; Lehrstuhl für Klassische Archäologie und Sammlung Antiker Kleinkunst (Hrsg.), Der Jenaer Maler. Eine Töpferwerkstatt im klassischen Athen, Ausstellungskat. Jena (1996).

Alle Exponate: Sammlung Antiker Kleinkunst, Institut für Altertumswissenschaften, Friedrich-Schiller-Universität Jena (SAK)

346 Fragment einer attisch-rotfigurigen fußlosen Schale

Gr. Dm 12,0 cm, H 1,8 cm
Frauenkopf mit Haube n. l.
Stil B
1. Viertel 4. Jh. v. Chr.
SAK Inv. 0409 (500)

Literatur: ARV^2 1515,77; Katalog Jenaer Maler 67 Nr. 2 Taf. 1, 1.

347 Fragment einer attisch-rotfigurigen fußlosen Schale

Gr. Dm 13,0 cm, H 2,6 cm
Abschied eines Epheben
Stil B?
1. Viertel 4. Jh. v. Chr.
SAK Inv. 0450 (826)

Literatur: ARV^2 1515,67; Paul-Zinserling a. O. 120 Nr. 2; 122 Taf. 68,1; Katalog Jenaer Maler 88 Nr. 99 Taf. 8.

348 Fragment einer attisch-rotfigurigen Fußschale

Gr. Dm 18,8 cm (vier, davon drei anpassende Scherben)
Innenseite: Apollon auf Greifen n. r. reitend, Jenaer Maler
Seite A: Zwei Männer (?) und eine Frau im Mantel, Stil B
Seite B: Untere Beinpartie eines Athleten, Stil B
1. Viertel 4. Jh. v. Chr.
SAK Inv. 0465 a b (384)

Literatur: AVR^2 1512,14; Paul-Zinserling a. O. 80 Nr. 1 Taf. 44, 1; Katalog Jenaer Maler 91 Nr. 110 Taf. 13, 1.

349 Fragment einer attisch-rotfigurigen Fußschale

Gr. Dm 11,0 cm

Kat.-Nr. 350

Kat.-Nr. 351

Kat.-Nr. 352

Kat.-Nr. 353

Kat.-Nr. 358

Kat.-Nr. 349

Innenseite: Hoplit (Achilleus-Beischrift) n. l.
Seite A: Komos
Diomedes-Maler
1. Viertel 4. Jh. v. Chr.
SAK Inv. 0466 b (813)

Literatur: ARV[2] 1517,1; Paul-Zinserling a. O. 93 Taf. 45, 3; Katalog Jenaer Maler 89 Nr. 105 Taf. 12, 1.

350 Fragment einer attisch-rotfigurigen Fußschale

Gr. Dm 16,7 cm, H 7,8 cm
Innenseite: Nike n. r. ein Tropaion errichtend, Jenaer Maler
1. Viertel 4. Jh. v. Chr.
SAK Inv. 0467 (386)

Literatur: ARV[2] 1512,21; Paul-Zinserling a. O. 76 Nr. 1 Taf. 39, 2; Katalog Jenaer Maler 92 Nr. 112 Taf. 15, 1.

351 Fragment einer attisch-rotfigurigen Fußschale

Gr. Dm 20,3 cm (fünf anpassende Scherben)
Innenseite: Artemis auf dem Greifen n. r. reitend
Seite A: Dionysos, Satyr, Mänade
Jenaer Maler
1. Viertel 4. Jh. v. Chr.
SAK Inv. 0468 (383)

Literatur: ARV[2] 1511,2; Paul-Zinserling a. O. 80 Nr. 2 Taf. 44, 2 (Innenbild); 8, 2 (Seite A); Katalog Jenaer Maler 92 Nr. 111 Taf. 13, 2; 14, 1.

352 Fragment einer attisch-rotfigurigen Fußschale

Gr. Dm 18,5 cm (vier anpassende Scherben)
Innenseite: Satyr und tanzende Mänade, ein Tympanon schwingend, Jenaer Maler
Seite A/B: Männer, Frauen, Athleten, Stil B
1. Viertel 4. Jh. v. Chr.
SAK Inv. 0469 (387)

Literatur: ARV[2] 1511,7; Paul-Zinserling a. O. 47 Nr. 2; 64 Nr. 8 Taf. 11, 1 (Innenbild); Taf. 32, 1 (Seite A); Katalog Jenaer Maler 90 Nr. 108 Taf. 12, 2.

353 Fragment einer attisch-rotfigurigen Fußschale

Gr. Dm 22,8 cm (drei anpassende Scherben)
Innenseite: Die Anodos der Aphrodite, Jenaer Maler
Seite A: Zwei Athleten und Gewandfigur, Stil B
1. Viertel 4. Jh. v. Chr.
SAK Inv. 0470 (393 a–b)

Literatur: ARV[2] 1512,12; Paul-Zinserling a. O. 70 Nr. 4; 73 f. Taf. 32, 2; Katalog Jenaer Maler 93 Nr. 114.

354 Fragment einer attisch-rotfigurigen Fußschale

Gr. Dm 15,3 cm
Innenseite: Sitzender Satyr und stehende Mänade, Jenaer Maler
Seite A: Zwei bekleidete Gestalten, Stil B
1. Viertel 4. Jh. v. Chr.
SAK Inv. 0474 (397)

Literatur: ARV[2] 1511,5; Paul-Zinserling a. O. 47 Nr. 1; 49 ff. Taf. 10, 1; Katalog Jenaer Maler 82 Nr. 80 Taf. 16, 2.

355 Fragment einer attisch-rotfigurigen Fußschale

Gr. Dm 9,0 cm; H 5,0 cm
Innenseite: Aphrodite mit dem harfespielenden Eros auf dem Schoß, Jenaer Maler
1. Viertel 4. Jh. v. Chr.
SAK Inv. 0477 (390)

Literatur: ARV[2] 1511,1; Beazley, Paralipomena 499; Beazley, Addenda 383; Paul-Zinserling a. O. 70 Nr. 1; 71 ff. Taf. 11, 2; J. Boardman, Rotfigurige Vasen aus Athen. Die klassische Zeit[2] (1996) 177 Abb. 358; Katalog Jenaer Maler 93 Nr. 113 Taf. 3, 2.

356 Fragment einer attisch-rotfigurigen Fußschale

Gr. Dm 4,8 cm, H 7,7 cm
Innenseite: Fackelläufer vor Hydria, r. Sitzender, Jenaer Maler
1. Viertel 4. Jh. v. Chr.
SAK Inv. 0485 (820)

Literatur: ARV[2] 1513,27; Paul-Zinserling a. O. 122 Nr. 36 Taf. 82, 1; Katalog Jenaer Maler 82 Nr. 82 Taf. 2, 2.

357 Fragment einer attisch-rotfigurigen Fußschale

Gr. Dm 9,8 cm
Innenseite: Mänade mit aufhockendem Satyr, Jenaer Maler
Seite A: Bekleideter zwischen Athleten, Stil B
1. Viertel 4. Jh. v. Chr.
SAK Inv. 0491 (394)

Literatur: ARV[2] 1511,6; Paul-Zinserling a. O. 48 Nr. 3; 53 Taf. 21, 1; J. Boardman, Rotfigurige Vasen aus Athen. Die klassische Zeit[2] (1996) 177 Abb. 359; Katalog Jenaer-Maler 91 Nr. 109.

358 Fragment einer attisch-rotfigurigen Fußschale

B 12,6 cm; H 4,3 cm
Seite A: Dionysos und Satyr mit Tablett, Jenaer Maler
1. Viertel 4. Jh. v. Chr.
SAK Inv. 0505 (809)

Literatur: ARV[2] 1513,31; Paul-Zinserling a. O. 23 Nr. 9; 44 ff. Taf. 8, 1; Katalog Jenaer Maler 74 Nr. 42 Taf. 3, 1.

359 Fragment einer attisch-rotfigurigen Fußschale

B 9,3 cm; H 4,9 cm

Kat.-Nr. 354

Kat.-Nr. 355

Kat.-Nr. 357

Kat.-Nr. 347

Kat.-Nr. 361

Kat.-Nr. 346

Kat.-Nr. 364

Kat.-Nr. 366

Seite A: Jüngling im Mantel mit Fackel n. r., r. Frau (?) mit Phiale, Stil B
1. Viertel 4. Jh. v. Chr.
SAK Inv. 0506 (799)

Literatur: ARV^2 1513,36.

360 Fragment einer attisch-rotfigurigen Fußschale

Gr. Dm 10,0 cm; H 5,8 cm
Seite A: Sitzender Unbekleideter n. r. (verzeichnete r. Hand mit Vorzeichnung einer Schale), r. Stehender im Mantel, Stil B
1. Viertel 4. Jh. v. Chr.
SAK Inv. 0510 (804)

Literatur: ARV^2 1513,38; Paul-Zinserling a. O. 120 Nr. 10 Taf. 71, 1; Katalog Jenaer Maler 73 Nr. 39.

361 Attisch-rotfiguriger Schalenskyphos

H 8,2 cm; oberer Dm 16,1 cm
Innenseite: gestempelt
Seite A: Mänade zwischen Strigilisträger und Manteljüngling
Seite B: Mänade zwischen zwei Manteljünglingen
Stil C
1. Viertel 4. Jh. v. Chr.
SAK Inv. 485 (14)

Literatur: ARV^2 1515,60; Paul-Zinserling a. O. 58 Gr. 7 Nr. 1; 63 Taf. 24, 1. 2; G. Schörner in: Katalog Jenaer Maler 60 ff. 97 Nr. 128.

362 Fragment eines attisch-rotfigurigen Schalenskyphos

H 6,5 cm; oberer Dm 12,3 cm
Seite A: Mänade n. l. zurückblickend, r. Satyr mit Trinkhorn, Stil C
1. Viertel 4. Jh. v. Chr.
SAK Inv. 0453 (1)

Literatur: ARV^2 1516,66; Paul-Zinserling a. O. 57 Gr. 6 Nr. 2; Katalog Jenaer Maler 75 f. Nr. 49.

363 Attisch-rotfiguriger Schalenskyphos

H 6,5 cm; oberer Dm 13,6 cm
Innenseite: gestempelt
Seite A: Athlet und Manteljüngling
Seite B: Spendende (?) und Athlet, dazwischen ein kleiner Altar
Stil C?
1. Viertel 4. Jh. v. Chr.
SAK Inv. 495 (4)

Literatur: ARV^2 1514,58; Paul-Zinserling a. O. 59 Taf. 26, 1; Katalog Jenaer Maler 76 Nr. 51.

364 Attisch-rotfigurige fußlose Schale

H 4,3 cm; gr. Dm 14,5 cm
Innenseite: Manteljüngling n. l. zwischen zwei Altären (?), Stil C
1. Viertel 4. Jh. v. Chr.
SAK Inv. 0411 (1000)

Literatur: Paul-Zinserling a. O. 61 f. und Anm. 791; Katalog Jenaer Maler 69 Nr. 14.

365 Attisch-rotfigurige fußlose Schale

Gr. Dm 14,0 cm
Innenseite: Manteljüngling n. l. zwischen zwei Altären (?), Stil C
1. Viertel 4. Jh. v. Chr.
SAK Inv. 0412 (1001)

Literatur: Paul-Zinserling a. O. 61 f. und Anm. 791; G. Schörner in: Katalog Jenaer Maler 60 ff. 79 Nr. 66; K. Stump in: A. Geyer (Hrsg.), Mediterrane Kunstlandschaften, Hefte zur Klassischen Archäologie 3 (1999) 50 f. 134 Abb. 55.

366 Attisch-rotfigurige fußlose Schale

Gr. Dm 13,3 cm
Innenseite: Manteljüngling n. l. zwischen zwei Pfeilern (?), Stil C
1. Viertel 4. Jh. v. Chr.
SAK Inv. 0424 (1021)

Literatur: Paul-Zinserling a. O. 61 f. und Anm. 791; G. Schörner in: Katalog Jenaer Maler 60 ff. 79 Nr. 64.

367 Fragment einer attisch-rotfigurigen Schale

H 3,3 cm; gr. Dm 14,2 cm
Innenseite: Manteljüngling n. l., Kopf n. r. gewendet zwischen Altar und Pfeiler, Stil C
1. Viertel 4. Jh. v. Chr.
SAK Inv. 0428 (1030)

Literatur: Paul-Zinserling a. O. 61 f. und Anm. 791; G. Schörner in: Katalog Jenaer Maler 60 ff. 94 Nr. 115 Taf. 15, 2.

368 Attisch-rotfigurige fußlose Schale

H 3,5 cm; gr. Dm 14,7 cm
Innenseite: Manteljüngling n. r. vor Altar, darüber ›Diskus‹, Stil C
1. Viertel 4. Jh. v. Chr.
SAK Inv. 0438 (1040)

Literatur: ARV^2 1515,73; Paul-Zinserling a. O. 61 und Anm. 791; G. Schörner in: Katalog Jenaer Maler 80 Nr. 73.

V. P.-Z.

Herstellungsfragen

Alain Pasquier

Die Kroisos-Amphora im Louvre: Entwurf und Verbesserungen

Schon vor langer Zeit wurde die Beobachtung gemacht, daß die Technik der griechischen Vasenmaler, ob rot- oder schwarzfigurig, auch eine Skizze in Form einer Vorzeichnung einschließen kann. Diese Skizze ist tatsächlich auf einer nicht unbeträchtlichen Menge von Gefäßen wahrnehmbar, wobei diejenigen in rotfiguriger Technik bei weitem überwiegen. Sie wurde mit einem Instrument ausgeführt, dessen Art und Material schwer zu bestimmen ist; man hat mal an Blei gedacht, mal an Zeichenkohle, deren Farbe durch den Brand verschwindet. Seine Linie grub sich in die Oberfläche der Vase vor demBrand ein, also nachdem der Ton getrocknet war. Davon blieb häufig eine Andeutung unter der endgültigen Zeichnung zurück, die ohne große Schwierigkeit zu sehen ist, wenn man ein wenig mit dem Licht auf den Wänden des Gefäßes experimentiert. Das Interessante an solchen Beobachtungen liegt natürlich in der Erforschung des Werkprozesses, vor allem dann, wenn die endgültige Zeichnung von der vorbereitenden Skizze abweicht: man erfährt hier viel über den Entwurf des Künstlers und die Effekte, die er erreichen und in den Vordergrund stellen wollte.

So hat man bemerkt, daß der berühmte Euphronios, der führende attische rotfigurige Maler, in der Bemalung des Kraters im Louvre mit dem Sieg des Herakles über den Riesen Antaios eine besondere Bedeutung in das Motiv der rechten Hand des Riesen gelegt hat. Deren sich öffnende Finger verraten wie kein anderes Detail die sich anbahnende, unausweichliche Niederlage. Nun enthüllt eine Prüfung der Oberfläche unter einer entsprechenden Beleuchtung, daß ursprünglich die Hand an ganz anderer Stelle sein sollte. Der Meister hatte erst ganz zuletzt bei der Suche nach einem Effekt, der am besten die Dramatik des Ereignisses pointiert, diesen entscheidenden Pinselstrich angebracht, der die Stimmung der Szene noch intensiver vor Augen führt (Abb. 1).

Hier ließen sich noch viele weitere Beispiel anführen, die diesen oder jenen Aspekt der Komposition in der griechischen Vasenmalerei verdeutlichen. Ich möchte hier eines der schönsten Stücke des Louvre vorstellen, die bekannte attisch-rotfigurige Amphora, die dem Maler Myson zugeschrieben wird und deren Vorderseite mit der majestätischen Erscheinung des Königs Kroisos geschmückt ist (Kat.-Nr. 369). Er sitzt feierlich auf seinem Thron auf einem Scheiterhaufen, um den Freitod zu suchen. Das Feuer, das auf seinen Befehl ein Diener namens Euthymos mit einer Fackel anzündet, soll ihn vor der Schande der Gefangenschaft bewahren, die ihm nach der Niederlage seines Heeres gegen Kyros und der Eroberung von Sardes drohte. Man weiß von den antiken Schriftstellern, die das Ereignis in verschiedenen Varianten für das Gedächtnis der Nachwelt bewahrt haben, welches Wunder den König rettete und welchen glücklichen Ausgang die Geschichte dank der Gnade des Siegers nahm: der von Apollon gesandte Regen löschte die Flammen, und Kroisos wurde der erste Ratgeber des Kyros.

Diese großartige Darstellung, einmalig in der Ikonographie der griechischen Vasen, insofern sie auf einer realen Begebenheit beruht, fällt aber bereits beim ersten Augenschein durch ein ungewohntes Detail aus dem Rahmen: die Unterbrechung der übliche Standleiste, die hier abwechselnd aus Kreuzen und Mäandern besteht und die in der linken Hälfte durch eine Lage Reisig ersetzt wurde, auf der sich der Scheiterhaufen erhebt. Auch hier stellt man bei näherer Prüfung fest, daß der Maler ursprünglich den Scheiterhaufen höher auf der Gefäßwand anbringen wollte: dies zeigt ganz klar die Zeichnung von Paolo Nadalini, die von der minutiösen Prüfung der bemalten Oberfläche ihren Ausgang nahm (Abb. 2). Die Anhäufung von Holz, die über den kreuzweise angeordneten Holzscheiten aufgebaut ist, reichte mit ihrem oberen Abschluß bis zur Mitte der Beine des Throns in der schließlich ausgeführten Zeichnung. Warum diese Änderung? Zweifellos erschien dem Maler

Abb. 1. Attisch-rotfiguriger Kelchkrater, signiert von Euphronios. A: Kampf des Herakles und des Riesen Antaios. Vorzeichnung, erster Zustand (rote Linien). Paris, Musée du Louvre Inv. G 103

Abb. 2. Kroisos-Amphora (Kat.-Nr. 369): Vorzeichnung von A, erster Zustand (rote Linien), zweiter Zustand (blaue Linien)

Abb. 3. Kroisos-Amphora (Kat.-Nr. 369): Vorzeichnung von B, erster Zustand (rote Linien)

die Figur des Königs, dessen ursprüngliche Skizze über der endgültigen Zeichnung deutlich zu sehen ist, zu nahe an der Mündung der Amphora. Der Umriß des Kopfes kommt ihr derartig nahe, daß sie den Eindruck vom Gesicht des Königs störte und die Zeichnung aus dem Gleichgewicht geriet. Aber in seiner Korrektur wollte der Künstler auch nicht, daß der Scheiterhaufen als ein Hauptelement der Geschichte allzu klein geriete. Er ließ also die Hälfte der Standleiste auf Kosten der dekorativen Ordnung und im Interesse der Darstellung weg.

Aber damit nicht genug. Die erste Version, auf der auch der Kranz nicht sichtbar ist, zeigt die Hauptperson zwar ebenfalls sitzend, aber ohne daß die Umrisse des Throns zu erkennen wären. Dieser, der in der schließlich ausgeführten Komposition eine sehr wichtige Rolle spielt, scheint in dem ›ersten Entwurf‹ nicht da zu sein, so als habe der Schöpfer noch keine besonders festgelegte Vorstellung von der Szene. Und man sieht, in welcher Weise er schließlich zur endgültigen Version gelangt ist. Im Vergleich zum ersten Zustand, der die Hauptfigur einen Kopf höher ansetzte, wollte die fertige Zeichnung ihr mehr ›Luft‹ geben, aber genauso der Erscheinung des Königs mehr Größe, mehr Majestät verleihen. Denn mit der Situierung der Figur des Kroisos auf dem neuen Niveau beginnt auch die Suche nach der besten Stellung der Arme und der Attribute. Man kann gut eine erste Lösung unterscheiden, bei der der rechte Arm stärker ausgestreckt ist und die Opferschale niedriger hält als in der Ausführung, während die linke Hand leer bleibt und eine Geste nach vorne beschreibt, so als wolle sie das Anzünden des Scheiterhaufens befehlen. Jedoch hält diese linke Hand in der endgültigen Version dann ein reich mit Bändern verziertes Szepter, dessen langes Ende von einer Lotusblume mit zwei Voluten an der Basis bekrönt ist. In seiner aufrecht gehaltenen Position nimmt es in der Komposition eine sie beherrschende Stellung ein; dies war nach der ersten Absicht der Künstler nicht oder nicht in diesem Maße beabsichtigt. Wenn die lange schräge Linie, die in der Vorzeichnung die Silhouette des Kroisos kreuzt und seine Schulter berührt, wirklich ein Szepter war (was aus der sehr unbestimmten Andeutung des abschließenden Elements hinter dem Nacken nicht klar hervorgeht), so war seine Funktion in der Illustration dieses berühmten Selbstmordversuchs sehr viel schwächer. Die endgültige Zeichnung dagegen betonte einerseits die Details, die auf die Würde und Prachtentfaltung hinweisen wie der Thron, das Szepter, die reich geschmückte Opferschale bis zu dem Gewand, dessen Luxus besonders im Vergleich zu dem des Dieners deutlich wird, und räumte andererseits dem Scheiterhaufen durch seinen Platz in der Zeichnung eine besondere Bedeutung ein.

Dadurch versuchte er eine dramatische Situation auf den Höhepunkt zu bringen, der darin besteht, daß die größte Macht diese mit dem einzigen Ziel ausübt, sich zu zerstören.

Die Änderungen in der Zeichnung des Dieners Euthymos sind weniger aufschlußreich, wie auch diejenigen, die man auf der Komposition der Vasenrückseite beobachten kann (Abb. 3). Es handelt sich in diesem Falle um eine mythologische Episode, die Entführung der Amazonenkönigin Antiope durch Theseus, der bei diesem Raub von seinem Freund Peirithoos unterstützt wird. Die Darstellung ist in dem Maße dynamisch, wie die des Kroisos eine feierliche Immobilität ausdrückt. Die Umsetzung dieses Trios von Silhouetten bedingte einige Retuschen, die auf eine größere Klarheit und einen deutlicheren Ausdruck zielen. Das aufmerksame Auge unterscheidet sehr gut, daß die Figuren der beiden Helden etwas weiter auseinandergezogen sind, um der Figur der Amazone mehr Raum zu geben. Die Veränderung der Haltung entspricht derjenigen der Beine, die entsprechend länger ausfallen und den Eindruck der Bewegung verstärken. In diesem Sinne ist auch die wichtige Veränderung zu verstehen, die sich durch die endgültige Haltung der Lanze des Peirithoos ergibt. Nach den Ritzlinien wurde die Waffe von dem Heros in dem ersten Entwurf fast senkrecht gehalten, wie die Spuren vor dem linken Bein bezeugen. Die endgültige Wahl ist jedoch glücklicher: sie paßte besser zu der Bewegung, die auch aus dem Kontur ablesbar ist, und bildet im Gesamtaufbau des Bildes ein Gegengewicht zur schrägen Haltung des Körpers der Antiope.

Dies sind nur flüchtige Bemerkungen, die durch das sorgfältige Studium der ›pentimenti‹ des Malers Myson in der Ausführung eines besonders anspruchsvollen Vasenbildes angeregt worden sind. Sie wollen vor allem die Aufmerksamkeit auf die Vorzeichnungen lenken, von denen die Publikation einer Umzeichnung grundsätzlich immer dann wünschenswert wäre, wenn man sich mit einer griechischen Vase auseinandersetzt und sie der Öffentlichkeit präsentiert.

(Gekürzter Nachdruck aus: Hommage au Dessin. Mélanges offerts à Roseline Bacou [1996])

Literatur: P. E. Corbett, Preliminary Sketch in Greek Vase-Painting, JHS 80, 1965, 16 ff.; J. V. Noble, The Technique of Greek Painted Pottery (1966); M. Robertson, The Art of Vase-Painting in Classical Athens (1992). A. P.

Übersetzung aus dem Französischen: Mathias René Hofter

369 Amphora, dem attischen Vasenmaler Myson zugeschrieben: Der lydische König Kroisos auf dem Scheiterhaufen

H 59,5 cm
Aus Vulci (Etrurien), um 490 v. Chr.
Erworben 1836, früher Slg. Durand
Paris, Musée du Louvre Inv. G 197

Literatur: M. Denoyelle, Chefs-d'œuvre de la céramique Grecque (1994) 120. 193 Nr. 55.

370 Hydria, dem Syleus-Maler zugeschrieben: Ariadne auf Naxos

H 40,5 cm
Aus Vulci (Etrurien), um 480 v. Chr.
Erworben 1831, früher Slg. Dorow
Berlin, Antikensammlung Inv. F 2179

Literatur: ARV^2 252, 52; 1639; S. Kaempfer-Dimitriadou, Liebe der Götter, 11. Beih. AntK (1979) 101 Nr. 306 Taf. 22, 1. 2; M. Robertson, Art of Vase-Painting in Classical Athens (1992) 123 Abb. 126.

371 Hydria, dem Jenaer Maler zugeschrieben: Paris und Helena als glückliches Paar

H 42,5 cm
Aus Rhodos, um 390 v. Chr.
Berlin, Antikensammlung Inv. V.I. 3768

Vom sog. Jenaer Maler haben wir nicht nur den Scherbenfund aus der Hermesstraße in der Altstadt von Athen (vgl. S. 484 ff.), sondern auch einzelne Funde von besser erhaltenen Gefäßen aus dem ganzen Mittelmeerbereich von Marseille bis Rhodos. Die Malerei dieser Gefäße ist vom Altmeister der Vasenstilkunde John Beazley untersucht worden, der aus den nahe verwandten Gefäßen eine ›Werkstatt‹ mit drei Meistern zusammengefaßt hat, dem Jenaer Maler im engeren Sinn (Kat.-Nr. 348. 350. 351. 353–358), dem Diomedes-Maler (Kat.-Nr. 349) und dem Q-Maler. Sie unterscheiden sich stilistisch nur geringfügig, aber die Qualität ihrer Figurenmalerei und Ornamentik schwankt stark.

Der Jenaer Maler hat viele Scherben des Jenaer Fundkomplexes dekoriert. Er scheint einen schon von der Vorzeichnung her bestimmbaren ›Strich‹ geführt zu

Kat.-Nr. 369

Kat.-Nr. 369

Kat.-Nr. 370

zu Kat.-Nr. 370

Kat.-Nr. 371

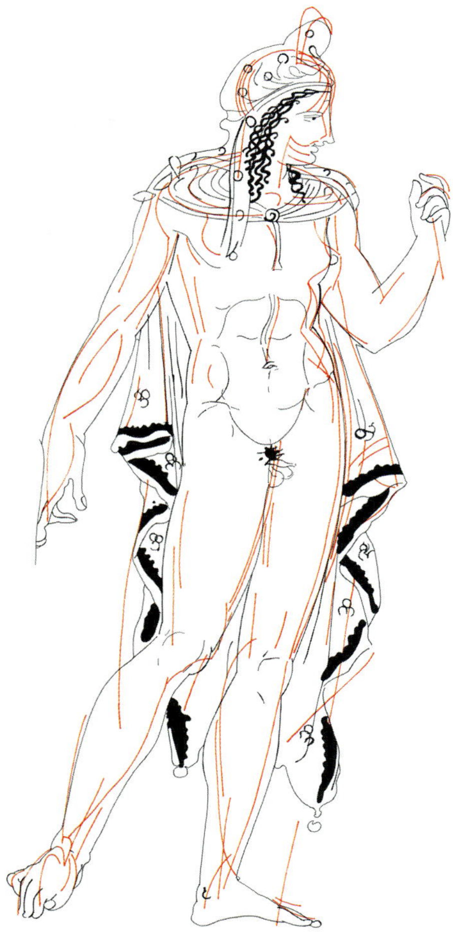

zu Kat.-Nr. 371

haben. Allerdings ist das noch nicht im Detail untersucht worden, und unsere Umzeichnungen stellen überhaupt die ersten Dokumente für die Malweise eines athenischen Vasenmalers des 4. Jhs. v. Chr. dar.

Literatur: ARV[2] 1516, 81; 1697; Antikenmuseum Berlin. Die ausgestellten Werke (1988) Vitr. 11, 2, 3.

W.-D. H.

Irma Wehgartner

Weißgrundige Vasenmalerei

In den Keramikwerkstätten Athens gab es seit der Spätarchaik neben schwarz- und rotfiguriger auch weißgrundige Bemalung. Entstanden als Variante der schwarzfigurigen Malerei, bei der statt auf Tongrund auf einem weißlichen Überzug aus kaolinithaltigem Tonschlicker gemalt wurde, entwickelte sie sich im Laufe der Klassik zu einer in Technik und Farbigkeit eigenständigen Verzierungsweise, deren Anwendung zunehmend auf eine einzige Gefäßform beschränkt wurde, ein zylinderförmiges Salbgefäß, das in der Fachsprache Schulterlekythos genannt wird und im Totenkult Verwendung fand.

Der helle Überzug war keine Erfindung attischer Töpfer. Er war schon in anderen Landschaften Griechenlands in Gebrauch gewesen, bevor er um 530/525 v. Chr. in die attische Keramik eingeführt wurde. Vermutlich sollte er die Tongefäße edler erscheinen lassen und Assoziationen an kostbare Materialien wie Silber, Elfenbein oder Alabaster wecken. Doch wurden nur Bild- bzw. Ornamentzonen hell grundiert, nicht das ganze Gefäß. Der helle, anfangs selten rein weiße Überzug war empfindlich und weißgrundige Bemalung weniger haltbar als rot- oder schwarzfigurige. Sie wurde deshalb bevorzugt bei Votiv- oder Grabbeigaben angewandt.

Gegen Ende des 6. Jahrhunderts entstanden die ersten Bilder in Umrißzeichnung auf weißem Grund, zunächst mit Relieflinien ausgeführt, später mit gelbbraunen Linien aus verdünntem Glanzton. Einige Vasenmaler kombinierten Umrißzeichnung und schwarzfigurige Bemalung (sog. Semi-outline-Technik), wie dies auf einer Schulterlekythos in Berlin, mit dem Bild eines Mannes mit Hahn zu sehen ist (Kat.-Nr. 372): Körper und Hahn sind in schwarzer Silhouette, Mantel und Knotenstock in Umriß gegeben. Die Schulterlekythos war bereits in der 1. Hälfte des 5. Jahrhunderts neben der Schale die am häufigsten weißgrundig bemalte Gefäßform. Eine besondere Bildthematik war damit zunächst nicht verbunden. Erst zu Beginn der Frühklassik tauchten die ersten Grabszenen auf den Lekythen auf. Gleichzeitig entwickelte sich eine besondere Art von weißgrundiger Lekythenbemalung, bei der die Bilder weitgehend aus farbigen Flächen aufgebaut wurden. Reine Umrißzeichnungen finden sich fast nur noch bei der Darstellung männlicher Körper wie auf einer Berliner Lekythos des Achilleus-Malers (Kat.-Nr. 373). Die Körper der Frauen sind ebenso wie die Grabstelen mit weißer Deckfarbe gemalt (Kat.-Nr. 199), die Gewänder mit schwarzem Glanzton oder bunten Mattfarben. Das Material der Stoffe wurde im Gegensatz zur rotfigurigen Malerei nicht mehr durch Linien, sondern durch Farbwerte definiert, der schwere Wollstoff eines Mantels gegenüber dem leichteren Leinenstoff eines Untergewandes (Chiton) in der jeweils dunkleren Farbe gegeben, also ein schwarzer Mantel mit einem rotem Chiton oder ein roter Mantel mit einem gelbem Chiton kombiniert. Zur Darstellung von Faltenlinien und Säumen benutzte man Schwarz, Rot, gelegentlich auch Weiß. Außerdem begann man Farben zu verwenden, die erst nach dem Brennen aufgetragen werden konnten, da sie nicht hitzebeständig waren, wie Zinnober, bzw. sich im Brand veränderten, wie Ägyptisch Blau. Diese Farben hafteten nicht gut und sind oft nicht mehr oder nur noch in geringen Spuren vorhanden. Es ist daher nicht leicht, von der ursprünglichen Farbigkeit dieser Lekythenbilder eine Vorstellung zu gewinnen. Dies gilt freilich in noch stärkerem Maße für die Bilder der zweiten Jahrhunderthälfte, in der sich die weißgrundige Lekythenbemalung nochmals veränderte: Deckweiß und schwarzer Glanzton verschwanden aus den Bildern, und die Frauenkörper wurden wieder in reinem Umriß gegeben. Die Farbpalette wurde durch verstärkte Verwendung nicht keramischer Farben erweitert. Einige Maler fingen an, für die Zeichnung der Konturen statt Glanzton rote oder schwarzgraue Mattfarbe zu verwenden. Der erste, der diese neue Technik benutzte, dürfte der sog. Sabouroff-Maler (Kat.-Nr. 374) gewesen sein. Eine seiner Lekythen in Berlin zeigt Hermes, wie er einen Verstorbenen zu Charon, dem Fährmann der Toten, bringt. Der Maler hat den Körperkontur seiner Figuren nur soweit angedeutet, wie der Körper nicht vom Gewand bedeckt ist, und außerdem auf

Abb. 1. Detail von F 2457 (Kat.-Nr. 376)

Abb. 2. Einsatz von Kat.-Nr. 373

eine Zeichnung der Gewandkonturen verzichtet. Diese Vorgehensweise führte dazu, daß etwa beim Hermes, da die Farbe, mit der der Mantel gemalt war, vergangen ist, Kopf, Arme und Beine nicht mehr miteinander verbunden sind.

Der neuen Mattfarbentechnik gehörte die Zukunft, auch wenn nicht alle Maler dem Beispiel des Sabouroff-Malers folgend auf die vollständige Wiedergabe der Konturen verzichteten. Im Gegenteil, manche nutzten die weich fließende Mattfarbe zu einer durchgehend schwungvoll-bewegten Zeichnung ihrer Figuren (Kat.-Nr. 375). Von welch kräftig bunter Farbigkeit die Bilder dabei gewesen sein dürften, läßt ein Detail auf einer Lekythos mit dem Bild zweier Frauen am Grab ahnen (Kat.-Nr. 376). Eine der beiden Frauen hält einen zusammengerollten Mantel, der mit Hämatitrot (rotes Eisenoxyd) gemalt ist, am Saum aber eine breite Bordüre in Zinnoberrot aufweist, auf der sich Reste einer Verzierung in gelbem Ocker erkennen lassen (Abb. 1). Zu Gelb und Rot in verschiedenen Tönungen gesellten sich jetzt auch verstärkt Grün und Blau in Form von Kupferverbindungen (Ägyptisch Blau, Malachit oder Kupferhydroxychlorid, einem künstlich hergestellten Grünpigment), Farben, die sich manchmal noch indirekt erschließen lassen. So zeigen manche Lekythen, die einem Sekundärbrand ausgesetzt waren, große Flächen einer fleckig im Malgrund verteilten violettroten Farbsubstanz (Kat.-Nr. 377. 378), bei der es sich um kolloid verteiltes, reines Kupfer handelt, wie es durch Brandeinwirkung aus Kupferverbindungen entsteht. Manchmal sind auf diesen violettroten Flächen noch Reste von Ägyptisch Blau (Kat.-Nr. 378) zu erkennen oder von Schwarz (= Tenorit: Kat.-Nr. 377), das als Oxydationsprodukt aus Kupferverbindungen entstehen kann.

Neben einer veränderten Maltechnik lassen sich in der 2. Hälfte des 5. Jahrhunderts auch Veränderungen in der Bildthematik wahrnehmen. Überwiegen in der Frühklassik die Bilder von Frauen in häuslichem Ambiente, in denen nur indirekt und auf sehr verhaltene Weise Tod und Begräbnis angedeutet wurden (Kat.-Nr. 199), so sind Darstellungen von Grabstelen und Bilder einer expressiven Trauer (Kat.-Nr. 373) eher selten. Später dominieren die Szenen am Grab, die trauernde Hinterbliebene oft zusammen mit Verstorbenen zeigen (Kat.-Nr. 378). So wichtig wird die Darstellung des Grabmals, daß es sogar in die Charon-Bilder Eingang findet (Kat.-Nr. 377).

Ihre ursprüngliche Funktion als Salbgefäße haben die weißgrundigen Lekythen zu diesem Zeitpunkt verloren. Noch in der Frühklassik und bis ins 3. Viertel des 5. Jahrhunderts hinein besaßen viele Lekythen einen kleinen Einsatz (Abb. 2), der mit Öl gefüllt werden konnte, ohne die empfindliche Bemalung zu beschädigen. Jetzt sind diese Einsätze verschwunden. Die weißgrundigen Lekythen sind zu reinen Bildträgern geworden, die aufgestellt an Bahre oder Grab die Verbundenheit der Lebenden mit den Toten dokumentieren sollten.

Ihren Endpunkt erreichte diese Entwicklung gegen 400 mit einer Gruppe von Lekythen, die aufgrund ihrer Größe (zwischen 70 und 110 cm) die Gruppe der ›Huge Lekythoi‹ genannt wird. Im Gegensatz zu allen übrigen Lekythen ist bei ihnen der gesamte Gefäßkörper weiß überzogen. Und so darf vermutet werden, daß sie als Imitationen jener Marmorlekythen gedacht waren, mit denen man damals begonnen hatte, die Gräber im Kerameikos zu schmücken. In ihrer Bemalung spiegelt sich der Einfluß der gleichzeitigen Wand- und Tafelmalerei: Die männlichen Körper sind rotbraun gemalt und zeigen Versuche einer Schattierung mittels feiner rotbrauner Schraffuren. Damit sind diese Lekythen, mit denen die weißgrundige Bemalung in Athen ihr Ende fand, für uns wichtige Zeugnisse der verlorenen, nur literarisch überlieferten griechischen Wand- und Tafelmalerei des ausgehenden 5. Jahrhunderts.

Literatur: D. C. Kurtz, Athenian White Lekythoi – Patterns and Painters (1975); I. Wehgartner, Attisch weißgrundige Keramik (1983); U. Koch-Brinkmann, Polychrome Bilder auf weißgrundigen Lekythen (1999).

Kat.-Nr. 372

372 Weißgrundige Lekythos

H 24,0 cm; ›Semi-outline‹-Bemalung
Athena-/Bowdoinmaler-Werkstatt, 480/470 v. Chr.
Berlin, Antikensammlung Inv. F 2250

Mann mit Hahn; an der Wand: Lyra mit Plektron.

Literatur: ARV^2 689,3; CVA Berlin 8 Taf. 5, 6–9.

373 Weißgrundige Lekythos

H 46,0 cm; Bemalung mit Glanzton und Deckweiß
Achilleus-Maler, um 450 v. Chr.
Berlin, Antikensammlung Inv. 1983.1

Trauernder alter Mann und Krieger an Grabstele.

Literatur: I. Wehgartner, Ein Grabbild des Achilleusmalers, 129. BWPr (1985); CVA Berlin 8 Taf. 11, 2. 3; 12, 1–3; 13. 14; J. H. Oakley, The Achilles Painter (1997) Nr. 273 Taf. 140 b; 141; B. Knittlmayer – W.-D. Heilmeyer (Hrsg.), Die Antikensammlung (1998) Nr. 36.

374 Weißgrundige Lekythos

H 31,3 cm; Bemalung mit Mattfarben
Sabouroff-Maler, 450/440 v. Chr.
Berlin, Antikensammlung Inv. F 2455

Charon erwartet in seinem Boot einen Verstorbenen, der von Hermes herbeigeführt wird.

Literatur: ARV^2 846,196; CVA Berlin 8 Taf. 16, 1–5; 17, 3. 4. 6. 8; Koch-Brinkmann a. O. Abb. 53. 54.

Kat.-Nr. 373

Kat.-Nr. 373

375 Weißgrundige Lekythos

H 30,1 cm; Bemalung mit Mattfarben
Art des Frauenmalers, 430/420 v. Chr.
Berlin, Antikensammlung Inv. V.I. 3369

Besuch am Grab: zwei Frauen an einer Grabstele mit Palmettenanthemion und Akanthosblättern.

Literatur: ARV^2 1373,2; CVA Berlin 8 Taf. 26, 4. 5. 7–9; 31, 3.

376 Weißgrundige Lekythos

H 29,2 cm; Bemalung mit Mattfarben
Maler von Berlin 2457, 430/420 v. Chr.
Berlin, Antikensammlung Inv. F 2457

Besuch am Grab: zwei Frauen an einer Grabstele mit Palmettenanthemion.

Literatur: ARV^2 1245,1 (oben); CVA Berlin 8 Taf. 227, 1. 6–8; 31, 2.

377 Weißgrundige Lekythos

H 46,9 cm; Bemalung mit Mattfarben
Triglyphenmaler, 420/410 v. Chr.
Berlin, Antikensammlung Inv. F 2681

Kat.-Nr. 374

Kat.-Nr. 375

Kat.-Nr. 376

Kat.-Nr. 377

Kat.-Nr. 378

Kombination von Charon- und Grabszene: In der Mitte die Verstorbene vor einem großen Grabmonument sitzend, links Charon in seinem Boot, darunter eine Wasserfläche, dahinter Schilf. Rechts der Stele eine Grabbesucherin.

Literatur: ARV² 1385,13; CVA Berlin 8 Taf. 34, 1–3; 35, 3. 4. 6; Koch-Brinkmann a. O. Abb. 122–125 Beil. XX.

378 Weißgrundige Lekythos

H 69 cm; ohne Boden, Mündung abnehmbar. Bemalung mit Mattfarben. Körperschattierung durch feine Schraffur
Aus Alopeke bei Athen
Gruppe der ›Huge Lekythoi‹, um 400 v. Chr.
Berlin, Antikensammlung Inv. F 2685

Grabszene: Zwischen zwei stehenden Jünglingen sitzt der Verstorbene vor seinem Grabmal, das mit einem Palmettenanthemion mit Akanthosblättern bekrönt ist.

Literatur: ARV² 1390,4; Koch-Brinkmann a. O. Abb. 133–137 Beil. XXI.

I. W.

Werkstattbefunde und Werkstattbilder

Gerhard Zimmer

Die Bronzegußwerkstatt des Pheidias am Südabhang der Akropolis

Am westlichen Ende des Geländeabsatzes über der Eumenes-Stoa, dort wo der Felsen der Athener Akropolis zu den Propyläen hin ansteigt, fand S. Koumanoudis 1876/77 bei Ausgrabungen im Auftrag der griechischen Archäologischen Gesellschaft Gruben mit zahlreichen Brocken von Lehmziegeln und gebranntem Lehm, so daß er sich zuerst in einer Lehmgrube zur Ziegelherstellung wähnte. Reste von Bronze und Schlacken machten bald deutlich, daß dort auf halber Höhe zur Akropolis in klassischer Zeit Bronze geschmolzen und verarbeitet worden ist, so wie wir es vom antiken Statuenguß her kennen.

In den Jahren1963/64 legte Nikolaos Platon das Gelände nochmals frei (Abb. 1). Er fand heraus, daß es sich bei der Anlage um zwei große, ineinander übergehende Gruben handelte, in denen Bronzestatuen gegossen wurden. Wie er ebenfalls feststellen konnte, waren die Einbauten in den Gruben unterschiedlich konstruiert, ohne daß er dafür eine Erklärung finden konnte. Nach den spätesten Keramikbefunden in der östlichen Grube datierte er die Nutzungszeit dieser Anlage in das fortgeschrittene 4. Jahrhundert v. Chr.

Nun haben Grabungen im Stadtgebiet von Rhodos seit 1974 eine Reihe von Bronzegußwerkstätten ans Licht gebracht, welche alle aus der hellenistischen Zeit stammen und ein recht klares Bild der Technologie bieten, wie sie in den Werkstätten Anwendung fand (Abb. 2). Die zentrale Einrichtung bildete eine Grube, welche in der Regel von zwei Seiten her über Stufen zu begehen war. Die Grube war gerade so groß wie die zu gießende Statue oder ein Teil davon. In ihrer Mitte wurde auf einem Sockel die Statue in einer Wachsform mit einem Tonkern aufgebaut. Dieses Wachsbild wurde dann mit verschiedenen Schichten aus Ton ummantelt. Im Gegensatz zur heutigen Gießtechnik konnte die Form in der Antike – war sie einmal aufgebaut – nicht mehr bewegt werden. Deshalb mußten alle Arbeitsvorgänge bis zum Einfüllen der Schmelze an derselben Stelle durchgeführt werden. Die Grube hatte also gleichzeitig die Funktion eines Ofens. Dafür wurden die Gruben am Boden und an den Wänden mit Lehmziegeln oder -platten ausgelegt und damit isoliert. In der hellenistischen Zeit wurden zudem die Treppen durch eine Wand abgetrennt und somit ein abgeschlossener Heizraum geschaffen. Ein Hauptproblem für die Gießer bestand nun darin, daß das Wachs schon bald nach Beginn der Heizphase flüssig wurde und aus der Grube geleitet werden mußte, ohne mit dem Feuer in Berührung zu kommen. Unkontrolliert ausfließendes Wachs konnte zu explosionsartigen Verbrennungsvorgängen führen und machte jede Steuerung des Brandes unmöglich. Die Gießer der hellenistischen Zeit haben deshalb nicht nur in Rhodos eine sehr elegante Lösung erfunden: Sie bauten in das Unterteil der Form einen Kanal ein, der unterirdisch in den Vorraum der Grube führte und das Wachs in einer Vertiefung sammelte.

Dieses ausgereifte System finden wir an der Akropolis in der östlichen Grube wieder (Abb. 1). Ganz deutlich ist auf dem Plan von N. Platon der Kanal zu erkennen, welcher aus der Form herausführt und in ein Loch hinter der Grubenverkleidung aus Lehmziegeln führt. Die veröffentlichten Pläne und Fotografien zeigen, daß die westliche Grube des Komplexes am Akropolishang sich davon aber klar unterscheidet. Als unterste und älteste Anlage bleibt dort eine ovale Grube mit den enormen Dimensionen von etwa 6 m auf 3,50 m, deren Wände mit Ziegeln verkleidet waren (Abb. 3). Ziemlich in der Mitte der Grube ist der massive Rest eines Formunterteiles bis zu einer Höhe von knapp einem halben Meter erhalten. Die Wände des Formunterteils waren aus Ton

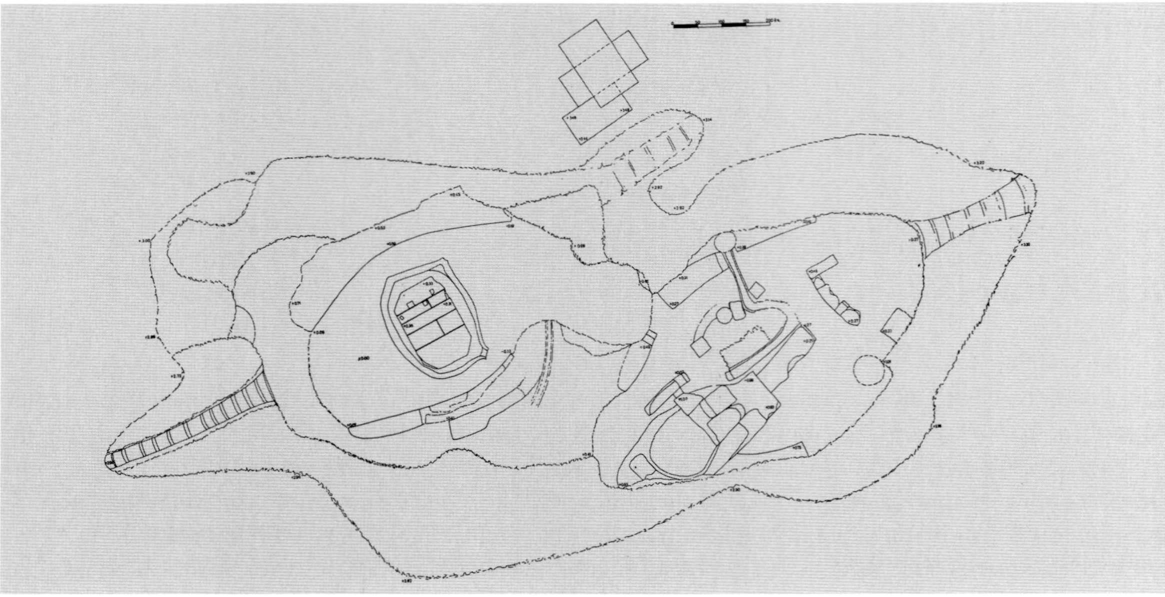

Abb. 1. Südabhang der Akropolis, Grundrißplan der Gießgruben

gebrannt, oben läuft ein Kanal ringsum, der vom Brand und der einfließenden Bronzeschmelze dunkel gefärbt war. Auffälligstes Kennzeichen des Kanals sind zwei Ausflußtüllen an den Ecken des Formunterteils.

Nun kennen wir im nahegelegenen Kerameikos von Athen eine kleine Bronzegießerei, die dort im Schutz der Stadtmauern bald nach 480 v. Chr. in Betrieb war (Abb. 4). Diese Werkstatt besaß ebenfalls eine Grube, in der ein Formunterteil mit dem untersten Stück des Formmantels gefunden wurde. An ihm hat sich eine kleine Ausflußöffnung erhalten, in der bei Auffindung sogar noch ein Stückchen erstarrter Bronze lag. Damit gewinnen wir für die Wachsausschmelztechnik des 5. Jahrhunderts v. Chr. folgendes Bild: Am Beginn der Heizphase wurde die Form durch ein ringsum geschürtes Feuer langsam und vorsichtig erhitzt. Die Öffnungen an der Form blieben dabei verschlossen. War das Wachs flüssig, mußte der Heizvorgang unterbrochen werden, die Verschlüsse wurden geöffnet und das ausfließende Wachs wurde in Gefäßen aufgefangen und aus der Grube transportiert. Erst danach konnte die Form weiter erhitzt und ausgebrannt werden, bis sie völlig trocken und stabil war, die Schmelze aufzunehmen. Daß es sich bei der Grube im Kerameikos nicht nur um die Werkstatteigenheit eines einzelnen Gießereibetriebes handelte, zeigen die beiden Gießgruben aus der Zeit von 440 bis 430 v. Chr. unter der Pheidias-Werkstatt in Olympia ebenso wie eine neu gefundene Werkstatt des 5. Jahrhunderts v. Chr. unter dem Syntagma-Platz in Athen.

Vor dem Hintergrund dieses Entwicklungsstandes der Ausbrenntechnik muß die westliche Gußgrube an der Akropolis in ihrer ursprünglichen Anlage aus dem 5. Jahrhundert v. Chr. stammen. Um zu verstehen, welchen Fortschritt die klassische Zeit gegenüber der Archaik auf diesem Gebiet gemacht hat, genügt ein Blick zur sog. Archaic Foundry auf der Agora von Athen. In ihr wurde die unterlebensgroße Statue eines Kuros gegossen, die nur etwas über einen Meter groß gewesen sein kann. Weil sich keine Vorrichtungen zum Brand in dieser Grube fanden, müssen wir davon ausgehen, daß die Form daneben erhitzt wurde und das Wachs vielleicht nur durch seitliches Kippen aus der Form gelangte. Dieses Verfahren war zwar bei Statuetten üblich, doch war damit eine Steigerung der Dimensionen nicht mehr möglich. Die weitere Entwicklung der Heiztechnik in den Gruben war daher eine ganz entscheidende Voraussetzung für den Guß von lebensgroßen Bronzestatuen, einer Gattung, welche den Ruhm der klassischen Bildhauer ausmachte.

Nach der eingangs beschriebenen Grabungssituation verwundert es nicht, wenn der ursprüngliche Werkstattboden nicht mehr erhalten ist. Kleine Reste einer Mauer im Süden der Grube lassen den

Schluß zu, daß die Grube ursprünglich eine Tiefe von 3,50 m besaß. Zieht man davon die Höhe des Formunterteils ab, so wurden in der Grube Bronzen von über 2,50 m Gesamthöhe hergestellt. Für den Guß einer kolossalen Statue spricht der Formuntersatz mit einer Ausdehnung von 2,40 x 1,80 m: Daraus errechnet sich nämlich ein Gußstück, das bei nur wenig über 2,50 m Höhe immerhin ca. 2,10 m maximale Breite hatte. Versteht man dies als ein Drittel einer hohl gegossenen, bronzenen weiblichen Gewandfigur, erhält man nach den im 5. Jahrhundert v. Chr. üblichen Proportionen unter Einschluß eines behelmten Kopfes die erstaunlichen Gesamtmaße einer Statue von ca. 9 m Höhe. Das paßt hervorragend zu der mindestens 30 Fuß hohen bronzenen Athena Promachos, die der Bildhauer Pheidias um 450 v. Chr. für die Akropolis geschaffen hat. Die in der Nähe der Propyläen erhaltenen Spuren ihrer Basis ergeben eine Seitenlänge des Sockels von etwa 3 m, worauf die in der Gießgrube am Akropolisabhang hergestellten Gußstücke gut unterzubringen wären. Inschriften lassen erkennen, daß an diesem überdimensionalen Bildwerk, das im Sonnenlicht schon vom Meer her zu sehen war, neun Jahre lang gearbeitet wurde.

Die dazu nötigen Werkstätten, in denen demnach über Jahre hinweg gearbeitet wurde, müssen außer den Gießgruben auch andere feste Einrichtungen besessen haben. Die Hinweise darauf sind leider spärlich. Immerhin fanden sich an der nahezu senkrecht aufsteigenden Felswand der Akropolis in einer Höhe von etwa 5 Metern fünf in den Stein gehauene Löcher, welche als Auflager für ein nach Osten hin abfallendes Dach gedeutet werden können. Dieses gehörte zu einer Halle, die nordsüdlich orientiert war und wohl bis zum Rand des Peripatos, des Weges um die Akropolis, reichte, der hier unmittelbar am Geländeabfall vorbeiführte und den Werkstattbereich begrenzte. Für eine zweite Halle parallel zum Peripatos gibt es Hinweise. Die Hallen dienten zum Lagern von Rohstoffen und zum Schutz vor der Witterung (Kat.-Nr. 380).

Reste einer weiteren Werkstatteinrichtung sind in einer regelmäßigen Steinsetzung nördlich der Grube zu sehen, die eine Art Podium von ca. 3,20 x 2,80 m ergibt. Setzen wir dieses Podium hinsichtlich der Größe mit den Dimensionen des Formunterteils in der Grube in Beziehung, das außen 2,40 x 1,80 m, innen etwa 2,10 x 1,50 m mißt, so müssen wir in ihm den Platz erkennen, auf dem die Einzelteile der kolossalen, in mehreren Teilen gegossenen Bronzestatue zusammengesetzt wurden. Ein eigenes Dach brauchte der Montageplatz nicht, da die Statue ja zur Aufstellung im Freien gedacht war.

Die auf diese Weise erschlossenen Gebäude und Installationen einer großen Gießerei im 5. Jahrhundert v. Chr. nehmen insgesamt nur einen Teil der zur Verfügung stehenden Fläche am Hang ein. Nun ist der ›leere‹ Raum im Zusammenhang mit Werkstätten nur scheinbar leer; denn er wird zu vielerlei Arbeiten benötigt. Bronzegußwerkstätten in der Antike fertigten die benötigten Hilfsmittel meist selbst. So wurden Lehmziegel oft vor Ort geformt und getrocknet, der Ton für den Aufbau des Formmantels mußte gelagert werden, eiserne Stützstangen für den Kern und die Kernhalter mußten geschmiedet werden. All dies erforderte umfangreiche Arbeits- und Lagerflächen, die im vorliegenden Fall sicher nicht zu groß bemessen waren.

Beträchtlicher Raum wurde zudem für das Schmelzen der Bronze benötigt. Zwar haben sich auf dem Werkplatz keine gesicherten Hinweise auf Schmelzanlagen erhalten, doch wissen wir aus den Grabungen in Olympia, daß im 5. Jahrhundert v. Chr. die Bronze in Tontiegeln erschmolzen wurde (Abb. 5). Solche Tiegel besaßen eine Armierung aus Eisen- oder Bronzestäben und waren aus mehreren Schichten von Ton oder Lehm aufgebaut. Das Metall wurde in den Tiegeln mit Holzkohle überhäuft, und von oben her eingesetzte Blasebalgdüsen sorgten für die nötige Hitze. War die Schmelze bereit, so wurden die Holzkohle- und Schlackenreste abgezogen, der Tiegel mit Hilfe von Stangen aufgehoben und über der Form ausgegossen. Trotz der Größe der Teilgüsse an der Akropolis müssen auch dort Tiegel verwendet worden sein; denn wir kennen keinen einzigen Fund eines ofenähnlichen Gebildes. Das Problem für den Bildhauer bestand darin, eine große Anzahl von Schmelztiegeln nahezu zeitgleich beheizen und dann unmittelbar hintereinander eingießen zu lassen. Denn die Bronze durfte im Inneren der Form nicht vorzeitig erstarren, da sich sonst Kaltrisse bilden konnten. Für den Guß einer so großen Teilform, wie wir sie errechnet haben, waren wohl 60 Tiegel mit jeweils 50 Kilogramm Bronze zu erschmelzen.

Abb. 2. Rhodos, Grundstück Mylonas, große Gießgrube

Abb. 4. Formunterteil aus einer Gießgrube. Athen, Kerameikos, Magazin

Wir dürfen uns also eine Werkstatt als ein Zusammenspiel von verschiedenen Arbeitseinrichtungen vorstellen, an denen je nach Fortgang der Arbeiten reges Leben herrschte (Kat.-Nr. 380). Am spannendsten war in der Werkstatt am Akropolisabhang wohl die Vorbereitung zum Guß der Form, wenn diese tage- und nächtelang geheizt wurde und schließlich auf großer Fläche die Bronze in den Tiegeln erschmolzen wurde. Wir schätzen, daß über 100 Gießer gleichzeitig zum Guß nötig waren. Ruhiger ging es sicher zu beim Aufbau der Form in der Grube, einer Arbeit, bei der der Meister anwesend sein mußte und wohl auch selbst Hand anlegte. Besonders lautstark waren dann wieder die Arbeiten am Rohguß, wenn die Eingußkanäle abgemeißelt werden mußten. Aber auch die Glättung und Patinierung der Oberflächen nach dem Zusammenlöten der Gußteile war sicher nichts für empfindliche Ohren. Da wir es mit dem Guß eines kolossalen Bildwerkes zu tun haben, fanden wohl ständig mehrere Arbeitsvorgänge gleichzeitig statt. Aufgabe des leitenden Bildhauers war auch die Organisation dieser Arbeiten.

Wenn dies alles unmittelbar unterhalb des wichtigsten Heiligtums von Athen stattfand, so mußte das seinen Grund haben. Da es sich bei dem Guß um ein Werk handelte, welches für die Akropolis

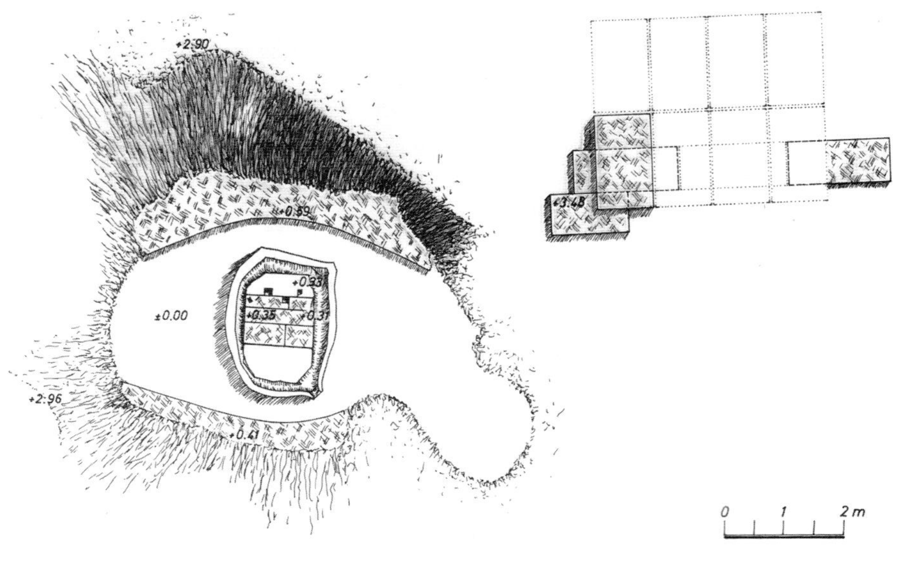

Abb. 3. Südabhang der Akropolis, Grundriß der frühesten Werkstatt (Zeichnung W. J. Brunner)

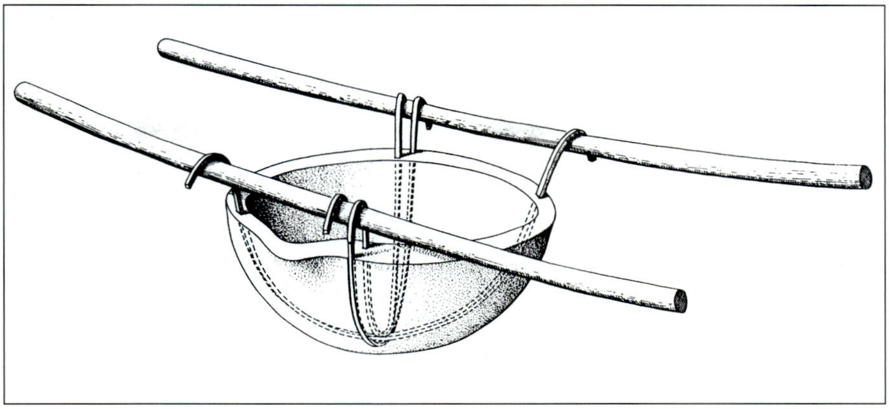

Abb. 5. Rekonstruktion eines Schmelztiegels des 5. Jhs. v. Chr. in Olympia (Zeichnung J. Denkinger)

bestimmt war, brauchte man einen nahegelegenen Platz, welcher einigermaßen groß und eben war. So wird entweder die Stadt Athen oder die Heiligtumsverwaltung dem Meister diesen Werkplatz zugewiesen haben. Dies war in der gesamten griechischen Geschichte üblich, und die späteren Funde belegen ja die Nutzung auch dieses Werkplatzes über die Jahrhunderte hinweg.

Wir können in der Anlage am Südabhang der Akropolis eine Werkstatt der Hochklassik in ihren Arbeitsabläufen ziemlich genau rekonstruieren. Die Statue selbst können wir nur erschließen, weil keine direkt zuweisbaren Formfragmente gefunden wurden. Da in der Mitte des 5. Jahrhunderts v. Chr. aber nachweislich nur eine derart große Statue aus Bronze auf der Akropolis stand, nämlich die der Athena Promachos des Pheidias, spricht einiges dafür, daß wir es hier mit den Resten der dazugehörigen Werkstatt zu tun haben.

Literatur: G. Zimmer, Griechische Bronzegußwerkstätten (1990) 62 ff. – Zur experimentellen Rekonstruktion von Arbeitsabläufen in Bronzegußwerkstätten: N. Hackländer – E. Formigli, Experimente zur Brenntechnik in einer Gußgrube, in: G. Zimmer – N. Hackländer (Hrsg.), Der Betende Knabe. Original und Experiment (1997) 93 ff.

Kat.-Nr. 380

379 Sechs Fragmente der Abrechnungsurkunde für die Bronzefigur der Athena Promachos auf der Akropolis

Sechs von elf Fragmenten einer Stele aus pentelischem Marmor; T 0,253 m.
Gefunden auf der Akropolis; um 450 v. Chr.
Athen, Epigraphisches Museum Inv. EM 6680 (Fragment A), EM 6688 (Fragment D), EM 6715 (Fragmente E+F), EM 1349a (Fragment Y), EM 12926 (Fragment Z).

Literatur: IG I[3] 435; W. B. Dinsmoor, AJA 25, 1921, 118–129; A. E. Raubitschek, Hesperia 12, 1943, 12–17; S. V. Tracy, Studies Presented to Sterling Dow (1984) 281–282.

K. H.

380 Modell der Pheidias-Werkstatt am Südabhang der Akropolis. Auf dem Werkplatz Montagegerüst der Athena Promachos

Modell H.-R. Schmuck, Berlin (2001)
Maßstab 1:50; 100 x 80 cm
Berlin, Antikensammlung Inv. 2001.1

G. Z.

Kat.-Nr. 379 (Fragmente E+F)

Kurt Gschwantler

Der Schaber von Ephesos: Bronzeguß – Zerstörung und Rekonstruktion

381 Athlet aus Ephesos

Bronze; H 192 cm
Wien, Kunsthistorisches Museum, Antikensammlung Inv. VI 3168

Literatur: E. Pochmarski, Zur kunstgeschichtlichen Stellung des Schabers von Ephesos, in: Griechische und römische Statuetten und Großbronzen. Akten der 9. Tagung über antike Bronzen in Wien 1986 (1988) 74 ff.; ders., Neues zum Schaber von Ephesos, in: 100 Jahre österreichische Forschungen in Ephesos. Akten des Symposions Wien 1995 (1999) 585 ff.; K. Gschwantler, Der Athlet von Ephesos. Ein Projekt zur Restaurierung und Konservierung der Bronzestatue, JbKuHistSamml 91, 1995, 287 ff.; M. Sanader, Der Meergeborene. Die Entdeckung einer Bronzestatue in Kroatien, AW 30, 1999, 357 ff.

Nach dem Wettkampf pflegten die Athleten (vor allem Ringer, Boxer und Pankratiasten) ihren eingeölten Körper vom Sand der Palästra mit einem Schabeisen (Strigilis) zu reinigen. Der ephesische Athlet hat diese Tätigkeit bereits beendet: Mit noch schweißnassem, aus der Stirn gestrichenem Haar reinigt er mit Daumen und Zeigefinger der linken Hand die Strigilis, die er einst in der Rechten gehalten hat. Auf diesen, an sich nebensächlichen Vorgang ist die ganze Aufmerksamkeit des Jünglings gerichtet. Der Neigung und Drehung des Kopfes entspricht die Stellung des Spielbeinfußes, der nur mit Zehen und Ballen den Boden berührt. Die Augen waren in anderem Material eingesetzt, die Lippen ursprünglich wohl mit Kupferblech plattiert.

Die Statue wurde 1896 bei den österreichischen Grabungen in Ephesos im Areal des Hafengymnasiums gefunden. Wohl in Folge eines Erdbebens war die Statue in viele Einzelteile zerbrochen – insgesamt wurden 234 Fragmente geborgen; ungebrochen waren nur der Kopf, die rechte Hand sowie der rechte Fuß. Mit Hilfe des Gipsabgusses einer schon seit dem 16. Jahrhundert bekannten, in den Uffizien in Florenz befindlichen Marmorkopie gelang in Wien die Zusammensetzung der Statue. Die zusammenpassenden Fragmente wurden an der Innenseite zunächst mit Messingstreifen mittels Schrauben verbunden, die großen zusammen-

Kat.-Nr. 381

hängenden Einzelteile anschließend auf ein verzinntes Eisengerüst montiert. Aus Stabilitätsgründen wurde der Innenraum der Statue bis in Halshöhe mit Steinkitt gefüllt und Fehlendes ergänzt. Abschließend wurde die Statue mit einer künstlichen Patina versehen.

Die Wiederherstellung ergab zunächst einen Athleten, der mit dem Schabeisen in der rechten Hand den Handrücken der linken säubert, demnach ein Apoxyomenos (Schaber) wie die dem Œuvre des Lysipp zugeschriebene Marmorkopie im Vatikan. Aufgrund einer verkleinerten Marmorreplik aus Frascati (Boston, Museum of Fine Arts) vom Typus des Athleten aus Ephesos, die eine andere Aktion der Hände zeigt, wurde später durch einen Eingriff am rechten Oberarm der Wiener Statue die Haltung des Armes korrigiert, wodurch nun die Finger der linken Hand die Strigilis reinigen.

Die bei dem Athleten angewandte Methode der Zusammensetzung stellt zweifelsohne für das ausgehende 19. Jahrhundert eine beachtliche technische Leistung dar, diese Methode war in der Folge aber auch für Veränderungen und Schadensbildungen an der Oberfläche verantwortlich. Die Gründe liegen vor allem in der stark chloridhaltigen Füllmasse, die zu Korrosionen am Eisengerüst führte, wodurch es in der Folge aufgrund des vergrößerten Volumens vor allem im Bereich der Kontaktzonen zwischen der Bronzewandung und den Ergänzungen zu Rissen kam. Im Zusammenhang mit dem im Jahre 1978 eröffneten Ephesos-Museum in der Neuen Hofburg wurden am Athleten einzelne rissige Partien entfernt und in Araldit nachmodelliert – eine kosmetische Korrektur, die aber auch zum uneinheitlichen Gesamteindruck der Statue beiträgt.

Die geschilderten Korrosionsschäden machen eine Restaurierung notwendig. Zur Zeit wird in einem Projekt der Wiener Antikensammlung an einem Restaurierungskonzept gearbeitet. In diesem Zusammenhang werden an der Statue in der Bundesanstalt für Materialforschung und -prüfung (BAM) in Berlin auch Computertomographien und Durchstrahlungsaufnahmen durchgeführt, wodurch sich neben einer genauen Dokumentation über den derzeitigen Zustand der Statue auch Informationen zur antiken Guß- und Formtechnik gewinnen lassen.

Zusätzliche Aktualität erhält dieses Projekt durch eine Bronzestatue, die 1999 in der kroatischen Adria gefunden wurde und eine maßgleiche Wiederholung des ephesischen Athleten zu sein scheint. Von den Ergebnissen der zur Zeit durchgeführten Konservierung dieses Neufundes darf man sich in Kombination mit den an der Wiener Statue gewonnenen Erkenntnissen Antworten auf die Zeitstellung der beiden Bronzestatuen, auf mögliche Werkstattzusammenhänge, vor allem aber eine endgültige Klärung der Handhaltung und der Aktion der Hände (Strigilisreiniger oder Schaber) erwarten.

Die zeitliche Einordnung des Athleten von Ephesos ist in der wissenschaftlichen Diskussion sehr umstritten: Zunächst glaubte man in der Statue das griechisches Original erhalten zu haben, später folgte man mehrheitlich der Ansicht, es handle sich um eine römische Kopie nach einem griechischen Original in der Polykletnachfolge um 330/320 v. Chr., das dem lysippischen Apoxyomenos zeitlich vorausging. Daneben wurde aber auch eine Datierung in den frühen Hellenismus, zuletzt auch die Möglichkeit einer klassizistischen Neuschöpfung erwogen.

K. G.

Wolf-Dieter Heilmeyer

Die Pheidias-Werkstatt in Olympia

Der athenische Bildhauer Pheidias erhielt um 440 v. Chr. den Auftrag, das neue Kultbild für den etwa 15 Jahre früher vollendeten Zeustempel zu gestalten. Es wurde ein Platz westlich außerhalb des Heiligen Hains zur Verfügung gestellt und unter der zeitweisen Aufsicht des Pheidias ein Baukomplex erstellt, der Wohnräume für eine mehrjährige Anwesenheit der Künstler und Handwerker, Werkplätze im Freien und überdachte Werkhallen sowie vor allem einen großen sicheren Montagebau umfassen sollte. Pausanias, der Reiseschriftsteller des 2. Jahrhunderts n. Chr., hat den Montagebau noch gesehen, »ein Gebäude, das Werkstatt des Pheidias heißt« (V 15, 1); er hat ihn allerdings in einem Rundgang zu den Altären seiner Zeit erwähnt, weil in dem stattlichen Gebäude inzwischen ein Kult für »alle Götter«, ein Pantheon, eingerichtet worden war. Zu Anfang des 5. Jahrhunderts n. Chr. ist der Bau zur frühchristlichen Kirche umgestaltet worden – auf den olympischen Zeus waren erst der Pantheismus und nun der moderne Monotheismus gefolgt.

Als das Gebäude 440–430 v. Chr. noch nicht fertig war, als der Bau vielleicht vorübergehend überhaupt ins Stocken gekommen war, hatte sich zwischen den Grundmauern bereits eine Bronze-

Abb. 1. Die Bronzegießerei unter der Pheidias-Werkstatt

gießerei für die Herstellung eines der vielen Weihgeschenke des Heiligtums eingenistet (Abb. 1). Dann aber wurde nach der Fertigstellung des abstrakt-nüchternen Baus, der von einem der schönsten Tondächer Olympias gekrönt wurde, in seinem Inneren das unvorstellbar kostbare, komplizierte, 12,37 m hohe Bild des thronenden Zeus aus Holz, Gold und Elfenbein mit Einlagen aus Glas und Edelsteinen zusammengesetzt. Dieses paßte mit seinen überlieferten Grundmaßen von 9,82 x 6,54 m genau zwischen die von den Ausgräbern rekonstruierten Montagebühnen, die unter dem 13 m hohen Dach zwischen den Säulen 11,5 x 6,73 m frei ließen. Im Vorraum wird man sich die Aufbewahrung der auf die Montage wartenden kostbaren Materialien denken müssen.

Die aufwendigeren Arbeiten unter Hitze und Staub aber müssen außerhalb des Montagebaus stattgefunden haben. Tatsächlich hat man südöstlich der ›Pheidias-Werkstatt‹ aus derselben Zeit stammende Stützmauern, Reste ephemerer Hallen oder Baracken, Brunnen und Feuerstellen gefunden und vor allem mächtige Schuttschichten, die sich bis zum Ende des 5. Jahrhunderts dort angesammelt haben (›Formenschicht E‹). Sie enthielten jede Menge Werkabfall, natürlich kein Holz mehr und kaum Gold oder Edelsteine, aber Bein und Elfenbein, Horn und Kreide, Gips und Glas, Bronze und Blei, Farben, auch Instrumente und Gußformen für Ornamente aus Glas. Berühmt geworden sind Negativformen aus schwach gebranntem Ton für überdimensionale Stoff-Falten, am wahrscheinlichsten Reste von Experimenten mit der gerade aus der orientalischen Technologie bekannt gewordenen Glasproduktion oder mit Goldplatten für das Gewand des Zeus und der Siegesgöttin Nike auf seiner Hand. Als Wohngebäude für die Pheidias-Leute hat der Ausgräber des Bezirks A. Mallwitz das kleine Hofhaus nördlich der ›Pheidias-Werkstatt‹ erwogen.

Es entsteht vor unseren Augen ein kompletterer Arbeitsbereich, als wir ihn für irgendeinen der großen Bildhauer des 5. Jahrhunderts v. Chr. rekonstruieren können. Gerade der Experimentcharakter vieler Funde aus der ›Formenschicht E‹ beweist deren Zusammengehörigkeit und deren Zugehörigkeit zum Wagnis der unübertroffen großen und materialreichen Figur des Zeus des Pheidias. Verständlich ist die Betroffenheit des langjährigen Ausgräbers von Olympia, Emil Kunze, als unter den Funden aus der Bauzeit der Werkstatt ein Kännchen mit der Inschrift »des Pheidias (Eigentum) bin ich« (Abb. 2) auftauchte – wie Kunze schreibt: »das einzige unmittelbar persönliche Zeugnis seiner Erdentage«.

Abb. 2. Die Inschrift auf dem Pheidias-Kännchen. Olympia, Museum

Literatur: A. Mallwitz – W. Schiering, Die Werkstatt des Pheidias in Olympia 1, OF 5 (1964); W. Schiering, Die Werkstatt des Pheidias in Olympia 2. Werkstattfunde, OF 18 (1991); A. Mallwitz, Olympia und seine Bauten (1972) 255–268; A. Heiden, Die Tondächer von Olympia, OF 24 (1995) 44 ff. – Zur Werkstatt unter der Pheidias-Werkstatt: W.-D. Heilmeyer – G. Zimmer, AA 1987, 242 ff.; zur Authentizität des Pheidias-Graffittos: W.-D. Heilmeyer, AA 1981, 447 f. Abb. 4; zu seiner Bedeutung: E. Kunze, Neue deutsche Ausgrabungen (1959) 278 ff. 291 Abb. 44.

382–389 Funde aus der Pheidias-Werkstatt

382 Aus der Bronzegießerei unter der Pheidias-Werkstatt: Blasebalgdüse zum Beheizen eines Bronzeschmelztiegels

Ton; L 26 cm, Luftleitung geknickt, die Mündung verschlackt
Aus den Aufschüttungen der nördlichen Gießgrube, um 440 v. Chr.

Literatur: W.-D. Heilmeyer – G. Zimmer, AA 1987, 281 Nr. 1 Abb. 33. 34 a. b.

383 Das Dach der Pheidias-Werkstatt in Olympia ist in dekorierten Ziegeln fast aller Sorten erhalten, nur die zur eigentlichen Eindachung gehörigen Flach- und Deckziegel fehlen

a. Eckblock der Giebelsima mit zugehörigem Löwenkopf-wasserspeier, L 72,1, B 64,5 cm, H des Löwenkopfes 19,3 cm
Olympia, Archäologisches Museum Inv. 10 K 17.57

Literatur: A. Heiden, Die Tondächer von Olympia, OF 14 (1995) 46. 181 Nr. 13.5 Taf. 20, 1–3.

b. Eckakroter, H 24,5 cm
Olympia, Archäologisches Museum Inv. M 3321

Literatur: Heiden a. O. 183 Nr. 13.21 Taf. 19, 2.

c. Firstziegel mit Palmetten und Zwickelblüten, H 17,5 cm

Olympia, Archäologisches Museum Inv. 10 K 3 0

Literatur: Heiden a. O. Nr. 13.18 Taf. 21, 4.

384 Die Gewandformen der ›Formenschicht E‹: zwei Beispiele von mehr als 60 Negativabdrücken großer bis sehr großer Gewandfaltenstücke

Die Formen sind nur schwach gebrannt, was ausschließen läßt, daß sie zum Hämmern von Blech gedient hätten.

a. Aus acht Fragmenten zusammengesetzt, L diagonal gemessen 28,7 cm

Literatur: W. Schiering, Die Werkstatt des Pheidias in Olympia 2. Werkstattfunde, OF 18 (1991) 75 Nr. G 33 Taf. 9.

b. Eine von zwei fast gleichartigen Faltenformen, L 17,0, B 18,1 cm

Literatur: Schiering a. O. 83 Nr. G 105 Taf. 26.

Kat.-Nr. 383 a

Kat.-Nr. 383 a

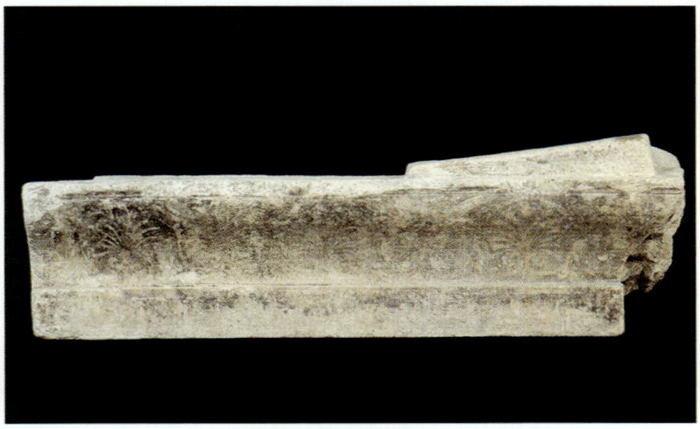

Kat.-Nr. 383 a

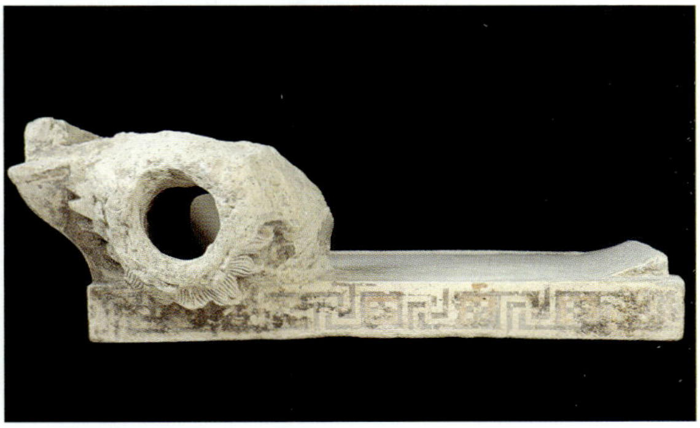

Kat.-Nr. 383 a

Kat.-Nr. 383 b

Kat.-Nr. 383 c

Kat.-Nr. 384 a

Kat.-Nr. 384 b

Kat.-Nr. 385 a

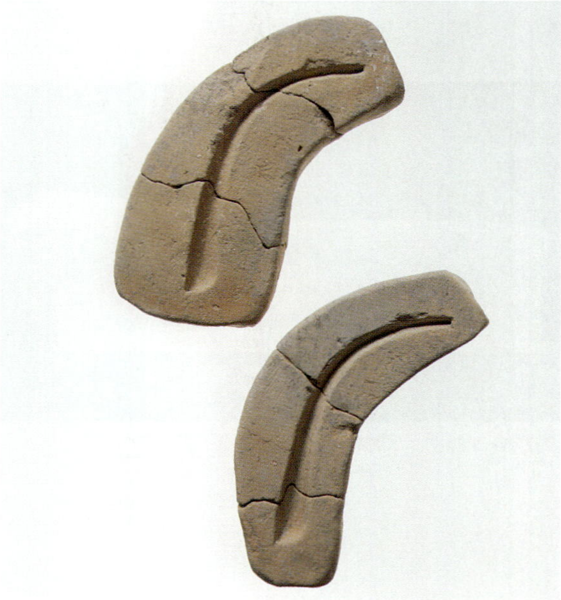

Kat.-Nr. 385 b

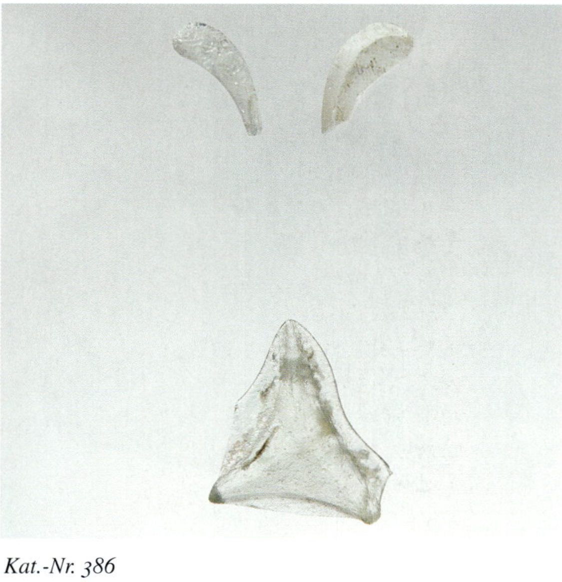

Kat.-Nr. 386

385 Ornamentformen aus der ›Formenschicht E‹: zehn Beispiele von ca. 60 Negativformen zur Herstellung von Palmetten- und Blütenblättern für verschieden große Ornamentfriese

Die Formen sind schwach gebrannt und dienten zum Guß der Glasappliken Kat.-Nr. 386.

a. Acht Palmettenblattformen, z. T. gebrochen, längstes Beispiel 13 cm

Literatur: Schiering a. O. 60 Nr. o 1–8 Taf. 39.

b. Zwei Blütenblattformen, gebrochen, L 16 cm

Literatur: Schiering a. O. 60 f. Nr. o 12.13 Taf. 40.

Kat.-Nr. 387 a

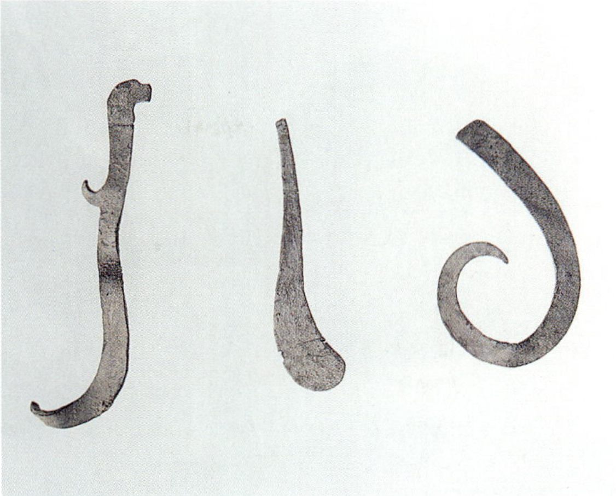

Kat.-Nr. 387 b

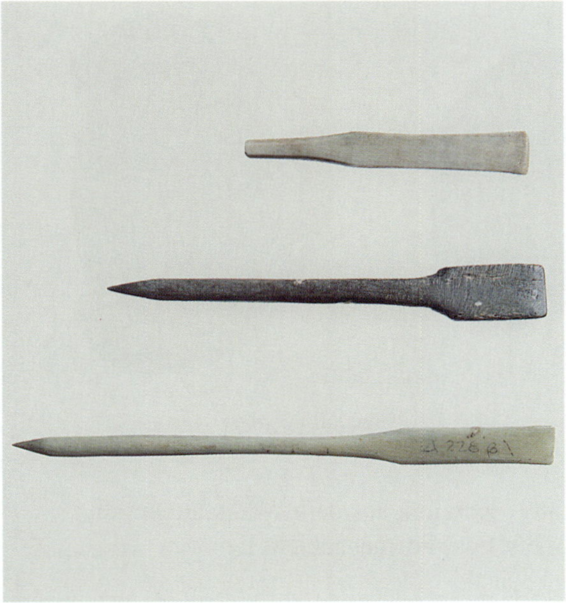

Kat.-Nr. 388 a

Kat.-Nr. 388 b

386 Zwei nicht zum Versatz gekommene Glasappliken in Form von Palmettenblättern

Erhaltene L ca. 2,5 cm

Literatur: Schiering a. O. 64 Nr. Gl 5.6 Taf. 47.

387 Arbeitsmaterialien aus den Werkstätten

a. Bein- und Elfenbein: Schiering a. O. 159 ff. Taf. 52. 53.
b. Bleiblech: Schiering a. O. 164 f. Taf. 61.
c. Gips: Schiering a. O. 167 Taf. 63.

388 Arbeitsinstrumente aus den Werkstätten

a. Spatel aus Bein: Schiering a. O. 161 f. Taf. 54.
b. Spatel aus Bronze: Schiering a. O. 163 Taf. 57.
c. Bleistifte: Schiering a. O. 164 Taf. 60 a.

Kat. Nr. 388c

Kat.-Nr. 389 a

Kat.-Nr. 389 b

Kat.-Nr. 389 b

Kat.-Nr. 389 b

Kat.-Nr. 389 c

zu Kat.-Nr. 389 c

Kat.-Nr. 389 d

389 Keramik aus dem Werkstattbereich, meist aus ›Formenschicht E‹

a. Schwarzfirniß-Teller mit Stempeldekor und Aufhängeloch, gebrochen, aber fast vollständig. Elisch, 3. Viertel 5. Jh. v. Chr.

Literatur: A. Mallwitz – W. Schiering, Die Werkstatt des Pheidias in Olympia 1, OF 5 (1964) 212 Nr. 4 Taf. 74.

b. Drei Öl-Lampen, klassischer Typ des 5. Jhs. v. Chr., elisch.

Literatur: Mallwitz–Schiering a. O. 200 ff. Taf. 71.

c. Fragment eines schwarzgefirnißten attischen Riefelkännchens für Trankspenden zum Gelingen der Arbeit mit der Inschrift einer Arbeitsgruppe aus dem mittelgriechischen Oite. Das Kännchen mit der Pheidias-Inschrift ist sehr ähnlich, beide 3. Viertel des 5. Jhs. v. Chr. Bodendurchmesser 6,1 cm.

Literatur: Mallwitz–Schiering a. O. 154 Nr. 37; 170 Nr. 8 Taf. 56.

d. Fragmente eines rotfigurigen Kraters des Kleophon-Malers mit Darstellung der Nike, die auf einen Musiker zufliegt, um ihn zu bekränzen (nur sein Instrument, die Kithara, ist erhalten).
H des größten Fragments 10,0 cm.

Kat.-Nr. 390

Literatur: Mallwitz–Schiering a. O. 251 ff. Nr. 5 Taf. 82; W. Schiering in: A. Mallwitz – H. V. Herrmann, Die Funde aus Olympia (1980) 184 f. Taf. 132.

390 Modell der Pheidias-Werkstatt in Olympia

Maßstab 1:50; 94 x 114 cm

Vollständig rekonstruiert erscheint der Montagebau des über 12 m hohen Zeusbildes des Pheidias aus Holz, Gold und Elfenbein. Nur als Grundrisse angedeutet sind die Wohn- und Arbeitsbereiche nord- und südöstlich des Montagebaus.

Kunststoff-Neufertigung nach einem Modell, das von Eva Mallwitz nach den Plänen von A. Mallwitz für die Publikation OF 5 (1964) Taf. 35. 36 gefertigt worden ist und sich in ihrem Privatbesitz befindet (vgl. hier Abb. 3).

Herstellung: Werk5, Berlin (2001)

Berlin, Antikensammlung Inv. 2001.2 W.-D. H.

Kat.-Nr. 390

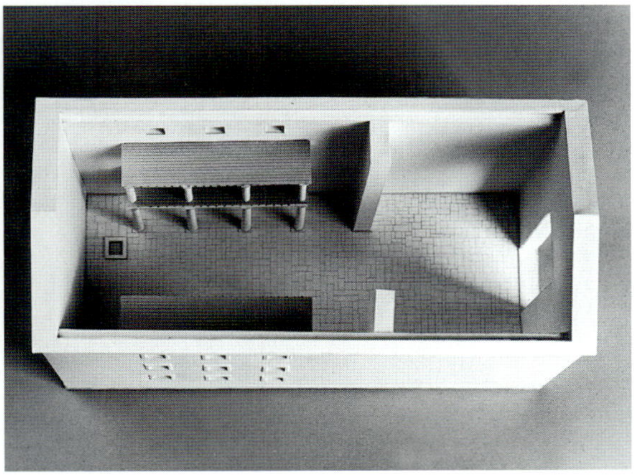

Abb. 3

Wolf-Dieter Heilmeyer

Werkstattbilder

Wenn wir uns von den Werkplätzen der klassischen Kunst einen bildlichen Eindruck machen wollen, können wir uns, was die Bearbeitung des Marmors für die Architektur der Akropolis angeht, heute auf die schönen Zeichnungen von Manolis Korres berufen (s. S. 365 ff.). Für Bronzeguß und keramische Produktion geben attische Vasenbilder wichtige, allerdings nicht einfach zu lesende Einblicke. Schon daß Götter dabei in die Werkstatt treten, zeigt, daß die Realitätsschilderung tatsächlicher Arbeitsvorgänge nicht das erste Ziel dieser Bilder war. Dennoch kann wie bei literarischen Zeugnissen vorausgesetzt werden, daß die Darstellung dem konkreten Leben nicht widersprach: wenn der Säulenschnitzer auch ein Satyr ist oder der Vasenmaler ein vornehmer junger Mann, muß ihre ›Arbeit‹ für den zeitgenössischen Betrachter notwendigerweise doch nachvollziehbar gewesen sein und kann demnach für uns ein authentisches Zeugnis sein.

Literatur: J. Ziomecki, Les répresentations d'artisans sur les vases antiques (1975); G. Zimmer, Antike Werkstattbilder (1982).

Kat.-Nr. 391

Kat.-Nr. 392

Kat.-Nr. 393

Kat.-Nr. 393

391 Schale des sog. Erzgießerei-Malers: Hephaistos in seiner Werkstatt (innen) und Arbeit an zwei Bronzebildern (außen)

H 12,0, Dm 30,5 cm
Um 480 v. Chr.
Berlin, Antikensammlung Inv. F 2294

Literatur: Ziomecki a. O. 148 Nr. 8 Abb. 23. 24. 37; Zimmer a. O. 7 ff. Taf. 1 ff. 9 Abb. 2. 9.

392 Schale des sog. Erzgießerei-Malers: Bildhauer an der Arbeit an einem Pferdebild (außen)

Dm 31,3 cm
Um 480 v. Chr.
München, Antikensammlungen Inv. 2650

Literatur: Ziomecki a. O. 155 Nr. 34 Abb. 33; Zimmer a. O. 6 Abb. 1.

393 Hydria des sog. Leningrad-Malers: Töpferwerkstatt

H 33,0 cm
Um 460 v. Chr., aus Ruvo
Vicenza, Banca Intesa (früher Mailand, Slg. Torno)

Literatur: ARV^2 571, 73; 1659; Ziomecki a. O. 154 Nr. 32 Abb. 13.

394 Krater des sog. Komaris-Malers: Töpferwerkstatt

H 35 cm (Fuß ergänzt)
Um 430 v. Chr.
Oxford, Ashmolean Museum Inv. 562 (G 287)

Literatur: CVA Oxford 1 Taf. 24, 2; Ziomecki a. O. 155 f. Nr. 37 Abb. 18.

Kat.-Nr. 394

Kat.-Nr. 395

Kat.-Nr. 396

395–397 Drei Schalen des sog. Antiphon-Malers: Handwerker im Innenbild

395 Ein vornehmer Vasenmaler mit dem Spezialpinsel für die Linienführung in der rotfigurigen Technik

H 14,2 cm, Dm ca. 20 cm (stark fragmentiert)
Um 480 v. Chr.
Boston, Museum of Fine Arts Inv. 01.8073

Literatur: ARV² 342, 19; 1646; Ziomecki a. O. 150 Nr. 13; G. Seiterle, AntW 7, 1976, 2 ff.

396 Ein nackter junger Schmied bearbeitet einen korinthischen Helm, links ein Ofen

Dm 24,3 cm (im Mittelfeld ergänzt)
Um 480 v. Chr.
Oxford, Ashmolean Museum Inv. 518 (G 267)

Literatur: CVA Oxford 1 Taf. 2, 8; ARV² 336, 22; 1646; Ziomecki a. O. 155 Nr. 36 Abb. 25 (Zeichnung).

397 Ein Satyr legt die Kanneluren einer Säule an, an der Wand ein Weinschlauch

H 9,3 cm
Um 480 v. Chr.
Boston, Museum of Fine Arts Inv. 62.613

Literatur: ARV² 1701 (342 Nr. 19 bis); J. Boardman, Cambridge Ancient History IV² (1988) 142 Nr. 178.

398 Schale des sog. Ambrosius-Malers: Bildhauer, der einen Kopf (aus Ton?) herstellt

Dm ca. 30 cm (stark fragmentiert)
Um 500 v. Chr.
Boston, Museum of Fine Arts Inv. 68.292

Literatur: J. Boardman, Cambridge Ancient History IV² (1988) 142 Nr. 177. W.-D. H.

Kat.-Nr. 397

Kat.-Nr. 398

Klaus Junker

Die Athena-Marsyas-Gruppe des Myron: Götter als ›Erste Erfinder‹

Wenn die griechische Klassik das Zeitalter des Maßes ist, ein Zeitalter, in dem die Menschen die Welt vermessen und sie die Erfahrung machen, bei unterschiedlichsten Aufgabenstellungen zu definitiven Lösungen kommen zu können, wozu brauchen sie dann noch die Götter? Tatsächlich hat die philosophische Reflexion die Glaubwürdigkeit der alten Göttergeschichten des Mythos in einem gewissen Umfang in Frage gestellt und darüber hinaus das Verhältnis der Menschen zu den Göttern neu zu definieren versucht (vgl. S. 82 ff.). Ein Aspekt dieses Wandels ist die im 5. Jahrhundert v. Chr. an Bedeutung gewinnende Vorstellung, die Götter würden nicht direkt in die menschlichen Angelegenheiten eingreifen, sondern in der Rolle eines ›Ersten Erfinders‹ (protos heuretes) nur indirekt gegenwärtig sein: Die Götter schaffen für ein breites Spektrum zivilisatorischer Errungenschaften die Grundlage, die Menschen übernehmen Durchführung und Perfektionierung.

In diesen Zusammenhang gehört auch die Athena-Marsyas-Gruppe, deren inhaltliche Bedeutung der Forschung lange rätselhaft war. Das Original der verlorenen, nur in römischen Kopien erhaltenen Gruppe stand auf der Athener Akropolis. Der berühmte Bildhauer Myron hat sie um 450 geschaffen; Auftraggeber und Stiftungsanlaß sind jedoch nicht bekannt. Das Motiv der Skulpturengruppe wird von den antiken Quellen überliefert. Die Göttin Athena, Patronin der Künste, galt als Erfinderin der Auloi, eines aus zwei Röhren bestehenden Musikinstruments, das im Klang einer modernen Oboe ähnelt. Weil das Spielen der Auloi ihr Gesicht entstellte, warf sie das Instrument weg. Der Satyr Marsyas, einer der tanz-, musik- und trinkfreudigen Begleiter des Gottes Dionysos, fand es wieder, nahm es an sich und wurde zum Meister des Aulosspiels. Wie die nicht ganz vollständig überlieferte Gruppe zu rekonstruieren ist, gibt Abbildung 1 wieder. Athena entfernt sich mit einem energischen Impuls vom Ort des Geschehens, während in der Figur des Marsyas die typische Neugier der Satyrn und die ebenfalls typische Furcht – vor dem noch unbekannten Objekt – gleichzeitig zum Ausdruck kommen.

In einer Schrift C. A. Böttigers von 1796 ist eine These zur Interpretation des Mythos formuliert, die, in vielerlei Abwandlungen, zu einer beherrschenden Lehrmeinung geworden ist. Athenas eigentümlicher Verzicht auf das von ihr selbst erfundene Instrument erkläre sich dadurch, daß um die Mitte des 5. Jahrhunderts das Aulosspiel in Athen in Mißkredit geraten sei. Da diese Musik bei den Böotern, den Erzrivalen Athens, weiterhin in hohem Ansehen stand, enthalte die Gruppe des Myron außerdem eine Spitze gegen den politischen Gegner. Diskussionen über die Auletik, die seinerzeit durch unerhörte Neuerungen von sich reden machte, hat es in der Tat gegeben – von einer Ablehnung dieses Zweiges der musikalischen Praxis kann jedoch nicht die Rede sein; sie hat stets, vom religiösen Kult bis zur privaten Unterhaltung, in fast allen Lebensbereichen eine wichtige Rolle gespielt. Ihre Popularität muß gerade auch ausweislich der archäologischen Zeugnisse das ganze 5. Jahrhundert hindurch groß gewesen sein. Damit ist der Weg frei für ein neues Verständnis der Gruppe.

Es gibt, vom 4. Jahrhundert v. Chr. bis in die römische Kaiserzeit, mehrere Autoren, die den Mythos von Athena und Marsyas erzählen. Bei aller Differenz im Detail stimmen die verschiedenen Darstellungen in einem zentralen Punkt überein: Wir haben uns das Wegwerfen der Auloi durch Athena und das Wiederfinden durch Marsyas als zwei zeitlich getrennte Vorgänge vorzustellen. Der Satyr weiß, als er das Instrument am Boden liegen sieht, weder was es ist, noch von wem es stammt. Das heißt aber auch, Marsyas und Athena begegnen sich nicht.

Erst Myron hat, weil er als bildender Künstler im Gegensatz zu einem Autor den Zusammenhang der beiden Gestalten nicht anders sinnfällig machen kann, Athena und den Satyr räumlich miteinander verbunden. Sie stehen gemeinsam auf einer Basis und ergeben zusammen ein ›Bild‹ – eine erzählerische Einheit aber stellen sie dennoch nicht dar: Athena blickt auf die Auloi zurück, Marsyas ist

Abb. 1. Die Athena-Marsyas-Gruppe des Myron. Rekonstruktionszeichnung von I. Nalepa nach Angaben von K. Junker

wie magisch von diesem Objekt angezogen. Das zwischen den beiden Figuren liegende Instrument ist Dreh- und Angelpunkt der Komposition; Interaktion zwischen Athena und Marsyas aber gibt es nicht! Indem Myron eben dies vermieden hat, vermittelt sich dem Betrachter, daß die Aktionen der Göttin und des Satyrn nicht eigentlich simultan erfolgen, sondern als sukzessive Handlungen zu denken sind.

Ein solch additives Verfahren der Bildkomposition war den Zeitgenossen wohlvertraut; es begegnet auf zahllosen Vasenbildern. Andere Epochen dagegen haben ihre Schwierigkeiten damit, und zwar nicht erst unsere eigene Zeit mit ihrer Dominanz der Medien Foto und Film, in denen die Einheit von Raum und Zeit eine Selbstverständlichkeit ist. Genau wie viele moderne Interpreten hat auch der einzige antike Autor, der sich mit dem Kunstwerk und nur indirekt mit dem Mythos befaßt hat, einen direkten Handlungszusammenhang zwischen Athena und Marsyas sehen wollen. Der im 2. Jahrhundert n. Chr. schreibende Pausanias läßt in einer knappen Stellungnahme zur Statuengruppe Athena gegenüber dem Satyrn sogar handgreiflich werden (1, 24, 1). Das kann, neben allen anderen Einwänden, auch deshalb nicht zutreffen, weil die Göttin der Kriegskunst die Lanze nie als einen rohen Prügel einsetzen würde.

Die Antwort auf die zentrale Frage, welche gedanklichen Vorstellungen Mythos und Skulpturengruppe vermitteln wollen, wird von den antiken und nachantiken Quellen in aller wünschenswerten Deutlichkeit selbst gegeben. Pindar schreibt 490 in der 12. Pythischen Ode von der Auloi-Erfinderin Athena, sie habe diese Tat »für die sterblichen Menschen« vollbracht. Die Göttin hatte also schon bei der Erfindung des Instruments den Nutzen im Sinn, den die Menschen davon haben werden. In einem Text des Palaiphatos aus dem 4. Jahrhundert v. Chr. ist davon die Rede, das Instrument, das Marsyas findet, besitze »göttliche Kraft« (Text 47). Wenn der Satyr später zum Virtuosen und zum mythischen Lehrer des Aulosspiels wird, betätigt er sich demnach als Vermittler einer gottgegebenen Kunst, die im Alltag der Menschen allgegenwärtig war. Und bei dem byzantinischen Gelehrten Johannes Tzetzes schließlich, dem ein reicherer Bestand an klassischer Literatur zugänglich war als uns heute, heißt es explizit: Athena »übergab diese Kunst« dem Marsyas (1, 369).

Um für die Betrachter den Grundgedanken anschaulich zu machen, daß die Auletik göttlichen Ursprungs ist und der sterbliche Satyr sie stellvertretend für die Menschen ausübt, hat der Bildhauer einen einfachen Kunstgriff angewandt. Der Marsyas der Skulpturengruppe mit seinen hochgeworfenen Armen und den weit abgespreizten, fast verrenkt wirkenden Beinen ist den Bühnensatyrn nachempfunden, wie sie im 5. Jahrhundert im Theater agierten. Im sog. Satyrspiel, einer Gattung des attischen Dramas, führte eine Gruppe von Schauspielern zur aufwühlenden Musik der Auloi Tänze auf, die durch wilde und ruckartige Bewegungen gekennzeichnet waren. Indem Myron die Körperhaltung des Marsyas einem typischen Tanzschritt seiner eigenen Zeit anpaßte, rücken mythisches Geschehen und erlebte Gegenwart aufs engste zusammen. Die Marsyasstatue repräsentiert damit nicht allein den anschleichenden Satyrn der Sagenerzählung, sondern sie läßt die Zeitgenossen unwillkürlich auch an die Menschen denken, die bei den festlichen Aufführungen im Rahmen der großen Dionysosfeiern als Satyrn verkleidet auftreten und die Zuschauer mittels Tanz und Aulosklang in eine andere Sphäre versetzen. Athena schafft durch die Erfindung des Musikinstrumentes eine der Voraussetzungen für solchen Genuß. Die Ausführung aber übernimmt zunächst Marsyas, der als sinnesfroher Trabant des Dionysos der geeignete Empfänger der Auloi ist. Aber auch der Satyr Marsyas ist in der Konstruktion dieses aufgeklärten Mythos nur ein Vermittler für die eigentlichen Empfänger, die Menschen, die mit jeder Generation die von einer Gottheit kommende Kunst neu erlernen und sich an der perfekten Ausführung erfreuen.

Die hier vorgestellten Überlegungen wurden in ausführlicher Form im JdI 116, 2001 publiziert. Für zusammenfassende Darstellungen der älteren Forschung s. G. Daltrop – P. C. Bol, Athena des Myron, Liebieghaus Monographie 8 (1983) sowie P. C. Bol, Liebieghaus – Museum alter Plastik. Griechische und römische Plastik (1997) 66–74. 274 f.

399 a. Athenafigur der Athena-Marsyas-Gruppe des Myron

H 1,50 m; Kopf ergänzt
Römisch-kaiserzeitliche Arbeit nach dem Original der Zeit um 450 v. Chr.
Madrid, Museo del Prado Inv. E-82

Literatur: G. Daltrop – P. C. Bol, Athena des Myron, Liebieghaus Monographie 8 (1983); S. F. Schröder, Catálogo de la escultura clásica del Museo del Prado II (2000) 93.

b. Statue der Athena

Marmor; H 1,67 m (ohne Plinthe)
Römisch-kaiserzeitliche Arbeit nach dem Original der Zeit um 450
Frankfurt, Liebieghaus Inv. 195 (Abguß: Berlin, Abgußsammlung, Standort Charlottenburg)

Literatur: Daltrop – Bol a. O. 74 und passim; P. C. Bol, Liebieghaus. Museum alter Plastik. Antike Bildwerke I (1983) 55–63 Nr. 16.

c. Statue des Marsyas

Marmor; H 1,56 m (ohne Plinthe)
Römisch-kaiserzeitliche Arbeit nach dem Original der Zeit um 450
Vatikanische Museen Inv. 9974 (Abguß: Berlin, Abgußsammlung, Standort Charlottenburg)

Literatur: Daltrop – Bol a. O. 75 und passim; Ch. Vorster, Vatikanische Museen. Museo Gregoriano Profano ex Lateranense. Römische Skulpturen des späten Hellenismus und der Kaiserzeit I (1993) 21–24 Nr. 3 Abb. 11. 12. 14. 16–20.

400 Attisch-rotfigurige Oinochoe

H 22,0 cm
Ca. 440 v. Chr.
Berlin, Antikensammlung Inv. F 2418

Unmittelbarer bildlicher Reflex der Gruppe des Myron. Entsprechend den darstellerischen Möglichkeiten der Flächenkunst ist als markanter Unterschied zur Statuengruppe das Musikinstrument als im Fallen begriffen wiedergegeben.

Literatur: CVA Berlin (West) 3 Taf. 147; LIMC 2 (1984) Athena Nr. 618.

401 Marmorkrater (sog. Finlay-Krater)

Erhaltene H 49 cm
Ca. 50–25 v. Chr.
Athen, Nationalmuseum Inv. 127

Später bildlicher Reflex der Gruppe des Myron. Als Unterschied zum originalen klassischen Werk ist vor allem die energisch sich vom Ort des Geschehens wegwendende Athena zu nennen.
Literatur: D. Grassinger, Römische Marmorkratere, MAR 18 (1991) 156 f. Nr. 2 Abb. 30; 254.

402 Attisch-rotfiguriger Dinos

H 26 cm
Ca. 430 v. Chr.
Athen, Nationalmuseum Inv. 13027

Der Bildfries gibt verschiedene Akteure eines griechischen Satyrspiels wieder. Einer der Bühnensatyrn deutet einen typischen Tanzschritt an und nimmt dabei eine Pose ein, die dem Maryas der Gruppe des Myron sehr nahe kommt.

Kat.-Nr. 399 a

Kat.-Nr. 400

Literatur: ARV[2] 1180,2 (Maler des Athener Dinos); M. Bieber, AM 36, 1911, 269 ff. Taf. 13, 1; F. Brommer, Satyrspiele[2] (1959) 11 f. Abb. 2; R. Krumeich – N. Pechstein – B. Seidensticker (Hrsg.), Das griechische Satyrspiel (1999) Taf. 6 b.

Kat.-Nr. 401

Kat.-Nr. 402

Kat.-Nr. 404

403 Attisch-rotfigurige Amphora panathenäischer Form

H 39,5 cm
Nikoxenos-Maler; um 490 v. Chr.
Berlin, Antikensammlung Inv. F 2161

Kat.-Nr. 403

Die beiden Bilder der Vase stellen Athena als Patronin der Künste, speziell der Musik, heraus. Auf der einen Seite erscheint die Göttin selbst, auf der anderen ein Kitharaspieler. Die den Preisgefäßen beim Athener Panathenäenfest nahestehende Vasenform sowie verschiedene Requisiten der Darstellung geben zu erkennen, daß der Musiker, inspiriert von Athena, im Wettkampf gesiegt hat.

Literatur: ARV^2 221,7; K. Schauenburg, JdI 94, 1979, 72 Abb. 21. 22; LIMC 2 (1984) Athena Nr. 585.

404 Attisch-rotfiguriger Glockenkrater

H 37 cm, Mündungs-Dm 40 cm
Aus Kreta, Ende 5. Jh. v. Chr.
Athen, Nationalmuseum Inv. 1442 (CC. 1921)

Flankiert vom Geschwisterpaar Artemis und Apollo, nehmen Marsyas und Athena, die von einer Nike bekränzt wird, das Zentrum des Vasenbildes ein. Anstatt auch nur eine Andeutung von einem Gegensatz zu enthalten, vereint das Bild Marsyas als Ausführenden mit der Göttin als der Erfinderin der Auletik.

Literatur: ARV^2 1343,2 (Semele-Maler); LIMC 2 (1984) Athena Nr. 619 (Umzeichnung); LIMC 6 (1992) Nike Nr. 257.

K. J.

III. Kanonisierung und Verbreitung der Klassik

6. Drei Wege der Klassik

Dionysos-Theater und ›Klassiker‹

Bernd Seidensticker

Wie die Tragiker zu Klassikern wurden

Das 5. Jahrhundert v. Chr. ist der unbestrittene Höhepunkt der Geschichte und Kultur Athens. In den Jahrzehnten vom strahlenden Sieg über die Perser bis zu der bitteren Niederlage im Peloponnesischen Krieg gegen den Nachbarn und Rivalen Sparta erlebt die Stadt einen ungeahnten politischen und ökonomischen Aufschwung – »vom Kanton zur Weltmacht« (Christian Meier) – und zum geistigen Mittelpunkt der griechischen Welt. Auf den wenigen Quadratkilometern rund um die Akropolis leben und arbeiten einheimische und zugereiste Architekten und Stadtplaner, Bildhauer, Maler und (Kunst-)Handwerker, Wissenschaftler und Philosophen, Redelehrer und Erzieher, Historiker und Dichter in engem Kontakt miteinander und schaffen gemeinsam mit einer selbstbewußten und leistungsbereiten Bürgerschaft unter der Ägide von Politikern wie Kimon und Perikles eine Polis, die der Utopie, die Thukydides seinen Perikles im Epitaphios auf die ersten Gefallenen des selbstmörderischen Bruderkriegs entwerfen läßt, immerhin nahe kommt.

Die Rede des Perikles bei Thukydides, vielleicht schon bald nach dem Ereignis im Winter des Jahres 431/430 konzipiert, aber sicher erst zu Beginn des neuen Jahrhunderts, nach dem Sturz Athens aus allen Träumen, publiziert, entwickelt ein utopisches Bild der klassischen Polis Athen, das vom 4. Jahrhundert bis auf den heutigen Tag als leuchtendes Ideal menschlichen Zusammenlebens erscheinen konnte und kann.

In ähnlicher Weise blickt auch Aristophanes am Ende des Jahrhunderts mit nostalgischer Wehmut und scharfzüngigem Witz zurück auf die große Zeit der Tragödie, die zweifellos eines der Glanzlichter im kulturellen Leben der Stadt darstellte. In den kurz nach dem Tod des Euripides und des Sophokles an den Lenäen des Jahres 405 aufgeführten »Fröschen« konstatiert er das »Ende der Tragödie«. Die Komödie, in der der Gott des Theaters, Dionysos, in die Unterwelt hinabsteigt, um einen der drei großen Tragiker nach Athen zurückzuholen, weil keiner der lebenden Dichter ihn erfreuen und ihre Rolle als Ratgeber der Stadt wahrnehmen kann, markiert – bei mancherlei sarkastischer Kritik auch an Aischylos und vor allem an Euripides – eine klare Grenzlinie zwischen den großen Toten und den noch lebenden Epigonen: »Die einen sind nicht mehr, und die noch leben, sie sind schlecht.«

Sicher ist es falsch, Aristophanes' witzige Totenrede auf die bedeutendsten Tragiker des 5. Jahrhunderts wörtlich zu nehmen. Von einem »Ende der Tragödie« kann nicht die Rede sein. Die Produktion neuer Stücke dürfte, wenn überhaupt, nur wenig hinter der des 5. Jahrhunderts zurückgeblieben sein, und unter den zahlreichen bekannten Tragikern des 4. Jahrhunderts, für die z. T. enorme Zahlen von Tragödien bezeugt sind, sind zweifellos bedeutende Dramatiker gewesen. Aristophanes' pessimistische Feststellung vom Ende einer Ära bleibt dennoch interessant, weil die These neben dem etwa zeitgleichen Epitaphios des Thukydides der früheste Versuch ist, das 5. Jahrhundert und seine Leistungen zum Vorbild und Maßstab, an dem die Gegenwart gemessen wird, zu machen. Die »Frösche« sind das erste Zeugnis, das eine Epochengrenze diagnostiziert und die großen Tragiker des 5. Jahrhunderts in den Rang von Klassikern erhebt, die sie bis heute geblieben sind.

Zu Beginn der Komödie erscheint zudem ein für das Stück nebensächliches Detail, das aber auf eine wichtige Voraussetzung dafür hindeutet, daß die Dramatiker des 5. Jahrhunderts im 4. Jahrhundert zu Klassikern werden konnten. Der aristophaneische Dionysos, der sich als großer Verehrer des Euripides zu erkennen gibt, verkürzt sich den Weg in die Unterwelt mit der Lektüre der euripideischen »Andromeda«. Die amüsante kleine Szene ist eines von mehreren Zeugnissen dafür, daß in den letzten Jahrzehnten des 5. Jahrhunderts die im Dionysos-Theater aufgeführten Stücke auch in Buchform angeboten wurden. Athener und Besucher der Stadt konnten Stücke, die sie gesehen oder verpaßt hatten, auf dem Markt kaufen und lesen. Später berichtet Aristoteles, daß die Dramatiker – wie Chairemon –, deren Tragödien sich gut zur Lektüre eigneten, sich besonderer Beliebtheit erfreuten.

Die im 9. Jahrhundert von den Phönikern übernommene Schrift wurde zwar schon seit Jahrhunderten als Hilfsmittel beim Verfassen poetischer Texte verwendet, aber erst am Ende des 5. Jahrhunderts nahmen die Produktion von Büchern und der Handel mit ihnen in einem Maße zu, daß man vom Beginn der »Tyrannei des Buchs« (Turner) gesprochen hat. Der an der Wende vom 5. zum 4. Jahrhundert sich rapide beschleunigende Übergang von der Mündlichkeit zur Schriftlichkeit erlaubte einer wachsenden Leserschaft die kritisch-vergleichende Lektüre dramatischer Texte und ist so mitverantwortlich für die Etablierung der großen Tragiker als Klassiker.

Die Zunahme der Lektüre von Stücken mag auch den Wunsch ausgelöst bzw. verstärkt haben, vor längerer Zeit aufgeführte Stücke noch einmal auf die Bühne zu bringen. Zuvor galt, daß jedes Stück im Rahmen eines der Dionysosfeste, an denen es dramatische Aufführungen gab, nur ein einziges Mal aufgeführt werden durfte. Abweichungen von dieser Regel, deren Gültigkeit sich aus dem kultischen Charakter der Aufführungen, als Weihegabe an Dionysos, leicht erklärt, waren klar als Ausnahmen bestimmt. Zulässig war lediglich die erneute Präsentation eines durchgefallenen Stücks in einer überarbeiteten Fassung; und nach dem Tode des Aischylos im Jahre 456 war die allgemeine Trauer über den Verlust so groß, daß die Volksversammlung beschloß, daß in Zukunft jedermann mit aischyleischen Stücken zu den dramatischen Wettbewerben zugelassen werden konnte. Wiederaufführungen aischyleischer Tetralogien sind denn auch für die zweite Hälfte des Jahrhunderts bezeugt bzw. zu erschließen. Ob und in welchem Umfang in Athen erfolgreiche Dramen bei den ländlichen Dionysosfesten in den Landstädten Attikas wiederaufgeführt worden sind, muß dagegen, so wahrscheinlich es auch ist, letztlich offen bleiben.

Erst etwa 20 Jahre nach den »Fröschen« des Aristophanes wurde der sehnsüchtige Wunsch des Dionysos (und seines Dichters), einen der drei großen Tragiker des 5. Jahrhunderts aus der Unterwelt nach Athen zurückzubringen, erfüllt. Im Jahre 386 wurde das Programm der Großen Dionysien, des bedeutendsten Dionysosfestes mit dem wichtigsten Theaterwettbewerb, dahingehend geändert, daß von nun an der tragische Wettbewerb, in dem weiterhin wie im 5. Jahrhundert drei Dramatiker mit neuen Stücken um den Sieg stritten, mit einer alten Tragödie (palaion drama) eröffnet wurde, das gleichsam den klassischen Maßstab für die neuen Produktionen darstellte.

Der Dionysos des Aristophanes hatte sich schließlich für Aischylos entschieden; in der Realität war es aber offenbar Euripides, der am meisten von der Neuregelung profitierte und vom 4. Jahrhundert an zum erfolgreichsten Dramatiker wurde (vgl. dazu die Beiträge von A. Wessels, S. 529 ff.).

Die Einführung der Wiederaufführung einer alten Tragödie bedeutete, daß die Dramatiker sich nun an den Meistern des 5. Jahrhunderts messen lassen mußten. Der bedeutende Dramatiker Astydamas II. war selbstbewußt genug, sich den Klassikern an die Seite zu stellen. Auf der Basis einer Statue, die im Jahre 340 ihm zu Ehren im Dionysos-Theater aufgestellt wurde, ließ er das Epigramm setzen, das später geradezu als sprichwörtliches Beispiel für Selbstlob galt:

> Wäre ich doch im Kreise jener geboren oder jene zusammen mit uns,
> die den Ruhm haben, im süßen Wort den ersten Preis davonzutragen,
> so daß ich wahrhaft beurteilt worden wäre als mit ihnen gestarteter Rivale.
> Nun aber sind sie an Zeit mir voraus, und ihnen folgt keine Mißgunst mehr.

Die stolze Feststellung, hinter den Großen des 5. Jahrhunderts nicht zurückzustehen, läßt den klassischen Maßstab, an dem die Dramatiker des 4. Jahrhunderts gemessen wurden und sich selber maßen, ganz deutlich werden.

Die alte Komödie des Aristophanes und seiner wichtigsten Konkurrenten Kratinos und Eupolis eignete sich wegen ihrer ausgeprägten Zeitgebundenheit weit weniger gut für Wiederaufführungen. Zwar lassen sich Wiederaufführungen aristophaneischer Komödien außerhalb Athens – in Unteritalien und Sizilien – wahrscheinlich machen; als aber lange nach der Wiederaufführung alter Tragödien auch alte Komödien ins Programm der städtischen Dionysien aufgenommen wurden, waren mit ›alter Komödie‹ offenbar Stücke des 4. Jahrhunderts (und später des 3. Jahrhunderts) gemeint.

Die Tragödie des 5. Jahrhunderts war zwar auch ephemer, d. h. für den Tag der einmaligen Aufführung geschrieben, und diskutierte im Gewand des Mythos zentrale politische und soziale, theologische und ethische Fragen der Zeit; sie erhob diese Fragen aber zugleich im mythischen Gewand ins Allgemeine und Beispielhafte, so daß sie auch im 4. Jahrhundert – und bis auf den heutigen Tag – die Aktualität und Wirksamkeit des Klassischen entfalten konnte und kann.

Von noch größerer Bedeutung für die Etablierung der großen Tragiker des 5. Jahrhunderts als Klassiker als die Aufnahme einer alten Tragödie in das Programm der städtischen Dionysien war die Tatsache, daß sich – nach Ansätzen in den letzten Jahrzehnten des 5. Jahrhunderts – im 4. Jahrhundert ein professioneller Theaterbetrieb entwickelte. Zwar blieben Athen und sein Dionysos-Theater der strahlende Mittelpunkt dieser Entwicklung; aber Theater entstanden nun überall, und eine wachsende Zahl von Schauspielergruppen machte die Klassiker überall in der griechischsprachigen Welt bekannt. Anekdoten berichten, daß berühmte Schauspieler, deren Ruhm den der Autoren zu überstrahlen begann, in den großen Rollen der sophokleischen und euripideischen Tragödie brillierten.

Angesichts der großen Bedeutung des Theaters verwundert es nicht, daß sich die literaturgeschichtliche Forschung des Aristoteles und seiner Schüler auch und besonders des Dramas und seiner Geschichte annahm und dadurch ihrerseits zur Vorstellung eines klassischen Dramas beitrug. Für Aristoteles sind gleich mehrere – später viel benutzte, aber leider verlorengegangene – Arbeiten zur Geschichte des Theaters bezeugt, und die knappen Bemerkungen der »Poetik« zeigen, daß er sich intensiv mit der Entstehung der Gattungen beschäftigt hat. Zwar bleibt die Skizze der Entwicklung der Tragödie im 4. Kapitel der »Poetik« bedauernswert vage, die Formulierung zu Beginn des folgenden Kapitels, daß die Veränderungen der Tragödie, und durch wen sie bewirkt wurden, weit besser bekannt seien als im Falle der Komödie, läßt aber keinen Zweifel daran, daß Aristoteles weit mehr wußte, als er mitteilt.

Von größerer Bedeutung für die Etablierung einer klassischen Epoche der Tragödie als die theatergeschichtlichen Forschungen war aber gewiß die Tatsache, daß Aristoteles die Maßstäbe und Musterbeispiele für seine poetologische Analyse der tragischen Kunst im wesentlichen dem 5. Jahrhundert entnahm. Wie Hellmuth Flashar in seiner Studie zum Thema »Aristoteles und die Tragödie der Klassik« zu Recht betont, hat Aristoteles zwar mit der »Poetik« nicht die Intention verfolgt, die Tragiker des 5. Jahrhunderts durch die klare Markierung eines Epocheneinschnitts zu Klassikern zu erheben. Die kleine Schrift hat aber gleichwohl im 4. Jahrhundert wie immer wieder in der Moderne ›klassikbildend‹ gewirkt, und zwar in erster Linie dadurch, daß der »König Ödipus« des Sophokles eine herausragende Stellung als Mustertragödie einnimmt, die alle Forderungen, die Aristoteles an die »schönste Tragödie« stellt, erfüllt.

Die wachsende Bedeutung der Lektüre dramatischer Texte, die immer zahlreicher werdenden Wiederaufführungen ›alter‹ Stücke, die rasante Erweiterung und Professionalisierung des Theaterbetriebs und die literaturgeschichtlichen und literaturtheoretischen Schriften des Aristoteles und seiner Schüler: Alle diese Faktoren trugen das Ihre bei zur Entwicklung und Verbreitung des Bewußtseins von einer Blütezeit der Tragödie und zur Etablierung ihrer herausragenden Vertreter als »Klassiker«.

Den Abschluß dieser hier skizzierten Entwicklung, die das Ihre dazu beigetragen hat, daß kein Drama eines Tragikers des 4. Jahrhunderts oder der hellenistischen Zeit erhalten ist, bildete die Entscheidung des Lykurg, in dem unter seiner Ägide vollendeten großen Um- und Ausbau des Dionysos-Theaters Statuen der drei Klassiker Aischylos, Sophokles und Euripides aufzustellen und ihre Texte in einem Staatsexemplar zu sammeln und auf diese Weise gegen die weitverbreitete Tendenz der Schauspieler, die alten Texte bei Wiederaufführungen mehr oder minder radikal zu bearbeiten, zu sichern (vgl. S. 533 ff. 542).

Es war dieses Staatsexemplar, die erste Klassikerausgabe der drei großen Tragiker des 5. Jahrhunderts, die später, in der berühmten Bibliothek von Alexandria, zur Grundlage aller späteren kritischen Ausgaben geworden ist.

Literatur: H. Flashar, Aristoteles und die Tragödie der Klassik, in: E. Pöhlmann – W. Gauer (Hrsg.), Griechische Klassik, Kolloquium Blaubeuren (1994) 17–24; Ch. Meier, Athen (1993); G. A. Seeck, Geschichte der griechischen Tragödie, in: G. A. Seeck (Hrsg.), Das antike Drama (1979) 185–194; B. Seidensticker, Dichtung und Gesellschaft im 4. Jahrhundert, in: W. Eder, Die athenische Demokratie im 4. Jahrhundert (1995) 175–198; E. Turner, Athenian Books in the 5th and 4th centuries (1954); G. Xanthakis-Karamanos, Studies in Fourth Century Tragedy (1980).

Antje Wessels

Zur Überlieferung der »Phoenissen« des Euripides

(P. Berol. 21169 verso)

Euripides (485/4?–406 v. Chr.) wurde offenbar nicht nur häufiger wiederaufgeführt als die anderen Tragiker. Er wurde auch intensiver gelesen. Die sich allmählich entwickelnde Schulauswahl euripideischer Dramen umfaßte nicht – wie im Falle des Aischylos und des Sophokles – sieben Stücke, sondern zehn, und die besondere Beliebtheit des Euripides zeigt sich auch darin, daß von keinem anderen Dramatiker so viele Bruchstücke antiker Ausgaben gefunden worden sind wie von ihm.

Die drei ausgestellten Papyri enthalten ca. 60 Verse der »Phoenissen«, die zu den populärsten Tragödien des Euripides gehörten. Das an den Großen Dionysien des Jahres 410 (ur)aufgeführte Stück entstand in einer kritischen Phase des fast dreißigjährigen Bruderkriegs zwischen Athen und Sparta. Die bittere Niederlage in Sizilien und die durch persische Unterstützung geförderten Erfolge Spartas hatten die Position Athens stark geschwächt; im Jahre 411 v. Chr. wurde die Demokratie durch einen Staatsstreich herausgefordert, dessen Bestreben es war, im Interesse des Krieges und der Wirtschaft eine ›andere Art von Demokratie‹ einzurichten. Inmitten der innerstädtischen Konflikte, zwischen Kriegstreibern und Friedensbefürwortern, zwischen oligarchisch gesinnten Kräften und Demokraten, schrieb und inszenierte Euripides seine »Phoenissen«.

Nachdem er den Ödipusmythos bereits mehrfach (u. a. in einer »Antigone« und in einem »Ödipus«) aufgegriffen hatte, machte er nun das tragische Schicksal der Ödipussöhne, den thebanischen Bruderzwist, zu seinem Gegenstand: Eteokles, der sich mit seinem Bruder Polyneikes geeinigt hat, die Herrschaft über die Heimatstadt Theben im jährlichen Wechsel zu teilen, bricht das Abkommen und verweigert seinem Bruder die Rückkehr auf den Thron. Dieser sucht und findet Hilfe in Argos und zieht mit einem Heer gegen die Vaterstadt. Trotz einer letzten Intervention ihrer Mutter Iokaste kommt es zu keiner Einigung. Der Fluch, den Ödipus im Angesicht seiner Schande über die Söhne ausgesprochen hatte, erfüllt sich, als sich die Brüder im Zweikampf wechselseitig töten.

Gegenüber Aischylos, der den Stoff in den »Sieben gegen Theben« verwendet hatte, vertauscht Euripides die beiden wesentlichen Charakterzüge der beiden Brüder und zeichnet den zum Zeitpunkt des Konflikts die Stadt regierenden Eteokles (dessen Namen eigentlich den Gedanken an ›wahren Ruhm‹ wachruft) als einen verantwortungslosen, aggressiven Machtmenschen, während er Polyneikes (mit dem sprechenden Namen ›Vielstreiter‹) lediglich sein Recht einklagen läßt.

Die drei Papyrusfragmente waren ursprünglich Teil einer im 3. Jahrhundert beschriebenen Papyrusrolle, deren Überreste im ägyptischen Hermupolis gefunden wurden. Papyrus war der gängige Beschreibstoff der Antike und wurde bis ins 11./12. Jahrhundert hinein, als er durch Pergament und Hadernpapier ersetzt wurde, im gesamten Mittelmeerraum benutzt. Zahlreiche Dokumente aus dem Alltagsleben – Listen, Rechnungen und Verwaltungsnotizen, Urkunden und Briefe –, und eine Vielzahl

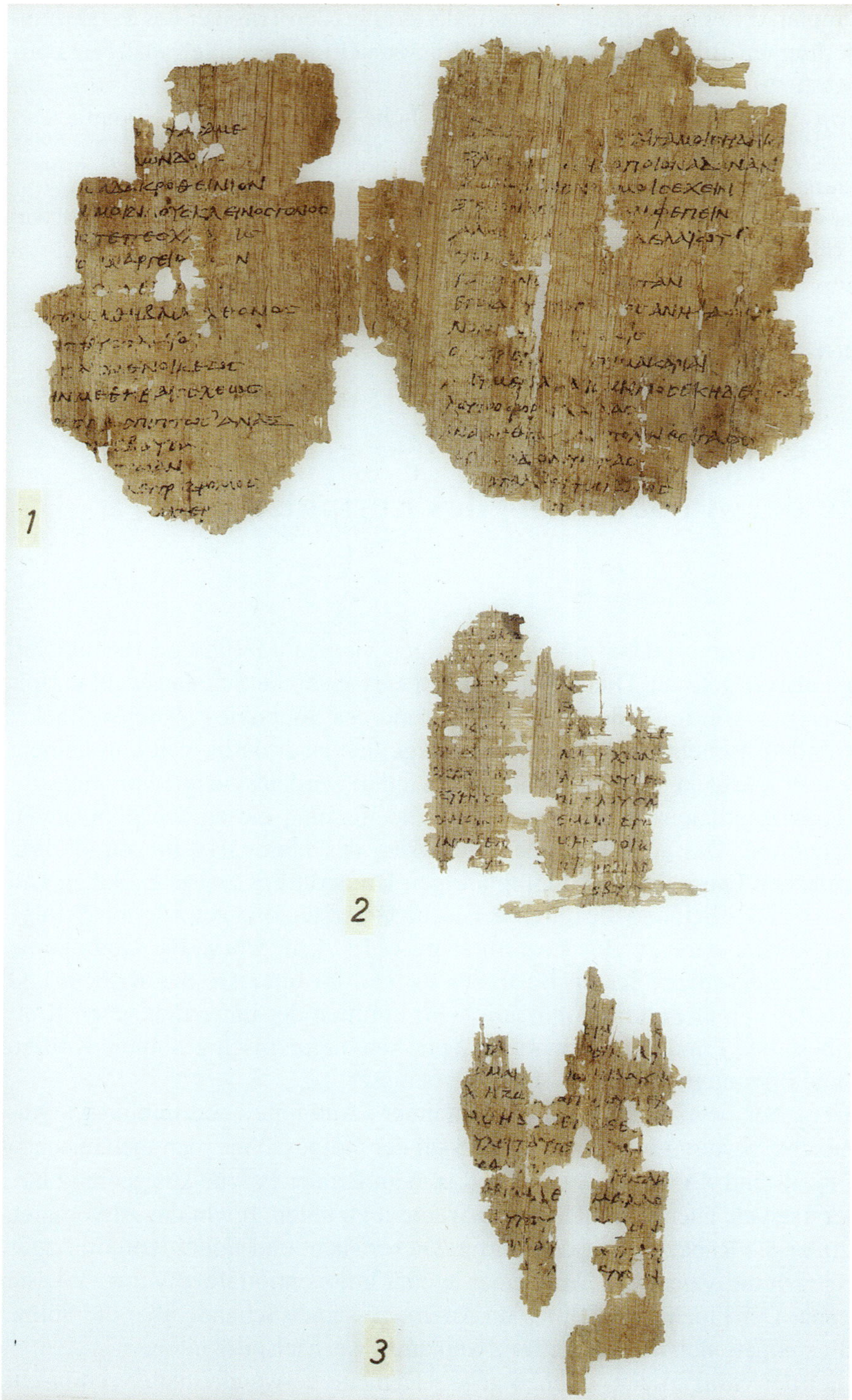

Kat.-Nr. 405

von magisch-religiösen und literarischen Texten (oder deren Abschriften) sind uns durch Papyrusfunde überliefert. Der weitaus größte Teil der Funde stammt aus Ägypten, wo sich das aus dem Mark der Papyrusstaude, einem Riedgras, gewonnene Material besonders gut erhalten konnte. Dort haben die Papyri in den Ruinen verlassener Dörfer, in Müllhaufen oder in Tonkrügen (in denen man Urkunden aufbewahrte), teilweise auch dank ihrer gelegentlichen ›Zweckentfremdung‹ – man benutzte sie zur Umwicklung von Leichen (sog. Mumienkartonage) oder, später, als Füllmaterial in Kodexeinbänden – überlebt.

Die einzelnen Blätter wurden auf der Innenseite (recto) und auf der Rückseite (verso) beschrieben (auf dem recto des ausgestellten P. Berol. 21169 etwa befindet sich eine Liste mit Haus- und Landbesitzern) und zu einer Rolle aneinander geklebt, die etliche Meter lang sein konnte. Der Text wurde, je nach Papyrus, in etwa 10–24 cm breite und 30–40 cm hohe Spalten (Kolumnen) gefaßt, so daß er bequem gelesen werden konnte, indem man die Rolle am offenen Ende aus- und rechts (oder bei von rechts nach links verlaufenden Texten: links) vom Text zu einer zweiten Rolle wieder einrollte.

Die drei Fragmente aus den »Phoenissen« (P. Berol. 21169v) stammen aus zwei Spalten, von denen die erste nur im oberen Drittel (fr. 1, col. I), die zweite bis auf eine größere Lücke (V. 352–362) fast vollständig erhalten ist (fr. 1, col. II; fr. 2; fr. 3).

Fr. 1 enthält die Verse 280–295 (ohne 291 f.) (col. I) und 337–351 (col. II) (Kat.-Nr. 405).

Fr. 2 enthält die Verse 364–377.

Fr. 3 enthält die Verse 379–392 (ohne 387)

Inhaltlich gehören alle drei Fragmente zu einer der Anfangsszenen des Stücks: Polyneikes ist soeben in Theben eingetroffen und wird von der Chorführerin und von seiner Mutter Iokaste begrüßt.

Literatur: G. Ioannidou, Catalogue of Greek and Latin Literary Papyri in Berlin, Berliner Klassikertexte, H. IX (1996) 100–102; D. J. Mastronarde (Hrsg.), Euripides, Phoenissae, Cambridge University Press (1996); H.-A. Rupprecht, Kleine Einführung in die Papyruskunde (1994).

405 Drei Papyrusfragmente der »Phoenissen« des Euripides

10,2 x 16,2 cm (fr.1), 6,4 x 5,9 cm (fr. 2) und 8,8 x 4,6 cm (fr. 3)

3. Jh. n. Chr.
Aus Hermupolis (Ägypten)
Berlin, Papyrussammlung (Papyrus Berolinensis 21169v)

Antje Wessels

Die Didaskalien der Jahre 341 bis 339 v. Chr.

(IG II/III^2 2320, col. II)

Die Dramen des Euripides (485/4?– 406 v. Chr.), der zu Lebzeiten nur fünf Siege bei den Tragödienwettbewerben in Athen errungen hatte (Aischylos dagegen konnte 13, Sophokles sogar 18 davontragen), erfreuten sich im 4. Jahrhundert außerordentlicher Beliebtheit. Eine vielfältige Rezeption – angefangen von der Mythenparodie der Komödie und Anspielungen und Zitaten in Philosophie (Platon) und Rhetorik (Demosthenes, Isokrates) über die zahlreichen Wiederaufführungen überall in der griechischsprachigen Welt bis hin zu der Fülle unteritalischer Vasenbilder, deren Maler sich von euripideischen Tragödien inspirieren ließen – zeugt von dem breiten Interesse, das dem im 5. Jahrhundert noch so umstrittenen Dichter jetzt entgegengebracht wurde. Seine Rhetorik, die Prägnanz der Gedankenführung und der Einfallsreichtum der Handlungsentwürfe – all das traf offenbar den Geschmack der Zeit.

Als überall in Griechenland Theater gebaut wurden, war es besonders Euripides, der von der Ausweitung des Theaterbetriebs profitierte. Seine aus vielerlei Hinweisen zu erschließende Beliebtheit wird besonders eindrucksvoll durch das Fragment einer umfangreichen Theaterinschrift bezeugt, das die Tragödienaufführungen an den Großen Dionysien, dem wichtigsten Athener Theaterwettbewerb, der Jahre 341 bis 339 bewahrt hat. Wurden im 5. Jahrhundert – von Ausnahmen abgesehen – alle Stücke an den Athener Theaterwettbewerben nur ein einziges Mal aufgeführt, so wurde das Programm der Großen Dionysien im Jahre 386 dahingehend geändert, daß von nun an der Tragödienwettbewerb mit der Aufführung eines alten Stücks (palaion drama) eröffnet wurde. Interessant ist auch, daß in dieser Zeit offenbar nicht jeder der drei am Wettbewerb beteiligten Dramatiker als Abschluß ein Satyrspiel produzieren mußte, sondern daß lediglich ein Satyrspiel als Auftakt des Tragödienwettbewerbs gezeigt wurde.

Dem Fragment entnehmen wir, daß an den drei aufeinanderfolgenden Jahren 341 bis 339 der zur Eröffnung aufgeführte Klassiker jeweils ein Stück des Euripides, darunter sein »Orest« und eine der beiden »Iphigenien«, war.

Die Inschrift, die in der Ausstellung in Form eines Abklatsches gezeigt wird, gehört zu den 1877 am Südabhang der Akropolis gefundenen umfangreichen Bruchstücken eines Theaterarchivs, in dem die Tragödien- und Komödienaufführungen an den wichtigsten Dionysosfesten Athens von ihren Anfängen (536/3 v. Chr.) an für einen Zeitraum von mehreren Jahrhunderten dokumentiert waren. Die – im Anschluß an den antiken Sprachgebrauch als ›Didaskalien‹ bezeichneten – Daten über die Aufführungen waren nach Wettbewerben (Dionysien und Lenäen) und Dichtungsgattungen (Tragödie, einschließlich Satyrspiel, und Komödie) getrennt angelegt. Verzeichnet waren (durch den Namen des jeweiligen Archonten) das Jahr der Aufführung, die Namen der Autoren und der Protagonisten sowie die Titel der Stücke. Die Reihenfolge der Stücke ist die Reihenfolge der errungenen Plätze im Wettbewerb.

Die Theaterinschriften, die vermutlich an den Wänden eines in der Nähe des Dionysos-Theaters stehenden Gebäudes (?) angebracht waren, wurden im 3. Jahrhundert vorläufig abgeschlossen. Danach wurden die Aufzeichnungen bis in die Mitte des 2. Jahrhunderts v. Chr. hinein sukzessive fortgesetzt.

Gegenüber früheren Aufzeichnungen und Protokollen dramatischer Aufführungen, die im Archiv der Archonten auf der Agora aufbewahrt wurden, scheinen die auf der Inschrift verzeichneten Listen für die Öffentlichkeit bestimmt gewesen zu sein. Die Auftraggeber des Archivs konnten an ein Unternehmen des Aristoteles (384–322 v. Chr.) anknüpfen, der als erster die Daten der Aufführungen aus verschiedenen Archiven zusammengetragen und publik gemacht hatte. Seine heute nur noch fragmentarisch erhaltene Schrift »Über die Didaskalien«, ein Werk, das auch von den hellenistischen Philologen beim Verfassen der Hypotheseis (Inhaltsangaben zu dramatischen Werken) rege benutzt wurde, ist nicht nur eine der wichtigsten (Material-)Grundlagen für die Angaben auf der Inschrift gewesen, aus der das vorliegende Fragment stammt. Sie war auch ein signifikanter Beitrag zur Musealisierung von Vergangenheit, auf deren Nährboden die Etablierung von Klassikern wachsen konnte.

Literatur: H. J. Mette, Urkunden dramatischer Aufführungen in Griechenland (1977) 90–92; E. Csapo – W. J. Slater, The Context of Ancient Drama (1995) 39 ff. 228 f.; P. Ghiron-Bistagne, Recherches sur les acters dans la Grèce antique (1976) 36 ff.

A. W.

406 Abklatsch eines Fragmentes der sog. Didaskalien für die Jahre 341–339 v. Chr.

Hymettischer Marmor, rechts Rand, sonst gebrochen, aus zwei Bruchstücken zusammengesetzt; H 0,34 cm, B 0,19 cm, T 0,11 cm
3. Jh. v. Chr.

Berlin-Brandenburgische Akademie der Wissenschaften, Archiv der Inscriptiones Graecae
Original: Athen, Epigraphisches Museum (EM 8226. 8227), gefunden 1877 am Südabhang der Akropolis

Literatur: : IG II/III^2 2320 col. II; O. Kern, Inscriptiones Graecae. Tabulae (1913) 28.

K. H.

Hans Peter Isler

Das Dionysos-Theater in Athen

Die Geschichte des klassischen griechischen Dramas ist mit Attika und insbesondere mit Athen verbunden. Hier, im Dionysos-Theater am Südabhang der Akropolis (Abb. 1), wurden die Werke der großen Tragiker, Aischylos, Sophokles, Euripides (Kat.-Nr. 405), und die Komödien des Aristophanes aufgeführt. Die Lage des Dionysos-Theaters ist bekannt, seit Richard Chandler den Bau bei seinem Besuch Athens im Jahr 1765 im Gelände lokalisierten konnte. Die Freilegung der Ruine durch den Archäologen A. S. Rousopoulos erfolgte zum guten Teil in den Jahren 1862 bis 1863; damals zeichnete der Architekt Ernst Ziller einen ersten Plan. Danach zogen sich die Grabungen noch bis 1895 hin, zuletzt unter Leitung von Wilhelm Dörpfeld.

Forschungsgeschichte

Es lag nahe, die freigelegten archäologischen Baureste und die erhaltenen Dramen des 5. Jahrhunderts v. Chr. zusammenzubringen. Der Wunsch, die Blütezeit des attischen Dramas, die Werke des Aischylos, Sophokles, Euripides und Aristophanes, mit dem berühmten Dionysos-Theater, welches die Ausgrabungen ans Licht gebracht hatten, zu verknüpfen, hat die Forschung entscheidend geprägt. Schon Dörpfeld hatte jedoch 1896 erkannt, daß die erhaltenen Baureste des Dionysos-Theaters aus dem 4. Jahrhundert v. Chr. stammen und mit dem von Lykurgos um 330 v. Chr. vollendeten Theater identisch sein müssen, soweit sie nicht noch später sind. Schon Dörpfeld hat aber auch versucht, ältere Zeugnisse im Bereich des Theaters zu identifizieren. Dazu zählen zwei kurvenförmige Mauerreste in Polygonalmauertechnik und wiederverwendete Blöcke eines älteren Sitzhauses, die Inschriftreste tragen, die er allerdings noch nicht in ihrer vollen Bedeutung erkannte. Spätere Forscher wie Adolf Furtwängler, Heinrich Bulle, Ernst Fiechter, William B. Dinsmoor und andere haben versucht, den erhaltenen Bau höher zu datieren, in ihm ein Theater der perikleischen Zeit oder doch des ausgehenden 5. Jahrhunderts v. Chr. zu erkennen; fest stand dabei immer, daß das bestehende Koilon (Sitzhaus) auf seiner Ostseite Rücksicht auf das Odeion (Konzertsaal) des Perikles nimmt, welches also älter sein muß. Feingrabungen in den Jahren 1961 und 1962 haben einwandfrei nachweisen können, daß die von Dörpfeld ausgesprochene Datierung die richtige ist. Die Identifikation der erhaltenen Reste des Theaters mit dem Bau, welcher mit dem Namen des Lykurgos verbunden ist, steht damit fest.

Vorgängerbauten

Damit stellte sich die Frage, wie denn das ältere Dionysos-Theater an dieser Stelle, das es gegeben haben mußte, ausgesehen haben könnte. Dörpfeld, welcher von der These ausging, daß der Kern des griechischen Theaters ein kreisförmiger Tanzplatz gewesen sei, ergänzte die Polygonalmauerreste zu einer runden Orchestra. Der Vergleich mit allen erhaltenen älteren Theaterbauten zeigt aber, daß die kreisförmige Orchestra erst ein jüngeres Element ist; die Theorie Dörpfelds läßt sich nicht halten, die Zugehörigkeit der älteren Mauerreste zu einem Theater ist mehr als fraglich.

Das Theater in Thorikos in Attika (Abb. 2) geht in seiner Anlage in die Jahre um 500 v. Chr. zurück und ist damit einer der ältesten bekannten Theaterbauten überhaupt. Es liegt nahe anzunehmen, daß sich die Anlage am gleichzeitigen Dionysos-Theater in Athen selber orientiert hat. Dies läßt sich wahrscheinlich machen, denn der kleine Tempel vor dem Westflügel des Sitzhauses in

Abb. 1. Dionysos-Theater, Ansicht von Norden

Abb. 2. Theater von Thorikos, Ansicht von Nordwesten

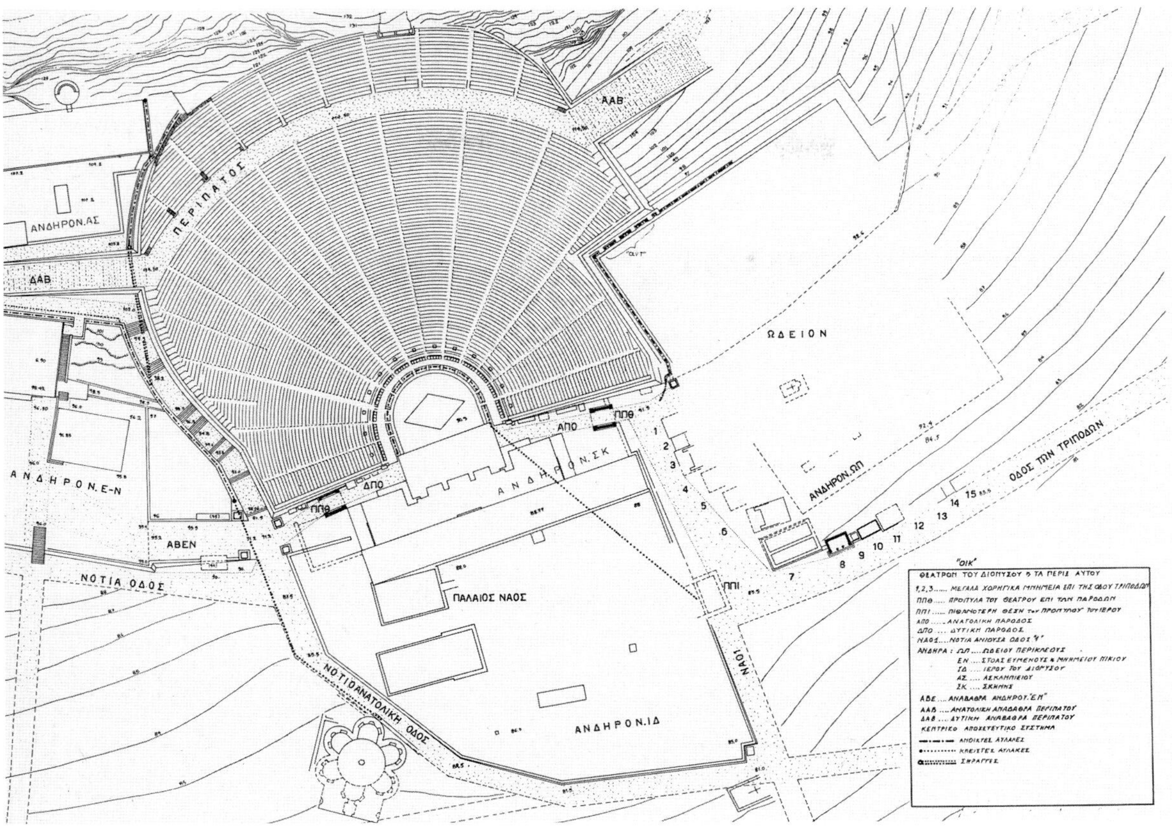

Abb. 3. Dionysos-Theater, Gesamtplan

Thorikos hat eine Position, welche derjenigen des Dionysos-Tempels beim Dionysos-Theater in Athen genau entspricht. In Athen ist der Tempel älter, das Theater hat sich nach diesem gerichtet. In Thorikos ist der Tempel dagegen zusammen mit dem Sitzhaus errichtet worden; seine Position ist durch das Vorbild in Athen vorgegeben! Demnach war das ältere Dionysos-Theater in Athen, wie alle übrigen bekannten frühen Theater, ein Bau mit gradstufigem Sitzhaus, der noch kein festes Bühnengebäude hatte. Das Theater in Thorikos vermittelt damit eine Vorstellung davon, wie das Theater ausgesehen haben muß, in dem Aischylos, Sophokles und Euripides ihre Stücke zur Aufführung brachten. Zu einem gradstufigen Sitzhaus, und zwar zu einer Erneuerung im späten 5. Jahrhundert v. Chr., gehörten auch die genannten Sitzblöcke mit Inschriften. Es handelt sich dabei offensichtlich um Teile der Prohedrie, der Ehrensitze.

Das Dionysos-Theater des Lykurgos

Nach der antiken Überlieferung bei Plutarch (Moralia 841 D) und bei Pausanias (1, 29, 16) hat Lykurgos, der Sohn des Lykophron, das Dionysos-Theater vollendet, welches von anderen begonnenen worden war. Lykurgos war zwischen 338/7 und 326/5 v. Chr. ein führender Politiker Athens, das Theater muß daher spätestens um 325 v. Chr. fertiggestellt gewesen sein. Inschriftliche Zeugnisse zeigen, daß das Theater bereits im Jahr 343/342 v. Chr. im Bau war. Im Theater ließ Lykurgos auch die Porträtstatuen der drei großen tragischen Dichter des 5. Jahrhunderts aufstellen (Kat.-Nr. 408–410); dabei muß es sich um rekonstruierte Porträts gehandelt haben, denn die Geehrten waren längst verstorben.

Das Dionysos-Theater ist ein Theater typischer griechischer Form (Abb. 3 und Kat.-Nr. 407), Koilon und Bühnenhausbereich sind baulich nicht verbunden. Das Koilon ist an den Südabhang der Akropolis gelehnt, teilweise in diesen eingetieft; oben stößt es gegen den steilen Felsabfall der Akropolis. Die Gesamtbreite liegt bei rund 90 m. Das Sitzhaus dürfte 14000 bis 17000 Zuschauer aufgenommen haben.

Das Koilon

Der Umriß des Sitzhauses ist unregelmäßig, zum einen, weil es auf bestehende Bauten Rücksicht zu nehmen galt, zum anderen, weil es technisch kaum machbar gewesen wäre, die Flügel halbkreisförmig bis auf die Flucht der vorderen Stützmauern (Analemmata) vorzuziehen, wie dies bei kleineren Theaterbauten üblich war. Man begnügte sich damit, die Vorgaben des Geländes so weit als möglich auszunützen. Der innere Abschluß des Koilons hat die Form eines gestelzten Halbkreises. Im obersten Bereich des Sitzhauses ist eine ältere um die Akropolis herumführende Straße, der Peripatos, durch das Theater geführt. Sonst gab es keine horizontale Gliederung. Von den Sitzreihen sind nur die untersten zwanzig Reihen erhalten. Sie sind durch vierzehn radiale Treppen in dreizehn Keile eingeteilt. Oberhalb des Peripatos, wo Felsabarbeitungen für die Sitzstufen erhalten sind, ist die Einteilung verdoppelt. Insgesamt hat Dörpfeld 78 Sitzreihen ergänzt. Vor der untersten Sitzreihe findet sich eine Reihe mit Lehnensesseln aus Marmor, welche die Prohedrie bilden. Im Zentrum steht der Thron für den Priester des Dionysos Eleuthereus, in dessen Bezirk das Theater liegt. Umstritten ist, ob diese Prohedrie zum ursprünglichen Sitzhaus gehört hat oder später eingebaut wurde; technische Einzelheiten scheinen für die zweite Lösung zu sprechen.

Die Orchestra

Der erhaltene Marmorboden der Orchestra wie auch die Marmorschranke am Orchestrarand sind in der römischen Kaiserzeit eingebracht worden. Der ursprüngliche Orchestraboden dürfte aus dem abgearbeiteten und mit gestampftem Lehm bedeckten Fels bestanden haben. Am äußeren Rand der Orchestra liegt ein in den Fels eingetiefter Wassergraben, der Euripos. Dieser war ursprünglich mit Brückenplatten vor den zwölf Radialtreppen des Koilons überspannt. Später wurde er ganz eingedeckt; rosettenförmige Öffnungen ermöglichten den Abfluß des Wassers in den Kanal. Entlang den Analemmata führten zu beiden Seiten offene Zugänge, die Parodoi, in die Orchestra; an ihren äußeren Enden befanden sich monumentale Zugangstore.

Der Bereich des Bühnenhauses

Die Deutung des Bühnenhausbereichs im einzelnen ist in der Forschung bis heute umstritten (Abb. 4). Der Erhaltungszustand dieses mehrfach umgebauten und tiefgreifend veränderten Bereichs des Theaters ist in manchen Teilen unzureichend, für manche Einzelfragen ist eine sichere und allgemein akzeptable Lösung nicht mehr möglich. Über die Phaseneinteilung des Bühnenhausbereichs im ganzen besteht heute jedoch weitgehende Einigkeit. Im folgenden soll es insbesondere um das Bühnenhaus des klassischen Theaters des Lykurgos gehen.

Das 48,9 m breite klassische Bühnenhaus war ein Paraskenien-Bühnenhaus mit seitlich 5,2 m weit vorspringenden Flügelbauten, den sogenannten Paraskenien. Dazwischen lag die 20,1 m breite Spielbühne, von welcher allerdings keinerlei sichere Reste erhalten sind; der Vergleich mit anderen, wenig jüngeren Theatern läßt vermuten, daß es sich um eine niedrige, nur um Tritthöhe gegenüber der Orchestra erhöhte Bühne gehandelt hat. Die Rückwand des Bühnenhauses hat die Funktion einer Stützmauer und dient gleichzeitig als Rückwand einer großen, auf tieferem Niveau liegenden

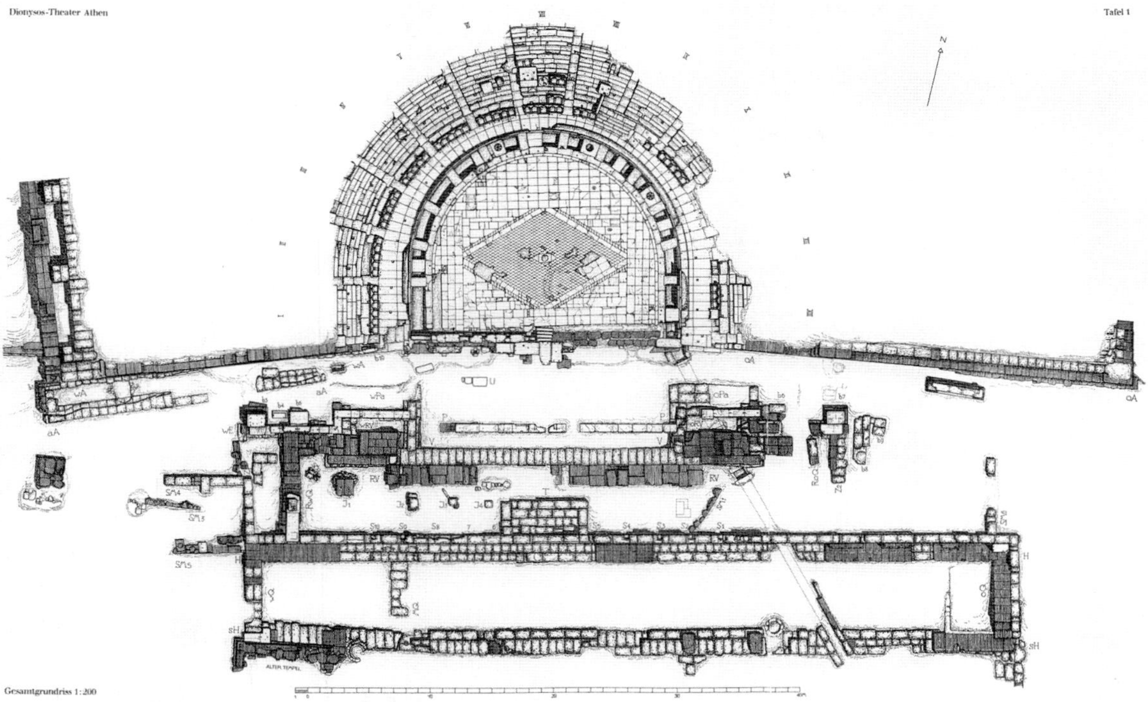

Abb. 4. Dionysos-Theater, Plan der Orchestra und des Bühnenbereichs

Säulenhalle, die sich gegen den Vorplatz der beiden Dionysos-Tempel öffnet. Sie steht so nahe beim archaischen Tempel, daß sie seinen Stufenunterbau beschneidet. In der Mitte des Bühnenhauses sitzt vor der Rückwand ein 7 m auf 2,75 m messendes massives Fundament (T), auf das sich von hinten eine später zugemauerte Tür geöffnet hat, welche nur mit Hilfe einer Holztreppe oder Leiter erreichbar gewesen sein kann.

Drei Hauptfragen haben die Forschungsdiskussion zum Bühnenhaus bestimmt: Ist das Bühnenhaus mit der rückwärtigen Halle in einem Zug errichtet worden? Welches war die Funktion des Fundaments T? Welche Form hatten die Paraskenien und die Bühne im ursprünglichen Bauzustand? Die Einheitlichkeit des Bühnenhauses wird heute kaum mehr in Frage gestellt. Das Fundament T ist dagegen weiterhin ungeklärt, denn es findet bei keinem anderen bekannten Theater eine Parallele; daß es als Basis für eine Bühnenmaschine gedient habe, bleibt bloße Hypothese. Die Paraskenien sind in hellenistischer Zeit verkürzt worden, die Stylobate, auf welchen die Säulen des Aufbaus stehen, wurden in anderer Anordnung neu versetzt. Unsicher ist, ob sie bereits im ursprünglichen Zustand eine Säulenstellung trugen, was in der Theaterarchitektur ohne Parallelen bliebe. Das erhaltene Fundament der Bühnenvorderwand zwischen den Paraskenien ist deutlich mächtiger als die übrigen Fundamente des Bühnenhauses. Es muß daher stärker mit Gewicht belastet gewesen sein. Wahrscheinlich war die Fassade mit einer Architekturordnung geschmückt, wie sie auch anderswo belegt ist. Über ihre Ausgestaltung im einzelnen ist jedoch nichts bekannt.

Die spätere Geschichte des Theaters

Das Dionysos-Theater hat während seines siebenhundertjährigen Bestehens verschiedene tiefgreifende Veränderungen erfahren, auch wenn das Koilon im wesentlichen unverändert geblieben ist. Der schon erwähnte hellenistische Umbau des Bühnenhauses des Dionysos-Theaters erfolgte wohl in der 1. Hälfte des 2. Jahrhunderts v. Chr. Damals wurde auch ein hohes Proskenion eingerichtet,

Abb. 5. Theater von Aigai (Vergina), Ansicht von Südosten

Abb. 6. Bühnenhausbereich des Theaters von Iaitas, Ansicht von Westen

Abb. 7. Bühnenhausbereich des Theaters von Priene, Ansicht von Nordosten

wie es in anderen Theatern schon länger üblich war. Große Veränderungen brachte dann der römische Umbau zu Ehren von Kaiser Nero im Jahr 61/62 n. Chr., als eine Bühnenwand (*scaenae frons*) römischer Art eingebaut wurde. Ein zweiter, spätrömischer Zustand wird durch die erhaltene massive Mauer bezeugt, welche mit wiederverwendeten Reliefs geschmückt ist; inschriftlich ist als Erbauer der Archon Phaidros aus dem vorgerückten 3. Jahrhundert n. Chr. genannt.

Die Bedeutung des Dionysos-Theaters für den späteren Theaterbau

Auch die spätere Entwicklung des griechischen Dramas ist mit dem Dionysos-Theater als Aufführungsort verbunden. Hier wurden die Stücke der Mittleren Komödie aufgeführt, hier erlebten die Dichter der Neuen Komödie, Philemon, Menander und Diphilos, ihre Erfolge an den Dionysosfesten. Auch mit seiner architektonischen Form war das Dionysos-Theater für die spätere Entwicklung vorbildhaft. Das Koilon weist eine Grundform auf, welche auf der Kreisform beruht. Anders als die Mehrheit der übrigen griechischen Theater ist der Halbkreis allerdings nicht überzogen, d. h. nicht über den Durchmesser hinaus vorgezogen, sondern gestelzt, d. h. mit einem geraden Teil erweitert, welcher den Halbkreis nach vorne verlängert. Die Kreisform als Grundlage für den Plan des Koilons und der Orchestra gehört, wie schon angetönt, nicht zu den ursprünglichen Elementen des griechischen Theaters. Sie ist vielmehr im mittleren 4. Jahrhundert v. Chr. von einem für uns namenlos bleibenden Architekten geschaffen worden. Es gibt eine Reihe von Theatern aus dieser Zeit, darunter Aigai (Vergina, Abb. 5), Megalopolis und Syrakus, welche die neue Kreisgrundform aufweisen, die sich offensichtlich schnell durchgesetzt hat. Leider sind die Datierungsgrundlagen für diese Bauten nicht so genau, daß wir mit Sicherheit sagen könnten, wo das erste kreisförmige Koilon realisiert worden ist. Es scheint aber durchaus wahrscheinlich, daß dieser Bau das Dionysos-Theater in Athen gewesen ist, welches sicher seit der Mitte des 4. Jahrhunderts im Bau war.

Das Bühnenhaus des Dionysos-Theaters ist das älteste aus Stein gebaute Bühnenhaus überhaupt und das erste vom Paraskenien-Typus. Bei diesem handelt es sich damit um die älteste Form des griechischen Bühnenhauses. Sie ist bald anderswo, insbesondere im Nordwesten Griechenlands und im griechischen Westen aufgenommen worden. Älteste Beispiele für eine Übernahme wie z. B. Iaitas (Abb. 6) in Westsizilien gehören noch ins spätere 4. Jahrhundert v. Chr. Von Sizilien führt eine Entwicklungslinie zu den republikanischen Theatern Mittelitaliens und Kampaniens und letztlich bis zum ältesten Theater in der Stadt Rom, welches Pompeius der Große zwischen 61 und 55 v. Chr. auf dem Marsfeld errichten ließ.

Im griechischen Mutterland und in Kleinasien hat sich dagegen ein anderer Typus durchgesetzt. Frühe Beispiele sind etwa Epidauros und Priene (Abb. 7). Das Bühnenhaus besteht hier aus einem rechteckigen Bau mit einer vorgesetzten hohen Bühne, dem Proskenion. Dieses hat die Form einer Säulenhalle, welche den Boden der eigentlichen Spielbühne trug. Die hohe Bühne, welche um 300 v. Chr. aufgekommen ist, war für die Form des dramatischen Spiels geeignet, wie es die Neue Komödie bevorzugte. Die Handlung war nunmehr auf wenige Personen beschränkt, der Chor, welcher im Drama des 5. Jahrhunderts v. Chr. eine zentrale Funktion gehabt hatte, nahm nicht mehr am Geschehen teil. Wenn in Theatern dieses Typus ältere Stücke zur Wiederaufführung gelangten, konnte dies in der Orchestra vor dem Proskenion geschehen.

Literatur: W. Dörpfeld – E. Reisch, Das griechische Theater (1896) 1–96; E. Fiechter, Das Dionysos-Theater in Athen 1 (1935); 2 (1935, Skulpturen, von R. Herbig); 3 (1936); 4 (1950, Nachträge) 7–34; A. W. Pickard-Cambridge, The Theatre of Dionysos in Athens (1946); G. A. Seeck, Das griechische Drama (1979); W. W. Wurster, Die neuen Untersuchungen am Dionysos-Theater in Athen, Architectura 9, 1979, 58–76; M. Korres, ADelt 35, 1980, Chron 9–14. 19 f.; Th. G. Papathanasopoulos, Το θέατρο του Διονύσου. Η μορφή του κοίλου, in: Αναστυλωσή. Συντρησή. Προσταία μνημείων και συνόλων 2 (1987) 31–60; H. P. Isler, Die antike Theaterarchitektur, in: P. Ciancio Rossetto – G. Pisani Sartorio, Teatri greci e romani alle origini del linguaggio rappresentato 1 (1994) 87–125.

H.-P. I.

407 Modell des Dionysos-Theaters

Maßstab 1:200; 96 x 75 cm
M. Korres – N. Gerasimov – P. Dimitriadis
Athen, Zentrum für Akropolis-Studien; Neuanfertigung Berlin, Antikensammlung

Bis zur Mitte des 4. Jhs. v. Chr. war das Koilon (Tribüne) erheblich kleiner und hatte den üblichen hufeisenförmigen Grundriß. Das ca. 75 m breite Theater bot auf seinen rund 35 Sitzreihen etwa 5500 Zuschauern Platz. Die anschließende Umgestaltung unter Ausnutzung allen zur Verfügung stehenden Raumes mitsamt einer Straße im Osten erhöhte das Fassungsvermögen erheblich (L 90 m, B 106 m, 85 Sitzreihen für rund 17000 Zuschauer), wobei allerdings ein ungewöhnlicher Grundriß entstand. Die anormale Form der Ostseite bedingte das perikleische Odeion (eine riesige Pfeilerhalle von 60 x 60 m) und diejenige der Westseite eine uralte ansteigende Straße. Trotz der Ausdehnung bis an den Felsen der Akropolis (rund 45 m jenseits der ursprünglichen Begrenzung) durfte dieser breite Rundweg, der Peripatos, nicht beeinträchtigt werden. Der entsprechende Abschnitt des Weges wurde um einige Meter angehoben, erhielt eine gebogene Form (B des Weges 4,5 m) und wurde so in das Koilon integriert; zwei Rampen leiteten beiderseits zum tiefer gelegenen ursprünglichen Weg über, der unangetastet blieb. Die monumentale Anlage des Theaters erforderte Abarbeitungen des Felsens, große Aufschüttungen und starke Stützmauern von bis zu 16–17 m Höhe, die aus großen rechteckigen rötlichen Konglomeratblöcken errichtet wurden (am Modell rot). Bei den Parodoi (seitliche Zugänge) und an der Westseite bis zum Peripatos – und nur dort – wurde für die Verkleidung gelber Kalkstein vom Piräus verwendet (am Modell gelb). Aus demselben Material bestanden die Sitze für das Publikum und die Treppen, während die Sitze der ersten Reihe, mit Rückenlehnen die Prohedrie, aus bestem Marmor gearbeitet waren.

Die Sitzreihen für das Publikum, 70 bis zum Peripatos und darüber weitere 14 (das Epitheatron), bilden konzentrische Kreislinien mit einem Abstand von jeweils 76 cm. Die Entfernung vom Fuß der Prohedrie bis zur obersten Sitzreihe beträgt fast 72 m und der Höhenunterschied etwa 30,6 m. Daraus ergibt sich eine Steigung von 3:7 oder 23°10'.

Der wichtigste Teil der Anlage, die Orchestra, bildet einen exakten Kreis von etwa 19,5 m Durchmesser. Zwischen ihr und dem Koilon verlaufen ein Regenwasserkanal (bei starken Regenfällen können sich im Koilon bis zu 500 Kubikmeter Wasser pro Stunde sammeln) und ein gepflasterter Umgang mit einer Breite von mindestens 1,50 m, von dem aus die 14 Treppen des in 13 Segmente gegliederten Koilons erreicht werden. Vor den Treppen, nicht jedoch vor den Ecktreppen, ist der Kanal mit 12 großen rechteckigen Steinplatten überdeckt.

Die Skene (Bühnenhaus) des Theaters erhielt bei der Vergrößerung nach der Mitte des 4. Jhs. v. Chr. eine Fassade mit Marmorsäulen und Risaliten an den Seiten, den Paraskenien. Aus dieser Phase stammen auch die Tore an der östlichen und westlichen Parodos, bei denen es sich vielleicht um die ersten dieser Art handelte.

Im Dionysos-Theater bestehen, wie allgemein bei den klassischen Theatern, die drei Bestandteile, Orchestra, Skene und Koilon aus unabhängigen Baukörpern (wäh-

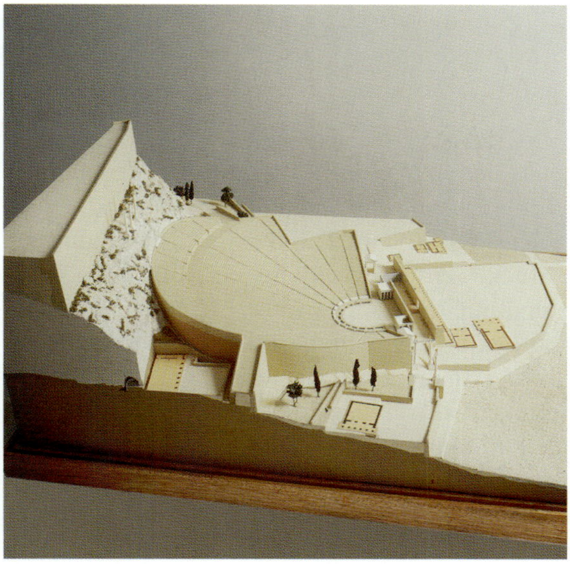

Kat.-Nr. 407

rend römische Theater als einheitliches Bauwerk gestaltet sind); es besitzt eine Gesamtlänge von 112 m und eine -breite von 106 m.

Im Laufe der Zeit sind in den Parodoi (Basen), an den Wegekreuzungen im Westen (Säulen), vor dem Felsen oberhalb des Theaters (Säulen) usw. verschiedene choregische Monumente aufgestellt worden. Das wichtigste von ihnen, das Thrasyllos-Monument (318 v. Chr.), erhob sich mit seiner luxuriösen Marmorfassade unmittelbar vor der abgearbeiteten Felswand über der obersten Sitzreihe.

Das Theater ist im Modell dreidimensional rekonstruiert, während die benachbarten öffentlichen Gebäude und Heiligtümer (das Odeion im Osten, das Dionysos-Heiligtum im Süden, das Asklepieion und die Stoa des Eumenes sowie das tempelähnliche choregische Monument des Nikias im Westen) nur im Grundriß angegeben sind.

M. K. (Übersetzung Wolfgang Schürmann)

Ralf Krumeich

Die ›lykurgische Tragikerweihung‹

Zwischen 338 und 326/25 v. Chr. bestimmte Lykurg aus der angesehenen Familie der Eteobutaden die Finanzverwaltung Athens. Zu den kulturpolitisch bedeutsamsten Maßnahmen während seiner Amtsperiode gehörte die Sicherung der Dramentexte der drei ›großen‹ Tragiker des 5. Jahrhunderts v. Chr. (Aischylos, Sophokles und Euripides), deren Stücke seit 386 v. Chr. regelmäßig außer Konkurrenz an den Großen Dionysien wiederaufgeführt und mit zahlreichen Interpolationen von Star-Schauspielern versehen worden waren. Auf Anweisung Lykurgs wurden die Texte nun bereinigt und in einem verbindlichen Staatsexemplar fixiert (s. S. 528 f.). In diesem Kontext und vor dem Hintergrund der seit dem frühen 4. Jahrhundert v. Chr. zunehmenden Wertschätzung der ›großen‹ Dichter des vergangenen Jahrhunderts ist auch der maßgeblich auf Lykurg zurückgehende Beschluß der attischen Volksversammlung zu verstehen, im prächtigen neuen Dionysos-Theater (s. S. 533 ff.) bronzene Ehrenstatuen des Aischylos, des Sophokles und des Euripides errichten zu lassen ([Plutarch] Moralia 841 F; Pausanias 1, 21, 1–2). Diese Figuren erhielten ihren Platz sicherlich an prominenter und gut sichtbarer Stelle des Theaters (am Skenengebäude, in der Orchestra oder im Zuschauerraum).

Vor den ›großen‹ Dichtern scheint lediglich der Tragiker Astydamas II. eine vergleichbare Ehrung erhalten zu haben (Diogenes Laertios 2, 43): Im Jahre 340 v. Chr. ließen die Athener nach einem Sieg des Astydamas eine bronzene Sitzstatue des Dichters errichten, von deren Basis sich ein Block auf der westlichen Stützmauer des Zuschauerraums erhalten hat. Seit dem frühen 3. Jahrhundert v. Chr. kamen im Dionysos-Theater weitere Statuen tragischer und komischer Dichter zur Aufstellung (vgl. Pausanias 1, 21, 1), von denen die lebensgroße Sitzstatue des Menander vor einigen Jahren durch K. Fittschen rekonstruiert werden konnte.

Originale Statuen oder Basen der literarisch überlieferten ›lykurgischen Weihung‹ sind nicht erhalten. Jedoch läßt sich ein in römischen Kopien überlieferter Bildnistypus des Sophokles plausibel mit dieser Gruppe in Verbindung bringen; problematischer ist dagegen die Identifizierung des Euripides und vor allem des Aischylos im Bestand der römischen Kopien.

Literatur: L. Giuliani, Bildnis und Botschaft (1986) 138 f.; P. Zanker, Die Maske des Sokrates. Das Bild des Intellektuellen in der antiken Kunst (1995) 49 ff.; B. Hintzen-Bohlen, Die Kulturpolitik des Eubulos und des Lykurg (1997) 29–31; H. R. Goette, AntK 42, 1999, 21 ff. (zur Statue des Astydamas).

408 Statue des Sophokles (Typus Lateran)

Marmor; H 2,05 m; H des Kopfes 0,32 m
In Marmor ergänzt sind die rechte Hand, die Plinthe mit beiden Füßen und Ansätzen der Unterschenkel, das *scrinium* und ein großer Teil des hinteren Mantelsaums.
Gefunden in einem römischen Haus in Terracina, im Gebiet des antiken Anxur (kurz vor 1839). 1839 an Papst Gregor XVI. geschenkt und hernach von P. Tenerani restauriert; bis 1963 im Lateranischen Museum.
Vatikanische Museen (Museo Gregoriano Profano) Inv. 9973

Die wohl noch in der 2. Hälfte des 1. Jhs. v. Chr. entstandene, leicht überlebensgroße Figur stellt die einzige vollständige Kopie einer Bronzestatue des Sophokles (496–406) dar, die mit hoher Wahrscheinlichkeit zur ›lykurgischen Weihung‹ im Athener Dionysos-Theater gehörte. Erhalten sind ferner eine verkleinerte und vier maßgleiche Kopfkopien des Bildnistypus (Typus Lateran), dessen Identifizierung durch eine kleinformatige Herme mit der Inschrift [Σοφ]οκλῆς gesichert ist.

Durch volle kurze Haare und gepflegten Vollbart wird der Dichter als reifer Mann mittleren Alters charakterisiert. Eine schmale wulstförmige Haarbinde (ein Strophion) verweist auf den heroischen Status des Sophokles (vgl. Kat.-Nr. 125), der in seiner Funktion als Priester des Heilheros Amynos die im späten 5. Jh. v. Chr. aus Epidauros nach Athen gebrachte heilige Asklepios-Schlange für einige Zeit (wohl im Heiligtum des Amynos) beherbergte hatte und aus diesem Grund nach seinem Tod als Heros Dexion (»aufnehmender Heros«) verehrt wurde. Dieses Strophion gehört auch zur Ausstattung eines wahrscheinlich im frühen 4. Jh. v. Chr. entstandenen Bildnistypus (Typus Farnese), der in zahlreichen römischen Kopfkopien überliefert ist und Sophokles als deutlich älteren Mann wiedergibt.

Die durch stilistische Vergleiche mit Figuren auf attischen Urkunden- und Grabreliefs zu sichernde Datie-

Kat.-Nr. 408

Abb. 1. Inschriftherme Neapel

rung des Originals in die Zeit zwischen 340 und 320 v. Chr. legt die Annahme sehr nahe, daß der Typus Lateran auf die in den Jahren 338–326/25 im Athener Dionysos-Theater errichtete postume Ehrenstatue zurückgeht, die zusammen mit Figuren des Aischylos und des Euripides die ›lykurgische Tragikerweihung‹ bildete. Sophokles wird hier in leichter Überlebensgröße als selbstbewußter Athener mittleren Alters dargestellt, der an die große Zeit des athenischen Dramas erinnerte. Der Dichter erscheint im Stil des fortgeschrittenen 4. Jhs. v. Chr. als beherrschter und idealer Bürger, dessen ebenmäßiges Gesicht keinerlei individuelle Züge aufweist; weder Buchrolle noch ostentativ gehaltene Theatermaske verweisen auf den Dichterberuf des Geehrten.

Literatur: Ch. Vorster, Vatikanische Museen. Museo Gregoriano Profano Ex Lateranense, Katalog der Skulpturen II 1 (1993) 154–159 Kat.-Nr. 67 Abb. 297–308; E. Voutiras in: P. C. Bol (Hrsg.), Forschungen zur Villa Albani IV (1994) 176–178 Kat.-Nr. 450 Taf. 104. 105; K. Schefold, Die Bildnisse der antiken Dichter, Redner und Denker[2] (1997) 180–183 mit Abb. 86. 87.

R. K.

Euripides (vgl. Kat.-Nr. 409)

Durch römische Kopien sind zwei jeweils im 3. Viertel des 4. Jahrhunderts v. Chr. entstandene Bildnistypen des Euripides (485/480–406) bekannt. Der in über 30 römischen Kopfrepliken überlieferte und durch eine Inschriftherme in Neapel eindeutig identifizierte, gut lebens- oder leicht überlebensgroße Typus Farnese (Abb. 1) charakterisiert den Dichter als alten Mann: Lange Haare, die eine ausgeprägte Stirnglatze verdecken (vgl. Kat.-Nr. 131), und Krähenfüße verdeutlichen das Alter des Dargestellten, der durch die zusammengezogenen Brauen als nachdenklicher Intellektueller gekennzeichnet wird. Euripides war mit einem über beide Schultern gelegten Himation bekleidet und durch eine stehende oder, wie es der Würde seines Alters und der Autorität des seit dem 4. Jahrhundert v. Chr. hoch geehrten Dichters vielleicht eher entspricht, durch eine sitzende Statue repräsentiert; sicher mit dem Körper dieser Figur zu verbindende Denkmäler sind nicht erhalten.

Deutliche ikonographische Verwandtschaft zum Typus Farnese weist der in sieben römischen Kopfrepliken überlieferte, ebenfalls gut lebensgroße Typus Rieti auf (Kat.-Nr. 409), dessen Identifizierung auf einem Zitat aus einer Euripides-Tragödie beruht, das auf der Brust einer ehemals in Rieti und heute in Kopenhagen aufbewahrten Herme eingemeißelt ist. Vor dem Hintergrund der physiognomischen Nähe des Typus zum Euripides ›Farnese‹ ist es gesichert, daß diese Inschrift den Dargestellten als Autor des zitierten Dramas und damit als Euripides identifiziert. Auch hier ist der Dichter mit vollem Bart und langen, über die Stirnglatze gekämmten Haaren dargestellt; das Gesicht mit den kleinen Augen unter den kontrahierten Brauen wirkt hier allerdings weitaus mürrischer als beim Typus Farnese.

Welcher der beiden Bildnistypen des Euripides auf die Ehrenstatue des Dichters in der ›lykurgischen Tragikerweihung‹ zurückgeht, ist nicht zu entscheiden; in der Forschung wurden beide Porträtvarianten mit dieser Gruppe in Verbindung gebracht.

Literatur: E. Voutiras in: P. C. Bol (Hrsg.), Forschungen zur Villa Albani II (1990) 191 f. Kat.-Nr. 210 Taf. 128. 129; S. F. Schröder, Katalog der antiken Skulpturen des Museo del Prado in Madrid 1 (1993) 64–67 Kat.-Nr. 6; K. Schefold, Die Bildnisse der antiken Dichter, Redner und Denker[2] (1997) 148–151 mit Abb. 67. 68. – Zum Euripides (Typus Rieti): s. Kat.-Nr. 409.

R. K.

409 Porträt des Euripides

Pentelischer Marmor; H 30,4 cm

Die ehemals ergänzte Nase fehlt, der Bruch am Hals ist modern abgearbeitet. Sonst gut erhalten.

Frühkaiserzeitliche Kopie nach einem Original um 330 v. Chr.

Zürich, Archäologische Sammlung der Universität Inv. 4821

Euripides, der jüngste der drei großen tragischen Dichter, lebte von 485/480 bis 406 v. Chr. Von Euripides sind zwei miteinander in manchen physiognomischen Einzelheiten verwandte Porträttypen überliefert, der Typus Rieti, welchen der Zürcher Kopf vertritt, und der

Kat.-Nr. 409

Kat.-Nr. 410

Typus Farnese. Beide Typen sind lange nach dem Tod des Dichters postum angefertigt worden. Während der Typus Farnese (benannt nach der besten Replik im Archäologischen Nationalmuseum in Neapel) durch eine größere Reihe von Repliken belegt ist, sind vom Typus Rieti (benannt nach einer Replik früher in Rieti, heute in der Ny Carlsberg Glyptotek in Kopenhagen) bisher nur sieben Repliken bekannt. Die qualitätvollste davon ist der Zürcher Kopf. Der mürrische, verschlossene und mißtrauische Gesichtsausdruck gibt den Charakter des Dichters wieder, wie er in seiner antiken Biographie (Vita Euripidis 65) beschrieben wird, wo Euripides als ›misogelos‹ und ›misogynes‹, »Hasser des Lachens und der Frauen«, bezeichnet wird.

Lykurgos hat im Dionysos-Theater um 330 v. Chr. die Porträtstatuen der drei großen Tragiker aufstellen lassen. Von seiner Zeitstellung her muß der Typus Rieti das Porträt im Dionysos-Theater wiedergeben, während der Typus Farnese einer jüngeren Stufe der griechischen Porträtentwicklung angehört.

Literatur: H. P. Isler in: H. P. Isler – E. Mango – A. Stähli, Drei Bildnisse, Archäologische Sammlung der Universität Zürich, Studien I (1999) 9–21.

H.-P. I.

410 Herme des ›Aischylos‹ (Typus Farnese)

Marmor; H 0,51 m; H des Kopfes 0,33 m
Ergänzt ist der vordere Teil der Nase.
Gefunden in Rom (im 16. Jahrhundert). Ehemals Rom, Sammlung Farnese
Neapel, Museo Archeologico Nazionale Inv. 6139

Die qualitätvolle Herme augusteischer Zeit ist die differenzierteste der insgesamt 15 Kopfrepliken einer zwischen 340 und 320 v. Chr. entstandenen, leicht überlebensgroßen Bronzestatue eines vollbärtigen Griechen mittleren Alters, dessen Physiognomie sich gut mit Bildnisköpfen auf attischen Grabreliefs und mit dem Porträt des Sophokles im Typus Lateran vergleichen läßt. Das ernste Gesicht mit seinen weitgehend entspannten Zügen weist keinerlei individuelle Merkmale auf. Nach den Darstellungskonventionen für mittelalte Männer auf attischen Grabreliefs und der Angabe eines Gewandes an der Neapeler Herme läßt sich die zugehörige Statue plausibel als stehende Figur im Himation rekonstruieren.

In der Forschung wird der Bildnistypus seit langer Zeit als Porträt des Aischylos (525/24–456/55) interpretiert und mit der ›lykurgischen Tragikerweihung‹ in Verbindung gebracht. Diese Benennung kann sich jedoch allein auf eine (jetzt zersägte) Doppelherme berufen, die ursprünglich einen Kopf des ›Aischylos Farnese‹ mit einer Kopfreplik des Sophokles Farnese miteinander verband. Dagegen kann die Kombination von Bronzebüsten des ›Aischylos Farnese‹ und des Sophokles Lateran in einer Gruppe von vier Bildnissen, die 1722 im Meer bei Livorno gefunden und bis vor kurzem auf eine römische Porträtgalerie zurückgeführt worden waren, heute nicht mehr als Argument angeführt werden: Nach den Untersuchungen M. G. Picozzis handelt es sich hier mit Sicherheit um neuzeitliche Nachgüsse nach antiken Stücken.

Die Verbindung des ›Aischylos‹ mit einem Porträt des Sophokles (Typus Farnese) in der erwähnten Doppelherme und die recht hohe Anzahl der Repliken legen nahe, daß der ›Aischylos Farnese‹ einen griechischen Dichter repräsentiert, der bei den Römern in hohem Ansehen stand. Offenbleiben muß allerdings, ob es sich hier um einen Tragödiendichter und speziell um Aischylos handelt. Eher gegen diese Benennung spricht die an der Neapeler Herme wiedergegebene schmale Wulstbinde, die an eine heroisierte Person denken läßt: Anders als für Homer (Kat.-Nr. 125) oder Sophokles (Kat.-Nr. 408) ist eine postume kultische Verehrung für Aischylos nicht bezeugt.

Die zwischen 338 und 326/25 auf Anregung Lykurgs von den Athenern im Dionysos-Theater errichteten postumen Ehrenstatuen der drei ›großen‹ Tragiker stellten diese im Stil des fortgeschrittenen 4. Jhs. v. Chr. offenbar weniger als Dramatiker (mit entsprechenden Attributen) denn als vorbildliche athenische Bürger dar, wie insbesondere die Statue des Sophokles im Typus Lateran bezeugen kann. Bei sämtlichen drei Figuren handelte es sich um Rekonstruktions- bzw. Phantasieporträts. Anders als Sophokles scheint Euripides (vielleicht durch eine Sitzstatue) als nachdenklicher älterer Dichter repräsentiert gewesen zu sein. Auch wenn von der Statue des Aischylos bisher keine konkrete Vorstellung zu gewinnen ist, so wird auch diese in den Formen des späteren 4. Jhs. gearbeitet gewesen sein; Pausanias jedenfalls bemerkte deutliche Unterschiede zwischen dieser Figur und dem Bildnis des Aischylos im 460/50 v. Chr. ausgeführten Marathongemälde in der Stoa Poikile (Pausanias 1, 21, 2; vgl. S. 226 f.).

Literatur: E. Voutiras in: P. C. Bol (Hrsg.), Forschungen zur Villa Albani IV (1994) 73–77 Kat.-Nr. 414 Taf. 23. 24; M. G. Picozzi, RIA 18, 1995, 69 ff. bes. 92–98 mit Abb. 40–43; K. Schefold, Die Bildnisse der antiken Dichter, Redner und Denker[2] (1997) 182 f. mit Abb. 88.

R. K.

Andreas Scholl

Denkmäler der Choregen, Dichter und Schauspieler des athenischen Theaters

Die Grab- und Weihreliefs der Dichter und Schauspieler, vor allem aber die Votivdenkmäler siegreicher Choregen (›Sponsoren‹) können nicht nur wegen der Seltenheit zeitgenössischer Theaterdenkmäler besonderes Interesse beanspruchen. Gerade letztere bezeugen das enorme finanzielle Engagement der wohlhabenden Athener für das zeitgenössische Theater. Die Stadt dankte ihnen dies mit dem Privileg, aufwendige Monumente zur Erinnerung an einen Sieg im Theaterwettstreit errichten zu dürfen.

Dabei ist das Bild der choregischen Monumente noch immer bestimmt durch die monumentalen Architekturen des späten 4. Jahrhunderts v. Chr., die mit den Namen eines Lysikrates (Kat.-Nr. 411), Thrasyllos oder Nikias verbunden sind. Neben diesen spektakulären Dreifußbauten mit ihrem rundplastischen Skulpturenschmuck hat es jedoch eine breitere Palette von Weihungen der vielen Sieger in den Theateragonen des 5. und 4. Jahrhunderts v. Chr. gegeben. Im klassischen Athen wurde für jeden einzelnen Chor ein Chorege bestellt, sowohl zur Einstudierung des Dithyrambos, eines dionysischen Kultliedes, als auch für die dramatischen Chöre von Tragödie, Satyrspiel und Komödie. Da im Tragödienagon die drei tragischen Stücke sowie das abschließende Satyrspiel aus der Feder eines Dichters eine Einheit (Tetralogie) bildeten, im Komödienagon aber Einzelstücke gegeben wurden, benötigte man allein für die Aufführungen beim Fest der Großen Dionysien nicht weniger als

28 Choregen: 20 für den Dithyrambos (zu dem jede der zehn Phylen [›Stämme‹] einen Männer- und einen Knabenchor stellte), drei für die Tragödie und fünf für die Komödie. Die Choregen hatten die Kosten für die Chormitglieder und für die Gesamtausstattung der Darbietungen zu tragen. Die von einem Choregen zu erbringenden Aufwendungen waren damit sehr beträchtlich. So kostete gegen Ende des 5. Jahrhunderts v. Chr. eine choregische Fest-Liturgie im Durchschnitt 1500 bis 2000 Drachmen, während eine volle Trierarchie (Ausrüstungskosten eines geruderten Kampfschiffes) auf mehr als das Doppelte kam. Theateragone fanden zudem nicht nur in der Stadt selbst, sondern auch in vielen größeren Demen (Landgemeinden) Attikas statt, was neben der inschriftlichen Überlieferung die archäologischen Zeugnisse eindrucksvoll unterstreichen. Der großen finanziellen Belastung des Choregen stand seine ostentative Ehrung anläßlich des jeweiligen Festes gegenüber, wobei der Verlauf der städtischen Großen Dionysien sicher der prachtvollste war. Schon bei der Vorstellung der Mitwirkenden im Odeion (Saalbau) des Perikles wurde dem Choregen ein prominenter Platz eingeräumt, in der Prozession schritt er im Festgewand einher, und als maßgeblich an der Kulthandlung Beteiligter genoß er am Dionysosfest einen priesterähnlichen Status. Hier bot sich auch für reiche Nichtathener (zu den Metöken und anderen Fremden vgl. S. 168ff.; 180), die ebenfalls zur Übernahme von Fest-Liturgien herangezogen wurden, die Gelegenheit, mit den Vollbürgern Athens prestigeträchtig zu konkurrieren. Neben den Ehrungen anläßlich des Festes winkte dem siegreichen Choregen das nicht zu unterschätzende Privileg, seinen Erfolg mit einem Denkmal im Zentrum der Polis monumentalisieren zu dürfen. Bedenkt man, wie skeptisch die öffentliche Meinung Athens bis ins späte 4. Jahrhundert v. Chr. Ehrendenkmälern für einzelne ihrer Mitbürger gegenüberstand, so wird der Anreiz für den Choregen, bei der Ausstattung der ihm anvertrauten Aufführung nicht zu geizen, besonders deutlich.

Im Falle eines Sieges nahm der erfolgreiche Chorege des Dithyrambos bei den Großen Dionysien als Repräsentant der Phyle, aus der sich seine 50 Chormitglieder rekrutiert hatten, nicht nur den dionysischen Efeukranz entgegen, sondern auch einen von der Polis als Siegespreis ausgesetzten bronzenen Dreifuß von erheblicher Größe. Dessen Aufstellung als offizielles, d. h. von Staats wegen veranlaßtes Weihgeschenk an Dionysos, war obligatorisch und vom Choregen zu bezahlen. Aufstellungsorte waren das Heiligtum des Fest- und Theatergottes am Südabhang der Akropolis sowie die bald von Hunderten dieser monumentalen Gerätpreise gesäumte Tripodenstraße, an deren Westseite noch heute das Denkmal des Lysikrates (Kat.-Nr. 411) steht. Mit derart architektonisierten Weihgeschenkträgern, die das eigentliche Dreifußvotiv ganz in den Hintergrund treten ließen, war die Straße der Dreifüße neben der Prachtstraße zur Akademie sicher die prunkvollste Promenade im alten Athen. Sie verlief vom Dionysos-Theater um den Ostabhang der Burg in Richtung auf das Heiligtum des Dionysos Lenaios im Bereich der Agora. Die anläßlich der verschiedenen Theateragone in einzelnen Demen gewonnenen Preise fanden in Heiligtümern des attischen Landes ihre Aufstellung.

Die Gestaltung der dithyrambischen Siegesdenkmäler läßt sich nach den archäologischen und inschriftlichen Zeugnissen in ihren Grundzügen gut verfolgen. Im 5. Jahrhundert v. Chr. wurde es noch als ausreichend empfunden, wenn der Chorege eine schlichte Stufenbasis mit entsprechender Weihinschrift für seinen Dreifuß errichten ließ. Die Stiftungsinschriften dieser schmucklosen Dreifußbasen nennen zunächst den Namen der siegreichen Phyle, denn der Dithyramben-Agon war ein offizieller Wettstreit der Phylen unter Leitung des Choregen und kein Wettkampf der Dichter, die in den Siegesinschriften, bis auf eine Ausnahme, keine Erwähnung finden. Dem Namen der Phyle folgten vielmehr der des Choregen, sodann der des Didaskalos (Chorleiter) und zur Datierung der Eigenname eines hohen Jahresbeamten (des Archon eponymos). Seit dem 4. Jahrhundert v. Chr. wird schließlich auch der Aulet (›Flötenspieler‹) genannt, ein klares Zeichen für die steigende Bedeutung der musikalischen Begleitung des dionysischen Kultliedes durch die Auloi, ein der Oboe verwandtes Instrument. Die Prominenz der Phyle in den Siegesinschriften unterstreicht zudem klar die politische Funktion des Dithyramben-Agons im Rahmen der Neuordnung Attikas durch Kleisthenes. Die probenintensive Mitwirkung von immerhin 1000 Amateursängern in den dithyrambischen Phylenchören bei den Großen Dionysien macht die traditionsbildende Funktion dieser Einrichtung unmittelbar einsichtig.

Ein hochklassischer Glockenkrater des Kleophon-Malers in Kopenhagen (Abb. 1), der ein Ensemble singender Männer zeigt, bietet näheren Aufschluß über die für den Choregen kostspielige Festtracht der Sänger und das Erscheinungsbild eines Dithyrambenchores. Sie sind eng in ihre reich verzierten Mäntel gehüllt, unter denen der lange Chiton bis auf die Füße reicht. Die üppige Gewandverzierung und die Efeu-Bekränzung aller Mitwirkenden machen die dionysische Festsituation der Aufführung klar. Die Darstellung des Chores ist jedoch weder das älteste noch das wichtigste Bildschema zur Überhöhung des Dithyrambensieges. Hier ist vielmehr die Darstellung einer den Preisdreifuß schmückenden Nike auf attischen Vasen zu nennen. Dieses Schema erscheint seit dem Ende des 5. Jahrhunderts v. Chr. auch auf den Reliefs dithyrambischer Siegesweihungen. Ebenfalls in der 2. Hälfte des 5. Jahrhunderts v. Chr. wurde nach dem Zeugnis zeitgenössischer Vasenbilder ein neuer Typus des Siegesbildes gefunden, der neben dem obligaten Dreifuß für den Choregen und der Siegesgöttin einen Stier darstellt. Der Stier wurde in die dithyrambische Siegesikonographie eingeführt, weil nach Pindar und Simonides der Dichter des Kultliedes ein solches Opfertier als Preis erhielt. Simonides selbst hatte es angeblich auf immerhin 56 Stiere bei seinen Dithyrambensiegen gebracht.

Bereits im früheren 4. Jahrhundert v. Chr. erscheint das Bildschema »Nike mit Opferstier« dann auf der Vorderseite einer großen Reliefbasis (Kat.-Nr. 412), die noch nicht als Bestandteil eines choregischen Anathems erkannt worden ist. Das Relief mit Dionysos und einem Satyrknaben als Mittelgruppe, gerahmt von stierführenden Niken, wurde 1924 in Athen gefunden, zusammen mit zwei weiteren Reliefplatten identischen Formates, die eine vierfigurige Satyrgruppe (Abb. 2) und einen Panther (Abb. 3) zeigen. Die drei Reliefs gelten seit ihrer Entdeckung als späthellenistische Arbeiten neuattischer Prägung. Was im Blick auf die im neuattischen Repertoire häufigen Motive »Nike mit Stier« und »Satyrgruppe mit Krater« zuerst verständlich erscheint, erweist sich bei genauerer Betrachtung als unzutreffend. So lassen sich die Satyrn in ihrem Verhältnis zum Reliefgrund und ihren muskulösen Körperformen stilgeschichtlich durchaus als Vorgänger der Satyrn des Frieses vom Lysikrates-Monument (Kat.-Nr. 411) verstehen. Hier wie dort sind eindeutig keine Bühnensatyrn dargestellt. Ihre Funktion besteht entweder darin, auf den im Dithyrambos behandelten Mythos zu verweisen, oder allgemein den dionysischen Hintergrund des Theatergeschehens zu evozieren. Die Darstellungen auf den drei erhaltenen Reliefplatten der großen Athener Basis ordnen sich schlüssig in die Ikonographie dithyrambischer Siegesdenkmäler ein. Die rechteckige Form des Sockels legt als wertvolles Weihgeschenk zweifellos eine Statue nahe, die nach dem Bildprogramm der Basisreliefs eigentlich nur eine Dionysos-Figur gewesen sein kann.

Ein bei den Propyläen der Akropolis gefundenes Relieffragment (Kat.-Nr. 413) aus dem frühen 4. Jahrhundert v. Chr. repräsentiert eine weitere Gruppe dithyrambischer Denkmäler, denn wegen seines giebelförmigen Abschlusses wird es eine der zahlreichen Theaterurkunden bekrönt haben. Es zeigt einen Dreifuß, der durch Form und Größe ganz den in Attika üblichen choregischen Siegespreisen entspricht. Er reicht bis an den oberen Rand des Reliefs und zeigt über dem Kessel jenen halbkugeligen Deckel, der auch auf den Dreifußreliefs des Lysikrates-Monuments dargestellt ist. Links neben dem Dreifuß steht in Vorderansicht, mit dem Kopf bis in Kesselhöhe reichend, ein bärtiger Mann im Himation. Die unvollständige Darstellung erlaubt keine eindeutige Festlegung, jedoch gibt die wahrscheinliche Zugehörigkeit des Stückes zu einem Urkundenrelief einen Hinweis. In den Reliefs über den Urkunden werden oft Personifikationen der im Text genannten Institutionen dargestellt, so daß hier wohl der Heros der im Dithyrambos siegreichen attischen Phyle wiedergegeben war. Auf der verlorenen linken Hälfte wird man Dionysos oder den die Phyle ehrenden Demos erwarten dürfen.

Es blieb jedoch nicht bei den geschilderten Formen der Dreifußweihung und der Stiftung choregischer Votivstatuen. Im 4. und frühen 3. Jahrhundert v. Chr. wurde auch in diesem Bereich der Aufwand, ganz analog zur zeitgenössischen Grabrepräsentation, in einem Wettlauf konkurrierender Selbstdarstellung ins Monumentale, ja Hybride gesteigert. Ein glücklicher Zufall hat uns mit dem Denkmal des im Dithyramben-Wettbewerb des Jahres 335/34 v. Chr. siegreichen Choregen Lysikrates (Kat.-Nr. 411) nicht nur ein gut erhaltenes, sondern zudem noch durch seine Weihinschrift fest

Abb. 1. Singender Dithyrambenchor mit Flötenspieler (Aulet) und Chorführer; Glockenkrater des Kleophon-Malers. Kopenhagen, Nationalmus. Inv. 13817

Abb. 2. Satyrn bei der Weinkelter; attische Reliefplatte vom Sockel einer choregischen Statuenweihung. Athen, Nationalmus. Inv. 3497

Abb. 3. Panther; attische Reliefplatte vom Sockel einer choregischen Statuenweihung. Athen, Nationalmus. Inv. 3498

datiertes Monument bewahrt, das sich in seinem Aufbau den größten Grabmälern dieser Zeit, wie etwa dem Grabbau des reichen Metöken Nikeratos aus Istros, heute im Piräus-Museum, ebenbürtig an die Seite stellen läßt.

Statt einer einfachen Stufenbasis ließ Lysikrates zur Präsentation des gewonnenen Dreifußes einen gut 10 m hohen Marmorrundbau über einem quadratischen Kalksteinsockel errichten, dessen Dach das Weihgeschenk trug. Dabei greift das neuartige Denkmal den im 4. Jahrhundert v. Chr. für besonders kostbare Tempelchen oder Schatzhäuser beliebten Typus des Rundbaus mit Säulenkranz auf, kehrt jedoch die bislang nur im Inneren verwendete korinthische Ordnung nach außen, kombiniert sie mit einem reliefierten Fries und steigert so den Eindruck eines kostbaren Schatzhauses. Das offene Ostjoch gab den Blick auf die im Inneren aufgestellte choregische Votivstatue – sicher dionysischer Thematik – frei und unterstrich dadurch noch den repräsentativen Baldachin-Charakter dieser filigranen Architektur.

Die Votive der dramatischen Choregen von Tragödie, Komödie und Satyrspiel wurden von der archäologischen Forschung bislang weitgehend vernachlässigt. Ihre Deutung wird nicht nur durch die oft sehr fragmentarische Überlieferung, sondern auch durch die kleinere Anzahl der in Betracht kommenden Monumente erschwert. Die geringere Menge von Weihungen dramatischer Theatersieger erklärt sich aus dem Fehlen eines von der Polis ausgelobten und zur obligatorischen Weihung bestimmten Siegespreises. Der dramatische Chorege erhielt lediglich ein Preisgeld und einen Kranz. Damit war er in der Wahl seines Siegesdenkmals nicht nur freier als sein dithyrambischer Kollege, er konnte sogar ganz darauf verzichten. Für das 5. Jahrhundert v. Chr. sind wir über Weihgeschenke dramatischer Choregen fast ausschließlich durch die literarische Überlieferung unterrichtet. Bei den Stiftungen dieser Zeit scheint es sich vor allem um Pinakes (Tafeln) mit Gemälden und Inschriften sowie Reliefbilder gehandelt zu haben, so daß sich die archäologische Überlieferung fast ganz auf spätklassische Denkmäler beschränkt.

Mit Komödiensiegen werden seit ihrer Entdeckung bei den amerikanischen Ausgrabungen auf der Athener Agora zwei Basisreliefs aus dem 3. Viertel des 4. Jahrhunderts v. Chr. verbunden, die hochinteressante Darstellungen tanzender Komödienchöre zeigen. Die Frage nach den Weihgeschenken, die solche Denkmäler dramatischer Theatersieger trugen, beantwortet eine attische Basisinschrift (IG II^2 3096) aus der 1. Hälfte des 4. Jahrhunderts v. Chr. Sie berichtet von einem Vater, der gemeinsam mit zwei Söhnen dem Dionysos eine Statue und einen Altar weiht, nachdem sie als Choregen gesiegt haben.

Neben der Darstellung von charakteristischen Situationen der Theateraufführungen wie des dithyrambischen und des Komödien-Chores, des Dreifußpreises und allgemein dionysischen Themen haben viele Sieger einzelne reale Gegenstände der Theaterausrüstung geweiht oder Darstellungen derselben für ihre Siegesmonumente verwendet. So sind in Athen Masken als Weihgaben für den Theatergott Dionysos seit archaischer Zeit belegt. Auch auf attischen Weihreliefs des 4. Jahrhunderts v. Chr., die im Anschluß an Theateragone gestiftet wurden, erscheinen Reihen geweihter tragischer und komischer Theatermasken. Dabei gibt die fragmentierte Inschrift auf dem Relief aus Ikarion (Kat.-Nr. 414), dem heutigen Dionyso, noch einen eindeutigen Hinweis auf den Anlaß der Weihung. Dieses Fragment mit vier wunderbar lebendigen Masken der Mittleren Komödie ist die Stiftung eines Choregen in das kleine Heiligtum des Theatergottes am Südhang des Pentelikon. Der Ort der Weihung legt es nahe, an einen Sieg bei einem Komödienagon in diesem theatergeschichtlich bedeutsamen Demenzentrum, der Heimat des Thespis, zu denken. Zu einem ganz entsprechenden choregischen Denkmal wird auch ein Fragment von der Akropolis (Kat.-Nr. 415) mit seinen sechs tragischen Masken gehört haben. Es stammt von einem auf Vorder- und Rückseite reliefierten Doppelrelief (Amphiglyphon), einer kleinen und oft besonders qualitätvoll gearbeiteten Denkmälergruppe. Diese und andere Denkmäler belegen, daß Masken vor allem auf Weihungen von Personen erscheinen, die als Ausführende oder organisatorisch Verantwortliche eine ganz unmittelbare Verbindung zum zeitgenössischen athenischen Theater hatten.

Neben der nicht zu unterschätzenden religiösen Verpflichtung dürfte für den Theatersieger die Gelegenheit, ein eindrucksvolles Monument vor den Augen seiner Mitbürger zu errichten, eine starke Motivation für die glänzende Durchführung einer Festliturgie gewesen sein. Als Lohn ihrer Mühen wurde den in die Pflicht Genommenen eine attraktive Möglichkeit der Selbstdarstellung geboten, die nicht mehr allzu weit von der in klassischer Zeit für ›Normalbürger‹ noch verpönten Statuenehrung entfernt war.

Auch die Darstellung von Dichtern und Schauspielern auf attischen Grabmälern belegt, daß prominente Mitwirkung im Theater Spielräume gesellschaftlicher Distinktion eröffnen konnte. So erscheint der spätklassische Komödiendichter (sehr wahrscheinlich Epigenes von Athen) auf dem bekannten Grabrelief in Lyme Park (Kat.-Nr. 416, wegen seiner Vermauerung in eine Wand der dortigen Bibliothek im Abguß gezeigt) sehr selbstbewußt in jener Rolle, die ihn unter seinen Mitbürgern bekannt gemacht und ausgezeichnet hat. Die Charakterisierung des Theaterdichters im bürgerlich-konventionellen Typus der sitzenden Mantelfigur erfolgt ausschließlich durch die beiden großen Masken der Mittleren Komödie und die Buchrolle in der linken Hand. Anders als dieser im Anblick einer Maske poetische Inspiration suchende Dichter sind die Schauspieler der attischen Grab- und Weihreliefs durch ihr Theaterkostüm, eine das Agieren mit der Maske erleichternde bartlose Kurzhaartracht sowie das Halten einer Maske in der Hand eindeutig als Ausführende charakterisiert.

Literatur: E. Reisch, Griechische Weihgeschenke, Abhandlungen des Archäologisch-Epigraphischen Seminares der Universität Wien, herausgegeben von O. Benndorf und E. Bormann, Heft VIII (1890); A. W. Pickard-Cambridge, The Dramatic Festivals of Athens² (1968).

Kat.-Nr. 411

411 Modell des Lysikrates-Denkmals mit rekonstruiertem Dreifuß

Ausführung: S. Alemdar, Tübingen; Maßstab 1:10
Tübingen, Archäologisches Museum der Universität

Literatur: RE Suppl. VIII (1956) 266–347 s. v. Lysikratesmonument (H. Riemann); W. Ehrhardt, Der Fries des Lysikratesmonuments, in: AntPl 22 (1993) 7–67 Abb. 1–52 Taf. 1–19; S. Alemdar, Le monument de Lysicrate et son trépied, Ktema 25, 2000, 199–206 Abb. 1–23 mit Kommentar zum Tübinger Modell und zur Rekonstruktion des Dreifußes.

412 Attische Reliefplatte von der Vorderseite des Sockels einer choregischen Statuenweihung

H 0,78 m, B 1,58 m
1. Viertel 4. Jh. v. Chr.
1924 zusammen mit den zwei zugehörigen Reliefs Athen, Nationalmuseum Inv. 3497 (Abb. 2) und 3498 (Abb. 3) in einer spätrömischen Villa bei Athen gefunden.
Athen, Nationalmuseum Inv. 3496

Literatur: LIMC 6 (1992) 894 Nr. 713 s. v. Nike (U. Grote); M. Flashar – R. von den Hoff, BCH 117, 1993, 429 mit Anm. 78 Abb. 21.

413 Attisches Relieffragment von der Bekrönung einer Theaterurkunde

H 0,46 m, B 0,27 m
1. Hälfte 4. Jh. v. Chr.
Aus Athen, Akropolis, bei den Propyläen
Athen, Akropolis-Museum Inv. 2995

Kat.-Nr. 412

Kat.-Nr. 413

Kat.-Nr. 414

Kat.-Nr. 415

Kat.-Nr. 416

Literatur: O. Walter, Beschreibung der Reliefs im kleinen Akropolismuseum in Athen (1923) 117 f. Nr. 259 Abb.; N. Hackländer in: K. Stemmer (Hrsg.), Standorte. Kontext und Funktion antiker Skulptur, Ausstellungskat. Berlin 1995 (1995) 330 f. Nr. C 25 Abb.; S. Alemdar, Ktema 25, 2000, 205 Abb. 23.

414 Attisches Weihrelief eines Choregen mit vier Theatermasken der Mittleren Komödie

H 0,45 m, B 0,29 m
2. Hälfte 4. Jh. v. Chr.
Aus dem Dionysosheiligtum von Ikarion/Dionyso
Athen, Nationalmuseum Inv. 4531

Literatur: S. Karusu, Archäologisches Nationalmuseum. Antike Skulpturen. Beschreibender Katalog (1969) 64 f. Nr. 4531; S. Zoumbaki, ADelt 42, 1987, Mel 44 f. Nr. 10 Taf. 4.

415 Fragment eines attischen Doppelreliefs (Amphiglyphon) mit sechs tragischen Theatermasken

H 0,34 m, B 0,21 m
2. Hälfte 4. Jh. v. Chr.
Beim Aufgang zur Athener Akropolis gefunden
Athen, Nationalmuseum Inv. 1750

Literatur: Svoronos, Nat. Mus. III 648 Nr. 385 Taf. 161; S. Zoumbaki, ADelt 42, 1987, Mel 43 f. Nr. 9 Taf. 4.

416 Attisches Grabrelief eines Dichters der Mittleren Komödie

H 1,48 m, B 0,88 m
350–340 v. Chr.
1811/12 in Athen gefunden
Lyme Park bei Manchester/Großbritannien Inv. L 1 (Abguß: Berlin, Abgußsammlung, Standort Charlottenburg)

Literatur: C. W. Clairmont, Classical Attic Tombstones III (1993) 229 Nr. 3369 c Abb.; A. Scholl, JdI 110, 1995, 213–238 Abb. 1–18.

A. S.

Vasenbilder zum griechischen Theater

417 Attisch-rotfiguriger Kolonnettenkrater mit der Darstellung von Tragödien-Choreuten

H 40,5 cm
Um 480 v. Chr.
Basel, Antikenmuseum Inv. BS 415

Kat.-Nr. 417

Auf der Vorderseite des um 480 v. Chr. in Athen entstandenen Kraters ist dargestellt, wie sechs Jünglinge sich in gleichartigen Tanzschritten und mit nach vorne ausgestreckten Armen rückwärts nach rechts bewegen und dabei offensichtlich vor einer bärtigen Gestalt zurückweichen, die hinter einem mit Zweigen und bestickten Tänien geschmückten Grabmonument erscheint. Die Jünglinge tanzen jeweils paarweise in zwei Reihen und geben sich durch ihre unbärtigen Masken, an denen Diademe und blonde, weit in den Nacken reichende Haare befestigt sind, als Tänzer einer dramatischen Aufführung (Choreuten) zu erkennen. – Auf der Rückseite des Gefäßes umtanzen zwei ithyphallische Satyrn einen Volutenkrater, auf dessen Hals die Inschrift ΚΑΛ[ΟΣ] (»schön«) steht. Dieses Bild nimmt Bezug auf die Funktion des Bildträgers, in dem Wein und Wasser gemischt wurden, und mag zudem in lockerer Verbindung zum Thema der Vorderseite stehen, auf der zu Ehren des Dionysos tanzende Akteure zu sehen sind.

Das Baseler Vasenbild stellt die früheste für uns als solche erkennbare Thematisierung einer Tragödienaufführung in der griechischen Kunst dar. Wiedergegeben ist eine zentrale Begebenheit des Dramas, in der das Erscheinen eines mythischen Heros oder des Geistes eines verstorbenen Herrschers sowie die Reaktion des in der Realität aus zwölf Teilnehmern bestehenden Chores junger langhaariger Männer eine wichtige Rolle spielten (vgl. die Beschwörung des Dareios in den »Persern« des Aischylos [598 ff.; 472 v. Chr.]). Deutlich hervorgehoben sind – zumindest bei den Tänzern – Masken und reich verzierte ärmellose Kostüme als Requisiten des Theaters. Wie der Chor (und damit eventuell das rezipierte Stück) hieß, verdeutlichte eine für uns nicht leicht zu interpretierende Inschrift (AOOIO[?]) vor den Choreuten. Sollte der Baseler Krater, dessen Provenienz unbekannt ist, als luxuriöses Weinmischgefäß Verwendung in einem athenischen Symposion gefunden haben, so konnten Komposition und Beischriften von den Symposiasten sicherlich ohne weiteres in Beziehung zu der entsprechenden, damals offenbar sehr aktuellen Aufführung gesetzt werden. Das Bild führte eine Schlüsselszene der Tragödie vor Augen, deren Inhalt durch die (laut vorgelesenen) In-

Kat.-Nr. 418

schriften präzisiert wurde: Erinnerungen wurden wach an die Identität des Chores und der beschworenen Gestalt, eventuell auch an Gesang- oder Dialogpartien (vgl. die Inschriften vor den Mündern der Choreuten und des Bärtigen).

Literatur: M. Schmidt, AntK 10, 1967, 70–81 Taf. 19–21; H. Froning, Dithyrambos und Vasenmalerei in Athen (1971) 23–25 Taf. 7, 2; CVA Basel (3) 21–23 Taf. 6, 3. 4; 7, 3–5; P. Blome, Antikenmuseum Basel und Sammlung Ludwig (1999) 87 mit Abb. 116.

R. K.

418 Fragment eines apulischen Glockenkraters: Tragödienschauspieler mit Maske

H 17,9 cm, B 19,0 cm
Polychrome Deckfarbenbemalung (sog. Gnathia-Keramik)
Konnakis-Maler, 350/340 v. Chr.
Würzburg, Martin von Wagner Museum der Universität Inv. H 4600 (= L 832)

Literatur: CVA Würzburg 4 Taf. 51; A. Kassatz in: U. Sinn – I. Wehgartner (Hrsg.), Begegnungen mit der Antike. Zeugnisse aus vier Jahrtausenden mittelmeerischer Kultur im Martin von Wagner Museum (2001) Nr. 52.

419 Fragmente eines apulischen Kelchkraters: Skenographie (Bühnenmalerei)

H 22,5 cm, B 32,0 cm
Polychrome Deckfarbenmalerei (sog. Gnathia-Keramik)
Konnakis-Gruppe, 360/350 v. Chr.
Würzburg, Martin von Wagner Museum der Universität Inv. H 4696. H 4701

Literatur: CVA Würzburg 4 Taf. 52; Kossatz a. O. Nr. 51.

I. W.

Kat.-Nr. 419

Makedonien und Schwarzmeergebiet

Chaido Koukouli-Chrysanthaki

Makedonien am Rande der klassischen Welt (450–359 v. Chr.)

Bis zur Thronbesteigung Philipps II. (359 v. Chr.) gehörte Makedonien mit den Königreichen im Landesinneren und den Stadtstaaten an der Küste zum Randbereich des klassischen Griechenland. Kulturell war es einerseits durch die örtliche Tradition aus der späten Bronze- und frühen Eisenzeit geprägt, andererseits durch die ionische Kultur, die seit der Besiedelung der Küstenstriche in früharchaischer Zeit auch das Binnenland durchdrungen hatte. Athenischer Einfluß machte sich bereits gegen Ende des 6. Jahrhunderts v. Chr. bemerkbar, wurde aber erst nach den Perserkriegen eine feste Größe, als Athen durch den Beitritt der Küstenstädte zum ersten Attischen Seebund politische Kontrolle über die Küstenbereiche der nördlichen Ägäis erlangte und bis zu seiner Unterwerfung durch die Makedonen behielt.

Bis zur Mitte des 4. Jahrhunderts v. Chr. blieben die Stadtstaaten, die im Zuge der zweiten griechischen Kolonisationswelle von griechischen Städten an den makedonischen Küsten der Pieria bis zur Nestosmündung gegründet worden waren, politisch autonom. Die Errungenschaften der athenischen Klassik schlugen sich in der örtlichen Kunstproduktion nieder, die deren Impulse aufnimmt und schöpferisch mit der ionischen Kultur verbindet, der die meisten dieser Städte angehören.

In den makedonischen Königreichen von Ober- und Niedermakedonien nahmen die Makedonen, ein dorischer Stamm mit archaischen Gesellschaftsstrukturen, die Einflüsse des klassischen Athen entweder über den Zwischenfilter der Kolonien an den Küsten oder auch unmittelbar aus Athen über direkte Kontakte des königlichen Hofes auf. Die politische Vormachtstellung Athens über die Städte der nördlichen Ägäis nach dem Ende der Perserkriege gipfelte in der Gründung der athenischen Kolonie Amphipolis an der Mündung des Strymon im Jahre 437 v. Chr. Die konkurrierende Haltung der großen südgriechischen Städte während des Peloponnesischen Krieges (431–405 v. Chr.) setzte sich in der 1. Hälfte des 4. Jahrhunderts fort, als das Holz für den Schiffsbau sowie die wertvollen Metalle des makedonischen Binnenlandes zum Gegenstand von Auseinandersetzungen wurden. All dies führte zu wechselseitigen Annäherungen oder zu Konflikten der makedonischen Königshäuser mit den griechischen Städten, insbesondere mit Athen. Über die jeweils guten oder schlechten politischen Beziehungen hinaus sprechen die Schriftquellen jedoch von besonders engen kulturellen Kontakten des Königreichs von Niedermakedonien mit dem griechischen Süden gegen Ende des 5. bis zur Mitte des 4. Jahrhunderts: Die makedonischen Könige berufen herausragende Persönlichkeiten aus Kultur und Kunst aus den griechischen Städten an den Hof. Sie bringen die Blüte der von Athen geprägten klassischen Kultur ins Herz Makedoniens: den Chorlyriker Melanippides aus Chios und den Arzt Hippokrates aus Kos unter Perdikkas' II., die großen Tragiker Euripides und Agathon sowie den Maler Zeuxis aus Athen unter Archelaos, den Athener Redner und Politiker Kallistratos sowie den Philosophen Euphraios aus Oreoi in Euböa, ein Platonschüler, zur Zeit Perdikkas' III. und schließlich Aristoteles und Theophrast unter Philipp II.

Im ausgehenden 5. und bis zur Mitte des 4. Jahrhunderts v. Chr. teilte sich der makedonische Raum noch in verschiedene politische Gebilde, die im Binnenland nach Volksgruppen, in den Küstenregionen nach Städten gegliedert waren, die die Einflüsse der klassischen Kultur mit ihrem glänzenden Höhepunkt im Athen parthenonischer und nachparthenonischer Zeit jeweils unterschiedlich aufnahmen.

Die Stadtstaaten an der Küste bilden die Brücke bei der Verbreitung der spätklassischen Formensprache in den städtischen Zentren der makedonischen Königreiche. Vielleicht lassen sich gewisse Anzeichen für eine hippodamische städtebauliche Anlage, die jüngste Ausgrabungen in Amphipolis zutage gebracht haben, bereits in die Gründungszeit der athenischen Kolonie datieren (437 v. Chr.). Der Ausbau von Olynth als Sitz des Chalkidischen Bundes im Jahre 432 v. Chr. wird nach den modernen städtebaulichen Prinzipien ausgeführt, die der große Städtebauer Hippodamos von Milet im 5. Jahrhundert zunächst theoretisch entwickelt und dann im Piräus (s. S. 403 ff.) und in der athenischen Kolonie Thurioi in die Praxis umgesetzt hatte. Pella, das König Archelaos etwa im Jahre 400 v. Chr. zur Hauptstadt seines Reiches machte, ist das älteste Beispiel einer makedonischen Stadt, die den streng mathematischen Prinzipien und fortschrittlichen gesellschaftspolitischen Ideen des Hippodamos entspricht. Trotz der geringen archäologischen Funde aus der Stadt des Archelaos, von der lediglich einige Gebäudereste im Süden der hellenistischen Stadt zeugen, ist vermutlich das hippodamische System der Stadt Philipps II. und Kassanders eine Fortentwicklung der Stadt des Archelaos.

Ausgrabungen in den Stadtstaaten des Küstenbereichs sowie im makedonischen Binnenland haben bisher nur eine geringe Zahl von öffentlichen Gebäuden aus dem 5. und 4. Jahrhundert v. Chr. zutage gefördert. In Amphipolis weisen die beiden Heiligtümer aus der 2. Hälfte des 5. Jahrhunderts v. Chr., das Nymphen- und das Kleio-Heiligtum, keine monumentalen Gebäude auf. Ein einfacher Oikos ist auch der Tempel aus dem 5. Jahrhundert v. Chr. im Heiligtum einer weiblichen Gottheit, der beim antiken Tragilos (Aidonochori) am Strymon ausgegraben wurde.

In den Kolonien der makedonischen Küstengebiete finden sich Tempel von großen Dimensionen seit dem ausgehenden 6. und frühen 5. Jahrhundert. Außer Fragmenten von monumentalen Tempeln, die in der Kolonie von Thasos, Neapolis (Kavala) sowie in einer der vorkassandrischen Siedlungen in der Umgebung von Thessaloniki (Therme? Aineia?) gefunden wurden, haben neuere Ausgrabungen nun auch große Tempel in Akanthos, Stageira, Torone und Mende freigelegt, die den wirtschaftlichen Wohlstand und die politische Blüte dieser griechischen Städte von archaischer bis in spätklassische Zeit belegen.

Über die Architektur der städtischen Zentren im Bereich der makedonischen Königreiche ist bis heute sehr wenig bekannt. Noch gibt es keine archäologischen Zeugnisse vom städtebaulichen Bild und den öffentlichen Gebäuden von Aigai (Vergina) im 5. und frühen 4. Jahrhundert v. Chr. (s. S. 423 ff.).

Dasselbe gilt für die wenigen architektonischen Überreste aus dem vorphilippischen Pella. Der Palast des Archelaos, den der athenische Maler Zeuxis ausgemalt hatte, ist bisher nicht lokalisiert worden. Vermutlich befand er sich auf der Akropolis der Stadt und wurde mit den jüngeren Palastbauten Philipps II. und seiner Nachfolger überbaut. Allerdings ist ein Teil der Stadt des Archelaos im Süden der hellenistischen Agora freigelegt worden, wo sich auch die ältesten bisher bekannten Kultstätten der Stadt gefunden haben: vier Gebäudekomplexe aus dem frühen 4. Jahrhundert v. Chr. mit Um- und Anbauten aus der 2. Hälfte des 4. sowie dem 3. Jahrhundert v. Chr., darunter z. B. ein eigenartiger Rundbau in Tholosform mit Mosaikfußboden.

Das Fehlen großer Bauten im Makedonien des 5. Jahrhunderts v. Chr. wird durch die Grabungsfunde von Aiane im Westen ausgeglichen. Die beiden öffentlichen Gebäude auf der Akropolis aus dem 5. Jahrhundert v. Chr. widerlegen mit ihrer Größe und ihrem architektonischen Schmuck das aus den Schriftquellen genährte Bild von der Rückständigkeit des Städtebaus und der minderen Qualität der Architektur im Gebiet der makedonischen Königreiche. Aus der Nekropole von Aiane stammen auch die ältesten Grabbauten monumentalen Charakters (Abb. 1), zwei große Kastengräber aus Tuffquadern, deren Größe und Qualität in Verbindung mit dem offensichtlichen Reichtum der antik beraubten Beigaben den Ausgräber dazu brachten, sie Mitgliedern der Königsfamilie zuzuweisen, die auf der Akropolis residierte.

Das aus den Schriftquellen überlieferte Heiligtum des Zeus Olympios in Dion, der heiligen Stadt der Makedonen am Fuße des Olymp, erlangte gegen Ende des 5. Jahrhunderts v. Chr. panhellenische Bedeutung. Hier richtete König Archelaos nach dem Vorbild der panhellenischen Heiligtümer Griechenlands Sportwettkämpfe und Theaterspiele ein und betonte zugleich den makedonischen Charakter des Heiligtums, indem er dem Zeus Olympios und den Musen von Pieria opfern ließ. Dieses von den Makedonen besonders verehrte Heiligtum des Zeus Olympios wurde vor den Stadtmauern von

Abb. 1. Marmorstatue eines Löwen. Aus der Nekropole von Aiane, um 500 v. Chr.

Abb. 2. Marmorstatuekopf eines Jünglings, Apollon? Aus Olynth, um 470/60 v. Chr.

Dion entdeckt. Nach und nach werden öffentliche Bauten und Kultbauten freigelegt, die von frühklassischer bis in römische Zeit um den Tempel und den großen Zeus-Altar herum errichtet wurden. Die bislang ältesten Funde stammen aus dem Demeter-Heiligtum (Kat.-Nr. 422) mit kleinen Tempeln und Kultstätten vom frühen 5. bis ins 4. Jahrhundert. Noch nicht lokalisiert ist das Theater aus der Zeit des Archelaos, wo Euripides seine Tragödien »Archelaos« und »Die Bakchen« uraufführte, die er in Makedonien als Gast am Hofe des Archelaos verfaßt hatte. Vermutlich sind die Überreste des ersten makedonischen Theaters unterhalb des freigelegten Theaters hellenistischer Zeit zu suchen.

Wir wissen nichts über die Malerei dieser Zeit in Makedonien. Daß es attische Vorbilder gab, belegt die schriftliche Überlieferung, wo mit Bewunderung von den Wandmalereien des Athener Malers Zeuxis im Palast des Archelaos gesprochen wird. Auch die bemalten Stelen aus der Nekropole von Aigai, deren ikonographisches Repertoire auf attische Grabstelen verweist, zeugen davon. Ein Widerhall der großen Malerei könnte in den Fußbodenmosaiken Olynths vermutet werden.

Für die Bildhauerei Makedoniens hingegen belegen genügend Werke die Existenz einer verbindenden spätklassischen Formensprache, die über die Stadtstaaten der Küstenstriche zu den städtischen Zentren der makedonischen Königreiche im Innern des Landes drang.

Werke wie die Reliefmetope aus Tragikos oder das Totenmahlrelief aus Amphipolis schließen einen Direktimport attischer Werke nicht aus; doch wie der Kopf eines jungen Mannes aus Olynth (Abb. 2) können sie auch auf die Anwesenheit athenischer Bildhauer in den makedonischen Städten deuten. Entsprechend müssen wir einen Import oder die Anwesenheit des Künstlers selbst für die wunderbare Stele aus Nea Kallikrateia vermuten, in der ein parischer Künstler um 440 Impulse der attischen Kunst in die ionische Formensprache der Kykladen aufnahm (s. S. 120 Abb. 2).

Ein typisches Merkmal der ›makedonischen‹ Plastik ist eben diese Verschmelzung der attischen Kunst parthenonischer und nachparthenonischer Zeit mit der ionischen Kunst der nordägäischen Küstenlandschaften. Die ionische Kunsttradition wird in den heimischen Werkstätten der makedonischen Städte des 5. und der 1. Hälfte des 4. Jahrhunderts überall gepflegt: in der vorkassandrischen Siedlung des späteren Thessaloniki bis Dion, in den Kolonien auf der Chalkidike bis zu den niedermakedonischen Städten Pella (Kat.-Nr. 421) und Aigai; auch in den obermakedonischen Städten wie Aiane oder Pentavrysos bei Kastoria, wo kürzlich eine Grabstele des späten 5. Jahrhunderts v. Chr. gefunden wurde. Bei einigen Beispielen überwiegen die makedonischen Elemente; andere wiederum weisen vorwiegend ionische Formmerkmale auf, wie die Stele aus Poteidaia (380–370 v. Chr.) mit dem frontal dargestellten jungen Leierspieler (Abb. 3).

Die heimischen Werkstätten, die je nach Gegend unterschiedlich arbeiteten, ohne jedoch Schulen zu bilden, produzierten Kopien und Nachbildungen des ikonographischen Fundus der attischen Stelen. Häufig wurden dabei im Gegensatz zu den zeitgenössischen attischen Werken archaistische Elemente hinzugefügt, wie bei einer Stele aus Pydna oder einer aus Akanthos, einem Neufund.

Das Aufeinandertreffen ionischer und attischer Kunstelemente spricht im 5. und der 1. Hälfte des 4. Jahrhunderts auch aus den Terrakotta-Statuetten (Abb. 4), der Vasenproduktion sowie der Metall- und der Kleinkunst von Makedonien. Jüngste Ausgrabungen sowohl in den Städten und Nekropolen der makedonischen Königreiche (Aiane, Aigai, Pella) als auch in den Stadtstaaten an den Küsten, insbesondere Pydna und Amphipolis mit einer Fülle an archäologischem Material, belegen den regen Import von Kulturgütern aus den Städten des griechischen Südens, aber auch eine starke Aktivität heimischer Werkstätten. In der Kleinkunst entstanden Werke, die die von der attischen Kunst inspirierte Großplastik in das Medium Ton übertrugen, gleichzeitig aber die Ästhetik der örtlichen Werkstätten und die Werte und Vorstellungen der einheimischen Bevölkerung verkörperten. Hochwertige Ware attischer Keramik gelangte sowohl in die Kolonien der Küstengebiete als auch in die Städte der makedonischen Königreiche. Die örtlichen Werkstätten begannen früh damit, attische, vorwiegend schwarzfigurige, Gefäße nachzuahmen. Gleichzeitig jedoch führten sie im 5. Jahrhundert die ionisierende Tradition der archaischen Zeit fort. Diese lebte nicht einfach nur fort, sondern entwickelte sich weiter und erfuhr im 4. Jahrhundert eine erneute Blüte.

Eine entsprechende dynamische Entwicklung findet sich auch in der lokalen Metallverarbeitungskunst. Parallel zum Import von Metallgefäßen aus den griechischen Städten des Südens, be-

Abb. 3. Grabstele eines jungen Leierspielers. Aus Poteideia, um 370 v. Chr.

sonders aus Athen, verarbeiteten die örtlichen Metallwerkstätten Bronze und Eisen sowie Gold und Silber und produzierten Metallgefäße, Waffen, Werkzeuge und Schmuck. Die späteren Glanzleistungen der makedonischen Metallverarbeitung und Toreutik der 2. Hälfte des 4. Jahrhunderts, aus der Meisterwerke wie der Krater aus Derveni oder die Grabbeigaben aus den Königsgräbern von Aigai (s. Kat.-Nr. 435) hervorgingen und die schließlich im 4. und 3. Jahrhundert durch zahlreiche Beispiele in den Gräbern von Königen, Adligen und reichen Stadtbürgern Makedoniens vertreten sind, wurden, wie die jüngste Forschung hat zeigen können, in den örtlichen Metallwerkstätten vorbereitet. Diese befanden sich sowohl in den makedonischen Küstenstädten als auch in den großen Städten im Innern des Landes. Ihre Tradition geht in archaische Zeit zurück, und sie haben hervorragende Werke hervorgebracht, wie die Peplophore eines Bronzespiegels aus Aiane um 450 v. Chr. oder die Bronzestatuette des Apollon um 375–350 v. Chr. im Museum von Cleveland, die kürzlich einer makedonischen Werkstatt zugeschrieben worden ist.

Auch anhand der Münzen lassen sich Qualität und Strömungen in der Metall- und Kleinkunst Makedoniens zwischen 450 und 350 v. Chr. aufzeigen. Im freien Handel von Waren und Kulturgütern in Makedonien zirkulierten die Münzen der makedonischen Könige und die der Stadtstaaten im Wettbewerb miteinander. Der Nennwert der Münzen war durch den wirtschaftlichen Wettbewerb untereinander und mit den Städten des griechischen Südens festgelegt, und ihre Prägungen zeugen vom Einfluß der klassischen Kunst Athens.

Die kulturelle Vormachtstellung Athens entsprach jedoch nicht seinem Einfluß auf die politische Machtsituation. Aus dem Kräftemessen der griechischen Stadtstaaten des Nordens und Südens mit dem mächtigen Königreich Makedonien gingen schließlich die Makedonen, nicht zuletzt aufgrund der Fähigkeiten und des Talents ihres Königs Philipp II., als Sieger hervor. Mit seiner Thronbesteigung wechselte Makedoniens Stellung am Rande der griechischen Welt: es wurde zum Zentrum des politischen Lebens und der Kultur. Die klassische griechische Kultur fand neuen Raum und erlebte unter Philipp II. eine erneute Blüte, ehe sie von seinem Sohn, Alexander dem Großen, in den Osten getragen und zur Wiege der neuen hellenistischen Kultur wurde. C. K.-C.

Übersetzung aus dem Griechischen: Ingrid Behrmann

Kat.-Nr. 420

420 Stehender Eros mit Leier

Jaspis-Chalcedon-Skarabäoid; H 2,0 cm
480–470 v. Chr.
Aus Dion, hellenistischer Tempel des Asklepios, 1973
Dion, Archäologisches Museum Inv. 580

Eros steht frontal, sein leicht zur Seite gesetzter linker Fuß überschneidet den Strichrand. Der hochgewachsene Jüngling wendet den Kopf zur Leier, den Schallkörper aus dem Panzer einer Schildkröte (Chelys) hält er in der Rechten; die Linke greift quer über die Brust in die Saiten; das Plektron hängt an einer langen Schnur herab. Die weit gespannten Flügel mit graphisch gestuften Federlagen kontrastieren zur plastischen Muskulatur des nackten Körpers.

Einzigartig ist das sonst unbekannte Motiv ebenso wie die sublime Gestaltung im Strengen Stil, die attische Vasenbilder und der ›Kritios-Knabe‹ von der Akropolis in Athen vertreten.

Literatur: Unpubliziert. – Abgebildet bei D. Pandermalis, Dion. Die heilige Stadt der Makedonen am Fuße des Olymp (1987) Titelbild.

Vgl.: Karneol-Skarabäoid Boston: J. Boardman, Greek Gems and Finger Rings (1970) 194. 287 Taf. 455; Glas-Skarabäoid aus Spata/Attika, ehem. Evans: ebenda 211 Abb. 216; 415 Nr. 386.

421 Grabstele des Xanthos

Marmor mit Resten von gelber, roter und tiefblauer Bemalung; H 66,4 cm, B unten 17,3 cm, B oben 15,7 cm
Um 400 v. Chr.
Aus Pella, Nekropole im Gebiet der Agora
Pella, Archäologisches Museum Inv. 1980.454

Den früh verstorbenen Knaben, dem diese Grabstele gewidmet ist, bezeichnet die Inschrift auf dem Sockel als Xanthos, Sohn des Demetrios und der Amadika. Das nackte Kind steht nach links, über der Schulter liegt ein Rückenmantel; es hält in der Rechten einen Vogel, nach dem der hockende Hund seinen Kopf reckt. Hinter dem Knaben das Rad des Spielwagens. Reste der Bemalung des tiefblauen Hintergrundes und des Kymation an der oberen Leiste, von gelber Farbe im Haar und auf dem Wagenrad, von Rot vor dem Ohr und in den Tiefen des Reliefs.

Vermutlich attischer Import: dann wurde die Inschrift erst vor Ort graviert, die auch den Namen der Mutter mit makedonischer Endung nennt.

Literatur: J. Vokotopoulou (Hrsg.), Makedonen, die Griechen des Nordens, Ausstellungskat. Hannover (1994) 202 Nr. 237; J. Touratsoglou, Makedonien. Geschichte – Monumente – Museen (1997) 151 Abb. 184. – Zum Motiv vgl. A. Scholl, Die attischen Bildfeldstelen des 4. Jhs. v. Chr., 17. Beih. AM (1996) 117 f. Kat.-Nr. 447 Taf. 33, 2. G. P.-H.

422 Kopf der Kultstatue der Demeter

Marmor; H 23,5 cm
Spätes 4. Jh. v. Chr.
Aus Dion, Demeter-Heiligtum, Tempel B, 1973
Dion, Archäologisches Museum Inv. 200

Der Demeter-Kult ist in Dion an dieser Stelle schon seit archaischer Zeit nachweisbar; unter den durch Brand am Ende des 4. Jhs. v. Chr. zerstörten Gebäuden fanden sich ältere Fundamente.

Literatur: D. Pandermalis, Dion. Archäologische Stätte und Museum (1997) 18.

Kat.-Nr. 421

Kat.-Nr. 422

Kat.-Nr. 423

423 ›Veristischer‹ Frauenkopf

Terrakotta
Frühes 5. Jh. v. Chr./480–470 v. Chr.?
Aus der Nekropole von Vergina
Vergina, Archäologisches Museum Inv. BΠ 106

Unpubliziert

Gertrud Platz-Horster

›Griechischer‹ Schmuck in ›barbarischen‹ Gräbern?

Die Wege der ›klassischen‹ Kunst Athens zu den ›barbarischen‹ Völkern an der Peripherie sind durch die fundreichen Ausgrabungen in den Siedlungsgebieten der Makedonen, Thraker und Skythen während der letzten Jahrzehnte und durch die neuerliche Aufarbeitung der alten Befunde heute neu zu bewerten. Galten bislang Kunstwerke mit einer ›klassischen‹ Bildersprache als Erzeugnisse griechischer Künstler – sei es als Importe, sei es als Produkte von Wanderarbeitern oder Einwanderern –, so werden jetzt politische Verhältnisse, wirtschaftliche Beziehungen und Rohstoff-Ressourcen als Rahmen für einen kulturellen Austausch stärker bedacht. Das neutralisiert den Blick, der seit der Antike vom Gegensatz ›griechisch – barbarisch‹ bzw. in der Neuzeit von der Suche nach nationaler Identität geprägt war.

Besonders die Arbeiten in Gold und Silber aus den reichen Gräbern etwa zwischen Vergina in Makedonien und Vani in Georgien aus dem 5. und 4. Jahrhundert v. Chr., denen aus dem ›klassischen‹ Athen nichts an Qualität und Quantität Vergleichbares entgegenzusetzen ist, die uns jedoch gerade in Exemplaren mit ›griechischem‹ Aussehen faszinieren, eignen sich als Medium, diese Wege neu zu bedenken. Makedonen, Thraker, Skythen, aber auch z. B. Rhodier oder Tarentiner, Ionier oder Westgriechen konnten zur Zeit der athenischen ›Klassik‹ bereits auf seit Jahrhunderten vertraute Techniken in der Verarbeitung von Edelmetallen zurückgreifen und verfügten zudem über einen direkten Zugriff auf die kostbaren Rohstoffe oder über lang erprobte Handelswege. Kostbare Gefäße, Geräte, Waffen und Schmuck in Edelmetall aus königlichen oder fürstlichen Gräbern des späten 5. und des 4. Jahrhunderts v. Chr. bezeugen eine Aneignung attischer Gefäßformen – z. B. Omphalosschale, Kantharos – zu Statussymbolen; indigene Waffen – z. B. Schwertscheide, Goryt – werden mit Szenen griechischer Mythologie verziert und einheimische Schmucktypen mit griechischen Bildformen dekorativ bereichert.

Beispielhaft mögen Fundkontexte aus der Nekropole von Sindos bei Thessaloniki und den beiden Gräbern von Homolion bei Volos, aus dem Pavlovskij-Kurgan von Pantikapaion auf der Krim und aus dem Bashov-Hügel von Duvanli bei Plovdiv zeigen, welche Wertschätzung eigene, adaptierte und importierte Beigaben erfuhren; dabei belegen einzelne Objekte ähnliche Vorlieben weit entfernter Völker, aber auch unterschiedliche Adaptionen zum jeweils eigenen Bedarf.

1980–82 wurden in der Nekropole von Sindos, heute ein Industriegebiet westlich der Großstadt Thessaloniki, 121 Gräber des 6. und 5. Jahrhunderts v. Chr. ausgegraben. Die überaus reichen Grabbeigaben beleuchten die Struktur, die wirtschaftlichen Verhältnisse und die religiösen Riten einer Gesellschaft: Die Männer waren mit ihren Waffen und kleinen Wagenmodellen bestattet, gekleidet in kostbare Gewänder mit aufgenähten Goldplättchen, die Frauen mit ihrem Schmuck und Möbeln en miniature; Metall- und Tongefäße waren beiden Geschlechtern für das Leben im Jenseits mitgegeben worden; die Gesichter einiger Männer bedeckten Goldmasken, meist aber lagen auf Mund und Augen von Männern wie Frauen kunstvoll geprägte Goldbleche.

Während die Tongefäße überwiegend aus Athen und Korinth importiert wurden, sind die Waffen, Geräte und Gefäße aus Metall offenbar einheimische Arbeiten mit Parallelen zu thrakischen Fundorten. Als Schmuck fanden sich einzigartige Typen von goldenen Bandohrringen, die nur in Sindos und auf der Chalkidike um 560–500 v. Chr. hergestellt worden sind. In den Frauengräbern von Sindos des 5. Jahrhunderts v. Chr. ist auch die silberne ›Knoten‹-Fibel vertreten, deren engste Parallele zwei Generationen später im thrakischen ›Schatz von Bukiovtsi‹ vorkommt. Aus diesen Bogenfibeln, die zu viert an langer Kette jeweils paarweise auf den Oberarmen das Gewand hielten, entwickelten die Makedonen im 4. Jahrhundert v. Chr. goldene ›Windrad‹-Fibeln (Kat.-Nr. 425): der Nadelfuß ist hier verziert mit Goldblechen, in die Köpfe der Göttin Bendis geprägt sind; der herzförmige Nadelhalter mit Doppelvolute und Akanthus trägt das plastische Vorderteil eines Greifen über dem eines geflügelten Pferdes. Die thrakische Göttin Bendis – seit 429 v. Chr. im Piräus, Athens

Kat.-Nr. 424 a

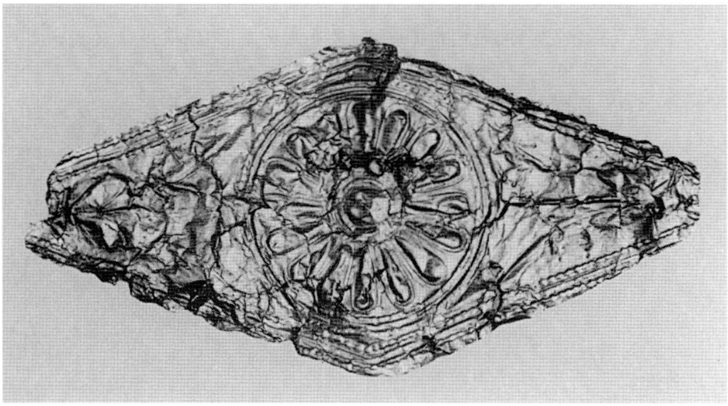

Kat.-Nr. 424 c

Kat.-Nr. 424 b

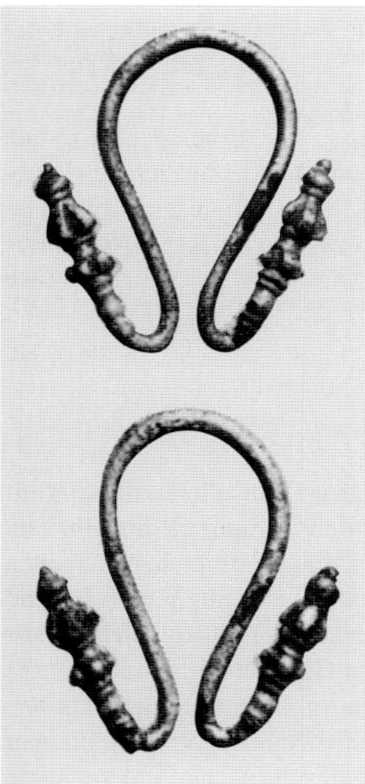

Kat.-Nr. 424 d

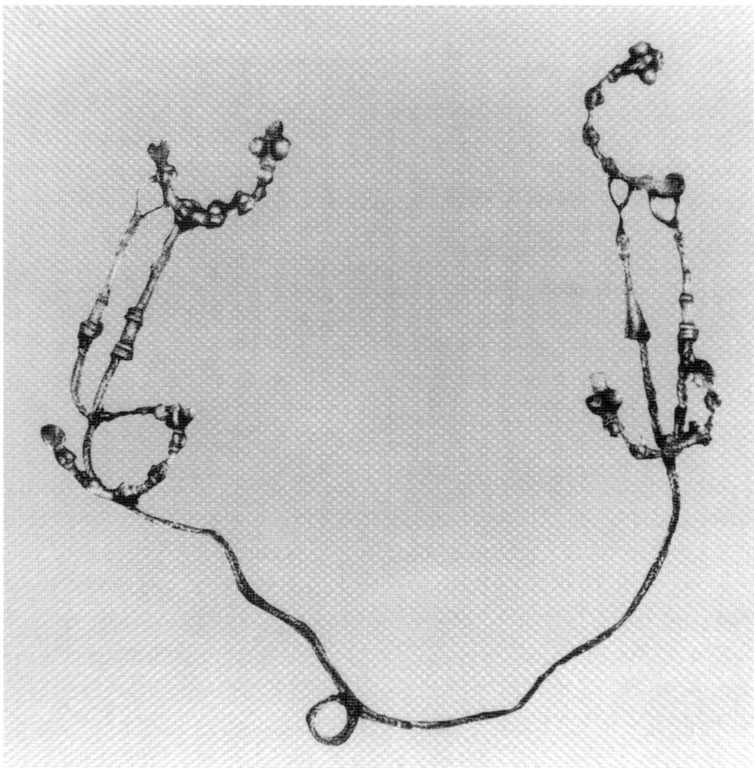

Kat.-Nr. 424 e

Hafen, als frühester fremder Kult mit einem Heiligtum bezeugt – wurde mit der griechischen Göttin Artemis gleichgesetzt, der Bildtypus ist jedoch von jenem der Omphale mit der Löwenfellkappe des Herakles abgeleitet; Greif und Pegasus entsprechen griechischer Formensprache.

Kat.-Nr. 425

424 Frauengrab 96 aus der Nekropole von Sindos

Makedonisch, 450–440 v. Chr.
Thessaloniki, Archäologisches Museum Inv. A 8386, 8509, 8717–8720, 8752

Das Frauengrab gehört zu den späten Bestattungen in der großen Nekropole von Sindos. Es enthielt einen zweihenkligen Becher (Skyphos), der dem attischen Maler Aischines zugeschrieben wird (a). Auf seiner schwarzen Wandung ist rotfigurig ein junges Mädchen auf einem Felsblock sitzend und völlig in ihren Mantel eingehüllt zu sehen, auf der anderen Seite ein Jüngling im Mantel, der mit zwei Bällen jongliert: Das Ballspiel diente der Annäherung junger Leute verschiedenen Geschlechts.

Geschmückt war die Tote mit lokalem Gold- und Silberschmuck: ein goldenes Mundblech mit großer Rosette (b), ein goldener Amphoren-Anhänger (c), ein Paar silberne Omega-Ohrringe (d) und vier silberne ›Knoten‹-Fibeln, die an einer langen Fuchsschwanzkette befestigt sind (e). Ihre Tragweise belegt eine zeitgleiche Grabstele aus Larisa in Thessalien.

Literatur: A. Despini, Σίνδος, Ausstellungskat. Thessaloniki (1985) 218–222 Nr. 348–354.
Vgl.: Despini a. O. Nr. 56 (Mundbleche); Nr. 59. 148. 429. 483 (Anhänger); Nr. 63. 114. 132. 133. 351. 352. 484. 485. 494. 495. 516. 523 (Kette mit Fibeln); Nr. 71. 486. 491. 521 u. a. (Ohrringe); E. Georgoula (Hrsg.), Greek Jewellery from the Benaki Museum Collections (1999) 153 Nr. 44. – ›Schatz von Bukiovtsi‹: I. Marazov (Hrsg.), Ancient Gold. The Wealth of the Thraciens. Treasures from the Republic of Bulgaria (1998) 199 Nr. 140; folgende Nr. – Grabstele einer Kore mit Alabastron: H. Biesantz, Die thessalischen Grabreliefs (1965) 15 Nr. 21 Taf. 5. 6. – Ballspiel auf attischen Vasen: A. Kossatz-Deissmann, Ein Kelchkrater des Amykos-Malers, in: 38. Suppl. BCH (2000) 259 ff. 266 (Hinweis C. Weiß).

425 Goldene ›Windrad‹-Fibel

B 4,3 cm
Makedonisch, 330–300 v. Chr.
Aus der Umgebung von Thessaloniki
Berlin, Antikensammlung Inv. 30219,453 (Geschenk F. L. von Gans 1912)

Die Fibel gehört mit zwei Paaren aus derselben Werkstatt zum sog. Ganymedfund aus Makedonien, der vor 1912 in der Umgebung von Thessaloniki gefunden und 1937 aus der zweiten Sammlung Friedrich L. von Gans vom Metropolitan Museum New York erworben wurde. Das Gegenstück zur Berliner Fibel erwarb Edward Gans. Ebenfalls drei Paare eng verwandter Goldfibeln kamen 1962 in Grab Z von Derveni ans Licht, die wiederum Fibeln aus dem makedonischen Doppelgrab A/a von Veria ähneln; dieses ist durch einen Stater des Alexander III. um 330–325 v. Chr. datiert.

Literatur: A. Greifenhagen, Schmuckarbeiten in Edelmetall. Antikenabteilung Berlin, Bd. II: Einzelstücke (1975) 89 Taf. 65, 1–3. 7; G. Platz-Horster, Antiker Schmuck im Alten Museum, Antikensammlung Staatliche Museen zu Berlin (2001) 66 Nr. 40.
Vgl.: P. G. Themelis – G. P. Touratsoglou, Οι τάφοι του Δερβενίου (1997)128 Grab Z 5–7 Taf. 27, 143.

Südlich des Olymp an der Küste Thessaliens liegt Homolion im ›reichen Land‹ Pieria; diese nördlichste der griechisch besiedelten Landschaften war seit dem Eingreifen Philipps II. im Jahr 352 v. Chr. von Makedonien abhängig. Hier wurden 1961 zwei Mädchen-Gräber mit reichen Beigaben entdeckt, die die Bestattungen in das späte 4. Jahrhundert v. Chr. datieren. Wie im über 100 Jahre älteren Frauengrab in Sindos, sind auch in den beiden Gräbern von Homolion die schlichten Tongefäße – Hydria und kleine Lekythos in Grab A (Kat.-Nr. 426), zwei Peliken in Grab B (Kat.-Nr. 427) – aus Athen importiert. Ähnliche Ton-Protomen einer Unterweltsgöttin wie in Grab B finden sich seit 480–460 v. Chr. in den Häusern von Olynth, aber auch in zeitgleichen makedonischen Frauengräbern von Derveni, Aineia, Pella oder Veria; die thessalische Protome ist einfacher und vielleicht eine einheimische Produktion. Die drei Glasfläschchen aus Grab A haben direkte Parallelen in makedonischen Gräbern von Derveni, Aineia, Allatini und Pydna, sie unterscheiden sich im Dekor von formgleichen aus Norditalien oder der Levante: auch hier fassen wir offenbar eine glasverarbeitende makedonische Industrie.

Ebenso scheint zumindest ein Teil des reichen Goldschmucks in nahe gelegenen makedonischen Werkstätten entstanden zu sein. Die kunstvoll mit Filigran verzierten Ohrgehänge aus Grab A (Kat.-Nr. 426) unterscheiden sich von den wenigen früheren Exemplaren mit Fabeltieren ›im Boot‹ aus Spata/Attika, Eretria, Piräus und Vraza/Bulgarien durch Löwen- und Schlangenkopf zur Verankerung des glatten Bügels; statt der üblichen Gehänge am unteren Rand des ›Bootes‹ und großer Rosettenscheiben über dem Bügel sicherten lange, über das Ohr zu legende Ketten den Halt dieser mit Palmetten- und Zungenmustern dekorierten Schmuckstücke.

Die goldene Kette aus Lotus- und Rosetten-Schiebern mit Amphoren-Anhängern und Palmettendekoriertem Verschluß hat enge Parallelen auf der Krim, in Tarent und in Grab Z von Derveni.

Die Fuchsschwanzkette mit Löwenkopf-Manschette trägt einen makedonischen Heraklesknoten aus glattem Runddraht über dem Verschlußhaken und ist deshalb früher anzusetzen als die Exemplare aus einem Grab in Sedes bei Thessaloniki und in Tzagesi bei Amphipolis.

Die drei Medaillons mit Köpfen der Athena Parthenos gehörten vermutlich zu einem Halsband; die weite Verbreitung des Kopftypus der berühmten Kultstatue des Phidias im Parthenon zu Athen belegen goldene Scheibenanhänger aus dem Kurgan Kul Oba bei Kertsch auf der Krim ebenso wie etwa 30 vergoldete Tonknöpfe in Grab A von Derveni.

Die Verbindungen zu Funden aus Makedonien, der Krim und Tarent in Unteritalien spiegelt auch der Glasfingerring aus Grab B in Homolion (Kat.-Nr. 427): er zeigt auf blauem Glasgrund – in Goldfolie ausgeschnitten – Thetis auf Seepferd bzw. Eros auf Delphin reitend; hierzu gibt es nur wenige Vergleiche: einen etwas kleineren Glasfingerring aus dem Pavlovskij-Kurgan (Kat.-Nr. 429 c) bei Pantikapaion am Schwarzen Meer, eine Bein(?)-Ringplatte angeblich aus Tarent (Kat.-Nr. 428) sowie etwas spätere Beispiele z. T. ohne Fundort. Figürlich ausgeschnittene Goldfolien unter Klarglas dekorierten die Totenbetten im sog. Philippsgrab von Vergina und eine Holztruhe in Grab A von Derveni. Die Fingerringe in Zwischengoldglas sind vermutlich eine Generation älter, und neuere Untersuchungen zur Glasherstellung sprechen für ihre Entstehung in Makedonien oder im nördlichen Schwarzmeergebiet.

Der Import attischer Kunstprodukte beschränkt sich in beiden beispielhaften Grabkontexten aus Makedonien und Thessalien auf recht einfache keramische Gefäße mit stereotyper Bemalung. Die ›rezeptive Autarkie‹ der Thessalier läßt sich bei den Goldarbeiten an Zitaten ›klassischer‹ Bildformen wie Athena Parthenos auf den Medaillons in Grab A von Homolion oder Thetis mit den Waffen für Achill auf dem Fingerring aus Grab B ablesen, die für neue Schmucktypen eingesetzt werden. Die politische Abhängigkeit von Makedonien nach 352 v. Chr. findet ihren Niederschlag in den engen Vergleichen zu Schmuck aus makedonischen Gräbern, der wiederum ›internationale‹ Beziehungen nach Süditalien und zur Krim belegt.

426 Mädchengrab A in Homolion

Thessalisch, um 330–300 v. Chr.
Volos, Archäologisches Museum Inv. M 36–54, M 2672–2675, K 2566

Das Grab enthielt aus Gold eine Kette mit zierlichen Gliedern als Lotus, Palmetten, Rosetten und Amphoren, ein Paar prächtiger ›Boot‹-Ohrgehänge mit geflügeltem Seepferd und Vogel, drei geprägte Medaillons mit den Köpfen der Athena en face, eine Fuchsschwanzkette mit Löwenkopf und Heraklesknoten als Verschluß; ferner eine bronzene Spiegelscheibe, aus Ton eine schwarz gefirnißte Hydria und eine kleine Lekythos sowie aus Glas drei Salbfläschchen in Sandkerntechnik, dazu über 50 Astragale (Spielsteine aus Schafknochen).

Literatur: H. Biesantz, Die thessalischen Grabreliefs (1965) 36 L 141. L 142 Taf. 69; S. G. Miller, Two Groups of Thessalian Gold (1979) 3ff. 7–17. 53–56 Taf. 1–9; M. Pfrommer, Untersuchungen zur Chronologie früh- und hochhellenistischen Goldschmucks, IstForsch 37 (1990) 213 FK 16 Anm. 1399–1404; D. Musti u. a., L'oro dei Greci (1992) 160–162. 263 f. Nr. 125.1–4.

Vgl.: Ohrgehänge: D. Williams – J. Ogden, Greek Gold.

Kat.-Nr. 426

Kat.-Nr. 426

Kat.-Nr. 426

Kat.-Nr. 426

Kat.-Nr. 426

Jewellery of the Classical World (1994) 57 Nr. 9; 59 Nr. 11; Greek Jewellery. 6000 Years of Tradition, Ausstellungskat. Thessaloniki, Villa Bianca (1997) 132 Nr. 34. – Halskette: Pfrommer a. O. 213 Anm. 1403; 257 Anm. 2143; Williams – Ogden a. O. 153 Nr. 94; 204 Nr. 135; P. G. Themelis – G. P. Touratsoglou, Οι τάφοι του Δερβενίου (1997) 126 Z 2 Taf. 25, 141. – Herakleskноten: Pfrommer a. O. 13. 83 f. 303 HK 35; 323 TK 37 Taf. 29, 12. – Athena-Medaillons: ebenda 283 FK 153 Anm. 2623; Zwei Gesichter der Eremitage. Die Skythen und ihr Gold Bd. I, Ausstellungskat. Bonn (1997) 166 Nr. 72; Themelis–Touratsoglou a. O. 54 Typ I, A 28 Taf. 59. – Sandkerngläser der Mediterranen Gruppe II, Alabastra: ebenda 42 A 44–46 Taf. 6 (Lit.); E. M. Stern – B. Schlick-Nolte, Frühes Glas der alten Welt 1600 v. Chr. –

Kat.-Nr. 426

Kat.-Nr. 427 a

Kat.-Nr. 427 a

Kat.-Nr. 427 b

Kat.-Nr. 427 c

50 n. Chr. Sammlung E. Wolf (1994) 39. 216–219 Nr. 49. 50 (Lit.); linsenförmiger Aryballos: D. F. Grose, Early Ancient Glass. The Toledo Museum of Art (1989) 119. 164 Nr. 153. 154.

427 Mädchengrab B in Homolion

Thessalisch, um 330–300 v. Chr.
Volos, Archäologisches Museum Inv. M 56–58, M 2452, M 2560, M 2561

Das zweite Grab enthielt ein Paar einfacher ›Boot‹-Ohrgehänge, einen Fingerring aus silbernem Drehbügel und Ringplatte in dunkelblauem Glas (a), die – in Goldfolie ausgeschnitten – auf einer Seite Thetis auf Seepferd, auf der anderen Eros auf Delphin reitend zeigt, geschützt durch je eine dünne Scheibe aus Klarglas; einige Lorbeerblätter aus vergoldeter Bronze, aus Ton eine weibliche Protome (b) sowie zwei einfache Peliken mit Amazonenkampf bzw. Pferde-und Frauenkopf vis-à-vis, auf den Rückseiten Jünglinge im Mantel (c); ferner auch hier zahlreiche Astragale.

Literatur: S. G. Miller, Two Groups of Thessalian Gold (1979) 3 ff. 17–24. 56 f. Taf. 10–14; D. Musti u. a., L'oro dei Greci (1992) 163. 264 Nr. 126.1.2.

Kat.-Nr. 428

Kat.-Nr. 428

Vgl.: Protome: P. G. Themelis – G. P. Touratsoglou, Οι τάφοι του Δερβενίου (1997) 120 E 26–27 Taf. 131 (Lit.). – Peliken: ebenda 95 Γ1 Taf. 106 (Lit.); F. Fless, hier S. 575 ff. – Zum Fingerring vgl. Kat.-Nr. 428 und 429.

428 Ringplatte mit Thetis und Seepferd

Gold und Bein; 3,0 x 2,4 x 0,5 cm
Angeblich aus Tarent. Um 350 v. Chr.
Berlin, Antikensammlung Inv. 1966.8

Die Figuren aus Goldfolie auf beiden Seiten der flachen Platte aus Bein (?) sind modern befestigt. Die Vorderseite zeigt Thetis auf einem Seedrachen mit den Waffen für Achill, drei Delphine (in willkürlicher Anordnung) umgeben die Göttin. Auf der Rückseite umspielen wiederum drei Delphine ein Seepferd, das amorphe Gebilde vor seiner Brust ist vermutlich der fehlende Kopf des Seedrachens der Vorderseite. Die Fassung aus dekoriertem Goldblech hielt einst beiderseits Scheiben aus Klarglas als Schutz für die Darstellungen. Der fehlende Ringbügel war in seitliche Mulden der Platte eingehakt.

Durch das schützende Klarglas besser erhalten ist die reitende Thetis in Goldfolie auf blauem Glas (2,5 x 2,2 cm) aus Grab B in Homolion/Thessalien (Kat.-Nr. 427): der Kopf des Seedrachen und weitere Zacken unter dem Schildrand sind dort komplett erhalten, die geprägte Goldfolie plastisch reliefiert. Beide Darstellungen ähneln sich bis ins Detail, sie müssen aus derselben Matrize stammen. In Analogie zu dieser Nereide müßte die Berliner stärker aufgerichtet werden, so daß die Schwanzspitze des Seedrachen, Oberkörper, Hals und Kopf der Thetis längs der Achse liegen. Die Glasplatten sind nicht gefaßt, aber in der Längsachse verläuft ein Achskanal wie bei einem Skarabäoid; der ergänzte Achsstift hält den silbernen Drehbügel.

Die drei Delphine rings um die Berliner Thetis gehören wohl zum Seepferd auf die Rückseite: ein kleinerer Glas-Skarabäoid (1,6 x 1,5 cm) aus dem Pavlovskij-Kurgan in Pantikapaion (Kat.-Nr. 429 c) zeigt auf der flachen Unterseite über blauem Glasgrund einen gestreckteren Seedrachen umgeben von sechs Fischen. Die leicht konvexe Vorderseite zieren zwei Oklasma-Tänzerinnen. Auch hier schützen dünne Scheiben aus Klarglas die Goldfolien. Die Fassung aus Goldblech mit Filigrandekor ist wie die Bügelfassung stark abgenutzt in Folge einer längeren Tragezeit. Der Ring war einer von drei Goldringen an der linken Hand der bestatteten Frau.

Literatur: A. Greifenhagen, Schmuckarbeiten in Edelmetall. Antikenabteilung Berlin, Bd. II: Einzelstücke (1975) 75 Taf. 56, 13–15 Farbtaf. III 1. 2; G. Platz-Horster, Antiker Schmuck im Alten Museum, Antikensammlung Staatliche Museen zu Berlin (2001) 56–58 Nr. 34 (Lit.); vgl. Kat.-Nr. 427 und 429.

Südlich von Pantikapaion (Kertsch) auf der Krim im Schwarzen Meer wurde 1858 ein großer Grabhügel mit einem Durchmesser von ca. 64 m und mehr als 12 m Höhe ausgegraben, der sog. Pavlovskij-Kurgan. Pantikapaion, um 600 v. Chr. von der ionischen Stadt Milet gegründet, war die erste griechische Kolonie auf der Krim; es wurde um 480 v. Chr. Hauptstadt des Bosporanischen Reiches.

Die griechischen Kolonisten lebten mit den benachbarten ›Skythen‹, Bauern und wandernden Reiter- und Hirtenstämmen, in regem Austausch – Öl, Wein und Kunsthandwerk gegen Getreide, Fisch, Pelze und Schutz vor Überfällen. Im 4. Jahrhundert v. Chr. deckte Athen die Hälfte seines Bedarfs an Getreide durch Import aus dem Bosporanischen Reich, das unter König Pairisades I. (349/8–310/09) seine Hochblüte erreichte. Die fruchtbare Symbiose zwischen griechischen Siedlern und skythischen Nomaden, durch Diplomatie und dynastische Heiraten gestärkt, läßt sich an den reichen Gräbern ablesen.

Im Pavlovskij-Kurgan (Kat.-Nr. 429) zeugen Bestattung, Kleidung, Körperschmuck und Grabbeigaben von großem Wohlstand, ethnischer Symbiose und weitreichendem Handel. Der mit ionischen Säulen und Palmetten dekorierte Sarkophag aus geschnitztem und bemaltem Buchsbaum hat engste Parallelen im Bosporanischen Reich, ist als Typ aber an der kleinasiatischen Küste beheimatet. Die bestickte Kleidung und die Saffianstiefel weisen ebenso auf skythische Tradition wie das Goldblech mit gravierten Haaren, die Stlengis. Die goldenen Ohrgehänge, lange getragen und repariert, zeigen einen unüblichen ›Nike‹-Typ an Rosetten: bekleidet, mit Polos und gesenkten Flügeln; ihnen stehen stilistisch Ohrgehänge mit tanzenden Mänaden aus dem nahen Juz-Oba-Gebirge und ein Ohrring mit Tänzerin »aus Südrußland« in Berlin zur Seite. Das geflochtene Goldkollier mit Rosetten und anhängenden ›Bucheckern‹ reiht sich in einen weit verbreiteten Kettentyp; seine Häufung in Grabkontexten Südrußlands läßt auch hier eine lokale Produktion vermuten. Der seltene Glas-Gold-Ring fand seine engsten Verwandten in Grab B von Homolion (Kat.-Nr. 427) und in einem Stück angeblich aus Tarent (Kat.-Nr. 428); die starke Abnutzung seiner Goldfassung spricht für eine frühere Entstehung als die Grablegung. Letzteres gilt auch für den Karneol-Skarabäus mit einer nackten Nymphe: er wird – zusammen mit einer Replik »aus Athen« in Berlin (Kat.-Nr. 432) – der Werkstatt des Dexamenos von Chios zugeschrieben und um 400 v. Chr. datiert; die Hälfte der signierten und zugeschriebenen Werke dieses bedeutendsten Gemmenschneiders der ›klassischen‹ Zeit und seiner Werkstatt ist in Gräbern des Bosporanischen Reiches gefunden worden, was die Frage nach ihrer Lokalisierung aufwirft. Bald nach 400 v. Chr. ist auch der mit einem Adler gravierte Goldring entstanden; er gehört zu einer »pontischen Gruppe« von Fingerringen, deren hochovale Bildplatte in den runden Reif übergeht. Der um 450 v. Chr. gefertigte, vergoldete Bronzespiegel war ebenso aus Athen importiert wie die Töpferwaren des mittleren 4. Jahrhunderts v. Chr.: deren Qualität – besonders die mit den ›Göttern von Eleusis‹ bemalte Pelike und die Tänzer-Lekythos – steht weit über den attischen Keramikimporten in den makedonischen und thessalischen Kontexten.

Die reiche Dame im Pavlovskij-Kurgan von Pantikapaion war in einem lokalen Holzsarg ionischer Form, in skythischer Kleidung mit ihrem skythischen, bosporanischen und ionischen Schmuck – teilweise wohl Erbstücke – sowie mit einem ›uralten‹ attischen Spiegel bestattet worden, umgeben von ›modernen‹ Tongefäßen aus Athen. Das Grab spiegelt den über Generationen gewachsenen kulturellen Austausch zwischen Einheimischen und Kolonisten ›auf gleicher Augenhöhe‹ in einer Handelsmetropole mit weitreichenden familiären und ökonomischen Beziehungen.

429 Frauengrab im Pavlovskij-Kurgan bei Pantikapaion

Bosporanisch, um 340–330 v. Chr.
St. Petersburg, Ermitage Inv. ΠAB. 1–10

Die zentrale Grabkammer barg – neben zwei Brandbestattungen – einen großen stuckierten Holzsarg mit dem Skelett einer sehr kleinen Frau. Reste ihrer reich bestickten Kleidung, ihrer Saffianstiefel und des bemalten Leichentuches bedeckten den Körper. Beim Kopf lagen ein Diadem (Stlengis) mit seitlich anhängendem Ohrschmuck (a) und eine ›Bucheckern‹-Kette aus Gold (b); an der linken Hand trug sie einen Ring aus Gold und Glas (c), einen gravierten Goldring (d) und einen Karneol-Skarabäus mit goldenem Drehbügel (e). Neben der Hand lag ein Bronzespiegel mit Resten von Vergoldung (f). Am Kopfende befanden sich drei Salbgefäße aus Alabaster, ein geflochtener Korb, eine bemalte Holzschatulle mit fünf Walnüssen und Werkzeug aus Bronze, am Fußende zwei Alabastra und zwei Schwämme. Um den Sarkophag herum lagen neun Alabastra (ein Sandkern-Glas) und zwei weitere Schwämme. Am Fußende stand eine Figurenvase mit Oklasma-Tänzer (g) neben einer gerippten Schwarzfirnis-Kanne (h), rechts vom Sarg eine rotfigurige Pelike des Eleusis-Malers (i). Die beigegebene Silbermünze aus Pantikapaion datiert die Niederlegung wohl in die Jahre 344–334 v. Chr.

Kat.-Nr. 429 a

Kat.-Nr. 429 a

Kat.-Nr. 429 b

Kat.-Nr. 429 c

Kat.-Nr. 429 c

Kat.-Nr. 429 d

Kat.-Nr. 429 e

Kat.-Nr. 429 f

Kat.-Nr. 429 g

Kat.-Nr. 429 h

Kat.-Nr. 429 i

Kat.-Nr. 429 i

Kat.-Nr. 430

Kat.-Nr. 430

Literatur: A. E. Lutsenko, Compte-rendu de la Commission impériale archéologique, St. Pétersbourg 1859, 5–15. 120–125 Taf. I–III. V 1–4 (Pläne) Taf. 13, 5; M. I. Artamonov, Treasures from Scythian Tombs (1969) 73 Taf. 273–278; D. Williams – J. Ogden, Greek Gold. Jewellery of the Classical World (1994) 166–171 Nr. 106–108; Zwei Gesichter der Eremitage. Die Skythen und ihr Gold Bd. I, Ausstellungskat. Bonn (1997) 175 ff. Nr. 80–83. – Holzsarg: M. Vaulina – A. Wasiwicz, Bois grecs et romains de l'Ermitage (1974) 75–82 Nr. 7 Taf. 44–48. – Spiegel: Z. Bilimovich, TrudyErmit 17, 1976, 45. 62 Nr. 37. – Glasring (s. Kat.-Nr. 428): N. Kunina, Ancient Glass in the Hermitage Collection (1997) 81 Abb. 46. 47; 260 Nr. 68 (Vergleich). – Goldring: J. Boardman, Greek Gems and Finger Rings (1970) 419 Nr. 557. – Karneol-Skarabäus: LIMC 2 (1984) 103 Nr. 1006 s. v. Aphrodite; s. Kat.-Nr. 432 [Berlin FG 298]. – Pelike: K. Schefold, Untersuchungen zu den Kertscher Vasen (1934) 40–42 Nr. 368; 125 ff. 142 Taf. 35, 1. 2; ARV[2] 1476,1; Beazley, Paralipomena 496; Beazley, Addenda[2] 381. – Lekythos: M. Trumpf-Lyritzaki, Griechische Figurenvasen des reichen Stils und der späten Klassik (1969) 41 Nr. 113; 109 f. (Hinweis H. Mommsen).

Vgl.: Stlengis aus dem Grab der ›Demeter-Priesterin‹ im Kurgan Große Bliznica, Taman-Halbinsel, Grab 1, BB 30: Williams – Ogden a. O. 185 Nr. 119; Zwei Gesichter der Eremitage. Die Skythen und ihr Gold Bd. I, Ausstellungskat. Bonn (1997) 186 Nr. 85; A. Schwarzmaier, JdI 111, 1996, 105–137 (Datierung). – Gravierter Goldring: Boardman a. O. 220 Taf. 699–703: »A Pontic Group«.

430 Zwei goldene Aufnähplättchen: Oklasma- und Kalathiskos-Tänzerin

H 5,3 cm und 4,9 cm

Bosporanisch, 2. Hälfte 4. Jh. v. Chr.

Aus Grab 1 im Kurgan Große Bliznica, Taman-Halbinsel, 1864

St. Petersburg, Staatliche Ermitage Inv. BB.50–51

Im Grab der ›Demeter-Priesterin‹ wurden 1875 Goldplättchen verschiedener Typen, z. T. in zwei oder drei Größen, gefunden; sie waren wohl auf Gewand und Manteltuch der Bestatteten aufgenäht. Die zierlichen Tänzerinnen sind in je 12 Exemplaren vertreten. Der Kalathiskos-Tanz (s. Kat.-Nr. 431) wird für Kultfeste der Demeter überliefert; er ist offenbar eng mit dem Oklasma-Tanz (s. Kat.-Nr. 433) verbunden, den auch Männer in skythischer Kleidung (s. Kat.-Nr. 429 g) darboten.

Literatur: Zwei Gesichter der Eremitage. Die Skythen und ihr Gold Bd. I, Ausstellungskat. Bonn (1997) 198 f. Nr. 97. 98.

431 Goldenes Ohrgehänge: Kalathiskos-Tänzerin

H 3,2 cm

Körper gegossen und ziseliert, Arme gebogen; Rock unter dem Wulst aus zwei Blechen angelötet; Rosette mit Klammern über die Hand gestülpt.

Bosporanisch, spätes 4. Jh. v. Chr.

Kat.-Nr. 431

Aus Südrußland, ehem. Sammlung P. Mavrogordato, Sammlung F. L. von Gans
Berlin, Antikensammlung Inv. 30219,389

Die Tänzerin in kurzem Kleid hält in der Linken eine Rosette hoch. Auf dem gelockten Kopf mit Ohrgehängen sitzt ein großer Korb (Kalathos) aus festem Goldblech, in den eine Öse zur Befestigung wohl an eine Scheibe gelötet ist.

Literatur: A. Greifenhagen, Schmuckarbeiten in Edelmetall. Antikenabteilung Berlin, Bd. II: Einzelstücke (1975) 52 Taf. 42, 1–3.

432 Karneol-Skarabäus: Nackte Nymphe

Leicht verbrannt; 1,87 x 1,33 x 0,18 cm
Ionisch, um 400 v. Chr.
Angeblich aus Athen
Berlin, Antikensammlung Inv. FG 298

Replik zum Karneol-Skarabäus im Pavlovskij-Kurgan (Kat.-Nr. 429 e); eine weitere Replik »in skythischer Goldfassung« Sammlung Erwin Oppenländer, Waiblingen.

Literatur: E. Zwierlein-Diehl, Antike Gemmen in deutschen Sammlungen II. Berlin (1969) 76 Taf. 37, 165; J. Boardman, Greek Gems and Finger Rings (1970) 408 Nr. 72; P. Zazoff, Die antiken Gemmen (1983) 144 Anm. 88 Taf. 34, 1.

Kat.- Nr. 432

433 Oklasma-Tänzerin

Terrakotta, bemalt mit Engobe; H 17,3 cm
Attisch, frühes 4. Jh. v. Chr.
Angeblich aus Tanagra
Berlin, Antikensammlung Inv. TC 7680, ehem. Sammlung Rhusopulos

Die Tänzerin in kurzem Kleid und skythischer Mütze führt den persischen Oklasma-Tanz, bei dem man tief ›in die Knie geht‹, vor einem Rundaltar auf.

Attische Tonfiguren waren ein Exportschlager im östlichen Mittelmeer- und im Schwarzmeergebiet, sie fanden sich aber auch als Grabbeigaben in Thessalien und Makedonien; in Olynth wurde eine eigene Produktion für den häuslichen Bedarf nachgewiesen.

Literatur: E. Rohde, Griechische Terrakotten, MAA 4 (1968) 45 Nr. 28; A. Schäfer, Unterhaltung beim griechischen Symposion (1997) 95 Anm. 897 Taf. 56, 1.
Vgl.: München, Antiquarium Inv. 5503 (1884 in Athen erworben, H 15 cm): D. M. Robinson, Olynthos VII (1933) 98 f. Nr. 388 Taf. 49. – Figurenvasen: M. Trumpf-Lyritzaki, Griechische Figurenvasen des reichen Stils und der späten Klassik (1969) 37 ff. Nr. 98 ff.

434 Hockende Sphinx

Figuren-Lekythos aus Ton, bemalt und vergoldet; H 21,5 cm
Attisch, um 380 v. Chr.
Aus Phanagoreia/Taman-Halbinsel. Grabung 1869 Baron Tiesenhausen
St. Petersburg, Ermitage Inv. Φα 1869.7

Kat.-Nr. 433

Das Frauengrab enthielt sechs Figurenvasen, sechs Terrakotten und sechs rotfigurige Gefäße, alle attischer Import von hoher Qualität und exzellenter Erhaltung; einige Gefäße sind eine Generation früher entstanden. Die Sphinx als Figurenvase hockt auf einem rechteckigen Sockel; ihr Körper leuchtet weiß vor dem roten Dekor der Vase und den graublau gestreiften Flügeln. Ihre zarten Wangen sind rosa getönt, die blauen Augen von schwarzen Wimpern beschattet. Das gewellte Haar mit Scheitelzopf und seitlich herabhängenden Locken wird von einem breiten Diadem mit sieben Rosetten bekrönt. Den langen Hals umfängt ein dreifaches Perlenkollier. Haar, Diadem und Halsband sind vergoldet.

Literatur: Compte-rendu de la Commission impériale archéologique, St. Pétersbourg 1870/71, 5 ff. Taf. I 1–4; M. Trumpf-Lyritzaki, Griechische Figurenvasen des reichen Stils und der späten Klassik (1969) 58 FV 160 Taf. 22, 1. 2; 110 Anm. 48 ff.; X. Gorbunova – I. Saverkina (Hrsg.), Greek and Roman Antiquities in the Hermitage (1975) Nr. 59; LIMC 8 (1997) Suppl. 1154 Nr. 59 s. v. Sphinx.

G. P.-H.

Kat.-Nr. 434

Friederike Fless

Griechische Kultur im nördlichen Schwarzmeergebiet – Das Bosporanische Reich

Die an das Schwarze Meer angrenzenden Gebiete bilden in klassischer Zeit keine politische und kulturelle Einheit. Neben einzelnen griechischen Kolonien, die vor allem im Mündungsgebiet der großen Flußläufe und an den Meerengen des Kimmerischen und Thrakischen Bosporus seit archaischer Zeit vornehmlich von Griechen aus Kleinasien angelegt worden sind, siedeln kulturell unterschiedlich geprägte nichtgriechische Stämme wie die Skythen und Thraker im Gebiet der Küste und ihrem Hinterland. Entsprechend facettenreich sind die Formen, in denen die materielle Kultur der Griechen an den Küsten des Schwarzen Meeres präsent war und rezipiert worden ist.

In diesem ›Randgebiet‹ griechischer Kultur findet der kulturelle Austausch zwischen Griechen und Nichtgriechen eine besondere Ausprägung im Bosporanischen Reich, das im frühen 5. Jahrhundert v. Chr. entstanden war (Abb. 1). 438/37 übernahmen dort die Spartokiden die Macht und etablierten mit der griechischen Kolonie Pantikapaion, dem heutigen Kertsch, als Hauptstadt eine Territorialherrschaft, in der griechische Kolonien und lokale Stämme auf der östlichen Krim und der Halbinsel Taman zusammengefaßt waren.

Eine Blütezeit erlebte das Bosporanische Reich im 4. Jahrhundert v. Chr., für das enge wirtschaftliche und politische Kontakte zwischen Athen und den bosporanischen Herrschern überliefert sind. Athen war in klassischer Zeit auf die Getreideimporte aus dem nördlichen Schwarzmeergebiet angewiesen und verlieh, um den stetigen Zufluß des Getreides zu garantieren, den bosporanischen Herrschern besondere Ehrungen. Für das Bosporanische Reich bedeutete dies umgekehrt, daß ein dauerhafter Kontakt mit dem griechischen Mutterland bestanden hat und der Import griechischer Waren – darunter auch attischer Keramik – in das nördliche Schwarzmeergebiet sowie eine Einflußnahme auf das angebotene Gefäßspektrum gewährleistet waren.

Die beschriebenen Rahmenbedingungen, d. h. die durch die Herrschaftskonstruktion bedingte enge Interaktion von Griechen und Nichtgriechen im Bosporanischen Reich sowie der intensive Handelskontakt mit Athen haben die materielle Kultur auf der Krim und der Tamanhalbinsel merklich geprägt. Dies läßt sich am Beispiel der aus Athen importierten rotfigurig bemalten Keramik aufzeigen, die für das 4. Jahrhundert v. Chr. geradezu als Leitform der Kultur des Bosporanischen Reiches angesehen werden kann (Kat.-Nr. 300. 429 i). So ist der Fundort Kertsch in der archäologischen Forschung namengebend für einen Zweig der attisch-rotfigurigen Keramikproduktion in spätklassischer Zeit. Diese Produktion wurde von Adolf Furtwängler und Karl Schefold beschrieben. Merkmale der Kertscher Vasen sind die Dichte ihres Auftretens im Umfeld Pantikapaions, ihre oftmals hohe Qualität und Polychromie sowie die offensichtliche Vorliebe für bestimmte Themen und Gefäßformen, z. B. Peliken mit Darstellungen von Amazonenkämpfen. Signifikanz für das Verständnis der klassischen Kultur in dieser Region erhält diese Beobachtung allerdings erst im Vergleich mit anderen Fundplätzen.

Attische Keramik erreichte gerade in der spätklassischen Zeit in großem Maßstab die Randgebiete der antiken Welt. Hinsichtlich der importierten Gefäßformen, der Vorlieben für bestimmte Bildthemen und der Qualität der Keramik sind jedoch auffällige Unterschiede zwischen einzelnen Fundplätzen zu beobachten. So dominiert an vielen Fundorten, z. B. auf der Iberischen Halbinsel, eine qualitätslose ›Massenware‹. Davon setzt sich das Erscheinungsbild der Kertscher Vasen durch die Fundhäufigkeit auf der Krim und Tamanhalbinsel klar ab, auch wenn dort ebenfalls Gefäße der typischen attischen ›Massenware‹ gefunden worden sind (s. S. 113 ff.).

Es sind aber nicht allein diese Akzente im Importspektrum, die hinsichtlich der Rezeption attischer Keramik und damit griechischer Kultur des Mutterlandes das besondere Profil der bosporanischen Kultur ausmachen. Dies ist vielmehr auch anhand der spezifischen Formen der Verwendung der attischen Keramik, die sich im Bosporanischen Reich herausgebildet haben, zu beobachten.

Die Integration der attischen Keramik in die bosporanische Kultur ist heute im wesentlichen nur noch anhand der Grabkontexte ablesbar. Die Mehrzahl der Gräber ist auf der westlichen Krim und der Tamanhalbinsel im 19. und frühen 20. Jahrhundert ausgegraben worden und oftmals nur in Beschreibungen und einzelnen Zeichnungen dokumentiert. Ein Beispiel für eine umfangreiche Gruppe besonders reich ausgestatteter Gräber ist der sog. Kekuvatskij-Kurgan. Dieser Grabhügel (Kurgan) wurde auf einem westlichen Ausläufer der Hügelkette des Juz Oba 1839 ausgegraben. Diese Hügelkette, auf der zahlreiche Grabhügel errichtet worden sind, liegt südlich der Hauptstadt Pantikapaion.

Die nur noch durch die Beschreibung der Ausgräber bekannte Grabanlage bestand aus einer sorgfältig aus Steinquadern gefügten Grabkammer, die von einem Erdhügel bedeckt war. Diese Form ist charakteristisch für das Bosporanische Reich, wie andere, zeichnerisch dokumentierte Grabanlagen vom Juz Oba zeigen können (Abb. 2). Die Grabkammern bestehen aus einem Dromos und einer Hauptkammer, die ein Scheingewölbe aus immer weiter vorkragenden Blöcken aufweisen.

In der Grabkammer des Kekuvatskij-Kurgans stand als charakteristisches Element bosporanischer Gräber ein reich verzierter und teilweise vergoldeter Holzsarkophag, der bei der Auffindung noch teilweise erhalten war. Außerhalb des Sarkophages stand eine Pelike, die dem Marsyas-Maler zugeschrieben werden kann und um 360 v. Chr. zu datieren ist. Während die Pelike zur Standardausstattung auch der einfachen Erdgräber des 4. Jahrhunderts im Bosporanischen Reich zu zählen ist, kommt in den aufwendigen Grabinventaren oftmals noch eine attische Lekanis hinzu. Da sich in den Lekaniden einiger Grabkontexte noch Speisebeigaben von Früchten oder Nüssen bei der Auffindung erhalten hatten, ist eine ähnliche Funktion auch für die Peliken anzunehmen. Welche Flüssigkeit oder feste Beigabe die Peliken eventuell enthalten haben könnten, ist heute allerdings nicht mehr nachweisbar. In den Sarkophagen sind als Gefäßbeigaben darüber hinaus zahlreiche Salbgefäße vornehmlich aus Alabaster gefunden worden.

Die reichen Bestattungen weisen also eine insgesamt homogene Grundausstattung mit der Grabkammer, dem oftmals reich verzierten Holzsarkophag, der attischen Pelike und Lekanis sowie den Salbgefäßen auf. Zu dieser Grundausstattung treten in ganz unterschiedlicher Zusammensetzung Trachtbestandteile, Schmuckstücke und Waffen, die den Toten hinsichtlich seines Geschlechtes und seiner sozialen Position näher bestimmen. Diese Elemente sind aber nicht nur einem kulturellen Umfeld zuzuordnen, sondern zeigen unterschiedliche Einflüsse. Im Kekuvatskij-Kurgan treten zusammen mit einem Helm griechischer Form ein skythisches Schwert und skythische Pfeilformen auf, die das Grab als das eines Kriegers, vielleicht als das eines nichtgriechischen Kriegers kennzeichnen. Andere Gräber beinhalten hingegen mit ihren Schmuckbeigaben oder anderen beigegebenen Gegenständen wie den Schabeisen der Sportler (Strigileis) rein griechische Formen.

Im Vergleich mit den Grabausstattungen, wie sie in zeitgleichen griechischen Gräbern der klassischen Zeit in Städten wie Athen oder Olynth nachweisbar sind, treten die Eigenheiten des bosporanischen Bestattungsrituals noch deutlicher hervor. Im Athen des 4. Jahrhunderts konzentrierte sich der Aufwand der Gräber auf die Grabmarkierungen mit figürlichen Reliefs. Die Beigaben sind demgegenüber ärmlich. Zumeist beschränken sie sich auf einige für das Bestattungsritual wichtige Gefäße wie Salbgefäße und Näpfchen. Im Bosporanischen Reich trat dagegen als zentraler Aspekt neben Tumulus und Grabkammer das reiche Grabinventar, dessen Wahrnehmbarkeit jedoch auf den Moment der Bestattung beschränkt blieb.

Eigenständige Züge lassen sich für die Kultur im Bosporanischen Reich also am Beispiel der Nachfrage nach attischen Vasen einer spezifischen Produktionsrichtung und anhand der kontextuellen Einbindung der Grabbeigaben beschreiben. Deren Entstehen ist im Kontext der gesellschaftlichen und kulturellen Rahmenbedingungen zu sehen, die sowohl in einer gesellschaftlichen Hierarchisierung als auch im kulturellen Einfluß des nichtgriechischen Umfeldes auf die bosporanische Kultur ihren Niederschlag findet.

So ist eine Differenzierung zwischen einfachen Erdgräbern und reichen Kurganbestattungen zu beobachten, die im Sinne einer sozialen Hierarchisierung verstehbar ist. In den reichen Bestattungen ist eine Elite zu fassen, deren Formierung ihren Ausdruck in einer recht homogenen Ausstattung der Gräber findet. Die Markierung einer ethnischen Zugehörigkeit scheint demgegenüber kein zentraler

Abb. 1. Karte der östlichen Krim und Tamanhalbinsel mit ungefährer Ausdehnung des Bosporanischen Reiches

Abb. 2. Zeichnung einer auf dem Juz Oba freigelegten Grabkammer

Aspekt für die Repräsentation dieser Gruppe von Bestatteten gewesen zu sein. Jedenfalls treten ethnisch interpretierbare Differenzen wie im Fall der Waffenbeigaben des Kekuvatskij-Kurgans in vielen dieser aufwendigen Gräber im Umfeld der griechischen Kolonien gegenüber dem eher homogen wirkenden Gesamtbild zurück.

Den Status in der Grabausstattung durch eine spezifische Auswahl und Ausstattung mit Objekten zu markieren, die aufgrund ihrer Qualität und des Aufwandes der ornamentalen Ausgestaltung durchaus als Prestigegüter angesehen werden können, ist nicht ohne Tradition auf dem Territorium und im unmittelbaren Umfeld des Bosporanischen Reiches. Dies belegen u. a. die zahlreichen skythischen Gräber im Gebiet von Bug und Dnepr. Dort ist mit den Bestattungen des 4. Jahrhunderts eine Blütezeit der Kultur zu fassen. Unter den Grabbeigaben sind attische Vasen selten zu finden, dagegen aber zahlreiche Objekte aus Edelmetall.

In der Wahl der Repräsentationsformen in den reichen Kurganbestattungen des Bosporanischen Reiches ist somit ein Einfluß der nichtgriechischen Kultur zu sehen, während die beigegebenen Objekte eine griechisch geprägte Formensprache aufweisen.

Die Formierung der bosporanischen Kultur bedient sich also der griechischen materiellen Kultur, wie sie u. a. Athen bereitstellte. Durch die abweichenden Kriterien der Auswahl und Integration der Objekte entsteht dabei jedoch im Bosporanischen Reich keine Kopie, sondern ein eigenständiges kulturelles Profil, das auch zur eigenständigen Produktion führt. Letztlich belegt dies die Tragfähigkeit der in klassischer Zeit ausgebildeten Muster in einem solchen Randgebiet.

Literatur: Zwei Gesichter der Ermitage. Die Skythen und ihr Gold Bd. I, Ausstellungskat. Bonn (1997) 173 f.; F. Fless, Rotfigurige Keramik als Handelsware. Erwerb und Gebrauch attischer Vasen im mediterranen und pontischen Raum während des 4. Jhs. v. Chr., in: C. Dobiat – K. Leidorf (Hrsg.), Internationale Archäologie (im Druck).

Mikhail Treister

Bosporanische Arbeiten in Edelmetall für den skythischen Bedarf

Unter den Goldfunden aus skythischen Gräbern ziehen zwei Typen seit jeher besondere Aufmerksamkeit auf sich: die Beschläge der Prunkgoryte und der Schwertscheiden.

Vier Beschläge von Goryten (Gorytos: Kasten für Bogen und Pfeile), die mit identischen Relieffriesen verziert sind, wurden in den skythischen Kurganen (Grabhügeln) von Čertomlyk, von Il'incy im Kurgan 8 der Gruppe ›Fünf Brüder‹ und im Melitopol'-Kurgan gefunden. Zwei weitere Gorytbeschläge, allerdings mit anderen Szenen, stammen aus dem Karagodeuašch-Kurgan im Kubangebiet (aus vergoldetem Silber) und aus dem ›Philippsgrab‹ in Vergina, Makedonien (Kat.-Nr. 435). In Stil und Komposition ähnelt das Exemplar aus Vergina dem aus Karagodeuašch der Čertomlyk-Serie sehr. Die Szenen auf den Beschlägen beider Serien werden meist als Episoden aus dem Trojanischen Krieg interpretiert, obwohl K. Stähler kürzlich vorgeschlagen hat, daß es um iranische oder skythische Mythen geht. Auch die Beschläge der Schwertscheiden mit Kampfszenen (Griechen und Barbaren) aus dem Kurgan von Čertomlyk, aus Kurgan 8 der Gruppe ›Fünf Brüder‹ und aus dem Chaian-Kurgan (Kat.-Nr. 436) sind mit fast identischen Szenen verziert.

Es wurde schon lange, besonders in den letzten Jahrzehnten, erklärt, daß die Gorytbeschläge in einer bronzenen Matrize (Negativform) getrieben worden sind; die kleinen Unterschiede in Details wurden als Ergebnis einer nachträglichen Kaltarbeit gedeutet. Meine Untersuchungen am Gorytbeschlag aus dem Melitopol'-Kurgan im Vergleich mit anderen Arbeiten in getriebenen Edelmetallen sowie mit griechischen, römischen und verwandten Matrizen und Punzen zeigen, daß die Gorytbeschläge mit Hilfe von mehreren Teilmatrizen hergestellt wurden. Ähnliche Vermutungen wurden schon nach dem ersten Fund im Čertomlyk-Kurgan aufgrund kompositioneller und stilistischer Untersuchungen von einigen Wissenschaftlern, z. B. Adolf Furtwängler, geäußert.

Bisweilen sind die Grenzen der einzelnen Matrizen zu beobachten, oder einige Figuren überlappen teilweise die Ornamentfriese. Daher ist es möglich, die Reihenfolge der Matrizenbenutzung zu klären. So wurden die beiden zentralen Friese der Beschläge aus der Čertomlyk-Serie im unteren Fries in drei Matrizen und im oberen Fries in mindestens zwei Matrizen getrieben. Die einzelne Matrize mit der Tierkampfszene wurde für den rechten unteren Ansatz benutzt. Es ist auch möglich, daß einzelne Figuren in separaten Matrizen getrieben wurden. Die Benutzung von einzelnen Matrizen ist für die Beschläge der Karagodeuašch-Serie nachweisbar. Auf dem besser erhaltenen Beschlag aus Vergina sieht man dünne vertikale Linien in beiden Hauptfriesen, die jeden Fries in zwei ungleiche Abschnitte teilen. Der Platz im oberen Fries rechts reichte wahrscheinlich nicht für eine weitere Szene (etwa mit Figuren wie ›Lykomedes und Achilles‹ auf den Beschlägen der Čertomlyk-Serie) und wurde mit einer Komposition aus Einzelfiguren, Schilden, Helmen und Bukrania (Stierschädel) gefüllt. Den rechten unteren Ansatz ziert ein stehender Krieger, der in einer separaten Matrize getrieben wurde.

Von besonderem Interesse ist ein oberer Rahmenfries mit Tieren auf dem Beschlag aus dem Melitopol'-Kurgan mit Reparaturspuren im linken Abschnitt. Die ursprünglich getriebene Figur (ein Löwe?) wurde fast ganz geglättet und statt dessen ein Hund geprägt. Entweder wurde der Beschlag von einem anderen Handwerker später repariert, oder der Meister des Gorytbeschlages hat während der Arbeit improvisiert. Diese zweite Vermutung stärkt ein Vergleich mit den Beschlägen aus dem Čertomlyk- und dem ›Fünf-Brüder‹-Kurgan, auf denen keine Spuren eines Löwen zu finden sind, sondern nur der Hund. Für eine Änderung der Komposition spricht auch, daß der Beschlag aus dem Melitopol'-Kurgan der erste dieser Serie gewesen zu sein scheint.

Die Benutzung von einzelnen Matrizen wird durch den Vergleich der Figuren auf den Gorytbeschlägen mit anderen Goldappliken bestätigt. So zeigt z. B. eine Applike, jetzt in einer Privatsammlung in den USA, eine Frau mit einer kleinen Kultstatue, die mit einer Figur im rechten Teil des oberen Frieses auf dem Beschlag aus Vergina fast identisch ist. Die kleinen Unterschiede sprechen dafür, daß das Plättchen in einer anderen Matrize getrieben wurde, obwohl eine Verbindung zwischen dieser Matrize und der anderen, für den Gorytbeschlag benutzten, nicht zu leugnen ist. Noch ein Beispiel ist ein Aufnähplättchen mit einem Löwen, das aus einem Kurgan in der Nähe von Wolkowcy stammt: dieses Plättchen stimmt genau mit einem Löwen im rechten Teil des Tierfrieses auf den Beschlägen der Čertomlyk-Serie überein. Ich hatte die Möglichkeit, diese Übereinstimmung am Beispiel des Gorytbeschlags aus dem Melitopol'-Kurgan nachzuprüfen.

Der Hauptfries der oben genannten Schwertscheiden mit Kampfszenen wurde in derselben Negativform getrieben. Eine weitere Matrize wurde für die Verzierung des flügelförmigen Ansatzes benutzt. Die unterschiedlichen Tierkampfszenen auf dem Ansatz der Schwertscheiden aus dem Čertomlyk- und dem ›Fünf-Brüder‹-Kurgan einerseits und aus dem Chaian-Kurgan andererseits weisen auf die Benutzung verschiedener Matrizen hin.

Ähnliche stilistische Merkmale, Werkzeugspuren und die intensive Benutzung der Matrizen sprechen dafür, daß die oben genannten Goryt- und Schwertscheidenbeschläge in derselben Werkstatt angefertigt wurden, die ich provisorisch als die ›Werkstatt der Goryt- und Schwertscheidenbeschläge‹ bezeichnet habe. Angesichts der Chronologie skythischer Fürstengräber, die jetzt dank der Untersuchungen von Transportamphoren und Amphorenstempeln viel präziser ist, darf man diese Werkstatt in der Zeit zwischen 360/50 und 340/30 v. Chr ansetzen. Es war eine der vielen Werkstätten, die vermutlich im Laufe des 4. Jahrhunderts v. Chr. in der Hauptstadt des Bosporanischen Reiches tätig war und im Auftrag skythischer Fürsten die Edelmetallobjekte im sog. graeco-skythischen Stil produzierten.

Die unterschiedliche Benutzung von Matrizen für die Herstellung verschiedener Objekte und die Erschaffung der großen narrativen Kompositionen mit Hilfe von Teilmatrizen in der ›Werkstatt der Goryt- und Schwertscheidenbeschläge‹ haben keine Präzedenzfälle in der nordpontischen Toreutik. Es scheint, daß diese bemerkenswerte technische Leistung in einer bosporanischen Werkstatt durch den Kontakt mit Edelmetall verarbeitenden Zentren in Nordgriechenland, in erster Linie Makedonien, am Hellespont und im westlichen Kleinasien erreicht wurde, weil die Verbreitung der Treibtechnik gleichzeitig verlief mit der Verbreitung von ornamentalen Motiven und figürlichen Kompositionen. Hierfür sind z. B. die Figuren im oberen Tierfries auf dem Bronzekrater aus Derveni in Makedonien zu erwähnen, die, wie neueste Untersuchungen zeigen, auch in Matrizen getrieben worden sind. Zudem gibt es viele stilistische Parallelen zwischen den Figuren und Motiven auf Werken aus der ›Werkstatt der Goryt- und Schwertscheidenbeschläge‹ und den Funden aus Nordgriechenland und der Propontis. Griechische Handwerker waren immer mobil, und die Analyse des frühhellenistischen Schmucks aus Thrakien zeigt, daß griechische Goldschmiede im Auftrag thrakischer Fürsten gearbeitet haben; auch der Werkzeughort in Ošanići (Herzegovina) mit bronzenen Matrizen typisch griechischer Motive ist ein Beweis für die Arbeit nordgriechischer oder süditalischer Toreuten im illyrischen Hinterland.

Die stilistischen Unterschiede von Szenen auf den Beschlägen, die Modifikation griechischer Prototypen, die in der griechischen (attischen) Kunst unübliche Benutzung einzelner Elemente wie auch die Möglichkeit, daß die Szenen auf den Goryt- und Schwertscheidenbeschlägen unbekannte Episoden aus iranischen bzw. skythischen Mythen in eine formale *interpretatio graeca* übertragen, erlauben mir die folgenden Schlußfolgerungen: Bosporanische toreutische Werkstätten vereinigten Handwerker verschiedenen Ursprungs. Neben eingewanderten Meistern aus dem Mittelmeergebiet und der Propontis waren dort auch bosporanische Griechen und vermutlich auch Skythen tätig. Durch die Zusammenarbeit konnten letztere die neuen Techniken erlernen; viel schwieriger aber war die Beschaffung des reichen Repertoires der griechischen Kunst. Die eingewanderten Meister konnten einige Matrizen mitbringen, andere wurden vor Ort hergestellt. Daß einige Szenen auf den Beschlägen nicht gut zusammenpassen und die Ausfertigung nicht immer auf hohem Niveau ist, spricht dafür, daß wenig qualifizierte Handwerker verschiedene vorhandene Matrizen benutzen konnten, die nicht speziell für die Dekoration von Beschlägen hergestellt worden waren; vielleicht besaßen auch die Auftraggeber dieser wertvollen Objekte eine Auswahl von verschiedenen kleinen Matrizen. Solche Mischung von verschiedenen Traditionen und unterschiedlichen Arbeitsmethoden und Niveaus scheint der einzig mögliche Hintergrund für die Herstellung der wertvollen Prunkwaffen, die wahrscheinlich von dem bosporanischen Herrscher Pairisades als diplomatische Geschenke an Führer und Könige verschiedener Stämme übersandt worden sind.

Literatur: Zur Chronologie: A. N. Shcheglov – V. I. Katz, MetrMusJ 26, 1991, 97–122; A. Y. Alekseev, Vestnik Drevnej Istorii 3, 1996, 103 f. 111 f.; S. J. Monahov, Il Mar Nero II (1995/96) 37–43; R. Rolle – V. J. Murzin – A. J. Alekseev, Königskurgan Čertomlyk. Ein skythischer Grabhügel des 4. vorchristlichen Jahrhunderts, Hamburger Forschungen zur Archäologie 1 (1998) 137–139; S. Y. Monakhov, Grecheskie amfory v Prichernomor'e (1999) 358–369. 402–405. – Zur Interpretation der Funde: M. Pfrommer, JdI 97, 1982, 116; A. Y. Alekseev, Arkheologičeskij Sbornik 28, 1987, 44; Shcheglov–Katz a. O. 116; K. Stähler in: ders. (Hrsg.), Zur graeco-skythischen Kunst, Archäologisches Kolloquium Münster 1995, Eikon 4, 1997, 61–84. 88. – Zu den Werkstätten: M. Treister in: E. Reeder (Hrsg.), Scythian Gold. Treasures from Ancient Ukraine (1999) 71–81; ders., Hammering Techniques in Greek and Roman Jewellery and Toreutics (2001) 134–160. M. T.

435 Gorytbeschlag: Eroberung einer Stadt

Vergoldetes Silberblech, über Matrizen getrieben auf Leder und Holz (moderne Kopie); L 46,5 cm, B 25,5 cm, T 19,0 cm
Bosporanisch, um 350–330 v. Chr.
Aus dem Vorraum zu Grab II (›Philipps‹-Grab) von Vergina, 1977
Vergina, Museum Inv. 3

Der vergoldete Köcher (Goryt) für Bogen und Pfeile war wohl ein diplomatisches Geschenk an den makedonischen Herrscher, der im prachtvollen ›Philipps‹-Grab bestattet ist. Die Verknüpfung der Szenen in den beiden horizontalen Friesen der Eroberung einer Stadt mit dem Fall von Troja ist unwahrscheinlich. Dem Wunsch des Auftraggebers entsprach offenbar die Verhüllung des nackten männlichen Körpers durch Gewandfalten. Nur das Bildfeld rechts oben mit einem stehenden Krieger in voller Rüstung korrespondierte mit einer aufrechten Nutzung des Köchers.

Literatur: M. Andronikos, Vergina, the Royal Tomb and the Ancient City (1984) 180–186 Abb. 146–149; Treasures of Ancient Macedonia (1978) 50 Nr. 89 Taf. 22; M. Pfrommer, Studien zu alexandrinischer und großgriechischer Toreutik frühhellenistischer Zeit, AF 16 (1987) 57. 177 zu Fk 29; 182 Anm. 1254; D. Musti u. a., L'oro dei Greci (1992) 188 Nr. 147.12.

Kat.-Nr. 435

436 Beschlag einer Schwertscheide: Kampfszenen

Goldblech, über Matrizen getrieben; L 54,5 cm
Bosporanisch, um 350–330 v. Chr.
Aus einem Kurgan bei Chaian, Nordwest-Krim
New York, Metropolitan Museum of Art, Rogers Fund 1930, Inv. 30.11.12

Die goldene Verkleidung einer Schwertscheide (Akinaki) wurde wohl in den 1880er Jahren zusammen mit weiteren Goldobjekten aus einem Grabhügel im Nordwesten der Krim geborgen. Die Interpretation der Szenen als Kämpfe zwischen Griechen und Skythen orientiert sich an griechischen Vasenbildern; sie entspricht aber kaum den Vorstellungen der Auftraggeber.

Literatur: D. Williams – J. Ogden, Greek Gold. Jewellery of the Classical World (1994) 175–177 Nr. 112.

G. P.-H.

Kat.-Nr. 436

Gertrud Platz-Horster

›Griechische‹ Silbergefäße in thrakischen Fürstengräbern?

Im Oktober 1929 wurde einer von etwa 50 Grabhügeln bei Duvanli nördlich von Plovdiv in Bulgarien ausgegraben, die Nekropole gilt als die des odrysischen Königshauses. Auf der 6 m hohen ›Bashova Mogila‹ fanden noch jährlich Gottesdienste statt. Unter einer Opfergrube in 2 m Tiefe lagen zerbrochen eine attische Pelike und eine einheimische Kanne. Das Grab war in die Hügelbasis eingetieft, mit großen Steinquadern verkleidet und mit dicken Holzbalken bedeckt. Die Asche des Toten lag in einer vergoldeten Silberphiale mit Pferderennen. Die Schale stand mit den übrigen Silbergefäßen – Kylix mit Selene, Rhyton mit Pferdeprotome, Riefelkännchen – in einem großen Bronzebecken. Alle vier Silbergefäße tragen die thrakische Beischrift ΔΑΔ[Α]ΛΕΜΕ in griechischen Buchstaben, vermutlich zu lesen: DA, DALE ME, »Beschütze mich, (Mutter) Erde!« Auf dem zerbrochenen Bronzepanzer lag eine goldene Brustplatte mit Löwe. An Waffen blieben 40 bronzene Pfeilspitzen sowie Eisenreste von Speerspitzen, Gürtel, Dolch, Schwert und Scheide erhalten. Zwei gleich große Hydrien aus Bronze und Ton standen zu Seiten des Panzers, ferner aus Bronze ein Eimer und ein Becher in einer großen Schüssel, aus Ton eine kleinere Hydria und ein Kännchen wie das silberne.

Auch in diesem, um 400 v. Chr. angelegten, thrakischen Fürstengrab sind – wie in den Gräbern in Thessalien, Makedonien und auf der Krim – die Tongefäße, d. h. zwei rotfigurige Hydrien, ein Schwarzfirnis-Kännchen und eine Pelike, aus Athen importiert. Unter den Bronzegefäßen in den Grabhügeln von Duvanli bilden die großen Hydrien die umfangreichste Gruppe; ihre von griechischen und unteritalischen Hydrien abweichende Form lassen eine lokale Produktion vermuten, ebenso bei dem Eimer (Situla) und dem großen Henkelbecken aus Bronze. Der bronzene Glockenpanzer erinnert in seiner altertümlichen Form an archaisch-griechische Typen, ist aber eine thrakische Variante samt der zugehörigen goldenen Brustplatte. Auch die anderen Waffen finden enge Vergleiche im thrakischen Siedlungsgebiet.

Hingegen gelten die vier prachtvollen Silbergefäße seit ihrer Auffindung als »einige der besten Erzeugnisse der griechischen Toreutik«, ihre thrakischen Beischriften in griechischen Buchstaben als sekundär. Das Riefelkännchen im ›Phidias-Typus‹ tritt in diesem Grab gleich doppelt in Silber und Ton auf; die attischen Glanztonkännchen sind früher entstanden als die metallenen, letztere fanden sich aus Bronze in Dodona und Vitsa/Epirus, aus Silber in drei thrakischen Kontexten sowie im ›Silberfund von Paternò‹ auf Sizilien. Das vergoldete Silberrhyton mit Pferdevorderteil scheint das früheste dieses Typs, etwas später entstand das Rhyton aus Borovo bei Russe an der Donau; die Verbindung von Horn und Tierprotome ist eine achämenidische Erfindung, die in der skythischen und thrakischen Toreutik großen Widerhall fand.

Ganz der ›klassisch‹-griechischen Formensprache entsprechen aber die beiden Silberschalen mit gravierten und vergoldeten Darstellungen. Die Omphalos-Schale (Phiale) zeigt innen ein Pferderennen von vier Quadrigen mit Lenker und Krieger (Abb. 1). Die fußlose Griffschale ziert im Tondo die Göttin Selene, wie sie mit ihrem Pferd aus dem Meer aufsteigt. Zu diesen, an attisch-rotfigurigen Schalen orientierten Kunstwerken gibt es nur wenige Vergleiche: eine Griffschale des 4. Jahrhunderts v. Chr. aus dem Grabhügel von Kapinovo nördlich Duvanli, im Tondo der jugendliche Herakles als Sieger über den Thraker-König Diomedes; ferner vier Schalen aus den skythischen ›Sieben-Brüder‹-Kurganen auf der Taman-Halbinsel, deren aufwendigste vielleicht Kreon und die trauernde Antigone mit einer Dienerin zeigt; sie wird mit der Hochblüte ›klassischer‹ Kunst in Athen verbunden und um 440–420 v. Chr. datiert. Allen genannten Schalen gemeinsam ist ein die Szene rahmender Lorbeerkranz, der attischen Tonschalen fremd ist. Ein um 450 v. Chr. datierter, vergoldeter Silberkantharos mit Dionysos und Mänade aus dem Goliamata-Hügel von Duvanli (Abb. 2) scheint die früheste bekannte Arbeit dieser Technik im griechischen Stil zu sein. Ein kleinerer Kantharos mit geprägtem Innenmedaillon der Amazone ›Andromache‹ wurde in einem indigenen Männergrab

Abb. 1. Silberschale mit Pferderennen. Aus dem Bashov-Hügel von Duvanli, um 400 v. Chr.

Abb. 2. Silberkantharos mit Dionysos und Mänade. Aus dem Goliamata-Hügel von Duvanli, um 450 v. Chr.

des späten 5. Jahrhunderts v. Chr. in Roscigno bei Salerno gefunden. Thematisch der gravierten Phiale aus dem Boshav-Hügel vergleichbar sind zwei Omphalos-Schalen »aus Spina« mit der Apotheose des Herakles: sie sind über derselben Form in Zinn getrieben und dann versilbert.

Aus dem griechischen Mutterland ist jedoch kein einziges vergleichbares Silbergefäß mit gesichertem Fundort bekannt, weder mit vergoldeter Gravierung noch mit getriebenem Reliefbild. Über das Aussehen der Hunderte von Gold- und Silber-Phialen in den Tresoren des Parthenon zu Athen wissen wir wenig, da sie in den Inventaren nur mit ihrem Standardgewicht genannt und nach dem Peloponnesischen Krieg eingeschmolzen worden sind.

Die These, Metallgefäße hätten a priori wegen ihres höheren Materialwertes als Vorbilder für solche aus Ton gedient, wird durch datierte Funde nicht bestätigt. Auch die Wertung, die kostbaren Silberschalen in den fernen reichen Fürstengräbern seien für »gern protzende barbarische Kunden hergestellt worden, wobei der Farbeffekt der rotfigurigen Keramik eklektisch mit der schwarzfigurigen Ritztechnik kombiniert wurde«, negiert die lange toreutische Tradition der »metallreichen« Thraker und Skythen. Das Fehlen vergleichbarer Silberarbeiten aus Griechenland selbst wird mit der These vom griechischen Künstler kompensiert, der im Auftrag ›barbarischer‹ Fürsten gearbeitet habe. Der fiktive griechische Toreut stammte vorzugsweise aus Amphipolis, 437/6 v. Chr. gegründet, nachdem Athen die reichen Gold- und Silbervorkommen im Pangaion-Gebirge hatte erobern können.

Fraglos unterscheiden sich die Silberschalen aus dem Bashov-Hügel bei Duvanli von den indigen thrakischen Silberarbeiten durch ihre griechische Form und Gestaltung. Technisch jedoch gibt es keinen Beweis für einen griechischen Toreuten. Hingegen beherrschten thrakische Silberschmiede – ebenso wie skythische – seit langem alle Arten der Verarbeitung, Gravur und Vergoldung; zudem hatten sie durch den steten Zugang zu persischen Gefäßen aus Gold und Silber reichlich Gelegenheit zur Verfeinerung ihres Könnens. Die beiden prachtvollen Silberschalen und das Riefelkännchen aus dem Bashov-Hügel belegen die große Attraktion der ›klassisch‹-griechischen Formensprache und ihre rasche Verbreitung in die ferne, fremde Donau-Region, das Rhyton mit der Pferdeprotome aber die ungebrochene Bindung der Thraker an die persische Kunst.

Literatur: B. Filow, Die Grabhügelnekropole bei Duvanlij in Südbulgarien (1934) 59–79 Nr. 1–5 Abb. 80–84 Taf. II 1; IV–VI; I.

Venedikov – T. Gerassimov, Thrakische Kunst (1976) 61 Abb. 97. 98; 67 Abb. 162; 76 Abb. 170–174; 81 Abb. 213; LIMC 2 (1984) 917 s. v. Astra 30 (S. Karusu); D. Musti u. a., L'oro dei Greci (1992) 266 Nr. 136. 137; I. Marazov (Hrsg.), Ancient Gold. The Wealth of the Thraciens. Treasures from the Republic of Bulgaria (1998) 138 Nr. 64; 181 Nr. 116; 187 Nr. 124; 197 Nr. 136. – Kännchen: N. Zimmermann, Beziehungen zwischen Ton- und Metallgefäßen spätklassischer und frühhellenistischer Zeit (1998) 9–14. 151 f. RKM 1–7, RKT 1–19 (Lit.). – Panzer: L. Ognenova, Les cuirasses en bronze trouvées en Thrace, BCH 85, 1961, 519 Abb. 12. 13; 527–530.
Vgl.: Rhyton aus Borovo, Russe: Marazov a. O. 223 Nr. 174; Zimmermann a. O. 171 RM 15. 16. – Schale aus Kapinovo, Veliko Turnovo: Marazov a. O. 175 Nr. 104. – Schalen aus dem ›Sieben-Brüder‹-Kurgan: D. W. J. Gill – M. Vickers, JdI 105, 1990, 20 ff.; Aus den Schatzkammern Eurasiens, Ausstellungskat. Zürich (1993) 164 Nr. 80 (Lit.). – Kantharos aus dem Goliamata-Hügel/Duvanli: Marazov a. O. 148 Nr. 77. – Kantharos aus Roscigno/Salerno: D. Musti u. a., L'oro dei Greci (1992) 259 Nr. 118. – Schalen »aus Spina«: ebenda 265 Nr. 133. 134. – D. Harris, The Treasures of the Parthenon and Erechtheion (1995) 28. 63. 77 ff. 99. 114.

Sizilien, Süd- und Mittelitalien

Nicola Bonacasa

›Klassik‹ und ›Gegenklassik‹ in Sizilien

Um für einen Ausstellungskatalog den Begriff der ›sikeliotischen‹ griechischen Kunst in wenigen Worten neu zu definieren, sind einige Präzisierungen erforderlich. Betrachten wir zuerst die ersten Jahrzehnte des 5. Jahrhunderts und den Strengen Stil, der sich von 480 bis 450 v. Chr. überall durch eine einheitliche künstlerische Sprache und eine weder zuvor noch später wieder erreichte breite geistige Bewegung auszeichnet, und der die Grundlage für das Entstehen und die Ausbreitung eines internationalen kulturellen Horizonts bildet. Wir sehen in Sizilien eine eigene Identität der Insel entstehen, die zwar autonom, aber von den geistigen Strömungen des Mutterlandes keineswegs unabhängig ist, was denn auch überhaupt das westliche Griechentum auszeichnet. In Sizilien und im gesamten griechischen Westen stellen sich die Folgen des zweifachen Sieges von Salamis und Himera im Jahr 480 v. Chr. anders dar als im griechischen Mutterland; denn hier in Sizilien zeigt sich überall eine Dramatisierung des politischen Echos auf den Sieg, es macht sich eine Sucht nach Größe und ein Wille zu Konfrontationen bemerkbar, die den tragischen Ausgang des Jahrhunderts vorwegzunehmen scheinen. So versteckt sich in jedem Baudenkmal ein eindeutiger politischer Bezug, alles atmet eine unverkennbare propagandistische Absicht.

Vom Siegestempel in Himera zum Athenaion der Deinomeniden in Syrakus, vom Heratempel in Selinunt zum Bau der beiden kolossalen Tempel in Agrigent und Selinunt wird dies sichtbar; ebenso an der Reihe der löwenköpfigen Wasserspeier von Himera, Agrigent und Syrakus, an den Giebelfiguren von Himera und Agrigent und den Metopenfriesen von Selinunt; von der rätselhaften Marmorstatue aus Mozia (Kat.Nr. 47) bis zum erdgebundenen Bronzeepheben aus Castelvetrano stellt sich der Strenge Stil in Sizilien als ein eigenes innovatives Modell dar: Philosophie und Wissenschaften, Architektur und darstellende Kunst spiegeln unveräußerliche und neue Werte im Zuge der Umsetzung von Ideen und Sprache der antiken Kunst wider.

Um die Mitte des 5. Jahrhunderts war nunmehr alles ausformuliert und verwirklicht worden, so daß das Jahr 450 v. Chr. den Niedergang jenes gewaltigen Ideals der Einheit bedeutet, das die vorangehenden dreißig Jahre gekennzeichnet hatte. Nun findet in den einzelnen Poleis ein Übergang von dem beeindruckenden wirtschaftlichen Aufschwung unter der Tyrannenherrschaft der früheren Jahre zu den neuen, noch nicht voll gereiften politischen Bedingungen der Demokratie statt, die sowohl lokalem als auch von außen wirkendem politischen Druck und Interessen und vor allem dem

Drängen und den Entscheidungen der gewerbetreibenden Schichten unterworfen waren, was zu einem ermüdenden Wechsel von politischer Konfliktlage und Wohlstand führte. Das große Zeitalter der Kontakte zur nichtgriechischen Bevölkerung und der fortschreitenden, alles durchdringenden Hellenisierung des Territoriums war zu Ende gegangen; die bedeutenden Veränderungen der Siedlungstopographie und die verschiedenen urbanistischen Lösungsansätze hatten nunmehr dauerhaften Charakter angenommen; von einigen wenigen Ausnahmen abgesehen, hatten die aktiven Bauhütten sowohl auf sakralem wie zivilem Gebiet ihre Versuche mit unterschiedlichen Bauformen sowie deren Verwirklichung abgeschlossen; der Prozeß der Neuschöpfung von komplexen Mustern der für die Tempel bestimmten Plastik war beendet. Allerdings nahm die innere Entwicklung der großen Siedlungen ihren Fortgang, wie auch die der sich von landwirtschaftlicher Produktion immer weiter entfernenden städtischen Zentren. Diese stützten sich immer stärker auf die soliden kaufmännischen Strukturen der Stadt, was zu einer nie gesehenen Zunahme an Privateigentum sowie an persönlichem Reichtum führte. Zu gleicher Zeit wurde in Sizilien großes Gewicht auf den Bau von Verteidigungsanlagen gelegt, was einerseits einer allgemeinen politischen Unsicherheit, andererseits aber auch der drohenden Gefahr durch die Punier zuzuschreiben ist.

Die archäologische Forschung des 20. Jahrhunderts hatte wegen ihres fast ausschließlichen Interesses für die griechischen Heiligtümer, Tempel und Nekropolen, das die Ansiedlungen fast gänzlich ausschloß, dem Studium der archaischen und klassischen Wohnkultur fast völlig den Weg versperrt, wobei neue Erkenntnisse und Zusammenhänge von großer Bedeutung übersehen wurden. Erst in den letzten dreißig Jahren hat die Erforschung der antiken Ansiedlungen eine an überraschenden Ergebnissen reiche Kontinuität erfahren.

Im Bereich der Plastik, der hier interessiert, darf man mit dem Epheben von Agrigent (Kat.-Nr. 437) beginnen, der vielleicht aus peloponnesischem Umfeld stammt (480 v. Chr.) und als letzter der Gruppe marmorner Kuroi nach Sizilien gelangt ist. Die anatomische Wiedergabe und die Struktur der Skulptur überwinden den traditionellen Typus des archaischen Kuros, und die glänzende Oberfläche des Marmors, die sich in der gleichzeitigen attischen Plastik findet, scheint auf einen bronzenen Archetypus zurückzugehen. Der Kopf legt einen Vergleich mit dem Kritios-Knaben der Akropolis in Athen nahe.

Danach kann man davon ausgehen, daß es nach der bekannten Tätigkeit des Bildhauers Pythagoras aus Rhegion, der wahrscheinlich von Samos aus zu Beginn des 5. Jahrhunderts v. Chr. in den Westen emigriert ist, und der Vollendung der großen Tempelplastik in Selinunt weder bedeutendere Bildhauer noch erfolgreiche Bildhauerwerkstätten gegeben hat. So bleibt z. B. die Marmorstatue aus Mozia (Kat.-Nr. 47) ein Werk außerhalb des Üblichen und bezeichnet wegen der wechselhaften Geschichte ihrer Existenz auch keinen historischen Kontext, abgesehen von dem ungelösten Problem ihrer zeitlichen Einordnung, die vom Strengen Stil bis zum Ende des 5. Jahrhunderts und noch darüber hinaus geht. Im Vergleich zur dicht aufeinanderfolgenden und in sich stimmigen Produktion der 1. Hälfte des 5. Jahrhunderts zeigt sich die sikeliotische Plastik der zweiten Hälfte jenes Jahrhunderts als sporadisch und zufällig und zeichnet sich durch einen zunehmenden Verlust an Lebendigkeit und dem Fehlen einer eigenen künstlerischen Sprache aus. Die sikeliotische Produktion der Zeit von 450 v. Chr. bis zum schicksalhaften letzten Jahrzehnt des 5. Jahrhunderts lehnt sich also weitgehend an attische Vorbilder und in unbestimmter Weise an den phidiasischen Stil an. Außer einigen Skulpturen aus Marmor und Kalkstein konzentriert sich das Interesse völlig auf die reichhaltige und vielfältige örtliche, zuweilen gerühmte Tonplastik. Es ist daher verständlich, wenn zu Recht oder Unrecht sizilische Werke dem Pythagoras zugeschrieben worden sind, die jedoch Einzelwerke von hohem künstlerischen Wert sind: so die kleine Bronzestatue aus Adrano (Kat.-Nr. 438), die trotz ihrer geringen Maße stilistische Kohärenz und Originalität in der Haltung zeigt; der im Bereich des Heraklestempels gefundene gefallene Krieger von Agrigent, der zu einer dicht komponierten Giebelgruppe aus den Jahren 480–475 v. Chr. gehörte; die Metopen des Pronaos vom Tempel E in Selinunt (475–460 v. Chr.) stellen eine bedeutende konzeptionelle sowie formale Neuerung dar, deren Komposition ideologische Absichten verfolgte; und schließlich auch der weniger geglückte Philoktet von Syrakus.

Es verwundert, daß sich die Kritik über Jahrzehnte bemüht hat, ein einheitliches Wesen der künstlerischen Produktion des westlichen und sikeliotischen Griechentums zumal der klassischen Zeit herauszuarbeiten, und vor allem, daß sie ihre Kräfte auf der Suche nach wohlklingenden, aber fast immer zweifelhaften Definitionen wie ›antiklassische‹, ›unklassische‹, ›heteroklassische‹, ›periphere‹, ›provinzielle‹ Produktion vergeudet hat. Negative Auswirkungen, Verzögerungen und Unverständnis waren zweifellos auf die philologisch-antiquarische Tendenz der älteren Studien zurückzuführen, sowie auf die strenge Anwendung eines Klassizismus deutscher Prägung und Tradition, der die ›Klassik‹ als nicht zu übertreffendes Paradigma definierte und dem die italienische Archäologie von der 2. Hälfte des 19. Jahrhunderts an bis zum Beginn des eben zu Ende gegangenen Jahrhunderts im großen und ganzen getreu gefolgt ist. Und schließlich auf gewisse andere verbreitete und verzerrte Auffassungen der griechischen ›Klassik‹ gegen Ende des 1. Viertels des 20. Jahrhunderts, in einer Zeit, als autochthone Themen und Stile in neuem Licht als innovative und revolutionäre Entdeckungen erschienen, wozu dann auch der politisch-ideologische Einfluß gut paßte, dem an starken und ›antiklassischen‹ Werken gelegen war – um es mit den Worten Pirro Marconis zu sagen, eines der radikalsten Gelehrten –, Werke von auffallend lokalem, gerade von griechischer Form befreitem Charakter, also Werke ›antiklassischen‹ Geschmacks.

Der ebenso originelle wie gefährliche Begriff ›antiklassisch‹ ist besonders auf die etruskische Kunst angewandt worden, die als Abweichung von den Formen der klassischen europäischen Kunst aufgefaßt wurde, sowie auf die sikeliotische griechische Kunst; er bezeichnete in der Folgezeit ganz allgemein das Auftreten einer sich gegen den klassischen Geschmack wendenden Richtung in einigen Gebieten künstlerischer Produktion des westlichen Mittelmeers zwischen dem 6. und dem 1. Jahrhundert v. Chr. Vor allem Marconi bemühte sich darum, dem Begriff ›antiklassisch‹ einen positiven und klaren Gehalt zu geben. In der Plastik Selinunts hatte Marconi unharmonische Lösungen entdeckt, von den Künstlern gewählt, als seien sie auf der Suche nach einem neuen Gleichgewicht, einer mit der Wirklichkeit aufs engste verknüpften, erdgebundenen Unverfälschtheit, also echte Zeugnisse der Bemühung, einer bekannten Form – eben der griechischen – einen gegenwartsbezogenen Inhalt entgegenzustellen, ohne ihn deshalb in ein Regelwerk zu pressen. Auf dieser Grundlage erarbeitete er seine Theorie der ›Gegenklassik‹, wobei er sich ästethischer Entwürfe bediente, die sich als nicht hinreichend gültig erwiesen haben, um eine weit komplexere geschichtliche Wirklichkeit zu bestimmen.

Somit existiert die Frage einer ›sikeliotischen‹ Kunst, so wie sie gestellt wurde, eigentlich gar nicht. Weshalb sie dennoch hier erwähnt wurde, hat seinen Grund darin, aufzuzeigen, welchen Schaden sie der sizilischen Archäologie zugefügt hat. Das Eingreifen von Persönlichkeiten wie Pirro Marconi, dem die Definition des von Pace formulierten Problems zu verdanken ist, ohne die negativen Folgen vorauszusehen, hat zu noch heute bestehenden Meinungsverschiedenheiten über das in Sizilien entstandene Phänomen des Aufeinandertreffens der griechischen Kultur mit den Ausdrucksformen der vor der Kolonisierung bestehenden Kulturen geführt.

Um zu einer überzeugenden Lösung des Problems zu kommen, hätte nicht die Frage nach den ›Unterschieden‹ zwischen der Kultur der griechischen Kunst auf Sizilien und der des Mutterlandes gestellt werden dürfen, sondern vielmehr die nach der Herausbildung und der Eigenart der Inselkultur, die als kolonialgriechische Mischkultur unter den veränderten gesellschaftlichen, wirtschaftlichen, politischen und historischen Bedingungen des griechischen Westens entstanden war.

Wir stellen für Sizilien noch einmal die Verbindung und den Gegensatz zwischen Zentrum und Peripherie in den Vordergrund, in dem das Bauwerk (genauer gesagt das dorische) und dann die Werke der bildenden Kunst für eine kurze Zeitspanne als rein griechisch, in der Praxis aber als »Randerscheinungen« im Verhältnis zum eigentlichen Griechenland verstanden wurden, also als »rein lokale Ausdrucksformen« mit einer Reihe spezifischer Verknüpfungen: a) politisch-kulturelle Marginalisierung; b) eher Stammes- als Geschmacksvermischungen; c) besondere örtliche Entwicklungen mit »Prioritäten« im Verhältnis zum Mutterland. Tatsache ist jedoch, daß einige Autonomien, die keineswegs unbedeutende Aspekte des westlichen »Experimentalismus« sind, das anfängliche Verhältnis von Zentrum-Peripherie umkehren zu dem von Peripherie-Zentrum und so zu einem

»sich entfaltenden Griechentum« im Westen geführt haben, also zu einer »Selbstbehauptung, die sich dem Zentrum verpflichtet fühlt«.

An diesem Punkt ist zu präzisieren, daß das westliche und besonders das sikeliotische Griechentum, welch letzteres abhängig war vom verbreiteten und alles durchdringenden Phänomen der Kolonisierung (Gründung der Poleis und Kontrolle über das Umland), das von größter geschichtlich-kultureller Bedeutung war und sich rasch konsolidierte, im Westen Wege eingeschlagen hat, die dem in Kleinasien und auf den griechischen Inseln, und sogar dem in Süditalien bestehenden unbekannt waren, und daß es ihm gelang, zumindest bis zum politischen, wenn auch nicht kulturellen Ende des 5. Jahrhunderts v. Chr. völlig neue Lösungen zu finden.

Damit wird man leicht verstehen, warum wir für die Berliner Ausstellung qualitätvolle handwerkliche Produkte ausgewählt haben, die dem üblichen Handwerk, den alltäglichen Lebensnotwendigkeiten sowie der Entwicklung einer kollektiven Kultur und nicht der einer Elite verpflichtet sind, und die allesamt eine Provenienz, nämlich Selinunt, haben. Diese Werke fügen sich in ihrer Gesamtheit in ganz bestimmte Strömungen jenes Kontinuums hohen Kunsthandwerks ein, das schließlich, um es mit B. Schweitzer zu sagen, die gesamte Produktion der griechischen Kunst kennzeichnet. Schließlich ist es, zumindest bis zur Herausbildung der hellenistischen Monarchien, gerade dieser grundlegende handwerkliche, die Tätigkeit der künstlerischen Werkstätten des Altertums auszeichnende Charakter, der auch die größten Talente berührt und den innigen Zusammenhang von wirtschaftlichem und gesellschaftlichem Aufbau sowie künstlerischer Kultur spürbar und verständlich macht.

Ein Blick auf die hier ausgewählten Objekte mag das eben Gesagte verdeutlichen. Die beiden Thronenden mit Taube (Kat.-Nr. 439. 440), die eine dem Einfluß des frühesten Strengen Stils, die andere dem angehenden klassischen Stil verpflichtet, beide Votivstatuetten, sind Zeugnis der komplexen Entwicklung eines Typus, der sich in der Tonplastik von Medma und Lokri bis nach Sizilien hin verbreitete. Die elegante Statuette der Peplophore (Kat.-Nr. 441) aus der 2. Hälfte des 5. Jahrhunderts v. Chr. zeigt in ihrem typologisch-stilistischen Aufbau deutliche Verweise auf bildhauerische Traditionen. Der reizvolle Rand des Beckens mit einem Zug von Meergottheiten (Kat.-Nr. 442) war ein hocheleganter häuslicher Gebrauchsgegenstand und doch in den Häusern des letzten Viertels des 5. Jahrhunderts v. Chr. weit verbreitet. Das stilvolle Bruchstück eines weiblichen Kopfes (Kat.-Nr. 443) aus dem Anfang des 4. Jahrhunderts v. Chr. gehörte vielleicht zu einer Statue mittlerer Größe oder zu einer Votivmaske, Erbe der attischen Tradition nach Phidias und Beispiel für plastisch-farbige Sensibilität und großes Einfühlungsvermögen. In dem ohne Zweifel dem privaten Kult gewidmeten kleinen Altar (Kat.-Nr. 444) der 2. Hälfte des 4. Jahrhunderts v. Chr. beeindruckt der starke Widerhall der griechischen Mythologie in den beiden Greifen, die ein Pferd reißen. Schließlich will das schöne Diadem aus Prizzi-Montagna dei Cavalli mit dem dionysischen Zug (Kat.-Nr. 445) aus dem Ende des 4. Jahrhunderts v. Chr. daran erinnern, wie beständig und eindeutig die ›klassischen‹ Einflüsse und ihre Verarbeitung auch im Umfeld der Zentren im Inneren der Insel, inmitten der Berge der östlichen Monti Sicani, waren.

Die Untersuchung der Produktionsbedingungen liefert einen der konkretesten historisch-archäologischen Forschungsansätze zur griechischen Kunst und erleichtert das Verständnis des Phänomens der ›Klassik‹, seiner Verbreitung und Überlieferung in Sizilien.

Literatur: R. Bianchi Bandinelli in: EAA I (1958) 412 f. s. v. Anticlassico; ders. in: EAA III (1960) 1026–1038 s. v. Greca arte; N. Bonacasa, Orientamenti della cultura archeologica in Sicilia, in: La presenza della Sicilia nella cultura degli ultimi cento anni, Koll. Palermo 1975, Bd. II (1977) 676–684; N. Bonacasa (Hrsg.), Lo stile severo in Sicilia. Dall'apogeo della tirannide alla prima democrazia, Ausstellungskat. Palermo (1990) 3–6; ders. (Hrsg.), Lo stile severo in Grecia e in Occidente. Aspetti e problemi (1995) S. VII–IX; I Greci in Occidente, Ausstellungskat. Venedig (1996); P. Marconi, L'anticlassico nell'arte di Selinunte, in: Dedalo 8, 1930/31, 395–412; S. Settis, Idea dell'arte greca d'Occidente fra Otto e Novecento. Germania e Italia, in: ders. (Hrsg.), Storia della Calabria antica II. Età italica e romana (1994) 855–902.

Übersetzung aus dem Italienischen: Lorenzo Kirchner

Kat.-Nr. 437

437 Statue eines Epheben

Ostgriechischer grobkörniger Marmor; H 102 cm (ungefähr 2/3 natürlicher Größe)
Zum Teil wieder zusammengesetzt; Bruch an der Halsbasis; Absplitterungen an Nase, Oberlippe, linkem Auge, Kinn, Hals, an der rechten Schulter und am Schamhügel. Es fehlen der rechte Fuß, die rechte Hand, der linke Unterarm, das linke Bein und das Knie.
Um 480 v. Chr.
Aus Agrigent, 1897 in einer Zisterne nahe San Biagio gefunden im Gebiet des Demetertempels
Agrigent, Museo Archeologico Regionale Inv. C1853. Aus den Sammlungen des Museo Civico und dem Staat *sine tempore* überlassen

Die stilistischen Merkmale, d. h. die Ponderation der Figur, die sanfte Modellierung des Gesichts und der Glanz der Oberfläche des Körpers – ohne eine oberflächliche Anatomie darzustellen, wie sie die archaische Konzeption auszeichnete – erweisen die Statue aus Agrigent als herausragendes Beispiel für den aufkommenden Strengen Stil, der im Kritios-Knaben der Akropolis in Athen deutlich wird.

Literatur: E. De Miro in: Lo stile severo in Sicilia. Dall'apogeo della tirannide alla prima democrazia, Ausstellungskat. Palermo (1990) 158 ff. Kat.-Nr. 1; C. Rolley, La sculpture grecque I (1994) 300 f.

[G. Castellana]

438 Athlet aus Adrano

Bronze; H 19,5 cm
Um 460 v. Chr.
Syrakus, Museo Archeologico Regionale »Paolo Orsi« Inv. 31888

Die Statuette eines spendenden Athleten mit kräftiger, fester Muskulatur und langen Beinen zeigt die Ponderation des Körpers in der leichten Hebung der rechten Hüfte und dem entlastet vorgeschobenen linken Fuß. Von großer Eindringlichkeit ist die Bewegung des zur spendenden Hand geneigten Kopfes und der weit ausgreifenden Arme. Das Haar ist als glatte Kappe gestaltet, der Nabel als Kreis graviert, das Schamhaar rasiert, der Penis eingerollt – wie häufig bei Athleten. Die Brustwarzen waren einst aus Kupfer eingelegt, die Augen vermutlich aus Glas.

Die hohe künstlerische Qualität der Kleinbronze beruht auf der ebenso großzügigen wie spannungsreichen Plastizität und der eigenständigen Proportionierung des athletischen Körpers.

Literatur: E. Langlotz, Die Kunst der Westgriechen (1963) 75 f. 84 f. Taf. X; U. Spigo in: Lo stile severo in Sicilia. Dall'apogeo della tirannide alla prima democrazia, Ausstellungskat. Palermo (1990) 243 ff. Kat.-Nr. 84.

G. P.-H.

Kat.-Nr. 438

Kat.-Nr. 439

439 Thronende Göttin

Terrakotta; H 36,0 cm
Breite Fehlstelle auf der Rs. von der Höhlung (Dm 3,8 cm) bis zur Basis; Abschürfungen und kleine Kuhlen auf Gesicht und Körper; abgenutzte Gußform. – Orange-roter Ton (Munsell 5 YR 6/8); Oberfläche aufgehellt; Engobe hellgelb (Munsell 10 YR 7/3).
Um 480 v. Chr.
Aus Selinunt
Palermo, Museo Archeologico Regionale »A. Salinas« Inv. N.I. 41535

Die Göttin sitzt auf einem Thron mit Löwentatzen und Rückenlehne mit Palmwedeln, ihre geschlossenen Füße ruhen auf einem Schemel. Ihr Kopf ist mit Scheibendiadem und kugelförmigen Ohrringen geschmückt. Sie trägt einen feinen Chiton und über den Schultern ein Himation, das von den Ellenbogen seitlich herabfällt. In der rechten Hand hält sie im Schoß eine Taube; die linke Hand ruht auf dem Knie. Der aus Lokri und Medma überlieferte Typus ist in der 1. Hälfte des 5. Jhs. v. Chr. und darüber hinaus in Selinunt weit verbreitet, zumal in der Variante mit Taube. Eher noch als die Aufhellung der Oberfläche, die sich auch in anderen sikeliotischen Terrakotten findet, beweist die anderen Typen aus Selinunt äußerst ähnliche Tonqualität die lokale Produktion.

Unveröffentlicht. – Zum Typus: E. Gabrici, Il santuario della Malophoros a Selinunte, MonAnt 32, 1927, 282. 289 Taf. 71, 7. Zur Oberfläche: R. A. Higgins, Catalogue of the Terracottas in the Department of Greek and Roman Antiquities. British Museum I (1954) 297. Zu anderen lokalen Typen: M. Dewailly, Les statuettes aux parures du sanctuaire de la Malophoros à Sélinonte, Cahiers du Centre Jean Berard 17 (1992) 58.

440 Thronende Göttin

Terrakotta; H 30,0 cm
Unbeschädigt. Geglättete Rs. mit Loch (Dm 3 cm); orange-roter Ton (Munsell 5 YR 7/8); Engobe cremefarben (Munsell 10 YR 8/3); abgenutzte Gußform.
475–450 v. Chr.
Aus Selinunt
Palermo, Museo Archeologico Regionale »A. Salinas« Inv. N.I. 41534

Die Statuette gibt denselben Typus der thronenden Göt-

Kat.-Nr. 440

Kat.-Nr. 441

tin mit Taube wie die vorhergehende Terrakotta wieder. Doch ist diese später zu datieren wegen des kleineren Kopfes und der weicheren Züge des regelmäßig modellierten Gesichtes. Die Ähnlichkeit zwischen den Körpern, nicht aber den Köpfen beider Statuetten belegt die Verwendung von zwei unterschiedlichen Matrizen. Einige Details beweisen, daß in Selinunt gefundene Stücke z. T. aus Matrizen von Medma stammen. Die Köpfe hingegen gleichen denen der Terrakotten anderer sikeliotischer Zentren (z. B. einem Stück aus Camarina, das sich im Museum von Syrakus befindet). Die Abhängigkeit der sikeliotischen Produktion von den Vorbildern aus Lokri und seinen Kolonien – man vergleiche die Pinakes von Francavilla di Sicilia – beruht auf der Belebung des Demeterkultes durch die Deinomeniden, die mit der Stadt in Süditalien intensive Kontakte pflegten. Nach 480 v. Chr. scheint Syrakus als Mittler der Einflüsse aus Lokri und Medma auf sizilische Zentren wie Selinunt fungiert zu haben.

Unveröffentlicht. – Zum Typus: Gabrici a. O. 292 Taf. 71, 7; Camarina: ebenda 302. Zu den Matrizen aus Medma und deren Verhältnis zur Produktion in Selinunt: R. L. Miller, The Terracotta Votives from Medma: Cult and Coroplastic Craft in Magna Graecia (Diss. Ann Arbor 1983) 145 f.; R. Miller Ammerman, Medma and the Exchange of Votive Terracottas, in: C. Malone – S. Stoddart (Hrsg.), Papers in Italian Archaeology IV. Classical and Medieval Archaeology, BAR IntSer 246 (1985) 14. – N. Allegro in: Lo stile severo in Sicilia, Ausstellungskat. Palermo (1990), 129; V. Hinz, Der Kult von Demeter und Kore auf Sizilien und in der Magna Graecia, Palilia 4 (1998) 21 ff.

441 Peplophore

Terrakotta; H 26,4 cm

Es fehlen der untere Teil und die eingefügten Arme; Absplitterungen an der linken Kopfseite; oberflächliche Abschürfungen. Kopf und Körper aus zwei verschiedenen Matrizen sichtbar an der Halsbasis zusammengefügt; auf der unbearbeiteten Rs. ein großes rechteckiges Loch (6,6 x 7,5 cm). Im Innern der vorderen Schale befindet sich ein Tonklümpchen mit Abdruck eines Holzstabes (H 8 x B 4,2 x T 0,6 cm), um die Terrakotta während der Trocknung zu halten. – Ton kräftig rosa (Munsell 2.5 YR 6/6); graue und schwarze Einschlüsse. Dicke rosabeige Engobe (Munsell 7.5 YR 8/4).450–400 v. Chr.

Aus Selinunt

Palermo, Museo Archeologico Regionale »A. Salinas« Inv. N.I. 41533

Kat.-Nr. 442

Die stehende Göttin trägt einen schweren gegürteten Chiton und ein Himation, das ihr diademgeschmücktes Haupt bedeckt. Trotz der flüchtigen Wiedergabe der Einzelheiten und dem zu weit nach hinten aufgesetzten Kopf, erinnert dieser Typus aufgrund seiner reichen Modellierung an großplastische Statuen.

Unveröffentlicht. – Zum Typus: Gabrici a. O. 292 Taf. 74, 7.

442 Rand eines Beckens mit Nereiden

Terrakotta; H 9,7 cm, Dm (rekonstruiert) ca. 70 cm, T 3,6 cm, H des Randes 8 cm
Aus zwei Fragmenten zusammengesetzt. Verkrustungen an der Oberfläche. – Ton innen violett, außen kräftig rosa (Munsell 5 YR 7/6). Engobe beige (Munsell 2.5 YR 8/2), teilweise intensiver (Munsell 7.5 YR 7/4).
Der Relieffries entstand durch Abrollung eines unverbrauchten Stempels mit drei Figuren. Er wird oben gerahmt durch ein ionisches Kyma; ein ›laufender Hund‹ unter den Figuren deutet die Meereswellen an.
425–400 v. Chr.
Aus Selinunt
Palermo, Museo Archeologico Regionale »A. Salinas« Inv. N.I. 41532

Das Fragment gehörte zum Rand eines großen flachen Beckens auf einem schlanken Säulenfuß, das in Haus oder Heiligtum zur Reinigung aufgestellt war. Das Motiv der Nereiden mit den Waffen des Achill, in der attischen Keramik seit archaischer Zeit vertreten, findet sich häufig in späteren apulischen Produkten. Seine Verbreitung in fünf verschiedenen Serien bei den Louteria aus Selinunt läßt eine Produktion in einer lokalen Werkstatt vermuten. Die mittlere verschleierte Frau auf einem Seeungeheuer meint vermutlich Thetis, die Mutter des Heros. Die Köpfe der beiden Nebenfiguren ähneln Münzen von Syrakus um 430 v. Chr.

Unveröffentlicht. – Zum Typus: E. Gabrici, Bracieri di terracotta sicelioti, ArchStorSic, Ser. III, I, 1946, 11 f.; N. Allegro, Louteria a rilievo da Himera, in: Secondo Quaderno Himerese. Studi e Materiali dell'Istituto di Archeologia dell'Università di Palermo 3 (1982) 162 Anm. 250; M. Krumme, Kunst und Archäologie – Die Sammlung Brommer (1989) 18 f. Nr. 42.

[S. Aiosa]

Kat.-Nr. 443

443 Weibliche Maske

Terrakotta; H 15,2 cm, B 10,5 cm
Grobkörniger, rotbrauner Ton (Munsell 5 YR 5/6) mit Flußsand und Glimmer. Oberfläche gelblich braun (Munsell 5 YR 5/3). Diese Merkmale entsprechen nicht den Tonerden in Selinunt.
Nur das Oval des Gesichts ist erhalten, das aus einer frischen Matrize geformt und mit einem Spatel nachgearbeitet wurde; Bruchstellen an Nase und Oberlippe; Iris und Pupille sind

durch Einkerbung markiert. Auf der Rs. ist die Oberfläche grob geglättet und in Höhe der Nase eingedrückt.
Anfang 4. Jh. v. Chr.
Aus Selinunt
Palermo, Museo Archeologico Regionale »A. Salinas« Inv. N.I. 41536

Die qualitätvolle Arbeit übertrifft trotz ihrer uniformen Flächigkeit in Größe und Ausführung die zeitgenössische Serienproduktion. Die Deutung wird durch das völlige Fehlen eines Kontextes beeinträchtigt. Dennoch liegt der Vergleich mit zwei Masken aus Lokri und einer Votivmaske aus Medma, die ebenfalls aus der Serienproduktion ragen, für den strengen Aufbau des Gesichts, die plastischen Lippen sowie die Modellierung von Stirn, Augen und Iris nahe.

Unveröffentlicht. – Vgl. M. Barra, Teste femminili, in: Locri Epizefiri I. Ricerche nella zona di Centocamere (1977) 86 f. 193 f. 203 f.; S. Settis, Una testa di Medma da Atene a Ginevra. Nuove ricerche e studi sulla Magna Grecia e la Sicilia antica in onore di Paolo Enrico Arias (1982) 393–403.

444 Altar mit zwei Greifen über einem Pferd

Terrakotta; H 13,8 cm, L 22,45 cm, B 14,45 cm
Relief aus unverbrauchter Matrize. Bruchstellen rechts, an beiden Kanten sowie der Rs. Es fehlen die Kehlleisten der Basis, der Front und der beiden Seiten. – Ton kräftig rosa (Munsell 10R 6/6), innen violett (Munsell 10R 5/2–5/3) mit weißen Einschlüssen. Außen rötlichorange (Munsell 5 YR 6/6). Engobe rötlichgelb (Munsell 5YR 8/4).
350–300 v. Chr.
Aus Selinunt (Ankauf)
Palermo, Museo Archeologico Regionale »A. Salinas« Inv. N.I. 41531

Das Altarrelief zeigt den Kampf zweier Greifen mit einem in die Knie gesunkenen Pferd, das den Kopf zurückwendet. Das Relief ist vor den drei von H. van der Meijden unterschiedenen Serien einzuordnen. Nach Typologie und Größe ist es mit den Exemplaren TK 103, 106 aus Mozia und TK 109, 110 aus dem Gebiet Pizzo Cannita zu vergleichen. Nach van der Meijden war die Ikonographie nur im Nordosten Siziliens verbreitet (1998 wurde im Hof des ›Terrassenhauses‹ von Monte Iato ein weiteres Exemplar gefunden). Aus Selinunt kommt eine Arula aus derselben Serie (Museum von Palermo, Geschenk Viviani; nicht identisch mit TK 103). Ebenfalls in Selinunt ist das Motiv des Greifs allein oder beim Reißen der Beute (Hirsch) auf *Cretulae* belegt, die im Gebiet des Tempels C gefunden wurden.

Kat.-Nr. 444

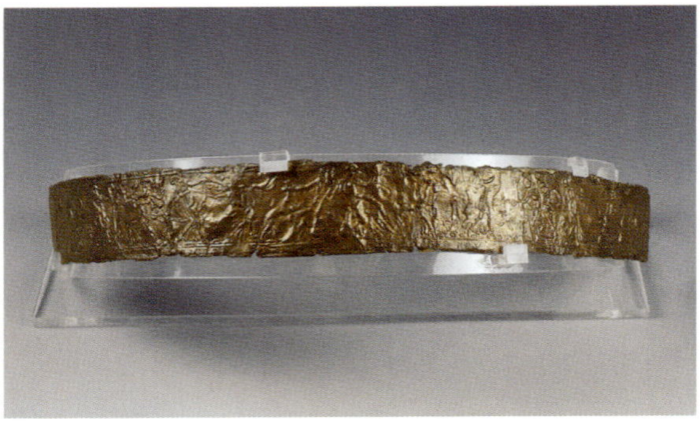

Kat.-Nr. 445

Literatur: H. van der Meijden, Terrakotta-Arulae aus Sizilien und Unteritalien (1993) 50 ff. 151 f. 270 Kat.-Nr. TK 104; 269 ff. Kat.-Nr. TK 103–112 Tab. 4B. 5B. 8.11.

445 Diadem mit dionysischem Thiasos

Silberblech, geprägt und vergoldet. Aus drei Fragmenten zusammengesetzt; L 28 cm, B 2,5 cm
Ende 4. Jh. v. Chr.
Aus Prizzi, Montagna dei Cavalli, westliche Nekropole des ›Cozzo della Regina‹ (PA)
Palermo, Museo Archeologico Regionale »A. Salinas« Inv. N.I. 23326

Das Diadem wurde auf der Stirn des Bestatteten zusammen mit den Fragmenten eines in Form und Technik ähnlichen Stücks mit florealer Dekoration in einem unbeschädigten Grab gefunden, das um die Jahre 320–310 v. Chr. datiert wird. In der Nähe der Bestattung fanden sich noch fünf weitere Fragmente von Diademen (?), 1987 ein weiteres vergoldetes Silberblech. Aus dem Bau B der Akropolis stammt ein vergoldetes Silberblech, das einen Dolchgriff verzierte.

Dionysos und Ariadne lagern auf einem Felsen, umgeben von tanzenden und musizierenden Mänaden und Satyrn. Ein Diadem aus Rhodos im Topkapi-Museum Istanbul und eines mit Heraklesknoten aus Pantikapaion in der Eremitage St. Petersburg zeigen eine vergleichbare Vitalität. Wenn das getriebene Ornament der Diademe in Funktion zur Form der abgerundeten Spitze steht, wie bei dem aus Madytos im Metropolitan Museum, aus Abydos in der Sammlung Calvert, aus Kyme im British Museum, aus der Sammlung von Gans in Berlin, oder das Diadem aus Rhodos im Topkapi-Museum, so ist die ornamentale Syntax eines Diadems in deutschem Privatbesitz und die eines weiteren im British Museum gänzlich unabhängig von der Form.

Die Diademe von Montagna dei Cavalli verbinden die Heroisierung mit dem Geschlecht des Verstorbenen und sind ein Beleg für die neue politische Identität der herrschenden, elitären Gruppen eines Zentrums, das unter punischer Vorherrschaft in einem strategisch wichtigen Territorium für die Kontrolle der Straße von Agrigent nach Palermo sorgte, aber auch offen war für Kontakte mit Syrakus und den Zentren der mittleren Südküste.

Literatur: M. R. La Lomia, Diadema con scena di thiasos dionisiaco, in: Di Terra in Terra. Nuove scoperte archeologiche nella provincia di Palermo, Ausstellungskat. Palermo 1991 (1993) 131 f. Nr. 171; P. G. Guzzo, Oreficerie dalla Magna Grecia (1993) 120 f. 293; R. J. A. Wilson, Archaeology in Sicily, 1982–87, in: ARepLond 34, 1987/88, 110 f. Abb. 3; 142; zum Goldblech aus der Grabung 1987: C. A. Di Stefano, Kokalos 34/35, 1988/89, II, 614 f.

[P. Minà]

Bernhard Weisser

Münzen aus Sizilien und Unteritalien als historische und kunstgeschichtliche Quelle

Die Griechen, die seit Mitte des 8. Jahrhunderts v. Chr. in Unteritalien und Sizilien Kolonien gegründet hatten, brachten ihre Gesetze und Bräuche aus den Mutterstädten mit. In der 2. Hälfte des 6. Jahrhunderts begannen sie mit der Münzprägung. Teilweise lassen sich hier noch die alten Verbindungen im Gewichtssystem erkennen. Naxos, Selinunt, Zankle (das spätere Messana) und das auf dem Festland gegenüber gelegene Rhegion gehörten zu den ersten Kolonialstädten mit eigener Münzprägung.

Zu Beginn des 5. Jahrhunderts wurde Rhegion mit in die Auseinandersetzungen zwischen Griechen und Persern hineingezogen. Die Niederlage der Ionier in der Seeschlacht bei Lade im Jahr 500 v. Chr. hatte die Einwohner von Milet und Samos veranlaßt, nach Sizilien auszuwandern, wo sie sich auf Einladung zunächst in Rhegion niederließen. Von dort aus eroberten sie 494 das feindliche Messana. Die neuen Herren der Stadt schufen auch einen Münztyp, der einen Löwenskalp auf der Vorderseite und den Schiffsbug einer Kriegsgaleere auf der Rückseite zeigt (Kat.-Nr. 446). Der Löwenskalp war der samischen Münzikonographie entlehnt. Die Kolonisten ließen Münzen prägen, mit denen sie den Stolz der Kolonisten auf ihre samische Abstammung zum Ausdruck brachten.

Die Stadt Gela, an der Südostküste Siziliens gelegen, begann in den ersten Jahrzehnten des 5. Jahrhunderts mit einer eigenen Münzprägung. Die Rückseite zeigt von Beginn an den Flußgott Gelas in der Gestalt des menschenköpfigen Stieres. Die Vorderseite weist anfangs einen mit Speer bewehrten Reiter auf. In dieser Zeit (491 v. Chr.) errang der Reiterführer Gelon die Stadtherrschaft und dehnte seinen Herrschaftsbereich rasch auf Kamarina, Kallipolis, Leontinoi, Katane und Naxos aus. 485 v. Chr. brachte er Syrakus in seine Hand und erhob die Stadt zur Residenz. Von hier aus stieg er zum Herrscher über ganz Ostsizilien auf. Mit dem Sieg über die Punier am Himeras-Fluß 480 v. Chr. sicherte er seine dominierende Stellung über die griechischen Kolonien in Sizilien. Die Oberherrschaft Gelons wurde auch in gemeinsamen Münzbildern verdeutlicht. Die Stadt Gela ersetzte nun das Vorderseitenbild mit einer durch eine Nike bekränzten Quadriga (Kat.-Nr. 447). Diese Darstellung als Zeichen der Herrschaft des Geschlechtes von Gelon, der Deinomeniden, wurde gleichzeitig in vielen Städten adaptiert (hier Kat.-Nr. 448. 449 für Syrakus und Kat.-Nr. 452 für Katane).

Die Münzen, die seit 485 in Sizilien und Unteritalien geprägt wurden, zählen zu den Meisterwerken klassischer Kunst. Syrakus schuf als Residenzstadt Münzen höchster Qualität, die als Vorbilder weit über die Region wirkten. Anders als etwa in Athen wurde den Stempelschneidern freie Hand in der Umsetzung des Bildthemas gelassen, so daß allein anhand der Münzprägung von Syrakus Zeitstil und individuelle Stempelschneiderkunst studiert werden können. Zwei dieser Meisterwerke stehen hierfür stellvertretend: zum einen ein Dekadrachmon aus der Zeit um 465 v. Chr., das früher mit dem ›Demaretaion‹ gleichgesetzt wurde (Kat.-Nr. 448), zum anderen das Dekadrachmon aus dem Ende des 5. Jahrhunderts, das der Stempelschneider Euainetos mit seinem Namen signierte (Kat.-Nr. 449). Künstlersignaturen sind eine Besonderheit klassischer Zeit. Sie erscheinen am häufigsten zwischen 430 und 400 v. Chr., als auch das Individuum in der griechischen Sophistik eine wichtige Rolle spielte.

Unter den vielen Exemplaren hervorragender Münzstempel ist eine Münze aus Naxos erwähnenswert. Diese zeigt einen Dionysoskopf auf der Vorderseite und einen sitzenden Silens auf der Rückseite (Kat.-Nr. 450). Die Charakterisierung des wilden Gesellen mit seiner Schamlosigkeit im gespreizten Sitz, seiner Erektion und Freude am Wein ist dem Stempelschneider hervorragend gelungen. Überzeugend werden mit der Darstellung des Silens verschiedene Aspekte des Dionysos-Kultes beschrieben. In der Ausnutzung des runden Bildfeldes erweist sich die Meisterschaft des Stempelschneiders.

Von Naxos aus wurden in der Symaithos-Ebene in Ostsizilien die Städte Leontinoi und Katane gegründet. Vier Gerstenkörner, die den Löwenkopf von Leontinoi umgeben, weisen auf die Fruchtbarkeit dieser Ebene hin. In beiden Orten war Apollon der Hauptgott. Die beiden Apollonköpfe auf den Münzen sind herausragende Zeugnisse für den Strengen Stil und die hochklassische Kunst (Kat.-Nr. 451. 452). Terminus ante quem für die Münze von Katane ist dessen Zerstörung im Jahre 406 v. Chr. Sie wird in die Jahre um 410 v. Chr. datiert und gilt als ein Hauptwerk des Stempelschneiders Euainetos, dem auch die jüngere der beiden syrakusanischen Münzen verdankt wird (Kat.-Nr. 449). Sein Stolz auf den gelungenen Münzstempel kommt in der selbstbewußten Anbringung seines Namens auf dem Täfelchen in der Hand der Nike zum Ausdruck.

Der Einfluß der Münzbilder von Syrakus reichte über das griechische Siedlungsgebiet hinaus. Die Münzen von Segesta, einer bedeutenden Siedlung der einheimischen Elymer, die beständig im Konflikt mit den Griechen und besonders Selinunt lag, lehnten sich stilistisch an die griechischen Prägungen an (Kat.-Nr. 453). Dasselbe gilt für die zeitgleichen Münzen der Phönizier auf Sizilien, die mit punischen Legenden versehen wurden.

Unteritalien blickte zu Beginn der Klassik bereits auf eine reiche Münzgeschichte zurück. Es hatte individuelle Lösungen in der Herstellung und Gestaltung der Münzen gefunden, gewisse Motive hatten Tradition. So hielt die Stadt Metapont an dem Münzmotiv der Getreideähre fest. Der Apollon Karneios auf der Vorderseite mit Widderhorn und -ohr war hingegen eine zeitgenössische Wiedergabe der Schutzgottheit im klassischen Stil (Kat.-Nr. 454).

Andere Städte wurden in klassischer Zeit neu besiedelt. Thurioi war eine panhellenische Kolonie, die auf Vorschlag von Perikles 443 v. Chr. im Gelände des zerstörten Sybaris gegründet wurde. Die Beziehungen zwischen Thurioi und der Tochterstadt Herakleia, einer Neugründung von 433/432 v. Chr., werden auch in dem gleichen Vorderseitenbild der Athena mit der spähenden Skylla, einem Hinweis auf gemeinsame Kulte, deutlich (Kat.-Nr. 456. 457). Die Rückseite der Münze mit Herakles im Kampf mit dem Nemeischen Löwen kann neben der Verehrung des namengebenden Heros auch als eine Art sprechendes Wappen aufgefaßt werden.

Die Gründung von Thurioi führte rasch zu Konflikten mit der nahegelegenen spartanischen Kolonie Tarent. Die Didrachmen waren das Leitnominal von Tarent. Sie wurden bis weit in den Hellenismus geprägt. Ein typisches Beispiel aus dem Beginn des 4. Jahrhunderts zeigt Kat.-Nr. 455. Die Bewaffnung des Delphinreiters Palanthos ist als mythologischer Reflex auf diese kriegerischen Auseinandersetzungen zu interpretieren.

446 Zankle (später: Messana), Tetradrachmon

Silber; Dm 22 mm
Zwischen 493 und 488 v. Chr.
Berlin, Münzkabinett Inv. 1875/381, aus dem Messina-Hort

Vs.: Löwenskalp von vorne auf erhöhtem Rand, dadurch wie Schildzeichen wirkend; Kreislinie.

Rs.: Schiffsbug einer samischen Kriegsgaleere l.; Punktkreis.

Literatur: A. v. Sallet, ZfN 3, 1876, 135 f. Taf. 2, 6 (Kupferstich): Erstveröffentlichung mit Hinweis auf Zusammensetzung des Fundes von Messina: 20 athenische Tetradrachmen (noch keine Blätter am Helm), 4 aus Akanthus ohne Schrift, 3 oder mehr aus Rhegion (Löwenskalp und Kalbskopf), 3 von

Messana (Löwenskalp und Kalbskopf) und »einige wenige von Samos mit den oben beschriebenen Typen«; H. E. Gielow, Die Silberprägung von Dankle-Messana, in: Mitteilungen der Bayerischen Numismatischen Gesellschaft 48, 1930, 36 ff. Nr. 85; H. P. Barron, The Silver Coins of Samos (1966) 40 ff. 178 Nr. 1 Taf. 6. Zum Thema: E. S. G. Robinson, Rhegion, Zankle-Messana, and the Samians, JHS 56, 1946, 13–20.

447 Gela, Tetradrachmon

Silber; Dm 26 mm
Um 480/470 v. Chr.
Berlin, Münzkabinett, 1900 Imhoof-Blumer

Vs.: Wagenlenker mit Treibstab und Zügel auf Viergespann r., darüber Nike, die die Pferde bekränzt; Perlkreis.
Rs.: ΓΕΛΑΣ; Vorderteil des Flußgottes Gelas als menschenköpfiger Stier mit bärtigem Gesicht r.

Literatur: G. K. Jenkins, The Coinage of Gela, AMuGS 2 (1970) 164, 1 Taf. (diese Münze).

448 Syrakus, Dekadrachmon

Silber; 36 mm
Um 465 v. Chr.
Berlin, Münzkabinett, 1873 Fox

Vs.: Wagenlenker auf Quadriga r. Der Wagenlenker hält, weit vorgebeugt, in beiden Händen die Zügel, in der Linken zusätzlich einen Treibstab. Darüber fliegt eine Nike in Fahrtrichtung, die die Pferde bekränzt. Unter der Standlinie ein nach rechts stürmender Löwe. Perlkreis, das Bildfeld dezentriert.
Rs.: ΣΥ–ΡΑ–ΚΟΣ–ΙΟΝ (gegenläufig); weiblicher Kopf mit Ohrschmuck und Halskette r., der einen Olivenkranz trägt. Das Haar ist sehr stilisiert wiedergegeben. Der Kopf befindet sich in einer Kreislinie, die von vier Delphinen umgeben ist.

Literatur: K. Regling, Die antike Münze als Kunstwerk (1924) 403; E. Boehringer, Die Münzen von Syrakus (1929) 374 (V191/R264). Zur Datierung ca. 465 v. Chr. aufgrund von Hortfunden, die mit dem Fall der Tyrannis 466 v. Chr. in Verbindung gebracht werden: C. M. Kraay, Greek Coins and History (1969) 19 ff.; ders., NumChron 1972, 13 ff.

449 Syrakus, Dekadrachmon

Silber; Dm 35 mm
Um 390 v. Chr.
Berlin, Münzkabinett Inv. 28842

Vs.: Quadriga im Galopp l. Der Fahrer mit vorgebeugtem Oberkörper hält die straff gespannten Zügel in der linken Hand, einen langen Treibstab in der Rechten. Auf den Wagenlenker fliegt eine Nike zu, die einen Kranz in den Händen hält. Unter der profilierten Standleiste ist eine Rüstung zu sehen, die auf einem zweistufigen Podium aufgestellt ist. Sie besteht aus einem von zwei Beinschienen gerahmten Panzer, einem Schild und einem Helm.
Rs.: ΣΥ–ΡΑ–Κ[–ΟΣ–ΙΩ]; Kopf der Arethusa mit Kranz von Schilfblättern l. Die Quellnymphe trägt das Haar hochgesteckt. Einige Locken lösen sich vorwitzig aus der Haarfülle. Sie ist mit einer Halskette und einem dreiteiligen Ohrgehänge geschmückt. Umgeben ist sie von vier Delphinen. Die Legende des Stempelschneiders ΕΥ–ΑΙΝΕ, die bei diesem Münztyp unter dem Delphin erscheint, ist hier nicht mit auf den Schrötling gelangt.

Literatur: A. v. Sallet – K. Regling, Handbücher der Staatlichen Museen zu Berlin (1929) 21; A. Gallatin, Syracusan Dekadrachms of the Euainetos Type (1930) C XIV, R VI, Nr. 1 (Stempelkatalog mit 10 weiteren Exemplaren).

450 Naxos, Tetradrachmon

Silber; Dm 29 mm
Ca. 460 v. Chr.
Berlin, Münzkabinett, 1900 Imhoof-Blumer

Vs.: Kopf des Dionysos r. mit Efeukranz, der als zarter Zweig gestaltet ist. Dieser geht hinten in ein Band über, mit dem zugleich der kräftige Nackenknoten hochgebunden ist. Haar und Bart des Gottes sind durch feine parallele Wellen gegliedert. Die starke Braue, das große Oberlid und die ausgeprägten Lippen verleihen dem Gesicht eine Strenge und Wildheit, wie sie ähnlich bei dem Silen, einem seiner Begleiter, auf der Rückseite der Münze wiederzufinden ist. Der Stempelschneider durchbricht den Perlkreis an drei Stellen, was zu dem Gesamteindruck einer unkonventionellen Schöpfung beiträgt.
Rs.: Ν–ΑΞΙ–ΟΝ; nackter Silen hockt in Vorderansicht mit gespreizten Beinen und eregiertem Glied auf dem Boden und stützt sich mit der Linken ab. Der bärtige Kopf mit den Pferdeohr ist nach links gewandt. Als Mischwesen kennzeichnet ihn auch der lange Schwanz, der von links hinten kommend in einzelnen Haarsträhnen bis unter sein Gesäß reicht. In der rechten Hand hält er einen Kantharos in einer für das Kottabos-Spiel typischen Haltung, einem Zeitvertreib beim Symposion.

Literatur: K. Regling, Die antike Münze als Kunstwerk (1924) 395; H. Cahn, Die Münzen der sizilischen Stadt Naxos (1944) 54, 31.

451 Leontinoi, Tetradrachmon

Silber; Dm 25–26 mm
Um 460–450 v. Chr.
Berlin, Münzkabinett, 1873 Fox

Vs.: Kopf des Apollon mit Lorbeerkranz l. Das Haar, das in feinen Wellen von der Kalotte herabfällt, ist in einen Haarreif eingerollt; Perlkreis.
Rs.: Λ–ΕΟΝ–ΤΙΝΟ–Ν (rückläufig); Kopf eines Löwen mit Mähnenansatz r., aus dessen weit geöffnetem Maul die Zunge heraushängt. Löwenkopf umgeben von vier Gerstenkörnern.

Literatur: C. M. Kraay, Archaic and Classical Greek Coins (1976) Nr. 835. Zur Einschätzung des Apollonkopfes als her-

Kat.-Nr. 446

Kat.-Nr. 447

Kat.-Nr. 448

Kat.-Nr. 449

Kat.-Nr. 450

Kat.-Nr. 451

Kat.-Nr. 452

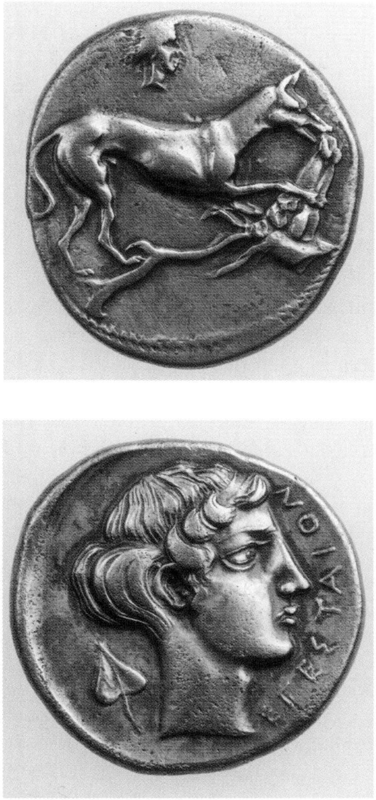

Kat.-Nr. 453

Kat.-Nr. 454

Kat.-Nr. 455

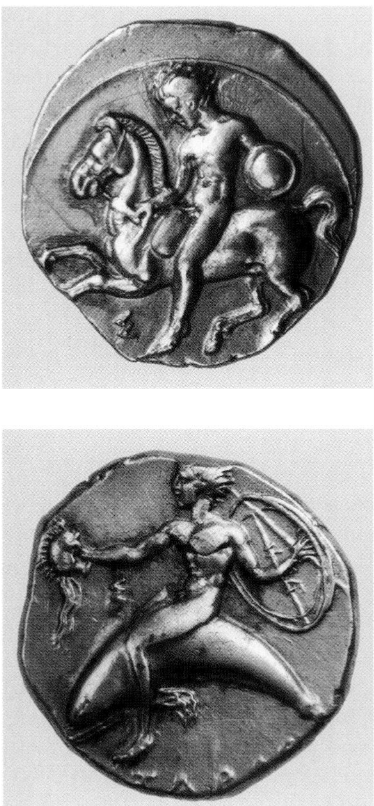

Kat.-Nr. 456

Kat.-Nr. 457

ausragendes Kunstwerk frühklassischer Zeit: K. Lange, Die Götter Griechenlands (1946) Taf. 5; H. A. Cahn in: R. Hampe, Heidelberger Neuerwerbungen 1957–1970 (1971) 103. 134.

452 Katana, Tetradrachmon (att.)

Silber; Dm 26 mm
Um 410 v. Chr.
Berlin, Münzkabinett, 1873 Fox

Vs.: Nach l. galoppierende Quadriga beim Wendemanöver. Darüber fliegt eine Nike r. mit ausgestrecktem Lorbeerkranz auf den Wagenlenker zu. In der rechten Hand hält sie eine Tafel mit dem Namen des Stempelschneiders EYAIN. Rechts außen die Wendesäule, im Abschnitt unter dreifacher Leiste eine Krabbe; Perlkreis (von Kapitell der Wendesäule durchbrochen).
Rs.: ΚΑΤΑΝΑΙΩΝ; Kopf des Apollon mit Lorbeerkranz l. Das Haar ist hinten aufgesteckt. Links im Feld Schellenglocke, rechts im Feld Languste.

Literatur: K. Regling, Die antike Münze als Kunstwerk (1924) 544; P. R. Franke – M. Hirmer, Die griechische Münze (1964) Taf. 14, 42. Vgl.: J. Liegle, Euainetos (1941) 39 ff. 139 ff. Taf. 11. 12; BMC S. 48, 35; SNG Lockett 731; Katalog Gulbenkian (1971) 188 und 189; G. Giacosa, Uomo e cavallo sulla moneta greca (1973) Taf. 42. 43; Auktion Leu, 28. 5. 1974, 89 (»Kunstfreund«).

453 Segesta, Didrachmon

Silber; Dm 24 mm
Um 420 v. Chr.
Berlin, Münzkabinett, 1873 Fox

Vs.: Jagdhund r. steht über Hirschkopf und benagt das Maul, darüber kleiner Mädchenkopf r.; Kordelrand.
Rs.: ΕΓΕΣΤΑΙΟΝ; Kopf der Nymphe von Segesta (Aigeste) r., dahinter Efeublatt. Das Haar ist am Hinterkopf in großer Rolle um Reif geschlungen, seitlich in drei Locken eingedreht.

Literatur: J. Friedländer – A. von Sallet, Das Königliche Münzkabinett[2] (1877) 575; C. M. Kraay, Archaic and Classical Greek Coins (1976) Nr. 860. Stempelgleich: SNG Lloyd 1181; SNG Kopenhagen 577; G. K. Jenkins, Coins of Punic Sicily, SNR 50, 1971, Taf. 4 C; Auktion Leu, 28. 5. 1974, 99 (»Kunstfreund«): zum Vorbildcharakter syrakusanischer Münzen.

454 Metapont, Didrachmon (Nommos)

Silber; Dm 22 mm
Um 390 v. Chr.
Berlin, Münzkabinett, 1900 Imhoof-Blumer

Vs.: Kopf des Apollon Karneios mit Lorbeerkranz, Widderohr und -horn r.
Rs.: [M]ETA; Weizenähre mit Blatt links.

Literatur: F. Imhoof-Blumer, SNR 21, 1917, 16 Nr. 23 (erstmalige Deutung als Apollon Karneios); S. P. Noe, The Coinage of Metapontum II, NNM 47 (1931) 336b und 14 f. mit Diskussion der Benennung. Vgl.: Auktion, Leu 28. 5. 1974, 178 (»Kunstfreund«): um 390 v. Chr.; C. M. Kraay, Archaic and Classical Greek Coins (1976) Nr. 599.

455 Tarent, Didrachmon

Silber; Dm 22 mm
400–390 v. Chr.
Berlin, Münzkabinett Inv. 1885/114

Vs.: Σ (unter Pferdevorderteil); Reiter auf galoppierendem Pferd l., der im Begriff ist, vom Pferd abzuspringen. Das angezogene linke Bein liegt auf dem Widerrist des Pferdes. Mit der Rechten hält er den Zügel fest. In der Linken hält er einen kleinen Rundschild; Kreislinie.
Rs.: ΤΑΡ[ΑΣ]; links im Feld Σ; Delphinreiter (Phalanthos) l. mit Helm in der ausgestreckten rechten Hand und Schild und Speer in der linken Hand. Der Schild wird von innen gezeigt.

Literatur: W. Fischer-Bossert, Chronologie der Didrachmen von Tarent 510–280 v. Chr., AMuGS 14 (1999) Gruppe 24, 329 a (V 149/R 256): 400–390 v. Chr.

456 Herakleia, Stater

Silber; Dm 22 mm
Um 410 v. Chr.
Berlin, Münzkabinett, alter Bestand aus der Slg. Gonzaga (auf der Vs. ist der Adler aus der Slg. Gonzaga eingraviert). Die Münze ist gelocht.

Vs.: Unter Halsabschnitt A; Kopf der Athena mit Helm l., Helmbusch, auf dem Kessel Triton l. mit aufgerichtetem Oberkörper, die Rechte erhoben; Eule (?) auf Nackenschutz; Hals und Ohrschmuck.
Rs.: ΗΡΑΚΛΗΙΩΝ; oben im Feld A; der nackte bartlose Herakles, frontal stehend, Oberkörper r., ringt mit dem nemeischen Löwen, den er mit einem Klammergriff gepackt hält und vom Boden abgehoben hat; links Bogen und Keule.

Literatur: E. Work, The Earlier Staters of Heraclea Lucaniae, NNM 91 (1940) 24, 24; F. van Keuren, The Coinage of Heraclea Lucaniae (1994) Nr. 42: ca. 400–330 v. Chr.; H. D. Schultz, Antike Münzen. Bildheft zur Ausstellung des Münzkabinetts (1997) Nr. 122: um 410 v. Chr.

457 Thurioi, Distater

Silber; Dm 27–29 mm
Um 380 v. Chr.
Berlin, Münzkabinett Inv. 21288

Vs.: Kopf der Athena mit Helm l., auf dem Kessel spähende Skylla mit menschlichem Oberkörper und Fischschwanz l.; Nackenschutz undekoriert.
Rs.: ΘΟΥΡΙΩΝ; Stier r., den Oberkörper zum Stoß gesenkt, im Abschnitt länglicher Fisch r., das Maul erhoben.

Literatur: J. Friedländer – A. von Sallet, Das Königliche Münzkabinett[2] (1877) 740; S. P. Noe, The Thurian Di-Staters, NNM 71 (1935) D 16: ab 413 v. Chr.; H. D. Schultz, Antike Münzen. Bildheft zur Ausstellung des Münzkabinetts (1997) Nr. 123: um 380 v. Chr.

Pier Giovanni Guzzo

Klassik in Unteritalien und Sizilien

Der römische Statthalter C. Verres richtete seine skrupellose Sammelleidenschaft auch auf Kunstschätze in Sizilien: dies ist ein sicheres Zeugnis für die Existenz von Kunstwerken in Großgriechenland, die dem Geschmack der Römer im 1. Jahrhundert v. Chr. entsprachen. Er bildete sich an Werken, die im weitesten Sinne als ›klassisch‹ bezeichnet werden können. Dies zog eine gezielte Neuanfertigung von Kunstwerken nach sich, die die begrenzte Anzahl von Originalen bereichern sollte. Zu dieser Produktion, eben der ›klassizistischen‹, trug der einheimische Künstler Menelaos aus Unteritalien bei, Verfasser eines fünfbändigen Werks, das wohl die Namen der Künstler verzeichnete, die auch in Großgriechenland ›klassische‹ Werke herstellten. Sicher waren darin jedoch die ›klassischen‹ *opera nobilia* aufgeführt (Plinius, Nat. hist. 36, 39).

Die Namen dieser Künstler sind bis heute unbekannt: deshalb haben moderne Interpreten der antiken Kunst immer wieder ausführlich verschiedene Lesarten und Interpretationsmodelle für Funde aus archäologischen Grabungen in Kalabrien, der Basilicata, in Apulien und Kampanien ins Spiel gebracht, die mit keinem Künstlernamen zu verbinden sind.

Sowohl die allgemeinen und besonderen Merkmale der unteritalischen Kultur wie auch ihre spezifische Kunstproduktion – ob öffentlich oder privat, sei es Skulptur, Architektur oder Kleinkunst – haben zu unterschiedlichen Beurteilungen in der modernen Forschung geführt. Und insbesondere das Maß an ›Griechischem‹ (geht man davon aus, daß dieser Begriff ein für alle Mal objektiv definierbar ist) ist in dem immer wieder analysierten Material sozusagen mit der Apothekerwaage bilanziert und mit dem Skalpell des Pathologen seziert worden, um darin die vermeintlichen oder zweifelsfreien Charakteristika von Kunstwerken aus dem griechischen Mutterland zu definieren – und das, obwohl sich Griechenland seinerseits gliedert in Ionier und Dorer, Athener und Korinther, Sikyonier und Arkader, Spartaner und Samier usw.

In der modernen Forschung setzte sich der Begriff der ›Klassik‹ durch zu einer Zeit, als man von ›Großgriechenland‹ noch nichts Sicheres wußte; und die wenigen Objekte mit der wahrscheinlichen Provenienz *Magna Graecia* – wie zum Beispiel das Relief Albani – wurden als solche nicht anerkannt. Außerdem hatte die etablierte Wertehierarchie bereits zwischen dem ›Kunstzentrum‹ – also Attika und Phidias – und den ›Peripherien‹ geschieden, deren Kunstproduktion bekannte Namen und eine besondere Evidenz fehlten, was durch Statuetten und Münzen auch nicht zu ersetzen war. Dazu sind selbst in den letzten Jahrzehnten keine wirksamen hermeneutischen Instrumente entwickelt worden: So hat man über die Herkunft der großen Bronzestatuen aus dem Meer bei Riace viel, jedoch immer ohne Konsens diskutiert.

Natürlich ist auch hier kein Raum zu untersuchen, was die Essenz oder auch nur die formalen Aspekte von Kunst und Kunsthandwerk in Großgriechenland eigentlich ausmachen. Doch soll eine Annäherung an das ›Klassische‹ für eine Kulturregion zu definieren versucht werden, die ihrer Natur gemäß vielfältig bunt ist, die aber nicht über eine eigene kritische Geschichtsschreibung verfügt, auf die wir uns stützen könnten, um zu begreifen, wie die Menschen in der Antike sich selbst und ihre Kunst wahrgenommen haben.

Es scheint, daß jede Polis in Großgriechenland Anspruch auf ihr eigenes, reines Griechentum und die eigene Überlegenheit den anderen gegenüber erhob, sei es, daß diese am Gründungsalter gemessen wurde, sei es an der gegenwärtigen politischen Macht. Der einheimischen Bevölkerung wurde in dem Maß Beachtung geschenkt, wie sie eine potentielle Gefahr für das Wohlergehen der einzelnen Städte darstellte: Dies ging so weit, ihr in gewissen Situationen griechische Vorfahren anzudichten.

Nun bietet das archäologische Material aus der *Magna Graecia* nicht wenig an künstlerischer Produktion, auch wenn es noch nicht die Vielfältigkeit und Vollständigkeit der Kontexte ›klassischer‹ Kunst des Mutterlandes erreicht. Wir sind daher nicht in der Lage, innerhalb eines definierten Zeitraums ein kulturell führendes Zentrum in Großgriechenland auszumachen, wie es – dank der antiken Geschichtsschreibung und des erhaltenen archäologischen Materials – besonders für Athen zur Zeit von Perikles und Phidias der Fall ist.

Im Gegenteil hielten sich in Großgriechenland gleichzeitig unterschiedliche Zentren gegenseitig mit mehr oder minder großem Erfolg machtpolitisch im Gleichgewicht: Wurde so nicht z. B. der Konflikt zwischen Tarent und Thurioi, der während des Peloponnesischen Krieges ausgetragen wurde, ohne Sieger und Besiegte als besiegelt angesehen? Und hat sich der Expansion Tarents nicht Syrakus entgegengestellt, um ein ausgewogenes Machtgefüge zu schaffen?

Wenn also jede bedeutende Polis in Süditalien eine Zeit der besonderen Stärke erlebt hat, so folgt daraus, daß ihre Kunstproduktion sich jeweils innerhalb ihres Einflußbereiches ausbreitete – wie etwa Sybaris auf dem Gipfel seiner Macht. Das bedeutet aber, für jeden Stadtstaat eine eigene ›Klassik‹ auszumachen – sofern darunter eine charakteristische Kunstform zu verstehen ist, die unter den wirtschaftlichen und politischen Gegebenheiten das höchstmögliche Niveau erreicht.

Andererseits lebte man auch in der Antike nicht in hermetisch abgedichteten Räumen: Der Handel von Objekten macht die Ideen bekannt, und so kommen auch die Menschen herum. Daher ist die Liste der Kunstwerke, die in Großgriechenland gefunden worden und auf ›klassische‹ Vorbilder zurückzuführen sind, nicht kurz; als Beispiel genüge die vorgeschlagene Verbindung des Akroliths von Cirò mit Phidias.

Widerhall und Einfluß sind nicht zu leugnen. Im übrigen können wir nachlesen, daß Athener nach Thurioi gingen und daß sich auf der dortigen, von Hippodamos entworfenen Agora der Kenotaph Herodots befand. Doch offenbar ist es eben das Phänomen des Reflexes, wie präzis und detailliert er auch sein mag, das der Definition von ›Klassik‹ widerspricht. Denn was wir – ebenso wie die Menschen in der Antike – als ›klassisch‹ empfinden, muß in einem bestimmten kulturellen Umfeld zu einer bestimmten Zeit geschaffen worden sein. Die Verbreitung der ›Klassik‹ hingegen und die Impulse, die sich daraus für die verschiedenen Kunstzentren ergaben, und zwar in unterschiedlichen kulturellen Zusammenhängen und in zeitlich versetzten Phasen, und seien die Abweichungen minimal – dies gehört in die Kategorie ›Verbreitung‹ oder ›kulturelle Assimilation‹. Es handelt sich also um die Weitergabe eines angenommenen Modells, wenn man eine Beziehung zwischen einem treibenden und einem empfangenden Kunstzentrum feststellt.

Auch in dem Fall, der ein Exempel darstellen könnte, nämlich dem der attischen Vasenmaler, die erst der Ausbruch der Pest und später die Auswirkungen der Niederlage im Peloponnesischen Krieg dazu getrieben hatte, nach Süditalien auszuwandern und die ersten ›proto-italischen‹ Werkstätten zu gründen: ein attisches Produkt läßt sich immer von einem unteritalischen unterscheiden.

Die ›Klassik‹ in Großgriechenland, die man in unteritalischen Produkten der 2. Hälfte des 5. Jahrhunderts v. Chr. hat erkennen wollen, existiert in diesem Sinne nur für solche modernen Forscher, die als einzig gültiges Modell eben nur das ›Klassische‹ im Athen des Perikles und Phidias anerkennen.

Das Kunstschaffen in Großgriechenland, das die Gipfel der ›Klassik‹ in den einzelnen untersuchten Stadtstaaten zu jeweils unterschiedlichen Zeiten und Orten erreichte, ist hingegen Frucht einer eigenen Kultur. Diese Kultur entstammt nicht der Kreuzung von Rassen, sondern sie entspringt den kulturellen Bedürfnissen, die eigenständig erzeugt und als real anerkannt wurden in allen Städten, die eine hinreichende wirtschaftliche und politische Macht erringen konnten, um in unterschiedlichen historischen Momenten zu Kunstzentren zu werden.

Das Bestreben, diese Orte und historischen Momente, ihre charakteristischen Ausdrucksformen, auch die aufgenommenen und verarbeiteten Einflüsse zu bestimmen, müßte Gegenstand einer modernen wissenschaftlichen Untersuchung sein, die Anspruch darauf erhebt, historisch fundiert zu sein.

Literatur: S. Settis, Idea dell'arte greca d'Occidente fra Otto e Novecento. Germania e Italia, in: S. Settis (Hrsg.), Storia della Calabria antica. Età italica e romana (1994) 855–902; G. Pugliese-Caratelli (Hrsg.), I Greci in Occidente, Ausstellungskat. Venedig (1996); E. Lippolis (Hrsg.), I Greci in Occidente. Arte e artigianato in Magna Grecia, Ausstellungskat. Tarent (1996).

Übersetzung aus dem Italienischen: Ingrid Behrmann

Kat.-Nr. 458

Kat.-Nr. 459

458 Weiblicher Kopf

Terrakotta, mit Resten von Polychromie; H 17,3 cm
460–450 v. Chr.
Aus Grammichele (CT), bei Terravecchia, Madonna del Piano
Syrakus, Museo Archeologico Regionale Paolo Orsi Inv. 14222

Der Kopf gehörte zu einer Büste (vgl. Kat.-Nr. 459), wie sie häufig als Weihegaben in diesem Heiligtum, aber auch auf Sizilien und in Unteritalien gestiftet wurden. Das Gesicht verbindet eine plastische Akzentuierung von Nase, Lippen und Stirn mit der sehr genauen Zeichnung von Augen und in die Stirn geordneten Haarwellen.

Verschiedene Stilelemente fließen hier ineinander und bedienen einen lokalen Geschmack, ohne sich in ein eindeutiges kulturelles Ambiente einordnen zu lassen.

Literatur: E. Langlotz, Die Kunst der Westgriechen (1963) 66 Abb. 41. P. G. G.

459 Weibliche Büste mit Polos

Terrakotta, mit Resten von Bemalung; H 42 cm, B 34,5 cm
460–450 v. Chr.
Syrakus, Museo Archeologico Regionale Paolo Orsi Inv. 20403

Auf einer glatten ›Schulterbüste‹, die einst mit aufgelegter Halskette und einem gemalten Gewand dekoriert war, erhebt sich ein frontal gerichteter Frauenkopf; ihr langes Haar in feinen plissierten Wellen wird gekrönt von einem hohen Polos; diesen rahmt unten ein Wulst, oben verbreitert er sich. Augen, Brauen, Ohren und Lippen der Frau akzentuieren durch scharfe Grate das plastisch gestaltete Gesicht. Der strenge Aufbau und die sowohl großflächige wie detaillierte Gestaltung markieren den Übergang vom Strengen Stil zur Klassik.

Literatur: Lo stile severo in Sicilia, Ausstellungskat. Palermo (1990) 267 Nr. 102; Abb. 268 zu Nr. 103; G. Pugliese Carratelli (Hrsg.), I Greci in Occidente, Ausstellungskat. Venedig (1996) 704 Nr. 179. G. P.-H.

460 Weiblicher Kopf mit Helm, wohl Athena

Weißer Inselmarmor; H 29 cm
Um 450 v. Chr.
Aus Tarent, erworben 1915
Tarent, Museo Archeologico Nazionale Inv. 3899

Der Kopf war ursprünglich mit einem Bronzehelm ausgestattet, was sich mit Sicherheit aus den Abflachungen ergibt, die der Helm bedeckte, und ist somit als Athena zu benennen. Aus Bronze waren auch die seitlichen Haarsträhnen gefertigt und in den heute sichtbaren Löchern befestigt.

Die Verwendung eines griechischen Marmors, in Unteritalien keine Seltenheit, deutet nicht zwangsläufig auf einen Bildhauer aus dem Mutterland hin; es gab einen regen kulturellen und materiellen Austausch unter den griechischen Provinzen. Gleichzeitig bedienten sich in dieser Zeit die Einwohner Unteritaliens, und

Kat.-Nr. 460

insbesondere die Tarentiner, der großen griechischen Meister, um Weihgeschenke für Delphi und Olympia fertigen zu lassen.

Ein derart lebhafter Austausch in beiden Richtungen bestärkt uns in der Zuschreibung an eine lokale Werkstatt, wobei aufgrund fehlender Daten die Herkunft des Künstlers, der das Werk um die Mitte des 5. Jhs. v. Chr. geschaffen hat, offenbleiben muß. An dieses Werk lassen sich zahlreiche andere Skulpturen anschließen (s. Kat.-Nr. 462).

Literatur: R. Belli Pasqua, Catalogo del Museo Nazionale Archeologico di Taranto IV 1. Taranto. La scultura in marmo e in pietra (1995) 31–38; G. Pugliese Carratelli (Hrsg.), I Greci in Occidente, Ausstellungskat. Venedig (1996) 706 Nr. 192.

461 Arula (Votivaltar)

Ton, in einer Matrize geformt; H 22,5 cm, B 27,5 cm, T 18,5 cm
1. Hälfte des 4. Jhs. v. Chr.
Aus Tarent, Masseria Vaccarella (Streufund 1914)
Tarent, Museo Archeologico Nazionale Inv. 208343

Auf der Vorderseite des trapezförmigen Altares ist eine Frauengemachszene dargestellt: auf einer Kline links sitzt eine sich entschleiernde Braut, zu ihren Füßen ihre Dienerin auf einem Schemel. Den beiden gegenüber eine Göttin in Chiton und Himation, wohl Aphrodite oder Kore-Persephone. Sie schickt einen Eros mit Tänie zur Braut. Vor der Kline ein Hochzeitskästchen auf einer Hydria. Die beiden Schmalseiten sind mit je einer Palmette verziert.

Literatur: G. Pugliese Carratelli (Hrsg.), I Greci in Occidente, Ausstellungskat. Venedig (1996) 727 Nr. 293 I.

G. P.-H.

462 Weiblicher Kopf

Körniger weißer Marmor, vielleicht ägäisch; H 18,5 cm
Um 460 v. Chr.
Aus Metapont (MT), Apollonheiligtum, beim Tempel C
Metapont, Museo Archeologico Nazionale Inv. 135652

Kat.-Nr. 461

Kat.-Nr. 462

Kat.-Nr. 463

Die Skulptur, vielleicht von einem Giebel, ist für die Dreiviertelansicht angelegt: die weiche Gestaltung des Gesichtes kontrastiert mit der detaillierten Darstellung der Frisur an der Seite.

Wie bereits bei der Athena von Tarent (s. Kat.-Nr. 460), so waren auch hier einzelne Bronzeteile im Marmor befestigt. Zwei Löcher auf der Stirn könnten Hörner gehalten haben (dann wäre Io dargestellt) oder auch ein Monddiadem (Attribut der Artemis).

Die Errichtung und Ausschmückung des großen Apollonheiligtums von Metapont führte um die Mitte des 5. Jhs. v. Chr. zu einer intensiven bildhauerischen Tätigkeit, zu der verschiedene Künstler beitrugen, die vermutlich auch aus Tarent gerufen wurden. Mit diesen Werken entstand ein Lokalstil aus verschiedenen Einflüssen, der in deutlichem Gegensatz zur älteren metapontischen Kunstproduktion steht.

Literatur: G. Pugliese Carratelli (Hrsg.), I Greci in Occidente, Ausstellungskat. Venedig (1996) 697 Nr. 149.

463 Weiblicher Kopf

Terrakotta; H 33 cm
Um 450 v. Chr.
Herkunft unsicher, vielleicht aus Reggio oder Locri
Neapel, Museo Archeologico Nazionale Inv. CS 211

Der Kopf ist hinten flach und somit eindeutig für die Anbringung als Votiv zu deuten. Die betont symmetrische Vorderansicht geht mit einer bei der Herstellung entstandenen, vermutlich nicht intendierten Unregelmäßigkeit der Lippen einher. Die Plastizität des Gesichts kontrastiert mit der Gestaltung der Stirnhaare.

Vielleicht ist hier ein nicht-griechischer Einfluß wirksam. Aber die ungesicherte Herkunft verbietet eine genauere Zuweisung innerhalb Großgriechenlands. Dennoch ist ein Bezug zu klassischen Vorbildern der Mitte des 5. Jhs. v. Chr. deutlich, besonders in der nuancierten Wiedergabe der Wangen, in der dichten Verbindung der einzelnen Teile untereinander und den harmonischen Proportionen.

Dieser Kopf dokumentiert die Durchdringung der großgriechischen Kunst von Wissen und von Tradi-

Kat.-Nr. 464

Kat.-Nr. 465

tionen, die, obgleich an sich unterschiedlich, sich wieder neu zusammensetzen, sozusagen zu einem idealen Bild, Ort für Ort, in jeweils zeitlich versetzten Phasen des Kunstschaffens. Auch deshalb erscheint eine generelle Definition für ›die Klassik‹ in Großgriechenland unzulässig.

Literatur: E. Langlotz, Die Kunst der Westgriechen (1963) 72 Abb. 70.

464. 465 Zwei Votivtafeln: Frau vor Truhe; Prozession der Frauen

Terrakotta, bemalt; Typ 5/2 und 5/5; 26 cm und 24,5 cm
480–460 v. Chr.
Aus Locri Epizefiri, Heiligtum der Persephone
Reggio Calabria, Museo Archeologico Nazionale Inv. 28266 und 57482

Im Heiligtum der Persephone von Lokri wurden über 6000 Fragmente bemalter Tontafeln im Flachrelief aus Matrizenproduktion gefunden. Die Bilder zeigen Szenen aus dem Mythos der Persephone – von ihrem Raub durch Hades bis zur ›Heiligen Hochzeit‹ in der Unterwelt – sowie Riten für die jungen Bräute in Lokri, die diese Tafeln weihten als Garantie für Fruchtbarkeit und zahlreiche Nachkommenschaft.

Trotz der seriellen Produktion zeugen die Votive von der Kraft der Vorbilder, von denen sich die Töpfer inspirieren ließen, sowie vom großen technischen Können, das sie bei der Bearbeitung und Variation der Matrizen entfalteten.

Das kulturelle Umfeld Lokris in der 1. Hälfte des 5. Jhs. v. Chr. dokumentiert sich in diesen einfachen Votivtafeln, die aufgrund ihrer gesicherten Authenzität dazu beitragen, wesentlich kostbarere Werke wie etwa die Reliefs des umstrittenen ›Ludovisischen Throns‹ dem lokrischen Kunstkreis zuzuweisen.

Literatur: A. Borbein, Das antike Griechenland (1995) 341; The Western Greeks, Ausstellungskat. Venedig (1996) 701 Nr. 166 II.

P. G. G.

466 Kleiner Altar: Nike mit Tänie

Terrakotta; H 27,3 cm
Um 450 v. Chr.
Aus Locri Epizefiri, Centocamere
Locri Epizefiri, Museo Nazionale Inv. 79119

Der kleine Altar wurde in dem Wohnquartier Centocamere gefunden. Das Relief auf der Vorderseite zeigt zwischen Säulen mit ionischen Kapitellen frontal stehend die Göttin des Sieges mit großen Flügeln. Nike im gegürteten Peplos neigt den Kopf im Profil zur Seite ihres Standbeins. Sie hält in beiden Händen eine lange Binde hoch, wohl um sie einem siegreichen Athleten zu reichen.

Literatur: L. Costamagna – C. Sabbione, Una città in Magna Grecia Locri Epizefiri (1990) 122 Abb. 163; The Western Greeks, Ausstellungskat. Venedig (1996) 701 Nr. 165.

Kat.-Nr. 466

467 Weibliche Statuette auf einem Griff

Elfenbein mit Goldauflage; H 11 cm
Um 475–450 v. Chr.
Aus Locri Epizefiri, Nekropole di Lucifero, Grab 1676
Reggio Calabria, Museo Archeologico Nazionale Inv. 5377

Die kleine weibliche Figur auf einem Griff aus Elfenbein war 1915 in einem Grab einer der Nekropolen nördlich der Stadtmauer von Lokri ausgegraben worden, ihr Kopf wurde erst kürzlich in den Magazinen des Museums von Reggio entdeckt. Die Frau im reich gefälteten Chiton und voluminösen Mantel um Unterkörper und linken Arm steht frontal auf einer Basis; ihr rechter Unteram fehlt. Auf ihren Haaren und auf dem Chiton sind Reste von Blattgold erhalten. Die Statuette bekrönt einen langen Griff, der aus einem Volutenkapitell über einem säulenartigen Schaft besteht; dieser endet unten in einer Palmette, auf deren Rückseite vielleicht ein Fächer oder ein Kosmetikspatel aus leichter vergänglichem Material befestigt war.

Das kostbare Gerät wurde in einem Grabkontext des späten 5. Jhs. v. Chr. gefunden, war also mehr als zwei Generationen in Gebrauch. Es ist samt seinem seltenen Material mit Vergoldung einzigartig im griechischen Westen, die überaus feine Verarbeitung konnte nur eine hochspezialisierte Werkstatt leisten.

Literatur: P. Orsi, NSc 1917, 142 f.

[C. Sabbione]

Kat.-Nr. 467

Cornelia Isler-Kerényi

Dreierlei Wege der Verbreitung der Klassik in Italien: Metapont, Capua, Falerii

Der klassische Kunststil, der sich nach den Perserkriegen herausbildete und sämtliche in Griechenland gepflegten Gattungen erfaßte, war keine Selbstverständlichkeit. Er resultierte vielmehr aus einem komplexen Vorgang der Distanzierung von den eleganten spätarchaischen Formen und der bewußten Option für eine weniger gefällige Ausdrucksweise, welche vom Körper nicht nur die Oberfläche und das Volumen, sondern die ihn von innen bewegenden Kräfte spüren läßt. Eine solche Option war kaum nur ästhetisch motiviert, sondern hängt mit dem damals alle Bereiche des geistigen und politischen Lebens erfassenden Denkprozeß zusammen. Es ist kein Zufall, daß der neue Stil besonders glanzvoll am repräsentativsten Neubau des demokratischen Athens, am Parthenon, vorgeführt wurde.

Der klassische Stil wirkte auf die damaligen Betrachter so überzeugend, daß ihn auch auf bescheidenerem Niveau tätige Kunsthandwerker, wie etwa die Vasenmaler, übernahmen und für sich weiterentwickelten. Er wurde auch außerhalb Griechenlands, besonders in Italien, zum Kennzeichen zeitgemäßen Geschmacks. Italien war den Griechen des mittleren 5. Jahrhunderts v. Chr. seit langem vertraut. Die dem Meer zugewandten Regionen im Süden galten durch die mittlerweile zu Metropolen herangewachsenen Kolonialstädte sogar als integraler Bestandteil der hellenischen Welt. In Mittelitalien waren die von den Griechen seit Jahrhunderten als gut zahlende Abnehmer ihres Kunsthandwerks hoch geachteten (oft genug auch gefürchteten) Etrusker verwurzelt. Daneben gab es große vermittelnde oder auch periphere Gebiete. Die neue Formensprache der Klassik wurde je nach geschichtlicher und kultureller Situation verschieden tief und auf unterschiedliche Weise rezipiert. Dies soll in der Ausstellung an drei Beispielen illustriert werden: dem griechischen Metapont, dem campanischen Capua und dem faliskischen Falerii.

Metapont, in der Mitte des Meerbusens von Tarent in der heutigen Basilicata gelegen, war im 7. Jahrhundert v. Chr. von Griechen aus Achaia gegründet worden. Während der folgenden zweihundert Jahre nahm es, wie man den wenigen historischen Nachrichten und dem reichen archäologischen Befund entnehmen kann, an Prosperität und politischem Gewicht zu. Diese Phase endete bald nach 450 v. Chr., als in der Nähe die neuen Kolonien Thurioi (443/2) und Herakleia (433/2) gegründet wurden und auch die aus dem Landesinneren zur fruchtbaren Küstenebene vordrängenden Einheimischen die Stadt unter wachsenden Druck setzten. Vom 4. Jahrhundert an geriet Metapont immer mehr in die Sphäre der Metropole Tarent, bis die ganze Region um 280 v. Chr. unter römische Herrschaft fiel.

In der Zeit der hohen Klassik muß die über ungleich größere Ressourcen verfügende *Magna Graecia* für die Griechen im Mutterland trotz des prekären machtpolitischen Umfelds sehr attraktiv gewesen sein (anders sind die schon genannten Gründungen nicht zu erklären). Wie die Bevölkerung der Kolonien ohne Einschränkung oder zeitliche Verzögerung am panhellenischen philosophischen und politischen Diskurs partizipierte, so waren auch die Künstler an der fortlaufenden Weiterentwicklung der ästhetischen Standards und an der Herausbildung des klassischen Stils beteiligt.

Im Fall von Metapont kann man die Verbindung zu Athen konkret fassen. Im Kerameikos hergestellte schwarz- und rotfigurige Keramik war schon um 500 v. Chr. bis in die einheimischen Zentren des Hinterlandes gekommen (etwa Kat.-Nr. 472). Metapont selbst hatte ebenfalls eine rege Keramikproduktion, wie der Fund von Ofenmüllhalden in der Nähe der Stadtmauer beweist. Das dort gefundene Ausschußmaterial zeigt, daß der Amykos-Maler, ein um 420–400 v. Chr. führender italisch-rotfiguriger Vasenmaler, seine Werkstatt in Metapont hatte. Dieser Künstler, von dem hier ein typischer Kolonnettenkrater gezeigt wird (Kat.-Nr. 470), ist stilistisch eng mit dem älteren Pisticci-Maler verbunden (Kat.-Nr. 469), dem die Gründung des Betriebes kurz nach 450 zugeschrieben wird. Dessen Stilaffinität zu attischen Vasenmalern im Umkreis des Niobiden-Malers und auch der

Abb. 1. Etruskische ›Olla‹ aus Poggio Buco, Grab XVI, 700–650 v. Chr. Berlin, Antikensammlung Inv. V.I. 3479

Abb. 2. Faliskischer Stamnos aus Sovana, 4. Jh. v. Chr. Berlin, Antikensammlung Inv. V.I. 5825: Achill opfert gefangene Trojaner am Grab des Patroklos

Umstand, daß er Gefäßtypen verzierte, die im 2. Viertel des 5. Jahrhunderts v. Chr. in Athen Mode waren (Kat.-Nr. 468), ließen ihn eine Zeitlang für einen ausgewanderten Athener gelten. Aufgrund akkurater Stilanalysen kann man jedenfalls mit Sicherheit annehmen, daß er seine Ausbildung in Athen erfahren und dort die äußerst schwierige Linierhaartechnik, ein Markenzeichen der attisch-rotfigurigen Keramik, eingeübt hat. Über den Pisticci- und den Amykos-Maler hat also die athenische Keramik der Klassik eine Fortsetzung in Metapont gefunden, aus der eine erfolgreiche lokale, in die Umgebung weit verteilte Produktion und bald auch ein charakteristischer lukanischer Dekorationsstil hervorgegangen sind (Kat.-Nr. 471. 473).

Capua an der Via Appia war noch für den römischen Historiker Titus Livius die größte und reichste Stadt Italiens. Ähnlich wird das schon für die archaische und klassische Zeit gelten, wie die Ausgrabungen im Gebiet des heutigen S. Maria di Capua Vetere gezeigt haben. Anders als Metapont ist Capua keine griechische Gründung, sondern eine bereits seit dem 9. Jahrhundert v. Chr. prosperierende Siedlung im fruchtbaren, Mittelitalien mit Großgriechenland verbindenden Inland Kampaniens. Bis gegen 500 v. Chr. gehörte es kulturell zu den Etruskern, deren Machtbereich sich damals bis südlich von Salerno (Pontecagnano) erstreckte. Die enge Nachbarschaft zu den großgriechischen Poleis führte sowohl zu politischen Spannungen (vor allem mit Kyme), wie zu angeregtem kulturellen Austausch. Dieser hörte auch nicht auf, als die Stadt im Laufe des 5. Jahrhunderts immer mehr von den Samniten, den einheimischen Bergbewohnern, bedrängt wurde.

Wie die hier gezeigte Objektauswahl illustrieren möchte, beschränkte sich der Austausch in der Zeit der Klassik nicht auf die Kunst. Die Beigaben eines im antiken Capua entdeckten, um 450 v. Chr. datierten Frauengrabes sind in dieser Hinsicht sehr aufschlußreich (Kat.-Nr. 475–478). Das Gefäß, das als Urne diente und heute Stamnos genannt wird, gehörte in jenen Jahrzehnten zu den vornehmsten Vasentypen, die im athenischen Kerameikos produziert wurden. Dort war es drei Generationen zuvor nicht nach griechischen, sondern nach etruskischen Vorbildern und für die Nachfrage aus Italien kreiert worden (Abb. 1). Noch tiefer in den kulturellen Austausch führt seine Dekoration (Kat.-Nr. 475). Sie spielt auf eine von Frauen begangene Feier zu Ehren des Wein- und

Theatergottes Dionysos an und findet sich ähnlich fast nur auf Stamnoi. Die Wahl gerade eines solchen Stamnos als Urne für eine Frau muß, wie die übrigen Grabbeigaben zeigen, eine ganz bewußte gewesen sein: Sie sollte die spezielle Beziehung der Toten zu Dionysos unterstreichen. Mit dem klassischen Athen hatten demnach das etruskische Capua und – wie der berühmteste Stamnos mit der Darstellung eines dionysischen Frauenrituals (Kat.-Nr. 474) beweist – ganz Kampanien nicht nur die Wertschätzung des Stamnos als Vasenform gemeinsam, sondern auch besondere Rituale zu Ehren eines der wichtigsten griechischen Götter.

Bei so tiefen Gemeinsamkeiten scheint die Frage, ob die vornehme Dame, deren Grab zur Zeit der samnitischen Machtübernahme künstlerisch ausgestattet wurde (Kat.-Nr. 480), eine Etruskerin, eine Griechin oder eine Samnitin gewesen ist, von sekundärer Bedeutung: Für sie war wichtig, sich als schöne Frau in der damals für alle gleich verständlichen Stilsprache verewigt zu sehen. Diese Sprache blieb ja sogar für jene Leute in Gebrauch, die erst in relativ später Zeit von der Peripherie in die Gebiete der mediterranen (griechischen und etruskischen) Stadtkultur eindrangen und dort wohl als Barbaren empfunden wurden (Kat.-Nr. 479).

Falerii hieß in der Antike die Stadt im heutigen Civita Castellana, etwa 60 km nördlich von Rom. Ihr Gebiet unterschied sich zwar sprachlich und teilweise auch kulturell vom angrenzenden Etrurien, war aber von früh auf eng mit diesem verbunden und teilte in historischer Zeit, vor allem in der Konfrontation mit Rom, sein Schicksal. Ein wichtiges Element war in der Geschichte Faleriis, wie in der der etruskischen Städte, die Auseinandersetzung mit der griechischen Kultur.

Wie in Metapont führt man die eigene, um 400 v. Chr. einsetzende Produktion rotfiguriger Luxuskeramik auch in Falerii auf Personen zurück, die aus Athen kamen. Nimmt man die außerordentlich hochstehende klassische Tonplastik dazu, die hier als Dekoration der Heiligtümer diente, könnte dieses Kunstzentrum als großgriechisch gelten. Die Werke und die Inhalte der hellenischen Kunst hat man hier allerdings nicht nur willig, sondern eigenwillig zum Vorbild genommen und für sich nutzbar gemacht. Das läßt sich am prächtigen Kelchkrater in dieser Ausstellung gut zeigen (Kat.-Nr. 481). Auf den ersten Blick kommen einem die Figuren bekannt vor. Ihre Art, sich ins Bild zu setzen, wirkt griechisch, bei manchen fällt die Benennung aufgrund des Motivs von Anfang an leicht: Helena entblößt sich vor ihrem rachelustigen Mann Menelaos, Neoptolemos schleudert das Kind Astyanax zu Tode. Aber ist damit wirklich die Einnahme Trojas gemeint, wie sie unter Griechen erzählt wurde? Warum wird Priamos nicht von einem griechischen, sondern von einem Krieger mit orientalischer Kopfbedeckung umgebracht? Welcher Gott ist auf der Seite B gemeint, Dionysos oder Apollon? Während man den etruskischen und faliskischen Künstlern in vergleichbaren Fällen früher rasch Willkür und mangelndes Verständnis unterstellte, läßt man heute die Möglichkeit zu, daß sie im Hinblick auf eine uns unzugängliche Botschaft für das eigene Publikum die griechische Bildtradition bewußt veränderten. Bemerkenswert ist jedenfalls – und es ist kein Einzelfall (Abb. 2) –, daß die Änderung ausgerechnet ein ideologisch und emotional so stark befrachtetes Thema des griechischen Mythos und der griechischen Geschichte betrifft, wie den Krieg um Troja.

Die drei Beispiele zeigen also, daß die Klassik im antiken Italien keine bloß ästhetische Mode gewesen ist, sondern eine Formsprache, die sich – damals und bis heute – zur Vermittlung der unterschiedlichsten Botschaften eignete.

Literatur: Metapont: D. Mertens, Metaponto, in: EAA, 2. Suppl. (1995) 641–648; F. D'Andria, I materiali del V secolo a. C. nel Ceramico di Metaponto e alcuni risultati delle analisi sulle argille, Festschrift D. Adamesteanu (1980) 117–145; Metaponto, Atti del XIII convegno di studi sulla Magna Grecia, Taranto 1973 (1974); M. Denoyelle, Attic or non-Attic? The Case of the Pisticci Painter, in: J. H. Oakley – W. D. E. Coulson – O. Palagia (Hrsg.), Athenian Potters and Painters (1997) 395–405. – Capua: S. Cassani (Hrsg.), Il Museo Archeologico dell'Antica Capua, Guide Artistiche Electa (1995); C. Albore Livadie, Capua, in: EAA, 2. Suppl. (1994) 875–879; W. Johannowsky, Materiali di età arcaica dalla Campania, Monumenti antichi della Magna Grecia IV (1983). – Falerii: La civiltà dei Falisci, Atti del XV convegno di studi etruschi e italici (1990); F. Roncalli, L'Arte, in: G. Pugliese Carratelli (Hrsg.), Rasenna. Storia e civiltà degli Etruschi (1986) 531–676 bes. 638–660 (Esperienza del ›classico‹ in Etruria); M. Cristofani – A. Coen, Il ciclo decorativo dello ›Zeus‹ di Falerii, Rivista dell'Istituto Nazionale d'Archeologia e Storia dell'Arte, Serie III, XIV/XV, 1991/92, 73–130; M. Harari, Le ceramiche dipinte di età classica ed ellenistica, in: M. Torelli (Hrsg.), Gli Etruschi, Ausstellungskat. Venedig (2000) 439–453.

Kat.-Nr. 468

Kat.-Nr. 469

468 Attisch-rotfiguriger Kolonnettenkrater

H 38 cm
Maler der Louvre-Kentauromachie, um 450 v. Chr.
Aus Sizilien (Agrigento)
Paris, Musée du Louvre Inv. G 405

Seite A: Frau mit Thyrsos nach rechts zwischen zwei gestikulierenden Satyrn. Seite B: Sich aufstützender Manteljüngling zwischen zwei ganz in ihren Mantel eingehüllten Epheben.

Kolonnettenkratere wie dieser gehören in den Jahren des Parthenonbaus zur Standardproduktion der Töpfereien Athens und illustrieren das Durchschnittsniveau des klassischen Kunststiles. Anatomie und Bewegung stellen auch zweitrangigen Malern keine Probleme mehr. Merkwürdigerweise bleiben neben den rotfigurigen Hauptbildern Hals und Mündung altertümlich schwarzfigurig. Beide Szenen gehören auf Krateren zu den üblichsten und sind nicht spezifisch interpretierbar.

Literatur: ARV^2 1088,12; CVA Louvre 4, Id Taf. 29, 4–6; Denoyelle a. O. 397 Abb. 2.

469 Lukanischer Kolonnettenkrater

H 46 cm
Pisticci-Maler, um 440 v. Chr.
Aus Unteritalien
Neapel, Museo Archeologico Nazionale Inv. Stg. 35

Seite A: Verfolgung einer jungen Frau durch einen jungen Krieger nach links zwischen einem Bärtigen mit Szepter links und einer nach rechts fliehenden Gefährtin. Seite B: Vier Manteljünglinge, einer von ihnen mit Strigilis.

Dieser Vasenmaler scheint als erster in Metapont eine rotfigurig arbeitende Keramikwerkstatt betrieben zu haben. Eher als ein ausgewanderter Athener war er wohl ein Metapontiner, der in Athen in die Lehre gegangen ist. Erst in den folgenden Generationen bilden sich in den Zentren Großgriechenlands eigene Stil- und Produktionstraditionen heraus.

Literatur: Trendall, LCS 18 Nr. 23 Taf. 4, 1.

470 Lukanischer Kolonnettenkrater

H 43,9 cm
Amykos-Maler, bald nach 430 v. Chr.
Herkunft unbekannt, wohl aus einem Grab in Unteritalien
Zürich, Archäologische Sammlung der Universität Inv. KB 4031

Seite A: Entführung einer Heroine durch einen von einem Gefährten begleiteten Krieger im Beisein einer zweiten, sich zur Bildmitte zurückwendenden Frau. Seite B: Drei stehende jugendliche Mantelfiguren.

Der Amykos-Maler vertritt als begabter jüngerer Mitarbeiter des Pisticci-Malers mit der gemessenen Bewegung und Gestik seiner Figuren, wie auch mit den gefälligen Linien der Zeichnung den klassischen Geschmack genuin. Wie oft auch in Athen sind die Hauptfiguren nicht sicher identifizierbar, wodurch ihre Benennung offen und dem Benützer des Gefäßes wohl überlassen bleiben sollte. Erotisch motivierte Entführungen können sowohl auf die Heirat, wie auf den vorzeitigen Tod junger Menschen, die drei Mantelfiguren auf einen bevorstehenden Statuswechsel angespielt haben, wodurch sie – in Metapont nicht anders als in Athen – zu einer Grabbeigabe gut passen.

Kat.-Nr. 470

Kat.-Nr. 473

Kat.-Nr. 472

Kat.-Nr. 471

Literatur: Trendall, LCS Suppl. 3, 15 Nr. 177a; C. Isler-Kerényi in: Archäologische Sammlung der Universität Zürich, Stiftung Koradi-Berger (1989) 36 ff. 80 ff.

471 Lukanischer Kolonnettenkrater

H 52, 5 cm
Umkreis des Policoro-Malers, um 400 v. Chr.
Berlin, Antikensammlung Inv. 1969.6

Seite A: In der linken Bildhälfte mehrere Figuren im Inneren eines durch Altar und ionischer Säule gekennzeichneten Heiligtums. Von rechts stürmen zwei Reiter heran. Seite B: Zwei Paare von jungen Männern (Mantelfiguren?).

Der altertümliche Kratertypus ist hier in besonders großem Format realisiert und mit einer elaborierten, einmaligen Szene verziert. Die Anlage des Bildes läßt zwar an eine Tragödienszene denken, die sich aber nicht identifizieren läßt: Sie illustriert immerhin, wie vertraut die lukanischen Vasenmaler und ihre Kunden mit der geistigen Welt der Klassik waren. Deutlich hat sich nun ihr Stil von Athen emanzipiert, wie dies die geschmeidigere Zeichnung, die luftigere Bildkomposition, die in Dreiviertelansicht präsentierten Gesichter zeigen.

Literatur: Antikenmuseum Berlin. Die ausgestellten Werke (1988) 162 f. (Vitr. 12,1. 4).

472 Attisch-rotfigurige Nestoris

H 45 cm
Nicht zugeschrieben, um 440 v. Chr.
Neapel, Museo Archeologico Nazionale Inv. CS 201

Seite A: Ein bärtiger Krieger setzt einer nach links fliehenden Frau nach. Links und rechts der Mittelgruppe eilen zwei Gefährtinnen davon, ganz rechts steht ein Mann mit einem Szepter. Seite B: Abschied eines Kriegers.

Die Entstehung rotfigurig arbeitender Töpfereien in Metapont hängt wohl mit der Existenz eines guten lokalen Marktes zusammen. Für diesen hat man gelegentlich auch im athenischen Kerameikos gearbeitet, wie die reichlich exotisch wirkende Kombination einer Form aus der einheimisch-unteritalischen Keramiktradition, der Trozzella, mit dem klassisch-griechischen Entführungsmotiv zeigt.

Literatur: Trendall, LCS 5,16; L. Ghali-Kahil, Hélène Taf. 71, 1.

473 Lukanische Nestoris

H 50 cm
Amykos-Maler, spätere Phase, um 420 v. Chr.
Berlin, Antikensammlung Inv. F 3143

Seite A: Abschied eines Kriegers. Seite B: Liebesverfolgung einer Frau durch einen Krieger nach links, nach rechts fliehende Gefährtin, links zuschauender Jüngling auf Felsensitz und ein weiterer Zuschauer.

Kat.-Nr. 474

Die typisch lukanische Form ist in diesem Fall nach lokalem Geschmack dekoriert worden: Das traditionelle Entführungsmotiv ist in einem üppigeren Stil realisiert.

Literatur: Trendall, LCS 44, 217; Antikenmuseum Berlin. Die ausgestellten Werke (1988) 229 f. (Vitr. 17,4. 10).

474 Attisch-rotfiguriger Stamnos

H 49 cm
Dinos-Maler, um 420 v. Chr.
Aus einem Grab in Nocera de' Pagani
Neapel, Museo Archeologico Nazionale Inv. 81674 (ehem. Inv. H 2419)

Seite A: Vier junge Frauen zelebrieren vor einem Dionysos-Idol ein Wein- und Tanzritual. Seite B: Vier Frauen bewegen sich bei Flötenmusik nach links.

Dieser Gefäßtypus wurde seit 520 v. Chr. im Athener Kerameikos vorab für Italien und nach etruskischem Vorbild hergestellt. Unter den Stamnoi sind die sog. Lenäenvasen am besten bekannt, deren Bilder auf eine häusliche Begehung zu Ehren des Dionysos anspielen. Unser Stamnos ragt künstlerisch hervor und gilt als einer

Kat.-Nr. 475

Kat.-Nr. 476

Kat.-Nr. 477

Kat.-Nr. 478

der besten Zeugen des reichen klassischen Stils. Mit besonderer Sorgfalt werden zwei Momente des Rituals festgehalten: auf der A-Seite das Kosten des unvermischten Weines, auf der B-Seite die Einführung einer Novizin in die Gemeinschaft der Bacchen.

Literatur: ARV^2 1151.2 (Addenda 336); F. Frontisi-Ducroux, Le dieu-masque. Une figure du Dionysos d'Athènes (1991) 237 L 15; E. D. Reeder, Pandora. Frauen im klassischen Griechenland (1996) 385 ff. Nr. 124; B. Bravo, Pannychis e simposio. Feste private notturne di donne e uomini nei testi letterari e nel culto (1997) Abb. 2. 3.

Kat.-Nr. 479

475 Attisch-rotfiguriger Stamnos mit Deckel

H 39 cm
Chicago-Maler, spätestens um 450 v. Chr.
Aus Santa Maria di Capua Vetere, Fornaci Grab 298 (vgl. Kat.-Nr. 476–478)
Capua, Museo Campano (ex Neapel, Museo Archeologico Nazionale 184288)

Seite A: Drei Frauen an einem Tisch, auf dem zwei Stamnoi stehen. Seite B: Libationsszene unter drei Frauen.

Obwohl hier das Dionysos-Idol fehlt, gehört auch dieses Gefäß zu den sog. Lenäenstamnoi. Ausnahmsweise ist hier der Fundkontext genau bekannt. Es war mit einem Deckel versehen und enthielt Asche. Die Darstellung auf beiden Seiten der Vase und der übrige Grabinhalt lassen vermuten, daß in ihm eine Bacchantin, eine in die Mysterien des Dionysos eingeweihte Frau, bestattet war.

Literatur: W. Johannowsky, Materiali di età arcaica dalla Campania, Monumenti antichi della Magna Grecia IV (1983) 201 f. Nr. 3 Taf. 40; Frontisi-Ducroux a. O. 90 f. 238 Nr. L 17; C. Isler-Kerényi, La madre di Dioniso, Aion N.S. 4, 1997, 99–101.

476 Nolanische Amphora

H 33 cm
Maler von London E 342, spätestens um 450 v. Chr.
Aus Santa Maria di Capua Vetere, Fornaci Grab 298 (vgl. Kat.-Nr. 475. 477. 478)
Capua, Museo Campano

Seite A: Junge Frau mit Szepter, die von einer von links heranfliegenden Nike eine Kultbinde erhält. Seite B: Junge Frau nach links, die Rechte mit einer Binde vorstreckend.

Solche kleinformatigen Amphoren sind in Athen vor allem für Großgriechenland und Sizilien hergestellt worden und dienten dort vorzugsweise als Grabbeigabe. Ein ziemlich häufig wiederkehrendes Motiv ist auf ihnen die Siegesgöttin Nike, normalerweise allerdings mit jungen Athleten oder Musikern. Die Kombination mit einer Frau ist selten, wenn nicht einmalig. Wie der Stamnos, der im selben Grab als Aschenurne diente, mag auch die Amphora auf den durch die Grabinhaberin erreichten Status einer Bacchantin angespielt haben.

Literatur: Johannowsky a. O. 202 f. Taf. 39 b; 41 unten; Isler-Kerényi a. O.

477 Attisch-rotfiguriger Doppelkopf-Kantharos

H 16 cm
Reste roter Farbe auf dem Gesicht des Herakles
Mitte des 5. Jhs.
Aus Santa Maria di Capua Vetere, Fornaci Grab 298 (vgl. Kat.-Nr. 475. 476. 478)
Capua, Museo Campano

Seite A: Kopf des Herakles mit Löwenfell. Seite B: Kopf einer jungen Frau. Beidseits auf dem oberen Gefäßteil weiß (?) aufgemalter Blattzweig (Olivenzweig?).

Der Kantharos ist ein eng mit Dionysos assoziiertes rituelles Trinkgefäß. In mehreren der sog. Lenäenszenen wird er von ministrierenden Frauen gehalten. Welcher Sinn hinter der Ausformung als menschlicher Kopf steckt, wissen wir nicht: Sie spielt vielleicht auf die Verwandlungskraft des Weines an. Nur vermuten können wir, daß hier deshalb Herakles dargestellt ist, weil er sich als Erster in Mysterien (jene von Eleusis) einweihen ließ. Der Frauenkopf könnte Hebe meinen, die dem Herakles nach seiner Vergöttlichung zugeteilte olympische Braut.

Literatur: Johannowsky a. O. 201 Taf. 41 oben; Isler-Kerényi a. O.

478 Weitere Gegenstände aus demselben Frauengrab

Aus Santa Maria di Capua Vetere, Fornaci Grab 298 (vgl. Kat.-Nr. 475–477)
Capua, Museo Campano

Aus attischer schwarzgefirnißter Keramik bestehen eine Lekanis mit Deckel (ein typisches Frauengefäß für Salben), ein Skyphos (ein Trinkgefäß für Wein, das man oft in der Hand von Frauen auf Lenäenstamnoi sieht) und eine Kanne mit hochgezogenem Henkel. Metallene Gegenstände sind ein kleiner Spachtel aus Eisen, drei Eisenfibeln (zwei davon vielleicht aus Silber), ein Eisenring; hinzu kommt ein Stück verbrannter Knochen, ein Knopf aus Knochen und ein Salbgefäß aus Alabaster.

Kat.-Nr. 480

Literatur: Johannowsky a. O. 201 ff. Taf. 39 b. c; Isler-Kerényi a. O.

479 Bemalte Platte von der Schmalseite eines Grabes

H 118 cm, B 130 cm (gesamt), 88 cm (bemalte Fläche)
Die Platte am Kopfende des Grabes ist aus zwei Teilen zusammengesetzt und die Malerei nicht gleichmäßig erhalten.
2. Hälfte des 4. Jhs. v. Chr.
Aus Capua, S. Prisco Tomba 16
Capua, Museo Campano Inv. 264740a

Im Jahr 423 kam es im hellenisierten etruskischen Capua zur Machtübernahme durch die Samniten. Dieser Phase gehört der junge Krieger an, der sich in samnitischer Rüstung (man beachte die typischen Federn auf dem Helm), aber in klassischem Kontrapost präsentiert. Eher als um Malerei, handelt es sich hier um eine knapp kolorierte Zeichnung. Bei Todesfällen mußte man diese ja rasch auf der zuletzt eingefügten Platte ausführen und nur während des Begräbnisses zeigen.

Literatur: S. Cassani (Hrsg.), Il Museo Archeologico dell'Antica Capua, Guide Artistiche Electa (1995) 50.

480 Oberer Teil einer bemalten Grabplatte: Vornehme Dame mit Dienerin

H 67 cm
Tempera auf Stuck. Innendekoration teils eingeritzt.
2. Hälfte des 4. Jhs. v. Chr.
Aus Capua
Dresden, Albertinum Inv. Hettner 116/248

Auch diese Platte befand sich ursprünglich am Kopfende eines Grabes. Die Verstorbene ist, außer durch die reiche farbige Kleidung, durch Schmuck und Kopfputz

Kat.-Nr. 481

ausgezeichnet. Sie hält die Attribute der Liebesgöttin: eine Rose und eine Taube. Die weiteren Symbole im Bild – Granatapfel, Girlande, Traube – spielen auf das sich im Tod erneuernde Leben an. Links steht eine kleine Dienerin. Die Kanne und das Trinkgefäß in deren Händen verweisen auf die Abschiedsspende für die Tote. Dieses eindrucksvolle Zeugnis antiker Wandmalerei in klassischer Tradition steht für viele andere, die seit dem 19. Jahrhundert in Capua entdeckt, aber im Krieg, entweder in Capua selbst oder in Berlin, zugrunde gegangen sind.

Literatur: K. Knoll – H. Protzmann, Die Antiken im Albertinum. Staatliche Kunstsammlungen Dresden (1993) 44 Nr. 23.

481 Faliskischer rotfiguriger Kelchkrater

H 57 cm
Nazzano-Maler, um 360 v. Chr.
Aus Falerii
Rom, Museo di Villa Giulia Inv. 1197

Seite A: Verschiedene Szenen aus der Einnahme von Troja. Seite B: Jugendlicher Gott und eine Frau mit Thyrsos.

Aufgrund der charakteristischen Figuren in der Bildmitte ist das Thema auf den ersten Blick klar. Schon Beazley hat auf die vielen Ungereimtheiten hingewiesen, die gegenüber den griechischen Vorbildern bestehen. Die beeindruckend flüssige Malweise scheint zu solchen Inkongruenzen im Widerspruch zu stehen. Sie illustriert aber aufs Beste, wie unbelastet der faliskische Vasenmaler und seine Abnehmer den griechischen Mythos und die klassische Formtradition dem eigenen Geschmack und lokalen Bedürfnissen anpaßten.

Literatur: Beazley, EVP 92 Nr. 2 Taf. 23.

Massimiliano Papini

Die Klassik in Etrurien

Im 2. Viertel des 5. Jahrhunderts v. Chr. erlebte der Kunstbetrieb in Etrurien einen jähen Abschwung, der mit der Schlacht von Cumae (474 v. Chr.) in Verbindung gebracht wird, bei der die etruskische Flotte durch Hieron von Syrakus eine schwere Niederlage erlitt. Der folgende ökonomische Niedergang traf vor allem die Mittelschichten, denen die etruskische Spätarchaik ihre Entfaltung verdankte; und so ist die Periode zwischen 470 und 440 v. Chr. vergleichsweise arm an Zeugnissen der bildenden Kunst, bedingt durch die Krise der öffentlichen Aufträge wie durch den Rückgang der Nachfrage seitens der oligarchischen Eunomia. Dies begrenzte die Möglichkeiten der Selbstdarstellung, und es entstand gleichsam eine ›spartanische‹ Situation. Diese Disposition könnte eine Erklärung für den kulturellen Niedergang in Etrurien sein und für die folgende zögerliche Rezeption griechischer Vorbilder. Außerdem konnte sich natürlich die kurze Periode der klassischen griechischen Kunst, die von starken ideologischen und politischen Motiven der athenischen Gesellschaft zur Zeit des Perikles getragen war, kaum mit gleicher Intensität in Etrurien wiederholen, wo den künstlerischen Äußerungen eher die Funktion eines äußeren Schmucks im Dienste einer aristokratischen Elite zukam, ohne daß sie Gegenstand intellektueller Reflexion waren.

Mit dem Ende des 5. Jahrhunderts v. Chr. erwachte jedoch die aristokratische Prachtentfaltung zu neuem Leben und der Kunstbetrieb erholte sich, ausgehend von der ›Achse‹ entlang des Tibers und der Chiana (Veji, Falerii, Chiusi und insbesondere Volsinii, Sitz des etruskischen Bundesheiligtums). Die Tiberachse hatte einen südlichen Schwerpunkt in Falerii und Latium, wie die Ähnlichkeit der etruskischen Bronzeplastik mit der von Praeneste belegt. Weniger reich an Monumenten ist dagegen der südliche Küstenbereich, wo sich die Krise der etruskischen Seeherrschaft sehr viel schwerwiegender auswirkte. Auch darf die Produktion Norditaliens und der Poebene nicht unterschätzt werden, einer Region, die für den Prozeß der Aneignung klassischer Kunst besonders offen war, die hier durch die Präsenz von Athen und Korfu vermittelt wurde.

Häufig rufen jedoch selbst diejenigen etruskischen Bildwerke, die am stärksten von der Erfahrung des ›Klassischen‹ geprägt sind, bei einem an der Kunst Athens geschulten Auge eine gewisse Desorientierung hervor. Denn ihnen eignet eine erhebliche Zweideutigkeit, bedingt durch den eklektischen Rückgriff auf ältere Stilelemente, insbesondere der Spätarchaik oder des Strengen Stils. Man kann hier also Vorgänge eines Konservatismus beobachten, die wiederholt den Begriff der ›Verspätung‹ ins Spiel brachten zur Beschreibung des Anpassungsprozesses an griechische Vorbilder der 2. Hälfte des 5. Jahrhunderts v. Chr. Dieser Befund wurde bereits 1928 in dem wichtigen Beitrag von F. Messerschmidt unterstrichen, der allerdings von einer verfehlten Chronologie ausging, als er den Mars von Todi um 300 v. Chr. datierte; so erschien in seinen Augen diese ›Verspätung‹ noch radikaler. M. Pallottino erklärte hingegen die konservativeren Elemente der etruskischen Kunst durch das Modell von Zentrum und Peripherie: Etrurien fällt danach die Rolle des Randgebiets und der ›Kunstprovinz‹ zu, der es unvermeidlich bestimmt ist, die Vorbilder eines ›Zentrums‹ – Griechenland, d. i. Athen und sein ›klassisches‹ Monument par excellence, den Parthenon – vor dem Hintergrund eines lokalen Geschmacks und vor allem unter den Bedingungen einer noch deutlich wirksamen archaischen Tradition zu rezipieren. B. Sismondo Ridgway wies jedoch auf die Gefahr des Begriffs ›provinziell‹ hin, da er ein Werturteil beinhalte, das per se negativ und oft synonym mit »nicht attischem Stil« sei und das die athenische Skulptur als Maßstab für alle anderen benutze. Ridgway betonte zu Recht, daß der ›klassische‹ Stil ein im wesentlichen attisches Phänomen blieb, das man nicht gleichzeitig für den Rest der griechischen Welt verallgemeinern kann. Außerdem zeigte sich in den jüngeren Untersuchungen, daß für Etrurien der ›Topos‹ der Verspätung, zumindest im Sinne einer reinen Verzögerung, mit dem die ›Provinz‹ die Innovationen des ›Zentrums‹ aufnimmt, relativiert werden muß. Tatsächlich wurden nämlich die klassischen Vorbilder zeitgleich übernommen, insbesondere in der *Etruria Padana*.

Schließlich sollte auch die Vorstellung aufgegeben werde, die etruskische Kunst als homogenen Block und getrennt von anderen Bilderwelten zu betrachten: denn die italische Kunst der 1. Hälfte des 4. Jahrhunderts v. Chr. war Teil einer gemeinsamen, einheitlichen Formensprache, die Großgriechenland, Etrurien und die *Etruria Padana* umfaßte, eine Koine der bildenden Kunst, die von der Zirkulation der Kunstwerke, der Verbreitung der Vorbilder und der Mobilität der Handwerker befördert wurde. Phänomene wie das Festhalten an ›antiquierten‹ Stilelementen wurden auch für Großgriechenland festgestellt, und selbst in der attischen Skulptur der 2. Hälfte des 5. Jahrhunderts v. Chr. sind retrospektive Tendenzen faßbar.

Die grundlegende Monographie T. Dohrns von 1982, die der »Interimsperiode« von ca. 470–350 v. Chr. gewidmet ist und die der Autor mit einer Art ›midlife-crisis‹ der etruskischen Nation vergleicht, konzentriert sich vorwiegend auf die Plastik. Seine Betrachtungsweise geht vom fehlenden organischen Aufbau als distinktiver strukturaler Konstante der etruskischen und allgemein der italischen Kunst aus, die sich bis hin zur späten Republik erstreckt. Hier macht sich die tiefe Abhängigkeit Dohrns von der ›Strukturforschung‹ des genialen Guido Kaschnitz von Weinberg geltend, dessen fruchtbarste Beiträge zur etruskischen Kunst in den zwanziger und dreißiger Jahren des 20. Jahrhunderts erschienen. Vereinfachend gesagt, handelt es sich um einen Wissenschaftszweig, der bestrebt war, den überindividuellen Willen einer ethnischen Gemeinschaft zu verstehen, der als kleinster gemeinsamer Nenner in allen einzelnen Werken durchscheinen soll. Die Kunstgeschichte wird so als Erforschung der der Kunstproduktion immanenten Werte aufgefaßt, die darauf hinausläuft, das Kunstwerk aus dem Fluß des historischen Werdens zu isolieren.

Das Problem des spezifisch ›antiklassischen‹ Gehalts der etrusko-italischen Skulptur wurde dagegen von R. Bianchi Bandinelli in der berühmten Schrift »Palinodia« von 1942 aufgegriffen. Nach Bandinelli besteht dieser in der Lebhaftigkeit der realistischen Beobachtung und der Gewaltsamkeit des Ausdrucks, die einerseits aus einer »Reduktion« des Vorbilds hervorgehen, die der Unfähigkeit des Künstler geschuldet ist, dessen inneres Wesen zu reproduzieren; andererseits beinhaltet er gleichzeitig als positive Qualität die Bevorzugung des schnellen und unmittelbaren Effekts durch Künstler, die nicht zufällig ihre besten Werke in Terrakotta und weichem Stein realisierten. Auch M. Sprenger griff auf den Begriff der »antiklassischen Geisteshaltung« zurück, die der etruskischen Kunst inhärent sei. Dieses Adjektiv ›antiklassisch‹ tauchte bereits im Katalog der Wanderausstellung über etruskische Kunst und Kultur von 1955 auf, die M. Pallottino konzipiert hatte. Dieser zeichnete dort das Bild einer Kunst, die sich zwischen der mehr oder weniger getreuen Nachbildung des griechischen Vorbildes und der ihr naheliegenderen Neigung bewegt, sich in »archaisierenden, fantastischen, unorganischen oder krude veristischen, auf jeden Fall antiklassischen« Formen auszudrücken. Denselben Begriff verwandte noch kürzlich A. Giuliano zur Charakterisierung der Anlage einiger Terrakottastatuen aus dem Votivdepot in Lavinium aus der 1. Hälfte des 4. Jahrhunderts v. Chr. Giuliano sah hier sogar eine wahrhafte »italische Klassik« als eigenständige formale Kategorie gegenüber der griechischen verwirklicht. Aus dem Votivdepot in Lavinium stammen Votivköpfe und andere Terrakotten vom Beginn des 5. bis zum Beginn des 2. Jahrhunderts v. Chr. (Kat.-Nr. 486). Die gesamte vorhellenistische Skulptur zeichnet sich durch eine abgeflachte Struktur aus und vor allem durch einen überreichen Gebrauch von Ornamenten, die den Rang der Weihenden verdeutlichen sollen, sowie durch eine starke Expressivität der Gesichter, die für manche schon die Züge der spätrepublikanischen römischen Porträts vorwegzunehmen schien (Bouzek).

Hier soll im wesentlichen nach dem Vorbild Dohrns an den ausgestellten Kunstwerken die Art ihrer Durchdringung von jener Formensprache nachvollzogen werden, die wir ›klassisch‹ nennen, vor allem derjenigen des Phidias und Polyklet. Dann können wir prüfen, inwiefern diese Muster eklektisch mit solchen der Spätarchaik und des Strengen Stils kombiniert wurden. Dies läßt sich nicht allein in der Plastik verifizieren, sondern C. Weber-Lehmann konnte es auch für die Entwicklung der Wandmalerei Tarquinias in der 2. Hälfte des 5. Jahrhunderts feststellen, wo die Bindung an ältere Bildformeln offenkundig ist; und man muß mindestens bis zur Mitte des 4. Jahrhunderts warten, um in der Tomba dell'Orco auf eine in vollem Sinne ›klassische‹ Malerei zu stoßen. Man kann sich natürlich fragen, ob dieser stilistische Schlingerkurs wirklich nur durch die Schwierigkeiten für die

Künstler zu erklären ist, sich unter dem Gewicht einer konservativen Tradition auf neue Erfahrungen einzulassen.

Der klassische Stil hatte nicht die Kraft, überall und zu jeder Zeit die dominante Prägung der etruskischen Werke zu werden. Sie folgten eigenständigen Dynamiken, kraft derer weiterhin die Benutzung lokaler Ausdrucksweisen und formaler Chiffren legitim blieb, die eigentlich als überwunden gelten konnten. ›Überwunden‹ jedoch nur aus Sicht einer ›Zentralkunst‹, die darüber hinaus nur auf eine einzige Stadt beschränkt blieb und als solche und als à la mode in der etruskischen ›Peripherie‹ offensichtlich nicht wahrgenommen wurde.

Ein seltenes Beispiel für das polykletische Standmotiv des *uno crure insistere* finden wir bei der Statuette des Diskobol in Basel (Kat.-Nr. 483). Er schließt eng an die polykletische Schrittstellung an, hält den Diskus in der linken Hand, die Rechte ist in die Hüfte gestützt, ein Gestus, der seit der Spätarchaik in der Bronzeplastik weit verbreitet war. Dem Grundschema des argivischen Künstlers entspricht auch die Kopfwendung zur Standbeinseite. Dennoch zeigt sich die Figur insoweit ›originell‹, als die Achse der Figur entschieden auf die Spielbeinseite verlagert ist und ihre Proportionen schlanker sind. Die getreue Übernahme der Schrittstellung trägt also nicht zu einer Intensivierung des polykletischen Gehalts der Figur bei, die noch einem spezifisch »etruskischen« Geschmack (Dohrn) verpflichtet ist.

Zu einer Gruppe jüngerer Werke, die sehr viel freier mit polykletischen Stilelementen umgehen, zählt Dohrn dagegen die Terrakottastatue eines Jünglings vom Beginn des 4. Jahrhunderts v. Chr. (Kat.-Nr. 484) aus Veji, wo sich eine herausragende Terrakottawerkstatt befand. Sie hat ebenfalls die rechte Hand in die Hüfte gestützt und weist den Rhythmus der polykletischen Ponderation in der Verschiebung des Beckens gegenüber den Schultern auf sowie in der Kopfwendung und in der leicht gebogenen *Linea alba*. Ebenso gelungen gab der Künstler die polykletischen Formeln im Fall der Locken wieder, insbesondere die typische ›Haarspinne‹ auf der Schädelkalotte. Die weiche und wenig muskulöse Modellierung des Torso ist dagegen zeitgemäß interpretiert, sie folgt griechischen Schöpfungen vom Beginn des 4. Jahrhunderts v. Chr. Der theoretischen Reflexion Polyklets und dem Grundprinzip seines Kanons, in dem die Plastik strengen geometrischen Regeln gehorcht, kann man also die Improvisation und Unmittelbarkeit der etruskischen Künstler gegenüberstellen, die sehr viel mehr an akzidentellen Elementen und zufälligen Bewegungen interessiert waren als an der Eurhythmie der polykletischen Körper.

Die Adaption ›phidiasischer‹ oder ›parthenonischer‹ Stilelemente ist selbst im figürlichen Dekor der Vulcenter Spiegel von der Wende des 5. zum 4. Jahrhundert v. Chr. nachweisbar. Wichtig ist hier der Reiter in Detroit (Kat.-Nr. 482), der wahrscheinlich aus einem außerstädtischen Heiligtum der griechischen Kolonie Spina stammt. Seit langem wurde in seiner vornehmen Einfachheit das Echo der bärtigen Figuren des Parthenon gesehen, wenn auch in einer ›strengen‹ Form der Wiedergabe von Inkarnat und Gewand. Weiterhin drängt sich hier ein großartiger bärtiger Kopf von einem Giebel von der Via San Leonardo in Orvieto (der ›Tinia‹ mit Diadem, Kat.-Nr. 485) auf. Mit ihm wurden phidiasische und großgriechische Vorbilder verglichen, wie z. B. der ›Kapaneus‹ von den Reliefs nach dem Schild der Athena Parthenos oder ein bärtiger Kopf aus Tarent in Kopenhagen vom Beginn des 4. Jahrhunderts v. Chr. Schon länger hat man die Übereinstimmung der Locken mit den Schläfenhaaren des berühmten Mars von Todi festgestellt und daher auf dieselbe Werkstatt geschlossen. Der Abstand zu attischen Werken um 430 v. Chr. ist bedeutend, der beste Vergleich für die Ausprägung der Locken ist aber immer noch der mit den Figuren der bärtigen Heroen auf dem Ostfries des Parthenon.

Ein zentrale Stelle in der Diskussion um die Übernahme der ›phidiasischen‹ Klassik nimmt der Mars von Todi ein, der einer Orvietaner Werkstatt zugeschrieben wird (Abb. 1). Roncalli hat gezeigt, daß die Statue nach Vorbildern zusammengefügt wurde, die wenig mit Polyklet zu tun haben, wie man auch geglaubt hatte. Sie geht auf Werke aus dem Kreis um Phidias um die Mitte des 5. Jahrhunderts zurück wie den Apoll vom Tiber (Kat.-Nr. 1), den Kasseler Apoll (Kat.-Nr. 2) oder den Anakreon Borghese (Kat.-Nr. 179). Zusammenfassend bezeichnete Roncalli die Verbindung des Mars mit phidiasischen Vorbildern als »ästhetisch oberflächlich, aber zeitgleich« und beurteilte die

Abb. 1. Mars von Todi. Vatikanische Museen Inv. 13.886

Art der Abweichungen eher als mißlungenen Versuch, angesehene Vorbilder zu imitieren denn als Resultat einer merklichen »Verspätung«.

Ein problematischer Jünglingskopf aus Bronze im Archäologischen Museum zu Florenz (Kat.-Nr. 487) spielte eine bedeutende Rolle bei der Diskussion um das mittelitalische Porträt des Frühhellenismus und wurde ohne zwingenden Grund mit den Bronzewerken mit physiognomischen Zügen dieser Zeit verglichen. Die Vergleiche scheinen mir jedoch eher das Gegenteil zu belegen, wie die ›klassische Reinheit‹ des Florentiner Kopfes mit den Stilzügen vom Ende des 5. Jahrhunderts v. Chr. verbunden ist, die von dem Künstler mit besonderer Feinfühligkeit umgesetzt wurden. Im Vergleich mit dem Jüngling von Veji oder den Terrakottaköpfen aus Carsoli, die zeitlich höher anzusetzen sind, ist er weicher modelliert, und man könnte ihn mehr oder weniger gleichzeitig mit dem Bronzekopf von Bolsena in der 1. Hälfte des 4. Jahrhunderts ansetzen. Im Verhältnis zu diesem erscheint er reifer in der Konzeption, angesichts der an das ›Zentrum‹ angeklebten Augen, über die auch der etwas frühere Jüngling von Veji verfügt. Dieser vermittelt uns auch eine Vorstellung, auf welchem Statuentypus der Florentiner Kopf gesessen haben könnte, bei dem es sich ebenfalls um ein Votiv gehandelt haben dürfte.

Der Prozeß der systematischen Angleichung an griechische Vorbilder wird in den Funden aus den Votivdepots konkret faßbar, die quantitativ wie qualitativ am Ende des 4. und in der 1. Hälfte des 3. Jahrhunderts v. Chr. ihren Höhepunkt erreichten. Neben anatomischen Exvoten werden den Gottheiten vorwiegend jugendlich ideale Terrakottaköpfe geweiht. Dennoch sollten sie symbolisch die frommen Weihenden darstellen. Ein Beispiel ist der schöne verschleierte Kopf aus Castel di Decima in Kopenhagen (Kat.-Nr. 488), der wie etliche andere Terrakottatypen auch ›klassizistische‹ Frisuren mit ›Zeitgesichtern‹ des beginnenden Hellenismus kombiniert. Die Haare bilden zu seiten eines Mittelscheitels Schwalbenschwanz- und Zangenmotive, die man häufig als Zeichen für das Festhalten an ikonographischen Konventionen polykletischer Observanz gedeutet hat, und nicht zufällig hat man diese Typen auf den späten Hellenismus oder die frühe Kaiserzeit bezogen. Sie wurden in schier unendlicher Folge wiederholt und variiert.

In dem Votivdepot von Ariccia kamen Götterbüsten der Demeter und Persephone sowie eine Reihe von weiblichen Figuren auf dem Thron ans Licht. Der Komplex zeichnet sich durch eine hohe formale Qualität aus, die allerdings nicht homogen ist: eine Gruppe unterscheidet sich durch ihre präzise und strenge Formgebung von einer anderen, die chromatische Effekte und eine dramatische Modellierung auszeichnet. Dies wird im Vergleich mit den beiden als Ceres und Libera bezeichneten Büsten deutlich, deren erstere eine sehr viel größere ›klassische‹ Gesetztheit aufweist. Für beide Büsten wurden Vergleiche mit praxitelischen Typen und insbesondere mit dem Apollon Lykeios für die Haarbehandlung herangezogen, während für das Gesichtsinkarnat der Naiskos der Demetria und Pamphile in Athen angeführt wurde. Sowohl die Typologie des Schmucks wie die formalen Eigenheiten der Götterbilder von Ariccia haben nicht zuletzt häufig an großgriechische Werke erinnert, so z. B. die Kapitelle mit den weiblichen Protomen von San Leucio in Canosa oder an einige Terrakottaköpfe aus dem Votivdepot von Lucera. Auch wollte man hier nicht nur einen allgemeinen großgriechischen Einfluß erkennen, sondern sogar die Handschrift einer aus Tarent stammenden Koroplastenwerkstatt, die in Mittelitalien arbeitete. Aufgrund ikonographischer Vergleiche und der Wiedergabe der Oberflächen anderer Terrakottatypen der gleichen Zeitstufe muß der Komplex von Ariccia ins 4. und 3. Jahrhundert v. Chr. datiert werden.

Übersetzung aus dem Italienischen: Mathias René Hofter

Literatur: M. Sprenger, Die etruskische Plastik des 5. Jahrhunderts v. Chr. und ihr Verhältnis zur griechischen Kunst (1972); T. Dohrn, Die etruskische Kunst im Zeitalter der griechischen Klassik. Die Interimsperiode (1982); F. Roncalli, Il ›Marte‹ di Todi. Bronzistica etrusca ed ispirazione classica (1973); M. R. Hofter, Untersuchungen zu Stil und Chronologie der mittelitalischen Terrakotta-Votivköpfe (1985) 123 ff.; J. G. Szilágyi, Polyclitus Etrusca, in: H. Beck – P. C. Bol, Polykletforschungen (1993) 271 ff.; B. Sismondo Ridgway, Lo stile severo. Lo stato della questione, in: N. Bonacasa (Hrsg.), Lo stile severo in Grecia e in Occidente (1995) 39 ff.; M. Söldner, MedA 12, 1999, 104 ff.

482 Bronzestatuette eines Reiters

H 26,7 cm
Letztes Viertel 5. Jh. v. Chr.
Wahrscheinlich aus dem extraurbanen Heiligtum von Cavallara di Ostellato bei Spina
Detroit, Institute of Arts

Literatur: D. Gordon Mitten – S. F. Doeringer, Master Bronzes from the Classical World (1968) 176 Kat.-Nr. 179; E. Hostetter, Bronzes from Spina I (1986) 193. 219, Appendix 1. 5; G. Colonna, Il santuario extra-urbano di Spina in loc. Cavallara, in: F. Rebecchi (Hrsg.), Spina e il Delta padano. Riflessioni sul catalogo e sulla mostra ferrarese (1998) 222 f.; M. Miari, Stipi votive dell'Etruria Padana (2000) 345.

483 Bronzestatuette eines Diskobol

H 12,0 cm
Ende 5. Jh. v. Chr.
Basel, Antikensammlung Inv. Nr. Kä 512

Literatur: Ch. Reusser, Antikenmuseum Basel. Etruskische Kunst (1988) 73; Szilágyi a. O. 278 Abb. 3.

484 Terrakottastatue eines jungen Mannes

H 63,5 cm
Es fehlen der linke Arm und ein Teil des rechten Unterarms; die Enden vieler Haarlocken sind abgebrochen.
Anfang 4. Jh. v. Chr.
Aus Veji, Heiligtum von Portonaccio
Rom, Villa Giulia

Literatur: Szilágyi a. O. 279 Abb. 13; Söldner a. O. 101.

Kat.-Nr. 482

Kat.-Nr. 483

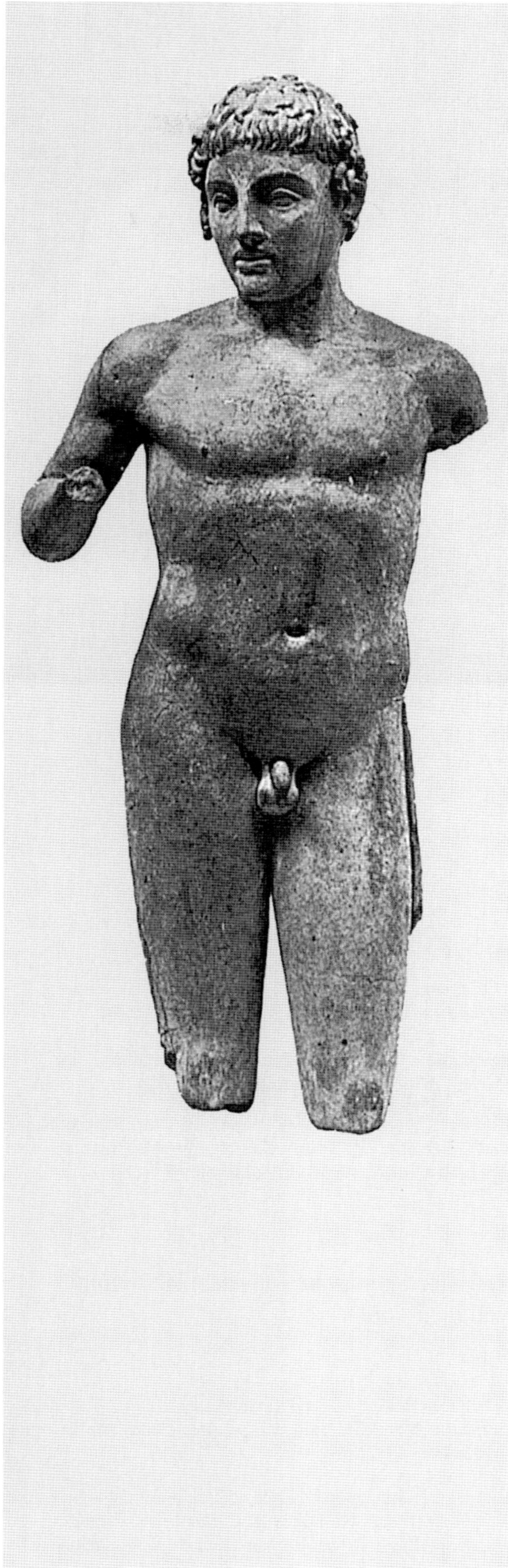

Kat.-Nr. 484

Kat.-Nr. 485

Kat.-Nr. 486

485 Bärtiger Terrakottakopf

H 17,5 cm
Es fehlt ein Teil der rechten Wange.
Um 400 v. Chr.
Aus Orvieto, Heiligtum an der Via San Leonardo
Orvieto, Museo Nazionale Archeologico

Literatur: M. Sprenger – G. Bartoloni, Die Etrusker. Kunst und Geschichte (1977) 139 Kat.-Nr. 195; M. Cristofani – A. Coen, RIA 14/15, 1991/1992, 123 Abb. 48.

486 Terrakottastatue aus dem Heiligtum von Lavinium

H 148 cm
Mitte des 4. Jhs. v. Chr.
»Östliches Heiligtum« von Lavinium
Pratica di Mare, Magazin der Soprintendenza Archeologica del Lazio Inv. P 77.33

Literatur: P. Sommella in: Enea nel Lazio. Archeologia e mito (1981) 239 f. Kat.-Nr. D 224; P. Carafa in: A. Carandini – R. Cappelli (Hrsg.), Roma. Romolo, Remo e la fondazione della città (2000) Abb. S. 205.

Kat.-Nr. 487

Kat.-Nr. 488

487 Bronzekopf eines Jünglings

H 23,0 cm
Die Augen waren in anderem Material eingesetzt und die Augäpfel von einem Gold- oder Bronzeband eingefaßt.
2. Viertel 4. Jh. v. Chr. (M. P.)
Florenz, Museo Archeologico Inv. 548

Literatur: M. Cristofani, I bronzi degli Etruschi (1985) 297 Kat.-Nr. 122; G. Lahusen – E. Formigli, AA 1993, 664 Abb. 27; C. Parisi Presicce, BCom 98, 1997, 89 Abb. 87.

488 Männlicher Votivkopf aus Terrakotta

H 33,0 cm
Frühhellenistisch
Aus Castel di Decima (Latium, südlich von Rom)
Kopenhagen, Ny Carlsberg Glyptotek Inv. I.N. 2385

Literatur: M. Moltesen in: M. Moltesen – M. Nielsen, Catalogue Etruria and Central Italy 450–30 B.C. (1996) 249 Kat.-Nr. 111.

M. P.

489 Reitende Göttin: Aphrodite oder Thetis?

Giebelaufsatz; Terrakotta, gefaßt und bemalt; H 39,5 cm, B 30 cm, T 10 cm
470–450 v. Chr.
Aus Orvieto, Campo della Fiera; gefunden 1876, erworben 1877
Berlin, Antikensammlung Inv. TC 7535

Der aus hellrotem Ton frei modellierte Oberkörper einer jungen Frau ist mit einem hellen Überzug gefaßt, auf diesem Farbreste von Weiß, Rotbraun, Schwarz und Hellblau. Die Göttin in Chiton, ›ionischem Schrägmäntelchen‹ und schwerem Manteltuch sitzt nach links, wendet aber den diadem-gekrönten Kopf zu ihrer Rechten in Richtung ihres ausgestreckten rechten Arms. Mit der Linken zieht sie den Mantel vom Kopf zur Seite. Über Kopf und Arme läuft eine Reihe von zehn Löchern für Meniskoi. Die Neuanpassung des unteren Fragments läßt vermuten, daß sie im ›Damensitz‹ auf einem Tier reitet, das sie zügelt; somit ist vermutlich Aphrodite oder Thetis dargestellt.

Literatur: V. Kästner in: Die Welt der Etrusker, Ausstellungskat. Berlin (1988) 301 D 4.1.5.

G. P.-H.

Kat.-Nr. 489

7. Die neue Klassik im römischen Imperium

Die Römerzeit diente durch die Vervielfältigung klassischer Literatur und Kunst in zahllosen Kopien als Bewahrerin der klassischen Kunst. Ohne die römischen Kopien wären die meisten griechischen Originale unbekannt (zum Phänomen des Kopistenwesens s. S. 639). Die Frage nach den Gründen für die Beliebtheit der Klassik steht im Mittelpunkt der Forschung. Ausgangspunkt ist die Feststellung, daß es sich um eine Zeit handelt, in der den Künstlern die Stile verschiedener Zeiten, Archaik, Klassik, Hellenismus, zur Verfügung standen. Seit dem Hellenismus erhielt die Wahl eines Kunststils die Funktion, bei dem Betrachter bestimmte Assoziationen hervorzurufen. Die eklektische Zusammenstellung von verschiedenen Vorbildern zu einem stimmigen Kunstwerk fand ihre Parallele in der Zitierfreudigkeit der zeitgenössischen Literatur und in der Philosophie der sog. zweiten Sophistik.

Nachahmungen klassischer Kunstwerke gab es vom Hadrianswall bis Memphis und vom Atlantik bis in die Wüstenoase Palmyra. Das Verdienst der römischen Kaiserzeit seit Augustus besteht darin, einen Kanon klassischer Kunst bis in die entlegensten Gebiete des Imperium Romanum und darüber hinaus transportiert zu haben. Dabei fand eine Reduktion der Vielfältigkeit und Fremdheit einer 500 Jahre zurückliegenden Kultur auf wenige Bildformeln statt, die sich im Laufe der Kaiserzeit noch verringerten. Diese Bilder dienten der Verständigung der lokalen Oberschichten miteinander, die sich dank ihrer Bildung einer römisch-griechischen Koiné zugehörig wußten. Die Akzeptanz eines gemeinsamen Bildungskanons war die Voraussetzung für Kommunikation jenseits von ethnischen Besonderheiten. Die gemeinsame Identität führte im Laufe der Zeit dazu, daß sich der Senat und die Militärstäbe für die lokalen Eliten öffneten, ja sogar Thraker oder Afrikaner den Augustustitel erringen konnten.

Unterhalb dieser Verständigungsebene gab es jedoch ganz verschiedene Sichtweisen der Klassik und der mit diesem Begriff assoziierten Werte. Die Rezeption der Klassik führt in Rom seit der späten Republik und im hadrianischen Klassizismus zu Ergebnissen, die auch für andere Bereichen des römischen Reiches Vorbild waren. Im griechischen Osten sind neben der römisch-griechischen Identität auch gelegentlich Elemente eines griechischen Nationalismus festzustellen. Athen schließlich wandelt sich im Sturm der Erwartungen während der Kaiserzeit zu einem gigantischen Freilichtmuseum.

B. W.

Eugenio La Rocca

Der augusteische Klassizismus

Die Literatur ist nach den Worten von G. B. Conte »ein komplexer, konstruierter Sprachgebrauch, der spezifischen Repräsentationen der Welt Sinn und Form geben soll«. Sie ist das erste Mittel, mit dem sich Tradition fortschreibt. Angesichts der Unendlichkeit und der Unordnung, in der die Welt wahrgenommen wird, teilt die Literatur mit ihren bisweilen recht rigiden Regeln einen persönlichen Bereich ab, der gerade dadurch eingeschränkt und verständlich wird. Allein durch das *medium* der Gattungen und das Mittel der *imitatio* – das hier nicht im negativen Sinne verstanden werden soll –, gestützt auf die kanonischen Modelle der Tradition, können die Künstler, wenn auch in fortgesetztem Bemühen der Überwindung und des Überschreitens begriffen, Werke schaffen, die gleichermaßen aus der Tradition erwachsen und zu ihrem integralen Bestandteil werden. Das Kunstwerk bildet und entwickelt sich innerhalb dieses Spiels der Traditionen, in dem das Vorbild aufgenommen und im selben Augenblick in ein anderes verwandelt wird, in einer vielfältigen Wirkung von Reflexen, die einen konstitutiven Faktor des Kunstwerks bildet. Dieser Ablauf ist das Ergebnis einer im Laufe der Zeit vollzogenen wahrhaften Revolution, die von B. Snell so luzide zusammengefaßt wurde: für die römischen Dichter hatte sich die griechische Kultur zu einem Symbol erhoben. Der römische Dichter entnimmt der griechischen Dichtung, was für ihn wichtig ist wie aus den Einträgen eines Wörterbuchs. Natürlich geht mit dieser Technik die wahre Essenz der griechischen Literatur und Poesie verloren, wie auch der Bezug auf die gesellschaftliche Wirklichkeit, die sie hervorgebracht hatte. Jedes Element gewinnt eine metaphorische Bedeutung: »Was aus der griechischen Kultur aufgenommen wird, wird Allegorie und die Kunst ein Reich der Symbole.«

Das kanonische Beispiel für die augusteische Epoche ist Vergil als Epiker, der natürlich zuerst Homer zum Modell nimmt, aber auch Apollonios Rhodios, dann Ennius und Naevius. Aber das Schlüsselmodell par excellence für ein »System bewußter und freigesetzter Elemente, mit denen der Autor die Identität des Werkes und die Intentionen, nach denen sein Text dechiffriert werden muß, erkennt«, bleibt Homer. Ilias und Odyssee enthalten in höchstem Grade, was man als ›genetischen Code‹ der epischen Gattung bezeichnen könnte, der im Verlauf der Abfassung der Aeneis den Aufbau des literarischen Textes bestimmt, selbst wenn der Autor willkürlich seine Regeln zu überschreiten scheint.

Wenn die Gattungen das basale Mittel der Komposition werden, kann man sie untereinander mischen und so Texte hervorbringen, die wiederum Traditionen stiften. So versuchte Vergil in der 12. Ekloge die Begrenzungen zwischen Elegie und Bukolik einzureißen und bot damit ein neues gattungsbildendes Modell.

Dieses Interpretationsschema trifft genauso auf die konstitutiven Formen der alexandrinischen Dichtung zu, deren Grundlage ebenfalls die »Kreuzung der Gattungen« war, in der diese, auch wenn sie ihre gattungsspezifischen Eigenarten behielten, sich dennoch untereinander verweben. Was die Griechen ›poikilia‹ nannten, hieß bei den Römern *variatio*, also Mischung oder Kreuzung der Genres, von der in augusteischer Zeit die Elegie des Horaz das Hauptzeugnis ist. Trotz seiner Abhängigkeit von archaischen Lyrikern wie Alkaios, Archilochos, Sappho, Hipponax und natürlich dem ›dirkäischen Schwan‹ (*Dircaeum cycnum*) Pindars bleibt er im Geiste der Lehre des Kallimachos treu, wenn er sich eher mit der bescheidenen und fleißigen »Biene von Atina« vergleicht.

Trotz alledem wird die Tätigkeit der Dichter durch die Verwurzelung der *genera* gleichsam reglementiert. In der Lyrik konnte ihre Überschreitung, zum Beispiel die Abfassung heroischer Themen in elegischen Distichen, kaum gerechtfertigt werden. Horaz forderte den Respekt für die Unterscheidung zwischen verschiedenen Gattungen ein, was bedeutete, daß Stil und Ausdrucksmittel dem Sujet angemessen verwendet werden sollten. Auch der junge Ovid der *remedia amoris* bleibt den kanonischen Schemata verbunden: für den Zorn des Achill müßten homerische Hexameter verwendet werden, für die Liebesgeschichten des Kydippos das elegische Distichon des Kallimachos, und die strenge Andromache dürfe in bezug auf die traditionellen Ausdrucksmittel nicht mit der Kurtisane Thais verwechselt werden. Wenn man »Gattung« als Zeichen der Spannung zwischen Vorstellung und Realisierung ansieht, so wird diese bewußte Opposition zwischen den Gattungen nicht nur zum Symbol einer literarischen, sondern auch einer lebenspraktischen Option; denn das literarische System mit all seinen Codes bleibt eigentlich nie ein von der gesellschaftlichen Wirklichkeit getrennter *ludus*.

Im folgenden wird sich derselbe Ovid an die Spitze der Reaktion auf die kanonische Unterscheidung zwischen den Gattungen setzen, indem er sie geschickt im Namen eines bewußten Übergangs zu dem neuen, vom augusteischen Klassizismus etablierten Vorbild mischt. Dies ist das Symptom einer starken Spannung, zumindest im Bereich der Literatur, die darauf dringt, das erreichte ›klassische‹ Gleichgewicht erneut zu brechen und so Signale für substantielle soziale Veränderungen zu setzen.

Für die bildende Kunst bot nach T. Hölscher in römischer Zeit das figürliche Repertoire der griechischen Kunst einen gewaltigen Vorrat an Vorbildern, die je nach den Erfordernissen der Darstellung nachgeahmt wurden. Analog zur Debatte über die literarischen *genera* konnte Hölscher die bewußte In-

Kat.-Nr. 491

tention der Künstler herausarbeiten. Die ideologischen Schemata, nach denen sie sich verschiedener Vorbilder bedienten, hingen nicht so sehr oder nicht nur vom Geschmack der Auftraggeber ab, jedoch von der sozialen und politischen Funktion des Kunstwerks.

Die Feststellungen zur Literatur können auch einen gewissen Wert für die Bestimmung der späthellenistischen und augusteischen Kunst gewinnen. Das Thema ist bereits in äußerster Ausführlichkeit behandelt worden; aber ein allgemeiner Konsens wurde nie erzielt wegen des grundsätzlichen Mißverständnisses, das sich erst jetzt langsam auflöst: der Frage nach der fundamentalen ideologischen, wenn nicht formalen Einheit des augusteischen ›Klassizismus‹.

Diese Einheit existierte nicht, auch wenn die klassizistische Komponente ein unleugbares Übergewicht erlangte. Die aus der Literatur übernommene Theorie der *genera* hat erlaubt, den Gesamtbefund der augusteischen Kunst ohne den Zwang zu einer rigiden, monolithen Einheitlichkeit zu analysieren, und so konnten auch die nichtklassischen Bestandteile der Bildersprache wiedergewonnen werden. Denn in der Tat macht sich in der augusteischen Kunst die Spannung zwischen den Gattungen überall bemerkbar, sie bildet und zersetzt Gleichgewichte, die unverbrüchlich zu ihrem Wesen zu gehören schienen: Auch dort, wo die ›klassische‹ Komponente vorzuherrschen scheint, bricht von Zeit zu Zeit die Mischung der Gattungen nach neuen syntaktischen Regeln durch. Parallele Strömungen laufen zusammen, und manchmal überschneiden sie sich je nach dem behandelten Sujet.

Symptomatisch scheint mir die Wissenschaftsgeschichte des großartigen Reliefs mit der Wildsau in Palestrina (Kat.-Nr. 497 c), das anfangs in flavische Zeit datiert wurde nach dem Vorbild der verwandten Grimani-Reliefs (Kat.-Nr. 497 a und 497 b) in Wien (deren zeitliche Zuordnung ebenfalls starken Schwankungen unterlag), dann in claudische Zeit und schließlich der augusteischen Kunst zugerechnet wurde (der weitaus beste Vorschlag). Symptomatisch ist die Schwierigkeit, Chronologien aufzustellen, wenn man sich des Faktums nicht bewußt ist, daß das Thema von der Gattung abhängig ist, die ihrerseits eine spezifische Formensprache erheischt. Nach den Begriffen der Literatur würde das »Landschaftsbild«, dem die Grimani-Reliefs angehören, nach dem elegischen Distichon verlangen und nicht nach dem heroischen Hexameter, der sehr viel mehr zum Prozessionsfries der Ara Pacis paßt.

Das östliche Mittelmeerbecken scheint derselben Konjunktur wie Italien zu unterliegen, trotz des unterschiedlichen kulturellen und sozialen Substrats. Das Monument des Zoilos, vom Demos und der Bulé von Aphrodisias in Erinnerung an ihren berühmten Mitbürger errichtet, der sich durch seine ›Euergesia‹ um seine Vaterstadt verdient gemacht hatte, zeigt in zugespitzter Form die Tendenzen des augusteischen Klassizismus ganz im Sinne Hölschers. Die Zeitstellung des Monuments, zu dem der erhaltene Fries gehörte, kann nicht mit absoluter Sicherheit bestimmt werden. C. Iulius Zoilos war ein von seinem Patron hochgeschätzter Freigelassener des Octavian, und seiner Initiative verdankte die Stadt Aphrodisias wahrscheinlich, daß sie ›befreit‹ und der besonderen Obhut des Marcus Antonius anvertraut wurde. Aus der Inschrift im Theater geht hervor, daß Zoilos vor 38 v. Chr. (aber sicher nach 44 v. Chr.) in seine Vaterstadt zurückkehrte. Sein Tod muß in die Zeit um 20 v. Chr. fallen, kurz darauf wurde ihm ein Heroon geweiht, das mit einem Fries geschmückt war, der seine verdienstvollen Unternehmungen im Beisein zahlreicher Personifikationen verewigte.

Das Monument ist also vor der Ara Pacis anzusetzen; die Symbolik selbst folgt einem orientalisch-griechischen Schema, das bisher keine Parallelen in Rom hat. Aber die Aura, die diese Komposition durchzieht, die Anlage der Personen mit Zoilos, der stolz die Toga trägt in dem Bereich, in dem Andreia mit Timé dargestellt ist, all dies erinnert bereits an die Kultur und die Modi der fortgeschrittenen augusteischen Zeit.

Die Typologie der einzelnen Figuren stammt aus dem Repertoire der griechischen Kunst, aber nicht, wie man meinen könnte, allein aus dem Erbe des 5. und 4. Jahrhunderts v. Chr., sondern auch aus dem der hellenistischen Kunst. Keine einzige Figur gleicht in formaler Hinsicht einer anderen, jedoch wurde die Auswahl der Figurentypen aus einem weitgespannten zeitlichen Bereich gezielt nach dem Ausdruckswert getroffen. Die Figur des Demos hängt zum Beispiel von klassischen Modellen ab, die des Aion, vielleicht die interessanteste aus der Serie, weicht davon völlig ab. Das eingefallene Gesicht unter dem üppig fließenden Bart, die tief eingegrabenen Augen, die fleischigen, in einem dramatischen Ausdruck halbgeöffneten Lippen, der zum Kopf erhobene Arm des Sehers, der den zukünftigen Ruhm der Stadt und der Dynastie vorhersagt, finden erst in der 2. Hälfte des 3. Jahrhunderts v. Chr. genaue Parallelen. Aber das Ensemble ist in gewisser Weise mit einer dichten klassizistischen Patina amalgamiert und besagter Aion erscheint wie in einem kontrastarmen Licht aufgeweicht und zerschmolzen. Die Figuren sind vor einem neutralen Grund isoliert, würdevoll nebeneinander gesetzt in einem zurückhaltenden Rhythmus ohne jede Spannung. Alles atmet Vornehmheit und Frömmigkeit im Dienst des geehrten Zoilos, Zentrum und Motiv der Komposition.

Ein anderer wichtiger Befund stammt von dem Kenotaph des Caius Caesar in Limyra. Auch hier ist die Chronologie gut eingrenzbar. Sofort nach dem Tod des Thronfolgers im Jahr 4 n. Chr. beschloß der römische Senat den Bau des Heroon, und er kann sich nicht um viele Jahre verzögert haben. Die wenigen überlieferten architektonischen Elemente zeigen Abweichungen von zeitgleichen Denkmälern in Rom wie z. B. dem Tempel der Concordia. Die Formensprache hat bisher keine Vergleiche in Rom, zumindest nicht bei den Staatsreliefs. Offensichtlich wurde hier das Thema einer formalen Tradition angepaßt, in der die klassische Komponente nicht das totale Übergewicht hat: in den Begriffen der Literaturgattungen würde man sagen, daß die asianische Strömung überwiegt.

Wenn wir, ausgehend von dem Heroon des Zoilos, aus diesen Vergleichen erste Schlüsse ziehen, so haben wir einen Prozeß vor uns, der als typisch römisch gilt und sich in diesem Werk sehr genau fassen läßt. Es handelt sich um eine neue Bildersprache, die aus dem griechischen Repertoire Typen und Motive übernimmt und neuen darstellerischen Erfordernissen anpaßt, ohne bei der Auswahl der Vorbilder Rücksicht auf eine innere Kohärenz (chronologisch oder ikonographisch) zu nehmen. Also hat bereits jetzt die ideologische Struktur, die man normalerweise auf die römische Zeit bezieht, die Überhand, und sie formt die Bildersprache in eine Art von Eklektizismus um (ohne daß dies in einem reduzierenden Sinne gemeint wäre), die dann das charakteristische und wesentliche Element der iulisch-claudischen Zeit ist. Der Kenotaph des Caius Caesar zeigt im Gegenteil eine deutlich andere Lösung, die aber ebenso aufschlußreich ist. Hier sind die Themen und die ikonographischen Schemata zum Teil aus Rom importiert, aber die Formensprache, in die sie eingekleidet sind, geht auf den Barock des Hochhellenismus zurück.

Von diesem Formensystem ergeben sich aber wesentliche Berührungspunkte zu rundplastischen Werken, die nach der nicht überholten Klassifizierung G. Krahmers »einansichtig« sind, also nur von einem bestimmten Blickpunkt ihrer Form nach vollständig erfaßt werden können. Der exemplarische Fall ist der Laokoon: der Gebundenheit an eine ideale rückwärtige Ebene kontrastiert eine Reihe von Vorstößen in die Tiefe, eine Anzahl von Kraftlinien, die dennoch nicht den grundsätzlichen Effekt stören, daß die Figuren auf ihre Ebene zusammengedrückt sind.

Außer dem figürlichen Repertoire, das in Aphrodisias und Limyra als Vorbild diente, ist die in gewisser Weise einheitliche Behandlung der Oberflächen bemerkenswert, die sowohl in der handwerklichen Technik der Ausarbeitung wie im Geschmack des Gesamten den gleichen Geist atmet, wie auch in der körperlichen Dichte der Haare und der Gesichter sowie der Wiedergabe der Anatomie und der Gewandung als breite, weich wiedergegebene Massen mit glatten und flüssigen Oberflächen.

In Rom sieht es auf den ersten Blick so aus, als habe das klassizistische Muster den Vorrang vor allen anderen Ausdruckweisen griechisch-hellenistischer Prägung. Und doch ist nach den Beobachtungen von H. P. von Blanckenhagen die klassizistische Norm nicht in allen künstlerischen Genera gleich wirksam. Im Architekturdekor wurden kleinasiatische Einflüsse festgestellt, sogar in denjenigen Monumenten, die sozusagen das Emblem der klassischen Wiedergeburt sind: das Augustusforum und die Ara Pacis.

Gerade das Augustusforum (Kat.-Nr. 492) enthüllt nach meiner Ansicht am besten die Ambivalenz im Umgang mit der bildenden Kunst der augusteischen Zeit, die in gewisser Weise jenes Bild einer einheitlich klassizistischen Erscheinung unterminiert. Es scheint auf den ersten Blick, als ob die Ausschmückungen des Forums in ihrer Gesamtheit eher von griechischen Vorbildern der archaischen und klassischen Zeit inspiriert und auf intelligente Weise gemischt, gleichsam innerhalb eines neuen Rahmens neu belebt seien. Das Siphnier-Schatzhaus in Delphi, das Erechtheion mit seinen Schmuckfriesen,

Karyatiden und Kapitellen sind völlig auseinandergeschnitten und einem neuen Kontext einverleibt, der mit dem ›Klassischen‹ nur den formalen Firnis und das Gleichgewicht des Ganzen gemeinsam hat, aber sicher nicht die Disposition und die Räumlichkeit, die völlig neuartig sind. Und doch schleichen sich in dieses ausgeklügelte Gleichgewicht selbst Elemente ein, in denen von der klassischen Tradition recht wenig übrig ist. Wenn im Fall der Pegasuskapitelle einerseits die großartigen Pferdeleiber spätarchaische Muster reflektieren, so enden sie andererseits in voluminösen und dicken Akanthusranken, die den wahrscheinlich voraugusteischen Ranken der Plutei aus den Horti Sallustiani sehr viel ähnlicher sind als den dünnen und metallischen Voluten der Ara Pacis. Insgesamt sind sie trotz des klassischen Akanthuskalathos keineswegs klassizistisch, sondern weit entfernt von der einfachen Eleganz der korinthischen Kapitelle in wahrhaft klassischer Tradition.

Die Dekoration des Attikageschosses der seitlichen Portiken, in dem sich die Karyatiden mit den Köpfen des Iuppiter-Ammon auf den Clipei abwechseln, ist das Resultat einer originellen Neuinterpretation des harmonischen Rhythmus der Erechtheionkoren in einer völlig neuen dekorativen Disposition, die von dem Klassischen allein die getreuen und immer wiederholten Kopien ausschließlich dieser beiden Koren bewahrt. Ihre Symbolik bekommt eine andere Bedeutung; nach einigen stellen sie die unterworfene Bevölkerung dar, nach anderen sollen sie nach Ausweis der Phiale in der rechten Hand die Sakralität des Bereichs bekräftigen. Diese zweite Hypothese scheint mir mit dem Geist der mittelaugusteischen Kunst eher konform. In einer Epoche, in der Athen zum Symbol der klassischen Kultur geworden war, ist die Bilderwelt der Akropolis dasjenige, an das man anknüpfen wollte, nicht nur mit den Koren, sondern auch vermittels anderer dekorativer Muster, zum Beispiel den ionischen Kapitellen der Osthalle des Erechtheion. Aber dann werden den gesetzten Karyatiden, die den neuen moralischen Werten der augusteischen Ära so vollständig entsprechen, die zerquälten Köpfe des Iuppiter Ammon gegenübergestellt, die das exakte spiegelbildliche Gegenteil sind (Kat.-Nr. 493). Nach P. Zanker wollte man vielleicht die Wildheit der eroberten Länder in Gestalt der Besiegten darstellen; aber dies reicht nicht, um die spezifische Formensprache dieser Köpfe in rein hellenistischer Tradition zu erklären: zerzauste Haare, zerfurchte Stirn, die Knochenstruktur ist unter der Haut wahrnehmbar, die Augen sind tief eingegraben, die Lippen schwülstig und halboffen. Ihre besseren Exemplare ähneln stark dem Laokoon und zeitgleichen rhodischen Werken. An diesem Eindruck ändert auch die unterschiedliche Interpretation von M. Spannagel nichts, der hier einen Anklang an Alexander den Großen sehen wollte, der in der Oase Siwa von den Priestern des Zeus Ammon das Orakel über die Gründung und den zukünftigen Ruhm Alexandrias erhalten habe. Es ist richtig, daß es auf dem Augustusforum noch andere Bezüge auf Alexander gab und daß die Beziehung Alexander-Augustus in dieser Zeit eine bemerkenswerte Konjunktur erlebte. Dennoch erklärt dies nicht den Stil dieser Köpfe und ihre exaltierte Dramatik, auch wenn diese in einigen Köpfen gemildert ist und eine beruhigte und entspannte Form klassischer Herkunft zeigt, wie dasselbe Vorbild bewußt umgeformt werden kann, um auf eine andere Bildersprache zu antworten.

Es folgen in den Portiken und den beiden Apsidenhallen die Statuen der *summi viri*: im Norden die Gruppe des Aeneas mit seinem Sohn Iulus, dann die Könige von Alba, die Ahnen der *gens Iulia*; im Süden Romulus mit dem Tropaion und den *spolia opima*, dann die Staatsmänner, die die Herrschaft Roms über die Erde ausgedehnt hatten. Von den originalen Statuen ist herzlich wenig übrig geblieben. Die Typen folgten den in augusteischer Zeit etablierten Standards und stellten Panzer- und Togastatuen entsprechend ihrem Rang und ihrem Ruf dar; es waren hier auch einträchtig Persönlichkeiten versammelt, die zu Lebzeiten geschworene Feinde gewesen waren wie Marius und Sulla. Ein leider fragmentarischer Kopf zeigt eine Person mit kurzen, dicken, unfrisierten Locken, unter dem Orbital eingegrabenen Augen und zerfurchter Stirn. Er bleibt jedoch isoliert, ein zweiter jugendlicher Kopf weist in der Klarheit der Gesichtsformen und dem Fall der Locken an den Schläfen alle Anzeichen eines entspannteren Klassizismus auf. Ein weiterer Kopf zeigt dagegen den harten Naturalismus der munizipalen Porträts vom Ende der Republik.

Jedoch verdient der Kopf mit der zerfurchten Stirn das größte Interesse. Vor längerer Zeit wurde in dem ›Sulla‹ in der Ny Carlsberg Glyptotek in Kopenhagen ein Pendant derselben formalen Auffassung erkannt. R. Wünsche verband mit diesem Porträt die beiden berühmten Porträts in München, die als Marius und Sulla bekannt waren. Wegen des besonderen Stils dieser beiden Köpfe nahm er mit großer Wahrscheinlichkeit ihre Abhängigkeit von augusteischen Prototypen an. Sie sollten die Bildnisse berühmter Römern der Vergangenheit nach den Schemata des pathetischen Porträts in hellenistischer Tradition ›wiederherstellen‹, um ihnen sozusagen ihr Alter wiederzugeben. Trifft diese Vermutung zu, so wäre es zwingend, daß die Urbilder wirklich *summi viri* vom Augustusforum waren, die wegen der Bedeutung und der Qualität dieser Galerie als Prototypen für andere Galerien in Italien und den Provinzen dienten, wie das bekannte Beispiel von Mérida zeigt.

Überraschend ist jedoch, daß sich auf dem Augustusforum in der reifsten augusteischen Phase Werke befinden, die sich stilistisch nicht an der klassischen Tradition orientieren, sondern an der hellenistischen. An Stelle der beruhigten Formen nach den Regeln von *auctoritas* und *dignitas*, die scheinbar augusteische Norm waren, bemerkt man Anzeichen einer Nachfolge hellenistischer Vorbilder ohne wirkliche Kontinuität.

Wenn diese Beobachtungen das Richtige treffen, so war das Echo der großen kleinasiatischen Tradition in der augusteischen Epoche weder wirklich erloschen noch völlig entwurzelt; im Gegenteil: sie lebte und verzweigte sich wie ein unterirdischer Flußlauf, der hin und wieder durchbricht, um die Erde zu befruchten. Sie blieb sehr oft im Schatten und machte sich zumindest im Bereich der Staats- und Hofkunst solange nicht bemerkbar, wie für die Aussage der olympischen *dignitas* der römischen Magistrate die griechische Bilderwelt des 5. Jahrhunderts v. Chr. privilegiert wurde. Manchmal findet man sie jedoch direkt neben den diamantartig klar geschnittenen Bildern wie z. B. in den besiegten Barbaren der Gemma Augustea, wo nichtsdestoweniger die nivellierende Komponente des Klassischen die Überhand hat. Aber dort, wo das Bildprogramm eine epische Stimme erforderte, also die pathetische Sprache der reiferen hellenistischen Kunst einsickerte, verbreitete sie sich in einigen Fällen auch jenseits der klassischen Norm.

In der Praxis hat die Kunstgeschichte in der augusteischen Kunst vorwiegend den ausgeprägten Willen erkennen wollen, nach den dramatischen Turbulenzen der Bürgerkriege eine neue Einheit zu schaffen. Diese Wiederherstellung aus verschiedenen Bestandteilen bewegte sich, wie auch das augusteische Prinzipat selber, zuerst entlang von Versuch und Irrtum, bevor eine endgültige Lösung gefunden wurde. Die Dominanten dieser Synthese, in der sich *Romanitas* und *Graecitas* vermischen, sind das Schönheitsideal und die tiefe Religiosität, die für lange Zeit die beherrschenden Bestandteile der gesamten antiken Kultur werden sollten. Wie G. Niebling feststellte, war Frieden das Motto der augusteischen Epoche, eine Neuordnung des öffentlichen und privaten Lebens ihr Inhalt, Maß, Klarheit und Systematisierung aller Lebensbereiche in einem Ganzen der Weg, auf dem Augustus vorwärtsschritt.

Diese stilistische Option beinhaltete, wie uns P. Zanker lehrt, eine moralische Wertung. Dennoch schafft der Terminus »klassizistisch« für diese Kunst vielleicht Mißverständnisse. A. Wallace-Hadrill hat gezeigt, daß der dritte pompejanische Stil, der als das Beispiel für die neue Moralität und Religiosität galt, von Vitruv als das Beispiel eines ungebremsten Luxus, der Immoralität und der mangelnden Naturwahrheit bezichtigt wurde. In anderen Medien hat man späthellenistische Gefäße mit unverblümt erotischen Reliefs aretinischen Vasen gegenübergestellt, die dasselbe Thema zurückhaltender behandeln. Und doch kann man sich fragen, ob auch ein vom Traditionalismus erfüllter Mann wie Plinius, der gegen die Unsitte wetterte, aus solch obszönen Bechern zu trinken, diesen Unterschied bemerkt hätte. Auch der von Dionysios von Halikarnassos vorgebrachte Vergleich zwischen Asianismus und Attizismus, der ersteren mit der Hure und letzteren mit der Hausfrau verbindet und der also eine Zusammenstellung von Stil und Moralität vorzuschlagen scheint, greift nicht durchgängig. Zwar ist die Spannung des Gegensatzes von Dionysos-Antonius und Apollon-Augustus ausgiebig betont worden. Seit langer Zeit wurden aber auch dionysische Symbole im Fries der Ara Pacis gesehen, und die apollinischen wurden sogar ziemlich zurückgenommen, weil die Schwäne in diesem Falle besser mit Venus zu verbinden sind. Und es stimmt, daß Sueton den glatten und eleganten Stil des Augustus lobte und daß der Princeps diejenigen geringschätzte, die in einem archaisierenden oder gezierten Stil schrieben, und daß er Marcus Antonius wegen seines schlechten Geschmacks angriff, weil er nicht schreibe, um verstanden, sondern um bewundert zu werden. Dennoch findet sich in der Prosa des Augustus kein deutliches Zeichen für Attizismus. Der deutlichste Hinweis auf eine Mischung der Gattungen ist die Bemerkung Agrippas, daß der hinterlistig von Maecenas eingeführte Vergil eine neue, maskierte Form des schlechten Geschmacks verbreitete, die weder in den Exzeß der Emphase verfiel noch in den Fehler der Schwächlichkeit und Feinheit, sondern umgangssprachliche Worte benutzte, die er gewagt zu originellen und ungewohnten Kombinationen umgestaltete; dies ging in die Richtung der asianischen Manierismen. Wenn wir den Vergleich zwischen Literatur und bildender Kunst weiterführen, so hat Vergil, wie Hardie meint, sehr viel mit der pergamenischen Kunst gemeinsam, weil sein Hauptcharakterzug der Konflikt ist, der der Ara Pacis Frieden und Ruhe schenkt, sich also mehr im Einklang mit dem gesetzten Stil des Parthenon-Frieses befindet.

Wenn wir in dieser Art unsere Sehweise auf die römische Mentalität projizieren, lassen wir zweifellos außer acht, daß für die Römer der von Droysen geprägte Terminus »Hellenismus« keinerlei Bedeutung hatte. Für sie war nicht der Kontrast zwischen hellenistisch und klassisch, sondern der zwischen asiatisch und europäisch oder attisch maßgeblich, wie Wallace-Hadrill zutreffend feststellt.

Dies ist genau der Punkt, der in Frage steht. In augusteischer Zeit war die Flamme der hellenistischen Kunst und ihrer barocken und pathetischen Strömung nie wirklich erloschen; nur in den allzu grellen Fällen wurde sie in periphere Bereiche überführt, sie war für die großen szenographischen Programme mehr ›privater‹ Natur bestimmt in den Villen und Gärten, die die Städte umgaben, oder den *operosa antra*, von denen uns H. Lavagne ein exemplarisches Bild geliefert hat. Der großartige Choral der Prozession auf der Ara Pacis läßt keinen Raum für formale Schemata, die nicht mit der gesetzten *dignitas* konform gehen, die das Hauptkennzeichen des Augustus war. In den *horti* dagegen erforderte das narrative System einen unterschiedlichen Stil, der sich an die vielfältigen Organisationen des Raumes anpaßte, wo das fortgesetzte Spiel zwischen Offen und Geschlossen, Gärten, Nymphäen und Grotten eine völlig andere Sensibilität für eine szenographische Komposition barocken Typs verlangte. Aus diesem Blickwinkel ist der jüngste Bezug Andreaes auf die Dichtung des Ovid – man muß hinzufügen, den Ovid der »Metamorphosen« – absolut stimmig, wenn er als Zeichen für den Geschmack einer Epoche gesehen wird.

In seinem Bemühen um die Synthese des antiken Mythos verband Ovid in einem ganz persönlichen Stil Homer, die griechischen Tragiker, Hesiod und Kallimachos, die, jeder wiederum ein großer Künstler mit seinem persönliche Stil, aber dennoch nicht wirklich die Entstehung eines Gedichts beeinflußt haben, das im Ergebnis homogen und originell ist.

Um das besser zu verstehen, sei hier die Beschreibung der Grotte angeführt, in der sich Artemis nackt dem unschuldigen Blick des Aktaion darbietet:

»Dort im Walde verborgen (sc. im Tal Gargaphia) im letzten Grund eine Grotte:
keiner Hände künstliches Werk, doch hatte mit ihrem
Geiste Natur der Kunst hier nachgeahmt und mit leichtem
Bimsstein und lebendem Tuff ein gewachsen Gewölbe geschaffen.
Rechts ein Quell da rauscht, nicht stark, doch lautersten Wassers,
grün von Kräutern umsäumt den offenen Rand seines Mundes.«

(Metamorphosen 3, 155 ff. Übers.: E. Rösch)

Die benutzten Begriffe lassen keinen Zweifel: *simulaverat artem ingenio natura suo*. Die Natur hatte ein Gebilde geschaffen, das künstlich schien. Das folgende Geschehen, das Bad der Artemis und ihrer Begleiterinnen und die Verwandlung des Aktaion in einen Hirsch, scheint sich im Geist wie eine Statuengruppe in einer Landschaft zusammenzusetzen, so schön, daß sie künstlich scheint. Das gleiche geschieht im Fall der Grotte, in der sich Thetis auszuruhen pflegte. Das Meer bedeckt wie ein Schleier einen Strand mit kompaktem Sand ohne Algen.

»Drüber von Myrten ein Hain mit grünen Beeren und schwarzen,
und eine Höhle inmitten, – ob Kunst, ob Natur sie geschaffen,
fraglich, doch mehr wohl die Kunst.«

(Metamorphosen 9, 229 ff.)

Es ist dies eine Art Umkehrung des Gemeinplatzes, daß die Kunst die Natur nachahme. Dasselbe erzählerische Gefallen der »Metamorphosen« drängt auf eine Mischung der beiden Themen und bringt wundersame Hybriden hervor, deren Sprache Farbe und plastische Form gewinnt.

Dies alles geschieht tatsächlich in der Grotte von Sperlonga, einer natürlichen Höhlung, die kaum weiter von menschlicher Hand verändert zu werden brauchte. Aber dann wurde sie ausgeschmückt, als sollte sie selber zum Schauplatz einer Szene des Mythos werden: die Skulpturen wurden nicht planlos im Raum verteilt, sondern vielmehr als habe Perseus lebende Wesen zu Marmor erstarren lassen.

Das gleiche geistige Schema liegt auch dem Entwurf des Farnesischen Stiers zugrunde, auch wenn er vielleicht weniger barock in seinen Details ist. Ich habe zu zeigen versucht, daß der Stier das Original ist, das Plinius in den Gärten des Asinius Pollio gesehen hatte, die sich, wie aus den spärlichen Quellen hervorgeht, in dem Gebiet befanden, das später von den Thermen des Caracalla eingenommen wurde oder unmittelbar daneben. Um dies zu demonstrieren, reicht vielleicht weniger das absolute Fehlen von Spuren des laufenden Bohrers aus als die starke Plastizität eines jeden Details, von den Girlanden bis zu der großartigen Landschaftsbasis, die an das Relief aus Tralleis (man bemerke den Zufall) erinnern oder der außergewöhnliche Einschlag im Gewand der Dirke, der an den Stil der Skulpturen von Magnesia anknüpft; nicht zu reden von der unglaublichen Behandlung des Kopfes des Kithairon in einem Barockstil, der bereits erstarrt ist, aber noch nicht soweit, daß das Werk als claudische oder gar als antoninische Kopie gelten könnte.

Um diese kurzen Bemerkungen zu vervollständigen, möchte ich die Aufmerksamkeit auf die Figur der Antiope richten, die nach meinem Vorschlag ein integraler und wesentlicher Bestandteil der Gruppe ist. Mehr als Worte beweist der Vergleich mit der Elektra der wenig späteren Gruppe in Neapel (Kat.-Nr. 491) die Zugehörigkeit der Antiope zur späthellenistischen Kunst. Und nicht nur das: Das Vorbild stammt, soweit man das beurteilen kann, aus der pasitelischen Tradition, und von Pasiteles oder seinen Schülern waren auch andere *monumenta* aus der Sammlung des Asinius Pollio, unter denen die Appiaden die erste Stelle einnehmen. Die von Asinius Pollio gesammelten Werke gehören, so weit aus den Namen der Bildhauer hervorgeht, zu jener eklektischen Strömung, deren Hauptexponenten nach allgemeiner Ansicht Pasiteles und Arkesilaos sind. Der Eklektizismus ist das Hauptmerkmal der bildenden Kunst dieser Epoche, der kontrapunktiert wird von dem Willen, die Meisterwerke der Vergangenheit nachzuahmen und sie gar in der Qualität und technischen Versiertheit noch zu übertreffen. Die unbefangene Mischung von Bildmotiven und Stilformen ist die logische Konsequenz dieser künstlerischen Auffassung, der es aber gelingt, in ihren vollendetsten Werken eine eigene formale Einheit wiederherzustellen. Das ist der Fall bei den Gruppen von San Ildefonso, des Orest und Pylades im Louvre und im Schloß Fasanerie und des Orest und der Elektra in Neapel. Von dieser Tradition wissen wir heute sehr viel mehr seit dem Fund der Terrakottaköpfe in der Domus Tiberiana, zum Teil vielleicht Kopien nach Abdrücken, in anderen Fällen Umarbeitungen nach *nobilia opera* (Kat.-Nr. 490 a–d). Es gibt kein besseres Beispiel, den Eklektizismus dieser Epoche und die Fähigkeit, auf originelle Weise verschiedene Bildersprachen zu mischen, auf den Punkt zu bringen. Und genau in dieser Weise ist, im Unisono mit den eklektischen Werken aus dem pasitelischen Ambiente, auch der Farnesische Stier erdacht und ausgeführt worden; es handelt sich also um ein Originalwerk, das phantasievoll Elemente aus verschiedenen Epochen und Stilen mischt. So trägt dieser zu dem Verständnis der Komplexität der verschiedenen Diskurse bei, auf die sich die augusteische Kunst bezieht, macht aber auch die Schwierigkeit deutlich, alle diese Werke über den Leisten eines herrschenden Klassizismus zu schlagen, der gleichwohl mehr als jede andere Formensprache die augusteische Kunst geformt hat.

Literatur:

Über Literaturgattungen: G. B. Conte, Memoria dei poeti e sistema letterario[2] (1985); ders., Virgilio, il genere e i suoi confini[2] (1984); B. Snell, Die Entdeckung des Geistes. Studien zur Entstehung des europäischen Denkens bei den Griechen[4] (1975).

Zur Formensprache der römischen Kunst: O. J. Brendel, Introduzione all'arte romana (1982), dazu das Nachwort von S. Settis, »Ineguaglianze« e continuità: un'immagine dell'arte romana, ebenda 161 ff.; P. H. v. Blanckenhagen, Elemente der römischen

Kunst am Beispiel des flavischen Stils, in: H. Berve (Hrsg.), Das neue Bild der Antike 2 (1942) 310 ff.; G. Niebling, Zur soziologischen Struktur römischer Kunst: Gattungsstil und Zeitstil im 1. Jh. v. Chr., Abh. des 14. Internationalen Soziologenkongresses Bd. IV (1950) 1 ff.; R. Bianchi Bandinelli, Archeologia e cultura (1961) 234 ff.; P. Zanker, Augustus und die Macht der Bilder (1987), dazu die Rezension von A. Wallace Hadrill, JRS 79, 1989, 160 ff.; T. Hölscher, Römische Bildsprache als semantisches System, AbhHeidelberg 1987.

Zur Methodologie: G. Kubler, The Shape of Time (1972), dazu die Einleitung von G. Previtali zur italienischen Ausgabe, La forma del tempo (1976) VII ff.

Zu den Reliefs des Zoilosmonuments in Aphrodisias: R. R. R. Smith, Aphrodisias I. The Monument of C. Julius Zoilos (1993). Zum Kenotaph des Caius Caesar in Limyra: J. Ganzert, Der Kenotaph für Gaius Caesar in Limyra (1984); Götter, Heroen, Herrscher in Lykien, Ausstellungskat. Schloß Schallaburg (1990) 85 ff. 190 ff.; J. Borchhardt, Die Steine von Zemuri (1993) 85 ff. Der Kopf aus Antalya im Louvre: R. Horn, RM 52, 1937, 162 f. Abb. 7 Taf. 38, 2.

Zu den »einansichtigen Gruppen«: G. Krahmer, Die einansichtige Gruppe und die späthellenistische Kunst, Nachrichten der Akademie der Wissenschaften in Göttingen 1927, H. 1; ders., Stilphasen der hellenistischen Plastik, RM 38/39, 1923/24, 138 ff. Zum Laokoon: B. Andreae, Laokoon und die Gründung Roms (1988); N. Himmelmann, Laokoon, AntK 34, 1991, 97 ff.

Zur Ara Pacis: G. Moretti, Ara Pacis Augustae (1948); S. Settis in: Kaiser Augustus und die verlorene Republik, Ausstellungskat. Berlin (1988) 400 ff.; D. A. Conlin, The Artists of the Ara Pacis. The Process of Hellenization in Roman Relief Sculpture (1997).

Zum Augustusforum: P. Zanker, Forum Augustum (1969); E. La Rocca – L. Ungaro – R. Meneghini (Hrsg.), I luoghi del consenso imperiale. Il Foro di Augusto, il Foro di Traiano, I, Introduzione storico-topografica (1995) 38 ff.; L. Ungaro – M. Milella (Hrsg.) II, Katalog (1995) 20 ff. Nr. 1–45; M. Spannagel, Exemplaria principis. Untersuchungen zu Entstehung und Ausstattung des Augustusforums (1999). – Die Köpfe des Iuppiter Ammon: E. La Rocca, Artisti rodii negli *horti* romani, in: Horti Romani, Atti del Convegno Internazionale, Roma 1995 (1998) 225 ff. Abb. 29–31.

Zu den Porträtköpfen in Kopenhagen und München: R. Wünsche, MüJb 33, 1982, 7 ff.; L. Giuliani, Bildnis und Botschaft (1986) 175 ff.; E. La Rocca, Artisti rodii negli *horti* romani, in: Horti Romani, Atti del Convegno Internazionale, Roma 1995 (1998) 219. 227.

Zu den Gruppen von Sperlonga und Ovid: B. Andreae, Praetorium Speluncae. Tiberius und Ovid in Sperlonga, AbhMainz, 1994, Nr. 12. Zum Farnesischen Stier: F. Heger in: LIMC 3 (1986) 635 ff. s. v. Dirke; E. La Rocca, Artisti rodii negli *horti* romani, in: Horti Romani, Atti del Convegno Internazionale, Roma 1995 (1998) 239 ff.; C. Kunze, Der Farnesische Stier und die Dirkegruppe des Apollonios und Tauriskos (1998).

Über die Skulpturen in den *horti* des Asinius Polllio die ›pasitelischen Gruppen‹: E. La Rocca, Artisti rodii negli *horti* romani, in: Horti Romani, Atti del Convegno Internazionale, Roma 1995 (1998) 228 ff.

Übersetzung aus dem Italienischen: Mathias René Hofter

490 Terrakotten vom Palatin

Aus Rom, Palatin, Domus Tiberiana

a. Männlicher Kopf

H 25 cm, B 23 cm
Aus sechs Fragmenten zusammengesetzt, mit Bestoßungen an der Nase und am rechten Ohr. Rundes Brennloch auf dem Oberkopf.
Frühaugusteisch (M. P.)
Rom, Museo Nazionale Romano, Museo Massimo Inv. 375847

Literatur: M. A. Tomei, RM 99, 1992, 178 ff. Kat.-Nr. 1 Taf. 48–50, 2; 63, 1.

b. Männlicher Kopf

H 15,9 cm
Die beiden Fragmente passen nicht zusammen.
Frühaugusteisch (M. P.)
Rom, Museo Nazionale Romano, Museo Massimo Inv. 379560 und Inv. 379564

Literatur: Tomei a. O. 184 ff. Kat.-Nr. 2 Taf. 52.

c. Fragment eines weiblichen Kopfes

H 26 cm, B 21 cm
Aus vier Fragmenten zusammengesetzt.
Frühaugusteisch (M. P.)
Rom, Museo Nazionale Romano, Museo Massimo Inv. 379561

Literatur: Tomei a. O. 188 ff. Kat.-Nr. 3 Taf. 54; 63, 2.

d. Fragment eines männlichen Kopfes

H 26 cm, B 20 cm
Aus zwei Fragmenten zusammengesetzt.
Frühaugusteisch (M. P.)
Rom, Museo Nazionale Romano, Museo Massimo Inv. 379562

Literatur: Tomei a. O. 190 ff. Kat.-Nr. 4 Taf. 56.

491 Gruppe ›Orestes und Elektra‹

Marmor; H 1,50 m
Ergänzt sind das rechte Bein und der linke Unterarm und die Nase des ›Orestes‹; die rechte Hand, die Finger der linke Hand und der Mantelzipfel, der vom linken Unterarm der ›Elektra‹ herabfällt.
Tiberisch (M. P.)
Aus dem Macellum von Puteoli, 1750
Neapel, Museo Archeologico Nazionale Inv. 6006

Kat.-Nr. 490 a

Kat.-Nr. 490 b

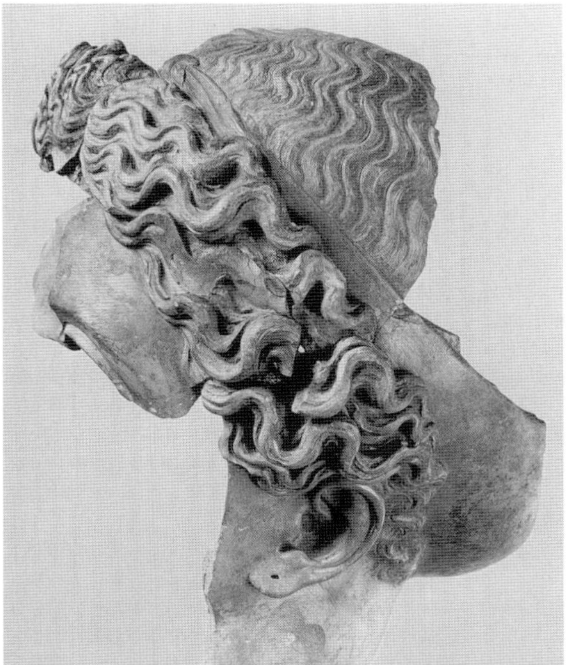

Kat.-Nr. 490 c

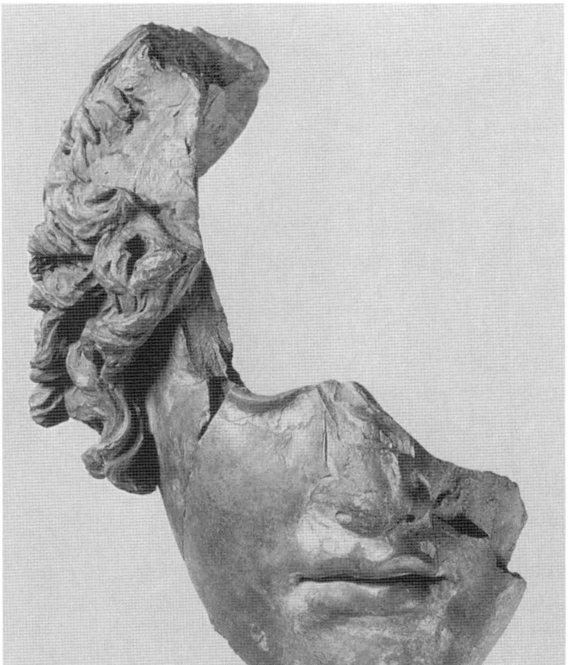

Kat.-Nr. 490 d

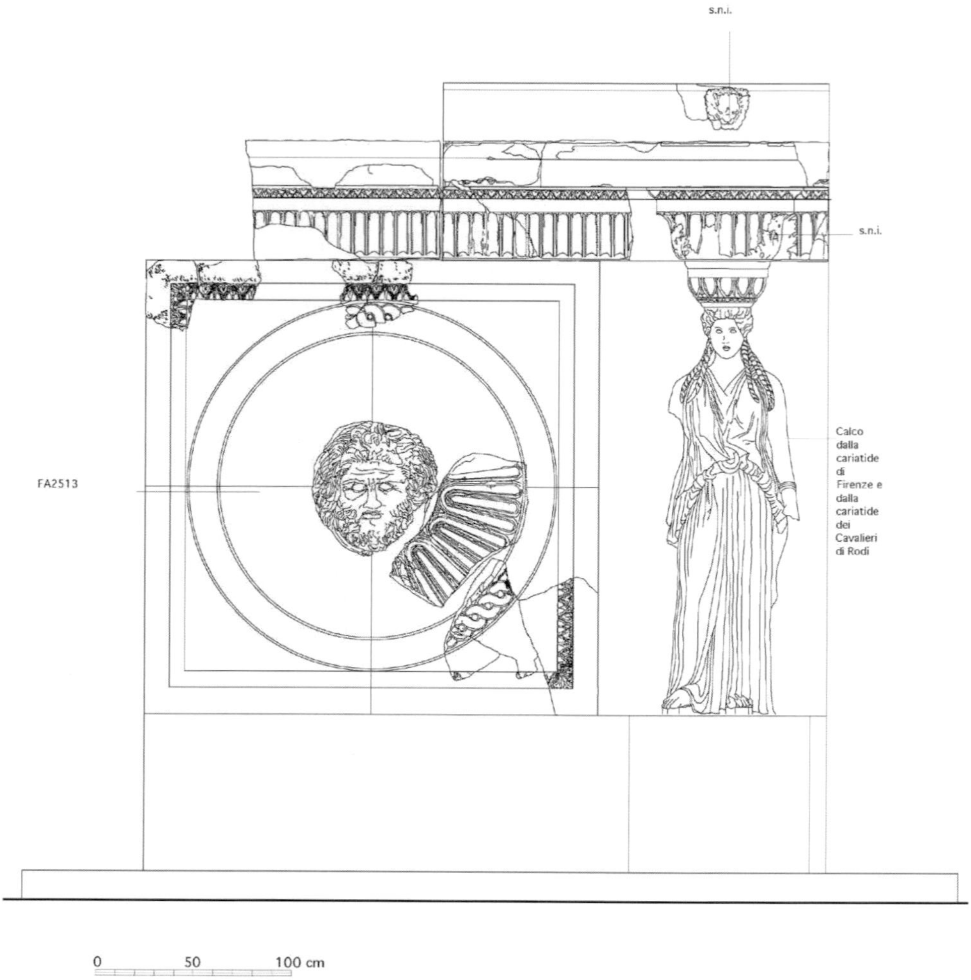

Abb. 1. Rekonstruktionszeichnung des Attikageschosses einer Portikus des Augustus-Forums

Literatur: M. Borda, La scuola di Pasiteles (1953) 43 ff. Abb. 7. 8; P. Zanker, Klassizistische Statuen (1974) 50 Kat.-Nr. 11; 54 Kat.-Nr. 7 Taf. 45, 2; 47, 4; E. Simon, JdI 102, 1987, 295 ff. Abb. 4; H. Winkler, Die tiefe Gürtung. Ein verkanntes Motiv der griechischen Frauenkleidung (1996) 96 ff. 141 f. Kat.-Nr. 21; R. Bol, Die sog. Orest-Elektra-Gruppe, in: Hellenistische Gruppen. Gedenkschrift für Andreas Linfert (1999) 331–341 Taf. 94–96. M. P.

492 Rom, Augustusforum. Neue Rekonstruktion des Attikageschosses

Zusammengesetzt aus Originalfragmenten (Marmor) sowie Kopien in Kunstharz und Marmor; H 4,20 m, B 3,50 m
Originale: Kopf des Iuppiter Ammon (Inv. FA 2513) sowie Architekturglieder (Inv. FA 909. 914. 915. 917. 918. 1117. 1118. 4302. 4328. 4383); Abguß der Rekonstruktion einer Karyatide aus Fragmenten in der Casa dei Cavalieri di Rodi (Rom) sowie dem Museo Archeologico, Florenz
Museo dei Fori Imperiali, Mercati Traianei

Das Museo dei Fori Imperiali hat seinen natürlichen Ort in den Trajansmärkten und seine Planung konzentriert sich auf die Präsentation der bedeutendsten architektonischen und plastischen Knotenpunkte, um den komplexen Aufbau der Gebäude verständlich zu machen (Abb. 1).

Im Bestreben, eine auf eine Reihe einzelner ›schöner Stücke‹ beschränkte Ausstellungsform zu überwinden, hat man sich darauf konzentriert, die Elemente der architektonischen Ordnungen in ihrer konstruktiven Funktion und in ihrer dekorativen Struktur deutlich zu machen und damit auch die in den einzelnen Foren durchgeführten Maßnahmen: die Restaurierungen der Monumente und der Materialien, die Aufzeichnungen und Grabungen.

Im Zusammenhang dieser Ausstellung wird ein Prototyp des Ausstellungssystems des Augustusforums vorgestellt, der sowohl wegen seiner wissenschaftlichen Ergebnisse wie in museologischer Hinsicht interessant ist.

Die Wiederherstellung der Architekturgliederung und der Wanddekoration hat auch unsere Kenntnisse der Exedren der Portiken vom Augustusforum bereichert sowie des Systems der Dächer und der Gelenkstellen und des Übergangs von der Exedra zum Hof oder zu den Portiken. Die Dekoration des Attikageschosses der Portiken des Augustusforums wurde um die Kenntnis zahlreicher Varianten im Fall der mit den

Karyatiden abwechselnden Clipei mit den Ammonsköpfen bereichert. Das verkröpfte Gebälk ist mit Schmuckbändern dekoriert und besteht aus vorspringenden Partien über den stehenden Figuren und in die Wand zurückspringenden über den Clipei, die nach oben von einer Kassettendecke abgeschlossen werden. Die Karyatiden sind aus der Rekonstruktion im Haus der Rhodierritter bekannt und von zwei mit Ausnahme der Köpfe erhaltenen Statuen im Museo Archeologico Nazionale in Florenz und der Sammlung der Villa in Poggio Imperiale. In die von einem lesbischen Kyma eingefaßten quadratischen Wandfelder sind die Clipei eingelassen: sie sind umrahmt von einem durchlaufenden Zopfmuster; ihm folgen nach innen verschiedene konvexe Reliefmuster, so breite Eierstäbe, verschränkte Eierstäbe oder Eierstäbe mit einem herzförmigen Anthemion. Zu den in den Trajansmärkten aufbewahrten Ammonsköpfen (ein ganz erhaltener mit Torques, ein nur in seinem oberen Teil erhaltener, und ein dritter unveröffentlichter) gesellt sich noch der heute im Florentiner Museo Archeologico Nazionale befindliche Kopf (Kat.-Nr. 493). Davon unterscheidet sich der in dem Haus der Rhodierritter vermauerte durch seine unterschiedliche stilistische Wiedergabe, die allerdings nur eine Variante des apotropäischen Motivs darstellt.

Für die vorgesehene Rekonstruktion im Museo dei Fori Imperiali soll eine Zusammenstellung von Originalfragmenten des Gebälks verwendet werden, zusammen mit der Einrahmung des Wandfeldes, dem verschlungenen Eierstab des Clipeus, dem am besten erhaltenen Ammonskopf, und für die Karyatide ein Abguß derjenigen in Florenz.

Literatur: E. La Rocca – L. Ungaro – R. Meneghini – M. Milella (Hrsg.), I luoghi del consenso imperiale. Il Foro di Augusto, Il Foro di Traiano I. II (1995); L. Ungaro, Il modello del Foro di Augusto a Roma, in: J. Arce – S. Ensoli – E. La Rocca (Hrsg.), Hispania Romana (1997) 170 –175; E. La Rocca, Artisti rodii negli *horti* romani, in: M. Cima – E. La Rocca (Hrsg.), Horti Romani, Atti Convegno Internazionale, Rom 1995 (1998) 203 ff. bes. 225–228. L. U.

493 Kopf des Iuppiter Ammon

Marmor; H 62 cm, B 72 cm
Augusteisch
Florenz, Museo Archeologico Inv. 13711

Schildprotome aus der Attika der Umgangshallen des Augustusforums.

Literatur: G. Capecchi, Protome di divinità dal Foro di Augusto in Roma nel Museo Archeologico di Firenze, in: Studi di antichità in onore di Guglielmo Maetzke III (1984) 499–502 Taf. 1 a; P. Casari, Sui clipei del Foro di Augusto, ArchCl 50, 1998, 391–406 Abb. 3. B. W.

494 Gipsabgüsse aus Baiae: Gruppe der Tyrannenmörder Aristogeiton und Harmodios

Baia, Museo Archeologico dei Campi Flegrei
Aus Baiae, 1954 in den Sosandrathermen in einem Kellerraum gefunden; die ursprüngliche Kopistenwerkstatt ist allerdings außerhalb der Thermenanlage zu suchen.

a. Gesichtsfragment des Aristogeiton, Inv. 174.479 (H 21,6, B 10,7 cm)
b. Mantelfalten des Aristogeiton, Inv. 174.644 (H 22, B 12,7, T 4,4 cm)
c. Rechter Oberarm und Ellenbogen des Aristogeiton, Inv. 174.501 (L 24,3, B 11, T 13 cm)
d. Unterschenkelfragment vom rechten Bein des Aristogeiton, Inv. 174.578 (H 23, B 13,2 cm)
e. Linkes Fußfragment mit Zehen des Aristogeiton, Inv. 174.529 (L 14,3, B 8,2 cm)
f. Fragment einer rechten Hand, dem Aristogeiton zugeschrieben, Inv. 174.518 (L 13 cm)
g. Fragment von Oberarm und Schulteransatz, rechter hochgestreckter Arm des Harmodios, Inv. 174.567 (L 19, B 15,3 cm)
h. Fragment eines linken Oberarmes, dem Harmodios zugeschrieben, Inv. 174.500 (L 19,5, B 12, T 13, 2 cm)

Kat.-Nr. 493

Der Fund der Gipsabgüsse von Baiae ist sehr wichtig, um den Herstellungsprozeß der römerzeitlichen Kopien zu verstehen. Am Anfang der Repliken stand ein direkt vom Original genommener Gipsabguß. Diejenigen von Baiae lassen noch die Maßnahmen zum Schutz des Originals bei der Abnahme der Matrize erkennen, so die Abdeckung der empfindlichsten Stellen mit Wachs oder Pech, womit auch Hohlräume der Hände oder der Falten verfüllt waren. Die Abgüsse konnten in ihre Teile zerlegt werden, was Transport und Aufbewahrung erleichterte. Durch das ›Punktierverfahren‹ wurden dann die Modelle Punkt für Punkt auf die Kopie übertragen. Unter den Abgüssen von Baiae konnten zwölf bestimmbare Statuentypen identifiziert werden, sowie zwölf mögliche weitere. Der Vorrat enthielt also 24 bis 30 Statuen. Das Atelier nahm spätesten in der späten

Kat.-Nr. 494

Republik seine Arbeit auf und hatte wahrscheinlich noch einmal eine Phase gesteigerter Aktivität in hadrianischer Zeit.

Literatur: Ch. Landwehr, Die antiken Gipsabgüsse aus Baiae. Griechische Bronzestatuen in Abgüssen römischer Zeit (1985) 27 ff. Taf. 3 ff.; H.-U. Cain, Copie dai »mirabilia« greci, in: S. Settis (Hrsg.), I Greci. Storia Cultura Arte Società 2, III (1998) 224 f. Abb. 1.

495 Archaistische Kandelaberbasis: Apollinische Trias und Greifen

Marmor; H 1,08 m, B 0,45–0,47 m
Intakt bis auf leichte Bestoßungen
Frühaugusteisch
Aus Rom, Via della Conciliazione, 1948
Rom, Konservatorenpalast Inv. 2771

Die Basis gehört zum Typus I nach H. U. Cain, dessen Original vielleicht am Ende des 2. Jhs. v. Chr. in einer attischen Werkstatt entstand, was durch den Fund von fünf Repliken aus pentelischem Marmor im Wrack von Mahdia nahegelegt wird.

Literatur: H. von Steuben in: Helbig[4] II (1966) 42 f. Kat.-Nr. 1662; H.-U. Cain, Römische Marmorkandelaber (1985) 27 ff. 100 f. 177 f. Kat.-Nr. 79 Taf. 8, 3; 10, 3. 4; 14, 3; 17, 2; 18, 3; 69. 70, 1; T. Golda, Puteale und verwandte Monumente (1997) 92 zu Kat.-Nr. 33.

496 Kitharodenrelief: Apollinische Trias beim Opfer

Marmor; H 0,77 m, B 1,035 m
Der Rand ist rundum in Gips ergänzt, ein Stück vom Flügel der Nike in Marmor.
Frühaugusteisch
Ehemals Rom, Slg. Albani, dann Paris, Louvre. 1813 erworben
Berlin, Antikensammlung Inv. Sk 921

Die apollinische Trias, Apollon mit der Kithara, Artemis und Leto, werden mit einer geflügelten Victoria in archaistischem Habitus beim Opfer gezeigt. Der korinthische Tempel hinter der rückwärtigen Mauer hat einen mit wagenfahrenden Victorien dekorierten Fries.

Kat.-Nr. 495

Kat.-Nr. 496

Die Schutzgötter des Augustus sollten die *aurea aetas* garantieren, der Tempel ist wohl mit dem der Victoria auf dem Palatin, in der Nähe des Hauses des Princeps, zu identifizieren. Das Thema war in augusteischer Zeit auch auf Campanaplatten und arretinischer Keramik besonders verbreitet; es drang von der kaiserlichen Propaganda ins private Ambiente der Oberschicht vor.

Literatur: F. Studniczka, JdI 21, 1906, 77 ff. Abb. 1; E. Simon in: LIMC 2 (1984) 412 Kat.-Nr. 351 a; T. Hölscher, Klio 67, 1985, 94; E. Polito, RIA 17, 1994, 67 ff. Abb. 2. – Zum Bildthema M. J. Strazzulla, Il principato di Apollo. Mito e propaganda nelle lastre Campana dal tempio di Apollo Palatino (1990) 115 ff.

497 Drei Reliefs mit Tierdarstellungen, ›Grimani-Reliefs‹

a. Wien, Kunsthistorisches Museum Inv. 604 (Schaf)
Marmor; H 95 cm, B 81 cm
Restauriert sind die Köpfe des Schafs, seine linke Hinterpfote, Teile des Schwanzes und die Hinterbeine des Lamms; es fehlt der Kopf des Hundes.
b. Wien, Kunsthistorisches Museum Inv. 605 (Löwin)
Marmor; H 94 cm, B 81 cm
Restauriert ist der Vorderkopf der Löwin und der Kopf des Löwenbabys; es fehlt der Vorderteil der Schlange.
Ehemals Venedig, Palazzo Grimani Venezia, 1885 für die kaiserliche Sammlungen erworben
c. Palestrina, Museo Nazionale di Villa Barberini Inv. 78 (Wildsau)
Marmor; H 94 cm, B 81 cm
Spätaugusteisch

Die Reliefs kommen ohne Zweifel aus Palestrina, wie der Fund des dritten Reliefs dieser Serie mit der säugenden Wildsau zeigt. Sie stammen aus einer stadtrömischen Werkstatt und sind wenig später als die Ara Pacis (13–9 v. Chr.) entstanden. Ihr ursprünglicher Zusammenhang ist unsicher, möglicherweise verzierten sie einen Brunnen.

Die Tatsache, daß hier ein Haustier und zwei Wildtiere dargestellt sind, legt nahe, auf dem zu ergänzenden vierten ein weiteres Haustier, z. B. eine Kuh, zu vermuten. Da die Geburtszeiten dieser Tiere mit den verschiedenen Jahreszeiten zusammenfallen, können sie als deren Allegorien gelesen werden. Die idyllische Stimmung findet ihre Entsprechung in den Gedichten Vergils und verbildlicht die augusteische Propaganda des erreichten Friedens, der *securitas* gewährt.

Literatur: V. M. Strocka, Die Brunnenreliefs Grimani, in: AntPl 4 (1974) 87 ff. Taf. 53–57; R. Bianchi Bandinelli, DialArch 1, 1967, 121 ff. Abb. 56; B. Palma, Il rilievo tipo Gri-

Kat.-Nr. 497 a

Kat.-Nr. 497 b

Kat.-Nr. 497 c

mani da Palestrina, Prospettiva 6, 1976, 46 ff.; F. Zevi, Proposta per un'interpretazione dei rilievi Grimani, Prospettiva 7, 1976, 38 ff.; F. Coarelli, Il monumento di Verrio Flacco nel Foro di Preneste, in: Revixit ars. Arte e ideologia a Roma. Dai modelli ellenistici alla tradizione repubblicana (1996) 455 ff.; N. Agnoli, RendLinc 1998, 159 f. Abb. 11–14.

498 Statue des Hadrian im Typus des ›Ares Borghese‹

Marmor; H 2,11 m
Ergänzt: Locken über der Stirn, Vorderteil des Helms, die Nase, der rechte Arm, der Steg zwischen Schild und Rumpf, die linke Hand mit einem Teil des Schildes, Glied, rechter Fuß, linker Unterschenkel mit Fuß, Baumstammstütze, Plinthe
120–130 n. Chr.
Aus Ceprano, dann Sammlung Albani
Rom, Musei Capitolini Inv. 634

Das Porträt des Hadrian im Typus Chiaramonti 392 ist hier mit dem klassischen Statuentypus des ›Ares Borghese‹ kombiniert, in dem einige ein Werk aus dem Umkreis des Alkamenes aus dem letzten Viertel des 5. Jhs. v. Chr. erkennen wollen, vielleicht sogar die von ihm gefertigte Kultstatue des Arestempels in Athen. Der Typus ist im 2. Jh. n. Chr. sehr populär für bürgerliche Porträtdarstellungen, wo er oft in Kombination mit dem Typus der Aphrodite ›Capua‹ für die Darstellung von Ehepaaren verwendet wird.

Literatur: H. von Heintze in: Helbig[4] II (1966) 191 Kat.-Nr. 1384; Fittschen–Zanker I (1985) 49 f. Kat.-Nr. 48 Taf. 53; K. J. Hartswick, RA 2, 1990, 280 Kat.-Nr. 22; A. Costantini in: K. Stemmer (Hrsg.), Standorte – Kontext und Funktion antiker Skulptur (1995) 235 Kat.-Nr. B 74.

499 Statue der Sabina im ›Ceres-Typus‹

Marmor; H 1,86 m
Die rechte Hand fehlt.
Nach 136 n. Chr.
Aus Ostia, Palästra der Neptunsthermen
Ostia, Museum Inv. 25

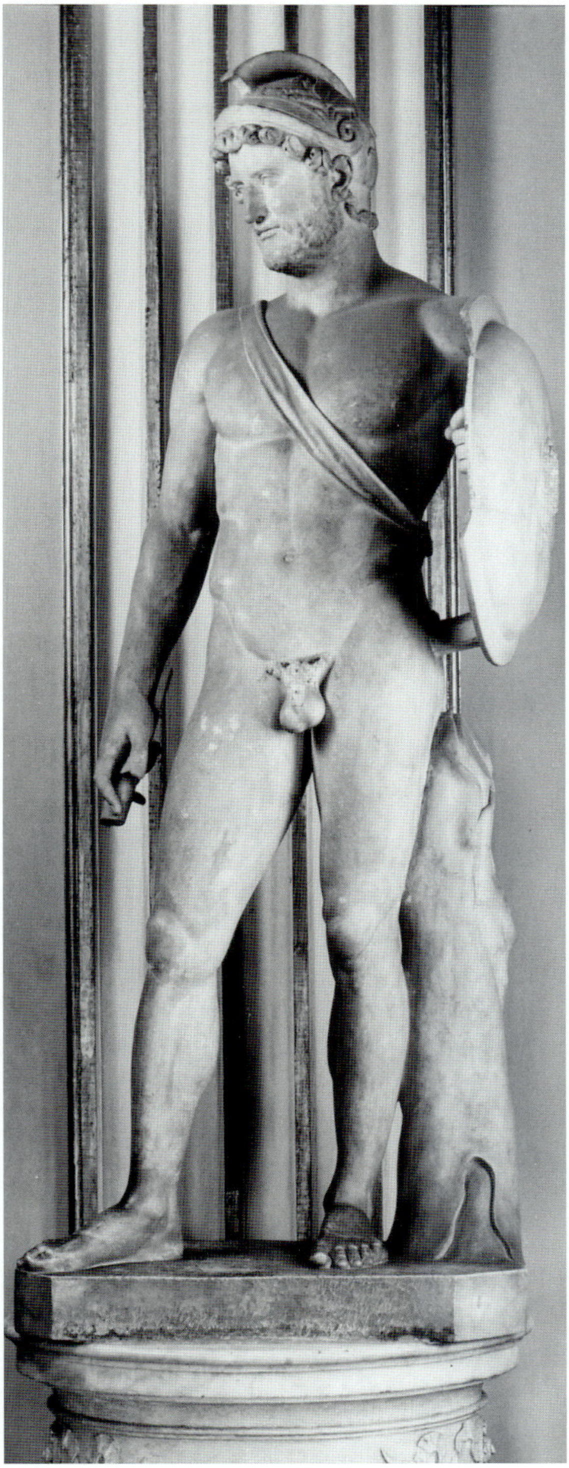

Kat.-Nr. 498

Kat.-Nr. 499

Die Statue überliefert den Typus der ›Ceres‹, der wegen der häufig in der linken Hand gehaltenen Attribute, Ähren und Mohnkapseln, diesen Spitznamen erhielt. Es handelt sich um einen spätklassischen oder frühhellenistischen Statuentypus, der wahrscheinlich Demeter oder Kore darstellte und im 2. Jh. n. Chr. sich großer Beliebtheit für weibliche Porträtstatuen erfreute. Hier handelt es sich um eine postume Darstellung der Kaiserin Sabina, die auf diese Weise möglicherweise als Demeter-Ceres divinisiert werden sollte.

Literatur: M. Wegner, Hadrian, Herrscherbild II 3 (1956) 86. 127 f. Taf. 41 a; R. Calza, Scavi di Ostia. I ritratti I. V (1964) 79 f. Kat.-Nr. 127 Taf. LXXV. LXXVI; T. Mikocki, Sub speciae deae. Les impératrices et princesses romaines assimilées

Kat.-Nr. 500

Kat.-Nr. 501

à des déesses. Étude iconologique (1995) 195 Kat.-Nr. 309; C. Donzelli, XeniaAnt 7, 1998, 94 ff. Kat.-Nr. A9 Abb. 12 a. b.

500 Statue des tanzenden Antinoos

Marmor; H 1,15 m
Es fehlen die Nase, die Arme, ein Teil der rechten Schulter und der Beine. Der Kopf ist gebrochen, an den Ohren sind deutliche Spuren eine Überarbeitung.

Aus Rom 1881/82, Ecke der Via Torino und Via Modena
Rom, Konservatorenpalast Inv. 897

Die Figur ist im Begriff, einen Tanzschritt auszuführen, der auf ähnlichen Darstellungen der Spätklassik und des frühen Hellenismus abgebildet ist. Das Vorbild im weiteren Sinne kann in dem Satyr von Lamia aus dem 3. Jh. v. Chr. gesehen werden. Der Pinienkranz verweist auf die dionysische Sphäre, vielleicht die Einweihung in die Dionysosmysterien, oder auch als immergrünes Gewächs auf die Unsterblichkeit. Erst durch die Überarbeitung kam der satyreske Aspekt hinzu. Das Porträt entspricht der Variante B des Haupttypus.

Literatur: Fittschen – Zanker I (1985) 62 Kat.-Nr. 57 Taf. 64. 65; G. Bodoni, BCom 97, 1996, 213 ff. Abb. 1–8.

501 Karyatide aus der Villa Hadriana

Marmor; H 2,14 m
Aus Tivoli, Villa Hadriana, Canopus, 1952
Tivoli, Museum der Villa Hadriana Inv. 2233

Treue Kopie der vierten Kore vom Erechtheion von Athen.

Die Statue gehört zu den vier Karyatiden, die am Ufer des Canopus in der Villa Hadriana aufgestellt waren; es wurden jedoch nur die dritte und die vierte Kore reproduziert. Dasselbe gilt auch für das Augustusforum, wo sie das Attikageschoß dekorierten. Im Kontext des hadrianischen Ausstattungsprogramms scheint ihre Aussage allerdings weniger ehrgeizig und mehr dekorativ, als Vertretung der ›klassischen‹ Kunst neben anderen strengen und hellenistischen Statuentypen.

Literatur: P. Zanker in: Helbig[4] IV (1972) 157 f. Kat.-Nr. 3194; E. E. Schmidt, Die Kopien der Erechtheionkoren, AntPl 13 (1973) 22 ff. Taf. 19–25 Abb. 25. 29. 34. 38. 42; V. Zannoni in: Hadrian. Trésors d'une ville impériale (1999) 188 Kat.-Nr. 35. – Zur Skulpturenausstattung vom Canopus s. zuletzt E. Calandra, Oltre la Grecia. Alle origini del filellenismo di Adriano (1996) 241 ff.

Glyptik

502 Glaspaste mit dem Profil des Kodros

H 2,1 cm, B 1,7 cm
Mitte des 1. Jhs. v. Chr.
Heidelberg, Universitätssammlung Inv. 61/7

Die Glaspaste zeigt die Paludamentbüste des Kodros, des letzten sagenhaften Königs von Athen, wie aus der Inschrift auf der Haarbinde hervorgeht (ΚΩΔΡΟΣ ΒΑΣΙΛΕΥΣ). Hinter dieser Darstellung, die Ähnlichkeiten zu der Bronzestatue A von Riace aufweist, wurde ein statuarisches Vorbild des 5. Jhs. vermutet, das möglicherweise in dem athenischen Heiligtum dieses Helden aufgestellt war. Die andere Inschrift HEIOY bezeichnet wahrscheinlich nicht den Besitzer, sondern den Steinschneider des Originals dieser Paste, dessen Signatur auch auf anderen Gemmen belegt ist und der gegen Ende der Republik lebte.

Literatur: R. Hampe in: Katalog der Sammlung antiker Kleinkunst des Archäologischen Instituts der Universität Heidelberg II. Neuerwerbungen 1957–1970 (1971) 111 ff. Kat.-Nr. 147 Taf. 109; R. Krumeich, Bildnisse griechischer Herrscher und Staatsmänner im 5. Jahrhundert v. Chr. (1997) 97. – Zum Gemmenschneider Heius: E. Zwierlein-Diehl, AA 1990, 541.

Kat.-Nr. 502

Kat.-Nr. 503

Kat.-Nr. 504

503 Sardonyx-Gemme: Hore

8,82 x 5,87 cm
Frühaugusteisch
Berlin, Antikensammlung Inv. FG 6712

Gezeigt ist die Hore des Sommer oder des Herbstes. Der Stein wurde nach einem Vergleich mit einer Berliner Glaspaste, die eine Bacchantin zeigt, dem Gemmenschneider Solon zugeschrieben, von dem fünf weitere signierte Gemmen erhalten sind, die einen Übergang von späthellenistischen zu klassizistischen Formen erkennen lassen. Eine ähnliche Ikonographie von Genien findet sich auf arretinischen Vasen aus der Werkstatt des Ateius (s. u.); sie sind von großplastischen Darstellungen vom Ende des 5. Jhs. v. Chr. abgeleitet.

Literatur: E. Zwierlein-Diehl, Antike Gemmen in deutschen Sammlungen II. Berlin (1969) 172 f. Kat.-Nr. 464 Taf. 82; L. A. Casal in: LIMC 5 (1990) 513 Kat.-Nr. 11 a. – Zu Solon: J. Spier, AntK 34, 1991, 92 ff.

Kat.-Nr. 505

504 Karneol-Gemme: Achilleus/Alexander

23,7 x 16,8 mm
Bestoßungen am rechten unteren Rand.
40/30 v. Chr.
Ehemals Sammlung Orsini
Neapel, Museo Archeologico Nazionale Inv. 26092

Die Gemme zeigt wahrscheinlich Alexander d. Gr. in Angleichung an Achilleus. Signiert ist sie von Dioskurides, einem der bekanntesten Gemmenschneider der späten Republik und der frühaugusteischen Zeit, der bevorzugt heroische Themen sowohl in hellenistischem wie klassizistischem Stil behandelte.

Literatur: E. Zwierlein-Diehl, Glaspasten im Martin-von-Wagner-Museum der Universität Würzburg I (1986) 101 Nr. 5 zu Kat.-Nr. 145; U. Pannuti, Museo Archeologico Nazionale di Napoli. La collezione glittica II (1994) 216 Kat.-Nr. 183. – Zu Dioskurides: E. Zwierlein-Diehl, AA 1990, 541 ff.

505 Agatonyx-Kameo: Drei Grazien

36 x 33,6 mm
Der Hintergrund ist verletzt, einer der Grazien fehlt die Hand.
1. Jh. n. Chr.
Aus Pompeji
Neapel, Museo Archeologico Nazionale Inv. N. 158796

Das ikonographische Vorbild wird auf ein Gemälde des 3. Jhs. v. Chr. zurückgeführt, von dem auch die zahlreichen freiplastischen Repliken angeregt sind.

Literatur: U. Pannuti, Museo Archeologico Nazionale di Napoli. Catalogo della collezione glittica I (1983) 28 Kat.-Nr. 37; H. Sichtermann in: LIMC 3 (1986) 209 Kat.-Nr. 107.

506 Augustus-Kameo, ›Sardonyx Marlborough‹

3,7 x 2,6 cm
Claudisch
Ehemals Slg. Arundel, Marlborough und Evans
New York, Metropolitan Museum Inv. 42.11.30

Der Kameo wurde dem Eutyches, einem der Söhne des Dioskurides zugeschrieben.

Literatur: G. M. A. Richter, Catalogue of Engraved Gems Greek-Etruscan and Roman (1956) 130 Kat.-Nr. 648 Taf. LXXIII; R. Thomas, JdI 110, 1995, 367 ff. Abb. 2.

Kat.-Nr. 506

Kat.-Nr. 507

507 Karneol-Gemme: Kopf des Zeus

2,52 x 1,93 cm
2. Viertel des 2. Jhs. n. Chr.
Angeblich Samsûn (Türkei)
Berlin, Antikensammlung Inv. 30 073

Die Gemme gilt als mehr oder weniger treue Wiedergabe des Kopfes der Zeusstatue des Phidias in Olympia.

Literatur: E. Zwierlein-Diehl, Antike Gemmen in deutschen Sammlungen II. Berlin (1969) 185 Kat.-Nr. 511 Taf. 89; F. Canciani in: LIMC 7 (1997) 435 zu Kat.-Nr. 143 s. v. Zeus/Iuppiter.

Campana-Platten

508 ›Ikariosrelief‹

Terrakotta; H 47 cm, B 42 cm
Spätaugusteisch
Aus Rom, ehemals Sammlung Townley
London, British Museum Inv. GR. 1805.7–3.324

Die ›Campanaplatten‹ sind nach der alten italisch-etruskischen Tradition aus dem Model gezogene Terrakottaplatten, die in der späten Republik und der frühen Kaiserzeit vorwiegend sakrale Gebäude verzierten, auch solche aus Marmor. Aber auch private Gebäude wurden mit ihnen geschmückt, wie Funde in den kaiserlichen Residenzen zeigen.

Das Relief zeigt enge typologische Übereinstimmungen mit einer Reihe frühkaiserzeitlicher Marmorreliefs, die den Empfang des trunkenen Dionysos mit seinem Gefolge im Hause des attischen Demenheros Ikarios zeigen. Das gemeinsame Vorbild war eine eklektische Darstellung des späten Hellenismus, die häufig kopiert und variiert wurde.

Literatur: H. von Rohden – H. Winnefeld, Architektonische römische Tonreliefs der Kaiserzeit, Die antiken Terrakotten IV 1 (1911) 254 Taf. XXX; A. H. Borbein, Campanareliefs. Typologische und stilkritische Untersuchungen, 14. Ergh. RM (1968) 183 ff. Taf. 39, 1. – Zu den ›Ikariosreliefs‹: M. E. Micheli, BdA 103/104, 1998, 22 ff.

509 Stieropfernde Nike

Terrakotta; H 32 cm, B 44 cm
Ergänzt ist die linke untere Ecke mit dem Fuß der Nike.
1. Jh. n. Chr.
Rom, Museo Nazionale Romano Inv. 62757

Das Relief gehört zum Typus I nach der Einteilung von Borbein, der eine Umformung der Darstellung des gleichen Sujets auf der Balustrade des Nike-Tempels ist. Das Exemplar gehört in die letzte Phase der Campanaplatten, geht aber bereits auf ein Version des 1. Jhs. v. Chr. zurück.

Literatur: Rohden–Winnefeld a. O. 285 f. Taf. XCII 1; Borbein a. O. 43 f. 67 f. Taf. 12, 1.

Kat.-Nr. 508

Kat.-Nr. 509

Kat.-Nr. 510

510 Perseus und Athena mit dem Haupt der Medusa

Terrakotta; H 49 cm, B 55 cm
Ergänzt sind die Glutäen des Perseus, der rechte Oberschenkel, rechte Unterarm und ein Großteil des Mantels auf der Schulter.
1. Jh. n. Chr.
Angeblich aus Capua von einem Grab; ehemals Sammlung Gennaro Riccio
Neapel, Museo Archeologico Nazionale Inv. 24224

Platten des gleichen Themas wurden am Apollo-Palatinus-Tempel in Rom gefunden, und deswegen wurde die in Libyen ansässige Medusa als mythische Allegorie von Octavians Gegnerin Kleopatra interpretiert, der dieser im Gewand des Perseus den Garaus macht.

Literatur: Rohden–Winnefeld a. O. 251 f. Taf. XXVI 1; Borbein a. O. 178 ff. Taf. 35; M. J. Strazzulla, Il principato di Apollo. Mito e propaganda nelle lastre Campana dal tempio di Apollo Palatino (1990) 48 f. Abb. 14.

511 Orestes, auf dem delphischen Omphalos kniend

Terrakotta; H 49 cm, B 32 cm
Aus vier Bruchstücken zusammengesetzt.
Frühaugusteisch
Aus Rom, Tiber
Rom, Museo Nazionale Romano Inv. 4384

Das ikonographische Schema des Orestes, der sich vor den Erinnyen nach Delphi geflüchtet hat und auf dem Dreifuß kniet, taucht in der attischen Kunst in der Mitte des 5. Jhs. v. Chr. auf; aber es ist auch in der großgriechischen Vasenmalerei bezeugt.

Literatur: Borbein a. O. 182 f. Taf. 38; K. Parlasca in: Helbig[4] III (1969) 70 f. Kat.-Nr. 2164 a; H. Sarian in: LIMC 7 (1994) 74 Kat.-Nr. 46 s. v. Apollo/Apollon.

512 Kalathiskos-Tänzerinnen

Terrakotta; H 40 cm, B 60 cm
Aus verschiedenen Bruchstücken zusammengesetzt.
Augusteisch
Ehemals Slg. Dressel
Berlin, Antikensammlung Inv. TC 8217,68

Die Kalathiskos-Tänzerinnen sind Teil des Motivrepertoires der neuattischen Werkstätten.

Literatur: Rohden–Winnefeld a. O. 248 Taf. XVIII; Borbein a. O. 188 f. Taf. 40, 1; L.-A. Touchette, The Dancing Maenad Reliefs. Continuity and Change in Roman Copies (1995) 17 Abb. 53 b.

Kat.-Nr. 511

Silber

Hildesheimer Silberschatz

Der Schatz, der 1868 in Hildesheim gefunden wurde, besteht aus über siebzig Einzelteilen silbernen Tafelgeschirrs. Er ist stilistisch nicht einheitlich, und einige der Stücke stammen aus den besten Silberschmieden des Reiches, während andere provinzieller Herkunft, möglicherweise aus Gallien sind. Der Grund, warum der Schatz um die Mitte des 1. Jhs. n. Chr. vergraben wurde, ist nicht bekannt; wegen der heterogenen Zusammensetzung wird an Kriegsbeute gedacht.

Literatur: R. Stupperich, Römische Toreutik und augusteische Feldzüge in Germanien: Der Fall Hildesheim, in: R. Wiegels – W. Woesler (Hrsg.), Arminius und die Varusschlacht. Geschichte – Mythos – Literatur (1995) 104 ff.; M. Boetzkes – H. Stein (Hrsg.), Der Hildesheimer Silberfund. Original und Nachbildung. Vom Römerschatz zum Bürgerstolz (1997); R. Stupperich in: ebenda 171 ff.; K. Hitzl – J. Petrasch (Hrsg.), Der Hildesheimer Silberschatz, Ausstellungskat. Freiburg (1998).

513 Athena-Schale

H 7,6 cm, Dm an den Griffen 32,5 cm; Gewicht 1984 g
Augusteisch
Berlin, Antikensammlung Inv. Misc. 3779,1

Kat.-Nr. 512

Kat.-Nr. 513

Die Athena auf dem vergoldeten Medaillon in der Schalenmitte hält ein Objekt, das als Teil eines Steuerruders gedeutet wird und dessen Erklärung nicht eindeutig ist. Das Medaillon in den eleganten Formen des späthellenistischen Rokoko wurde möglicherweise erst sekundär in die Schale montiert, die dem augusteischen Klassizismus nähersteht.

Literatur: Boetzkes–Stein a. O. 34 ff. Kat.-Nr. 1; 176; H. Gregarek, Der Hildesheimer Silberfund, in: H.-H. von Prittwitz und Gaffron – H. Mielsch (Hrsg.), Das Haus lacht vor Silber. Die Prunkplatte von Bizerta und das römische Tafelgeschirr (1997) 91 f. Abb. 2.

514 Glockenförmiger Reliefkrater

Mantel: H 36 cm, Dm 35,3 cm; Einsatz: H 33,1 cm, Dm 38,1 cm; Gewicht 5017,5 g (mit Ergänzungen), Einsatz 4432,6 g
Der äußere Mantel ist eine galvanoplastische Nachbildung des im 2. Weltkrieg zerstörten Originals.
Um 20 v. Chr.
Berlin, Antikensammlung Inv. Misc. 3779,62

Der Krater ist mit Ranken bedeckt, die von Eroten bei der Jagd nach Meeresgetier sowie Löwen und Adler-

Kat.-Nr. 514

Kat.-Nr. 515

greifen bevölkert werden. Diese Darstellungen, die häufig mit dem vegetabilen Dekor der Ara Pacis verglichen werden, lassen sich mit den in augusteischer Zeit populären Gottheiten Venus, Apollo und Bacchus verbinden und deuten vielleicht die augusteische Hoheit über die See an.

Literatur: E. Künzl in: Kaiser Augustus und die verlorene Republik (1988) 578 Kat.-Nr. 403; Boetzkes–Stein a. O. 75 f. Kat.-Nr. 62; R. Stupperich, ebenda 175 f.; F. Baratte, Silbergeschirr. Kultur und Luxus in der römischen Gesellschaft, TrWPr 15, 1997 (1998) 11 Abb. 4.

515 Zehnmaskenbecher

H 12,5 cm, Dm 14,6 cm; Gewicht: 585,46 g
Es haben sich Spuren der Vergoldung erhalten, die Henkel fehlen.
Ende des 1. Jhs. v. Chr.
Berlin, Antikensammlung Inv. Misc. 3779,13

Der Becher ist das Pendant eines weiteren derselben Form und Dekoration. Das obere Register ist mit Masken, Musikinstrumenten sowie dionysischen Requisiten in einer naturalistischen Umgebung geschmückt, das untere mit Akanthus, der von Insekten und Tieren bevölkert ist. Diese Art der Dekoration taucht auch auf den Bechern von Boscoreale auf und findet seine Parallele in den Maskenreliefs, die Gärten reicher Villen dekorierten und ihnen eine sakrale Aura verliehen, um die *dignitas* und *auctoritas* des Besitzers ins Licht zu rücken.

Literatur: H.-U. Cain, BJb 188, 1988, 172; L. Pirzio Biroli Stefanelli, L'argento dei Romani. Vasellame da tavola e d'apparato (1991) 272 Kat.-Nr. 93 Abb. 169–171; Boetzkes–Stein a. O. 46 f. Kat.-Nr. 13; R. Stupperich, ebenda 177 f.

Silberschatz von Boscoreale

Der Schatz wurde 1895 in einer Zisterne der Villa Rustica »della Pisanella a Boscoreale« gefunden. Er besteht aus 109 Stücken Silber und Gold sowie über 1000 Goldmünzen und wurde vom Besitzer beim Ausbruch des Vesuv 79 n. Chr. versteckt. Der Schatz ist stilistisch und chronologisch nicht einheitlich.

Literatur: F. Baratte, Le trésor d'orfèvrerie romaine de Boscoreale (1985); Il tesoro di Boscoreale. Una collezione di argenti da mensa tra cultura ellenistica e mondo romano, Ausstellungskat. Pompeji (1988); A. Oettel, Zur Aufbewahrung und Verwendung der Silbergefäße in der ›Silberschatzvilla‹ von Boscoreale nahe Pompeji, in: Boetzkes–Stein a. O. 104–113.

516 Spiegel: Leda mit dem Schwan

Dm 16,7 cm, L des Griffs 12 cm; Gewicht 371 g
1. Jh. n. Chr.
Paris, Musée du Louvre Inv. BJ 2159

Literatur: Baratte a. O. 45. 94; L. Pirzio Biroli Stefanelli, L'argento dei Romani. Vasellame da tavola e d'apparato (1991) 265 Kat.-Nr. 62 Abb. 115. 116.

517 Salzfaß oder Sauciere

H 5,1 cm, Dm 7 cm; Gewicht 228 g
1. Jh. n. Chr.
Paris, Musée du Louvre Inv. BJ 1997

Es gehörte mit drei weiteren Gefäßen desselben Typs zu einem Service. Auf der Rückseite findet sich die Inschrift des Besitzers Pamphilius mit Angaben über das Gewicht der vier Stücke, eine eingekratzte Inschrift erwähnt den Namen Maxima.

Literatur: Baratte a. O. 26. 94; Pirzio Biroli Stefanelli a. O. 264 Kat.-Nr. 54 Abb. 114.

518 Becher mit Reben und Akanthus

H 5,7 cm, Dm 8 cm, B 10,5 cm; Gewicht ca. 164 g
1. Jh. n. Chr.
Paris, Musée du Louvre Inv. BJ 1918

Der Becher gehört mit drei anderen zu einem Set. Auf der Unterseite des Fußes finden sich der Name Maxima und die Angabe des Gewichts.

Literatur: Baratte a. O. 54 ff. 92; Pirzio Biroli Stefanelli a. O. 263 Kat.-Nr. 51 Abb. 113; F. Baratte, Silbergeschirr, Kultur und Luxus in der römischen Gesellschaft, TrWPr 15, 1997 (1998) 11.

Kat.-Nr. 516

Kat.-Nr. 516 (Detail)

Arretinische Keramik

Die Werkstatt des Ateius

Der Werkstattschutt des Cn. Ateius wurde 1954/55 in Arezzo gefunden und beseitigte die Zweifel, ob der berühmte Töpfermeister tatsächlich in Arretium tätig war, da viele seiner signierten Produkte in Italien, dem Rheinland, Westfalen und vor allem in Gallien gefunden worden waren. Für ihn charakteristisch sind die durchlaufenden erzählenden Friese sowie ein naturalistischer und kalligraphischer Geschmack im Ornament. Mit M. Perennius und Rasinius teilte er viele Motive, die in Form von Gipsabdrücken und ›Musterbüchern‹ zirkulierten. Das Leitmotiv der Ikonographie war die *felicitas temporum*, das Heimweh nach dem mythischen Goldenen Zeitalter, das mit dem Prinzipat des Augustus wiederhergestellt sein sollte. Die gesetzte

Kat.-Nr. 517

Kat.-Nr. 518

klassizistische Formensprache ist dieser Ikonographie angemessen, und so erwecken sogar die gewagtesten erotischen Szenen den Eindruck, als seien sie Teil einer religiösen Zeremonie. Die arretinischen Gefäße neigen weniger dem strengen Aspekt der augusteischen Propaganda als der Poesie des Ovid mit seinem Lob der Gastmähler, des Weines und der Liebe zu, und ummanteln dies mit einer reinen Klassizität, die deutlich von dem bunten hellenistischen Geschmack unterschieden ist.

Literatur: F. P. Porten Palange, NumAntCl 19, 1990, 215 ff.; Ateius e le sue fabbriche. La produzione di sigillata ad Arezzo, a Pisa e nella Gallia meridionale, AnnPisa 25, 1995, 271 ff.; P. Sangriso, StClOr 46, 1998, 919 ff.

Kat.-Nr. 519

Kat.-Nr. 519

519 Halbkugelförmiger Becher: Dionysische Requisiten und Thiasos

H 16,5 cm, Dm 22 cm
Aus 13 Bruchstücken zusammengesetzt.
Aus Arezzo, Via Nardi, 1954/55
Arezzo, Museo Archeologico Inv. 96265
Werkstatt des Cn. Ateius

520 Halbkugelförmiger Becher: Waffenfries, Kentauromachie

H 14 cm, Dm 17,5 cm
Aus 14 Bruchstücken zusammengesetzt.
Aus Arezzo, Via Nardi, 1954–56
Arezzo, Museo Archeologico Inv. 96346
Werkstatt des Cn. Ateius

Der Kentaurenkampf kann möglicherweise als Anspielung auf den Bürgerkrieg oder den Sieg über Kleopatra gelesen werden.

Zum Bildthema s. A. Toniolo, ArchVen 5, 1982, 121 ff.

521 Halbkugelförmiger Becher: Horen und Tänzer

H 16,8 cm, Dm 22,5 cm
Aus 17 Bruchstücken zusammengesetzt.
Aus Arezzo, Via Nardi, 1954–56
Arezzo, Museo Archeologico Inv. 96292
Werkstatt des Cn. Ateius

Das Thema soll auf ein toreutisches Vorbild aus Alexandria des 3. Jhs. v. Chr. zurückgehen.

Literatur: P. Zamarchi Grassi in: Il Museo Archeologico Nazionale G. C. Mecenate in Arezzo (1987) 95. – Zum Bildthema: M. T. Marabini Moevs, BdA 42, 1987, 1 ff.

522 Halbkugelförmiger Becher: Erotische Szenen

H 14,3 cm, Dm 18,8 cm
Aus sieben Bruchstücken zusammengesetzt.
Aus Arezzo, Via Nardi, 1954–56
Arezzo, Museo Archeologico Inv. 96386
Werkstatt des Cn. Ateius M. P.

Kat.-Nr. 521

Kat.-Nr. 522

Claudia Valeri

Der Statuenzyklus von Rione Terra in Pozzuoli

Die meisten hier ausgestellten Skulpturen stammen aus der Auffüllung einer Reihe unterirdischer römischer Baulichkeiten unter dem Episkopatsgebäude aus dem 17. Jahrhundert im Viertel von Rione Terra in Pozzuoli. Es handelt sich um vier Räume mit Tonnengewölbe in Nord-Süd-Orientierung mit einer Länge von ca. 14 m, die wahrscheinlich gleichzeitig mit der Gründung der Kolonie in augusteischer Zeit errichtet wurden. Es scheinen die Substruktionen eines beachtlichen öffentlichen Gebäudes gewesen zu sein. Die Auffüllung des 17. Jahrhunderts bestand aus Baumaterial, Ziegeln und Tuffblöcken, untermischt mit z. T. stark fragmentierten Architekturgliedern, die meist nicht zu dem Tempel gehörten, sowie den Plastiken, von denen sich einige durch eine hervorragende Erhaltung auszeichnen.

Zu den Idealstatuen, deren eindrucksvollste Beispiele sich in der Ausstellung befinden, gehören einige *opera nobilia*, aber auch schwieriger zu deutende Skulpturen. Ein interessanter Fund, für den es bereits in Rom in den Horti Sallustiani einen Präzedenzfall gibt, ist der von zwei zusammengehörigen Peplophoren. Eine davon ist eine sehr fragmentierte Replik des Typus Candia-Ludovisi, die andere eine kopflose Kopie des Typus Kopenhagen (Kat.-Nr. 524) , die beide spiegelsymmetrische Repliken von einander sind. Die Typen sind in römischer Zeit sehr verbreitet und werden im allgemeinen auf ein peloponnesisches Bronzevorbild um 460 v. Chr. und ein in römischer Zeit dazu erfundenes Pendant zurückgeführt.

Die Annahme einer Galerie von *opera nobilia* wird durch den aufsehenerregenden Fund eines Frauenkopfes bestärkt (Kat.-Nr. 525), der eine deutliche Verwandtschaft zum berühmte Kopf Palagi in Bologna aufweist, einer Kopie der Athenastatue des Phidias, die die Kolonisten in Lemnos gegen 450 v. Chr. auf die Akropolis weihten. Er ist allerdings keine exakte Replik, sondern gehört in eine Reihe von Köpfen, die von ihr angeregt sind. Mit dem Kopf in Bologna, der die Züge des Bronzeoriginals getreu wiedergibt, teilt er die Proportionen und die allgemeine Anlage, ist ihm aber stilistisch weit entfernt. Er ist von hoher Qualität, scheint aber eher dem Erfindungsgeist des augusteischen Bildhauers entsprungen zu sein.

Schwieriger unter die überlieferten griechischen Meisterwerke ist die imposante weibliche Figur einzuordnen, die von Vorbildern des Strengen Stils abhängt (Kat.-Nr. 523). Sie ist mit einem aufwendigen festlichen Gewand bekleidet, einem bis zu den Füßen reichenden Ärmelchiton; das Himation ist auf der rechten Schulter gefibelt und bedeckt fast den ganzen Körper. Das jugendliche Gesicht ist von zwei ondulierten Haarsträhnen gerahmt, die im Nacken von einem dreifachen Band zusammengefaßt werden. Der Statuentypus erinnert im Gewand an die Kore Korinth-Mocenigo, eine exakte Replik könnte aber eine fragmentarische Statue in den Magazinen des Vatikans sein. Vergleichen läßt sich auch eine weibliche Figur von der Akropolis, von der nur die untere Hälfte erhalten ist und die bereits für eine Variante der Kore Korinth-Mocenigo gehalten wurde. Die statisch-blockhafte Anlage der Kore von Pozzuoli mit dem Standmotiv der beiden aufgesetzten Füße läßt sich mit Werken des Strengen Stils vergleichen wie dem Omphalos-Apollon. Auch der Kopf führt in ein ähnliches chronologisches Ambiente, die Frisur erinnert an Werke des 2. Viertels des 5. Jahrhunderts wie den Kopf Baracco-Budapest. Die Figur von Pozzuoli hebt sich aber durch ihre ungewohnte Körperlichkeit ab, und vielleicht ist es doch eine klassizistische Schöpfung der frühen Kaiserzeit.

Eine weibliche Gewandfigur (Kat.-Nr. 524) stellt eine Frau im Voranschreiten dar, die gleichzeitig in einer jähen Wendung begriffen ist. Sie wiederholt einen durch zahlreiche Kopien und Varianten überlieferten Typus, unter anderem in Syon House und in der Glyptothek in München. Der Statuentypus wird in die 2. Hälfte des 5. Jahrhunderts datiert und setzt in der Ponderation zwar das Standmotiv Polyklets voraus, ist in der Gewandbehandlung aber von den Errungenschaften des Parthenon unberührt. Kontrovers ist sowohl die genauere Zuschreibung wie die Benennung: eine der eleusinischen Göttinnen, Hera oder wahrscheinlicher Aphrodite. Die Statue in Pozzuoli ist die einzige der

Repliken, bei der der Kopf erhalten ist; die Münchner Replik zeigt in den Ansätzen auf der Schulter eine sehr ähnliche Haaranlage. Die klassizistische Frisur ähnelt solchen des 4. Jahrhunderts v. Chr., erinnert aber, wenn auch nicht exakt, an die der Antonia Minor auf claudischen Münzen. Auch das Gesicht läßt an ein extrem idealisiertes Porträt der Antonia denken. Der Statuentypus wird häufig für Porträtstatuen benutzt, insbesondere für Angehörige des Kaiserhauses, auch wenn sich das Exemplar von Pozzuoli durch seine Raffinesse und Eleganz von den bekannten Stücken abhebt.

Das Interesse hat sich in Rione Terra bisher auf den korinthischen Tempel konzentriert, der als »eins der vollkommensten Beispiele des augusteischen Klassizismus« gelten kann. Nach den Inschriften wurde er von L. Cocceius Auctus, einem Freigelassenen des L. Cocceius Postumus, gebaut und von einem L. Calpurnius geweiht. Der Bau verdankte sich der lokalen Elite, ging aber sicherlich nicht ohne die Mitwirkung Roms vonstatten; das zeigen vor allem die verbürgte Mitwirkung des Architekten und die außerordentliche Qualität des erhaltenen Baudekors.

Der Gesamtbefund, der noch in Bearbeitung ist, berechtigt zu der Annahme eines oder mehrerer Gebäude mit Statuenzyklen in der Nähe des Tempels. Unter der Verfüllung der Gewölberäume fanden sich auch ein erhaltenes sowie Fragmente von iulisch-claudischen Porträts.

Mit dem Zyklus der jüngst entdeckten Idealplastik lassen sich anscheinend wegen ihrer Dimensionen und ihres Stils früher aufgefundene Fragmente verbinden: ein männlicher, als Apollon bezeichneter Torso und ein Bruchstück der Hera Borghese, auch sie aus pentelischem Marmor. Die Funde von Rione Terra aus der frühen Kaiserzeit vermitteln uns ein lebhaftes und dichtes Bild dieses Areals, das in dieser Zeit ein Zentrum des politischen und religiösen Lebens gewesen sein muß.

Literatur: F. Castagnoli, Topografia dei Campi Flegrei, in: I Campi Flegrei nell'archeologia e nella storia (1977) 41 ff.; A. De Franciscis, La scultura nei campi Flegrei, in: ebenda 329 ff.; C. Gialanella, Il Rione Terra alla luce dei nuovi scavi archeologici, BdA 22, 1993, 84 ff.; C. Gialanella (Hrsg.), Nova Antiqua Phlegraea (2000) 15 ff.; F. Zevi, Il Tempio di Augusto a Pozzuoli: una nota, in: Scritti di storia dell'arte in onore di Raffaello Causa (1988) 29 ff.; F. Zevi (Hrsg.), Puteoli (1993).

523 Statue der Persephone

H 205 cm, H des Kopfes 24 cm
Es fehlt der rechte Arm, leichte Bestoßungen, die Arme und ein Teil der Kalotte waren separat gearbeitet, in den Haaren Spuren von roter Farbe.
Anfang 1. Jh. n. Chr.
Baia, Castello Aragonese Inv. 292861

Literatur: C. Gialanella (Hrsg.), Nova Antiqua Phlegraea. Nuovi tesori archeologici dai campi flegrei (2000) 28. 31; E. Paribeni, Persefone regina, BdA 40, 1955, 97 ff.; P. Noelke, Zu einem Kopf des Museo Barracco in Rom, RM 76, 1969, 51 ff. Taf. 16–22; O. Palagia, A Classical Variant of the Kore Corinth-Mocenigo Goddess: Demeter-Kore or Athena?, BSA 84, 1989, 323 ff.; M. C. Monaco, Dall'Acropoli di Atene al Museo Barracco: nuove considerazioni sulla testa inv. n. 101, BCom 99, 1998, 101 ff.

524 Peplophoros Typus Kopenhagen

H 176 cm
Es fehlen die Arme und der gesondert gearbeitete Kopf.
Anfang 1. Jh. n. Chr.
Baia, Castello Aragonese Inv. 292863

Literatur: S. De Caro, L'attività della Soprintendenza di Napoli e Caserta nel 1995, in: Atti del 35° convegno di studi sulla Magna Grecia, Taranto 1995 (1998) 592 Taf. 48; Gialanella a. O. 32; B. Palma, Peplophoros tipo Copenhagen, Museo Nazionale Romano I 6 (1986) Kat.-Nr. II.10 33 ff.; R. Tölle-Kastenbein, Frühklassische Peplosfiguren. Typen und Repliken, AntPl 20 (1986).

525 Kopf der Athena

H 48 cm
Bis auf leichte Bestoßungen intakt.
Augusteisch
Baia, Castello Aragonese Inv. 292860

Literatur: De Caro a. O. 426 Taf. XV 2; Gialanella a. O. 26 ff.; E. B. Harrison, Lemnia and Lemnos: Sidelights on a Pheidian Athena, in: Kanon. Festschrift Ernst Berger (1988) 101 ff.; M. Steinhart, Athena Lemnia, Athen und Lemnos, AA 2000, 377 ff.

526 Weibliche Gewandfigur

H 205 cm, H des Kopfes 24 cm
Es fehlen die beiden gesondert gearbeiteten Arme, sonst bis auf kleine Bestoßungen intakt. Spuren roter Farbe im Haar.
Anfang 1. Jh. n. Chr.
Baia, Castello Aragonese Inv. 292862

Literatur: Gialanella a. O. 29. 31 f.; C. C. Vermeule, Notes on a New Edition of Michaelis, AJA 59, 1955, 147 f.; G. Despinis, Συμβολή στη μελέτη του έργου του Αγορακρίτου (1971); B. Vierneisel-Schlörb, Klassische Skulpturen des 5. und 4. Jahrhunderts v. Chr. (1979) 163 ff. Abb. 74–79; A. Delivorrias, Conséquence méthodologique et ambiguité iconographique, MEFRA 103, 1991, 145 ff.; ders., Polykleitos and the Allure of Feminine Beauty, in: W. G. Moon (Hrsg.), Polykleitos, the Doryphoros and Tradition (1995) 200 ff.

C. V.

Übersetzung aus dem Italienischen: Mathias René Hofter

Kat.-Nr. 523

Kat.-Nr. 524

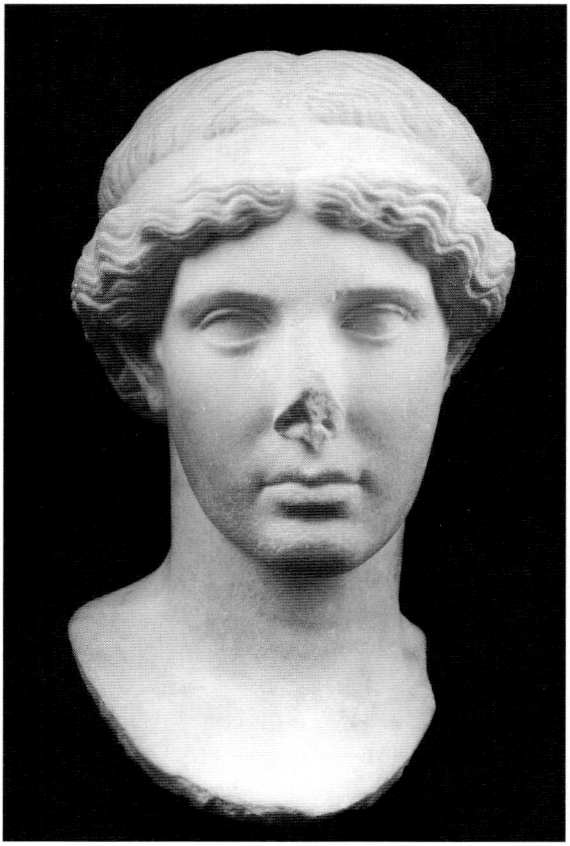

Kat.-Nr. 525

Kat.-Nr. 526

Massimiliano Papini

Der hadrianische Klassizismus

Grundlegend zum hadrianischen Klassizismus bleibt die Monographie von J. M. C. Toynbee von 1934, die auf dem Studium der Münzen mit Provinzdarstellungen und den Sarkophagreliefs beruht, auf denen sich nach ihrer Ansicht sowohl die imperialistischen als auch die individualistischen Tendenzen der Epoche niedergeschlagen hätten. Sie bemerkte hier eine Rückkehr zur klassischen Tradition, bereichert jedoch um die realistischen und naturalistischen Erfahrungen der hellenistischen Zeit. Auch A. Carandini widmete 1969 demselben Befund einige berühmt gewordene, wenn auch stark ins philosophische tendierende Untersuchungen. Er stellt sich die Kategorie des Klassischen als politisches Instrument vor, mit der der Kaiser die Struktur des Imperiums stabil und dauerhaft gestalten wollte. Hadrian habe die Schwierigkeiten der kommenden Zeiten bemerkt und so das Heilmittel gegen die Krankheiten der sozialen und politischen Realität seiner Zeit in einer Wiederaufnahme der wahren griechischen Art gesucht. So kehrt der hadrianische Stil nicht so sehr aus nostalgischer Vorliebe nach Griechenland zurück, sondern in dem Willen zur Wiederherstellung eben derjenigen klassischen ›Objektivität‹, die das Geheimnis gelehrt hatte, die Werte über die unmittelbaren Veränderungen der Zeit andauern zu lassen. Gelegentlich wurden der hadrianischen Kunst ein Mangel an Vitalität, gepaart mit einem kalten und distanzierten Akademismus zugeschrieben; aber diese Eigenschaften seien der unvermeidliche Preis für eine neue Haltung gegenüber einer Vergangenheit, die lehrt, wie die Zivilisation sich ohne Verlust ihrer kostbarsten Werte fortschreiben kann. Die starken politischen Ausrichtungen des hadrianischen Klassizismus sind vor kurzem auch von G. Ortolani bekräftigt und noch einmal um die wichtigen Maßnahmen des Kaisers in Athen vertieft worden. Sein Philhellenismus ist ein über alle Maßen erforschtes Phänomen. Er umgab sich mit griechischen Intellektuellen, sprach einen reinen attischen Dialekt und trug sich bei öffentlichen und privaten Gelegenheiten *graeco more*, wie ihn zum Beispiel eine Statue im Himation des griechischen Bürgers in Kyrene zeigt. Das Interesse an der griechischen Kultur zeigt sich auch im Architekturdekor, wie die dorische Tholos der knidischen Aphrodite im Komplex der Villa Hadriana bezeugt. Sie zeigt die Wiederaufnahme von zum großen Teil außer Gebrauch gekommenen Architekturformen mit Einzelheiten, die von der Spätklassik bis zum reifen Hellenismus reichen. In der figürlichen Darstellung ist bereits das Bild, das Hadrian von sich selber verbreitete, voller hellenisierender Elemente. Der kurze gepflegte Bart, der sein Porträt auszeichnet und der bereitwillig im Privatporträt aufgenommen wurde, ist ein Mittel, mit dem der Kaiser die unmißverständliche Botschaft seiner Verbindung mit der griechischen Kultur beförderte. Er wurde von P. Zanker vor dem Hintergrund einer Gesellschaft untersucht, die geradezu obsessiv um die Wiederherstellung der klassischen Kultur bemüht war. In derselben Periode richteten die Mitglieder der Oberschicht in Athen und den östlichen Städten ihr Image an demjenigen der Griechen der Vergangenheit wie Platon, Sokrates, Aischylos, Theophrast und Demosthenes aus. Das beste Beispiel sind die Porträts der Kosmeten in Athen, jährlich gewählten Beamten, die für die Gymnasien der Stadt zuständig waren und durch die Wahl ›klassischer‹ Selbstdarstellungsweisen die Wiedergewinnung der eigenen vergangenen Größe feierten (Kat.-Nr. 532. 533). Das hellenisierende Bild des Hadrian ist für Zanker gerade mit dem der athenischen Porträts vergleichbar und sein Bart ruft Bilder in der Art des Aischines ins Gedächtnis. Wenn man sich noch ins Gedächtnis ruft, daß Hadrian außerdem 111/112 n. Chr. das Amt des Archonten in Athen wiederhergestellt hatte, so wäre die Vorstellung verlockend, daß sein Bart von der klassizistischen Mode der Kosmeten angeregt worden sei. Von hier aus wäre auch der Schluß naheliegend, daß die Renaissance des Interesses für die griechische Kultur, die sich am Beginn des 2. Jahrhunderts im gesamten Römischen Reich feststellen läßt, nicht allein durch den persönlichen Geschmack Hadrians erklärbar ist, sondern daß sie in Wirklichkeit ihre Wurzeln genauso in der politischen Situation der Oberschichten der griechisch-orientalischen Provinzen hatte, die auf jeder Ebene in das Gefüge des Reiches fest eingebunden waren. Einige Städte, besonders in Kleinasien, erfreuten sich einer ökonomischen Prosperität, die ein kulturelles Wiedererwachen begünstigte. Ein Symptom ist auch der Wille, zu literarischen Modellen der klassischen Epoche zurückzukehren, dessen bekannteste Auswirkung die Bewegung der ›zweiten Sophistik‹ ist. Diese Wiedergeburt drückt den Anspruch der Griechen auf ihre eigenen Traditionen als Zeichen einer kulturellen Überlegenheit und als Quelle der Sicherheit aus.

Die direkten Rückgriffe auf die ›klassische Kunst‹ in den Darstellungen des Hadrian verbinden sein Porträt, wie weithin bekannt ist, oftmals mit Statuentypen wie dem Diomedes Cumae-München oder dem Ares Borghese (Kat.-Nr. 498). Deren Originale galten allerdings auch schon beide als klassizistische Schöpfungen der frühen Kaiserzeit, im ersteren Falle aber wohl ohne zureichende Begründung. Jedoch ist die Benutzung solcher Statuentypen für kaiserliche Bildnisse bekanntlich alles andere als neu, sie kann bereits auf berühmte Vorläufer vom Beginn der iulisch-claudischen Epoche an zurückblicken. Und daher ist es kein Zufall, daß die markantesten Vorläufer des hadrianischen klassizistischen Programms gerade in augusteischer Zeit angetroffen werden können. Augustus war ohne Zweifel eines der grundlegenden Vorbilder, auf die sich Hadrian beziehen wollte: so restaurierte er das Augustusforum, baute das Pantheon neu und kopierte in geradezu philologischer Weise das Mausoleum. Darüber hinaus hat H. Herdejürgen mit Recht gezeigt, wie sich der Klassizismus der hadrianischen Zeit oft an der reichen Fülle späthellenistischer und frühkaiserzeitlicher Werke nährte, deren Künstler offensichtlich neben den Meistern der griechischen Klassik ebenfalls für würdig befunden wurden. Ein solcher Fall sind zum Beispiel die Spada-Reliefs, die nach ihrer jüngsten und weitgehend geteilten Vermutung Werkstätten der frühaugusteischen und nicht der hadrianischen Zeit, wie bisher behauptet, zuzuschreiben sind, die aber dann gerade in hadrianischer Zeit kopiert wurden (zumindest im Fall des fragmentarischen Reliefs mit Zethos und Amphion in Ravenna). Auch die Reliefs in den Girlandenbögen auf den Sarkophagen hadrianischer Zeit sehen oft, auch wenn sie wegen des Versetzens in einen neuen Kontext überarbeitet wurden, der Reliefdekoration insbesondere toreutischer Arbeiten von der Wende vom 1. Jahrhundert v. Chr. zum 1. Jahrhundert n. Chr. sehr ähnlich.

So ist es denn kein Zufall, daß in den letzten zwanzig Jahren die wissenschaftliche Einschätzung des augusteischen und hadrianischen Klassizismus von Grund auf revidiert worden ist. Heute ist man eher geneigt, sie nicht als einfache Wiederaufnahmen der klassischen Kunst des 5. und 4. Jahrhunderts aufzufassen, sondern im Gegenteil zu betonen, daß sie eine Vielzahl von bildlichen Registern ziehen konnten, die für unterschiedliche Thematiken dienlich gemacht wurden. So war zum Beispiel für die Plastik mit dionysischem Sujet, die sich zahlreich in der Villa Hadriana findet, der Rekurs auf die hellenistische Formensprache obligatorisch, die sehr viel mehr der Fülle und der wilden Lebhaftigkeit angemessen war. Dies ist der Fall bei den beiden Kentauren aus der Sammlung Furietti und dem ›Fauno rosso‹, die Bildhauern der »Schule von Aphrodisias« zugeschrieben werden, die auch auf dem Felde des Architekturdekors aktiv waren. Außerdem hat Zanker bereits 1987 in einer kurzen, aber exemplarischen Studie über die weiblichen Ehrenstatuen einleuchtend dargelegt, daß ihr Repertoire auf einigen wenigen Typen der goldenen Zeit der griechischen Kunst, des 5. und 4. Jahrhunderts v. Chr., beruhte, die jedoch immer wieder und nachhaltig überarbeitet wurden. Aber die selektiven Kriterien waren dennoch im Vergleich zur Geschichte der neuzeitlichen Kunst sehr viel großzügiger. Kurz gesagt, nichts hinderte daran, daß auch eine Schöpfung, die auf ein frühhellenistisches Vorbild zurückging wie der ›Ceres-Typus‹, der für die Sabina aus Ostia benutzt wurde (Kat.-Nr. 499) und der vor allem vom Beginn des 2. Jahrhunderts n. Chr. an in Mode kam, als »vorbildlich griechisch« gesehen wurde. Dieser Tatbestand wurde bereits seinerzeit von M. Gelzer exemplarisch formuliert: »Klassiker für die antiken Klassizisten sind nicht diejenigen, die wir in der Neuzeit als Klassiker bezeichnen, sondern diejenigen, die sie als klassische Vorbilder anerkannt haben.« Im besonderen Falle Hadrians erscheint es dank der erschöpfenden Studie von J. Raeder inzwischen hinreichend klar, daß die Skulpturen, die zur Ausstattung der Villa in Tivoli gehörten, sich gleichmäßig über den zeitlichen Bogen der gesamten griechischen Kunst vom Strengen Stil bis zur Überwindung des Hellenismus verteilen, so daß es nicht möglich ist, ein besonders Interesse des Kaisers für eine einzelne Epoche auszumachen. Für diesen Befund ist die Statuenausstattung an den Ufern des Canopus besonders aufschlußreich, die zwei Silene enthielt, Flußgötter, vier Koren (Kat.-Nr. 501), die Amazonen des Phidias und des Kresilas, den ›Krieger‹ oder Ares und den Hermes; diese letzteren gelten als Kopien nach Polyklet, oder besser gesagt, Umbildungen eines frühklassischen Typus. Neben getreuen Kopien nach griechischen Originalen (die Amazonen und Karyatiden) und vielleicht der freien Nacharbeitung eines *opus nobile* (der Hermes und der ›Krieger‹) finden sich also auch Statuen mit stark ›hellenistischer‹ Einfärbung (die Silene und Flußgötter). Eine exakte Parallele in Verbindung mit dem für die Villa Hadriana entworfenen Bild bieten außerdem die Statuen des Antinoos, dessen Darstellungen sich mal Werken bereits klassizistischen Charakters bedienen, aber auch ebenso mit Vorbildern verbunden werden können, die vom Strengen Stil über das 5. und 4. Jahrhundert v. Chr. bis in hellenistische Zeit reichen; letzteres ist am besten in dem Antinoos im Satyrkostüm im Konservatorenpalast vertreten (Kat.-Nr. 500).

Nichtsdestoweniger wurde von Zanker für die klassizistischen Bildhauer der hadrianisch-frühantoninischen Zeit eine gewisse Vorliebe für Elemente des Strengen Stils festgestellt, auch wenn die Ergebnisse ganz anders aussehen als die analogen Orientierungen in den spätrepublikanischen Werkstätten. Die Schwere und die massigen Proportionen der Skulpturen des Strengen Stils wurden in der Tat in hadrianischer Zeit besonders geschätzt, und diese Charakteristiken konnten sogar noch bewußt gesteigert werden. Dennoch sind die Aufbauprinzipien der klassizistischen Statuen des 2. Jahrhunderts mit Konnotationen verbunden, die so quer zu denjenigen genuin klassischer Werke liegen, so daß sie Lösungen hervorbringen, die sogar als »antiklassisch« bezeichnet wurden. In der Tat macht sich die Bewegung der Glieder und des Kopfes wenig in der Modellierung und der Artikulation des Körpers bemerkbar und schlägt sich oft in eleganten und auf Effekt berechneten Posen nieder. Die verschiedenen Körperteile werden durch ein System widersprüchlicher Charakteristika belebt: so werden entweder klassische Stilelemente mit anderen hellenistischen kombiniert, weibliche Körperformen mit männlichen, oder ideale mit naturalistischen. Der Zeitstil schließlich hinterläßt seinen Eindruck auf den Skulpturen in so offensichtlicher Weise, daß die präzise Wiedergabe des ursprünglichen Vorbilds zweitrangig wird; er setzt daher einen Betrachter voraus, der ein Werk in seinen einzelnen Teilen und unabhängig von seiner Gesamtwirkung rezipieren kann. An den getreuen Kopien klassischer Werke wird der hadrianische Zeitstil dagegen in der Behandlung der Haare und der Linienführung der Gesichter, etwa den Augenlidern oder dem Nasenrücken, evident, wie man es zum Beispiel bei den Karyatiden des Canopus der Villa Hadriana sehen kann (Kat.-Nr. 501). Besonders die koloristischen Effekte springen ins Auge, die sich in dem gesuchten Kontrast zwischen der Glätte des Fleisches und dem starken Chiaroscuro der Haare geltend machen. Die unbetonten Gesichter und der starre Blick folgen der bewußten Intention, der Kopie einen noch strengeren Charakter als dem klassischen Modell zu verleihen.

Als Beleg dieser Vorliebe für den Strengen Stil in hadrianischer Zeit konnte C. Gasparri vor kurzem eine Anzahl von Kopien in parischem Marmor zusammenstellen, die er nach ihrem Kopistenstil um die ›Aspasia‹ von Baiae gruppierte. Er bezog sie auf eine neue Blüteperiode der dortigen Werkstatt nach ihren denkwürdigen Aktivitäten der iulisch-claudischen Zeit, der wie bekannt Hunderte in Baiae gefundene Fragmente von Gipsabgüssen nach Bronzeplastiken angehören (vgl. Kat.-Nr. 494). Diese Kopistenwerkstatt kam im Dienst der kaiserlichen Auftraggeber in den ersten Jahren der hadrianischen Zeit in die Lage, zum ersten Mal eine Serie von Originalen wie die ›Aspasia‹, die Hestia Giustiniani, den Omphalos-Apollon und die Peplophoren des Typus Kandia-Ludovisi kopieren zu können oder zu müssen; Originale, die alle dem Horizont des späten Strengen Stils angehören, der bisher im Schatten stand. Hinter der Auswahl dieses Repertoires ist vielleicht sogar der Wille des kaiserlichen Auftraggebers anzunehmen, wie man vor dem Hintergrund seiner Reisen nach Athen vermuten könnte und dem architektonischen und urbanistischen Erneuerungsprogramm dieser Stadt, das von ihm vorangetrieben wurde.

Für die Besonderheiten der Plastik der hadrianischen Zeit hat J. Raeder, gestützt auf die Zeugnisse der Villa Hadriana, außerdem die grundlegende Funktion der Beziehungen zwischen der Plastik und dem architektonischen Rahmen (Fenster, Säulen, Türen) unterstrichen, die den Betrachter zwingen, die Statuen von einem einzigen Blickpunkt zu betrachten. So ist es kein Zufall, daß diese oft isoliert und von dem, der sie betrachtet, durch richtiggehende Barrieren wie Wasserflächen oder Kanäle getrennt sind, die eine Anpassung ihres formalen Aufbaus an eine Sicht aus der Ferne erfordern. Schließlich hat wiederum Zanker festgestellt, daß sowohl die Umbildungen nach polykletischen Typen wie die Idealstatuen hadrianischer Zeit nicht nur durch einen sentimentalen Ausdruck charakterisiert sind, die den Betrachter in eine spezifische Stimmung versetzten, sondern auch durch literarische und mythologische Anspielungen, die im Vergleich zu den klassizistischen Werken der frühen Kaiserzeit sehr viel reicher sind: aber dafür verzichten sie auf die Darstellungen von wirklichen Aktionen. Es sind dagegen die Attribute und die einzelnen Bildzeichen, die den Betrachter dazu anregen sollen, im Geiste die ganze zu assoziierende Geschichte des jeweiligen dargestellten Helden wiederzuerschaffen.

Übersetzung aus dem Italienischen: Mathias René Hofter

Literatur: J. M. C. Toynbee, The Hadrianic School (1934); A. Carandini, Vibia Sabina (1969) 49 ff.; P. Zanker, Klassizistische Statuen (1974) 44. 97 ff. bes. 117 ff.; J. Raeder, Die statuarische Ausstattung der Villa Hadriana bei Tivoli (1983) bes. 205 ff. 242 ff.; P. Zanker, Statuenrepräsentation und Mode, in: S. Walker – A. Cameron (Hrsg.), The Greek Renaissance in the Roman Empire (1989) 102 ff.; H. Herdejürgen, AntK 32, 1, 1989, 24 ff.; C. Gasparri, RM 102, 1995, 173 ff.; P. Zanker, Die Maske des Sokrates (1995) 206 ff.; H. Herdejürgen, Stadtrömische und italische Girlandensarkophage, ASR VI 2,1 (1996) 35; G. Ortolani, Il padiglione di Afrodite Cnidia a Villa Adriana: progetto e significato (1998) 165 ff.; H. Herdejürgen, AntK 44, 2001, 24 ff.

Bernhard Weisser

Athen in der Römerzeit

Weder die literarischen noch die archäologischen Quellen reichen bislang aus, eine kontinuierliche Geschichte der Stadt Athen in römischer Zeit zu schreiben. Das liegt, die archäologischen Quellen betreffend, in erster Linie daran, daß die Schwerpunkte römischer Bautätigkeit an Orten lagen, die von der modernen Stadt überbaut sind: dazu gehört vor allem das Plaka-Gebiet, das von der Nordseite der sog. griechischen Agora bis zum Hadrianstor reicht. Auch in der sich nordöstlich anschließenden Hadriansstadt, die größtenteils auf dem Gelände des alten Schloßgartens liegt, gab es bisher keine systematischen Untersuchungen (Kat.-Nr. 527). Eine Vorstellung des römischen Siedlungsniveaus vermittelt das im Nordosten des Parks freigelegte große Bodenmosaik einer römischen Villa. Die literarischen Nachrichten über die Stadt können die historischen Lücken nur bedingt schließen. Die Berichte der Schriftsteller beschränken sich in römischer Zeit auf wenige Themen (z. B. Kaiserbesuch, Athen als Kulturstadt und Ausbildungsstätte für Römer), die meist auf die Interessen des römischen Lesepublikums abgestimmt sind. Deshalb erfährt man wenig über die athenischen Bürger und das kommunale Leben, einiges hingegen über die Veränderungen Athens unter römischem Einfluß. Vier Zeitabschnitte sind von besonderem Interesse: die republikanische, die augusteische, die hadrianisch-antoninische und schließlich die spätantike Periode.

Römer in Athen und die Entstehung eines römischen Athenbildes

Den Beginn der Geschichte des römischen Athen mag das Jahr 146 v. Chr. markieren, auch wenn Athen nach dem Achäischen Krieg formal nicht der römischen Provinz Makedonien hinzugefügt wurde. Zu diesem Zeitpunkt hatte sich Rom längst als Hegemonialmacht Griechenlands etabliert. Die ersten von den Römern gestifteten Denkmäler stammen aus dieser Zeit. In einer Inschrift um

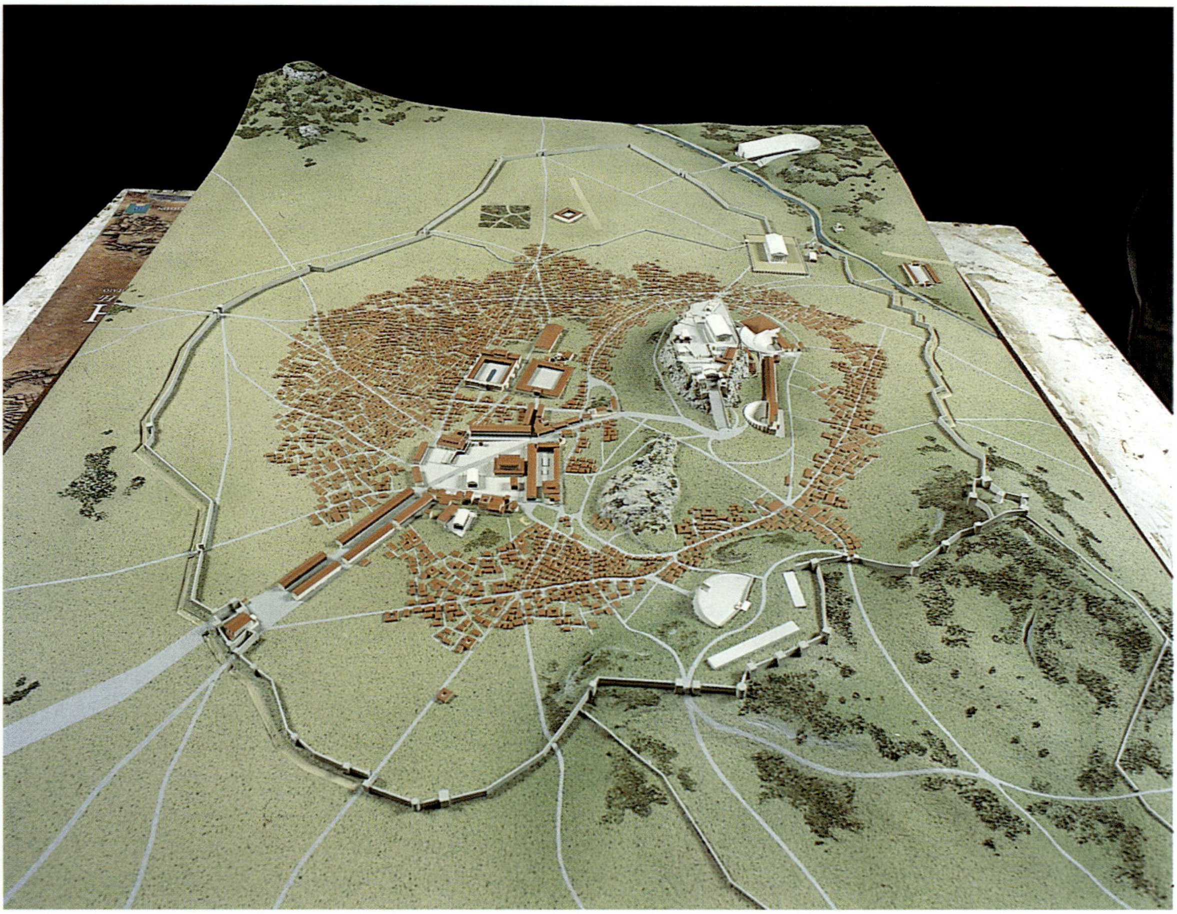

Kat.-Nr. 527

150 v. Chr. ist von einer (bisher nicht identifizierten) Stoa der Römer die Rede. Vor der Attalos-Stoa wurde von den römischen Provinzstatthaltern eine Rednertribüne (Bema) errichtet, die für Mitteilungen römischer Beamter an die Athener diente. Seit dieser Zeit gibt es eine Anzahl von Ehrungen für Römer, z. B. für den makedonischen Provinzstatthalter Sextus Pompeius, dem 114 v. Chr. auf der Akropolis eine Ehrenstatue geweiht wurde. Wie die Ehrungen für Quinctius Flamininus und Lucius Aemilius Paullus setzte auch diese, sowohl formal als auch dem Sinne nach, die Ehrungen für hellenistische Herrscher fort und reflektiert die veränderten Machtstrukturen. Das Interesse der Römer an Athen reichte aber weiter zurück. Zwar ist es nicht möglich, den genauen Beginn der römischen Aktivitäten in Griechenland und speziell in Athen festzustellen, jedoch muß er weit früher als 190 v. Chr. liegen, weil damals die rhodischen Gesandten vor dem Senat behaupten konnten, die meisten der Anwesenden seien bereits in Griechenland gewesen (Livius 37, 54, 20).

Der erste prominente römische Politiker, der Athen besuchte, war Lucius Aemilius Paullus im Jahre 167 v. Chr. Es lohnt sich, seinen Aufenthalt in Athen näher zu betrachten. Er enthält Elemente, die sich bei Besuchen römischer Machthaber bis in die Spätantike wiederholen. Als Grund für seine Reise nennt Livius »die Begierde, jene Dinge kennenzulernen, die durch das Gerücht verherrlicht, nach Hörensagen für größer gehalten werden, als sie sich beim Augenschein erweisen« (45, 27, 5). Die Reise des Siegers von Pydna und Proconsuls von Makedonien dürfte jedoch in erster Linie als diplomatische Aktivität zu betrachten sein, der den Auftrag erhalten hatte, die Verhältnisse auf dem Balkan im Sinne Roms zu regeln. Entsprechend ist sein Aufenthalt in Athen ein Akt offizieller griechenfreundlicher Außenpolitik und weniger der Ausdruck des privaten Philhellenismus von Aemilius Paullus. Im Rahmen seines Athenaufenthalts besichtigte der ehemalige Feldherr die alten Befestigungsanlagen Athens, »die Bildwerke der Götter und Menschen, ausgezeichnet durch jede Art des Stoffes und der Kunst« und vollzog ein Opfer für Athena auf der Akropolis. Dieses Opfer war eine Geste der Pietas des römischen Politikers, der damit die religiöse Gemeinsamkeit beider Völker demonstrierte. Aemilius Paullus huldigte der Stadt, indem er ihr Interesse bezeugte. Was er jedoch sah, dürfte ihm schon seit seiner Jugend bekannt gewesen sein.

Für das Verhältnis der Römer zu den Griechen hatte die Ausbildung der jungen Patrizier eine wichtige Bedeutung. Bis in augusteische Zeit standen griechische Sprache und Literatur im Mittelpunkt des Unterrichts durch den *Grammaticus*, und auch danach blieben sie von großer Bedeutung. Die abschließende Ausbildung der Anwärter auf Staatsämter erfolgte in Rhetorenschulen, in denen die Reden berühmter Griechen studiert wurden. Ereignisse der griechischen Mythologie und Geschichte dienten als Stoff für das Argumentationstraining. Die Lektüre eines Textes von Thukydides, Platon oder Demosthenes vermittelte den jungen Römern ein Bild Athens, an dem sie die zeitgenössische Stadt maßen. Militärhistorisches Interesse ist darüber hinaus bei Aemilius Paullus zu erkennen. Er ließ sich den Piräus, die Langen Mauern und die Schiffswerke großer Feldherren zeigen. Ebenso gehörten die berühmtesten plastischen Bildwerke zum Besichtigungsprogramm. Griechische Kunst war ihm aus Rom bestens bekannt, weil zahlreiche Statuen aus Syrakus, Makedonien und Antiochia dorthin gelangt waren. Bei der Selbstdarstellung der Athener als kulturelle Metropole durfte folglich die Vorführung ihrer alten Bildwerke nicht fehlen.

Achtzig Jahre später (86 v. Chr.) belagerte ein römisches Heer unter dem Feldherren Sulla Athen. Die Athener hatten sich einem Aufstand des Mithradates angeschlossen, bei dem 90 000 Italiker ermordet worden sein sollen. Eine der ersten Stationen von Sullas Rachefeldzug war Athen, das er mehrere Monate belagerte. Kurz vor der Eroberung kamen Unterhändler aus der Stadt, die unter Hinweis auf ihre alte Abstammung und ihre Verdienste bei der Bekämpfung der Perser um Schonung der Stadt baten. Sulla, so berichtet Plutarch auf Sullas Selbstbiographie basierend, soll aber nur entgegnet haben, er sei nicht zum Studium der Geschichte nach Athen gekommen, sondern um Rebellen zu bestrafen (Plutarch, Sulla 13). Folgerichtig gab er die Stadt nach der Eroberung zur Plünderung frei. Er soll diese Strafaktion aber vorzeitig abgebrochen haben, »um den vielen zu Liebe den kleinen Rest zu verschonen – und die Lebendigen um der Toten willen« (Plutarch, Sulla 14). Gibt schon das erste Zitat einen Hinweis auf das übliche Verhalten von Römern in Athen, nämlich dort zu studieren, so spiegelt die zweite Äußerung bereits die normierende Kraft von Ausbildung und römischer Athenpolitik. Der (hier aus Roms Sicht berechtigte) Ärger über die zeitgenössischen Griechen sollte in der Folge zu einem Topos werden, der sich bis heute in Kultur und Politik nachweisen läßt. Die ungeschickte Politik Athens rief den Unwillen Caesars und des Augustus hervor. Die Diskrepanz zwischen dem hehren klassischen Menschenideal und den Zeitgenossen beklagte seit Cicero fast jeder Schriftsteller. Bevor Sulla weiterzog, erneuerte er seine Vorräte und Gerätschaften auf Kosten der Athener, um für die Kämpfe mit Mithradates gerüstet zu sein. Seine von den Betroffenen sicher als hart empfundenen Maßnahmen dürften mehr militärische Notwendigkeit als berserkerhafte Zerstörungswut zur Ursache gehabt haben. Bei seiner triumphalen Rückkehr 84 v. Chr. präsentierte sich Sulla den Athenern als jovialer Philhellene. Er ließ sich von dem jungen Atticus griechische Epen vortragen und hatte Muße zur Betrachtung von Kunstwerken, von denen er einige gleich als Kriegsentschädigung nach Rom mitnahm. Anders aber als dem Syrakus-Eroberer Marcellus, den Plünderern der makedonischen Hauptstadt, Flamininus und Aemilius Paullus, und dem Triumphator über Korinth, L. Mummius, wurde Sullas Verhalten von seinen eigenen Landsleuten übelgenommen, weil es nicht dem entsprach, was man von einem Römer in Athen erwartete. Im übrigen hielt sich Sulla ganz an das vorgegebene Muster. Er stellte den Status der Stadt als *civitas libera et foederata* wieder her, den er ihr zuvor genommen hatte. Seitdem blieb Athen bis in die Spätantike formal frei. Er veranlaßte eine Verfassungsänderung, bei der er sich jedoch nicht an der *constitutio* Roms orientierte, sondern an der des klassischen Athen. Die Rückgabe der schon länger verlorenen Inseln Imbros, Lemnos, Skyros und Delos mögen der Grund gewesen sein, warum die Athener sich Sulla zu Dank verpflichtet fühlten und ihn mit Spielen und einer Statue ehrten. Sulla ließ sich in die eleusinischen Mysterien einweihen, ein Akt der Pietät gegenüber Athen, der Schule machen sollte. Nach

Abb. 1. Roma- und Augustustempel, Aufsicht vom Gebälk des Parthenon

ihm wurde die Teilnahme an den Eleusinien zum festen Programmpunkt der prominenten Athenbesucher, wobei es wieder schwer sein dürfte, bei dem einzelnen zwischen Religiösität, Philhellenismus, Sensationslust oder Diplomatie als Besichtigungsgrund zu entscheiden.

Am Beispiel Sullas ist zu ersehen, welches Ansehen Athen in Rom genoß. Sullas Ausspruch, er sei nicht nach Athen gekommen, um Geschichte zu studieren, zeigt auch seine Überzeugung, man könne in Athen gut Geschichte studieren. Diese Meinung war offenbar weit verbreitet. Im 1. Jahrhundert v. Chr. begaben sich zahlreiche junge Patrizier nach Athen, um dort ihre Studien bei Philosophielehrern abzurunden. Der Wunsch, dem permanenten Bürgerkrieg in Rom zu entgehen, mag bei manchen dabei eine Rolle gespielt haben. Von Atticus, der zwanzig Jahre in Athen lebte, ist dies überliefert. Er hatte sein umfangreiches Erbe nach Athen verlagert und nahm lebhaften Anteil am Leben der Stadt. Mehrere Jahre diente er der Stadt als Finanzberater. Bei Cicero ist überliefert, daß Atticus und Cicero auch Einfluß auf die kommunalen Belange der Stadt genommen hätten, und dies zu einem Zeitpunkt, als keiner von ihnen ein offizielles Amt innehatte (51 v. Chr.: Cicero, ad Att. 5, 11, 6).

Im 1. Jahrhundert v. Chr. begannen die römischen Patrizier, ihre Verbundenheit mit der Stadt in Bauten auszudrücken. Ein gutes Beispiel für derartige Bauten ist das Kleine Propylon in Eleusis, das um 50 v. Chr. von Appius Clodius Pulcher begonnen wurde. Ein Propylon wollte auch Cicero gemeinsam mit Atticus für die Akademie in Athen errichten (Cicero, ad Att. 6, 1, 26). Als Motive werden in dem diesbezüglichen Brief an Atticus seine Liebe zu Athen, Konkurrenz zu Clodius Pulcher und der Wunsch genannt, sich in einem Monument zu verewigen. Beide Bauten waren für Orte vorgesehen, die den Römern von großer Bedeutung waren. Hier konnten sie sicher sein, eine Beachtung zu finden, die sich bis nach Rom erstrecken würde. Jetzt traten die Römer in Athen endgültig an die Seite der hellenistischen Wohltäter Athens, und auch die Mechanismen der Danksagung durch Athen blieben gleich (Angebot des attischen Bürgerrechts, Ehrenstatuen usw.). Dabei kam es zunächst zu Irritationen. Atticus lehnte sowohl eine Ehrenstatue als auch das athenische Bürgerrecht ab, das erstere auf

Grund seiner republikanischen Einstellung, das zweite aber aus Angst, sein römisches Bürgerrecht verlieren zu können. Erst der unter Augustus eingerichtete Kult für Roma und den Kaiser gab den Griechen klare Richtlinien zur Verehrung der römischen Machthaber und besagte auch, daß Personenkult auf das Kaiserhaus beschränkt zu bleiben hatte.

Athens religiöse und moralische Erneuerung unter Augustus

Die ersten erkennbaren, größeren Bauveränderungen durch römischen Einfluß fanden erst in augusteischer Zeit statt. Die Bestrebungen des Augustus, im gesamten Imperium die alten Kulte wiederzubeleben, lassen sich für Athen anhand der griechischen Agora gut nachvollziehen. Die Agora als religiöses Zentrum wurde wieder aufgewertet, indem verödete Tempel aus Attika hierher versetzt wurden (der sog. Südost-Tempel und der Ares-Tempel). Die vorherigen Versuche von einzelnen Römern, Athen und die Athener nach ihren klassizistischen Vorstellungen zu reformieren, wurden energisch fortgesetzt. Indem Augustus das athenische Bürgerrecht aufwertete und durch Agrippa einen neuen Hörsaal für öffentliche Vorlesungen »im Geiste der Klassik« schaffen ließ, suchte er die Athener an die historischen Werte ihrer Stadt zu erinnern. Die Rücksicht auf die Gebäude von historischer Bedeutung zeigt sich auch daran, daß die Römer keinen einzigen Bau auf der Akropolis errichteten und sich die von ihnen erbaute Platzanlage östlich an die griechische Agora anschloß. Der augusteische Roma-und-Augustus-Tempel, das einzige neu errichtete Gebäude auf der Akropolis während der Kaiserzeit, stammte von den Athenern selbst. Dieser Tempel ahmte in seinem Bauschmuck genau das Erechtheion nach, auch dies ein Beispiel für die Wirkung des augusteischen Klassizismus in Athen (Abb. 1, Kat.-Nr. 528–530).

Der mit klassischen Tempeln nobilierte Platz der griechischen Agora stand zur Verfügung, weil durch die Erbauung der römischen Agora das Marktgeschehen dorthin verlagert worden war. Die griechische Agora verlor damit eine wesentliche Funktion. Dadurch war die Voraussetzung für eine museale Herrichtung des Platzes gegeben, an der sich auch Römer beteiligten. Agrippa, der engste Vertraute des Augustus, errichtete 15 v. Chr. mitten auf dem Platz der Agora und ohne Rücksichtnahme auf den alten Heiligen Weg des Panathenäenzuges einen großen Hörsaal (Odeion). Gegen Ende des 1. Jahrhunderts vervollständigte eine Bibliothek, gestiftet von Titus Flavius Pantainos, diesen zum ›Kulturforum‹ gewordenen wichtigsten Platz der Stadt. Mehr aber noch als die direkten Baumaßnahmen in Athen erleichterte den Athenern die Aufwertung der Klassik unter Augustus und die Anerkennung Athens als Mutter dieser Kunst- und Kulturphase, sich mit der ihnen zugedachten Rolle als Bewahrer eines Freilichtmuseums der Klassik zu identifizieren.

Die Kunstwerke, die in der Kaiserzeit in Athen geschaffen wurden, waren grundsätzlich klassizistisch, ob es sich nun um die sog. neuattischen Reliefs handelte (z. B. Kat.-Nr. 531) oder später um die attischen Sarkophage. Bildnisse der führenden Bürger, überliefert in einigen Porträts und den Kosmetenhermen, orientierten sich seit hadrianischer Zeit an klassischen Porträts des 4. Jahrhunderts, als seien plötzlich Platon, Aristoteles und Demosthenes wieder auferstanden (Kat.-Nr. 532. 533). Ein Athener ahmt als Referenz an den Gründer der Kyniker in seiner Haartracht die bewegte Frisur des Antisthenes bis in das Detail nach, die in einem seltsamen Gegensatz zu seinem ruhigen antoninischen ›Zeitgesicht‹ stand (Kat.-Nr. 534. 535). Auf ihren Grabreliefs ließen sich die athenischen Bürger im Habitus klassischer Statuen darstellten. Das Grabrelief einer Familie (Kat.-Nr. 536) aus Athen gibt den jungen Mann als Speerträger in heroische Nacktheit wieder (vgl. etwa den ›Diomedes‹ in der Glyptothek, München). Die Frau ist nach dem Vorbild der ›Großen Herkulanerin‹ gestaltet. Die Grabreliefs orientierten sich so sehr an Vorbildern aus klassischer Zeit, daß die Zweitverwendung eines klassischen Grabreliefs keinerlei Anstoß erregte (Kat.-Nr. 537). Bis in die Münzprägung reicht der bewußte Bezug auf die klassische Vergangenheit. Während es überall und auch in anderen Städten mit dem Status einer ›freien Stadt‹ üblich ist, auf den Vorderseiten zumeist Porträts von Angehörigen des römischen Kaiserhauses zu zeigen (die einzige andere Ausnahme bildet Chios), beharrt Athen, wie seit spätarchaischer Zeit, auf dem Kopf der Stadtgöttin auf der Vorderseite. Die

Abb. 2. 3. Vorderseite. Kopf der Athena (auch bei den folgenden Münzen). Rückseite: Die Akropolis von Athen. Berlin, Münzkabinett (SMPK), Inv. 1900 Imhoof-Blumer, 6,17 g

Rückseiten zeigen Mythologie, klassische Statuen, Feldherren klassischer Zeit (Themistokles, Militiades) oder die Akropolis. Sie bieten ein numismatisches Lob der klassischen Vergangenheit, wie es die Athener von Rednern im Odeion zu hören bekamen (Abb. 2–6).

Hadrian und Athen: Hauptstadt des griechischen Ostens?

Die umfangreichsten Baumaßnahmen während der Kaiserzeit fanden in hadrianischer Zeit statt. Viele Städte erlebten damals einen Bauboom, aber in keiner wurden so viele Monumentalbauten errichtet wie in Athen. Von einem neuerrichteten Stadtteil zeugt das Hadrianstor, dessen zur Altstadt gerichtete Seite die Aufschrift trägt: »Das ist Athen, die alte Stadt des Theseus!« Die Ostseite verkündet: »Das ist die Stadt des Hadrian und nicht des Theseus.« Zu dieser Ehreninschrift ist keine vergleichbare Parallele im ganzen Imperium Romanum bekannt. Auch in der Altstadt kam es zu zahlreichen Baumaßnahmen. Nördlich der griechischen Agora entstand eine große Basilika. Eine Säulenstraße verband nun die griechische mit der römischen Agora, in deren Norden ein repräsentatives Wissenschaftszentrum, die ›Hadriansbibliothek‹, errichtet wurde. Weiter östlich stand ein ausgedehnter hadrianischer Bau, von J. Travlos versuchsweise als ›Pantheon‹ bezeichnet. Das Gebiet zwischen römischer Agora und Hadrianstor ist noch weitgehend unerforscht. Immerhin konnte zwischen dem

Abb. 4. Theseus wälzt den Felsen empor, um die Erkennungszeichen seiner königlichen, athenischen Herkunft, Sandale und Schwert, zu bergen. Berlin, Münzkabinett (SMPK), Inv. Ross, 11,28 g

Abb. 5. Statue der Eirene mit dem Plutosknaben. Berlin, Münzkabinett (SMPK), Inv. 1876/696, 10,15 g

Abb. 6. Themistokles. Berlin, Münzkabinett (SMPK), Inv. 1911/751, 9,46 g

Lysikrates-Monument und dem Hadrianstor die Ecke eines großen hadrianischen Peristylbaues aufgedeckt werden. Die bislang lokalisierten Bauten lassen die Vermutung zu, daß sich am nördlichen Akropolisabhang eine fast ununterbrochene Reihe von Marmorhallen und Säulenstraßen entlangzog. In Material und Bautechnik (große Quader statt Ziegelbauweise) ahmten sie klassische Bauten nach. Augustus hatte seine Aufgabe in der religiösen und moralischen Erneuerung der Stadt gesehen. Er hatte die griechische Agora und die Akropolis als religiöse Zentren wiederbelebt. Hadrian griff dagegen in den Baubestand der Plätze nicht mehr ein, sondern konservierte sorgfältig das aus alter Zeit überlieferte Aussehen der Plätze. Sie wurden zu gigantischen Freilichtmuseen, die monumental umkränzt waren. Es waren kostbare Edelsteine, deren Wert die architektonische Einfassung zum Ausdruck brachte. Das gleiche geschah etwas später auch in Eleusis, wo dem Heiligtum ein großer Zugang vorgelagert wurde, der bis in das kleinste Bauornament dem Propylon auf der Akropolis nachgeahmt war. Nur durch ein Detail unterschied sich der Bau von seinem Athener Vorbild: im Giebel hing ein kolossaler Büstenschild (*imago clipeata*) des Kaisers Marc Aurel.

D. Willers vertrat in einer Untersuchung zu Hadrians panhellenischem Programm die Ansicht, »Hadrian habe die Stadt schließlich dazu ausersehen, nicht nur kulturell geistiges Zentrum der griechischen Welt zu sein, sondern auch als politischer Vorort des Ostens diese Reichshälfte an den lateinischen Westen anzubinden«. Grundlage für diese These bildet der Kult des Zeus Panhellenios, der von Hadrian in Athen eingerichtet wurde. Er wurde im Bereich des Olympieion installiert. Dazu gehörte das Olympieion selbst, das Hadrian fertigstellen ließ und in dem er als Zeus Panhellenios verehrt wurde. Hier wurde ein Zentrum für die Städte geschaffen, die sich Athen und dem griechischem Kulturkreis, insbesondere aber auch Hadrian verbunden fühlten. Die Städte schickten Gesandte nach Athen, die an dem Hadrian-Panhellenios-Kult teilnahmen. Ihr Versammlungsort war das Panhellenion, das (allerdings bisher nicht sicher) unterhalb des Olympieion lokalisiert wurde. Hadrian hatte veranlaßt, daß die Städte nur verdiente Angehörige der Oberschicht nach Athen schickten, dies sicherlich deshalb, um das Ansehen des Panhellenion zu erhöhen. Hadrians Wahl von Athen für diesen Kult war in der allgemein anerkannten historisch-kulturellen Bedeutung des Ortes für das Griechentum begründet. Allerdings konnte Athen dadurch nicht zu einem »politischen Vorort des Ostens« werden. Dazu wären ganz andere administrative Maßnahmen notwendig gewesen, etwa diejenigen, die Konstantin der Große später zur Schaffung seiner neuen Hauptstadt ergriff. Es bietet sich eher eine andere Interpretation an. Hadrian setzte sich an die Spitze der zahlreichen Verehrer der Stadt, die (auch schon vor ihm) in Athen das Griechentum schlechthin verkörpert sahen. Als erster Philhellene konnte er Huldigungen auf sich lenken, die eigentlich für die Stadt bestimmt waren. Somit diente Hadrians panhellenisches Programm nicht der politischen Aufwertung der Stadt, sondern einer kulturellen Aufwertung, die im Dienste seiner eigenen Selbstdarstellung stand.

Zusammenfassend läßt sich für diese Zeit feststellen: Athens Rolle als Kulturstadt und Universität ist als Topos akzeptiert, die klassischen Plätze sind zu Freilichtmuseen geworden. Die Kaiser (nach Hadrian auch Marc Aurel in Eleusis) nutzten die allgemeine positive Einstellung zu Athen, indem sie sich selbst an die Spitze der panhellenischen Bewegung stellten.

Athen und Konstantinopel: die Verpflichtung zur klassischen Tradition

Die Athener blieben der von ihnen selbst verinnerlichten Charakterisierung ihrer Stadt auch dann noch verpflichtet, als nach der Gründung Konstantinopels als neue Hauptstadt das Christentum immer größeren Einfuß zu gewinnen begann. Athen entwickelte als »philosophische Universität« erheblichen Widerstand gegen die neue christliche Lehre, die unter Theodosius (379–395 n. Chr.) zur Staatsreligion erklärt wurde. Die Stadt blieb für ihre paganen Redner- und Philosophenschulen berühmt, und der Name der Stadt zog immer noch Philosophielehrer aus dem Ausland an. Athenische Rhetoriker erwiesen sich in Redewettkämpfen in Konstantinopel den christlichen Religionslehrern überlegen. Die Abwendung des Kaisers Julian (360–363 n. Chr.) vom Christentum soll u. a. durch einen Athenaufenthalt bewirkt worden sein. Bis zum endgültigen Verbot der heidnischen

Abb. 7. Badeanlage des sog. Omega-Hauses aus dem 4. Jh. n. Chr., dessen Ausstattung auf eine Philosophenschule hindeutet

Kulte im 6. Jahrhundert blieb die Gemeinde der Verehrer der alten Götter trotz aller Sanktionen überproportional groß. Für die Philosophenschulen des 4. Jahrhunderts meint man, auch archäologische Belege zu besitzen. Genannt werden die drei größeren Gebäudekomplexe A bis C, die sich südlich der griechischen Agora befinden, außerdem das ›Proclus-Haus‹ zwischen dem Odeion des Herodes Atticus und dem Dionysos-Theater. Gemeinsam ist diesen Gebäuden, daß sie alle ein großes Peristyl mit einem weiträumigen, meist apsidialen Anschlußraum besitzen. Dies, ihre pagane Ausstattung und ihr großer Gesamtgrundriß bilden die Grundlage für die Interpretation. Es sollen die Besitztümer reicher Philosophen gewesen sein, die auch bei sich daheim ihre Schüler versammelten.

Die repräsentativen Häuser, ob sie Angehörigen der athenischen Oberschicht oder tatsächlich Philosophen gehörten, vermögen die literarische Überlieferung vom Widerstand der gebildeten athenischen Oberschicht gegen die Christianisierung zu illustrieren. Diese Athener blieben dem von ihnen und ihrer Stadt gezeichneten Bild bis zuletzt treu (Kat.-Nr. 538). Ihnen muß bewußt gewesen sein, daß die justinianische Zwangsumwandlung des Parthenon in eine christliche Kirche und die Schließung der neoplatonischen Philosophenschule 529 n. Chr. das Ende der klassischen Stadt Athen bedeutete und damit ein vorläufiges Ende der Athen-Panegyrik.

Literatur in Auswahl: J. Travlos, Bildlexikon zur Topographie des antiken Athen (1971); D. J. Geagan in: ANRW II 7, 1 (1979) 378 ff. (mit umfangreicher Lit.); A. Frantz, Late Antiquity: A.D. 267–700, Agora 24 (1988); Th. Pekary, Die griechische Plastik in den römischen Rhetorenschulen, Boreas 12, 1989, 95 ff.: Bedeutung der Rhetorikschulen für Entwicklung eines gemeinsamen Kunstgeschmackes; J. M. Camp, Die Agora von Athen (1989) bes. 204–242; D. Willers, Hadrians panhellenisches Programm (1990); P. Castrén (Hrsg.), Post-Herulian Athens. Aspects of Life and Culture in Athens A.D. 267–529 (1994); M. C. Hoff - S. I. Rotroff (Hrsg.), The Romanization of Athens, Proceedings of an International Conference held at Lincoln, Nebraska, April 1996 (1997); H.-Ch. von Mosch, Bilder zum Ruhme Athens. Aspekte des Städtelobs in der kaiserzeitlichen Münzprägung Athens, Nomismata. Historisch-numismatische Forschungen 4 (1999).

Kat.-Nr. 529

527 Modell der Stadt Athen in römischer Zeit (3. Jh. n. Chr.)

M. 1:100; 146 x 105 cm
Kopie des Modells von J. Travlos und D. Tsirf (1984), in Athen, Zentrum für Akropolis-Studien; angefertigt von Petros Dimitriadis, Athen (2001)
Berlin, Antikensammlung, 2002 erworben

528 Kapitell von der Osthalle des Erechtheion

Gipsabguß; H 50 cm
421–405 v. Chr.
Athen, Akropolis Inv. B 36

Literatur: H. Hänlein-Schäfer, Veneratio Augusti (1985) Taf. 28 nach G. A. Snijder, MededRom 3, 1923, Taf. 19. 20.

Kat.-Nr. 530

529 Kapitell vom Roma-Augustus-Tempel

Gipsabguß; H 59 cm
Augusteisch, kurz nach 27 v. Chr.
Athen, Akropolis

Bis in das Detail läßt sich die Adaption der Bauornamentik von der Osthalle des Erechtheion für den Kaiserkult-Tempel des Augustus und der Roma nachvollziehen.

Literatur: Hänlein-Schäfer a. O. B. W.

530 Fragment eines ionischen Kapitells

Pentelischer Marmor; H max. 0,24 m, B max. 0,67 m
Hellenistisch-frühkaiserzeitlich
Aus Athen
Berlin, Antikensammlung Inv. Sk 997a

Fragment vom Oberteil (Abakus mit ionischem Kyma, Volutenpolster, Flechtbandtorus) eines ionischen Kapitells, das nach dem Vorbild der Kapitelle des Erechtheion gestaltet wurde. Die rückwärtige Hälfte, die Unterseite der linken Volute und die rechte Volute sind weggebrochen. An der linken Polsterseite sind zweieinhalb von ehemals sechs durch Perlschnüre getrennte Kehlen erhalten. Auf dem Oberlager ist eine Versatzmarke (EN) erkennbar. Nach den Abmessungen (Durchmesser des Unterlagers ca. 53 cm) wahrscheinlich zur viersäuligen Vorhalle eines kleinen augusteischen Tempels an der Nordwestecke der Agora beim Altar der Aphrodite Urania gehörig.

Literatur: O. Puchstein, Das ionische Capitell, in: BWPr 47 (1887) 26 (mit Zeichnung); V. Kästner, Die römische Baukunst zur Zeit des Augustus, in: Modus in rebus. Gedenkschrift für W. Schindler (1995) 87 Anm. 29 Taf. 12, 3; T. Leslie Shear, The Athenian Agora: Excavations 1989–1993, Hesperia 66, 1997, 495 ff.

V. K.

531 Neuattische Reliefdarstellung nach dem ›Charitenrelief‹ eines Sokrates

Pentelischer Marmor; H 1,83 m, B 1,87 m
Spätrepublikanisch
Aus Rom
Vatikanische Museen, Museo Chiaramonti Inv. 360 (1669)

Das Relief der drei nach links schreitenden Chariten, von dem Repliken und Umbildungen in Athen und besonders auf der Akropolis gefunden wurden, geht auf ein Original zurück, das sich in den Propyläen der Akropolis befand. Es wurde einem Bildhauer Sokrates zugeschrieben, der seit dem Hellenismus mit dem berühmten Philosophen gleichgesetzt wurde. Die Beliebtheit in der Kaiserzeit dürfte das Relief seinem prominenten Aufstellungsort und der (unzutreffenden) Assoziation mit dem Philosophen zu verdanken gehabt haben.

Literatur: W. Fuchs, Die Vorbilder der neuattischen Reliefs,

Kat.-Nr. 531

Kat.-Nr. 532

Kat.-Nr. 533

Kat.-Nr. 534

Kat.-Nr. 535

20. Ergh. JdI (1959) 59. 172 f. Nr. 12 Taf. 12 b; ders. in: Helbig[4] I (1963) 266 f. Nr. 351.

532 Kosmetenporträt

Marmor; H des Kopfes 29 cm (antiker oberer Teil)
Mittelantoninisch, ca. 150–170 n. Chr.
Aus Athen
Athen, Nationalmuseum Inv. 404

Literatur: E. Lattanzi, I ritratti dei Cosmeti nel Museo Nazionale di Atene (1968) 43 f. Kat.-Nr. 10 Taf. 10 a. b.

533 Kosmetenporträt

Marmor; H des Kopfes 28 cm
Galienisch, 260–268 n. Chr.
Aus Athen
Athen, Nationalmuseum Inv. 397

Literatur: Lattanzi a. O. 62 f. Kat.-Nr. 31 Taf. 31 a. b.

534 Hadrianisches Privatporträt mit Angleichung an den Philosophen Antisthenes

Marmor; H des Kopfes 36 cm
Hadrianisch
Athen, Akropolis-Museum Inv. 1315

Literatur: H. Meyer, Antinoos (1991) 227 Taf. 138, 2; P. Zanker, Die Maske des Sokrates. Das Bild des Intellektuellen in der antiken Kunst (1995) 225–227 Abb. 130.

535 Antisthenes-Herme

Marmor; H 56 cm
Kopie des 3. Jhs. n. Chr., nach hellenistischem Vorbild
Aus römischer Villa bei Tivoli, 1774
Vatikanische Museen Inv. 288 (Sala delle Muse)

Literatur: Helbig[4] I (1963) Nr. 67 (H. von Heintze); G. M. A. Richter, The Portraits of the Greeks II (1965) 180 Abb. 1037–1039.

536 Grabstele einer Familie

Marmor; H 95 cm, B 60 cm
Antoninisch
Aus Athen (Kastriotis)
Athen, Nationalmuseum Inv. 1231

Naiskosstele. Die beiden Familienangehörigen im Vordergrund sind im Schema klassischer Statuen wiedergegeben, die mit zeitgenössischen Porträtköpfen versehen sind.

Literatur: D. von Moock, Die figürlichen Grabstelen Attikas in der Kaiserzeit. Studien zur Verbreitung, Chronologie, Typologie und Ikonographie (1998) 126 Nr. 229 Taf. 30.

Kat.-Nr. 536

537 Grabstele des Marcus Pompeius Euodos und der Isidora

Marmor; H 92 cm, B 55 (oben) – 58 cm
Klassische Zeit, Mitte des 2. Jhs. n. Chr. umgearbeitet
Aus Athen
Paris, Musée du Louvre Inv. Ma 810

Naiskosstele mit Tympanon und freiplastischen Akroteren. Bemerkenswert ist an dieser Grabstele, daß hier nicht ein klassisches Vorbild nachgeahmt wurde, sondern ein klassisches Originalgrabmal in einer Zweitverwendung genutzt wurde. Das Gesicht des Mannes erhielt die Porträtzüge des Verstorbenen, für die Frau war nicht einmal dies notwendig. Die Inschrift mit der wichtigen Namensnennung wurde in groben Buchstaben auf Horizontalgeison und Epistyl eingeschlagen.

Literatur: von Moock a. O. 173 f. Nr. 468 Taf. 60 b.

538 Spätantikes Philosophenporträt

Hymettischer Marmor; H 30 cm, B 27 cm
Frühes 5. Jh. n. Chr.
Athen, Akropolis-Museum Inv. 1313

Büste, wahrscheinlich von einer Herme, eines bärtigen Mannes mit Kranz. Die Benennung als Philosoph beruht auf den hervorgehobenen Stirnfalten, den eingefallenen Wangen und dem emphatisch nach oben gerichteten Kopf.

Literatur: G. Dontas, AM 69/70, 1954/1955, 147–152 Beil. 54. 55; P. Zanker, Die Maske des Sokrates. Das Bild des Intellektuellen in der antiken Kunst (1995) 297–299 Abb. 171; Ch. Alkestis in: S. Ensoli – E. La Rocca (Hrsg.), Aurea Roma. Dalla città pagana alla città cristiana, Ausstellungskat. Rom (2000) Kat.-Nr. 354.

B. W.

Kat.-Nr. 538

Kat.-Nr. 537

Ilaria Romeo

Das Panhellenion

Der Begriff des Griechentums im Sinne einer ethnischen Identität zur Zeit Hadrians

Die Hellenisierung der römischen Welt erfuhr in hadrianisch-antoninischer Zeit einen wesentlichen Impuls. Im 2. Jahrhundert n. Chr. behaupteten sich Griechenland und der griechische Orient – obwohl wirtschaftlich und politisch untergeordnet – als bedeutende Kulturzentren im Römischen Reich, und dies auch Dank des persönlichen Interesses des Kaisers: Große Schulen für Philosophie und Rhetorik wurden in Athen, Smyrna, Ephesos und anderen Städten Griechenlands und Kleinasiens gegründet. Wandernde Redner zogen mit ihren Deklamationen, die häufig auf Themen und Ereignisse der klassischen Vergangenheit zurückgriffen, ein zahlreiches, enthusiastisches Publikum an und wurden dafür reich entlohnt. Die Kultur in griechischer Sprache wurde in dieser Zeit zum elementaren Träger griechischen Stolzes. Das in seiner politischen Rolle gedemütigte Griechenland hat aufgrund seiner kulturellen Überlegenheit, die sich weitgehend aus der klassischen Tradition herleitet, in den Ambitionen seiner Verfechter noch immer den Anspruch auf eine zentrale Stellung innerhalb des Römischen Reiches.

Die Anziehungskraft, die von dieser Vorstellung ausgeht, ist so stark, daß sich ihr nicht nur Intellektuelle griechischer und griechisch-orientalischer Herkunft anschließen, sondern auch Literaten und Redner des römischen Westens und der nicht-hellenisierten Teile des Reiches. Persönlichkeiten verschiedener Volkszugehörigkeiten, von Favorinus von Arles bis Lukian von Samosata, fühlen sich als Vertreter einer geistigen Bewegung, die Philostrat die Zweite Sophistik nennen sollte.

Als selbsternannte Erbin der geistigen Strömung des 5. Jahrhunderts v. Chr. predigte die Zweite Sophistik die Überlegenheit des attischen Dialekts als Sprache für Literatur und Bildung und sah im Studium der griechischen Kultur die bestmögliche Ausbildung überhaupt. Herodes Atticus und Aelius Aristides gehören zu den maßgeblichsten Vertretern dieser Überzeugung, doch erstreckte sich das Interesse für die griechische ›Paideia‹ weit über die Grenzen des hellenisierten Raums hinaus. Wer in der griechischen Literatur und Kultur heimisch war, wie Gelehrte, die nicht griechischer Abstammung waren – etwa der Gallier Favorinus und der Syrer Lukian –, der erfüllte die Voraussetzung dafür, ein vollwertiger Grieche zu sein. Eine derartige Einschätzung dessen, was das Griechentum ausmacht (nämlich die Kultur), frei von jeglichen ethnischen und rassischen Vorurteilen, ging letztlich auf einen Passus bei Isokrates, dem Redner des 4. Jahrhunderts v. Chr., zurück (Panegyrikos 50): für ihn sind ›Hellenes‹ diejenigen, die die athenische Kultur besitzen, und nicht diejenigen, in deren Adern griechisches Blut fließt. Diese Definition des Griechentums im Sinne von ›Paideia‹ war zwar bei den Vertretern der Zweiten Sophistik vorherrschend, sie war jedoch nicht die einzige. Eine entgegengesetzte Auffassung ist bei jener kleinasiatischen Strömung der Zweiten Sophistik auszumachen, die den berühmten Redner Polemon mit seiner Schule in Smyrna zum Oberhaupt hatte. Polemon stammte aus Phrygien, dem Herzen Kleinasiens. Ein arroganter und affektierter Mensch, war er dem Urteil seiner Zeitgenossen zufolge mit außerordentlichem rhetorischem Talent begabt. Die Schule, die er in Smyrna gründete, wurde schnell zum Zentrum kulturellen Lebens in Kleinasien. Sie zog eine große Menge von Schülern an, die sich von den bunt gemischten Schülerscharen anderer Sophisten darin unterschied, daß es sich um eine ausgewählte »rein hellenische« (Philon, VS 531) Gruppe handelte. Der Reinheit des griechischen Blutes wird auch im Traktat »Physiognomica« Bedeutung zugemessen, das von Polemon zwischen 133 und 136 n. Chr. verfaßt wurde und in einer arabischen Übersetzung aus dem Jahre 1336 erhalten ist. In Abschnitt XXV des Werkes unterscheidet er die Griechen von den zuvor beschriebenen Völkern und beschreibt sie als die potentiell reinste Rasse, sofern ihr kein fremdes Blut beigemischt wurde. Der genetisch reine Grieche ist seiner äußeren Erscheinung nach wohlproportioniert und gleichzeitig mit natürlicher Intelligenz begabt (11–21).

Polemon scheint also von einem grundsätzlichen Unterschied zwischen dem Griechentum durch Geburt und dem durch Bildung auszugehen, wobei seiner Theorie nach explizit die körperliche und moralische Überlegenheit des ersteren gegenüber letzterem den Vorrang hat. Diese Prinzipien stehen in deutlichem Kontrast zur Auffassung eines Großteils der Vertreter der Zweiten Sophistik, die die Erziehung in der griechischen Kultur ausdrücklich zum Kriterium für die Zugehörigkeit zum Griechentum machten. Die unterschiedliche Auffassung des Polemon, die auf einen prä-herodoteischen Ansatz zum Problem des wahren Griechentums zurückging, war dagegen potentiell unpopulär insofern, als sie einen sehr großen Teil der zeitgenössischen intellektuellen Elite von der Zugehörigkeit zum authentischen Griechentum ausschloß, nämlich alle die, die keinen Anspruch auf reines griechisches Blut erheben konnten. Tatsächlich wäre Polemons Vorstellung vermutlich ein irrelevantes und durchaus nebensächliches Phänomen geblieben, hätte dieser nicht auf die Rückendeckung des einflußreichsten Philhellenen seiner Zeit zählen können: des Kaisers Hadrian.

Die Freundschaft zwischen Polemon und Hadrian ist durch viele literarische Quellen belegt, wo von den zwischen 123 und 126 n. Chr. unternommenen Reisen in den östlichen Provinzen berichtet wird sowie von der Rolle Polemons als Mentor des Kaisers während dieser Exkursionen. Es ist demnach legitim, davon auszugehen, daß Polemon die Initiative Hadrians zur Gründung eines Panhellenischen Bundes mitbeeinflußt haben könnte – eines Bundes, dessen grundsätzliche Aufnahmebedingungen offenbar eine Ideologie des Griechentums durch Abstammung eher als durch Kultur zugrunde legten. Es ist also kein Zufall, daß Polemon im Jahre 131/132 v. Chr. von Hadrian nach Athen eingeladen wurde, um die Festrede zur Fertigstellung des Olympieion zu halten; einem Ereignis, das laut der Inschrift von Epidaurus mit der Gründung des Panhellenischen Bundes zusammengefallen sein soll.

Die Gründung des Panhellenischen Bundes

Im Jahre 131/32 n. Chr. ruft Hadrian einen Bund griechischer Städte ins Leben, das Panhellenion. Die Kenntnisse über Zugangsbedingungen, Zusammensetzung und Ziele des Bundes ergeben sich ausschließlich aus epigraphischen Quellen. Die Liste der Städte, für die die Zugehörigkeit zum Panhellenischen Bund belegt ist, ist mithin in ständiger Erweiterung begriffen (Abb. 1).

Voraussetzung zur Zulassung einzelner Städte oder Städtegruppen zu dieser Organisation, die die offizielle Anerkennung des römischen Senats erhielt, waren gute Beziehungen zu Rom und zum Kaiser und vor allem der unanfechtbare Nachweis griechischer Abstammung. Im Spurwasser einer Tradition gelehrter Studien, die besonders in Kleinasien blühten, wurden aufwendige mythische Genealogien rekonstruiert, mit dem Ziel, die griechische Tradition der um Aufnahme ersuchenden Gemeinde zu beweisen. In diesen Rekonstruktionen wurde der Gruppe der Koloniegründer grundlegende Bedeutung beigemessen. Mit Ausnahme einiger weniger Städte im griechischen Mutterland, die aufgrund ihrer historischen Relevanz als rechtmäßige Mitglieder des Panhellenion angesehen werden konnten, handelte es sich in der Tat meist um Kolonialgründungen entweder aus Griechenland, häufiger jedoch aus Kleinasien, der Kyrenaika und Kreta. Einzelne Städte beriefen sich also über die Abstammung ihrer Gründerväter auf uralte griechische Volksgruppen: vorwiegend Dorer, Ionier und Äoler. Komplexe und häufig geradezu erstaunliche mythische Genealogien wurden rekonstruiert und einer Kommission, die dem Kaiser bekannt sein mußte, zur Prüfung unterbreitet. In kontroversen Fällen, wie bei einem Streit zwischen den libyschen Städten Kyrene und Ptolemais-Barca über ihre jeweilige Bedeutung innerhalb des Panhellenion, sprach Hadrian selbst das Urteil in einem Brief aus: der Zwist wurde zugunsten von Kyrene entschieden, dessen *Status* als höher angesehen wurde eben aufgrund seiner direkten Abkunft vom dorischen ›Genos‹ seiner archaischen Gründer.

In der griechischen Welt war die Beziehung zwischen der Gründerstadt und ihrer Kolonie in der Tat immer als Blutsverwandtschaft definiert, und so wurde im Panhellenischen Bund diese Beziehung zum ausschlaggebenden Argument für den griechischen Ursprung einer Gemeinde. Als Beispiel sei hier eine Inschrift antoninischer Zeit zitiert, die den Beitritt der kleinasiatischen Stadt

Abb. 1. Mitglieder des Panhellenischen Bundes

1. Athen (Attika)
2. Sparta (Lakonien)
3. Argos (Argolis)
4. Epidauros (Argolis)
5. Methana (Argolis)
6. Korinth (Korinthia)
7. Megara (Megaris)
8. Chalkis (Euböa)
9. Akraiphiai (Böotien)
10. Amphikleia (?) (Phokis)
11. Naryka (Lokris)
12. Hypata (Thessalien)
13. Demetrias (Thessalien)
14. Thessaloniki (Makedonien)
15. Perinth (Thrakien)
16. Aizanoi (Phrygien)
17. Synnada (Phrygien)
18. Eumeneia (?) (Phrygien)
19. Kibyra (Phrygien)
20. Magnesia am Mäander (Karien)
21. Tralleis (Karien)
22. Milet (Karien)
23. Thyateira (Lydien)
24. Sardes (Lydien)
25. Rhodos (Rhodos)
26. Samos (?) (Samos)
27. Apameia Kibotos (Phrygien)
28. Lyttos (Kreta)
29. Gortyn (Kreta)
30. Hierapytna (Kreta)
31. Kyrene (Kyrenaika)
32. Apollonia (Kyrenaika)
33. Ptolemais – Barke (Kyrenaika)

Kibyra zum Panhellenion betrifft. Die Inschrift wurde in Pozzuoli aufgefunden und befindet sich heute im Nationalmuseum von Neapel. Die Stadt nennt sich dort Kolonie der Lakedämonier, Verwandte (Syngenes) von Athen und Freundin der Römer, Teil der griechischen Gemeinschaft und eine der vornehmsten Städte Asiens, sowohl aufgrund ihrer griechischen Abstammung (Genos) als auch wegen der alten Freundschaft zu Rom und der großen Ehren, mit denen der göttliche Hadrian sie bedacht hat. In einigen panhellenischen Inschriften (Kibyra, Kyrene) wird also explizit auf die Definition von Genos im Sinne von Blutsverwandtschaft hingewiesen; eine Konzeption, die im 2. Jahrhundert n. Chr. weithin ungebräuchlich war, als die Gelehrten es vorzogen, die Diskussion über das echte Griechentum im Sinne der kulturellen Zugehörigkeit zu führen. Dies könnte mithin das Schweigen der zeitgenössischen literarischen Quellen zum Bund erklären. Polemon und die kleinasiatische Sophistik, die er vertrat, bildeten sicherlich die Ausnahme auf diesem Gebiet. Indem er sich dieser exklusiven und elitären Ideologie anschloß, hat Hadrian im Geiste seines puristischen Philhellenismus vermutlich für einige Gemeinden Kleinasiens ein exklusives Forum schaffen wollen, das der Ausübung ihrer religiösen und politischen Interessen dienen sollte.

Funktion und Ziele des Panhellenischen Bundes – ein gescheitertes Experiment?

Einmal dem Panhellenischen Bund beigetreten, benannten die Städte Amtsträger verschiedenen Ranges: zu den höchsten gehörten die Archonten, die Antarchonten, die Agonotheten und die Priester. Es handelte sich im allgemeinen um Persönlichkeiten aus den gesellschaftlich höheren Schichten der Stadt. Besonders unter den Archonten und den Agonotheten, den Organisatoren der panhellenischen Spiele, die im Jahre 137 n. Chr. eingerichtet wurden, mußten sich Männer von starker Finanzkraft befinden, die üblicherweise die römische Staatsbürgerschaft besaßen. Es handelte sich jedoch nicht um Personen mit Senatorenrang, sondern höchstens um Ritter. Die Panhellenes, Abgeordnete untergeordneten Rangs, waren dagegen häufig keine römischen Staatsbürger und entstammten eher heterogenen sozialen Schichten.

Die Vorteile einer persönlichen Einbringung in die Aktivitäten des Bundes lagen wohl vor allem in der Zugehörigkeit zu einer Organisation, die in enger Verbindung zum Kaiser stand, und speziell für die Panhellenes war dies vermutlich auch ein Mittel des sozialen Aufstiegs. Die Versammlungen des Bundes fanden in regelmäßigem Turnus in Athen statt, dem Herzen des historischen Hellas, und mindestens seit der Zeit des Antoninus Pius hatten die Panhellenes dort ihren festen Wohnsitz.

Welches waren nun die Hauptziele des Bundes? Es handelte sich in erster Linie um einen religiösen Zusammenschluß, der dem Kult des Zeus Panhellenios und dem Kaiserkult vorbehalten war. Der Archont war gleichzeitig Priester im Kaiserkult. Die Bedeutung des Kaiserkults bei der Angliederung und der Romanisierung der Provinzen ist in neueren Studien wieder deutlich belegt worden: Die Loyalität der Einwohner der Provinzen wurde unter anderem durch das einigende Moment der Verehrung des jeweiligen gemeinsamen Herrschers erreicht. Der Kult des Hadrianos Olympios Panhellenios, der den Kaiser dem obersten Gott Zeus gleichstellte, ist möglicherweise vom Kaiser selbst aktiv vorangetrieben worden. Ungewiß ist hingegen eine Funktion des Panhellenion als Gerichtsversammlung, und unsicher ist auch seine politische Rolle, obgleich dem Herrscherkult natürlich politische Bedeutung zukam. Es lag offenbar in Hadrians Intentionen, eine Konvergenz in den Zielen der griechischen Provinzen zu erreichen sowie ein gemeinsames Anteilnehmen an den Reichsangelegenheiten. Die Vorteile für die Städte, die zum Panhellenion zugelassen wurden, lagen vermutlich einerseits darin, daß sie stärkere Präsenz zeigten; andererseits wurden neue religiöse Strukturen und Zeremonien eingerichtet, die mit dem Bund in Zusammenhang standen. Weiter unten werden wir die speziellen Fälle für Athen und Eleusis genauer untersuchen. Sicherlich wurden die Ambitionen, die Hadrian für das Panhellenion hegte, nicht vollständig befriedigt. Der Bund erfüllte niemals eine echte politische Funktion, noch scheint er die Aufnahme von Personen aus dem Osten des Reiches in den Senat von Rom in entscheidender Weise beeinflußt zu haben. Keine einzige zeitgenössische literarische Quelle spricht ausführlich von ihm, und für das Jahr 170 n. Chr. sind einige finanzielle Schwierigkeiten bekannt: Der Bund war nicht in der Lage, die übliche Spende für die athenischen Epheben zu entrichten. Am Ende des 2. Jahrhunderts stellen sich darüber hinaus Probleme bei der Rekrutierung der Athleten für die Teilnahme an den panhellenischen Spielen ein, und die letzten Erwähnungen des Panhellenion entstammen der Mitte des 3. Jahrhunderts. Das deutlichste Zeichen für die geringe Popularität des Panhellenion unter den Zeitgenossen ist die Abwesenheit einiger Städte, die mehr als andere das Recht zur Teilnahme an einem Bund gehabt hätten, der vor allem das authentische Griechentum feierte, darunter zum Beispiel Ephesos und Smyrna. Es ist möglich, daß gerade die restriktive und überholte Definition des Griechentums, gemeinsam mit der durch den Bund auferlegten Zentralposition Athens, die Sympathien einiger lokaler Verwaltungen gegenüber dieser letztlich von Rom gewollten Organisation verspielt haben.

Städtische und religiöse Zentren des Panhellenion: Athen und Eleusis

Das Interesse Hadrians für die Stadt Athen geht seinem Amtsantritt als Kaiser voraus: Er war bereits im Jahre 111/112 n. Chr. Archont der Stadt. Während seiner Regierungszeit (117–138 n. Chr.) besuchte er die Stadt mindestens drei Mal und hielt sich dort jeweils für längere Zeit auf. Die kaiserliche Gunst gegenüber der historischen Hauptstadt Griechenlands drückte sich im Patronat verschiedener öffentlicher Gebäude und Kultbauten aus, von denen einige auf die eine oder andere Weise mit dem Panhellenischen Bund in Verbindung gebracht worden sind. Eine Liste, wenn auch unvollständig, findet sich bei Pausanias 1, 18. Der Reiseschriftsteller führt auch eine Reihe von hadrianischen Gebäuden im Bereich des Flusses Ilissos auf, in der Unterstadt am Osthang der Akropolis, wo auf hadrianische Initiative hin der kolossale Tempel des Zeus Olympios fertiggestellt sowie ein Heiligtum für Zeus und Hera Panhellenioi errichtet wurden. Das peisistratidische Olympieion, das am Ende des 6. Jahrhunderts v. Chr. unvollendet geblieben war, hatte bereits Antiochos Epiphanes von Syrien im Jahre 174 v. Chr. fertigstellen wollen; ein weiterer Versuch fand in augusteischer Zeit statt. Hadrian vollendete den Bau im Jahre 131/132 n. Chr. und fügte eine breite bossierte Umfassungsmauer um das Temenos hinzu, in dessen Zentrum sich der kolossale korinthische Bau erhob (ca. 110 x 44 m). Eine Statue in Gold und Elfenbein war in der Mitte der Cella postiert, und sehr wahrscheinlich waren der Kult des Herrschers als (Hadrianos) Olympios und der des höchsten griechischen Gottes in diesem Heiligtum verbunden. Der Zugang zum Olympieion erfolgte durch einen Ehrenbogen, das sog. Hadrianstor, das bei Pausanias unerwähnt bleibt. Inschriften auf den beiden Hauptseiten bezeichnen das Gebiet am Ilissos als »Hadriansstadt«, in explizitem Gegensatz zur antiken »Theseusstadt«. Es ist die These aufgestellt worden (Willers 1990), das Tor sei auf Veranlassung der Panhellenes errichtet worden. Wie wir weiter unten sehen werden, haben diese in der Tat zwei Kopien dieses Bogens beim Zugang zum Heiligtum der Demeter und Kore in Eleusis gestiftet. Zeus und Hera Panhellenioi besaßen im Ilissos-Gebiet ein eigenes Heiligtum (Pausanias 1, 18, 9). Versuchsweise sind die hadrianischen Reste eines Tempels innerhalb einer rechteckigen Einfriedung mit Exedren (65,40 x 45,26 m), die südlich des Olympieion zu sehen sind, mit diesem Gebäude in Verbindung gebracht worden (Travlos). Ein Passus bei Cassius Dio (69, 16, 2) erwähnt zudem, daß Hadrian den Griechen gestattet habe, ein Heiligtum (Sekos) zu seinen Ehren zu errichten, das Panhellenion genannt wurde. Einige halten dies für den Tempel von Zeus und Hera, denen Hadrianos Panhellenios als ›Synnaos‹ beigeordnet worden sei; eine Praxis, die für das Olympieion belegt ist, ebenso wie für Smyrna und Kyzikos (Boatwright). Andere hingegen sind der Meinung, es handele sich um ein anderes Heiligtum, das ausschließlich zu Ehren des Hadrianos Panhellenios an unbekanntem Ort errichtet worden sei; rein hypothetisch ist eine Lokalisierung im Heiligtum von Eleusis (Jones).

Sehr zweifelhaft bleibt die Verbindung eines Gebäudes an der Adrianou-Straße im Gebiet der Plaka mit dem Panhellenion (Walker): Die hadrianische Datierung des Mauerwerks ist kürzlich in Zweifel gezogen worden, und es ist der Vorschlag gemacht worden, es handele sich bei diesem Gebäude um das Ptolemäus-Gymnasion (Lippolis). Die alte Identifizierung mit dem bei Pausanias erwähnten hadrianischen Pantheon (Travlos, Boatwright) bleibt ebenfalls hypothetisch. In jedem Fall entstammt keine der Inschriften, die sich auf den Panhellenischen Bund beziehen, aus diesem Gebiet. Die panhellenischen Inschriften finden sich vielmehr in einer gewissen Konzentration auf der Akropolis, woher drei der fünf in Athen gefundenen Dekrete (von Thyateira, Synnada und Sardeis) stammen. Überwiegend in der Nähe des Erechtheion gefunden, könnten diese Inschriften nahelegen, daß der öffentliche Versammlungsort für die Zusammenkünfte des Panhellenischen Bundes eben im Bereich des heiligen Felsens der Athena Polias und des Zeus Polieus zu suchen ist, den Gottheiten, die Patrone der Bundes-Hauptstadt waren. Die Zuweisung des hadrianischen Pantheon in dieses Gebiet (Follett – Peppas Delmousou) muß in Erwartung weiterer Bestätigungen noch offenbleiben.

Die Bautätigkeit des Panhellenion in Attika betraf nicht nur die Stadt Athen. Im 2. Jahrhundert n. Chr. hatte die Beliebtheit der Mysterien von Demeter und Kore in Eleusis eine neue Blüte erfahren. Hadrian selbst nahm wiederholt an den Mysterien teil und förderte den Bau eines Aquädukts und einer Brücke über den Fluß Kephissos. Die Teilnahme seines Lieblings Antinoos an den Riten, in die er im Jahre 128 n. Chr. eingeweiht wurde, und die Stiftung eines Festes zu Ehren des Antinoos nach seinem Tod sind weitere Beweise für Hadrians Interesse an Eleusis. Eine aktive Präsenz des Panhellenischen Bundes in Eleusis ist durch Inschriften überwiegend aus antoninischer Zeit überliefert, in denen die Stiftungen aufgeführt werden, die die Panhellenes alle vier Jahre dem Heiligtum darbrachten, sowie Hinterlassenschaften großzügiger privater Wohltäter, wie es wohl Flavius Xenio aus Gortyn war, panhellenischer Archont zwischen 165 und 169. An der Südost- und der Südwestecke desselben Bezirks erhoben sich zwei Ehrenbögen, die ihrerseits das sog. Hadrianstor in Athen replizierten. An dem Bogen der Südostecke, der besser erhalten ist, ist bis heute die griechische Inschrift zu lesen: »Die Panhellenes den beiden Göttinnen und dem Kaiser«. Die Identifizierung des anonymen Kaisers mit Antoninus Pius oder Marc Aurel, wie sie die traditionelle Forschung vertritt, schließt jedoch nicht aus, daß der Bogen vielleicht ursprünglich unter Hadrian begonnen wurde. Eine Statuenbasis, die möglicherweise vom Bogen selbst stammt, ehrt ihn postum als Divus Hadrianus Panhellenius. Eine Datierung derartiger baulicher Initiativen in die Zeit Hadrians, die dann später unter seinen Nachfolgern vollendet worden wären, würde vollkommen in den klassizistischen Kunstgeschmack der Zeit passen, jedoch scheint eine erneute Untersuchung der Architekturelemente der Bauten im heiligen Bezirk von Eleusis eher eine Datierung in spätantoninische Zeit zu untermauern (Willers 1996). In jedem Fall fügt sich die aktive Einbringung des Panhellenion bei der Wiederherstellung eines der bedeutendsten Heiligtümer der klassischen griechischen Welt sehr gut in die allgemeine Politik der Bewahrung der Religion und der Propagierung des Kaiserkults, wie sie der Bund vertrat. Die Aktivitäten des Panhellenischen Bundes in Attika erstreckten sich offenbar auf recht unterschiedliche Bereiche: Während im Ilissos-Gebiet Zeus Panhellenios, Hera Panhellenia und vermutlich Hadrian selbst verehrt wurden, so unterlagen die Zusammenkünfte der Delegierten auf der Akropolis dem Schutz der Athena Polias und des Zeus Polieus. Für Eleusis wiederum belegen bedeutende Weihgaben eine aktive Rolle des Bundes. Das Panhellenion ist also offenbar an allen bedeutenden religiösen Zentren Attikas tätig gewesen.

Die Kultstatue des Zeus Panhellenios

1989 schlug Renate Bol vor, die Kultstatue des Zeus Panhellenios in einem Statuentypus parthenonischer Zeit zu sehen, der als ›Dresdner Zeus‹ bekannt ist, nach der großartigen Replik im Albertinum (Kat-Nr. 543). Im Sinne des klassizistischen Geschmacks der hadrianisch-antoninischen Zeit, als ein Großteil der Kopien geschaffen wurde, sei also dieses berühmte Original aus dem 5. Jahrhundert gewählt worden, um die Gottheit darzustellen, die an den Kultstätten des Panhellenischen Bundes verehrt wurde. Diese Theorie stützt sich auf die besonders herausgehobene Position einer Replik desselben statuarischen Typus im Herodes-Atticus-Nymphäum in Olympia, dem größten Zeusheiligtum Griechenlands. Herodes Atticus (Kat-Nr. 540), der große Sophist aus Marathon, der mit

Hadrian und den Antoninen freundschaftlich verbunden war, war Agonothet der Panhellenischen Spiele und vermutlich zweiter Archont des Bundes (Birley). Eine mögliche Bestätigung dieser Hypothese könnte jetzt aus Gortyn kommen, der Hauptstadt der Provinz von Kreta und Kyrene und Vertreterin des kretischen Bundes innerhalb des Panhellenion. Dort ist eine weitere Replik des Typus identifiziert worden (Kat-Nr. 544), die wie die Dresdner in mittelantoninische Zeit zu datieren ist und deren Stiftung mit der Initiative des panhellenischen Archonten von 161–165 n. Chr., des Kreters Lucius Flavius Sulpicianus Dorio, eines persönlichen Freundes des Herodes Atticus, in Verbindung gebracht werden kann. Die Möglichkeit, daß der Typus des Dresdner Zeus tatsächlich als Kultbild des Panhellenischen Bundes verwendet worden ist, gewinnt somit an Wahrscheinlichkeit.

Das klassische Original, auf das die Kopien zurückgehen, ist aufgrund stilistischer Kriterien auf 440–430 v. Chr. zu datieren und wird einstimmig der Schule des Phidias zugerechnet. Die deutlichen Affinitäten in Ponderation und Faltenwurf mit der Nemesis von Rhamnus (Kat-Nr. 88) haben G. Despinis zu einer überzeugenden Zuweisung des Werks an das Umfeld des parischen Bildhauers Agorakritos veranlaßt. In der Tat weisen die Nemesis und der Zeus dieselbe formale Anlage auf, stark behauene Strukturen ohne überflüssige Verzierung auch in der Gestaltung des Faltenwurfs und eine phantasievolle Nüchternheit, die ausdrücklich an Bilder aus dem Parthenonfries erinnert. Schwieriger ist die Benennung des Originals. Es muß auf jeden Fall Zeus dargestellt haben: Abgesehen von der Herkunft einer Replik aus dem Heiligtum von Olympia trägt eine Kopie des Kopfes aus der Sammlung Heyl einen Eichenkranz, ein unverwechselbares Attribut des Zeus, und derselbe Statuentyp findet sich bei der Abbildung des Zeus Strategos auf Münzen des pontischen Amastris. Recht problematisch dagegen erscheint der Vorschlag, den originalen Typus in einer Statue des Zeus-Hades zu sehen, die Agorakritos für Koroneia in Böotien schuf. Die große Beliebtheit des Typus in römischer Zeit sowie seine mögliche Wahl als Kultsymbol für den Panhellenischen Bund lassen eher an ein Original von erheblich größerer Bedeutung denken.

Übersetzung aus dem Italienischen: Ingrid Behrmann

Literatur: Zu Hadrian zuletzt: A. R. Birley, Hadrian. The Restless Emperor (1997). – Zur Zweiten Sophistik: M. W. Gleason, Making Men. Sophists and Self-Presentation in Ancient Rome (1995); S. Swain, Hellenism and Empire. Language, Classicism and Power in the Greek World, 50–250 A.D. (1995); T. Schmitz, Bildung und Macht. Zur sozialen und politischen Funktion der Zweiten Sophistik in der griechischen Welt der Kaiserzeit (1997).

Zum Panhellenion: J. H. Oliver, Marcus Aurelius. Aspects of Civic and Cultural Policy in the East, 13. Suppl. Hesperia (1970); A. J. S. Spawforth – S. Walker, JRS 75, 1985, 88–104; dies., JRS 76, 1986, 88–105; M. Nafissi in: Ostraka 4.1, 1995, 119–136; C. Antonetti, ebenda 149–156; V. Marotta, ebenda 157–167; C. P. Jones, Chiron 26, 1996, 29–56; ders., Chiron 29, 1999, 1–21; A. J. S. Spawforth, Chiron 29, 1999, 339–352. – Zur Rolle Polemons: I. Romeo, The Panhellenion and Ethnic Identity in Hadrianic Greece, ClPhil (im Druck).

Athen und Eleusis: Außer der bereits genannten Literatur s. Travlos, Athen 433–439; K. Clinton in S. Walker – A. Cameron (Hrsg.), The Greek Renaissance in the Roman Empire. Papers from the Tenth British Museum Classical Colloquium, 55. Suppl. BICS (1989) 56–68; D. Willers, Hadrians Panhellenisches Programm. Archäologische Beiträge zur Neugestaltung Athens durch Hadrian, 16. Beih. AntK (1990); D. Giraud, Ἡ κυριά εἴσοδος τοῦ ἱεροῦ τῆς Ἐλευσῖνος (1991); E. Lippolis in: Ostraka 4.1, 1995, 43–67; D. Willers in: M. Flashar – H. J. Gehrke – E. Heinrich, Retrospektive. Konzepte von Vergangenheit in der griechisch-römischen Antike (1996) 179–226; S. Follett – D. Peppas Delmousou, BCH 121, 1997, 291–309; M. T. Boatwright, Hadrian and the Cities of the Roman Empire (2000) 145–157. 168–171. – Zum Typus des Dresdner Zeus als Kultstatue des Zeus Panhellenios: s. Literatur zu Kat.-Nr. 544.

I. R.

539 Porträt des Theon von Smyrna

Marmor; H 0,605 m, H des Kopfes 29 cm
Um 150 n. Chr.
Aus Smyrna
Rom, Musei Capitolini, Palazzo Nuovo Inv. 529

Die Inschrift der Büste lautet: »Der Priester Theon (errichtete diese Ehrenbüste) seinem Vater Theon, dem platonischen Philosophen.« Von Theon, der in hadrianischer Zeit in Smyrna lehrte, ist bekannt, daß er gelehrte Platon-Kommentare verfaßte.

Literatur: Helbig[4] II Nr. 1346; G. M. A. Richter, The Portraits of the Greeks III (1965) 285 Abb. 2038.

Kat.-Nr. 539

Kat.-Nr. 540

540 Porträt des Herodes Atticus

Pentelischer Marmor; H (Kopf) 30 cm
Um 150 n. Chr.
Aus Probalinthos, einer Villa des Herodes Atticus bei Marathon
Paris, Musée du Louvre Inv. 1164
Gipsabguß: Berlin, Abgußsammlung, Standort Charlottenburg (Original aus pentelischem Marmor)

Herodes Atticus (ca. 101/103–177 n. Chr.), bei Marathon geboren, gehörte dank seines Reichtums zur Oberschicht des Imperium Romanum. Die Mobilität dieser Oberschicht zeigt sich an ihren Besitzungen, die von Italien über Nordafrika bis nach Kleinasien reichten. Sein Lebensmittelpunkt aber war Athen und Attika, wo er zahlreiche religiöse und politische Ämter übernahm. Selbst Schüler bekannter Philosophen wie Favorinus und Polemon, gilt er als ein Vertreter der Zweiten Sophistik. Er war einer der großen Förderer des athenischen Klassizismus in antoninischer Zeit. Er unterstützte Athen durch umfangreiche Baumaßnahmen, etwa durch das Stadion für seine Panathenäen und das Odeion am Südabhang der Akropolis.

Literatur: H. Bumke in: K. Stemmer (Hrsg.), Kaiser Marc Aurel und seine Zeit (1988) 194 f. (mit Lit.); J. Tobin, Herodes Attikos and the City of Athens (1997) Abb. 90.

541 Porträt des Äthiopiers Memnon

Pentelischer Marmor; H 27 cm
Um 170 n. Chr.
Fundort wahrscheinlich die Villa des Herodes Atticus in der Thyreatis (heute Lukú, Peloponnes)
Berlin, Antikensammlung Inv. Sk 1503

Dieser Kopf wurde, nicht zuletzt wegen des angegebenen Fundortes aus einer Villa des Herodes Atticus, als Memnon identifiziert, der Ziehsohn und Schüler des Herodes Atticus war.

Literatur: H. Heres in: B. Knittlmeyer – W.-D. Heilmeyer (Hrsg.), Die Antikensammlung. Altes Museum – Pergamonmuseum (1998) 116 (mit Lit.).

542 Porträt des Polydeukion

Pentelischer Marmor; H mit Büste 54 cm
Um 150 n. Chr.
Erworben 1844 in Athen
Berlin, Antikensammlung Inv. Sk 413

Polydeukion, von dem zahlreiche weitere Büsten erhalten sind, gehörte wie Memnon zu den Ziehsöhnen des Herodes Atticus.

Kat.-Nr. 541

Kat.-Nr. 542

Literatur: H. Bumke in: K. Stemmer (Hrsg.), Kaiser Marc Aurel und seine Zeit (1988) 195 f. (mit Lit.).

B. W.

543 Statue des Zeus, ›Dresdner Zeus‹

Weißer Marmor; H 1,95 m
Ergänzt sind der rechte Unterarm, der linke Arm und ein Teil der Hand, beide Beine unterhalb des Mantels und die Füße, außerdem die Gewandbahn an der linken Seite und die Stütze und Teile der Rückseite.
Hadrianisch
Ehemals Rom, Sammlung Albani
Dresden, Staatliche Kunstsammlungen Inv. 68
Gipsabguß: Berlin, Abgußsammlung, Standort Charlottenburg

Literatur: A. Furtwängler, Meisterwerke der Griechischen Plastik (1893) 84; G. Despinis, Συμβολὴ στὴ μελέτη τοῦ ἔργου τοῦ Ἀγορακρίτου (1977) 133 ff.; B. Vierneisel-Schlörb, Klassische Skulpturen des 5. und 4. Jhs. v. Chr. Glyptothek München, Katalog der Skulpturen II (1979) 147 ff.; R. Bol, Das Statuenprogramm des Herodes-Atticus-Nymphäums, OF 15 (1984) 28. 53. 190 ff.; R. Bol – P. Herz in: The Greek Renaissance in the Roman Empire, 55. Suppl. BICS (1989) 89 ff.; M. Tiverios in: LIMC 8 (1997) 326 Nr. 72; F. Canciani, ebenda 433 Nr. 122; I. Romeo, ASAtene 54/55, 1992/93, 325 ff.

544 Replik des ›Dresdener Zeus‹

Marmor; H 1,50 m
Es fehlen der Kopf, der rechte Arm über dem Ellenbogen und der linke Arm zwischen der Schulter und dem Handgelenk, das rechte Bein und das linke Bein bis zur Mitte des Schienbeins. Absplitterungen im Gewand.
Mittelantoninisch
Aus Gortyn, Kreta
Aghii Deka, Depot der Scuola Archeologica Italiana di Atene
Inv. GO 27

Die beiden Repliken sowie die dritte vom Nymphaion des Herodes Atticus in Olympia stimmen in den Maßverhältnissen überein und unterscheiden sich nur durch ihren Kopistenstil. Die Herkunft der Replik aus Gortyn vom Sitz des Panhellenischen Bundes stützt die Vermutung, das der Typus für die Kultstatue des Zeus Panhellenios benutzt wurde.

Literatur: I. Romeo in: I. Romeo – E. C. Portale, Gortina III. Le Sculture, Monografie della Scuola Archeologica Italiana di Atene 8 (1998) Nr. 37; dies., ASAtene 54/55, 1992/93, 325 ff.

I. R.

Übersetzung aus dem Italienischen: Mathias René Hofter

Kat.-Nr. 543

Kat.-Nr. 544

8. Renaissancen und Klassizismen

Werner Oechslin

»Unter dem griechischen Himmel ...«: Wirklichkeit und – vor allem – Fiktion: Projektion und Strategien

»...daß ich mir nämlich überhaupt das grandiose griechische Problem, wie mir es aufgegangen war, durch Einmischung der modernsten Dinge verdarb!«

Friedrich Nietzsche, Die Geburt der Tragödie. Oder: Griechenthum und Pessimismus (1873)

»Je me réfugierai sur un roc inaccessible, le monde Grec. J'en montrerai la formation dans l'âge classique.« (1875)

Edgar Quinet, Vie et mort du génie grec (1878)

»Über das Physische des griechischen Menschen würden wir nähern Aufschluß vor allem von der bildenden Kunst erwarten«, schreibt Jacob Burckhardt zu Beginn der Untersuchung zum »hellenischen Menschen«. »Aber unser Wunsch nach einem solchen wird hier nur bedingt befriedigt; denn die Kunst giebt nicht den Durchschnitt, sondern das Besondere, ideal Gesammelte und Dargestellte; sie beweist nur, was als hoch und herrlich galt, und wie man gerne ausgesehen hätte.« Die Realität ist anders. Der »ewige Grieche« ist ein Konstrukt der – idealisierenden – Kulturgeschichte.

Johann Joachim Winckelmann machte seine Beobachtungen, denen sich ein ganzer Wissenschaftszweig verpflichtet weiß, *ausschließlich* aus Distanz und Projektion. Er argumentierte in der Ästhetik und Idealsicht seiner Zeit, als man mit Vorliebe von der unbestrittenen Geltung eines einzigen Prinzips – gemäß Batteux' vielverbreiteten Titel des »... réduire à un principe« (1746) – ausging, um Kunst und das Künstlerische zu erfassen. Dort, bei der Allerweltsformel des ›goût‹, beginnt auch Winckelmann: »Der gute Geschmack, welcher sich mehr und mehr durch die Welt ausbreitet, hat sich angefangen zuerst unter dem griechischem Himmel zu bilden.« So beginnt er die »Gedanken über die Nachahmung der griechischen Werke in der Malerey und Bildhauerkunst«. Vom griechischen Himmel kommt er schnell zur Klimatheorie – mit dem »Timaois« belegt – und so auch zu dem, was sich im Kontrast unter dem nordischen Himmel abspielt und was er, Winckelmann, mit der Verwendung der kostbaren Bilder Correggios als Fensterschutz am »königlichen Stalle zu Stockholm« illustriert. Das Nord-Süd-Gefälle ist ein Gradmesser von Kunst. Im günstigen Klima Griechenlands entfaltet sich jene Kulturblüte, die den Schluß nahelegt: »Der einzige Weg für uns ... ist die Nachahmung der Alten.« Damit ist die Zielsetzung verknüpft, selbst »groß« zu werden. Zwei Seiten später ist die Rede von den »idealischen Schönheiten«, von »Bildern bloß im Verstande entworfen«. Idealität. Griechentum in geschichtsloser Nähe und Distanz, enthoben wie nie zuvor.

Graeciam non quidem illam desolatam ac barbaram, sed antiquam ac florentissimam perlustravi ..., so schreibt es schon Wolfgang Lazius, der damit die geschichtliche Perspektive einbringt. Ein ›barbarisches‹ Griechenland gab es in Vorzeiten und wiederum in jüngster Zeit. In Reiseberichten wie in den vielfach aufgelegten »Sandys Travells« (1610) wird von den neugriechischen Lebensformen, die den venezianischen nachgebildet, aber »infinitely less civil« seien, berichtet. Der Kontrast von Idealsicht und Wirklichkeit nährt die Idee des Klassischen bis hin zu religiösen Vorstellungen und Gefühlen: »Les idées s'opposent aux choses sensibles, non seulement comme la vérité à l'apparence, mais aussi comme le parfait à l'imperfection.« So beschreibt Pierre Lasserre den »mysticisme grec«, den er beim jungen Ernest Renan ausmacht, der sich auf religiöse Gefühle und eine »prière« verlegt: »Le monde ne sera sauvé qu'en revenant à toi, en répudiant ses attaches barbares...« »O Archégète, idéal que l'homme de génie incarne en ses chefs-d'œuvre, j'aime mieux être le dernier dans ta maison que le premier ailleurs. Oui, je m'attacherai au stylobate de ton temple ...« Renans »Prière sur l'Acropole« zeigt Wirkung bis hin zu Le Corbusier, der diesem Ton folgend den Parthenon und damit die Architektur schlechthin auf die »moralité dorique« festlegt.

Gelegentlich wird diese Idealität entzaubert und die ›Wirklichkeit‹ der Realität des (damaligen) Griechenland entlockt. Voltaire verwickelt Perikles, einen Russen und einen ›modernen Griechen‹ in einem fiktiven Dialog. Auf Perikles' Frage, ob er, der Grieche, auch tatsächlich Grieche sei, antwortet dieser: »Minos vous a dit la vérité: j'étais le très humble esclave de la sublime Porte.« Da beginnt Perikles' Entsetzen: »Que parlez-vous d'esclave? Un grec esclave!« Ein Sklave, kein dem Ideal von Freiheit und Selbstbestimmung nachgebildeter Ideal-Grieche ist dieser von Voltaire herbeigezauberte moderne Grieche! Namen wie Miltiades, Aristides, Themistokles hat er nie gehört. Er fragt zurück: »Ces gens-là étaient-ils bostangis, capigi-bachis, ou pachas à trois queus?« Er kennt natürlich, man hat es längst geahnt, auch den Namen Perikles nicht und erinnert sich nur vage an einen Eremiten dieses Namens, der weder lesen noch schreiben konnte und sich von Wurzeln ernährte. Nicht genug, der Russe bestätigt, daß dieser Grieche in Athen wohnhaft sei. Es ist evident: das alte Griechenland ist dahin. Perikles hat ein Einsehen. Die Moral von der Geschicht: das Licht fällt nur immer auf einen Teil der Welt: »Le jour tombe chez une nation, dans l'instant où il se lève sur une autre.« Hinfälligkeit und Wechselhaftigkeit der Welt – und auch der Blüte Griechenlands!

Das war Voltaires Antwort auf den ›Topos‹, den ausgetretenen Allgemeinplatz, den ihm der Kritiker seiner »Philosophie de l'histoire«, Larcher, im ersten Satz unter die Nase gestrichen hatte: »Les Grecs ont été nos Maîtres en toutes sortes de Sciences.«

»Wollten wir uns begnügen, die Geschichte des Alterthums aus den schriftlichen Quellen, die uns aufbewahrt sind, kennen zu lernen, so würde unsere Kenntniss desselben sehr unvollständig und unlebendig bleiben.« So beginnt am 10. Februar 1844 Ernst Curtius seinen Vortrag über »die Akropolis von Athen« im wissenschaftlichen Verein zu Berlin. Er, der anderswo vom »Weltgang der griechischen Cultur« spricht, möchte die Welt von der physischen Wirklichkeit der Monumente überzeugen und schließt sich so dem »Zug wissenschaftlicher Reisenden« nach Griechenland an, »das so gut wie neu entdeckt werden mußte ...«. So wie Goethe zu Beginn der »Propyläen« geleitet er seine Hörer in einer »Wanderung auf die Burg«. »Wir gehen jetzt auf das Thor zu ...«! Schritt um Schritt nähert man sich den Monumenten. Und ist erst einmal der Verdienste Winckelmanns gedacht, der »in einer nüchternen, frostigen Zeit den Funken der Kunstliebe wieder erweckt« hatte, so kann man jetzt den Nachgeborenen, die sich den »geringfügigen Trümmern auf dem kahlen Burgfelsen« gegenüber sehen, zumuten und empfehlen, »diese Trümmerwelt neu zu beleben«. Am Ende seiner Rede formuliert Curtius eine Vision: »... die Säulen fügen sich wieder zusammen ... vor dem Auge des Geistes ersteht in ihrer ursprünglichen Schönheit die Akropolis von Athen«.

Nicht allen ist jene Gabe des »geistigen Auges« gegeben. Die Vermengung vorweggenommener und tatsächlicher Betrachtung hat Sigmund Freud zu einem Exkurs »Erinnerungsstörung auf der Akropolis« (1936) inspiriert, in dem natürlich nichts über die Akropolis, dafür etwas über Schuldgefühl in Anbetracht des »... und jetzt sind wir in Athen und stehen auf der Akropolis! Wir haben es wirklich weit gebracht ...« steht. »Also existiert das alles wirklich so, wie wir es auf der Schule gelernt haben?!« Dieser Gedanke plagt nicht nur Freud, sondern beispielsweise auch Amédée Ozenfant. »Tour de Grèce«! Das umfaßt alles auch die Vorstellung von Surrogaten jeglicher geistiger und physischer Art. Emil Waldmann erinnert in seinem dem »Norddeutschen Lloyd in Bremen« zugeeigneten Bändchen »Stätten von Einst« (1928) an eine Begebenheit in Olympia, als »unter der sachkundigen Führung des Archäologen Wiegand« das Bedauern geäußert worden sei, »daß von diesem Tempel (dem Heratempel) nur die Fundamente und der Sockel zutage standen«. »Ob man denn nicht, so hieß es, wenigstens ein paar Säulen wieder aufrichten könne?« Man wollte wieder sagen können: »Der Parthenon steht plastisch vor unseren Augen, so daß das phantasievoll schauende Auge sehen kann, wie er ehemals war.«

Darin liegt eine große Täuschung. An die Nachahmungslehre haben sich längst Mißverständnisse angeheftet. Klassizismen überwiegen. Gerhart Rodenwaldt formuliert 1935: »Aber die Macht des

Klassizismus war zu groß, um sich durch die Kraft des Klassischen revolutionieren zu lassen.« Es scheint, daß je näher das Klassische – ob ›echt‹ oder rekonstruiert – ist, es auch für wahrhaftiger gehalten wird. All jene Stimmen, die wie bei Nietzsche, die Griechenidee für unerreichbar halten, verhallen in Anbetracht des so unmittelbar Greifbaren wirkungslos. Julius Meier-Gräfe beschrieb unter dem Titel »Wohin treiben wir?« jene – heute, ein knappes Jahrhundert später, noch um ein Vielfaches gesteigerte – Museumskultur als eine »unnatürliche Situation, die die Kunst in das Museum drängt«. Dazu gehört jener Bildungsbürger, der mit dem Schulwissen auf die Akropolis geht, um dort – gemäß Ozenfant und Freud – die Übereinstimmung der Wirklichkeit mit den ihm zuvor verabreichten Bildern und Postkarten zu zelebrieren!

Ist der moderne ›Klassizismus‹ in diesem Sinn ein Déjà-vu? Nicht nur der Gerichtsgebäude-und-Börsen-Klassizismus Amerikas (»ce dorique formaliste pour Bourses de commerce«, Ozenfant) steht für diese Gattung. Nichts hindert Architekten, die klassische Architektur fortzuschreiben. Schließlich hat auch ein Palladio mit einer eher dürftigen Erklärung (»Gli usarono ancho gli Antichi nelle loro fabriche ...«; »è molto verisimile«) das Tempelmotiv auf die Privatbauten übertragen und auf diese Weise multipliziert. Es ist ein solcher Umgang mit Säule und Tempel auch nicht im Geringsten ein Privileg derer, die dem ›Klassischen‹ eine eingeschränkte, angemessene Bedeutung zuzuschreiben gewillt sind. Auf die äußeren Zeichen, auf das Bild allein kommt es an. Das läßt sich beliebig verbreiten und löst beim Fachmann Entzücken aus, wenn er es in der Kühlerhaube eines Rolls-Royce wiederentdeckt.

Auch diese Sichtweise bedient sich natürlich der Idealität und ihrer Projektion zurück in die Geschichte. Man bewegt sich diesbezüglich zwischen eindeutigeren und etwas raffinierteren Weisen des je nach Opportunität immer mal wieder geforderten Geschichtsbeweises. Thema und Zerreißprobe der ›querelle‹ in all ihren Schattierungen! Fordert François Blondel – mit der frisch gegründeten Architekturakademie im Rücken – die unbedingte Einhaltung von ›antiken‹ Regeln, so dreht sein Widersacher Claude Perrault die Dinge so, daß er sich Freiheiten – auch darin gestützt durch die Autorität der Antike – nimmt, da er ja beweisen kann, daß es auch in der Antike, notabene bei Hermogenes, Änderung und Variation gegeben habe. Perrault dient es dazu, in französischer (gotischer) Tradition mit genügendem Stützenabstand auch genügend Licht in seinen Louvreportikus hineinzubringen. Argumentationsnot macht erfinderisch.

Das lenkt den Blick auf differenziertere Positionen der Begegnung mit der Antike, an denen es nicht fehlt. Just in dem Moment, als in Frankreich die Griechenverehrung einen (äußeren) Höhepunkt im »goût grec«, im »Modegriechischen«, erreicht hatte und die entsprechenden Formen wie kurz zuvor jene der »rocaille« auch schon mal als »neue Mißgeburten« taxiert wurden, just in demselben Moment, als die Encyclopédie (1757) ihre umfangreichen Überlegungen zum Geschmack (»goût«) verbindlich darlegte und Voltaire Gelegenheit gab festzustellen, daß nicht lange nach Perikles' Zeiten die Griechen den schnellen Verlust des guten Geschmacks eingestanden hätten und die »Grec modernes« sowieso bestätigten, so etwas nicht zu besitzen, just in diesem Moment publizierte Le Roy sein monumentales Werk »Les Ruines des plus beaux Monuments de la Grèce«. Endlich ein Tatsachenbericht! Le Roy hatte sich aufgemacht, Ruinen – was denn sonst, keine Bauten! – zu beschreiben, und sollte nun andererseits die Erwartung derjenigen befriedigen, die irgend etwas Grundsätzlicheres und natürlich Anwendbares vorgesetzt haben wollten. So stellt Le Roy dem zweiten Band seiner archäologischen Bemerkungen einen »Discours sur la nature des Principes de l'Architecture civile« voran. Was ist die Natur der Prinzipien nach eingesehener Wirklichkeit? Le Roy unterscheidet universale Axiome, allgemeine Konventionen und solche, die noch mehr auf bestimmte Völker, klimatische, materielle Bedingungen u. a. m. eingeschränkt seien. Von allen ›Systemen‹, die im Bereich der Architektur in Gebrauch gekommen seien, würde generell das griechische als das beste anerkannt. Mehr als eine Konvention sei dies trotzdem nicht, zumal seit der Zerstörung Griechenlands kein in sich geschlossenes System befolgt worden wäre: »on ne suivit plus aucun système régulier dans les Arts«. Man hat sich also – weiterhin – auf das Studium Vitruvs und der ›Monumente‹, was immer dies nach obiger Feststellung sei, zu verlegen. Dies löst nun aber endlich die Frage aus, ob dies denn genüge. Denn auch dies entspräche nicht mehr als einer Tradition, und eine Tradition bedeute stets »imperfection«. Also wird jetzt, da man wie nie zuvor von einer verbesserten Kenntnis der griechischen Monumente ausgehen könne, gleichwohl die alt-neue Frage gestellt: »devons-nous les imiter servilement?« Nein, »il y auroit de la partialité à le prétendre«. Was also? Le Roy schlägt einen versöhnlichen Weg vor: »*comparaisons*«. Mühsamst sollen »tous les fragments de Monuments antiques que l'on peut recueillir ...« zusammengeführt und verglichen werden. Darin sieht Le Roy auch – durchaus nüchtern – den Nutzen seines Beitrages. Gemäß jener dritten Kategorie architektonischer Prinzipien, nämlich solcher, die je nach Nation und Klima verschieden sind, hätten die berühmtesten Architekten ihr ›perfektes‹ System gebildet. Hätten sie, so die einsichtige Folgerung, über bessere Kenntnisse der Antike verfügt, es wäre ihnen dies (noch) besser geglückt. Daraus ergibt sich das Gebot erneuten, vertieften Studiums – so eben auch insbesondere der neu erschlossenen und noch nicht in ausreichendem Maße zugänglichen und bekannten Monumente Griechenlands.

So hat sich längst auch eine ›archäologische‹ Methode ausgebildet: nicht nur der Beibringung der Monumente und Fragmente, sondern insbesondere von Vergleich, Konjektur bezogen auf Überprüfbarkeit, Wissenschaft und: auf ›kommende Baukunst‹. Was sich da alles »unter dem griechischen Himmel« abspielt, gewinnt Eigendynamik! Wer unterzieht sich jenen umfassenden Forderungen? Wer umgeht sie und gelangt schneller zu scheinbar Neuem? Die alten Topoi bleiben so oder anders erhalten: »Of all the Nations of Antiquity, the GREEKS may justly claim the Superiority.« (So Thomas Major 1768 in seinen »Ruins of Paestum«.) Das dient – wie beispielsweise die spätere, eher pedantische Beweisführung zur Überlegenheit der Griechen in der Kunst durch J. J. Leuliette (1805) – eher der Bestätigung der bekannten Auffassungen als einer wirklichen, von neuen Argumenten gespeisten Diskussion. Zwischen den vielen möglichen Positionen liegen oft Welten. Im übrigen läßt sich gut leben mit Allgemeinplätzen. Robert Adam läßt 1764 den Leser seiner »Ruins of the Palace of the Emperor Diocletian« wissen: »The buildings of the Ancients are in Architecture, what the works of Nature are with respect to the other Arts; they serve as *models* which we should imitate, and as *standards* by which we ought to judge ...« Das wird erst dann provokativ, wenn Le Corbusier mit den ›standards‹ die moderne Vorstellung von Maschine und Automobil zur Argumentation heranzieht.

Versprechungen! Nach gewonnener Schlacht äußerte sich Charles Blanc anläßlich seines »Discours de réception« vor der Académie Française wie folgt: »Un événement des plus memorables, la bataille de Navarin, nous ouvrit les portes de la Grèce, fermées à la civilisation depuis environ quatre siècles, de la Grèce, où ne pénétra jamais aucun de ceux qui furent à eux tous la Renaissance, ni Léon-Baptiste Alberti, ni Brunelleschi, ni Donatello, ni Ghiberti, ni Léonard, ni Michel-Ange, ni Bramante, ni Palladio, ni Vignole, ni Raphael. Une victoire, qui semblait d'être que la prise d'une flotte et qui était l'affranchissement d'un peuple moderne, allait de plus nous conduire à la découverte du véritable art antique, *à régénérer l'architecture et la statuaire*.« Eine Kulturoption im Gefolge eines kriegerischen Erfolges! Das Griechentum eine europäische Rück-Eroberung? Glücklicherweise ist auch die persönliche Begegnung und daran geknüpft das persönliche Erlebnis – ein oft dokumentierter Fall. George Wheler läßt den Leser 1682 wissen: »I wish, I could communicate the Pleasure I took in viewing it, by a Description, that would in some proportion express the Ideas I had then of it ...« Auf solche Weise kündigt sich der ganze Reichtum von in konkreter Begegnung genauso wie aus Distanz und Phantasie gewonnenen Vorstellungen immer wieder an: trotz der Fülle und Übermacht abgelöster und frei schwebender Bilder und Déjà-vus. Wie sehr solche Vorstellungen dem griechischen oder gar klassischen ›Geist‹ nahekommen, ist von Fall zu Fall zu entscheiden. »Je sentis que j'aurois voulu mourir avec Léonidas, et vivre avec Périclès.« Wem ist solches – außer dem Jerusalempilger Chateaubriand – zuzutrauen!

Mathias René Hofter

Die unerkannten Griechen. Griechische Originalmonumente im Humanismus der frühen Neuzeit

Es ist ein schwer erklärbares Paradox, daß die archäologischen Monumente der griechischen Antike in der Levante und in Unteritalien nicht vor der Mitte des 18. Jahrhunderts als spezifisch griechisch im Kontrast zu den Antiken aus römischem und norditalienischem Boden wahrgenommen wurden. Dies verdankt sich zu einem Teil sicher dem durch Plinius und andere römerzeitliche Autoren etablierten Gemeinplatz, daß alle ›große Kunst‹ der Antike von griechischen Malern und Bildhauern stamme. Und so ging die mythische Aura dieser ›Großen Meister‹ einer kritischen Bestandsaufnahme der überlieferten antiken Kunstwerke lange voraus – und sollte sie auch noch lange begleiten. Sicher gab es Versuche, wie von Raffael, verschiedene Qualitäts- und Stilstufen zu differenzieren, und selbstverständlich identifizierte man Darstellungen römischer Kaiser, Feldherren, Politiker und ihrer Taten sowie Themen und Figuren der griechischen Mythologie; aber darin erschöpften sich die kunsthistorischen Unterscheidungen. Und entsprechend der von Lorenzo da Pavia formulierten Devise »bella cosa, cosa greca« wurden alle Werke, deren Wert man herausstreichen wollte, großzügig mit den gefeierten Namen wie Phidias, Polyklet und Praxiteles verbunden, ungeachtet ihrer Herkunft.

Ein weiterer Grund lag natürlich darin, daß Rom die Hauptquelle antiker Kunstwerke war und als solche seit dem 16. Jahrhundert auch das Zentrum der Antikenstudien von Künstlern und Humanisten. Die Auffindung von aus der Literatur bekannten Kunstwerken wie dem Laokoon oder von Werken mit den Inschriften griechischer Bildhauer wie dem Torso vom Belvedere oder dem Herakles Pitti-Farnese schienen die Nachricht der antiken Schriftsteller zu bestätigen, daß die berühmten griechischen Kunstwerke im Rom der Kaiserzeit eine neue Heimat gefunden hätten. Diese Annahme motiviert noch die Zuschreibungen Winckelmanns und Viscontis, obwohl bereits Jonathan Richardson vermutet hatte, das Statuencorpus der Antike sei uns nur in Kopien überliefert.

Seit dem hohen Mittelalter bestand jedoch ein kontinuierlicher Kontakt zum östlichen Mittelmeer, der auch nach der türkischen Eroberung des Byzantinischen Reiches nicht abriß. Die erste beurkundete Berührung der westlichen Welt mit Hinterlassenschaften der antiken griechischen Kunst und Literatur stellte die Eroberung Konstantinopels durch die Kreuzfahrer im Jahr 1204 dar, wenn auch mit zunächst fatalen Folgen für diese Überlieferung. Die Palastbibliothek fiel den Flammen zum Opfer, und die Statuen im Hippodrom wurden von den analphabetischen Rittern eingeschmolzen, einige wenige wie die berühmten Pferde wanderten als Trophäen nach Venedig. Ihre Burgen bauten die neuen Machthaber auf die antiken Zitadellen, deren Überreste ihnen als Baumaterial dienten; antike Architekturglieder und Plastiken wurden an prominenter Stelle mit Sinn für dekorative und heraldische Wirkung eingesetzt.

Aber erst im 15. Jahrhundert, als die fränkischen Barone längst von italienischen Condottieri und Handelsherren abgelöst worden waren, verschlug es auch von humanistischen Interessen motivierte Reisende ins östliche Mittelmeer, die ihre Eindrücke aufzeichneten. Bereits um 1400 hatten sich in Florenz das Studium griechischer Literatur und enge Beziehungen zu griechischen Intellektuellen etabliert, die nach dem Fall Konstantinopels zu dem bekannten Zirkel um die Accademia Platonica von Lorenzo il Magnifico führten. Entsprechend groß war die Nachfrage nach griechischen Codices, und der Florentiner Cristoforo Buondelmonte (ca. 1385 – nach 1430) war der erste Reisende, der einen großen Teil seines Lebens auf der Suche nach ihnen in der Ägäis verbrachte. Er sammelte und kopierte aber auch Inschriften, war Zeuge von ›Ausgrabungen‹ antiker Skulpturen, und in seinen Reisebeschreibungen führte er die antiken topografischen und historischen Quellen neben Beschreibungen der noch erhaltenen Ruinen auf. Den damals noch gut erhaltenen Naxierkoloß auf Delos versuchte er vergeblich wieder aufzurichten, und wir verdanken ihm auch die Bezeugung einer der ersten Antikensammlungen überhaupt, die des Venezianers Niccolò Corner im östlichen Kreta. Ciriaco Pizzicoli d'Ancona (1392–1452), der kurz vor der türkischen Eroberung eine ähnlich rastlose Reisetätigkeit in der Ägäis entfaltete, ist dann in seinen Angaben und Zeichnungen bekannter Steindenkmäler sehr viel detaillierter (Kat.-Nr. 551). Auch wenn gerade die Wiedergabe antiker Monumente in ihrer Zuverlässigkeit stark variiert (es haben sich nur Kopien erhalten), sind sie in einigen Fällen doch von bedeutendem Wert wie für den inzwischen fast vollständig zerstörten Zeustempel in Kyzikos.

Wenig später gelangten die ersten Antiken aus der Ägäis in italienische Kunstsammlungen. Die exakte Provenienz können wir nur bei wenigen Stücken rekonstruieren, die allgemeines Aufsehen erregten, so bei dem heute in Berlin befindlichen ›Betenden Knaben‹ aus Rhodos, dem Wiener Amazonensarkophag aus Zypern oder für eine Gruppe von Statuen in der Sammlung Grimani aus Kreta, die bereits A. Furtwängler als zusammengehörig erkannte. Aus dem venezianischen Kunstmarkt speisten sich aber nicht nur die Sammlungen Oberitaliens, wie die des Marco Mantova Benavides in Padua (Kat.-Nr. 547. 548) oder der Este-Gonzaga in Mantua, an deren Konzeption und Inszenierung Giulio Romano maßgeblich beteiligt war, sondern auch weitere in ganz Europa wie die der Habsburger in Wien, der Fugger in Augsburg, die Residenz der bayrischen Herzöge in München oder das Kabinett des Peter Paul Rubens in Antwerpen. Eine zentrale Rolle als Sachverständiger und Makler spielte Jacopo Strada, der sich auch einen Namen als Begründer der Numismatik machte.

Im 17. Jahrhundert wurden dann gezielt Expeditionen zur Gewinnung von Antiken in die Levante unternommen. Ein Auftraggeber ist der erste bedeutende englische Sammler, Thomas Howard Earl of Arundel and Surrey (1558–1646), Earl Marshall of England unter Charles I. 1612/13 unternahm er eine Reise nach Italien, die seine Begeisterung für die italienische Kultur und seine Sammelleidenschaft weckte. Er scharte einen Kreis von Gelehrten um sich, so Franciscus Junius, der als erster eine Zusammenstellung antiker Quellentexte zur antiken Kunst, »De pictura veterum«, herausgab. Unterstützt wurde er auf der Suche nach Antiken von seinem Emissär William Petty und vom englischen Botschafter bei der Hohen Pforte, Thomas Roe, die in der Wahl der Mittel keineswegs kleinlich waren: Diebstahl und Bestechung von türkischen Amtsträgern galten ihnen als ›gentlemanlike‹. Angeblich soll Petty seinen für Peiresc tätigen Konkurrenten mit einer Denunziation ins Gefängnis gebracht haben, um sich seiner Erwerbungen zu bemächtigen. Die in Arundel House in London aufgestellte Sammlung enthielt bedeutende Stücke, so außer dem metrologischen Relief Kat.-Nr. 246 den ›Marmor Parium‹, ein Fragment einer hellenistischen Chronik, einen archaischen Torso und ein Fragment des Pergamonaltars. Seinem Beispiel folgten bald andere englische Adlige und statteten ihre Sitze mit Antiken aus, allen voran Charles I. selber. Auch die ›Grand Tour‹, die Europareise englischer Vornehmer zu Bildungszwecken, soll von Thomas Howards Beispiel inspiriert worden sein. Nach seinem Tod wurde seine Sammlung zwar zerstreut, sie ist aber rekonstruierbar, und bedeutende Teile gelangten schließlich ins Ashmolean Museum in Oxford.

Nicht mehr verifizierbar sind dagegen die Antiken, die Nicolas Fabri de Peiresc im östlichen Mittelmeerraum aufkaufen ließ. Aus seinem Besitz stammt jedoch eine Serie von zauberhaften Aquarellen griechischer Vasen (Kat.-Nr. 549), die erst vor kurzem in der Bibliothèque Nationale in Paris wiederentdeckt wurden. Ihre Präzision ist kaum zu übertreffen; sie gestatten sogar, die Vasenmaler zu identifizieren. Man wüßte gerne, ob eine der dort reproduzierten Vasen aus Griechenland stammte, oder ob sie überhaupt Teil seines Antikenkabinetts waren. Da auch aus der Sammlung Dal Pozzo sehr ähnlich ausgeführte Zeichnungen von Vasen erhalten sind, muß aber auch damit gerechnet werden, daß die Vorlagen aus Italien stammten. Nicolas-Claude Fabri de Peiresc (1580–1637), Parlamentspräsident in Aix-en-Provence, war neben seinem Freund Cassiano Dal Pozzo (1588–1657) der größte Antiquar des Frühbarock. Beide publizierten zeitlebens keine Zeile, sie brachten aber eine umfangreiche Sammlung an Antikenzeichnungen zusammen und unterhielten eine reiche Korrespondenz in ganz Europa, die die gesamte intellektuelle Elite umfaßte (Peter Paul Rubens, Marin de Mersenne, René Descartes, Galileo Galilei, Christine von Schweden). Ihr Interesse galt in erster Linie den *mores et instituta*, antiken Realien und Sitten und Gebräuchen.

Im 17. Jahrhundert wurde Athen wiederholt von französischen Reisenden aufgesucht, deren Zeichnungen uns ein Bild von der Stadt und der zur Festung ausgebauten Akropolis geben. Der Lyonnaiser Hugenotte Jacob Spon und der Schotte George Wheler benutzten zum ersten Mal die Periegese des Pausanias als ›Reiseführer‹ und verfaßten eine Beschreibung ihrer Reise auf den Balkan, die sie mit Aufnahmen von Inschriften, (sehr schlechten) Illustrationen antiker Bauten und Interpretationen der Darstellungen anreicherten.

Der prominenteste Besucher Athens war aber der Marquis Olier de Nointel, seit 1670 Botschafter Ludwigs XIV. bei der Hohen Pforte, der den Parthenon und andere Bauten Athens während seines Aufenthalts 1674 durch den Zeichner Jacques Carrey (1649–1726) aufnehmen ließ. Carrey arbeitete schnell und genau, und seine Zeichnungen des Parthenon sind unschätzbare Zeugnisse für das Aussehen des vor der Explosion des Jahres 1687 weitgehend intakten Bauwerks. Wie so häufig blieben aber auch diese wertvollen Dokumente der barocken Altertumswissenschaft unausgewertet. Der Marquis de Nointel erkannte die Qualität der Parthenonskulpturen und wollte, wie er in einem Rapport an den Außenminister berichtete, die Dokumentation und seine Beobachtungen veröffentlichten; er schlug sogar vor, die von Verfall und Vandalismus bedrohten Kunstwerke in ein königliches Museum zu überführen. Seine diplomatische Karriere endete jedoch 1679 durch königliche Ungnade. Die Zeichnungen wanderten durch mehrere Hände schließlich in die Bibliothèque Nationale in Paris (Kat.-Nr. 552. 553); obwohl einzelne Blätter öfter erwähnt und abgebildet wurden, wurden sie als Ganzes erst 1848, lange nach der Überführung der Elgin Marbles publiziert.

Nach den Feldzügen des venezianischen Generals Francesco Morosini, die 1687 zur Explosion des Parthenon führten, brachen diese Reisen jedoch ab; die Bruchstücke, die Morosini von dem von ihm ruinierten Parthenon mitbrachte, gehörten bis auf weiteres zu den letzten griechischen Originalen, die in westliche Sammlungen gelangten. Insgesamt blieben die ›Bildungsreisen‹ in die Ägäis die Ausnahme, und das humanistische Interesse der Renaissance und des Barock konzentrierte sich fast ausschließlich auf die Denkmäler Roms, die als vorbildlich kanonisiert wurden, und denen gegenüber die auf den venezianischen Kunstmarkt gelangten Werke in ihrer Bedeutung zurückstanden.

Gegenüber all diesem Interesse, das sich in den Reisen, den genauen Zeichnungen und den Erwerbungen niederschlägt, befand sich die wissenschaftliche Auswertung deutlich in Verzug. Die Zeichnungen Carreys und diejenigen im Besitz von Peiresc und Cassiano Dal Pozzo (Kat.-Nr. 550) blieben unpubliziert und weitgehend unbekannt. Die Sammlungen Oberitaliens erfreuten sich erst im 18. Jahrhundert wissenschaftlichen Interesses, dem auch der Großteil der Dokumentation verdankt wird. Eine Vorreiterrolle spielte Scipione Maffei (1675–1765), der seine Veroneser Antikensammlung im ersten Museum ›modernen Typus‹, nach Kulturkreisen und Themen geordnet, dem Publikum zugänglich machte. Am Ende der uns interessierenden Periode publizierte Paolo Maria Paciaudi (1710–1785) in den »Monumenta Peloponnesiaca« (Kat.-Nr. 546) vor allem die Stücke der Sammlung Nani (Kat.-Nr. 545) als ›griechische Antiken‹ (auch wenn die von ihm angegebenen Herkunftsorte keineswegs verbürgt sind). Der Theatinerpater Paciaudi, der auch mit Winckelmann korrespondierte, gehörte zu dem Kreis der Gelehrten um den Comte de Caylus, den er vor allem in Fragen der griechischen Philologie beriet; so war er auch auf dem laufenden über die altertumswissenschaftliche Diskussion. Als Antiquar des Herzogs von Parma beaufsichtigte er die 1763 begonnen Grabungen im römischen Velleia. Ähnlich wie Maffei galt sein Hauptinteresse den Inschriften, aber es gelangen ihm entscheidende Beobachtungen zum Stil der archaischen Kuroi und zur Gattung des bürgerlichen Grabreliefs.

Erst von der Mitte des 18. Jahrhunderts an setzte eine neue ›Reisewelle‹ ein, diesmal vorwiegend von Architekten, die ihre Bauaufnahmen auch in aufwendigen Prachtbänden publizierten. Gleichzeitig wurden durch Hamilton griechische Vasen ausgegraben und vorgelegt. Entdeckt wurde jetzt auch die Kunst und Architektur der Griechen in Unteritalien, die ein noch weniger beachtetes Dasein als die Altertümer des Mutterlandes gefristet hatten. Sie waren ein wichtiger Beitrag zu der erneuerten Antikenmode und wurden begeistert aufgenommen. Damit und schließlich mit dem Einzug der Elgin Marbles in London gerieten rasch sehr viel beeindruckendere und besser beurkundete Monumente griechischer Kunst ins Blickfeld der Öffentlichkeit, so daß die Zeugnisse einer älteren Begegnung in der Diskussion und in der Öffentlichkeit keine Rolle mehr spielten. Mit dem endgültigen Verlust der Souveränität der oberitalienischen Territorien am Beginn des 19. Jahrhunderts schlug auch die Todesstunde der dortigen Sammlungen, deren Inventare heute über ganz Europa verstreut und nur unter großen Schwierigkeiten zu rekonstruieren sind. Erst in den letzten 20 Jahren, als man sich verstärkt für altertumswissenschaftliche Bemühungen der Zeit vor Winckelmann interessierte, wurden diese Zeugnisse eines frühen direkten Kontakts der westlichen mit der griechischen Welt wieder gewürdigt und erschlossen.

Literatur: L. Franzoni, Per una storia del collezionismo: Verona. La Galleria Bevilacqua (1970) 9 ff.; J. Colin, Cyriaque de l'Ancone (1981); Nuovi Studi Maffeiani. Scipione Maffei e il Museo Maffeiano, Kongreß Verona 1983 (1985); L. Beschi in: S. Settis (Hrsg.), Memoria dell'antico nell'arte italiana 3 (1986) 295 ff.; A. F. Laurens – K. Pomian, L'anticomanie. La collection d'antiquités aux 18me et 19me siècles, Kolloquium 1988 (1992); C. Gasparri, EAA 2. Suppl. (1994) 193 ff. s.v. Collezioni archeologiche; Venezia, l'archeologia e l'Europa, Kongreß Venedig 1994 (1996); I. Herklotz, Cassiano Dal Pozzo und die Archäologie des 17. Jahrhunderts (1999).

Kat.-Nr. 545

545 Kuros Nani

Bronze; H 0,13 m
2. Viertel des 6. Jhs. v. Chr.
Weihinschrift in argivischen Buchstaben: Πολυκράτης / ανέθε / κε.
Ehemals Venedig, Sammlung Nani, Anfang des 19. Jhs. in der Sammlung Pourtalès, dann 1865 nach St. Petersburg verkauft
St. Petersburg, Eremitage

Die Inschrift wurde zuerst von Scipione Maffei publiziert, der sie nur als Vergleich für das altertümliche Schriftformular von Münzlegenden heranzog, sich für die Statuette aber nicht weiter interessierte. Aufsehen erregte natürlich der berühmte Name, der gleich mit dem samischen Tyrannen in Verbindung gebracht wurde. Die Statuette wurde dann von Paolo Maria Paciaudi im Stich abgebildet, der in seinen »Monumenta Peloponnesiaca« viele Monumente aus venezianischen Sammlungen vermuteter, aber keineswegs belegter griechischer Provenienz publizierte. Er parallelisiert mit den altertümlichen Buchstabenformen die Stilformen der Statuette, die er mit ägyptischen Werken verglich. So glaubte er beweisen zu können, daß die frühesten griechischen Bildhauer ihre Kunst von den Ägyptern gelernt hätten. Winckelmann hingegen versuchte mit ihr seine Theorie zu illustrieren, daß die Kunst in ihren Anfängen bei jeder Nation die gleichen Erscheinungsformen aufweise. Paciaudis im großen und ganzen zutreffende Einschätzung eines griechischen Originals eröffnete also gleichzeitig einen von der landläufigen klassizistischen Vorstellung deutlich abweichenden Zugang zur griechischen Kunst.

Literatur: W. Fuchs – J. Floren, Die griechische Plastik I (1987) 210 Anm. 36; 364 Anm. 127; I. Favaretto, Xenia 21, 1991, 79. – Zur Inschrift: IG IV 565; L. H. Jeffery, The Local Scripts of Archaic Greece[2] (1990) 156. 168 Nr. 5 Taf. 26.

546 Paolo Maria Paciaudi, Monumenta Peloponnesiaca Bd. II

(1761) Abb. S. 51
Berlin, Institut für Klassische Archäologie der Freien Universität

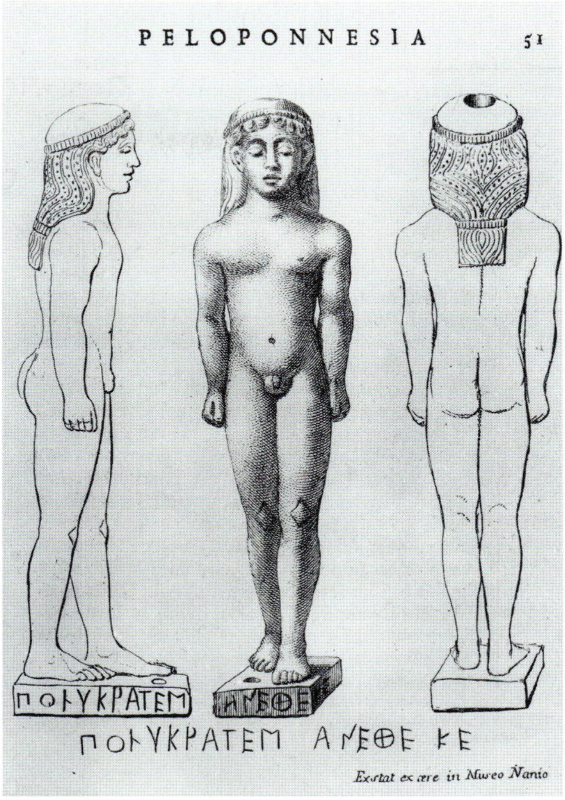

Kat.-Nr. 546

547 Apulisch-rotfiguriger Glockenkrater

H 0,255, Dm 0,285 m
Ca. 380/360 v. Chr., Maler von Dijon
Aus Adria (?)
Padua, Universität, Museo di Scienze archeologiche e d'Arte, Sammlung Mantova Benavides, Inv. 6022 (MB 346)

Der Krater gehörte zum Studiolo des Paduaner Humanisten Marco Mantova Benavides (1489–1582), Advokat und Professor beider Rechte in Padua. Einige der Skulpturen in seinem Besitz stammen mit Sicherheit aus Griechenland selber, was aber nicht unbedingt für die Vasen zu gelten hat. Bereits in der Renaissance war die antike Stadt Adria im Veneto bekannt, die nach antiken Quellen sogar eine griechische Kolonie gewesen sein soll, zumindest aber einen wichtigen griechisch-etruskischen Handelsplatz darstellte, wo zahlreiche griechische Importe gefunden wurden. In oberitalienischen Sammlungen läßt sich eine ganze Anzahl griechischer Vasen nachweisen, jedoch ohne daß sie in der Literatur und Kunst vor dem Ende des 17. Jhs. einen Niederschlag gefunden hätten.

Literatur: I. Favaretto in: dies. (Hrsg.), Marco Mantova Benavides. Il suo museo e la cultura padovana nel Cinquecento, Atti della giornata di studio 12 novembre 1983 nel IV centenario dalla morte 1582–1982 (1984) 163. 186 f. Taf. I 3. 4; A. Cambitoglou, RdA 5, 1981, 7.

Kat.-Nr. 547

548 a. b Zwei ›rotfigurige‹ Majolika-Glockenkratere

H 0, 285, Dm 0,30 m
Padua, Universität, Museo di Scienze archeologiche e d'Arte, Sammlung Mantova Benavides, Inv. 001033 (MB 146). 001034 (MB 147)

Bereits im Inventar des Andrea Benavides von 1695 werden die Vasen als »costume antico« bezeichnet, also keine antike Entstehung für sie in Anspruch genommen. Vorbild für Form und Dekor der in Majolika-Technik hergestellten Gefäße sind großgriechische Glockenkratere des 5. und 4. Jhs. v. Chr. Die Darstellungen der Rückseiten, die jeweils zwei sitzende Figuren wiedergeben, sind in ihrer Anlage ebenfalls von antiken Vasendarstellungen inspiriert, während es sich bei denjenigen der Vorderseiten um reine Renaissance-Allegorien handelt. Auf der einen Vase ist eine Justitia zu sehen, der ein Löwe beigesellt ist, um zu verdeutlichen, daß sich auch die Gewalt ihrer Allmacht fügt. Gelehrter und komplizierter ist die Darstellung der anderen Vase: Ein liegender Kronos-Saturn schreibt auf einen Globus; ihm steht ein Putto mit einer Waage zur Seite als Symbol des Kairos, des rechten Augenblicks, den es zu ergreifen gilt. Dies ist eine ungewöhnliche

Kat.-Nr. 548 a

Kat.-Nr. 548 b

Kat.-Nr. 549 a

Variante der antiken Saturn- und Kairos-Thematik, die über das gesamte Mittelalter tradiert wurde und sich in der Renaissance unter dem Einfluß des Studiums antiker Texte erneut großer Beliebtheit erfreute. Ungewöhnlich ist hier die Differenzierung von Kronos und Kairos, die in der mittelalterlichen Tradition miteinander verschmolzen worden waren; sie verdankt sich vielleicht der Intention ihres gelehrten Auftraggebers.

Literatur: C. Semenzato, Pittore ceramista del XVI secolo, in: Dopo Mantegna, Ausstellungskat. Padua (1976) 141 Abb. 108. 109; Favaretto a. O. 173 ff. Taf. V; L. Beschi in: S. Settis (Hrsg.), Memoria dell'antico nell'arte italiana III (1986) 359 Abb. 325. 326. – Zur antiken Tradition in der Ikonographie des Saturn in der Renaissance: A. Greifenhagen, Die Antike 11, 1935, 67 ff.

549 Aquarelle nach griechischen Vasen aus der Sammlung Peiresc (Faksimiles)

a. Attisch-schwarzfigurige Amphora

Wasserfarbe und Bleistift auf Papier
Umkreis des Antimenes-Malers, um 530 v. Chr.
A: Wahnsinn des Lykurg; B: Frauen und Jüngling im Gespräch
Paris, Bibliothèque Nationale Inv. F 003597–9

Literatur: J. Chamay – S. H. Aufrère, AntK 39, 1996, 38 ff. Taf. 5. 6, 1; Europa à la grecque – 1768 – Vasen machen Mode, Ausstellungskat. Freiburg-Zürich (1999) 14 f. Abb. 2–4.

b. Apulisch-rotfigurige Situla

Wasserfarben und Bleistift auf Papier
Matthieu Frédeau (nach Aufrère; nicht in Thieme-Becker)
Lykurgos-Maler, um 360/50 v. Chr.
A: Amazonenkampf; B: Athena und Herakles im Gigantenkampf
Paris, Bibliothèque Nationale Inv. F 003593. 003595–6

Literatur: Chamay–Aufrère a. O. Taf. 6, 2; 7.

Diese Zeichnungen wurden erst vor wenigen Jahren in den Beständen der Bibliothèque Nationale in Paris entdeckt und werfen ein bedeutsames Schlaglicht auf eine bisher unbekannte Seite der Antikenrezeption des Frühbarock. Die Originale sind verloren, aber die Genauigkeit der Reproduktionen, die in der Geschichte der Erforschung der Vasenmalerei vor der Erfindung der Farbfotografie nie wieder erreicht wurde, erlaubt dennoch eine problemlose Zuschreibung; anders als bei vielen anderen Zeichnungen aus dem Umkreis von Dal Pozzo und Peiresc hat der Zeichner seinen eigenen Stil völlig unterdrückt und auch die archaischen Stilzüge getreu wiedergegeben. Selbst Brüche und Schatten werden skrupulös abgebildet.

Stiche nach einigen dieser Zeichnungen wurden von Montfaucon und Caylus publiziert; weitere Spuren in der antiquarischen Literatur des Barock lassen sich jedoch nicht feststellen. Peirescs besonderes Interesse galt der antiken Metrologie, und er versuchte die fixe Idee zu beweisen, daß antiken Gefäßen ein Einheitshohlmaß zugrunde gelegen habe. Ob er dies auch an den bemalten Exemplaren nachprüfte, ist nicht zu klären.

550 Zeichnung: Verlorenes Fragment des Schiffsreliefs Lenormant

Bleistift, braune Tinte, braune Lavierung, Deckweiß; H 0, 36, B 0, 51 m
Zugeschrieben an Vincenzo Leonardi
Ehemals Rom, Sammlung Cassiano Dal Pozzo; dann Rom, Sammlung Francesco Albani; dann Sammlung George III.; dann London, Sammlung Augustus Franks
London, British Museum, Department of Greek and Roman Antiquities, Franks I fol. 171 Nr. 201

Bereits B. Graser erkannte Ähnlichkeiten zu dem 1853 auf der Akropolis gefundenen Weihrelief mit der Darstellung einer Triere (Kat.-Nr. 161); aber erst A. Rumpf konnte 1935 die Zusammengehörigkeit mit weiteren Fragmenten in Athen und L'Aquila erweisen. Entscheidend sind außer den ikonographischen Übereinstimmungen v. a. die der Maßverhältnisse der Zeichnung, die denen der Reliefs genau entsprechen.

Wie die Zeichnung und das Fragment in L'Aquila beweisen, befanden sich also bereits im frühen 17. Jh.

Kat.-Nr. 549 b

Kat.-Nr. 549 b

Kat.-Nr. 550

Kat.-Nr. 551

griechische Originalfragmente von der Athener Akropolis in Rom; wie sie dort hingelangten, entzieht sich unserer Kenntnis. Wir wissen zwar, daß Dal Pozzos Korrespondent Peiresc in der Levante Antiken suchen und aufkaufen ließ, aber über die einzelnen Stücke ist nichts weiter bekannt. Die Übereinstimmung der Maßverhältnisse ist mit Sicherheit der Technik des Durchpausens verdankt, denn in der Binnenzeichnung verfährt der Künstler großzügiger. Den wahrscheinlich erhaltenen unteren Rand hat er nicht wiedergegeben, die Wellen sind ebenfalls seine Zutat wie die Schatten der Riemen. Auch die Unterschiede in den Barttrachten und Kopfbewegungen der Ruderer sind wohl dem Bedürfnis des Zeichners nach Abwechslung geschuldet. Das Mißverständnis im Verlauf der zweiten und dritten Reihe der Riemen, die er als Schatten und als Verstrebungen des Auslegers gedeutet hat, beruht auf der Anschauung barocker Galeeren, auf denen die Ruderer alle in einer Ebene saßen und einen oder mehrere Riemen führten.

Das nur in der Zeichnung erhaltene Fragmente ist gleichwohl für die Rekonstruktion des Reliefs entscheidend. Es zeigt nicht nur dessen rechten Abschluß, sondern auch die Fortsetzung der Darstellung nach oben; L. Beschi konnte schließlich ein Fragment mit dem oberen Abschluß identifizieren. Das Schiff füllte eigentlich nur die ›Predella‹ des langrechteckigen Reliefs aus, während das Hauptbild von der Darstellung deutlich großformatigerer Figuren eingenommen wurde (s. Kat.-Nr. 161). Diese Bildeinteilung ist selten, aber nicht ohne Beispiel und für Votivreliefs belegt. Bei der sitzenden Figur mit dem Jagdhund zu Füßen handelt es sich möglicherweise um den Weihenden; ihm gegenüber werden die göttlichen Adressaten des Reliefs zu ergänzen sein.

Von dem Schiff sind der Bug und die ersten fünf Ruderpositionen erhalten und gut zu erkennen; zu sehen ist aber nur die Bedienungsmannschaft der obere Ruderreihe, die Thraniten. Außerdem ist noch der »Proreus«, der Kommandant des Schiffes, am Bug dargestellt; Reste lassen weitere Figuren auf Deck ergänzen. Nach ihrer Tracht zu urteilen, war das Schiff in friedlichem Auftrag dargestellt, und man hat an die »Paralos«, die attische ›Staatsgaleere‹, gedacht, die für religiöse und diplomatische Missionen eingesetzt wurde.

In der Renaissance und im Barock, als vor allem im Mittelmeer noch die meisten Schiffe durch Muskelkraft bewegt wurden, war das Interesse an antiker Nautik natürlich vorwiegend praktischer Natur, und das Problem des Aufbaus der antiken Triere beschäftigten bereits die antiquarischen Forschungen von Pirro Ligorio (ca. 1500–1583). Das Relief Lenormant, insbesondere das nur in der Zeichnung erhaltene Fragment, ist bis heute für die Rekonstruktion der griechischen Triere von erstrangiger Bedeutung.

Literatur: B. Graser, Archäologische Zeitung 32, 1874, 71 ff. A. Rumpf, 95. BWPr (1935) 14 ff. Abb. 8; L. Beschi, ASAtene 47/48, 1969/70, 123 ff. Abb. 21; J. S. Morrison – J. F. Coates, Die griechische Triere (1990) 55 ff. 158 f. 301 ff.; The Paper Museum of Cassiano Dal Pozzo, Ausstellungskat. London (1993) 39 Nr. 1.

551 Zeichnung des Ciriaco d'Ancona: Westfassade des Parthenon (Faksimile)

H 25 cm, B 17 cm
Original: Berlin, Staatsbibliothek PK, Codex Donatus Hamilton 254 fol. 85r.
Oberitalien, um 1440–1450

Ciriaco de' Pizzicoli aus Ancona war der erste Reisende im östlichen Mittelmeer, der umfangreiche Beobachtungen zu antiken Überresten anstellte und sie in Zeichnungen und Inschriftenkopien festhielt. Dazu gehörte auch die Westfassade des damals (1436) noch als Marienkirche genutzten Parthenon in Athen. Die sorgfältig in Tinte ausgeführte Zeichnung ist allerdings nicht direkt vor dem Objekt entstanden, sondern nach umfänglicheren Skizzen erstellt, wie eine weitere Kopie von Giuliano da Sangallo beweist, die auch Teile der Südmetopen abbildet.

Der archäologische Zeugniswert der Zeichnungen läßt allerdings zu wünschen übrig, und die Ikonographie des Giebels war dem Reisenden trotz der Beschreibung durch Pausanias völlig unzugänglich. So sind von den beiden streitenden Göttern Athena und Poseidon, die damals noch erhalten waren, der letztere ausgelassen. Am unteren Rand sind noch als skizzenhafte Ausschnitte des Frieses einige Figuren der Götterversammlung, der Kavalkade und der Opferprozession wiedergegeben. Im Gegensatz zu den sorgfältigen Zeichnungen des J. Carrey (Kat.-Nr. 552) vermitteln sie also keinerlei Aufschlüsse über den damaligen Erhaltungszustand des Bauwerks.

Literatur: Th. Bowie – D. Thimme, The Carrey Drawings of the Parthenon Sculptures (1972) 87 Nr. 23.

552 Jacques Carrey, Westgiebel des Parthenon (Faksimile)

Zwei Blätter, H 0,20, B 0,45 bzw. 0, 39 m
Bleistift und Rötel auf Papier
Paris, Bibliothèque Nationale

Der Westgiebel des Parthenon war 1674 wesentlich besser erhalten als sein östliches Pendant, dessen Mittelgruppe bei dem Umbau zur Kirche zerstört wurde; hier fehlte außer einigen Köpfen und Gliedmaßen nur das Gespann des Poseidon. Erst die Explosion reduziert die Skulpturen zu Fragmenten, die ohne Carreys Zeichnungen keinen Aufschluß mehr auf das ursprüngliche Aussehen erlaubt hätten.

Der Marquis Olier de Nointel, Botschafter Ludwigs XIV. bei der Hohen Pforte, konzentrierte während seines nur dreiwöchigen Aufenthalts 1674 in Athen seine archäologischen Interessen auf den Parthenon, den er von dem mitgereisten Zeichner Jacques Carrey aufnehmen ließ. Er hatte mit bedeutenden technischen Problemen zu kämpfen und ruinierte sich bei der Arbeit laut Jacob Spon beinahe sein Augenlicht. Der Tempel war dicht mit türkischen Häusern umgeben, und es konnte kein Gerüst aufgestellt werden. Selbst wenn er ein Fernglas benutzt haben sollte, so war die Aufgabe durch die hohe Anbringung dennoch äußerst unbequem, aber er meisterte die Probleme außerordentlich geschickt. Er korrigierte nicht nur die perspektivischen Verzerrungen, sondern bemühte sich auch, alle Details wiederzugeben, was vor jeder Figur und jeder Metopenplatte einen mehrmaligen Wechsel des Standorts erforderte. Auf Ergänzungen und voreingenommene Interpretationen verzichtete er völlig, und die später durch die Erschließung der archäologischen Überlieferung korrigierten Mißverständnisse sind außerordentlich gering.

Literatur: L. De Laborde, Le Parthénon (1848); A. Michaelis, Der Parthenon (1871) 59 f. 102 ff.; Bowie–Thimme a. O. 40 f. Taf. 1. 2.

553 Jacques Carrey, Ansicht des Olympieion mit dem Hadrianstor (Faksimile)

H 0,265, B 0,45 m
Bleistift und Rötel auf Papier
Paris, Bibliothèque Nationale

Kat.-Nr. 552

Kat.-Nr. 552

Kat.-Nr. 553

Außer dem Parthenon zeichnete Carrey noch verschiedene andere Antiken, nach Ausweis des Marquis de Nointel alle, die noch im Stadtgebiet zu finden waren. Wenn diese unwahrscheinliche Behauptung zuträfe, wären die meisten heute verloren; außer Detailaufnahmen vom Turm der Winde und der Kleinen Metropolis haben nur noch einige Prospekte überlebt, so z. B. die Ansicht, die das Olympieion und das Hadrianstor von Südosten und im Hintergrund rechts die Akropolis zeigt. Das auf dem Gebälk des Tempels erkennbare Mauerwerk soll die Wohnstatt eines Säulenheiligen gewesen sein; sie wurde erst am Ende des 19. Jhs. abgerissen.

Literatur: Bowie – Thimme a. O. 85 Taf. 42.

Kat.-Nr. 554 b (Frgt. Wien)

d. Platte E

H 0,465 m, B 0,93 m
Wien, Kunsthistorisches Museum Inv. I 1093

Literatur: Krug a. O. 13 f. Taf. 6. 7 a; 8.

Der zu einer Kirche umgewandelte Tempel wurde noch von Stuart und Revett gezeichnet, bevor er 1778 abgerissen wurde. Die Friese waren bereits vorher, wahrscheinlich von Morosini, nach Venedig abtransportiert worden; ein Teil kam 1897 aus der Casa Giustiniani alle Zattere nach Berlin, ein anderer aus der Sammlung Este in Catajo nach Wien. Sie zählen jedenfalls zu denjenigen original griechischen Antiken, die schon im 18. Jh. in westeuropäischen Sammlungen studiert werden konnten.

Die Gottheit, der dieser ionische Tempel geweiht war, konnte nicht ermittelt werden. Der durchlaufende Fries ist in seiner räumlichen Auffassung und seiner Ikonographie singulär: er zeigt Frauenraubszenen und ruhig sitzende Figuren in einer felsigen Kulisse. Eine Deutung konnte nicht gefunden werden und ist wegen der Einzigartigkeit des Themas und des Mangels an Attributen

Kat.-Nr. 554 a–c

554 Fries des Tempels vom Ilissos in Athen

Parischer Marmor
Die Erhaltung der Platten ist sehr schlecht, sie sind stark verrieben, Gliedmaßen und Köpfe sind abgebrochen. Zwei weitere Platten befinden sich im Athener Nationalmuseum (A und G), eine ist verschollen.

a. Platte B

H 0,465 m, B 0,895 m
Berlin, Antikensammlung Inv. Sk 1483

Literatur: A. Krug in: AntPl 18 (1979) 9 f. Taf. 1. 2 b.

b. Platte C

H 0,465 m, B 0,955 m
Berlin, Antikensammlung Inv. Sk 1483 und Wien, Kunsthistorisches Museum Inv. I 1094

Literatur: Krug a. O. 11 Taf. 2 a; 3.

c. Platte D

H 0,465 m, B 0,935 m
Berlin, Antikensammlung Inv. Sk 1483

Literatur: Krug a. O. 11 ff. Taf. 4. 5.

wahrscheinlich auch hoffnungslos. Einzelne Figuren wurden ohne Rücksicht auf den Zusammenhang auf römischen Reliefs wiederholt, ein ebenfalls für Architekturplastik seltener Befund, der die Berühmtheit des Bauwerks unterstreicht. Die Proportionen und die ionischen Bauformen sind eng mit dem um 420 ausgeführten Tempel der Athena Nike auf der Akropolis verwandt.

Literatur: J. Stuart – N. Revett, The Antiquities of Athens I (1762) Chapter II on the Ionic Temple on the Ilissos; A. Krug, Der Fries des Tempels am Ilissos, in: AntPl 18 (1979) 7 ff.; K. V. v. Eickstedt in: Proceedings of an International Conference held at the American School of Classical Studies at Athens, December 4–6, 1992 (1994) 105 ff. M. R. H.

Kat.-Nr. 554 d

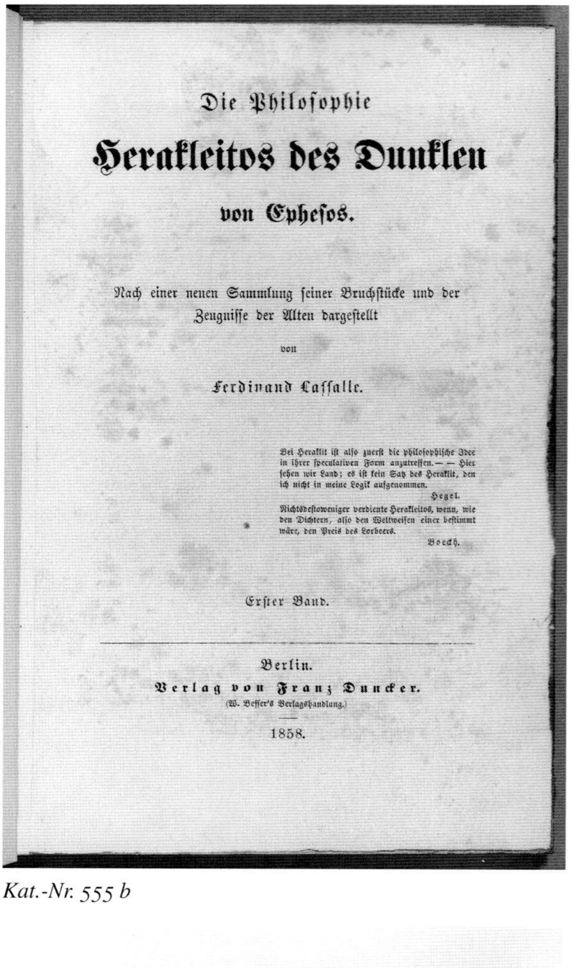

Die Philosophie
Herakleitos des Dunklen
von Ephesos.

Nach einer neuen Sammlung seiner Bruchstücke und der
Zeugnisse der Alten dargestellt

von

Ferdinand Lassalle.

Bei Heraklit ist also zuerst die philosophische Idee in ihrer speculativen Form anzutreffen. — — Hier sehen wir Land; es ist kein Satz des Heraklit, den ich nicht in meine Logik aufgenommen.

Hegel.

Nichtsdestoweniger verdiente Herakleitos, wenn, wie den Dichtern, also den Weltweisen einer bestimmt wäre, den Preis des Lorbeers.

Boeckh.

Erster Band.

Berlin.
Verlag von Franz Duncker.
(W. Besser's Verlagshandlung.)
1858.

Kat.-Nr. 555 b

Die bekannten Griechen

555 Der Philosoph Heraklit

a. Giovanni Pietro Bellori
Veterum illustrium Philosophorum, Poetarum, Rhetorum et Oratorum Imagines
Rom 1685, Taf. 17

Seit der Renaissance hat man sich der griechischen Geistesgrößen im Porträt vergewissern wollen. Daraus sind in stetigem Wechselbezug Sammlungen der meistens römischen Porträts und Bücher über diese Porträts entstanden, eine Gattung, die bis heute fortgesetzt worden ist.

b. Ferdinand Lassalle
Die Philosophie Herakleitos des Dunklen von Ephesos. Nach einer neuen Sammlung seiner Bruchstücke und der Zeugnisse der Alten dargestellt
Berlin 1858
Einsiedeln, Stiftung Bibliothek Werner Oechslin

556 Sokrates, der Philosoph

a. Gipsabguß eines Bronzekopfs
Heute in München, Glyptothek; schon im 18. Jh. als Sokrates identifiziert worden, als er sich noch in Verona (Slg. Bevilacqua) befand. Die Bronze selbst ist vermutlich eine Nachbil-

Kat.-Nr. 556 a

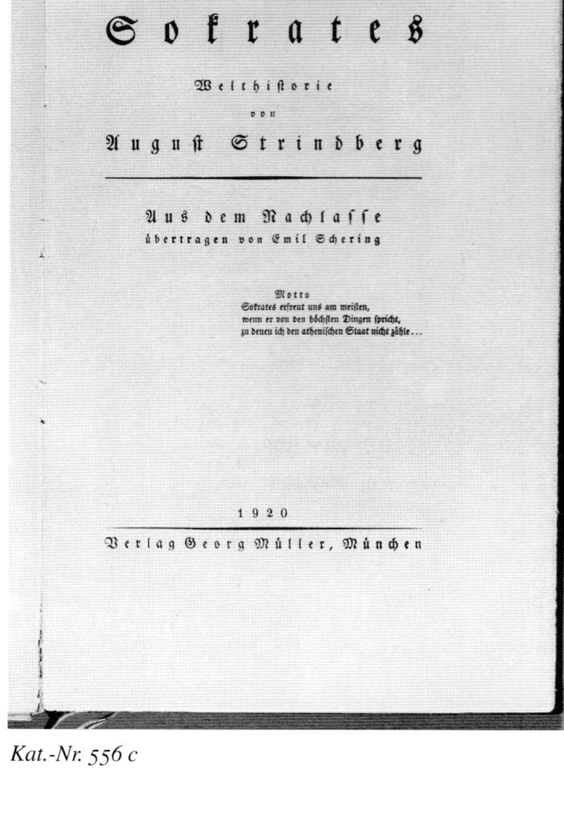

Sokrates
Welthistorie
von
August Strindberg

Aus dem Nachlasse
übertragen von Emil Schering

Motto
Sokrates erfreut uns am meisten,
wenn er von den höchsten Dingen spricht,
zu denen ich den athenischen Staat nicht zähle …

1920

Verlag Georg Müller, München

Kat.-Nr. 556 c

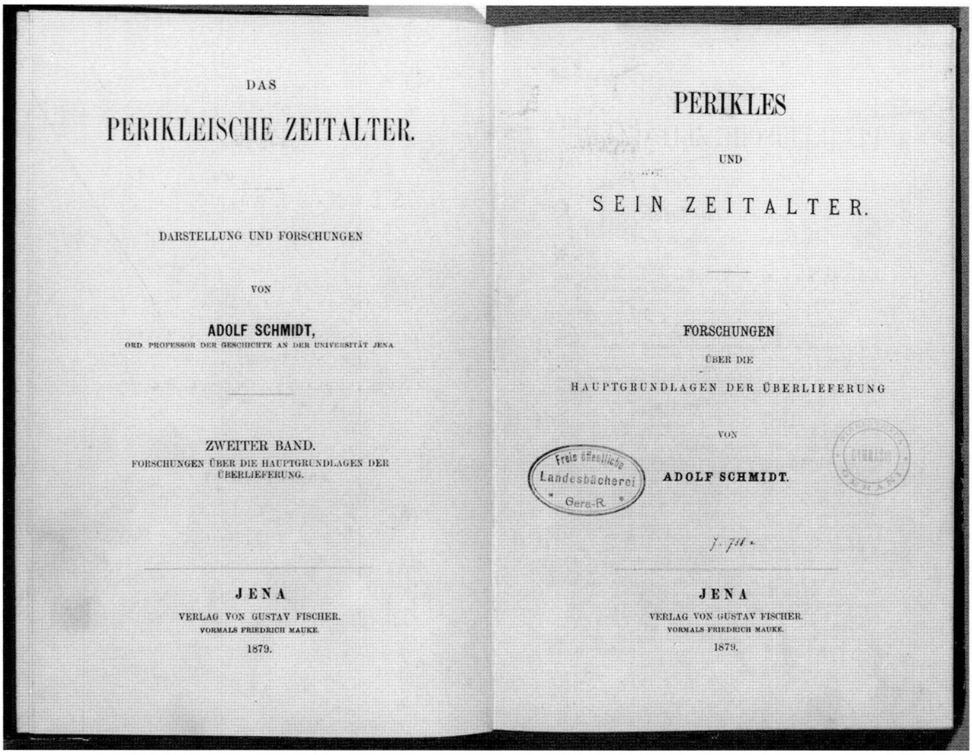
DAS
PERIKLEISCHE ZEITALTER.
DARSTELLUNG UND FORSCHUNGEN
VON
ADOLF SCHMIDT,
ORD. PROFESSOR DER GESCHICHTE AN DER UNIVERSITÄT JENA.
ZWEITER BAND.
FORSCHUNGEN ÜBER DIE HAUPTGRUNDLAGEN DER ÜBERLIEFERUNG.
JENA
VERLAG VON GUSTAV FISCHER.
VORMALS FRIEDRICH MAUKE.
1879.

PERIKLES
UND
SEIN ZEITALTER.
FORSCHUNGEN
ÜBER DIE
HAUPTGRUNDLAGEN DER ÜBERLIEFERUNG
VON
ADOLF SCHMIDT.
JENA
VERLAG VON GUSTAV FISCHER.
VORMALS FRIEDRICH MAUKE.
1879.

Kat.-Nr. 557 d

dung eines bereits seit dem 16. Jh. identifizierten Marmorkopfs in Neapel.
H 53 cm, B 20 cm
Berlin, Abgußsammlung, Standort Hohenschönhausen

b. Johann August Eberhard
Neue Apologie des Sokrates, oder Untersuchung der Lehre von der Seligkeit der Heiden
Berlin – Stettin 1772
Einsiedeln, Stiftung Bibliothek Werner Oechslin

c. August Strindberg
Sokrates Welthistorie. Aus dem Nachlasse übertragen von Emil Schering
München 1920
Einsiedeln, Stiftung Bibliothek Werner Oechslin

d. Michael Landmann
Der Sokratismus als Wertethik
Dornach 1943
Einsiedeln, Stiftung Bibliothek Werner Oechslin

557 Perikles, der Politiker

a. Gipsabguß nach Kat.-Nr. 127
Von den verschiedenen Kopien des Kopfes ist diejenige in London durch ihre Inschrift identifiziert (s. o. S. 219 Abb. 7); sie ist im 18. Jh. in Tivoli gefunden worden.
H 64 cm, B 26 cm
Berlin, Abgußsammlung, Standort Hohenschönhausen

b. J. H. von Wessenberg
Das Volksleben zu Athen im Zeitalter des Perikles nach griechischen Schriften
Zürich 1821
Einsiedeln, Stiftung Bibliothek Werner Oechslin

c. Adolf Schmidt
Perikles und sein Zeitalter. Darstellung nebst vier kritischen Anhängen
Jena 1877
Einsiedeln, Stiftung Bibliothek Werner Oechslin

d. Adolf Schmidt
Perikles und sein Zeitalter. Forschungen über die Hauptgrundlagen der Überlieferung
Jena 1879
Einsiedeln, Stiftung Bibliothek Werner Oechslin

558 Der Politiker Demosthenes

a. Gipsabguß nach einem Marmorkopf in Paris, Musée du Louvre
Der Porträttypus ist seit dem 18. Jh. als Demosthenes identifiziert.
H 56,5, B 23,0 cm
Berlin, Abgußsammlung, Standort Hohenschönhausen

b. Albert Gerhard Becker
Demosthenes als Staatsmann und Redner. Historisch-kritische Einleitung zu dessen Werken
Halle – Leipzig 1815
Einsiedeln, Stiftung Bibliothek Werner Oechslin

Kat.-Nr. 558 a

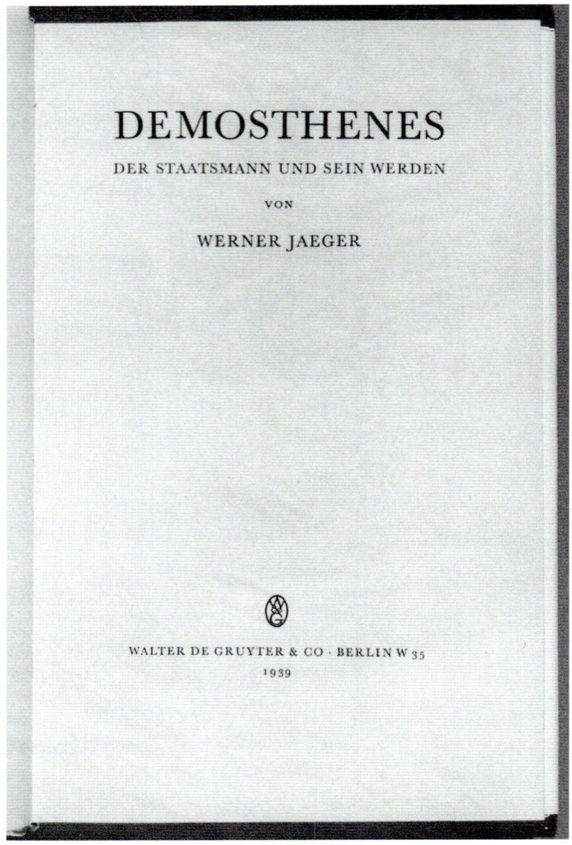

DEMOSTHENES

DER STAATSMANN UND SEIN WERDEN

VON

WERNER JAEGER

WALTER DE GRUYTER & CO · BERLIN W 35

1939

Kat.-Nr. 558 c

Kat.-Nr. 559 a

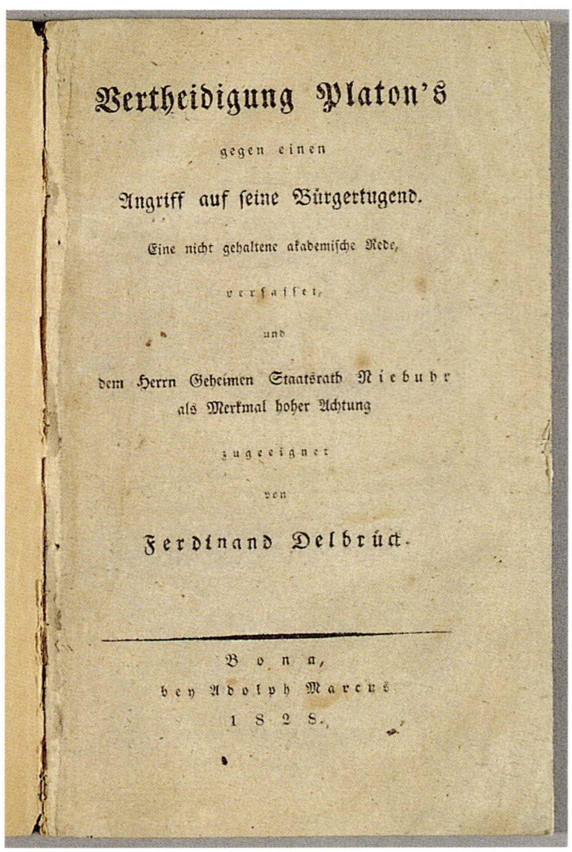

Vertheidigung Platon's

gegen einen

Angriff auf seine Bürgertugend.

Eine nicht gehaltene akademische Rede,

verfasset,

und

dem Herrn Geheimen Staatsrath Niebuhr

als Merkmal hoher Achtung

zugeeignet

von

Ferdinand Delbrück.

Bonn,

bey Adolph Marcus

1828.

Kat.-Nr. 559 b

Kat.-Nr. 560 a

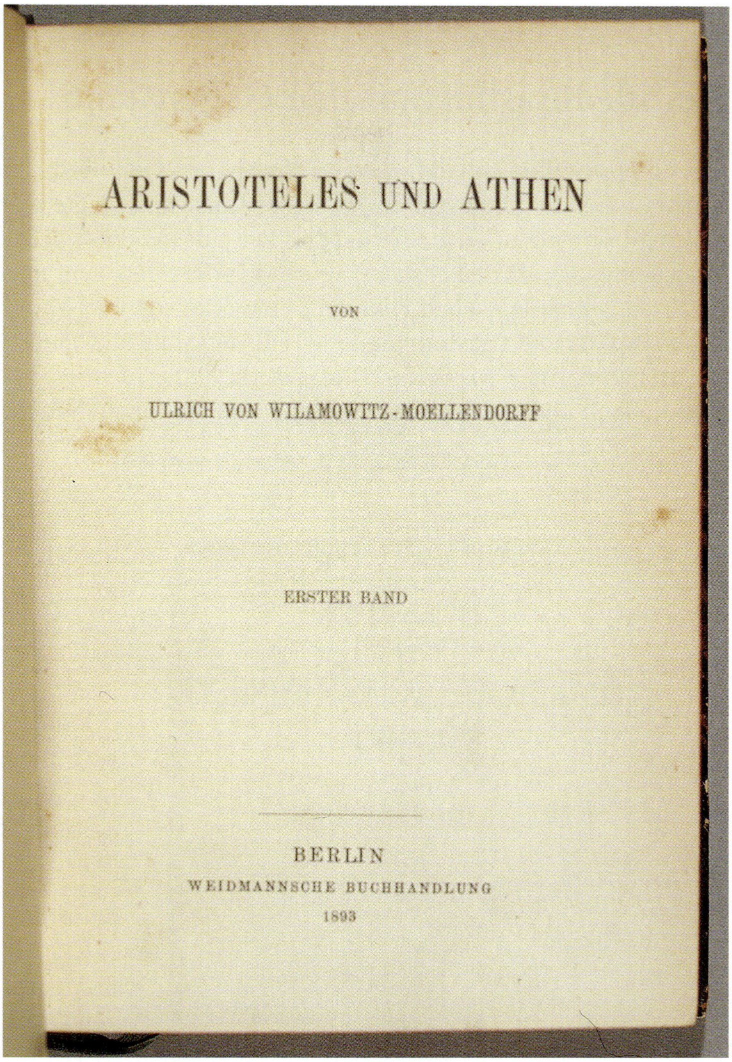

ARISTOTELES UND ATHEN

VON

ULRICH VON WILAMOWITZ-MOELLENDORFF

ERSTER BAND

BERLIN
WEIDMANNSCHE BUCHHANDLUNG
1893

Kat.-Nr. 560 b

c. Werner Jaeger
Demosthenes. Der Staatsmann und sein Werden
Berlin 1939
Einsiedeln, Stiftung Bibliothek Werner Oechslin

559 Der Philosoph Platon

a. Gipsabguß nach einem mit ganzem Hermenschaft und Inschrift erhaltenen Porträt
H 49,5 cm, B 22 cm
Berlin, Antikensammlung Inv. Sk 300; 1884 aus Rom erworben

b. Ferdinand Delbrück
Vertheidigung Platon's gegen einen Angriff auf seine Bürgertugend. Eine nicht gehaltene akademische Rede
Bonn 1828
Einsiedeln, Stiftung Bibliothek Werner Oechslin

c. Paul Natorp
Platos Ideenlehre. Eine Einführung in den Idealismus
Leipzig 1903
Einsiedeln, Stiftung Bibliothek Werner Oechslin

d. Paul Natorp
Über Platos Ideenlehre
Berlin 1914
Einsiedeln, Stiftung Bibliothek Werner Oechslin

560 Aristoteles, der Wissenschaftler

a. Gipsabguß des Kopfes in Wien, Kat.-Nr. 131
Auch wenn der Porträttypus in der älteren Kunstarchäologie umstritten war, ist er bereits im 16. Jh. richtig identifiziert worden.

b. Ulrich von Wilamowitz-Moellendorff
Aristoteles und Athen. Erster und zweiter Band
Berlin 1893
Einsiedeln, Stiftung Bibliothek Werner Oechslin

W. Oe./W.-D. H.

Werner Oechslin

Der ideale Blick auf den Gegenstand!

»Je suppose qu'un Scythe, nommé Anacharsis vient en Grèce quelques années avant la naissance d'Alexandre...«: so beginnt das 1778 erstmals aufgelegte mehrbändige Werk des Abbé Barthélemy und wird schnell zu einem Bestseller. Die Fiktion dominiert die Wirklichkeit. »Unter dem Himmel Griechenlands« (Winckelmann) spielt sich die Sehnsucht nach einer klassichen Welt und Kunst ab. Auch die archäologischen Klassiker eines Le Roy und Thomas Major tauchen ihre Monumente in Athen, Sparta und Paestum in die Abendsonne, als ob Claude Lorrain mit seinem ›heroischen‹ Blick die archäologische Szene ins Bild gesetzt hätte. Idealität ist die Zielsetzung des Klassischen; die Wirklichkeit und die Geschichte wird ihr häufig genug nur nach- und zugeordnet.

Kat.-Nr. 561 a

Alle Bücher aus Einsiedeln, Stiftung Bibliothek Werner Oechslin

561 a Johann Joachim Winckelmann

Gedanken über die Nachahmung der Griechischen Werke in der Malerey und der Bildhauerkunst. Zweite vermehrte Auflage
Dresden – Leipzig 1756

b. Jean Jacques Barthélemy

Voyage du jeune Anacharsis en Grèce dans le milieu du quatrième siècle avant l'ère vulgaire. Erster Band
Paris 1788

c. Platon im Kreis seiner Schüler am Kap Sunion

In: Recueil de cartes géographiques. Plans, vues et médailles de l'ancienne Grèce relatifs au voyage du jeune Anacharsis, précédé d'une analyse critique des cartes
Paris 1788

d. Ansicht des Odeions in Athen und Blick auf den Dromos in Sparta

In: J.-D. Le Roy, Les ruines des plus beaux monuments de la Grèce. Ouvrage en deux parties, où l'on considère, dans la première, ces monuments du côté de l'histoire; dans la seconde, du côté de l'architecture
Paris 1758

W. Oe.

562 Wilhelm Ahlborn nach Schinkel: Blick in Griechenlands Blüte

Öl auf Leinwand, 94 x 235 cm
K. F. Schinkel 1825, zuerst kopiert 1826, danach diese Kopie 1836 (bez. unten links)
Berlin, Nationalgalerie Inv. 2154

Das seit dem Zweiten Weltkrieg verschollene Originalgemälde mit dem ursprünglichen Titel »Die Blüte Griechenlands« ist das wichtigste Zeugnis für die Aneignung der griechischen Klassik durch Schinkel als Maler. Insofern ist es wichtiger, daß im Vordergrund in Marmor gebaut und gebildhauert wird, als daß der Tempel wirklich baubar und die Stadt oder die Landschaft realisierbar wären. Die Inschrift nach Aristoteles und das gerade zum Versatz beförderte Stück Fries lassen den Bau als einen Tempel der Arete (Tugend) iden-

Kat.-Nr. 561 c

Kat.-Nr. 561 d

Kat.-Nr. 562

tifizieren. In einem Text zu dem Gemälde erinnert Schinkel an den »Sinn des griechischen Volkes, überall Andenken seines Daseins und Wirkens für die Nachwelt zurückzulassen«.

Literatur: Nationalgalerie Berlin, Verzeichnis der Gemälde und Skulpturen des 19. Jhs. (1977) 363; H. Börsch-Supan – L. Grisebach (Hrsg.), Karl Friedrich Schinkel: Architektur, Malerei, Kunstgewerbe, Ausstellungskat. Berlin (1981) 261 ff. Nr. 204; Nationalgalerie Berlin. Das XIX. Jahrhundert. Die ausgestellten Werke (2001) 379 f. Kat.-Nr. 433. W.-D. H.

563 a Blick auf die Tempel in Paestum

In: Thomas Major, The Ruins of Paestum, otherwise Posidonia, in Magna Grecia
London 1768

Kat.-Nr. 563 a

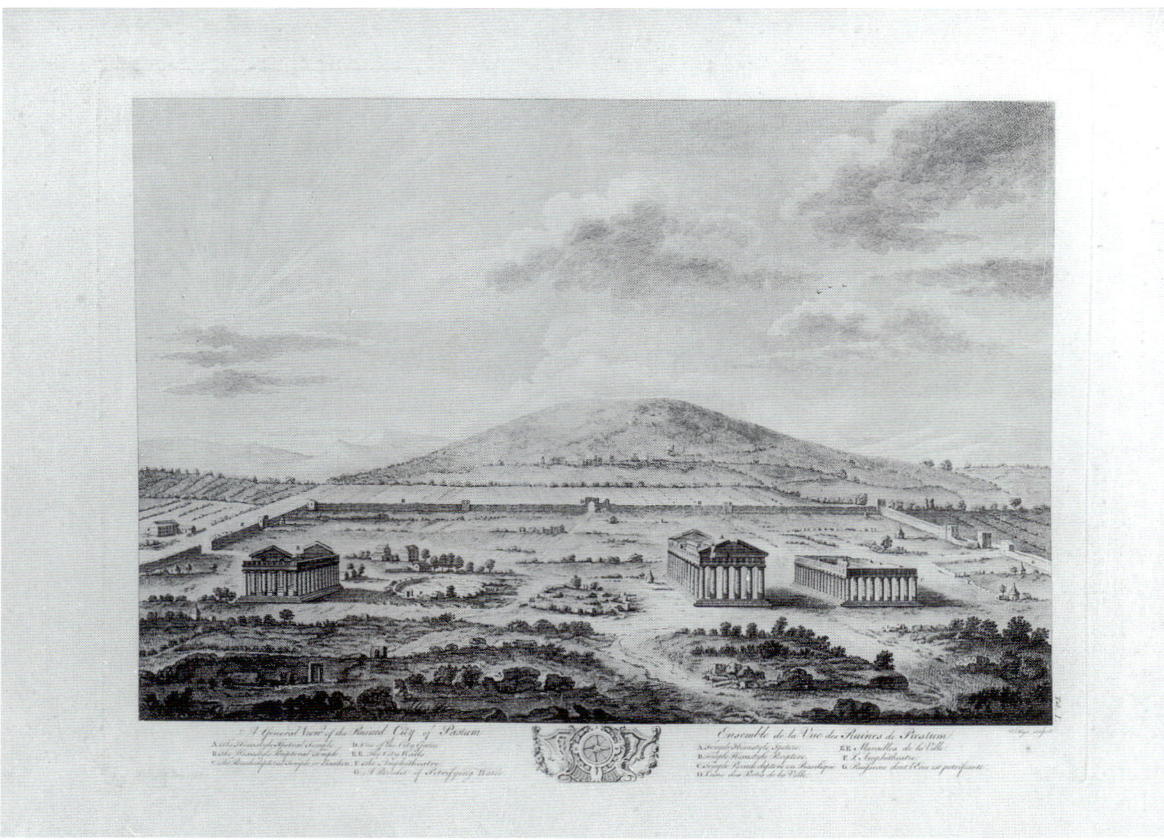

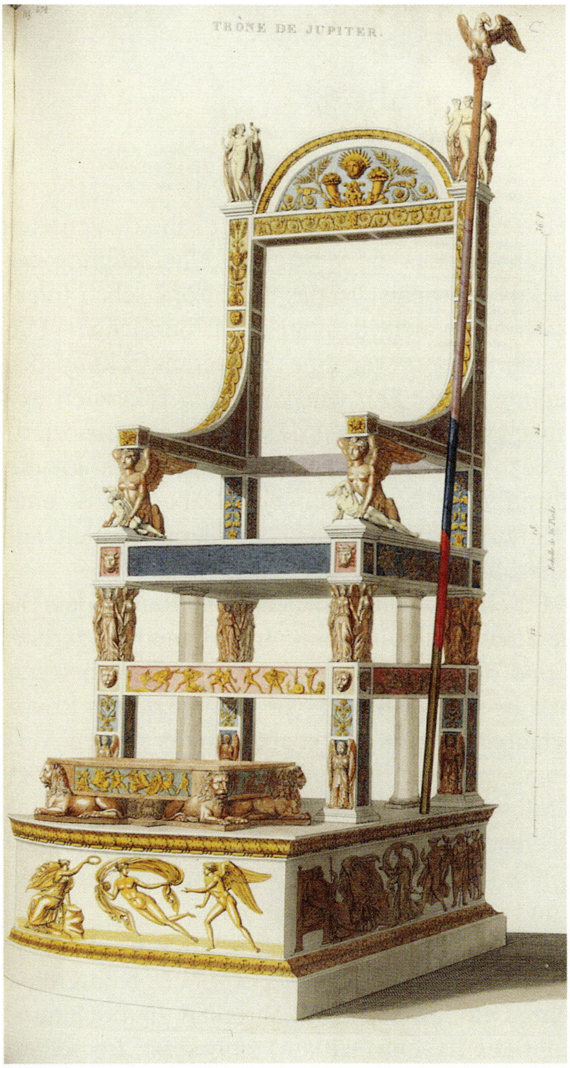

Kat.-Nr. 564 a

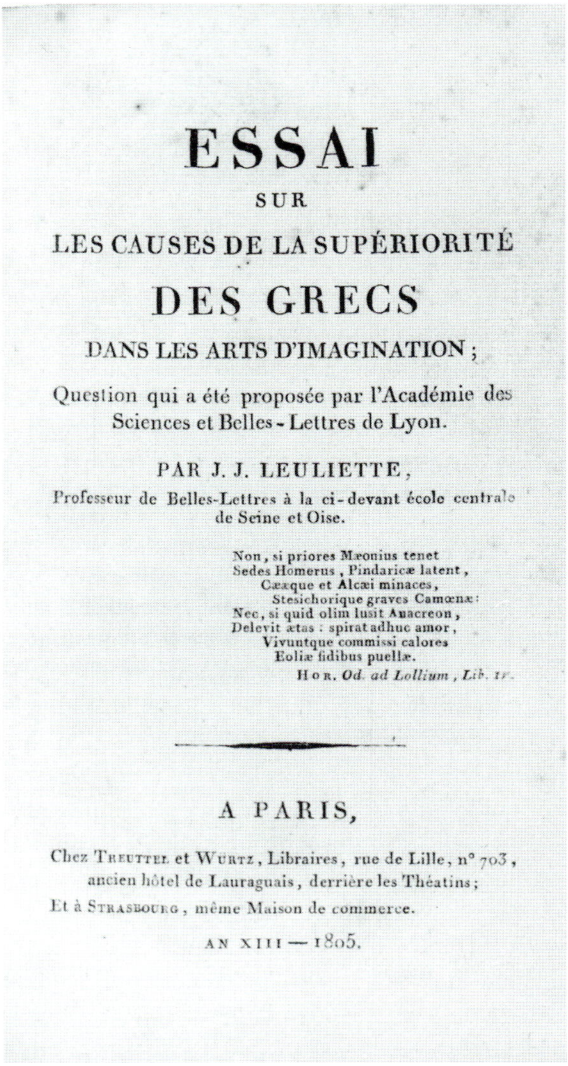

ESSAI
SUR
LES CAUSES DE LA SUPÉRIORITÉ
DES GRECS
DANS LES ARTS D'IMAGINATION;

Question qui a été proposée par l'Académie des Sciences et Belles-Lettres de Lyon.

PAR J. J. LEULIETTE,
Professeur de Belles-Lettres à la ci-devant école centrale de Seine et Oise.

Non, si priores Mæonius tenet
Sedes Homerus, Pindaricæ latent,
Cææque et Alcæi minaces,
Stesichorique graves Camœnæ:
Nec, si quid olim lusit Anacreon,
Delevit ætas: spirat adhuc amor,
Vivuntque commissi calores
Eoliæ fidibus puellæ.
HOR. *Od. ad Lollium*, *Lib. IV.*

A PARIS,
Chez Treuttel et Würtz, Libraires, rue de Lille, n° 703, ancien hôtel de Lauraguais, derrière les Théatins;
Et à Strasbourg, même Maison de commerce.
AN XIII — 1805.

Kat.-Nr. 564 b

b. Heinrich Meyer

Geschichte der bildenden Künste bei den Griechen von ihrem Ursprunge bis zum höchsten Flor
Dresden 1824

c. Heinrich Meyer

Übersicht der Geschichte der Kunst bei den Griechen, deren bekanntesten Werke und Meister so wie die noch vorhandenen und darauf Bezug nehmenden Denkmale. Nebst gleichzeitigen Weltbegebenheiten und den wichtigsten Erscheinungen im Gebiete der Wissenschaften, Literatur und Poesie
Dresden 1826

564 a Rekonstruktion des Thrones der Jupiterstatue von Olympia

In: Quatremère de Quincy, Le Jupiter Olympien, ou l'art de la sculpture antique considéré sous un nouveau point de vue
Paris 1815

b. J. J. Leuliette

Essai sur les causes de la supériorité des grecs dans les arts d'immagination. Question qui a été proposée par l'Académie des Sciences et Belles-Lettres de Lyon
Paris 1805

W. Oe.

Eleftherios Oikonomou

Athen ist eine europäische Kunstangelegenheit

Leo von Klenzes Diktum, »eine Anlage in Athen ist eine europäische Kunstangelegenheit«, verdeutlicht auf vielfältige Weise und über den engeren Kontext hinaus die verbreitete Überzeugung der damaligen Zeit. Ausschlaggebend hierbei ist das Adjektiv ›europäisch‹, das die europäischen Interessenslagen, sowohl die politischen als auch die kulturhistorisch-ideologischen, bezeichnet. Die ›Wiederentdeckung‹ Griechenlands im 18. und 19. Jahrhundert war eine Wiederentdeckung des antiken Hellas. Die gesamte ›philhellenische‹ Bewegung dieser Zeit war vor allem fokussiert auf das antike Griechenland, die hellenistisch-byzantinische Tradition wurde weitgehend ignoriert. Diese verhältnismäßige Einseitigkeit der Rezeption des ›Griechischen‹ hatte in der Folge auf die Wiederherstellung des griechischen Staates tiefgreifende Auswirkungen. Dabei wird eine Kontinuität impliziert, die nicht der historischen Entwicklung entspricht, sondern letztlich auf Wahrnehmung, Rezeption und Projektion von außen beruht.

Philhellenismus und Klassikbegeisterung gingen in Europa, vor allem im deutschen Raum, Hand in Hand. Dabei vermengen sich zwei Strömungen, zum einen eine politisch motivierte und ausgerichtete Haltung, die Freiheit für das griechische Volk und damit die Etablierung eines griechischen Nationalstaates verfolgt. Dies geschah teilweise auch in der Nachfolge der Französischen Revolution, Griechenland wurde sozusagen zum ›Ersatzschauplatz‹ im Kontext einer ambivalenten Aufnahme, die sowohl befreiend als auch destabilisierend wirkte. Ein ähnlich zwiespältiger Effekt kommt letzten Endes auch dem politisch geprägten Philhellenismus in weiten Teilen Europas zu.

Der zweite Strang führt über die Rezeption der griechischen Antike zu einer europaweiten Begeisterung für das ›klassische‹ Hellas. Dabei wurde gipfelnd in den Schriften J. J. Winckelmanns die klassizistische Fiktion einer Antike als vorbildliches und normatives Ideal etabliert.

Im Staatsvertrag vom 7. Mai 1832 mit dem bayerischen König Ludwig I. schufen die Schutzmächte Frankreich, Großbritannien und Rußland die rechtliche Basis für ein erbliches Königreich auf griechischem Boden unter dem Wittelsbacher König Otto I. Bis zur Volljährigkeit des noch minderjährigen Königs im Jahre 1835 wurde ein dreiköpfiger Regentschaftsrat eingesetzt. Im selben Jahr (1832) etablierten die drei Schutzmächte per Proklamation einen griechischen Nationalstaat und es kam zu einem Freundschafts- und Allianzvertrag zwischen Bayern und Griechenland. Am 6. Dezember des Jahres 1832 brach Otto I. nach Griechenland auf. Nach der Durchquerung des Golfes von Nauplion kam er am 6. Februar 1833 in der vorläufigen Hauptstadt Nauplion an.

Zu den zeitweise an Anarchie grenzenden Zuständen im Inneren des Landes kam die Tatsache, daß die Schutzmächte bei ihrer Politik im östlichen Mittelmeerraum ihre eigenen Ziele verfolgten. Die Situation in Griechenland selbst war während und nach dem Befreiungskrieg für Jahrzehnte durch starke interne Spannungen und Konflikte diverser Fraktionen und Gruppierungen mit zum Teil sehr komplexer und widersprüchlicher Interessenslage und noch bürgerkriegsähnlichen Zuständen bestimmt. Bedingt durch Tradition, geographische Lage und die daraus resultierenden divergierenden sozio-ökonomischen Bedingungen war der Umgang der Griechen untereinander durch rivalisierende Gruppen bestimmt, die ihre eigenen lokalen und sozialen Interessen durchzusetzen versuchten. So standen Festlandsgriechen gegen Inselgriechen, aber auch gegen die Griechen der Peloponnes. Familien, die in osmanischen Diensten gestanden hatten, verfolgten prinzipiell andere Ziele als Kaufmannsfamilien und Schiffseigner mit weitläufigen Auslandsbeziehungen; Traditionalisten standen gegen westlich gebildete Intelligenz; die Kirchenführung befand sich vielfach in Widerspruch zur Dorfgeistlichkeit und den volksnahen Klöstern. Die tatsächlichen innenpolitischen Auseinandersetzungen in der Zeit der Befreiungskriege bis zum Ende der Ottonischen Zeit 1862 standen in krassem Gegensatz zu dem projizierten Hellas, das dem ganzheitlichen Ideal eines europäischen Klassizismus verpflichtet war.

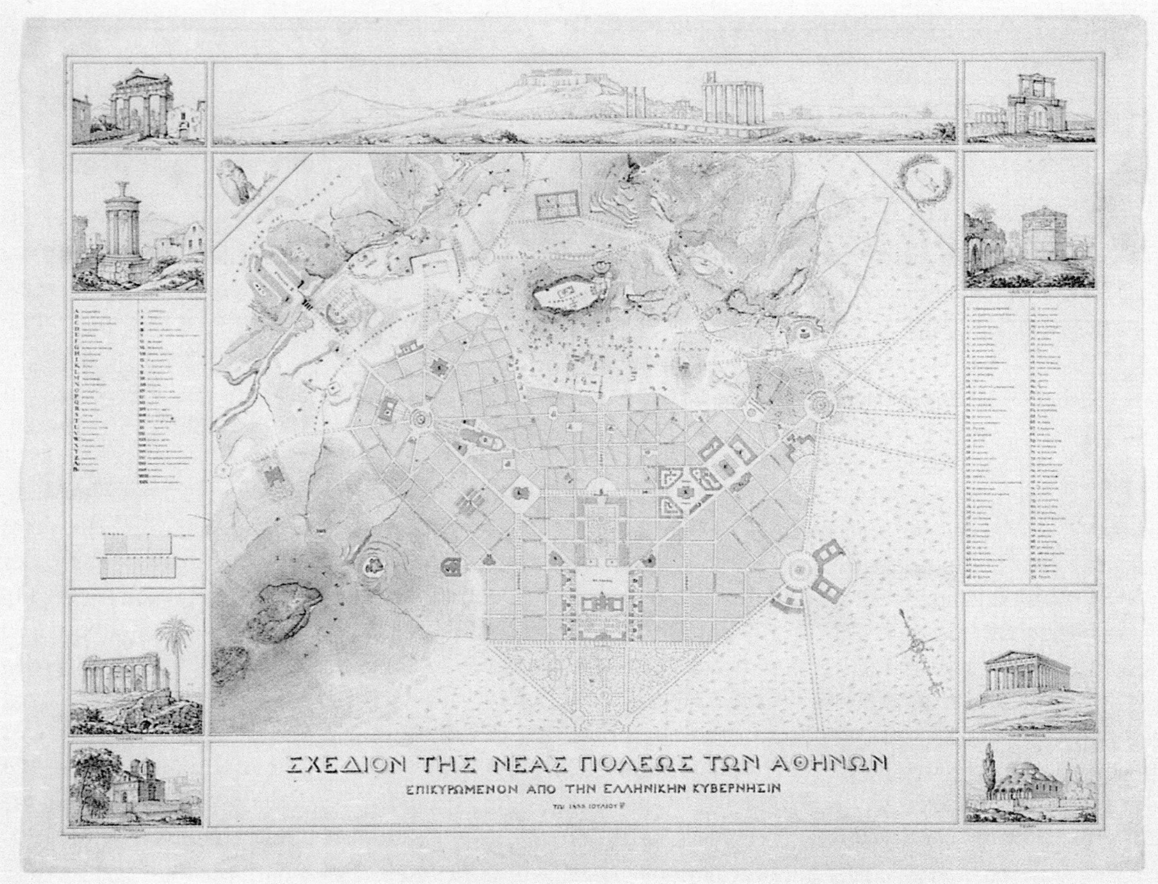

Abb. 1. Plan der Neustadt Athen (Stamatios Kleanthes und Eduard Schaubert, 1833); Bleistift und Feder, 46,8 x 61,1 cm. München, Staatliche Graphische Sammlung Inv. 27119

Nach dem Abzug der osmanischen Garnison auf der Akropolis wurde im April 1833 von der Regentschaft der Beschluß gefaßt, den Sitz der Regierung zum 1. Januar 1834 nach Athen zu verlegen. Gleichzeitig erhielten Stamatios Kleanthes und Eduard Schaubert den offiziellen Auftrag, einen Plan für die Organisation der neuen Hauptstadt vorzulegen. Damit hatten zwei verhältnismäßig junge und noch unerfahrene, in Berlin ausgebildete Europäer eine der größten städtebaulichen Aufgaben des 19. Jahrhunderts übernommen. Wenn man sich Größe und Zustand Athens zum damaligen Zeitpunkt vor Augen hält, so kam der Auftrag der völligen Neugestaltung einer Stadt nahe. Wahl und Planung der neuen Hauptstadt entsprachen neuzeitlichen europäischen Projektionen der klassischen griechischen Antike. Ausschlaggebend für die Wahl Athens war die Symbolhaftigkeit der antiken Stätten. So standen einander beim Aufbau der Hauptstadt und des Schlosses die weitgehend utopischen Ansprüche einer möglichen künftigen Macht im östlichen Mittelmeerraum und die sehr begrenzten Mittel eines kleineren europäischen Staates gegenüber (oder auch zweier Staaten, wenn man die kontinuierliche Unterstützung aus Bayern berücksichtigt). Im Jahre 1836 zählte Athen gerade mal 14000 Einwohner, und der tatsächliche Zustand Athens nach den Befreiungskämpfen gab zu Idealisierungen wenig Anlaß, wie aus zeitgenössischen Beschreibungen deutlich wird.

Der Schlesier Eduard Schaubert und der Thessalier Stamatios Kleanthes hatten ungefähr zeitgleich zwischen 1825 und 1826 an der Berliner Bauakademie unter anderem bei Karl Friedrich Schinkel studiert. Mit einer Reihe von Empfehlungsschreiben versehen trafen sie 1830 – noch zur Regierungszeit Kapodistrias – in Ägina ein. Nach ihrer Übersiedelung nach Athen 1831 unternahmen sie aus eigenem Antrieb gemeinsam mit den Archäologen Ludwig Roß und Peter Wilhelm Forchhammer eine sorgfältige Aufnahme des antiken Athen.

Abb. 2. Entwurf einer königlichen Residenz auf dem Gebiet des inneren Kerameikos: Perspektivische Ansicht (Leo von Klenze, 1834); Bleistift, Tusche und Aquarell, 34,0 x 134,0 cm. München, Staatliche Graphische Sammlung Inv. 25050

Im Mai 1832 erhielten die beiden den offiziellen Auftrag für den Entwurf der Athener Neustadt, ein Jahr später bereits wurde ihr Plan unter Vorbehalt von Modifizierungen genehmigt. Die erste Fassung entstand auf der Basis des topographischen Plans von Leake und Cockerell von 1821, der nur die antiken Reste festhielt und den Kleanthes und Schaubert entsprechend erweiterten (Abb. 1).

Es ist wahrscheinlich, daß dieser Plan mit Schinkel durchgesprochen wurde, als Schaubert sich 1833 in Berlin aufhielt. Der von der Regentschaft abgesegnete Plan sah als Bezugspunkte des gesamten Konzepts der Neustadt die Gegenüberstellung von Akropolis als dem symbolträchtigen architektonischen Wahrzeichen des antiken Hellas und der königlichen Residenz als dem Sitz der Repräsentanz des neuen Staates Hellas vor. Der Schloßbereich markiert den zentralen Punkt sowie das zentrale architektonische Motiv der Neuplanung. Die bereits bestehende und größtenteils zerstörte Altstadt in unmittelbarer Nähe der Akropolis sollte nur teilweise saniert werden. Eine neue Bebauung dieses Bereichs war nicht geplant; zum Schutz der antiken Denkmäler und um weitere Ausgrabungen der antiken Stadt zu ermöglichen, war ein Teil der mittelalterlichen Stadt zum Abbruch vorgesehen. Im Kern vorgegeben ist dieser Planung bereits das Konzept eines Bereichs, der ausschließlich den archäologischen Stätten vorbehalten ist. Man kann die radikale Neuerung solcher Vorschläge nicht hoch genug ansetzen, wenn man in Betracht zieht, daß seit dem Mittelalter über Jahrhunderte hinweg (tatsächlich bis 1835) die antiken Stätten der Athener Altstadt und selbst das Plateau des Akropolisfelsens baulich für diverse Funktionen genutzt wurden, sei es als Burg, Festung oder Residenz. Dies brachte die antiken Stätten in unmittelbare Nachbarschaft zu neueren Gebäuden, wie Garnisonsunterkünften, Arsenalen, einer Moschee usw.

Obwohl Schauberts und Kleanthes' Planvorschlag bereits 1833 genehmigt worden war, stellten sich seiner konsequenten Ausführung eine Reihe von Hindernissen entgegen. Der notwendige Erwerb von Grundstücken, Enteignungen und Entschädigungszahlungen erwiesen sich als komplexer und zeitaufwendiger als ursprünglich angenommen. Die griechische Öffentlichkeit scheint sowohl der Planung der neuen Hauptstadt als auch der Erhaltung der antiken Stätten kein übermäßiges Interesse entgegengebracht zu haben. Wenn man sich den Zustand der Altstadt in den Jahren nach der Belagerung sowie die allgemeinen Anforderungen bei der Etablierung des neuen Staatengebildes vor Augen hält, so gab es sicherlich zwingendere Probleme, als sich dem Erhalt und der Restaurierung der antiken Stätten zu widmen, zumal man über Jahrhunderte hinweg auch mit antikem Baumaterial recht großzügig verfahren war.

Aufgrund der schwierigen und stagnierenden Situation in Athen beauftragte König Ludwig I. schließlich seinen Hofarchitekten Leo von Klenze damit, die Situation vor Ort zu klären. Von Juli bis September 1834 hielt sich Klenze in Griechenland auf. Klenzes Überarbeitung des Vorschlags von Kleanthes und Schaubert berücksichtigt stärker topographische, historische Gegebenheiten, aber auch finanzielle und funktionale Erwägungen.

In einem Brief an Roß geht Klenze 1839 auf seine Abneigung gegen strikte geometrische Strukturen ein, seitdem er »in Petersburg das Prototypon gradlinigter, weitplatziger und geometrisch

Abb. 3. Ideale Ansicht der Stadt Athen mit der Akropolis und dem Areopag (Leo von Klenze, 1846); Öl auf Leinwand, 102,8 x 147,7 cm. München, Bayerische Staatsgemäldesammlungen, Neue Pinakothek Inv. 9463

geregelter Städte-Langeweile sah«. Neben den bereits genannten Kritikpunkten ist Klenzes Verlagerung des Schlosses an die Peripherie der neuen Stadt von größter Bedeutung, wird damit doch auch die »programmatische Bezugnahme« auf die Akropolis aufgegeben (Abb. 2).

Im April 1834 wurde Klenzes Überarbeitung des bestehenden Plans genehmigt. Nicht ohne schwärmerische Übertreibung und mit ideologisch befrachtetem Geschichtsbewußtsein, das eine historische Kontinuität zu postulieren sucht, schreibt Klenze einige Jahre nach seiner Griechenlandreise: »Zuerst kommt die Akropolis auf der Höhe des Felsens, dann ihr zunächst die Theseopolis am südlichen und westlichen Abhange desselben, etwas tiefer noch östlich die Hadrianopolis, und endlich eine neue jetzt zu beginnende Bildung unserer Zeit, die Ottonopolis. Welche Erinnerungen, welche Massen von Ruhm, Pracht und Hoffnungen bietet ein jeder Name dieser Stadttheile dar! und das Alles umfaßt der eine Name Athen!« (Abb. 3).

Mehr als in jedem anderen Element der Planung der neuen Hauptstadt manifestiert sich in der Residenz des Monarchen – als höchstem Repräsentanten des Staates – das Selbstverständnis des neu etablierten Staates. Die Entwicklung des Schloßbaus in Athen war von Anfang an durch die Interessen unterschiedlicher Fraktionen bestimmt. Aktiv involviert waren die beiden wichtigsten Baumeister des 19. Jahrhunderts im deutschsprachigen Raum, Karl Friedrich Schinkel und Leo von Klenze, realisiert wurde der Entwurf eines Dritten, nämlich Eduard von Gärtners.

Anregung und Auftrag zu Schinkels Entwurf kamen von Kronprinz Maximilian von Bayern, dem Bruder Ottos, und von Kronprinz Friedrich Wilhelm von Preußen. Schinkels Plan eines Königspalastes auf dem Akropolis-Felsplateau bezieht die bestehende historische Bausubstanz in seine Gesamtplanung ein. Dies führt konsequenterweise zu einer Abkehr von der zentraleuropäischen Tradition eines symmetrisch ausgerichteten Monumentalbaus. Statt dessen entsteht ein vielgliedriges, asymmetrisches Gebäudeensemble, eher horizontal denn vertikal determiniert nach ›pompejanischem‹ Vorbild (Kat.-Nr. 565).

Abb. 4. Das königliche Schloß und der Syntagmaplatz von Westen (Theophil Hansen, 1842); Bleistift laviert, 18,5 x 37,5 cm. Wien, Kupferstichkabinett der Akademie der bildenden Künste Inv. 20903

Trotz des bestehenden Anspruchs auf Monumentalität und Repräsentanz ordnen sich Schinkels Neubauten in die antiken Stätten ein, ja ihnen zu einem gewissen Grad unter. Das Ensemble integriert in das Areal der antiken Stätten die Staats- und Privatgemächer, ein von Gärten umgebenes Hippodrom sowie zahlreiche Großplastiken und Monumentalfiguren.

In seinem Begleitschreiben erläutert Schinkel die Vorzüge sowie die Schwierigkeiten seines Entwurfs. Der historisch-symbolischen Bedeutung des Ortes und der erhöhten Verteidigungsfähigkeit stehen Nachteile entgegen, die sich aus der Topographie ergeben und sich allerdings durch technische, aber auch kostenintensive Eingriffe hätten beseitigen lassen, so beispielsweise der erschwerte Zugang, Wassermangel sowie die klimatisch exponierte Lage des Terrains. Paradoxerweise repräsentiert Schinkels Entwurf, obwohl er sich in stilistischen Details von den Konventionen des akademischen Klassizismus befreit, in seinem Ansatz die radikalste Umsetzung der Idee der Kontinuität, wie sie die Verfechter des Klassizismus aus der hellenischen Antike hergeleitet hatten: Die Antike als normativ gesetzter universaler und zeitenübergreifender Maßstab für das Kunstschaffen schlechthin.

Gleichzeitig deutet Schinkels Entwurf auch auf eine Alternative zu dem Stadtplanungskonzept von Kleanthes und Schaubert hin, auf die mögliche Tendenz zur ›Hügelstadt‹, der Topographie des Athener Terrains folgend. Stärker als alle pragmatischen Einwände wog jedoch von Anfang an die Ablehnung durch Ludwig I., der die Akropolis von weiteren Bauten freihalten wollte.

Klenzes häufig zitiertem späteren Kommentar zu Schinkels Entwurf, ein »herrlicher und reizender Sommernachtstraum eines großen Architekten«, kann man bei aller Bewunderung für Schinkel eine gewisse Herablassung nicht absprechen. Ausschlaggebend war schließlich das Aufeinandertreffen konträrer Ansichten zum Umgang mit historischen Bauwerken. Die Idee der archäologischen Wiederherstellung der Akropolis, wie sie König Ludwig I. und Klenze vertraten, stand Schinkels Ansatz einer Integration von alt und neu entgegen. Mit Schinkels Plan im Reisegepäck hatte Klenze, nach eigenen Aussagen, von König Ludwig I. für seine Griechenlandreise den Auftrag, den Stadtplan von Kleanthes und Schaubert zu überarbeiten, aber auch »einen wohlbemessenen Plan zur Gründung und Ausführung einer dem neuen Beherrscher in der Nähe des alten Athen zu erbauenden Königsburg auszuarbeiten«. Klenzes daraus folgende Verlagerung des Schlosses an die Peripherie (s. o. Abb. 3) führt zur Aufgabe der bei Kleanthes und Schaubert zentralen Beziehung von Schloß und Akropolis und konsequenterweise dazu, daß auch letztere nicht länger in die neue Gesamtstruktur integriert ist, sondern ebenfalls an die Peripherie gedrängt wird.

Ende des Jahres 1835 reiste König Ludwig I. selbst in Begleitung des Architekten Friedrich von Gärtner nach Athen. Resultat der Reise ist ein weiterer Entwurf, der ein nüchternes, weniger aufwendiges Schloßgebäude am Fuß des Lykabettos vorsieht. Bereits im Februar 1836 erfolgt die Grundsteinlegung in Anwesenheit der beiden Könige und des Architekten. Klenze fürchtet verärgert, »daß sein ganzer europäischer Ruf auf dem Spiel stünde«. Sieben Jahre später, 1843, ist das Gebäude fertiggestellt (Abb. 4).

Die ganzheitliche Sicht auf die griechische Kultur der Antike, wie sie sich bei Winckelmann und Goethe manifestierte, geriet zusehends mit der sich entwickelnden Altertumskunde und der Archäologie in Konflikt. Die verschiedenen Planungsansätze für die Akropolis demonstrieren auch diesen Bewußtseinswandel: Die Entwicklung von einem Verständnis der Antike als idealer Norm, als Maßstab für zeitgenössische Kunstproduktion hin zu einer Sicht, die geprägt ist von der Altertumskunde als einer wissenschaftlichen Fachdisziplin.

Die Tendenz, die Akropolis als ein authentisches archäologisches Monument zu erhalten, entspringt einem konzeptionellen Ansatz, der klassizistische Ideale hinter sich gelassen hat. Die Symbolstätte der klassischen Antike wird damit in historische Distanz gesetzt. Ein Anspruch auf Rekonstruktion oder gar Interpretation in einen neuen Formen- und Funktionskomplex wird nicht erhoben. Das Denkmal wird – auch in der Folge romantischer Tradition – nur noch als Ruine rezipiert, eine Haltung, die bis heute Gültigkeit hat. Die Verbindung des alten und neuen Griechenland, ein zentraler Gedanke sowohl des Philhellenismus als auch des Klassizismus, spielt hierbei keine Rolle mehr. Aus einem funktionalen Gebäudekomplex, wie Schinkel intendierte, wurde eine ›malerische‹ Ruine, ein historisches Monument. Wie bei vielen anderen Aspekten, die bei der Etablierung des griechischen Staates der Neuzeit tangiert waren, war auch die Entscheidung betreffend Stadtplanung, sowohl der neuen Hauptstadt als auch des Schlosses, außerhalb Griechenlands gefallen. Athen war in der Tat eine »europäische Angelegenheit«.

Literatur: A. von Buttlar, Leo von Klenze. Leben – Werk – Vision (1999); Staatliche Antikensammlungen München (Hrsg.), Ein griechischer Traum. Leo von Klenze. Der Archäologe, Ausstellungskat. München 1985/86 (1985); O. Hederer, Friedrich von Gärtner 1792–1847. Leben, Werk, Schüler, Studien zur Kunst des 19. Jahrhunderts 30 (1976); L. von Klenze, Aphoristische Bemerkungen gesammelt auf seiner Reise nach Griechenland (1838) [darin 420 ff. »europäische Angelegenheit«]; M. Kühn (Hrsg.), Karl Friedrich Schinkel: Lebenswerk. Ausland, Bauten, Entwürfe (1989) ; A. Papageorgiou-Venetas, Hauptstadt Athen: ein Stadtgedanke des Klassizismus (1994); ders., Eduard Schaubert 1804–1860: der städtebauliche Nachlaß zur Planung der Städte Athen und Piräus (2001); Fürst von Pückler-Muskau, Südöstlicher Bildersaal (1981, nach der Originalausgabe: Südöstlicher Bildersaal. Griechische Leiden [1840]) v. a. 116; J. J. Winckelmann, Anmerkungen über die Geschichte der Kunst des Alterthums (1767).

565 Modell der königlichen Residenz auf der Athener Akropolis

Nach dem Entwurf K. F. Schinkels, 1834
Maßstab 1:200; 207 x 114,5 cm
Erlen-, Linden- und Kirschholz, Birkensperrholz

Modellwerkstatt Hönigschmid, München (1999)
München, Bayerisches Nationalmuseum

Literatur: A. Papageorgiou-Venetas in: Das neue Hellas. Griechen und Bayern zur Zeit Ludwigs I., Ausstellungskat. München (1999) 541 f. Nr. 406.

Kat.-Nr. 565

Ekkehart Krippendorff

Klassik-Rezeption als politisches Programm: Die amerikanische Revolution und ihre Architektur – Thomas Jefferson

Geschichte und Literatur der griechisch-römischen Antike gehörten seit der Renaissance und bis in die Französische Revolution hinein zum festen Bildungskanon für Adel und gehobenes Bürgertum: wenn von »Geschichte« die Rede war, dort, wo sie noch groß war, so war damit die Geschichte der Griechen und Römer gemeint – Peloponnesischer Krieg, Alexander der Große, die Punischen Kriege, Julius Caesar –, und wer in der Literatur etwas gelten wollte, der hatte sich nach den Regeln des Aristoteles zu richten und mußte – wie Racine oder Corneille – klassische Dramen schreiben; erst die Nationalisierung der Kultur als Programm der post-revolutionären Nationalstaaten drängte die Antike langsam an den Rand des Bildungsstoffes, über den sich Gesellschaften verständigen – der ständige Rückgang von Griechisch und Latein als Bildungssprachen (in Deutschland rapide im 20. Jahrhundert) ist dafür symptomatisch. Entsprechend war es auch für die Eliten der nordamerikanischen Kolonien, die sich 1776 von ihrem Mutterland England durch eine Revolution trennten, selbstverständlich, in der antiken Geschichte nach Begründungen und Orientierungen für ihren kühnen Versuch einer Wiedergeburt des Republikanertums zu suchen: Auch sie waren – als Anwälte, Kaufleute, Großgrundbesitzer, Offiziere – durch die einschlägigen Schulen und Seminare gegangen oder von (oft europäischen) Privatlehrern erzogen worden. Als es 1787/88 darum ging, die Wähler des besonders wichtigen Staates New York von der Annahme der neuen Bundesverfassung zu überzeugen, schrieben drei prominente Befürworter, Alexander Hamilton, James Madison und John Jay, eine Serie von Zeitungsleitartikeln (sie wurden später als die »Federalist Papers« berühmt), in denen ausführlich das Schicksal der Demokratie und des Republikanismus an den historischen Beispielen von Griechenland und Rom diskutiert wurde (wobei sie dem etatistischen römischen Modell den Vorzug gaben vor der demagogenanfälligen griechischen Demokratie). Von der neugegründeten Hauptstadt Washington wurde behauptet, sie stünde – wie das antike Rom – auf sieben Hügeln, zur Krönung erhielt sie selbstverständlich als Sitz des Parlaments ein Kapitol auf einem Kapitolinischen Hügel (Capitol Hill), und die vornehmere der beiden Kammern war ebenso selbstverständlich ein Senat mit Senatoren: Das Bauwerk selbst (in seiner heutigen Gestalt erst 1864 fertiggestellt) ist ein Monumentalwerk eines Klassizismus, in dem sich die Republik als Wiedergeburt Roms und römischer Größe feiert.

Einer der bedeutendsten Architekten des revolutionären Amerika, für den der Rückbezug auf griechisch-römische Architektur weit mehr als ein ästhetisches, vielmehr ein ethisch-politisches Programm war, eingebettet in die kreative Rückbesinnung auf antike Bürgertugenden, war Thomas Jefferson (1743–1826), Parlamentarier, Gouverneur von Virginia, Außenminister, Vizepräsident und schließlich dritter Präsident der USA (1801–1809). Selbst, wie andere seiner Klasse auch, im Griechischen und Lateinischen ausgebildet und die antike Literatur bis ins hohe Alter im Original lesend, sah sein Gesetzentwurf für das Erziehungssystem von Virginia (1779) sechs Jahre Latein und Griechisch vom 10. bis zum 16. Lebensjahr vor. »Das Lernen von Griechisch und Latein soll, wie ich gehört habe, in Europa zurückgehen. Ich weiß nicht, was dort die Sitten und Berufe voraussetzen – aber es wäre ein Fehler von uns, wenn wir in dieser Hinsicht ihrem Beispiel folgten.« Als amerikanischer Gesandter in Paris behauptete er 1787 stolz: »Wir sind das einzige Land, dessen Farmer Homer lesen können.« Das traf zumindest (aber vielleicht wohl eher nur) auf Thomas Jefferson selbst zu. Aber der Anspruch, das große Projekt blieb.

Die neue Republik der Vereinigten Staaten von Amerika sollte gewissermaßen ein zweiter historischer Anlauf zur Schaffung einer politischen Gemeinschaft selbstbestimmter, mitbestimmender, freier Bürger werden und dabei sowohl aus den von den antiken Republiken gemachten Fehlern lernen, als auch positiv sich die dort erstmals entstandene Figur des Bürgers mit dem aufrechten Gang zum

Vorbild nehmen. Die nordamerikanischen Revolutionäre, durchweg gebildete, gestandene, friedfertige Männer – keine heißspornigen Fanatiker und Gewalttäter, keine Ideologen und wortgewaltigen Demagogen, wie sie die Französische Revolution hervorbrachte –, hatten zur Geschichte das, was Nietzsche die »monumentalische« Haltung nennt: »Die Geschichte gehört vor Allem dem Thätigen und Mächtigen, dem, der einen großen Kampf kämpft, der Vorbilder, Lehrer, Tröster braucht und sie unter seinen Genossen und in der Gegenwart nicht zu finden vermag... Wodurch also nützt dem Gegenwärtigen die monumentalische Betrachtung der Vergangenheit, die Beschäftigung mit dem Classischen und Seltenen früherer Zeiten? Er entnimmt daraus, daß das Große, das einmal da war, jedenfalls einmal *möglich* war und deshalb auch wohl wieder einmal möglich sein wird« (Vom Nutzen und Nachtheil der Historie für das Leben, 1874).

Neben der Bildung in klassischer Literatur war es vor allem die Architektur, die die republikanischen Bürgertugenden formen und sinnlich-ästhetisch abbilden sollte. Jefferson und seine Zeitgenossen waren keine Historizisten, gingen mit der Klassik nicht »antiquarisch«, wie Nietzsche es nennt, um: sie machten keinen großen Unterschied zwischen Griechischem und Römischem – außer im Politischen: da waren den eher konservativen Bürger-Aristokraten der Ostküste die staatsbewußten und legalistischen Römer lieber als die Polis-Griechen, die immer wieder die Opfer der eigenen Verführbarkeit durch die stimmungsanfällige Agora-Demokratie geworden waren und sich schließlich mit dem Peloponnesischen Krieg selbst das Grab geschaufelt hatten; nur Thomas Jefferson, der idealistische Radikale aus Virginia (ihm verdankt die Welt die unvergleichliche Prägnanz der Unabhängigkeitserklärung von 1776 mit dem kühnen Satz »that all men are created equal«), hatte eine etwas größere Sympathie für die basis-demokratischen Griechen, aber auch für ihn zogen sich Griechenland und Rom in die große historische Einheit ›Antike‹ oder ›the Classics‹ zusammen, aus der man sich nahm, was man zu Schaffung der neuen politischen Gestalt brauchte. Und sie brauchte nicht zuletzt eine öffentliche Architektur.

An zwei Beispielen sei das kurz verdeutlicht. Als Thomas Jefferson als amerikanischer Gesandter in Paris war (1785–89), erreichte ihn aus seinem Heimatstaat Virginia die Anfrage, er möge einen Vorschlag machen für den Neubau des Regierungs- und Parlamentsgebäudes der (nach Williamsburg) neuen Hauptstadt Richmond. Jefferson zögerte nicht einen Augenblick, das, wie ihm schien, erhabenste und in seiner Schlichtheit und Proportionierung schönste erhaltene Bauwerk der Antike – die Maison Carrée in Nîmes, Südfrankreich – als Modell zugrunde zu legen, also einen in Grundriß und Gestalt antiken Tempel zum Schutze des Heiligsten der jungen Republik: die von den Abgeordneten repräsentierte Souveränität des Volkes, zu wählen; es störte ihn dabei wenig, daß die Maison Carré nicht griechischer, sondern römischer Herkunft und noch dazu aus der Kaiserzeit (vor 4 n. Chr.) und nicht aus der Zeit der Republik stammt – wie gesagt: Jefferson war kein Historizist. Aber er wußte: Architektur spricht, Architektur erreicht über ihre spezifische Ästhetik das Bewußtsein der Menschen und trägt ganz wesentlich zur Bildung von Haltung bei – die klassische Architektur ist die der Schlichtheit, Bescheidenheit, Vernunft und Würde; es ist eine Architektur, die Maß hält und weder die Menschen einschüchtert – wie etwa die der christlichen Kirchen des Mittelalters oder auch die der Renaissance – noch durch ihre Macht imponieren will. Jefferson hätte darum übrigens den imperialen Anspruch, den die Kapitolskuppel in Washington architektonisch formuliert, aufs Schärfste mißbilligt – aber sie wurde gebaut, als die USA ihre republikanische Unschuld bereits verloren hatten und zu einer kontinentalen Großmacht geworden waren. Auch Jeffersons Virginia State House ist in seiner heutigen Gestalt durch Anbauten kompromittiert und seine ursprüngliche Form und Größe in ihrer selbstgenügsamen politischen Funktionalität nur noch ebenso mühsam zu erahnen wie der damals durchaus realistische Traum von einer nicht-imperialistischen Vereinigung republikanischer Staaten, in denen die antiken Bürgertugenden eine zweite Heimat finden würden.

Das zweite Beispiel ist die von Thomas Jefferson nach Beendigung seiner Präsidentschaft betriebene Gründung einer säkularen, also nicht von einer der Kirchen organisierten Universität in seinem Heimatstaat und seiner Heimatstadt: »Academical Village« nannte er die University of Virginia in Charlottesville, für die er nicht nur die Statuten entwarf und die Professoren auswählte, sondern die er auch architektonisch in allen Einzelheiten gestaltete: Er konnte es noch erleben, daß die krönende Kuppel der zentralen Bibliothek wenige Monate vor seinem Tode fertiggestellt wurde, jene Rotunde, die dem römischen Pantheon im Maßstab 1:2 nachgebaut worden war. Die Anlage selbst jedoch atmet den Geist der athenischen Akademie, wie man sie sich in unsere Gegenwart versetzt vorstellen kann: Keine großen, amphitheatralisch angelegten Hörsäle, von deren Mitte der Professor autoritär doziert, sondern intime Versammlungsräume im Erdgeschoß der Professorenhäuser und vor allem kleine Parks, Gärten, offene Rasenflächen und Kolonnadengänge, die zum peripatetischen Gespräch einladen. Die Studierenden leben, alle gleichbehandelt, in kleinen Wohnungen zu beiden Seiten des Campus und unmittelbar zu Füßen und neben oder mit ihren Professoren. Das, was später und bis heute in Deutschland das Humboldtsche Bildungsideal der »Einheit von Forschung und Lehre« bzw. der »Gemeinschaft der Lehrenden und Lernenden« genannt werden sollte: Hier ist es architektonische Wirklichkeit geworden.

Die Anlage ist bis heute nicht nur im Kernbestand so erhalten (die notwendigen Erweiterungsbauten haben das einmalige Ensemble nicht beeinträchtigt), sondern auch noch voll funktionstüchtig: zwar wohnen die Professoren nicht mehr in den für sie vorgesehenen zehn Pavillons, und die Pantheon-Rotunde, das Herzstück der Universität, ist längst zu klein geworden für die Bibliothek – aber die spartanisch-kleinen Studentenwohnungen sind nur den Besten vorbehalten und, obwohl unter Denkmalschutz, ist die University of Virginia alles andere als ein Museum. Sie ist die historische Verwirklichung dessen, was einmal möglich war und was aus »Amerika« auch hätte werden können.

Literatur: P. Nicolaisen, Thomas Jefferson, Rowohlts Monographien (1995); E. Krippendorf, Jefferson und Goethe, EVA-Duographien (2001).

566 Modell des ersten Landsitzes Thomas Jeffersons in Monticello (Virginia)

Nach den eigenen Entwürfen Jeffersons, 1768–72
Holz
Thomas Jefferson Memorial Foundation, Monticello/Charlottesville (Virginia)

Thomas Jefferson hat sich, seit er den Landsitz bei Charlottesville 1767 von seinem Vater geerbt hatte, mit dem Bau einer Villa »Monticello« beschäftigt. Sein Klassizismus, der die Landhausarchitektur der Vereinigten Staaten tief beeinflussen sollte, ist aus einer Architekturtradition zu verstehen, die über das englische 18. Jh. zu Palladio und Vitruv führt.

Literatur: W. H. Adams, Jefferson's Monticello (1983) mit Lit.

567 Zinkrelief mit Darstellung eines ›Apollo‹ en face

Vom Metopenfries der Villa von Monticello, Umbau nach 1793
H 22 cm
Thomas Jefferson Memorial Foundation, Monticello/Charlottesville (Virginia)

568 a Andrea Palladio, Quattro libri dell' architettura, Leoni 1726

Berlin, Staatsbibliothek PK Inv. gr. 2° Ny 3901 R

568 b Les dix livres d'architecture de Vitruve, 1674

Berlin, Staatsbibliothek PK Inv. 2° Wo 1764

Kat.-Nr. 566

Kat.-Nr. 566

Kat.-Nr. 567

zu Kat.-Nr. 567

Kat.-Nr. 570

569 Texteditionen griechischer Historiker aus der Bibliothek von Thomas Jefferson

a. Herodot, zwei Bände
Leipzig, Tauchnitz 1815

b. Thukydides, zwei Bände
Leipzig, Tauchnitz 1815

c. Xenophon, fünf Bände
Leipzig, Tauchnitz 1811–18
Thomas Jefferson Memorial Foundation, Monticello/Charlottesville (Virginia), Inv. 1967–137-1a, 3a, 4a

570 Benjamin Tanner, Die Universität von Virginia (Faksimile)

Stich, 1826, nach einem Gemälde von 1824
33,4 x 67,6 cm
University of Virginia Charlottesville, Special Collections Library

Literatur: R. G. Wilson (Hrsg.), T. Jefferson's Academical Village, Ausstellungskat. Charlottesville/Virginia (1993) 49 Abb. 47.

W.-D. H.

Kat.-Nr. 569 a

Kat.-Nr. 569 b

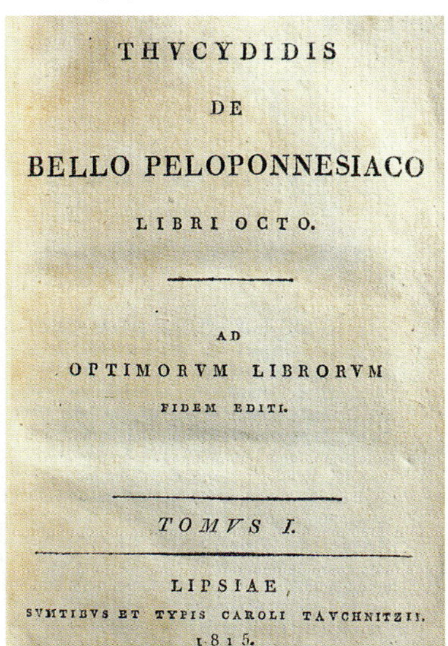

THVCYDIDIS
DE
BELLO PELOPONNESIACO
LIBRI OCTO.

AD
OPTIMORVM LIBRORVM
FIDEM EDITI.

TOMVS I.

LIPSIAE,
SVMTIBVS ET TYPIS CAROLI TAVCHNITZII.
1815.

Kat.-Nr. 569 c

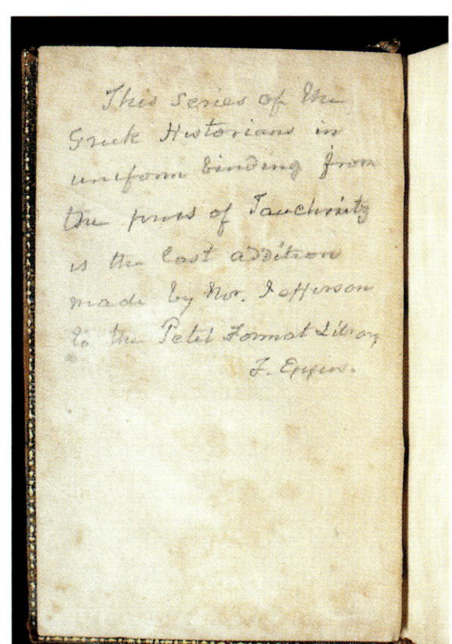

This series of the Greek Historians in uniform binding from the press of Tauchnitz is the last addition made by Mr. Jefferson to the Petit Format Library
J. Eppes.

Malcolm Bell, III

Vitruv in Virginia

Vermutlich hat sich kein Staatsmann seit Hadrian stärker für den Entwurf und Bau von Gebäuden interessiert als Thomas Jefferson (1743–1826). Die architektonische Sichtweise des dritten Präsidenten der Vereinigten Staaten von Amerika wurde zum einen durch seine Erziehung im damaligen Virginia geprägt, zum anderen durch seine vorzügliche Kenntnis der europäischen Architektur, die er während seiner Zeit als Botschafter in Frankreich (1785–1789) studierte, aber auch durch Bücher. Mit seiner Vorliebe für Genauigkeit, guten Geschmack und die Vorbildlichkeit der Antike war Jefferson ein typischer Vertreter des Klassizismus des 18. Jahrhunderts.

Schon früh erkannte Jefferson die Notwendigkeit einer Architektur für den öffentlichen und privaten Bereich, die der neu eingeführten Demokratie der Vereinigten Staaten angemessen war. Seine Vorstellung von einer amerikanischen Architektur forcierte die Verwendung der antiken Bauordnungen, meist in Holz ausgeführt, einfache geometrische Räume und schlichte Wände aus lokalen Ziegelsteinen. Antike Tempel eigneten sich gut als Modelle für öffentliche Bauten, und die neuzeitlichen Abhandlungen von Andrea Palladio (1518–1580) und Roland Fréart de Chambray (1606–1676) gaben glaubwürdige Darstellungen der klassischen Bauordnung. Sie gaben auch hochgeschätzte Beispiele der Architektur für den privaten Bereich. Jeffersons Entwürfe für das Virginia State Capitol in Richmond und für eine Reihe von Landhäusern (sein eigenes in Monticello inbegriffen [Kat.-Nr. 566]) berücksichtigten diese Ideen, er meinte sie aber ebenso durch Erziehung vermitteln zu können, was ein anderes seiner wesentlichen Interessengebiete war. 1779 entwarf er ein umfassendes Erziehungssystem für Virginia, und sein Leben lang wurde er nicht müde, über ideale Erziehungssysteme nachzudenken. In all diesen trat er für eine Universitätslehre über Architektur und die schönen Künste ein.

Als Jefferson sein Konzept für die architektonische Anlage der Idealuniversität entwickelte, favorisierte er einen dezentralen Aufbau, in welchem die Professoren über ihren Klassenräumen in hausartigen Gebäuden und die Studenten in einer Flucht von Einzelzimmern mit einer Portikus als Vorbau lebten. Die säkulare Universität hätte große Ähnlichkeit mit einem Kloster gehabt, und in der Tat waren wohl französische Klöster, die Jefferson in den 80er Jahren des 18. Jahrhunderts besichtigt hatte, eine seiner Quellen für diese grundlegende Idee gewesen. Wichtiger war jedoch seine Erkenntnis, daß die Universität selbst als ein Mittel zur Verbreitung seiner Architekturvorstellungen dienen könnte; ihre Gebäude würden als »Architekturmodelle für die reinsten Formen der Antike dienen und den Studenten Beispiele der Prinzipien geben, in denen sie in diesem Fach unterrichtet werden sollten« (Brief vom 2. April 1816 an Wilson Carey Nicholas, in: Honeywell 1931, 231).

Als der Bau der späteren University of Virginia schließlich 1817 begann, schrieb Jefferson an zwei prominente amerikanische Architekten, William Thornton (1759–1828) und Benjamin Henry Latrobe (1764–1820), die er um Entwürfe für die Fassaden der Professorenhäuser bat, die er selber Pavillons nannte: »Wir wünschen, daß diese Pavillons Modelle für guten Geschmack und mustergültige Architektur und für die Unterschiede im Aussehen sind; nicht zwei sollen gleich sein, damit sie als Beispiele der Ordnungen für die Architekturvorlesungen dienen können« (Brief an Latrobe vom 12. Juni 1817, van Horne 1988, III 904). Die Pavillons würden somit zum Hilfsmittel für die Weitergabe von Architekturideen an die Studenten.

Den wichtigsten Entwurf lieferte Jeffersons jüngerer Freund Latrobe, der zu dieser Zeit der leitende Architekt für den Bau des U.S. Capitol war. Latrobes Idee eines größeren, zentral gewölbten Gebäudes wurde dankbar von Jefferson für die Universitätsbibliothek angenommen. Diese erhielt eine Rotunde, die als eine etwa halb so große Version des Pantheon in Rom die einzige tatsächliche Nachahmung eines antiken Gebäudes in dem Entwurf für die Universität wurde. Zuvor hatte Jefferson die Maison Carrée in Nîmes als Modell für das State Capitol in Richmond vorgesehen. Im März 1787 hatte er sehr genau den römischen Tempel in Nîmes studiert, wie er einer Freundin in Paris in

Abb. 1. Luftbild der University of Virginia von Osten

einem berühmten Brief mitteilte: »Ich bin hier, Verehrteste, und schaue stundenlang die Maison Carrée an wie ein Liebhaber seine Geliebte« (Boyd XI 226).

Für die zehn Pavillons der Universität, die an einen rechteckigen Platz einander gegenüberliegend erbaut wurden (Abb. 1), wählte Jefferson verschiedene Typen der klassischen Bauordnungen, die sich entweder von einem bekannten antiken Gebäude in Rom (wie dem sog. Tempel der Fortuna Virilis, den Diokletians-Thermen und dem Marcellus-Theater) oder von Palladio herleiteten. Die Bauordnungen waren ihm durch die Stiche Palladios (vgl. o. Kat.-Nr. 568 a) und Fréart de Chambrays bekannt. Die Pavillons ahmen somit nicht konkrete antike Gebäude nach, sondern lediglich deren Bauordnungen. Vier sind toskanisch-dorischer, vier ionischer (zwei mit Konsolen in Volutenform, zwei mit Zahnschnitten) und zwei korinthischer Ordnung.

Was die Fassade angeht, benutzen sieben der zehn Pavillons unterschiedliche Typen von Kolossalsäulen; sie sollen die verschiedenen Möglichkeiten des antiken Tempelbaus zeigen. Es gibt Hinweise, daß Latrobe für die Mehrzahl von ihnen verantwortlich war, zumindest was den Entwurf betrifft. Fünf der Fassaden sind tetrastyl (mit vier Säulen); eine hexastyl (mit sechs Säulen) und eine distyl *in antis* (mit zwei Säulen zwischen flankierenden Mauern). Zwei Fassaden ragen vor breiteren Gebäuden hervor und sieben haben Giebel. Die Pavillons boten so den Studenten eine ›gebaute‹ Demonstration der antiken Baupraxis.

Bei der Gestaltung der Fassaden hielten sich Jefferson und Latrobe eng an Vitruv, der in »De architectura« detailierte Anweisungen gibt, wie man eine Tempelfassade gestaltet, mit fünf verschiedenen Varianten von Säulenabständen und den entsprechenden Säulendurchmessern und Höhen (Vitr. 3, 3, 1; 3, 3, 10; vgl. o. Kat.-Nr. 568 b). Jeder von Vitruvs Säulenabständen und die meisten seiner unterschiedlichen Säulendurchmesser sind an den Pavillons dargestellt. Die sechssäulige ionische Fassade von Pavillon V (Abb. 2) ist ein Beispiel für den von Vitruv bevorzugten Eustylos, bei dem das Verhältnis von Säulendurchmesser zum Interkolumnium 1 : 2 1/4 ist, ein Abstand, der ebenfalls in Pavillon VIII erscheint (Vitr. 3, 3, 1; 3, 3, 6). In Pavillon V plante Jefferson anfangs ein Verhältnis von 1 : 2 1/3, aber durch die Reduzierung der vier seitlichen Interkolumnien und die Vergrößerung des zentralen Interkolumniums erreichte er genau die Anordnung des Eustylos. Vitruv empfiehlt ebenfalls das größere Mittelinterkolumnium. Der Abstand vom Durchmesser zur Höhe ist genau 1 : 9, eine geringfügige Variation von Vitruvs empfohlenem 1 : 9 1/2. Da Jefferson

Abb. 2. Pavillon V (Eustylos)

Abb. 3. Pavillon III (Systylos)

Abb. 4. Pavillon I (Araeostylos)

Abb. 5. Pavillon X (Pyknostylos)

eine einheitliche Höhe der unterschiedlichen Pavillons anstrebte, war eine größere Höhe der Säulen vielleicht nicht möglich. Aber es ist hier anzumerken, daß die französische Ausgabe von Vitruv, die Jefferson besaß, ein Verhältnis von 1 : 9 für den Eustylos empfiehlt (Perrault 80 Anm. 18).

Vitruvs engeren Systylos zeigt die viersäulige korinthische Fassade von Pavillon III (Abb. 3), wo das Verhältnis des Säulendurchmessers zu den Interkolumnien genau 1 : 2 beträgt (Vitr. 3, 3, 2; 3, 3, 10). Das Verhältnis von Durchmesser zur Säulenhöhe ist 1 : 9 1/2, wie Vitruv empfiehlt. Der weiteste Abstand des Araeostylos von 1 : 4 wird in dem toskanisch-dorischen Pavillon I (Abb. 4) gezeigt, wo das Verhältnis von Durchmesser zur Höhe genau 1 : 8 beträgt und damit exakt Vitruv entspricht (Vitr. 3, 3, 10). Jefferson gebraucht auch den Vitruvianischen Kunstgriff der »Halbmetope« am Ende eines Frieses, um das Problem der Ecktriglyphen zu vermeiden, das sich bei den frühen Tempelbauten einstellte (Vitr. 4, 3, 2; die Halbmetope erscheint ebenfalls in den Pavillons IV und X). Jeffersons Vertrauen auf Vitruv zeigt sich ebenso in Pavillon X (Abb. 5). Die seitlichen Interkolumnien veranschaulichen nicht nur den Pyknostylos oder engsten Vertreter Vitruvs (1 : 11 1/2), sondern die viersäulige toskanisch-dorische Fassade ist in 19 1/2 Teile eingeteilt, genau wie er es empfiehlt (Vitr. 4, 3, 7). Im Fries wird das breitere zentrale Interkolumnium von zwei Triglyphen besetzt, anstelle der üblichen einzelnen Triglyphe rechts und links.

Diese Beispiele zeigen deutlich, daß die Pavillons auf dem Grün der University of Virginia bewußt von Jefferson angelegt worden sind, um dem Besucher die Unterschiede der antiken Bauordnung und die Harmonie der arithmetischen Proportionen zu vermitteln. Seine Hauptquelle war

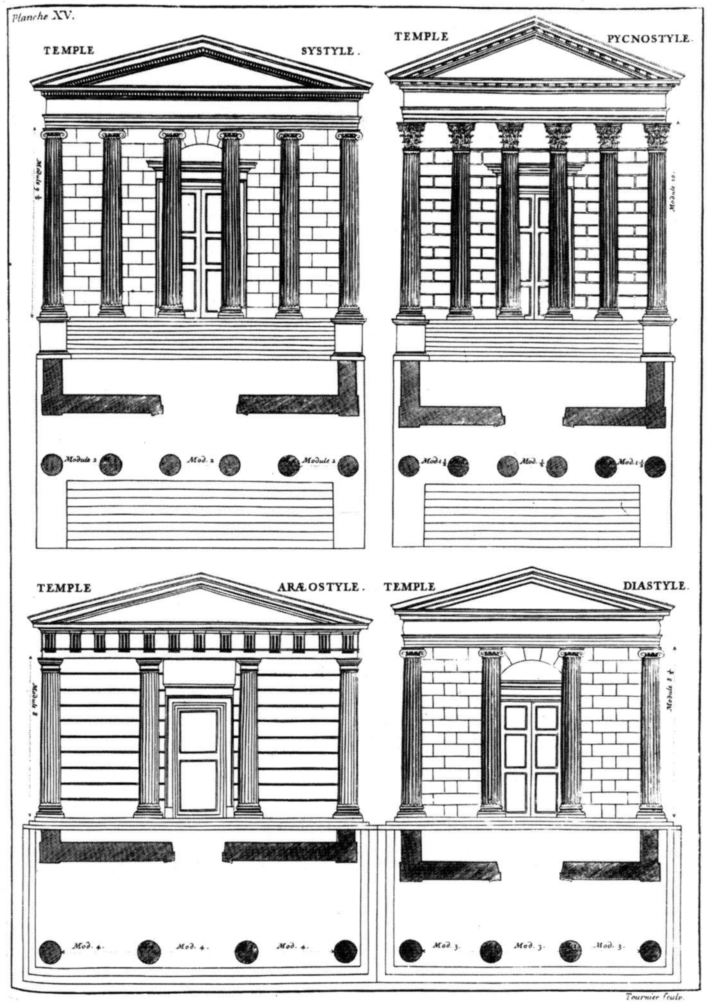

Abb. 6. Tempelfassaden (Systylos, Pyknostylos, Araeostylos, Diastylos) nach Vitruv

Vitruv, dessen Text er in verschiedenen Ausgaben besaß. Maßgeblich für die University of Virginia ist die französische Übersetzung von Claude Perrault (1613–1688; O'Neal 1976, 369 f.). 1815 verkaufte Jefferson diese Ausgabe der Library of Congress. Zwei Jahre später könnte Latrobe daher diese Ausgabe, als er am U.S. Capitol arbeitete, wo sich die Library of Congress damals befand, für die Pavillonfassaden benutzt haben. Die Tafel XV in Perraults Vitruv-Ausgabe war offenkundig die Quelle für mehrere Fassaden (Abb. 6). Jeffersons Abhängigkeit von Vitruv ist erstmals in Vorbereitung dieses Beitrags deutlich geworden.

Jeffersons Auffassung von Genauigkeit in der Architektur zeigt sich in der Präzision, mit der die Architekturelemente die antiken Regeln wiedergeben. Es ist allerdings nicht belegt, ob dies auch alles verstanden worden ist, als die Universität 1825 eröffnet wurde. Latrobe war bereits 1820 verstorben, und der alternde Jefferson war selbst in seinem letzten Lebensjahr. Obwohl er erfolgreich einen ganzen Gebäudekomplex geschaffen hatte, der die Prinzipien und die Praxis klassischer Architekturentwürfe darlegte, wurde kein Lehrstuhl für Architektur eingerichtet, der das dahinterstehende didaktische Programm den Studenten erläutert hätte. Trotzdem blieben Jeffersons Gebäude der University of Virginia ein beachtlicher Beitrag zum Klassizismus in der neuen Republik, wo Säulen und Ordnungen mit politischen Tugenden verbunden und zum Symbol für individuelle und nationale Unabhängigkeit wurden.

Literatur: Vitruvius Pollio, Les dix livres d'architecture de Vitruve corrigez et traduits nouvellement en françois, avec des notes et des figures, übers. von Claude Perrault (Paris 1684); Andrea Palladio, The Architecture of A. Palladio, in: Four Books. Containing a Short Treatise of the Five Orders etc., hrsg. von Giacomo Leoni, 2. Aufl. (London 1721); Roland Fréart de Chambray, Parallèle de l'architecture antique avec la moderne etc. (Paris 1766); R. J. Honeywell, The Educational Work of Thomas Jefferson (1931); J. P. Boyd (Hrsg.), Papers of Thomas Jefferson, Bd. I–XXVIII (1950–2000); F. D. Nichols, Thomas Jefferson's Architectural Drawings (1978); W. B. O'Neal, Jefferson's Fine Arts Library (1976); J. C. van Horne (Hrsg.), The Correspondence and Miscellaneous Papers of Benjamin Henry Latrobe, Bd. III: 1811–1820 (1988); R. G. Wilson (Hrsg.), Thomas Jefferson's Academical Village, the Creation of an Architectural Masterpiece (1993).

Übersetzung aus dem Amerikanischen: Volker Heenes

Werner Oechslin

Die Fortsetzung der ›Akropolis-Idee‹: »Parthenons upon skyscrapers«

Die Faszination der Akropolis, der Athener Burg, bezieht sich nicht bloß auf die einzelnen Monumente. Der Tempel mitsamt Standbild und Burgfelsen verkörpert ein Modell, das als Idealvorstellung für Monumente, Parlaments- und Staatsbauten in erster Linie wirksam ist, aber auch generell architektonische Sehnsüchte zu erfüllen scheint. »Parthenons upon skyscrapers« nennt es Hugh Ferriss in seinem Buch »The Metropolis of Tomorrow« (1929), in dem er zwar vor solchen Abstrusitäten warnt, um dann doch – vielfach gefolgt – der Faszination der Akropolisvorstellung zu erliegen. Le Corbusiers entsprechende Warnung (»... craignons les architectes américains«) verhallt dagegen ungehört. Die Faszination des Bildes genießt Vorrang.

Alle Bücher aus Einsiedeln, Stiftung Bibliothek Werner Oechslin

571 Beschreibung des alten Athens und dessen Schicksale in der bürgerlichen Verfassung und den Wissenschaften nebst Grund- und Aufrissen

1794

572 Ernst Curtius

Die Akropolis von Athen. Ein Vortrag im wissenschaftlichen Vereine zu Berlin am 10. Februar gehalten

Berlin 1844

573 Friedrich Gilly, Monument für Friedrich den Großen

In: Moeller van der Bruck, Der Preußische Stil

Breslau 1931

Kat.-Nr. 573

Kat.-Nr. 574

Kat.-Nr. 576

Kat.-Nr. 576

DIE AKROPOLIS
AUFGENOMMEN VON
WALTER HEGE
BESCHRIEBEN VON
GERHART RODENWALDT

ZWEITE AUFLAGE BERLIN MCMXXXV
DEUTSCHER KUNSTVERLAG

Kat.-Nr. 585

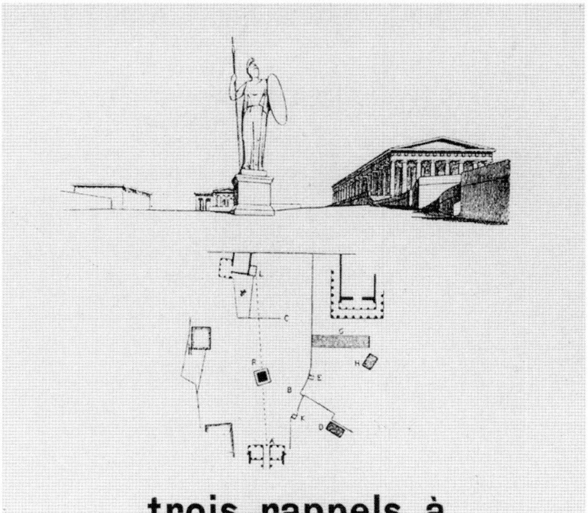

trois rappels à
MM. LES ARCHITECTES

3e Article *

* *Lire dans les numéros 1 et 2, le premier et le deuxième rappels :* LE VOLUME, LA SURFACE.

L'architecture n'a rien à voir avec les « styles ».

Les Louis XIV, XV, XVI ou le gothique sont à l'architecture ce qu'est une plume sur la tête d'une femme ; c'est parfois joli, mais pas toujours et rien de plus.

L'architecture a des destinées plus graves ; elle sollicite les facultés les plus élevées par son abstraction même. L'abstraction architecturale a cela de particulier et de magnifique que,

ACROPOLE D'ATHÈNES. *Coup d'œil sur le Parthénon, l'Erechtéion, l'Athéna Parthénos, depuis les Propylées. Il ne faut pas oublier que le sol de l'acropole est très mouvementé, avec des différences de niveau considérables qui ont été employées pour constituer des socles imposants aux édifices. Les fausses équerres ont fourni des vues riches et mouvementées ; les masses asymétriques des édifices créent un rythme intense. Le spectacle est massif, élastique, nerveux, écrasant d'acuité, dominateur.*

Kat.-Nr. 577

574 »Parthenons upon skyscrapers«

In: Hugh Ferriss, The Metropolis of Tomorrow
New York 1929

575 Alfred Agache, Idealprojekt für ein Geschäftsviertel an der Praça do Castelo

In: Alfred Agache, Cidade do Rio-de-Janeiro. Extensao – Remodelaçao – Embellezamento
Paris 1930

Kat.-Nr. 579

Kat.-Nr. 582

Kat.-Nr. 578

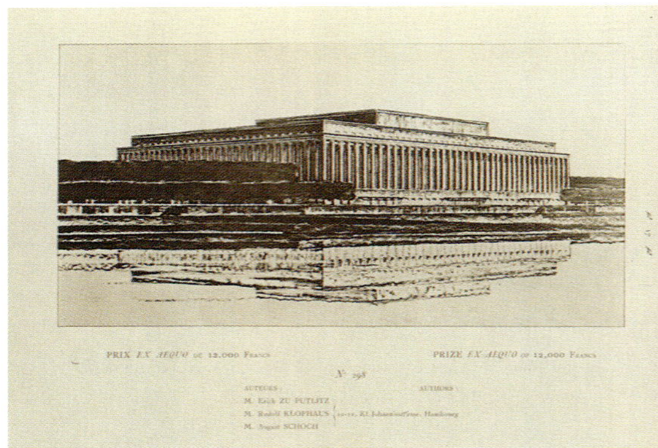

Kat.-Nr. 580

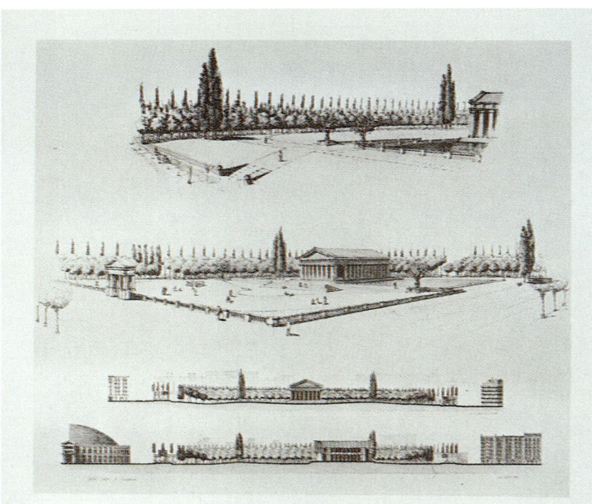

Kat.-Nr. 583

Kat.-Nr. 584

576 Parthenon: Südwestecke und Säulen der Ostfassade.

Photos von F. Boissonas und W. A. Mansell

In: Gustave Fougères, L'acropole d'Athènes (introduction). Le Parthénon
Paris 1910–1913

577 Akropolis, trois rappels

In: Le Corbusier-Saugnier, Trois rappels à MM. les architectes, in: »L'Esprit Nouveau« Nr. 4, S. 457

578 Theophil Hansen
Das k.k. Reichsraths-Gebäude in Wien

Wien 1890

579 Otto Wagner, Projekt für einen Friedenspalast in Den Haag

In: International Competition of the Carnegie Foundation. The Palace of Peace at The Hague. The 6 premiated and 40 other designs
London 1907

580 Erich zu Putlitz – Rudolf Klophaus – August Schoch, Projekt für den Völkerbundpalast in Genf, 1927

In: Concours d'architecture pour l'édification d'un palais de la société des nations, à Genève
Genf 1927

581 Le Corbusier – Pierre Jeanneret, Projekt für den Völkerbundpalast in Genf, 1927

Heliogravüre mit Tusche ergänzt und mit Gouache koloriert
Zürich, Institut für Geschichte und Theorie der Architektur, Eidgenössische Technische Hochschule Inv. gta 40–1927-1–14

582 Gebäude der Weltausstellung 1942 in Rom (EUR)

In: Esposizione universale di Roma 1942 (XX era fascista)
Rom 1942

583 Riccardo Bofill, Entwurf für einen Tempel der Demokratie

In: Annabelle d'Huart (Hrsg.), Riccardo Bofill. Taller de Arquitectura. Los espacios de Abraxas. El Palacio El Teatro El Arco
Mailand 1981

584 Leon Krier, Idealentwurf Atlantis (Carl Laubin, Opening Day), 1987

In: The New Classicism in Architecture and Urbanism, Nr. 71
London o. J.

585 Die Akropolis. Aufgenommen von Walter Hege, beschrieben von Gerhart Rodenwaldt

1. Auflage Berlin 1935 W. Oe.

Werner Oechslin

Die nackte und bekleidete weibliche Statue und ihre modernen Deutungen und Verfremdungen

Der Archäologe Giuseppe Micali hatte Canova vorgeworfen, seiner Venus einen »culo romano« an Stelle eines »culo greco« verpaßt zu haben: ein gefundenes Fressen für die zeitgenössischen Poeten, die daraufhin zur Verherrlichung des ›sublimen‹ Canova und seines Werkes (»miracolo dell'arte ugual non vide Grecia, né Roma«) ansetzten. Die Attraktivität der ›Venus‹ kennt offensichtlich verschiedene Gründe; um Aktualität braucht man sich in diesem Falle kaum zu kümmern. Die neuentdeckte Venus von Milo wird von Beginn an mit einem Übermaß an Aufmerksamkeit beschenkt. Da, wo die Frauenfigur wenigstens teilweise bekleidet ist, entdeckt der moderne Gestalter die Linie und die »Vertikalität« (Ozenfant). Vom Winde erfaßt entsteht so das Motiv der »Stürmenden« – gut genug, der Zeit nach 1945 auf klassischem Grund neue Hoffnung und Aufbruch zuzuweisen.

Alle Bücher aus Einsiedeln, Stiftung Bibliothek Werner Oechslin

586 Antonio Canova, Statue der Venus Italica

Gips (Original); H 1,76 m
1818/19
Gipsoteca Canoviana, Possagno/Treviso

587 Die sog. Venus Medici

H 152,5 cm
Gipsabguß nach der seit dem 16. Jh. berühmten Statue in den Uffizien in Florenz (Uff. A 67)
Das Original 1. Jh. n. Chr.
Berlin, Abgußsammlung, Standort Charlottenburg

Literatur: K. Stemmer (Hrsg.), In den Gärten der Aphrodite, Ausstellungskat. Berlin (2001) 109 f. Nr. G 3 mit Lit.

Kat.-Nr. 586

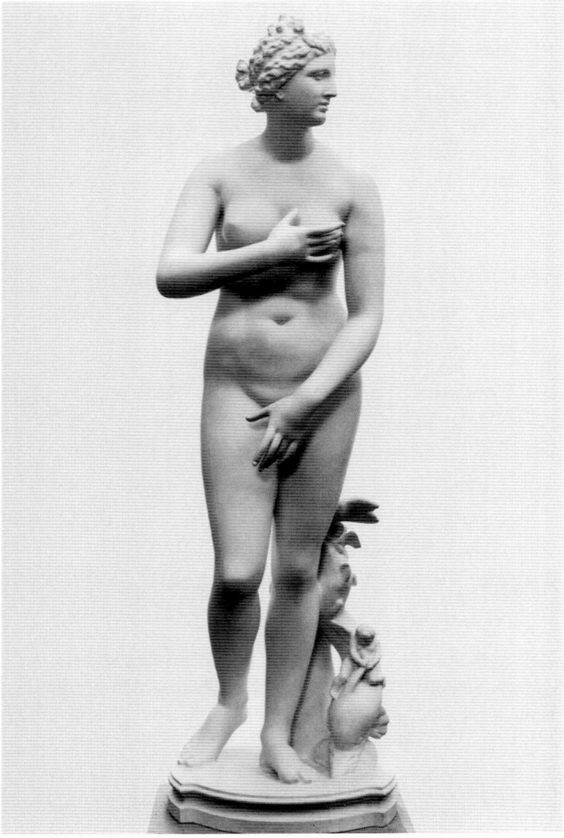
Kat.-Nr. 587

588 Al sublime scultore Antonio Canova per la sua Venere collocata nell'imperial Galleria di Firenze

Sammlung von gedruckten und handschriftlichen Gedichten auf Canovas Venus

589 Konrad Levezow

Über die Frage ob die mediceische Venus ein Bild der Knidischen vom Praxiteles sey. Eine archäologische Abhandlung
Berlin 1808

590 Comte de Clarac

Sur la statue antique de Vénus Victrix découverte dans l'île de Milo en 1820; ... et sur la statue antique connue sous le nom de l'orateur, du Germanicus et d'un personnage romain en Mercure
Paris 1821

591 Quatremère de Quincy

Sur la statue antique de Vénus découverte dans l'île de Milo en 1820; transportée à Paris, par M. le Marquis de Rivière, ambassadeur de France à la Cour ottomane
Paris 1821

592 Giuseppe Petrini

Dell'arte greca riguardante il disegno della figura umana
Rom 1807

593 Ernst Buschor

Vom Sinn der griechischen Standbilder
Berlin 1942

594 »Funktion – Struktur – Form: eine Schöpfung der Modekunst, ein Kleid«

In: »Bau-Zeitschrift«. Wohnen – arbeiten – sich erholen. Jahrgang 1, Heft 1
Saarbrücken 1947

595 Der Faltenwurf eines Peplos gedeutet als Vertikalität

Amédée Ozenfant, Leben und Gestaltung
Potsdam 1831

596 Frontispiz mit klassischer Figur (Venus) als Symbol des »wahrhaft Lebendigen und Neuen«

»Bau-Zeitschrift«, Jahrgang 1, Heft 2
Saarbrücken 1947

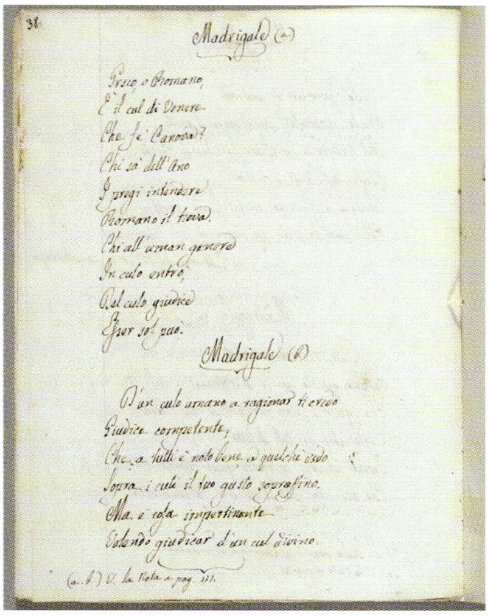

Kat.-Nr. 588

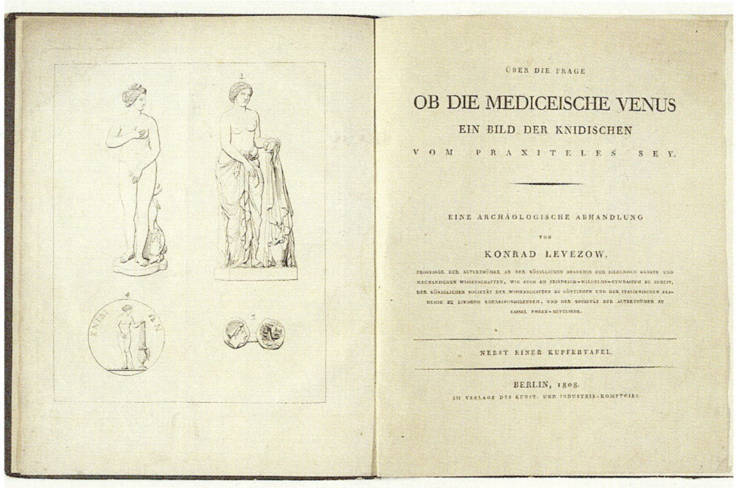

ÜBER DIE FRAGE
OB DIE MEDICEISCHE VENUS
EIN BILD DER KNIDISCHEN
VOM PRAXITELES SEY.

EINE ARCHÄOLOGISCHE ABHANDLUNG
VON
KONRAD LEVEZOW.

NEBST EINER KUPFERTAFEL.

BERLIN, 1808.
IM VERLAGE DES KUNST- UND INDUSTRIE-KOMPTOIRS.

Kat.-Nr. 589

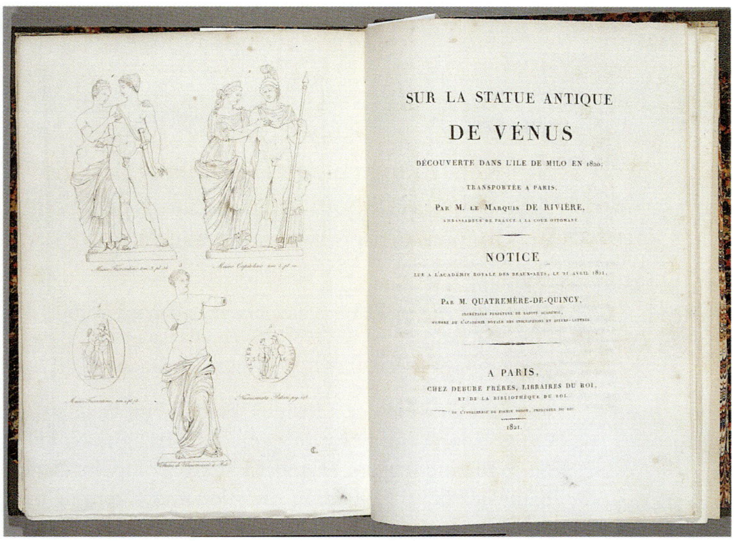

SUR LA STATUE ANTIQUE
DE VÉNUS
DÉCOUVERTE DANS L'ILE DE MILO EN 1820;
TRANSPORTÉE A PARIS,
PAR M. LE MARQUIS DE RIVIÈRE,

NOTICE
LUE A L'ACADÉMIE ROYALE DES BEAUX-ARTS, LE 21 AVRIL 1821,
PAR M. QUATREMÈRE-DE-QUINCY,

A PARIS,
CHEZ DEBURE FRÈRES, LIBRAIRES DU ROI,
ET DE LA BIBLIOTHÈQUE DU ROI.

1821.

Kat.-Nr. 591

Kat.-Nr. 596

Kat.-Nr. 593

Kat.-Nr. 597

Kat.-Nr. 595

597 »Stürmende«, Photo G. Mathéy (Torso vom Schatzhaus der Athener in Delphi)

In: Das Kunstwerk. Eine Monatsschrift über alle Gebiete der Bildenden Kunst. 1. Jahr, Doppelheft 10/11
Baden-Baden 1946/47 W. Oe.

Kat.-Nr. 598

598 Relieffragment mit Darstellung der drei Aglauriden, Halbgöttinnen, die am Nordabhang der Athener Akropolis verehrt wurden

H 72,5 cm, B 84 cm
Kopie des 2. Jhs. n. Chr. nach einem griechischen Vorbild des 4. Jhs. v. Chr.
Vatikanische Museen, Inv. 1284, Museo Chiaramonti VII 1

Das Relief, das in der kunstgeschichtlichen Diskussion bereits eine wichtige Rolle spielt, ist durch die Novelle von Wilhelm Jensen, »Gradiva – ein pompejanisches Phantasiestück« (1903), in die moderne Literatur und durch die ausführliche Untersuchung der Novelle von Sigmund Freud, »Der Wahn und die Träume in W. Jensens ›Gradiva‹« (Schriften zur angewandten Seelenkunde, Heft 1, 1907), in die moderne Psychoanalyse eingerückt. In der Novelle dient das Relief der einen Hauptfigur, seine Liebe zur anderen zu erkennen, in der Untersuchung werden daran die Begriffe »unbewußt« und »verdrängt« erläutert: »Das antike Reliefbild weckt die schlummernde Erotik in ihm auf und macht die Kindheitserinnerungen aktiv.«

Literatur: Zum Relief: Helbig[4] I (1963) 236 f. Nr. 303 mit Lit. – Zur Rezeption: B. Urban – J. Cremerius (Hrsg.), Sigmund Freud, Der Wahn und die Träume in W. Jensens ›Gradiva‹ (1973, Neuausgabe 1990) mit ausführl. Lit.

W.-D. H.

Claude Keisch

Gipssammlungen als »ästhetischer Kramladen«

»Im herrlichen Antikensaale,
Dem Sammelplatz der Ideale«
müht sich Wilhelm Buschs Musenjünger Kuno Klecksel (Abb. 1) am Zeichnen nach Gipsabgüssen. Alle Kunstakademien verlegen die ersten Übungen in die ›Gipsklasse‹; das Studium der Alten, heißt es stets, führe nicht von der lebendigen Natur weg, es helfe vielmehr, sie tiefer zu verstehen. Unter diesem Zeichen können in den Gips-Zeichensälen der Lehranstalten, ebenso wie in jedem besser versorgten Künstleratelier, die Abgüsse nach klassischen Werken mit Abformungen »nach der Natur« und Muskelpräparaten koexistieren. Letztere helfen die anatomischen Studien in Leichenkammern vor- und nachzubereiten, die im Jahrhundert der Wissenschaften längst nicht mehr, wie zu Leonardos Zeiten, als gotteslästerlich gelten. Es sind immer nur Bruchstücke: meist einzelne Gliedmaßen – einzelne Vokabeln gleichsam, niemals ganze Sätze. Denn so bequem, zumal für den Anfänger, die Naturabgüsse als Ersatzmodelle sind – dank ihrer endlosen Regungslosigkeit und vor allem, weil der Werkstoff die natürliche Lokalfarbigkeit auf Null reduziert –, die Syntax der Bewegung wird dem lebenden Modell nachgebildet, dessen Pose wiederum durch die Kenntnis antiker Skulpturen bestimmt wird.

Das Bemühen, sich gleichermaßen an der Antike und an der Natur zu orientieren, kann in eine pygmalioneske Falle führen. Vierundzwanzig Jahre hindurch bereitete der Russe Alexander Iwanow in Rom sein Hauptwerk »Christus erscheint dem Volke« (1857) vor, das insgesamt auf eine Einschmelzung von Freilichtmalerei und ethnographischer Korrektheit in den Klassizismus hinzielt. Eine der Ölstudien zeigt zweimal den Kopf des Apoll vom Belvedere (vgl. Kat.-Nr. 11) nach einer Gipsbüste mit kurvigem Halsabschnitt: einmal mit aller Unsinnlichkeit des stumpfen weißen Werkstoffs, daneben in gleicher Ansicht, aber belebt, mit Pupillen, rosigen Wangen, blondem Haar – eine Erinnerung an antike Polychromie? – und lächelnd geöffneten Lippen! Wohl kannte der Akademieunterricht das Nachstellen einer antiken Skulptur durch ein lebendes Modell; doch weit über diese empathische Gegenüberstellung hinaus wagt Iwanows Versuchsanordnung die (Rück?)verwandlung des vatikanischen Meisterwerks in einen atmenden Menschen – über den Gipsabguß.

Ein so experimentierender Umgang mit der Antike ist selten. Mit ihm schlägt Vertrautheit in eine ironische Zudringlichkeit um, der man in den Bildkünsten des 19. Jahrhunderts – bis zur Karikatur

Abb. 1. Wilhelm Busch, Meister Klecksel (1884)

hin – weit eher im Zusammenhang mit Abgüssen und Kopien begegnet. Sind die Originale durch ihre Aura geschützt oder durch ihre Unübersichtlichkeit? Denn die Reproduktion in Gips gibt eine Auslese wieder; nur was abgeformt wurde und vielfach, vielerorts gesehen wird, erlangt kanonische Autorität und ist für die Kritik erreichbar. Aus ähnlichen Gründen wird das geflügelte Wort, das gleicherweise die (literarischen) Meisterwerke stückelt und kolportiert, zum bevorzugten Opfer einer Parodie, deren Attraktivität auf der scheinbaren Bestätigung gemeinschaftlicher Erfahrung beruht: Wir alle, insinuiert sie, haben unseren Homer gelesen und sind mit Schillers »Glocke« gequält worden; wir alle haben lange Abende durch Zeichnen nach Gips versäumt.

Ein erster Schritt aus der bedingungslosen Ehrfurcht vor *der* Antike ist die Erkenntnis der Materialität der Kunstwerke. Ein kleines Bild des Dänen Christen Købke aus dem Jahr 1830 (Abb. 1) zeigt ausschnitthaft eine Wand aus der soeben unter Mitwirkung C. W. Eckersbergs neugeordneten Abgußsammlung der Kunstakademie in Charlottenborg. Es ist in einem Klima ernsten Kunstgeistes entstanden, und das klare Licht, das die Skulpturen und namentlich den Kephissos-Torso vom Parthenon modelliert, tastet deren Adel nicht an. Aber mit derselben Objektivität wie sie ist die Figur des Studenten aufgenommen, der sie – oder zunächst den Sockel – mit einem gelben Tuch abstaubt – sorgfältig, wie man jeden anderen Gegenstand reinigen würde. Ohne alle Ironie, mit einer im höchsten Sinne naiven Sachlichkeit putzt er die geschichtliche, gar mythische Dimension dieser Kunstwerke weg. Anders Max Klingers »Spottbild auf die Gipsklasse der Akademie«, eine Jugendzeichnung: Sie spielt auf die anekdotischen Beziehungen an, die sich zwischen Skulpturen herstellen, sobald man sich entschlossen hat, ihre ästhetische Autonomie zu ignorieren – ein allbekannter, kaum vermeidbarer Scherz; wie man denn auch gern vorgibt, im Antikensaal ein Spital, in den Torsi Verwundete zu erblicken. Auf ungleich höherer Stufe spielt mit diesen Realitätsüberlagerungen Adolph Menzel in einer großen Komposition in farbigen Kreiden aus dem Revolutionsjahr 1848 – auf den Tag datiert vom 26. August und doch gewiß keine Naturaufnahme, sondern ein Erinnerungsbild vom, wie die Beischrift sagt, »Aufbewahrungssaal während des Museumsneubaues 1848« (Kat.-Nr. 599). Fünf Jahre zuvor war ein großer Teil der königlichen Abgußsammlung, die bis dahin im Akademiegebäude Unter den Linden gedrängt untergebracht war, in den rechten Seitenflügel des Schinkelschen Alten Museums verlagert worden. Dies war als Provisorium gemeint, denn die definitive Aufstellung »in streng wissenschaftlicher Folge« war erst für das noch unfertige Neue Museum vorgesehen.

Ein zuverlässiges Dokument will Menzels Zeichnung gewiß nicht sein. Was bei ihm für »daguerrotypartige Realität« (F. Kugler) genommen wurde, ist oft genug eine freie Montage aus realen Teilen. So vermutlich auch hier, wo die magazinartige Häufung der Meisterwerke mehr als nur erkennbar ist: Sie wird dem Betrachter geradezu bedrängend erlebbar gemacht. Daran hat, wie so oft bei Menzel, die Manipulation der Perspektive einen bedeutenden Anteil. Daß ihr Gesetz gilt, wird nachdrücklich unterstrichen durch die Wahl eines Standpunktes genau in der Mittelachse der Schinkelschen Basilika, deren Deckenbalken in strenger Symmetrie und rascher Verzwergung auf die Schmalwand zulaufen und deren rote Säulen als zwei gleiche, in die Tiefe eingeschlagene Keile wahrgenommen würden, wäre nicht eine Seite durch Skulpturen verstellt. Da weder der obere Teil der vorderen Säule noch die Stirn der davor aufgestellten Jünglingsstatue – Bacchus? – mehr in das Bildfeld passen, kann diese Ebene nicht weit von uns entfernt sein; dennoch muß die dramatische Pasquino-Gruppe – damals gedeutet als Ajax, den gefallenen Patroklos vom Schlachtfeld forttragend – ein Stück davor gedacht werden, noch weiter vorn die etwas klein geratene Nachbildung des Marmorthrons. Zwischen diesem und dem nur noch ausschnittweise in den Vordergrund hineinragenden Kopf des Löwen von Canovas Grabmal Clemens' XIII. würde nur eine große Entfernung den Größensprung rechtfertigen. Zudem will der Fußboden unter den Füßen des Betrachters wegsinken. Ebenso wird das linke Bilddrittel verrätselt: Daß die Säule ganz links am Bildrand, die eine Aphrodite halb verbirgt, viel weiter vorn gedacht werden muß als die hinter der Pasquino-Gruppe, läßt sich nur berechnen, nicht wirklich sehen, und erst recht undeutlich bleiben die Größenverhältnisse im nächsten Joch. Der um Vergewisserung bemühte, schweifende Blick kann sich einzig an der Flucht der Deckenbalken orientieren: Alles andere geht gegen die hier gesetzte kompositionelle

Abb. 2. Christen Købke, Abgußsammlung Charlottenborg (1830). Kopenhagen, Sammlung Hirschsprung

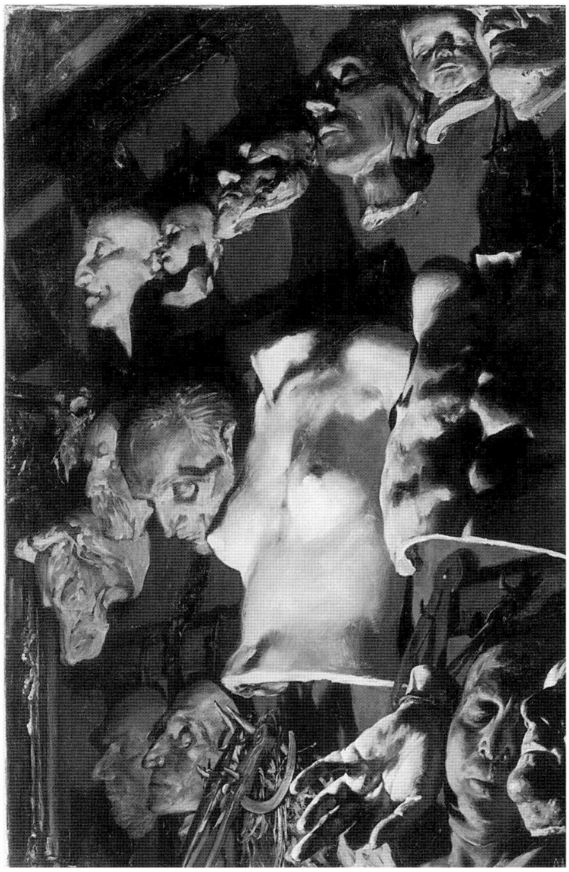

Abb. 4. Adolph Menzel, Die Atelierwand (1872). Hamburg, Kunsthalle

Abb. 3. Charles Winter, Atelier, Daguerrotypie (um 1850)

Spielregel. In diesem Zusammenhang hat auch der Verzicht auf modellierende Lichter in den Vordergrundsmotiven seinen Sinn. Das ist kein Nonfinito – das Werk ist signiert. Der Zeichner sucht der Erfahrung gerecht zu werden, daß das menschliche Auge die Gegenstände in seinem Blickfeld nicht in gleichmäßiger Deutlichkeit erfaßt: Je weiter entfernt vom Focus, desto summarischer – dies wurde bereits in der zeitgenössischen Kunstlehre gelegentlich reflektiert. Auch in frühen Bildern von Menzel, etwa dem »Balkonzimmer«, läßt sich Ähnliches bemerken.

Die von den Kupferstichen her vertrauten ›Hauptansichten‹ sind nur bei zwei oder drei Figuren eingehalten, die entweder durch große Entfernung oder durch Überschneidungen benachteiligt sind. Der jugendliche Bacchus (?) rechts erscheint in überraschender Unteransicht und zudem unvollständig, von der Venus ganz links gerät nur die Hälfte der Rückseite ins Bild. Ihr wenden sich, in bedenklicher Überschreitung der »ästhetischen Grenze«, Blick und Helmspitze des Ajax/Menelaos aus der Pasquino-Gruppe zu, die dazu in eine höchst ausdrucksvolle, aber im Sinne kompositioneller Klarheit fragwürdige Profilansicht gerückt worden ist. Ein Motiv, das konkurrenzlos alle anderen überragen könnte, wird durch Züge von Beiläufigkeit und Willkür – wozu auch der wie zufällig davor abgestellte Thron gehört – abgewertet. Daß der Anblick des gefallenen Kriegers im August 1848 Erinnerungen an die Opfer der Barrikadenkämpfe ausgelöst haben dürfte, wie Marie U. Riemann-Reyher vermutet, bleibt davon ganz unberührt: die an der Erde schleifende Hand des Patroklos spricht für sich. Wesentlich ist hier, daß Menzels Komposition ihre vielgerühmten Gegenstände keineswegs als zeitlos klassisch interpretiert, sondern als materiell und örtlich gebunden, als durch die Willkür der Kombination ästhetisch angreifbar, als abhängig von der wechselnden Einstellung des Betrachters.

Wenige Jahre darauf wird eine merkwürdige Daguerreotypie des vielseitigen Photographen Charles Winter in Strasbourg (Abb. 3) entstanden sein: auf den ersten Blick die Darstellung eines Künstlerateliers, in Wahrheit, technisch ähnlich den aus vielen Negativen montierten allegorischen Kompositionen des in London tätigen Oscar G. Rejlander, eine vielteilige Allegorie der Zusammengehörigkeit aller Künste einschließlich der Musik, in der Reduktionen berühmter Antiken neben vielen anderen Atelierrequisiten vorkommen; unter diesen sind auch gipserne Tiermodelle – bis hinunter zum Schwein, einer deutlichen Anspielung auf »le réalisme«. Die konfusen Bestandteile der Komposition sind durch ein ausgeklügeltes System dynamischer Diagonalen vernetzt, doch nicht vereint. Man denkt an Friedrich Schlegel, der die deutsche Poesie in ihrer wahllosen Aneignung unterschiedlicher Vorbilder einen »ästhetischen Kramladen« nannte (Über das Studium der griechischen Poesie, 1795); man glaubt sich in das unaufgeräumte Lager eines luxuriösen Warenhauses versetzt – oder eines Museums – und erinnert sich, wie Paul Valéry, in schneidendem Widerspruch zum Selbstverständnis dieser Institution, sie als ein »Haus der Inkohärenz« beschrieb.

Menzels Komposition ist schlichter und konsequenter. Ihr fehlt der satirische Akzent. In seiner berühmten »Ästhetik des Häßlichen« hat Karl Rosenkrantz 1853 das Zusammenhanglose und Verworrene als eine der Erscheinungsformen jener Mittellage zwischen dem Schönen und dem Komischen beschrieben. In der Zusammenhanglosigkeit der Antiken in Menzels »Aufbewahrungssaal« zersetzt sich die klassische Vorstellung von Maß, Ordnung und Schönheit – jener Schönheit, die Hegel als »das dem griechischen Volke zugeteilte Geschenk« pries. Doch sie geht bereits in ein anderes, ebenso weltumfassendes Vorstellungssystem über, in dessen praktischer Ausarbeitung Menzel gegen 1848 bereits weit gediehen ist. Im Unterschied zu Zeitgenossen, die »die Antike« polemisch karikieren – am großartigsten: Daumier –, sucht er in der Befreiung vom klassischen Maß, der klassischen Ordnung eine neuartige Schönheit der Disharmonie.

Die Erinnerung an die »Ruinencapricci« des 18. Jahrhunderts liegt nahe. Doch im Unterschied zu diesen und zu den meisten anderen Darstellungen von Antiken und Antikennachbildungen in Museen, Lehrsälen und Ateliers ist Menzels »Aufbewahrungssaal« menschenleer, was die Eigenexistenz und die elementare Symbolkraft der Gipse steigert. Nicht anders in den beiden Bildern seiner Atelierwand in unruhevoller Ausleuchtung von unten her. Auf dem ersten in Berlin sucht man die Antiken vergebens; in einer zeitgenössischen Beschreibung der Werkstatt in der Ritterstraße ist denn auch die Rede von seiner Vorliebe für Naturabgüsse. Grundsätzlich unterscheiden sich die Gipssammlungen der Künstler (und der Akademie-Lehrklassen) von denen der Museen und Liebhaber durch die entschiedene Bevorzugung der Fragmente. Denn da nicht Antikenstudium als solches bezweckt wird, sondern eine Orientierung im Hinblick auf bestimmte Werkabsichten, erscheint das katalogartige Angebot, einem Ersatzteillager ähnlich, angemessener; die Teilabgüsse sind nicht nur erschwinglicher und platzsparender, sie sind auch geistig disponibler.

Die zweite »Atelierwand« von 1872 in der Hamburger Kunsthalle (Abb. 5) zeigt statt der willkürlich abgebrochenen *membra*, deren Anordnung die Erinnerung an einen ganzen Körper bewahrt, ordentlich beschnittene Torsi vermutungsweise benennbarer Antiken – Laokoon, Knidische Aphrodite –, umgeben von Totenmasken, deren Identität großenteils immerhin wahrscheinlich ist. Die Wand gleitet schräg am Betrachter vorbei. Leben und Tod, Akte und Letzte Antlitze, sind dicht beieinander, und das Feuer der Malerei weckt den matten Gips so suggestiv zum Leben, daß man den Aphrodite-Torso auch für einen Lebendabguß halten konnte. In einer schon klassischen Interpretation hat Werner Hofmann darin die »Antwort eines Realisten auf die Frage nach der Vorbildlichkeit des akademisch beglaubigten Formenkanons« erkannt.

Eine Antinomie ist aufgebrochen. Unter dem Zeichen der modernen arbeitsteiligen Kurzsichtigkeit, die, wie dem einzelnen Menschen, so dem einzelnen Berufszweig einen totalen Blick versagt, sucht die Altertumswissenschaft Kenntnis, Ordnung, Einteilung. In demselben Maße, in dem das öffentliche Museum die Rolle übernimmt, die zuvor den aristokratischen Privatsammlungen zukam, wird die weit ausgreifende Gelehrsamkeit der Corpuswerke des 18. Jahrhunderts durch die Kleinteiligkeit »streng wissenschaftlicher« Inventare und Kataloge abgelöst. Was dem Künstler als Vorratskammer diente, wird dem Historiker zur Asservatenkammer. Da die Kunstgeschichte sich der Bezugnahme auf das gegenwärtige Leben eskapistisch enthält, ist die Kunst selbst berufen, den kritischen Akzent zu setzen, die moderne Wirklichkeit dem autoritären Idealismus entgegenzustellen. Die gipsernen Schatten antiker Kunst bieten dazu ein willkommenes Objekt, sind sie doch in Wahrheit moderne Erzeugnisse! Ebenso vermag ihre Bruchstückhaftigkeit die neue Zerstückelung der erlebten Welt vollkommen auszudrücken. Gleichzeitig aber gibt es eine gegenläufige Tendenz. Von Schinkels »Blick in Griechenlands Blüte« (1825; Kat.-Nr. 562) über Anselm Feuerbachs zwei Fassungen des platonischen »Gastmahls« (1869 und 1873) bis zu Max Klingers »Christus im Olymp«, um nur deutsche Beispiele zu nennen, kennt das 19. Jahrhundert die kulturhistorisch-kulturphilosophische Synthese im Blick auf die Antike. Doch bezeichnenderweise kommt sie ohne erheblichere Rückgriffe auf klassische Form aus.

Ganz am Ende des Jahrhunderts aber, als die Zeitschrift »Die Gegenwart« vierzehn Künstler fragt: »Halten Sie das Zeichnen nach Gyps für ein Studium nach der Natur? und für nützlich?« schnürt Menzel Antike und Natur zu einem Paket: »Alles Zeichnen ist nützlich und Alles zeichnen auch!«

Literatur: J. Grossmann, Künstler, Hof und Bürgertum. Leben und Arbeit von Malern in Preußen 1786–1850 (1994) 35–58; B. Maaz – K. Stemmer (Hrsg.), Berliner Gypse des 19. Jahrhunderts. Von der Idee zum Gipsabguß (1993); F. Schlegel, Kritische Schriften (1956) 118; G. F. H. Hegel, Ästhetik I (1976) 422; J. Howoldt – S. Hauschild, Menzels Atelierwand, Ausstellungskat. Hamburg (1999) mit Lit.

599 Adolph Menzel, Aufbewahrungssaal der Gipsabgüsse im Alten Museum

Deck- und Wasserfarben sowie farbige Kreide auf Tonpapier; 46,2 x 58,8 cm
Bz. Ad. Menzel, 26. August 1848
Berlin, Kupferstichkabinett SMB-PK Inv. 1761

Literatur: Staatliche Museen zu Berlin (Hrsg.), Adolph Menzel, Ausstellungskat. (1980) 173. 312 Nr. 9.

600 a–d Adolph Menzel, Vier Ansichten des Dornauszieher Castellani (London) nach dem Abguß (um 1879)

Bleistift, je 20 x 12,8 cm
Berlin, Kupferstichkabinett SMB-PK Inv. SZ Menzel N 894–7

601 Adolph Menzel, Studien nach dem Abguß des sog. Ilissos aus dem Parthenon-Westgiebel (London)

Bleistift, 26 x 40 cm (signiert und datiert)
Berlin, Kupferstichkabinett SMB-PK Inv. SZ Menzel N 215

Kat.-Nr. 599

Kat.-Nr. 601

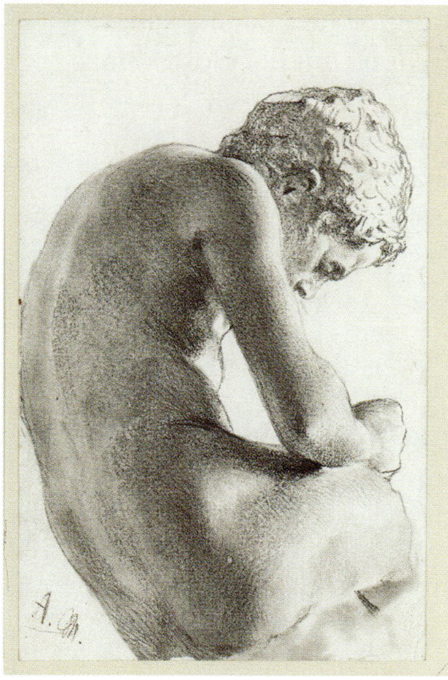

Kat.-Nr. 600 a

Kat.-Nr. 603

Kat.-Nr. 600 b

Kat.-Nr. 602

Kat.-Nr. 604

602 Adolph Menzel, Schleifender Skythe (Florenz), nach dem Abguß

Bleistift, 15,9 x 15,9 cm (oben abgerissen)
Berlin, Kupferstichkabinett SMB-PK Inv. SZ Menzel N 3974

603 Adolph Menzel, Die Hebe des Canova und zwei Putten (1875/85)

Bleistift, 20 x 12,7 cm
Berlin, Kupferstichkabinett SMB-PK Inv. SZ Menzel N 3995

604 Abguß des sog. Schleifers aus einer hellenistischen Gruppe mit der Bestrafung des Marsyas

H 1,04 m, B unten 0,54 m, T 1,09 m
Original: Florenz, Uffizien Inv. A 68
Berlin, Abgußsammlung, Standort Hohenschönhausen Inv. SH 212

C. K.

Werner Oechslin

Klassische Antike aus der (französischen) Sicht des Mittelmeerraums

Klassik ist trotz ihres Allgemeinheitsanspruches stets auch eine Frage der Sichtweise der unterschiedlichen ›Kulturnationen‹. Das moderne Frankreich entdeckt das Klassische über das Mittelmeer. Dort entsteht die neue, ›klassische‹ Grundlage der modernen Kunst im Kubismus; dort gründet Paul Valéry seine Mittelmeerakademie. Nähe und Affinität bestimmen hier die Diskussion – und nicht Kontrast oder gar Gegensatz im Nord-Süd-Gefälle und in der Folge die mühsam erzwungene Synthese aus Griechen- und Germanentum. Frankreich ist sich seiner »vocation classique« sicher.

Alle Bücher aus Einsiedeln, Stiftung Bibliothek Werner Oechslin

605 Pablo Picasso, Der Bildhauer und sein Werk. Cannes, 1933

Aquarell, Gouache, Feder mit Tusche auf Papier; 39,5 x 50 cm
Berlin, Nationalgalerie SMB-PK, Sammlung Berggruen

Literatur: P.-K. Schuster u. a., Picasso und seine Zeit – Die Sammlung Berggruen (1996) 134 f. Nr. 49.

Kat.-Nr. 605

606 Louis Süe – André Mare

Architectures. Recueil comprenant un dialogue de Paul Valéry et la présentation des ouvrages d'architecture, décoration intérieure, peinture, sculpture et gravure contribuant depuis mil neuf cent quatorze a former le style français
Paris 1921

607 Paul Valéry

Eupalinos ou l'architecte précédé de l'âme et la danse
Paris 1923

608 Paul Valéry

Eupalinos ou l'architecte
Paris 1926

609 Paul Valéry

Projet d'organisation du centre universitaire méditerranéen de Nice
Nizza 1933

610 »Les œuvres classiques sont peut-être celles qui peuvent se refroidir sans périr, sans se décomposer«

Paul Valéry, Quelques notes
Paris 1928

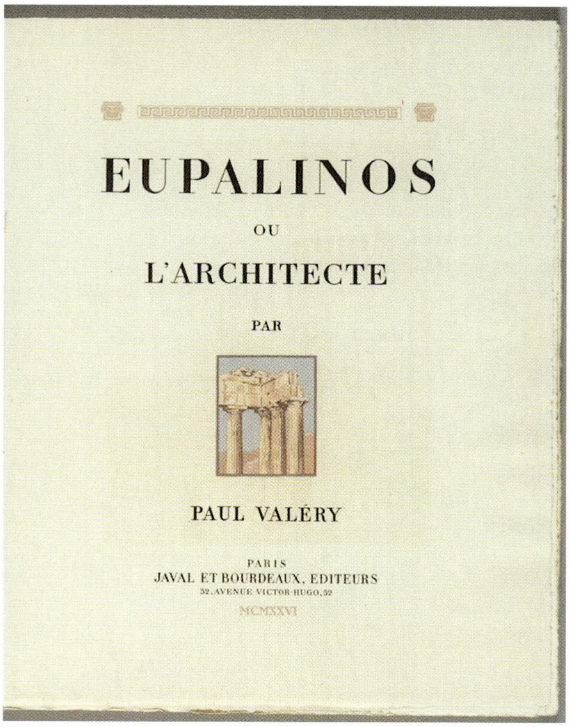

Kat.-Nr. 608

Kat.-Nr. 609

611 Amédée Ozenfant

Tour de Grèce
Paris 1938

612 La charte d'Athènes avec un discours liminaire de Jean Giraudoux

Paris 1943

Kat.-Nr. 611

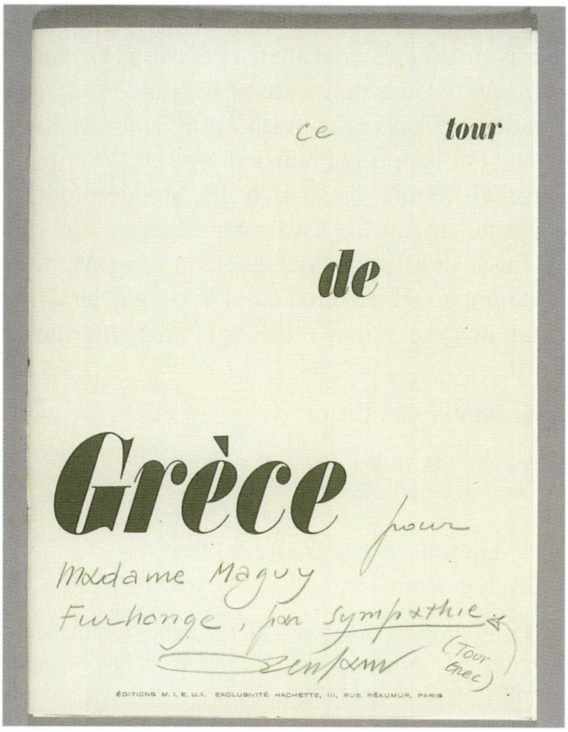

Kat.-Nr. 611

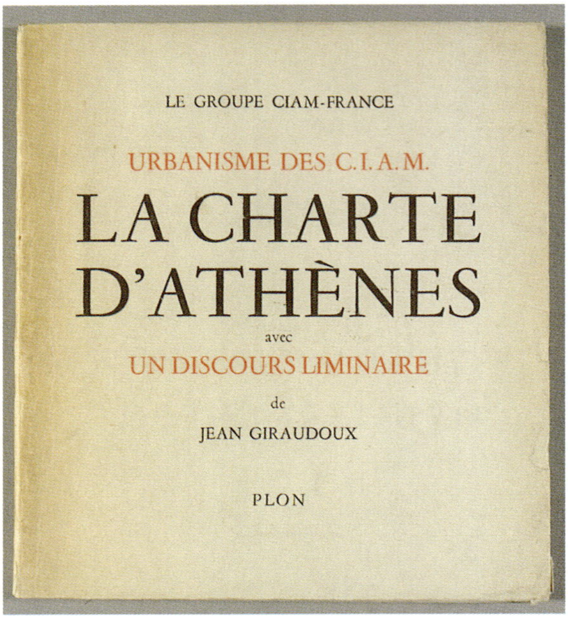

Kat.-Nr. 612

613 Le Corbusier

La Charte d'Athènes
Paris 1957

614 Le Corbusier

An die Studenten. Die »Charte d'Athènes«. Mit einem Vorwort von Jean Giraudoux
Reinbek bei Hamburg 1962

615 Le Corbusier

The Athens Charter. With a new foreword by Josep Lluis Sert
New York 1973

W. Oe.

Werner Oechslin

Nachahmung, Imitation versus Abstraktion, Teil 1

Ob man darin die entscheidende Differenz entdeckt, die die Kunst des 20. Jahrhunderts (»figürlich« vs. »abstrakt«) geteilt hat, oder nicht, in diesem Spannungsfeld spielt sich vieles und Entscheidendes ab, was auch das Verhältnis zur Antike und die Neubestimmung des Klassischen betrifft. Die Wiederholung klassischer Tempelfronten ist kein Privileg und keine Ausschließlichkeit totalitärer Systeme. Seit Palladio ist das Motiv im wörtlichen Sinne domestiziert und selbst für Gartenhaus, geschweige denn für Justiz- und Bankengebäude verfügbar (»dorique formaliste pour Bourses de commerce«, wie es Ozenfant auf den knappen Nenner bringt). Mehr Säulen als die gesamte Geschichte zuvor hat das ›moderne‹ 20. Jahrhundert aufgerichtet. Das entspricht dem, was in den USA als »the most lasting and revealing records of a civilization« in den Bauten erkannt und mit dem Parthenon symbolisiert wird.

Dagegen und gegen die Gefahr geschichtlicher Pauschalisierung, sucht sich die Moderne durch ›Abstraktion‹ zu retten. »La libération est dans ce dessin«, meint Le Corbusier bezogen auf die Reduktion der Säulenordnung auf ihre geometrische Basis und Gesetzmäßigkeit in Jean Martins Vitruv-Ausgabe (1547). Proportion, Form und ihre ›Invarianten‹, Horizontale und Vertikale, sind die abstrakten Gesetzmäßigkeiten der Moderne, exemplarisch umgesetzt in den Bildern Piet Mondrians.

Alle Bücher aus Einsiedeln, Stiftung Bibliothek Werner Oechslin

616 Piet Mondrian, Komposition in Blau, Schwarz, Gelb und Rot

Gouache auf Papier; 41 x 49 cm
Signatur unten rechts: P. M. 1922
Berlin, Nationalgalerie SMB-PK Inv. B 597

617 Henry van Brunt

Greek lines and other architectural essays
Boston – New York 1893

618 Graphisch-lineare Reduktion des ionischen Kapitells

In: Henry William Inwood, The Erechtheion at Athens. Fragments of Athenian Architecture and a few remains in Attica Megara and Epirus
London 1831

Kat.-Nr. 616

619 »Fleuron grec«

In: Cours du dessin pour les Écoles primaires
La Chaux-de-Fonds 1894

620 »Greek. Copyright 1903«

In: Herm Lindenberg, The Acanthus Leaf, applied to the various styles
New York 1903

621 Nature dorique – nature ionique

In: Amédée Ozenfant, Art. Bilan des arts modernes en France
Paris 1928

622 Amédée Ozenfant

Upon beautiful form or do You like Mushrooms? Eggs? Snails?
In: »Plus«, Nr. 3 (o. J.)

623 Lois d'harmonie

In: André Lurçat, Formes composition et lois d'harmonie. Éléments d'une science de l'esthétique architecturale
Paris 1953

Kat.-Nr. 617

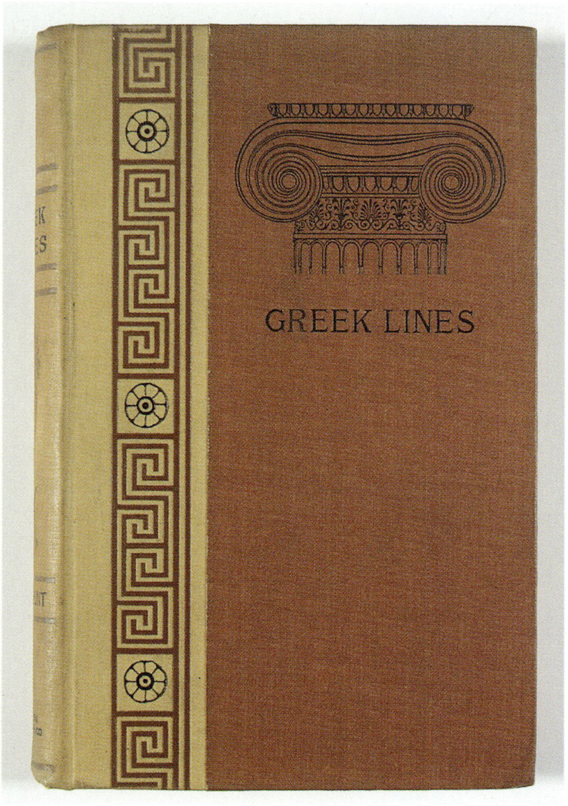

Kat.-Nr. 618

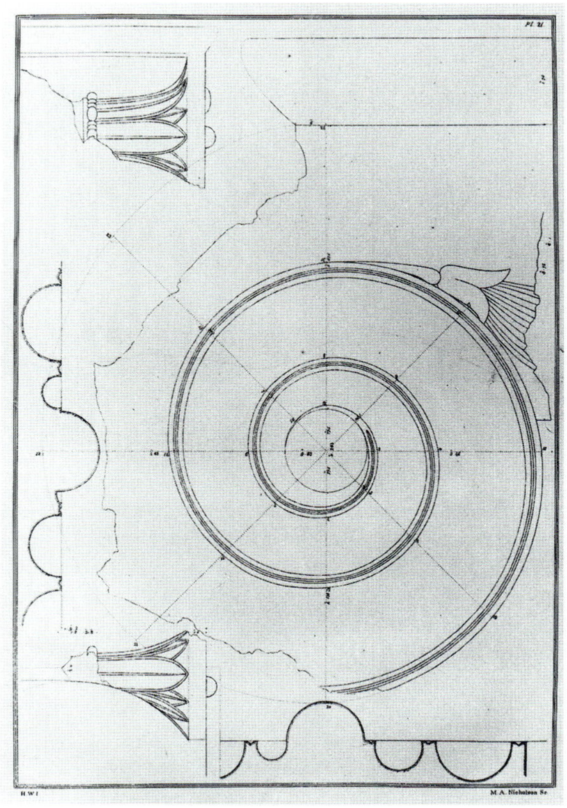

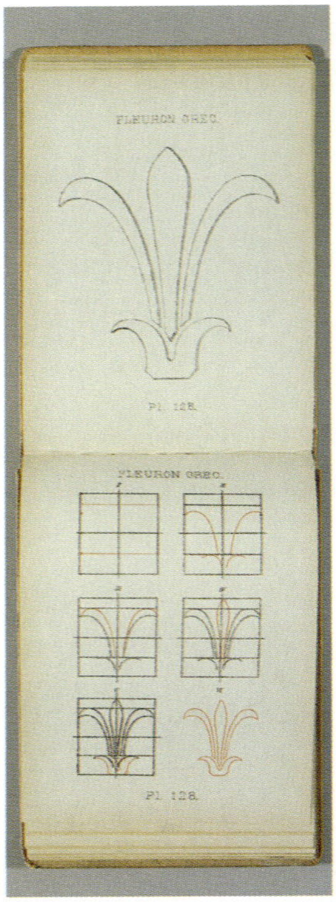

Kat.-Nr. 619

Kat.-Nr. 620

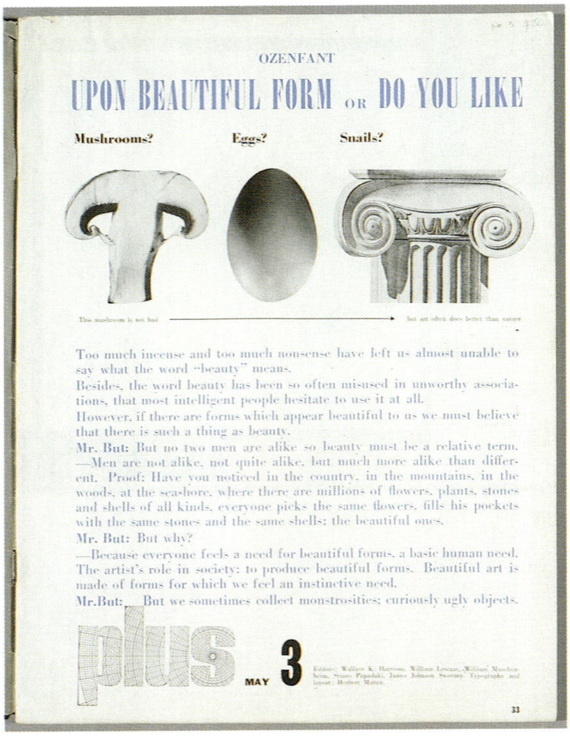

OZENFANT

UPON BEAUTIFUL FORM OR DO YOU LIKE

Mushrooms? Eggs? Snails?

This mushroom is not bad ⟶ but art often does better than nature

Too much incense and too much nonsense have left us almost unable to say what the word "beauty" means.
Besides, the word beauty has been so often misused in unworthy associations, that most intelligent people hesitate to use it at all.
However, if there are forms which appear beautiful to us we must believe that there is such a thing as beauty.
Mr. But: But no two men are alike so beauty must be a relative term.
—Men are not alike, not quite alike, but much more alike than different. Proof: Have you noticed in the country, in the mountains, in the woods, at the seashore, where there are millions of flowers, plants, stones and shells of all kinds, everyone picks the same flowers, fills his pockets with the same stones and the same shells: the beautiful ones.
Mr. But: But why?
—Because everyone feels a need for beautiful forms, a basic human need. The artist's role in society: to produce beautiful forms. Beautiful art is made of forms for which we feel an instinctive need.
Mr.But: But we sometimes collect monstrosities; curiously ugly objects.

plus MAY 3

33

Kat.-Nr. 622

Kat.-Nr. 621

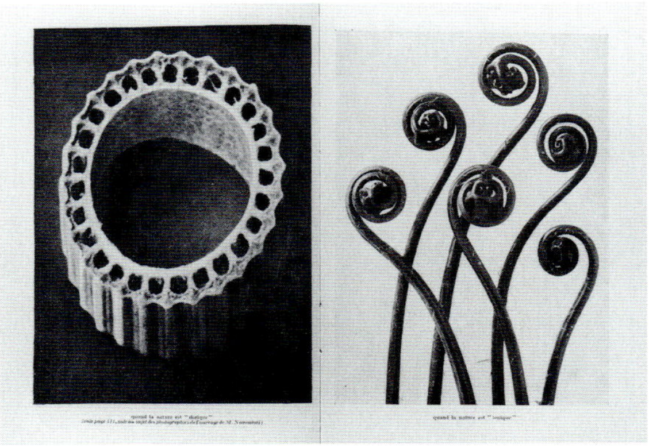

Kat.-Nr. 625

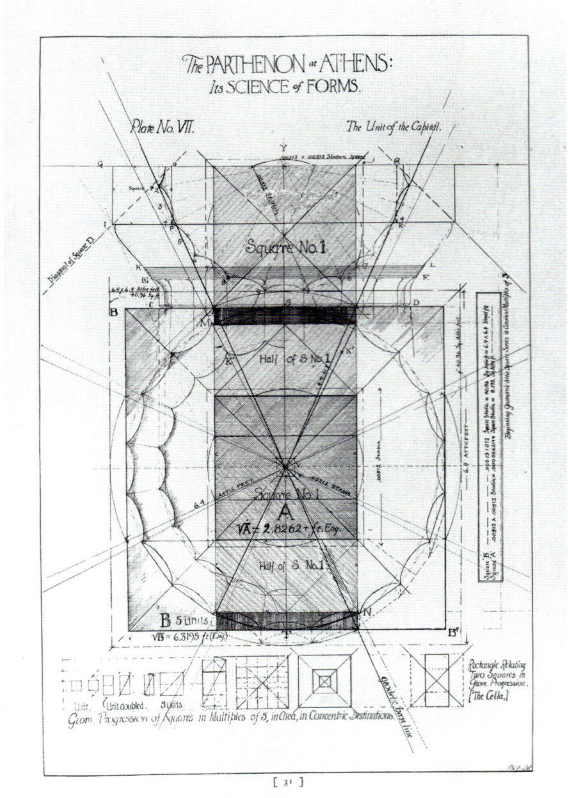

624 August Thiersch

Proportionen in der Architektur. Ein Versuch zur Wiederherstellung der Lehre von der Analogie
In: Handbuch der Architektur, vierter Teil. Entwerfen, Anlage und Einrichtung der Gebäude, 1. Halbband: Architektonische Konstruktion
Stuttgart 1904

625 Robert W. Gardner

The Parthenon / its science of forms
New York City 1925

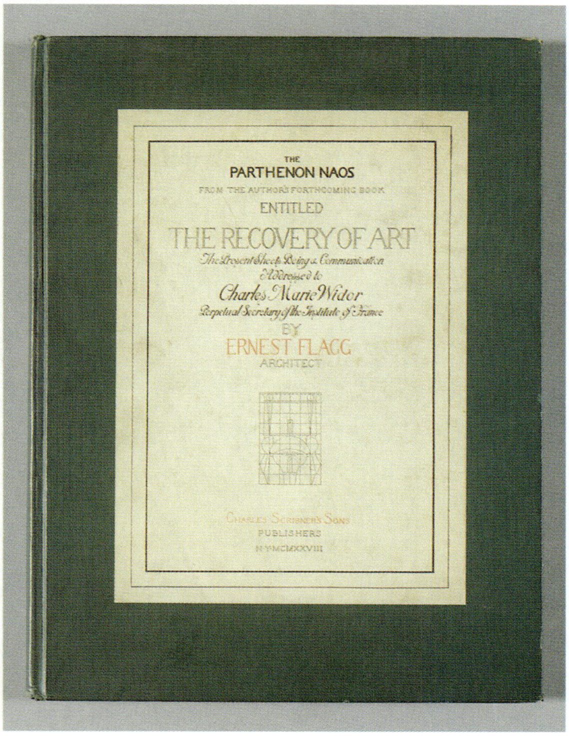

Kat.-Nr. 626

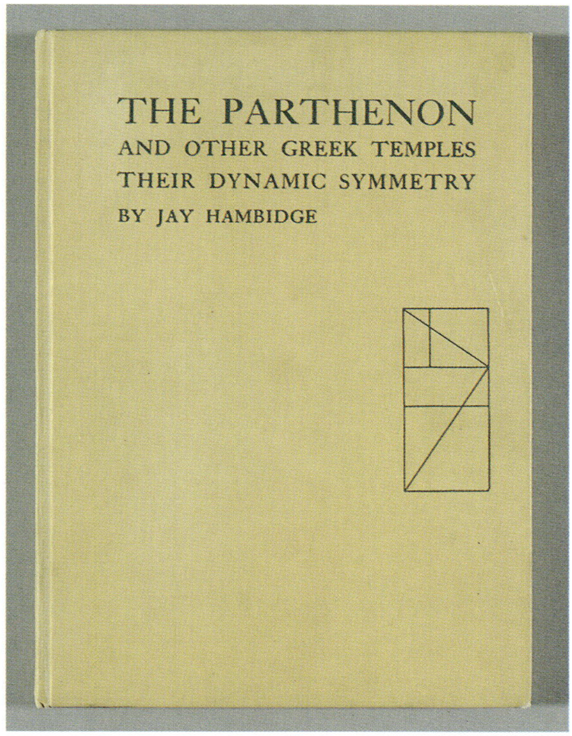

Kat.-Nr. 627

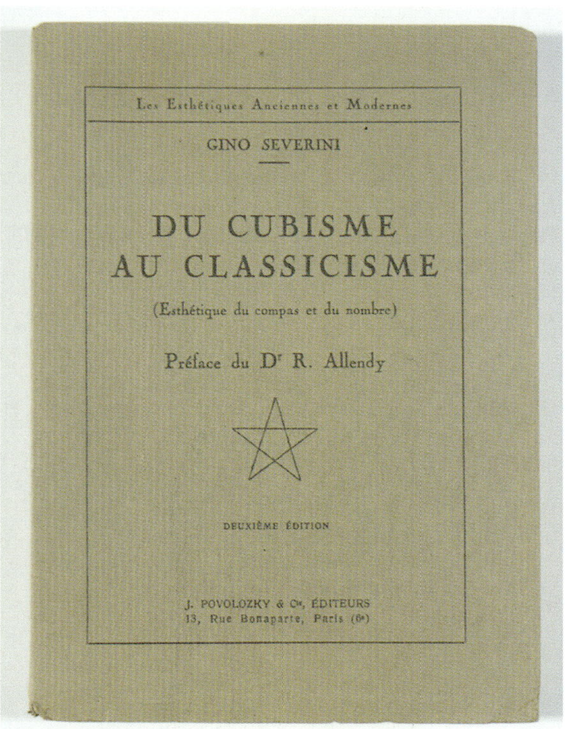

Kat.-Nr. 633

Kat.-Nr. 628

626 Ernest Flagg

Le naos du Parthenon du livre de l'auteur prêt à paraître intitulé le Recouvrement de l'art
New York 1928

627 Jay Hambidge

The Parthenon and other greek temples. Their dynamic symmetry
New Haven – London 1924

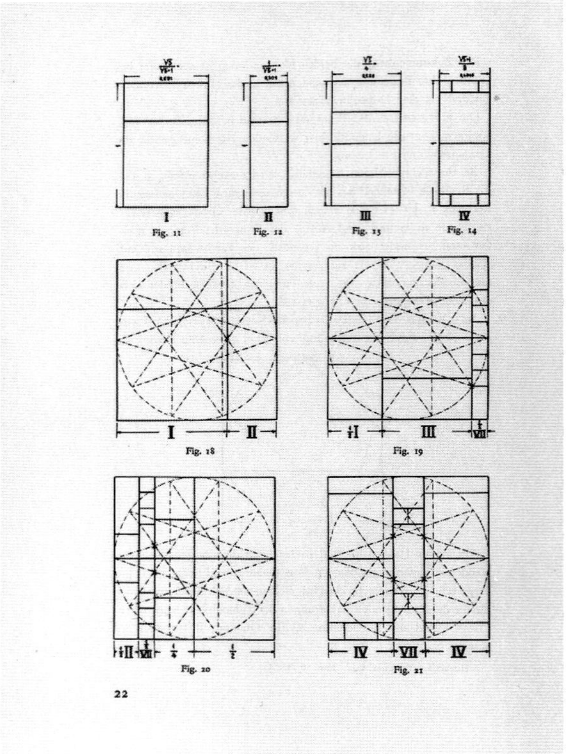

Kat.-Nr. 629

Kat.-Nr. 632

628 Le Corbusier

Modulor 1 (Boulogne 1958) und 2 (Boulogne 1959). (La parole est aux usagers)

629 Lucie Wolfer-Sulzer

Das geometrische Prinzip der griechisch-dorischen Tempel
Winterthur 1939

630 Décompositions harmoniques

In: Matila C. Ghyka, Essai sur le rythme
Paris 1938

631 »Sous leurs yeux, ce dessin classé ›dorique‹ rétablissait l'orthogonal«

Le Corbusier, Une maison – un palais. A la recherche d'une unité architecturale
Paris 1928

632 Stamo Papadaki, Grecia. Projekt für ein Kolumbusmonument

In: Alberto Sartoris, Gli elementi dell'architettura funzionale
Prefazione di Le Corbusier: Sintesi panoramica dell' architettura moderna
Mailand 1932

633 Gino Severini

Du cubisme au classicisme. (Esthétique du compas et du nombre)
Paris 1921

634 Theo van Doesburg

Classique-baroque-moderne
Paris 1921

W. Oe.

Werner Oechslin

Neue und alte Ergründungen des ›Klassischen‹: das Janusgesicht der Klassik

Wenn sich das Klassische durch seine über die unmittelbare Geschichte hinausragende Gültigkeit zu beweisen hat, so ist dies auch jederzeit neu zu begründen. Das schlägt sich in einem umfassenden Schrifttum nieder, das gleichwohl unterschiedliche und gegensätzliche Vorstellungen der Idealisierung dokumentiert. Für Le Corbusier wird das, was Le Roy im Anblick der Ruinen als »imperfection« erkannt hat, zur absoluten »perfection« und zum Standard. Darüber gibt es – im halbreligiösen Schein der Pilgerfahrt auf die Akropolis – scheinbar nur noch Gebet und Pathos. »C'est la manière de Dieu«, läßt Valéry in seinem »Eupalinos« sagen. »L'art classique repose essentiellement sur le rapport équilibré de l'essence et des phénomènes, ou, autrement dit, sur le rapport harmonieux de l'Universel et du particulier.« Idealität aus der Projektion, im Klassischen vereint und zusammengefaßt, »Volk, Staat, Sprache« (Wilamowitz-Moellendorff) und ein künftiges »Lebensideal« (Werner Jaeger) ergreifend.

Alle Bücher aus Einsiedeln, Stiftung Bibliothek Werner Oechslin

635 Edgar Quinet

Vie et mort du génie grec
Paris 1878

Kat.-Nr. 635

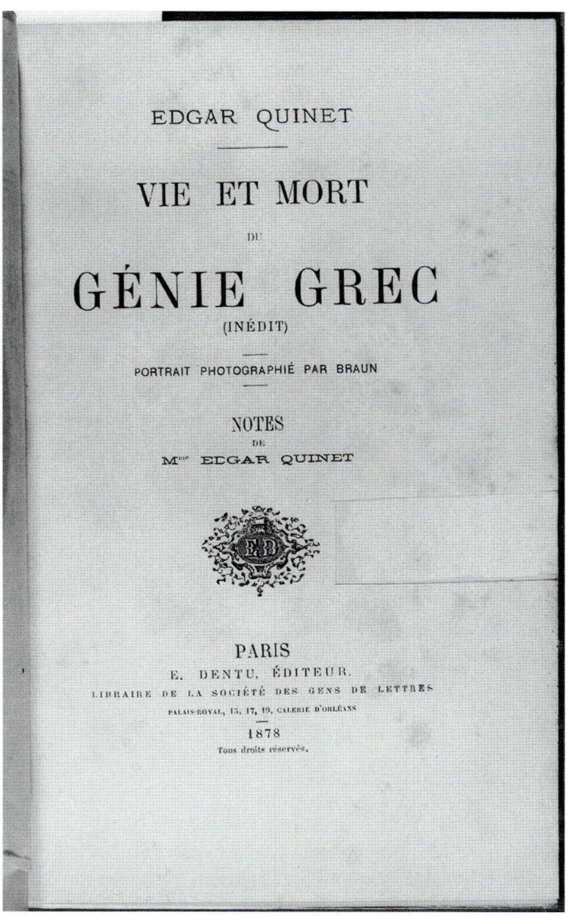
EDGAR QUINET

VIE ET MORT DU GÉNIE GREC (INÉDIT)

PORTRAIT PHOTOGRAPHIÉ PAR BRAUN

NOTES DE Mme EDGAR QUINET

PARIS
E. DENTU, ÉDITEUR,
LIBRAIRE DE LA SOCIÉTÉ DES GENS DE LETTRES
PALAIS-ROYAL, 15, 17, 19, GALERIE D'ORLÉANS
1878
Tous droits réservés.

Kat.-Nr. 642

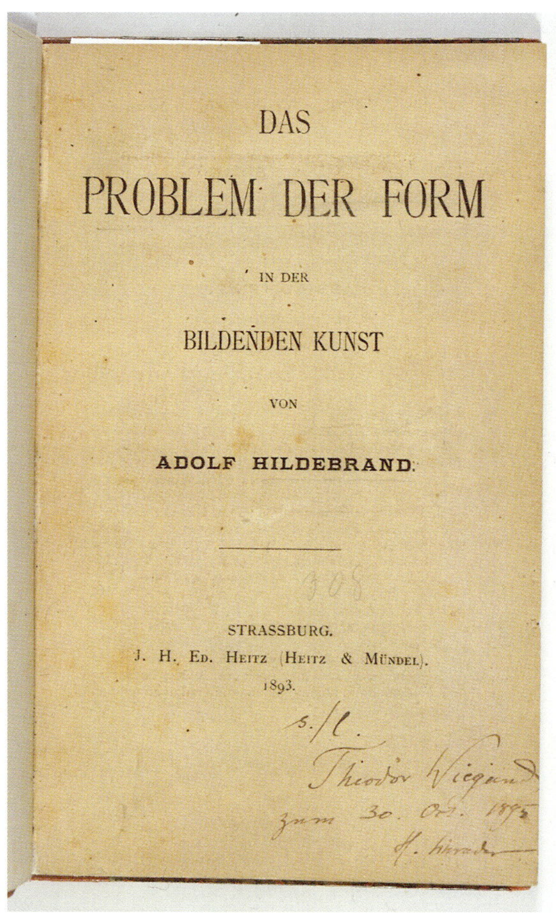
DAS PROBLEM DER FORM IN DER BILDENDEN KUNST

VON

ADOLF HILDEBRAND.

STRASSBURG.
J. H. ED. HEITZ (HEITZ & MÜNDEL).
1893.

Parthénon

Cliché Morancé

ARCHITECTURE

III

PURE CRÉATION DE L'ESPRIT

PAR

LE' CORBUSIER-SAUGNIER

On met en œuvre de la pierre, du bois, du ciment ; on en fait des maisons, des palais ; c'est de la construction. L'ingéniosité travaille.

Mais tout à coup, vous me prenez au cœur, vous me faites du bien, je suis heureux, je dis : c'est beau. Voilà l'architecture. L'art est ici.

Ma maison est pratique. Merci, comme merci aux ingénieurs des che-

Kat.-Nr. 640

Kat.-Nr. 639

636 Ernest Renan

Souvenirs d'enfance et de jeunesse
Paris 1883

637 Élie Faure

Histoire de l'Art. L'Art antique
Paris 1909

638 »L'Esprit Nouveau«. Revue internationale illustrée de l'activité contemporaine, Nr. 16

Le Corbusier-Saugnier
Architecture. Pure création de l'esprit
Paris o. J.

639 »Stile«.
Editoriale Domus Milano

Mailand o. J. (1936)

640 Le Corbusier

Vers une architecture. Nouvelle édition revue et augmentée
Paris 1924

641 Jean M. Birr

Architecture. Quelques lois
Paris 1939

642 Adolf Hildebrand

Das Problem der Form in der Bildenden Kunst
Straßburg 1893

643 Heinrich Wölfflin

Die klassische Kunst. Eine Einführung in die italienische Renaissance
München 1899

644 Jean Cocteau

Le rappel à l'ordre
Paris 1926

645 »L'essence du classicisme est de venir après«

Paul Valéry
Situation de Baudelaire
Paris 1924

646 Gottfried Hermann

Sammelband mit 22 Gratulationsblättern zum 50jährigen Magisterjubiläum am 19. Dezember 1840
Int.16: Pro salute Godofredi Hermanni... Societatis graecae... sodales.

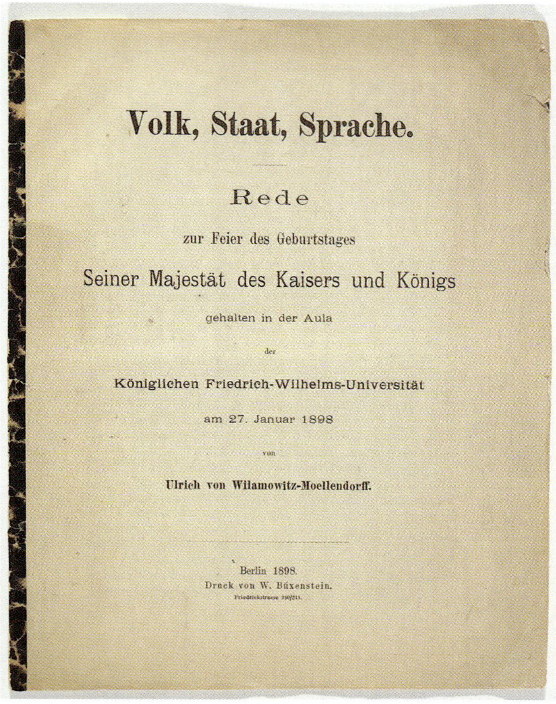

Kat.-Nr. 648

Kat.-Nr. 650

Kat.-Nr. 649

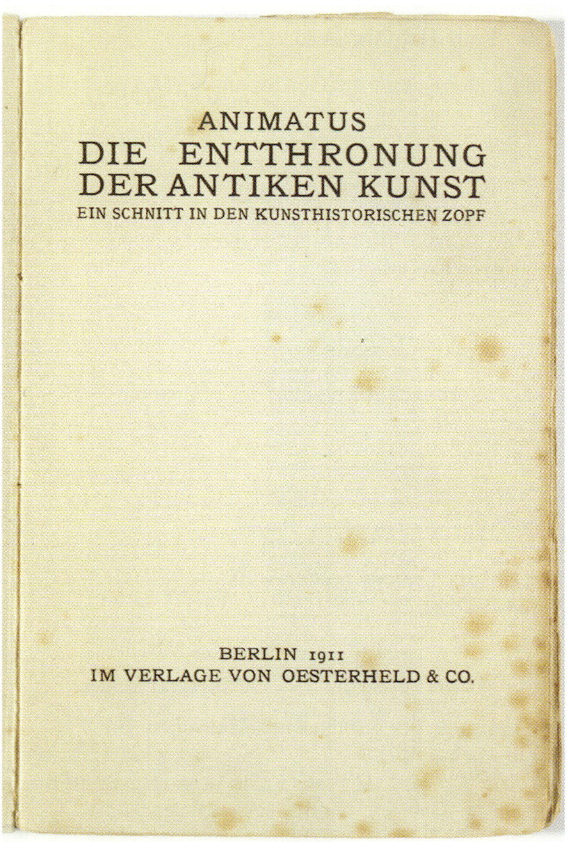

Kat. Nr.-657

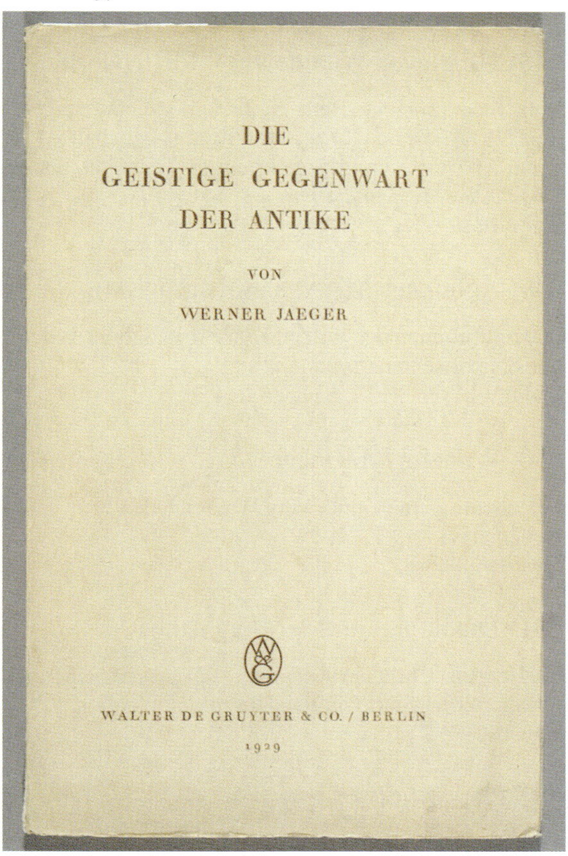

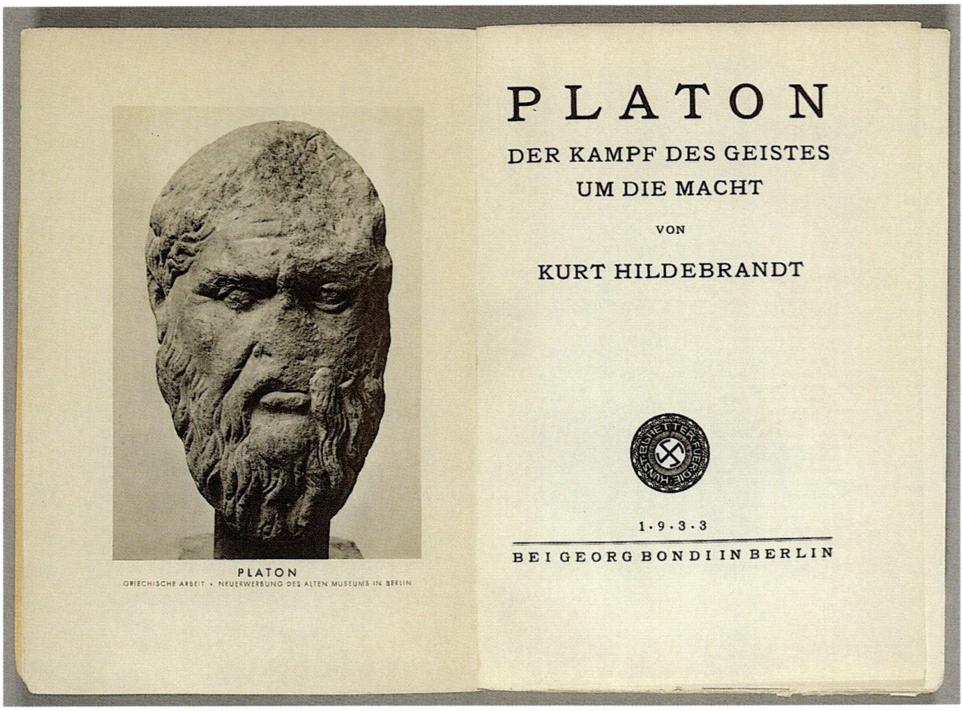

Kat.-Nr. 654

647 »Der Weltgang der griechischen Kultur«

Ernst Curtius, Alterthum und Gegenwart. Gesammelte Reden und Vorträge
Berlin 1875

648 Ulrich von Wilamowitz-Moellendorff

Volk, Staat, Sprache. Rede zur Feier des Geburtstages Seiner Majestät des Kaisers und Königs gehalten in der Aula der Königlichen Friedrich-Wilhelms-Universität am 27. Januar 1898
Berlin 1898

649 Animatus (Mierzyslaw Natrowski)

Die Entthronung der antiken Kunst. Ein Schnitt in den kunsthistorischen Zopf
Berlin 1911

650 Wilhelm Worringer

Griechentum und Gotik. Vom Weltreich des Hellenismus
München 1928

651 Dinokrates und der Berg Athos

In: Hendrik Christian Andersen – Ernest M. Hébrard, Création d'un centre mondial de communication
Paris 1913

652 Max Klinger

»Integer Vitae scelerisque purus«, 1900

653 Hans Rose

Klassik als künstlerische Denkform des Abendlandes
München 1937

654 Kurt Hildebrandt

Platon. Der Kampf des Geistes um die Macht
Berlin 1933

655 Wolfgang Schadewaldt

Goethe und das Erlebnis des antiken Geistes
Freiburg im Breisgau 1932

656 Werner Jaeger

Über Ursprung und Kreislauf des philosophischen Lebensideals
Berlin 1928

657 Werner Jaeger

Die geistige Gegenwart der Antike
Berlin 1929

658 Werner Jaeger

Die Formung des griechischen Menschen, Bd. 1
Berlin – Leipzig 1934
Mit dem Stempel: »Geprüft. Keine Beanstandungen. Kommission zur Säuberung der Büchereien. Rostock.«

W. Oe.

Ekkehart Krippendorff

Klassikrezeption im ›Dritten Reich‹

»Ein Lump bleibt freilich ein Lump, und eine kleinliche Natur wird durch einen selbst täglichen Verkehr mit der Großheit antiker Gesinnung um keinen Zoll größer werden.«

(Goethe, 1827)

Im Herbst 1937 führte der später in Buchenwald inhaftierte Eugen Kogon ein Gespräch mit einem von ihm in seinem 1946 geschriebenen Buch »Der SS-Staat« namentlich nicht genannten »wohlinformierten, überlegenen, absolut nicht dummen, wenn auch durch und durch fanatischen SS-Führer«, den er folgendermaßen zitiert: »Was wir als Ausbilder des Führungsnachwuchses wollen, ist ein modernes Staatswesen nach dem Muster der hellenischen Stadtstaaten. Diesen aristokratisch gelenkten Demokratien mit ihrer breiten ökonomischen Helotenbasis sind die großen Kulturleistungen der Antike zu danken. Fünf bis zehn von Hundert der Bevölkerung, ihre beste Auslese, sollen herrschen, der Rest hat zu arbeiten und zu gehorchen. Nur so sind jene Höchstwerte erreichbar, die wir von uns selbst und dem deutschen Volke verlangen müssen.« Diese Lesart der Geschichte formuliert besser als alle gebildeten Umschreibungen den ideologisch-rationalen Kern nationalsozialistischer Klassik-Rezeption. Öffentlich würde man sich so direkt und unzweideutig wohl erst nach dem ›Endsieg‹ und der Verwirklichung Germaniens in einer neuen europäischen Ordnung, die auf legalisierter Sklavenarbeit aller minderrassigen Völker vom Atlantik bis zum Ural beruhen sollte, geäußert haben – aber ein Geheimnis war es nicht, daß sich das nationalsozialistische Dritte Reich kulturell auch als Erbnachfolger des klassischen Griechenland zu sehen bemühte.

Für die Intelligenten und Gebildeten unter den Nationalsozialisten und ihre Sympathisanten war es jedenfalls attraktiver, sich das ›neue Deutschland‹ als ästhetische Wiedergeburt der von Generationen von Gymnasiallehrern und Historikern glorifizierten griechischen Antike, ihres ›Schönheitsideals‹ und ihres kämpferisch-sportlichen ›Geistes‹ vorzustellen (und dabei die tägliche Brutalität der Diktatur zu übersehen), als die verklemmten Germanen-Träume des Volksschullehrers Himmler mitzumachen. Gottfried Benn sang im April 1933 in seiner berühmt-berüchtigten Rundfunkansprache »Der neue Staat und die Intellektuellen« das Lob des Neuen mit dem interpretatorischen Schlüssel der griechischen Klassik: »Das attische Reichsgefühl zerbrach die Mauer, die den ägyptischen Hof umschloß, entwickelte das Fernbild, den perspektivischen Stil; aus der Dynamik des Geistigen, die der Orient nicht kannte, brachen in Hellas die großen heroischen Götter, aus dem politischen Grundbegriff seines fünften Jahrhunderts, dem des Sieges, der dorische Tempel, die Nike und die Statue des Polyklet hervor. Wie sollte man also von einer neuen revolutionären Bewegung fordern können, daß sie alte Qualitäten schütze, die Bewegung tritt ja auf, sie erscheint ja, um eine neue anthropologische Qualität und einen neuen menschlichen Stil zu bringen, um aus ihrem politischen Grundbegriff heraus neue intelligible und ästhetische Formen zu entwickeln, sie selber in dem unendlichen Zug geschichtlicher Verwirklichungen.« Das hörten die NS-Führer natürlich gern und stärkte sie in dem jede Brutalität legitimierenden historischen Selbstverständnis, ein ›Tausendjähriges Reich‹ zu schaffen. NS-Stararchitekt Albert Speer lieferte später dazu noch die »Theorie vom Ruinenwert« der von ihm – im bis zur Unkenntlichkeit monumentalisierten klassizistischen Stil – entworfenen Staatsbauten: Die Konstruktionsprinzipien und die verwendeten Materialien sollten auch noch »nach tausend Jahren« die Ruinen des Dritten Reiches so erhaben erscheinen lassen, wie die griechischen Tempel und die römischen Kaiserforen.

Als der NS-Regierung die Ausrichtung der Olympischen Spiele 1936 sozusagen in den Schoß fiel, ergriff sie nach einer kurzen Zeit der Unsicherheit (zu viele unkontrollierbare Ausländer im Land) die Gelegenheit beim Schopfe, daraus eine große Propagandaveranstaltung für das neue Deutschland zu machen – und mit Olympia, der griechischen Heimatstadt der Spiele, das Regime in die direkte Nachfolge des Griechentums zu stellen. Zehn Jahre zuvor hatte Hitler in »Mein Kampf« mit der als perspektivisches Ziel beschworenen »größeren Rassegemeinschaft« die Verbindung von »Griechentum und Germanentum« genannt. Nicht nur wurden jetzt die Ausgrabungen des Deutschen Archäologischen Instituts, die dort eine zwar bis 1875 zurückreichende, aber seit Ende der 80er Jahre eher mühsam aufrechterhaltene Tradition hatten, plötzlich in großem Stile (bis 1943) gefördert: Leni Riefenstahls offizieller Olympia-Film »Fest der Völker« verwendet sogar volle 20 von 115 Minuten nur auf die filmische Feier der griechischen Antike in den Ruinen Olympias und die sakrale Entzündung des olympischen Feuers, das dann im Staffellauf quer durch Europa nach Berlin getragen wird, um dort – ideologischer Höhepunkt der Inszenierung – im Olympiastadion, Hitler in dessen Mitte, die symbolisch zum nationalsozialistischen Deutschland geschlagene Brücke zu vollenden mit der nun im Herzen des Deutschen Reiches brennenden griechischen Flamme. Carl Diem hatte das Ritual 1936 für diesen Zweck erfunden – es wird bis heute zu jeder Olympiade wiederholt. Die berühmte Großskulptur des Diskuswerfers des Myron wird zum Dreh- und Angelpunkt der Antikenbeschwörung, indem ein »leuchtend schöner Menschentyp in seiner strahlenden, stolzen, körperlichen Kraft und Gesundheit« (so Hitler ein Jahr später anläßlich der Eröffnung der ersten Deutschen Kunstausstellung 1937 über die Olympiade) sich durch Überblendung aus der griechischen Figur herauslöst und in die deutsche Gegenwart tritt. Fünf Jahre später, am 27. April 1941, wird die Hakenkreuzflagge triumphal und bildwirksam am Parthenon gehißt – eine bittere Symbolik der Erniedrigung Griechenlands, aber mehr noch der jetzt in ihrem wahren Kern freigelegten Perversität nationalsozialistischer Klassik-Vereinnahmung. Die Fahne ist dort freilich von griechischen Freiheitskämpfern heruntergeholt worden – eine Tat, an die dort heute noch mit einer Tafel erinnert wird.

Zur ›ethnischen und biologischen Säuberung‹ Deutschlands (Ermordung der Juden, der Sinti und Roma, und Vernichtung ›lebensunwerten Lebens‹) gehörte als ästhetisches Begleit- und Unterstützungsprogramm der Kampf gegen die ›entartete Kunst‹: Er wurde 1937 mit der gleichnamigen Wanderausstellung in Nachbarschaft und zeitgleich eröffnet mit der ersten »Großen Deutschen Kunstausstellung« in dem als ästhetisch-politisches Manifest gebauten »Haus der deutschen Kunst« in München – einem dem Schinkelschen Alten Museum monumentalistisch nachempfundenen dorischen Bau, dem »ersten sichtbaren Kulturwerk des Dritten Reiches«. Nie sei die Menschheit »in Aussehen und Empfindung der Antike näher« gewesen als jetzt, erklärte Hitler bei dieser Gelegenheit. Das griechische Vorbild wurde dergestalt auch zur ideologischen Rechtfertigung ›artfremder‹ Menschenvernichtung umfunktioniert. Das medaillenartige Bildsymbol der bis 1944 jährlich veranstalteten »Heerschau (!) deutscher Kunst« zitiert noch einmal die Fackel, die 1936 Olympia mit Berlin/Germania verbunden hatte, zeigt aber vor allem einen klassisch behelmten Kopf über dem Reichsadler: Hakenkreuz und Griechentum vereint.

Parallel dazu gab es, anknüpfend an Münchener Traditionen, aufwendige, militärisch durchsetzte Festzüge »Zweitausend Jahre deutsche Kultur« (1940 eingestellt), die eine weitere Gelegenheit boten, das ›Erbe der Klassik‹, das das Dritte Reich angetreten haben wollte, in Form von Figuren und/oder Gruppen vorzuführen: Ein ionisches Kapitell als Symbol der modernen Architektur, eine überlbensgroße, vergoldete Athena, eine androgyner klassischer Helmkopf, griechisch gewandete Jungfrauen mit langen Stäben, auf denen sie Akrotere trugen – die vom Wochenschaubericht eingeblendeten neuen Bauten des Reichs suggerieren zusätzlich eine antikisierende Ästhetik der NS-Architektur.

Wenn sich das Dritte Reich schon an der Antike als Vorbild von Größe und historischer Prägekraft orientieren wollte, so war dafür auch aus taktisch-politischen Gründen nur Griechenland in Frage gekommen: Rom und dessen imperiale Ikonographie waren bereits durch den italienischen Faschismus besetzt und in Anspruch genommen. Damit wiederholte sich eine Konstellation, wie sie schon einmal – eine Ironie der Geschichte – zu Beginn des 19. Jahrhunderts der ideologische Klassizismus Preußens vorgefunden hatte: Das revolutionäre und später das napoleonische Frankreich hatten sich römische Geschichte, Ikonographie und Mythologie ästhetisch und politisch so demonstrativ angeeignet, daß die ›preußische Renaissance‹, im Konflikt mit Frankreich nicht zuletzt als Besatzungsmacht stehend, kaum anders konnte, als sich des klassischen Griechenland zu bedienen.

Hitler, der es bedauerte, kein humanistisches Gymnasium besucht zu haben, phantasierte sich vielleicht eben darum um so intensiver in die griechische Welt klassischer Schönheit und sportlichen Kriegertums hinein. Daß er Sparta, die im Peloponnesischen Krieg siegreiche Landmacht und für ihn »klarster Rassestaat der Geschichte«, besonders schätzte, teilte er mit großen Teilen des klassisch gebildeten deutschen Bürgertums, für das die kultiviertere See- und Handelsmacht Athen schon im Ersten Weltkrieg für ein nur am Kommerz interessiertes und darum verachtetes England gestanden hatte. Immer aber führte der antikisch historisierte Weg zur Politik über die Ästhetik. Hitler 1924: »Was das griechische Schönheitsideal unsterblich sein läßt, ist die wundervolle Verbindung herrlichster körperlicher Schönheit mit strahlendem Geist und edelster Seele.« Von überzeugungsopportunistischen Bildhauern fleißig bedient, umgab er sich in seiner Neuen Reichskanzlei mit gräzisierenden Skulpturen – wie die von Arno Breker dem berühmten Berliner ›Betenden Knaben‹ des Lysipp nachgebildete »Eos«, die »gläubige Hingabe« verkörpern soll. Im Laufe seiner endlosen Monologe, den ›Tischgesprächen‹ vor seinen ehrfürchtig leidenden Paladinen im Führerhauptquartier 1942, kam Hitler immer wieder auf Griechenland zurück: »Sehen wir auf die Griechen, die auch Germanen waren (!), so finden wir eine Schönheit, die hoch über dem liegt, was wir heute aufzuweisen haben. Das gilt für die Großartigkeit ihrer Gedankenwelt – nur die Technik war ihnen versagt – wie für das Bild ihrer Erscheinung. Man braucht nur einmal den Kopf des Zeus oder der Athene mit dem eines mittelalterlichen Gekreuzigten oder eines Heiligen zu vergleichen.« Deswegen forderte er bei solchen Gelegenheiten dann »eine ganz neue Geschichtsschau« durch direktes Wiederanknüpfen »an das römische Weltreich und die griechische Antike«. Dort und dort allein seien die Parallelen zu unserer Zeit zu suchen und zu finden: Das Verhältnis Alexanders des Großen zu seinem Vater Philipp spiegele das von Friedrich dem Großen zu dessen Vater Friedrich Wilhelm I. Die gesuchten und gefundenen Parallelen deutlicher und politischer zu ziehen, das war engeren Kreisen der SS-Elite vorbehalten, die schon sehr zeitig über Hitler tausendjährig hinausdachten – aber nur selten, wie im von E. Kogon zitierten Fall, das auch aussprachen.

Das auch heute noch furchterregende nationalsozialistische Europa-Projekt wäre nicht recht verständlich und angemessen zu beschreiben ohne seine Selbstlegitimation aus dieser Lesart und Interpretation der Geschichte des Altertums im Allgemeinen und der griechischen Klassik im Besonderen, zu der neben Intellektuellen wie Gottfried Benn oder Geschichtsphilosophen wie Oswald Spengler nicht zuletzt zahlreiche deutsche Archäologen und Althistoriker seit langem wissenschaftliche Begründungen geliefert hatten und nach 1933 weiterhin lieferten. Seine Akzeptanz – wie die des NS-Regimes überhaupt – im deutschen Bildungsbürgertum und die gewissermaßen widerwillige Faszination, die es z. B. auf französische Intellektuelle ausübte, beruhte nicht zuletzt auf dem Versprechen einer die Ästhetik der griechisch-römischen Antike wiederbelebenden »Rückkehr zur Ordnung« (André Gide). Man würde die ›Antikophilie‹ der NS-Kulturelite und auch Hitlers unterschätzen, wenn man in ihr nur zynisch-propagandistische Instrumentalisierungen und Inszenierungen sähe: Sie glaubten auch daran. Das Dritte Reich war, darin dem italienischen Faschismus geistesverwandt, der bisher historisch letzte und zugleich einzigartig katastrophal geendete Versuch, sich der griechischen Klassik – wie der Faschismus des imperialen Rom – zur Legitimation eines politischen Projekts zu bedienen.

Literatur: G. Benn, Der neue Staat und die Intellektuellen (1933); E. Kogon, Der SS-Staat (1946); H. Picker (Hrsg.), Hitlers Tischgespräche (1951).

E. K.

Kat.-Nr. 659

Der Sohn, Uli Klimsch, sagt in seinem 1938 veröffentlichten Buch »Fritz Klimsch – Die Welt des Bildhauers«: »Die antikisch-preußische Tradition, vor allem aber als nahe Vorbilder Adolf von Hildebrand und Auguste Rodin, die damals noch lebten, besaßen einen großen Einfluß auf sein Schaffen. Beide Meister waren, jeder in seiner Art, Bewunderer der Antike.« Und zur »Olympia«: »Das ist eine Sehnsucht nach Olympia, eine Auferstehung des olympischen Gedankens, das ist etwas, worum sich die ganze Welt seit den Griechen und jetzt wieder bemüht... Diese monumentale Plastik lebt in einer anderen Landschaft als der unsrigen. Sie ist dabei doch deutsch, wie alles im Werke Fritz Klimschs deutsch ist.«

Es ist wahrscheinlich bezeichnend, daß beide Aktfiguren mit ihren Zeitgesichtern formal nicht die Spur eines Antikebezugs haben. Und auch die Namen wirken wie nachträglich auferlegt, was im Fall der »Olympia« zwischen dem hier ausgestellten Entwurf und der dann ausgeführten Bronze sogar nachzuweisen ist. In dieser Oberflächlichkeit, die bei der figürlichen Plastik der 20er und 30er Jahre des 20. Jhs. in Deutschland nicht selten ist, kann ein wesentlicher Grund dafür gesehen werden, daß sie so leicht durch die nationalsozialistische Kulturpolitik zu vereinnahmen war. Selbst Hermann Blumenthal, eine Generation jünger und im Gegensatz zu Klimsch in der »inneren Emigration«, soll geäußert haben, alle seine Figuren könnten Adam

Kat.-Nr. 660

659 Fritz Klimsch (1870–1960), »Aglaja«

(so heißt u. a. die jüngste der Chariten, lat. Grazien: ursprünglich Fruchbarkeitsgöttinnen, später anmutige Begleiterinnen der Aphrodite; Aglaia auch die Frau des Schmiedegottes Hephaistos)

Bronze, patiniert; H 140 cm
In Berlin entstanden, 1924/25
Berlin, Nationalgalerie SMB-PK Inv. BI 453, Ankauf 1925

660 Fritz Klimsch, »Olympia«

(das ist der Name des antiken Heiligtums auf der Peloponnes, in dem 1936 neue deutsche Ausgrabungen begonnen hatten)

H 51 cm
Gipsentwurf für eine Bronzestatue »Gesundheit«, die 1937 für das Militärlazarett Magdeburg gegossen wurde (H 155 cm) und heute verschollen ist. Der Erstguß wurde unter dem Namen »Olympia« im Garten der Berliner Reichskanzlei aufgestellt, ist aber ebenfalls verschollen.
Berlin, Nationalgalerie SMB-PK Inv. BIII 75, erworben 1959

oder Eva heißen. Entscheidend für eine Bewertung der »idealistischen Aktfigur« jener Zeit muß in jedem einzelnen Fall die künstlerische Qualität sein: das gilt in besonderem Maß für die trotz oder wegen ihres massenhaften Einsatzes auffallend mangelhaften Arbeiten der seinerzeit gefeierten Bildhauer Arno Breker und Josef Thorak.

Literatur zur figürlichen Plastik der 1. Hälfte des 20. Jhs. u. a.: Akademie der Künste Berlin, Skulptur und Macht – Figurative Plastik im Deutschland der 30er und 40er Jahre, Ausstellungskat. Berlin (1983); Staatliche Museen zu Berlin, Nationalgalerie, Mensch – Figur – Raum, Ausstellungskat. Berlin (1988); P. Curtis, Taking Positions, Ausstellungskat. Berlin (2001).

W.-D. H.

661 Russischer Pavillon auf der Internationalen Kunst- und Technikausstellung Paris 1937. Exposition internationale des arts et des techniques, appliqués à la vie moderne. Album officiel

Paris 1937
Berlin, Privatbesitz

662 Ca. fünf Meter hohe Bronzegruppe von Josef Thorak am Pavillon Deutschland bei der Weltausstellung 1937 in Paris

In: Akademie der Künste Berlin, Skulptur und Macht – Figurative Plastik im Deutschland der 30er und 40er Jahre, Ausstellungskat. Berlin (1983) 81
Berlin, Privatbesitz

Im Sinne einer allgemeinen Angleichung der Bildung des Bürgertums an die nationalsozialistische Propaganda wurden antike und vermeintlich antike Bildformeln verwendet: je allgemeiner der Anklang, desto breiter ihr Einsatz. Die aus allen Handbüchern der europäischen Kunst bekannten Tyrannenmörder (Kat.-Nr. 132) sind mit ihrem heroischen Zusammenstehen für Gruppenbilder der Diktaturen der 30er Jahre des 20. Jhs. ein klassisches Vorbild.

663 Große deutsche Kunstausstellung 1939 im Haus der Deutschen Kunst zu München. Offizieller Ausstellungskatalog

München 1939
Berlin, Privatbesitz

E. K.

Stefan Altekamp

Klassik im Film

In fast 700 Produktionen haben sich – nach der Statistik von Herbert Verreth – Kino und Fernsehspiel mit der griechisch-römischen Antike auseinandergesetzt. Dabei sind etwa zwei Drittel der Filme der römischen, ein Drittel ist der griechischen Welt gewidmet. Aus dem Römischen sind historische, aus dem Griechischen mythologische Stoffe bevorzugt worden. Lediglich eine Handvoll Filme hat die historische Epoche der griechischen Klassik, das 5. und 4. Jahrhundert v. Chr., thematisiert. Häufiger sind dagegen von der Klassik maßgeblich interpretierte Mythen in Filme umgesetzt worden. »Klassik im Film« hat es daher in erster Linie mit Themen der Klassik und erst an zweiter Stelle mit der filmischen Inszenierung der Klassik als eines historischen Zeitabschnitts zu tun.

Die einschlägigen Filme umfassen zeitlich wie qualitativ ein weites Spektrum. Auch in ihrer beschränkten Anzahl reflektieren sie Etappen und Modalitäten der Rezeption von Klassik. Die Reichweite der Filme schwankt vom großen Publikumsfilm bis zu Produktionen, die nur einer geringen Zahl von Interessierten zur Kenntnis gelangt sein dürften. Viele Filme waren und sind nur selten zu sehen, andere dagegen wirken über Wiederholungen oder Video- (bzw. DVD-)Vermarktung beständig auf Publikum ein.

Die meisten Antike-Filme entstanden in der Stummfilmära sowie in den späten 50er und frühen 60er Jahren des 20. Jahrhunderts. Besonders die Produktionen der letztgenannten Periode sind im »kollektiven Gedächtnis« präsent. Als eine Art Genre-Bezeichnung hat sich für diese Gruppe von Monumentalfilmen mit opulenter Ausstattung im Deutschen die Bezeichnung ›Sandalenfilme‹, im

Englischen, Amerikanischen und Französischen das Etikett ›peplum‹ (bzw. ›péplum‹) eingebürgert. Das Genre weist verschiedene Bezüge zu anderen Gattungen auf, wie vor allem Abenteuer-, Action- und Liebesfilm. Die obligatorischen Heldenrollen betonen ein athletisch-männliches Körperideal. Soziales und Geschlechterverhalten sind eng schablonisiert und einfachen, hierarchiebetonenden Verhaltensnormen zugeordnet. Die historisierenden Filme kreisen um das Thema imperialer Macht und ihrer Vergänglichkeit angesichts ethischer Unzulänglichkeit (Dekadenz). Eine wichtige Rolle spielt die Ausbreitung der christlichen Religion als einzig verbleibender und schließlich obsiegender moralischer Instanz. Das historische Geschehen im einzelnen ist extrem personalisiert. Neben der Unterhaltungsfunktion der Filme sind Absichten weltanschaulicher Belehrung unübersehbar. Fast alle diese Filme sind in den USA und in Italien entstanden. Beide Länder waren zur Zeit der Hochproduktion von ›Sandalenfilmen‹ offiziell vergleichbar konservativ bzw. klerikal-konservativ ausgerichtet. Der historisierende ›Sandalenfilm‹ wurde seit der zweiten Hälfte der 60er Jahre kaum noch produziert, der Wertewandel der westlichen Gesellschaften ließ die diesen Filmen zugrundeliegenden Geschichtsbilder und Gesellschaftsideale als überholt erscheinen. Der mythologisierende Antike-Film dagegen existierte und existiert in Neuproduktionen weiter.

Das vorherrschende Konzept des monumentalen ›Römerfilms‹ war auf die griechische Geschichte nur begrenzt übertragbar (Abb. 1. 2). Griechische Geschichte entbehrt des Nimbus imperialer Macht (mit Ausnahme des kurzlebigen Alexanderreichs), eines Pendants zur *pax romana* und der historischen Koinzidenz mit dem Aufstieg des Christentums. Die Filme sind in diesem Sinne thematisch stärker fokussiert: sie behandeln etwa die Perserkriege (Anfang 5. Jh. v. Chr.), die Feldzüge Alexanders (336–323 v. Chr.) sowie die Herrschaft Kleopatras VII. von Ägypten (51–30 v. Chr.). In diesen Zusammenhang sind die Perserkriege von Belang, die zweimal aufgegriffen wurden, in »Die Schlacht von Marathon« (»La Battaglia di Maratona«), Italien/Frankreich 1959 (Regie: Jacques Torneur) und in »Der Löwe von Sparta« (»The 300 Spartans«), USA 1961 (Regie: Rudolph Maté). Beide Filme sind dem beschriebenen Typus des monumentalen ›Sandalenfilms‹ verpflichtet.

»Die Schlacht von Marathon« zeigt einen lockeren Umgang mit den historischen Daten der Perserkriege, sie blendet die Landschlacht von Marathon (490 v. Chr.) und die Seeschlacht von Salamis (480 v. Chr.) ineinander. Auch die Überlieferung des ›Marathonlaufs‹ ist in abgewandelter Form in die Handlung integriert. Das Geschehen ist um den jungen olympischen Sieger Philippides in Anspielung auf den gleichnamigen ›historischen‹ Marathonläufer zentriert. Dank des geradlinigen Charakters, der Ausdauer und Kraft des Philippides sowie der Integrität und militärischen Erfahrenheit des Miltiades sichern die Athener die »Freiheit« gegen die Übermacht der persischen Truppen wie gegen den Umsturzversuch einer mit dem Perserkönig kollaborierenden tyrannenfreundlichen Fraktion. Zugleich erfüllt sich die große Liebe des Philippides.

Der Freiheitsmythos wird mit Appellen zu Geschlossenheit und militärischer Stärke sowie mit Warnungen vor Verrat verknüpft. Dem sehr abstrakten Ideal haften autoritäre Züge an; die Freiheit bedarf der moralisch einwandfreien, charismatisch legitimierten Führerpersönlichkeiten. Die Gegner der Freiheit, die Perser, werden weltanschaulich (Despotismus) wie individuell-charakterlich (Unbeherrschtheit, Grausamkeit) abgewertet. Kostümierung (schwarz) und Musik untermalen ihre Bedrohlichkeit. Zeitlich unmittelbar vor der wissenschaftlichen Differenzierung und Revision des traditionellen Perser-Bildes verewigt »Die Schlacht von Marathon« noch einmal alte Klischees. Dabei gerät der Film über das konkrete historische Ereignis hinaus zur Darstellung eines westlichen Gründungsmythos: der Abwehrschlacht der abendländischen Demokratie gegen den orientalischen Despotismus.

Mit der Inszenierung einer Entscheidung zwischen zeitlos antagonistischen Prinzipien verband sich ein Vermittlungsproblem, boten doch Stadtbild wie Wohnverhältnisse im Athen des frühen 5. Jahrhunderts v. Chr. noch einen so unmonumentalen wie beschränkten Rahmen, daß sie für ein Publikum des 20. Jahrhunderts als Schauplätze epochaler Entscheidungen der Weltgeschichte unplausibel, zumindest für einen Unterhaltungsfilm als eine Überforderung der Zuschauererwartungen erscheinen mochten. Der Film geht dem Problem durch eine anachronistische Monumentalisierung frühklassischer attischer ›Lebenswelt‹ aus dem Wege: Innenszenen spielen in Räumlichkeiten mit

Abb. 1

Abb. 2

einer Aufteilung und einem Ausstattungsluxus, wie sie erst im Hellenismus aufkommen. Einige Außenszenen verwenden die mehrstöckigen Portiken der Platzanlage des Staatsarchivs in Roms spätfaschistischer Satellitenstadt EUR (Esposizione Universale di Roma) als Kulisse.

»Der Löwe von Sparta« zeigt in dieser Hinsicht größere Zurückhaltung und ein stärkeres Bemühen um archäologisch korrekte Details. Historisch behandelt der Film die Schlacht am Engpaß der Thermopylen (480 v. Chr.), in der ein kleines spartanisches Heer unter dem Kommando des Königs Leonidas die persische Streitmacht in dem sicheren Wissen darum aufhielt, selbst aufgerieben zu werden. Auf dem Höhepunkt des Kalten Krieges entstanden, sind die politischen Konnotationen des »Löwen von Sparta« noch deutlicher als im Falle der »Schlacht von Marathon«. Der Vorspann spricht vom Kampf des letzten »Bollwerks der Freiheit« gegen ein »Sklavenreich«.

Aus dem Arsenal der griechischen Klassik als historischer Periode haben ansonsten zwei Fernsehspiele die Figur des Sokrates behandelt: »Barefoot in Athens«, USA 1966 (Regie: Maxwell Anderson) und »Socrate«, Italien 1970 (Regie: Roberto Rossellini). Ebenfalls doppelt wurde die Episode um Damon und Phintias (bzw. Pythias) verfilmt, zweier Philosophen, deren Freundschaft auch den Todesdrohungen des Tyrannen Dionysios II. von Syrakus (367–344 v. Chr.) standhielt: »Damon and Pythias«, USA 1914 (Regie: Otis Turner) und »Il Tiranno di Siracusa« (»Damon and Pythias«), Italien/USA 1962 (Regie: Curtis Bernhardt). In Deutschland ist der Stoff durch Friedrich Schillers Ballade »Die Bürgschaft« bekannt. »La Venere di Cheronea« (»Goddess of Love«), Italien/Frankreich 1958 (Regie: Fernando Cerchio; Viktor Tourjansky) erzählt eine Episode aus dem Leben des spätklassischen Bildhauers Praxiteles.

In keinem Spielfilm ist die Periode des perikleischen Athen behandelt worden.

Abgesehen von den Historienfilmen wurde vor allem die dramatische Produktion der Klassik filmisch rezipiert. Dabei stehen die mythologischen Themen in ihren klassischen Adaptionen im Vordergrund. Klassisches Gegenwartsdrama, vertreten vor allem durch die Alte Komödie sowie wenige Tragödien, wurde nur vereinzelt aufgegriffen. Hier sind die »Perser« des Aischylos und die »Lysistrata« des Aristophanes zu nennen. Die Rezeption klassischer Mytheninterpretationen im Film ist auf bestimmte Stoffkreise konzentriert. Eine wichtige Rolle spielen der Trojanische Krieg und die Orestie, d. h. die Geschehnisse um die Ermordung des aus Troja heimkehrenden Agamemnon mit ihrer Vorgeschichte und ihren Konsequenzen. Eine starke Anziehungskraft üben auch der Oidipous-, der Antigone- und der Medeia-Mythos aus. Spielfilme nach klassischen Dramen sind zeitlich weiter gestreut als die historisierenden Monumentalfilme, wurden jedoch seit den mittleren 80er Jahren selten. Der Schwerpunkt der Produktionen von den 60ern bis in die frühen 80er Jahre verweist auf Intentionen, die sich von denen der historisierenden ›Sandalenfilme‹ unterscheiden.

Eher kritische als affirmative Anliegen der Dramenverfilmungen sind für Interpretationsansätze mitverantwortlich, die auf das 5. Jahrhundert v. Chr. bezogen als anachronistisch zu bezeichnen sind, in ihrer Verwendung im 20. Jahrhundert jedoch plausible Lesarten der klassischen Texte darstellen. Diese Rezeptionsleistung des Films hat die Wahrnehmung von »Gegenwartsbezügen« klassisch-griechischer Stoffe stark befördert. Das wird an pazifistischen Deutungen etwa der »Perser« des Aischylos, der »Troerinnen« des Euripides oder der »Lysistrata« des Aristophanes besonders deutlich.

»The Trojan Women«, Großbritannien/USA 1971, wurde von dem griechischen Regisseur Michael Kakoyannis mit einer internationalen Starbesetzung gedreht. Der Film gehört zu den bekanntesten Verfilmungen antiker Dramen. Die Handlung spielt am Tag nach der nächtlichen Eroberung, Plünderung und Verwüstung Trojas durch die Griechen. Die überlebenden trojanischen Frauen werden als Sklavinnen den Haushalten der siegreichen griechischen Fürsten zugeteilt. In ohnmächtiger Wut und Trauer muß Hekabe, die vormalige Königin von Troja und Gattin des Priamos, die Verschleppung ihrer noch lebenden weiblichen Angehörigen, den Mord an ihrem Enkel Astyanax sowie den Triumph der Helena miterleben. Während eine prinzipielle Ächtung des Krieges klassisch-griechischem Denken fremd war, lieh sich der illusionslose Blick des Euripides auf Kriegsgreuel als beständiger Ursache neuen Schreckens auch für zuvor Siegreiche unmittelbar der pazifistischen Auslegung des späteren 20. Jahrhunderts. Der Film ist unter freiem Himmel in einer landschaftlich beherrschten Kulisse mit sparsamen Trümmer-Requisiten gedreht, was ihm Realismus und Unmittelbarkeit verleiht.

Zu einem frühen Skandal des noch jungen Ersten Deutschen Fernsehens führte Fritz Kortners Fernsehproduktion »Die Sendung der Lysistrata« (NDR 1960) nach der »Lysistrata« des Aristophanes. Das antike Stück behandelt den (für ein antikes Publikum grotesk-komischen, da völlig paradoxen) Plan der Frauen Athens und anderer griechischer Städte, mit einem Liebesstreik die Männer zur Beendigung des Peloponnesischen Krieges zu zwingen. Über die Einbettung des eigentlichen Komödiengeschehens in eine Rahmenhandlung, die in der westdeutschen Gegenwart von 1960 angesiedelt ist, sorgt Kortner für eine zugespitzte Aktualisierung (Abb. 3. 4): Die Inszenierung präsentiert die aristophanische »Lysistrata« ihrerseits als Fernsehproduktion, deren Ausstrahlung in einer Privatwohnung von einem Ehepaar und dessen Gästen verfolgt und kontrovers kommentiert wird. Unter den Zuschauern befinden sich einige der Schauspielerinnen und Schauspieler, die an der vom Fernsehen gesendeten Produktion beteiligt gewesen sind. Inhaltliche wie charakterliche Konfliktlinien des Stückes werden dabei auf das streitbare Publikum vor dem Fernsehschirm projiziert. Der Gastgeber des Abends, der Physiker Salbach, hat eine Einladung zur Teilnahme an rüstungsrelevanten Forschungen in den USA erhalten. Seine Frau, Pazifistin und zugleich Darstellerin der Lysistrata in der Komödieninszenierung, spricht sich gegen die Annahme dieser Einladung aus. Die Gäste ergreifen in dieser die Salbachs stark belastenden Frage lebhaft Partei. Dabei sind ein ebenfalls pazifistisch gesonnener Journalist, soeben von seiner Zeitung entlassen, und ein als Typ des ewigen Opportunisten gezeichneter Industrieller, Salbachs derzeitiger Vorgesetzter, die Wortführer. Der Abend endet im Eklat. Hart am Rande einer Zerreißprobe entscheidet sich Salbach gegen das berufliche Angebot. Diskussion und Eklat entzünden sich am Bühnengeschehen auf dem Fernsehschirm.

Abb. 3

Abb. 4

Pazifistische und feministische Argumente werden direkt der Handlung entnommen, gegen das antike Stück werden Vorwürfe der Obszönität und sachlichen Unangemessenheit geäußert.

Nach einer Vorbesichtigung in der ARD wurden Kortners Fernsehspiel politische Einseitigkeit, Verletzung des »sittlichen Empfindens der Zuschauer« sowie der ehelichen Intimsphäre vorgeworfen. Leicht gekürzt kam die Produktion im Februar 1961 zur Ausstrahlung, der Bayerische Rundfunk übernahm das Programm nicht. Kortner hatte im übrigen die von ihm verwendeten und umgestalteten Partien aus der antiken »Lysistrata« im wesentlichen um ihre sexuelle Direktheit bereinigt.

Die »Lysistrata« ist häufig verfilmt worden: »Heiratsfieber« und »Triumph der Liebe«, Österreich 1928 und 1948 (Regie: Rudolf Walther-Fein bzw. Alfred Stöger); »Destinées«, Frankreich/Italien 1953 (Regie: Marcello Pagliero und Jean Delannoy); »Les Filles«, Schweden 1968 (Regie: Mai Zetterling); »Lysistrata«, Belgien 1976 (Regie: Ludo Mich); »Lysistrate«, Griechenland 1972 (Regie:

Giorgos Zervoulakos). Neben der politischen Aktualisierung à la Kortner bot sich vor allem die Verflachung zum ›pikanten‹ Luststück an. Auch im Medium Film wurde die aristophanische Komödie in ihrer Komplexität aus Feinheit und Derbheit nicht wiedergewonnen.

Auch die »Perser« des Aischylos konnten als Anti-Kriegs-Stück fungieren. Der Dramatiker Mattias Braun hat die »Perser« frei nachgedichtet; seine Bearbeitung wurde 1963 vom Sender Freies Berlin (Regie: Hans Lietzau) und 1966 vom Deutschen Fernsehfunk der DDR (Regie: Helmut Schiemann) als Fernsehspiel in Szene gesetzt. Die antike Tragödie ist von Braun erheblich umgestaltet worden. Braun übernimmt den Kunstgriff des Aischylos, die Perserkriege in der Reaktion des Königshofes und des Rats in der persischen Hauptstadt Susa auf die Nachrichten von der Niederlage des Xerxes zu spiegeln. Die Vorgänge, d. h. die Dialoge und Monologe in Susa selber aber werden in eine Parabel auf verbrecherische Angriffskriege, Mitläuferschaft unter einem kriminellen Regime, sinnlose Durchhalteparolen und Terror an der ›Heimatfront‹, Unfähigkeit zum Tyrannenmord, die Aufstellung eines ›Volkssturms‹, kurz auf deutsche Geschichte im Zweiten Weltkrieg, verwandelt. Mit der Distanz zum Text der Vorlage korrespondiert eine gewisse Plakativität der Aussage.

Die unmittelbare Aktualisierung klassischer Mythenversionen stellte einen besonderen Rezeptionsstrang der filmischen Adaption dar. Die Absicht, über Polarisierungen zu provozieren, liegt auch einem hier interessierenden Beitrag zu dem Episodenfilm »Deutschland im Herbst« (1977) zugrunde. Der Film setzt sich aus Spontanproduktionen verschiedener Regisseure und Autoren zusammen, die den Höhepunkt linksterroristischer Aktionen sowie die ihnen folgende staatliche Überreaktion in Westdeutschland 1977 reflektierten. Heinrich Böll steuerte zu diesem Film eine von Volker Schlöndorff in Szene gesetzte Satire bei. Die Handlung spielt im Besprechungssaal eines großen, in Köln beheimateten Fernsehsenders. Die Vertreter gesellschaftlich relevanter Gruppen einer Kommission (des Rundfunkrats?) begutachten eine Fernsehbearbeitung der »Antigone« des Sophokles. Kreon, König von Theben, verbietet die Bestattung seines gefallenen Gegners (und Neffen) Polyneikes als eines ›Staatsfeindes‹. Antigone, die Schwester des Polyneikes, ignoriert den Befehl, da ein übergeordnetes Gebot Verstorbenen eine Bestattung zuspräche. Antigone bezahlt für ihre Entscheidung mit dem Leben. Die Mehrheit der Kommission hält eine Ausstrahlung dieser Tragödie in einer Zeit, in der z. B. erbittert über die Art des Begräbnisses toter Terroristen gestritten wird, für nicht opportun: »Ich frage mich, ob es wirklich notwendig ist, ausgerechnet jetzt Antigone zu inszenieren – verweigerte Beerdigung – aufsässige Weiber – und dieser düstere Seher, dieser Teiresias, [...] eine Art vorweggenommener Intellektueller – die Jugend wird das mißverstehen, als eine Aufforderung zur Subversion.« – Auch vorsorglich bereits (in drei Varianten) mitgedrehte Vorspanntexte, in denen sich die Hauptdarstellerinnen von Gewalt distanzieren, vermögen die Bedenken nicht zu zerstreuen (»Es ist unvermeidlich, auch unübersehbar, daß in manchen Stücken, auch klassischen, Gewalt dargestellt wird – wir distanzieren uns aufs schärfste von jeglicher Form der Gewalt [...]«). Am Ende wird die »Antigone«, »bis ruhigere Zeiten kommen«, auf Eis gelegt, statt dessen eine »Wiederholung der Dramatisierung des Bellum Gallicum« angesetzt.

Die »Antigone« wurde oft verfilmt: »Antigone«, Italien 1911 (Regie: Mario Caserini); »Antigone«, Griechenland 1961 (Regie: Giorgios Tzavellas); »I Cannibali«, Italien 1970 (Regie: Liliana Cavani); »Antigone«, Deutschland/Frankreich 1991 (Regie: Danièle Huillet, Jean-Marie Straub).

In Kortners und Schlöndorffs aktualisierenden Verfilmungen spielen Ausstattung, Szenerie und Kostüme der antiken Dramenpartien keine primäre Rolle. Sie sind entweder in äußerster Kargheit (»Antigone«) oder sogar verstaubt-bieder (»Lysistrata«), in beiden genannten Fällen bühnenorientiert gehalten. Möglichkeiten des Mediums Film konzentrieren sich auf die Gegenwartsszenarien.

In ganz anderer Weise wird Film z. B. in »Elektra«, Griechenland 1962, von Michael Kakoyannis, aktiviert. Der Handlung liegt das euripideische Drama zugrunde. Der aus Troja heimkehrende Agamemnon wird von seiner Gattin Klytaimnestra und deren Geliebtem Aigisthos ermordet. Elektra und Orestes, Kinder der Klytaimnestra und des Agamemnon, fühlen sich der Rache für den Vater verpflichtet. Orestes wird außer Landes gebracht, Elektra fern des Palastes mit einem Bauern verheiratet. Als junger Mann kehrt Orestes in seine Heimat zurück. Mit Unterstützung Elektras tötet er Aigisthos und die eigene Mutter. Die euripideische Vorgabe, Teile des Stückes auf dem Lande spie-

Abb. 5

len zu lassen, wird von Kakoyannis offensiv genutzt. Gedreht wurde in den Ruinen der Burg von Mykene und in der umgebenden Argolis. Die Landschaft ist als Akteurin besonderen, eigenen Gewichts in Szene gesetzt. Wetter (Wind, Gegenlicht, Wolken) laden das Geschehen pathetisch auf. Die Handlung in freier Natur sowie die Mitwirkung von Laienschauspielern verleihen dem Geschehen Anschaulichkeit und die Wirkung archaischer Ursprünglichkeit anstelle klassizistischer Theatralik. Diese besondere Künstlichkeit des Films wird durch den Schwarz-Weiß-Modus verstärkt. Kakoyannis' »Elektra« bindet sich als ein spätes Zeugnis eng an eine Phase emphatischer Antikenrezeption, die einen parallelen Ausdruck etwa in Griechenland-Photographien der Zeit findet (siehe z. B. Reisemagazine wie »Merian«).

Zu den Stoffen der Orestie sind Bearbeitungen aller drei großen attischen Dramatiker überliefert. Filmisch sind zugehörige Themen in einem Fragment von Pier Paolo Pasolini (»Appunti per una Orestiade Africana«), Italien 1970, von Miklós Jancsó (»Szerelem Elektra«/»Mon Amour, Électre«), Ungarn 1974, und Bernard Soble (»L'Orestie«), Frankreich 1991, umgesetzt worden.

Eine extreme Ausnutzung filmischer Möglichkeiten wie eigenständig-innovative interpretatorische Ansätze im Umgang mit antiken Dramen sind in den Adaptionen Pier Paolo Pasolinis zu finden. »Oedipus Rex« (»Edipo Re«), Italien 1967, und »Medea«, Frankreich/Italien/Deutschland 1970, gehen auf den sophokleischen »Oidipous« und die euripideische »Medeia« zurück, lassen jedoch durch Dominanz der Bilder und Sparsamkeit der Worte den Ausgangspunkt des Sprechtheaters weit hinter sich (Abb. 5). Als landschaftliche wie architektonische Kulissen wählte Pasolini ›exotische‹ und z. T. weit voneinander entfernte Schauplätze. So ist der »Oedipus« in Südmarokko gedreht, die »Medea« u. a. in Göreme (Kappadokien), in Aleppo (Syrien) sowie auf dem Campo dei Miracoli in Pisa. ›Ethnomusik‹ unterschiedlicher Provenienz und wenig assoziativen Halt bietende Kostüme unterstützen den Versuch, eine unverstellt neue, da unerwartete und verfremdende Perspektive auf die vertraute Handlung zu ermöglichen. So ergibt sich die Fiktion einer nahezu ethnographisch distanzierten Perspektive auf Welten (Kulturen, Erzählungen), denen lange Tradition eine trügerische Vertrautheit unterstellt hatte. Die künstlerische Interpretation geht damit dem wissenschaftlichen Ansatz zeitlich voraus, dem verabsolutierenden klassizistischen Zugriff auf altgriechische Vergangenheit mit einem vergleichenden ethnologischen bzw. anthropologischen Zugang entgegenzutreten. Stilmittel, die an Feldforschung und Dokumentarfilm erinnern (schwankende Handkamera inmitten des Geschehens; lange, distanziert beobachtende Totalen) unterstützen die beabsichtigte Wirkung nachhaltig.

Die »Medea« zeigt zudem einen kulturkritischen Ansatz, der dem antiken Stoff in seiner klassischen Ausformung eine Interpretation unterlegt, die klassischer Weltsicht widerspricht. Medeia, Königstochter und ›Zauberin‹ im ›barbarischen‹ Kolchis, verhilft aus Liebe dem griechischen Prinzen Iason zum goldenen Vlies eines Widders, das übernatürliche Kräfte besitzt und in Kolchis verwahrt wird. Iason und Medeia fliehen gemeinsam nach Griechenland. Iason verrät Medeia und heiratet die Tochter des Königs von Korinth. Medeia nimmt furchtbare Rache und tötet u. a. ihre und Iasons Kinder. Während die »Medeia« des Euripides auf die Momente des höchsten Leids der Medeia (angesichts des Verrats des Iason) sowie auf die Rache der Betrogenen konzentriert bleibt, rollt Pasolini den Mythos von der Kindheit des Iason bis zum Kindermord auf. Die epenartige Längung der erzählten Zeit gibt Gelegenheit zur Gegenüberstellung unterschiedlicher Schauplätze, in denen kategorial voneinander unterschiedene Welten angesiedelt sind: Kolchis, die Heimat der Medeia (im Film lokalisiert zwischen den bizarren Kegelbergen und in den ›archaischen‹ Höhlenkirchen Göremes), ist eine durch archaisch-blutige Riten geprägte Welt im Einklang mit sich und ihrem mythischen Fundament. Die Welt der städtischen, griechischen Zivilisation (Aleppo, Pisa) ist eine Welt der Rationalität, zugleich der Oberflächlichkeit und des Verrats. Medeia geht an den Mechanismen dieser Welt zugrunde.

Der Medeia-Stoff wurde außerdem von Jules Dassin (»A dream of passion«), Griechenland/ Schweiz 1978, und von Lars von Trier (»Medea), Dänemark 1987/88, verfilmt.

Mehrere »Oidipous«-Verfilmungen entstanden vor der Pasolinischen Version: »Oedipe Roi«, Frankreich 1908 (Regie: André Calmettes); »Edipo Re«, Italien 1910 (Regie: Giuseppe De Liguoro; »Oedipus Rex«, Großbritannien 1912 (Regie: Theo Bouwmeester); »Oedipus Rex« (»King Oedipus«), Kanada 1957 (Regie: Tyrone Guthrie); »Oedipus the King« (»Oedipus Rex«), Großbritannien 1967 (Regie: Philip Saville).

Andere als die genannten Stoffkreise klassischer Dramen sind selten verfilmt worden. Am bekanntesten ist wohl »Phaedra«, Griechenland 1961 (Regie: Jules Dassin), eine Adaption der »Phaidra« des Euripides, die den antiken Mythos von der unglücklichen Liebe Phaidras, der Gattin des Theseus, zu ihrem Stiefsohn Hippolytos in das Griechenland um 1960 verlegt.

Vereinzelt umschließt »Antike im Film« auch die Rezeption von »Archäologie der Antike im Film«. Dieser Aspekt der spezifischen Sicht auf eine historische Epoche – über das Berufsbild und die Gegenstände eines mit dieser Epoche befaßten Experten- und Exegetentums – erbringt für die griechische Klassik zwei indirekte, jedoch bezeichnende Hinweise:

»Homo Faber«, der insbesondere als Schullektüre vielgelesene Roman von Max Frisch, kam 1991 in der Verfilmung von Volker Schlöndorff in die Kinos und zog in den kommenden Monaten ein breites Publikum an. Buch und Film exponieren das rationalistische, fortschritts- und technikgläubige, unsentimentale und amusische Weltbild des Schweizer Ingenieurs Walter Faber, um es in den letzten Lebensmonaten Fabers an einer Abfolge außerordentlicher Ereignisse zerschellen zu lassen. Ohne eigentlich schuldhaftes Verhalten, lediglich über eine Verkettung extremer Zufälle, werden Fabers Weltentwurf und Lebensplanung der Inhumanität überführt, Fabers Existenz selbst durch Krebstod ausgelöscht. Kurz vor seinem Ende reflektiert und erkennt Faber seine elementaren Fehler. Der Philosophie Fabers widerspricht ein in seiner ehemaligen Verlobten Hanna Piper personifizierter Gegenentwurf. Der schematischen Gegenüberstellung beider Prinzipien dient eine sorgfältige, ja pedantische Konstruktion der Protagonisten. Mit dem unterliegenden Prinzip verbinden sich die Komponenten Mann, Arbeitsort Neue Welt, Wohnort New York, Beruf Ingenieur, mit dem alternativen Prinzip hingegen Frau, Arbeitsort Alte Welt (Griechenland), Wohnort Athen, Beruf Archäologin. Hanna werden Charaktereigenschaften wie starke Emotionalität, Irrationalität sowie mystische Neigungen zugeordnet. Persönlichkeit und Weltbild werden durch ihre Tätigkeit in Athen, dem Gedächtnisort der Klassik schlechthin, und durch ihren Beruf, Archäologie der Klassik, symbolisiert. Roman und Film reflektieren ein spätbildungsbürgerliches, antimodernistisch konzipiertes und pseudo-sakrales Klassik-Verständnis.

»Der Knabe auf dem Delphin« (»Boy on a dolphin«), USA 1957 (Regie: Jean Negulescu), entstand nach Motiven des gleichnamigen Romans von David Divine. Die junge griechische Schwammtaucherin Phaedra und ihr Freund entdecken vor der Küste der Insel Hydra ein antikes Schiffswrack, dessen Ladung die Bronzestatue eines auf einem Delphin reitenden Jungen enthält. Phaedra reist nach Athen, um den Fund den Archäologen zum Kauf anzubieten. Auf der Akropolis gebietet ein idealistischer amerikanischer (!) Archäologe, der Phaedra von den immateriellen Werten des Fundes zu überzeugen versucht. Auch ein zwielichtiger Kunsthändler bekommt Wind von der Sache, und es entwickelt sich ein spannender Wettlauf zwischen Wissenschaft und Mammon. Während die seichte Handlung ihren Verlauf nimmt, wird das Publikum auch über griechische Antikengesetzgebung und Exportverbote unterrichtet, am Ende vollzieht ein Beamter des griechischen Staates die Verhaftung des Hehlers. Das Objekt der Begierden, das einem berühmten, heftig bewegten jungen Bronzereiter im Athener Nationalmuseum nachgebildet ist, wird als Inbegriff zeitlosen ›Wertes‹ und zeitloser ›Schönheit‹ inszeniert. Kunstgeschichtlich in den mittleren Hellenismus (2. Jh. v. Chr.) eingeordnet, erweist sich der Gegenstand dabei in seinem Naturalismus wie in seiner Konzentration auf einen flüchtigen Moment als Verkörperung eines geradezu anti-klassischen Kunstideals. Populäre Kunstrezeption meidet das klassische Modell.

Literatur: F. Kortner, Die Sendung der Lysistrata. Nach Motiven von Aristophanes, Textbuch (1961); R. Lewandowski, Die Filme von Volker Schlöndorff (1981) 207–213 (mit Text der »Antigone«-Satire nach Heinrich Böll); D. Elley, The Epic Film (1984); K. Mackinnon, Greek Tragedy into Film (1986); M. Lagny, Popular Taste. The Peplum, in: R. Dyer – G. Vincendeau (Hrsg.), Popular European Cinema (1992) 163–180; H. Verreth, De oudheid in film (1995); M. Fusillo, La Grecia secondo Pasolini. Mito e cinema (1996); A. Wieber-Scariot, Film, in: Der Neue Pauly 13 (1999) 1133–1141; J. Solomon, The Ancient World in the Cinema^2 (2001)

Für Hinweise und Diskussion danke ich herzlich Peter Badge, Katerina Charatzopoulou, Herbert Verreth und den Teilnehmern eines Seminars des Winckelmann-Instituts der Humboldt-Universität Berlin zum Thema.

Werner Oechslin

Nachahmung, Imitation versus Abstraktion, Teil 2

(s. S. 738)

Alle Bücher aus Einsiedeln, Stiftung Bibliothek Werner Oechslin

664 Idealdarstellung des Parthenon

In: George Wheler, A Journey into Greece
London 1682

665 Idealdarstellung des Parthenon

In: Johannes Jakob Horner (Hrsg.), Bilder des griechischen Alterthums oder Darstellung der berühmtesten Gegenden und der wichtigsten Kunstwerke des alten Griechenlandes
Zürich 1823

666 Alfred Messel, Entwurf für den Ausbau der Museumsinsel

In: Messel, Sammelmappe, Berlin 1912, Band 1, Taf. XXXIII c

667 Peter Behrens, Die Festhalle für die Deutsche Werkbundausstellung 1914 in Köln

In: »Wasmuths Monatshefte für Baukunst«, 1. Jahrgang, Heft 4 (o. J.)

668 Heinrich Tessenow, Bildungsanstalt für rhythmische Gymnastik in Hellerau bei Dresden

In: »Wasmuths Monatshefte für Baukunst«, Jahrgang 1925, Heft 9

Kat.-Nr. 665

Kat.-Nr. 670

Kat.-Nr. 668

Kat.-Nr. 666

Kat.-Nr. 672

Kat.-Nr. 675

Kat.-Nr. 676

Kat.-Nr. 677

Kat.-Nr. 680

Karl Gotthard Langhans, Brandenburger Tor. Ostseite, von Norden gesehen

Kat.-Nr. 678

Kat.-Nr. 681

DAS HAUS DER DEUTSCHEN KUNST IN MÜNCHEN

Unverzüglich nach dem Umbruch griff der Führer die im Kampf gereiften Pläne auf und legte zusammen mit dem inzwischen verstorbenen Baumeister Paul Ludwig Troost den Grundstein zum Haus der Deutschen Kunst. In gigantischer tektonischer Lösung geben die Säulenreihen an beiden Längsseiten des Hauses dem Bau die Weihe eines Tempels der Vertiefung und Erhebung. Das erhaben-feierliche Bauwerk für die großen deutschen Kunstschauen erweist zugleich den hohen Rang, den der Führer der Kunst im Leben des Volkes beimißt.

In diesen Tempeln schlichter Größe und dankbarer Verehrung halten die Gefallenen vom 9. November 1923 für alle Zeiten gegenwärtig „Ewige Wache". Die Bedeutung dieses Opfers und sein lebendiges Weiterwirken wird in der Idee der baulichen Gestaltung eindrucksvoll versinnbildlicht: die Sarkophage der Gefallenen wurden nicht in eine dunkle Gruft eingebaut, sondern stehen frei unter dem offenen Himmel ihrer Heimat in einem Säulengeviert, das aufragend das edle Streben der ersten Blutzeugen symbolisiert.

Kat.-Nr. 682

669 Tempelmotiv an der Fassade der Federal Reserve-Bank in Chicago

In: Erich Mendelsohn, Amerika. Bilderbuch eines Architekten
Berlin 1928

670 Umschlag mit Tempelmotiv

Concrete in Architecture
Chicago 1927

671 »The most lasting and revealing records of a civilization are its buildings«

In: Architecture. USA
United States Information Service. (o. J.)

672 J. M. Mauch

Vergleichende Darstellung griechischer Bau-Ordnungen
Potsdam 1832

673 J. Eduard Heß

Die Lehre von den Säulenordnungen der Griechen, abgeleitet von den Monumenten
Magdeburg 1835

674 Die dorische Ordnung des Parthenon im Lehrbuch

In: Alessandro Manetti, Studio degli ordini di architettura
Florenz 1808

675 Die dorische Ordnung

In: Girolamo Masi, Teoria e pratica di architettura civile per istruzione della gioventù specialmente romana
Rom 1788

676 Adolf Loos, Projekt eines Hochhauses in Form einer dorischen Säule

In: The International Competition for a New Administration Building for the Chicago Tribune MCMXXII. Containing all the designs submitted...
Chicago 1922

677 Emil Waldmann – Walter Hege – Emil Schaeffer

Attische Kultstätten
»Schaubücher« Bd. 20
Zürich – Leipzig 1931

Kat.-Nr. 683

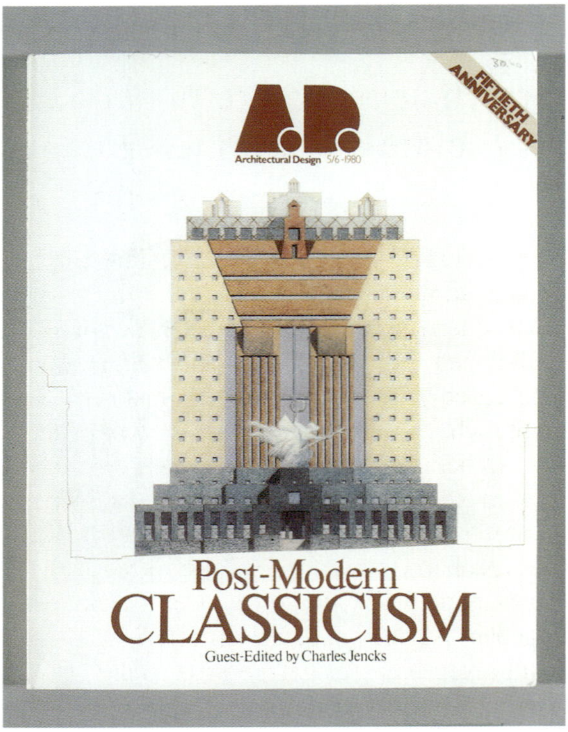

Kat.-Nr. 684

678 Karl Gotthard Langhans, Brandenburger Tor

In: Karl Scheffler, Deutsche Baumeister
Berlin 1935

679 Günther Schiedlausky

Karl Friedrich Schinkel
Burg bei Magdeburg 1938

680 Josef Schmid

Karl Friedrich Schinkel. Der Vorläufer neuer deutscher Baugesinnung
Leipzig 1943

681 Haus der Deutschen Kunst und Ehrenhalle am Königsplatz in München

In: Josef Schmid, Karl Friedrich Schinkel. Der Vorläufer neuer deutscher Baugesinnung
Leipzig 1943

682 Henry Howard, Madewood bei Napoleonsville, Louisiana, 1846–48; und James Gallier, Belle Helene bei Napoleonsville, Louisiana, 1840/41

In: Roger G. Kennedy, Greek Revival in America
New York 1989

683 Barbara Kündiger

Fassaden der Macht. Architektur der Herrschenden
Leipzig 2001

684 »Architectural Design« 5/6

Post-Modern Classicism
London 1980

685 John Summerson

The Classical Language of Architecture
14. Auflage, Cambridge/Mass. 1989

W. Oe.

Ekaterina Andreewa

Griechische Antike in der Kultur St. Petersburgs und die Neue Akademie der schönen Künste (1989–2001)

Der Einfluß der Antike kam im Rußland des 18. Jahrhunderts in zwei sich überlagernden Tendenzen zum Ausdruck. Die russische Kultur hatte sich seinerzeit für griechisch-byzantinische Kanons entschieden, nach dem Fall von Konstantinopel aber beanspruchte sie die Rolle des geistigen Erben der Paläologen. Im 18. Jahrhundert gelangte die griechische Klassik zusammen mit der europäischen Wissenschaft, Philosophie und Kunst nach Rußland. Die neue russische Hauptstadt, St. Petersburg, stellt nicht nur eine materialisierte Vorstellung von einer idealen Stadt (eine im 17. und 18. Jahrhundert so beliebte Idee), sondern auch ein Sinnbild des Altmoskauer Traums von der Errichtung des Dritten Rom auf russischem Boden dar. Neben dem Bau von grandiosen neoklassizistischen Bauensembles arbeitete die Hofkanzlei Katharinas II. das sog. Konstantinopel-Projekt aus, dessen Ziel war, Istanbul dem Russischen Reich einzuverleiben und ihm den Status von Zargrad (Königsstadt) – so wurde Konstantinopel früher von Slawen bezeichnet –, der Hauptstadt des orthodoxen Glaubens, zurückzugeben. Auf der anderen Seite ließ Katharina II. ihren Lieblingsenkel auf den Namen Alexander taufen, zu Ehren des heiligen Alexander Newskij, der die rechtgläubigen Rus vor der Expansion der Ritterorden im Westen und vor den Nomaden im Osten gerettet hat, aber auch zu Ehren Alexanders des Großen, des ersten griechischen ›Kaisers‹.

Aus dem oben Gesagten geht hervor, daß das Bild der Antike in der russischen Kultur im Unterschied dazu, wie es sich in Westeuropa herausbildete, das dauerhaft durch römische Kastelle ›markiert‹ wurde, nicht so sehr mit Realität als vielmehr mit Imaginärem, Gewünschtem verbunden war. Dieses Bild stand am nächsten zum Gral, einem zu erwerbenden Schatz. Eben dieses Konzentriertsein auf das Imaginäre erlaubt es, die utopischsten Projekte Wirklichkeit werden zu lassen. So wurde beispielsweise während nur eines Jahrhunderts in den finnischen Wäldern St. Petersburg gebaut. Und diese ›erdachte‹ und zur Realität gewordene Stadt ermöglichte dann später die Verwirklichung solcher Trugbilder wie die trojanische Epoche von Heinrich Schliemann, der offensichtlich nicht nur durch Erzählungen von Gelehrten, sondern auch durch den klassizistischen Petersburger Stil[1] selbst inspiriert wurde.

In St. Petersburg zu Beginn der 1920er Jahre, in der Epoche des Untergangs des Reiches, während des Bürgerkrieges, verminderte sich die denkbare Distanz zwischen der begehrten Antike und der Gegenwart maximal, und das Bild der Antike bekam eine unmittelbare Lebensdimension. Hier probte der Aristophanes-Übersetzer Adrian Piotrowskij ein Stück des deutschen Expressionisten Ernst Toller und rekrutierte dabei für die Massenszenen revolutionäre Soldaten und Matrosen, denen der Regisseur die Funktion des Chors des antiken griechischen Dramas zugedacht hat. Hier kamen die jungen Erforscher der Antike A. Dowatur und A. Jegunow, die sich angesichts der kommenden Barbarei als die letzten Hellenisten betrachteten, mitten im Trubel des sowjetischen Leningrad zusammen, um gemeinsam die Literatur von Alexandria zu übersetzen, weswegen sie bald in einem Straflager landeten und dann verbannt wurden. Hier schrieb der Schriftsteller K. Waginow den Roman »Das Lied des Ziegenbocks«, in dem Michail Bachtin fungiert, der die Satire von Menippos studierte, und zwar als Philosoph der Marburger Schule (er fährt mit dem Zug und wiederholt mechanisch immer wieder: »Die Welt ist *vor*gegeben und nicht gegeben« und leitet somit das griechische Thema des Schicksals ein); in dem ein Philostratos, ein aus den beiden hellenistischen Schriftstellern kreierter Literat, einem Leningrader Gelehrten erscheint, der in der Zweiten Straße der Dorfarmut wohnt; in dem die antike Ruine St. Petersburgs dahinsiecht. »Menschen waren kaum zu sehen. Säulen strebten gleich Oden gen Himmel, zu den Wolken, überall roch es nach Gras und Pfefferminz. In den Höfen grasten Ziegen, liefen Kaninchen umher und schrien Hühner ...« Der 1927 veröffentlichte Roman Waginows bestätigte den Ruf St. Petersburgs, das letzte Bollwerk des

Hellenismus zu sein. In den 1930er Jahren, als die deklarative Hinwendung zur antiken Klassik zur hygienischen Norm des Sozrealismus wurde, verwandelte sich das Empire-Leningrad in ein vergessenes Reich der Schönheit: Gebaut wurde nur am Stadtrand, die Stadt konservierte den Geist des Hellenismus. So erhielt beispielsweise 1937 der beste Leningrader Künstler der Stalin-Ära, Alexander Samochwalow, auf der Internationalen Ausstellung in Paris einen Preis. Sein Bild »Mädchen im Sporthemd« wurde nach den Skizzen der Venus von Milo gemalt, die sich heute in der Sammlung des Künstlers Timur Nowikow, des Gründers der Neuen Akademie der schönen Künste, befinden.

Timur Nowikow gründete die Neue Akademie der schönen Künste Ende der 1980er Jahre, kurz bevor die Stadt ihren ursprünglichen Namen zusammen mit dem Recht auf das wieder aufgestoßene »Fenster nach Europa« und somit auch auf die Antike zurückerhielt. Die Akademie funktioniert als Privatschule, doch der Schwerpunkt ihrer Tätigkeit ist die Veranstaltung von Ausstellungen und die Verbreitung der klassischen Kunst. Zuerst wurden neoakademische Ausstellungen als exzentrische Übertriebenheiten empfunden, denn in Moskau identifizierte man die Gegenwartskunst mit dem Konzeptualismus oder Aktionismus, zumal die Idee der Rückkehr zu den Formen der Antike bereits endgültig durch die totalitäre Vergangenheit des 20. Jahrhunderts kompromittiert worden zu sein schien. Die erste große Ausstellung der Neuen Akademie fand 1991 im Marmorpalais, einer der ehemaligen großfürstlichen Residenzen, statt, die Ende des 18. Jahrhunderts gebaut wurde und von den 1920er Jahren bis 1993 ein Lenin-Museum beherbergte. In dieser Ausstellung konnte man antimodernistische Manifeste Timur Nowikows – die Textil-Panneaus »Apollon tritt auf das ›Schwarze Quadrat‹« und »Apollon tritt auf das ›Rote Quadrat‹«[2] – sehen. In seinem ersten Manifest, »Einige Gedanken über solch eine seltsame Erscheinung wie Neoakademismus«, setzte sich Nowikow mit der Frage auseinander, wie man die vielen in den Sarkophagen der Museumssäle schlafenden Apollos erwecken und ob das Altgriechische das Esperanto ersetzen kann. Einen Impuls zur Entwicklung der Konzeption des Neoakademismus gaben Nowikow seine Auslandsreisen 1988/89 und sein Studium am Pariser Institut für plastische Künste, wo er erkannte, daß die mit der Klassik assoziierten Fertigkeiten der Schaffung des idealen Menschen in der Bildhauerei und Malerei zusehends verlorengehen. Nowikow interessierte insbesondere die Photographie als Kunst, die nach seiner Meinung inzwischen zu einer Art Kultur-Museumsreservat wurde, wo Schönheit und Harmonie als Naturgesetz noch angebetet werden. Er brachte einige Originalwerke Wilhelm von Gloedens nach Leningrad mit, die junge Fischer Taorminas als schöne antike Griechen zeigen. Eine weitere Anregung war Abram Rooms Film »Ein strenger junger Mann«[3]. Einige Bilder dieses Films sind im Geiste der griechischen Plastik stilisiert: Komsomolzen lenken Quadrigen, üben das Diskuswerfen im Stadion oder sitzen wie Götter da als ein lebendiger Fries und diskutieren den Moralkodex der Sowjetjugend. Das Streben nach einer idealen Form wird hier – wie überall in den 1930er Jahren – von der Idee der Schaffung einer neuen Generation gespeist. Rooms Film kann man als eine Art Einleitung zu Leni Riefenstahls »Olympia« betrachten, der etwa zur selben Zeit entstand und in dem antike Statuen gleichsam in den Körpern von Sportlern der Gegenwart lebendig wurden. Doch im Unterschied zu Riefenstahls Arbeiten oder zu den sowjetischen Sportphotos Alexander Rodtschenkos aus den gleichen Jahren ist Rooms Film nicht so sehr durch das Pathos der Gegenwart als vielmehr durch eine Reflexion über das Ideal gekennzeichnet, dessen Verkörperung entweder unmöglich oder tragisch ist wie die erhabene Liebe des HauptheIden und die Realisierung des panästhetischen Projekts überhaupt. Das Heldentum des Dienstes am klassischen Ideal besteht hier darin, daß es als göttlich, d. h. unerreichbar, imaginär und doch notwendig, *vor*gegeben, interpretiert wird. Die beiden darstellerischen Quellen des Neoakademismus Ende der 1980er und Anfang der 1990er Jahre (die Kunst-Photographie oder der »Piktoralismus« und »Ein strenger junger Mann«) stellten die Antike als ein ›lebendiges Bild‹, als Lebenskunst, dar.

Für die Wiederbelebung des heidnischen Kultes der Schönheit des nackten menschlichen Körpers in der nördlichen sowjetischen Metropole bedurfte es der Einbildungsenergie und der Entschlossenheit, das Imaginäre mit sich selbst, mit seinem eigenen Körper zu bezahlen, damit in der Atmosphäre des menschlichen Begehrens die vom musealen Schlaf erfaßten Scharen der antiken Kunstwerke lebendig wurden. Zu Beginn der 1990er Jahre durchlief der Neoakademismus das Stadium der Begeisterung für Porträts und Selbstporträts vor historischen Hintergründen in Form der neoklassizistischen Palais und Parks St. Petersburgs. Georgij Gurjanow, Bella Matweewa und Denis Jegelskij stellten wieder idealisierte Akte dar, indem sie an die Photos aus den Bereichen Ballett und Sport anknüpften (Kat.-Nr. 694). Die erste Initiation des Hellenismus veranstalteten Oleg Maslow und Viktor Kusnezow. Sie umgürteten sich mit Handtüchern, schmückten ihre Köpfe mit Kränzen aus Eichenblättern und gingen so im Park von Peterhof spazieren; ihre Kinder stellten Putti dar. Sie baten Passanten, wie das oft Touristen machen, sie vor dem Hintergrund malerischer Ruinen zu photographieren. Vom Happening gingen sie zu Performances im Stil der akademischen Aufführungen über: Sie fuhren nun zu Aufnahmen mit Requisiten, Amateurschauspielern und einem Berufsphotographen. So entstand die Serie von gestellten Szenen mit dem Titel »Auf dem Weg zu Alma Tadema« (Kat.-Nr. 687). Um sich dem Ideal des ›Piktoralismus‹ des frühen 20. Jahrhunderts zu nähern, photographierte der Aspirant (in der DDR und UdSSR wissenschaftliche Nachwuchskraft an der Hochschule: Anm. d. Übersetzers) der Neuen Akademie Rainer Boehme, der mit ihnen zusammenarbeitete, mit einer alten Zeiss-Kamera. Die alte Optik erlaubte es, eine größere Schärfe von Details im Vordergrund und weiche Umrisse des Hintergrunds zu erzielen, wie man es in der akademischen Malerei sehen kann.

In der Mitte der 1990er Jahre absolvierten die ersten Studenten die Neue Akademie, die zusammen mit ihren Professoren die Bewegung »Neue Ernste« gründeten. Diese Fraktion der Neoakademisten trat gegen die postmodernistische Ironie in der Interpretation der klassischen Kunst auf, die für Meisterwerke von Carlo-Maria Mariani und anderen bekannten Künstlern der 1970er und 1980er Jahre sowie für die neoakademischen Selbstporträts der 1990er Jahre bezeichnend ist. Das Pathos der »Neuen Ernsten« besteht im konzentrierten, selbstlosen Streben nach einer idealen Gestalt. Denis Jegelskij, Stanislaw Makarow, Jegor Ostrow und Andrej Medwedew setzten sich mit dem Problem des Erleuchtens der Gestalt auseinander und belebten dabei den wegen seiner Aufwendigkeit in Vergessenheit geratenen Gummidruck wieder, der die Photographie dem Aquarell nahe bringt und dem zu photographierenden Objekt den künstlerischen Wert einer geistigen Gestalt verleiht. Beim Herstellen von Papierkopien des Negativs bringt Stanislaw Makarow die Aquarellflächen so an, daß diese die Gesichter der marmornen Helden in einen warmen weißen Ton färben, während die Umrisse des Kopfes und der Schultern blau, rot und grün schillern, als ob die Statue lebendig wäre und gleich einer Mandorla Farblicht ausstrahlen würde. Als Modelle bevorzugt Makarow hellenistische Skulpturen aus der Eremitage, zum Beispiel den Kopf eines Jünglings der Pergamon-Schule (römische Kopie eines Originals aus dem 3. Jahrhundert v. Chr.), in dem die Aussagekraft der Form fast an eine dekadente Ekstase grenzt, und der Künstler, indem er den Marmorkörper in ein Aquarell-Bild verwandelt, transformiert diese Ekstase des Fleisches in feine geistige Energie (Kat.-Nr. 690).

Eine weitere, nicht minder aufwendige Arbeitsmethode für die neoklassizistische Skulptur, die mit einer Kamera festgehalten wurde, entwickelte Georgij Gurjanow. Er koloriert die Kopien mit Wachsfarben, wobei er die Disziplin der akademischen Zeichnung anstrebt. Gurjanows Begeisterung für die herbe Welt der Männerrivalität im Bereich der körperlichen Kraft und Vollkommenheit war es, die die Ethik der »Neuen Ernsten« begründete. Gurjanow scheint für immer von den griechischen Kriegern fasziniert zu sein, die sich zur Verwunderung der Feinde am Vorabend einer Schlacht miteinander in Geschicklichkeit und Schönheit maßen und mit ihrer Schönheit das Leben gleichsam zu einer vollkommenen Entfaltung in jedem Augenblick aufriefen. Die Darstellung des Zweikampfs ist das Lieblingsthema dieses Künstlers. Für ihn ist das plastische Bildnis eines athletischen Körpers eine Art Triumph des Menschen, der sich selbst als eine Statue geschaffen hat, der Natur und des Künstlers (Kat.-Nr. 692).

Den Effekt einer lebendigen Skulptur erzielte Olga Tobreluts mit anderen Mitteln. Sie verwendete 1993 als erste unter den Neoakademisten die Computermontage. Nach ihrer Meinung erklärt sich die Vitalität der antiken Kunst nicht nur durch unaufhaltsames Streben nach Vollkommenheit, sondern auch durch eine humorvolle Weltauffassung, durch Liebe zum Grotesken und die Bereitschaft, das Leben in all seiner Vielfalt zu schützen. Deswegen erscheinen alte Geschichten in Tobreluts'

Computerbildern wie lustige Märchen und Gleichnisse. In ihrer Serie »Die zwölf Arbeiten des Herakles« photographierte sie ihr Modell, den Stadtmeister in Bodybuilding, in der Pose des ausruhenden Herakles und gab ihm einen goldenen Apfel in die Hand, der in der Videoversion auf das virtuelle Gras fällt. »Russischer Minotaurus« aus der in Zusammenarbeit mit Bella Matweewa geschaffenen Serie »Lubok« stellt einen jungen Mann mit der Faschingsmaske eines Bären dar. Tobreluts nutzt auch zufällige surrealistische Effekte der gewöhnlichen Photographie. Einmal machte sie einige Farbphotos von Gipsköpfen, die in den Gießformen lagen, und ein Photo ergab ein suggestives Bild des Schlafes. So entstand das Photo »Schlaf des Odysseus« (Kat.-Nr. 689).

Auch in ihren ironischen Werken sind die Neoakademisten bestrebt, Groteske mit der Harmonie der Form zu verbinden. Viktor Kusnezow arbeitet beispielsweise am Landschaftszyklus »Goldene Städte« (Kat.-Nr. 688). Diese Malerei mit leicht erkennbarem Ursprung geht auf die Landschaften von Nicolas Poussin und Claude Lorrain, architektonische Phantasien des 17. und 18. Jahrhunderts, zurück, die meistens eine Akropolis und eine Anzahl idealer Bauwerke an deren Hängen zeigen. Der Prototyp dieser Serie ist das Theater im »Stalinschen Empire« auf einem Platz in der Stadt Joschkar-Ola, der Heimatstadt des Künstlers. Kusnezow bringt den Traum vom Goldenen Zeitalter der Kunst zum Ausdruck, der in Europa in der Agora und der Akropolis von Athen seine Verkörperung fand, und deutet auf die Realisierung dieses Traums in klassischen Modulen an, die auf dem ganzen Territorium der Metropole und der Kolonien, später sogar im hyperboreischen Rußland verbreitet wurden. Staffagen erinnern an kleine Figuren aus Computerspielen, die Darstellungen von Bauten an Puzzles – ein Hinweis auf die Mechanik des Reproduzierens der Neoklassik. Doch die Komposition der harmonischen, ›goldenen‹ Malereien läßt diese Akzente kaum durchblicken. Der Künstler zerstört nicht den Traum von der Vollkommenheit der alten Griechen, deutet aber das Illusorische der Natur dieser Vollkommenheit an.

Die Melancholie der neoklassizistischen Gestalten, das Utopische des Idealen ist das Thema einer Bildserie von Jegor Ostrow (Kat.-Nr. 686). Wie die meisten neoklassizistischen Werke basiert Ostrows Malerei auf der Photographie: Hier sind Porträts einiger Freunde des Künstlers vertreten, zum Beispiel Stanislaw Makarow als Achilleus in Skyros (ein beliebtes Motiv auf antiken Sarkophagreliefs). Die figurative Darstellung ist allerdings mit einen Raster vortäuschenden Streifen bedeckt, so daß der Betrachter wählen kann, ob er den Blick auf das geometrische diagonale Gitter oder auf die durchscheinenden Figuren fokussiert. Als Ergebnis verwandelt sich die Darstellung des schönen Jünglings in einen oszillierenden Bildschirm, der den Betrachtungsprozeß nicht zustande kommen zuläßt. Das Schöne ist hier trotz der ganzen Objektivität der photographischen Darstellung unbeständig und kann nicht festgehalten werden – mit einem Wort, es kann nicht angeeignet werden und existiert als geistige Substanz.

Eben diesem Thema – der Unerreichbarkeit des antiken Ideals und dem unermüdlichen Streben danach – war das Hauptprojekt der Neuen Akademie der Mitte der 1990er Jahre gewidmet: das Illustrieren von Lucius Apuleius' Roman »Metamorphosen« oder »Der goldene Esel«[4]. Eine der in den Roman eingearbeiteten Novellen, »Amor und Psyche«, faszinierte die europäische Kultur durch eine spannende Irrsalsgeschichte der Seele auf der Suche nach der verlorenen Ruhe und dem idealen Glück. Dieses Sujet wählte Timur Nowikow für ein Panneau. Er brachte vor dem Hintergrund eines silberschimmernden Kunstpelzes (Eselsfell) ein altes Photo der Skulpturengruppe »Amor und Psyche« an und umrahmte es mit Goldstickerei, gleich einem kostbaren Ikonenbeschlag oder Bildrahmen (Kat.-Nr. 691). Zur Atmosphäre der Zauberei und Mystik passen vorzüglich die von Konstantin Gontscharow und Alexej Sokolow eigens für die Aufnahme genähten Kostüme (Kat.-Nr. 695) – eine Art ästhetischer Kammerton des ganzen Projektes, zu dem die Autoren die Gestalt des Apuleius selbst, eines antiken Magiers, inspirierte. Olga Tobreluts schlug vor, das Material der Aufnahmen in die virtuelle Realität zu übertragen, und eröffnete somit neue, unendliche Wege für die Abenteuer der antiken Helden (Kat.-Nr. 693). Der Hauptheld, Lucius, irrt in der Gestalt eines Esels umher und versucht, seinen Körper und seine Seele zurückzubekommen. Die Phantasie der Illustratoren versetzte ihn in das hellenistische Ägypten, in das mittelalterliche China, in den Raum der Renaissance und des Barock, in das Manhattan der 1920er Jahre, als würden sie im Buch der Geschichte blättern auf der Suche nach Epochen, in denen das Bild der altgriechischen Kultur lebendig war und auf das Bewußtsein der Menschheit wirkte.

In den 1990er Jahren kehrte das ideale klassische Bild, das vom Modernismus abgeschafft worden war, in Werken der Neuen Akademie, im Video, zum Beispiel in den Arbeiten von Bill Viola, zurück. Darstellungsformen wie Computerphotos oder Videobildschirme verkünden das Geisterhafte oder das Illusorische dieses Bildes, zeigen dessen Verborgensein hinter dem unerreichbaren Horizont, d. h. seine Nähe zum Göttlichen. In seiner Abhandlung »Hegel und die Griechen« verglich Martin Heidegger, der die Kunst als das »Hinausführen der Wahrheit in die Wirklichkeit« bezeichnete, die Wahrheit in ihrem neueuropäischen Sinn als Glaubwürdigkeit mit der Wahrheit im altgriechischen Sinn als Nichtheimlichkeit des Seins, das Überführen des Geheimnisses in die Anwesenheit. Einer seiner wichtigsten Gedanken besteht darin, daß der Geist der Gegenwart gerade das Streben des »selbstwissenden absoluten Subjekts nach Glaubwürdigkeit« täte, das zur Diskretion und zum Fragmentarischen des Weltbildes führe, während es die Philosophie der Griechen erlaubte, den Bereich der geistigen und intellektuellen Wahrnehmung der Welt zu erweitern, indem man sich der Wahrheit als einem sich in der Unendlichkeit verlierenden Horizont nähere.

Die Neue Akademie der schönen Künste war und bleibt die erste Einrichtung im heutigen Rußland, die die Kultur als ein Ganzes versteht: Sie entwickelt die neuesten Technologien und restauriert zugleich in Vergessenheit geratene Methoden der Erschaffung von Bildern. Am wichtigsten sind hier, wie auch in jeder anderen richtigen Akademie, Skulptur und Malerei. Mit der Skulptur befassen sich Joulia Strauss, die in Berlin lebt, und der Moskauer A. Morosow. In den unter Anwendung der neuesten Computerprogramme angefertigten Porträts von Joulia Strauss äußert sich der ästhetische Denkraum.

Zum zehnten Jubiläum des Petersburger Neoakademismus malten Oleg Maslow und Viktor Kusnezow ein grandioses, sechs Meter langes und vier Meter breites Gemälde: »Triumph des Homer«, ein Gruppenbildnis aller Mitglieder der Akademie zusammen mit ihrem Gründer, Timur Nowikow, als der greise Homer. Das Bild enthält einen direkten Hinweis auf Nowikows Biographie: 1997 wurde er blind, doch der Verlust des Sehvermögens konnte seine Einbildungskraft nicht beeinträchtigen – er bleibt weiterhin Inspirator aller neoakademischer Projekte im Bereich Malerei, Filmkunst, Mode und Literatur und ist überdies Direktor des Museums der Neuen Akademie.

So verhält es sich auch mit der antiken Kunst, die das Leben archäologischer Denkmäler lebt: Sie hat zwar einige wichtige Elemente eingebüßt (Wandmalerei und Musik), offenbart uns aber unbegrenzte Möglichkeiten des Geistes, der durch ein imaginäres ideales Bild fasziniert ist, welches in der Geschichte – gleich einer virtuellen Perle – um winzig kleine Teile des Kulturgedächtnisses wächst.

[1] Die Troja-Idee Schliemanns stammt aus dessen Petersburger Periode und nicht aus seinen Jugendjahren, was auch L. S. Klein bestätigt (Schliemann. Troja. St. Petersburg, Ausstellungskat. Eremitage [1998] 8–15).

[2] »Schwarzes Quadrat« und »Rotes Quadrat« sind die beiden wichtigsten suprematistischen Werke Kasimir Malewitsch.

[3] Ein sowjetisches Melodrama über einen Komsomolzen, der sich in die Frau des alten Professors der Medizin verliebte. Der Film wurde verboten: Die Zensoren muß der auffällige, selbstgenügsame Ästhetizismus dieses Werkes abgestoßen haben.

[4] Die Idee, neue Illustrationen im Genre der gestellten Photoszenen anzufertigen, stammte von Denis Jegelskij und Andrej Medwedew.

686 Jegor Ostrow

Kopf des Antheus

2001
Tempera auf Leinwand, 60 x 40 cm
Sammlung des Künstlers

687 Oleg Maslow – Viktor Kusnezow – Rainer Boehme

Auf dem Weg zu Alma Tadema

1997
Schwarzweiß-Photo, 19 x 13,5 cm
Sammlung der Künstler

Kat.-Nr. 686

689 Olga Tobreluts

Schlaf des Odysseus

1999
Farbphoto, 150 x 165 cm
Sammlung der Künstlerin

690 Stanislaw Makarow

Kopf eines Jünglings

1998
Gummidruck, 60 x 50 cm
St. Petersburg, Museum der Neuen Akademie der schönen Künste

691 Timur Nowikow

Cupido und Psyche

1995
Tafel mit synthetischem Pelz, Stoffen und altem Photo; 200 x 190 cm
St. Petersburg, Museum der Neuen Akademie der schönen Künste

692 Georgij Gurjanow

Kampf mit dem Minotaurus, aus der Serie »Monumente«

1994–98
Übermaltes Photo, 63 x 86 cm
Sammlung des Künstlers

688 Viktor Kusnezow

Landschaft mit Tänzern, aus »Goldene Städte«

1998–2001
Öl auf Leinwand, 150 x 170 cm
Sammlung des Künstlers

693 Olga Tobreluts – Konstantin Gontscharow – Alexej Sokolow – Ekaterina Andreewa – Dmitri Kholodow

Illustration zu »Passiones Luci – Der Goldene Esel« von Apuleius

1994/95
Digitalphoto, 46 x 32 cm
Sammlung der Künstler

Kat.-Nr. 687

Kat.-Nr. 688

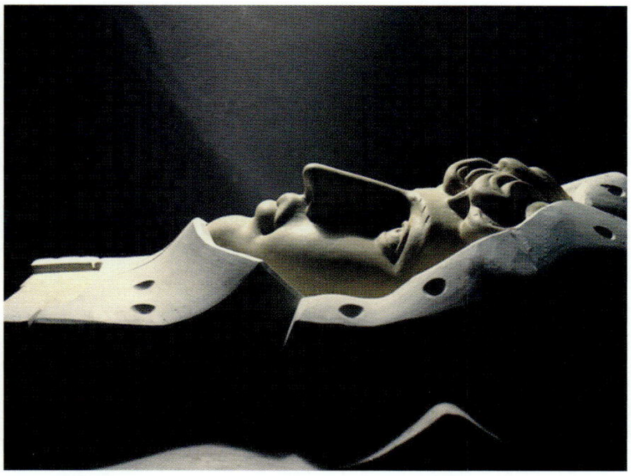

Kat.-Nr. 689

Kat.-Nr. 691

Kat.-Nr. 690

Kat.-Nr. 695b

694 Bella Matweewa – Konstantin Gontscharow – Sergej Vikharew – Viktor Shchurow

Leda und der Schwan, Ballett-Aufführung im Theater der Eremitage

1995
Schwarzweiß-Photo, 50 x 40 cm
St. Petersburg, Museum der Neuen Akademie der schönen Künste

695 a. b. Konstantin Gontscharow – Alexej Sokolow

Kostüme für Lucius and Charite aus »Passiones Luci – Der Goldene Esel« von Apuleius

1994/95
Privatsammlungen Erfurt und St. Petersburg

J. A.

Künstlerbiographien Neoakademiker St. Petersburg

Timur Nowikow, geb. 1958 in St. Petersburg (Leningrad). Lebt und arbeitet in St. Petersburg. Künstler, Film-Performer, Musiker, Theoretiker. Gründer der Neuen Akademie für schöne Künste, St. Petersburg.

Bella Matweewa, geb. 1961 in Troitsk, Ural. Lebt und arbeitet seit 1977 in St. Petersburg. Künstlerin, seit 1993 Beschäftigung mit inszenierter Photographie.

Konstantin Gontscharow, geb. 1969 in St. Petersburg (Leningrad). 1998 in St. Petersburg verstorben. Künstler, Modedesigner.

Georgij Gurjanow, geb. 1961 in St. Petersburg (Leningrad). Lebt und arbeitet in St. Petersburg. Künstler, Musiker.

Viktor Kusnezow, geb. 1960 in Joschkar-Ola. Lebt und arbeitet in St. Petersburg. Künstler, Performer, seit 1992 Beschäftigung mit inszenierter Photographie. Seit 1993 Zusammenarbeit mit Oleg Maslow.

Stanislaw Makarow, geb. 1972 in St. Petersburg (Leningrad). Lebt und arbeitet in St. Petersburg. 1993 Aufnahme in Nowikows Neue Akademie der schönen Künste, Lehrstuhl für Photographie. Künstler, seit 1994 Beschäftigung mit Gummidruck-Photographie.

Oleg Maslow, geb. 1965 in L'gov Kievskij/Ukraine. Lebt und arbeitet in St. Petersburg. Künstler, Performer, seit 1992 Beschäftigung mit inszenierter Photographie. Seit 1993 Zusammenarbeit mit Viktor Kusnezow.

Jegor Ostrow, geb. 1970 in St. Petersburg (Leningrad). Lebt und arbeitet in St. Petersburg. 1993 Aufnahme in Nowikows Neue Akademie der schönen Künste, Lehrstuhl für Malerei. Künstler, seit 1995 Beschäftigung mit inszenierter Photographie.

Joulia Strauss, geb. 1971 in St. Petersburg (Leningrad). Lebt und arbeitet in Berlin und St. Petersburg. 1993 Aufnahme in Nowikows Neue Akademie der schönen Künste, Lehrstuhl für Malerei. Künstlerin, Bildhauerin.

Olga Tobreluts, geb. 1970 in St. Petersburg (Leningrad). Lebt und arbeitet in St. Petersburg. Seit 1993 Beschäftigung mit Video und Computerphotographie. Künstlerin.

Timur Nowikow

Spuren des griechischen Wunders

Der Einfluß der Kultur des Alten Griechenland verbreitete sich allmählich über den ganzen europäischen Kontinent. Das Interesse des Alten Griechenland für den Norden kam in dem Mythos über die Hyperboreer deutlich zum Ausdruck. In der Epoche der Renaissance fand seinerseits auch das Interesse für die Antike in ganz Nordeuropa Verbreitung. In den letzten dreihundert Jahren wurde der Mythos über die Hyperboreer in der Kunst des Baltikums sehr oft behandelt. An der Wende vom 18. zum 19. Jahrhundert schenkte diese Region neue Titanen der Nordrenaissance der Welt. Dies sind der Däne Bertel Thorvaldsen, die Russen Karl Brjullow, Alexander Puschkin und Fjodor Tolstoj und die Königsberger Immanuel Kant und Ernst Theodor Amadeus Hoffmann. Die Nordbewohner reisten viel, auch zu den südlichen Meeren, um, Johann Winckelmann und Heinrich Schliemann folgend, sich die Inspiration aus der ›Kastalischen Quelle‹ zu holen. In der Mitte des 19. Jahrhunderts zündete der estnische Künstler Johann Keller das Feuer des Klassizismus auch in Estland an.

Neue Tendenzen – die sozialistischen Ideen von Karl Marx – verursachten in der zweiten Hälfte des 19. Jahrhunderts eine Welle des sozialen Realismus, die die hellenistische Kultur Nordeuropas wesentlich schwächte, und die Klassizisten stießen auf eine Gegenwirkung der Peredwishniki in der Petersburger Akademie der Künste. Gleich nach der sozialen Revolution kam auch eine modernistische Revolution in der Kunst: 1920 bis 1940 erfaßte wieder einmal der Neoklassizismus Europa, jedoch siegten nach dem Zweiten Weltkrieg in der Ästhetik wieder Vertreter der modernistischen Revolution im Westen und der sozialen Revolution im Osten. Die Reste des Klassizismus wurden schnell beseitigt. Ende der 1980er Jahre, nach dem Zusammenbruch der Ideologie des Kommunismus in der UdSSR, veränderte sich die allgemeineuropäische Kulturlandschaft. Indem sich die Konfrontation zwischen den beiden Gesellschaftssystemen im Kalten Krieg abschwächte, verminderte sich auch der ästhetische Druck auf die Künstler. In verschiedenen Regionen Nordeuropas entstanden als Gegengewicht zu globalen Tendenzen lokale Trends. In Leningrad identifizierten sich die Künstler der ›Neuen Akademie von Allerlei Künsten‹ mit dem historischen Petersburger Neoklassizismus. Sie sahen neoklassizistische Tendenzen sogar in figurativen Arbeiten von Kasimir Malewitsch.

1988 fiel der sprichwörtliche ›eiserne Vorhang‹, und die Leningrader Künstler konnten die moderne westliche Kunst kennenlernen, die ihnen so verlockend erschienen war. Doch obwohl sie recht gastfreundlich aufgenommen wurden (Ausstellungen in Museen Europas und der USA), erlebten die meisten Helden der ›Neuen Welle‹ eine Enttäuschung. Die große europäische Kultur schien ihnen inzwischen langweilig, zynisch, kleinkariert und bürokratisch geworden. Und die Künstler vermochten einen anderen Weg einzuschlagen: zu den ewigen Werten der klassischen Kunst. Im Dezember 1989 wurde die ›Neue Akademie der schönen Künste‹ gegründet, deren erste Mitglieder Timur Nowikow, der Gründer und Theoretiker, Georgij Gurjanow, Maler und Musiker, Denis Jegelskij, Maler und Forscher, Konstantin Gontscharow, Maler und Kostümbildner, und Viktor Tusow, Graphiker und Pädagoge, waren. Im Frühling 1990 veranstaltete die Neue Akademie eine Ausstellung und eine wissenschaftliche Konferenz zum Thema »Jugend und Schönheit« im Haus der Gelehrten am Schloß-Kai, die zum ersten Fest des Neoakademismus wurde. Im Frühling 1991 fand im Marmorpalais die erste Museumsausstellung dieser Strömung statt. In dieser Ausstellung fiel erstmalig das Wort »Neoakademismus«. Im Sommer 1992, während der Kunstfestspiele in Helsinki, fand die erste internationale Ausstellung des Neoakademismus – »Kälte und Schönheit« – statt. Die neue Kunstrichtung unterstützten von Anfang an junge Kunstkritiker: Ekaterina Andreewa, Oljesja Turkina und Andrej Chlobystin. Als 1992 die Neue Akademie die französischen Photographen Pierre und Gilles nach St. Petersburg eingeladen hatte und im Marmorpalais deren gemeinsame Ausstellung mit den Petersburger Neoakademisten Nowikow und Jegelskij gezeigt wurde, verstanden alle, daß der Neoakademismus nicht nur interessant, sondern auch modern ist. In den folgenden Jahren schlossen sich dem Neoakademismus viele junge Künstler an, die in dieser Kunst neue, interessante Perspektiven erblickten. 1993 wurde das Professorenkollegium der Akademie durch neue Mitglieder erweitert: Oleg Maslow, Viktor Kusnezow und Andrej Medwedew. Unter den Studenten waren zu dieser Zeit Joulia Strauss, Stanislaw Makarow und Jegor Ostrow. Im selben Jahr nahm die junge Computerkünstlerin Olga Tobreluts die Arbeit an ihrem ersten Film in Angriff, an dem sich Neoakademisten beteiligten.

1994 machten sich die neoklassizistischen Tendenzen nicht nur in St. Petersburg, sondern auch in Werken westeuropäischer und amerikanischer Künstler bemerkbar. Eine bedeutende Gruppe der Anhänger des Neoklassizismus entstand in Moskau. Um diese Tendenzen zu zeigen, organisierte Nowikow im Marmorpalais die Ausstellung »Wiedergeburt und Widerstand – klassische Traditionen und die Geschichte der Photographie«, an der Robert Mapplethorpe, Gianni Versace, Karl Lagerfeld, Pierre und Gilles teilnahmen.

Was ist also der Neoakademismus und wodurch unterscheidet er sich vom gewöhnlichen Akademismus? Natürlich sind die neuen Akademisten bestrebt, klassische Traditionen der Malerei und Bildhauerei wiederzubeleben, doch gleichzeitig verwenden sie aktiv neue Technologien. Das Wichtigste ist für uns nicht die Technik, sondern die Ästhetik. Klassizistisch kann auch eine sehr moderne Kunst sein. Der Kunsthistoriker und -theoretiker Edward Lucie-Smith schrieb: »Wenn vor 200 Jahren das Zentrum des Klassizismus in Europa Rom war, so ist es heute zweifellos St. Petersburg. Der Neoakademismus ist die erste Erscheinung der russischen Kultur nach Kasimir Malewitsch, die den internationalen künstlerischen Prozeß beeinflußt hat. Das griechische Wunder besteht weiter.«

ANHANG

Jürgen Mrosek

Zum Informationskonzept in der Ausstellung »Die griechische Klassik – Idee oder Wirklichkeit«

Im Gegensatz zu den anderen Beiträgen wird sich dieser nicht mit dem befassen, was einmal war oder was sich aus verschiedenen archäologischen Quellen mit einiger Plausibilität erschließen läßt. Dieser Beitrag will vielmehr versuchen, Vorüberlegungen zu beschreiben, deren Ergebnis einen Teil der Ausstellung ausmacht, die von März bis Juni 2002 im Berliner Martin-Gropius-Bau zu sehen ist. Die Vorüberlegungen gelten der Frage, welche zusätzlichen Informationsmedien eingesetzt werden sollen, damit die in der Ausstellung zusammengeführten Objekte nicht als eine beliebige Zusammenstellung schöner Dinge angesehen werden, sondern im Sinne der Ausstellungsplaner zu den Besuchern ›sprechen‹, ihnen eine Information übermitteln.

Mehr als Vorüberlegungen können hier nicht dargestellt werden, weil zum Zeitpunkt des Verfassens dieses Beitrags die konkrete Arbeit an den einzelnen Ausstellungsteilen im Bereich der Informationsvermittlung erst begann. Es werden die sich unmittelbar in der Ausstellung niederschlagenden Überlegungen (Information in der Ausstellung) sowie Teile des Werbekonzepts (Information über die Ausstellung) dargestellt.

Die Planung und Entwicklung von Informationskonzepten für Ausstellungen muß einhergehen mit der gesamten Planung der Ausstellung. Deshalb sollten Planer und Entwickler des Informationskonzepts von Anfang an beteiligt sein, damit die Integration der Informationsmedien in die Gesamtkonzeption und in die Gestaltung der Ausstellung gelingt. Die Zielsetzung der Ausstellung »Die griechische Klassik – Idee oder Wirklichkeit« ist mehrfach beschrieben, z. B. in der Einleitung zu diesem Katalog; es sollen die neueren Forschungsergebnisse zur griechischen Klassik präsentiert werden, sie soll als ein Rezeptionsphänomen wahrgenommen werden und die politischen, sozialen und künstlerischen Fragen der damaligen Zeit beschreiben. An dieser Zielsetzung wird sich bis in die Details hinein das Informationskonzept und seine konkrete Umsetzung messen lassen müssen.

In der Vorbereitung eines Konzepts zur Information ist auch die Frage zu stellen, was der Ausstellungsort bzw. die Region denn nun eigentlich mit dem Thema der Ausstellung zu tun haben. Berlin und Brandenburg haben für 2002 das Thema »Klassik und Romantik« für ihre mit dem Preußenjahr 2001 so erfolgreich gestarteten gemeinsamen Ausstellungsaktivitäten geplant, aber das ist eher als kulturpolitische Aufforderung zu verstehen, neben der Ausstellung im Martin-Gropius-Bau weitere Aktivitäten zu initiieren.

Streng historisch betrachtet, muß angemerkt werden, daß zeitgleich mit der griechischen bzw. der Athener Klassik im Raum Berlin/Brandenburg sich wohl mehr oder weniger die Füchse »Gute Nacht!« sagten. Die Antike kommt in Berlin erst am 4. Mai 1698 mit der Sammlung Bellori an, davor gab es nur einzelne römische Münzen, Gemmen und Bronzen in der Brandenburgisch-Preußischen Kunstkammer, der fürstlichen Sammlung im Berliner Schloß. Giovanni Pietro Bellori (1613–1696), ein römischer Archäologe, hatte eine umfangreiche und bedeutende Antikensammlung zusammengetragen, die für das brandenburgisch-preußische Herrscherhaus und deren Kunstkammer erworben wurde und seither als Grundstock für die Museen antiker Kunst gilt.

1830 erfolgte die Eröffnung des nach Schinkels Plänen gebauten Alten Museums. Es ist das erste der insgesamt fünf Museumsgebäude auf der heute zum Weltkulturerbe gehörenden Museumsinsel. Das

Königshaus hatte seine Kunstsammlung den Bürgern geöffnet – wenn auch nur nach Voranmeldung zum festgesetzten Termin. Die Zugänglichkeit der Sammlungen zu verbindlichen Öffnungszeiten war erst später gegeben – zunächst auch nur von 11 bis 14 Uhr.

1879 wurden zwei Friesplatten des Pergamonaltars in der Rotunde des Alten Museums ausgestellt. Carl Human hatte sie vorher in der byzantinischen Mauer des antiken Pergamon entdeckt, in der sie verbaut worden waren – Berlin war begeistert.

Hundert Jahre später wird die Sonderausstellung »Berlin und die Antike« in der Charlottenburger Orangerie (damals Berlin-West) mit über 1200 Objekten gezeigt. Rückblickend betrachtet macht sie hauptsächlich zwei Dinge deutlich. Einmal spielt die Antike in Berlin eher auf akademischer Ebene in den Universitäten und in der Kunst einschließlich der Architektur eine Rolle, und zweitens ist das, was wir als Antike und auch als Klassik wahrnehmen oder bezeichnen, hauptsächlich durch andere vermittelt, durch römische Kopien, weil die griechischen Originale nicht mehr erhalten sind, durch Beschreibungen von Reisenden aus verschiedenen Jahrhunderten, durch Architekten, die sich an antiken Vorlagen orientierten – oder durch Archäologen und Historiker, die mit der Ausstellung »Die griechische Klassik – Idee oder Wirklichkeit« eine neue Betrachtungsweise der antiken Klassik präsentieren.

Die knappe Darstellung der Antike in Berlin zeigt, daß sie in weiten Teilen der Berliner Bevölkerung sicherlich nicht als Bestandteil der eigenen kulturellen Tradition gesehen wird; das Gegenteil gilt vermutlich für die etwa zehntausend Griechen, die laut Einwohnerstatistik in Berlin leben. Andererseits hat Berlin eine Reihe bedeutender klassizistischer Bauten aufzuweisen, die in der Tradition der Antike stehen, deren Abhängigkeit von den antiken Vorbildern aber nicht bewußt ist. In einer Zeit des ausgeprägten Fern-Tourismus wissen viele etwas von der Akropolis von Athen und dem Parthenon, haben sie vielleicht besichtigt. Den wenigsten Berlinern dürfte aber bekannt sein, daß das Brandenburger Tor die Propyläen, den Eingangsbau zur Athener Akropolis, zum Vorbild hat (Abb. 1). Für das Informationskonzept bleibt festzuhalten, daß Anknüpfungspunkte zur Antike durchaus vorhanden sind, die Zusammenhänge müßten nur dargestellt und bewußt gemacht werden. Es ist deshalb Teil des Konzepts, daß die Ausstellungsplaner zusammen mit privaten Anbietern den Besuchern und anderen Interessierten Stadtführungen zu Fuß, mit dem Bus oder auch mit dem Fahrrad durch das klassizistische Berlin anbieten.

Wenn über die Bedeutung eines Ausstellungsthemas in Verbindung mit der kulturellen Tradition einer Region diskutiert wird, muß auch über mögliche Besuchergruppen nachgedacht werden. Dazu zählen einmal die Berliner und die Bewohner der Umlandes, wobei insbesondere die Altersgruppe über etwa 45 Jahre mit Hochschulausbildung zu den traditionellen Besuchern von Ausstellungen mit Bezug zur Antike gehören. Ferner sind Touristen eine bedeutsame Gruppe unter den möglichen Besuchern, dies besonders deshalb, weil alle Feiertage des Frühjahrs in die Ausstellungszeit fallen und diese Zeit häufig für Städtereisen genutzt wird. Für beide Gruppen wird es wichtig sein zu vermitteln, daß in der Ausstellung einmalige Leihgaben aus der Welt der Antike zusammengeführt werden, die man sonst nur auf Reisen über viele tausend Kilometer sehen könnte. Hier wird sich vielleicht der Martin-Gropius-Bau als ein schwieriger Standort erweisen, der etwas abseits der Touristenpfade Berlins liegt. Wenn Touristen eine potentielle Besuchergruppe der Ausstellung darstellen, muß auch fremdsprachige Information geplant werden. Schulklassen aus Berlin und Umgebung sind sicherlich am Thema der Ausstellung sehr interessiert, spielt doch die Antike im leider immer wieder zeitlich reduzierten Geschichtsunterricht der Grundschule eine wichtige Rolle. Die große Anschaulichkeit der Ausstellung durch Modelle und Inszenierungen wird den Ausstellungsbesuch im Rahmen des Schulunterrichts fördern, insbesondere, wenn am Rahmenplan der Schulen orientiertes Arbeitsmaterial zur Verfügung gestellt wird. Darüber hinaus werden zum Thema der Ausstellung Angebote im Bereich der Lehrerfortbildung gemacht.

Die Information über die Ausstellung begann bereits im April 2001 mit der ersten Version der Website zur Ausstellung[1], die auf der Pressekonferenz zur Ausstellungsankündigung vorgestellt wurde. Die Website ist bis zur Eröffnung in regelmäßigen Abständen erweitert worden, um Internetnutzer immer wieder zu motivieren, die Website mit den neuen Seiten aufzurufen (Abb. 2). Von

Abb. 1. Ansicht der Propyläen in Athen und des Brandenburger Tores, Kupferstich von J. C. Richter, um 1840. Berlin, Stiftung Stadtmuseum

November 2001 bis zum Ende der Ausstellung fährt ein Bus der Berliner Verkehrsbetriebe mit Außenwerbung für die Ausstellung durch die Stadt, u. a. auch über den Kurfürstendamm. Bereits vor Eröffnung der Ausstellung war Plakatwerbung in den öffentlichen Verkehrsmitteln Berlins und in den Wartebereichen der Berliner Ämter präsent. Während der Ausstellungszeit kommen neben der Plakatwerbung in der Stadt und im Umland noch eine Reihe von Werbemaßnahmen im regionalen sowie im überregionalen Personenverkehr und auf Bahnhöfen hinzu. Verstärkt wird die Werbung durch Medienpartnerschaften.

Inhaltliche Grundlage der Information in der Ausstellung ist grundsätzlich erst einmal das, was Archäologen und Historiker zum Thema der griechischen Klassik zusammengetragen haben. Vermittelt wird dies einerseits durch die originalen Denkmäler in der Ausstellung – von den Wissenschaftlern selbst ausgesucht –, aber natürlich auch durch die Gestaltung der Ausstellung und eben durch die Umsetzung des Informationskonzepts, der Auswahl der jeweils angemessenen Informationsmedien.

Der wissenschaftliche Beirat erarbeitete das Konzept zur Ausstellung einschließlich der Vorgabe, die vielfältigen Aspekte des Themas in acht Ausstellungsabteilungen darzustellen (in der Einleitung, S. 2 ff., wird dies ausführlich dargestellt). Ein solches, thematisch orientiertes Konzept bietet, jenseits einer streng chronologischen Gliederung, die Möglichkeit der Inszenierung. Wobei archäologische Ausstellungen zu einem gewissen Grad immer Inszenierungen sind, weil in den seltensten Fällen die ausgestellten Objekte aus einem Fundzusammenhang stammen, sie also in der Ausstellung absichtsvoll einander zugeordnet werden, um dem Museumsbesucher einen bestimmten Eindruck zu vermitteln, ihm eine Aussage, vielleicht auch eine Interpretation nahe zu legen. Darüber hinausgehend ist mit Ausstellungsinszenierung eine Darbietungsform gemeint, die zu den Ausstellungsobjekten noch andere Gegenstände, Ereignisse (Ton, Licht) oder Medien hinzutreten läßt und dadurch auf eine komplexe Wirkung abzielt. Eine Marmorskulptur, der in einer Ausstellung neben Werkzeugen eines Bildhauers auch Marmorabschläge zugeordnet sind, wird von Ausstellungsbesuchern sicherlich nicht als hochrangiges Einzelkunstwerk interpretiert, sondern viel wahrscheinlicher als Teil einer Bildhauerwerkstatt, in der gerade das Werk vollendet worden ist. Verzichtet man auf die Marmorabschläge, ist die Information schon nicht mehr so eindeutig. Da werden einige Betrachter in dem Arrangement vielleicht eine Ausstellung der Werkzeuge vermuten. Ausstellungsinszenierungen sollen Assoziationen nahelegen, dazu müssen sie hinreichend eindeutig angelegt sein, damit bei der überwiegenden Mehrheit der Betrachter sich die gewünschte Assoziation einstellt – oft eine schwierige Angelegenheit.

Im Verlauf der Beratungen entstand zusätzlich die Idee einer ›Zeitschiene‹ in Form von Skulpturen in chronologischer Aufstellung. Durch die Aufstellung ausgewählter Skulpturen in chronologischer Folge sollte für den Besucher der Wandel in der Darstellung am Beispiel der Götterbilder dargestellt werden. (s. S. 82 ff.)

Gleichzeitig wurde überlegt, wie den Besuchern die athenische Geschichte zur Zeit der Klassik nahegebracht werden könne. Zunächst bestand der Plan, für einen Besucher nach Eingabe seines Alters, seines Geschlechts, seines Einkommens und seines Geburtsortes durch einen Computer einen fiktiven Lebenslauf im antiken Athen (2400 Jahre zurückversetzt) zu generieren und auf Wunsch ausdrucken zu lassen. Dazu bemerkten Historiker, daß nicht genügend Lebensläufe bekannt seien, die uns ermöglicht hätten, eine größere Anzahl unterschiedlicher Lebensläufe zu generieren. Darüber hinaus ergaben sich noch mehrere inhaltliche Probleme. So war in Athen der Lebensbereich der Frauen auf das Kinderkriegen und -aufziehen sowie das Führen des Haushalts (bzw. Beaufsichtigen der Haussklaven) beschränkt. Davon gab es nur sehr wenige Abweichungen. Also wäre etwa die Hälfte der Lebensläufe ziemlich eintönig gewesen. Dieses Problem wäre noch dadurch verstärkt werden, daß auch Lebensläufe von Sklaven in großer Zahl zu vergeben gewesen wären, wollte man die damalige Population Athens halbwegs proportional repräsentieren. Abwechslungsreich wären wohl nur die Lebensläufe der männlichen Athener Bürger und der Metöken (Fremden) gewesen! Eine Veränderung des Vorschlags reduzierte das Programm auf einen Überblick der historischen Ereignisse in Athen nach Eingabe des Lebensalters – ebenfalls 2400 Jahre zurückversetzt. Die Begrenzung des präsentierten Ausschnitts der historischen Ereignisse auf das Lebensalter hätte aber mit sich gebracht, daß historische Verläufe, die sich über längere Zeiträume entwickelten, nur in Bruchstücken dargestellt und dadurch vielleicht unverständlich geworden wären. Am Ende dieser Überlegungen steht dann das Projekt eines ›digitalen Geschichtsbuches‹ für Athen von 480 bis 336 v. Chr.; das Ergebnis wird in der Ausstellung nahe der Zeitschiene der Skulpturen auf mehreren Computerarbeitsplätzen den Besuchern zugänglich gemacht.

Das digitale Geschichtsbuch, wie wir es gegenwärtig nennen, wird auch Merkmale von Multimedia-Anwendungen haben, also interaktive Programmteile enthalten. Es wird aber weitgehend die schnellen, assoziativen Bildfolgen mit intensiver emotionaler Ansprache vermissen lassen, wie sie oft mit dem Begriff Multimedia verbunden werden. Das digitale Geschichtsbuch ist eher als computergestützte Besucherinformation zu bezeichnen, die unter Verwendung multimedialer Techniken Informationen präsentiert, die in ihrer Gleichzeitigkeit und langfristigen Entwicklung sonst in einer Ausstellung nicht darstellbar sind.

Neben der computergestützten Besucherinformation werden auch die eher traditionellen Informationsmedien in der Ausstellung eingesetzt, so wie sie sich über lange Zeit für Ausstellungen entwickelt und bewährt haben. Dabei darf nicht vergessen werden, daß zunächst die Hauptinformationsträger in einer Ausstellung die originalen Objekte selbst sind; alle anderen Informationsmedien sind auf sie ausgerichtet, beziehen sich auf sie.

Personale Vermittlung	Öffentliche Führungen Bestellte Führungen, ggf. zu vereinbarten Themen
Textinformation in der Nähe der Ausstellungsobjekte	Beschriftung für einzelne Ausstellungsobjekte Sammeltexte für Objektgruppen oder Vitrinen Raumtexte Informationsblätter
Printmedien, meist am Buchstand zu erwerben	Katalog Kurzführer Broschüren für bestimmte Zielgruppen, wie Schüler, Kinder
Bildinformation	Fotos Zeichnungen Projektionen
Rekonstruktionen, dreidimensional	In originaler Größe Modelle
Audio-Medien	Hörstationen Akustische Führungssysteme
Audio-visuelle Medien	Dia-Ton-Schauen, Filme Videoscomputergestützte Besucherinformation

Die Tabelle listet die in Ausstellungen üblicherweise einsetzbaren Informationsmedien auf, wobei es sicherlich noch die eine oder andere unberücksichtigte Variante gibt. Aus diesen umfangreichen Möglichkeiten gilt es, die jeweils angemessene Form der Informationsvermittlung herauszufinden – ein Foto oder eine Zeichnung kann oftmals komplizierte Texte ersetzen; eine Führung durch die Ausstellung kann für den Besucher, der daran teilnimmt, ein einzigartiges Erlebnis sein, das für ihn alle anderen Informationsmedien überflüssig macht.

Für die Informationsvermittlung gilt das didaktische Prinzip, Fragen möglichst dort zu beantworten, wo sie sich dem Besucher aufdrängen. Eine Führung kann ein einzigartiges Erlebnis werden, weil der Teilnehmer unmittelbar Antwort auf seine Frage erhält – dies im Dialog mit dem Museumsführer. Diese Zwei-Weg-Kommunikation ist bei den anderen Informationsmedien nicht gegeben, hier müssen möglicherweise entstehende Fragen aus der Erfahrung heraus antizipiert werden und zur Grundlage der Information gemacht werden.

Redundanz der Information ist bei dieser Vielzahl von Informationsmedien nicht zu vermeiden, selbst wenn man davon ausgehen kann, daß nicht alle Informationsmöglichkeiten von einem Besucher genutzt werden. Lerntheoretisch ist Redundanz sogar erwünscht, weil sie zu besseren Lernergebnissen

Abb. 2. Screenshot der Website zur Ausstellung, märzdesign Berlin

führt und das einmal Gelernte länger behalten wird. Allerdings darf das auch nicht dazu führen, daß ein Ausstellungsbesucher »Ach, schon wieder!« denkt oder sagt – das führt eher zum Gegenteil.

Bei der Beschreibung potentieller Besuchergruppen wurde bereits die Notwendigkeit fremdsprachiger Information erwähnt. Es ist sicherlich nicht zweckmäßig, alle Informationsmedien in mehreren Sprachen zu präsentieren, das würde einmal zu einer wahren Textflut in der Ausstellung führen und andererseits auch sehr hohe Kosten verursachen. In der Ausstellung »Die griechische Klassik – Idee oder Wirklichkeit« werden fremdsprachige Führungen angeboten, ferner sind Raumtexte in englischer Sprache vorhanden, fremdsprachige Kurzführer durch die Ausstellung und das akustische Führungssystem in englischer Sprache ergänzen das Angebot. Das ›digitale Geschichtsbuch‹ soll, sofern Finanzmittel dafür zur Verfügung stehen, möglichst auch in englischer Sprachversion verfügbar sein.

Der Lichthof des Martin-Gropius-Baus, so steht es im Konzept der Ausstellung, wird als antike Agora gestaltet. In der Antike war die Agora zeitweise der Ort der Volksversammlung und immer der öffentliche Ort des informellen Austausches von Informationen. Im Martin-Gropius-Bau soll es der Ort werden, den die Besucher vor Beginn des Ausstellungsrundgangs betreten und, gewissermaßen als Einstimmung, sich seiner Wirkung aussetzen. Die Agora im Martin-Gropius-Bau wird aber auch der Ort vielfältiger Veranstaltungen sein, die alle die griechische Klassik und ihre Rezeption zum Inhalt haben. Die nicht oder unzureichend in einer Ausstellung präsentierbaren Kunstformen wie Musik und Literatur werden überwiegender Inhalt des Beiprogramms im Lichthof sein. Daneben wird im Filmsaal des Martin-Gropius-Baus ein ausstellungsbegleitendes Filmprogramm laufen.

Die Ausführungen zum Informationskonzept der Ausstellung sind aufgrund des zeitlichen Abstands zur Eröffnung notwendigerweise allgemeiner Art. Natürlich soll die Textinformation in der Ausstellung gut lesbar sein, selbstverständlich soll sie leicht auffindbar sein – ob dies dann im Endergebnis gelungen ist, ist nur durch einen Ausstellungsbesuch überprüfbar. Da der Erwerb des Katalogs meist mit dem Ausstellungsbesuch verbunden ist und seine Lektüre dem Besuch folgt, kann der Leser nun sein eigenes Urteil fällen.

[1] Die Domainnamen lauten ›klassik2002.de‹ sowie ›klassik-berlin.de‹, die Website ist auch über ›www.smpk.de‹ (Website der Staatlichen Museen zu Berlin) aufrufbar.

Abbildungsnachweis

Abkürzungen und Zitierweise folgen den Richtlinien des Deutschen Archäologischen Instituts, publiziert im Archäologischen Anzeiger 1997, 611 ff. und in der Archäologischen Bibliographie 1993.

Im Beitrag Borbein ist die Abb. 21 auf S. 25 mit einer falschen Standortangabe versehen. Statt *Rom, Museo Nazionale Romano* muß es *Rom, Vatikanische Museen* heißen.

ADelt 19, 1964, Chron I Abb. zu S. 33: S. 502 Abb. 1
Alinari: S. 25 Abb. 21; Kat.-Nr. 1
AM 79, 1964, 87 Abb. 3: S. 469 Abb. 1
Andersen, H. Ch. – Hébrard, E. M., Création d'un centre mondial de communication (1913): Abb. S. 72 Mitte
Andronikos, M., Museum Thessaloniki (1981) Abb. 55: S. 559 Abb. 3
Ders., Vergina. The Royal Tombs and the Ancient City (1984) Abb. 115: Kat.-Nr. 296
Antikenmuseum Berlin. Die ausgestellten Werke (1988) 198 f. Nr. 4: S. 583 Abb. 1; 234 f. Nr. 1: S. 583 Abb. 2
AntPl 8 (1968) Taf. 11 a: S. 18 Abb. 12; Taf. 21 a: S. 18 Abb. 13
Arribas, A. – Trias, G. – Cerda, D. – de Hoz, J., El barco de El Sec (Costa de Calvia, Mallorca). Estudios de los materiales (1987): Zeichnungen von Kat.-Nr. 21 b. d. e
Athen, Agora-Museum: S. 16 Abb. 9
Athen, Nationalmuseum: S. 323 Abb. 3
Athen, Numismatisches Museum: S. 459 Abb. 1
Athens: The City Beneath the City, Ausstellungskat. Athen (2000) 397: S. 215 Abb. 5
AW 7, 1976, 10 Abb. 15: Kat.-Nr. 395; 32, 2001, 89 Abb. 4: S. 214 Abb. 3

Baia, Castello Aragonese: Kat.-Nr. 523–526
Baia, Museo Archeologico dei Campi Flegrei: Kat.-Nr. 494
Basel, Antikenmuseum und Sammlung Ludwig: Kat.-Nr. 226. – Foto Claire Niggli: Kat.-Nr. 417. 483. – Foto Hans Stieger: Kat.-Nr. 248. 249
BCH 55, 1931: Kat.-Nr. 317; 103, 1979, 517 Abb. 7: S. 19 Abb. 16
Berlin, Abgußsammlung: Kat.-Nr. 2. 3. 5. 6. 11. 587
Berlin, Ägyptisches Museum und Papyrussammlung, Foto Margarete Büsing: Kat.-Nr. 43. 289. 405. – Foto Jürgen Liepe: Kat.-Nr. 44
Berlin, Akademie der Künste, Fritz-Kortner-Archiv: S. 755 Abb. 3. 4
Berlin, Antikensammlung: S. 15 Abb. 8; S. 497 Abb. 1; Kat.-Nr. 4. 374. 559 a. – Foto: Ingrid Geske: S. 497 Abb. 2; Kat.-Nr. 36 a–c; 39. 147. 151. 187–195. 197. 199. 227. 256. 261. 301. 403. 425. 433. 471. 473. 513–515. 604. – Foto Johannes Laurentius: S. 31 Abb. 4; S. 607 Abb. 1. 2; Kat.-Nr. 12. 14. 23. 25. 26. 40. 47. 77. 79. 86. 87. 89–91. 127. 132. 154. 160. 165. 166. 168. 196. 229. 253 d; 262. 263. 269. 271. 286. 294. 302. 309. 312. 314. 325. 370. 371–373. 375–378. 380. 390. 428. 431. 489. 496. 503. 507. 512. 530. – Foto Jürgen Liepe: Kat.-Nr. 130. 177. 198. 213. 241. 391. 400. 541. 542. 554 a–c; 556 a; 558 a. – Foto Isolde Luckert: Kat.-Nr. 432. – Foto G. Stenzel: Kat.-Nr. 167
Berlin, Archäologisches Institut der FU: Kat.-Nr. 546
Berlin, Ethnologisches Museum, Foto Martin Franken: Kat.-Nr. 68. 70. – Foto Dietrich Graf: Kat.-Nr. 69
Berlin, Kupferstichkabinett, Foto Jörg P. Anders: Kat.-Nr. 599. 600 a. b; 601–603
Berlin, Münzkabinett: Kat.-Nr. 134–142. 144. 145. 298. 446–457. – Foto H. Komnick: S. 667 Abb. 2–6. – Foto R. Saczewski: S. 117 Abb. 1; Kat.-Nr. 22
Berlin, Nationalgalerie: Kat.-Nr. 659. 660. – Foto Jörg P. Anders: Kat.-Nr. 562. 616
Berlin, Nationalgalerie, Sammlung Berggruen: Kat.-Nr. 605
Berlin, Stiftung Stadtmuseum, Foto Hans-Joachim Bartsch: S. 777 Abb. 1
Berlin, Vorderasiatisches Museum, Firma J. Liepe: Kat.-Nr. 37. – Foto Olaf M. Teßmer: Kat.-Nr. 38. 275 a. b
Boardman, J., Cambridge Ancient History IV2 (1988) 142 Abb. 177: Kat.-Nr. 398; 142 Abb. 178: Kat.-Nr. 397
Bologna, Museo Civico Archeologico: Kat.-Nr. 306
Bonn, Akademisches Kunstmuseum: Kat.-Nr. 337–345
Bonn, Archäologisches Institut der Universität, Fotothek: S. 291 Abb. 8; S. 549 Abb. 1–3
Borbein, A. H., Campanareliefs, 14. Ergh. RM (1968) Taf. 12,1: Kat.-Nr. 509; Taf. 35: Kat.-Nr. 510
Bowie, Th. – Thimme, D., The Carrey Drawings of the Parthenon Sculptures (1972): Kat.-Nr. 551–553
Brommer, F., Die Skulpturen der Parthenongiebel (1963) Taf. 120: S. 14 Abb. 7
Brüssel, Musées Royaux d'Art et d'Histoire: Kat.-Nr. 311
Bunbury, W. H., History of Ancient Geography (1879) S. 148 Karte II: S. 106 Abb. 1. 2; S. 172 Karte III: S. 120 Abb. 1
Busch, W., Sämtliche Werke Bd. 5 (1878) Abb. S. 456: S. 729 Abb. 1

© fernkopie, Berlin: S. 677 Abb. 1
© Konstantin Gontscharow, Alexej Sokolow: Kat.-Nr. 695
© Georgij Gurjanow: Kat.-Nr. 692
© Viktor Kusnezow: Kat.-Nr. 688
© Stanislaw Makarow: Kat.-Nr. 690
© märzdesign Berlin: S. 780 Abb. 2
© Oleg Maslow, Viktor Kusnezow, Rainer Boehme: Kat.-Nr. 687
© Bella Matweewa, Konstantin Gontscharow, Sergej Vikharew, Viktor Shchurow: Kat.-Nr. 694
© Timur Nowikow: Kat.-Nr. 691
© Jegor Ostrow: Kat.-Nr. 686
© Olga Tobreluts: Kat.-Nr. 689
© Olga Tobreluts, Konstantin Gontscharow, Alexej Sokolow, Ekaterina Andreewa, Dmitri Kholodow: Kat.-Nr. 693
Cagliari, Museo Archeologico Nazionale: Kat.-Nr. 50–55. 57
Capua, Museo Campano: Kat.-Nr. 475–479
Charlottesville, Thomas Jefferson Memorial Foundation: Kat.-Nr. 567. 569. 570. – Foto H. Andrew Johnson: Kat.-Nr. 566
Childs, W. – Demargne, P., Fouilles de Delphes VIII 2 (1989) Taf. 76: S. 127 Abb. 1; Taf. 89 oben: S. 128/129 Abb. 2
Cleveland, Museum of Art: Kat.-Nr. 171
Compte-Rendu St. Pétersbourg 1860, Taf. 6, 2: S. 577 Abb. 2
Coupel, P. – Demargne, P., Fouilles de Xanthos III (1969) Taf. 33 oben: Kat.-Nr. 31

DAI Athen: Foto H. P. Goette:S. 87 Abb. 2; S. 89 Abb. 4; S. 120 Abb. 2; S. 181 Abb. 1; S. 249 Abb. 3; S. 304 Abb. 1; S. 313 Abb. 2; S. 321 Abb. 1; S. 326 Abb. 4. 5; S. 372 Abb. 6; S. 374 Abb. oben und unten; S. 510 Abb. 2; S. 515 Abb. 3; Kat.-Nr. 24. 78. 82. 83. 85. 92–95. 97–120. 146. 159. 161. 163. 172–175. 184. 186. 202. 212. 214. 216. 219. 221. 231–234. 237–239 b; 245. 250–253 c. e–g; 254. 255. 258. 259. 264. 268. 270. 299.

313. 316 a. b; 320. 321. 323. 324. 326. 328–330. 332–336. 383–389. 401.402. 404. 407. 412. 413. 415. 426. 427. 527. 532–534. 536. 538
DAI Rom: S. 24 Abb. 19; S. 223 Abb. 9; Kat.-Nr. 460
DAI Zentrale Berlin, Foto Peter Grunwald: Kat.-Nr. 7
Delivorrias, A., Attische Giebelskulpturen und Akrotere des 5. Jhs. v. Chr. (1974) Taf. 48: Kat.-Nr. 236
Detroit, The Institute of Arts: Kat.-Nr. 482
Deutsches Archäologisches Institut (Hrsg.), Archäologische Entdeckungen (2000): Karten auf S. 98/99 und 102/103
Dijon, Musée des Beaux-Arts, Cliché François Jay: Kat.-Nr. 122
Dion, Archäologisches Museum: Kat.-Nr. 420. 422
Dohrn, T., Die etruskische Kunst im Zeitalter der griechischen Klassik. Die Interimsperiode (1982) Taf. 35: S. 620 Abb. 1
Dörpfeld, W., Alt-Olympia I (1935) Abb. 76: S. 249 Abb. 1
Dresden, Staatliche Kunstsammlungen, Skulpturensammlung, Foto Jürgen Liepe: Kat.-Nr. 480. – Foto Pfauder: Kat.-Nr. 73. 543

Einsiedeln, Stiftung Bibliothek Werner Oechslin: Kat.-Nr. 555. 556 c; 557 d; 558 c; 559 b; 560 b; 561 a. c. d; 563 a; 564 a. b; 573. 574. 576. 577–580. 582–585. 588. 589. 591. 593. 595–597. 608. 609. 611. 612. 617–619. 621. 622. 625–629. 632. 633 . 635. 638. 639. 642. 648–650. 654. 657. 665. 666. 668. 670. 672. 675–678. 680–684
Eiseman, C. J. – Ridgway, B. S,. The Porticello Shipwreck. A Mediterranean Merchant Vessel of 415–385 B.C. (1983): Zeichnungen von Kat.-Nr. 20 a. d. e
Erlangen, Antikensammlung der Friedrich-Alexander-Universität: Kat.-Nr. 181. 217

Ferrara, Museo Nazionale: S. 333 Abb. 3
Fiechter, E., Das Dionysos-Theater in Athen 1 (1935) Taf. 1: S. 537 Abb. 4
Florenz, Soprintendenza Archeologica per la Toscana: Kat.-Nr. 487. 493. 519. 521. 522
Foto E. Attali: Kat.-Nr. 327 a–f
Foto H. P. Birk – H. R. Goette: Kat.-Nr. 295. 297
Foto A. Borbein: Kat.-Nr. 267
Foto A. Bracchetti: Kat.-Nr. 205. 260. 531. 535
Foto M. Brunori: Kat.-Nr. 242
Foto Th. Cramer: S. 445 Abb. 1
Foto Stefan Eckardt: S. 10 Abb. 1–4; Kat.-Nr. 8–10
Foto V. von Eickstedt: Kat.-Nr. 414
Foto Alison Frantz: S. 397 Abb. 4
Foto L. Giordano: Kat.-Nr. 15
Foto Salvador Gómez Luquin: Kat.-Nr. 63. 64
Foto Daniel Grogan: S. 719 Abb. 1
Foto Ole Haupt: Kat.-Nr. 84. 220. 488
Foto Silvia Hertig, Archäologisches Institut der Universität Zürich: Kat.-Nr. 470
Foto Friedrich Hewicker: Kat.-Nr. 315
Foto Wolfram Hoepfner: S. 416 Abb. 10; Kat.-Nr. 272. 274. 277. 279–283
Foto Hans-Peter Isler: S. 534 Abb. 1. 2; S. 538 Abb. 5. 6; S. 539 Abb. 7; Kat.-Nr. 409
Foto Jürgen Liepe: Kat.-Nr. 28. 45
Foto Saturia Linke: Kat.-Nr. 273
Foto Marburg: S. 23 Abb. 18; Kat.-Nr. 217
Foto Moessner: S. 483 Abb. 2
Foto Maria Teresa Natale: S. 286 Abb. 4; Kat.-Nr. 29. 126. 133. 495. 498. 500. 539
Foto Bärbel Paetzel: S. 31 Abb. 3; Kat.-Nr. 257. 540
Foto Vincenzo Pirozzi: Kat.-Nr. 30
Foto Richard Posamentir: S. 473 Abb. 2. 3
Foto Jutta Stroszeck: S. 476 Abb. 2; S. 477 Abb. 3. 4
Foto Bill Sublette: S. 720 Abb. 2–5
Foto Elke Walford: S. 731 Abb. 4
Foto Bernhard Weisser: S. 665 Abb. 1; S. 669 Abb. 7; Kat.-Nr. 529
Foto C. Wolters: S. 473 Abb. 1
Foto P. Zigrossi: Kat.-Nr. 598
Foto Gerhard Zimmer: S. 504 Abb. 2. 4
Frankfurt a. M., Deutsches Filmmuseum: S. 753 Abb. 1. 2; S. 757 Abb. 5
Frizot, M., Neue Geschichte der Fotographie (1998) S. 545 unten: S. 731 Abb. 3
Frontisi-Ducroux, F. – Lissarrague, F., Aion 5, 1983, 14 Abb. 4, 2; 4, 3; 4, 1: S. 286 Abb. 1–3

Hägg, R., u. a. (Hrsg.), Early Greek Cult Practice (1988) 66 Abb. 19: S. 483 Abb. 1
Hamburg, Museum für Kunst und Gewerbe: Kat.-Nr. 71. 303
Heidelberg, Archäologisches Institut der Universität, Antikenmuseum und Abgußsammlung, Foto Hubert Vögele: Kat.-Nr. 210. 228. 502
Hesperia 41, 1972, Taf. 116: S. 214 Abb. 4
Hirmer Fotoarchiv: S. 13 Abb. 6; S. 22 Abb. 17; S. 212 Abb. 1; S. 227 Abb. 11; S. 544 Abb. 1; Kat.-Nr. 143
Hoepfner, W. – Schwandner, E.-L., Haus und Stadt im klassischen Griechenland[2] (1994): S. 403 Abb. 1; S. 404 Abb. 2; S. 412 Abb. 8; S. 414 Abb. 9; Kat.-Nr. 276
Hoffmann, H., Sotades. Symbols of Immortality on Greek Vases (1997) Abb. 88: Kat.-Nr. 72; 155 Abb. 1: Kat.-Nr. 74

Jena, Friedrich-Schiller-Universität, Institut für Altertumswissenschaften, Sammlung Antiker Kleinkunst: Kat.-Nr. 346–368

Kahil, L., RA 1972, 283 Abb. 18: Kat.-Nr. 19
Karlsruhe, Badisches Landesmuseum: Kat.-Nr. 17
Klinger, M., Vom Tode. Zweiter Teil, opus XIII (1900): Abb. S. 72 links
Koch, G., Die mythologischen Sarkophage, 6. Meleager (1975) 110 Nr. 80: S. 41 Abb. 12; 121 Nr. 117: S. 40 Abb. 10
Köln, Forschungsarchiv für römische Plastik: Kat.-Nr. 416
Kopenhagen, National Museum, Dept. of Near Eastern and Classical Antiquities: Kat.-Nr. 209
Kopenhagen, Ny Carlsberg Glyptotek: Kat.-Nr. 88. 152. 179
Korres, M., ADelt 35, 1980, Chron 12 Abb. 12: S. 535 Abb. 3

Le Corbusier, Une maison-un palais (1928): Abb. S. 68
Le Corbusier, Vers une architecture (1923) 116 f.: Abb. S. 62
Leiden, Rijksmuseum van Oudheden: Kat.-Nr. 75. 81
London, The British Museum: S. 219 Abb. 7; S. 249 Abb. 2; S. 313 Abb. 1. 3; S. 323 Abb. 2; Kat.-Nr. 27. 35. 153. 157. 208. 223. 247. 288. 318. 508. 550
Lo Porto, F. G., Tombe di atleti tarentini, in: AttiMemMagna Gr 8, 1967, 31: S. 251 Abb. 4

Madrid, Museo Arqueológico Nacional: Kat.-Nr. 62. 170. 224
Madrid, Museo del Prado: Kat.-Nr. 266. 399 a
Malibu, The J. Paul Getty Museum: Kat.-Nr. 156. 308; Photo Ellen Rosenbery: Kat.-Nr. 305
Mendelsohn, E., Amerika. Bilderbuch eines Architekten (1928): Abb. S. 77
Metapont, Museo Archeologico Nazionale: Kat.-Nr. 462
Monaco, M. C., AM 114, 1999, 111 Abb. 3: S. 476 Abb. 1
München, Bayerisches Nationalmuseum: Kat.-Nr. 565
München, Neue Pinakothek, Foto Joachim Blauel: S. 711 Abb. 3
München, Staatliche Antikensammlung und Glyptothek: S. 12 Abb. 5; Kat.-Nr. 125. 155. 207. 215. 392
München, Staatliche Graphische Sammlung: S. 709 Abb. 1; S. 710 Abb. 2
Münster, Archäologisches Museum der Universität, Foto Gericks: Kat.-Nr. 304

Neapel, Museo Archeologico Nazionale: Kat.-Nr. 16. 129. 132. 149. 182. 183. 240. 243. 410. 463. 469. 472. 474. 491. 504. 505. 510
New York, The Metropolitan Museum of Art: Kat.-Nr. 13. 158. 201. 307

Norregard-Nielson, H. E. – Monard, K., Christen Kobke. 1810–1848, Statens Museum for Kunst (Kopenhagen 1996) Abb. 79: S. 731 Abb. 2

Orvieto, Museo Archeologico Claudio Faina: Kat.-Nr. 485
Ostia, Museum: Kat.-Nr. 124. 499
Oxford, Ashmolean Museum: Kat.-Nr. 96. 200. 225. 246. 394. 396
Ozenfant, A., Tour de Grèce (1938): Abb. S. 79

Padua, Museo di Scienze archeologiche e d'Arte: Kat.-Nr. 547. 548 a. b
Palermo, Institut für Denkmalpflege, Abteilung Archäologie, Universität Palermo: Kat.-Nr. 439–445
Palestrina, Museo Nazionale di Villa Barberini: Kat.-Nr. 497 c
Palma de Mallorca, Museum: Kat.-Nr. 20
Perrault, C., Vitruve (1684) Taf. XV: S. 721 Abb. 6
Photo G. Cappellani, Palermo: Kat.-Nr. 437
Photo RMN: Kat.-Nr. 211. 222. 369 Rs. – Hervé Lewandowski: Kat.-Nr. 18 a. b; 80. 150. 164. 176. 178. 180. 204. 218. 230. 369 Vs.; 468. 516. 518. – Peter Willi: Kat.-Nr. 235
Photo Verhasselt: Kat.-Nr. 148
Photograph Courtesy of Eskenazi London: Kat.-Nr. 65
Possagno, Gipsoteca Canoviana: Kat.-Nr. 586
Pratica di Mare, Soprintendenza Archeologica: Kat.-Nr. 486

Ravenna, Museo Nazionale: Kat.-Nr. 128
Reggio di Calabria, Museo Archeologico Nazionale: S. 212 Abb. 2; Kat.-Nr. 464. 465
Reggio di Calabria, Soprintendenza Archeologica della Calabria: Kat.-Nr. 466. 467
Reichnach, S., Antiquités du Bosphore cimmérien (1854. 1892) Karte 2: S. 577 Abb. 1
Richter, G. M. A., Kuroi (1970) Abb. 193: Kat.-Nr. 545
Richter, G. M. A., Smith, R. R. R., The Portraits of the Greeks (1984) 179 Abb. 141: S. 214 Abb. 6
RMN/Louvre, Photo Chuzeville: S. 333 Abb. 2; Kat.-Nr. 46. 72. 290–293. 537. – Photo C. Larrieu: Kat.-Nr. 517
Rom, Museo di Villa Giulia: Kat.-Nr. 481
Rom, Sovraintendenza Comunale ai Beni Culturali, Museo dei Fori Imperiali: S. 638 Abb. 1
Romeo, I., ASAtene 54/55, 1992/93, 325: Kat.-Nr. 544
Rose, H., Klassik als künstlerische Denkform (1937): Abb. S. 72 rechts
Rühlfel, H., Das Kind in der griechischen Kunst (1984) 118 Abb. 47 a: Kat.-Nr. 206

Sana'a, Nationalmuseum: Kat.-Nr. 41. 42
Sassari, Museo Nazionale G. A. Sanna: Kat.-Nr. 48. 49. 56. 58–61
Spanò Giammellaro, A., in: Lo stile severo in Sicilia, Austellungskat. Palermo (1990) 233 Abb. 77: Kat.-Nr. 47
St. Petersburg, Ermitage: Kat.-Nr. 244. 300. 429. 430. 434
Stewart, A., Greek Sculpture II (1990) Abb. 551: S. 17 Abb. 11
Stuttgart, Württembergisches Landesmuseum, Foto Frankenstein/Zwietasch: Kat.-Nr. 203
Syrakus, Museo Archeologico Regionale Paolo Orsi: Kat.-Nr. 438. 458. 459

Szilágyi, J. G., in: H. Beck – P. C. Bol, Polykletforschungen (1983) 385 Abb. 13: Kat.-Nr. 484

Thomas, R., JdI 110, 1995, 367 Abb. 2: Kat.-Nr. 506
Tivoli, Museo della Villa Adriana: Kat.-Nr. 501
Tokio, Nationalmuseum: Kat.-Nr. 66. 67
Tomei, M. A., RM 99, 1992, taf. 48. 52,1. 54,1. 56,1: Kat.-Nr. 490 a–d
Tübingen, Archäologisches Museum der Universität: Kat.-Nr. 411

U.S.A. (um 1960) 1: Abb. S. 66 links

Vatikanische Museen: S. 355 Abb. 1. – Foto M. Sarri: Kat.-Nr. 408
Vergina, Museum: Kat.-Nr. 435
Vicenza, Collezione IntesaBci: Kat.-Nr. 393
Vokotopoulou, I., Makedonen. Die Griechen des Nordens, Ausst. Hannover (1994) Abb. 141: Kat.-Nr. 423; Abb. 142: S. 557 Abb. 1; Abb. 236: S. 557 Abb. 2; Abb. 237: Kat.-Nr. 421

Wien, Akademie der bildenden Künste, Kupferstichkabinett: S. 712 Abb. 4
Wien, Kunsthistorisches Museum: Kat.-Nr. 32–34. 76. 123. 131. 169; 185. 381. 497 a. b; 554 b. d
Wölfflin, H., Die klassische Kunst (1899): Abb. S. 75
Würzburg, Martin-von-Wagner-Museum, Antikenabteilung: Kat.-Nr. 418. 419. – Foto K. Öhrlein: S. 224 Abb. 10

Zeichnung Iannis Arvanitis: S. 423 Abb. 11; S. 424 Abb. 12; S. 428 Abb. 19
Zeichnung Claas von Bargen: S. 460 Abb. 2
Zeichnung Werner Jo Brunner: S. 504 Abb. 3
Zeichnung Jörg Denkinger: S. 505 Abb. 5
Zeichnung Marina Heilmeyer: Kat.-Nr. 370. 371
Zeichnung Wolfram Hoepfner: S. 406 Abb. 4; S. 407 Abb. 5; S. 409 Abb. 6; S. 410 Abb. 7; S. 424 Abb. 13; S. 425 Abb. 14; S. 426 Abb. 15; S. 427 Abb. 17. 18; S. 431 Abb. 20–22
Zeichnung Piet de Jong: Kat.-Nr. 253 h
Zeichnung Manolis Korres: S. 365 Abb. 1. 2; S. 367 Abb. 3; S. 369 Abb. 4; S. 371 Abb. 5; S. 387 Abb. 1; S. 388 Abb. 2; S. 389 Abb. 3
Zeichnung P. Nadalini: S. 491 Abb. 1. 2; S. 492 Abb. 3
Zeichnung I. Nalepa: S. 520 Abb. 1
Zeichnung John Travlos: S. 406 Abb. 3
Zimmer, G., Griechische Bronzegußwerkstätten (1990) 51 Abb. 16: S. 509 Abb. 1

Bei den Vorlagen zu den Abbildungen S. 16 Abb. 10, S. 18 Abb. 12–14, S. 19 Abb. 15–16, S. 24 Abb. 20, S. 33 Abb. 5. 6, S. 35 Abb. 7, S. 38 Abb. 8. 9, S. 40 Abb. 11, S. 41 Abb. 13, S. 43 Abb. 14. 15, S. 66 Abb. rechts, S. 87 Abb. 1, S. 87 Abb. 3, S. 89 Abb. 5, S. 29 Abb. 1. 2, S. 332 Abb. 1, S. 334 Abb. 4. 5, S. 426 Abb. 16, S. 434 Abb. 1 handelt es sich um von den Autoren zur Verfügung gestelltes Fotomaterial.

XVI, 784 Seiten mit 690 Farb- und 356 Schwarzweißabbildungen

Umschlag vorn: Palmettenantefix vom Dachrand des Parthenon (Kat.-Nr. 252 d). Marmor, 447–438 v. Chr. Athen, Akropolismuseum. Foto DAI Athen, H. R. Goette

Umschlag hinten: Maskenrelief aus Ikarion/Dionyso (Attika) (Kat.-Nr. 414), Marmor, zweite Hälfte des 4. Jh. v. Chr., Foto: V. von Eickstedt

Vorsatz vorn und hinten: W. Ahlborn nach K. F. Schinkel (Kat.-Nr. 562): Blick in Griechenlands Blüte (1836). Öl auf Leinwand. Berlin, Nationalgalerie. Foto Jörg P. Anders, Berlin

Frontispiz: Innenbild der Schale des Aison (Kat.-Nr. 224): Theseus schleift den Minotaurus aus dem Labyrinth. 420/410 v. Chr. Madrid, Museo Arqueológico Nacional

Abbildung auf Seite XVI/1: Akropolis von Nordwesten, vom Nymphenhügel aus gesehen (Foto und Copyright H. R. Goette, Athen/Berlin)

Abbildung auf Seite 94/95: Olympia-Luftbildaufnahme (Foto und Copyright A. Loxias, Athen)

Abbildung auf Seite 524/525: Akropolis-Luftbildaufnahme von Südwesten (Foto und Copyright A. Loxias, Athen)

Die Deutsche Bibliothek – CIP-Einheitsaufnahme

Ein Titeldatensatz für diese Publikation ist bei Der Deutschen Bibliothek erhältlich

ISBN 3-8053-2854-0
ISBN 3-8053-2893-1 (Museumsausgabe)

Katalogproduktion:
Verlag Philipp von Zabern, Mainz am Rhein
Satz und Gestaltung: Klaus Rob und Lothar Bache
Lithos: Schmidt & more, Ginsheim-Gustavsburg

Printed in Germany by Aumüller Druck KG, Regensburg
Printed on fade resistant and archival quality paper (PH 7 neutral) · tcf

Namenskürzel von Autoren

A. D.	Angelos Delivorrias
A. G.	Andrea Gorys
A. H. B.	Adolf Heinrich Borbein
A. K.	Anja Klöckner
A. Ko.	Arno Kose
A. P.	Alain Pasquier
A. S.	Andreas Scholl
A. Schä	Alfred Schäfer
A. W.	Antje Wessels
B. S.	Bernd Seidensticker
B. W.	Bernhard Weisser
C. B.	Christof Berns
C. I.-K.	Cornelia Isler-Kerényi
C. K.	Claude Keisch
C. K.-C.	Chaido Koukouli-Chrysanthaki
C. M.	Claudius Müller
C. S.-P.	Chryssoula Saatsoglou-Paliadeli
C. V.	Claudia Valeri
D. W.	Dietrich Wildung
E. A.	Ekaterina Andreewa
E. F.	Egon Flaig
E. K.	Ekkehart Krippendorff
E. O.	Eleftherios Oikonomou
F. F.	Friederike Fless
F. L.	Franziska Lang
G. O.	Gloria Olcese
G. P.-H.	Gertrud Platz-Horster
G. Z.	Gerhard Zimmer
H.-J. G.	Hans-Joachim Gehrke
H. P. I.	Hans Peter Isler
I. R.	Ilaria Romeo
I. W.	Irma Wehgartner
J.-A. D.	Jens-Arne Dickmann
J. S.	Jutta Stroszeck
K. G.	Kurt Gschwantler
K. H.	Klaus Hallof
K. He.	Klaus Helfrich
K. J.	Klaus Junker
L. G.	Luca Giuliani
L. U.	Lucrezia Ungaro
M. B.	Martin Bentz
M. B. III	Malcolm Bell, III
M. F.	Manuela Fischer
M. G.	Maria Gaida
M. H.	Marina Heilmeyer
M. K.	Manolis Korres
M. M.	Martin Maischberger
M. P.	Massimiliano Papini
M. R. H.	Mathias René Hofter
M. T.	Mikhail Treister
N. B.	Nicola Bonacasa
P. G. G.	Pier Giovanni Guzzo
P. L.	Pilar León
P. W.	Pascal Weitmann
R. v. d. H.	Ralf von den Hoff
R. K.	Ralf Krumeich
R.-B. W.	Ralf-Bernhard Wartke
S. A.	Stefan Altekamp
S. B.	Stefan Brenne
S. M.	Susanne Moraw
U. G.	Ulrich Gotter
V. K.	Volker Kästner
V. P.-Z.	Verena Paul-Zinserling
W. G.	Wilfred Geominy
W. H.	Wolfram Hoepfner
W.-D. H.	Wolf-Dieter Heilmeyer
W. Oe.	Werner Oechslin